教育部人文社会科学重点研究基地北京师范大学史学理论与史学史研究中心重大项目《中国少数民族史学研究》（05JJD770109）结项成果

北京师范大学铸牢中华民族共同体意识培育基地支持项目

中国少数民族史学史

（上）

汪受宽　主编

華夏出版社
HUAXIA PUBLISHING HOUSE

图书在版编目（CIP）数据

中国少数民族史学史：全二册 / 汪受宽主编 . -- 北京：华夏出版社有限公司，2020.12

ISBN 978-7-5222-0061-3

I. ①中… II. ①汪… III. ①少数民族－民族历史－史学－中国 IV. ① K28

中国版本图书馆 CIP 数据核字（2020）第 248573 号

中国少数民族史学史（全二册）

主　　编　汪受宽
选题策划　潘　平
责任编辑　李春燕　蔡姗姗　赵　楠
责任印制　周　然
装帧设计　今亮后声

出版发行　华夏出版社有限公司
经　　销　新华书店
印　　装　北京汇林印务有限公司
版　　次　2020 年 12 月北京第 1 版
　　　　　2020 年 12 月北京第 1 次印刷
开　　本　720×1030　1/16
印　　张　58.75
字　　数　1000 千字
定　　价　360.00 元

华夏出版社有限公司　地址：北京市东直门外香河园北里 4 号　邮编：100028
　　　　　　　　　　网址：www.hxph.com.cn 电话：（010）64663331（转）

撰稿者名单

兰州大学 汪受宽、赵梅春、屈直敏、朱慈恩、李娟、邱锋、关楠楠、魏清华、石磊、唐如明、张涛、李晓轩、张健、黄震、任菲菲、周志强、左传、刘喜强、姜雪、万俐、张京丹、殷振川、李光毅、孙忠伟、张文俭

云南大学 潘先林、周琼、王璞、耿金、娄贵品、辛亦武

内蒙古大学 王雄、王绍东

海南大学 张建媛

河海大学 苗天宝

内蒙古师范大学 阎崇东、张文生、王杰

北京师范大学 方美美

东北师范大学 黄云鹤

福建师范大学 谢皆刚

广西师范大学 陈国保

西藏民族大学 刘凤强

重庆邮电大学 冯懿

营口理工学院 王惠德

上饶师范学院 邓根飞

呼和浩特职业学院 谢丽梅

云南省委党校 赵启燕

云南美术出版社 柴锐

甘肃省漳县博物馆 汪小红

河南省濮阳市文广局 任小飞

四川省凉山州委政策研究室 刘伟

甘肃陇南市委政策研究室 张绚光

云南省德宏州史志办 杨春芳

云南省德宏州委巡察办 李跃甲

目　录

导　论

第一编　先秦至南北朝少数民族史学

第一章　中原史家对少数民族史学的构建

第一节　先秦典籍中的少数民族历史记述 ………………… 036

第二节　司马迁等两汉史家对少数民族史学的构建 ………………… 038

第二章　十六国少数民族史学

第一节　十六国民族政权对史学的重视 … 045

第二节　十六国民族政权史官制度 ……… 048

第三节　十六国民族政权史学成就 ……… 050

第四节　十六国少数民族史观和史学影响… 052

第三章　早期彝族史学

第一节　彝族历史与文字 ………………… 058

第二节　彝族史学特点及先秦彝族史学 … 061

第三节　魏晋南北朝时期的彝族史家与史学 ………………… 065

第四章 匈奴族史学

第一节 匈奴族历史和历史叙述 ………… 071

第二节 汉族史家对匈奴族历史的记述与研究 ………………………… 077

第三节 匈奴族史学的特点 ……………… 082

第五章 西南夷各族史学

第一节 西南夷历史和史学概略 ………… 089

第二节 先秦著作对西南夷的历史记载 … 090

第三节 秦汉时期西南夷史学 …………… 091

第四节 魏晋南北朝时期西南夷史学 …… 094

第六章 百越各族史学

第一节 百越各族历史和史学概略 ……… 099

第二节 先秦时期百越史学 ……………… 100

第三节 两汉时期百越史学 ……………… 104

第四节 魏晋南北朝时期百越史学 ……… 109

第七章 鲜卑族史学

第一节 鲜卑族历史及其口传史学 ……… 114

第二节 鲜卑族政权史官建制与鲜卑族史官 ……………………… 117

第三节 鲜卑族政权的官方史学 ………… 121

第四节 鲜卑族人的史学著述 …………… 128

第八章 吐谷浑族史学

第一节 吐谷浑族历史 …………………… 134

第二节 魏晋南北朝吐谷浑族的历史记载和史学 ……………………… 135

第三节　隋唐五代吐谷浑族的历史记载和史学 …………………………… 141
第四节　吐谷浑族史学的特点 ……………… 147

第二编　隋唐宋辽夏金少数民族史学

第一章　古突厥族史学
第一节　古突厥族历史及早期的神话传说 ……………………………… 154
第二节　汉文典籍古突厥记述及史观 …… 158
第三节　古突厥文字的碑铭史传 ………… 164

第二章　回鹘族史学
第一节　回鹘族和回鹘文献 ……………… 171
第二节　回鹘族史诗和历史文献 ………… 174
第三节　回鹘汗国时期的碑铭史传及其价值 ……………………………… 180
第四节　从碑铭看回鹘族的历史观 ……… 183

第三章　滥觞期的藏族史学
第一节　藏族历史、文字和史学的分期 … 188
第二节　《敦煌本吐蕃历史文书》的史学特色 ……………………………… 191
第三节　滥觞期的两部藏族史学代表作 … 194

第四章　南诏大理时期各族史学
第一节　南诏大理的各民族 ……………… 203
第二节　唐宋史家的南诏大理史学 ……… 206
第三节　彝族史家及史学 ………………… 210

第四节 大理国本土民族史学 ………………… 216
第五节 南诏大理民族史学综论 ………… 224

第五章 唐宋岭南各民族史学

第一节 唐五代岭南少数民族史记述…… 228
第二节 宋代岭南少数民族史记述 ……… 229
第三节 《通典》、《文献通考》的岭南少数民族史学专篇 ………………… 232

第六章 渤海族史学

第一节 渤海族史及其文字 ……………… 236
第二节 渤海族口传史诗和历史著述 …… 239
第三节 古代的渤海族史研究 …………… 241
第四节 民国以来的渤海族史研究 ……… 242

第七章 契丹族史学

第一节 契丹族历史与文字 ……………… 247
第二节 契丹辽史馆制度 ………………… 250
第三节 契丹辽史官的特点 ……………… 254
第四节 契丹辽的史学成就 ……………… 258
第五节 契丹辽史学的特点 ……………… 260
第六节 宋人所撰契丹辽史书 …………… 264

第八章 党项族史学

第一节 党项族及其史诗与文字 ………… 269
第二节 西夏文碑铭和汉籍的翻译借鉴 … 274
第三节 西夏修史机构与史官 …………… 276
第四节 西夏史书编纂 …………………… 281

第五节 《天盛改旧新定律令》及其史学价值 …………… 283
第六节 党项族史学的特色 ………………… 287

第九章 女真族史学

第一节 女真族和女真字 ………………… 291
第二节 建金国后女真族统治者的史学思想 ……………………… 295
第三节 女真政权的撰史机构及史官 …… 301
第四节 女真政权的史馆修史 …………… 305
第五节 女真族政权下的其他史学成就 … 313
第六节 宋人所撰女真族史著述 ………… 318

第三编 元明清少数民族史学

第一章 蒙元时期的蒙古族史学

第一节 蒙古族历史和史学发端 ………… 326
第二节 蒙古族史学的成熟与其多元文化特征 ………………… 331
第三节 十三至十四世纪蒙古系统和波斯系统的蒙古族史学 ………… 336
第四节 元朝的蒙古族史学 ……………… 344
第五节 元修宋辽金三史 ………………… 354
第六节 元朝蒙古族史学的特点 ………… 359

第二章 明清时期蒙古族史学

第一节 明时期蒙古族史学 ……………… 362
第二节 清时期蒙古族史学 ……………… 367

第三节　古代蒙古族史学的总认识 ……… 377

第三章　满族史学

第一节　满族历史和满文的创制 ………… 380

第二节　入关前的满族史学 …………… 386

第三节　清时期的满族史学 …………… 392

第四章　从复兴走向成熟的藏族史学

第一节　藏族史学的复兴 ……………… 403

第二节　发展期的藏族史学 …………… 411

第三节　走向成熟的藏族史学 ………… 418

第五章　明清回族史学

第一节　回族形成、语言文字与史学 …… 426

第二节　中外交通史著作 ……………… 429

第三节　李贽的史学理论 ……………… 432

第四节　回族史家及回族历史研究 ……… 436

第五节　回族学者的伊斯兰教史研究 …… 441

第六节　回族谱牒的编修 ……………… 443

第六章　维吾尔族史学

第一节　维吾尔族及其史学 …………… 450

第二节　蒙元时期维吾尔族史学 ……… 452

第三节　叶尔羌汗国时期维吾尔族史学 … 455

第四节　清廷统治下的维吾尔族史学 …… 459

第七章　哈萨克族史学

第一节　哈萨克族及其史学萌芽 ……… 464

第二节　古代哈萨克族史学 …………… 470

第三节　汉文史籍对哈萨克族的记述与认识 …………………… 475

第八章　柯尔克孜族史学

第一节　柯尔克孜族及其史学 ………… 479

第二节　柯尔克孜族史学的萌芽 ………… 481

第三节　英雄史诗《玛纳斯》 ………… 483

第四节　汉文史籍对柯尔克孜的记载 …… 486

第九章　壮族、苗族、纳西族、傣族史学

第一节　壮族及其历史作品 ……………… 492

第二节　汉文典籍对壮族历史的记载 …… 501

第三节　元明清时期苗族史学 ………… 505

第四节　元明清时期纳西族史学 ……… 509

第五节　元明清时期傣族史学 ………… 512

第十章　白族、彝族和土家族史学

第一节　元明清时期白族史学 ………… 520

第二节　明清时期彝族史学 …………… 525

第三节　元明清时期土家族史学 ……… 530

第十一章　西南其他民族史学

第一节　拉祜族、普米族、独龙族、怒族史学 …………………… 537

第二节　阿昌族、傈僳族、基诺族、哈尼族史学 ………………… 540

第三节　景颇族、德昂族、布朗族、佤族史学 …………………… 544

第十二章　黎族、台湾少数民族史学

第一节　黎族口传史学 …………………… 549

第二节　汉文和外文视角中的古代黎族历史 …………………… 552

第三节　台湾少数民族的概念与历史文献 …………………… 560

第四节　台湾少数民族的口传史学 ……… 564

第十三章　达斡尔族、赫哲族史学

第一节　达斡尔族史学 …………………… 568

第二节　赫哲族史学 ……………………… 571

第四编　二十世纪少数民族史学

第一章　二十世纪前半期中国民族史学概略

第一节　少数民族史学理论的多途探索 … 580

第二节　少数民族史学家群体的形成 …… 583

第三节　少数民族的田野调查 …………… 590

第四节　少数民族文献的搜集和初步整理　596

第五节　多种少数民族史撰述 …………… 599

第二章　二十世纪后半期中国少数民族史学概略

第一节　少数民族史学理论的探索 ……… 604

第二节　少数民族社会历史调查与《中国少数民族简史丛书》 …… 612

第三节　少数民族文献整理研究 ………… 618

第四节　少数民族史研究撰述 …………… 626

第三章　二十世纪中国蒙古族史学

第一节　二十世纪的蒙古族及前期中国蒙古族史学 ………… 631

第二节　二十世纪后半期蒙古族史料整理与研究 ………… 634

第三节　二十世纪后半期中国蒙古族史研究 ………… 636

第四章　二十世纪维吾尔族史学

第一节　二十世纪维吾尔族史学的发展 … 641

第二节　史料的整理研究 ………… 646

第三节　族源、西迁和政权制度的研究 … 651

第四节　伯克制度、族教关系及与中央王朝关系的研究 ………… 656

第五节　文化和社会生活的研究 ………… 660

第五章　二十世纪藏族史学

第一节　二十世纪上半叶的藏族史学 …… 664

第二节　中华人民共和国建立后的藏族史学 ………… 670

第三节　两部重要的藏族通史 ………… 673

第六章　二十世纪回族史学

第一节　抗战前的回族史学 ………… 679

第二节　1937—1949年的回族史学 ……… 682

第三节　回族调查和史料整理 ………… 686

第四节　回民起事资料整理及研究 ……… 690

第五节　回族起源和回族人物研究 ……… 694

第六节 回族与伊斯兰教的关系及教派门宦的探讨 …… 697
第七节 回族史著作 …… 701

第七章 二十世纪苗族史学
第一节 二十世纪前半期苗族历史研究 … 705
第二节 二十世纪后半期苗族历史研究 … 710

第八章 二十世纪彝族史学
第一节 彝族近代史学初起 …… 715
第二节 民国时期汉族学者的彝族史学研究 …… 719
第三节 二十世纪五六十年代彝族史学 … 723
第四节 1978年以后的彝族史学 …… 725

第九章 二十世纪纳西族史学
第一节 纳西族精英对纳西史学的构建 … 731
第二节 纳西族社会历史调查和成果 …… 733
第三节 纳西族史学的繁荣 …… 735

第十章 二十世纪傣族史学
第一节 傣族近代史学的初步奠定 …… 740
第二节 1950—1966年傣族史学 …… 743
第三节 傣族史学的繁荣 …… 745
第四节 傣族历史文化研究 …… 749

第十一章 二十世纪白族史学
第一节 研究队伍、研究机构及主要成就 … 754
第二节 白族起源的讨论 …… 757

第三节　南诏大理国史研究 ………………… 760
第四节　社会历史调查和典籍整理研究 … 762

第十二章　二十世纪壮族史学
第一节　二十世纪上半叶壮族史研究 …… 767
第二节　壮族史研究的资治观和民族观 … 771
第三节　1949—1966年壮族史学的成就 … 775
第四节　1978年以后壮族史学的发展 …… 779

第十三章　二十世纪满族史学
第一节　满史研究的主要成绩 ………… 784
第二节　对满文史料的整理研究 ……… 789
第三节　金毓黻、金启孮的满史研究 …… 792

第十四章　二十世纪黎族、台湾少数民族史学
第一节　二十世纪前半期黎族史学 ……… 800
第二节　二十世纪后半期黎族史学 ……… 804
第三节　二十世纪台湾少数民族史学 …… 806
第四节　台湾少数民族史研究的新力量 … 811
第五节　大陆台湾少数民族史研究 ……… 814

第十五章　二十世纪西南其他各族史学
第一节　西方学者的调查研究 ………… 817
第二节　二十世纪前半期西南民族史学 … 818
第三节　二十世纪后半期西南民族调查
和资料整理 ……………………… 820
第四节　西南其他各族的口传史学 ……… 822
第五节　西南其他各族的历史研究 ……… 827

第十六章　二十世纪达斡尔族、鄂温克族、赫哲族史学
第一节　达斡尔族史学 …………………… 831
第二节　鄂温克族史学 …………………… 834
第三节　赫哲族史学 ……………………… 837

第十七章　二十世纪哈萨克族史学
第一节　二十世纪上半叶哈萨克族史学研究 ………………………… 841
第二节　二十世纪五十至七十年代哈萨克族史学研究 ……………… 842
第三节　1978年后的哈萨克族史学研究 … 844

第十八章　二十世纪柯尔克孜族史学
第一节　柯尔克孜族史学研究的起步 …… 852
第二节　柯尔克孜族史学的逐步展开 …… 854
第三节　柯尔克孜族史学走向繁荣 ……… 858

第十九章　二十世纪裕固族、撒拉族、东乡族、保安族史学
第一节　裕固族史学 ……………………… 865
第二节　撒拉族史学 ……………………… 872
第三节　东乡族史学 ……………………… 877
第四节　保安族史学 ……………………… 881

征引文献目录 ……………………………… 885

导　论

一、历史和学术背景

中国自古以来就是一个多民族国家，秦汉皇朝的建立，更奠定了其统一多民族国家的基础。虽然在此后漫长的历史发展过程中不乏短暂的分裂，但中国却始终保持着一种统一的趋势，并逐步形成了一个人口众多的、以汉族为主体的多民族共同体。中国的统一之所以能够得到不断的巩固和延续，各民族间之所以能够得到持续的共同发展和复杂交融，固然与其所处的地理环境以及历史发展的特点密切相关，但同时也和很早以前就已形成统一的中华民族意识有关。

先秦时期，华夏与蛮夷戎狄不仅在居地上，而且在血缘上就是你中有我、我中有你的。秦汉以来的中国历史，无论汉族还是大大小小的少数民族都有不间断的种族互动，都为中华民族的发展进步做出了自己的贡献。匈奴、鲜卑、羯、氐、羌、藏、突厥、回鹘、白、彝、契丹、党项、女真、蒙古、满等族甚至走到历史前台，建立过一些地方乃至全国性的政权，以其民族文化和智慧，在中国多民族国家形成和发展的历史舞台上扮演过重要的角色，共同创造了中华民族光辉的历史篇章。

历史是客观存在的人类的过去。历史学是人们对历史有意识的记录、分析、研究和总结。史学史是以历史学为研究对象的一门史学学科，中国史学史的学科概念是梁启超在 1933 年出版的《中国历史研究法补编》中提出的。自此，在几代学者的努力下，中国史学史学科从初创走向繁荣，取得傲人的成绩。2006 年白寿彝主编的六卷本《中国史学史》出版，标志着中国史学史的研究与学科建设已经登上了一个新的台阶。

中华民族在其发展过程中积累了丰富的历史学成果，留下了珍贵的史学遗产，它们是中华各族创造自己的历史和共同创造中华历史的记录。学术界对中国民族史的研究不仅历史悠久，而且成就显著。与兴旺发达的中国民族史研究相比，少数民族史学史的研究则显得滞后。虽然历史上也有关于民族史学史的研究和撰述，但由于种种原因，仅是一些零散的、片断的研究和撰述，更谈不上形成专门学科①。1949 年中华人民共和国建立以后，随着在唯物史观指导下的史学史研究的兴起和发展，民族史学史的研究亦有所开展。1984 年撰写的多卷本《中国史学史 · 导论》中，白寿彝先生提出:“单就中国史学史来说，汉文史书浩如烟海，整理出来一条发展的线索，已经很不容易。国内的少数民族，如蒙古、维吾尔、藏族、傣族、白族等，也都有他们的史学，现在我们知道得还很少。把中国史学史写成一部多民族的中国史学史，需要一个长期的过程。……不写兄弟民族的史学史，中国史学史就不算完整。”②1985 年第一次全国史学史座谈会上，白寿彝指出:“兄弟民族的史学史工程很大，内蒙古、新疆的研究工作有一定成绩，可彼此没有联系。西南也有一些，云南、贵州是多民族的地区，也要进行这项工作。我们史学史将来要发展成全民族的史学史，应该把少数民族史学史的研究工作作为一项重要科目加以提倡。”③ 他号召学术界从中国史学史研究和学科建设的高度，加强少数民族史学史的研究。白寿彝在其主编的多卷本《中国通史》之《导论》第一章《统一的多民族的历史》（1989）和《关于中国民族关系史上的几个问题》（2001）中，高屋建瓴地概述了中国历史上多民族史的撰述传统，提出了“各民族共同创造中国历史的理论、历史疆域理论、统一多民族国家形成和中国历史上民族关系的主流理论”，揭示出民族关系的本质——各民族共同创造中国历史、缔造中华文明，奠定了中国少数民族史学研究的理论基础。在主编的《中国回回民族史》中，白寿彝委托李松茂执笔撰《甲编序说》，“把过去研究回族史的成果，作一个总的论述，这实际上是浓缩了的回族史学史”④，为少数民族史学史研究树立了榜样。

白寿彝的号召和示范得到历史学界和民族学界的积极响应。1989 年，施

① 李珍《近五十年来的中国民族史学研究》，《北京师范大学学报》2000 年第 1 期。

② 白寿彝主编《中国史学史》第一卷，上海人民出版社，2006 年，第 114 页。

③《在第一次全国史学史座谈会上的讲话》，白寿彝《中国史学史论集》，中华书局，1999年，第414页。

④ 白寿彝主编《中国回回民族史 · 题记》，中华书局，2003 年，第 1 页。

丁在总结中华人民共和国40年史学史研究成果时指出:“对中国古今之史学，如不通，则称不得中国史学史。对中国各阶段之中各族之史学，如不通，则也称不得中国史学史。故我们对古代史学史要研究，对近代、当代的史学史也要研究;对汉族的史学史要研究，对蒙、藏、回等各族的史学史也要研究。”[①]2005年5月13日，罗贤佑在“中国民族史研究的回顾与前瞻”学术研讨会上呼吁，目前民族史研究的迫切任务是修撰一部中国少数民族史学史，以总结学科的发展，并对未来的研究加以指导[②]。北京师范大学瞿林东教授始终将白寿彝的号召作为自己的治学重点，所著《历史·现实·人生——史学的沉思》(1994)一书，对“民族史学与民族凝聚力”理论进行了阐释。其所著《中国史学史纲》[③]，着重论述了“辽金史学的民族特色及其对多民族国家历史文化的认同”，并以数万字篇幅阐述了“多民族史学的进一步发展——元代史学”，开史学史著述新面。瞿林东2005年提出“中国少数民族史学研究”的基地重大项目建设课题，受到教育部的大力支持。2007年9月，其以北京师范大学史学理论与史学史研究中心名义牵头，在河北承德举办了“中国少数民族史学与历史学多学科研究方法”学术研讨会，编辑出版论文集《中国少数民族史学研究》[④]，有力地推动了中国少数民族史学史的研究。瞿林东还率先垂范，发表了《白寿彝先生的学术思想和史学成就》(《史学理论与史学史学刊》2002年卷)、《少数民族史学的发展与多民族统一国家观念的形成》(《河北学刊》2007年第6期)、《中国少数民族史学发展的几个阶段》(《中国少数民族史学研究》,北京图书馆出版社,2008)、《略论魏晋隋唐间的少数民族史学》(《河北学刊》2008年第3、4期)、《断代史学与民族史学研究的新成果——〈辽金元史学研究〉序》(《廊坊师范学院学报》2009年第5期)、《探索民族间的心灵沟通——深入研究中国历史上历史文化认同的传统》(《史学史研究》2010年第4期)、《略说撰写

① 施丁《中国史学史》，肖黎主编《中国历史学四十年》，书目文献出版社，1989年。

② 肖春娟《历史系与中国社科院有关单位合办专题学术研讨会》,《中央民族大学周报》(1121)2005-5-26。

③ 瞿林东《中国史学史纲》，北京出版社，1999年。

④ 瞿林东主编《中国少数民族史学研究》，北京图书馆出版社，2008年。

多民族历史传统的阶段性特征》(《史学理论与史学史学刊》2014 年卷)等论文。

其间，学者对少数民族史学及少数民族史学史的研究渐次展开。陈连开《中国民族史学的基本形势与发展前景的蠡测》(《云南民族学院学报》1990 年第 1 期)，从中国民族史学的成就与潜力、中国民族史学的特点、中国民族史学要进一步适应新的形势，争取新的发展等方面，讨论了中国民族史学的基本现状和未来的良好前景。汪受宽、屈直敏《建立全民族的中国史学史》(《兰州大学学报》2007 年第 1 期)，通过梳理二十世纪中国史学史和少数民族史学及史学史的研究现状，揭示了中国史学史和少数民族史学的辉煌成就而少数民族史学史研究极其薄弱的历史与现状，进而探讨加强少数民族史学史研究，建立全民族的中国史学史的重大意义，并就建构中国少数民族史学史提出了一些初步设想。汪受宽《中国少数民族史学的产生与初步发展》(《史学史研究》2008 年第 1 期)对先秦至五代的少数民族史学进行了探讨。东人达《试论中国少数民族史学》(《史学理论研究》2008 年第 1 期)认为，在我国生活的众多少数民族形成了各具特色的民族史学。少数民族史学资料由文字与口传两部分组成，口传史料数量占有明显优势。少数民族的历史观中普遍包含了朴素的唯物主义因素，有的民族产生了成体系的史学理论。民族史学长期发挥了重要的社会功能，是中国史学的重要组成部分。史金波《中国民族史学史刍议》(《云南社会科学》2014 年第 6 期)，提出中国民族史学史是研究中国民族史学的形成和发展过程、各时期特点以及人们对它的认识、史学成果的社会影响的学问。中国民族史学的特点是，其发展与历史上各民族的发展所处地位相契合，与民族实力的消长、政权的存废相关联；从民族史观角度看，不同时代、不同阶层、不同民族、不同学养对历史会有多种多样的观点；资料十分丰富，但也十分分散；用少数民族文字记载民族历史资料。他认为，研究中国民族史学史可以更准确地认识、总结中国民族史研究，从而更有力地促进和发展中国民族史研究，为繁荣中国史学、维护祖国统一和中华民族的团结做出积极贡献。李珍《近五十年来的中国民族史学研究》(《北京师范大学学报》2000 年第 1 期)，主要从民族史学研究的源流、成果分析和理论探讨，对中华人民共和国 50 年间的民族史学研究进行了总结。李珍《略论近十年来的中国民族史学研究》(《史学理论与史学史学刊》2010年卷），从文献整理、综合性研究、专题研究、少数民族史学研究、民族文化认同等方面，对2001—2010年这十年中国民族史学研究成果进行了总结。李松茂发表《编写回族史学史的构想》（《史学史研究》1997年第4期），提出回族史学史是研究回族史学本身发展的过程，回族史的姐妹学科首先是回族史学以及中外交通史；还提出研究回族史学必须注意的五个问题。此外，史式《五十年来中华民族史的研究》（《历史教学》1996年第6期），雷虹霁《中国民族史学与中华民族形成史研究的新思考：二十世纪的学术回顾与理论反思》（《黑龙江民族丛刊》2002年第4期）等，主要对民族史学的现状与未来发展进行了综合性的论述。王尧、沈卫荣《试论藏族的史学和藏文史籍》（《史学史研究》1988年第2、3期），孙林《藏族史学发展史纲要》（中国藏学出版社，2006），王璞《藏族史学思想论纲》（中国社会科学出版社，2008），刘凤强《清代藏学历史文献研究》（人民出版社，2015），贝沙·比拉著、陈弘法译《蒙古史学史》（内蒙古教育出版社，1988），M. 乌兰《准噶尔汗国灭亡后的佚名史籍与卫拉特人的历史记忆》（《民族研究》2007年第3期），向中银《试论彝族的重史传统》（《贵州文史丛刊》1997年第4期）、《中国彝族古代史官制度初探》（《中国史研究》1998年第2期），东人达《彝文古籍与彝族史学理论评述》（《史学史研究》2005年第1期）、《西南彝族史学述要》（瞿林东主编《中国少数民族史学研究》，北京图书馆出版社，2008），杨富学《回鹘文献与回鹘文化》（民族出版社，2003），阿地力《维吾尔史学发展研究（八世纪—十七世纪）》（新疆大学2006年硕士学位论文），吾斯曼江·亚库甫《察合台文史学名著〈伊米德史〉〈安宁史〉及其史料来源》（《西北民族研究》2009年第6期）、《16至19世纪维吾尔族史学史研究》（陕西师范大学2011年博士学位论文）、《浅论波斯文历史著作〈编年史〉及其结构特点》（《史学史研究》2013年第2期）等，是民族史学的个案研究。王志刚《十六国北朝的史官制度与史学发展》（《史学史研究》2008年第1期），韩杰《元魏史撰修考说》（《思想战线》1999年第2期），张莉《〈魏书〉在民族史撰述上的成就》（《山西大学学报》2005年第7期），田余庆《〈代歌〉、〈代记〉和北魏国史——国史之狱的史学史考察》（《历史研究》2001年第1期），金北人《完颜勖与金代女真史学》(《蒲峪学刊》1992年第1期),吴怀祺《金世宗时期的史学和大定之治》(《史学史研究》1996年第2期),何宛英《金代修史制度与史官特点》(《史学史研究》1996年第3期)、《金代史学与金代政治》(《北京师范大学学报》1998年第3期),吴凤霞《辽金元史学研究》(社会科学文献出版社,2009),乔治忠《清朝官方史学研究》(台湾文津出版社,1995),乔治忠、崔岩《清朝官方史学中的少数民族因素》(《中国少数民族史学研究》,北京图书馆出版社,2008)等,是专论少数民族政权史学的著述。

2005年底,由兰州大学史学理论与史学史研究所汪受宽教授牵头,联合甘肃、云南、广西、西藏、内蒙古、辽宁、海南等地的少数民族史学研究专家投标申请的"中国少数民族史学研究"课题,获教育部立项资助。在北京师范大学史学理论与史学史研究中心的指导和支持下,项目组全体成员,通过对民族理论、中国民族史和中国史学史的学习,在已有成果的基础上,明确了指导思想、相关概念、总体框架和撰写规则,分西部、南方、北方三个研究方向,分工协作,细究古今各少数民族史学个案,综合探讨各时段、各区域少数民族史学状况,分析少数民族史学的内容、特点、阶段、与中央王朝史学及其他民族史学关系等,对中国历代少数民族史学进行了全面系统的研究。十年来,先后发表了近60篇专题论著,完成了25篇博士、硕士学位论文,撰成了300余万字论著稿。在这一系列成果的基础上,项目负责人按照史学史的学科规范和课题设计的要求,进行统稿删改补充,终于完成了这部中国少数民族史学研究的成果。项目成果经教育部审查结项,现以"中国少数民族史学史"的书名予以出版。

二、对相关概念和中国少数民族史学特点的认识

相关概念的定位,是课题研究的先导。本课题的研究对象是中国少数民族史学,故而首先是民族和中国少数民族的定义。民族的定义,经过几十年的讨论,现在大家都赞同"民族是在一定的历史发展阶段形成的稳定的人们共同体。一般来说,民族在历史渊源、生产方式、语言、文化、风俗习惯以及心理认同等方面具有共同的特征。有的民族在形成和发展中,宗教起着重要作用"

的认识。同时秉持中国自古以来就是一个多民族的国家，国内古今各民族都是中华民族大家庭不可或缺的成员和各民族一律平等的思想。我们认为，中国的少数民族是指历史上和现实中主要在国境以内活动的所有非华夏/汉族的民族，故而无论是历史上曾经存在过的戎、狄、蛮、夷、胡、越、匈奴、鲜卑、羯、氐、吐谷浑、突厥、回鹘、党项、女真、契丹等，还是二十世纪五十年代国家民族识别所确定的55个少数民族，我们一律称之为“民族”，亦即中国的少数民族。

在此，有两点认识需要说明。第一，在长期的历史发展进程中，各民族的分化组合十分复杂，而且始终处于动态之中。有的在历史上曾经颇为强大的民族消亡了，有的以前声息极微的民族壮大起来，有的几个古代民族演聚为一个新的民族，有的一个古代民族分化为多个新的民族。即使两千年间作为人口多数的汉族，也始终处于不断吸收各少数民族的成分，以及不断有成员转变为少数民族的过程。所以，作为我们研究对象的少数民族，都是指特定历史时期作为整体存在的具体的民族，而且许多古代民族都不一定能找出与其完全对应的当代民族。第二，我们所说的台湾少数民族，包括14个族群，各族群间的语言、文化、心理有较大差异。

我们理解的民族史学，不仅包括对民族历史的述说和记录，也包括对民族历史的研究和认识。对少数民族史学的研究有两种方法，一种是各别的，一种是综合的。所谓各别，就是对各个少数民族的史学分别按照其历史发展顺序进行独立研究，最后将各个民族的史学发展史研究成果归集到一起，统名之为中国少数民族史学研究。这样做的好处，是对每个民族的史学发展史有比较明确的阐述，但其内容会与其邻近民族或其祖民族的史学内容有相当的交叉重叠，且从中很难看出各民族与其他民族史学的交流和影响，看不出该民族史学在不同历史时期在少数民族史学中的地位，更难以说清作为整体的少数民族史学在中国史学史中的位置。而综合，就是在对各个民族的史学分别进行独立研究的同时，注重其与其他民族史学之间的关系，以及其与中国史学总体发展史的关系，依历史发展的顺序，将这些成果有机地拼装到一起，就成为一部中国少数民族史学史。我们是按照后一方法，也就是用史学史的方法来进行中国少数民族史学研究的，以照顾到全体（中华民族、中国史学史）与个别（各少数民族及各个少数民族史学）的有机联系及相互影响。合之，这是一部中国少数民族史学史；分之，这是古今一个个少数民族的史学史。由此，中国少数民族史学的概念与中国少数民族史学史的概念有着不可分割、前后递进的关系，我们的成果——中国少数民族史学研究写成了一部中国少数民族史学史。

由于我国古今少数民族数量较多，历史发展和文化演进千差万别，各民族史学的起源和发展参差不齐，各民族文字的产生有早有迟，对民族文字的使用有多有少，许多民族一直到二十世纪五十年代才创立本民族的文字，各民族史学的表现形式千差万别，许多民族历史上并没有现代意义的以民族文字撰写的史学著作，故而很难完全按照以往形成的中国史学史研究的框架和概念对中国少数民族史学进行归纳，更不能限定于某些学者提出的“少数民族史学家、以少数民族语言写成的史学著作、少数民族所建割据政权的修史机制和修史活动”[①]。我们以为，由于多种原因，中国少数民族史学大量存在“他者书写”的情况，若将他者书写的史学都排除在外，将无法反映大多数少数民族史学的面貌，那些长期没有民族文字的少数民族则无史学可述，更难以体现中华各民族共创中国史学史以及各民族史学史的实际。为此，我们将少数民族史学研究，即中国少数民族史学史定位为：以中国历代少数民族为对象，探讨对历史上少数民族发展历史的观察、认识、传说、记述和研究。其历史传承者主要是各少数民族的成员，也有其他民族包括汉族的成员，还有民族政权或一统政权的史官、史家；其形态有历代承循不绝的口述史学，有文字书写的史著、诗文、碑传等；记史所用文字有少数民族的本族文字，也有其他民族的文字，尤其是古今各民族通用的汉字。通过研究了解各少数民族的史官、史家与史学成就，综合研究和宏观把握少数民族的史学思想、历史观念，以及与其他学科，尤其是中国历史、中国史学史的关系，探索少数民族史学的个性特点、优良传统，各民族史学在其发展过程中的相互影响和借鉴等，从不同的层次对少数民族史学遗产进行发掘与总结，揭示各民族对中国历史及中国史学史的贡献，展示中国

① 周文玖《关于少数民族史学史研究内容的思考》，《民族研究》2009 年第 1 期。

史学史多元一统的历史面貌与特点。

以上认识，来自于我们对中国少数民族史学如下特点的理解。

第一，中华大地上古往今来生活着数十百种民族，各民族都有悠久的历史和丰富的史学传统。

各少数民族历史或长或短，为了生存和发展，他们珍惜自己民族的历史，尊崇先祖，敬佩民族的英雄人物，注重历史经验的总结和借鉴，有意识地以各种方式传承和记述民族历史，对历史和史学有着或浅或深的思考和认识，在不断学习汉族和周围其他民族史学的过程中，丰富、发展和构建了各民族独具特色又与中华其他民族有共通性的史学，共同创构了中华民族的史学史。

例如，藏族是西部羌戎的一支，其历史记载，最早是发现于敦煌的藏文卷子《敦煌本吐蕃历史文书》，分为《大事记年》、《赞普传记》、《小邦邦伯家臣及赞普世系》三个卷子。《大事记年》始于狗年（650）终于水兔年（763），是松赞干布至赤松德赞时期的大事编年;《赞普传记》以止贡赞普上名号开篇，以赤松德赞执政为下限，共有八个部分，各有一个核心事件，可以视为纪事本末体例的史书。这些历史记载文字虽简，史料却很丰富，始终着眼于世俗政治生活，无丝毫佛教痕迹。后来，宗教在藏族史学中的影响日益增大，撰写出一大批在神学史观统率下的成熟史著。二十世纪前半期，随着新思想和新史料的发现，藏族史学发生了巨大的转变，不仅撰述出《白史》、《西藏史大纲》等人文色彩鲜明的史书，而且涌现了大量研究考证性的著述，表明其史学更为近代化。1949 年以后，以历史唯物主义为指导，藏族史学走向繁荣，更撰写出了《西藏通史——松石宝串》这样著名的作品。

第二，丰富的口述历史，是中国少数民族史学的重要组成部分。

侗歌中唱道:“古人讲，老人谈，一代一代往下传。树有根，水有源，好听的话儿有歌篇。没有文字好记载，侗家无文靠口传。”[①] 中国各少数民族都有丰富的口述历史，许多民族有专职记录和传颂历史的人员（如彝族“耆哲”，哈萨克族“谢吉列西”，黎族“道公、奥雅”等），他们以神话、史诗、故事、谱

① 转引自朱崇先主编:《中国少数民族古典文献学》，民族出版社，2005 年，第 6 页。

系等形式传承本民族早期乃至后来的历史和思想，这些口述历史反映了本民族对宇宙生成、环境自然、种族起源、图腾崇拜、民族英雄、历史事件、民族关系、民俗风情等方面的记忆和认识。各少数民族口耳相传的历史，有的一直口头传承至今，有的为本民族的学者用本民族的文字或汉文记录下来，有的为历代中原史书所记录，这些都是少数民族史学的有机组成部分。

例如，人口极少的独龙族、赫哲族也有本族讲述人类起源、民族英雄、住地迁徙的历史传说。鲜卑拓跋族早期游牧北方，“不为文字，刻木纪契而已，世事远近，人相传授，如史官之纪录焉”[①]。这些口传历史中有被称为“拓跋史诗”的《真人代歌》，“上叙祖先开基所由，下及君臣废兴之迹，凡一百五十章”[②]。哈萨克先民对于人类起源的看法，不局限于神创造了人类的形体，更给予了人类灵魂。土家族、拉祜族、基诺族、黎族、台湾少数民族等和汉族一样，都有洪水记忆和兄妹通婚、人类繁衍的传说。如土家族神话《洪水登天》，讲从前有七兄弟（一说五兄弟）抓住了雷公，准备把他烹煮来吃。雷公用计逃回到了天宫，为了惩罚七兄弟，怒降七天倾盆大雨，世上的人都被淹死了，只有罗公、罗娘躲在葫芦中得以逃生。洪水消退后，兄妹经过几番周折，根据天意成了亲，生下了一个肉坨坨，肉坨坨被剪成了几块。这些肉块掺和着泥巴撒出去就成了土家。鲜卑吐谷浑和蒙古族都有折箭教子的故事。前者见于《魏书·吐谷浑传》，言吐谷浑国主阿豺有子二十人，长子名纬代。阿豺暴病，临死召来诸子弟，说要将君位给同母弟慕璝。为了使他们将来能团结起来，“阿豺又谓曰：‘汝等各奉吾一只箭，折之地下。’俄而命母弟慕利延曰：‘汝取一只箭折之。’慕利延折之。又曰：‘汝取十九只箭折之。’延不能折。阿豺曰：‘汝曹知否？单者易折，众则难摧，戮力一心，然后社稷可固。’言终而死”[③]。而《蒙古秘史》所载，除了主人公换成阿阑·豁阿和他五个儿子以外，情节基本相同。两个故事的中心意思是教导后代团结就是力量，团结才能克敌制胜，使家国兴旺。此外，回鹘族《乌古斯可汗的传说》、藏族《格萨尔王传》、壮族《刘

① 《魏书》卷一《序纪》，中华书局，1974 年，第 1 页。

② 《魏书》卷一〇九《乐志》，中华书局，1974 年，第 2828 页。

③ 《魏书》卷一〇一《吐谷浑传》，中华书局，1974 年，第 2235 页。

三姐》、柯尔克孜族《玛纳斯》、蒙古族《江格尔》、赫哲族《伊玛堪》，虽产生于不同时代，却至今是中华民族历史文学宝库中的精品之作。

第三，少数民族文字的史学著述内容丰富、体裁多样、体量极大，是尚待挖掘的宝藏。

文字是历史的最佳载体，历史一旦用文字记载下来，就可能永远流传。各少数民族文字的创制，有早有迟，许多民族一直到二十世纪五十年代才创立了本民族的文字。民族文字的创立，对民族政治文化和史学的发展产生了根本性的影响。由于有了文字，各民族可以用文献传承的手段培养教育所需要的人才，由于有可以记录、传播政令的文字体系，相应地记事述史的机构、人员也出现了，从而推动了史学从口传进步到书记，史书的撰写和史学思想不断发展。

传说产生于四五千年前的彝文，又称为“爨文”、“韪书”、“蛾鲜文”等，是已知最早出现的少数民族文字，现在老彝文有一万余字，常用的五百多个。因其为音节文字，各地使用的彝文不尽相同。百越民族在商周时期已经出现了许多几何印纹陶遗存文字符号，春秋战国句吴和于越有官方使用的“鸟篆”，虽然这些文字极为简单，却真实地记录了百越民族当时的社会活动，体现出他们自觉地记载历史意识的萌芽。秦汉至民国，陆续使用过二十余种各民族文字，以分布的地区说，在今新疆和蒙古的，有属印欧语系的佉卢文、焉耆—龟兹文、于阗文，属阿尔泰语系的突厥文、回鹘文、察合台文、维吾尔文和哈萨克文等；在今北方和东北的，有属阿尔泰语系的女真文、古蒙文、八思巴文和满文等，以及不明源流的契丹文；在今宁夏、甘肃、青海、西藏的，有属汉藏语系的藏文、西夏文等；在今西南地区的，有纳西东巴文、老彝文、老傣文和白文等。各民族史学的起源和发展参差不齐，各少数民族文字在史学上的使用有多有少，以民族文字记述历史的方式有宗族谱牒，有碑传、记事、簿记和公私档案等，有韵文或散文的历史著述，有片断或系统的各种体裁的史书，其数量巨大、内容丰富，大部分尚待挖掘整理。

以彝文撰写的有综合性史著《西南彝志》、《彝族源流》，专门史著《洪水泛滥史》、《宇宙人文论》，部族史《德布氏史略》、《阿者后裔迁徙考》，战争史《吴三桂入黔记》、《阿者巫撒兵马记》，制度史《水西传全集》等。公元六世纪，突厥族创立文字，并以之撰写了一批本民族英雄人物的碑记。随后，以回鹘文撰写了颇多碑铭，还撰写出《福乐智慧》、《突厥语大词典》、《真理的入门》等；以白文撰写出《白古通》系地方民族史书以及《南诏图志》等；以傣文撰写出《勐果占壁简史》、《芒莱法典》、《咋雷蛇曼蛇勐》等重要史书。以维吾尔文撰写的《拉失德史》、《编年史》、《和卓传》、《伊米德史》和以蒙古文写出的《蒙古秘史》、《元典章》、《经世大典》、《蒙古源流》等都是具有世界影响的史学名著。

在中国 55 个少数民族历史文库中，藏文书籍文献居于首位，有以藏文撰写的《红史》、《佛教史花蜜精露》、《佛教史大宝藏论》、《雅隆尊者教法史》、《如意宝树史》、《西藏王统记》、《西藏王臣记》、《白史》、《汉藏史集》、《青史》、《贤者喜宴》等数量巨大的历史名著。目前藏族地区各大图书馆、档案馆以及寺院保存的书籍、档案文献，其品种和数量之多，令世人瞩目。如西藏自治区档案馆现保存有四百多万件藏文文献，拉卜楞印书院藏有二十二万余部文献典籍，德格印经院共保存有三十余万块印版，文字量达 2.5 亿之巨。这些典籍内容丰富，是研究藏族历史文化和史学的第一手资料。

第四，中国各民族史学同时起步，交互影响和发展，少数民族地方或全国政权等政治实体的建立，是该民族史学发展的巨大动力。

先秦时期，华夏与蛮夷戎狄不仅在居地上，而且在血缘上就是你中有我、我中有你的。秦汉以来的中国历史，无论汉族还是大大小小的少数民族都有不断的种族互动，都为中华民族的发展进步做出了自己的贡献，匈奴、鲜卑、羯、氐、羌、藏、突厥、回鹘、白、彝、契丹、党项、女真、蒙古、满等族甚至走到历史前台，建立过一些地方乃至全国性的政权，以其民族文化和智慧，在中国多民族国家形成和发展的历史舞台上扮演过重要角色，极大地推动了该民族史学的发展，共同创造了光辉的中国史学史篇章。

各民族一般在建立政权之初即创制了本民族的文字，其君王往往具有很强的历史意识，注重汉文经史著作翻译和学习。匈奴族汉开国之君刘渊“幼好学，师事上党崔游，习《毛诗》、《京氏易》、《马氏尚书》，尤好《春秋左氏传》、《孙吴兵法》，略皆诵之，《史》、《汉》、诸子，无不综览”。他曾评论古史说:“吾每观书传，常鄙随（何）、陆（贾）无武，绛（侯周勃）、灌（婴）无文。道由人弘，一物之不知者，固君子之所耻也。二生遇高皇而不能建封侯之业，两公属太宗而不能开庠序之美，惜哉！”[①]从历史的研习中，树立了抓住历史机遇建功立业的志向。鲜卑族建立的北魏，在中国史学史上第一次设置了皇朝专职修史机构——著作局，成为隋唐史馆的前身，是鲜卑族对古代史官制度的重大创新。古突厥族使用的十二生肖纪年法，过去学者对其来源有柔然说、突厥说、西方说等。1975年，湖北云梦县睡虎地出土竹简《日书》甲种之《盗者》章，其中就有“子，鼠也……丑，牛也……寅，虎也……卯，兔也……辰……巳，虫也 ……午，鹿也……未，马也……申，环也……”的说辞，证明十二生肖在春秋前后已经存在，古突厥人从中原学来用以作为本族历史纪年法，是中原文化影响少数民族文化之一例。而十二生肖纪年法这种历史年代记忆方法，吐蕃人和古突厥人都使用着，又传给了回纥人和蒙古人，中华各族史学成果的相互影响于此可见。

契丹之后的诸民族，在建立政权之初即创立了本民族的文字，其君王具有很强的历史意识，注重汉文经史著作的翻译和学习，如党项族政权夏国就用西夏文翻译了《九经正义》、《孟子》、《孝经》、《尔雅》、《四言杂字》、《贞观政要》(易名为《德事要文》)、《十二国史》、《太宗择要文》、《德行集》、《类林》等经史书籍。他们借鉴汉族的思想成果和中央皇朝的统治经验，为其巩固统治、推动民族文化发展服务，继承历代中央皇朝的史学传统，为民族史学的发展提供了重要条件。蒙古族的元王朝建立以后，主动了解和认识中原的传统文化制度，并有选择地进行消化吸收。在史学方面，承袭了中原传统的史馆制度和新帝为先帝纂修实录、新朝为胜朝修史的传统。在史馆制度的建设上，在承袭的基础上又有适合蒙古王朝特点的变通。如将前代的翰林院、国史院合并为翰林兼国史院，提高级别，扩大规模，赋予其修史著史以外的更多职能。还另立蒙古翰林院，专门典理蒙古文书制诰，亦协助翰林兼国史院的修史工作。尤其是辽、金、宋“三史”的成功撰修，显示重视历史的撰述，以史为鉴，早已

① 《晋书》卷一〇一《刘元海载记》，中华书局，1974年，第2645—2646页。

成为蒙古族朝野的共识，这是蒙古民族对史学作用认识的巨大进步。

西夏、辽、金、元、清等民族政权重用本民族的史官，参用其他民族尤其是汉族的史官，建立学自历代中央皇朝并适合其民族特点的修史机构和修史活动，所撰写的史书多为兼用民族文字和汉字，在以本民族人物为主要记载对象的同时，兼记境内其他民族人物及事迹。其史书的编纂因袭了历朝的体例，并加以改进，创造出具有民族特色的史书体例。例如满洲努尔哈赤时期用满文记录档子，并汇编成册，成为其史学产生的标志。这些民族政权史学所呈现出来的特点以及其在中华文明母体内发展起来的民族史学，是在中国传统史学发展轨道上的创新，强烈地体现了中国史学史之多元一统、不断创新的特色。

第五，少数民族史学家在长期的史学实践中，形成了自己的史学理论体系，有独具特色的史学理论传统。

先秦楚人自称“蛮夷”[①]，其屈原《天问》，借楚国神庙内的历史和神话图画，对涉及天、地、人、自然、社会，以及从传说时代到夏、商、周的历史加以发问，反映了楚人对自然和历史认识的进步，对人们认识社会历史的深刻内涵起着催醒作用。从《史记·匈奴列传》看，匈奴人对祖先的祭祀及其功烈的记颂，年年代代口耳相传，对历代单于及其事迹有较明确的记忆。祖宗崇拜反映了匈奴人重视自身历史传承、追思民族发展历程的历史观。古代彝族史学理论极具特色。魏晋南北朝时期彝族史家举奢哲认识到每个人记录的历史从写法到记录重点都存在差异，提出历史撰述五样，“人物身世明，代数要叙清，时间要弄准”，“记录要真实，鉴别要审慎”。[②]这些极具理性的认识，是中国史学史上史书撰写法则的较早总结。隋唐时的彝族史学家布塔厄筹重视纲目分明的记史方式，强调信史为美，要求文理通达，主张明确史评标准，理清学术源流，是可以与刘知幾并驾齐驱的中国古代史学理论大家。北魏崔浩奉命撰鲜卑《国书》三十卷，因其“尽述国事，备而不典”，而成大案，崔浩遭诛，手下数百人被处死，诸汉族大姓因与其为姻亲亦被“尽夷其族”[③]。由此可见鲜卑

① 熊渠曰：“我蛮夷也，不与中国之号谥。”《史记》卷四〇《楚世家》，中华书局，1982年，第1692页。

② 举奢哲《彝族诗文论》，《彝族古代文论》，贵州人民出版社，1997年。

③《魏书》卷三五《崔浩传》，中华书局，1974年，第826页。

族史书对先祖“记善不记恶”的历史观。公元六七世纪的突厥文碑铭，反映了突厥民族“重兵死，耻病终”[①]的英雄史观。以回鹘文碑文与唐史记载相比较，可以看出为了构建其君权的合法性，碑文对历史有所隐瞒和欺骗。碑文不载唐朝对其可汗的封号，显示回鹘历史观念的民族独立性。《西藏的观世音》、《拔协》、《布顿佛教史》、《西藏王统记》等藏族政教史或王统史中，佛教史观在历史理论的表述中占有主导地位。成熟期的藏族史学，传记体强调信史的重要，“既无虚构，亦不隐瞒，乃据实而言”[②]，教法史从不同角度阐述佛教的历史，内容更丰富，形成了综合体、政教体、文献学体、人物类传、宗义书等多样体例，都努力追求历史真实，使佛教之“义”与历史之“实”有机地统一起来。大蒙古国是一个横跨欧亚大陆的征服王朝，所统治的地区及属民不尽相同的历史与文化背景决定了蒙古族史学是多元兼容的史学共同体。十六世纪藏传佛教传入蒙古以后，蒙古族史著把蒙古汗统与印度、西藏王统联系到一起，形成了“印藏蒙同源论”的历史认知。维吾尔族史家米尔咱·马黑麻·海答儿在《拉失德史》中指出，史家写史不是为了替君王虚美隐恶，而是通过实事求是地叙述往事，使读史者从中吸取经验教训，“使世人趋善而避恶”[③]。明代回族史学家李贽，史识卓越，明确提出“经史一物”说，提高了史学的地位；不以孔子是非为是非，对历史和历史人物有自己独特的评价；对传统史书体例大胆改革，创立“世纪”体，以揭示中国历史兴亡治乱的规律以及时代演变的历程，其史学理论独树一帜，推动了古代史学的发展。

第六，民族凝聚力和向心力是各民族史学思想的主题。

民族观是少数民族史学的自然表露。中国历史上的各少数民族史学既体现其民族自豪感和独立性，又强调其为中华民族大家庭成员的文化认同。南方民族历史传说中有盘古、伏羲、女娲故事，三苗、炎帝、蚩尤、颛顼、禹的始祖追述，由北方迁到南方的祖居地传说。匈奴人追述自己的先祖淳维是“夏后氏

① 《北史》卷九九《突厥传》，中华书局，1974 年，第 3289 页。

② 丹津班珠尔著，汤池安译《多仁班智达传》，中国藏学出版社，1995 年，第 3、4 页。

③ 《中亚蒙兀儿史——拉失德史》第一编，新疆人民出版社，1983 年，第 350 页。

之苗裔"[1]。慕容鲜卑认为自己是"有熊氏"的后代。拓跋鲜卑认为自己是黄帝的后裔。[2]鲜卑宇文氏称"出自炎帝神农氏"[3]。柯尔克孜族传说汉人、突厥人、蒙古人、柯尔克孜人是努赫的孙辈兄弟，还说柯尔克孜是突厥人的后裔，并融入蒙古勒、塔塔尔（鞑靼）的成分，反映了柯尔克孜先民对中国各民族兄弟关系的认识。党项人的传说中称："羌汉弥人同母亲，地域相隔语始异。羌地高高遥西隅，边陲羌区有羌字。"[4]意思是，吐蕃、汉族和党项都同出一源，只是由于地域的阻隔才使得语言产生差异。羌人所居住的地区与西方遥遥相隔，在边远的羌族地区有自己的文字。西汉邹阳《狱中上梁王书》中有"意合则胡越为昆弟"[5]的民族观。以上都是古代中华各民族同源共祖的始祖认同观的反映，是中华民族凝聚力和向心力的表现。

十六国中诸民族首领所建政权多以汉、夏、秦、凉、燕、蜀、赵、魏等中原王朝或地方郡国名称命名，表明其所建系对中原王朝统绪的继承，表现出强烈的正统意识。魏晋南北朝时期，汉族政权的史书《晋书》、《宋书》、《南齐书》将北朝民族斥为"索虏"，而北朝民族政权的史书《魏书》、《北史》又将东晋斥为"僭晋"，将南朝政权讽称为"岛夷"。这种通过撰写史书来彼此对骂的现象，表明当时存在着尖锐的民族矛盾。但南北各朝互争正统，又反映出即使北方民族政权的史书也是以华夏正统自居的，说明民族融合的国家一统是中国历史发展的必然趋势，即使民族矛盾存在，国家一统的思想和信念却是根深蒂固的各民族史家的历史观。藏族早期的《西藏的观世音》一书，详载文成公主作为嫁妆带去藏地的物品清单，突出由汉地传到吐蕃的这些知识对藏文化的显著影响。唐时壮族首领韦敬办所撰《六合大宅颂》追宗溯祖："维我宗祧，昔居京兆，流派南邑。"[6]反映壮、汉民族水乳交融的亲缘关系。明代纳西族土司

---

① 《史记》卷一一〇《匈奴列传》，中华书局，1982 年，第 2879 页。
② 《魏书》卷一《序纪》，中华书局，1974 年，第 1 页。
③ 《周书》卷一《文帝纪》，中华书局，1971 年，第 1 页。
④ 《颂师典》，见陈炳应《西夏文物研究》所引，宁夏人民出版社，1985 年，第 346—348 页。
⑤ 《史记》卷八三《鲁仲连邹阳列传》，中华书局，1982 年，第 2473 页。
⑥ 白耀天《〈六合坚固大宅颂〉、〈智城碑〉通译》，《广西民族研究》2005 年第 4 期。

木公《自述》言:“汉唐宋元世/历宦岂须夸/腰系黄金重/诚心报国家。”[①]这种家族自豪来源于作为中华子民的认识。海南白沙县黎族土氏始祖所定子孙辈字派“开—文—建—正—国—家—章—兴”,是其强烈家国观的体现。白族作者李元阳撰《万历云南通志》,反映其民族思想为“天下一统”的整体观、“无间华夷”的民族观和“爱民抚夷”的羁縻观。[②]其核心就是对中华民族的认同和对“大一统”中央皇朝的认同。针对欧阳修《新五代史》将辽朝列于四夷,契丹辽修国史将“赵氏初起事迹”详附于后[③],说明与宋朝相比,契丹人建立的才是真正的正统王朝。党项人的《新集碎金置掌文》,称“西夏人骁勇,契丹人迟缓,西藏人信佛,汉族人崇儒,回鹘饮酸乳,山狄食荞饼”[④],用简洁的文字描述了中华各民族的不同特征,显示了其中华一家的民族观。

元朝在修撰《宋》、《辽》、《金》三史时,长期因体例问题争而不决,在元顺帝提出“分史置局,纂修成书”的指示后,都总裁脱脱确定了“三国各与正统,各系其年号”办法,议者遂息。[⑤]这一决定不仅突破了以汉族政权为正统的旧史学观念,符合辽、金、宋三朝互不统属的历史状况,更宣示了蒙元朝是统兼三朝的中华正统皇朝。满族首领皇太极用所阅汉文正史中的史实,阐述“皇天无亲,惟德是辅”的历史规律,明确少数民族一样可以主宰天下的道理,为满族即将取代明朝而获得天下寻找历史根据。维吾尔族史家毛拉·穆萨的《伊米德史》,以不少篇幅描述新疆各族对清廷平定阿古柏侵华势力的期盼,总结道:“可汗(指清朝皇帝)的胜利之军,从吐鲁番出发到喀什噶尔,沿途所经,没有遇到任何阻碍。没有一个城镇向可汗陛下的大军射过一粒子弹,相反,很多城镇的好人们还为可汗的大军做了力所能及的事。”反映了新疆民族史学中的中华民族向心力和“共御外侮”的排他力。

---

① [明]木公《雪山诗选》卷中,《云南丛书》第二编《集部》,云南图书馆藏版。

② 郑志惠《天下一统 无间华夷——从万历〈云南通志〉看李元阳的民族观》,云南大学历史系编《史学论丛》第五辑,云南大学出版社,1993年,第250页。

③《辽史》卷一〇四《刘辉传》,中华书局,1974年,第1455—1456页。

④ 白滨《从西夏文字典〈文海〉看西夏社会》,白滨编《西夏史论文集》,宁夏人民出版社,1989年,第180页。

⑤ [元]权衡著,任崇岳笺证《庚申外史笺证》,中州古籍出版社,1991年,第44页。

第七，中国少数民族史学是包括汉族史家在内的中国各民族及其史家共同创造的。

中国历史上的大部分民族在古代都没有本民族文字或者民族文字不够成熟、利用不多，没有或少有本民族文字的史学著述。以南方少数民族为例，黎族、傈僳族、哈尼族、拉祜族、基诺族、普米族、怒族、独龙族、阿昌族、景颇族、佤族、布朗族、德昂族、台湾原住民等都没有自己的民族文字，除了口述历史以外，其历史资料都必须从汉文典籍中找寻。苗族、土家族等虽然有文字，但使用不广，一般苗族、土家族史家的作品都是用汉文完成的。只有彝族、白族、纳西族、傣族用本民族的文字记载了本民族的历史，而且有许多历史著作存世。

由于诸多原因，中国少数民族史学大量存在“他者书写”的情况。除了近代以来外国学者的调查报告和历史研究之外，主要是历代汉族史家的历史撰述。且不说古代许多民族的史家习惯以汉文写作民族的历史，就是主要由汉族史家以汉文撰写的历代“正史”及其他史书中也有极为丰富的少数民族历史记述。虽然其中不乏民族歧视、偏颇或误记，却在很大程度上弥补了许多少数民族历史记忆或记载的缺失、粗粝和不系统。我们要建构中国少数民族史学史，多数还要依靠汉文史书的记载，这是中华各民族在史学上谁也离不开谁的有力证据。

先秦两汉各民族的历史记载绝大部分都是由华夏 / 汉族的史家完成的，即使强大如匈奴者，既无自己的民族文字，亦无本民族的史家和史书，其历史主要靠《史记》和两《汉书》的《匈奴列传》得以保存。先秦两汉未见百越人以本民族文字撰写的百越历史著作。这一时期无论是正史还是其他性质的史书，对百越民族的分布、支系、历史传说，以及居住的自然环境、资源物产、社会生产、历史风俗文化等许多方面有较为丰满的记载，出现了记载百越民族的专篇，还有《越绝书》、《吴越春秋》等专门的汉文史著，其文字虽介于小说与历史之间，但也是一种质的飞跃，是百越民族史学发展的一个显著标志。魏晋南北朝时期十六国北朝政权虽然多由少数民族所建，但各民族都没有自己的民族文字，少数民族出身的史家也不多，其较有分量的史书多为汉族史家所著。

唐宋时期的渤海族曾建渤海国，该族史事主要靠唐文宗使臣张建章所撰《渤海国记》保存下来。唐代产生的壮族方块字，一般只用于民间抄写，使用范围狭窄，古代基本没有本族史学著作，壮族历史资料主要来自历代汉文典籍的相关记载。突厥、回鹘等民族有不少民族文字的碑记和文献，且采用十二生肖纪年，但倘若不参考同时期的中原史籍的记载，很可能碑铭主人的具体生卒年代都无法搞清。更何况此人在碑文中被掩盖或忽略的事迹，也只有参考隋唐史书才能补齐。建立辽朝的契丹族，虽然撰有丰富的史籍，却因其“书禁甚严，传入中国者法皆死”[①]，以致后来极少流传，幸有宋人所撰《契丹国志》等书及元人所撰《辽史》，才使其国其族历史得以为后人所知。自《史记》开始，历代汉文史籍多有对柯尔克孜及其先民的记载，由于汉族史学的相对成熟，故而这些记载在构建柯尔克孜族历史以及研究中央政权和史家的民族思想方面有着非常重要的作用。

二十世纪后半期，中国大规模的少数民族社会历史调查，全面系统的少数民族历史文献整理研究，涵盖55个民族的《中国少数民族简史丛书》的撰述出版，如雨后春笋般的民族历史研究专著和论文，是中国少数民族史学的重大成就。从事调查、研究和撰述的固然有相当数量的少数民族学者，但更多的是汉族学者，各民族学者通力合作，成就了当代中国少数民族史学的繁荣。我们完全有理由认定，中国少数民族史学是包括汉族史家在内的中华各民族及其史家共同创造的。

三、中国少数民族史学发展的四个阶段

我们将上古至二十世纪末的中国少数民族史学发展史划分为四个阶段。

第一阶段，先秦至南北朝（前3000—580）是中国少数民族史学初起的时期。

根据彝族古籍《西南彝志》所载世系推算，该族第一位史家布摩大约生活于中原传说的五帝时代。彝族先民创制了民族文字——爨字，并用其撰写“夷

① ［宋］沈括《元刊梦溪笔谈》卷一五龙龛手镜条，文物出版社，1975年影印，本卷第6页。

经”，很可能是最早的中国少数民族文字历史著述。先秦被称为荆蛮的楚人，文化和史学非常发达，楚国左史倚相，“是能读三坟、五典、八索、九丘”，而被称为“良史”。[①] 战国后期的屈原，撰史诗《天问》，借楚国神庙内的历史和神话图画加以发问，对涉及天、地、人、自然、社会，以及从传说时代到夏、商、周的历史提出一百七十三个值得思考的问题，以自己对历史的辨析开古代史学新风。两汉时期的匈奴对本民族的世系、人物、职官、疆域和事件有丰富的记忆，被汉朝史家所记载。东汉明帝时，白狼王唐菆“慕化归义”，率其种人到东都朝贡，献诗三章，为《后汉书·西南夷列传》收载，其中除表示对大汉天子的仰慕及叙述朝奉之程的艰辛外，以较多篇幅叙述了白狼国的地理环境、气候、人口、生活、生产等，是西南少数民族较早的自述历史。司马迁、班固、范晔等中原史家构建了中国少数民族历史记载的最初框架。十六国时期的匈奴、鲜卑、羯、氐、羌等民族统治者多热心学习汉族历史，利用汉族学者撰述其国的历史，培养出撰述本族历史的羯族、氐族和鲜卑族史家，他们使中国史坛上第一次出现了数十部专记民族政权的史书，丰富了中华史学的宝库。鲜卑族建立的北魏设著作局，首开皇朝专门机构史馆之端，是对古代史官制度的一大贡献。魏收所撰《魏书》是第一部专记少数民族政权的“正史”，同时期的彝族史家举奢哲提出历史撰述原则的“写法有五样”，在古代历史编纂理论中有突出地位。

第二阶段，唐宋辽夏金（581—1279）是中国少数民族史学全面展开的时期。

隋唐五代时期，少数民族史家在朝廷史官中占有重要地位，唐初多部“正史”的写作少数民族史家功不可没。《旧唐书·经籍志》一反“内夏外夷”的民族历史观，将魏收撰《魏书》、令狐德棻撰《周书》这两部少数民族政权的纪传体史书列入“正史”之中。突厥、回鹘创造了自己的民族文字，以民族文字撰写出本民族的一些重要碑记或史书，开创了少数民族英雄史学的新篇章。其所使用的十二生肖纪年法和按历史发生顺序记史的方法，丰富了古代民族

① 杨伯峻《春秋左传注》昭公十二年，中华书局，1981 年，第 1340 页。

史学的内容。彝族史家布塔厄筹敢于秉笔直书，针砭时弊，进一步发展了朴素民主的史学思想。著《论诗的写作》等史著，重视纲目分明的记史方式，强调信史为美，要求文理通达，主张明确史评标准，理清学术源流。布阿洪提出写史应详细、真实、清楚、流畅的要求，是古代史学思想的重要表述。提出撰史的法则，“一要抓主根，二要抓题旨，三要写君长，四要写平民，五要写牛羊，六要写金银，七要写地域，八要写风土，九写君臣间”[①]，见解全面而且高明。《敦煌本吐蕃历史文书》记载吐蕃王朝赞普的世系和大相史事，有编年体，有纪事本末体，以世俗政治史观及明示善恶作为其史学主题，显示藏族史学已站到同时期民族史学的前列。《西藏的观世音》涉及佛教、王统、圣迹等类，多为后世藏族史书的选材之源。《拔协》是赤松德赞朝的起居注和桑耶寺修建史。白族史家撰述的《白古通记》，是以白文记录南诏大理史事的编年体史籍。唐相杜佑所撰《通典·边防门》，分族（国）叙述古今各少数民族的历史，总结历代民族政策，是唐代民族史学的要著。

辽、西夏、金是少数民族建立的有重大影响的北方政权。契丹国建立之初，契丹人就创制了契丹字，统治者重视本民族历史的建构，承唐仿宋，建立了完善的史馆制度，撰修起居注、日历、实录和国史。契丹史著中构建其与中原汉族同源共祖的早期历史，为本民族政权的合法性在族源上找到依据，并在新修史书中“以赵氏初起事迹，详附国史”，[②]以报复欧阳修编《（新）五代史》，附契丹辽于“四夷”的做法。元昊创立西夏文以后，以党项族为主体的西夏史学迅速发展，翰林学士院成为专职修史机构，出现了世代为史官的斡氏家族，撰出了《李氏实录》、《西夏国谱》、《新集慈孝记》、《贞观玉镜统》、《新法》、《亥年新法》、《天盛改旧新定律令》等多种体裁的史书，显示了党项民族史学的不懈追求和创新。建金国后，女真统治者以史为鉴治理国家，设置了完善的史官制度，撰写了系统的起居注、实录，并依中华史学传统为胜朝修撰《辽史》，撰《大金吊伐录》辑录与辽宋的相关文书，撰政书类史著《大金集

① 布阿洪《彝诗例话》，《彝族古代文论》，贵州人民出版社，1997年，第252页。

② 《辽史》卷一〇四《刘辉传》，中华书局，1974年，第1455—1456页。

礼》。赵翼称赞“金源一代文物，上掩辽而下轶元，非偶然也”[①]。辽、夏、金作为与宋朝相颉颃的民族政权，其史学基于其民族特点并吸收中原皇朝史学成果，开创了中国史学史的新格局。

第三阶段，元明清（1206—1911）是中国古代少数民族史学的兴盛时期。

元、明、清是中国古代后期前后相继的一统皇朝。蒙古人和满洲人建立元、清两个皇朝前后长达370年的统治，改造了他们自己的民族，也改造了中华民族的整体历史观和民族观，使中国古代史学终于走上了历史的最高峰。蒙古人入主中原后，集中了各民族的优秀史家，尤其是色目人和汉族史家，承袭传统的史馆制度和新帝为先帝纂修实录、新朝为胜朝修史的传统，又有适合蒙古族特点的变通，如另立蒙古翰林院，增加为未登皇位的新皇帝生父撰实录，摒弃以汉族政权定正朔的统绪观，为辽、宋、金各自修史。蒙古族在欧亚大陆的地位和影响，又使得蒙古历史撰述的不仅是蒙古族自身的事，而且也为世界多民族史家关注，造就了蒙古史撰著的高峰。所有这些，都反映出蒙古族是一个开放的、善于包容并接受新事物、新文化的民族，他们创造了融汇诸族国文明，又具有鲜明特色的蒙古族史学，为中国民族史学的进步做出了重大的贡献。朱元璋打着“驱除鞑虏，恢复中华”的旗帜推翻了元朝的统治，但在史学上却接受了蒙元的史观，承认元朝的地位，为之修撰“正史”。明朝以主要精力防范北方的蒙古势力，放松了对其他民族的控制，使得南北方许多民族的史学得到发展。满洲人入关以后，不断吸收汉、蒙等民族的优秀文化，调整统治政策，促进了国内各民族经济、文化的联系和交流。清康熙、乾隆等皇帝，有很高的文化修养，重视史学对巩固统治的作用，全面系统地整理中国古代的史学成果，推动清代史学走上中国古代史学的最高峰。满族统治者实行文字狱，禁毁一切对满族不利的史书、文字，甚至删改古史书中的蛮夷戎狄等字词。史馆负责官员多以满官为首，特别重视满族史的修撰和辽金元少数民族政权史的撰修，所撰史书送呈皇帝“圣裁”，保证了对官方史学的完全垄断。这些，既

① ［清］赵翼撰，王树民校证《廿二史劄记校证》卷二八《金代文物远胜辽元》，中华书局，2001年订补本，第623页。

是对入关前满族史学传统和制度的继承和发展，也是满族史学在官方史学中占据主导地位的表现。这一阶段，在蒙、满二民族的带动下，全国各少数民族史学得以飞速发展，藏族史学由复兴走向成熟，回族史家的中外交通史、史学思想、回族史和伊斯兰教史研究独占鳌头，维吾尔、哈萨克和柯尔克孜族史学成就独特，南方各民族史学纷呈奇葩，黎族和台湾原住民史学初露锋芒。十九世纪初开始，中国边疆和民族危机加深，学界掀起边疆和民族之学研究高潮，以寻求救亡图存的药方。他们用文献搜寻、细密考订和实地勘查的方法研究边疆史、民族史和金元史，取得了很大成绩，推动了民族史学的进一步发展。

第四阶段，二十世纪是中国少数民族史学全面开拓、充分发展的时期。

二十世纪前期，在西方进化史观、民族主义等思潮的影响下，尤其是外敌入侵、民族危亡的严峻关头，中国学者突破传统的夷夏观念，倡导民族平等、民族共和、同御外侮，中国民族史学的研究在理论和方法上由传统向近代转化，撰写出多部中国民族史专著，并从事少数民族史的多途探索。大批学者致力于少数民族田野调查，爬梳整理古籍文献中的民族史料，对中国民族的分类、民族史的分期、民族的起源、名称以及与他族的关系、历史沿革及现状等进行研究，初步构建了中国民族史学体系。翦伯赞、向达、白寿彝、石启贵、根敦群培、方国瑜、金吉堂、尼合迈德·蒙加尼等少数民族史学家成为民族史学研究的中坚力量。学界对国外学者“南诏泰族王国说”的批判和抗日战争中边疆民族历史研究的兴起，反映了少数民族史学研究不仅是一个学术问题，更是关系国家安全和民族存亡的政治问题。

1949 年 10 月 1 日，中华人民共和国建立，确立了以马克思主义历史观和社会主义民族观为指导的民族史学，在科学院系统、民族院校及相关院校、政府部门逐步建立了民族研究机构，对民族理论进行了全面的讨论，一些问题形成了比较一致的看法，有力地指导和推动了民族史学研究的开展。二十世纪五六十年代，国家组织大批学者和民族干部在全国范围内开展民族识别、民族调查和民族史撰述，摸清了中国五十多个少数民族的情况，积累了民族工作和民族调查研究的经验，锻炼和培养了一批民族研究人才和民族工作干部，撰写一批少数民族的《简史简志》和调查报告。1979 年全国民族研究工作规划会议以后，民族史学研究进入了一个崭新的发展时期，随后出版的《中国少数民族》、《中国少数民族简史丛书》、《中国少数民族自治地方概况丛书》、《中国少数民族社会历史调查资料丛刊》，共数百册，使中国境内的每一个少数民族和民族自治地方都拥有了自己的史书，是中国史学发展史上前所未有的壮举。同时，大规模地进行少数民族古籍和文献的搜集整理出版工作，民族史研究专著和学术论文如雨后春笋般出现，对民族史的许多问题进行了探索和讨论，大量少数民族出身的青年学者走到了史学研究的前沿，民族史学研究空前繁荣。

黑格尔说："中国'历史作家'的层出不穷，继续不断，实为任何民族所不及。"[①] 这种傲视世界各民族的史学成就是中华各民族在五千年间共同创造的。

四、项目研究内容的前沿性和创新性、研究方法和学术价值

中国史学史学科的产生至今已近百年，白寿彝先生提出"应该把进行少数民族史学史的研究工作作为一项重要科目加以提倡"，也有三十年，但至今尚没有一部少数民族史学史问世。近几十年间，中国少数民族历史及理论研究取得很大成绩，对某些民族的史学和某些民族史家、史著的研究也有不少成果。但从总体上对古往今来的中国少数民族史学进行全面探讨综合研究，撰成一部涵盖古今数十百个少数民族史学发展史的著述，初步实现白寿彝先生的遗愿，本项目成果是第一家，这无疑是一个前沿性的学术成果。

课题成果的创新性：

1. 结构的创新。我们的成果没有采用一篇篇民族史学研究论文堆积的结构，而是运用史学史的写法，按时代顺序论述自先秦至二十世纪末的中国少数民族史学发展史，既阐明了中国少数民族史学的产生、发展与进步的总体脉络，又明晰了各少数民族史学对中国史学发展的贡献及其在中国史学史上的地位，还从横的方面评述每一时期少数民族史学的阶段特点及从纵的方面显示古今各少数民族的史学成就。少数民族历史是其史学发展的基础，而多数读者对少数民族历史不太熟悉，故而我们在论述每一个民族史学时，首先以一些篇幅

① 黑格尔《历史哲学》第一部《东方世界》第一篇《中国》，商务印书馆万有文库本。

介绍该民族的历史、现状和文字。

2. **学术视点的创新**。在撰写本成果时，我们既遵循中国史学史的一般做法，又考虑到中国少数民族史学的不同特点，在学术视点上有不少创新。①各少数民族丰富的口传史学（历史故事传说、民歌、说唱、史诗等），是其史学的重要内容，我们很重视对各民族口传史学的阐述。②过去我们仅根据已有文字材料的形成时间来界定讨论相关史学问题，但有的少数民族（如彝族等）其史学成果是代代相传而且不断修订补充的，其现存文字史料的最终形成时间相对较迟，我们尽量按照学者的推算时间来分析其早期的史学。③由于多种原因，中国少数民族史学大量存在“他者书写”的情况，我们将历代用民族文字和汉文记载的少数民族历史或文献，都视为少数民族的史学，这也是中华各民族过去和现在谁也离不开谁的一个佐证。④突厥、回鹘等民族有用本民族文字撰写的记人物事迹的碑文，有家族谱牒，我们将其界定为少数民族传记类的历史作品加以分析。⑤在论述藏族、回族等民族史学的时候，注意到宗教对其史学的影响，及其宗教史研究。⑥重视阐述近代外国学者和1949年后台湾学者在中国少数民族史学及少数民族政权史学研究的观点与成绩。

3. **概念的定位和思想的创新**。①我们课题组成员既有汉族学者也有相当比例的少数民族学者，在研究本课题时，我们一致认为，要以唯物史观为指导，禁绝大汉族主义和狭隘民族主义，站在当代民族观和民族政策的高度，从维护中华民族大家庭团结进步的立场出发，去观察和分析少数民族史学成就，在标题、立论、用词等各个环节都尽量避免偏颇。②依据2005年中央关于民族理论政策十二条中对民族的定义：“民族是在一定的历史发展阶段形成的稳定的人们共同体。一般来说，民族在历史渊源、生产方式、语言、文化、风俗习惯以及心理认同等方面具有共同的特征。有的民族在形成和发展中，宗教起着重要作用。”对历史上曾经存在过的蛮、夷、越、戎、番、胡、匈奴、鲜卑、羯、氐、吐谷浑、突厥、回鹘、党项族等，以及国家民族识别所确定的55个少数民族，我们一律用“民族”的称呼。③处理历史上民族史学问题时，我们将历史上主要在中国领土上活动的民族，包括突厥、蒙古等都视作中国历史上的民族。④汉文历史文献中凡歧视、污蔑性的民族名称，我们尽可能予以更改，实在不得已时则加括号予以标示。⑤以往学界将拓跋、契丹、女真、满统治者在建立政权后对汉文化的学习视为被民族“同化”，我们不取其说，实事求是地予以分析。⑥在研究少数民族史学时，我们既阐述各民族史学的差别与特性，也注意各民族史学的相互影响和借鉴，更强调民族凝聚力和向心力是中华各民族史学思想的主题。⑦中国少数民族史学是多元一统的中国史学史的重要内容，在充分挖掘和阐述各少数民族对中国史学发展贡献的同时，注意到建立了政权的民族对中国史学发展的特别贡献，同时注意历史上汉文和汉族学者对中国少数民族史学的贡献，揭示中国史学的发展是中华各民族共同奋斗的结果，证实了少数民族和汉族在史学上谁也离不开谁的真理。⑧从被称为荆蛮的楚史学的梳理和对彝族史家史学思想的研究，以及对拓跋族、契丹族、女真族、蒙古族和满族史学的研究，我们可以看到许多少数民族的史学及其史学思想曾经走在中国古代史学的前列，在许多方面对中国史学史有巨大推动。

4．内容的创新。①多年来，学术界对中国古今少数民族史学研究很不充分，我们的这部书稿，对五千年中国少数民族史学进行了全面系统的研究，是第一部中国少数民族史学史。②本成果对很多少数民族史学第一次进行探讨，其内容是原创的。如对匈奴族史学、吐谷浑族史学、百越各族史学、壮族史学、白族史学、苗族史学、土家族史学、渤海族史学、党项族史学、哈萨克族史学、柯尔克孜族史学、黎族史学、台湾少数民族史学、达斡尔族史学、鄂温克族史学、纳西族史学、裕固族史学、撒拉族史学、东乡族史学、保安族史学、拉祜族普米族独龙族阿昌族哈尼族布朗族佤族等族史学，都是课题组成员对该民族史书史学成果多年艰苦爬梳的结晶。③即使已有一定研究基础的十六国民族史学、北朝史学、彝族史学、藏族史学、蒙古族史学、突厥族史学、回鹘族史学、契丹族史学、女真族史学、蒙古族史学、满族史学、回族史学、维吾尔族史学等，在参考学术界已有成果的同时，我们也从少数民族史学史的全新学术视角，进行了一些研究，补充了新内容，并归纳总结，从一定角度看这些内容也是原创性的工作。

本课题采用的研究方法。1. 由于研究对象的特殊性和多学科的背景，本项目在运用中国史学史研究基本方法的同时，采用了历史学、民族学、社会学、宗教学方法相结合的跨学科方法，主要通过对少数民族的历史观念、历史编纂、历史传说、民族史家与史著、民族史学批评进行分析总结，揭示少数民族史学的丰富内容与特点，探讨中国少数民族史学在中国史学史中的地位与作用。2. 研究资料的充分采集和利用。少数民族史学史研究的资料包括：少数民族口传史、民歌、史诗、说唱，少数民族文字的史书、史论、碑铭、谱牒，地方和少数民族典志、档案、文书、契约、文物，汉文及其他文字（如西文、日文等）关于少数民族的历史、记述、调查、问询和研究，少数民族史学家对本民族的史学或中华各地各时代史学的记载和研究成果等。这些资料虽然丰富，却极为分散，有些资料从未有人关注或整理搜集过，我们在从事相关个案研究时，尽可能多地搜集包括口述史料、多种文本的史籍和档案，并与社会调查相结合，充分借鉴和利用国内外已有的各种民族社会调查和民族史研究的成果。3. 充分发挥课题组大部分成员生活于多民族地区，对民族历史和民族问题有较多且清醒的认识，长期从事中国少数民族史学研究及中国史学史研究的优势，立足于少数民族史学遗产的整理发掘、研究和总结，选择在历史上具有重要影响力的少数民族为研究对象，既充分利用汉文典籍中对少数民族历史的记载，更深入发掘少数民族文字的历史典籍，并研究少数民族史家对中华民族历史的研究成果，以及少数民族史学与传统中华史学的相互影响与促进，分地区、分时段和以问题为中心进行研究，通过十年的努力，终于高质量地完成了项目研究任务。

项目成果的学术和社会价值。

1. 少数民族史学研究发掘资料、总结学科发展，有助于指导和推动民族史的深入研究。中国各少数民族在其发展过程中积累了丰富的史学成果，留下了珍贵的史学遗产，它们是各少数民族创造自己的历史和共同创造中华历史的记录。但是以往对少数民族史学的研究不够深入，以至于蕴含在各种书籍文献中的少数民族历史记载尚未得到很好的利用。本课题以少数民族及少数民族地区的历史记载和史学发展为研究对象，以探索少数民族史学的起源、形成及其发展为研究目标。一方面对各少数民族史学进行具体的研究，通过这种个案研究了解各少数民族的史学成就；另一方面在一系列个案研究的基础上，对少数民族史学进行综合研究和宏观的把握，探索少数民族史学的特点、优良传统，各民族史学在其发展过程中的相互影响和借鉴等，从不同的层次对少数民族史学遗产进行发掘与总结，不仅可以为各少数民族的历史提供更多的经过科学分析的历史资料，还能开阔民族史学研究的学术视野，指导和推动中国民族历史研究的深入发展。

2. **少数民族史学研究有助于增强民族凝聚力。**中国境内各个民族经过长期的血脉相融、文化浸染和经济交流，形成了亲情交替、文化多同、经济互补、生活相助、利害一致、安危与共、谁也离不开谁的中华民族大家庭。中国史学史是全中华民族的史学史。在中国史学发展的总体框架中系统考察各少数民族史学，揭示少数民族史学的丰富内涵和优良传统，明晰历史上各民族历史记载中多民族同源共祖的历史追溯，汉族史学与少数民族史学以及各少数民族史学之间在其发展过程中的相互影响、借鉴与帮助，探讨历史上各民族团结一致、共御外侮、同驱侵华外敌等事实记载，以及中华民族共同体的认同和对整个中华文化的认同等观念的形成，进一步总结继承中华民族优秀文化遗产和推进史学的发展，不但有助于人们对统一的多民族国家历史的认识，而且可以增强民族凝聚力，促进中国各民族的团结进步和共同繁荣。

3. **少数民族史学研究有助于促进中国史学史学科的建设。**中国是个多民族的国家，拥有多民族的历史和史学，中国史学史应该对此有较为全面的反映。白寿彝先生生前论及中国史学史的研究和学科建设时，将少数民族史学作为中国史学史研究的重要内容，提出应该撰写“全民族的史学史”。在白先生的倡导下，中国史学史研究者充分认识到加强少数民族史学研究的重要性，并取得了一些成果。本项目成果对中国古今少数民族的史学进行了较充分的探讨和较系统的总结，是第一部中国少数民族史学史著述，填补了中国史学史中少数民族史学研究的空白，对促进中国史学史的学科建设，构建全民族的中国史学史有重大意义。当然，我们的成果还存在颇多不足，未能对中国少数民族史学进行更加全面的展示，未对少数民族史学的精华进行充分提炼，观点和论述有考虑不周或提法不准之处；由于学识和时间所限，对各少数民族史学的研究不够全面深入，存在一些阙失和空白，有些民族的史学未曾涉及。我们希望，以此成果抛砖引玉，推动中国少数民族史学史研究的繁荣和深入，经过广大史学研究者和民族研究者长期艰辛的努力，写出更为理想的中国少数民族史学史，进而实现“把中国史学史写成一部多民族的中国史学史”的目标。

4. 构建全民族的史学史有助于提高民族素质，促进中华民族的伟大复兴。通过少数民族史学研究，构建一部全民族的中国史学史，不仅能够丰富各民族对本民族优秀历史文化的认知，还能够丰富中华民族全体成员的民族历史文化认知，从而提高全民族的文化素质，加强全国各民族的大团结，维护祖国统一和领土完整，弘扬爱国主义精神。从中国少数民族史学史中总结的历史上民族团结互助、文化共荣共进的经验教训，还可以为我们多民族国家在处理民族关系和制定民族政策方面提供借鉴和参考，实现中华民族的伟大复兴。

第一编　先秦至南北朝少数民族史学

第一章

中原史家对少数民族史学的构建

第一节　先秦典籍中的少数民族历史记述

先秦时期，相对于华夏族人，其他各民族都可以视为当时的少数民族。在先秦的文献典籍中，有许多对当时少数民族历史的记录，这些记录，有的来自华夏族人与少数民族的直接交往，有的得之传闻，故而其真实性可以大打折扣。然而，由于少数民族自身历史记录的缺如，故而仍是宝贵的关于中国少数民族历史的最早的文字记载。

殷商甲骨文中涉及许多少数民族的历史。董作宾《甲骨文断代研究例》专列“方国”一节[①]，其中罗列之𢀛方、土方、沚、肃（肃慎氏）、兒、井方、戉、鬼方、羌方、见乘、下召、蒙等就是武丁时殷的方国，亦可谓当时的少数民族。如：“甲午卜，亘贞：翌乙未翌日，王占曰：‘㞢求，丙其㞢来嬉。’三日丙申允㞢来嬉，自东肃，告曰：‘兒（下缺）’”（前 7.40.2）即言武丁时某月丙申日东肃来报告与兒方某事。

《周礼·春官宗伯》言：“外史掌书外令，掌四方之志，掌三皇五帝之书……”其“四方之志”，郑玄注：“谓若鲁之《春秋》、晋之《乘》、楚之《梼杌》”[②]，即诸侯国史书。当时的诸侯国既有兄弟同姓姻亲之国，也有蛮夷之国（如楚、鲜虞、陆浑）。可以说，周王室外史之职，也包括管理诸蛮夷国的史书。大约《国语》之《楚语》、《越语》等即其孑遗。先秦典籍《尚书》、《诗经》、《逸周书》、《山海经》、《春秋》及三传中有许多涉及少数民族历史的内容。如周武王伐纣誓辞《牧誓》中问候其盟邦诸君及将士，言：“嗟我友邦冢君，御事：司徒、司马、司空、亚旅、师氏、千夫长、百夫长，及庸、蜀、羌、

① 刘梦溪主编《中国现代学术经典·董作宾卷》，河北教育出版社，1996 年，第 58—70 页。

② 《周礼注疏》卷二六，《十三经注疏》（清嘉庆刊本），中华书局，2009 年，第 1771 页。

髳、微、卢、彭、濮人。"[①] 所谓庸、蜀、羌、髳等，都是当时生活于西部的少数民族。《山海经》中有更多的关于周边各少数民族的历史及情况的记载，然而其中有真实记述，也有传闻失实颇为荒诞的故事。《逸周书·王会解》是关于洛邑王城筑成以后，周成王大会天下诸侯及四夷的篇章。其中记载了稷慎（肃慎）、秽人（韩秽）、良夷、禺禺、发人、鹿人、俞人、青丘、周头、黑齿、白民、东越、瓯人、于越、姑妹、且瓯、若人、海阳、目深、会稽、义渠、央林、北唐、渠叟、楼烦、卜卢、区阳、规规、西申、氐羌、巴人、方扬、蜀人、方人、卜人、夷、康人、州靡、都郭、奇干、高夷、独鹿、孤竹、不令支、不屠何、东胡、山戎、般吾、屠州、禺氏、大夏、犬戎、数楚、匈奴、权扶、白州、禽人、路人、长沙、鱼复、蛮扬、仓吾、南人等国族名称及其贡物。惜其内容过于简略，除其所贡献特产的描述外，别无记说。从该篇所叙族名分析，其最后成书不早于战国后期。《春秋》及三传中有不少少数民族史事的记录，《穀梁传》宣公十五年总结《春秋》书"日月时例"称："中国谨日，卑国月，夷狄不日。"[②] 在这里，穀梁氏曲解了史例，其实，鲁国史官之所以对"夷狄"史事不书日期，是由于少数民族史事多得自传闻，很难说出准确日期。

先秦少数民族语言的史诗有许多因后来的汉文典籍记载了下来，而流传至今。如壮侗语族的《越人歌》，描述一位撑船者（榜枻）对乘船之楚王之弟鄂君子皙的爱慕之情。该诗被西汉后期学者刘向收录于《说苑·善说》，以汉文记录的越语音歌辞是："滥兮抃草滥予？昌枑泽予？昌州州䬫。州焉乎秦胥胥缦，予乎昭澶秦踰渗。惿随河湖。"时人译其歌意为："今夕何夕兮，搴中洲流。今日何日兮，得与王子同舟。蒙羞被好兮，不訾诟耻。心几顽而不绝兮，知得王子。山有木兮木有枝，心说君兮君不知。"[③] 此歌辞在一定程度上表现了先秦楚地同性恋盛行的真实历史。先秦南越（今广西一带）受后母虐待的女孩叶限终于嫁给陀汗国国主的故事，流传千余年以后，被唐人段成式收录于《酉阳杂

① 《尚书正义》卷一一，《十三经注疏》（清嘉庆刊本），中华书局，2009 年，第 388 页。

② 《春秋穀梁传注疏》卷一二，《十三经注疏》（清嘉庆刊本），中华书局，2009年，第5242页。《穀梁传》襄公六年又有"中国日，卑国月，夷狄时"的文字。

③ ［汉］刘向《说苑》卷一一《善说》，中华书局《四部备要》史部本，第 73 页。

组续集》中的《支诺皋上》，因其颇为曲折动人而传至欧洲，演变为《格林童话》中灰姑娘的故事。

先秦时期，各少数民族的历史都依靠口耳相传。而记述历史的后来被称为汉字的文字，其实是各原始部落在陶器上刻画符号的规范、总结，虽然在长期的历史发展过程中这些文字成为夏、商、周史官的专利，却很难说是华夏一族创造的。这种文字，春秋以后因“礼崩乐坏”、“学在民间”而为当时诸国学者所掌握，包括被称为蛮夷的一些发展程度较高的民族。例如楚人，在春秋时还自称“蛮夷”[①]，中原诸国也视其为夷，管仲“尊王攘夷”之策，所攘之“夷”就是已经强大了的楚人。楚人有自己的民族历史记忆，如《左传》宣公十二年晋将军栾书转述楚军情况时说:“训之以若敖、蚡冒，筚路蓝缕，以启山林。”就是讲楚人的先君熊仪、蚡冒如何艰难创业的。楚国也有自己的史官，如左史倚相，“是能读三坟、五典、八索、九丘”，而被称为“良史”。[②]真正以自己对历史的辨析而影响古代史学的，是战国后期的屈原，其史诗《天问》，借楚国神庙内的历史和神话图画加以发问，对涉及天、地、人、自然、社会，以及从传说时代到夏、商、周的历史提出一百七十三个值得思考的问题。它的出现，反映了战国时代对自然和历史认识的进步，大开人们的眼界，也对人们认识社会历史的深刻内涵起着催醒作用。诗中保存的丰富史料，有些已由甲骨文证实。由此可见，先秦某些所谓蛮夷有着较中原毫不逊色的史学，其理论的思维，甚至高于一般中原史家。

第二节　司马迁等两汉史家对少数民族史学的构建

两汉时期，除彝族以外，诸少数民族有语言，而没有文字[③]，在需要记述时，则借助于汉字。而汉族史家出自个人学术责任和皇朝政治需要，撰写了不

① 《史记》卷四〇《楚世家》(中华书局,1982年，第1692页)熊渠曰:“我蛮夷也，不与中国之号谥。”

② 杨伯峻《春秋左传注》，中华书局，1981年，第731、1340页。

③ 《汉书·西域传》称“安息国……书革，旁行为书记。”(中华书局,1962年，第3889—3890页。)按，安息故址在今伊朗一带，不为汉西域都护所属，故亦不论。

少记载少数民族历史的著述，尤其是《史记》、《汉书》、《后汉书》这三部“正史”，比较完整地记述了先秦、秦汉时期的少数民族的历史，是中华民族历史的有机组成部分，不仅开创、奠定了中国正史少数民族史学的体例，而且在民族思想、民族史观上对后世历史、社会有着巨大的影响。

最早建立少数民族初步历史体系的是西汉武帝时的史家司马迁。司马迁以本纪、表、书、世家、列传五体，撰成记载中华民族最初三千年（黄帝——汉武帝）历史的纪传体通史《史记》。循五体义例，《史记》中将初为汉之蕃臣后设郡县的东越、南越、朝鲜、西南夷，汉皇朝的主要敌手匈奴，及抗击匈奴的合作伙伴西域等族的历史列为列传，立《匈奴列传》、《南越列传》、《东越列传》、《朝鲜列传》、《西南夷列传》、《大宛列传》等六列传。按地区系统撰述了各民族历史，是中国最早的一部系统记载少数民族历史的史书，为研究先秦秦汉民族史的最基本资料。如西南夷历史，先秦典籍虽有所记载，却大都零星碎散，不得其详。秦汉大一统后，汉武帝凭借强盛国力，二次大规模经略开发西南夷地区。司马迁适逢盛世，又奉使西征，实地搜考西南史地，在《史记》中立《西南夷列传》，对西南夷的族源、世系、地理风貌、社会生产、风俗习惯等情况，做比较详细的记载。

在《太史公自序》中，司马迁述其为周边民族立传的标准是：“汉兴以来，至明天子，获符瑞，封禅，改正朔，易服色，受命于穆清，泽流罔极，海外殊俗，重译款塞，请来献见者，不可胜道”，而“自三代以来，匈奴常为中国患害。欲知强弱之时，设备征讨”①。《史记》民族列传的编排方法，大体是以各民族与中央政权交往的先后为次序，将民族列传分散于诸列传之间，互为并列关系，打破了《公羊传》解释《春秋》主张“内中国而外诸夏，内诸夏而外夷狄”及董仲舒提倡的“华夷有别”、“小夷避大夷”、“大夷避中国”的明伦秩序。

司马迁根据自己长期的考察调查，结合石室金匮之书，将领官员的章奏报告，使节、商人、各族归附者提供的材料，以及随时的问询了解，比较详细地

① 《史记》卷一三〇《太史公自序》，中华书局，1982 年，第 3299 页。

叙述了各族的历史、政治、经济、军事、民俗等方面的情况，尤其是与汉朝的交往、冲突，构建了当时各主要少数民族（无羌族）史及其与中原交往史的框架（其中有些记载是超越当时和今日国境范围的[①]）。对少数民族，司马迁并非一味斥其愚昧落后，而是承认其历史功绩。如《东越列传》太史公曰："越虽蛮夷，其先岂尝有大功德于民哉，何其久也！"[②]这一系列民族专传的撰写，体现了司马迁撰写多民族国家历史的自觉意识。

司马迁曾广泛搜集各地和各民族传说和文献，将许多民族说成是黄帝的支裔。《匈奴列传》称"其先祖夏后氏之苗裔也"。《越王句践世家》称"越王句践，其先禹之苗裔，而夏后帝少康庶子也"。《东越列传》称"闽越王无诸及越东海王摇者，其先皆越王句践之后也"。《朝鲜列传》称"朝鲜王满者，故燕人也"。《楚世家》称"楚之先祖出自帝颛顼高阳，高阳者，黄帝之孙，昌意之子也"。《西南夷列传》称"楚之先岂有天禄哉？……秦灭诸侯，唯楚苗裔尚有滇王"。只有西域诸国，因前史无记载，他只好依据张骞出使报告，如实撰述。

司马迁为汉朝外伐四夷的成就欢欣鼓舞，称"汉兴以来，至明天子，……泽流罔极，海外殊俗，重译款塞，请来献见者，不可胜道。臣下百官力诵圣德，犹不能宣尽其意"[③]。司马迁的民族思想，是强调中华一统，各民族都应该归附汉皇朝，和平往来，就是兄弟，若有离心背汉的思想和行为，则要予以坚决打击。正如《鲁仲连邹阳列传》中录引邹阳《狱中上梁王书》所言："……秦用戎人由余而霸中国，齐用越人蒙而强威、宣。此二国，岂拘于俗，牵于世，系阿偏之辞哉？公听并观，垂名当世。故意合则胡越为昆弟，由余、越人蒙是矣；不合，则骨肉出逐不收，朱、象、管、蔡是矣。今人主诚能用齐、秦之义，后宋、鲁之听，则五伯不足称，三王易为也。"[④]潘光旦先生阐述："'意合，胡越为昆弟'大是原则语，以今语言言之，犹曰：政治目的相同，则可为兄弟民

① 白寿彝语，见《中国通史》第一卷，上海人民出版社，1989 年，第 7 页。

② 《史记》卷一一四《东越列传》，中华书局，1982 年，第 2984 页。

③ 《史记》卷一三〇《太史公自述》，中华书局，1982 年，第 3299 页。

④ 《史记》卷八三《鲁仲连邹阳列传》，中华书局，1982 年，第 2473 页。

族也。"[①] 表现了司马迁把周边民族历史看作大一统帝国、大一统历史之有机组成部分民族思想的至高追求。

《史记》立少数民族列传，对后世影响深远，历代正史多从《史记》立民族列传，即所谓二十四史"四夷传"，形成一部中原眼光的完整的中国民族史。

东汉初班固所撰《汉书》，是记载西汉一朝历史的中国最早的一部纪传体断代史。与《史记》相比，在体例上既有继承，又有创新。依据西汉遗留下来的大量档案、文书和臣僚奏疏等，班固对《史记》诸民族传加以补充，在《汉书》中合并为《匈奴传》、《西南夷两粤朝鲜传》、《西域传》等三大传。三篇民族传的断限，不依西汉一代之始终，而是据各传的实际情况断限各不相同。对强大的匈奴，汉皇朝需要"备其变理"即探讨匈奴的盛衰、中央政权对匈奴的和战的得失，"为世典式"以为后世"鉴戒"，故《匈奴传》因袭《史记》关于其族源、世系的记载，以匈奴与中央政权的交往为主线，追述匈奴及其先民族的历史，其实际就是一部"通古今"的匈奴通史。《西南夷两粤朝鲜传》的各族历史均依《史记》同名传，除个别追记的条目外，基本都是西汉一代范围内的历史。《西域传》"昭、宣承业，都护是立，总督城郭，三十有六，修奉朝贡，各以其职"，主要记载汉宣帝神爵二年（前60）设立西域都护后的汉皇朝对（狭义）西域的治理，及广大中亚、西亚、欧洲（即广义西域）各国与汉皇朝的交往的八十余年历史，附记西域"各国"的风土地理，对于西域各族的先代历史几乎没有记载，汉武帝时期张骞通西域、李广利伐大宛均系于本传，在《西域传》中仅提其事，不序内容。

《汉书》尽可能地采集了当时所能见到的新的资料，大大地扩充了民族史传的内容。《汉书》民族列传对汉武帝之前历史多因袭《史记》，仅作必要的补充，又续写汉武帝后至新莽的历史。《汉书·匈奴传》与《史记》相比，更加系统地叙述了匈奴族由三代至更始时期的历史，全面地揭示出了匈奴族盛衰的轨迹以及匈奴与中央政权的关系，新增五分之三左右的篇幅和内容，如增加猃狁与周的战争，并引用《诗经》加以说明，增录冒顿遗高后书与高后报书。《汉

① 潘光旦《中国民族史料汇编》，天津古籍出版社，2006年，第8页。

书·西南夷两粤朝鲜传》有关西南夷的史事大约扩充了一半，如将昭帝以后西南夷事，续写至王莽时，另外增补了汉文帝赐赵佗书及增改写了赵佗的答书等珍贵资料。《西域传》叙西域五十三国之情形，大多为《史记》所无，不仅详细记述了西域各民族政治、经济状况及风土人情，还反映了安息、大月氏、大夏、犁靬、条支等当时中亚、西南亚各国历史。《汉书》与《史记》少数民族列传记载风土异趣不同，主要记汉皇朝对少数民族的征战与治理的成败，及少数民族的内附与叛乱之历史。深刻反映班固撰写《汉书》为“察一代之兴衰成败”的目的。

《汉书》列传，将民族列传编排于汉朝诸臣列传之后，篇次之末，表现了其对这些民族的鄙视态度，甚至称匈奴“贪而好利，被发左衽，人面兽心，其与中国殊章服，异习俗，饮食不同，言语不通，辟居北垂塞露之野，逐草随畜，射猎为生；隔以山谷，雍以沙幕，天地所以绝外内也。是故圣王禽兽畜之，不与约誓，不就攻伐；约之则费赂而见欺，攻之则劳师而招寇。其地不可耕而食也，其民不可臣而畜也”[①]。与《史记》相比，《汉书》的民族观有着显著的倒退，并开启丑化少数民族之史例。

东汉官修国史《东观汉记》在唐初以前被称为“前三史”之一。该书虽已佚失，其篇目尚可考见，其中有少数民族传《匈奴南单于列传》、《西羌列传》、《西域列传》、《西南夷列传》等，别具特色。其改《史》、《汉》之《匈奴列传》为《匈奴南单于列传》显然是顺应东汉匈奴分裂、南匈奴“归附”东汉政权的历史事实。《西羌列传》的写作，在少数民族历史记述中功绩卓著。羌族在先秦两汉影响巨大，尤其是东汉羌人的一次次大规模反抗，导致皇朝的衰败。但不知因何缘故，《史记》和《汉书》中竟然都没有设羌族的传记。现在有了羌族的专传，就使《史记》初步建立的早期少数民族历史体系趋于完善。后来，南朝宋史家范晔以《东观汉记》为基础，采录众家《后汉书》，撰写《后汉书》，增列《西羌列传》，改《匈奴传》为《南匈奴列传》，加上《东夷列传》、《南蛮西南夷列传》、《西域列传》、《乌桓鲜卑列传》共六篇民族传，按地理方

① 《汉书》卷九四下《匈奴传下》，中华书局，1962 年，第 3834 页。

位分别叙述了东方、南方、北方、西域等地少数民族的起源、风俗习惯、社会生活阶段、生产状况、物产、婚姻、祭祀、法律、武器装备、饮食等方面情况，重点记各族与中原皇朝的关系，与《史记》、《汉书》一起，全面构成了先秦两汉中国少数民族的发展史。

第二章

十六国少数民族史学

第一节　十六国民族政权对史学的重视

一、北方十六国民族政权

西晋“八王之乱”以后，自永兴元年（304）李雄称成都王、刘渊称汉王，至北魏太武帝太延五年（439）灭北凉、统一北方为止，在中国西部和北部传统的皇朝统治区域内，先后有賨族的成汉（304—347），匈奴族的汉/前赵（304—329）、夏（407—431）、北凉（401—460），羯族的后赵（319—351），氐族的前秦（351—394）、后凉（386—403）、仇池国（296—552），羌族的后秦（384—417），鲜卑族的西秦（385—431）、南凉（397—414）、前燕（352—370）、后燕（386—407）、西燕（384—394）、南燕（398—410），鲜卑拓跋族的代国（338—376），丁零族的翟魏，汉族的北燕、前凉、西凉、冉魏、谯氏的西蜀等众多民族割据政权。因为崔鸿《十六国春秋》一书对这段历史有过较全面的撰述，所以这一时期被史家称作十六国时期，又称五胡十六国时期。

十六国少数民族史学上承先秦两汉魏西晋少数民族史学之优良传统，下启南北朝隋唐宋元明清少数民族史学大发展的广阔局面。它不以十六国政权为篡伪，而是作为正史来著述，开一代民族史观之先例，同时也为后来的少数民族史学撰述提供了可以借鉴的范例。

二、诸民族政权君主的汉文化修养

十六国诸民族政权存在的时间大多较为短暂，但民族政权君主多十分仰慕汉民族文化，具有或高或低的汉文化修养，大力提倡儒学，重视史学，促进了这一时期少数民族史学的发展。例如，成汉李寿“好学爱士，庶几善道，每览良将贤相建功立事者，未尝不反覆诵之，故能征伐四克，辟国千里”[①]。前秦苻坚“八岁，请师就家学……性至孝，有气度，博学多才艺，有经济大志”[②]。汉开国之君刘渊“幼好学，师事上党崔游，习《毛诗》、《京氏易》、《马氏尚书》，尤好《春秋左氏传》、《孙吴兵法》，略皆诵之，《史》、《汉》、诸子，无不综览”。他曾评论古史说：“吾每观书传，常鄙随、陆无武，绛、灌无文。道由人弘，一物之不知者，固君子之所耻也。二生遇高皇而不能建封侯之业，两公属太宗而不能开庠序之美，惜哉！”从历史的研习中，树立了抓住历史机遇建功立业的志向。其子刘宣，熟悉《毛诗》、《左传》、《汉书》，曾叹息道：“宣若遇汉武，当逾于金日䃅也。”[③]果然助其父建国。出身卑贱、曾被掠卖为奴的石勒，“虽在军旅，常令儒生读史书而听之，每以其意论古帝王善恶，朝贤儒士听者莫不归美焉”。在侍臣读到《汉书》中郦食其劝刘邦立六国之后时，他说：“此法当失，何得遂成天下！”[④]认识到历史是不会倒退的。南凉王秃发傉檀与后秦尚书郎韦宗“论六国纵横之规，三家战争之略，远言天命废兴，近陈人事成败，机变无穷，辞致清辩。宗出而叹曰：‘命世大才、经纶名教者，不必华宗夏士；拨烦理乱、澄气济世者，亦未必《八索》、《九丘》。《五经》之外，冠冕之表，复自有人。车骑神机秀发，信一代之伟人，由余、日䃅岂足为多也！’”[⑤]前燕慕容廆以“平原刘赞儒学该通，引为东庠祭酒，其世子（慕容）皝率国胄束修受业焉。廆览政之暇，亲临听之，于是路有颂声，礼让兴矣”[⑥]。后燕慕容宝“砥砺自修，敦崇儒学，工谈论，善属文”[⑦]。“天水姜龛、东平淳于岐、冯翊郭高等皆耆儒硕德，经明行修，各门徒数百，教授长安，诸生自远而至者万数千人。（后秦姚）兴每于听政之暇，引龛等于东

---

① 《晋书》卷一二一《李寿载记》，中华书局，1974年，第3046页。
② 《晋书》卷一一三《苻坚载记上》，中华书局，1974年，第2884页。
③ 《晋书》卷一〇一《刘元海载记》，中华书局，1974年，第2645—2646、2653页。
④ 《晋书》卷一〇五《石勒载记下》，中华书局，1974年，第2741页。
⑤ 《晋书》卷一二六《秃发傉檀载记》，中华书局，1974年，第3151页。
⑥ 《晋书》卷一〇八《慕容廆载记》，中华书局，1974年，第2806页。
⑦ 《晋书》卷一二四《慕容宝载记》，中华书局，1974年，第3093页。

堂，讲论道艺，错综名理。”①

三、诸民族政权对各民族士人的任用

在提倡儒学和重视史学的同时，各民族政权君主十分重用汉族士人。后赵石勒倚重股肱谋士张宾，当张宾去世时，“勒亲临哭之，哀恸左右……将葬，送于正阳门，望之流涕，顾左右曰：‘天欲不成吾事邪，何夺吾右侯之早也！’程遐代为右长史，勒每与遐议，有所不合，辄叹曰：‘右侯舍我去，令我与此辈共事，岂非酷乎！’因流涕弥日”②。前燕慕容廆曾于永嘉初“推举贤才，委以庶政，以河东裴嶷、代郡鲁昌、北平阳耽为谋主，北海逄羡、广平游邃、北平西方虔、渤海封抽、西河宋奭、河东裴开为股肱，渤海封弈、平原宋该、安定皇甫岌、兰陵缪恺以文章才俊任居枢要，会稽朱左车、太山胡毋翼、鲁国孔纂以旧德清重引为宾友，平原刘赞儒学该通，引为东庠祭酒，其世子皝率国胄束修受业焉”③。南凉王秃发乌孤“以杨轨为宾客，金石生、时连珍，四夷之豪儁；阴训、郭倖，西州之德望；杨统、杨贞、卫殷、麴丞明、郭黄、郭奋、史暠、鹿嵩，文武之秀杰；梁昶、韩匹、张昶、郭韶，中州之才令；金树、薛翘、赵振、王忠、赵晁、苏霸，秦雍之世门，皆内居显位，外宰郡县。官方授才，咸得其所”④。

四、诸民族政权对贵胄子弟的历史教育

诸民族政权君主重视对贵族子弟的教育，甚至亲自撰写史书，为人臣做出榜样。石勒于前赵嘉平三年（313）“立太学，简明经善书吏署为文学掾，选将佐子弟三百人教之”。曾“亲临大小学，考诸学生经义，尤高者赏帛有差”⑤。建平四年（333）“命郡国立学官，每郡置博士祭酒二人，弟子百五十人，三考修成，显升台府。于是擢拜太学生五人为佐著作郎，述录时事”。前燕皇帝慕

① 《晋书》卷一一七《姚兴载记上》，中华书局，1974 年，第 2979 页。
② 《晋书》卷一〇五《石勒载记下》，中华书局，1974 年，第 2756 页。
③ 《晋书》卷一〇八《慕容廆载记》，中华书局，1974 年，第 2806 页。
④ 《晋书》卷一二六《秃发乌孤载记》，中华书局，1974 年，第 3143 页。
⑤ 《晋书》卷一〇四《石勒载记上》、卷一〇五《石勒载记下》，中华书局，1974年，第2720、2741 页。

容皝“赐其大臣子弟为官学生者号高门生，立东庠于旧宫，以行乡射之礼，每月临观，考试优劣。皝雅好文籍，勤于讲授，学徒甚盛，至千余人。亲造《太上章》以代《急就》，又著《典诫》十五篇，以教胄子”[①]。所撰《太上章》是一种蒙学字书，《典诫》当是杂述历代典型史事，以教训子弟的历史教科书。

第二节　十六国民族政权史官制度

十六国时期是中国史官制度发展的重要时期。各民族政权君主对史学促进王朝统治的积极作用有深切的认识，故而采取了较为宽松的文化政策，学习汉晋等中原皇朝的史学传统，重视史官制度的建设，成为十六国史学繁荣发展的重要基础。

一、著作官的设置

负责撰修国史的著作一职，最早是在曹魏明帝太和中设置，称著作郎兼起居注之职，十六国时期的不少政权皆设有此职。后赵设著作佐郎，或称著作郎、佐著作郎。前燕、前凉、赫连夏设著作郎。后凉、前秦设著作郎，或称著作佐郎。总计诸国设有著作郎（或称大著作郎）十一人，著作佐郎（或称佐著作郎）十人（其中有五人姓名不可考）。担任著作的人选，多数是汉族人，但也有个别是少数民族人。三国吴时创设左国史之职，与右国史并掌修国史。汉国嘉平初，命“公师彧以太中大夫领左国史，撰其国君臣纪传”[②]。成“高祖（刘渊）本纪及功臣传二十人”。前秦苻坚有史官赵渊、车敬、梁熙、韦谭“相继注疏”。十六国诸民族政权设官修史，体现出其对史学著述在促进王朝统治的积极作用的认识，客观上也成为十六国少数民族史学繁荣发展的重要基础。

---

① 《晋书》卷一〇九《慕容皝载记》，中华书局，1974 年，第 2826 页。

② 本节诸引文见《史通·史官建置·古今正史》、《晋书·载记·艺术传》、《隋书·经籍志二》、《十六国春秋辑补》诸篇，不再详注。

二、起居注与祭酒

至迟到汉初，起居注已成为专记帝王言行的史体，属于编年体作品。有史可考的十六国起居注官或撰修的起居注有：后赵中大夫傅彪、贾蒲、江轨三人曾充任起居注官，修撰《大将军起居注》；前燕有《起居注》；南燕著有《南燕起居注》一卷，南燕赵郡王景晖撰有《二主起居注》；前秦建元十七年（381）八月，“（苻）坚收起居注及著作所录而观之”，可见，苻坚时有起居注官。

祭酒本是诸博士主官的名称，西晋国子学设国子祭酒为其长，此后历代沿置。南凉置国纪祭酒，史称“南凉主乌孤初定霸基，欲造国纪，以其参军郭韶为国纪祭酒，使撰录时事。自余伪主，多置著作官，若前赵之和苞，后燕之董统是也”[①]。后赵置史学祭酒，史载，东晋大兴二年（319），石勒以“任播、崔浚为史学祭酒”。史学祭酒当为史学类最高长官。前凉置记室祭酒，秀才索绥撰有《凉国春秋》五十卷，在张玄靓时曾担任过前凉“记室祭酒”[②]一职。

三、太史令

太史令，也称太史，三代已有，为朝廷重臣，掌管起草文书，册命诸侯、卿大夫，记载史事，兼管国家典籍、天文、历法、祭祀等。秦汉太史令，职位渐低。魏晋以后，修史的任务划归著作郎，太史仅掌推算历法，其属官有灵台令等。十六国时期诸多民族政权均设有太史令一职。刘汉（前赵）宣于修、康相、弁广明、台产、任义都担任过太史令。后赵石虎时有“太史令赵揽”。前燕慕容俊时，黄泓曾任太史令。后燕梁延年于建始元年（407）任太史令的属官太史丞。南燕慕容超时成公绥曾担任太史令。后凉吕光时贾曜曾担任太史令。南凉秃发傉檀时景保曾担任太史令。北凉沮渠蒙逊时刘梁、张衍曾先后担任太史令。前秦康权、王彫、张孟、魏延、高鲁曾先后担任太史令。后秦姚兴

① ［唐］刘知幾撰，［清］浦起龙释《史通通释》卷一一下篇《史官建置》，上海古籍出版社，1978年，第313页。

② ［北魏］崔鸿《十六国春秋·前凉录·张元靖》，丛书集成初编本，商务印书馆，1937年，第49页。

时郭麘、任猗曾先后任太史令。成汉（蜀）时韩豹、韩皓曾担任太史令。赫连昌时张渊曾担任太史令。总计，十六国时至少有十二国曾经设置过太史令、太史丞之职。

四、他官兼领史职

十六国民族政权，除设置专门史官修史外，还有更多以他官兼领史职修史的情况。前赵刘曜时，以侍中封平舆子的和苞，曾兼领著作之职。后赵司空从事中郎荀绰，记室左明楷、程机，中大夫傅彪、贾蒲、江轨，参军石泰、石同、石谦、孔隆，大将军右司马傅畅，陆翙曾以他官兼任史官，撰《晋后书》、《晋后略记》、《晋百官表注》、《上党国记》、《大将军起居注》、《大单于志》、《晋诸公续赞》、《公卿故事》、《晋诸公续赞》、《邺中记》等史书。前燕左常侍黄泓仕曾“领史官”之职，申秀以散骑常侍兼史官，撰《燕书》。后燕封懿以中书令、民部尚书兼为史官撰写了《燕书》，范亨以尚书兼史官撰《燕书》，太傅长史田融兼史官撰《赵书》（又名《二石集》），董统兼任史官草创后书，著《本纪并佐命功臣王公列传》。南燕中书侍郎王景晖曾兼为史官撰《南燕录》，尚书张诠兼任史官撰《南燕书》。北凉秘书郎刘昞为专管注记的史官、尚书阚骃兼任史官撰《十三州志》。前凉刘庆以护军参军兼任史官，著有《凉记》十二卷。蜀李常璩以散骑常侍兼史官，后撰成《汉之书》十卷和《华阳国志》十二卷。

综上所述，十六国时期有许多政权设置专门史官修史的事例，也有很多兼职史官修史的事例，表明十六国民族政权统治者多能认识到修史的重要性，也体现了十六国时期多民族史家积极参与修史的自觉性。

第三节　十六国民族政权史学成就

十六国时期少数民族史学繁荣的一个重要表现，是少数民族史学撰述的活跃和多样性。

一、十六国汉族史家的史学撰述

汉赵国有和苞撰《汉赵记》十卷[①]，公师彧撰《高祖本纪及功臣传二十人》。后赵有荀绰撰《晋后略记》五卷、《晋百官表注》十六卷，左明楷、程机撰《上党国记》，傅彪、贾蒲、江轨撰《大将军起居注》，石泰、石同、石谦、孔隆撰《大单于志》，王度撰《二石传》二卷、《二石伪治时事》六卷，陆翙撰《邺中记》二卷，傅畅撰《晋诸公续赞》二十二卷、《公卿故事》九卷，佚名撰《赵记》十卷。前燕有盖泓撰《珠崖传》一卷，杜辅全撰《燕纪》，崔逞撰《燕记》。后燕有封懿撰《燕书》，董统撰《后燕书》三十卷，田融撰《赵书》十卷，范亨、申秀撰《燕书》二十卷。南燕有王景晖撰《南燕起居注》一卷，游览先生撰《南燕书》七卷，张诠撰《南燕书》五卷。前秦有赵整、车频、宋裴景仁撰《秦纪》十一篇，何仲熙撰《秦书》八卷，释道安撰《四海百川水源记》一卷，王嘉撰《拾遗录》十卷，佚名撰《前秦起居注》，佚名撰《苻朝杂记》一卷。后秦有马僧虔、卫隆景撰《秦史》（卷帙不详）。后凉有段龟龙撰《凉州记》十卷，佚名撰《段业传》一卷。南凉有郭韶撰《托拔凉录》十卷。北凉有宗钦撰《蒙逊传》十卷，刘昞撰《敦煌实录》二十卷。夏国有赵逸、张渊撰《夏国书》。成汉有佚名撰《蜀平记》十卷、《蜀汉伪官故事》一卷，常璩撰《汉之书》十卷、《华阳国志》十二卷。其他有佚名撰《翟辽书》二卷，佚名撰《邺洛鼎峙记》十卷。

二、十六国时期少数民族史家的史学撰述

后赵有佐著作郎五人撰后赵国史（卷帙不详）。前秦有梁谠、梁熙兄弟修撰前秦国史。后秦有姚和都撰《秦纪》十卷。

综上所述，十六国少数民族政权内的汉族史家有五十一位，撰述史著四十五部；十六国时期少数民族史家有八位，撰述史著至少三部。总共有各族

① 本节诸引文见《隋书·经籍志二》、《晋书·载记》、《旧唐书·经籍志上》，《新唐书·艺文志二》、《史通·古今正史·史官建置》、《魏书·列传》、［明］屠乔孙《十六国春秋辑补》、朱希祖《十六国旧史考》（《制言》第十三卷，1936）、牛润珍、杜英《十六国史官制度述论》（《齐鲁学刊》1998 年第 4 期）诸篇，不再详注。

史家五十九位，史著四十八部，可以说十六国少数民族人才济济，史著丰富，无愧于中国古代少数民族史学花园里的重要组成部分。

第四节　十六国少数民族史观和史学影响

一、十六国少数民族史学的正统史观

众所周知，中国历代封建统治者都在政权建立之初，即为自己的封建家政权从五行德运上，寻找正统形象的依据。在封建统治者严密监督下的历代史学，尤其是所谓的历代正史，更加摆脱不了这一束缚。十六国时期的少数民族统治者因其出身，更重视从史学上寻找其“正统”的依据，其史学中正统史观贯穿始终。

正统论在中国历史上的起源发展，与“五行”说在中国的发展演化伴随始终。从原始的金木水火土“相生相克”说，到邹衍的“五德始终”说，到尚书洪范吕氏春秋的“五行”说，到董仲舒的“三统”、“三正”说，到刘向、刘歆父子的新“三五相包”说，再到白虎通五行篇中的新五行说，中国传统五行说的演化总是和中国历代封建政权的需求变化相适应。中国历代封建政权的统治者总是设法从法统和五行德运上，寻找其统治的正统性。处于魏晋南北朝史学发展中期的十六国时期少数民族史学也从许多方面体现了这一特点。

《晋书》载“刘元海，新兴匈奴人，冒顿之后也。名犯高祖庙讳，故称其字焉。初，汉高祖以宗女为公主，以妻冒顿，约为兄弟，故其子孙遂冒姓刘氏”[①]。匈奴人刘渊以刘为氏，自称自己是汉高祖宗女与冒顿单于的子孙，入主中原是继汉魏晋之正统。继前赵兴起的后赵，也竭力在华夏统治区竭力树立其正统地位。史载，石勒“乃以咸和五年（330），僭号赵天王，行皇帝事……任播等参议，以赵承金为水德，旗帜尚玄，牲牡尚白，子社丑腊。勒从之”[②]。用

① 《晋书》卷一〇一《刘元海载记》，中华书局，1974 年，第 2644—2645 页。

② 屠乔孙《十六国春秋辑补》卷一五《后赵录五》，齐鲁书社，2000 年，第 109—110 页。

五行相生说作为其代晋的合法依据。羯人石勒系“匈奴别部羌渠之胄”[①]，本名訇。参加了汲桑领导的队伍后，汲桑才为他改了汉族的姓名石勒。而且这一姓氏被他及其子孙一直沿用。说明后赵统治者不但要在其政权的正统性方面攫取合法地位，还要从姓氏、习俗等方面真正融入华夏社会。前燕也不例外。据《晋书·慕容廆载记》载“慕容廆字弈洛瑰，昌黎棘城鲜卑人也。其先有熊氏之苗裔，……号曰东胡……分保鲜卑山，因以为号。……时燕代多冠步摇冠……诸部因呼之为步摇，其后音讹，遂为慕容焉。或云慕二仪之德，继三光之容，遂以慕容为氏”[②]。在此，慕容氏将自己的祖先追溯到中华人文始祖黄帝，且以汉字义命姓氏，从而为自己在中原统治的正统性找到了合理依据。建夏国的赫连勃勃系刘渊之后，他改为赫连氏，其实也是一种对华夏文化的认同。史称赫连勃勃“下书曰：朕之皇祖，自北迁幽朔，姓改姒氏，音殊中国，故从母氏为刘。子而从母之姓，非礼也。古人氏族无常，或以因生为氏，或以王父之名。朕将以义易之。帝王者，系天为子，是为徽赫实与天连，今改姓曰赫连氏，庶协皇天之意，永享无疆大庆。系天之尊，不可令支庶同之，其非正统，皆以铁伐为氏，庶朕宗族子孙刚锐如铁，皆堪伐人”[③]。

司马光在《资治通鉴》中说：“及汉室颠覆，复三国鼎峙。晋氏失驭，五胡云扰。宋、魏以降，南北分治，各有国史，互相排黜。南谓北为索虏，北为南为岛夷。”[④]北方民族政权史家自认其为华夏正统，指斥偏安南方的晋南朝为“岛夷”，即非正统的闰位，将各少数民族建立的各少数民族政权摆在正史的地位，是对中华文化的认同，是正观史观的体现。

二、十六国少数民族史学的影响

十六国时期少数民族史学处于先秦两汉史学和南北朝隋唐宋元等史学的过渡期，由于其所处时代的特殊性，使这一时期史家众多、史著丰富，其中

① 《晋书》卷一〇四《石勒载记上》，中华书局，1974 年，第 2707 页。

② 《晋书》卷一〇八《慕容廆载记》，中华书局，1974 年，第 2803 页。

③ 《晋书》卷一三零《赫连勃勃载记》，中华书局，1974 年，第 3206 页。

④ 《资治通鉴》卷六九《魏纪·世祖文皇帝上》，中华书局，1956 年，第 2186 页。

也不乏史学大家，加上史著撰述体例众多、不乏创新，因此对后世史学发展影响深远。

第一，十六国时期诞生了大批少数民族史学著作和一些对后世比较有影响的少数民族史家，这些史著为后来的十六国研究者提供了宝贵的第一手资料。

在四十八部十六国少数民族史学著述中，有当代人撰述当代史，也有当代人追述前代史；既有国史、起居注的修撰，也有人物志、地理书的修撰；既有对民族政权统治者事迹的记述，也有对少数民族历史沿袭和活动情况的撰述等，可谓大放异彩、颇为壮观。此外，这些史家的史著尤其是有关十六国少数民族（如匈奴、鲜卑、羯、羌、氐等）发展沿袭情况和边疆（河西、西南地区和大漠南北等）史地人文情况的史著，为后来的史家研究中国多民族国家发展史和边疆区域发展史，都提供了丰富可靠的第一手史料。

十六国民族政权之下涌现出古代最早的少数民族史家群体。如后赵石勒时期"擢拜太学生五人（羯人）为佐著作郎，录述时事"[①]，这应该是古代最早任用少数民族史官撰史的记录之一。此后，前秦委任氐人梁谠、梁熙兄弟二人为著作官撰修国史，他们两人的汉文化修养为当时人所称道。羌人姚和都，是后秦王姚泓从弟，在"扶风马僧虔、河东卫景隆并著《秦史》，及姚氏之灭，残缺者多"的情况下，为使后秦姚氏功业不至于失传，"追撰《秦纪》十卷"[②]。这可能是古代最早的一部少数民族皇族史家所撰本朝的国史，至今尚有部分章节流传的史书。

第二，这一时期的史书编纂有很多创新，为后世史家提供了很好的范例。

如北凉刘昞所撰有《敦煌实录》二十卷（或称十卷），是古代最早冠以"实录"之名的史著，此后，以"实录"命名的史学著作不胜枚举，具重大影响的如《明实录》、《清实录》等，清时还有张澍仿《敦煌实录》十卷的《续敦煌实录》，可谓开一代史著冠以"实录"之先例。刘昞还以"三史文繁"，将《史记》、《汉书》、《东观汉纪》删繁就简为《三史略记》一书。此书也是最早

① 《晋书》卷一〇五《石勒载记下》，中华书局，1974 年，第 2751 页。

② ［唐］刘知幾撰，［清］浦起龙释《史通通释》卷一二《古今正史》，上海古籍出版社，1978 年，第 359 页。

尝试钩玄提要的史钞类书之一，为后来史家撰述“史略”体史书做出了榜样。

成汉常璩撰述的《华阳国志》十二卷，集地理学、历史学、人物志于一书，是古代最早的地方志之一（刘知幾将之称为“郡书”），开创了古代修撰地方志类史书的风气。

第三，“史学”这一名词的诞生和“史学祭酒”这一专门机构和官职的设置，标志着史学地位得到前所未有的提高。

东晋大兴二年（319），石勒称赵王元年，并设置“史学祭酒”。在设“史学祭酒”这一官职之前，史学仅仅是儒家经学的一个附庸。而后赵设立这一史学的专门机构之后，标志着“史学”已成为和经学、律学并列的、得到社会和官方认可的显学。同时，也表明了史学已踏上了它独立自主的发展道路，成为它逐渐走向成熟的先声。

这一现象的出现，一方面与石勒等十六国时期各政权首领对史学作用的高度重视息息相关；另一方面与这一时期采取了宽松的文化政策，儒、佛、道、玄等百家争鸣的社会历史大环境不无联系。史学在这棵十六国时代大树上，得到儒、佛、道、玄等百家争鸣的有利催化，成长为丰硕的果实。

第四，十六国时期少数民族史学，身处中国古代少数民族史学的承上启下期，并且已经打破了十六国割据政权之间、南北政权之间空间上和时间上的双重禁锢。

首先在空间上，十六国少数民族史学发展交流活动已突破地域不同、民族差异的阻隔，努力促进南北文化交流。如史载，“凉州胡辩，苻坚之末，东徙洛阳，讲授弟子千有余人，关中后进多赴之请业。（姚）兴敕关尉曰：‘诸生咨访道艺、修己厉身，往来出入，勿拘常限。’于是学者咸劝，儒风盛焉”[①]。如果说姚兴不拘限诸儒生“咨访道艺、修己厉身”、出入西秦关隘的行为，仅仅是打破了十六国政权之间空间上的疆域限制，而且多半是文化层面上的交流活动。那么发生在公元437年，北凉与宋之间的南北王朝文化交流活动，则更多体现的是史学文化的交流互动。北凉王沮渠蒙逊“博涉群史，颇晓天文”。其

① 《晋书》卷一〇七《姚兴载记上》，中华书局，1974年，第2979页。

子沮渠茂虔重视文化建设，派使者向南朝宋“献方物，并献《周生子》十三卷，《时务论》十二卷，《三国总略》二十卷，《俗问》十一卷，《十三州志》十卷，《文检》六卷，《四科传》四卷，《敦煌实录》十卷，《凉书》十卷，《汉皇德传》二十五卷，《亡典》七卷，《魏驳》九卷，《谢艾集》八卷，《古今字》二卷，《乘丘先生》三卷，《周髀》一卷，《皇帝王历三合纪》一卷，《赵畋传》并《甲寅元历》一卷，《孔子赞》一卷，合一百五十四卷。茂虔又求晋、赵《起居注》诸杂书数十件，太祖赐之”[①]。北凉所献诸书，多为北方尤其是河西学者所撰，其中的《时务论》、《三国总略》、《十三州志》、《四科传》、《敦煌实录》、《凉书》、《汉皇德传》、《亡典》、《魏驳》、《皇帝王历三合纪》、《赵畋传》及《甲寅元历》都属于传统意义上的史部书。最后在时间上，十六国少数民族史学自其亡国后仍在延续。如姚泓从弟姚和都，在北魏追撰《秦纪》十卷；段承根、阴仲达在北凉亡后，因“二人俱凉土才华，同修国史”[②]；曾仕于后燕的范亨和曾仕于北凉的宗钦都在入魏后继续参撰前朝或北魏国史。

十六国少数民族史学上承先秦两汉魏西晋少数民族史学之优良传统，下启南北朝隋唐宋元明清少数民族史学大发展的广阔局面。它不以十六国政权为篡伪，而是作为正史来著述，开一代进步少数民族史观之先例，同时也为后来的少数民族史学撰述提供了可以借鉴的范例。

---

① 《宋书》卷九八《氐胡大且渠蒙逊传》，中华书局，1974 年，第 2416 页。

② 《魏书》卷五二《阴仲达传》，中华书局，1974 年，第 1163 页。

第三章

早期彝族史学

第一节　彝族历史与文字

一、彝族历史

彝族主要分布在云南、四川、贵州、广西四省区，人口 871 万（2010），居全国少数民族人口的第六位。在越南、老挝、缅甸、泰国等东南亚国家还有近百万。现在四川、云南有凉山、楚雄、红河三个彝族自治州，在四川、云南、贵州、广西有 19 个彝族自治县、241 个彝族乡。

彝族是一个具有悠久历史和丰富文化传统的民族之一。方国瑜先生认为，彝族源自古羌人。四五千年前居住于祖国西北河湟地区古羌人中的一部分向南迁移至西南地区，与当地土著部落结合，在汉文史书中被称为僰或濮。先秦至西汉，活动于云南滇池、邛都两地的滇僰，是其中的重要代表。战国时，僰人曾建“僰侯国”于今四川宜宾一带，后来被秦蜀郡太守李冰破灭。西汉时，“南夷之君，西僰之长，常效贡职，不敢怠堕，延颈举踵，喁喁然皆争归义，欲为臣妾，道里辽远，山川阻深，不能自致”。后来，汉武帝派“唐蒙使略通夜郎西僰中，……用兴法诛其渠帅，巴蜀民大惊恐”[①]。爨文文献记载，东汉光武帝时，彝人建立了罗罗语称为“慕俄格”的王国。蜀汉时，慕俄格君主妥阿哲（又称“济火”）助诸葛亮南征有功，被封为罗甸王。汉晋间的汉文文献称彝族先民为濮或叟，南北朝至隋时称为爨，又泛称为夷。唐宋时期，云南彝族与白族的先民相继建立了南诏和大理政权。[②] 有学者认为，彝族本属于西南夷，其主要源流是唐代滇西乌蛮中的顺蛮、南诏、磨弥、罗作及仲牟由。在元明时

---

① 《史记》卷一一七《司马相如列传》，中华书局，1982 年，第 3044 页。

② 以上所言彝族先民各个时代的族称，我们可理解为后来的夷（彝）人是该族中的重要部分，但不一定是其全部。

期的汉文文献中，将诸多彝族支系称为“罗罗”、“倮倮”、“玀玀”等，或统称“夷”。清代以“彝”与“夷”相通混用，泛指周边族类。民国时期，夷与苗常常连用，泛指西南地区的非汉族族群。二十世纪五十年代民族识别工作中，经毛泽东提议，含有“米”（有粮吃）、“丝”（有衣穿）且较尊贵的礼器之“彝”才成为固定的族称。彝族支系众多，有自己的语言、文字，也有传世的彝文文献。彝族主要聚居在云南、贵州、广西、四川等省区，有诺苏、聂苏、山苏、阿哲、诺苏濮、阿西濮、格濮、聂苏濮、罗武、倮倮、所都、撒苏、六米、堂郎让、希期、罗罗濮、撒尼、纳罗、罗武、阿细、里泼、葛泼、阿罗、阿扎、阿武、撒马、腊鲁、腊米、腊罗等上百个支系。

二、彝族文字产生的研究

彝文是彝族人民世代使用的本民族文字，用于记载彝族及周边民族的历史、文化、宗教、战争、灾害、生态环境等状况。

彝族世代使用的本民族文字彝文，在历史上被称为“爨文”、“韪书”、“夷经”、“罂文”、“蛾鲜文”、“倮倮文”等。学术界对彝文创制的时间颇有异见。有学者根据民间传说，认为彝文创制于四五千年以前。据说古彝族哎哺时代布赞全奢哲就编撰有史籍，而古彝文的创造者是古彝族六祖时期的吐实楚、伊阿伍和恒本阿鲁。[①] 有人认为彝文创于汉代，清代师范编撰的《滇系》称：“汉时有纳垢之后阿畸者，为马龙州人，弃职隐山谷，撰爨字如蝌蚪。”爨字就是彝文。有人则主张彝文创始于唐代，至明代开始集各支系彝文之大成。民国《新纂云南通志》卷九称：“唐阿奇，纳垢酋之裔，有道，隐居半筒山修行，有道，撰爨字如蝌蚪，三年始成。字母一千八百四十字，号曰韪书，爨人至今习之，占天时人事，亦多应验。”《中国少数民族·彝族》则认为，彝文“大约形成于十三世纪”。

但上述诸说依据资料的成书时间，都比较靠后，《华阳国志》的一条材料或许能对各种说法予以判定证实。其卷四记载：“夷中有桀黠能言议屈服种人

① 陈英《彝族古代史分期与父子连名记时考证》，《毕节学院学报》2008年第3期。

者，谓之耆老，便为主。论议好譬喻物，谓之夷经。今南人言论，虽学者亦半引夷经。”所谓耆老，就是彝族的酋长或宗教经师；所谓夷经，就是彝族的经典。既然夷经可以拿来引用，说明它应该是用文字固定（书写）于某种载体，如竹、木、纸上。《华阳国志》的作者常璩（约 291—约 361），长期生活于蜀地，任十六国之成汉的著作官，一定接触过很多彝人，并了解夷经的内容，才能做出上述记载。常璩所谓的“今”时，上距汉朝不过数十年至百余年，故而后人说创制或规范了彝文的阿畸为汉朝时人，是可以采信的。当然，任何文字的产生不是一人一时的事，故而说彝族文字创始于先秦是可以成立的。

另外，在贵州大方县发现一块彝文残碑，名为《妥阿哲记功碑》，又名《济水受寺碑》，残高 55 厘米，宽 60 厘米。碑文内容为彝族首领妥阿哲与汉丞相诸葛孔明结盟出征，取得胜利，而被封为罗甸国国王的事迹，是研究彝族社会历史和水西彝族世袭首领安氏源流的重要史传。碑末写道：“到了建兴丙午年（226），封彝君国爵以表酬谢。”[①] 该碑是有确切年代的已知最早的彝文文献，而且所用彝文已十分成熟，有力地推翻了彝文创制于唐代甚至更迟的判断。

彝文经历了长期发展及演变的历史，从象形文字，演变到表形、表意又可表音的音节文字。古代使用的彝文，人称老彝文。民国时云南使用的彝文有一千八百四十字。现在老彝文大约一万个，最常用的基本字只有五百多个。彝族学者马黑木呷编纂《彝文规范字表》，据称是“四川彝区近万字彝文单字中选定的”。作为音节文字的彝文，每一个字母代表一个完整的音节，而各彝区的方言是有差别的，故而各地传世的古代彝族文献和目前云、贵、川等地彝族使用的彝文并不完全相同。四川凉山彝族自治州于 1975 年整理出了一套“彝文规范方案”，由国务院正式批准推行。虽然其他地区的彝族似乎对此不太认可，但目前规范彝文的使用及推广正在受到重视，一些地区举办了彝文培训班。

各地彝族用彝文记载了众多彝族历史文化的古籍，彝文文献内容丰富，涉及历史、哲学、文学、医药、卫生、天文、地理、语言文字、农业技术和宗教典籍等方面。最有影响的史籍是享有“彝族百科全书”之誉的《西南彝志》，

① 黄建明《彝族古籍文献概要》，云南人民出版社，1993 年，第 26—28 页。

轰动国内外文坛的云南叙事长诗《阿诗玛》，四川的《阿嫫尼惹》（意为“妈妈的女儿”）和云南的《吾查门查》（意为“公书母书”）等等。另外还有一些有名的碑刻，如贵州的《千岁衢碑》、云南武定的《凤昭碑》和禄劝的彝汉对照的《镌字崖》等等。这些古籍不仅是研究彝族古代文化尤其是彝族史学史研究中的宝贵资料，也是中国民族文化宝库中的珍贵遗产。

第二节 彝族史学特点及先秦彝族史学

一、独特的彝族古代史学

我们现在见到的彝文古籍，大体是长期流传于彝族民间，或经明清时期的彝族学者进行续修整理，收藏于云、贵、川、黔彝族各支，从十九世纪末以后，被陆续发掘、公布、研究或予以出版的作品。可以从中分析古代彝族史学的主要特点，有助于我们更好地认识独特的彝族古代史学。

时至今日，云、贵、川、黔彝族各支传承下来，不见于汉文史籍记载的彝文典籍，约在一万册以上，记录了彝族先民及西南其他相关民族几千年来经济与社会的发展演变过程。现存于国内的 62 个单位，以及法国、英国、日本等七个国家及组织。存书最多的是贵州毕节地区，藏书四千多册。国内的彝文古籍，有相当一部分散藏于储存条件不佳的民间。现存的上万册彝文古籍，从广义上讲都是历史著述，即使从狭义的角度，其中也有约四千册属于专门讲述历史的著作。以《彝文典籍目录贵州卷（一）》为例，总共收录 1270 册彝文古籍，其中历史的 279 册，传说的 67 册，谱牒 20 册，军事 4 册，祭祀 82 册中相当部分都是历史专著。①

彝文古籍的行文，一般都采用诗歌的形式，有三言、四言、五言、六言、七言、八言、九言，乃至更长的句式，但多数为五言。注重修辞，采用排比、

① 东人达《西南彝族史学述要》，瞿林东主编《中国少数民族史学研究》，北京图书馆出版社，2008年。下述文字亦多参考该文，谨以致谢。

对偶、比喻、夸张等手法。经孔子整理的《诗经》，其中有相当一部分是史诗。许多民族最早的历史都是用史诗形式记载下来的，彝族也采用诗歌的形式记史和表达情感。目前整理出版的早期彝族文献，就是用史诗的方式记述彝族早期迁徙、游牧的历史，因此，彝族史学具有“诗即史”的特点。

彝文古籍文献的记录及传承，具有著述、续补而不留姓名的传统，更多的古籍虽有姓名，记录者的生卒年代甚至所处时代却不详。现在流传下来的古代彝文书籍，是由若干位作者相继持续地完成的，第一位作者记述完了若干年以后，另一位作者对其增补至他所处的时代，再过若干年后，后人又继续进行增补，内容越来越丰富，所述时间越来越长。故而，一般传世的彝文古籍，其断代较难确定。

但彝文古籍自有其记述年代的方法，就是以所记某支父子代系连名，子名中必须包括父名中的一两个字或音节，一代一代延续下去，从而达到世系清楚、祖孙不乱的准确的作用，还可以据此区分和识别不同支脉的彝族族群。如水西彝族《安氏谱》一世至十世的系名为“一世慕齐齐，二世齐齐火，三世火阿得，四世得乌沙，五世沙乌穆，六世乌穆菊，七世菊阿糯，八世糯阿罗，九世罗阿杓，十世杓阿脉”[①]。有的系谱从远古一直延续至二十世纪，连起来达700代，这是让一些研究者觉得不可思议或妄议彝族古籍不可全信的原因。现当代彝族史学研究者则可以据其世系，推算和考证出某代某辈某人大体生活于相当中原王朝的某个朝代或某个皇帝的时代。

从一些彝文古籍中可以看出，古代彝族史家已经有了将历史划分为不同时期的做法，例如有所谓“哎哺”时代、“六祖”时代等。

彝文古籍的作者，多是彝族古代被称为布摩、摩史的人。布摩，或写作毕摩、贝髦，是彝族中负责记载与编纂本支系历史或汇编各支系历史的史官，并负责宣讲家支历史，传承家支历史，同时承担或主持民族内部的宗教、祭祀等活动。摩史或摩师是地位低于布摩的专职史官，负责保管、整理历史典籍，并以对唱或对话的形式宣讲和传授各种知识。分散在川、滇、黔、桂各彝族地区

① 贵州毕节地区地方志编纂委员会点校《大定府志》，中华书局，2006年，第978页。

的布摩、摩史们，千百年来为记载本民族的历史，探索本民族的历史观，创新本民族历史的撰述理论，做出了重要的贡献。

彝族历史的传承，主要是世世代代通过家内传授谱牒与家支内讲授《指路经》的方式，使历史知识家喻户晓。谱牒是彝族以先人代系为线索的家支历史，每一个彝族支系中，都世代流传着本家支的谱牒，以实现对家支成员进行家支历史教育的目的。《指路经》或被称为《开阴经》、《阴路指明》、《教路书》、《指路篇》等，其内容是记载本家支先人迁徙经过的山川、河流、地名等。每逢家支内有人去世，布摩或摩史就要在祭奠活动中宣讲本支系的《指路经》，据说是为了引导死者的灵魂依照此路线返回祖先的发祥地。本族成员都必须认真聆听宣讲祖先们历尽千辛万苦、团结族人进行迁徙和生产活动的事例，成为对家族成员最实际的历史教育和道德品质教育。

二、彝族史学萌芽的标志

在古代，彝族先民都相信，宇宙万物都是由“天”或神灵创造的。这无论在《西南彝志》、《阿细的先基》、《洪水泛滥史》、《勒俄特依》等彝族历史题材的记载中，还是在诸如《宇宙人文论》等哲学题材的史籍里，或是民间传说中的创世神话、英雄史诗中，都有体现①。古代彝族先民都不同程度地相信，冥冥之中有一股力量在支配着世间万物的兴废存亡，万物演替自有其规律，这就是“天”和神灵的意志。在已知的关于彝族或是人类起源的历史解释中，从现存的彝文史籍记载和英雄史诗以及民间传说，不难看出古代彝族先民对“天”、“地”和各种神灵的敬畏、崇拜之情，也不难看出他们将“天”和神灵视为人类历史发展变化的终极原因②。这些是彝族史学萌芽的标志。

三、文献所述彝族史学的产生

文字是文明的标志，文字的产生使本民族的记忆得以很好的保存和传承。

① 黄建明《彝文古籍文献概要》，云南民族出版社，1993 年。

② 中央民族学院彝文文献编译室《彝文文献研究》，中央民族学院出版社，1993 年。

彝文的产生及传承，对于彝族史学的发展和完善具有不可估量的作用。

据传为魏晋南北朝时举奢哲毕摩所著《彝族源流》载:“哎哺传十代，到则咪两阿莫，……贤父收集华丽知识，良母论述美好的历史，秩序很完美。”[①] 清朝康雍年间最后成书的一位布摩所作的《西南彝志》载:“哎哺传十代，到则咪阿莫,……男整理书文，巧男打铜；女整理历史，经反复整理，天地史完善。”[②] 这些文献记载的都是早在四五千年前，彝族中就出现了专门整理历史的人，最早出现的史家是女性，其职位是布摩（毕摩）。这一时期，大量的彝族历史典籍已经出现了，数量还很大。哎哺时代就“有成千书文，有上万史籍”[③]，有所谓“文如密布的繁星，史如聚拢的羊群”[④] 之说。据说，实勺部还有“《勺史》篇”[⑤]。据研究尼能、实勺世代相当于汉文古籍记载的五帝、唐虞、夏、商时期[⑥]，则《勺史》篇或许出现于这一时期。

无论哎哺时代布赞全奢哲编撰史籍的传说是否属实，也不管“六祖”之前各支系就已经编写了很多族谱形式的史书的说法是否可靠，但至少可以说明的一点是，彝族很早就产生了记述本民族历史的史家，他们被称为“奢哲”、“举奢哲”。在彝文里，“奢哲”指知识渊博的圣人，“举奢哲”即对拥有渊博学识的某些著名布摩的尊称。“哎哺有布摩，布摩推崇云；目确有布摩，布摩推崇石；则咪布推崇鸟，武侯布推崇地。”可知，从彝族远古哎哺时代，就产生了布摩（毕摩）。从这几位布摩“推崇”之物看，他是以“云”、“石”、“鸟”、“地”等为图腾的几个不同氏族部落的布摩。“吐姆伟布摩在上，为天定秩序”，“奢娄斗布摩在下，理地上秩序”。从职能上看，布摩最早可能是部落的经师，其主要职责是担任沟通人神的中介。从“布摩有威势”的叙述可见，这些布摩在氏族部落里有着崇高的地位和很大的权力。“六祖布摩二十代”时，布摩的

① 《彝族源流 · 哎哺的世系》，贵州民族出版社，1989 年，第 26—27 页。

② 《西南彝志 · 哎哺九十代》，贵州民族出版社，1991 年，第 156—167 页。

③ 《西南彝志 · 哎哺九十代》，贵州民族出版社，1991 年，第 182—183 页。

④ 《彝族源流 · 叙哎哺世系》，贵州民族出版社，1991 年，第 74 页。

⑤ 《彝族源流 · 什勺氏根源》，贵州民族出版社，1992 年，第 174 页。

⑥ 陈英《彝族古代史分期与父子连名记时考证》，《毕节学院学报》2008 年第 3 期。

职能更加多样化，“布摩根由是，在麻列哦噶，为天作战，为地办事，战争用布摩；在列米妥冲，农牧用布摩，天地尊布摩，就是这样的”[①]。“战争用布摩”表明布摩具备军事指挥职能，“农牧用布摩”表明布摩具有管理指导农牧业生产的职能。布摩能涉及的事务几乎包括了古代彝族社会的政治、经济、军事、宗教、文化、医药各个方面。

据彝文古籍记载，彝族发展到六祖时代，进入阶级社会，确立了“君臣师”三位一体的政权体制，布摩取得了“师”的显要位置。布摩作为彝族地方政权的史官，担任叙谱修史的重要职责，“历史谁来写，历史布摩写”。“古时的布摩，他们用纸笔，先写君家史，后记臣的事，智慧的布摩，就用纸和笔，写下人间事”[②]。古时的布摩记录上层的历史，智慧的布摩则记录下层的历史。除布摩外，地位低于布摩的史官——摩史也是知识丰富的彝族知识分子，他们负责保管和整理历史典籍，常用对话或对唱的形式宣讲历史。此外，彝族古代还有呗瓦、果蒙、突穆呗、斗娄呗等史官。

总之，彝族早期社会拥有一支以布摩为核心的庞大史官队伍，涌现出了啻赫哲、舍娄斗、布举奢哲、恒颖阿买妮等优秀史家，撰写出了“六祖历史书，彝地记事书，……人类历史书，……讲盐史的书，奴仆来历书，人君史事书”[③]等诸多史著，为彝族历史的传承做出了积极的贡献。

第三节 魏晋南北朝时期的彝族史家与史学

康健、王子尧考证研究，魏晋南北朝时期，彝族史学进入了一个较好的发展阶段，涌现出了几个著名的彝族史学记录者，“从（贵州威宁地区）彝族盐仓家谱得知，举奢哲与阿买妮为同时代人，即清康熙三年（1664）上推六十六代，粗略推算，约相当于南北朝时期”[④]。举奢哲、阿买妮是魏晋南北朝时期彝族史

① 参见《彝族源流（9—12卷）·布摩的根源》，贵州人民出版社，1992年。
② 漏侯布哲、实乍苦木著，王子尧译《论彝族诗歌》，贵州民族出版社，1990年，第77、20页。
③ 举奢哲、阿买尼著，康健、王子尧等译《彝族诗文论》，贵州人民出版社，1988年，第115—116页。
④ 举奢哲、阿买尼著，康健、王子尧等译《彝族诗文论》，贵州人民出版社，1988年，第27页。

家中两个最为响亮的名字，他们的史学是魏晋南北朝时期彝族史学的最高峰。

一、举奢哲的《彝族源流》及其史学思想

举奢哲是当时最著名的一位布摩，又写作毕摩，即经师。他最著名的作品是《彝族源流》，又名《能素恒说》，二十五卷。该书长期以手抄本传承，经历代彝族布摩增补，由贵州赫章县彝族世袭布摩王兴有收藏。1983 年毕节地区彝文翻译组整理翻译，其中一至四卷 1989 年由贵州人民出版社出版。整理翻译的《彝族源流》，所记本族历史从混沌初开的“哎哺”时代，到清雍正十五年（1737）间 451 代的历史。反映彝族先民对宇宙万物和人类起源的认识及彝族古代的社会面貌，记述了彝族各部世系及其与其他民族的关系，是了解和研究彝族历史和古代社会极重要的古籍。

举奢哲不仅是历史家，还是诗人、作家和文艺理论家。除《彝族源流》外，他还著有《降妖捉怪》、《黑娄阿菊的爱情与战争》、《侯塞与武琐》、《祭天大经书》、《祭龙大经书》、《做斋大经书》等。《彝族诗文论》中从各种典籍中收录整理的举奢哲著《论历史和诗的写作》、《经书的写法》等，反映了其对治史原则与记史方法的认识。

举奢哲对文字在人类发展及历史传承方面的作用有非常清楚的认识，说：“在这人世间，自从有文字，人们就用它，来记天下事。”但是，“每一个布摩，每一个学者，彼此不一样”，“个人有所短，个人有所长”，所以个人记录的历史从写法到记录重点都存在差异。“可是到如今，凡用文字写，写的这一切，却都不相似——写法有不同，传授各异趣，记录有分歧，纪事也不一。”

他提出“所有写史人，千万要记住”历史撰述原则，即“写法有五样”。其中“第一写史事，人物身世明，代数要叙清，时间要弄准”。即对史学的基本要素人物和时间予以特别注意，而彝族史学中的时间又主要通过世系来体现，所以这三者实际上是密切关联的。举奢哲还要求，“所有写史者，人人须做到”：“记录要真实，鉴别要审慎。”“这样写下的，才算是历史，史实才算真。”这可以视为举奢哲对史德的认识，即记录彝族的历史，一定要遵循忠于历史、忠于事实的原则。

举奢哲注意到通过名号来记录世系的不足，说：“比如我们要，要写六祖史；可是六祖呀，六祖的上辈，他又是谁呢？就要搞清楚。”接着又以续记六祖历史名号为例，“说到六祖呢，六祖的上辈，上辈是笃米。笃米的后代，武乍的长房；次于武与乍，再把喽、侯记，喽与侯写过，再来写下辈”。问题是，“照着这样写，往后人一多，又该怎么记？”因为氏族人口大量繁衍增长以后，可能会出现混杂、错乱。因此，他认为有必要通过分支别系，分别记录各支系的历史来解决这个问题。他写道：“后世出君长，君在群落中，他又有长房。这些长房呢，后来又成为，成为诸君长，统领各地方。他们在各方，各自都繁衍，各自都兴旺。”“在这时候呢，我们写史人，先要写君长。各个君长家，他们的家史，记在史书上。”

举奢哲主张布摩们要重视对上层的记载，同时还要关注并记录普通民众的历史。他说道：“必须要记下，记下当时呀，当时君长名。当时的君长，各管哪一方。”然后，“再来把他们，繁荣昌盛史，一一记周详”。详细记录“这些君长们，繁荣到怎样？牛羊有多少，家底强不强？马匹有多少，家声旺不旺？多少金和银？”不仅如此，还应该“记得要真实，写得要恰当”，认为“这才叫写史，千古凭传唱”[①]。举奢哲又写道：“还有的诗歌，它还能表现，牛羊的繁殖，金银的来因”，“禾苗的生长，庄稼的收成”。这些都与百姓和人民有直接关系。他还写了《谈工艺制作》篇，专门阐述与人们日常生产生活息息相关的各种工艺技术的发展历史。

举奢哲十分强调记史的“真实”性。他认为史事撰述“不像写诗歌，不像写故事”，“可是历史呢，它就不一样，大大不相同，要把忠实讲”，“所以历史家，不能靠想象”。他强调搜集史料要尽可能详尽、全面。他以阿着仇君长为例，提到“他家法令严，谁也不敢抗”的历史，认为“史家写史时，这些史事呀，一一要明详”。此外，他还要求真实记录统治者和被统治者之间的关系，“君长和百姓，他们二者间，有着大关系”，对“百姓信服吗？君长残暴吗？”诸如此类，史家“都要记清楚”。只有“这样记下的，才算是真史”。认为对历

① 举奢哲《彝族诗文论》，《彝族古代文论》，贵州人民出版社，1997 年，第 28、27、28、28—29、29 页。

史人物的记录要全面，不能扬善掩恶："看他做的事，善事有多少"，"看他做的事，恶事有多少"，"统统要记好"，将其"所有过往事，一一要讲清；过错也要讲，教育后世人"，以教育、警示后人"好事要多做，坏事要少行；善事要多做，恶事绝不行"，真正发挥史学的社会功能。"所有写经人"还要注意，历史不能"任意去编造，把假写成真"①。其《论诗歌和故事的写作》认为，史家的论著应该通过可以"唱来颂君长，唱来赞君长"、"唱来骂君长，唱来恨君长"的秉笔直书，反映出"当奴的痛苦，当君的骄横"。

举奢哲还特别强调彝族史书编写过程中应注意行文格式，即遵循特定的"韵律"。"大凡历史书，写书需注意，韵律要牢记"，"上句压下句，五言对五言，七言对七言，九言对九言，三言对三言"，这样写出来的史著，才能"念起既和谐，读起也顺畅"，使"文笔"显得"更流利"。举奢哲又进一步谈到当时诗文写作或运用中常见与不常见的韵律格式，认为史家的"史才"体现在史著行文的韵律格式中。

基于以上认识，举奢哲认为史家应注意对现实社会的全面观察，养成敏锐的洞察力，写出优秀的历史论著。"每一个布摩，每一个史家，凡事多注意"，"才真能写出""最好的历史"。只有综合了这一切，"才算是真正，真正的史笔"②。

举奢哲对文字的产生和历史研究的意义也有认识，说："自从有文字，人们就用它，来记天下事。""从古到如今，凡是世间人，都用文字写，文字记事因"，人类用文字记录了从古至今人类的发展历程，而"文字传下来，文字记古今，记下一切事，记下人间情"，这就为后人认识、研究历史提供了文本资料。只是由于记录者各方面的差异，各种记录之间也存在差异。

二、阿买妮的史学

据彝文古籍记载，阿买妮曾与举奢哲合作，整理撰写了彝族先民尼能、实

① 举奢哲《彝族诗文论》，《彝族古代文论》，贵州人民出版社，1997年，第29、39—42页。

② 举奢哲《彝族诗文论》，《彝族古代文论》，贵州人民出版社，1997年，第29—31页。

勺部的历史。她自己撰写有《人间怎样传知识》、《猿猴做斋记》、《奴主起源》、《独脚野人》、《横眼人与竖眼人》等历史作品。阿买妮与举奢哲被彝族人称为“天师”、“地师”、“知识之父”、“知识之母”，他们创建的彝族史学理论，在中国史学史上有特别的地位。

整理出版的阿买妮作品《彝语诗律论》，反映了她对历史的认识。她认为，历史著述不同于文学创作，必须把握几个原则：第一，据实记述。说记史“叙事要明白，不能胡乱编”。“所写诗与文，后世都有用，有的作根据，有的当史传。写者不留意，胡乱写几本，后人不知底，拿当真史传，那么写作者，就有罪过了！”第二，对历史事件原因与曲折经过的记载要完整、清楚。说“那种记事诗，说来是这样：事情怎发生？当时啥变化？都要记清楚，事物要突出”。第三，审慎对待前人的记载。前人记述中有根、家、种、父、母、代世的“山妖精”、“水中怪”，她怀疑道：“人没见过妖，书中确有妖；人没见怪，书里确有怪。”但写史者的态度应该是疑以传疑，“古人说有妖，我才来写妖；古人说有怪，我才来写怪”[①]。其实前人所言妖、怪就是部落的图腾。正因为她的这种审慎态度，才使我们知道了古代彝族各部落信奉的图腾，以及这些有着不同图腾的部落是如何进化、纷争、融合、发展的。

通过对现实社会的观察和历史的研究，阿买妮深刻地认识到彝族社会的不平等，写道：“世人谁辛苦？贫民实在苦。”“谁个最勤劳？贫民最勤劳。”“谁个穿得好？君长穿得好。”“谁的牛羊多？君长牛羊多。”辛苦勤劳的农民、贫民的劳动产品和所创造的物质财富却被君长霸占，她已模糊地认识到阶级剥削的存在。她还注意到诸如土地等生产资料占有不均的社会现象，“谁的土地多？君长土地多。谁的土地少？贫民土地少”等。[②]在充分认识古代彝族社会生产关系的基础上，阿买妮满怀着朴素的贫民情怀，赞美“谁家女才美？贫民女才美”，强调“谁的力量大？贫民力量大”。充分肯定劳动人民的伟大力量和历史功绩，对什么是历史发展的动力提出了独到的看法。

① 阿买妮《彝语诗律论》，《彝族古代文论》，贵州人民出版社，1997 年，第 45—46、41 页。

② 阿买妮《彝语诗律论》，《彝族古代文论》，贵州人民出版社，1997 年，第 45—46、88 页。

第四章

匈奴族史学

第一节　匈奴族历史和历史叙述

一、匈奴族历史

匈奴族是中国北方一支古老的游牧民族，发祥于今内蒙古河套和大青山地区，过着逐水草而迁徙的生活。王国维认为匈奴就是夏代的荤粥，商代的鬼方、昆夷，西周的猃狁，春秋以后称作戎狄、胡。[①] 实际上，匈奴族是众多北方游牧民族经过长期的杂居、征战、融合，最后才形成的新的民族共同体。

春秋末期匈奴逐渐活跃，战国时期势力强盛起来，并经常侵扰秦、赵、燕北边。战国末期的头曼单于统一了漠南诸部落，建立了以游牧经济为主的国家政权。匈奴政权不断与中原王朝发生冲突，成为华夏各族在北方的劲敌。冒顿单于（前 209—前 174 年在位）和老上单于（约前 174—前 160 年在位）时，匈奴势力不断发展，控制区东至辽河，西越葱岭，北抵贝加尔湖，南达长城。汉高祖七年（前 200），匈奴骑兵围汉高祖刘邦于白登山（今山西大同东北），迫使汉朝实行和亲，且岁奉贡献，并开关市与之贸易。汉武帝时国力强盛，曾多次发动对匈奴的战争。此后，匈奴势力渐衰。东汉光武帝建武二十四年（48），匈奴日逐王比被南边八部拥立为南单于，归附东汉，匈奴分裂为南北二部。西晋，南匈奴人入居内地，成为逐鹿中原的“五胡”之一，东晋南北朝时期，先后建立了汉、前赵、北凉、大夏四个政权。隋唐时期，匈奴族逐渐融合于汉族及其他北方地区少数民族，退出了历史活动的舞台。北匈奴屡为东汉和南匈奴所败，不断向西迁移，一度建立起强大的国家，引发了整个欧洲民族的大迁徙运动，导致了罗马帝国的崩溃。

① 王国维《鬼方昆夷猃狁考》，《观堂集林》卷一三，中华书局，1959 年，第 583 页。

匈奴族在游牧文明发展史上具有重要的先驱作用，它最早在中国北方草原上竖起了游牧民族政权的旗帜，匈奴的历史和文化对中国和世界历史曾产生过重要影响。

二、匈奴族历史意识及其表现

匈奴族应该有悠久而独具特色的历史意识和史学思想，但是由于资料有限，长期以来关于这方面的研究一直阙如。以下根据散见的史料试图对匈奴族史学的状况加以梳理。

（一）祭祀祖先活动中表现出的历史意识

《史记·匈奴列传》记载，匈奴人“岁正月，诸长小会单于庭，祠。五月，大会茏城，祭其先、天地、鬼神。秋，马肥，大会蹛林，校课人畜计”[①]。可以认为，匈奴人每年的三次集会中，祭祀都占据着主导的地位，祭祀的对象是祖先、天地和鬼神。

祭祀祖先，是匈奴人历史观念的重要体现。匈奴人非常重视对祖先的安葬，葬礼隆重，随葬品极为丰富。“其送死，有棺椁金银衣裘，而无封树丧服。”[②]贵族还有着殉葬的风俗。“近幸臣妾从死者，多至数千百人。”[③]匈奴人对祖坟非常重视，汉昭帝时，乌桓为了报复匈奴打败自己的怨仇，派兵挖掉了单于的冢墓，“匈奴大怒，乃东击破乌桓”。[④]匈奴人的这种传统，在以后的发展中得到了很好的继承。西汉金日磾之曾孙金日当“为父、祖父立庙”[⑤]。刘曜称帝建前赵，立刻“缮宗庙、社稷、南北郊”[⑥]。祭祀活动的祷辞，都是对祖先功烈的记颂。匈奴人的这种记颂，年年代代口耳相传，对历代单于及其事迹有了较明确的记忆。从《史记·匈奴列传》对头曼以来诸单于事迹的记述，可知匈

① 《史记》卷一一〇《匈奴列传》，中华书局，1982年，第2892页。
② 《史记》卷一一〇《匈奴列传》，中华书局，1982年，第2892页。
③ 《史记》卷一一〇《匈奴列传》，中华书局，1982年，第2893页。《汉书·匈奴传》作“数十百人”。
④ 《后汉书》卷九〇《乌桓列传》，中华书局，1965年，第2981页。
⑤ 《汉书》卷六九《金日磾传》，中华书局，1962年，第2965页。
⑥ 《晋书》卷一〇三《刘曜载记》，中华书局，1974年，第2685页。

奴人的口述历史是准确有序的。祖宗崇拜反映了匈奴人重视自身历史传承、追思民族发展历程的观念。

（二）岩画所反映的匈奴历史

岩画是镌刻在岩石或岩壁上的图画。从史前时代起，先民就开始刻凿岩画，用以表现自己的生活、思想和情感。可以说，岩画是人类文明历史的艺术图解，是民间创作而流传下来的史诗。在匈奴活动地区发现的大量岩画，反映了匈奴族的历史发展与历史意识。

在阴山、贺兰山、乌兰察布、锡林郭勒等匈奴人活动过的主要地区，考古工作者发现了大量的弓箭、狩猎、动物岩画。著名岩画学家盖山林认为这些岩画，特别是在内蒙古地区发现的岩画体现了斯基泰——匈奴风格。岩画中大量出现的独猎、双人猎、三人猎、众猎、围猎等画面，应该是当时包括匈奴族在内的游牧民族获取猎物的生动写照。一些岩画的动物纹饰，与后来的鄂尔多斯青铜器上的动物纹饰的风格有传承关系，也与匈奴墓中出土的青铜动物牌饰的纹饰相一致，例如动物叠压纹饰、猛虎噬兽纹饰，都是蒙古草原地带特有的艺术风格，是匈奴艺术的特征之一，反映了匈奴人的狩猎、游牧生活。

在阴山、贺兰山岩画中，有许多天体岩画的题材，在日月星辰的形象与符号中，以太阳及太阳神的岩画图形最为突出。盖山林指出："到了青铜时代，出现了大量的形形色色的太阳神岩画。尽管太阳神岩画的形象千差万别，然而其主体结构不变，其形象是人面＋太阳的射线＝太阳神，是人的物化（太阳化）和物的人化（太阳的人化）的结果。"[①]匈奴族在发展过程中，有崇拜太阳及其他天体的记载。匈奴单于在给汉族皇帝的信中强调："天地所生日月所置匈奴大单于敬问汉皇帝无恙。"很显然，单于把自己的身份放在了天地、太阳儿子的位置上。单于每天对日月进行敬拜，"单于朝出营，拜日之始生，夕拜月"。在举行重大活动时，也要占卜星月，"举事而候星月，月盛壮则攻战，月亏则退兵"。[②]

在远古时期，人类幻想通过巫（用跳舞形式以降神者）来沟通天上人间和

① 盖山林、盖志浩《内蒙古岩画的文化解读》，北京图书馆出版社，2002 年，第 398—423、380、457 页。

② 《史记》卷一一〇《匈奴列传》，中华书局，1982 年，第 2899、2892 页。

鬼神世界的关系，通过施展巫术来控制自然力。在匈奴人的精神生活中，巫术占据着重要位置。史书中多处记载了匈奴的巫——胡巫的活动。汉贰师将军李广利投降匈奴后，丁灵王卫律嫉妒贰师得宠，就串通胡巫假借已死的先单于的名义说："胡故时祠兵，常言得贰师以社，今何故不用？"匈奴人听信了巫师的话，"遂屠贰师以祠"[①]。在军事行动中，匈奴人也使用巫术。《汉书·西域传》载，匈奴闻汉军将来，使巫埋羊牛于诸道及水上以诅汉军。在匈奴活动区的许多岩画中，都有大量巫师和巫师作法的形象，这些巫师有的"双臂曲肘上举，伸展五指，屈膝下蹲，下系尾饰，有些巫师手执法器，居于动物群之中"[②]。对于岩画年代的准确断定，目前仍是一个难以解决的问题，我们不能完全肯定到底哪些岩画是匈奴人留下的作品，但阴山、贺兰山等北方游牧民族活动的地区保存下来的大量岩画，应该是包括匈奴在内的历代游牧民族生产、生活及精神状态的记述和写照。

（三）匈奴民歌与英雄史诗

作为一个古老而历史悠久的游牧民族，匈奴肯定产生过自己的口传史学和史诗，但由于文献缺载，我们尚无法具体了解这种史诗的传承情况及内容。而硕果仅存的一首匈奴民歌，却记述了匈奴族发展过程中一段心酸的历史。

汉武帝元狩二年（前121），骠骑将军霍去病两次率兵奔袭河西走廊，大败匈奴，夺取了匈奴的优良牧场焉支山和祁连山，缴获了休屠王的祭天金人。《史记正义》引《西河故事》云："匈奴失祁连、焉支二山，乃歌曰：'亡我祁连山，使我六畜不蕃息；失我焉支山，使我妇女无颜色。'其悯惜乃如此。"《史记索隐》引《西河旧事》云："（祁连）山在张掖、酒泉二界上，东西二百余里，南北百里，有松柏五木，美水草，冬温夏凉，宜畜牧。"[③]《太平御览》卷五十引《凉州记》载："焉支山，在西（河）郡界，东西百余里，南北二十里，有松柏五木，其水草茂美，宜畜牧，与祁连同，一［名］删丹山。"[④]可以看出，这

① 《汉书》卷九四《匈奴传》上，中华书局，1962年，第3781页。

② 束锡红、郑彦卿、吴琼《贺兰山岩画与世界遗产》，宁夏人民出版社，2003年，第88页。

③ 《史记》卷一一〇《匈奴列传》，中华书局，1982年，第2909页。

④ 夏剑钦、黄巽斋等校点《太平御览》卷五〇《地部十五》，河北教育出版社，1994年，第408页。

两座山及其周围地区水草茂美，冬温夏凉，是极为理想的天然牧场。失掉这两座山，匈奴人的畜牧业生产遭受到严重打击，自然令匈奴人伤心痛惜。

尽管匈奴人没有其他的民歌流传下来，但是可以肯定的是，匈奴人对民族历史中的重大事件，往往通过歌谣的方式来加以传唱记述。汉武帝时期，夺取了匈奴的河南地，到了近百年后的汉元帝时期，边长老言:“匈奴失阴山之后，过之未尝不哭也。”[①] 这种哭，是一种“长歌当哭”之“哭”，很可能是匈奴人用一种哀怨的民歌，记述了痛失阴山河南地的历史，追忆曾经生活在这片土地上的美好时光。阴山民歌是匈奴人的史诗，强化了匈奴人的历史记忆，所以才使得上百年来，匈奴人每当途经这片土地，自然吟唱起这首民歌，感伤痛心不已。

与其他古老民族一样，匈奴族当有自己的英雄史诗与叙事歌曲。北匈奴在东汉皇朝和南匈奴的联合进攻下，被迫向西迁移。后来匈奴人的后裔又强大起来，在东欧多瑙河平原上建立起匈奴帝国。在阿提拉任国王时，匈奴帝国达到了鼎盛时期。韦尔斯（H. G. Wells）在其所著《世界史纲》中记载，阿提拉在为各国来贡使臣举行宴会时，“遵守雅利安人及蒙古人在所举办宴会中的原始旧习，饮酒极多。诗人吟咏诗歌于阿提拉之前，以颂祝阿提拉之神武与胜利。厅中肃静异常，来宾凝神恭听。雄赳赳武士，豪气时流露于眉目间，状若不能复耐。老者泫然泣下，以不能再执干戈、争荣于沙场表示失望。斯可谓训练军事道德之演讲”。[②] 这种“诗歌”，是“训练军事道德之演讲”，能够激发起武士的斗志，因此它不可能是一般意义上的诗歌，而应该是歌颂古代为民族发展做出贡献的武士的英雄史诗。

（四）匈奴文字与记事

历史著述的载体是文字。匈奴族是否有本民族的文字，在学术界一直是一个颇有争议的问题。《史记 · 匈奴列传》言其“毋文书，以言语为约束”[③]。《后汉书 · 南匈奴传》记载:“呼衍氏为左，兰氏、须卜氏为右，主断狱听讼，当决

① 《汉书》卷九四《匈奴传》下，中华书局，1962 年，第 3803 页。

② 转引自冯家昇《匈奴民族及其文化》，《匈奴史论文选集》，中华书局，1983 年，第 133 页。

③ 《史记》卷一一〇《匈奴列传》，中华书局，1982 年，第 2879 页。

轻重，口白单于，无文书簿领焉。”[①] 二者似乎明确说明，汉朝至南北朝时的汉族学者都认为匈奴族没有自己的文字。

匈奴人的记事方式采用的是结绳记事和刻木（骨）记事的原始方法。《盐铁论》言匈奴“故虽无礼义之书，刻骨卷木，百官有以相记，而君臣上下有以相使”[②]。明确说明匈奴人是通过“刻骨卷木”的方式来记述事务和上下沟通的。《汉书》记载：“自乌孙以西至安息，近匈奴。匈奴尝困月氏，故匈奴使持单于一信到国，国传送食，不敢留苦。”[③] 这里的“信”，当是一种信物，很可能就是“刻木（骨）为信”。结绳和契刻是许多民族在早期发展阶段都曾采用的记事方式，它在一定范围内具有备忘、信约和凭证作用，是文字发明前的记事方式。与文字记事相比，这种记述方式的局限性是显而易见的。

在史书中，也多有匈奴单于与汉族皇帝文书往来的记述。“孝惠、高后时，冒顿寖骄，乃为书，使使遗高后曰：‘孤偾之君，生于沮泽之中，长于平野牛马之域，数至边境，愿游中国。陛下独立，孤偾独居。两主不乐，无以自虞，愿以所有，易其所无。’高后大怒，召丞相平及樊哙、季布等，议斩其使者，发兵而击之。”[④] 汉文帝前元四年（前 176），单于遗汉书曰：“天所立匈奴大单于敬问皇帝无恙。”也是在汉文帝时期，宦官中行说被强令随汉朝公主陪嫁到匈奴，中行说到匈奴后，帮助匈奴单于与汉朝对立。“中行说令单于遗汉书以尺二寸牍，及印封皆令广大长，倨傲其辞。”[⑤] 东汉光武帝时期，匈奴右薁鞬日逐王比，在归附汉朝之前，“密遣汉人郭衡奉匈奴地图，二十三年，诣西河太守求内附”[⑥]。这说明匈奴人不仅使用文字，而且还绘有地图。

匈奴人使用的很可能是汉文文字。陈直《汉书新证》中指出：“单于既用印封，则必用文字，以‘匈奴相邦’玉印证之，当为摹仿中国之文字，《汉书》

① 《后汉书》卷八九《南匈奴列传》，中华书局，1965 年，第 2945 页。
② 王利器《盐铁论校注》卷七《论功第五十二》，中华书局，1992 年，第 543 页。
③ 《汉书》卷九六《西域传上》，中华书局，1962 年，第 3896 页。
④ 《汉书》卷九四《匈奴传上》，中华书局，1962 年，第 3754—3755 页。
⑤ 《史记》卷一一〇《匈奴列传》，中华书局，1982 年，第 2896、2899 页。
⑥ 《后汉书》卷八九《南匈奴列传》，中华书局，1965 年，第 2942 页。

谓匈奴无文书，指无独立之国书而言，不是并中国之文字而不用也。”[①] 另外一条史料似乎也说明匈奴使用汉字来记事和撰写公文，“(建昭)四年春正月，以诛郅支单于告祠郊庙，赦天下。群臣上寿置酒，以其图书示后宫贵人”。注引服虔曰:“讨郅支之图书也。”[②] 元帝给后宫传看的，很可能是讨伐郅支单于缴获的图书。既然此图书汉朝的“后宫贵人”可以传看，其书就极有可能是用汉字撰写的。从出土文物来看，匈奴上自单于下及各级官吏的印章都使用汉字。如各地收藏的“汉匈奴恶适姑夕且渠”、“汉匈奴破虏长”、“汉匈奴晋适尸逐王”、“汉匈奴姑涂黑台耆”、“汉匈奴伊酒莫当百”。[③] 内蒙古鄂尔多斯东胜采集的许多匈奴官印也是用汉字铸刻成的，如“汉匈奴栗借温愚鞮印”、“匈奴呼律居訾”、“汉匈奴胡卢訾尸逐印”、“休屠长印”、“休屠胡佰长印”、“匈奴相邦玉玺”、“右贤王印”、“俎居侯印”、“四角胡王印”等等。[④] 匈奴人使用的汉字，应该系投诚或掳略去的汉人所教或所代为书写。汉朝宦官中行说到匈奴后，“于是说教单于左右疏记，以记课其人众畜物”[⑤]。指的就是教授单于手下的匈奴族官员用汉字进行文书书写，以统计和记录“人众畜物”。

第二节　汉族史家对匈奴族历史的记述与研究

马利清认为:“匈奴人有没有自己的文字还是一个悬念，即便有，也没有成熟发达到足以记录其历史的程度。”[⑥] 那么，关于匈奴史的系统记述就只能依靠汉文文献了。从西汉的司马迁开始，历代的中原史学家就对雄踞北方的匈奴族的基本情况进行了比较详细的记述，为我们研究匈奴民族史和民族关系史保存了非常珍贵的史料。

---

① 陈直《汉书新证》，天津人民出版社，1979 年，第 446 页。

② 《汉书》卷九《元帝纪》，中华书局，1962 年，第 295 页。

③ 黄盛璋《关于博物馆藏传世汉匈奴语官印考》，《故宫博物院院刊》1986 年第 4 期。

④ 马利清、宋远茹《关于匈奴文字的新线索》，《考古与文物》2004 年第 2 期。

⑤ 《史记》卷一一〇《匈奴列传》，中华书局，1982 年，第 2899 页。

⑥ 马利清《原匈奴、匈奴——历史与文化的考古学探索》，内蒙古大学出版社，2005 年，第 39 页。

一、《史记 · 匈奴列传》

司马迁的不朽巨著《史记》，全面反映了从传说中的黄帝到汉武帝时期中华民族的悠久历史。其中《匈奴列传》是专门为中原以外的周边民族所立的第一传，这在历史著作中是一个创举。

《史记 · 匈奴列传》对先秦以来的匈奴史资料进行了系统的整理，以传记的形式，较为全面地展现了匈奴族的发展历史和民族特色。司马迁在该传中记载，匈奴人和汉族有共同的祖先，“匈奴，其先祖夏后氏之苗裔也，曰淳维”。到战国时期，匈奴族经历了漫长的发展历程，“自淳维以至头曼千有余年，时大时小，别散分离，尚矣”。在《史记 · 匈奴列传》中，司马迁对匈奴的生活环境、民族特点与文化特色进行了介绍和总结，重点记载了匈奴与汉朝之间的交往和战争。对于在匈奴历史发展中具有重大影响的人物进行了生动的刻画，如对头曼单于、冒顿单于权位之争以及后来冒顿单于兼并东胡、击走月氏的描写，给人留下了极深刻的印象。司马迁为匈奴设传还有现实政治的考虑，对此，司马迁在《史记 · 太史公自序》中有明确交代：“自三代以来，匈奴常为中国患害；欲知强弱之时，设备征讨，作《匈奴列传》第五十。”[①] 除《匈奴列传》外，《史记》的其他篇章，如《李将军列传》、《卫将军骠骑列传》、《大宛列传》等许多篇章，对于匈奴与汉朝征战交往的历史也有一定的反映，是研究匈奴史不可或缺的重要史料。

二、《汉书 · 匈奴传》

《汉书》继承了《史记》为少数民族立传的传统，继续设立了《匈奴传》。作者班固（32—92）曾作为中护军随大将军窦宪北击匈奴，出谋划策，胜利后在燕然山上刻石颂功，撰写了著名的《封燕然山铭》和《窦将军北征颂》。他的弟弟班超长期出使西域，代表东汉政权处理西域各国、汉朝及匈奴之间的复杂关系。因此，班固对匈奴问题的认识是切实而深刻的。

---

① 《史记》卷一三〇《太史公自序》，中华书局，1982 年，第 3317 页。

《汉书·匈奴传》是记录西汉一朝至王莽时期230年匈奴历史和汉匈关系的最权威的文献资料。汉武帝太始元年（前96）以前，基本上转录了《史记·匈奴列传》的内容，但增补了一些匈奴的史事，特别是汉匈间一些往来书信的原文和诏文，保存了许多重要的原始资料，对研究匈奴历史具有重要价值。同时，《汉书·匈奴传》也订正了《史记》的一些讹误。班固对《史记·匈奴列传》的内容也有着意改移之误，即“改字以斥责异族，移句以曲饰和亲之举，删句以蔽匈奴修好之意”[①]，集中反映了班固的封建正统史观。《汉书·匈奴传》最重要的部分是汉武帝太始元年（前96）以后到王莽时期关于匈奴史以及汉朝与匈奴政治、军事、经济、文化和商业交流与冲突的记述，其中，又重点撰写了呼韩邪单于与汉朝修好和亲的情况，同时，对王莽时期对匈政策的变化及由此引起的汉匈关系交恶的历史进行了记述和分析。《汉书·匈奴传》集中反映了班固“夷夏有别”的民族观念和汉族正统王朝提倡的对少数民族“恩威并重”的羁縻政策。

三、《后汉书·南匈奴列传》

东晋、刘宋之际的杰出史学家范晔（398—446）撰写了《后汉书》。《后汉书·南匈奴列传》记述了东汉196年中匈奴的历史，内容包括南匈奴的权力传承、风俗习惯、生产状况、婚姻、祭祀、法律、饮食，以及与北匈奴和东汉皇朝的关系等。

范晔作《南匈奴传》，意在体现他的“以夏变夷”的思想，因此该传把对南匈奴的记述作为重点，特别突出南匈奴与东汉皇朝的和亲、友好往来以及南匈奴接受汉化的内容。例如，范晔记载南匈奴内附之后在祭祀与风俗习惯上的变化，“南单于既内附，兼祠汉帝，因会诸部，议国事，走马及骆驼为乐”[②]。这里，展现在我们面前的，是一幅南匈奴与内地之间密切联系、融合交汇的历史画面。同时，范晔对北匈奴的历史只作了简要记述，这既与范晔的历史观念有关，也可能是北匈奴的史料难以搜集使然。

---

① 阿其图《〈汉书·匈奴传〉与〈史记·匈奴列传〉对校刍议》，《内蒙古师大学报》1994年第3期。

② 《后汉书》卷八九《南匈奴列传》，中华书局，1965年，第2944页。

四、魏晋南北朝时期匈奴政权的国史撰述以及其他历史记载

在五胡十六国时期，北方少数民族纷纷南下建立政权。少数民族进入中原进行统治，必然接受中原文化的熏陶，其中对史学尤为重视。这是因为，当时社会混乱动荡，民族矛盾、阶级矛盾尖锐，政权更迭频繁。各个政权建立后，急需学习吸收历代政权兴衰成败的经验教训，作为巩固自己统治的借鉴。同时，各个政权在风云变幻，你方唱罢我登场，随时面临倾覆之虞的局势下，炫耀功德，使本国的帝业与王迹焕乎史册的心理尤为急迫，希望通过组织撰写本国的史著而名垂竹帛，业著青史，正如刘知幾在《史通》中所言:“谅其于功也名也，莫不汲汲焉孜孜焉。夫如是者何哉？皆以图不朽之事也。何者而称不朽乎？盖书名竹帛而已。”在匈奴族建立的汉、前赵、北凉和大夏四个政权中，对史学的重视表现得非常突出。

匈奴族人刘渊出生在晋地，接受汉族文化的影响较深，因此他所建立的政权借助汉初和亲的历史，打起了承继汉朝统绪的旗号，将自己的国号确定为“汉”。后来“汉”分裂为“前赵”和“后赵”，前赵基本上是汉国政权的继续。刘渊建汉后，模仿汉魏旧制，建立史官制度与组织史书撰写，是古代少数民族政权首见记载的史官建置与官方修史活动。《史通》记载:“伪汉嘉平初，公师彧以太中大夫领左国史，撰其国君臣纪传。”[①]“前赵刘聪时，领左国史公师彧撰《高祖本纪》及功臣传二十人，甚得良史之体。”受到刘知幾赞扬的公师彧，在编修匈奴汉赵国史时，当遵循了“秉笔直书”的原则，记述了汉赵统治者某些不光彩的事情，“凌修谮其讪谤先帝，聪怒而诛之”。值得注意的是，根据《晋书·刘聪载记》的记载，刘聪在诛杀公师彧时，并未宣布他的罪名，因而受到了当时大臣的批评，“且陛下直欲诛之耳，不露其罪名，何以示四海！”刘聪的这种做法显示，一方面他不能接受公师彧在史书中直书先帝之过的行为，另一方面也不愿意公开宣称对他的处罚是因为其“秉笔直书”而导致的，这从

① ［唐］刘知幾撰，［清］浦起龙释《史通通释》卷一一《史官建置》，上海古籍出版社，1978年，第303、313页。

反面说明，中原史学家的修书原则对刘聪是产生了一定影响的。除了公师彧以“左国史”身份负责撰修国史外，“刘曜时，平舆子和苞撰《汉赵记》十篇。事止当年，不终曜灭”[①]。

“北凉”创建者沮渠蒙逊的先世为匈奴左沮渠（官名），因以为姓。沮渠蒙逊具有较高的汉文化修养，他“博涉群史，颇晓天文，雄杰有英略”[②]。史书记载，北凉统治者多次与南朝宋进行文化交流，双方互赠书籍，表明北凉对学术文化的重视。北凉灭掉西凉后，将西凉的儒林祭酒、从事中郎敦煌人刘昞任命为秘书郎，“专管注记”[③]。北凉政权也组织编修本国的国史，根据《魏书·宗钦传》的记载，宗钦“博综群言，声著河右。仕沮渠蒙逊，为中书郎、世子洗马”。“钦在河西，撰《蒙逊记》十卷，无足可称。”[④]《隋书·经籍志》著录有《凉书》十卷，根据浦起龙的考释，就是宗钦所撰写的这部《蒙逊记》。[⑤]

匈奴人赫连勃勃建立大夏政权后，“天水赵思群（名逸，以字行）、北地张渊，于真兴、承光之世，并受命著其国书”[⑥]。北魏时期，太武帝拓跋焘攻入统万城，“见逸所著，曰：‘此竖无道，安得为此言乎！作者谁也？其速推之。’司徒崔浩进曰：‘彼之谬述，亦犹子云之美新，皇王之道，固宜容之。’世祖乃止。”[⑦]在拓跋焘看来，赵逸、张渊撰写的夏国国史，对残暴的赫连勃勃充满了溢美之词，应该受到处罚。实际上，隐恶扬善是撰写本朝史的通病，不独大夏国史，其他国史亦多如是。同十六国时期其他各族建立的政权一样，匈奴族人建立的几个政权都曾设置史官，编修国史，可惜的是，这些史书或因国亡被

---

① ［唐］刘知幾撰，［清］浦起龙释《史通通释》卷一二《古今正史》，上海古籍出版社，1978年，第358页。

② 《晋书》卷一二九《沮渠蒙逊载记》，中华书局，1974年，第3189页。

③ 《魏书》卷五二《刘昞传》，中华书局，1974年，第1160页。

④ 《魏书》卷五二《宗钦传》，中华书局，1974年，第1154页，第1157页。

⑤ ［唐］刘知幾撰，［清］浦起龙释《史通通释》卷一二《古今正史》，上海古籍出版社，1978年，第363页。

⑥ ［唐］刘知幾撰，［清］浦起龙释《史通通释》卷一二《古今正史》，上海古籍出版社，1978年，第359—360页。

⑦ 《魏书》卷五二《赵逸传》，中华书局，1974年，第1145页。

焚，或在流传中散佚，没能保存下来。

各种记述魏晋南北朝时期历史情况的史书著述，对匈奴的活动情况也给予了关注和记载。唐代官修的《晋书》设立了《北狄匈奴传》，对匈奴的历史、文化、风俗、官职和匈奴在晋代的发展情况进行了介绍。设立《刘元海载记》、《刘聪载记》、《刘曜载记》、《沮渠蒙逊载记》、《赫连勃勃载记》，分别对刘渊刘聪父子建立的匈奴“汉”政权、刘曜建立的匈奴“前赵”政权、匈奴卢水胡沮渠蒙逊建立的“北凉”政权、匈奴铁弗部赫连勃勃建立的“大夏”政权的历史进行了记载。北齐史学家魏收的《魏书》对北魏时期匈奴活动的情况也进行了记述，主要有《卢水胡沮渠蒙逊传》、《铁弗刘虎传》、《匈奴宇文莫槐传》等。此外，北魏崔鸿的《十六国春秋》、唐李百药的《北齐书》、唐李延寿的《南史》和《北史》的相关篇章对这一时期匈奴的历史及匈奴族的人物也进行了记述。

从战国到南北朝后期的七八百年间，匈奴一直活跃在中国北部地区的历史舞台上，所以除了上述专门记载匈奴历史的文献外，还有一些散见各处的史料，也为我们研究匈奴的社会、历史和文化提供了有价值的史料。林幹先生积数年之功，广搜博引，把汉文文献中有关匈奴历史的资料加以汇集，编成了两卷本的《匈奴史料汇编》，由中华书局于 1988 年出版，为学者研究匈奴史提供了极大的便利。

第三节　匈奴族史学的特点

由于没有或没有成熟的民族文字记述本民族的历史，从现有的史料中难以系统总结匈奴本族史学的发展历程和史学思想，也难以搜寻出匈奴族著名的史家和史作。但是，通过对相关史料的认真梳理和分析，我们仍然可以发现匈奴族史学的一些特点。

一、英雄崇拜与强烈的民族情感

游牧民族崇尚强力、崇拜英雄，作为中国历史上游牧民族的杰出代表，这一特点也体现在匈奴族的历史观念中。在匈奴族的史学思想中，对为民族发展做出过重要贡献的人物极为崇拜。冒顿单于时期，匈奴东并东胡、西服西域，迫使汉朝和亲，称雄大漠南北。因此，冒顿单于就成为匈奴人引以为豪的英雄人物。东汉初年，“方平诸夏，未遑外事”，光武帝对匈奴采取安抚政策，“赂遗金币，以通旧好”，“而单于骄踞，自比冒顿，对使者辞语悖慢”，[①] 刘曜前赵政权，在祭祀活动中，把冒顿置于崇高的地位，“冒顿配天，元海（“汉”的建立者刘渊）配上帝”[②]。老上单于在给汉文帝的信中，强调：“天所立匈奴大单于敬问皇帝无恙。”[③] 狐鹿姑单于派使者给汉武帝送信称：“南有大汉，北有强胡。胡者，天之骄子也，不为小礼以自烦。”[④] 都充分表现了匈奴民族的自我认同感、民族自豪感和强烈的民族意识。匈奴民族曾经在纵横数万里、上下近千年的时空范围内，繁衍生息，有声有色地创造了历史。匈奴族征服和统一过众多游牧部落和游牧民族，首次在中国北方建立了强大的游牧民族政权，“南与中国为敌国”[⑤]。对于这样的历史，匈奴人是有理由自豪和骄傲的。

这种强烈的历史意识和民族自豪感，给匈奴族的发展注入了活力和动力。西晋后期，匈奴人刘宣就鼓动刘渊，“自汉亡以来，魏晋代兴，我单于虽有虚号，无复尺土之业，自诸王侯，降同编户。今司马氏骨肉相残，四海鼎沸，兴邦复业，此其时矣”[⑥]。把恢复匈奴祖先的业绩与昔日的辉煌作为发动起义的号召，并最终推翻了西晋政权，建立了匈奴族的“汉”政权。两晋十六国时期，内迁游牧民族纷纷接受汉文化，改汉姓、习汉语成为一种风气，在这种情况下，匈奴铁弗部却宣布放弃沿用已久的“刘”姓，勃勃下书：“朕之皇祖，自北迁幽朔，改姓姒氏，音殊中国，故从母氏为刘。子而从母之姓，非礼也。古人氏族无常，或以因生为氏，或以王父之名。朕将以义易之。帝王者，系天为

① 《后汉书》卷八九《南匈奴列传》，中华书局，1965 年，第 2940 页。
② 《晋书》卷一〇三《刘曜载记》，中华书局，1974 年，第 2685 页。
③ 《史记》卷一一〇《匈奴列传》，中华书局，1982 年，第 2896 页。
④ 《汉书》卷八九《匈奴传》上，中华书局，1962 年，第 3780 页。
⑤ 《史记》卷一一〇《匈奴列传》，中华书局，1982 年，第 2890 页。
⑥ 《晋书》卷一〇一《刘元海载记》，中华书局，1974 年，第 2647 页。

子，是为徽赫实与天连，今改姓曰赫连氏，庶协皇天之意，永享无疆大庆。”[①]这次改姓，宣示了与因为和汉朝和亲宗母系而来的刘姓决裂，突出了该族的匈奴父系血统和民族特征，以单于即天子，“徽赫与天连”简称“赫连”，通过改姓，会得到上天的眷顾，从而使自己的种族和所建立的“大夏”政权能够“永享无疆大庆”，充分体现了铁弗部对自己作为匈奴民族的坚定自信心和充分自豪感。

二、注重对汉族历史文化的学习和借鉴

在相当长的历史时期，匈奴族是与汉族联系交往最为密切的一个北方游牧民族。其间，匈奴族在注重保持自身民族特性的同时，也非常注意对汉族先进文化的学习和借鉴。特别是南匈奴附汉，部分匈奴人进入中原王朝统治区后，匈奴人汲取和接受中原文化更是具有了自觉性与主动性的特点。东汉明帝崇尚儒学，“其后复为功臣子孙、四姓末属别立校舍，搜选高能以受其业，自期门羽林之士，悉令通《孝经》章句，匈奴亦遣子入学”[②]。匈奴人主动派子弟到汉朝来学习，其中，包括学习汉族的经学和史学。刘渊“幼好学，师事上党崔游，习《毛诗》、京氏《易》、马氏《尚书》，尤好《春秋左氏传》、《孙吴兵法》，略皆诵之，《史》、《汉》、诸子，无不综览”。刘渊在即“汉”王位的时候，首先回顾了西汉、东汉、蜀汉几位有作为的皇帝的功绩，然后，以汉朝刘姓皇帝的继承者自居，“追尊刘禅为孝怀皇帝，立汉高祖以下三祖五宗神主而祭之”。襄助刘渊建立政权的匈奴贵族刘宣，“朴钝少言，好学修洁。师事乐安孙炎，沈精积思，不舍昼夜。好《毛诗》、《左氏传》。炎每叹之曰：‘宣若遇汉武，当逾于金日磾也。’”[③]既热衷对汉族历史的学习，也对为汉朝做出贡献的匈奴人金日磾非常推崇。刘曜建立匈奴前赵政权后，设置专门的机构来学习汉族的历史与文化，“曜立太学于长乐宫东，小学于未央宫西，简百姓年二十五已下十三已上，神志可教者千五百人，选朝贤宿儒明经笃学以教之”。并对成

① 《晋书》卷一〇三《赫连勃勃载记》，中华书局，1974年，第3206页。

② 《后汉书》卷七九《儒林传》上，中华书局，1965年，第2546页。

③ 《晋书》卷一〇一《刘元海载记》，中华书局，1974年，第2645、2650、2653页。

绩优异者加以重用，“曜临太学，引试学生之上第者拜郎中”[①]。

匈奴人不仅崇拜本民族的英雄，而且对汉族历史上的英雄人物也极为了解和推崇，认其为榜样，进而想超越他们。刘渊曾经对别人说：“吾每观书传，常鄙随（何）、陆（贾）无武，绛（周勃）、灌（婴）无文。道由人弘，一物之不知者，固君子之所耻也。二生遇高皇（汉高祖）而不能建封侯之业，两公属太宗（汉文帝）而不能开庠序之美，惜哉！”[②]刘曜年轻时，甚至不把东汉的开国英雄吴汉、邓禹放在眼里，把自己比作汉族中原政权的名相乐毅、萧何和曹参。“常轻侮吴（汉）、邓（禹），而自比乐毅、萧（何）、曹（参），时人莫之许也。”[③]帮助刘渊建立“汉”国的刘宣，“每读《汉书》至萧何、邓禹传，未曾不反复咏之，曰：‘大丈夫若遭二祖，终不令二公独擅美于前矣。’”[④]从这些资料可以看出匈奴族对汉族先进文化的认同与学习历史的自觉性。

三、对历史知识与历史经验运用的功利性

匈奴族的一个重要民族特性与文化传统是强烈的功利主义色彩，匈奴人“利则进，不利则退，不羞遁走。苟利所在，不知礼仪”。这种民族特性也影响到匈奴族的历史意识与对史学的利用。

根据形势需要来运用历史知识与历史经验，强调对历史经验运用的功利性，是匈奴族史学思想的重要特点。当匈奴族强盛，欲与汉族中原皇朝对抗时，他们常常以建立匈奴帝国的冒顿单于为旗号，动员和号召匈奴的部众；当匈奴力量削弱，想通过与汉族中原政权和平友好来保全力量之时，又往往列举呼韩邪单于与汉皇朝的和亲故事，作为效仿的榜样和历史依据。汉文帝时期，汉朝丞相灌婴打败了匈奴的右贤王，冒顿单于派使者给汉朝送信，言：“北州已定，愿寝兵休士卒养马，除前事，复故约，以安边民，以应始古，使少者得成其长，老者安其处，世世平乐。”以“复故约”、“应始古”为理由，希望

① 《晋书》卷一〇三《刘曜载记》，中华书局，1974 年，第 2688、2692 页。

② 《晋书》卷一〇一《刘元海载记》，中华书局，1974 年，第 2645—2646 页。

③ 《晋书》卷一〇三《刘曜载记》，中华书局，1974 年，第 2683 页。

④ 《晋书》卷一〇一《刘元海载记》，中华书局，1974 年，第 2653 页。

与汉朝恢复历史上的和亲故事。汉武帝元封四年（前 107），汉朝使者杨信提出，如果想与汉朝和亲，就要送太子到汉朝作人质，乌维单于回答："非故约。故约，汉常遣翁主，给缯絮食物有品，以和亲，而匈奴亦不扰边。"在历史上，匈奴与汉朝和亲都是汉朝嫁公主、送财物于匈奴，来换取匈奴的"不扰边"，违背历史传统的做法单于是不会答应的，"今乃欲反古，令吾太子为质，无几矣"[①]。东汉初期，匈奴接连遭到汉朝打击、严重自然灾害和内部的分裂，光武帝建武二十四年（48），南匈奴"八部大人共议立比为呼韩邪单于，以其大父尝依汉得安，故欲袭其号"[②]。不仅拥立稽侯珊的孙子比为新的单于，而且让他继续使用其祖父称号，学习借鉴当年与汉族通好的经验，帮助部族渡过危机。东汉以后，匈奴人的一支改姓为刘，原因就是，"汉高祖（刘邦）以宗女为公主，以妻冒顿，约为兄弟，故其子孙遂冒姓刘氏"[③]。改为汉朝皇族姓氏，不仅说明他们有高贵的血统，而且与汉族有着密切的血缘关系和深厚的历史渊源，这样可以更好地适应南移后的形势和环境。

东晋南北朝时期，匈奴政权的建国措施体现出匈奴人利用历史为现实政治服务的直接性。西晋中后期，政治腐败，社会黑暗，统治阶级内部矛盾重重，长达十六年的"八王之乱"不仅使汉族人民民不聊生，入居内地的各少数民族人民也深受其害，难以生存。这时匈奴贵族刘宣鼓动刘渊起兵反晋，"今司马氏父子兄弟自相鱼肉，此天厌晋德，授之于我。单于积德在躬，为晋人所服，方当兴我邦族，复呼韩邪之业"。刘渊欣然答曰："善。当为崇冈峻阜，何能为培塿乎！夫帝王岂有常哉，大禹出于西戎，文王生于东夷，顾惟德所授耳。今见众十余万，皆一当晋十，鼓行而摧乱晋，犹拉枯耳。上可成汉高之业，下不失为魏氏。虽然，晋人未必同我。汉有天下世长，恩德结于人心，是以昭烈（刘备）崎岖于一州之地，而能抗衡于天下。吾又汉氏之甥，约为兄弟，兄亡弟绍，不亦可乎？且可称汉。追尊后主（刘禅），以怀人望。"[④] 刘渊决定宗汉

① 《史记》卷一一〇《匈奴列传》，中华书局，1982 年，第 2879、2896、2913 页。

② 《后汉书》卷八九《南匈奴列传》，中华书局，1965 年，第 2942 页。

③ 《晋书》卷一〇一《刘元海载记》，中华书局，1974 年，第 2645 页。

④ 《晋书》卷一〇一《刘元海载记》，中华书局，1974 年，第 2648—2649 页。

立国，反映了他对匈奴历史、汉人历史以及晋末社会矛盾、政治时局、人心向背的深刻把握。“它迎合了汉民族存亡续绝的文化传统和晋末各族人民思念汉代承平岁月的社会心理，既能淡化汉、匈之间的民族矛盾，又有助于标榜匈奴汉国王者之师的政治名分，从而为其联合各族反晋力量，提供了政治上的有利条件。”[①] 刘渊宗汉立国，推翻西晋的统治，是以历史为现实政治服务的典型事例。显然，匈奴人重视历史，更加注重史事对当下的价值和现实可利用性，这与匈奴民族的文化传统也是非常吻合的。

① 邓乐群《刘渊宗汉立国的历史评价》，《南通大学学报》2005 年 4 期。

第五章

西南夷各族史学

第一节　西南夷历史和史学概略

一、西南夷历史

“西南夷”一词，始见于司马迁《史记·西南夷列传》，后为两《汉书》、《华阳国志》等史书所沿用。西南夷是秦汉时期分布于巴郡、蜀郡以西以南区域非华夏族类的少数民族，即“巴、蜀西南外蛮夷”。

先秦时期，在西南地区活动的是羌、濮（卜）、越三大族群，自商周以来，这三个族群由不同的部落氏族组合而成。到秦汉时期，司马迁在《史记》中将分布于该区域内的部族分为夜郎、滇、邛都、嶲、昆明、筰、冉駹、白马等几个族类。魏晋时期，由于大量的汉族移民进入西南地区，西南夷的部分部族融入汉族之中，有的部族因为战争而消失了。随着爨氏集团的兴起，西南夷逐渐退出了历史舞台。

先秦时期，西南夷的史学开始萌芽，不仅西南夷各族类有远古的神话传说，而且商、周等以华夏族类为主的政权也注意到了存在于西南边陲的各个族类，在华夏的典籍中也散乱记录了西南夷的历史。随着秦汉时期对西南地区的经营和开发，中原皇朝对西南夷的了解和认识更加深入。西南夷与中原在经济文化等方面的交往和联系日益紧密，西南夷的史学得到了初步发展。很多史家有了亲历西南的机会，获得了许多珍贵的第一手资料。司马迁首开民族专传后，以后的史家大都沿袭之，且不论各史家对周边民族持何种态度，但他们能坚持将民族史列入正史当中，就是大一统思想的体现。受汉文化的影响，西南夷各部族记录自身历史的意识也越来越强烈，出现了一批记录本地区历史的专书，也流传了一些夷人的诗歌。魏晋时期，中原文献中有关西南夷历史的资料逐渐减少，然而，涌现出一大批地方志书，更为直接和具体地记录了西南夷的历史，西南夷的史学达到了繁荣时期。但是，随着南中大姓的兴起，西南夷逐渐消失于历史的潮流中，故而，西南夷的史学从此也走向了衰落。其后的各个朝代，对西南夷的研究也仅限于在对文献典籍的整理、注释的同时略有提及，已经没有最原始的资料留存于世。二十世纪以后，史学界掀起了民族史研究的热潮，西南夷的历史也为广大史学家所关注，取得了不少研究成果，关于西南夷研究的综述亦有专家学者作过总结，在此不再赘述。

彝族是西南夷各族中唯一早期已有本族文字和历史记载的民族，已列为专章论述。本章所论西南夷各族史学一般不再包括彝族史学。

第二节　先秦著作对西南夷的历史记载

白寿彝先生指出："中国史学的历史，可以从远古的传说说起。"[①] 故而，西南夷的史学也可以追溯到远古的传说和史诗当中。然而，流传下来的除了"九隆神话"见于记录外，其他的只能在当今彝族史诗《梅葛》、纳西族史诗《创世纪》以及白、佤、景颇等民族的传说中可以得到一些线索。

汉文文献有先秦时期西南夷部族的历史记载。《尚书·周书·牧誓》记载："王曰：'嗟！我友邦冢君御事，司徒、司马、司空，亚旅、师氏，千夫长、百夫长，及庸、蜀、羌、髳、微、卢、彭、濮人。称尔戈，比尔干，立尔矛，予其誓。'"方国瑜先生认为其中的"濮人"不是指永昌（今云南保山）境内的濮人，但是，"蜀"和"濮人"当指的是西南外夷区域内的一个部族。此应为最早见于文献的有关西南夷的记录。

《逸周书·商书·伊尹朝献》云："伊尹受（汤）命，于是为四方令曰：'……正南，瓯、邓、桂国、损子、产里、百濮、九菌，请令以珠玑、玳瑁、象齿、文犀、翠羽、菌鹤、短狗为献。'"[②]《逸周书·王会解》亦云："成周之会，……氐羌以鸾鸟，……蜀人以文翰，……方人以孔鸟，卜人以丹砂，夷用闟木……

① 白寿彝主编《中国史学史》第一卷，上海人民出版社，2006 年，第 129 页。

② ［清］卢文弨校本《逸周书》卷七，中华书局四部备要本，第 44 册，第 66 页。

州靡费费（狒狒）。”[①] 从中我们可以了解到先秦时期西南地区的特产及方物。

此外，还有《孟子·离娄下》“文王生于岐周，卒于毕郢，西夷之人也”，《国语·郑语》“叔熊逃难于濮而蛮”、“楚蚡于是乎始启濮”等有关西南夷的记载。由此可见，先秦时期已注意到存在于西南地区部族的概况，但并无深入的了解。司马迁的《史记》中虽然有庄蹻入滇的记载，然而，受略古详今的限制，对先秦时期西南夷的情况记录甚少。西南地区的部族也应当有记录本部族历史的方式。然而，出于多种因素，华夏有关西南部族历史的记载或者是西南本土有关本部族历史的记载都未能流传后世。

所以可以说，先秦是西南夷史学的萌生时期。就其特点而言，这一时期有关西南夷史学的记录散见于华夏的文献典籍中，尚未出现专篇或者系统记录，对西南夷各个族类的认识和了解也只是基于表层，未能深入。而就西南夷本身而言，这一时期的各个族类当有记录本部族历史的文献或口头传说，这一时期应当是西南夷史学的萌芽时期。

第三节 秦汉时期西南夷史学

随着秦汉时期对西南地区的经营和开发，中原皇朝对西南夷部族的认识和了解更为深入，其历史记载也较为具体和周详。

司马迁在《史记》中首创民族史传，其中的《西南夷列传》第一次较为具体和完整地记录了西南夷历史。司马迁“任为郎中，奉使西征巴蜀以南，南略邛、笮、昆明”，了解了当时西南夷的第一手资料，为后来撰《西南夷列传》做了很好的准备。《史记·西南夷列传》载：“西南夷君长以什数，夜郎最大。其西，靡莫之属以什数，滇最大；自滇以北君长以什数，邛都最大，此皆魋结，耕田，有邑聚。其外，西自同师以东，北至楪榆，名为嶲、昆明，皆编发，随畜迁徙，毋常处，毋君长，地方可数千里。自嶲以东北，君长以什数，徙、筰都最大。自筰以东北，

① 孔晁《注》说："卜人，西南之蛮。"卢文弨说："卜，即濮也。"朱又曾《训释》说："《史记·西南夷列传》'靡莫之属'，《正义》云：'在姚州北'；《索隐》云：'与滇同姓'。姚州，今隶云南楚雄府。然则'州靡'西南夷也。"卢文弨校本《逸周书》卷七，中华书局四部备要本，第44册，第65页。

君长以什数，冉駹最大，其俗或土箸，或移徙，在蜀之西。自冉駹以东北，君长以什数，白马最大，皆氐类也。此皆巴蜀西南外蛮夷也。”[①] 把西南夷各部族的特点作了精炼的概括，从中可略知西南夷的部族名称、分布、社会生活情况。

《史记 · 司马相如传》还详细记载了汉武帝时期经略西南开设郡县的过程。建元六年（前 135），汉武帝派唐蒙携带缯帛等礼品至夜郎，以威德谕之，使得夜郎归顺汉朝，并在该地设置犍为郡，随后发巴蜀民众修筑僰道至牂牁江的路。随着夜郎王归附，西南夷的其他民族如邛、筰等族也请求内附。“邛、筰、冉駹者近蜀，道亦易通，秦时尝通为郡县，至汉兴而罢。今诚复开通，为置郡县，愈于南夷。”[②] 于是司马相如奉汉武帝之命，先后招抚了西南夷一些部族，“置一都尉，十余县，属蜀”[③]。武帝时期在西南夷局部地区置郡县，加强了西南夷与中原皇朝的联系。除此之外，《史记》所载西南夷之事还散见于《南越传》、《大宛传》、《货殖列传》、《平准书》等篇章中。

司马迁首开少数民族专传后，历代正史皆沿袭之。东汉班固撰《汉书》，其中的《西南夷列传》转录了《史记 · 西南夷列传》全文，并补充了昭帝始元元年（前 86）至王莽时期西南夷各部族的历史概况，大都是西南各部族反抗汉朝的统治及汉朝派兵镇压之经过。班固认为“西南外夷，种别域殊”[④]，加上他并未到过西南地区，因此，对西南夷历史的记载并不详尽，只是简单地根据档案收录了汉武帝以后西南夷各部族反叛的过程。同时，受其民族史观的限制，他把民族史传排在列传之末，班固以后的史家，大都效法《汉书》，把民族史传列于列传之末，可以说，这是民族史观的倒退。除《西南夷列传》外，《汉书》所载西南夷的历史，尚散见于各《帝纪》、《地理志》西南诸郡、《两粤传》、《张骞传》、《司马相如传》、《王莽传》、《货殖列传》等等。

《盐铁论》，西汉桓宽著，分六十篇，标有题目，内容前后相连，语言精练，记述了当时对汉武帝时期的政治、经济、军事、外交、文化的一场大辩

① 《史记》卷一一六《西南夷列传》，中华书局，1982 年，第 2991 页。
② 《史记》卷一一七《司马相如列传》，中华书局，1982 年，第 3046 页。
③ 《史记》卷一一六《西南夷列传》，中华书局，1982 年，第 2994 页。
④ 《汉书》卷一〇〇下《叙传下》，中华书局，1962 年，第 4268 页。

论，其中也不乏对西南夷的论述。如《地广篇》："……新郡之功，外城之费，不可胜计。非徒是也。司马、唐蒙凿西南夷之涂，巴、蜀弊于邛、筰。"《备胡篇》："大夫曰：'往者，四夷俱强，并为寇虐。……东越越东海，略浙江之南；南越内侵，滑服令；氐、僰、冉駹、嶲、唐、昆明之属，扰陇西、巴、蜀……'"[①]等等，有些涉及西南夷与中原的形势和关系，有的论及西南夷的经济和方物，保存了不少有关西南夷的资料。

东汉王充著的《论衡》也有关于西南夷的记载，比如"巴、蜀、越嶲……周时被发椎髻，今戴皮弁，周时重译，今吟诗书"，"方今哀牢、鄯善、诺，降附归德"[②]等。虽然有的记载带有神怪离奇的色彩，但是，对保存西南夷的史料起了重要作用。《东观汉记》是东汉时期官修志书，记载东汉光武帝至灵帝之间的历史，其中所载西南事，如《王阜传》载其出任益州太守时事迹，《筰都传》载《白狼歌》之夷人本语为该书独有，为记录西南夷历史的重要史料。荀悦《汉纪》为编年体史书，对西汉时期的西南地区的历史也有所涉猎，但所载史事无出《汉书》之右。

秦汉时期，正史及中原皇朝有关西南夷历史的记载大体如上所述。这一时期，也出现了记述西南夷地方历史的专书，兹略说于下。

《难蜀父老书》，西汉司马相如撰，收录于《史记·司马相如传》。此篇是"相如使时，蜀长老多言西南夷不为用，唯大臣亦以为然。相如欲谏，业已建之，不敢，乃著书籍以蜀父老为辞，而己诘难之，以风天子"[③]所作，反映汉武帝经略西南时朝中两派之争，是有关西南史事之专篇流传至今之最早者。

《哀牢传》，已佚，是至今所知的云南最早的一部方志，为东汉时期成都人杨终所撰。王充《论衡·佚文篇》记载："杨子山（终）为郡上记（计）吏，见三府为《哀牢传》不能成，归郡作上，孝明奇之，征在兰台。夫以三府掾吏丛积成才，不能成一篇，子山成之，上览其文。子山之《传》，岂必审是？传闻

① 《盐铁论》卷四《地广第十六》、卷七《备胡第三十八》，上海人民出版社，1974年，第37、83页。

② 黄晖《论衡校释》卷一九《恢国篇》，中华书局，1990年，第833、832页。

③ 《史记》卷一一七《司马相如列传》，中华书局，1982年，第3048页。

依（倚），为之有状。会三府之士，终不能为，子山为之，斯须不难。”[1]由此可见，杨终作《哀牢传》是在明帝时。这个时期，是云南哀牢历史上的重要转折点。明帝永平十二年（69）哀牢王柳貌遣子率种人内属，于是东汉皇朝在哀牢地设永昌郡，从西汉开始的经营西南夷的事业基本完成。杨终写《哀牢传》是为东汉皇朝经营哀牢而作的。其材料来源于“传闻依倚”，就是根据当时哀牢人的传说写成的，记叙的是哀牢地区的传说、世系、风土、物产等方面的情况。《哀牢传》一书在隋唐时期已佚，只有唐李贤注《后汉书》中引有一条，共 68 字，叙述了哀牢人古老的传说沙壹、九隆神话以及九隆传世的情况。可以说，该书的问世，是记载西南夷历史专书的发端。[2]

综上所述，秦汉皇朝在西南地区设置郡县，把西南地区纳入大一统的国家版图范围之内。西南夷和中原的交往联系日益紧密，西南夷的史学也得到了很好的发展。中原皇朝对西南地区的重视，使西南夷的历史得到更多的了解和记录。司马迁首开民族专传后，以后的史家大都沿袭之。同时也出现了记录西南夷地方历史的专书，虽然皆由汉文书写，但是，其作者大都亲历西南地区，对当地的部族有所调查和了解。因此，可以说，秦汉时期是西南夷史学的发展时期。

第四节　魏晋南北朝时期西南夷史学

西南夷各族分布的地区在三国时期称之为南中，为蜀国所有。西晋设宁州，作为十九州之一，第一次将西南地区划入了直属中央的行政区划。南北朝时期，随着爨氏势力称雄南中，西南夷各部族逐渐退出了历史舞台。

魏晋南北朝时期对西南夷历史的记录和研究达到了一个繁荣时期，时近而迹明，时近而史易核，特别是西南地区出现了一批记录西南夷历史的地方志书，使西南夷的史学研究逐步成熟起来。

《后汉书》由南朝刘宋时期的范晔编撰，其中的《西南夷列传》把西南夷

① 黄晖《论衡校释》卷二〇《佚文篇》，中华书局，1990 年，第 863 页。

② 林超民主编《滇云文化》第八章《滇云史学》，内蒙古教育出版社，2006 年。

分为夜郎、哀牢、滇王、邛都、筰都冉駹等类，记载东汉时期西南地区的史事以及风土杂闻。此外，诸《帝纪》,《公孙述列传》、《岑彭列传》、《陈禅列传》、《杜乔列传》、《党锢列传》等传，《天文志》、《五行志》、《百官志》等志都有涉及西南夷地区的记载。

《后汉纪》，东晋袁宏撰，仿照荀悦《汉纪》把后汉诸史改写成编年体形式，其中有关西南的记录有一定价值。

《三国志》，西晋陈寿撰，其《蜀书》之《李恢传》、《吕凯传》、《后主传》、《诸葛亮传》等篇中，记录了有关西南夷的历史及诸葛亮安定南中之事。

《汉晋春秋》，东晋习凿齿撰，五十四卷，另有四十七卷说。该书记述上起自东汉光武帝，下止于西晋愍帝，共281年间历史。书中有对南中的记载，如“(诸葛)亮至南中，所在战捷。闻孟获者，为夷、汉所服，募生致之。……遂至滇池。南中平，皆即其渠率而用之”[①]。从中可以看出，在晋人的记载中“南中”已取代“西南夷”，说明两汉以后这一地区的政治形势发生了重大变化。

晋、宋、齐、梁诸书中，唯本纪记载设置争取西南诸族及任命刺史之事。究其因大抵自晋室南迁后，南北分立，蜀为李成割据，十余年后，晋定蜀，收复南中，而南中大姓爨氏势力虽受命设治，其实是据地自雄，晋未能加强统治，宋、齐、梁皆然，后北周得势于蜀，隋初又分兵略定南中，另开局面。故约二百年间，南北朝仅号令南中，任命官吏遥领而已。

魏晋南北朝时期，见于正史或中原皇朝所记录的有关西南史事者大体如上所列。这一时期也出现了一批以记录西南夷历史的地方志书。

《永昌郡传》，魏晋佚名撰，是一部年代较早的云南地方史。据方国瑜先生考证，大约成书于蜀汉建兴三年（225）至西晋太安二年（303），因为历代史籍目录并未收录，所以难以确定。该书对云南境内各地山川河流、民风民俗等描绘细致，特别是记述了当时南中各民族的分布及其社会经济情况，为西南夷的研究提供了珍贵的材料。从该书记录的资料推测，作者必定深入云南考察，才可能记录如此详细。但是作者经常使用侮辱、蔑视少数民族的词句，反映了

① 《三国志》卷三五《蜀书·诸葛亮传》注引《汉晋春秋》，中华书局，1982年，第921页。

作者的民族偏见和热衷于搜集离奇传闻的特点。

《南中异物志》，三国蜀谯周撰，已佚。谯周，字允南，三国蜀为光禄大夫，入晋，拜骑都尉，魏晋之际的著名学者，著述甚丰。据《三国志·蜀书·谯周传》云："凡所著述，撰定《法训》、《五经论》、《古史考》之属百余篇。"[①] 这些著作，包括《南中异物志》在内，已全部散佚。其所撰《异物志》，《史记集解》引作《巴蜀异物志》，如《史记·绛侯周勃世家集解》引晋灼语："《巴蜀异物志》谓头上巾为昌絮。"《文选蜀都赋注》引谯周《异物志》云："涪陵多大龟，其甲可以卜，其缘中又似瑇瑁，俗名曰灵。"又引云："滇池在建宁界，有大泽水周二百余里，水乍深广乍浅狭，似如倒池，故名滇池。"[②] 可见，《南中异物志》主要记载了当时南中的一些风俗民情。

西晋左思著、刘逵注《蜀都赋注》中有关西南之建宁、兴古、牂牁、朱提、云南、永昌诸郡的风土和物产，有十余条可资考校。佚书《广志》亦录有关西南事者十余条。

《南中八郡志》，晋佚名撰，是晋代西南地区以及交州的一部地方志书。虽然已经亡佚了，但曾经被很多书籍引用过。该书详细描述了当时西南地区的动植物情况，专门记载了三国刘禅时云南矿产的分布情况，还记载了与云南相邻的骠国百姓的生活材料。

《南中志》，晋魏完撰，在隋唐时已佚。从后世古籍引用内容来看，该书应当是一部反映西南地区风物的专书。

《广志》，晋郭义恭撰，是杂录志书，已佚，多见于《艺文类聚》、《初学记》及《太平广记》等书征引。其中有关西南事者数十条，为重要史料。其他如《博物志》、《蜀郡记》、《西京杂记》等佚文，从诸本类书所引西南事者亦有数十种，详见方国瑜主编之《云南史料从刊》。

《华阳国志》是中国现存最早的一部地方志，记载了汉晋时期巴、蜀、汉中、南中的地理沿革、历史人物、民族风情、山水物产等，由东晋常璩撰写于

---

① 《三国志》卷四二《蜀书·谯周传》，中华书局，1982年，第1033页。

② ［梁］萧统编，［唐］李善等注《六臣注文选》，中华书局，1987年，第93、98页。

晋穆帝永和四年至永和十年（348—354）。全书分为巴志，汉中志，蜀志，南中志，公孙述、刘二牧志，刘先主志，刘后主志，大同志，李特、李雄、李期、李寿、李势志，先贤士女总赞，后贤志，序志并士女目录等，共十二卷，约十一万字。《华阳国志》把南中和巴、蜀、汉中组合在一起，反映出汉晋时期的政治地理区划。这四部分正是汉武帝"改梁为益"的益州刺史部地区。益州是在古梁州的基础上扩大而来，常璩根据《禹贡》中"华阳黑水惟梁州"的记载，把这部关于"大益州"的地方志取名为《华阳国志》。南中是益州刺史部的重要组成部分，《华阳国志》的《南中志》开篇写道："宁州，晋泰始六年初置，蜀之南中诸郡，庲降都督治也。南中在昔，盖夷越之地，滇、濮、句町、夜郎、叶榆、桐师、嶲唐侯王国以十数。"[①] 把这段记载和《史记·西南夷列传》对照，就可以看出，南中是除去蜀郡北部和西部的白马、邛、筰、冉駹以外的西南夷地区，也就是说，《华阳国志》所记南中即汉代益州南部。

《水经注》，北魏郦道元著，是一部较完整的以记载河道水系为主的综合性地理著作，其中，《若水》、《延江水》、《存水》、《温水》、《淹水》、《叶榆河》等详细介绍了流经西南地区的多条河流以及与之相关的郡县、城市、物产、风俗、传说、历史等。

综上所述，魏晋南北朝时期，随着西南地方志书的大批涌现，西南夷的史学也逐渐繁荣起来，给后世留下了一批有关西南夷研究的史料。然而，随着政治局势的改变，西南地区的民族格局也发生了很大的变化。秦汉时期活动于这一区域的夜郎、嶲唐、昆明、哀牢等族类逐渐消失，为新崛起的爨氏集团和渠帅等势力所取代，正因为如此，西南夷这一称谓所表示的族类概称和地域范围也不为后世的史书所使用，故而，西南夷的史学也从此走向了衰落。

---

① ［晋］常璩撰，任乃强校注《华阳国志校补图注》，上海古籍出版社，1987 年，第 229 页。

第六章

百越各族史学

第一节 百越各族历史和史学概略

百越，亦称越族，是中国东南和南部地区古代民族的泛称。从文献资料看，早期，其先民被划分入蛮苗系统，文献记载中的“蛮”、“三苗”与后来的百越有密切联系。约在商代早期，越族从蛮苗中分离出来，称为“沤深”、“瓯”、“越沤”等，是指居住在东南及南部地区的部分越族。西周时，越族中又出现“七闽”、“于越”、“扬越”等名称。春秋战国时期，越人各支系的名称愈加具体和详细。战国晚期至西汉初年，吴、越两国消失于历史舞台，但从交趾至会稽的越人仍十分活跃，出现了“闽越”、“东瓯”、“西瓯”、“南越”、“骆越”等与越人相关的国名或族名。正因越族的支系较多，战国末年被称为“百越”，西汉沿用，或写为“百粤”，遂成为这一族群的通称。魏晋南北朝时期，由于秦汉以来多元一统政治及汉民族文化的影响，百越民族的主体逐步消融于汉族，部分演变发展为今天的壮侗语族等少数民族的先民。

先秦是百越史学的产生时期，这一时期百越民族的几何印纹陶遗存文字和符号以及“鸟篆”铭文体现出百越民族先民自觉的记载历史意识的萌芽。此外未出现与百越民族群体相关的专著，文献资料只是散见于其他著作中且以诸子百家著作居多，内容记载单一。秦汉时期是百越史学发展的重要时期，大一统的政治环境为百越民族史学奠定坚实的基础，记载百越的著作增多，论述更详，出现了记载百越民族的专篇、专著，百越史学进入了一个新的发展阶段。魏晋南北朝是百越史学演进发展的时期，这一时期，百越一词消失于史书记载中，但出现了“鸠僚”、“僚”、“俚”等属百越民族进一步分化与重组的同源系族属。在南北长期对峙、政乱纷繁迭起的历史大背景下，百越史学呈现了多样化的趋势，并烙上了民族意识的印记。

总之，先秦至十六国时期的百越史学，因百越民族群体与中原地区及内部政治、经济、文化发展的差距和差异，与其他民族史学相比，在这一时期并不发达，百越本民族撰写的历史著述几乎没有，百越历史的记述主要见于中原皇朝汉民族或其他地区的著者及著述，数量也不足。但是历史悠久、居住地域辽阔的百越民族在多民族统一国家的发展过程中做出了巨大的贡献，研究先秦至十六国时期的百越史学，加深了对百越民族的历史研究，丰富了民族史学的内涵，增强了各民族的凝聚力。

第二节　先秦时期百越史学

百越民族史学的源头可以上溯至几何印纹陶遗存的文字或符号，这些是百越先民在漫长而艰辛的历史活动中为史学的产生提供的客观的认知基础和具体途径。此外，先秦时期，百越民族历史多散见于一些汉文的历史著作中。

一、几何印纹陶遗存“符号和文字”和“鸟篆”铭文记载

文献典籍中没有百越民族创造自己文字的记载。学术界依据实物遗存的资料来探索越族的文字情况，认为在江西樟树市吴城等地发现的几何印纹陶遗存的“符号和文字”是同商周的甲骨文和金文有一定关联但又不是同种的象形文字。春秋战国时期，句吴和于越使用的“鸟篆”属官方文字，虽然这些文字使用范围小、水平不高、很不成熟，但也反映了百越先民的社会生活景况。

据不完全统计，在约商周时代的几何印纹陶遗址或墓葬中出土有刻画文字或符号的地点已有几十处，文字或符号的总数达两千多个，多刻画在陶器和原始瓷器上。虽然学术界对这种几何印纹陶遗存文字或符号的性质和族属还存在着很多分歧，但其中有不少是可以初步认识出来的文字，如戈、镞或矢、刀、曲、田、土、人、五、七或甲、禾或妇、丰、始、一、二或二十、三或三十、四或四十、井、俞、有、木、祖、目、中、日、网、月、之、卜、乃、亚、大、六、示、王、臣等。[①] 这些文字向我们传达了百越先民在商周时期的生产生活方面的讯息。

① 彭适凡《中国南方古代印纹陶》，文物出版社，1987 年。

此外，一些符号，如“[symbol]”，可能是与越人干栏建筑“架木为屋”的文献记载相吻合的符号；“[symbol]”是船的半帆象形，竖的部分似船的帆樯，与越人“善于行舟”相关联。这些符号也形象地勾勒出百越先民的一些历史生活习性。所以，几何印纹陶遗存文字和符号为今天研究百越民族的社会状况、农事畜牧、神祖猎、语言特点等提供了较为珍贵的资料，从中可以窥探其历史的发展轨迹。

“鸟篆”又称为“鸟书”、“鸟虫书”，文字的结构同周金文的篆书基本一致，书写体式具有鸟形装饰，是一种具有地方特点的篆书。“鸟篆”主要铭刻于青铜武器剑、戈、矛上，鲜见于容器或礼器中，年代多集中在春秋晚期至战国的吴越两国，如安徽淮南蔡家岗墓出土的“攻敔太子姑发孚反剑”、“越王者旨于赐戈”等。

总之，几何印纹陶遗存文字和符号以及“鸟篆”铭文，虽然所记述的内容意思简单而无太实质性的内容，但它们毕竟真实地记录了百越民族当时的社会活动，体现出他们自觉的记载历史意识的萌芽。同时，记载形式上已初步具备历史记事的相关要素，如连贯的数字、时间、地点、人物等。历史记载形式雏形初具。

二、先秦文献资料的记载

《尚书》和《周礼》记载上古时期百越民族活动的区域，有“南交”、“扬州”、“吴粤”，还有百越民族的生活居住环境以及相关的文化特征，比如濒水而居、喜种水稻等。

《尚书》是中国现存最早的官方文献史料集，其中的《虞书》和《夏书》是战国时期编写的古史资料。《虞书·尧典》记载尧重命羲叔到南方交趾之地行化育之事，“申命羲叔，宅南交。平秩南讹，敬致”。南交，即南方交趾之地。而《夏书·禹贡》中有“淮海惟扬州；彭蠡既猪，阳鸟攸居。……岛夷卉服，厥篚织贝，厥包橘、柚，锡贡。沿于江海，达于淮泗”[①]的记载，即扬州

① 《尚书正义》卷二《尧典第一》、卷六《禹贡第一》，《十三经注疏》（清嘉庆刊本）中华书局，2009年，第251、312—313页。

所处的地理环境、贡赋等情况。

《周礼》据传是西周时期周公所著，内容丰富，无所不包。其中夏官司马所属的职方氏掌地图，辨其邦国、都鄙及九州人民与物产财用，“周知其利害，乃辨九州之国，使同贯利，东南曰扬州，其山镇曰会稽；其泽薮曰具区；其川三江；其浸五湖；其利金、锡、竹箭；其民二男五女；其畜宜鸟兽；其谷宜稻”。此外，《司隶》、《象胥》、《冬官考工记》中也涉及与百越民族有关的信息，诸如与中原的交流，“(象胥)协其礼与其辞言传之。凡其出入送逆之礼，节币、帛、辞令，而宾相之”；百越民族的生产工具、矿产等，“粤之无镈也，非无镈也，夫人而能为镈也。……吴粤之剑，迁乎其地而弗能为良，地气然也。燕之角，荆之干，妢胡之笴，吴粤之金锡，此材之美者也”[①]。

《逸周书》是早期历史文献汇编，其中的《王会》篇记载商汤时正东有“符娄、仇州、伊虑、沤深、九夷、十蛮、越沤”，正南有“瓯、邓、桂国、损子、产里、百濮、九菌”，[②]其中的沤深、瓯、越沤一般认为是越民族群体的一部分。相对来说，百越民族群体在商代与中原王朝的交往在正史的记载中很少出现，从《逸周书》可窥见百越民族的大致分布以及与商朝的民族关系。

春秋战国时期，越族发展到了一个新的阶段。在周王室衰微、诸侯国林立的历史背景下，居住于今浙江北部和江苏南部一带的越族建立了吴国和越国，并且逐渐强盛，出现了吴越争霸之局。《春秋左氏传》、《国语》等记载了吴越崛起及交战的相关情况。

此外，先秦诸子著作中也有相关记载。从《荀子》中的文字，可以看出百越及其各支系的名称及含义更加具体和明确。“干、越、夷、貉之子，生而同声，长而异俗，教使之然也。”“譬之越人安越，楚人安楚，君子安雅。”[③]《庄子》中则有“宋人资章甫而谪诸越，越人断发文身，无所用之”，“夫有干越

① 《周礼注疏》卷三三《职方氏》、卷三八《象胥》、卷三九《冬官考工记》，《十三经注疏》(清嘉庆刊本)中华书局，2009年，第1861、1944—1945、1957、1958页。

② 《逸周书》卷七《王会解第五十九》，《汉魏丛书》，吉林大学出版社，1992年，第286页。

③ [清]王先谦《荀子集解》卷一《劝学》卷二《荣辱》，中华书局，2013年，第3、73页。

之剑者，柙而藏之，不敢用也，宝之至也”① 等记载。其他如《管子·小匡·轻重》、《墨子·公孟·鲁问》,《韩非子》说林、难势,《尸子·广》等著作中散录了百越民族历史记述。综而观之，先秦诸子论及的主要是百越民族群体的一些文化特征和相关的族称，如“越人跣行；缟为冠之也，而越人被发”，“夫待越人之善海游者以救中国之溺人，越人善游矣，而溺者不矣”②。

《战国策》是中国古代的一部国别体史书，也是记载战国时期政治斗争的一部最完整的著作，主要记述了纵横家的政治主张和策略。其中《赵二》和《燕二》两篇有论及百越民族民俗风情，“被发文身，错臂左衽，瓯越之民也。……俗辟而民易，是吴、越无俊民也”；“胡与越人，言语不相知，志意不相通，同舟而凌波，至其相救助如一也”③。

《吕氏春秋》的《功名篇》、《简选篇》、《审己篇》、《异宝篇》、《有始览篇》、《本味篇》、《义赏篇》、《用民篇》、《为欲篇》、《恃君览篇》、《求人篇》和《知化篇》等记载了吴、越两国的历史旧闻以及越人的宗教、特产等方面的内容。

三、先秦时期百越史学特征

随着社会生活的发展，先秦百越民族史学从萌芽产生直至形成雏形，每一阶段的发展深化都从不同方面显示出其独有的特征。

第一，史学内容方面的特征。

先秦时期百越民族的历史，基本都保存于华夏典籍中。其本民族的口传资料、史诗或本民族文字的历史著述几乎没有保存下来的。此外，先秦时期并未出现百越民族群体的专著，相关文献资料只是散见于其他著作中且以诸子著作居多。所载的内容主要是百越民族的支系与族称、居住的区域、所呈现出的文化特征及吴越国与周边诸侯国关系的史事等，记述内容较简略单一。

① ［清］郭庆藩《庄子集释》卷一《逍遥游第一》、卷六《刻意第十五》，中华书局，2004年，第35、544页。

② ［清］王先慎《韩非子集解》卷七《说林上第二十二》、卷一七《难势第四十》，中华书局，2013年，第193、428页。

③ 《战国策》卷一九《赵二·武灵王平昼间居》、卷三〇《燕二·或献书燕王》，上海古籍出版社，1985年，第663、1110页。

第二，史学撰述体例方面的特征。

先秦百越史学的撰述体例依附于华夏的史学体例。随着中原历法、史官的出现以及政事的需要等不断演进变化的过程，史学体例从编年体著述发展到国别记言、纪传体通史初具规模等，百越民族历史零散记载于这些丰富多样的史学体例中。

第三节　两汉时期百越史学

秦汉时期是中国古代统一多民族国家形成的重要时期。自秦始皇“奋六世之余烈，振长策而御宇内”，迄至汉武帝南征百越、北战匈奴、东讨朝鲜、西进西域，充分反映了秦汉时期国力的强盛。此时期的百越各支系出现了较大的政治势力或中心，如南越、闽越、吴越、东瓯、西瓯、骆越等，与中原皇朝的联系进一步得到发展和加强。但随着秦汉皇朝政治、军事的发展，百越民族建立的政权逐步消亡，融入汉族的步伐也加快了。

统一多民族国家的建立和巩固为史学的发展奠定了坚实的基础。秦汉时期史学家的视野开阔，而大一统的政治格局则为撰写史书提供了难得的氛围和丰富的素材。

秦祚甚短，加之秦始皇“焚书坑儒”，所以没有留下多少史籍和宏厚的史学著作。秦汉时期百越民族的历史主要集中于汉代的著作中。

一、西汉时期百越史学

司马迁《史记》中的《南越尉佗列传》和《东越列传》是百越民族历史的专篇。前篇主要记述了南越王赵佗建国的史实及其后世同汉皇朝的关系，描述了汉武帝出师灭南越，将其置于皇朝统治范围的过程。后篇则记述了秦汉时期东越变迁的史实，即秦末汉初时东越由郡县变为闽越国和东海国，勾践后裔无诸封为闽越王，摇封为东海王，后来，东海王因助汉叛乱首领吴王濞而迁处江淮间。馀善则杀闽越王郢而得立东越王。之后馀善又因谋反而被杀，东越国重新变为郡县，其民迁处于江淮间。《西南夷列传》虽然主要是记述西南地区的民族历史，但也涉及西南夷与百越民族群体的关系。此外，《五帝本纪》、《夏本纪》、《周本纪》、《秦始皇本纪》、《项羽本纪》、《高祖本纪》、《孝文本纪》、《律书》、《天官书》、《河渠书》、《平准书》、《吴太伯世家》、《鲁周公世家》、《楚世家》、《越王勾践世家》、《赵世家》、《陆贾列传》、《平津侯主父列传》、《淮南衡山列传》、《汲黯列传》、《日者列传》、《货殖列传》、《太史公自序》中也散录了百越民族群体政治、经济、文化的历史痕迹。

总之，《史记》中描写百越民族群体的史实较多，分现于多个体例中，体现了司马迁尊重史实、变化且发展的夷夏观和民族一统的思想，揭示了百越民族与中原有较深的历史渊源和密切的关系。“吴太伯，太伯弟仲雍，皆周太王之子，而王季历之兄也。……太伯之奔荆蛮，自号句吴，荆蛮义之，从而归之千余家，立为吴太伯。”“越王勾践，其先禹之苗裔，而夏后帝少康之庶子也，封于会稽，以奉守禹之祀，文身断发，披草莱而邑焉。”同时没有将百越民族群体视为野蛮低贱的民族，而是认为“句践夷蛮能修其德，不强吴以尊周室”[①]，将百越视为大一统中原皇朝的一部分。

《淮南子》，又名《淮南鸿烈》、《刘安子》，是由西汉淮南王刘安主持撰写的一部论文集。其中，《原道训》、《精神训》、《主术训》、《齐俗训》、《道应训》、《说山训》、《说林训》、《人间训》、《修务训》有记载百越民族历史的内容。如百越民族的风俗民情，“九疑之南，陆事寡而水事众，于是民人被发文身，以像鳞虫。短绻不绔，以便涉游。短袂攘卷，以便刺舟，因之也”。“越人得髯蛇以为上肴。”有秦征讨岭南西瓯战役的详细记载，秦始皇“又利越之犀角、象齿、翡翠、珠玑，乃使尉屠睢发卒五十万为五军……三年不解甲驰弩，使监禄无以转饷，又以卒凿渠而通粮道，以与越人战，杀西呕君译吁宋。而越人皆入丛薄中与禽兽处，莫肯为秦虏。相置桀骏以为将，而夜攻秦人，大破之，杀尉屠睢，伏尸流血数十万，乃发适戍以备之”[②]。秦始皇三十三

① 《史记》卷三一《吴太伯世家》、卷四一《越王勾践世家》、卷一三〇《太史公自序》，中华书局，1982 年，第 1445、1739、3309 页。

② 何宁《淮南子集释》卷一《原道训》、卷七《精神训》、卷一八《人间训》，中华书局，1998 年，第 38—39、551、1289—1290 页。

年（前 214）才打败西瓯人，占据岭南百越地，设置桂林、南海、象郡，实现了对岭南百越地区的统一。

《方言》，西汉扬雄著，今存十三卷，是中国第一部比较方言词汇的重要著作。其中，第一、第二、第五、第六、第七、第九、第十中有涉及百越民族群体的语言情况。如“允、訦、恂、展、谅、穆，信也。齐鲁之间曰允，……荆吴淮汭之间曰展，西瓯毒屋黄石野之间曰穆。凡物盛多谓之寇。齐宋之郊，楚魏之际曰夥，……荆吴扬瓯之郊曰濯”。“娃、嫷、窕，艳美也。吴楚衡淮之间曰娃，南楚之外曰嫷，宋卫晋郑之间曰艳。”[①]

《盐铁论》，是西汉时期桓宽根据汉昭帝时所召开的盐铁会议记录“推衍”整理而成的一部著作，记述了当时对汉武帝时期的政治、经济、军事、外交、文化相关现象的大辩论。其中有涉及百越民族群体的言论。如皇朝征伐百越的辩论内容，“孝武皇帝攘九夷，平百越，师旅数起……”“孝武皇帝平百越以为园圃，却羌、胡以为苑囿，是以珍怪异物充于后宫”。“圣王怀四方独苦，兴师推却胡、越，远寇安灾，散中国肥饶之余以调边境。……横海征南夷，楼船戍东越，荆、楚罢于瓯、骆”。百越居住位置，“今夫越之具区，楚之云梦，宋之钜野，齐之孟诸，有国之富而霸王之资也”；百越民族的特产，“南越以孔雀珥门户”。[②]此外，还包括吴越两国的史实，汉代南越等政权的相关内容。通过这些史料也可以从旁枝末节中更清楚地了解百越民族在秦汉时的历史景况以及在大一统的政治格局下，百越民族所扮演的角色。

此外，《说苑》、《韩诗外传》等典籍也有论及百越民族的历史。

二、东汉时期百越史学

百越民族所建立的几个较强大政治势力或中心被汉武帝征服后，改为汉

---

① ［汉］扬雄著《方言校笺及通检》卷一、卷二，《汉魏丛书》吉林大学出版社，1992 年，第 196、197 页。

② 王利器《盐铁论校注》复古第六、未通第十五、地广第十六、刺权第九、崇礼第三十七，中华书局，1992 年，第 79、190、207—209、120、438 页。

之郡县，此后百越这个名称就不见于史载，越族之名也十分罕见。[①]东汉时期，文献所提及的越民族族称实是与百越同源系的民族。

班固《汉书》的《西南夷两粤朝鲜传》和《闽粤传》，详究了百越民族的历史发展过程；此外，《高帝纪》、《惠帝纪》、《高后纪》、《文帝纪》、《武帝纪》以及《百官公卿表上》、《刑法志》、《食货志》、《郊祀志》、《地理志》和一些人物传记如《吴芮传》、《吴王濞传》、《楚元王传》、《陆贾传》、《淮南王传》、《贾谊传》、《晁错传》、《汲黯传》、《景十三王传》、《严助传》、《朱买臣传》、《严安传》、《终军传》、《贾捐之传》、《酷吏传》等都有部分篇幅涉及百越民族的历史，扩大了百越民族历史记载的领域。

东汉王充著《论衡》的《率性篇》、《初禀篇》、《物势篇》、《书虚篇》、《道虚篇》、《别通篇》、《谴告篇》、《宣汉篇》、《恢国篇》、《订鬼篇》、《言毒篇》、《四讳篇》、《卜筮篇》、《解除篇》和《祀义篇》对百越民族有所论说。如“楚、越之人，处庄、岳之间，经历岁月，变为舒缓，风俗移也。”“南越王赵佗，本汉贤人也，化南夷之俗，背畔王制，椎髻箕坐，好之若性。”“夫物之相胜，或以筋力，感以气势，或以巧便……长仞之象，为越僮所钩，无便故也。”[②]使我们对百越民族的风俗、习俗等有了了解。

《越绝书》，又名《越绝记》，是记载中国早期吴越历史地理的重要典籍，又称《越绝》、《越录》和《越记》等。书名之“绝”，今人考证，为上古越语“记录”之译音，是越国史记的专名。其成书年代、作者、卷数、书名、篇名等问题上，至今仍存在着许多不同的看法。作者一般采东汉初期会稽人袁康说。《越绝书》以春秋末年至战国初期吴越争霸的历史事实为主干，上溯夏禹，下迄两汉，旁及诸侯列国，对这一历史时期吴越地区的政治、经济、军事、天文、地理、历法、语言等多有所涉及。其中有些记述，不见于现存其他典籍文献；有些记述，则可与其他典籍文献互为发明印证，因而向为学者所重视。

《吴越春秋》，东汉赵晔撰，是一部以春秋时期吴、越两国史事为主的史学

① 陈国强《百越族与台湾原住民》，幼狮文化事业公司，1999 年，第 3—4 页。

② 黄晖《论衡校释》卷二《率性篇》、卷三《物势篇》，中华书局，1990 年，第 79、82、155 页。

著作，大量取材于《左传》、《国语》、《史记》、《越绝书》等史籍。今本存十卷。前五篇称为内传，为《吴太伯传》、《吴王寿梦传》、《王僚使公子光传》、《阖闾内传》、《夫差内传》，记载了从吴太伯立国到夫差亡国的史事；后五篇称为外传，有《越王无余外传》、《勾践入臣外传》、《勾践归国外传》、《勾践阴谋外传》、《勾践伐吴外传》，记载了从大禹治水到勾践称霸后越传八世失国的史事。其中，勾践谋吴之史事记载甚详，几占了全书一半。故所记吴越史事远较他书详细，虽其中多有渲染神异怪诞的小说家言，但也是研究吴越历史和文化的重要文献。

《异物志》，东汉杨孚撰，是历史上最早的一部《异物志》。其中主要记载了交州一带，包括今广东、广西和越南北部，即百越民族群体所居之地的物产和民俗风情。

三、两汉时期百越民族史学的特点

1. 史学内容方面的特征。

与先秦时期相同，两汉未见百越人以本民族语言文字撰述的百越历史著作。这一时期无论是正史，还是其他性质的史书都提及了百越民族历史，百越民族的历史遂较为丰满和形象。史籍所载内容涉及百越民族居住的自然环境、资源物产、社会生产、历史传说、风俗文化等许多方面，通过对这些史料的研读，可以更深刻地体会百越民族在中国多民族国家形成和发展的历史舞台上扮演过很重要的角色。

2. 从侧面体现了中原史家厚今薄古的史学观念。

秦汉时期的史家写史多从实际出发，与现实紧密联系。两汉有些史著提及先秦时期百越民族的历史，大多略古详今，主要是随着对百越民族群体了解的深入，针对百越民族群体分布广、支系多的情况，详析闽越、瓯越、骆越、南越等百越支系，以更多笔墨来记载秦汉特别是汉朝时期的百越民族发展的历史。

3. 百越民族史学发展。

秦汉时期百越民族历史分见于各种史书类别中，包括纪传体、编年体、杂史，还有志怪小说等。此外，这个时期还出现了专门记载百越民族的专篇和专著，其中专著虽然介于小说与历史之间，但也是一种质的飞跃，是百越民族史学发展的一个显著标志。

第四节 魏晋南北朝时期百越史学

魏晋南北朝是百越民族群体进一步演化和重新组合的重要时期。由于秦汉以降多元一统的政治影响，以及汉民族经济文化的渗透，在今江苏、浙江、江西、福建的百越民族群体中的大部分族类都融合于汉族。由于特殊的自然环境以及民族内部发展水平存在的差异，中原皇朝对岭南的越人皆羁縻而治之。公元四至六世纪时，因“五胡乱华”发生了大规模的民族迁徙，黄河地区的部分汉民族南渡至长江，迁至岭南，一部分以百越民族群体为主发展而成的民族被挤进山区，而未进入山区者则被逐渐汉化，百越民族的分布区进一步缩小，曾带有“越”的族称渐次消失，进入了僚、俚、鸠僚等族称的百越民族群体并行发展的新时期。

一、记载百越民族群体的著述

《三国志》，西晋陈寿撰，其《吴书》的各人物传中有不少涉及百越民族群体中的夷洲人、僚的历史，如《孙策传》、《孙权传》、《太史慈传》、《顾雍传》、《薛宗传》、《吕蒙传》、《黄盖传》、《韩当传》、《蒋钦传》、《陈武传》、《凌统传》、《朱治传》、《吕范传》、《朱桓传》、《虞翻传》、《张温传》、《吾粲传》、《陆逊传》、《贺齐传》、《全琮传》、《吕岱传》、《钟离牧传》、《诸葛恪传》等。

《临海水土志》，三国吴临海郡太守沈莹著，对当时被称为“夷洲”的台湾情况有专门记载，是世界上最早记录台湾民族情况的文献之一。

百越同源系民族之一的僚，作为族称始见于西晋张华撰《博物志·异俗》，即“荆州极西南界至蜀，诸民曰僚子。妇人妊娠七月而产，临水生儿便置水中，浮则取养之，沉便弃之，然千百多浮。既长，皆拔去上齿牙各一，以为身饰”[①]。以后僚作为民族共同体的称呼，往往见之于史。

① ［晋］张华《博物志》卷二《异俗》，台湾古籍出版公司，1997年，第68页。

北齐魏收撰《魏书》中的《蛮传》、《僚传》，记述了蛮、僚等百越同源系民族与中原皇朝在政治、经济、文化等方面的联系。从这些记载中我们可以看出，由于各个民族错居杂处，共同生产生活，民族融合的脚步加快，百越同源系民族群体也日渐步入民族融合的浪潮。

百越同源系民族群体的掸，与永昌郡和日南郡相邻，在三国时被称为鸠僚。其名称始见于东晋常璩撰《华阳国志·南中志》："去洛六千九百里，宁州之极西南也，有闽濮、鸠僚、僄越、裸濮、身毒之民。"①

南朝范晔撰《后汉书》的《东夷列传》、《南蛮西南夷列传》记述了由百越民族发展而来的诸民族的风俗习惯、社会生活、生产状况、物产饮食、婚姻、法律等方面的情况，以及与中原皇朝发生的各种联系。此外，在《汉光武帝纪》、《孝安帝纪》、《孝顺孝冲帝纪》、《孝恒帝纪》、《孝灵帝纪》、《李忠传》、《刘隆传》、《马援传》、《恒荣传》、《度尚传》、《臧洪传》、《蔡邕传》、《吴祐传》、《卫飒传》、《任延传》、《王景传》、《许荆传》、《孟尝传》、《刘宽传》、《梁鸿传》、《郡国志四》、《郡国志五》中也对百越历史有所提及。百越民族的支系俚、掸、乌浒蛮即最早见于《后汉书》。尤其是《后汉书·南蛮西南夷列传》中提到了一首使用壮台语族语言写作的《白狼歌》。该书《筰都传》说："永平中，益州刺史梁国朱辅好立功名，慷慨有大略，在州数岁，宣示汉德，怀远夷。自汶山以西，前世所不至，正朔所未加。白浪、槃木、唐蕞等百余国，户百三十余万，口六百万以上，举种奉贡，称为臣仆。辅上疏曰：'……今白狼王唐等慕化归义，作诗三章。路经邛崃大山零高坂，峭危峻险，百倍歧道，强身老幼，若归慈母。远夷之语，辞意难正，草木异种，写兽殊类。有犍为郡椽田恭与之习押，颇晓其言，臣辄令讯其风俗，译其辞语。今遣从事史李陵与恭护送诣阙，并上其乐诗。……'帝嘉之，事下史官，录其歌焉。"《白狼歌》系益州刺史朱辅收集。这首诗包括《远夷乐德歌诗》、《远夷慕德歌诗》、《远夷怀德歌》三篇，汉译共44句，每句4个字，共176字；汉字译夷音也是44句，每句也是4个字，共176字。两项加起来共88句，352字。《远夷乐德歌诗》曰：

① ［晋］常璩撰，任乃强校注《华阳国志》卷四《南中志》，上海古籍出版社，1987年，第285页。

"大汉是治，与天合意。吏译平端，不从我来。闻风向化，所见奇异。多赐赠布，甘美酒食。昌乐肉飞，屈申悉备。蛮夷贫薄，无所报嗣。愿主长寿，子孙昌炽。"（堤官隗构，魏冒逾糟。罔驿刘脾，旁莫支留。征衣随旅，知唐桑艾。邪毗𫄨 𫄨，推潭仆远。拓拒苏便，局后仍离。偻让龙洞，莫支度由。阳雒僧鳞，莫稚角存。）《远夷慕德歌诗》曰："蛮夷所处，日入之部。慕义向化，归日出主。圣德深恩，与人富厚。冬多霜雪，夏多和雨。寒温时适，部人多有。涉危历险，不远万里。去俗归德，心归慈母。"（偻让皮尼，且交陵悟。绳动随旅，路旦揀洛。圣德渡诺，魏菌度洗。综邪流藩，莋邪寻螺。藐浔泸漓，菌补邪推。辟危归险，莫受万柳。术叠附德，仍路孳摸。）《远夷怀德歌》曰："荒服之外，土地墝埆。食肉衣皮，不见盐谷。吏译传风，大汉安乐。携负归仁，触冒险陕。高山岐峻，缘崖磻石。木薄发家，百宿到洛。父子同赐，怀抱匹帛。传告种人，长愿臣仆。（荒服之仪，犁籍怜怜。阻苏邪犁，莫砀粗沐。罔译传微，是汉夜拒。踪优路仁，雷折险龙。伦狼藏幢，扶路侧禄。息落服淫，理历髭洛。捕莨菌毗，怀槁匹漏。传室呼敕，陵阳臣仆。）"[①] 用当今云南壮族沙支系的语言比较，《白狼歌》"符合壮语语法的特殊现象。全文翻译出来，天然凿成，浑然一体，是地地道道的越人歌谣。……是越人对汉人来到其地后即兴所唱的生活歌"[②]。《白狼歌》为我们展示了当时越族的生活情况，与汉人交融的情景，展开了一幅民族团结的画卷。总之，范晔在借鉴前人成就的基础上，记述了百越民族活动的范围，考察了百越民族与中原民族族源相同且始终存在紧密的联系，突出了政治大一统的思想倾向。

北魏郦道元著《水经注》，其中泗水、沂水、潍水、沔水、若水、温水、叶榆河、泿水和浙江水详细地介绍了流经百越民族群体的多条河流以及与之相关的郡县、城市、物产、风俗、传说、历史等。

此外，南朝梁沈约撰的《宋书》的《符瑞志下》、《州郡志二》、《州郡志四》、《张茂度传》；南朝梁萧子显著的《南齐书》的《州郡志上》，《南史》的

① 《后汉书》卷八六《南蛮西南夷列传》，中华书局，1965 年，第 2855、2856 页。

② 黄懿陆《东汉〈白狼歌〉是越人歌谣》，《广西民族研究》2001 年第 3 期。

《兰钦传》；以及西晋嵇含编撰的《南方草木状》，对魏晋南北朝时期的百越民族群体都有所论及。

二、魏晋南北朝时期百越民族史学特征

1. 史学发展呈现多样化趋势。

史学多样化发展是魏晋南北朝时期百越民族史学发展的显著特征，一是记载百越民族历史的书籍大量增多，体制有所创新，种类也渐繁多；二是撰写史书的史家不拘于某一阶层，而是来自社会的不同阶层，不单有汉族史家，亦包括少数民族作者；三是史著的体例得以拓展，专史的门类呈多样发展；四是史学评论有所深化。

2. 史学的民族意识印记较深。

魏晋南北朝时期百越民族史学的另一显著特征是史学有深深的民族意识印记。尖锐而复杂的民族矛盾是魏晋南北朝社会长期动乱的重要原因，这种矛盾折射到史学上大多表现出一种强烈的民族意识。如《晋书》、《宋书》、《南齐书》将北朝政权斥为“索虏”，而《魏书》、《北史》又将东晋斥为“僭晋”，将南朝政权讽称为“岛夷”。这种通过撰写史书来彼此对骂的现象，表明魏晋南北朝存在着尖锐的民族矛盾。但南北各朝互争正统，又反映出即使北方少数民族政权的史书也是以华夏正统自居的，说明民族融合的国家一统是中国历史发展的必然趋势，即使民族矛盾存在，但是主张各民族间友好相处的思想和坚持国家一统的信念，在百越民族史学中有所发展。如前文所提及的北齐的魏收所撰的《魏书》，就正式为僚立传；陈寿的《三国志》，分为魏、蜀、吴三书，其中《吴书》大多传记提及百越民族。这就更加明确地表现了史家的进步民族意识的思想和观念，对推动当时的史学发展有重要作用。

第七章

鲜卑族史学

鲜卑族作为北方存在时间长且建立多个政权的少数民族，有着强烈的史学意识和丰富的史学文化。学术界对于鲜卑民族史研究著述颇丰，据统计，从1900年至2008年百余年来，鲜卑民族史研究290余篇（部）。[①] 而不多的鲜卑民族史学，主要集中在对鲜卑政权国史修撰、史官设置、个别史官、个别汉族史学著述文本等问题上。[②] 这些研究，为我们从史学发展的角度，探讨鲜卑民族整体史学及史学史提供了参考。本章只讨论早期的鲜卑以及建魏的鲜卑拓跋氏的史学。吐谷浑的史学另立章讨论。

第一节　鲜卑族历史及其口传史学

一、鲜卑族发展史简述

学术界普遍认为鲜卑族早期主要活动在大兴安岭山脉的中部和北部，居于鲜卑山，因以为名。1980年大兴安岭北部鲜卑人祖先居住的嘎仙洞的发现，为这个学说提供了证据。后鲜卑族不断发展壮大，至檀石槐时代，达到"统国三十六，大姓九十九"[③]。拓跋氏将檀石槐攘夺为自己的祖先，但他可能是整个鲜卑族的首领。檀石槐部落联盟中的东部大人槐头，就是宇文部大人的祖先莫

① 任爱君，李月新《近百年来（1900—2008）乌桓鲜卑史研究索引》，《赤峰学院学报》（汉文哲社版），2009年第11期。

② 韩杰《元魏史撰修考说》，《思想战线》1999年第2期；张莉《〈魏书〉在民族史撰述上的成就》，《山西大学学报》（哲社版）2005年第7期；白翠琴《一部拓跋鲜卑的别史——略论〈洛阳伽蓝记〉史学价值》，《民族研究》1999年第6期；田余庆《〈代歌〉、〈代记〉和北魏国史——国史之狱的史学史考察》，《历史研究》2001年第1期；王志刚《十六国北朝的史官制度与史学发展》，《史学史研究》2008年第1期；娄权鑫《北朝史官考》，东北师范大学2006年硕士论文；阎祥云《鲜卑著述考》，东北师范大学2009年硕士论文等。

③ 《魏书》卷一《序纪》，中华书局，1974年，第1页。

槐；中部大人慕容就是徒何部大人慕容氏的祖先；西部大人推演，可能就是拓跋部大人推寅的异译。

三世纪四十年代，鲜卑人继续南移，慕容氏与东部大人宇文氏及鲜卑段氏向辽水流域推进，任左翼；西部大人拓跋氏向中部转移，向长城内的山西、河南推进，为中路；拓跋氏的支族秃发氏仍为西部大人，留居河西走廊，与乞伏氏向西北部的陕甘推进，任右翼。慕容氏的另一支族吐谷浑征服青海草原。至十六国时期，鲜卑各部纷纷建立政权，慕容氏建前燕（285—370）、西燕（384—394）、后燕（384—409）、南燕（398—410）；秃发氏建南凉（397—414）；乞伏氏建西秦（385—431）；吐谷浑建河南国（307—663）；拓跋氏建代（338—376），后为统一北方的在中国历史上影响很大的民族政权北魏（386—534），再分裂为东魏（534—550）和西魏（535—556）；宇文氏建北周（556—581）。

二、鲜卑族口传史学

鲜卑族在没有文字时，通过“刻木纪契而已，世事远近，人相传授”的形式记录本民族历史[①]。这种刻木记事、结绳记事或神话传说、民间歌谣等形式的口传历史，是鲜卑族史学的源头，是其史学发展史的重要组成部分。

鲜卑各部族都有自己传说的祖先，慕容鲜卑认为自己是“有熊氏”的后代；[②]拓跋鲜卑则认为自己是黄帝的后裔；[③]宇文氏“出自炎帝神农氏”[④]。在这些对祖先的追述中，有些是后人有意的历史行为，有些沿承则是根据其民族的传说而保留下来的。正是这些传说中的历史因素，才勾勒出一幅幅鲜卑族早期历史的画卷。

鲜卑族因没有自己民族的文字，多采用歌谣方式回忆和记录本民族社会风俗和历史。在鲜卑族歌谣中，有着深厚史学韵味的是被称为“拓跋史诗”的《真人代歌》。《魏书·乐志五》谓：“凡乐者乐其所自生，礼不忘其本，掖庭中

① 《魏书》卷一《序纪》，中华书局，1974 年，第 1 页。
② 《晋书》卷一〇八《慕容廆载记》，中华书局，1974 年，第 2803 页。
③ 《魏书》卷一《序纪》，中华书局，1974 年，第 1 页。
④ 《周书》卷一《文帝纪》，中华书局，1971 年，第 1 页。

歌《真人代歌》，上叙祖宗开基所由，下及君臣废兴之迹，凡一百五十章，昏晨歌之，时与丝竹合奏。郊庙宴飨亦用之。”[①] 这些歌谣已多散佚。田余庆先生认为:《代歌》应该就是拓跋史诗，是鲜卑民族在长期发展过程中逐步形成的，至传入乐府，成为掖庭之歌，已经经历了漫长的时间。它不仅包括拓跋鲜卑歌谣，而且应该是很多北方游牧民族，尤其是鲜卑各部族歌谣的一个集合体。“代歌是经过拓跋君主有意筛选甚或部分改造的燕魏之际鲜卑歌。”[②] 若是如此，则是将无意识的口传历史进行有意识的历史改造。

此外,《隋书 · 经籍志》还著录有“北魏《国语真歌》十卷、《国语御歌》十一卷”[③]。已佚。这里的“国语”无疑是鲜卑语。黎虎先生认为:“这是将鲜卑语言用汉语同音字记录下来的两部集鲜卑歌曲大成之作，这也是鲜卑族首次将本民族音乐编撰成书。颇疑《真歌》即包括《真人代歌》等早期鲜卑族歌曲，《御歌》当是鲜卑族建立政权后创作的宫廷《雅》、《颂》类歌曲。”[④]《真人代歌》等歌曲的歌辞包含一些鲜卑早期历史史料，是鲜卑史学的重要组成部分。

在宋人郭茂倩的《乐府诗集 · 梁鼓角横吹曲》中收录了一些鲜卑族歌谣，留存下来的歌辞是由通晓汉语的鲜卑人或通晓鲜卑语的汉人翻译而来。留存至今的鲜卑歌辞数量不多，时间跨度大，内容也比较广泛。主要是反映战争、兵役、爱情及百姓生活，为我们从不同层面描绘出鲜卑族生活场景，是研究鲜卑史不可或缺的史料。

在出土的北魏墓志中也有一些关于用歌谣传唱家族历史的记载。如正光五年（524）元子直墓志，说到其家世业绩“已播在民谣，详之众口”。永熙二年（533）元肃墓志，记肃父扶风王怡“道勋出世，列在歌谣”。武定八年（550）穆子岩墓志赞美先人事迹说:“家图国史，可得详言。”[⑤] 这些墓志是北魏末年和东魏时期作品，在汉字已经普及，汉语已成为官方语言，汉族传统纪传体史书

① 《魏书》卷一〇九《乐志》，中华书局，1974 年，第 2828 页。
② 田余庆《〈代歌〉、〈代记〉和北魏国史——国史之狱的史学史考察》,《历史研究》2001 年第 1 期。
③ 《隋书》卷三二《经籍志一》，中华书局，1973 年，第 945 页。
④ 黎虎《魏晋南北朝史论》，学苑出版社，1999 年，第 604 页。
⑤ 赵超《汉魏南北朝墓志汇编》，天津古籍出版社，1992 年，第 150、303、381 页。

十分发达的时期，这种口头传唱历史在鲜卑族中仍然盛行，表现出一个游牧民族对自己历史文化的独特喜爱和记录方式。

第二节　鲜卑族政权史官建制与鲜卑族史官

鲜卑族是魏晋南北朝时期在北方建立政权最多的民族，而每个鲜卑族当政者都注重本民族的历史和借鉴其他民族历史，都设有兼职或专职史官，有些政权还设立专门的修史机构，下面分时期论述。

一、十六国时期鲜卑各政权史官建制

慕容鲜卑是鲜卑族中汉化早且建立政权众多的一个支脉，曾先后在中国北方建立了前燕、后燕、西燕、南燕等政权，其中前燕和后燕是十六国时期北方存续时间较长且规模比较大的政权。前燕前期多以他官兼领史官，如黄泓，慕容皝时，以“左常侍，领史官，甚重之”[①]。后承袭晋制，实行著作郎制度。后燕延续前燕制度，史载崔逞以著作郎身份撰《燕记》，董统以著作官身份撰《后燕书》。《史通》称：“（十六国时期）多置著作官，若前赵之和苞、后燕之董统是也。”[②] 此外，前燕还有史官记录时事的记注制度，以及掌宫禁图籍文书的典书令。如慕容儁时，皇甫真“入为典书令。后从慕容评攻拔邺都，珍货充溢，真一无所取，唯存恤人物，收图籍而已”[③]。

南燕，以侍官掌撰起居注；以中书官吏掌修国史，多为兼职，不见专职史官。如张诠，官尚书郎，撰《南燕录》五卷，记慕容德事。[④]

南凉，置国史祭酒，掌记事。“南凉主乌孤，初定霸基，欲造国纪，以其参军郭韶为国纪祭酒，使撰录时事。”[⑤]

---

① 《晋书》卷九五《艺术传》，中华书局，1974 年，第 2493 页。

② 《史通通释》卷一一《史官建制》，上海古籍出版社，1978 年，第 313 页。

③ 《晋书》卷一一一《慕容暐载记附皇甫真传》，中华书局，1974 年，第 2860—2861 页。

④ 《隋书》卷三三《经籍志》，中华书局，1973 年，第 963 页。

⑤ 《史通通释》卷一一《史官建制》，中华书局，1978 年，第 313 页。

二、北魏史官建制

1. 著作官与著作局

拓跋氏早期游牧北方，“不为文字，刻木纪契而已，世事远近，人相传授，如史官之纪录焉”[①]，这是原始部落的记事制度。到代王什翼犍时，才从原始记事方式过渡到册簿书记。拓跋珪称魏王后，灭后燕，在后燕朝士中选拔史官，仿照后燕建立史官制度，置著作郎，主管国史撰述。当时，著作郎为非常设官职，似有撰事则置，无事则阙。史官多取自中书、秘书二省的才学之士。太平真君十一年（450），因“崔浩国史案”而废置史官。和平元年（460）复置。

和平元年（460）后，北魏设置著作局[②]，为朝廷常设修史机构，又称著作省。刘知幾说：“元魏初称制……其后始于秘书置著作局，正郎二人，佐郎四人。”[③]著作局亦置校书郎，《唐六典》云：“后魏著作置校书郎，史阙其品员。”[④]北魏设著作局，是中国史学史上的一件大事。我们知道，中国古代国家机关中有专任史官，是曹魏时设置的著作郎，辖秘书省，但无独立机构。北魏著作局的设置改变了这种态势，这是朝廷专门的官修史书的常设机构，后来从北齐开始，改著作局为史馆，则从名称上证明北魏著作局的属性和职责。这无疑是古代少数民族对中国史学史的一个重大贡献。

北魏还建立了国史监修制度。拓跋焘曾于429年和459年两次命崔浩总领史任，为国史监修开了先河，之后逐渐形成制度。正光以前，均由汉臣主史籍。“及洛京之末，朝议又以为国史当专任代人，不宜归之汉士。”[⑤]纵览北魏历史，虽然鲜卑人监修国史的成就情况不明，但这种制度却为东魏、西魏、北齐、北周沿袭不断。

---

① 《魏书》卷一《序纪》，中华书局，1974年，第1页。

② 牛润珍《汉至唐初史官制度的演变》，河北教育出版社，1999年，第168页。

③ 《史通通释》卷一一《史官建制》，中华书局，1978年，第315页。

④ ［唐］李隆基撰，［唐］李林甫注《大唐六典》卷一〇《秘书省·著作局》，三秦出版社，1991年，第222页。

⑤ 《史通通释》卷一一《史官建制》，上海古籍出版社，1978年，第315页。

2. 记注官与集书省

献文以前，不置起居注官，或以掌文记之侍官，或以著作官兼任。孝文以后，修起居注官大多取自散骑常侍、侍郎、著作佐郎、太学博士及台省僚吏。孝明时，加强对起居注撰修工作的控制，置监典官，多由散骑常侍一类的官兼掌。这一制度被东魏、北齐所因循。

三、东魏、北齐的史官制度

沿袭北魏，东魏仍置著作郎、著作佐郎掌修国史，其史官也多是北魏旧臣。值得注意的是，著作行政上属秘书省，但著作官多由中书省官员兼领，国史的著作权实归中书。天平、元象年间仍用鲜卑人领著作，典国史。武定以后，改用汉人。东魏于天平初年始修起居注，由中书、门下长官兼领监修，撰集者也多由侍官充任。

天保二年（551）北齐始设置史馆[①]。《唐六典》注云："后魏并置著作，隶秘书省。北齐因之，代亦谓之史阁，亦谓之史馆。史阁、史馆之名自此有也。""自晋以来秘书著作皆有令史，阙其员品。"[②]史馆主要由监修大臣、著作郎、著作佐郎、修史臣、校书郎、令史等组成。北齐监修大臣的官秩从正三品到一品不等，其身份或宗室，或著姓，或才学名士。其职责本多为虚衔，魏收之后却负有实责。著作郎，员额二人，从五品；著作佐郎，员额八人，秩七品。修史臣，不属史馆固定编制，员额不限，是临时调入史馆参与修史的才学之士，事毕即还原职。校书郎，诸书所载人数有异，秩正九品。

四、西魏、北周的史官制度

西魏"史阁"沿袭北魏，隶属于秘书省。北周时，改称"史局"，隶属于春官府外史。国史撰修由深谙朝中掌故、处事严谨的内省或春官府的大臣兼

---

① 北齐设置史馆年代，参见牛润珍《北齐史馆考辨》，《南开学报》1995年第4期，以及牛润珍《汉至唐初史官制度的演变》，河北教育出版社，1999年，第177页。

② ［唐］李隆基撰，［唐］李林甫注《大唐六典》卷九《中书省·史馆史官》，三秦出版社，1991年，第210页。

领，又称“兼著作”，其官品与北齐大致相当。沿袭北魏，置著作官，多由别职兼领，史事大权实在中书。大统十四年（548）以后，国史的著作权转归秘书，而且著作官变为专职，改著作郎为著作上士，二人，正三命；改著作佐郎为著作中士，四人，正二命；改校书郎为校书下士，十二人，正一命。①

西魏初，由著作官掌起居注。大统四年（538）以后，记注官与著作官分置，著作官专掌国史，记注官多由中书舍人、中书侍郎兼任。北周行六官，于春官府置外史，即专职起居注官，“外史下大夫，正四命。外史上士，正三命”②。

五、鲜卑族政权中的鲜卑史官

北魏中期以后诸鲜卑族政权中的兼职或专职的鲜卑史官有：

陆恭之，字季顺，代人，北魏时曾在著作局任著作佐郎、著作郎，无所撰史书记载。③

刘仁之，字山静，河南洛阳人。出于独孤部，出帝时任著作郎，兼中书令。史载其“少有操尚，粗涉书史”，“爱好文史，敬重人流”。但“非其才，在史未尝执笔”。④

山伟，字仲才，河南洛阳人，其先代人。其“涉猎文史”，先为修起居注，孝庄帝时任著作郎，节闵帝时为秘书监兼著作郎，“孝静初，除卫大将军，中书令，监起居。后以本官复领著作。……以为国书正应代人修缉，……初无述著，故自崔鸿死后，迄终伟身，二十许载，时事荡然，万不记一”。⑤

綦儁，字檦显，河南洛阳人，其先代人。孝庄帝时，屡官沧州刺史、太仆卿、御史中尉、散骑常侍、骠骑大将军、左光禄大夫、仪同三司，兼礼部尚书，兼中尉佞巧，性多诈。曾监修国史。⑥

---

① 王仲荦《北周六典》卷四《春官府》，中华书局，1979 年，第 190 页。
② 王仲荦《北周六典》卷四《春官府》，中华书局，1979 年，第 186 页。
③《魏书》卷四〇《陆俟传附恭之传》，中华书局，1974 年，第 907 页。
④《魏书》卷八一《刘仁之传》，中华书局，1974 年，第 1794—1795 页。
⑤《北史》卷五〇《山伟传》，中华书局，1974 年，第 1835 页。
⑥《魏书》卷八一《綦儁传》，中华书局，1974 年，第 1791—1792 页。

宇文忠之，河南洛阳人，其先南单于之远属。“猎涉文史，颇有笔札。”[1]东魏天平后敕修国史，武定初仍修史。

元行如，河南洛阳人，魏昭成皇帝七世孙。北齐武平末任著作佐郎。[2]

楼宝，代人，其祖父伏连代为酋帅。“性淳朴，好读书。”“为人清简少言，颇谙旧事”。西魏大统元年（535），诏领著作郎，监修国史事。[3]

陆印，字云驹，代人，起家员外散骑侍郎，历文襄大将军主簿、中书舍人，以本职兼太子洗马，中书侍郎，监修国史。史载其“少机悟……好学不倦，博览群书，五经多通大义。善属文”，“笃慎周密”，“不说人短，不伐己长，言论清远”。[4]

由以上资料可知，鲜卑族史官在北魏及其以后诸鲜卑政权的国史编修方面成就很小，他们在著作局基本都是“未尝执笔”，其作用在于对汉族史官修史的监督，而非在于其修史水平，政治目的远远大于学术目的。

第三节 鲜卑族政权的官方史学

鲜卑族史学著述主要是鲜卑族政权的官方史学著述。

一、官方史学著述

1. 起居注的撰修

鲜卑各政权非常注意记录自己的历史，这既是其原有文化的延续发展，也是不断学习汉族文化的结果。各政权都设有专职或兼职的官员负责起居注的修著。十六国时期鲜卑各政权的起居，见于著录的：“前燕有《起居注》。”“南燕有赵郡王景晖，尝事德、超，撰二主起居注。超亡，仕于冯氏，

① 《魏书》卷八一《宇文忠之传》，中华书局，1974 年，第 1795 页。
② 《北齐书》卷三八《元文遥传附传》，中华书局，1972 年，第 504 页。
③ 《北史》卷二〇《楼伏连传附孙宝传》，中华书局，1974 年，第 756、757 页。
④ 《北齐书》卷三五《陆印传》，中华书局，1972 年，第 469、470 页。

官至中书令，仍撰《南燕录》六卷。”[①]《隋书》有《南燕起居注》一卷，未题撰人，可能就是王景晖所著。北魏相继修成之起居注如《高祖起居注》、《世宗起居注》、《肃宗起居注》等，最后合成《后魏起居注》三百三十六卷，基本完整记录了拓跋君主的历史。虽然见于著录的鲜卑各政权的起居注不多，但作为修国史的基本史料来源，鲜卑各政权众多的国史，也从另一个角度说明其起居注修著的繁盛。

2. 国史的修撰

（1）十六国时期鲜卑诸政权的国史修撰

十六国时期的鲜卑族政权前燕、后燕、南燕、南凉、西秦都曾修撰过本国国史。

前燕史有杜辅全的《燕纪》,《史通》云:“前燕有起居注，杜辅全（诠？）录以为《燕纪》。”此书由杜氏根据前燕《起居注》删削而成，可能是编年体史书。记录前燕历史的还有崔逞的《燕书》。《魏书》、《北史》有崔逞传，称：少好学，有文才。前燕慕容暐时，举上计，补著作郎，撰《燕书》，记前燕慕容暐以前史事。

后燕史有董统的本纪及佐命功臣、王公列传，合三十卷。《史通》云:“后燕建兴元年，董统受诏草创后书，著本纪并佐命功臣、王公列传，合三十卷，慕容垂称其叙事富赡，足成一家之言。但褒述过美，有惭董、史之直。”[②]后燕史还有封懿《燕书》。《魏书》本传称，封懿俊伟有才气，能属文，后燕时官给事黄门侍郎、都坐大官、宁朔将军等。入北魏，道武帝屡次召见询问慕容旧事。尝“撰《燕书》，颇行于世”[③]。

修撰前燕和后燕国史的还有申秀和范亨。《史通》云:“其后申秀、范亨，各取前后二燕（杜辅《燕纪》及董统后燕书）合成一史。”[④]《隋书》载:“《燕书》二十卷，记慕容儁事，伪燕尚书范亨撰。”书已散佚，但存有大量佚文，

① 《史通通释》卷一二《古今正史》，上海古籍出版社，1978年，第358—359页。

② 《史通通释》卷一二《古今正史》，上海古籍出版社，1978年，第358页。

③ 《魏书》卷三二《封懿传》，中华书局，1974年，第760页。

④ 《史通通释》卷一二《古今正史》，上海古籍出版社，1978年，第358页。

《太平御览》和《资治通鉴考异》屡引之。今人朱祖延《北魏佚书考》中辑佚四十五条，可以窥见一斑。书中有前燕的《高祖武宣帝纪》、《太祖文明帝纪》、《烈祖景昭帝纪》和《少帝纪》，后燕的《世祖武成帝纪》、《献庄帝纪》、《烈宗惠愍帝纪》、《中宗昭武帝纪》和《昭文帝纪》，还有周存等十六人的传记。[①] 可见，该书是纪传体史书，而非《旧唐书》所称的编年体，记载的内容亦非只是慕容儁事，而是一部前后燕史。该书大约成书于北燕或北魏，至北宋时犹存。申秀的书应该与范亨书同时，但《隋书》和两《唐书》不见著录，亦无佚文可考。

南燕史有王景晖的《南燕录》六卷、张诠（铨）《南燕录（书）》五卷、游览《南燕书》七卷。王景晖尝事南燕慕容德和慕容超，后入仕北燕。《隋书》著录："《南燕录》六卷，记慕容德事，伪燕中书郎王景晖撰。"该书仅存佚文一条，收入《广雅书局丛书》。张诠（铨）曾任南燕尚书郎。《隋书》云："《南燕录》五卷，记慕容德事，伪燕尚书郎张诠撰。"[②] 该书仅存佚文两条，收入《广雅书局丛书》，均记载慕容德事。《隋书》："《南燕书》七卷，游览先生撰。"游览可能是隐逸之士，书的内容和作者均未见其他记载。

南凉史有《隋书》著录的"《托跋凉录》十卷"。《史通》称："南凉主乌孤，初定霸基，欲造国纪，以其参军郭韶为国纪祭酒，使撰录时事。"[③] 该书当是郭韶之作。

西秦也有自己的国史。《史通·古今正史》云："西凉与西秦，其史或当代所书，或他邦所录。"近人朱希祖《十六国旧史考》认为是由西秦归附北魏的段承根所撰，说："盖由（段）承根在魏传述，崔鸿据之以为《西秦录》耳。"此说有待进一步考证。

鲜卑化汉族政权北燕的国史，是北魏人韩显宗撰的《燕志》。韩显宗是北魏时期人，孝文帝时曾任著作佐郎，《魏书》卷六〇《韩显宗传》云其"有才学"。尝著"冯氏《燕志》、《孝友传》各十卷"。《燕志》大约成书于太和十八

---

① 朱祖延《北魏佚书考》，中州古籍出版社，1985 年。

② 《隋书》卷三三《经籍志》，中华书局，1973 年，第 963 页。

③ 《史通通释》卷一一《史官建制》，上海古籍出版社，1978 年，第 313 页。

年（494），记北燕冯氏事。孝文帝见之，赞曰："见卿所撰《燕志》及在齐诗咏，大胜比来之文。"[①]看来，该书颇具文采，故多被《十六国春秋·北燕录》和《晋书·冯跋载记》采用。《隋书》、《新唐书》题《燕志》为高闾撰，姚振宗《隋书经籍志考证》认为："显宗撰是书，高闾监其事，本志（《隋志》）以监令者为主，故归之高闾。《史通》纪实，故称显宗。"[②]姚氏之说较为公允。是书已佚，佚文见于《初学记》和《太平御览》，今人朱祖延收入《北魏佚书考》，佚文内容均记录北燕事。

在短短的战事不断的十六国时期，诸鲜卑政权中出现如此丰富的国史著作，是其他战乱时代和少数民族政权中不可多见的。这些国史著述形式多样，或为一国国史，或为两国史合编；修撰之人或为当时人，或为后人修前朝史。虽然上述国史多由汉人修撰，但都是在鲜卑政权中完成的，并得到了鲜卑统治者的认可。从此看出鲜卑族政权当政者对国史修撰的重视。因其著述大部分都已散佚，我们难以考证其内容和体例，但它们为北魏崔鸿修撰《十六国春秋》提供了丰富的素材。崔鸿在修撰《十六国春秋》时是以诸国旧志为本，"稽以长历，考诸旧志，删正差谬"，"约损烦文，补其不足"，最后写成一部囊括十六国史事的巨著。

（2）拓跋鲜卑政权的国史修撰

北魏国史的修撰开始很早，且与政权相始终[③]。见于记载的最早北魏国史当是安定人邓渊所修的《代记》，《魏书》卷一〇四《自序》云："始魏初邓渊撰《代记》十余卷。"我们考察，邓氏可能是羌族，至少也是高度羌戎化的汉族。其所修史书本称《国记》，即鲜卑族本朝国史，其所载史事，起于成帝毛开始的拓跋先世，止于道武帝天赐四年（407）。《国记》的史料来源，拓跋先世的记事，以采访的口述历史为主，道武史实部分则由当时之诏令、奏议以及邓渊经历的重大史事组成。《魏书》本传称："太祖诏（邓）渊撰《国记》，渊造

① 《魏书》卷六〇《韩麒麟传附韩显宗传》，中华书局，1974 年，第 1337、1344、1342 页。

② ［清］姚振宗《隋书经籍志考证》卷一四"史部霸史类"，《二十五史补编（四）》，中华书局，1956 年，第 250 页。

③ 关于拓跋鲜卑国史修订问题，参见韩杰《元魏史撰修考说》，《思想战线》1999 年第 2 期。

十余卷，惟次年月起居行事而已，未有体例。”① 邓渊领著作郎受道武诏令著国史，自当以体例详备的国史面世。据上，《国记》的体例，当是编年序事，记录了拓跋先世及道武帝的生平活动，已成稿十余卷，邓渊因和跋案受冤被赐死，未能最后完成。《国记》与几乎只撰写当朝史的诸国霸史不同，邓渊刻意模仿中原史学撰述华夏起源的手法，来述说拓跋鲜卑的早期历史，比较清晰地记载了拓跋先世的事迹和二十八帝传承，并阐述“拓跋氏，轩辕之苗裔”，以树立正统，宣扬拓跋政权的合法性。这一写法，既是拓跋人对本族早期先祖的一种追忆，也是其对中华民族一统史观的认同。② 这种少数民族建立政权后以华夏正统自居的民族观，在北朝诸史中得到继承和发扬。钱锺书称：“魏鲜卑自称‘华’而目柔然为‘夷虏’，先登之齐鲜卑又目晚起之周鲜卑为‘夷狄’”③，就是这种民族观在北朝民族政权中的体现。

明元帝时，国史“废而不述”。太武帝拓跋焘下诏崔浩：“逮于神䴥，始命史职注集前功，以成一代之典。……而史阙其职，篇籍不著，每惧斯事之坠焉。公德冠朝列，言为世范，小大之任，望君存之。命公留台，综理史务，述成此书，务从实录。”“浩于是监秘书事，以中书侍郎高允、散骑侍郎张伟参著作，续成前纪。至于损益褒贬，折中润色，浩所总焉。”参与此次国史修撰的人以崔浩为首，包括高允、崔览、高谠、邓颖、晁继、范亨、黄辅、阴仲达、段承根、宗钦、游雅、闵湛、郗标等共十四人，叙成《国书》三十卷。④《国书》完成后，引发震惊历史的崔浩国史案。此案究竟是因《国书》暴露拓跋先世丑恶，还是朝中鲜卑权贵与汉族士绅矛盾所致，人们各执一词，难以定夺。国史案的一个直接后果是北魏废除史官，国史修撰工作停止十年，一直到文成帝和平元年（460）才复置。

此后，高允总揽史务，续修国史。因高允年事已高，无法亲力亲为，“乃

① 《魏书》卷二四《邓渊传》，中华书局，1974 年，第 635 页。

② 参见汪受宽、唐如明《邓渊〈国记〉考释》，《中国少数民族史学研究》，北京图书馆出版社，2008年。

③ 钱锺书《管锥编》（四）《全上古三代秦汉三国六朝文二三七》，生活·读书·新知三联书店，2008年，第 2310 页。

④ 《魏书》卷三五《崔浩传》，中华书局，1974 年，第 815、823—824 页。

令（刘模）执笔，而（允）口占授之，如是者五六岁。所成篇卷，模有力焉。”[①] 此次修撰，“大较续崔浩故事，准《春秋》之体，而时有刊正”。[②] 可见，此次修撰仍是在崔浩《国史》基础上进行的，并未做太多的改动，只是刊正了崔浩《国史》中所谓“不典”的内容。

献文帝皇兴年间（467—471），应尚书李敷所请，命程骏续修国史，然未有成就。

孝文帝太和十一年（487），再修国史。此次国史撰修参与者队伍庞大，以秘书令高祐、秘书丞李彪、著作郎崔光综理其事，李琰之、韩显宗、宋弁、邢产、阳尼、傅毗、程灵虬参与修撰。在编撰体例上改变以往的编年体，采用了纪传体。《魏书·高祐传》云：“自始均以后，至于成帝，其间世数久远，是以史弗能传。臣等疏陋，忝当史职，披览《国纪》，窃有志焉。愚谓自王业始基，庶事草创，皇始以降，光宅中土，宜依迁、固大体，令事类相从，纪传区别，表志殊贯，如此修缀，事可备尽。”[③]《魏书·李彪传》亦云：“自成帝以来至于太和，崔浩、高允著述国书，编年序录，为《春秋》之体，遗落时事，三无一存，彪与秘书令高祐始奏从迁、固之体，创为纪传表志之目焉。”[④] 此次著述可谓元魏史撰修之分水岭。就体例而言，以为编年体“可谓存史意，而非全史体”。而纪传体则“曲有条章”，故易编年为纪传，是后魏史之修皆沿用此体。就内容而言，奏请“佛道宜在史录”[⑤]，成魏收《魏书·释老志》之滥觞。李彪、高祐诸人于魏史发凡起例之功实不可没。

李彪等人以为国史三年即可编成，实际一直到北魏亡亦未修成。李彪之后由崔光主持国史之修改。太和二十三年（499），宣武帝即位，李彪上书“求成《魏书》”，遂以白衣入秘书省修史。景明二年（501）秋，李彪卒。永平四年（511），孙惠蔚代崔光综理史务。延昌四年（515），崔光复史职。正光五年

---

① 《史通通释》卷一二《古今正史》，上海古籍出版社，1978年，第364页。

② 《魏书》卷四八《高允传》，中华书局，1974年，第1086页。

③ 《魏书》卷五七《高祐传》，中华书局，1974年，第1260页。

④ 《魏书》卷六二《李彪传》，中华书局，1974年，第1381页。

⑤ 《魏书》卷七二《阳尼传》，中华书局，1974年，第1601页。

（524），崔鸿（光侄）主修国史，次年病卒。三人虽迭相修史，然崔光“徒有卷目，初未考正，阙略尤多”；孙惠蔚“首尾五载，无所厝意”；崔鸿“在史甫尔，未有所就”，均无建树。[①]

崔鸿之后，又由綦儁、山伟主持修史，魏收、阳休之、李同轨参与其事。儁、伟均为代人，故主张国史撰修应由代人控制，“不宜委之余人”，然二人仅“守旧而已，初无述著”，以致从孝昌二年（526）至东魏孝静帝武定（543—550）之二十余年，“时事荡然，万不记一，后人执笔，无所凭据，史之遗阙，伟之由也”。东海王建明元年（530），尔朱兆陷洛阳，官守奔散，赖国史典书高法显“密埋史书”，才使旧史未遗落。[②]

自北魏建国，至于东魏末，国史之修，历朝基本相沿不辍。《魏书·山伟传》云：“国史自邓渊、崔琛、崔浩、高允、李彪、崔光以还，诸人相继撰录。”[③] 为最后魏收修撰国史奠定了基础。

北齐文宣帝高洋诏令魏收重修魏史。《北齐书》卷三七《魏收传》云：

（天保）二年（551），招撰魏史。四年（553），除魏尹，故优以禄力，专在史阁，不知郡事。初帝令群臣各言尔志，收曰：“臣愿得直笔东观，早出《魏书》。”故帝使收专其任。又诏平原王高隆之总监之，署名而已。帝敕收曰：“好直笔，我终不作魏太武诛史官。”收于是部通直常侍房延佑、司空司马辛元植、国子博士刁柔、裴昂之、尚书郎高孝幹专总斟酌，以成《魏书》。

《魏书》完成后虽屡遭诟病，并经过几次修改，但“总不能废收之书，千载而下，他家尽亡，收书岿然特存”[④]。可见《魏书》仍是一部具有很高史学价值且完整记录拓跋鲜卑历史的历史文献。

自魏道武帝天兴元年（398）下诏邓渊撰国史起，到北齐后主武平四年（573）下诏李德林、魏澹修国史止，约一百七十年时间里，北魏、西魏、北齐、北周各代帝王下诏修撰国史二十余次，足见鲜卑政权对国史修撰的重视。

---

① 《魏书》卷六七《崔光传》，中华书局，1974 年，第 1488、1502、1491、1502 页。

② 《魏书》卷八一《山伟传》，中华书局，1974 年，第 1794、1793 页。

③ 《魏书》卷八一《山伟传》，中华书局，1974 年，第 1793 页。

④ ［清］王鸣盛《十七史商榷》卷六五《魏收〈魏书〉》，商务印书馆，1965 年，第 665 页。

综上所述，鲜卑各政权对史学都非常重视，形成完整的起居注和众多的官修史书。自北魏后，历东、西魏，北齐、北周至隋，著作、记注各为一途，将修史制度化，建立完整的起居注修撰和国史编修体系。绵延不断的起居注编集，形成了记录、保存、积累、编集整理史料的传统，为国史修撰提供翔实的原始资料。而国史每隔一段时间撰修一次，做一小结，经过不断酝酿、小结，导致一个大总结，即《魏书》。北魏的修史机构设置和修史方式，对后世产生重大影响，开启了官修史书的新的历史阶段。

第四节　鲜卑族人的史学著述

在私人著述方面，据《隋书·经籍志》以来各种目录、《魏书》、《北史》等正史传记及其他相关文献记载统计，见于著录的鲜卑族私人著述史学著作大约有十八部。[①] 这些著述都已散佚，我们通过书目和类书或其他相关文献的零星记载，简单地勾勒诸书的主要内容和史学思想。

鲜卑人的史学著述内容大致分几类：

一是人物传记类，共四部。《要略》三十卷，北魏元勰撰。《魏书·彭城王元勰传》载："勰敦尚文史，物务之暇，披览不辍。撰自古帝王贤达至于魏世子孙，三十卷，名曰《要略》。"张鹏一《隋书经籍志补》将其归于史部杂传类。《古今名妃贤后》四卷，北魏元孚撰。《魏书·太武五王》载："昌弟孚，字秀和。少有令誉。……灵太后临朝，宦者干政，孚乃总括古今名妃贤后，凡为四卷，奏之。"书的内容是关于古今妃后的，张鹏一《隋书经籍志补》将其归于史部杂传类。《显忠录》二十卷，北魏元怿撰。《魏书·清河王元怿传》载："怿以忠而获谤，乃鸠集昔忠烈之士，为《显忠录》二十卷，以见意焉。"是书主要记载忠烈之士，《旧唐书·经籍志》将其归为史部杂传类。《科录》二百七十卷，北魏元晖撰。《魏书·元晖传》："晖颇爱文学，招集儒士崔鸿等撰录百家要事，上起伏羲，迄于晋、宋，凡十四代。以类相从，名为《科录》，凡二百七十卷，

① 参见阎祥云《鲜卑著述考》，东北师范大学 2009 年硕士论文。

晖疾笃，表上之。”《科录》的分类，一直存在争议。《隋书·经籍志》将其归于子部杂家类，《旧唐书·经籍志》将其归于史部杂传类[①]，刘知幾认为是通史类。《史通·六家》言:“元魏济阴王晖，又著《科录》二百七十卷，其断限亦起自上古，而终于宋年。其编次多依于仿《通史》，而取其行事尤相似者，共为一科，故以《科录》为号。”[②]章学诚认为其为史纂类，言：考《科录》乃常山王尊曾孙晖所为，《魏书》本传谓“百家要事，以类相从”，则是类比之书，并无著作深意，当与《高氏小史》之类，并录史纂，不可入通史。[③]程千帆认为应归于杂传类，“此盖本史、汉类传之体，扩而充之。然汉末以降，杂传尤盛于世，耆旧、英烈、隐逸、孝友、高僧、良吏、文人、名士之属，以逮鬼神怪异，莫不以类相从，撰为传记。章宗源、姚振宗两家隋志考证皆详之。科录之作，固远绍循吏、儒林、游侠、货殖诸篇，似与当时杂传亦不无因缘也”[④]。从其内容上看，主要是分门别类记载孝友、儒林、英烈、名士等事迹，应属于杂传类；从时间断限上看，上起伏羲，终于晋、宋，具有通史类特征。

二是谱牒类，共两部:《辨宗室录》四十卷，北齐元晖业撰。《魏书·元晖业传》载:“晖业之在晋阳也，无所交通，居常闲暇，乃撰魏藩王家世，号为《辨宗室录》，四十卷，行于世。”《隋书·经籍志》、《旧唐书·经籍志》均著录于史部谱牒类 。《世谱》五百卷，北周明帝撰。《周书·明帝纪》载:“帝宽明仁厚，敦睦九族，有君人之量。幼而好学，博览群书，善属文，词彩温丽。及即位，集公卿已下有文学者八十余人于麟趾殿刊校经史。又捃采众书自羲、农以来，讫于魏末，叙为《世谱》，凡五百卷云。所著文章十卷。”此书非周明帝个人所著，而是出于众人之手。《周书·萧撝传》载:“武成中，世宗令诸文儒于

① 《旧唐书·经籍志》误书名为《秘录》。姚振宗《隋书经籍志考证》云:“《旧唐书·经籍志》史部杂传类载:《秘录》二百七十卷元晖等撰。案此类篇末部凡云右杂传一百九十四部里先贤耆旧三十九家，孝友三十九家，科录一家，科录即谓此书。”

② 《魏书·昭成子孙列传》载:《科录》一书，在北魏孝明帝神龟二年（519）以前撰成表上。又据《梁书·文学上·吴均传》:梁武帝普通元年（520）吴均卒时《通史》尚未完成，其成书应在《科录》之后。《史通》说《科录》多依于仿《通史》误。

③ ［清］章学诚《文史通义新编新注》，浙江古籍出版社，2005 年，第 459 页。

④ 程千帆《史通笺记》，中华书局，1980 年，第 21 页。

麟趾殿校定经史，仍撰世谱，撝亦预焉。寻以母老，兼有疾疹，五日番上，便隔晨昏，请在外著书。有诏许焉。”萧撝应参与《世谱》撰写。此书不见《隋书·经籍志》著录，徐崇《补南北史艺文志》史部谱系类有著录。张鹏一《隋书经籍志补》史部谱系载：“《世谱》后周兰陵萧撝等，本传武成中，世宗令诸位儒于麟趾殿校经史，仍撰世谱，撝亦预焉。”[①] 将其归于萧撝名下。

三是地理类，共三部。《东都图记》二十卷，宇文恺撰。《北史·宇文恺传》载：“撰《东都图记》二十卷、《明堂图议》二卷、《释疑》一卷，见行于世。”《舆地图》，元怿撰。《北史·李先附传》载：“先少子皎……皎孙义徽。太和中，以儒学博通，有才华，补清河王怿府记室。笺书表疏，文不加点，清典赡速，当世称之。又为怿撰《舆地图》及《显忠录》。”《国都城记》九卷，北周明帝撰。《隋书·经籍志》史部载，地理类：《国都城记》九卷，不著撰人。《旧唐书·经籍志》史部载，地理类：北周明帝《国都城记》九卷。

纵观鲜卑族的私人史学著述，与魏晋南北朝时期史学特征非常吻合。魏晋南北朝时期史学呈现出繁荣的景象，不仅著述数量多，而且形式多样，人物传记类、谱牒类和地理类表现得尤为突出，成为史学著作的主要部分。据有关资料统计，汉代人物传记专书有6门58部[②]；三国时代有54部[③]；晋代有350家[④]。另据姚振宗《隋书·经籍志考证》统计，汉隋之际人物传记总数在470部以上，三千多卷。这个数字在当时是相当大的。地理类亦是如此，据《隋书·经籍志》史部地理类记载，南朝齐陆澄曾编《地理书》149卷，注云：“合《山海经》已来一百六十家，以为此书。”战国秦汉地理著作很少，所以“一百六十家”中绝大多数都出自魏晋南北朝。梁任昉又编《地记》252卷，“增陆澄之书八十四家”，二书合计达244家。《隋书》只列出“见存别部自行者”52家，其余192家未提及。章宗源《隋书经籍志考证》从唐宋诸书中辑出《隋志》未载书名的地理书157部。由此可见，当时的地理书之多。魏晋南

① 《二十五史补编》(第四册)中华书局，1956年，第4936页。

② [清]姚振宗《续汉书·艺文志》。

③ [清]姚振宗《三国艺文志》。

④ [清]吴士鉴《补晋书经籍志》见《二十五史补编》。

北朝时期更是谱牒学的黄金时期，如《三国志注》引谱牒之书达 19 种;《七录》著录谱状 42 种，1064 卷;《隋书 · 经籍志 · 谱系类》则著录 53 部，1280 卷。所以，刘知幾说，“谱牒之作，盛于中古”，并形成一门专门研究谱系的“谱学”。钱穆先生论及魏晋南北朝学术文化时说:“(《隋志》) 杂传一类，尤为当时人所特感兴趣，故其撰述共有二百一十七部，一千二百八十六卷，主要为人物传记。……凡此皆见此时代重视人物，实为此一时代之特殊精神所在。……其次则为地理记。其部数与卷帙，仅次于人物传记……盖人物与地理有关，二者之受重视，则为当时门第郡望观念之影响。”① 生活在这种大的历史背景之下，鲜卑族知识分子自然会受到时代的影响，生产出与时代吻合的作品。

但鲜卑族史学著述也有其自身特点，在人物传记方面，北方政权并非门阀政治，官员选拔与人物品评关系并不大，所以，鲜卑族的人物传记更侧重忠孝贤达等儒学传统意义上的名人，一定意义上是强调史学为皇权服务，而非作为官员选拔的凭据。在地理类著述上，与南方地志有很大差别，南方的地志，东汉魏晋时期关注的主要对象是“异物”，而晋宋以后，关注的对象则主要是山水风光。对六朝地志这种不真实、不可靠和不实用，唐朝学者多持批评的意见。如颜师古《汉书 · 地理志》注:“中古以来，说地理者多矣，或解释经典，或撰述方志，竞为新异，妄有穿凿，安处互会，颇失其真。后之学者，因而祖述，曾不考其谬论，莫能寻其根本。今并不录，盖无尤焉。”刘知幾、杜佑、李吉甫等都有所评说。北朝的地志则强调其实用性，典型的代表如阚骃的《十三州志》和郦道元的《水经注》，鲜卑族所著述的地志亦是如此，基本上是从实际出发，更多地关系到国计民生，而不是田园式的散文。这一特点被隋唐史家所继承，成为唐以后地志文化的主流。在谱牒学上，鲜卑族的著述主要关注的是宗室的族谱，在选材范围和数量上远远不及南方，一定程度上说明北朝的门阀家族势力远远弱于南方。在修史体裁上，鲜卑族著述强调历史的连贯性，即通史。在其著述上，无论是人物传记还是族谱，都强调其历史的连续

① 钱穆《略论魏晋南北朝学术文化与当时门第之关系》,《中国学术思想史论丛》，东大图书公司，1985 年，第 143 页。

性，很多作品都是贯通古今。这与南方汉族著述有相似之处，也是魏晋南北朝史学的整体特征。在修史作者上看，鲜卑宗室所占比例较大，所著题材范围广，从北魏元勰、元怿、元晖、元晖业到周明帝、宇文恺，反映了鲜卑政权的宗室注重历史，汉文化修养很高。

总体而言，鲜卑族史学著述特点为：涉及面窄，讲究实用性，更多地以宗室为核心，并强调史学的现实作用和借鉴作用。

第八章

吐谷浑族史学

第一节 吐谷浑族历史

吐谷浑是中国古代西北的少数民族之一，原属于慕容鲜卑部。西晋永嘉年间（307—312），吐谷浑率领部众从辽东西附阴山（为今内蒙古河套北的阴山山脉地区），在阴山一带游牧了二十多年以后，再由西南渡过陇山（在今陕西陇县以西），西迁至枹罕（今甘肃临夏西北桴罕山，即大力加山），“其后子孙据有西零已西甘松之界，极乎白兰数千里”[①]，在今甘肃南部、四川西北和青海等地融合了氐、羌等部落，并建立政权，称河南王。到吐谷浑孙叶延时（329—351），始以吐谷浑为国名、族名。

叶延死后，其子碎奚继承王位。此时，北方的形势发生了很大变化，氐族苻坚在关中建立了前秦政权，势力逐渐强大。371 年，“吐谷浑碎奚以杨纂既降，惧而遣使送马五千匹，金银五百斤。坚拜奚安远将军、漒川侯”[②]。这是吐谷浑政权与北方其他政权往来的最早记载。后北方先后建立了后燕、后秦、后凉、西秦等政权，其中对吐谷浑威胁最大的是西秦。西秦乞伏乾归太初三年（390），吐谷浑向西秦“遣使贡方物”，吐谷浑王视连被拜为“沙州牧、白兰王”。尽管吐谷浑多次遭到西秦的打击，被迫向西秦称臣纳贡，但在与西秦的斗争中，却逐渐发展壮大。至吐谷浑王阿豺时，兼并氐羌土地数千里，占居浇河，进入吐谷浑政权的兴盛时期。为了抗拒西秦的统治，曾经派使者到达建康，通贡于刘宋，被刘宋封为沙州刺史、浇河公。[③] 阿豺子慕瞶继位后，继承和发展了阿豺联合刘宋等政权以对抗西秦的策略。《魏书·吐谷浑传》记载：“招集秦、凉亡业之人及羌戎杂夷，众至五六百落，南通蜀、汉，北交凉州、赫

① 《晋书》卷九七《四夷·西戎·吐谷浑传》，中华书局，1974 年，第 2537 页。

② 《晋书》卷一一三《载记第十三·苻坚上》，中华书局，1974 年，第 2894 页。

③ 《宋书》卷四《少帝纪》，中华书局，1974 年，第 64 页。

连，部众转盛。”[①]

隋初，吐谷浑内部发生一系列的变故，导致其国内大乱，各种矛盾尖锐，可汗世伏被杀，吐谷浑开始由盛转衰。至隋炀帝时，吐谷浑遭到隋的军事围攻，吐谷浑王伏允仅率领数十骑突围逃跑，隋军乘胜追击，攻陷吐谷浑都城伏俟城，吐谷浑政权遭受到沉重的打击。隋末，吐谷浑趁隋内乱之机，“复其故地，屡寇河右，郡县不能御焉”[②]。唐初吐谷浑累为边患，仅仅从武德初到贞观八年（634），吐谷浑骚扰唐境就达二十四次之多。唐贞观九年（635）伏允兵败，奔走至鄯善，自杀。从此吐谷浑分成东西二部。西部由伏允子达延芒结波统领，居鄯善，后来降吐蕃，吐蕃称作“阿柴”或“阿辖”。东部由伏允长子慕容顺统领，居伏俟城，唐朝封为西平郡王。不久，慕容顺死，子诺曷钵继位，唐朝封为河源郡王，号乌地也拔勒豆可汗。贞观十四年（640）唐朝以弘化公主妻之，并加封青海国王，后于唐龙朔三年（663）为吐蕃所灭。

吐谷浑政权及其民族从吐谷浑孙叶延时算起，前后共存在三百多年。后作为一个部族，分散于今青海、甘肃、新疆、宁夏、内蒙古、陕西北部、山西、河北等地，分别归吐蕃、唐朝统治，他们与当地的民族相互交流融合，最后融入其他民族当中。[③]

第二节　魏晋南北朝吐谷浑族的历史记载和史学

一、民族大融合促进民族史学的大发展

魏晋南北朝是吐谷浑崛起和兴盛的时期，这一时期吐谷浑和中原汉族政权的联系比较多，吐谷浑和中原政权之间互相派遣使者，双方贸易不断，特别是和北魏交往频繁，促使吐谷浑的政治、经济和文化得到迅速发展，从而进入它的兴盛阶段。据统计，仅《魏书·帝纪》中从473年至534年短短的六十年中，

① 《魏书》卷一〇一《吐谷浑传》，中华书局，1974年，第2235页。

② 《隋书》卷八三《西域·吐谷浑传》，中华书局，1974年，第1845页。

③ 周伟洲《吐谷浑史·前言》，广西师范大学出版社，2006年。

吐谷浑向北魏遣使的次数就有五十六次之多，其中有一年遣使就达三次。[①] 这充分说明，作为中国古代西北民族的吐谷浑其形成和发展，是同其与中原政权关系的历史息息相关的，从一定程度上说，吐谷浑的历史实际上是其与周围政权的关系史。

魏晋南北朝时期是社会大动荡的时代，同时也是民族大融合的时代，社会现实的巨变深刻影响着民族史学的发展。吐谷浑没有自己的民族文字，对吐谷浑历史的记载，大体上以汉文正史中的记载为主，在藏文资料、杂史、笔记及其他资料和碑刻中也有若干零星的记载。正史中吐谷浑的专传，将吐谷浑在每个历史时期的活动勾勒出来，是研究吐谷浑最基本的史料来源。在其他的历史资料，如笔记、地理、碑刻、诗词文集中也有关于吐谷浑的记述，可以和正史中的记载相互印证并补充其不足。

二、八部正史对吐谷浑的历史记载

在关于魏晋南北朝时期的十部正史中，八部设有吐谷浑的专传，吐谷浑与周围政权的联系在这些史籍中有所体现。

南朝梁沈约撰《宋书》，第一次把吐谷浑单列一卷，记述吐谷浑的发展历史及与刘宋政权的关系，并且以《鲜卑吐谷浑传》为题，明确了吐谷浑的民族来源。此外，该书《少帝纪》、《文帝纪》、《孝武帝纪》、《明帝纪》、《后废帝纪》中也有关于吐谷浑的记载。《鲜卑吐谷浑传》记载：元嘉九年（432），封慕容璝“使持节、散骑常侍、都督西秦河沙三州诸军事、征西大将军、西秦河二州刺史、领护羌校尉，进爵陇西王”[②]。而卷五《文帝纪》记载:元嘉九年（432）“六月乙未，以征西将军、沙州刺史吐谷浑慕容璝为征西大将军、西秦河二州刺史、陇西王”[③]。显然，《鲜卑吐谷浑传》的记载比《文帝纪》更加详细。《鲜

① ［日］松田寿男《吐谷浑遣使考上》，周伟洲译，《西北史地》1981 年第 3 期，第 87—98 页。周伟洲据现有资料指出，松田寿男统计中太和十五年有正月、二月、七月、九月共四次有误，实际没有二月这次，最多的一年遣使达三次。

② 《宋书》卷九六《鲜卑吐谷浑传》，中华书局，1974 年，第 2372 页。

③ 《宋书》卷五《文帝纪》，中华书局，1974 年，第 81 页。

卑吐谷浑传》记载：元嘉九年（432）封“慕璝兄树洛干子拾寅为平北将军，阿豺子炜代镇军将军”[①]。而《文帝纪》却记载：元嘉九年（432）六月壬午以“吐谷浑拾虔为平北将军，吐谷浑辉伐为镇军将军”[②]，两者叙述显然不同。

南朝梁萧子显撰《南齐书》，其中的《河南传》即吐谷浑的专传。由于吐谷浑占据黄河以南的土地，且在刘宋时被封为“河南王”，故河南或河南国是南朝齐、梁等政权对吐谷浑的称呼。该传篇幅不长，却有明显的讹误，把吐谷浑说成是“匈奴种也”，后又称“鲜卑慕容廆庶兄吐谷浑为氐王”，把吐谷浑的来源记为匈奴和鲜卑两种，考其原因，系作者将匈奴奴婢“赀虏”与吐谷浑西北诸种称“赀虏”混为一谈。[③]除《河南传》之外，该书卷二《高帝纪下》和卷三《武帝纪》也有关于吐谷浑的记载，但《河南传》中的易度侯之子“休留茂”，《武帝纪》作“休留成”，两者显然不一致，考“休留茂”与“休留成”系一人，“茂”与“成”两字可能是因形近而致误。

北齐魏收撰《魏书》，是中国历代“正史”中，第一部少数民族上层集团为统治者的皇朝史。[④]该书在北宋时有部分散佚，其中也包括《吐谷浑传》，现存此传是刘恕等转采《北史》等补撰此传，删去魏以后事，所记基本上和《北史》一样，只是个别字句有别，故无法讨论。

唐姚思廉等撰《梁书》，在民族关系的叙述中突破了以前“内诸夏而外夷狄”的老调，适应了唐代南北一统、华夷一家的现实，其《诸夷传》载海南、东夷、西北诸戎各国，记事客观，其传末史论只云：“海南、东夷、西北戎诸国，地穷边裔，各有疆域。若山奇海异，怪类殊种，前古未闻，往牒不记，故知九州之外，八荒之表，辩方物土，莫究其极。高祖以德怀之，故朝贡岁至，美矣。”[⑤]《诸夷传》中对吐谷浑的记载沿用南齐的称呼，称为《河南传》，其篇幅较小，叙事极为简略，致使很多记载相当不全。如《河南传》载：“齐永明

① 《宋书》卷九六《鲜卑吐谷浑传》，中华书局，1974年，第2372页。

② 《宋书》卷五《文帝纪》，中华书局，1974年，第81页。

③ 详见周伟洲《吐谷浑史》，广西师范大学出版社，2006年，第12—14页。

④ 瞿林东《中国史学史纲》，北京出版社，2005年，第264页。

⑤ 《梁书》卷五四《诸夷传》，中华书局，1973年，第818页。

中，以（休留）代为使持节、都督西秦河沙三州、镇西将军、护羌校尉、西秦河二州刺史。……筹死，子呵罗真立。大通三年，诏以为宁西将军、护羌校尉、西秦河二州刺史。”[①] 而卷二《武帝纪中》载：天监三年（504）“九月壬子，以河南王世子伏连筹为镇西将军、西秦河二州刺史”[②]。卷三《武帝纪下》载：中大通元年（529）“三月丙辰，以河南王阿罗真为宁西将军、西秦河沙三州刺史”，卷三《武帝纪下》中大通二年（530）夏四月“壬申，以河南王佛辅为宁西将军、西秦河二州刺史”，中大通六年（534）“三月己亥，以行河南王可沓振为西秦河二州刺史，河南王”[③]。将《河南传》与《武帝纪》中的相关记载比对，显然可补正《河南传》的讹误和不足。

唐令狐德棻等撰《周书》，把其他民族列于《异域传》来记述，《吐谷浑传》位于《异域传下》内，所记异常简略，但其第一次明确了“自吐谷浑至伏连筹一十四世”[④]，为复原吐谷浑世系表提供了基本的框架。该书其他部分有关吐谷浑的记载，如卷一《文帝纪上》记载：“宕昌羌梁仚定引吐谷浑寇金城。”[⑤] 卷四九《异域传上·宕昌传》云：“是岁，弥定又引吐谷浑寇石门戍，贤复破之。”[⑥] 可以补充《吐谷浑传》中吐谷浑和宕昌关系的缺失。

唐房玄龄等撰《晋书》，采用《东观汉记》所用“载记”体例，完整记述了匈奴、鲜卑、羯、氐、羌等少数民族统治者建立的政权，对十六国只称“僭伪”，不辨华夷，给各割据政权以适当的历史地位，较好地解决了中原皇朝与各族政权并载一史的难题。但《吐谷浑传》却没有被列入“载记”，而是作为一个“夷族”归入列传，称其“弗忘忠义，良可嘉焉”[⑦]。几篇《载记》中也有关于吐谷浑的记载。如《秃发傉檀载记》中记载了吐谷浑王树洛干攻伐南凉，

① 《梁书》卷五四《西北诸戎传·河南传》，中华书局，1973年，第810—811页。

② 《梁书》卷二《武帝纪中》，中华书局，1973年，第41页。

③ 《梁书》卷三《武帝纪下》，中华书局，1973年，第73、74、78页。

④ 吐谷浑至伏连筹一共一十四世，即吐谷浑、吐延、叶延、碎奚、视连、视罴、乌纥提、树洛干、阿豺、慕璝、慕利延、拾寅、度易侯、伏连筹。

⑤ 《周书》卷一《文帝纪上》，中华书局，1971年，第9页。

⑥ 《周书》卷四九《异域传上·宕昌传》，中华书局，1971年，第893页。

⑦ 《晋书》卷九七《四夷传》后论，中华书局，1974年，第2551页。

并大败南凉太子秃发武台的事件，可以补充有关吐谷浑和南凉资料的缺失。《吐谷浑传》中记载吐谷浑第一次与中原交往在吐谷浑碎奚时，“初闻苻坚之盛，遣使献马五十匹，金银五百斤。坚大悦，拜为安远将军”[①]。而《苻坚载记上》却云：“吐谷浑碎奚以杨纂既降，惧而遣使送马五千匹，金银五百斤。坚拜奚安远将军、漒川侯。”[②]显然，“十”和“千”由于形近致误。

唐代李延寿撰《北史·吐谷浑传》和《南史·夷貊下·西戎·河南传》都是关于吐谷浑的专史。为了避免重复，《北史》对吐谷浑按通史撰写，而《南史》只对宋、齐、梁时期的吐谷浑做了简单的记述，很多都“事详北史”。同时沿用了南北朝对吐谷浑特有的称呼，《北史》作《吐谷浑传》，而《南史》作《河南传》。由于材料来源不同，两传虽系出自一人之手，但相互矛盾的地方甚多，如《北史·吐谷浑传》记载：“太和五年，拾寅死，子易度侯立。……死，子伏连筹立。”[③]而《南史·河南传》却记载：“拾寅死，子度易侯立。易侯死，子休留代立……代死，子伏连筹袭爵位。”[④]

三、其他典籍对吐谷浑历史的记载

这一时期的民族史和地理著作中也有关于吐谷浑的记载。崔鸿的《十六国春秋》将吐谷浑归入前燕，从编撰上就证实了吐谷浑的民族来源，但纪事相对较简单。该书其他部分也有吐谷浑的记载，说明十六国时期吐谷浑和北方其他民族政权的关系相当密切。北魏杨衒之《洛阳伽蓝记》关于吐谷浑的记载详于卷五《城北》中，通过佛教徒宋云西行求法这一事实，描绘了他经过吐谷浑时的所见所闻。《隋书·经籍志》内录有“《吐谷浑记》二卷，宋新亭侯段国撰”[⑤]。该书已佚。据清学者张澍研究，该书即北魏郦道元《水经注》卷二所引《沙州记》，据猜测这是一本关于吐谷浑的专著。

① 《晋书》卷九七《四夷·西戎·吐谷浑传》，中华书局，1974年，第2539页。
② 《晋书》卷一一三《苻坚载记上》，中华书局，1974年，第2894页。
③ 《北史》卷九六《吐谷浑传》，中华书局，1974年，第3184页。
④ 《南史》卷七九《夷貊下·西戎·河南传》，中华书局，1975年，第1978页。
⑤ 《隋书》卷三三《经籍二·史》，中华书局，1974年，第963页。

此外，还有一些和吐谷浑有关的人物的墓志铭，也是了解吐谷浑历史的重要资料。如《魏故直寝奉车都尉汶山侯吐谷浑玑墓志》、《魏故武昌王妃吐谷浑氏墓志铭》、《张寿墓志》[①]、《故骠骑大将军、开府仪同三司、征羌县开国侯尧公妻吐谷浑墓志铭》[②]，这些墓志铭都是研究吐谷浑王族迁入北魏后情况的宝贵资料。还有一块墓碑也不容忽视，即1975年在河北磁县城南北齐尧峻墓出土的《吐谷浑氏（静媚）墓志》[③]，也就是《魏故武昌王妃吐谷浑氏墓志铭》。这些墓碑材料都是第一手的资料，可以真实地反映当时的实际情况，如《吐谷浑（静媚）墓志》中称吐谷浑玑为"河南洛阳人"；又云其"处武怀文，博畅群籍"，"善文艺，爱琴书"，俨然如一汉族士大夫，这说明至少至吐谷浑玑一代，这支吐谷浑氏已完全汉化了，连籍贯也改为河南洛阳。

四、魏晋南北朝吐谷浑史学略析

吐谷浑史学与吐谷浑王的汉文化修养有着极大的关系。他们往往吸收内地先进的文化，借鉴中原王朝统治的经验。如吐谷浑王叶延"好问天地造化、帝王年历。司马薄洛邻曰：'臣等不学，实未审三皇何父之子，五帝谁母所生。'延曰：'自羲皇以来，符命玄象昭言著见，而卿等面墙，何其鄙哉！语曰夏虫不知冬冰，良不虚也。'"[④]

吐谷浑史学的最早表现是本民族语言口耳相传的歌曲，流传至今的是《阿干之歌》。据说，这是慕容廆思念庶长兄吐谷浑所作。《晋书·吐谷浑传》载："吐谷浑，慕容廆之庶长兄也，其父涉归分部落一千七百家以隶之。及涉归卒，廆嗣位，而二部马斗。廆怒曰：'先公分建有别，奈何不相远离，而令马斗！'吐谷浑曰：'马为畜耳，斗其常性，何怒于人！乖别甚易，当去汝于万里之外矣。'于是遂行。廆悔之……鲜卑谓兄为阿干，廆追思之，作《阿干之歌》，岁

① 赵万里《汉魏南北朝墓志集释》，科学出版社，1956年影印本，图版220、71、491。

② 磁县文化馆《河北磁县东陈村北齐尧峻墓》，《文物》1984年第4期，第10页。

③ 周伟洲《河北磁县出土的有关柔然、吐谷浑等族文物考释》，《文物》1985年第5期，第53—56页。

④ 《晋书》卷九七《吐谷浑传》，中华书局，1974年，第2539页。

暮穷思，常歌之。”① 这是以歌谣的形式记录了鲜卑族王室内部的一次兄弟纷争，而导致吐谷浑远徙大西北的故事，并在宫廷中传唱。在甘肃兰州阿干镇一带，流行一首《阿干之歌》，其歌辞曰：“阿干西，我心悲，阿干欲归马不归。为我谓马何太苦？我阿干为阿干西。阿干身苦寒，辞我土棘住白兰。我见落日不见阿干，嗟嗟！人生能有几阿干！”② 这首《阿干之歌》不知是否是慕容鲜卑的《阿干之歌》。黎虎认为“他不是一般为怀念而作，而是有着一定的政治目的的。这与慕容氏统治集团内部长期的激烈家族斗争，特别是嫡庶之争有关”③。这首歌谣为后人解读慕容鲜卑和吐谷浑的历史和史学提供了素材。

吐谷浑史撰述中的民族一统观念主要体现在《魏书》中的记载。《魏书》在承认各民族都是黄帝子孙的前提下，记载了包括吐谷浑在内的各民族的历史，记载了吐谷浑的社会状况及其与中原王朝在政治、经济与文化等方面的联系，表明作者已把吐谷浑看成是中华民族不可分割的一个组成部分。

第三节 隋唐五代吐谷浑族的历史记载和史学

隋唐五代时期是吐谷浑日益衰弱的时期，隋炀帝以征服吐谷浑为目的而“西巡”，并设置西海、河源、鄯善、且末四郡，基本上包括了吐谷浑原有的领地，吐谷浑国事实上已经灭亡。后吐谷浑虽然复兴，但已经不能与昔日的兴盛时期相比，以致到最后被吐蕃所灭。记载这一时期历史的《隋书》、《旧唐书》、《新五代史》、《新唐书》中都有关于吐谷浑的专传，再辅以其他散件的资料，特别是唐代的诗词文集中有很多关于吐谷浑的记载。

一、诸种史书对吐谷浑历史的记载

隋时吐谷浑是西北的一支劲旅，又是隋开西域的必经之地，故《隋书》中把《吐谷浑传》放入卷八三《西域传》的第一部分。《隋书》编撰者强调，“隋

① 《晋书》卷九七《四夷·吐谷浑传》，中华书局，1974 年，第 2537 页。

② 陈澄之《伊犁烟云录》的《鲜卑和羌》，中华建国出版社，1949 年，第 23 页。

③ 黎虎《魏晋南北朝史论》，学苑出版社，1999 年，第 600 页。

室恃其强盛，亦狼狈于青海”，主张对包括吐谷浑在内的各少数民族实现怀柔政策，“溥天之下，皆是朕臣妾，各为善事，即称朕心。嵬王既有好意，欲来投朕，朕唯教嵬王为臣子之法，不可远遣兵马，助为恶事”[①]。该书有关吐谷浑的其他记载，主要是因和吐谷浑作战有功的人物的传记。如卷八五《段达传》中云：“(段达)征吐谷浑，进位金紫光禄大夫。”[②]卷七六《诸葛颖传》云：“(诸葛颖)后征吐谷浑，加正议大夫。”[③]明显可以补充《吐谷浑传》中的不足。

后晋刘昫撰《旧唐书》将《吐谷浑传》归入卷一九八《西戎传》部分，此传主要记载了吐谷浑如何逐步依附唐朝，并最后融入唐朝的过程。唐、浑大部分时间内都是和平相处的关系，体现了唐对少数民族的一贯政策，从而达到了“近者悦，远者来”的目的。文末第一次给出了吐谷浑从建国到灭亡的确切年代，“吐谷浑自永嘉之末，始西渡洮水，建国于群羌之故地，至龙朔三年为吐蕃所灭，凡三百五十年”[④]。

宋欧阳修撰《新五代史》，在卷七四《四夷附录三》内有《吐浑传》。该传一开始就说：“吐浑，本号吐谷浑，或曰乞伏乾归之苗裔。”[⑤]这种说法和《晋书》、《北史》等云吐谷浑原为辽东鲜卑明显不同，考其原因，可能因为吐谷浑慕容璝曾经击败过乞伏乾归的儿子慕末，占据其地。其后接着云：“自后魏以来，名见中国。”这种观点不妥，吐谷浑之名正式出现在中国史籍中是在前秦苻坚时。[⑥]除《吐浑传》之外，《义儿·嗣恩传》、《杂传·李金全传》、《杂传·慕容彦超传》，都是吐谷浑人物的传记，这些传记和《吐浑传》相互配合，从微观的角度了解五代时吐谷浑的基本状况，是研究吐谷浑风俗人情十分珍贵的资料。

宋欧阳修、宋祁等撰《新唐书》，卷二二一《西域传上》有《吐谷浑传》，此传和《旧唐书》所述史实基本一致，叙述方式和撰述语言也非常相似，只是

---

① 《隋书》八三《西域·吐谷浑》，中华书局，1973年，第1843—1844页。
② 《隋书》卷八五《段达传》，中华书局，1973年，第1899页。
③ 《隋书》卷七六《文学·诸葛颖传》，中华书局，1973年，第1743页。
④ 《旧唐书》卷一九八《西戎·吐谷浑传》，中华书局，1975年，第5301页。
⑤ 《新五代史》卷七四《四夷附录第三·吐浑传》，中华书局，1974年，第910页。
⑥ 周伟洲《吐谷浑资料辑录》，青海人民出版社，1992年，第78页注释②。

个别地方不同。

典制体史书关于吐谷浑的记载，最著名的是《通典》、《唐会要》和《五代会要》等。

唐杜佑撰《通典》卷一九〇《边防六 · 西戎二》有吐谷浑条，其中的史料大部分都是采自以前的史籍，但以郭元振上安置降吐谷浑状结束，以“状”的形式叙述了武太后期处置吐谷浑的政策，即“顺其情，分其势，而不扰于人，可谓善夺戎狄之权矣”。以这种独特的形式来阐述唐时对少数民族实行的政策，是一大创新。

北宋王溥编《唐会要》，卷九四有专门叙述吐谷浑的篇章，按照时间的先后顺序把唐与吐谷浑的关系进行了简单的阐述，使唐与吐谷浑的和战关系展现得相当清晰，但记事过于简略，时间跨度也较大，特别是唐中期和吐谷浑的关系，只用三句话概括之，未免有些疏漏。

王溥编《五代会要》中也有对吐谷浑的专门记载，即卷二八《吐浑》，其叙述比《新五代史》中的《吐浑传》时间性更加明确，是研究五代时吐谷浑必须借鉴的史料。

二、诗词文集墓志和敦煌卷子中的吐谷浑历史记载

唐代的诗词文集中关于吐谷浑的记载，虽然不能和其他史书相比，但也有自己的优点，可以从侧面更深一步地了解吐谷浑的情形，其独特的语言组织和结构，更能勾勒出当时吐谷浑的境况。如王昌龄的《从军行》之第五首：“大漠风尘日色昏，红旗半卷出辕门。前军夜战洮河北，已报生擒吐谷浑。”[①] 描述的是唐朝初期，吐谷浑经常侵扰洮河一带等地的情形，当时唐朝总的形势上对吐谷浑是守势，但在洮河地区却处于攻势，故在盛唐诗人王昌龄的诗中也有对那一次战役的记忆描述。作者以绝句的形式从侧面进行烘托，突出了这次战争的激烈和唐军的威猛。虽然唐朝对吐谷浑的战争有征服和掠夺少数民族的一面，但在某种程度上也具有正义的性质，这在柳宗元的《唐铙歌鼓吹曲十二篇》中

① ［清］彭定求《全唐诗》卷一四三第十四首，中华书局，1960年。

有所体现。诗云:“吐谷浑盛强，背西海以夸。岁侵扰我疆，退匿险且遐。帝谓神武师，往征靖皇家。烈烈旆其旗，熊虎杂龙蛇。王旅千万人，衔枚默无哗。束刃逾山徼，张翼纵漠沙。一举刈膻腥，尸骸积如麻。除恶务本根，况敢遗萌芽。洋洋西海水，威命穷天涯。系虏来王都，犒乐穷休嘉。登高望还师，竟野如春华。行者靡不归，亲戚讙要遮。凯旋献清庙，万国思无邪。”[①]

在唐人其他文集中也有关于吐谷浑的记载，如反映吐蕃统治下的吐谷浑受压迫和剥削情况的《蕃中答退浑词及序》(唐吕温文《吕和叔文集》)，记载吐谷浑与回鹘相互攻掠的《会昌一品集》(唐李德裕)，指出“吐浑七千帐”的《拨川郡王碑》(唐张说《张说之文集》)等等。

近代以来出土的某些有关吐谷浑人的墓志，也是了解吐谷浑史学不可或缺的资料。其中最著名的是，民国初年以来陆续在甘肃武威南青嘴喇嘛湾及宁夏同心县韦州出土的唐代吐谷浑慕容氏墓志，共有十方:《大周故西平公主墓志》、《大周故青海王墓志铭》、《大唐故辅国王慕容志》、《大唐故政乐王墓志铭》、《大唐故代乐王上柱国慕容明墓志铭》、《大唐金城县主墓志铭》、《大唐慕容府君墓志铭》[②]、《大唐故武氏墓志之铭》[③]、《大唐故夫人李氏墓志》[④]、《大唐故左领军卫大将军慕容神威墓志》[⑤]。这些墓志铭的主人都是嫁到吐谷浑的公主或已经在中原王朝任职的吐谷浑人，这些墓志铭的撰写方式也基本上和中原其他保存下来的墓志铭没有什么区别，一般都是先追忆死者的生平事迹，后给予凭吊和纪念。由于这些墓志铭都是留下来的第一手资料，因此是研究吐谷浑国灭亡后迁入唐境内的吐谷浑族人最重要的史料。

二十世纪初在敦煌莫高窟藏经洞发现的敦煌卷子中，《吐谷浑(阿柴)纪年》是用吐蕃文写成的一份纪年性质的文献，记载了公元706—715年吐蕃统

---

① [唐]柳宗元《柳宗元集》第一册，中华书局，1979年，第23页。

② 夏鼐《考古学论文集》，科学出版社，1961年，第100—116页。

③ 宁笃学《甘肃武威南营发现大唐武氏墓志》,《考古与文学》1982年第2期，第111—112页。周伟洲《武威青嘴喇嘛湾出土大唐武氏墓志补考》,《丝路访古》，甘肃人民出版社，1983年，第200—208页。

④ 周伟洲《吐谷浑资料辑录》，青海人民出版社，1992年，第112页。

⑤ 钟侃《唐代慕容威墓志浅释》,《考古与文物》1983年第2期，第32—35页。

治下吐谷浑王庭所发生的大事，对于了解这一时期吐蕃与吐谷浑、吐蕃与唐朝的关系，具有十分重要的价值。[①] 编号为 S.0367 的《沙州伊州地志》残卷和编号为 S.0788 的《沙州图经》[②] 也有对吐谷浑的记载，前者纳职县条言："右唐初有土人鄯伏陀，属东突厥，以征税繁重，率城人入碛，奔鄯善，至并吐浑居住。"又萨毗城条云："恒有吐蕃和土谷浑往来不绝。"[③] 后者寿昌县地境条中也有类似的记载，"恒有土蕃土谷贼往来"[④]。有关政治经济军事方面的卷子中，关于吐谷浑的资料更多，如编号为 S.0389 的《肃州防戍都状》记载："及退浑王拨乞狸等十一月一日并往，归入本国。"[⑤] 编号为 S.4276 的《管内三军百姓奏请表》之后有冒头文："归义军节度使左都押衙银青光禄大夫检校国子祭酒兼御史大夫安怀恩并州县僧俗官吏兼二州六镇耆老及通类退浑十部落三军蕃汉百姓一万人上表。"编号为 S. 6342 的《张议潮进表及朝廷批答》云："咸通二年收凉州，今不知却废，又杂蕃浑。"[⑥] 等等。

总之，隋唐时期，关于吐谷浑的记载，已不仅仅限于正史中的描述，很多材料都是来源于其他的墓志、诗集、诏令、文集，极大地丰富了关于吐谷浑的记载，使吐谷浑资料来源极大地扩大。

三、隋唐五代吐谷浑史学略析

隋唐五代时期总体来说还是统一占主导地位的时期，各少数民族史学在大一统的背景下，呈现初步繁荣的景象。吐谷浑民族撰述正是在这样的大背景下走向了自己的繁荣，这一时期留下的吐谷浑的记载是最多的。

属于本时期的几部"正史"都有吐谷浑民族的传记。这些传记，首先反映

① 周伟洲、杨铭《敦煌古藏文写本〈吐谷浑（阿豺）纪年〉残卷再探》，《吐谷浑资料辑录》，第 436—455 页。

② 敦煌研究院《敦煌遗书总目索引新编》，中华书局，2000 年，第 11、27 页。

③ 羽田亨著、万斯年译《唐光启元年写本沙川、伊州地志残卷考》，《唐代文献丛考》，商务印书馆，1957 年，第 79、75 页。

④ 郑炳林《敦煌地理文书汇辑校注》，甘肃教育出版社，1989 年，第 61 页。

⑤ 郝春文《英藏敦煌社会历史文献释录》（第二卷），社会科学文献出版社，2003 年，第 250 页。

⑥ 敦煌研究院《敦煌遗书总目索引新编》，中华书局，2000 年，第 131—132、197 页。

了吐谷浑民族发展、演变的历史；其次反映了不同时期中原王朝与吐谷浑的关系，反映了统一的多民族国家在不同时期局部地区呈现的历史面貌；最后反映了史学家对吐谷浑历史十分地重视，从而给后人留下来许多吐谷浑史撰述的踪迹，从而了解到撰写统一的多民族国家历史的自觉意识，是本时期内史学家的基本特点之一。[①]除了这些正史，本时期内的其他史籍中的记载比正史中的记载范围更加地广泛，史料也更加地全面，如本时期内的典制体、地方志、域外传，甚至一些诗词文集中都对吐谷浑有或多或少的涉及。

隋唐五代时期，出现了用吐蕃文写就的吐谷浑的史料，这些吐蕃文史料和汉文一样，都可以说是间接性的资料，但可以很好地补充汉文史籍中的不足，如在敦煌发现的《吐谷浑（阿柴）纪年》卷子。

显然，本时期内撰述的吐谷浑的历史都是在统一的大背景下完成的，为了顺应时代的要求，也为了把撰述少数民族史学传承下来，作为少数民族组成部分的吐谷浑，受到史学家的重视，虽然在吐谷浑史事的记述上没有什么大的出入，但讨论吐谷浑的史学，必须把这些单独的记述放入整个的大背景下来讨论，把作者的史学思想和史事的记述相结合才能够真正地了解本时期内的吐谷浑民族撰述史学的发展。如《通典·边防门序》，在论说华夏与蛮夷诸多不同之后，总结历代对待少数民族的政策，强烈批评自秦始皇至唐初观兵黩武讨伐戎夷导致皇朝的祸患，充分肯定前贤“外而不内，疏而不戚，来则御之，去则备之”的对待少数民族的策略，慨叹“前事之元龟，足为殷鉴者矣”[②]。只有这样，才能真正了解作者把《吐谷浑传》放入《通典·边防·西戎二》的真正意图，即把吐谷浑作为一个部分来讨论前朝对其政策的得失，得出正确的处理吐谷浑的民族政策，为统一的多民族国家服务。

---

① 瞿林东《论魏晋隋唐间的少数民族史学（上）》，《河北学刊》2008年第3期。

② 汪受宽《中国少数民族史学的产生与初步发展》，《史学史研究》2008年第1期，第54—63页。

第四节 吐谷浑族史学的特点

一、用汉文写就的吐谷浑族史学

吐谷浑族史学最明显的特点是间接性，即其历史记载大部分都是用汉文写成的。这可能是由两方面的原因造成的，一是，吐谷浑用本民族的语言以某种方式记录下了自身的发展历史，但由于战争、长期的迁徙等等客观原因散佚了，没有保存下来；二是，吐谷浑族没有以文字保存自己民族历史的习惯，有的只是口耳相传的历史。由此，造成了只能通过汉文史料研究吐谷浑历史的独特现象。

这些史料无疑对从其自身了解吐谷浑产生一定的障碍，只能通过它同周围民族、政权的关系中来探索吐谷浑历史的整个过程。周伟洲在《吐谷浑史》前言中指出“现存资料大都是出自内地政权汉族封建史家之手”，“因此，要完整地论述吐谷浑族本身的历史几乎是不可能的，甚至对像吐谷浑的社会性质这类的重大问题，也难做出明确的回答”。[①] 这是中国古代已经消亡了的少数民族特有的现象，只能通过关系史来探讨其在历史上的地位。

这些汉文记载的吐谷浑史料，首先，直接造成了研究者对其真伪性的怀疑，研究者不得不花费大量的时间去进行考证和对比，由于某些材料的唯一性，根本没有办法辨别其真伪，导致研究结果往往带有片面性，无法真实地反映吐谷浑的真实情况。再者，这些汉文记载的史料，客观上把吐谷浑放入了一个更加广阔的背景中去研究，避免了只研究吐谷浑自身所带来的狭隘性，无法了解当时的大环境，也就无法从根本上真正地了解吐谷浑在当时整个历史舞台上所处的地位和对中华民族的融合形成所做出的贡献。

二、和时代紧密相连的吐谷浑族史学

作为上层建筑的史学是和社会现实有着密切的关系。吐谷浑族史学的发

---

① 周伟洲《吐谷浑史·前言》，广西师范大学出版社，2006 年，第 2 页。

展，是每个阶段吐谷浑历史在上层建筑中的反映。

从上面叙述的吐谷浑的史学发展脉络来看，每一个阶段时代的特点不同，就会从不同的角度来叙述吐谷浑的历史。这样的叙述是为当时的整个大环境服务的。吐谷浑作为中华民族的一部分，其历史的记述必须和当时的时代背景相一致。这个特点也最好地体现了“古为今用”、“以史为鉴”。如唐代杜佑的《通典·边防部·吐谷浑》即是一个很好的例子，在此部分中对吐谷浑进行了专篇记述，以一篇《安置降吐谷浑状》作为结尾，并且占了很大的篇幅。这篇状是唐代民族政策的具体反映，具有很强的时代性：“当凉州降者，则宜于凉州左侧安置之；当甘州、肃州降者，则宜于甘、肃左侧安置之；当瓜州、沙州降者，则宜于瓜、沙左侧安置之。”“顺其情，分其势，而不扰予人，可谓善夺戎狄之权也。”[①] 由此可以看出，唐代对待包括吐谷浑在内的少数民族政策，总的来说是怀柔之法，因势利导，而不是强硬的方式。

从史籍记载的吐谷浑传中可以看出，几乎每一个传都是对应时代内吐谷浑历史的记载，很少涉及整个吐谷浑的历史，如《周书·异域传·吐谷浑传》和《隋书·西域传·吐谷浑传》主要记载的是和北周、隋朝同时代的吐谷浑王夸吕的史事，两者正好相接。如果把史籍中有关吐谷浑的风俗、地理相同的部分去掉，剩下的正好可以相互连接，得到一部完整的吐谷浑的发展历史。

三、注重对中原历史文化学习和借鉴的吐谷浑史学

学习和借鉴先进的中原文化，并结合自己的实际，是少数民族发展壮大的必由之路。因为，在古代的中国，中原代表的毕竟是一种先进文化，无论是否进入中原，古代的少数民族都或多或少地受到过中原文化的影响，或是政治上的，或是经济上的，或者最后完全融入中原文化当中。

吐谷浑及其所建立的政权，和同处西北的羌、氐相比，受先进的中原文化影响较深。《梁书·河南传》记载“吐谷浑孙叶延，颇识书记”[②]，已设置了司

① 《通典》卷一九〇《边防六·吐谷浑》，中华书局，1984 年影印商务印书馆十通本，第 1021 页。

② 《梁书》卷五四《诸夷传·河南传》，中华书局，1972 年，第 810 页。

马、长史等汉官职。到吐谷浑王视罴时，为了“争衡中国”，大量任用秦、陇英豪为谋士。据杜佑的《通典·吐谷浑传》记载:“自吐谷浑至叶延曾孙视罴，皆有才略，知古今，司马、博士皆用儒生。”[①] 由此可知，吐谷浑从一开始就对中原文化的先进性有足够的认识，并任用汉族官吏为自己的统治服务。到吐谷浑王拾寅时，“始邑于伏罗川，其居止出入窃拟王者”[②]，并且还先后和中原其他政权交往，如前秦、北魏、北周以及南朝的刘宋、萧梁等。吐谷浑和他们通贡遣使，进行贸易的往来，并接受他们的封号。在和中原政权的交往中，吐谷浑广泛吸收和借鉴了先进的文化，改变自己的一些制度，使之更有利于自己的统治需要。到夸吕时，吐谷浑已经建立了准中原政权的统治机构，“官有王宫、仆射、尚书、郎中、将军”，“其器械衣服略与中国同”[③]，可见在夸吕时，不但政治上已经深受中原文化的影响，就连社会风俗也慢慢接近中原。以后，随着吐谷浑依附于中原王朝和隋唐公主的嫁入，吐谷浑更加认识到中原文化的先进，积极向中原文化靠拢，并最后完全融入中原文化当中。

史学家以吐谷浑吸收和借鉴中原文化为切入点，来论说吐谷浑的历史，说明吐谷浑是中华民族重要的组成部分，把有关吐谷浑的史籍进行整理，发现都是其和其他民族、政权的交往关系史，也就是吐谷浑吸收和借鉴先进中原文化的历史。

四、“大一统”史观下的吐谷浑史学

中国的历史是各民族的关系史，在民族交往、民族融合的作用下，“大一统”的观念也得到了各少数民族的认同，并对最终形成统一的国家有直接的影响。

“大一统”史观中国自古有之，后被司马迁继承并发扬。他在《史记》中首次为少数民族确立史传，阐发民族一统的思想，对后世史家产生了深远的影响。魏晋南北朝时期的史家，显然也继承了为少数民族立传的史学传统，虽然

---

① 《通典》卷一九〇《边防六·吐谷浑》，中华书局，1984 年，第 5164 页。

② 《魏书》卷一〇一《吐谷浑传》，中华书局，1974 年，第 2237 页。

③ 《隋书》卷八三《西域传·吐谷浑传》，中华书局，1973 年，第 1842 页。

由于封建正统思想的影响，使得一些史家不能正确对待少数民族问题，但为少数民族立传的做法却被固定了下来。史籍中有关吐谷浑的传，正是在这样的大背景下完成的，从南朝梁沈约《宋书》内的《鲜卑吐谷浑传》到宋欧阳修《新唐书》内的《吐谷浑传》，正史中为吐谷浑做传从没有停止过，可见在史学家的眼中，无论把吐谷浑归入夷、戎、异域还是西域传中，都是中华民族的一部分，吐谷浑对于缔造"大一统"的中国做出了自己的历史贡献。

"大一统"的观念不仅被史学家代代继承，并且也得到了吐谷浑王的认可，吐谷浑王视连临终时，谓其子视罴曰："我高祖吐谷浑公常言子孙必有兴者，永为中国之西藩，庆流百世。吾已不及，汝亦不见，当在汝之子孙辈耳。"① 可以看作是对中华一统的认可。而视罴的"秣马厉兵，争衡中国"则是对"大一统"观念的完全赞同，只不过其父是依附，其变成了亲自去一统。

"大一统"观念是整个吐谷浑撰述研究中的主线，也是联系吐谷浑和中华民族的主线，历代的史学家从来没有抛开这条主线撰述吐谷浑史。

① 《晋书》卷九七《吐谷浑传》，中华书局，1974年，第2540页。

第二编　隋唐宋辽夏金少数民族史学

第一章

古突厥族史学

第一节 古突厥族历史及早期的神话传说

一、古突厥族历史

古突厥族是古代生活在中国北方的一个有影响的民族，最初游牧于金山（阿尔泰山）西南麓。公元六世纪中叶，突厥阿史那氏族在首领土门的带领下兴起于今新疆东北部，552 年打败柔然大军，正式建立突厥汗国，其势力最强疆域最广时东起辽水，西抵里海，北越贝加尔湖，南抵阿姆河以南。此后，突厥汗国分裂为据有蒙古高原大部的东突厥汗国（583—630，隋开皇三年至唐贞观四年）和统治中亚的西突厥汗国（583—657，隋文帝开皇三年至唐高宗显庆二年）。西突厥政权被唐朝所灭。682 年，属于阿史那氏族旁系的骨咄禄在漠南起事，继而征服漠北的其他铁勒诸部，复兴了突厥汗国，史称后突厥汗国或第二突厥汗国（682—745，唐高宗永淳元年至唐玄宗天宝四年）。744 年，回纥首领骨力裴罗称汗，次年攻灭后突厥汗国。自此古突厥民族再没有实现复兴，而是随其核心种姓阿史那氏一起消匿于史册。

古突厥民族在其历史发展过程中留下了珍贵的史学遗产，是古突厥民族创造自身历史和共同创造中华历史的记录。

二、古突厥族源神话传说

古突厥民族的产生和发展都伴随着神话传说。神话和传说是一种人们有意识地对历史的记忆方式，产生于其史学的萌芽阶段，是其民族自身史学的一个方面，从一定程度来说，可以看作其本民族史学的开端，具有很重要的史学意义。古突厥民族的神话传说体现了当时突厥民族对于客观世界及其自身的一种认知，表达着他们一定的世界观和价值观，同时也蕴藏着古突厥民族的史学渊源。

突厥起源神话传见于《周书·异域下·突厥传》，言[①]：

突厥者，盖匈奴之别种，姓阿史那氏。别为部落。后为邻国所破，尽灭其族。有一儿，年且十岁，兵人见其小，不忍杀之，乃刖其足，弃草泽中。有牝狼以肉饲之，及长，与狼合，遂有孕焉。彼王闻此儿尚在，重遣杀之。使者见狼在侧，并欲杀狼。狼遂逃于高昌国之北山。山有洞穴，穴内有平壤茂草，周回数百里，四面俱山。狼匿其中，遂生十男。十男长大，外托妻孕，其后各有一姓，阿史那即一也。子孙蕃育，渐至数百家。经数世，相与出穴，臣于茹茹。居金山之阳，为茹茹铁工。金山形似兜鍪，其俗谓兜鍪为"突厥"，遂因以为号焉。

或云突厥之先出于索国，在匈奴之北。其部落大人曰阿谤步，兄弟十七人，其一曰伊质泥师都，狼所生也。谤步等性并愚痴，国遂被灭。泥师都既别感异气，能征召风雨。娶二妻，云是夏神、冬神之女也。一孕而生四男。其一变为白鸿；其一国于阿辅水、剑水之间，号为契骨；其一国于处折水；其一居践斯处折施山，即其大儿也。山上仍有阿谤步种类，并多寒露。大儿为出火温养之，咸得全济。遂共奉大儿为主，号为突厥，即讷都六设也。讷都六有十妻，所生子皆以母族为姓，阿史那是其小妻之子也。讷都六死，十母子内欲择立一人，乃相率于大树下，共为约曰，向树跳跃，能最高者，即推立之。阿史那子年幼而跳最高者，诸子遂奉以为主，号阿贤设。此说虽殊，然终狼种也。

此外，《北史》又给出了一种突厥族源的说法，即"突厥本平凉杂胡，姓阿史那氏"[②]。

① 《周书》卷五〇《异域传下·突厥》，中华书局，1971 年，第 907—908 页。

② 《北史》卷九九《突厥传》，中华书局，1974 年，第 3286 页。

从古突厥民族关于其族源的神话传说中，不难看出，古突厥是典型的以狼为图腾的草原民族。“旗纛之上，施金狼头。侍卫之士，谓之附离，夏言亦狼也。盖本狼生，志不忘旧。”[①]突厥人墓地前的石碑雕刻图案也证实着同样的结论。1965 年在蒙古国境内哈努依河平原上发现的布古特石碑上，浮雕画面恰恰就是一只母狼。学术界普遍认为这块石碑是突厥汗国时期为纪念阿史那王族成员的遗物，上面的浮雕图案显然是突厥人把狼视作自己的祖先，并把它作为自己民族的“图腾”而倍加尊崇的生动例证。

突厥可汗们系天命所生这一思想，完全符合以可汗为首的军事贵族们的利益，并为他们作为部落酋长和民族首领提供了合法性。古突厥民族的超自然起源论在其自身的历史传统中一直占有统治地位。不仅他们自己极力鼓吹这种天命所生的起源论，即使当时中原政权体制的史学家也未对这种论调提出异议。

三、古突厥民族的其他传说

古突厥民族的神话传说在一定程度上反映了古突厥民族的世界观。

汉文典籍中记载了这样一则传说：

> 突厥沙多弥可汗，贞观年驭下无恩，多有杀戮，国中震恐，皆不自安。常有客乞食于主人，引入帐，命妻具馔，其妻顾视，客乃狼头，主人不之觉。妻告邻人，共视之，狼头人已食其主人而去。相与逐之，至郁督军山，见二人。追者告其故，二人曰：“我即神人，薛延陀当灭，我来取之。”追者惧而返。太宗命将击之，其众相惊扰，诸部大乱，寻为回纥所杀，族类殆尽。[②]

由此观之，古突厥人的心目中，狼的言语向背和出没去留，与民族的盛衰兴亡都是密切相关的。更值得注意的是，此传说将“狼”拟人化，拥有“狼

① 《北史》卷九九《突厥传》，中华书局，1974 年，第 3288 页。

② 《太平广记》卷二九七《薛延陀》，中华书局，1961 年，第 2364 页。

头”并自称“神人”，当神祇来到世俗世界之后，就更为古突厥民族部落首领与“狼人”、“天神”合一作了充分的铺垫，而依此信仰所建立的汗国必然是可汗与“天神”的神人合一政权，而在遥远的古代北方草原部落，这是一种有利于汗国坚固、民众信服的统治形式。

《酉阳杂俎》中记述了另外一则神话传说：

> 突厥之先曰射摩舍利海神，神在阿史德窟西。射摩有神异，海神女每日暮，以白鹿迎射摩入海，至明送出。经数十年。后部落将大猎，至夜中，海神女谓射摩曰：“明日猎时，尔上代所生之窟当有金角白鹿出，尔若射中此鹿，毕形与吾来往。或射不中，即缘绝矣。”至明入围，果所生窟中有金角白鹿起，射摩遣其左右固其围。将跳出围，遂杀之。射摩怒，遂手斩呵尔首领，仍誓之曰：“自杀此之后，须人祭天。”即取呵尔部落子孙斩之以祭也。至今突厥以人祭纛，常取呵尔部落用之。射摩既斩呵尔，至暮还，海神女报射摩曰：“尔手斩人，血气腥秽，因缘绝矣。”①

这则神话传说与前面所引用的古突厥族源传说比较：前者情节简单，以记述历史的口吻加以叙述，列数突厥世系，所用文墨甚少；后者描述生动细腻，活灵活现，且记述详备，刻画人物形象更为具体，神话色彩最浓，尤其采用对话形式，突出表现出古突厥先祖鲜明的人物形象和性格。后者从故事情节上讲，拥有甜蜜的开端，曲折的发展，悲剧式的结局，已经抛开了前者惯有的“历史风格”（按指汉文典籍中对世系的叙述），更让我们体会到与希腊等西方民族的古代神话有异曲同工之妙。

虽然这两则古突厥民族神话传说同出自汉文典籍，却与其他古突厥神话传说截然不同。如果说古突厥族源传说体现了“从神到人”的过程，那么后面记载的这两则突厥神话传说则是重在表现“人神交往”。较此观之，作为古突

① ［唐］段成式《酉阳杂俎》卷四《境异》，中华书局，1981 年，第 44—45 页。

厥民族史学起源的神话传说具有上述双层意义，史学作品也向我们证实了这一点。

古突厥人还有一篇题为《突厥盐》古诗歌。唐人言："龙朔以来，人唱歌名《突厥盐》。后周圣历年中，差阎知微和匈奴，授三品春官尚书，送武延秀娶成默啜女，送金银器物、锦彩衣裳以为礼聘，不可胜纪。突厥翻动，汉使并没，立知微为可汗，《突厥盐》之应。"[①] 这是一篇民间口头文学创作，似为隐含寓意或预言的作品，而且在实际中得到应验。但其歌词并没有流传下来。

古突厥民族的神话传说是古突厥民众集体创作的一种记述与历史人物、重大事件、地方民俗、生活习惯相关的故事，作为古突厥民众对本民族历史记忆的最初形态，以口耳相传的方式在民族内部广泛传播，然后被本族、汉族以书面的形式加以记录。对于古突厥民族的认知正是来源于这些口述的该民族神话传说，故而从一定程度上来讲，古突厥民族史学就是在其对于本民族历史的原始记忆中孕育而生的。

第二节 汉文典籍古突厥记述及史观

一、汉文史籍中的古突厥专传

古突厥的专传大体见于唐、五代及北宋的史书。主要有：《周书》卷五〇，《隋书》卷八四，《北史》卷九九，《通典》卷一九七至一九九，《旧唐书》卷一九四上，《太平寰宇记》卷一九四至一九六，《新唐书》卷二一五，《唐会要》卷九四。此外，与古突厥民族相关的史籍杂纂还包括《突厥所出风俗事》一卷、《突厥本末记》、《李仁实卫公平突厥故事》二卷、《北荒风俗记》二卷、《李繁北荒君长录》三卷[②]。薛宗正先生总结汉文典籍中古突厥史料的特点："（一）情报确切；（二）报导全面；（三）时代连贯；（四）时间准确；（五）记事

① ［唐］张鷟《朝野佥载》卷一，中华书局，1979年，第8—9页。

② 分别由《隋书》卷三三、《通典》卷一九三、《新唐书》卷五八著录。

详备;（六）数量众多。”[①]

关于古突厥历史的系统叙述见于各史书的列传部分。《周书 · 异域下 · 突厥传》记载了从西魏大统元年（545）到北周大象二年（580）的古突厥历史，内容不仅包含古突厥首领与中央政权的政治博弈，而且包含古突厥与周边少数民族政权的征战杀伐，有些相关内容还涉及古突厥本民族的风俗、信仰、官职、刑罚、葬祭、文化等。相较《魏书》而言，对于古突厥的细节记述足见古突厥民族已受到当时中央政权的重视。

《隋书 · 北狄 · 突厥传》主要记载了佗钵可汗（572—581 年在位）、沙钵略可汗（581—587 年在位）、莫何可汗（587—588 年在位）、启民可汗（599—611 年在位）、始毕可汗（611—619 年在位）时期的重大历史事件，并用大量篇幅阐述突厥汗国与中央政权之间的关系，包括突厥可汗的上表与中央政权皇帝的诏书。除突厥外，西突厥在《隋书》中业已作为专传加以记载，讲述了处罗可汗时期的主要历史事件，在历史叙述中采用诏表、对话等表达方式充分展现出当时西突厥汗国与中央政权的友好关系。

《北史》突厥传的卷末评论，针对“四夷之为中国患也，久矣，北狄尤甚焉”[②]的情况，探讨了如何处理突厥与中央政权之间关系的策略。由此可见，突厥问题已经成为当时中央政权亟待解决的重要问题。

《旧唐书》承袭吴兢、韦述的《唐书》旧稿，为当时比较强大的突厥立专传，内容丰富，超过以前各史。所记历史始于启民可汗，其后是始毕可汗、处罗可汗（619—620 年在位）、颉利可汗（620—630 年在位）、突利可汗时期的重大历史事件。所记突厥与属部薛延陀之间、与别部车鼻之间的政治纷争，向我们展现了古突厥由强盛转向内忧外患的现实状况。

《新唐书 · 突厥传》居于其他少数民族专传之前，显见其重要地位。由于参考了当时所保存的唐代各朝实录，其对古突厥等民族的种族、部落的记载，比《旧唐书》多且详细。《新唐书 · 突厥传》以评论开篇，“夷狄为中国患，尚

---

① 薛宗正《突厥史》，中国社会科学出版社，1992 年，第 5—6 页。

② 《北史》卷九九《突厥传》，中华书局，1974 年，第 3304 页。

矣。在前世者，史家类能言之”。刘贶以为“严尤辩而未详，班固详而未尽，榷其至当，周得上策，秦得其中，汉无策”①，为全文定下基调，然后又辅以杜佑、杜牧之言论针砭时弊，从现实角度说明了“蛮夷乱华”的真正原因。《突厥传》详细介绍了古突厥的兴起、强盛、中兴以及衰落的过程，以突厥可汗继任的先后分别记录了始毕可汗、处罗可汗、颉利可汗、突利可汗、乙弥泥孰俟利苾可汗、车鼻可汗、默啜可汗、毗伽可汗等在位时的重大历史事件，史实详尽，结合时人之对话、皇帝诏书等各种表达方式，无论是突厥与中央政权错综复杂的关系，还是突厥与其属部之间无休止的内部争斗，都生动地呈现了突厥汗国的历史。

此外，《册府元龟》等类书也对古突厥历史有较详尽的记载。

二、汉文典籍中的古突厥属部传和突厥人物传

汉文典籍中，不只涉及古突厥本传的记述颇多，有关古突厥属部传的内容也相当丰富。古突厥正值兴盛之时，除本部外，还有它所属的九姓铁勒及其他几个部落，多与古突厥的兴亡有关。它们是:《隋书》卷八四《铁勒传》;《北史》卷九九《铁勒传》;《太平寰宇记》卷一九八《铁勒传》、《仆骨传》、《同罗传》、《拔野古传》、《斛薛传》、《契苾羽传》、《阿跌传》、《多滥葛传》、《歌逻禄国传》，卷一九九《回纥传》、《黠戛斯传》、《都波传》、《拔悉弥传》，卷二〇〇《骨利干传》;《通典》卷一九九《铁勒传》、《薛延陀传》、《仆骨传》、《同罗传》、《拔野古传》、《契苾羽传》、《阿跛传》、《都波传》、《多滥葛传》，卷二〇〇《回纥传》、《结骨传》、《骨利干传》、《拔悉弥传》;《旧唐书》卷一九五《回纥传》，卷一九九《铁勒传》、《骨利干传》、《薛延陀传》;《新唐书》卷二一七《回鹘传》、《薛延陀传》、《黠戛斯传》、《仆骨传》、《同罗传》、《拔野古传》、《契苾传》、《多滥葛传》、《葛逻禄传》、《阿跌传》、《浑传传》、《斛薛、奚结、思结传》、《都播传》、《骨利干传》、《拔悉蜜传》。

古突厥属部列传中，《铁勒传》、《薛延陀》、《回纥传》以专传记述，其他属

---

① 《新唐书》卷二一五上《突厥传上》，中华书局，1975年，第6023页。

部民族的内容却略显简略，有些甚至一句带过，表明各属部的历史地位与势力强弱。值得一提的是，古突厥属部诸族的汉文名字在史书中时有更改，但其真实的民族本名却从未更改，在汉文典籍里研究古突厥各个属部的史料仍是相对完备的。

古突厥部人列传和碑志对诸族的历史起到了补正遗漏的作用。它们是:《周书》卷九;《北史》卷一四《(周)武帝阿史那皇后传》;《旧唐书》卷一〇九《阿史那苏尼失传》、《阿史那舍尔传》、《契苾何力传》;《新唐书》卷一一〇《阿史那忠传》、《阿史那社尔传》、《执失思力传》、《契苾何力传》;《薛国公史夫人李氏造像》、突厥人澈墓志铭、《阿史那忠碑》、《阿史那摸末碑》、《契苾明碑》、《阿史那思摩墓志》、《毗伽公主墓志》、《契苾嵩墓志》、《史继先墓志》。

古突厥部人的列传皆用汉文撰写，古突厥部人的碑志，可分为汉文与突厥文两种，此处仅言其汉文碑铭。古突厥部人墓志与史书中的古突厥部人列传一样，具有人物传记性和历史评价性。以阿史那忠为例，两《唐书》中对于阿史那忠的记载极为简略，而《阿史那忠碑》却记载比较完备，不但印证了史书记载的相关史实，还更正了史书中关于人物、历史事件时间、地点等具体细节的错误。尤其是阿史那忠六次出师的详细记述，弥补了史书记载的不足，为我们全面客观地认识这位突厥族历史人物，提供了依据。再如《阿史那摸末碑》，不仅有助于我们理清古突厥王室家族谱系，全面认识当时东亚地区各族雄强羸弱的兴衰与历史作用，而且披露了阿史那摸末在唐太宗家内结婚成亲的往事，足以证明李世民对突厥降唐首领安置的用心和重视，弥补了史书记载的短缺。此墓志更为重要的贡献在于，它提供了东突厥汗国内部矛盾、分裂的证据，以及其覆灭降唐后唐朝安置他们的国策与措施，这为我们研究隋唐时期的民族政策无疑提供了重要的史料依据。

通过古突厥属部的记载，我们可以从一个侧面重新审视古突厥与中央政权以及古突厥与其属部民族的关系，更客观地认识古突厥对于当时历史格局、军事分布等的深远影响。而通过古突厥部人的列传、碑志，我们不仅了解到所记载主人公的生平活动，还认识到隋唐时期突厥贵族、官员对中原文化的认知，以及存留在突厥贵族阶层内部的主流意识，从而更深刻地认识到古突厥民族的历史观和政治观。这些记载体现出中华民族是各族长期交流联结而成的史实，提供了研究古突厥民族史学的新途径。

三、汉文典籍古突厥记载中的民族史观

突厥汗国最为兴盛时期，正值隋唐皇朝实现了三百余年大一统的历史时期。五代时期，虽陆续有皇朝更替，但统一的旗号仍在支撑。这一历史时期，各少数民族在统一皇朝里争相发展自己的文化，尤其是古突厥民族相当活跃，其史学呈现出初步繁荣的景象。

如何处理中央政权与少数民族政权之间的关系，是所有朝代统治者最为关心的问题。唐、五代所撰诸史中关于诸少数民族尤其是古突厥民族的记述，代表了各朝对该民族历史的认识，反映了当时统治者如何处理其与少数民族尤其是突厥族的关系及其所持有的民族观。受传统的封建正统观念意识影响，中原地区汉族政权统治者及汉族史家，大都视周边少数民族政权为非正统，称之为“蛮夷”等。注重“德运”、“正统”之争，是中国古代北方各民族修史过程中非常突出的一个特点。

北朝时，古突厥强峙北方，由于军事上的弱势让周、齐两国只能争相与突厥结好，以安边防，但同时绥靖政策的实施却每每换来突厥犯境，大掠州县的不争事实。此时的周、齐两国应对强大的突厥捉襟见肘，只能采取和亲和赠礼政策维系这种臣属的政治关系。隋朝统治者对突厥的态度极为强硬，借鉴前朝的经验，当突厥内部“都蓝因与突利可汗有隙，数相征伐”①，采取有针对性的政策，武力与和亲离间相结合，分裂了强大的突厥，使其势力分散而减小对中央政权的威胁。

唐初统治者在对突厥民族的态度上更超越前朝，具有重大的进步意义。称“自古皆贵中华，贱夷狄，朕独爱之如一，故其种落皆依朕如父母”②，“岂独百姓

---

① 《北史》所载“都蓝因与突利可汗有隙”与《隋书》所载“都蓝因与达头可汗有隙”有异，《隋书》的说法更为合理。

② 《资治通鉴》卷一九八，中华书局，1957年，第6247页。

不欲，而必顺其情；但夷狄不欲，亦能从其意耳”[①]。对一些边疆地区实行与内地一样的州郡制，而在战胜突厥、吐谷浑后，皆保留了各自“可汗”和所属地区，以其部落首领为州刺史的羁縻府州制，从而实现了多民族统一、夷华共同发展的繁荣状况。唐朝统治者把“抚九夷以仁”当作“君之体也”[②]，对四夷与华夏一视同仁，且竭力为四夷谋利的思想，是进步的民族史观和民族思想的体现，即使是当今社会，这种积极进步的博大仁爱的民族政策也有其突出的借鉴意义。

汉文史书中对于古突厥民族的记载是相当完备的。无论是对突厥专传，突厥属部、突厥部人的列传、碑志的记载，还是关于古突厥风俗、习惯、职官、性格、葬仪、婚娶等方面的记述，均构成了研究古突厥民族史学的重要史料。大量的汉文史料为我们深入研究古突厥民族史学提供了便利条件，同时也为我们提供了多条研究途径。汉文典籍中的突厥传为主，辅之以突厥属部、突厥部人的列传、碑志，有助于纠正错误、正确地认识古突厥民族的历史。中国古代史书的编纂，都是本着“以史为鉴”的修史宗旨。这种启迪教化的作用，不仅体现在对统治者的谆谆告诫，同时也体现在促使后世之人借鉴前朝历史，从前朝统治兴亡中吸取经验和教训，为现实政治服务。正是对于史学这种功能的肯定，才促使了一代一代的史学家呕心沥血，历代的统治者修著前朝之史，真正使史学别具一格，延续至今。

不难发现，古代修史者无论是少数民族的，还是汉族的，他们在著述史书的同时都带有鲜明的态度：表彰忠节，贬斥背叛。其目的无非是运用史学更好、更有效地维护统治秩序，为现实政治服务。从西周时期的夷、夏之分，到春秋战国时期的“裔不谋夏，夷不乱华”民族观，先秦时期的“德运”、“正统”之争，对后世影响甚为深远，在两汉时期最为兴盛，直到隋唐时期才有所改变。作为历史上成就盛世的隋唐，不仅从思想上改变了对待古突厥等夷狄的态度，而且在做法上更显得游刃有余，超越了先前任何一个时代。隋唐盛世是中华民族与各少数民族共同创造的，同样也是中华民族文化与各少数民族文化碰撞融

---

① 《册府元龟》卷一八《帝王部·帝德》，中华书局，1960年，第200页。

② 《帝范》卷一《君体》，中华书局，1985年，第3页。

合、共同进步的结果。隋唐时期所产生的民族思想、观念是极为先进的，体现在史书中的民族史观也是非常宽松和进步的，而在这一时期实现各民族史学的繁荣也成了历史的必然。古突厥正是在这样的历史背景下实现了民族崛起、雄霸一方，并结合先进的中原文化创造了本民族的伟大文明。与此同时，古突厥民族史学也得到了充分的发展。

第三节　古突厥文字的碑铭史传

一、古突厥民族的文字

古突厥是中国古代北方各民族中最早创立自己文字的民族之一。汉文史书中曾记载古突厥民族起初“无文字”[①]，后经过演变发展，创造了自己的文字，“其书字类胡”[②]。关于古突厥文的起源，至今延续了汤姆森的理论，即38个字母中有23个来自阿拉米文，通过中亚伊兰系民族传入突厥，并使之适应突厥语的语音特点，其余来自突厥族始初用于记事的表意符号和一些氏族部落标志。对于古突厥文最初的使用时间、地点问题尚无定论。在突厥陀钵可汗在位（574—576）时期，“代人刘世清……通四夷语，为当时第一。后主命世清作突厥语翻《涅槃经》以遗突厥可汗”[③]。由此可以推测，突厥人此时已使用本民族文字。

古突厥文字历史上一直是个谜。直到十九世纪几块具有重大意义的以突厥文撰写的碑铭的发现，引起欧洲学者的注意。所发现的《阙特勤碑》和《毗伽可汗碑》背面和边上雕刻的汉文为学者提供了释读突厥文的途径。1893年底，汤姆森在丹麦皇家科学院会议上报告了其成功解读古突厥文的经过。此后，拉德洛夫、夏德等突厥学家和沙畹、伯希和、派克等汉学家，巴托尔德、马迦特、布洛舍等伊朗学家和阿拉伯学家，以及中国的韩儒林、岑仲勉先生，辛勤从事古突厥碑铭释读及其文字的研究，终于揭开了突厥文的神秘面纱，并据以

① 《北史》卷九九《突厥传》，中华书局，1974年，第3288页。
② 《周书》卷五〇《突厥传》，中华书局，1971年，第910页。
③ 《北齐书》卷二〇《斛律羌举传》，中华书局，1972年，第267页。

研究突厥族历史，形成了风靡世界的突厥学。

突厥文文字的字形类似于古代北欧人哥特族使用的鲁尼文，因此突厥文又称“突厥鲁尼文”，简称“鲁尼文”，又因其主要碑铭发现于鄂尔浑河流域和叶尼塞河流域，因此又称为“鄂尔浑—叶尼塞文”。这种文字除为突厥汗国和回纥（后称回鹘）汗国（744—840）使用外，也为古代居住在叶尼赛河流域的黠戛斯人（按指今柯尔克孜人的祖先）所使用。

古突厥文是一种音素、音节混合型文字。一般认为由38至40个字母组成，但在各地发现的碑铭和写本中使用的字母数目不完全相同，其元音系统中有4个前元音和4个后元音，8个辅音，用两套字母表示，第一套和后元音相拼，第二套和前元音相拼，还有3个双辅音字母。在诸多情况下，元音常不写出。字行一般从右到左横写。词与词之间一般用两点（：）分开。有时词组（主要是修饰词组）也写成一个词。

古突厥所使用的语言文字拥有一套复杂的系统，其在突厥民族中的使用和传播是记录历史、传播历史的先决条件，同样也是孕育史学产生、发展的温床。古突厥的语言文字对于其创造文明的重大意义自不用说，但其对于推动古突厥民族史学的积极意义同样不能忽视。

二、古突厥民族的英雄史传——碑铭文

古突厥文字多刻于石碑上，称突厥文碑铭。李树辉先生研究，“前突厥汗国和回鹘汗国的核心（领导）部落属于乌古斯部族，而后突厥汗国的核心（领导）部落，则属于克普恰克部落[①]。《多罗郭德碑》为前突厥汗国的碑铭，《阙特勤碑》、《暾欲谷碑》、《毗伽可汗碑》、《翁金碑》等则为后突厥汗国的碑铭”[②]。诸碑铭文献除《多罗郭德碑》为六世纪中期的作品外，其余的均是八世纪的作

① 克普恰克人似分为两支：一支居于接近俄罗斯和罗马省的地区；另一支则居于伊犁河流域。黠戛斯七至九世纪主要分布在阿尔泰山以北地区。至于乌古斯，则是有24个部落的大部族，十一世纪以前分布于东起漠北的色楞格河、吐拉河流域，西至锡尔河流域的广大地区。

② 李树辉《古代回鹘文史诗〈乌古斯可汗的传说〉有关问题考辨》，田卫疆编《新疆历史与文化2006》，新疆人民出版社，2007年，第264页。

品。用突厥文写成的还有《屈律啜碑》、《磨延啜碑》(又称《葛勒可汗碑》或称《英武威远毗伽可阙汗碑》)、《磨延啜第二碑》(此碑于1970年在蒙古发现,1975年由蒙古学者锡耐胡刊布)、《九姓回鹘可汗碑》、《塞维列碑》(1969年于蒙古西南serrey发现)、《苏吉碑》以及叶尼塞河流域发现的很多小碑,这些碑铭皆属于回纥(后称回鹘)汗国。

(1)《翁金碑铭》。1891年雅德林采夫在今蒙古国翁金河畔发现,共20行,是后突厥汗国最早的有文字纪年者,写于开元四年,即公元716年。写此碑铭的人是沙钵略达干,碑文用史诗般的语言记录下其父颉翳德蜜施叶护一生中的重要事件,同时,旨在歌颂其四处征战的英雄事迹。《翁金碑铭》真实地为我们展现了突厥将领的思想状态,古突厥人崇尚的英雄史观无处不在。

(2)《阙特勤碑》,为大理石制成,于1889年在今蒙古国鄂尔浑河流域和硕柴达木地方发现,碑建于唐开元二年(714),刻有汉文、古突厥文两种文字。正文共60行,刻在大、小两块石碑上。小碑一面写13行,应为碑文的开头部分。其余部分分刻在大小碑正面及其边上。此碑铭含有唐玄宗所写的汉文部分,但与古突厥内容无关。碑文是也里特勤(Yolligh Tegin)根据毗伽可汗的命令撰写的,主要记述突厥汗国从古至毗伽可汗执政期间的崛起,再至其子及继承人执政期间的突厥历史概况,重点叙述了毗伽可汗的弟弟阙特勤的生平事迹及其伟大武功,及其逝世和出葬的情况。碑文中,毗伽可汗宣布"我赐予他'伊难珠阿波伊然达干'的称衔,我令(我的臣民)赞美他",颇似中原皇帝给去世官员赐以谥号的样子。碑文中的历史记述,出现了纪年,从某种程度上来说,古突厥民族已经具备了进行历史记忆的意识启蒙。

(3)《毗伽可汗碑》,与《阙特勤碑》同时发现,碑石上刻有汉文、古突厥文两种文字。共80行,亦出自毗伽可汗之侄也里可汗之手笔,主要记述突厥汗国颉跌利施可汗长子毗伽可汗的生平事迹和伟大功绩。其碑所附汉文出自唐朝史官李融之手,其所写汉文部分,与古突厥语内容无关。

(4)《暾欲谷碑》,1897年发现于距乌兰巴托60里的巴颜楚克图地区独乐河右岸所,碑文分刻于两根插入土中的石柱上,大约建于开元八年(720),是在其主人——暾欲谷还在世时就已建立,以后才列为墓葬群之一部分。暾欲谷是东突厥汗国的重臣。碑文主要讲暾欲谷一生协助颉跌利施可汗、默啜可汗、毗伽可汗的生平事迹和所建武功，可谓暾欲谷本人的自传。碑文不仅描述而且解释了历史事件，同时还对这些事件做出了政治评价。所有这些就使暾欲谷碑文变成一部独具特色的古突厥民族历史文学作品，是突厥人自己所记述的关于东突厥汗国时期的第一手史料，学术价值极高。

（5）《阙利啜碑》，1912年发现于今乌兰巴托南的依赫和硕特地方，共29行。该碑建于八世纪初，碑文记述古突厥汗国将领沙钵略毗伽阙利啜一生的征战史，他征服了诸多周边国家和民族，这些赫赫战功使得他在突厥汗国内部享有很高的声誉。

三、碑铭文献反映的古突厥族史观

古突厥族史学是突厥文化与中原汉族文化结合的产物，它吸纳了汉族史学的精粹，又保留了古突厥民族的民族精神和文化内涵，表现出对汉族史学既接受又抗拒的矛盾心理。以突厥文撰写的碑铭，是古突厥民族自己书写的历史，是古突厥人以这种特殊形式撰写的本民族的英雄史诗。

以上所列古突厥汗国时期的碑铭，其铭文都是某一位在汗国历史上做出突出贡献的汗王或著名将领的一生事迹的传记，这种做法或许学习自中原地区为去世者立碑，碑文详述其出生及事迹的传统。但突厥人对之又有创新，尤其是碑铭主人都是汗国最重要的人物，所述主要是其东西征战的战斗事迹，尚武的习俗和英雄史观十分突出。碑文作者在记录这些史实的同时，经常有意地脱离主题插入若干抒情性质的或其他方面的话语，字里行间流露出对主人公的无限崇尚与歌颂。在一定程度上，同样可以将突厥的碑铭看作古突厥民族的散文体史诗。不仅如此，碑文中处处体现着古突厥民族“重兵死，耻病终”[①]的英雄史观。而碑文对英雄所经历的战争，只记录胜利而无失败，或粉饰，或夸大战果，这或许是英雄史观支配下的有意识的选择性遗忘。

突厥碑碑主生平的文字描述当中，有一些诸如“用箭射杀一人，并刺穿两

① 《北史》卷九九《突厥传》，中华书局，1974年，第3289页。

人的大腿”等暴力场面被描写得具体而形象，一种暴力美学被表现得淋漓尽致。碑文中有许多征战次数的统计，诸如“我们总共出征二十五次，打了十三仗”，“我们在一年中交战五次”等。还有对于俘获和杀死敌人数目的统计，诸如“他自己俘获了两人”，“他用长矛刺杀六人。在肉搏战中，他用剑砍杀第七人”等，以及依次介绍战争情况。无论是暴力美学，还是强调数量，都是突厥民族宣扬其英雄史观的具体表现形式，旨在强调突厥民族对于武功的推崇。

立碑记功的习惯，不仅记载了当时发生的历史事件，而且显示出统治者希望这些功绩能够流传后世、万年景仰。这种意识具备了史学意识的启蒙形态，虽然这种史学意识并不是显性的，而是通过对先辈歌功颂德的目的表现出来，但其足以代表一种自觉历史记载意识的产生。为数不少的古突厥碑文，为学者研究古突厥的历史提供了不可多得的第一手文献。学者据以对碑文中涉及的多次大规模征伐的重大史实及其发生的历史背景、时间、主要内容、具体过程进行考证，对突厥的宗教、风俗、婚葬、教育政治体制、军事体制、职官进行探讨，并对碑文中所涉及的相关地理问题，如山川、地名等都进行了研究，甚至是有关坐骑名号、官号等细节问题的考究，都取得了相当的学术成果。古突厥碑铭是研究古突厥社会历史、经济、文化的重要资料。

苏联著名突厥学家克里亚什托尔内称，古突厥文碑铭“在古突厥历史学方面的意义，作多高估价也不为过”①。而在古突厥碑铭中，屡次出现的确切纪年更是为评定原始文献提供了最准确的依据。在后突厥汗国的碑铭中，已经使用了十二生肖纪年法，如阙特勤碑载：“东北面：阙特勤于羊年的十七日去世。我们在九月二十七日举行他的葬礼。其陵墓、雕刻、绘画和碑铭竣工于猴年七月二十七日。阙特勤享年四十七岁。”毗伽可汗碑言：“（我父可汗）在狗年的三月二十六日去世了。在猪年的五月二十七日，我为他举行葬礼。”其他碑文中的历史记述，也是按年代先后记述，出现了纪年，因此可以将一篇篇突厥碑铭看作编年史性质的古突厥的人物传记。“这类碑铭把碑文中对主人公或其先祖在

① ［苏联］C. P. 克里亚什托尔内著，李佩娟译《古突厥鲁尼文碑铭》，黑龙江教育出版社，1991 年，第 67 页。

不同程度上参与历史事件的记述，与碑文作者对社会观点和历史观点的叙述结合在一起，即与具有一种毋庸置疑的纲领性作用和某种程度的鼓动性作用的叙述结合在一起。”① 关于突厥历法中十二生肖纪年的来源，过去学者主要有三种看法：伯希和“起源柔然说”、法国学者路易·巴赞“起源中国说”和沙畹“起源突厥说”。1975年，湖北云梦县睡虎地十一号墓出土竹简《日书》甲种之《盗者》章，其内容为占卜盗者相貌特征，其中有：“子，鼠也，盗者兑口希须……丑，牛也，盗者大鼻长颈……寅，虎也，盗者状希须，面有黑焉。卯，兔也，盗者大面头。辰，〔原文脱漏〕盗者男子，青赤色……巳，虫也，盗者长而黑蛇目。午，鹿也，盗者长颈小哘，其身不全。……未，马也，盗者长须耳。申，环也，盗者圆面……”证明十二生肖在春秋前后已存在，突厥历法的十二生肖纪年法是从中原学来的。蔡鸿生先生《唐代九姓胡与突厥文化》一书中，对相关观点进行了系统研究，认为：“突厥年代学中的十二生肖，决不是草原物候历演进的自然结果，它很可能是由绢马贸易的中介九姓胡从河西导入‘北藩’的，时间大概在六世纪下半期。”②

突厥汗国似乎并没有设立自己的记录汗王活动的（如中原皇朝的日历、起居注之类的）注史机构，也没有专门记述文武官员事迹以及在其死后据以撰写其事迹的国史馆机构。诸突厥文碑都是撰写者凭其记忆写的，难免有失全面。阙利啜碑铭的结尾说道：“我起草和铭刻了（这些碑文）。……由于学识有限，我（只能）尽我所知，尽我记忆所及撰写了这份碑铭。”就透露出这样的信息。这显然是古突厥人史学不够成熟的表现，不能不给后人留下遗憾。

综上所述，古突厥人拥有比较丰富的历史意识和史学成果是值得肯定的。确切地说，目前学术界已经发现的突厥文碑铭还只是古突厥民族创作的历史著作的一部分，今后或许还能有更为重大的发现。

---

① ［苏联］C. P. 克里亚什托尔内著，李佩娟译《古突厥鲁尼文碑铭》，黑龙江教育出版社，1991 年，第 56 页。

② 蔡鸿生《唐代九姓胡与突厥文化》，中华书局，1998 年，第 181 页。

第二章

回鹘族史学

第一节 回鹘族和回鹘文献

回鹘的起源有一些不同看法。有人认为回鹘最早可追溯至纪元前后活跃于贝加尔湖一带的丁零，以后在史书中称袁纥、韦纥、乌护、乌纥等，也有人认为回鹘起源于铁勒。铁勒又称高车。《魏书 · 高车传》言:“高车（即铁勒），或云其先匈奴之甥也。”[①] 五世纪以前，铁勒诸部生活于鄂尔浑河流域，五世纪初诸部迁徙于色楞格河流域。552 年突厥强大，包括回纥在内的铁勒诸部从此长期附属于突厥汗国，直到 605 年左右回纥带领铁勒诸部一同反抗突厥，在先后消灭突厥汗国和薛延陀之后称雄漠北，不久后衰落并归附于兴起的后突厥汗国。八世纪中期回纥联合葛逻禄、拔悉密等部反叛并消灭后突厥汗国。唐天宝三载（744），回纥首领骨力裴罗自称骨咄禄 · 阙 · 毗伽可汗，并且受唐册封为怀仁可汗，在蒙古高原上建立了地域辽阔的回纥汗国，成为继柔然、突厥之后的又一个雄霸大漠南北的游牧帝国。《新唐书 · 回鹘传》记载:“（骨力裴罗）斥地愈广，东极室韦（今额尔古纳河一带），西抵金山（今阿尔泰山），南控大漠，尽得古匈奴地。”[②] 这块地方大约相当于今天整个蒙古高原直至贝加尔湖，包括新疆北部部分地区的广大区域。[③]唐德宗贞元四年（788），回纥首领合 · 骨咄禄 · 毗伽可汗向唐朝上表请改回纥为回鹘[④]。直至公元 840 年，回鹘汗国被黠戛斯击破，先后共经历了十二位可汗，将近一百年的历史

① 《魏书》卷一〇三《高车传》，中华书局，1974 年，第 2307 页。

② 《新唐书》卷二一七《回鹘传》，中华书局，1975 年，第 6115 页。

③ 关于回鹘汗国的疆域问题历来说法不一，详细内容可参见林幹、高自厚《回纥史》，内蒙古人民出版社，1994 年，第 32—36 页。

④ 为行文方便，在不涉及年代时一致称回鹘，而论述 788 年前史事则称回纥。

（744—840）[①]。在这一个世纪中，回鹘民族经历了联合、分散、繁盛、衰落、和平以及战争等历史过程，形成了本民族特有的文化和传统。回鹘汗国衰亡之后，回鹘人向各处分散，形成了高昌回鹘（亦称西州回鹘）、河西回鹘、喀喇汗王朝（亦称葱岭西回鹘）等多个政权。这些政权在其自身的发展过程中，和其所在地区的其他民族不断进行交流和融合，不仅吸收其他民族的文化，也将回鹘文化带入了其他民族。尽管回鹘民族业已消失，但是它所产生的影响却依然存在于与它有关的诸多民族之中。

喀喇汗王朝（又称作黑汗或黑韩王朝）[②]是九世纪中后期到十三世纪初期，由塔里木盆地和帕米尔高原以北地区操突厥语民族建立的政权，它存在时间长达三百七十二年，是回鹘族在历史上建立的第二个王朝。此时的王朝逐渐由游牧转为定居，把伊斯兰教定为国教，广大游牧民在宗教上伊斯兰化，于是在民族相互异化和融合过程中，形成了一种新的文化——伊斯兰—突厥文化[③]。这种独特的文化成为喀喇汗王朝统治民族的回鹘人的文化核心，对该民族文化的形成起到了深远的影响。

回鹘人，曾使用突厥文，大约七世纪以前已创造出自己的文字。回鹘文是一种拼音文字，以粟特文字母草体拼写回鹘语。一般由 18 到 22 个字母组成，通常使用一点或两点作标点符号，有时用四点表示段落。早期回鹘文从左往右横写，后期为竖写，自左向右移行。字体有写经体、楷书体、草书体和印刷体。

回鹘是中国历史上一个重要民族，中国古代的史书对其颇有记载，如《旧唐书·回纥传》、《新唐书·回鹘传》、《唐会要》、《通典》、《文献通考》、《唐大诏令集》、《资治通鉴》、《松漠纪闻》、《册府元龟》、《新元史》、《辽史纪事本末》等，都有关于回鹘政治、文化、军事和外交等方面的记载。还有明代由政

① 关于回纥汗国建国的时间一直存在争论，基本上存在七世纪中（菩萨破败薛延陀，称雄漠北）建国和 744 年建国两种说法。此处采取后者，具体内容参看林幹、高自厚《回纥史》，内蒙古人民出版社，1994 年，第 18 页。

② 西方著作中还有将该王朝称为伊利克汗王朝、可汗王朝、汗王朝、桃花石汗王朝、阿弗拉西亚勃王朝等。参见魏良弢《关于喀喇汗王朝的史料、文献及研究情况》，《新疆大学学报》1982 年第 1 期。

③ 拓和提《维吾尔历史文化研究》，民族出版社，1995 年，第 76 页。

府专门翻译机构——四夷馆（清代改为四译馆）编撰的《高昌馆杂文》和《高昌馆课》。前者大约成书于1403—1422年，是一部汉文回鹘文对照的词汇集；后者约完成于1465—1566年，是汉文回鹘文对照的公文集，又称《高昌馆来文》。这两本书是研究回鹘语言的重要材料，为后世翻译、研究回鹘文文献提供了重要依据和线索。此外，还有虞集将《亦都护高昌王世勋碑》的汉文部分收录进《道园学古录》[①]，这是研究北宋时期高昌回鹘历史的重要资料。国外的相关记载也有很多，如九世纪中阿拉伯人伊本·可尔达白的《道路和邦国志》，十世纪中阿拉伯地理学家马素地写的《黄金牧地》，十三世纪伊朗史学家志费尼名著《世界征服者史》、拉施特的《史集》等等，都或多或少涉及回鹘人的一些情况[②]。

回鹘在漫长的历史长河中还利用突厥文、回鹘文、粟特文、摩尼文、婆罗米文、吐蕃文、汉文等多种文字留下了相当多的文献资料。其中重要的传世文献有：回鹘文手抄本史诗《乌古斯可汗的传说》，优素甫·哈斯·哈吉甫的《福乐智慧》，金帐汗国时代的《铁木耳库鲁特扎令》等等。在蒙古伊儿汗国合赞汗的宰相拉施特的名著《史集》中提到："畏兀儿人所记载的他们的惊人事迹、奇异事件以及他们的某些信仰，按照他们所述，极其详尽地记载于《畏兀儿人篇》的专史中。"[③]然而这部专史尚未发现有独立传世之本。

在回鹘文献中，还有大量的出土文献。西域、敦煌两地的出土文献数量巨大，其中宗教文献占了绝大多数，包括大量佛教文献、一千多件摩尼教文献和少量景教、伊斯兰教、祆教文献，这些文献大多数是用回鹘文翻译的宗教经典。其次是世俗文书，大约有四百多件，内容非常广泛，主要有经济类文书、私人信件、政府公文、文学作品等，大部分属于元代，也有一部分属于宋代，以手写本居多，反映了当时回鹘民族的社会关系、文化精神、商业往来等众多方面，是研究回鹘社会发展、经济状况、文化生活等方面生动丰富的材料。其

① ［元］苏天爵编《元文类》（上），商务印书馆，1958年，第325—326页。

② 关于这些相关记载的详细情况，可参考程溯洛《中外有关维吾尔史的研究》，程溯洛《唐宋回鹘史论集》，人民出版社，1993年，第2页。

③ ［波斯］拉施特著，余大钧、周建奇译《史集》，第一分册第三编，商务印书馆，1983年，第241页。

中经济类文书占绝大多数，其他社会类文书如个人笔记、诗歌、医药典籍等等，也是非常值得关注的，如《占卜书》就是一部古代回鹘流传的释梦书籍，包含了大量关于当时回鹘人的社会生活、宗教禁忌、图腾崇拜等方面的内容，对研究社会文化很有意义[①]。此外，在蒙古地区发现的碑铭，像《九姓回鹘可汗碑》、《铁尔痕碑》、《磨延啜碑》、《铁兹碑》等都是很有价值的石刻文献。

第二节　回鹘族史诗和历史文献

一、古代回鹘族史诗《乌古斯可汗的传说》

古代回鹘文史诗《乌古斯可汗的传说》[②]（以下皆称《传说》），曾广泛流传于古代中亚地区，巴黎藏本大约于公元 763 年前形成和书写，其故事还见于十四世纪波斯史家拉施特的《史集》、十七世纪中亚史家阿不勒哈孜的《突厥世系》以及二十世纪初中亚史家毛拉穆沙莎依然米的《伊米德史》等书。这是一部记述乌古斯部族起源和创世说以及回鹘汗国早期历史的民间散文作品，创作者出自著名的乌古斯部族。乌古斯是有着 24 个部落的历史悠久的部族，是构成乌孙国、前突厥汗国和回鹘汗国的主体，散居于东起漠北、西至里海以西的广袤地区。主人公乌古斯可汗的原型为西汉时期的乌孙首领猎骄靡，亦融有前突厥汗国土门可汗和回鹘汗国牟羽可汗的事迹。

收藏于巴黎国民图书馆的舍费（Ch. Schefer）收藏本《传说》采用草体回鹘文写成，首尾部分残缺，页面大小为 19cm×13cm，共 21 页，42 面，每面 9 行。在残存的第 1 面第 1～2 行：Anuŋ aŋaʁusu uʃbu turur（他的样子就是这样）一句后，画有一只狼。这向我们昭示：无论是古突厥民族，还是回鹘族，他们对于狼的图腾崇拜是一脉相承的，这俨然已经成为他们对民族的一种共同认知。《传说》发现不久，便因其内容的古老和语言的质朴而为学者们所关注。

① 倪宏鸣《古回鹘文献〈占卜书〉及其内涵》，《民族文学研究》2005 年第 2 期。

② 耿世民译《乌古斯可汗的传说》（巴黎藏本古代回鹘文史诗），新疆人民出版社，1980 年。

十九世纪以来，许多学者的论著都从语言学、文学、民俗学和史学等不同的角度对《传说》进行探讨研究。

《传说》前一部分有关乌古斯可汗婴幼时期及青年时期的记述，当与猎骄靡的经历有关：汉文史籍称猎骄靡婴幼时曾为狼所哺乳，突厥（包括回鹘）以狼为图腾，《传说》中亦有相关或类似的记述；《传说》称乌古斯可汗曾娶有二妻，汉文史籍中亦有猎骄靡娶有解忧公主和匈奴妻的记载，《周书》等更载有“别感异气，能徵召风雨”的伊质泥师都“娶二妻，云是夏神、冬神之女也”①的传说；《乌古斯汗的传说》、《史集》及《突厥世系》等书均称“葛逻禄”为乌古斯可汗所命名。此说固难以确信，但出自突厥语却无疑义。至于《传说》后一部分（亦是其主要部分）中有关乌古斯可汗的征战活动及向诸子移交政权的记述，则又是将前突厥汗国初期的历史和回鹘牟羽可汗的事迹混在了一起。

《传说》称，乌古斯可汗曾根据一名叫“乌鲁克·吐尔克”（按指“大突厥”）的老人的梦，遣长妻三子往东寻找金弓，次妻三子往西寻找银箭。之后，乌古斯可汗将寻回的金弓、银箭分赐诸子，叮咛持银箭的次妻三子要像箭服从弓一样，服从长妻三子，并将国土移交给了诸子。就连乌古斯可汗召开大会时，亦是“孛祖黑”部人坐在右方，“兀出黑”部人坐在左方。由于诗稿残缺，后面的内容不详，但据前文来看，当是长妻三子居东，次妻三子居西。仔细想来不难发现，我们对于突厥汗国分裂为东突厥和西突厥的史实由此可以看出端倪，长妻三子和次妻三子的关系恰恰喻示着东突厥与西突厥的关系，两者既包含浓情血脉之亲，又有尊卑主次之分。《传说》所载乌古斯可汗向四方发出的敕令也颇值得注意。敕令中自称是“回鹘的可汗”（Ujʁurnïŋ Qaʁanï）。回鹘（九姓乌护）首领之称“可汗”始于唐天宝三年（744），可以推断，《传说》的书写当在此后不久。无论《传说》所采用的记述方式，还是著作中所承载的历史的内容，都大量保留着古回鹘民族的遗风，从中我们看到了古突厥和回鹘民族的信仰、历史和文化。对于《传说》的理解故而不能停留在其作为回鹘族史诗的基础上，我们应该将其中的部分内容看作是回鹘古代民族史学的延续，对

① 《周书》卷五〇《异域传下·突厥传》，中华书局，1971年，第908页。

于我们研究回鹘民族史学的早期形态有着十分重要的作用。

二、《福乐智慧》及其史观

《福乐智慧》[①] 作者优素甫 · 哈斯 · 哈吉甫，公元 1012 年至 1017 年之间出生于巴拉沙衮的一个名门世家，年轻时受过很好的教育，成为一位见多识广、品行端正、笃信伊斯兰教的学者。他于公元 1069—1070 年完成了这部作品，并且在喀喇汗王宫中朗诵给当时的统治者桃花石博格拉汗哈桑 · 本 · 苏莱曼听，得到赏识，被封为哈斯—哈吉甫（“可靠的侍臣”）。其后的情况不详。

《福乐智慧》成书后，广为流传，对当时社会产生了很大的影响。但是《福乐智慧》只流传下来三个手抄本[②]，现在《福乐智慧》已译成俄、德、匈、土几种文字，并做了大量的研究工作。1979 年中国学者耿世民、魏萃一把该书的绝大部分译成汉文，由新疆人民出版社出版。

该书一般定义为文学和哲学作品，但是其中所提到的真实存在的历史人物的言行，以及作品透露出的文化道德观对于本民族文化的构建起到了史学上的功用。另外，作者赞扬明君、劝谏君主的诗句也起到了以史为鉴的作用。从这么几点出发，我们把《福乐智慧》看作是一部史学作品也未尝不可。

首先，这部作品里有鲜明的君主观。优素甫十分重视君主在历史上的作用，以及历代君主对于治国安邦和对后世的影响。他在序言中讲到“明君还须有贤哲辅佐，好似月光和明灯交映辉煌”（第 41 行）；君臣关系，如“臣民对君主承担有义务，君主对臣民也应有报偿”（第 42 行）等等。书中对君主的个人品德以及在政治军事问题上的远见卓识以及对待大臣所需要的措施等等有很详细的论述；“国君的身世要纯正高贵”（第 1949 行），并且是世袭的，“父亲是君主，儿子天生是国君”（第 1950 行）；“如果国君不为民立法，不保护人民免遭不幸，人民将遭殃，国家将受损，社稷的基石将毁坏殆尽”（第 2136—2137 行）。优素甫用诗歌的方式直抒胸臆，表达自己的观点。这是在著史方面的独

① 优素甫 · 哈斯 · 哈吉甫著，郝关中、张宏超等译《福乐智慧》，民族出版社，1986 年。

② 魏良弢《喀喇汗王朝史稿》，新疆人民出版社，1986 年，第 218 页。

特之处。另外，这些观点同汉族儒家文化的观点有不谋而合之处，显然受到了当时汉族文化的影响，说明了当时两族之间文化的影响已经渗透到了作品当中，显示了当时文化交流的现实。

其次，《福乐智慧》在一些篇章中，展示了当时社会各个阶层如学者、医生、巫师、商人、工匠、贫者的生活状况，让我们对那个时代的历史有了较全面的了解。回鹘本民族以前的历史文字仅仅是对战争和可汗的歌功颂德，并没有提到社会各个阶层的任何蛛丝马迹，这部书无疑显示了回鹘本民族文化的发展，同时也反映了该族史学的进步和发展。

再次，体现了著史的功用。《福乐智慧》一书从道德方面将人与人之间以及人与国家之间的义务方面进行了侧面的阐释和回答。它吸收了伊斯兰文化、佛教文化以及儒家文化的伦理道德思想，形成了具有本民族特色的道德体系，从根本上奠定了本民族文化的基础和源流。从这方面来讲，该书的史学功用已经十分明显。

最后，经世致用史学思想的产生。史书的作用就是能够把握“经世之大略”，使人能够认识到历史上的“得失之枢机”，以此作为现实的借鉴，这便是经世致用的作用。《福乐智慧》大部分诗文都是对君主进行劝谏，劝谏君主如何对待社会各个阶层的人、如何维护社会的和谐发展等，就是要为君主治理国家提供借鉴，说明此时经世致用史学思想已经在回鹘开始产生了。

虽然该书用的是诗歌体裁，但这也体现了回鹘民族史学记载继承了以往著述的特点，多使用通俗易懂的诗文来展示自己的思想，只是比起先前的碑文，这个时期的作品更加优美，具有很强的艺术特色。该书也体现了在东西方文化的影响下，各种文化对本民族文化的影响。从诗作中，我们可以看出忠于国家的思想与儒家思想的精华不谋而合，显示了时代的特色。

三、《突厥语大词典》的史学价值

于1074年编定的以阿拉伯文注释突厥语的《突厥语大词典》(下称《词典》)，作者马赫穆德·喀什噶里出身于喀喇汗王朝的一个军事贵族家庭。《词典》是研究回鹘语言的空前巨著，叙述了各突厥语民族的地理分布，突厥语与回鹘文的特点，喀什地区的回鹘语，南疆土著居民语言的融合关系等内容。并且词汇部分以阿拉伯文注释，以当时流行于南疆及中亚地区的民歌、谚语为例，为研究突厥语系各民族的语言、历史、文学、艺术等方面也提供了极为珍贵的资料。而这些珍贵资料使我们对古代喀喇汗王朝历史有了更加清晰的认识，如："我们第一次从马氏书中知道，突厥古代民歌中的英雄阿勒普通阿（Alp Tonga）与阿夫拉西雅普是一个人。"① 可以视为有关喀喇汗王朝的一部历史著作，在回鹘史学方面也有着极为重要的价值。

《词典》中有一圆形地图，采用"绿以表海、红以表山、黄以表沙、灰以表河"，上东、下西、左北、右南的方位排列顺序，将突厥诸部和突厥语言及河流大山的分布情况进行了描述。"这幅圆形地图，被中外学者公认为中世纪历史地理学的重大成就。"②《词典》中的官职称谓表明，喀喇汗王朝时期，就已经存在一套成熟而又严格的社会等级，国王—可敦（夫人）—特勤（王室子孙）构成了社会金字塔的最上层。《词典》中引用各种体裁、各类题材的突厥语文学作品的片断240余节、谚语200余条，还有一些箴言、韵文、诗歌、民谣、叙事诗和散文片断等等。这里面包含着许多历史事件的记载，大量散佚的突厥和回鹘汗国历史文献的片断得以保存。如在解释 əgə（贤明的，贤哲，贤能，贤良）时的注释"这个词来源如此：祖勒凯尔乃因向秦进军时，突厥可汗派了一支由青年人组成的队伍去迎击。可汗的宰相说：'您只派了青年人去迎战祖勒凯尔乃因，他们之中还需要有位经验丰富、年事较高、能征惯战的人才行。'可汗用表示经验丰富的长者之意的'əgə'说：'要派吗？'宰相答道：'是的。'于是，可汗便派去了一位年事高、久经考验的人。当晚，他们袭击了祖勒凯尔乃因的先头部队，取得了胜利。有一个突厥士兵把一个祖勒凯尔乃因的士兵用刀从头劈到肚脐，劈成了两半。这个被劈死的士兵，腰间系着一个装有金币的钱袋。钱袋被砍破，金币染满了鲜血，撒落在地上。第二天早晨，突厥士兵看见沾满鲜血的金币，互相询问：'这是什么？'有些人说：'这是 altun

---

① ［俄］维·维·巴尔托里德、［法］伯希和等著，耿世民译《中亚简史（外一种）》，中华书局，2005年，第113页。

② 马赫穆德·喀什噶里著，校仲彝等译《突厥语大词典·汉译本序》，民族出版社，2002年，第5页。

kan 金血。’所以，当地的一座大山便以此而得名。靠近回鹘汗国的这座大山周围有游牧的突厥人居住。祖勒凯尔乃因在那次夜袭后便与突厥可汗媾和了(《词典》卷一，第 97—98 页)”。这一注释叙述了祖勒凯尔乃因与突厥战争的整个过程，包括战前的准备、战争中的策略和战后的结果。另外，从这则材料中我们可以知道这座大山——阿尔泰山（altun kan)，“靠近回鹘汗国的这座大山周围有游牧的突厥人”的记载，则能帮助我们了解到当时以回鹘汗国为主的突厥诸部的分布情况，是研究与此有关的重要文字资料。《词典》还广泛地记录了如食品饮料及其加工方法，乐器、房屋、城池的形制，动植物，医药，天文、历法，军事制度，婚丧习俗，农作物及其农作器具，服饰，社会道德规范等等诸多方面，是了解喀喇汗王朝时期回鹘族全史的重要材料。

《词典》中收录了大量的古突厥诗歌，它们多数在以文字记录之前，以口耳相传的形式在民间广泛流传。追根溯源，作为古突厥民族的口头创作作品，对于我们弥补碑铭文献所不能达到的方面有着重要的历史与文学意义。如“让我遂愿吧，让勇敢成为我的称号，派我到战场去吧，拨给我一匹战马”（卷三，237 页)。这首请战歌表现出突厥民众英勇无畏的尚武精神，而这正是“豪侠”的含义之一，也正是突厥民族英雄史观的重要表现。不仅如此，在《突厥语大词典》中还记录有大量的以战争为题材的诗歌谚语，鼓励人们同敌人勇敢搏斗，其中一幅幅刻画勇士们在战场上挥舞刀剑、相互厮杀的场面壮观而生动。取得胜利时，“人们嬉笑谈此役”，“英雄们喜分财物”；战争失败时，或“众多头颅满地滚”，“或献人又献马”，沦为战俘、奴隶。

这部卷帙浩繁的巨著所包含的内容当然不仅仅只有上述这些，它的内容是包罗万象的，涵盖了社会的各个方面，这一点毋庸置疑。而我们希望从一个例子能看出其对于我们研究古突厥民族的重要意义。很显然，它在史学方面的价值是值得细致挖掘的。

四、《真理的入门》的史学特色

《真理的入门》(有的抄本题名为《真理的献礼》)，是阿赫马德 · 本 · 马赫穆德 · 玉克在十二世纪末或十三世纪初写成，献给当时喀喇汗王朝的艾米尔穆罕默德的。《真理的入门》有三种较全的抄本流传至今，即撒马尔罕回鹘抄本，伊斯坦布尔回鹘文和阿拉伯字母合璧抄本，伊斯坦布尔阿拉伯字母维吾尔语抄本。魏萃一先生的汉译本根据土耳其学者热西德·拉赫买踢·阿拉特的校订本译出，由新疆人民出版社于 1981 年出版。

《真理的入门》是一部劝诫性长诗。全书共 14 章，480 行，外加后人的跋诗 28 行。《真理的入门》像《福乐智慧》一样，开头部分是对真主、先知、圣徒、艾米尔的赞颂和说明写此书的目的，然后转入论述知识、缄口、世界的变幻、慷慨和吝啬、谦虚和骄傲、贪婪、宽恕忍耐、世风日下，最后是作者自述。由于作者生活于喀喇汗王朝衰落时期，所以《真理的入门》在一定程度上反映了当时社会的凋敝，控诉了社会的不平等。从中，我们可以看出这一时期的回鹘史学的基础已经基本上奠定了，此后的作品也就是按照这样的轨迹继续发展。但是它们反映的社会客观历史现实却是完全不同的，此时作者眼中的社会已经是世风日下，作品更加注重历史的劝诫作用，经世致用的历史观在新的社会形势下更加凸现出来了。处于这样的现实中，作者或多或少的忧患意识也反映在了作品中，使得作品的史学思想更加深刻，值得人反思。

第三节　回鹘汗国时期的碑铭史传及其价值

回鹘碑铭多为回鹘可汗的记功碑，内容多为回鹘汗国时期一些重要历史事件的完整记录，是用史传形式撰写的回鹘汗国时期的重要史著。目前发现的回鹘碑铭主要有《磨延啜碑》、《铁尔痕碑》、《铁兹碑》、《九姓回鹘可汗碑》（汉文部分）。

一、《磨延啜碑》

《磨延啜碑》又称《葛勒可汗碑》或《回纥英武威远毗伽可汗碑》，1900 年由芬兰学者兰斯德发现于蒙古北部色楞格河及希乃乌苏湖附近。该碑约建于 759 年，是为纪念回纥第二代可汗磨延啜（亦葛勒可汗，747—759 年在位）而立。碑中并未见主人公的名字，根据“我于鸡年让粟特人、汉人在色楞格河流域建设了富贵城”，“鸡年”即丁酉年，公元757年，可知应该属于葛勒可汗。[①] 碑文为突厥文，四面刻写，共50行，破损地方较多，但是保留了比较多的字数。北面和东面各有12行碑文，南面有15行碑文，西面有11行碑文。北面是碑文的起始部分。

《磨延啜碑》中的重要内容是记载回纥第二代可汗磨延啜随其父亲骨力裴罗征讨后突厥乌苏米施可汗，以及他本人讨伐外九部中客部葛逻禄和拔悉密的事迹。[②] 基本内容是:（第1—10行）击败乌苏米施可汗及消灭后突厥汗国，约741—744年;（第11—41行）消灭葛逻禄和拔悉密以及建立汗庭、修筑围墙，约744—756年;（第42—50行）助唐平定“安史之乱”，约756—758年。

二、《铁尔痕碑》

《铁尔痕碑》又称《塔利亚特碑》或《磨延啜第二碑》，1957年被蒙古国考古学家道尔吉苏荣发现于蒙古国杭爱山脉西北铁尔痕查干淖尔湖附近。碑石为上窄下宽长方形的粒状花岗岩，总高度（不算未找到的上部）2.85米，宽度在0.37米×0.27米与0.25米×0.2米之间。碑文为突厥文，四面刻写，共30行碑文，风蚀严重，西面有9行碑文，北面有6行碑文，东面有9行碑文，南面有6行碑文，西面为起始部分。龟座后部还刻有一行文字，其下面在龟身上刻有氏族标记。

该碑是磨延啜可汗的记功碑。碑文作者是磨延啜可汗之子毗伽·骨咄禄·达干将军，也就是后来的牟羽可汗（759—780年在位），亦称毗伽可汗。碑文第6—15行及第28—30行就是以他的口气（第一人称）叙述的。《铁尔痕碑》叙述了磨延啜可汗统治初期的事迹，所记最晚事件发生在753年，据此推断立碑时间也应该不会与此相差太远。

碑文的主要内容：1. 磨延啜的功绩，主要是修建围墙和宫殿，约750—752年。2. 牟羽可汗对其父亲战功的赞扬，主要描述其推翻后突厥的统治，约

① 耿世民《古代突厥文碑铭研究》，中央民族大学出版社，2005年，第193页。

② 王静如《突厥文回纥英武威远毗伽可汗碑译释》，《辅仁学志》卷7第1—2合刊，1938年。

741—744 年。3. 以磨延啜的名义对汗国周围的地理历史情况的描述，可惜这一部分损缺最为严重。

三、《铁兹碑》

《铁兹碑》又称《牟羽可汗碑》，为苏联突厥学家克里亚施托尔内于 1976 年发现于今蒙古国寇乌斯格勒省铁兹河上游左岸一个名叫诺贡托勒盖（Nogoo Tolgoi）的小山上。碑石仅有下半截，为长方形红色花岗岩石，高 0.86 米，宽和厚均 0.32 米 ×0.22 米。字体、语言和正字法都与《磨延啜碑》和《铁尔痕碑》相同，碑石上刻写的氏族标记也近似于上两碑。

该碑是牟羽可汗的纪功碑，记述他帮助唐朝平定安史之乱的事迹，以及回纥建立初期两三百年、中期八十年到牟羽可汗的情况。碑文以第一人称的口气叙述，作者似乎为牟羽可汗的亲族。碑文的主要内容：1. 磨延啜可汗逝世及牟羽可汗即位，759 年左右；2. 回纥国家建立早期及到骨力裴罗时期的情况，约三世纪中叶到八世纪中叶；3. 牟羽可汗登位和最初的事迹。759 年以后的情况，由于碑文缺损，所记录的时间下限不可考。

四、《九姓回鹘可汗碑》

《九姓回鹘可汗碑》全称《九姓回鹘爱登里罗汨没密施合毗伽可汗圣文神武碑》，又称《哈拉巴喇哈逊碑》或《保义可汗记功碑》，由俄国考古学家雅德林采夫于 1889 年在回鹘故城哈拉巴喇哈逊发现。碑石为花岗岩石，其基石为狮子状，碑立在狮子背上。估计原碑高约 3.38 米，宽约 1.77 米，厚约 0.97 米。碑的上端为二龙缠绕的五角盾形，上面有一圆顶。该碑文用古代突厥文、汉文、粟特文三种文字写成，其中突厥文部分破损严重（除碑额几行字外，其余残缺只能认出若干符号和单词），其余两者保存较好，其中又以汉文部分最为完整。碑阴粟特文仅存半块略多，却保留了“立于马年”这一重要纪年，马年甲午年，即元和九年（814）所立。

该碑的汉文部分概述了回鹘汗国自骨力裴罗可汗建国以来到第八代可汗的事迹，还详细记载了牟羽可汗时期摩尼教传入的情况（第 6—8 行），时间从

744年到九世纪初，对于研究回鹘汗国的历史是十分重要的材料。这些碑文为我们构建了回纥民族在其可汗的带领下，与突厥、后突厥、反叛部落、外来敌对势力进行战争，建立自己的国家、保卫领土的历史画面，同时还记录了回纥与唐朝交往并帮助平定安史之乱的情况，揭示了存在于八世纪中叶到九世纪中叶的这一游牧帝国的建立、壮大及其政治、宗教生活的一个个片断。

五、回鹘碑铭的史学价值

我们将回鹘碑文内容与《旧唐书》、《新唐书》中所载回鹘史事进行比对研究，发现回鹘碑铭史传有重要的史学价值。

1. 补充两《唐书》所载回鹘史事的缺遗。回鹘汗国建国初期的记载，从骨力裴罗747年去世直至其子磨延啜即位之后的很长一段时间内的史事，两《唐书》所言甚少。直到756年，回鹘帮助唐政府平定"安史之乱"时才又出现于记载之中。但是通过碑文我们得知，在磨延啜取得汗位后，漠北的广大区域内仍有许多势力在和回鹘汗国争夺统治权，尤其是从744—756年这12年时间中，漠北的战争一直在继续，并没有因为唐政府对于回鹘汗国的承认而结束。碑文生动地记录了这些战争。其中有与九姓鞑靼的战争，九姓鞑靼之名不见汉文史料，但出现在《毗伽可汗碑》中。王静如则通过"考诸碑文，其地望颇与隋唐以来所记之失韦或室韦相当"①，认为九姓鞑靼即九姓室韦。

2. 订正两唐书所载回纥史事的讹误。例如，后突厥乌苏米施可汗究竟是死于谁手，新旧《唐书》、《资治通鉴》等都称被拔悉密叶护攻杀，但《唐会要》却称是被骨力裴罗所诛。《铁尔痕碑》、《磨延啜碑》都言，是回鹘部骨力裴罗的儿子磨延啜俘获并杀死乌苏米施可汗，两《唐书》记载显然有误。

第四节 从碑铭看回鹘族的历史观

回鹘碑铭是回鹘的重要历史文献，是回鹘历史意识的重要产物。通过对

① 王静如《突厥文回纥英武威远毗伽可汗碑译释》，《辅仁学志》第7卷第1—2期合刊，1938年。

碑铭进行分析，我们可以总结出这一时期回鹘史学编年叙事、民族史学意识和国家史观等特点：用十二生肖纪年进行编年叙述的历史记叙方法；突出回鹘可汗形象地位的英雄史观；增强民族认同感的史学意识和证明统治合法性的国家史观。

一、编年叙事

在历史意识的认知层面中，时间观念最为重要。将发生的事情按照时间顺序加以记录，历史意识中的因果、发展、循环等等观念无不由此而生。因此，当一个民族时间观念产生的时候，就可以说其已然具备了产生历史意识的条件。用十二生肖纪年的方法在突厥碑文中就已经出现，但使用率很低，主要还是以碑文主人公或者立碑人的年纪作为纪年的方法。回鹘汗国不仅继承了突厥汗国的疆域和制度，也继承了十二生肖纪年法这一较为先进和准确的纪年方法。在回鹘汗国的碑铭中，频繁使用生肖纪年方法，以之来进行编年叙事即运用一套严格的方法，将历史事件准确地编排纪录。比如通过《磨延啜碑》碑文我们可以很清楚地了解到在从 744 年至 756 年之间，回纥在磨延啜的带领下总共和敌对势力进行了六次大的战争，还可以知道战争的基本经过和结果等内容，这些都得益于准确的纪年方法，使得叙述前后连贯。这种史学纪年的出现，使回鹘史学真正脱离了传说和口头的原始史学阶段，进入了史学的早期发展时期。将先民的伟大事迹用文字准确地记录以便让后人能记住那些遥远年代的事件——这种最初始也是最基本的史学观念，随着纪年方法的不断改进，在回鹘这样的游牧民族思想中不断地清晰起来。

二、英雄史观与民族史学意识

英雄史观是游牧民族史学最为显著的特点之一，广泛而深刻地存在于突厥、回鹘、蒙古等诸多民族史学之中。这种史观反映在回鹘碑文中，回鹘君主是被记叙的主要对象，大肆宣扬主人公的英雄事迹，一切事件胜利的原因都被诠释为首领的文韬武略。反映在史学思想上就是突出英雄人物在历史发展中的决定作用，强调对英雄的绝对崇拜。在回鹘史学中，英雄史观作为继承于神话、传说等原始史学之后而出现的史学观念，是史学从神走向人的重要过渡形式。这实际上是一种英雄史观的表现。

十三世纪的波斯历史学家阿老丁·阿塔蔑力克·志费尼，在《世界征服者史》中辟有《亦都护和畏兀儿地的起源——据他们自己的说法》一节，其中提到哈剌和林原回鹘汗国宫廷门前一块回鹘汗国时期的碑文，记载了关于回鹘人起源的传说：回鹘人伟大的先祖是由丘陵所生的五兄弟，其中一人成了首领，他在其余四个兄弟帮助下带领族人走上了强大之路。这带有相当强烈的神话色彩，可以看出，一个介于神灵和尘世之间的中介人已经产生了，就是这五兄弟，尤其是成为首领的那一人。这些中介人便成为神在世间的代言人，相对地，以部落首领为代表的这些英雄人物便被赋予了神圣的力量，而历史记载中也在极力宣扬这种力量，作为他们拥有崇高身份和统治权力的证明，这也就形成了国家、部落首领的“神格特质”。

无论这些对回鹘首领的事迹记叙存在多大的夸张成分，却是关于“人”的记载，把人而非神当成历史的主体，这本身就是人自我意识的觉醒，也是真正意义上的历史记载的重要标志，这一点是回鹘民族史学意识和观念形成的基础。其次，当回鹘人把这些英雄的事迹刻在石头上的时候，这就代表这些事情是属于他们这个群体的，是这个团体共同的记忆，这种记忆带有极强的凝聚力，有力地促成了由多个部落混居而成的回鹘民族消弭彼此间的差别，尽快形成统一整体的观念。这种观念一旦形成，便会跨越时间的界限，成为回鹘民族历史意识中一个相当稳定的观念，规范着整体之中成员的思想行动，并鼓励成员从这个整体的信念和目标中找到存在的意义。记功碑的出现应该就是早期回鹘民族观念的体现。

三、国家史观的形成

对于一个新兴国家而言，仅有民族观念是不够的，形成有秩序、统一的国家整体需要强大的国家观念，而政治传统的形成，尤其是其中对统治合法性的确立和证明便是国家史观形成的重要标志。回鹘各部在经历了长时间的战争之后，在建国初期，王统便基本确立，也得到了各部的承认。尽管这种地位是由实力强权获得的，但是一旦获得承认便具有了合法性、形成了传统。而当统治的合法性受到质疑的时候，国家将会陷入混乱，因此对合法性不断地证明和巩固是非常重要的。通过对回鹘碑文的解读，我们可以看到碑文是如何对这种合法性进行证明，从而使一个统一、强大的回鹘汗国形象跃然纸上的。

例如通过《九姓回鹘可汗碑》和汉文史料进行对比，可以发现一个问题：碑文隐匿了忠贞可汗（多逻斯）一朝的重要史事——忠贞可汗被毒死，其弟即位，国内混乱直至怀信可汗（骨咄禄）登位；这场骚乱持续五年之久，而且碑文声称骨咄禄是顿莫贺达干之子。但是根据汉文史料的记载，顿莫贺达干和骨咄禄根本属于两个不同的家族——药葛罗和跌跌氏，所以不可能存在父子关系。碑文用了大量篇幅来赞颂骨咄禄可汗的英雄事迹；称道他在出生和登位之前就与常人相异；说他与药葛罗氏一脉相承，是顿莫贺达干之子；抹去了忠贞可汗和奉诚可汗两位死亡的原因，相反给予较好的评价；给后世留下一个英主而非篡位奸臣的形象，这样才能让他的统治更加合理，跌跌氏此后的统治也才更加稳固和顺理成章。于是历史记载有所回避，有所偏颇，甚至有所隐瞒和欺骗，而这一切不过是通过被选择的过去使现在变得真实可信，从而构建君权的合法性。“不利用历史将自己合法化的统治形式是不存在的。”[①]《九姓回鹘可汗碑》中对于建立统治秩序的努力标志着回鹘史学已然进入了一个更加高级的时期，在这一时期中，史学观念中的“政治维度”被淋漓尽致地体现出来。历史记载不仅仅是让人们了解过去的途径，也不仅仅是民族史学意识和观念形成的体现，而是生活秩序的合法化，尤其是统治关系合法化的手段，这便是民族国家史观形成的标志。

回鹘碑文中可汗名与两《唐书》记载有颇多差别，尤其是其中对唐朝给回鹘可汗的封号（如唐朝给登里罗汨没蜜施合毗伽可汗的保义可汗封号）一律没有记录。由此我们可以看出回鹘史学独立的历史观念，从其自身的角度和立场对历史事件进行记载，而并不以中原王朝的标准为准绳。这种独立的民族国家的历史观念是回鹘史学的一大特点。

---

① ［德］约恩·吕森著，綦甲福、来炯译《历史思考的新途径》，上海人民出版社，2005年，第17页。

第三章

滥觞期的藏族史学

第一节 藏族历史、文字和史学的分期

一、吐蕃王朝及其后的藏族历史

藏族是中国历史悠久、勤劳勇敢、富有智慧的西部民族之一。藏族是汉语的称谓。西藏在藏语中称为“蕃”（音 bō），生活在这里的藏族自称“蕃巴”，意为农业人群。“蕃巴”又按不同地域分为“堆巴”（阿里地区），“藏巴”（日喀则地区），“卫巴”（拉萨地区），“康巴”（西藏昌都、四川甘孜、云南迪庆等地区），“安多娃”（青海、甘肃、四川阿坝等藏区）。

藏族的先民自远古时就居住在雅鲁藏布江中游两岸，是中国西部羌戎民族的一支。公元六世纪，山南雅隆部落首领成为部落联盟领袖，号称“赞普”（王），建成自称为“蕃”的奴隶制王朝。七世纪初，雅隆部落首领兼并了达布、工布、娘布、苏毗等诸部，第 32 代赞普松赞干布进而统一了整个西藏地区，定都逻娑（今拉萨），建立了吐蕃王朝。吐蕃政权时期，西藏地区的政治经济得到很大的发展，同时，唐与吐蕃交往频繁。松赞干布死后，吐蕃大权多年被噶尔家族控制，他们相继侵夺西洱、吐谷浑、党项等地，直接与唐军展开了争夺西域的战争，并不时骚扰陇右边地。“安史之乱”发生后，吐蕃趁西北边防空虚的机会，联合南诏、党项、回纥等部，控制了陇右十余州。唐德宗建中四年（783）在藩镇反叛威胁中的唐皇朝与吐蕃在清水（今甘肃清水）会盟，承认了吐蕃对河陇、川西和滇西北的控制，放弃了唐对西域的控制权。九世纪后半期，吐蕃王室分裂，王室后裔建立了许多独立的政权。此外，许多封建领主也分别割据，各自为政。史称其“族种分散，大者数千家，小者百十家，无复统一矣”[①]。在佛教上吐蕃亦是

① 《宋史》卷四九二《吐蕃传》，中华书局，1985 年，第 14151 页。

派别林立，有噶当、萨迦、宁玛、噶举等派。1247年蒙古王子阔端作为汗庭代表与吐蕃地方代表萨班经过反复谈判，达成吐蕃归附蒙古的协议，从此，藏族地区正式归入中央王朝的管理之下。蒙元设宣政院，其下设三个宣慰使司都元帅府，管理包括西藏在内的全部藏族地区。对藏族地区，明朝在肯定其在大明“幅员之内”的同时，实行多封众建、扶植黄教和以茶马贸易控制几大手段。将控制乌斯藏地区政教合一的帕木竹巴政权章阳沙加监藏为灌顶国师，设置乌斯藏都指挥使司，代表朝廷统管西藏地方。在其他藏区设都指挥使司、军民元帅府等管理。此时，藏传佛教成为藏区民众的普遍信仰，并且成为这个地区政治势力的重要代表。而藏传佛教本身，又形成各种不同的派别，彼此互不统辖。朝廷“因俗以治”，大力扶植和提倡藏传佛教，安定地方，树立中央政府的威信。清廷尊崇藏传佛教之黄教，册封五世达赖喇嘛为“西天大善自在佛领天下释教普通瓦赤喇怛喇达赖喇嘛”的称号，对蒙古和藏族人民予以安抚，作用明显。康熙末年，康熙帝毅然下令出兵西藏驱逐准噶尔势力，同时废除和硕特部在西藏的统治，确立了清朝对西藏的直接统治。经过多年的整合，清朝终于建立了对西藏实行有效统治的行政体制：以朝廷官员为驻藏大臣，统管和处理西藏地方政务，监督西藏地方官府。在达赖喇嘛的领导下，建立政教合一的噶厦地方政府，由朝廷选拔若干有影响的藏族首领（三俗一僧）任噶伦，为噶厦主要官员，具体处理西藏行政事务。在拉萨、理塘、昌都驻军，在一些军事要地设置卡伦，作为安定地方和国家对西藏行使主权的军事保证。对西北地区的藏族，通过土司制度直接管理。对西南地区的藏族，先是实行流官节制下的土司制度，在平定大小金川土司事件以后，清廷裁撤当地土司，设土屯守备。历届民国政府设立蒙藏委员会作为管理蒙藏事务的专门机构，在拉萨设立蒙藏委员会驻藏办事处。中华人民共和国建立后，1959年建立了西藏自治区筹备处，1965年正式建立西藏自治区。

二、藏文及藏文文献

《西藏的观世音》记载，藏文是七世纪中叶吞弥桑布札创制的①。松赞干布

① 阿底峡尊者发掘，卢亚军译注《西藏的观世音》，甘肃人民出版社，2001年，第107—108页。

派遣吞弥桑布扎前往南印度拜婆罗门黎敬为师学习文字，多年后归藏，依梵文字母的体系，结合藏语实际，创制藏文。然而，有人依据西藏朗县列山墓群考古木构件上的墨书字母，认为早在一千三百余年前，藏族就有了自己的文字。西藏大学客座教授赤烈曲扎介绍，在西藏本教徒撰写的大量史书中，距今四千年以前人们可能已经使用一种叫“玛尔文”的文字。藏文在历史上曾有过三次改革厘定。一般称七世纪中叶至十一世纪早期的藏文为古藏文，以区别于其后改制过的藏文。

藏文是一种音节—音素文字，在记录藏语的一个词时，只有基字是表示音节的，其他的前加字、上加字、下加字、后加字和再后加字，只代表不带元音的辅音音素。

藏族有了自己的文字，从而也就开始了有文字记载的历史。经过一千多年的积累，用藏文撰写的语言文字、文学艺术、文物古迹、历史文献、宗教典籍、藏医藏药、天文历算、建筑艺术、雕刻绘画、民间节日、民族体育等方面的文献，浩如烟海，卷帙繁多。在中国 55 个少数民族文库中，藏文书籍文献的数量居于首位。目前藏族地区各大图书馆、档案馆以及寺院保存的书籍文献，其品种和数量之多，令世人瞩目。如西藏自治区档案馆现保存有四百多万件藏文文献；拉卜楞印书院藏有二十二万余部文献典籍；德格印经院共保存有三十余万块印版，文字量达 2.5 亿之巨。这些典籍内容丰富，雕工精细，样式考究，印刷精巧，包装华丽，有的用金银粉汁书写而成；有的用青缎、丝绸等刺绣而成；有的还用珊瑚、玛瑙、珍珠、宝石等镶嵌而成。这些典籍不仅具有极高的保存价值，而且也是研究藏族历史文化的第一手资料。

三、藏族史学的分期

藏族史学的分期方法可以有多种。按照王朝或政权作为分期标准，可以分为吐蕃王朝时期（约 644—843）、萨迦时期（1247—1349）、帕木竹巴时期（PHag-mo-gru-pa，1349—1618）和噶丹颇章时期（dGav-ldan-pho-prang，1642—1951）。也可以作品分期，如“从《红史》到《西藏王统记》”。还可以年代分期，如“从 1643 年《西藏王臣记》的成书到 1946 年《白史》撰成的藏族史学”。

云南大学藏族史学学者王璞认为：以世纪分期比较合乎藏族史学思想发展的客观情况。可考的藏文史书撰写始于七世纪吐蕃王朝时期，从这一时期到吐蕃分裂的九至十二世纪是藏族史学思想的滥觞期。分裂使许多吐蕃史书散佚毁损，留存至今的史书稀少，藏族史学思想发生断层。十三世纪西藏归附蒙元中央王朝后，政治和社会环境较为稳定。十三至十四世纪迎来了藏族史学思想的复兴期。十五至十七世纪藏族史家在思维的广度和纵深上都有了质的飞跃。而自十七世纪以来，藏族史学思想逐渐走向成熟，史学已是一门显学。[①]

由于本书将少数民族史学史分为几个阶段叙述，而本章所叙的为唐朝至辽夏金宋的史学，故而本章也只是讨论滥觞时期（七至十二世纪）的藏族史学。

第二节 《敦煌本吐蕃历史文书》的史学特色

在二十世纪初被劫往国外的敦煌文献中，现藏于巴黎和伦敦的古藏文写卷总计近五千卷，其中属于传统历史编纂性质的藏族文献，是《敦煌本吐蕃历史文书》、《于阗教法史》和《北方若干国君之王统叙记文书》等。通过藏族学者噶钦顿珠的帮助，欧洲藏学家雅克·巴科等人合作，于1940—1946年出版了《敦煌吐蕃历史文书》[②]，另两种则载于法国藏学研究中心与巴黎图书馆合作出版的《敦煌古藏文手卷选集》第一、二两辑中（1978 & 1980）。在国内，这三份文献已由王尧、陈践两位先生编辑并译为汉文行世[③]。

《敦煌本吐蕃历史文书》由PT1288、ST705《大事记年》、PT1287《赞普传记》、PT1286《小邦邦伯家臣及赞普世系》三部分组成，作者不详。第一部分是松赞干布（墀松赞）至赤松德赞（墀松猎赞）时期的大事编年，这部分的

① 王璞《藏族史学思想论纲》，中国社会科学出版社，2008年，第18页。

② 《敦煌吐蕃历史文书》，*Documents de Touen-Houang relatifs a l'histoire du Tibet*，Annales du Musée Guimet 51，Paris，1940—1946.

③ 王尧、陈践译注《敦煌本吐蕃历史文书》，民族出版社，1980年;陈践、王尧编注《敦煌本藏文文献》（藏文版），民族出版社，1983年; 王尧、陈践译注《敦煌吐蕃文献选》，四川民族出版社，1983年。

写卷头尾均有残损，明确的编年始于狗年（唐高宗永徽元年，650），此年“厝赞普祖墀松赞之遗骸于琼瓦灵堂，长期匿丧不报。孙墀芒伦芒赞赞普驻于美尔盖。是为一年”。这一说法为他史所无。最后一个纪年是水兔年（唐代宗广德元年，763），其事为赤松德赞君臣会盟及任命大论。从记事来说，这部分的内容始于“赞蒙文成公主由噶尔·东赞域宋迎至吐蕃之地，杀泥婆罗之‘宇那孤地’，立‘那日巴巴’为（泥）王”。而末了一段所记年代已残缺，说的是唐蕃重申誓言之事。这份大事纪年以年为线索来排列史事，除残缺部分外，可以看出作者是按十二生肖的顺序一年不漏地依次将历史写出，每一年的史料基本分为四个叙事层次:“年份→赞普驻地→大事→‘是为一年’的结语”。如第 38 条记录说:“及至猪年（太后垂拱三年，687），赞普驻于辗噶尔，大论钦陵领兵赴突厥‘固山之境’。冬，定大藏之地亩税赋。坌达延墀松与努布·芒辗细赞、噶尔·达古日耸三人于‘桑松园’集会议盟。平息大藏首次叛乱。是为一年。”[①] 时间细化，地点明确，由是叙事结构和编纂结构显得很匀称，这是《大事记年》全文的一个总体特点。这一特点直接作用于每一位赞普从生到卒的每一个细节。这些细节包括赞普生于何地、驻跸、会盟、联姻、征税、大料集、征兵、打仗、畜疫、除逆、祭祖、驾崩乃至秘不发丧等等。文字虽简，史料和题材却很丰富，驻跸之地时常更换及会盟征兵之事反映出当时吐蕃尚处于游牧社会阶段，同时还有一个值得注意之处，那便是这些记录无丝毫佛教痕迹，完全着眼于世俗政治生活。这些内容多为同期汉文史料不载，又与许多西藏本土史家的历史视角有着根本差异，故可与后两类史料比勘互证，共同考释史实，如《旧唐书·吐蕃传》说吐蕃之俗“重壮贱老，母拜于子，子倨于父，出入皆少者在前，老者居其后”[②]。《敦煌本吐蕃历史文书》之《大事记年》却有迥异于此的记录，如第 64 条“及至牛年，(赤德祖赞）于琼瓦祭祀祖母墀玛类之遗体”。此类记载在《大事记年》中还有一些，西藏史书中历代赞普王妃（赞蒙）的名字是经常见诸史书的，牟尼赞普为母后鸩杀一事更是妇女干政之铁证，所

① 王尧、陈践译注《敦煌本吐蕃历史文书》，民族出版社，1980 年，第 101、106 页。

② 《旧唐书》卷一九六上《吐蕃传上》，中华书局，1975 年，第 5220 页。

以《新唐书·吐蕃传》的说法至少在王室方面是不正确的,《敦煌本吐蕃历史文书》则提供了关于吐蕃妇女史的另一种表述。

《赞普传记》以止贡赞普上名号开篇,《大事记年》中也有赞普年幼及成年时分别为之上名号的记载，这些内容都说明吐蕃王室很重视为赞普取名的生命礼仪，不同的名号代表着不同阶段的身份和地位。从止贡赞普至布代贡杰之间的情节,《赞普传记》与西藏本土的史书记载基本一致，而且《赞普传记》也认为止贡之前的赞普皆系天神之子。传记第二段为吐蕃历任大相史事。如吞米·中子甲赞努“此人异常阴险，对其亲妹吞米·萨牙登亦挟毒以进，妹饮剧毒遂为赞努所害”。第三段讲两个苏毗小王的故事，前者（森波杰达甲吾）亲小人，远贤臣，亡于臣下与后者的盟军；后者（森波杰墀邦松）令苏毗上下离心离德，又亡于臣下投靠的吐蕃囊日松赞政权。松赞干布时亦出了个大逆臣琼保·邦色苏孜，此人离间君臣关系，借赞普之手除掉了娘·莽布杰尚囊。书中用反讽手法刻画了琼保的奸逆形象，琼保最后事败以自杀了结了自己卑劣的一生。作者之所以反复写到这类人事，目的便是为了揭示辨忠奸、明善恶的主题！这一主题贯穿传记始终，也是作者史观之体现。君臣之间的莫测关系也让赞普不得不提防身边的大臣们，为此，吐蕃王室采取了一个心理慰藉大于实际功效的办法，这就是盟誓。在《敦煌本吐蕃历史文书》及吐蕃时期的碑铭中，盟誓是出现频率较高的史事。传记部分的一些人物常以歌唱的方式抒情言志，这既是为史书增色的心理描写，又反映出藏族诗歌话语的传统意蕴。

《赞普传记》以赤松德赞执政时为下限，共有八个部分，各有一个核心事件，概括起来一是王室中兴，二是大臣事迹，三是苏毗内乱，四是囊日政事，五是君臣盟誓，六是琼保恶报，七是争霸战争，八是赤松德赞史事及松赞干布史事补遗。名为“传记”，实际是纪事本末体例，就整个文书而言，体例是年表、纪传、纪事本末三者合一，有些类似中原正史“大综合”之编纂形式。第三部分的赞普世系一直续至朗达玛，加之前两部分的残损，故考察全卷尚难确定卷子最后的完成时间，不过就史料的叙述明确性及行文特点来看，卷子完成的时间不会距朗达玛时期太远。

世俗政治史观及明示善恶的史学主题是《敦煌本吐蕃历史文书》的历史哲

学内核，《大事记年》的时间、地点、人物、事件诸要素与《赞普传记》的具体叙述相结合，可以清楚地印证这两个主题，而其内容还有两个值得注意之处，那就是关于族群关系和藏族民俗的记载。这种历史题材和史料的增加在《于阗教法史》及《北方若干国君之王统叙记文书》中体现得就更为显著。究其原因，交流空间的扩大和史学视野的拓宽是敦煌史学文献之所以特殊的关键所在。此文书的世俗性除了作者未受西藏本土史学的太多影响外，当时佛教尚未在吐蕃扎根也是一个重要因素。

第三节　滥觞期的两部藏族史学代表作

一、《西藏的观世音》

藏历第一绕迴铁龙年（1040）[①]，印度超岩寺的首座阿底峡尊者应阿里古格王拉喇嘛绛曲沃的邀请，入藏弘传佛教。火狗年（1046）至木马年（1054），阿底峡驻锡聂塘。据说某天他在讲法时忽见红铁二山之间，云蒸霞蔚，流光溢彩，随后方知那是松赞干布的本尊幻显神殿。翌晨他与仆从前往神殿朝拜，在赞叹神殿建造工艺之际，他很想知道此殿的来历，当时大殿中忽然出现一位称作“拉萨疯婆”的老媪，她告诉阿底峡“在此神殿宝瓶柱的三庹半处，藏有此神殿建造者写下的文字，你取而视之，真相便可大白”[②]。次日阿底峡主仆三人从宝瓶柱下果然掘出三帙书卷，这次考古发掘最重要的成果即为（汉译为）《柱间遗训》、《松赞干布遗训》或《拉萨圣地志》。今人卢亚军将《柱间遗训》（甘肃民族出版社，1987年藏文铅印版译为汉文），题为《西藏的观世音》出版。

《西藏的观世音》是一册分章传记体史书，全书的编纂结构为：疯婆授记→观音化生→赞普施政→公主建寺。开篇作者即诗体礼赞观世音菩萨引出正文，这种方式为后世多数藏族史书采用。随后前三章的主要内容是：吐蕃雪域

① 一说为土兔年（1039）。

② 阿底峡尊者发掘，卢亚军译注《西藏的观世音》，甘肃人民出版社，2001 年，第 6 页。

原是野蛮边鄙之地，观世音菩萨曾受阿弥陀佛之托请求释迦牟尼为藏地众生宣说佛法，可是当时释迦牟尼行将入灭，便将教化雪域有情的重任委与观世音。观世音曾发誓不度尽世间有情自己的头颅就像葵花一般裂开，待观世音看到世间未脱轮回的有情还有如此之多，不禁心生迟疑，头颅立刻裂开，而阿弥陀佛将观世音的裂头合好以及释迦牟尼示寂的情形又进一步强调了救度藏地众生的主角非观世音莫属。作者指出这些文字多取自《佛说大乘庄严宝王经》。对于上古无文字的历史，以经代史是佛教族群的一种习惯思维，内中充满传奇色彩不足为怪，事实上每一个民族在以文字记录日常经历之前，都要经过以传说代历史的口述时代，重要的是，传说不一定能再现历史原貌，但我们从传说中往往能洞见上古时代的人类起源和社会背景，是书的四、五两章就讲述了人类、人王、藏王的起源，而这些说法多为后世史家承袭或考证，构成了藏族史书历史观的共时性母题。

《西藏的观世音》第六章至第十六章是全书的主体部分。在略讲吐蕃王统之后，作者以全书三分之二的篇幅细述了观世音如何使藏地出现人类且如何化身作松赞干布为吐蕃臣民谋利益的政绩，这些史事依次为创制文字、制十善法、迎奉本尊、征服邻邦，最后的压轴戏则是松赞干布遣使迎娶赤尊公主和文成公主，在文成公主的协助下，赤尊公主几经失败终于主持建成大昭寺，文成公主也督饬唐朝工匠完成了小昭寺的建造，其中许多关键史事成为后世史家在记述松赞干布生平时首选的资料。

本书的作者具有深湛的文字功底，散韵相间，叙事清晰。作者在开篇揭示拉萨疯婆的来历时的评论，递进解释包含了许多佛法要旨，且突出了历史笔法的特点，即易于众生理解。这种细腻的语言特色亦体现在本书的细节描写上，如泥婆罗（Bal-yul）工匠修建镇妖神殿的描写既是一段大昭寺建筑史的详细史料，又反映出松赞干布时期本教与佛教并存的事实。吐蕃遣使迎娶赤尊公主和文成公主的过程将全书情节推向了高潮，特别是迎娶文成公主一段无论行动、对话、形象描写皆十分细腻生动。同时，以诗歌叙事言志亦是本书反复运用的历史文学手法，文成公主赴吐蕃前曾表达了一位和亲远嫁者正常的担心："本尊释迦牟尼佛 / 吐蕃好比恶鬼城 / 我要财宝享天年 / 吐蕃胜似广寒宫 / 我要穿戴够

一生 / 吐蕃之人太任性 / 好事生非不听用 / 我要亲信五百名 / 吐蕃佣人不洁净 / 我要自己带仆从。”[①] 书中说，文成公主作为嫁妆带去藏地的物品清单，说明文成公主传到吐蕃的这些知识至少在历算、占卜、建筑、医学、佛教五个方面对藏文化的影响是直接而显著的。

《西藏的观世音》一有空行母的授记，二是记载了观世音之化身松赞干布如何将雪域众生引向教化之路的功绩，三有许多殊胜记录。这些，都是该书史学功能及史学价值的阐释，其隐含的主题也随之浮现：松赞干布是观世音菩萨的化身，吐蕃乃诸佛、诸菩萨之教化地，佛教是藏民康乐的源泉和依托，供奉此书等同供奉佛教。深一层说，《西藏的观世音》之史学思想内核，便是它讲述了藏族人如何由蒙昧最终走向文明的历史，它揭示了这一转型期藏族人历史观和史学观的真实变化，这是藏族史学思想滥觞期在历史哲学层次上的客观表述。

尽管该书最后的传人“我”并未署名，但综合诸史实可以得出以下几点：一、该书的主体部分“遗训”系松赞干布自己写下或自己述说而由专人记录成卷；二、该书历经十传；三、该书是根据原本所著的详本；四、该书是经校订的手抄善本。该书的题材涉及佛教、王统、圣迹等类，多为后世藏族史书的选材之源，少量新史料的加入是后世史家整合历史源流的需要，并不影响全书史料的可信度。

二、《拔协》

《拔协》（一译《巴协》）是西藏早期的一部历史名著，1980 年民族出版社以北京民族文化宫图书馆收藏的藏文手抄本为底本，参考西藏的两种本子校勘印行了此书，这几种本子都写到桑耶寺建成后吐蕃上下欢庆娱乐为止。另外还有一种增补本，主要有拉萨油印本和法国藏学家石泰安（Rolf Alfred Stein，1911—1999）1961 年在巴黎出版的影印本。佟锦华与黄布凡伉俪依照后一种本子将《拔协》译为汉文，1990 年 10 月由四川民族出版社以藏汉对照本形式出版[②]。

---

① 阿底峡尊者发掘，卢亚军译注《西藏的观世音》，甘肃人民出版社，2001 年，第 169 页。

② 拔·塞囊著，佟锦华、黄布凡译注《拔协》（藏汉对照本），四川民族出版社，1990 年。

一般认为，《拔协》的作者是八世纪吐蕃第一批剃度出家的“七觉士”之一的拔·塞囊（法名耶喜旺布），书名的“拔”即指拔·塞囊，“协”意为“见解”、“陈述”，此处当“论著”讲，“拔协”的意思就是拔·塞囊撰写的著作。松巴堪布益西班觉（1704—1788）在《如意宝树史》中认为该书的作者还应加上赤松德赞的重臣桑喜（Sang-shi）。第三种意见认为《拔协》增补部分是后弘期的高僧库敦·尊珠雍仲（1011—1075）完成的。

《拔协》在正文开篇就以散韵二体结合的语言道出全书题材：“赞普赤松德赞、堪布（菩提萨埵）和上师白玛（莲花生）时期弘扬显密二宗的拔著正文与续篇：以密宗三部怙主的神变 / 调伏食肉红脸人的祖孙三王 / 我向之顶礼 / 详细编撰这部历史。”密宗三部怙主是佛部的文殊菩萨、金刚部的金刚手菩萨和莲花部的观世音菩萨。祖孙三王指的是松赞干布、赤松德赞及赤祖德赞三位赞普[①]，在藏族人看来，松赞干布是观世音菩萨的化身，赤松德赞是文殊菩萨的化身，赤祖德赞则是金刚手菩萨的化身，三位菩萨变为人王是为了教化雪域的“食肉红脸人”[②]，历史上三位赞普执政时期也是吐蕃王朝的三个兴盛期。《西藏的观世音》在开篇也有类似诗赞，可见菩萨化身为赞普是吐蕃时期的藏族精英们基本认同的史观。

松赞干布遗训上说在一个叫“德”字的赞普时，吐蕃佛法将会兴盛，赤德祖赞认为遗训中说的人就是他，于是他开始迎经建寺。松赞干布卒后，噶尔家族一度执掌吐蕃实权，都松莽布杰赞普即位后剪除了噶尔势力，但到其子赤德祖赞时朝野实权之争又成为无法回避的严峻现实。迎娶李唐金城公主及弘扬佛教双管齐下，成为赞普加强王权的有力措施和依托。赤德祖赞去世后，亲本大臣与佛教信徒开始公开对抗。赤松德赞主政后设计除掉了尚·玛降，又遣塞囊

---

① 根据汉籍与《敦煌本吐蕃历史文书》之会证，现藏学界一类代表性的观点认为：松赞干布生于617年，卒于650年；赤松德赞755年至797年在位；赤祖德赞约815年至838年在位（王森《西藏佛教发展史略》，中国社会科学出版社，1997年，第1—22页）。

② “食肉红脸人”是对佛教输入前吐蕃人习俗的描写，多译作“食肉赭面人”，藏族百姓喜食肉，且食量大，古今皆如此，“赭面”之译源出《旧唐书·吐蕃传》：“（文成）公主恶其人赭面”、《新唐书·吐蕃传》：“（吐蕃人）以赭涂面为好”等句。

赴泥婆罗迎请静命（即菩提萨埵）和赴乌仗那[①]迎请莲花生入藏兴佛，经过复杂的斗争，静命以辩经击败了本教徒，赤松德赞则把崇本反佛的大臣流放到边地，第三次兴佛最终以桑耶寺在卯年建成并有吐蕃首批出家人——“七觉士”剃度而告成功，这也标志着佛教地位在吐蕃的正式确立。佛教虽把本教暂时压服，但佛教内部又起争论。当时一个名叫摩诃衍那[②]的大乘和尚，从内地来到吐蕃传南禅顿悟法门，由于简单易学，吐蕃百姓多转向信此禅法。值静命已逝，他的忠实弟子依他遗言请来了他在泥婆罗的高徒莲花戒与摩诃衍那辩论。关于这场顿、渐之争，此书说莲花戒一方胜，摩诃衍那一派被逐，但在一些汉文文献中却说摩诃衍那胜出。

此书的叙述层次便是按上述三次本佛之争及一次佛门顿渐之争展开的，其中有一些王政记录，但全书始终围绕兴佛这一主题，开篇交代赤德祖赞的事迹除了历史连续性的考虑外，为后文主题作铺垫恐怕是作者的真实意图，最终拔·塞囊在书中想要阐明的主旨便是八世纪以密乘为主的印度佛教最为殊胜也最适于吐蕃君民。以人物而论，掌政后的赤松德赞与塞囊、桑喜等人是坚定的佛教拥护者。大臣里除少数人支持佛教外，又分为两类：一是本教信徒；一是首鼠两端者，二者在受权力欲驱使这一点上又有共性。百姓们先是崇信本教，后被软硬兼施改信印度佛教，摩诃衍那一来，又趋信顿门，其态度因内、外力变化无常，他们对佛教总的来说仍是一种疑信。不过从中可以看出，本教、顿门的内核要素易于大众理解和实修，早期的佛教密乘则要求信徒在修习上有一个阶段性过程，而且修密法者必须依止上师，否则容易理解偏差误入邪途，当时密乘系统自身也欠成熟，所以要使民众迅速转向以密乘为主的印度佛教信仰，困难是可想而知的。尽管如此，作者在书中仍忠实地记录了本教强大的实情，即使在佛教占据统治地位的今天，本教依然存在于藏区，足见其民间基础之深厚。

《拔协》有一半篇幅都用于描述桑耶寺的修建经过及建成庆典，桑耶寺的

---

① 乌仗那，在汉籍中也译作“邬坚”、“乌苌”，地在今巴基斯坦北部斯瓦特河谷一带。

② 敦煌汉文本《顿悟大乘正理决》写作“摩诃衍”。

造像、壁画和建筑的细节描写是重彩之笔。所有这些工程都与律藏的规定相合，所有壁画传承皆与经藏所讲相同，所有塑像都与密乘所说相符。总共有塑像79尊、经部续部的传承画像14部、柱子1002、大门36、小门42、大梯6、大钟8、大绢画3、大长幡8等等。还修有符合论藏（对法藏）的四大洲和十二小洲以及日月殿等等。这一建筑样式实际是以印度的欧丹多菩梨寺为蓝本，体现的是佛教的“世界”理念。桑耶寺建成后，吐蕃上下举行了盛大的开光典礼，一幕幕欢乐的场景都绘在桑耶寺围廊的门后，以赤松德赞为首的王室成员及诸大臣共同盟誓。这段历史可用文献、壁画及碑刻三种史料共证，由于以桑耶寺为核心的历史《拔协》记录得最为详尽，故《拔协》又名《桑耶寺详志》。

由于作者是历史的直接参与者，兼有历史主体和历史认识主体的双重身份，故《拔协》史料价值较高。后世的藏史名著，从十二世纪娘·尼玛沃塞的《佛教史花蜜精露》到十四世纪的《佛教史大宝藏论》、《雅隆尊者教法史》以至十八世纪的《如意宝树史》引用《拔协》之处甚多，原因就在于其史料可信度较高。

《拔协》正文的体例可视为赤松德赞朝的起居注，而桑耶寺的修建史又是一部艺术志和寺志。《拔协》与《西藏的观世音》在历史哲学层次的相似之处便是佛教史观的表述，两部史书的共同之处还在于主题鲜明，叙事翔实，历史文学的个性有所萌发。《拔协》对史实的认知则更为明确，而由于历法不发达，二书的时间表述基本处于模糊状态。

《拔协》的正文以吐蕃宫廷内乱及赤松德赞隐居修行的惨淡结局收尾，正文有三份：“一份存在拉萨、一份送到康区、一份保存在王库中。”[①] 增补部分讲述牟尼赞普至后弘期佛教复兴之间的史事，增补继承了正文之细节描写及对话描写的叙事风格，形象地反映出吐蕃分裂之初佛法的衰颓，不过当时佛教尚未在藏区扎根，既非劲草，自抗不住疾风。本教和佛教在吐蕃王朝崩溃后散入民间，反而给了这两种宗教自由发展的空间，民众和佛教之间也有了

① 拔·塞囊著，佟锦华、黄布凡译注《拔协》（藏汉对照本），四川民族出版社，1990年，第56页。

相互选择的宽松环境。除了开始关注佛法传承的系统外，增补部分的作者对政治史事的记述较正文明显加强，如牟尼赞普均贫富的改革，赤祖德赞时与唐朝的长庆会盟等。

今天我们很难考证增补部分的作者是谁，但这部分史事以阿底峡入藏传法为下限，分裂时期的历史记载又较为详尽，据此判断作者大约是十二世纪的人。而篇末的结语则是作者史学理论的最好阐释："关于佛法兴起的不同的历史记载虽然有很多，但有些是胡说、有些抱偏见、有些太简略、有些太零碎、有些又是伪作。而本书不违背从前各赞普王臣的论述，不违背印度和吐蕃的译师、班智达等的著作，不违背卫藏各地寺庙的修建情况，所以是佳善的、是确凿的、是认真写的、是好好说的。但是，因为自己是一个凡夫，所写书中，可能有错误。"作者首先对秽史作了分类：胡说、偏见、简略、零碎乃至伪作，而此书正文及增补遵循三个"不违背"原则，所以符合良史的标准：佳善的、确凿的、认真写的、好好说的。要达到这些要求并非易事，历史哲学和历史编纂学素养不错的史家，往往就因表达能力差强人意而使史实无意间被歪曲，不能准确传达历史信息。作者在结语中接着说道："众人皆知秘诀，谁还能当学者。著述莫要给人，牢记心中去说。写后放入箱里，有如墓中财宝。尊者谁若需要，可以对他讲说！以上就是对详细王诰的补充，完了。"① 这段话说得隐讳含糊，作者在此自是想说明他（她）写的增补本是独一无二的史料，所以只能对有缘人开示，好似随葬品一般。仔细咀嚼书中内容，原因极有可能是他（她）写了一段真实却为许多藏民忌讳的事情：文成公主因为破坏改造了吐蕃所有的地脉，所以得麻风病而死。藏族人对传染性极强的麻风病十分忌讳，患上此病有两种选择：要么离开人世，要么远离人群，隐居山林，自生自灭。在佛教信众看来，文成公主是绿度母的化身，一些佛教史书认为文成公主最终与松赞干布、赤尊公主一道融入观世音像眉间②，说她死于麻风病，这不仅是对她，也是对佛教的亵渎。书中所言，拉萨疫病的流行是释迦牟尼及文成公主

① 拔·塞囊著，佟锦华、黄布凡译注《拔协》（藏汉对照本），四川民族出版社，1990年，第76页。
② 阿底峡尊者发掘，卢亚军译注《西藏的观世音》，甘肃人民出版社，2001年，第281—282页。

所致，自然是朗达玛出于本教观念对二人的诅咒，但在《拔协》与《如意宝树史》互证之下，文成公主、松赞干布和赤尊公主皆为麻风病夺去生命这一说法盖为事实。因此实录这段历史难免招致后人诟病，当然作者可能还有其他的顾虑，故将此段结语写得有些语无伦次。不过总的说来，尽管作者谦称自己是一个凡夫，但在书中他（她）已展现出良好的史学思想素养，包括对历史的认知、对史料的把握、对编纂原则的确定、对良史和秽史的区分以及历史文学意义上清晰的叙事层次、细腻的历史笔法等等，这些才是增补部分的价值所在。

第四章

南诏大理时期各族史学

第一节　南诏大理的各民族

一、南诏国与大理国

初唐时期，唐皇朝加强对西南地区的控制与管理，先后设南宁州都督府、姚州都督府、嶲州都督府以统辖。到七世纪中叶，滇东的爨氏政权在唐王朝的打压下开始衰落，洱海周边形成了六个较大的民族部落，史称“六诏”。唐开元二十六年（738），蒙舍诏（在今云南巍山县南部）首领皮罗阁在唐皇朝的扶持下兼并其他五诏，建立南诏国。是年，南诏迁都太和城，唐封皮罗阁为“云南王”。皮罗阁死后，其后代经过约半个世纪的扩张，疆界包有今云南全境、四川南部、贵州西部、缅甸北部、老挝及越南北部。天宝后，南诏和唐的关系始终处于时战时和状态，一直到南诏灭亡。

天复二年（902），南诏清平官郑买嗣杀死南诏皇帝隆舜化贞及其幼子，夺位自立为王，号称“大长和国”。后唐天成二年（927），东川节度使杨干贞杀郑隆亶，立“大义宁国”。

后晋天福二年（937），通海节度使白蛮段思平联合滇东三十七部进军大理，推翻了“大义宁国”，建立了大理国。大理国基本承袭南诏的版图，《元史·地理志》载:“其地东至普安路之横山，西至缅地之江头城，凡三千九百里而远；南至临安路之鹿沧江，北至罗罗斯之大渡河，凡四千里而近。”[①] 设八府、四郡、三十七部，传二十二世，共三百一十八年，与宋代相始终。

我们所说的南诏大理即指唐宋时期在云南等地建立的南诏国和大理国政权，时间是自唐开元二十六年（738）至宋宝祐二年（1254）。

---

① 《元史》卷六一《地理志四》，中华书局，1976 年，第 1457 页。

二、南诏大理时期的民族

据《云南志》记载，南诏大理政权区域内的民族主要有：乌蛮、白蛮、和蛮、徙莫祇蛮、锅锉蛮、施蛮、顺蛮、磨些蛮、寻传蛮和裸形蛮，以及傣族祖先黑齿蛮、金齿蛮、银齿蛮、绣脚蛮、绣面蛮等，这些部族构成了今天云南少数民族的主体部分。

南诏时期，“乌蛮”与“白蛮”是政权内两个比较重要的部族，乌蛮是由两汉时期西南夷中的昆明族和叟族分化组合而来，大体上是今天彝族的祖先；“白蛮”是以两汉时期的僰人为主体融合汉人和其他民族的成分发展演变而来的，是近代白族的先民。“乌”、“白”二字所表示的是社会经济文化发展程度上的不同。以汉文化来衡量，接近汉文化的称“白蛮”，远离汉文化的称“乌蛮”。①

“黑齿蛮”、“金齿蛮”、“银齿蛮”、“绣脚蛮”、“绣面蛮”，皆为今天傣族先民的不同称呼。两汉时期的滇越，汉晋时期称为“鸠僚”，南诏、大理时期称为“金齿蛮”、“银齿蛮”、“黑齿蛮”、“绣脚蛮”等。这些称呼，皆因傣族先民好纹面、纹身、染齿之故。主要分布在永昌、开南节度境内，相当于今云南省保山南部、德宏、腾冲、临沧东西部、思茅、西双版纳等地。

依据《蛮书》的记载，南诏境内还居住着“磨些蛮”、“寻传蛮”、“裸形蛮”、“和蛮”、“望蛮”、“僚”、“苗”、“扑子”、“施蛮”、“顺蛮”、“长裈蛮”、“锅锉蛮”等部。至于大理时期，这些部落或合并，或发展，仍然分布于境内的各个地区。及至近代，即形成了今天的纳西、阿昌、景颇、哈尼、佤、壮、苗、德昂、布朗、傈僳、拉祜等族，构成了今天云南少数民族的主体。

大理国时期，境内民族与南诏时期基本一致，无较大之变化，只是“乌蛮”作为统治民族退出了历史舞台，成为被统治民族，而白蛮则成为大理国之统治民族与主体民族。

---

① 方国瑜《关于“乌蛮”、“白蛮”的解释》，《方国瑜文集》第二集，云南教育出版社，2001 年，第 36 页。

三、南诏政权王室的族属

大理政权系白族先民所建，为学界所认同。对南诏王室族属问题，学术界进行了长时间的争论、研究，至今仍存在分歧，归纳起来有以下几种观点：

1. 泰族说。十九世纪末，西方一些学者提出，泰国泰族、缅甸掸族、老挝佬族与中国壮族、傣族是同一民族，其起源于中国川、陕交界，并在云南建立了南诏国。后来，蒙古军灭大理国，导致泰族民众大批向南迁移。针对此说，二十世纪三四十年代以来，凌纯声、冯汉骥、方国瑜、许云樵、江应樑、杜玉亭、陈吕范、贺圣达等，对南诏史做了大量实事求是的科学研究，通过对大量史实材料的考证分析，证明南诏不是傣族建立的国家，并指出南诏泰族说出于政治目的，旨在为瓜分中国西南边疆提供理论依据。

2. 彝族说。刘尧汉等学者通过社会调查、家谱、文物、风俗、语言和民间文学等，认为，南诏王族蒙氏出自彝族，南诏是彝族先民蒙氏在唐中央政府的支持下联合白族和其他民族上层建立的，隶属于唐剑南节度使的云南地方政权。

3. 白族说。方国瑜、杨永新、赵寅松、陈碧笙、李一夫等学者，从各个方面对白族说进行论证，认为巍山的土著居民是白族，南诏统治者细奴逻家族也是白族，而彝族则是南诏时代从滇池地区迁来的，而不是巍山土著居民。

4. 彝族、白族先民共同建立南诏政权说。此种观点认为南诏王室当属“乌蛮”即彝族先民，而南诏政权的贵族统治者大多为“白蛮”即白族先民，这种观点目前基本上被绝大多数反映云南地方民族历史的著作、文章所采纳。

5. 还有学者提出南诏大理政权是一个民族建立的观点，即“南诏—大理民族”。[①] 他们认为今天的彝族与白族和南诏—大理共同体之间的关系是，历史上的南诏—大理民族共同体是原生形态的民族，今天云南的白族和彝族则已经是次生形态乃至再次生形态的民族。后者由前者演化而来，但并非简单地延续。

① 何叔涛《南诏大理时期的民族共同体与兼收并蓄的白族文化》，《云南民族学院学报》2003年第2期。

第二节　唐宋史家的南诏大理史学

南诏大理国政权，基本与中原的唐、宋王朝相始末，因而，在中原皇朝国史中不可缺少地对南诏大理时期的社会经济文化及民族状况有所记载，这些记载成为今天研究云南古代民族史学的重要资料。

一、新旧《唐书》和《宋史》的南诏大理民族史学

刘昫领衔编撰的《旧唐书》，依《史记》、《汉书》体例编录边境事迹为专篇，其卷一九七《南诏传》，专门记载南诏政权。该传为唐朝国史馆之旧文，大都录自案册，潦草塞责，官书气息异常严重。所记史实，贞元（785—805）以前事较详，元和（806—820）后甚略，至开成（836—840）、会昌（841—846）年间，仅记入贡数语。在此以后，南诏与西川、安南多兵事，应更加详，反缺而不书。[①] 此外，还有许多错误之处。

《新唐书》卷二二二《南蛮传》，分为上、中、下三卷。前两卷为《南诏传》，所载全系南诏之事，有南诏地望、世系、职官、习俗、农业生产及异牟寻死前之历代业绩。中卷，除补足《旧唐书》关于元和以后诸事所记缺外，还记载了蒙嶲、越析、浪穹、邆赕、施浪五诏之兴亡。其下卷之“两爨蛮”、“昆明蛮”、“松外蛮”、“西洱河蛮”、“姚州蛮”、“扑子蛮”、“望蛮”、“黑齿蛮”、“三濮蛮”诸条，对南诏时期的各民族基本都进行了记载。与《旧唐书》相比，有关记载更为详细。

元修《宋史》，其卷四八八所载《大理国传》，大都就公牍转录，多见于宋代纂辑之书，尤其以《宋会要》为最多，因此，其内容基本为宋代史书之所载。《宋史》以大理列入《外国传》，所记载有316年历史的大理国史仅六百余字，甚为简略，内容主要是大理国入贡及与宋之马匹互市两事件。学者认为，北宋统治者总结唐朝灭亡的教训，提出“唐亡于黄巢，而祸基于桂林”[②]。唐朝

① 方国瑜《旧唐书南诏传概说》，方国瑜主编《云南史料丛刊》第一卷，云南大学出版社，1998年，第370—371页。

② 《新唐书》卷二二二中《南蛮传中》，中华书局，1975年，第6295页。

末年，唐、南诏关系恶化，南诏不断攻打唐朝边地，为防御南诏，唐朝在南方驻扎大量军队，驻扎桂林的戍兵发生兵变，最终导致唐王朝的灭亡。所以宋朝史书对南诏后的大理也记载简略。

比较新旧《唐书》及《宋史》对南诏与大理的记载可以看出，唐、宋两朝在民族观及治国理念上有着明显的差别，即唐朝实行的是较为开放的民族政策，并努力把南诏纳入到其统治范围之内。而在两宋统治者看来，前代祖宗留下的疆土当慎守之，而开疆拓土或经营边徼则是“贪无用之地”，将导致劳师动众、得不偿失的消极后果，这样的民族观及治国理念对两宋时期的民族关系影响极大。而对少数民族政权持一贯固有之偏见，采取不宜往来之政策以望达到不给少数民族袭扰本土机会的政策，本身就是狭隘的民族观及治国观。同时，由于两宋王朝疲于与北方辽、夏、金的战争，无暇顾及西南地方政权大理国，故《宋史》对大理国的记载甚简略也就可以理解了。

二、唐宋人出使记和游记的南诏大理史学

南诏时期，有关南诏史实的记载更多的见于唐人所撰写的史籍中，这些史籍大多是唐人出使南诏或游历南地后所作，故其史料价值极高。计有梁建芳《西洱河风土记》，袁滋《云南记》五卷，佚名《云南事状》一卷，韦齐修《云南记行》二卷，徐云虔《南诏录》和樊绰《蛮书》十卷等。这其中大部分已亡佚，残存之史料是南诏历史的真实记录。

1.《西洱河风土记》。此书为唐贞观年间梁建芳所撰，是现存最早较完整记录当时洱海地区各民族先民生活的珍贵史料。唐贞观二十二年（648），唐太宗命武侯将军梁建芳率巴蜀十三州兵马征“松外诸蛮”，直达西洱河地区。回京后梁建芳根据耳闻目睹写了一份调查报告奏上，以后收录于《通典》、《新唐书·南蛮传》、《通鉴》、《册府元龟》、《太平御览》等诸书之中。方国瑜先生将散布于诸书中之文字辑为《西洱河风土记》，并对其史料价值给予高度评价，认为“这是极其重要的史料，因为在这区域有数十百部落，人口众多，对洱海区域民族和经济文化发展，起着重要作用”。

西洱河地区主要指今天洱海周围的大理、巍山、弥渡、宾川、祥云、洱源

一带，这里的居民有昆明蛮与河蛮，也就是《华阳国志·南中志》云南郡条所说："其地有上方下方夷。""上方夷"即原住之昆明蛮，"下方夷"即后迁来之河蛮。而《风土记》所记之则为"下方夷"河蛮。[①]对研究洱海地区的民族分布及变迁的问题具有重要价值。

2. 袁滋《云南记》五卷。《旧唐书》卷一八五《良吏传》载，袁滋于贞元十年（794）出使云南，册封异牟寻为南诏王，其"因使行，著《云南记》五卷"。此书已亡佚，但学者考证，其许多资料被樊绰转录，撰成《云南志》（即《蛮书》）一书。

3.《云南事状》一卷，记唐末群臣奏议招抚云南诸蛮事。作者佚名，或云为唐相卢携的奏草。该书是唐代云南各族与中原政治交往活动的珍贵史料，虽内容零散，但仍可为研究云南各民族历史提供参考与借鉴。

4.《云南行纪》二卷，唐韦齐休撰。晁公武《郡斋读书志·后志》卷一载："《云南行纪》二卷，唐韦齐休撰。齐休长庆三年（823）从韦审规使云南，记其往来道里及其见闻。"此书已佚，向达先生在校注《蛮书》时，附录辑佚《云南行纪》、《云南记》之文二十余条，从中可知，《云南行纪》多记物产及山川，为旅途见闻。[②]可对南诏时期社会经济、文化等方面的研究提供重要参考价值。

5.《南诏录》，唐徐云虔撰，所记皆为其出使南诏的经历及见闻。此书三卷，久已亡佚。但仍可从他书中窥见其内容。如《新唐书·南蛮传》所载之风土，乃采樊绰之《云南志》及徐云虔之《云南录》二书相错录之。是研究南诏社会史事之重要材料。

6. 樊绰《云南志》。唐樊绰撰《云南志》，为现存研究南诏史事之重要典籍。全书十卷，分云南界内途程、山川江源、六诏、名类、六赕、云南城镇、云南管内物产、蛮夷风俗、南蛮条教、南蛮疆界接连诸蕃夷国名十篇。所记云南历史、交通、民族分布、物产、风土以及农业与手工业之发展状况，特别是

---

① 方国瑜《西洱河风土记概说》，《云南史料丛刊》第二卷，云南大学出版社，1998年，第217页。

② 参见方国瑜《〈云南行记〉佚文概说》，《云南史料丛刊》第二卷，云南大学出版社，1998年，第242页。

南诏社会发展、制度、军事训练及其与唐朝的经济文化交流等，多颇珍贵。

该书有《云南志》、《云南记》、《云南史记》、《蛮书》、《南夷志》、《南蛮志》、《南蛮记》等多个名称，究其原因，乃樊绰撰成此书上进时，未定书名所致。晁公武《郡斋读书志》等书称之为《云南志》，《新唐书·艺文志》、《四库全书总目》皆称其为《蛮书》。现一般将《云南志》与《蛮书》并称。

作者樊绰是唐懿宗时安南经略使蔡袭的属吏。咸通三年（862）二月，蔡袭在赴任的途中，差遣樊绰率领健卒二十人先行潜入南诏军队控制区，调查南诏军事部署的虚实。其年冬，南诏前锋部队进围安南城，蔡袭据城坚守以待救援。次年正月，城陷，蔡袭阖宗死者七十余人，樊绰乘间携带经略使印信突围浮水逃脱，暂留郡州待命。六月，南诏挥师进取郡州，郡州告急，樊绰复转赴藤州。不久，始奉唐中央政府之命还归长安。以后樊绰受命任夔州都府长史。[①]方国瑜先生认为，樊绰随蔡袭入安南，咸通四年（863）留居安南一年，作《云南志》，次年正月撰录成十卷书，二月托“镶州节度押衙张守忠进献”。[②]

樊绰曾访问云南，此后就留意搜集有关南诏历史和现状的材料，尤其是南诏文臣之撰述，还重点参考了袁滋《云南记》及韦齐休《云南行记》等，终于撰成此书。方国谕先生认为，此书主要史料来源，疑为袁滋所得南诏文臣撰成之地方志。[③]据此，南诏政权内已有撰史之事实，或南诏政权已有撰史之惯例。

樊绰《云南志》不到三万字，分为十卷，“对于自唐朝进入云南的交通程途、云南的重要山脉河流、重要的城镇、六记和其他民族间概略、物产以及当时农业生产的概况、各族特别是南诏的生活习惯、南诏的一些特殊制度和军事训练以及和南沼毗连各国的大概情形，都有系统的记录，而尤详于南诏”[④]。几乎包括了地方志书应该包括的所有要素，具有民族地方志书的体例，代表了南诏时期云南地方史志之高峰。

---

① 参见赵吕甫《云南志校释·序言》，中国社会科学出版社，1985年，第2页。

② 方国瑜《云南史料目录概说》，中华书局，1984年，第157页。

③ 方国瑜《云南史料目录概说》，中华书局，1984年，第159页。

④ 向达《蛮书校注·序言》，中华书局，1962年，第3页。

该书对南诏境内的民族记载，基本涵盖了当时各个民族，可以说是一部云南民族古代通史，对云南民族史志研究具有重要价值。该书对民族地区的建筑形式、婚姻习俗等方面的记载，为云南民族的文化与习俗史的研究，提供了丰富的素材。

樊绰在撰录此书时，虽是以唐朝的利益为根本出发点，在文中对南诏侵占及掳掠唐朝边地进行谴责，但同时也揭露了唐西南边疆“长吏苛暴，恣杀无辜，致令众蛮告冤”，南诏“因兹频来攻掠”等事实。[①]说明樊绰具有了史官或史书编撰者必须具备的秉笔直书的撰史品质。

第三节　彝族史家及史学

隋唐宋时期彝族史学得到了迅速的发展及壮大，取得了超越前人的成就，比较著名的彝族史学家也比此前多了很多。当前还有作品传世的隋唐宋时期的彝族史学家有布独布举、布塔厄筹、举娄布佗、实乍苦木、布阿宏、布麦阿钮等，他们继承和发展了前人的史学思想，在史学理论、史学思想和研究方法等方面都有所突破和创新。

一、布独布举的史学

布独布举传世的论著较少。在所著《纸笔与写作》中，他十分推崇举奢哲所取得的史学成就，在论述时常用“君师举奢哲，他是这样写，他是这样论”，“奢哲所写的，智者读就懂，奢哲他写道”等语句。又用“举奢哲所创，举奢哲所写。布独布举我，也是这样写”等话说明学术来源。用“举奢哲所教，必须照此行”，“大师举奢哲，他是这样讲，所有写读者，这样做才行”等话，对史家提出明确的要求。他认为，“奢哲诗与文，智慧无法比”，因此“布独布举我，奉之若规矩”。大力宣扬举奢哲的史学理论，奉为圭臬。

布独布举十分重视学识的积累，强调“诗文读百本，熟读自然明”。认为

① 赵吕甫《云南志校释·序言》，中国社会科学出版社，1985年，第4页。

史家只有勤奋学习，努力扩大知识面，提高思考和分析能力，才能掌握历史研究的技巧。此外，对于“纸”和“笔”对历史著述的重要作用，也有认识，说：“如若没有笔，用什么来写？记史就难了。后来智者多，智者会造纸，智者会做笔，凡事都可写。史臣这才呀，能将历史叙。”

古代很多彝族经学家、史学家和诗学家都曾引用过布独布举的观点，说明他还有不少其他的历史著述，可惜未能传承下来。

二、布塔厄筹的史学思想

布塔厄筹是隋唐时期最有成就、对彝族史学发展贡献最为重大的彝族史学家，他所著的《论诗的写作》等著作，反映出他的史学思想。他重视纲目分明的记史方式，强调信史为美，要求文理通达，主张明确史评标准，理清学术源流。他敢于秉笔直书，针砭时弊，进一步发展了朴素民主的史学思想。

1. 撰史重视纲目分明，强调信史为美，要求文理通达。

布塔厄筹认为“凡书供阅读，史须这样写，纲目贵分明，史实信为美”。他以古代彝族社会自笃慕（笃米）以后虽支系繁多但记事有序、世系分明的历史为例，说“要探真历史，先说古笃米。笃米子多少？父子名相联，一说便知道。人人容易记，父子孙排好；支系有根生，讲写都明了”，强调写史要注重父子连名的谱系。又引用举奢哲和布独布举的相关论述“古时奢哲说，写只抓大纲，有纲就明详。又有先大师，布独布举他，也是这样讲：抓纲抓大纲，细节且莫忙——祭祖先祭长”作进一步阐述论证，指出“所有写史人，若不抓根本，小事难弄清”。他强调只要“理出大根来”，那么“小者自然明”。因此，“史从大根起，细节且慢问”。在理出大根的同时，还须“写时多留神”，才能“人事条理清，易记易传颂”，即史家撰史时叙事要条理清晰，论述要文理通达，才能成为“易记易传颂”的史著。

他指出“彝地读书者”都“须知彝家事”，每个人都要有了解历史的使命感和责任感。认为彝族历史文化源远流长，“任你怎么写，会写写不完”。由于“彝地事确多，历史靠手写”，所以史家在著述时可以根据研究需要灵活变通，“书大或书小，作者拿主意”，“宜长就长写，该短就短写”，即便是“心中想象事”也要“可靠才去写”，始终强调“史实信为美”。

2. 明确史评标准。

布塔厄筹认为史著和史家优秀与否的重要的评判标准是记载是否全面、真实和清楚。他认为，史家不但要把“君威怎么样”、“为臣怎么样”、“民情怎么样”都“详叙论”、“如实评”、“表白尽”，而且“叙事要明了，事由要讲清”。强调“写史写人物”只有达到“它所记的事”，“君来也赞美，臣也说真实，民众都赞成”，“这样写才行”，即史著不仅要让统治者认可，还要让民众认可。另外，认为针对不同的研究对象和内容有不同的谋篇布局方式，如“要写长书的，书要这样写”，但相较于著史而言：“写史史又长，你将怎样写？”其重点在于“论史要明畅，探史要探根，根由要辨明”。指出只要“心中文理通，写史就明确”，即叙事清晰、文理通达才能使史事明了。

布塔厄筹的诗论中涉及统治者与人民的关系，揭示了这一时期彝族社会内部“君长”、“大臣”与“民人”、“长工”之间的压迫与被压迫、剥削与被剥削的关系。“君长的房后，白马和黑马……民人来放马，民人来养马。可怜呀可怜，民人真可怜！”“大臣的房后，白羊和黑羊……长工来放羊，一时山垭转，一时山脚跑；白羊和黑羊，长工跑累了，可怜呀可怜，长工真可怜！”“地是君家地，好地臣都占。”可见“民人”与“长工”连最基本的生产资料——土地都没有，不得不受“君长”和“大臣”的劳役剥削。“民人”和“长工”有不同称谓，不同的依附关系（“民人”受“君长”剥削，“长工”受“大臣”剥削），表明彝族此时已出现不同的等级和产生了阶级分化。在这样的关系之下，统治者和劳动者的生活形成了鲜明对比，一方面“民人的住处，住房破烂烂，衣裳也破烂”，另一方面，“君长专寻乐，大臣爱吃喝”，而“民人苦又苦”。由此作者发出“苦呀民人苦”，“可怜呀可怜，民人真可怜”！

三、举娄布佗的史学

举娄布佗也是隋唐时期彝族著名的史学家之一，著有《诗歌写作谈》等著述，他继承和发展了举奢哲和阿买妮的史学理论和思想，很重视考察学术源流。认为“知识有师承，死者活者分”，在论述问题时应注意将学术源流叙述清楚。以“古时举奢哲，他是这样讲，我也这样看”，“布独布举讲，写诗要押音。他说得不错，我也这样说”等句子来表明自己的观点。他还很重视史家的基础和功底，认为“所有写书人，要解书中义，须读万卷书”。

举娄布佗所倡导的撰史方式类例更为齐全。他说：“书与书不同，书中著名者，六祖的名书，六祖历史书，彝地记事书，彝地论事书，彝家祭祖书，彝地歌场书，世间祭祀书，天地星象书，彝地分日书，彝地分月书，世间人生书，人类历史书，探银炼金书，谈食品的书，讲盐史的书，奴仆来历书，人君史事书，歌场叙女书，男儿取亲书……”[①]，几乎涵盖了古代彝族社会的全部内容，举凡经济、科学技术、生产关系、天文地理、宗教祭祀、婚俗等的演变、发展等均在史学研究之列，大大拓展了史学研究的范围。

四、实乍苦木的史学

实乍苦木是另一位有成就的彝族史学家，有《彝诗九体论》等论著传世，而被《彝族创世纪》、《西南彝志》、《六祖源流》等彝文文献收录。实乍苦木同样重视考察学术源流，重视撰史的真实性，强调史学撰写的韵律、题材和格式，这些都没有超出举奢哲和阿买妮的史学理论和思想。但其从诗论中，不难发现其史学研究的某些创新和突破之处。

首先，他认识到历史背景、历史时代决定和影响史著所要表现的思想内容。注意到“可是有的诗，写来就不同”，首先“不同在时代”，其次还在于“各种诗不同”。

其次，他强调在忠实于史实的前提下要理性研史，就是要合乎逻辑地充分说明历史事件的因由，认清历史规律，突出历史人物鲜明的个性特点。他讲道“每个写诗者，要注重真实”，认为“真实层层深，理性千秋在”，以此强调“理性”。在诗论中，他常常以天地万物为例进行说理分析，区分异同，指出蕴涵于其中的各种特性和内涵。如“就说人世间，世人分男女”，但“男女各差异，特点不一样”等来展开引申、论证，进而深入阐明事理。

① 举娄布佗《诗歌写作谈》，《彝族古代文论》，贵州人民出版社，1997年，第116—120页。

实乍苦木认为应该以治史方法的优劣为标准品评史著。他讲道:“怎样去认识，怎样去写作，怎样去品评？那就要看那，那位诗作者，怎样去写作，怎样来写成。”①

五、布阿洪的史学思想

布阿洪和布麦阿钮是滇东北彝族芒布支系的大布摩，两宋时期彝族史学的集大成者，学者研究前者为北宋时人，后者为南宋时人。

布阿洪有《彝诗例话》、《五谷论》、《盐茶论》、《骏马论》、《世间的鸟类》等著作传世。所著《彝诗例话》较为全面地反映了史学理论主张，对前人的史学有继承，又有发展。

他继承了彝族前贤的史学，说，“古时的毕摩，所说都有根”，所以“流传才到今”，指出“他们传的道”，“所传都有本”。认为举奢哲“他所说的话，句句都精妙”，“写经经义深，作文文有力，作诗诗有神”。因此，“其后的毕摩，毕摩大师们”都能“知道奢哲语，明白奢哲心”。而“阿买妮大师，同样是这样”，所以“她所写的诗，到处都风行”。②

发展方面。首先，布阿洪用“阴阳”、“五行”来做比对，论述诗的韵律、格式，进而展现他的事物之间普遍联系的哲学和史学思想。布阿洪认为“天地分阴阳，人类分男女”，世间万物之间“事物各有体，兽类也如此”，都“各有各的主”，但“异同可类比”。他进一步阐述“各种各类中，要合可以合，要分也可分”的分合相依的关联。他注意到世间万物相生相克的现象，认为事物之间“彼此各相克”、“彼此又相生”，用事物之间分合相依、相生相克来阐明矛盾双方对立统一的原理，充满辩证思维。③他进一步用“五行”进行阐述，注意到金木水火土之间“种种相区分，各有各的体”之本质属性，又看到事物间“各各又相连，各有各的根”的联系。当然，用“阴阳”、“五行”等元素来解释世

① 实乍苦木《彝诗九体论》,《彝族古代文论》，贵州人民出版社，1997年，第122—156页。

② 布阿洪《彝诗例话》,《彝族古代文论》，贵州人民出版社，1997年，第239页。

③ 伍雄武、普同金《彝族哲学思想史》，民族出版社，1998年，第187页。

界的构成，把物质理解为某几种具体的元素，没有超出朴素唯物主义的范畴。[①]

其次，布阿洪提出写史的要求，即详细、真实、清楚、流畅。他说，“每一个学者，写得不一样。各自有所长，各自有所短”。在承认研究者和研究方法存在差异的前提下，指出“我要讲的是，每个写史者，每个做诗人，都要注意到，一要记事详，二要事搞清，然后动笔写，写来才有根。”又进一步指出：“谈到写历史，人物要叙清，事件要真实，写来才叫史。对于每段中，无论怎么写，条理要清晰，才能叫真史。”“谈到写历史，只要话流畅，写来也可以。”“对于写历史，那要讲真实。”“史事不能加，史实不能减，写史要真实。”同时，“对于写历史，文字要叙清，事理要阐明”。

最后，布阿洪还提出了较为系统的撰史法则，“一要抓主根，二要抓题旨，三要写君长，四要写平民，五要写牛羊，六要写金银，七要写地域，八要写风土，九写君臣间”[②]。“抓主根”、“抓题旨”强调了史家撰史时要从宏观方面对重要历史事件的把握和对历史发展整体脉络的把握。“写君长”、“写平民”强调史家撰史要充分认识君长和平民在社会历史发展中不可忽略的重要作用，体现了布阿洪对人类社会历史规律的深刻认识。“写牛羊”、“写金银”，强调史家撰史要充分考察当时经济发展的水平和规律，重视社会经济史的研究，从而全面把握人类社会中物质基础的要素。“写地域”、“写风土”，强调史家撰史要充分考察人类活动的范围、疆域变化的历史，以及风土民情发展演化的历史，大大扩展了历史研究的范围。写“君臣间”，强调史家撰史要能够透过纷繁复杂的社会现象看到统治者之间微妙的利益关系的实质，正确解释社会发展的历史。

六、布麦阿钮的史学思想

布麦阿钮的《论彝诗体例》等著作，对魏晋隋唐以来的诸家史学思想都有继承和发展。他认为史家撰史在行文上应讲究“主骨”、“血肉”和“体类”等诗文格律，同时也承认历史撰述与文学创作的差异性。在哲学思想方面，他的

① 王天玺《宇宙源流论:〈彝族古代哲学〉》，云南人民出版社，1999年，第3页。

② 布阿洪《彝诗例话》，《彝族古代文论》，贵州人民出版社，1997年，第252页。

认识仍然属于朴素唯物思想的范畴，在注意到事物间根本联系的同时，更强调事物之间的区别，认为“主体生万类，各有各的能，各有各的性”。他注重史家应该具备的深厚史学功底，提倡“勤练”、“苦学”。注重对个体特质的研究，认为由于各种条件的影响和限制，人类历史社会中的人并不总是平等的。他提倡的撰史类例较前人更为宽泛，并注意到了科技史和人物传记的研究。

布麦阿钮十分重视史学家的功底，指出无论诗作还是史著，“功底在于文，文富在累积，文思功底硬，写作乃能精”，而“知识靠积累”，所以史家要充分认识到“功好练须勤，勤练出好文。苦学功夫硬，文深出精品”。有意识地从创作实践中积累、历练，努力提高学识素养，方能著书立说。

在个体特质研究上，他认为“是人都想强，是人都想富”，由于“人各有个性，能力也不等，有的能力大，有的能力小”，加之“人有人的性，性情各不一”等原因，人和人无论在财富占有、社会地位以及知识文化上都存在差异，甚至得出“命由天注定，各有各的命”的结论，似乎是在宣扬“天命论”。但他也指出“贫富古来有，强弱书中分”、“贵贱定于文”，鼓励人们通过提高知识素养改变命运。虽然就途径来看略显狭隘，但客观地讲，这也是主张通过“启民智”来“善民生”，认识有独到之处。

布麦阿钮总结了撰写历史人物传记的方法和要求，将“人从生到死”，都有所记录，将其从出生一直“到了九十岁”的“功劳”和“过错”都写清。[①]

布麦阿钮还通过诗论对婚嫁、祭祀、医药、自然、生产等进行研究，可以毫不夸张地说，他用诗文来对生产技术史、自然科学史、医药史、婚俗史、天文历法史等进行探索，进一步扩展了古代彝族史学研究的范围。

第四节　大理国本土民族史学

大理国有专门的修史机构，这一时期的史籍更多的是由境内本土史家完成。

① 布麦阿钮《论彝诗体例》，《彝族古代文论》，贵州人民出版社，1997年，第171、183—186、179—200、196—197页。

一、《白古通记》

在南诏时期，白族的史学还不曾发展起来。及至大理国时期，白族则在进一步吸收汉文化的基础上，创制了白文，并用白文撰写了其民族史学的代表作《白古通记》。《白古通记》又称《僰古通记》、《白古通》，久佚，从现在留存的相关资料分析，这是一部记录南诏大理史事的编年体地方民族史籍。

在云南史学、语言学和文化史的发展进程中，《白古通记》是一部很有特点的史籍：

其一，《白古通记》是一部用南诏大理国白文写成的史籍。薛承教《滇略序》说："俗有《白古通记》诸籍，皆以臆创之文字，传其蛮之方音，学士大夫鲜能通之，询之里闾之民，千百不一二谙也。"姜龙《滇载记序》也说："得敝帙于故博士张运汉氏，曰《白古通》，其书不著作姓氏，亦不审于何时，其意经几译而后属之书。"可知《白古通记》最初是用白文写作的，后来经学者们几经转译为汉语。白文的特点是"用汉字写白语，读白音，解白意"[①]。这一现象反映了白族形成时期，其文字和文化既大量借用和吸收汉族文化，又顽强地保持着自己民族语言的独立性，中原汉族文化的渗入与当地民族文化冲突的特性，在南诏、大理国史学著作中也有鲜明表现。

其二，这是一部全面记载大理国历史、追述云南宗教和神怪的私修史书。由于是书追述了南诏以前的白族历史，因此被称为《白古通》，即白族古代通史。明代学者杨慎流寓滇云，访得此书，删定校勘后名此书为《滇载记》。杨慎《滇载记·序》说："余婴罪投裔，求蒙（南诏）、段（大理国）之故于图经而不得也。问其籍于旧家，有《白古通玄峰年运志》，其书用僰文，义间众教，稍为删正，令其可读。其所载者，盖尽于此矣。"杨慎删正的《滇载记》，主要记载哀牢九隆世族的传说，以及隋唐两宋时期南诏大理地方民族政权的史实，南诏大理统治者张、蒙、郑、赵、杨、段、高七氏的名号、起灭颠末、传袭情况。可见《白古通记》一书，是记载南诏大理时期云南历代统治家族事迹和传

① 方国瑜《纂录南诏大理史事诸书概说·上》，《思想战线》1981 年第 4 期。

世历史的史籍。明清时期，云南各种官修或私撰地方志多征引此书，而且凡论说南诏掌故及研究南诏、大理史者，每喜征引此书，以为旁证，可见它在云南地方史的研究中有极高的史料价值。大理国时期已有专门的纂史机构，著有“国史”等官方史籍，但均亡佚。而《白古通记》则是一位佚名者私人采集了白族民间传说和当时发生的事件写成的南诏大理史。

其三，《白古通记》一书的记载语多涉及神怪。杨慎称其“意兼众教”，谢肇淛《滇略 · 俗略》也说：“什九皆载佛教神僧灵迹，诡谲可厌，亦足见当时之崇尚已。”有一部名《白古因由》的书也来自《白古通记》，只是更为简洁，所载多为神异事。可见《白古通记》又是记载云南古代的神怪传说和宗教传说的杂传。南诏、大理时期，佛教密宗盛行，当时洱海一带的居民家家有佛堂，人人信佛祖，天天敬佛事，大理地区被称为“妙香佛国”。佛教密宗与当地崇拜巫鬼和本主的原始宗教紧密结合，形成了阿吒力教，影响了社会生活的各个层面，甚至官府设科选官，所取之士也都出于“师僧”，文化几乎为僧徒把持。今传大理时期的石刻，撰文者往往自称“儒释”或“释儒”，这就是当时大理地区知识分子的代称。那么由深受阿吒力教影响的当地知识分子写成的《白古通记》，其内容“什九皆载佛教神僧灵迹”，且多神怪之语，就是很自然的了。这无疑是当时云南崇尚佛教，宗教强烈地影响当时人们的社会生活、思想文化现象在史学上的反映。[①]

总之，《白古通记》中对白族甚至他民族的起源、各种神话传说以及对洱海地区民族关系的描写，为云南民族史研究提供了宝贵资料，对以后明清时期云南地方志修撰的影响极大，可谓功标史林[②]，在中国民族文化史、云南多民族文化史尤其是白族文化史上占据着重要的地位。

二、《南诏图志》与《大理图志》

除以白文记载或据其翻译之史籍外，南诏大理各民族用汉文记载之史料也

① 参见陆韧《云南地方的古代历史记载与史学》，《史学史研究》2004 年第 3 期。

② 侯冲《白族心史:〈白古通记〉研究》，云南民族出版社，2002 年，第 442 页。

构成了民族史籍的重要组成部分。《南诏图志》与《大理图志》两书分别是南诏时期记载地理的专书和大理国时期编撰的地理志专书。俱已散佚，未见著录。

《南诏图志》是关于南诏地理疆域政区的地方史籍。《新唐书·南诏传》载，贞元十年（794）异牟寻大破吐蕃于神川，“乃遣弟湊罗栋、清平官尹仇宽等二十七人入献地图、方物，请复号南诏。帝赉赐有加”①。异牟寻所献地图应当是注记南诏疆界政区及山川物产情况的，献给中央王朝作为南诏归唐的版图依据，因此与图一起呈献的当有地图的文字依据。根据唐朝制度，朝廷遍令各州作图，以三年一造为定制，各地造好的图必须送职方司以备稽考。贞元时，剑南、西川节度使韦皋经多年努力，招徕南诏，异牟寻已与吐蕃决裂，诚心归附唐朝，故遣其弟入朝，愿为唐朝职方，献地图为唐朝版域的一部分，是为《南诏图志》的地图部分。南诏献地图为唐朝职方后，唐朝遣袁滋出使南诏，至南诏王城阳苴咩（云南大理），册授异牟寻印绶。袁滋在南诏曾得到南诏文臣编写的地志，这或许就是南诏所献地图的文字记录部分。袁滋据此与自己出使南诏的亲身经历撰成《云南记》一书。樊绰《云南志》采摘袁书资料，其中卷五《六睑》、卷六《云南城镇》所记为云南政区，当是樊绰转录袁滋《云南记》而成。其余记载南诏山川、路程、物产、风俗、宗教、民族、历史及邻国的情况也多来自袁书，究其根源即是《南诏图志》。

《大理图志》是大理国后期编撰的地理志专书，元代初期尚存。《元史·信苴日传》：“乙卯（元宪宗五年，1255 年），段兴智（大理段氏末主）与其季父信苴福入觐，诏赐金符，使归国。丙辰（六年），献地图，请悉平诸部，并条奏治民立赋之法。”段兴智入元朝献地图，且条奏治民立赋之法，则所献者，为用以统治人民的地理图志之书。此书当是段氏得势时所编，② 即大理国时期就已有此书。又《元史·赛典赤传》记载赛典赤治理云南时，曾“访求知云南地理者，尽其山川、城郭、驿舍、军屯、夷险、远近为图以进，帝大悦，拜平章政事，行省云南”。其所访得者也应是《大理图志》之类记载云南舆地沿

① 《新唐书》卷二二二上《南蛮传上》，中华书局，1975 年，第 6274 页。

② 方国瑜《试论〈大理图志〉诸问题》，《方国瑜文集》第2辑，云南教育出版社，2001 年，第639页。

革的专书。元初编撰《大一统志》，征集各省地方图志，云南省几次编造送缴。故元代地理志如《元混一方舆胜览》、《元史 · 地理志》的云南省部分均有依据《大理图志》的地方。

尽管《南诏图志》和《大理图志》两书均已失传，但它们的面世和流传，都曾在云南历史上对于加强云南与中央王朝的联系，巩固祖国统一，维护祖国版图完整等方面起过极其重要的作用。这是云南史学对祖国同根统一观和国家整体意识的体现。同时，这两部专门记载云南政区沿革和舆地沿革的专史，也反映了云南史学体例的多样化，记载内容更加丰富全面，是云南史学发展的体现。[①]

三、以《南诏德化碑》与《三十七部会盟碑》为代表的民族碑刻史料

相对于书籍史料而言，南诏大理时期的碑刻史料更为丰富，这些碑刻内容涵盖各民族历史、宗教、语言文字、艺术、经济、科技等诸方面的内容，是十分宝贵的史料文献，值得深入挖掘、研究。

《南诏德化碑》现存于大理市七里桥乡太和村西碑亭内，是研究南诏与唐皇朝关系及南诏政治格局的最重要史料。碑高 4 米，宽 2.4 米，厚 0.6 米，青石质。碑阳刻正文 3800 余字，今仅存 200 字，碑阴刻南诏重要职官题名 41 行，3000 余字，现仅存 556 字。

碑立于赞普钟十五年即唐大历元年（766），是南诏王阁罗凤被迫叛唐投吐蕃以后，为说明“阻绝皇化之由，受制西戎之意”不得已叛唐而立的。碑文的作者，有“郑回”说与“王蛮盛”说。碑文作者自称是“蛮盛家世汉臣，八王称乎晋叶；钟铭代袭，百世定于朝”。[②]唐樊绰《云南志》卷五载：“（太和）城中右大碑，阁罗凤清平官王蛮利之文。”此碑即《南诏德化碑》。向达、方国瑜考证，碑文作者是原西泸县令郑回。王叔武论证碑文作者并非是郑回，而应是王蛮盛。

---

① 参见陆韧《云南地方的古代历史记载与史学》，《史学史研究》2004 年第 3 期。

② 方国瑜《〈南诏德化碑〉概说》，《云南史料丛刊》第二卷，云南大学出版社，1998 年，第 381 页。

立此碑之意图，一为称颂阁罗凤之功业；二为表明心迹，向唐陈不得已叛唐之缘由。碑文内容丰富，对南诏初期历史叙述极为详细，着重叙述了南诏在唐王朝的扶持下统一六诏、合并两爨、叛唐附吐蕃和统一云南的具体经过，足以增补和订正两《唐书》和《蛮书》记载的缺失，[①] 为研究南诏的形成、社会制度、云南各民族的关系、南诏与唐王朝和吐蕃的关系，提供了极其重要的文献资料，可与文献记载相印证，或补文献之不足。此外，碑文内容还反映出南诏初年的一些社会情况，为研究南诏时期的社会经济等内容提供了珍贵之材料。碑阴题名 41 行，是研究南诏初期统治阶层的结构、职官制度的重要资料。所见职衔，如“清平官”“大将军”“户曹长”“客朝长”均与《蛮书》卷九说述南诏官职相合。而题中尚有“大总管”“法曹长”“土曹长”不见于《蛮书》，但见于《新唐书 · 职官志》。[②] 可见唐朝对南诏政权影响之深远。同时，该碑证明，云南自古以来便是祖国神圣领土的一部分，云南境内的各民族自古以来是中华民族的一部分，此事实不容篡改。

《三十七部会盟碑》，又称《石城会盟碑》。碑高 1.25 米，广 0.58 米。碑文共 11 行，行 13 字，左行，正书。碑尾有题名 8 行，行 5~15 字，右行，行书。碑文一些文字属白文。[③] 元《混一方舆胜览》、《云南志略》，明正德《云南志》、万历《云南通志》、天启《滇志》皆有关此碑之记载。康熙《云南通志》卷十《古迹志》载:“《石城碑》在曲靖府城北二里许，昔段氏与三十七部会盟所立，本朝康熙十八年（1679），营兵于土中掘出，碑字犹存。”[④] 现存于曲靖第一中学。立碑年代，碑文中有记“明政三年，岁次辛未”。大理国明政三年即宋开宝四年（971）。

碑文大意是段子标等奉大理主之命，率领戎行巡阅边塞，因巡众镇长奇宗不服，用兵剪除，与求州三邑首领安辑其民，复置巡众镇。回军至石城，更讨不服者，乃集合三十七部首领及十二将兴约盟誓，颁赐职赏，共图长久，勒石

① 王叔五《〈南诏德化碑〉作者考》,《思想战线》1978 年第 2 期。

② 汪宁生《汪宁生论著萃编（下卷）》，云南民族出版社，2001 年，第 1168 页。

③ 汪宁生《汪宁生论著萃编（下卷）》，云南民族出版社，2001 年，第 1175 页。

④ 转引自方国瑜《石城会盟碑概说》,《云南史料丛刊》第二卷，第 424 页。

纪之。碑文字数虽少，但记载之事件之时间、地点、过程、参与者等无不交代清楚，文中奇字连篇，并兼夹部分少数民族语言，具有浓厚的地方民族特色，对大理国史研究有重要参考价值。

三十七部分布于滇东、滇南一带，属乌蛮，与大理国关系密切。段思平讨伐杨干贞时曾“借兵于黑爨、松爨三十七部”。段和誉时“三十七蛮部叛，高相国泰明讨平之”，后来“三十七蛮部复叛，陷鄯阐，高明清死之”，段智祥又“征三十七部”。而段兴智时，为与入侵之蒙古人战，又“募兵于三十七蛮部”。这些都有史籍记载，然惟碑文所记此次与三十七部“共约盟誓”之事，则不详于任何记载，因而具有相当之史料价值。方国瑜先生评价“此碑不仅书法唐人遗意，且为大理史事之最关重要者，而史籍记载并无一字，尤为难得也”[①]。

四、以《南诏图传》与《大理国梵像卷》为代表的画卷史料

南诏中兴二年（898）赞御臣王奉宗、信博士内常寺酋望忍爽张顺奉诏，依据南诏早期的《巍山起因》、《铁柱记》、《西洱河记》等史籍绘制了《南诏图传》（又称《南诏中兴二年画卷》、《南诏中兴画卷》、《南诏中兴国史画卷》）。《南诏图传》分为图画、文字两卷。图画卷长 5.73 米，宽 0.3 米，彩绘人物 94 人。文字卷，是对图画卷的详细说明，共 2462 字。画卷以佛教故事为题材，揉进了南诏历史，每图有题记文字，说明此图内容。整幅画卷包括三个内容：一、巍山起因，描述南诏始祖崛起于巍山，受观音教化，草创王业时期。二、祭铁柱图，描述细奴罗取代张乐进求的故事。三、西洱河记。其主要内容为梵僧点化奇王细奴逻为南诏王、梵僧教化愚民、兴宗王逻盛等祭铁柱、中兴王舜化贞等奉祭观音等。在卷尾附有中兴二年南诏王舜化贞的敕文，敕文后有王奉宗、张顺记述其奉诏绘制《南诏图传》的文字。《南诏图传》原卷原珍藏于国内，清末被掠夺到国外，现藏在日本国京都有邻馆内。[②]

《南诏图传》虽绘制于南诏后期，但据《南诏图传》绘制的历史背景和描

① 方国瑜《石城会盟碑概说》，《云南史料丛刊》第二卷，第 427 页。

② 参见常泽鸿《研究云南民族史的两部珍贵历史画卷》，中国近现代史史料学学会主编《少数民族史及史料研究（三）》，德宏民族出版社，1999 年，第 302—303 页。

绘的人物内容，记录和反映了南诏从细奴逻的发迹和阁罗凤的强盛，到异牟寻的改革这一盛世的史实，是南诏时期社会生活以及云南民族史、经济发展史之真实记录，为难得之史料，对研究南诏社会经济发展史和云南民族史，具有极其珍贵的历史价值。

《南诏图传》图画卷人物栩栩如生，画面清晰明了。文字卷楷书工整，字体匀称秀丽，可以看出唐代云南边疆民族的汉文化造诣已经很高，其书法艺术在中国书法史上应占有重要的位置。此外，其文字卷还为我们研究南诏历史纪年、南诏职官设置（如郡都、太史等）、行政建置等提供了第一手的资料。[①]

《大理国梵像卷》，又名《宋时大理国描工张胜温画梵像卷》、《张胜温画卷》等。由大理描工张胜温绘制于盛德五年（1180）。画卷全长 1635.5 厘米，宽 30.4 厘米，属纸本大型卷轴画。画面绘有单体及组合体像 134 幅，描绘大小人物 774 人，并绘有山水、树木、庭院、池台、舟楫和狮、象、鹿、龙、风、马、犬等飞禽走兽。其主要内容为大理国利贞王段智兴礼佛图、如来降伏魔军地种出现、手执金刚统领眷属龙王、天王帝释众、阿氏多十六尊者、达么八十大师、摩诃罗嵯、梵僧观世音菩萨、释迦牟尼佛会图、大理高僧及护法神、大黑天神、护国宝幢、十六大国王众等图像。画面结构严谨，色泽浓丽，“金碧辉煌，耀人耳目”。人物造型比例适当，神态各异，栩栩如生，点苍山景物拙绘得美丽神奇，是大理国时期留存至今的一部南天瑰宝。原卷流传有绪，几经周折，现藏于台北“故宫博物院”。

南诏、大理国时期，佛教极盛。大理国王段思平登位，因“感佛恩德”，岁岁建寺铸佛。段氏国王自思平至兴智，共二十二主中有七主禅位为僧。张胜温画卷正是大理国王室崇尚佛教的历史记载。所以，《大理国梵像卷》不仅是研究佛教文化的一部艺术珍品，也是研究唐、宋以来云南民族史和地方史发展的一部宝贵历史长卷。

---

① 赵启燕《白族的起源和形成问题:学术史与本土史料研究》，云南大学2008年博士论文，第197页。

第五节 南诏大理民族史学综论

南诏和大理国是唐宋时期西南地区由少数民族建立的政权，在中国民族史研究中占有重要的地位，凡治唐宋史和西南史者无不为南诏和大理国史所吸引，也为其民族文化的丰富内涵所折服。从《旧唐书》、《新唐书》、《资治通鉴》、《宋史》等官方记载，到文人学者的《西洱河风土记》、《云南记》、《云南志》等的描述，再到诸彝族史家的学术成就，以及《白古通》等地方史籍及《南诏德化碑》、《三十七部会盟碑》、《南诏图传》、《大理国梵像卷》等文物史料，正是这些历史典籍及研究，使南诏大理这段历史，始终留于苍洱之间不致湮没。

南诏大理政权虽长期游离于唐宋中央政权之外，但是受中原文化的影响仍十分明显，在民族史学发展上的表现就是，民族史学的结构越来越完整，呈现出中原汉族史学的特点与内涵，这是中原文化渗透的结果，也是经济、社会发展及民族交流的结果。

南诏时期彝族有自己的文字和历史记载，大理国时期，白族开始用本民族文字记载历史，这在云南民族史学史上具有重要意义，而此后到元明清时期，少数民族用本民族文字记载历史的史籍开始不断增多，使云南民族史学的发展进入一个新的阶段，虽与汉文史籍相比仍显薄弱，但已十分珍贵。

由于民族之间发展程度有别，有些民族在历史上发展较快，文化成就较大，且有保存、发扬、继承文化的传统，使这些民族的历史得以通过文化传承的形式被记录与流传下来，并被后人了解。而另外一些文明开发相对较慢，对本民族文化缺乏保护与传承能力的民族，他们的历史则更多的被淹没在历史长河中，很少为人知道。这是民族史学研究中必须要面对的问题，也就是说我们现在所做的民族史学并不是完整意义上的各民族史学，它只能是我们所了解到的民族史学。

不过，虽不能对历史上的各个民族都进行史籍的采集与研究，但却也可通过对同时期的综合史籍的分析了解其他民族的发展情况。南诏大理政权是由多民族共同建立的，通过对南诏大理时期的汉文史籍及其他文字记载史籍的研究可以发现，这段时期的史籍对境内的各民族基本都有所记载，从这个角度说，我们关注到的史籍虽多以主体民族且多以汉文文献为主，但却不能说这些史籍只是某个民族的，它们是属于这一时期所有民族的，具有民族的普遍性与共享性。南诏大理国是多民族融合形成的政权，故其史籍也就具有多民族性。如前所述，南诏大理时期的民族史学所包括的内容远比本书所论述的丰富，但由于保存不善或民族本身对史料之不重视等原因，导致现今可以看到或可考证之史籍较少，但到了元明清时期，民族史学意识觉醒，民族史学得到了相对较快的发展，则又是之后的事情。

南诏、大理时期的各民族史籍研究不应该仅仅限于这些，它应该而且必须包括更多丰富的内容，比如口传史料对史书记载弥补的作用等。开展民族史学研究是一项庞杂而又艰巨的工作，不仅需要对文献史料进行梳理，还需要对非文字史料进行搜集，应该说要把这项工作做好还有一段艰难的路要走，这需要更多学人不断为之努力、奋斗。

少数民族本土典籍和口传资料，往往会包含本民族的各种神话传说，带有不同的宗教影响色彩。这类史料内容极为丰富，涉及天地之间自然与人类社会现象的所有层面，其中包含历史的主要线索与传统知识。这些出自边远地区的少数民族口碑资料，大多是编纂正史与方志的汉文史学家所没有顾及的领域，就决定了少数民族本土典籍和口传史料的珍贵性。

第五章

唐宋岭南各民族史学

地理区位上的岭南，北有五岭，东南濒临南海，西连云贵高原，范围包括今天的两广、海南和越南中北部。岭南由于特殊的自然地理的隔绝，政治经济文化一直落后于中原地区，以致在文献中常常被称为“炎荒”、“徼外”。唐杜佑《通典》中说:“自岭而南，当唐、虞、三代为蛮夷之国，是百越之地，亦谓之南越，古谓之雕题，非《禹贡》九州之域，又非《周礼·职方》之限。”[①] 随着汉以来，尤其是唐宋的持续开发，岭南逐步成为历史记录的新领域。特别是唐安史之乱和赵宋南渡后，南方成了整个国家维持的重心，不断涌入的人口，不停的军事运动，使得相对封闭的岭南成了唐宋史家关注的地方，记述岭南少数民族社会、经济、文化及其与中原地区民族与政治统治交往的历史著述，也渐渐增多。岭南少数民族史学也随之发展繁荣。

伴随着唐宋对岭南统治的加强，岭南与中原的交流日益密切，岭南少数民族文化在吸收华夏文明的同时，也影响了史家的视野和写作，促进了岭南少数民族史学的发展，特别表现在历史著述中少数民族专篇的出现和针对少数民族的治理政策研究上，成为诸多史学著作的重要组成部分。唐宋的正统观进入了民族史的撰写中，并成为重要的史学思考和史学观念。受汉文化影响和流官统治，更多的岭南少数民族进入许多亲身经历的作者视野中，岭南少数民族的社会结构、风俗习惯等等，由于他们的记载，越来越清晰地展示给学者。大一统的历史格局，唐宋文化的繁荣，史学家素养的提高，队伍的扩大，史学机构的完善，史籍的丰富，印刷的普及，也使得岭南少数民族和中央政府、岭南少数民族之间的关系等等，成为史家新的研究领域，成为人们新的关注点。岭南少数民族史学因此在唐宋获得了历史的新发展。

---

① 杜佑《通典》卷一八四《州郡十四》，中华书局，1984 年影印商务印书馆十通本，第 977—978 页。

第一节　唐五代岭南少数民族史记述

唐皇朝海纳百川的气魄和历史胸怀，给少数民族史学提供了巨大空间。由于唐皇室本身具有胡汉血统，加上唐太宗的开明民族政策，使得新的民族史观得以贯穿于唐初的历史编纂。唐太宗晚年总结“自古帝王虽平定中夏，不能服戎、狄，朕才不逮古人而成功过之”，“自古皆贵中华，贱夷、狄，朕独爱之如一，故其种落皆依朕如父母”。[①] 唐太宗的民族观对以后的历史，特别是君主的民族政策有十分重要的借鉴。

唐朝官修史书地位重要，设有史馆，由宰相监修。从唐代开始，历代皇帝都有实录。其他如日历、起居注、时政记等等，都为保留唐代史料起到基础性作用，也是岭南少数民族史料的基础。虽然随着时间的推移，它们大多佚失，但却是众多史书的基础。除了官修史书外，政书的崛起，别集的增多，地图地志的兴起，杂史、笔记、类书的出现，碑志的增多，佛道经典的扩大，以及史学理论的成长，都是唐代史学整体繁荣的表现，也是唐代岭南少数民族史学的学术背景。

唐五代诸史书对岭南少数民族的历史记述颇多。

唐初所修八部“正史”中有关岭南少数民族史的篇章，为《晋书》四夷、南蛮传;《梁书》诸夷、海南诸国传;《周书》异域传;《隋书》东夷、南蛮传;《南史》海南诸国、西南夷、诸蛮传;《北史》僭伪附庸，蛮、獠、林邑传。这批史学著作是对汉以来的中国少数民族发展的历史总结，也是新皇朝治理经验的探索，充分反映了唐代初期的民族思想和整个魏晋南北朝的民族历史。后晋所修《旧唐书》中岭南少数民族史主要集中在卷四一《岭南道》，卷一九七《南蛮》。

《通典》、《唐会要》、《五代会要》、《唐律疏议》、《唐大诏令集》、《唐诗纪事》等等都有相当数量的岭南少数民族历史记载。唐五代的《北户录》、《江南录》、《南楚新闻》等也有许多唐宋岭南少数民族史学的资料。

---

① 《资治通鉴》一九八《唐纪一四》，中华书局，1956 年，第 6247 页。

《十道四蕃志》，十五卷，唐代梁载言撰，内有岭南少数民族史料。《元和郡县图志》为唐代地理总志，其中的岭南道部分是其时岭南的重要地理资料。

《元次山集》，唐元结撰，其于广德永泰年间官道州刺史，卷四《贼退示官吏》，卷一〇《谢上表》、《奏免科率状》、《奏免科率等状》等文，均涉及西原蛮攻道州事。《曲江集》，唐张九龄撰，岭南少数民族资料集中在敕书类。《桂苑笔耕集》，唐崔致远撰，其中表、状、书、启等涉及岭南事，如《檄黄巢书》等。《柳河东集》，唐柳宗元撰，卷十"安南都护张公""贵州刺史邓君""邕州刺史李公"诸墓志铭，卷三九"为裴中丞伐黄贼转牒"等均涉及岭南民族关系。

《酉阳杂俎》，唐段成式撰，前集卷四"境异"等篇涉及岭南民族习俗。《北户录》，唐段公路撰，此书对了解咸通年间的岭南风物和少数民族生存环境有重要参考。而且由于记事多为作者亲身经历，更显得珍贵。《桂林风土记》，唐莫休符撰，是现存较早的桂林地情专著，也是桂林有史料记载的最早的地方志，记有不少在桂林任职的唐代官员，其中有隋唐之际桂林地方政权转移地的唯一记载。《南方异物志》，唐房千里撰。《南行录》，唐李德裕撰，《通志·艺文略》作《南迁录》。《南征记》，唐韩琬撰。《海南诸蕃行记》，唐达奚通撰，或著录为《西南海蕃行记》、《诸蕃行记》。《朝野佥载》，唐张鷟撰，卷二至卷五，有数条言及岭南物产、风俗。《番禺杂记》，唐郑熊撰，由陶宗仪辑录，共九条。《复交趾录》，唐佚名撰。《岭表录异》，唐刘恂撰，记述岭南异事，其中记载最多的是岭南人的食物。《南海异事》、《岭南异物志》，唐孟琯撰。

第二节 宋代岭南少数民族史记述

宋代政治重心转向南方，统治的机构在南方普遍设置，诸多的士大夫也有了机会游历、仕宦，关于岭南地区少数民族的社会经济情况的历史记载随之增多。宋官修史书记录政治为核心，北宋详南宋略，特别是南宋理宗以后，记载疏漏不全。所以私修史书成为重要补充，像《续资治通鉴长编》、《建炎以来系年要录》、《东都事略》等都保留了不少史料。另外就是和岭南少数民族史密切相关的大量文集、笔记，后代撰述的《宋史》和《文献通考》是值得重视的。

《新唐书》中新设《诸夷蕃将》、《奸臣》、《叛臣》等传，有明显的正统色彩。其《地理志》记录各地土贡、军府、军镇等，把羁縻州县集中叙述，对少数民族史是有重要意义的。其中卷一四七的《南蛮》篇是对岭南少数民族的集中记载。《旧五代史》中南唐、外国传等部都是岭南少数民族史的参考部分。《新五代史》中《十国史籍》、《南唐书》、《十国春秋》等记录南唐、楚、荆南等的卷数，都是这一时期岭南少数民族历史的记述。

《宋会要》原本毁于明中叶，清嘉庆十四年（1809）徐松奉命修《全唐文》时，利用调阅《永乐大典》的机会，命人将相关内容抄录出来。后由陈垣等整理，1935年影印，名为《宋会要辑稿》。《宋会要辑稿》共分十七类，每类下诸多子目。其中有关岭南少数民族史的记载，兵类在“讨叛”和“捕贼”两门中，方域类有岭南地理、交通等方面资料，蕃夷类则是民族关系和对外的重要材料了。

《续资治通鉴长编》、《建炎以来系年要录》、《东都事略》、《皇朝编年纲目备要》（一作《宋九朝编年备要》）、《皇宋十朝纲要》、《宋史全文》、《宋大诏令集》等等都有不少岭南少数民族历史的资料。

宋人文集和笔记方面，周必大撰《二老堂杂志》卷三，有淳熙七年（1180）镇压黎州蛮的记载。胡宿撰《文恭集》卷八有“论征蛮”，言讨“邕土蛮贼”事。李曾伯撰《可斋续稿》卷五至九为作者任湖南安抚使兼广西制置时，关于防止蒙古兵由滇侵桂的奏稿，内涉岭南民族。苏轼撰《苏东坡全集》后集卷一五《伏波将军庙碑》有记述大陆汉人自汉末至五代迁居海南的事情，其他有涉及岭南风物。彭百川撰《太平治迹统类前集》卷一七有“神宗下溪州”、“神宗平交趾”等则。陆游撰《老学庵笔记》卷四“辰沅州蛮”等条涉岭南民族。洪迈撰《夷坚志》甲志卷一五“雷震二蛮”，支乙卷卷五“黄巢庙”等均涉及南方少数民族故事。朱熹撰《朱子大全》卷七一“记三苗”是叙述苗族族称来源。李攸撰《宋朝事实》卷一二载“诸蕃”朝贡制度，卷一五载“蛮傜”、“平侬智高”等。宋江少虞撰《宋朝事实类苑》卷七五至七八“安边御寇”“侬智高”等条为岭南民族事。魏泰撰《东轩笔录》卷四、卷一二和卷一三有涉及侬智高事，卷八记载交趾之事。范镇撰《东斋记事》卷一记录广西蛮反宋史实，涉及侬智高、区希范。李心传撰《建炎以来朝野杂记》甲集卷一八“兵马”，乙集卷一七“兵马”，卷一九、卷二〇“边防”均涉及岭南少数民族。冯炳撰《皇祐平蛮记》记录侬智高叛乱。司马光撰《涑水记闻》卷一一有侬智高围攻广州事，卷一三又记侬智高叛乱多条。洪迈撰《容斋随笔》卷四“南夷服诸葛”条，《四笔》“蛮俗”条等都涉及南方少数民族。范成大撰《桂海虞衡志》分志岩洞、志金石、志香、志酒、志器、志禽、志兽、志虫鱼、志花、志果、志草木、杂志、志蛮等十三篇，详尽记载了宋代广南西路地区的风土人情、物产资源以及当地少数民族的社会经济、生活习俗等情况。孙什述、刘延世录《孙公谈圃》有侬智高、海南黎族等资料数条。滕元发撰《孙威敏征南录》记平定侬智高事。苏过撰《斜川集》中《论海南黎事》、《海南多鹿豨》等诗文均涉及黎族。宋祁撰《景文集》卷四三“蛮夷利害议”，议论讨伐岭南“邕溪之蛮”事等。朱彧撰《萍州可谈》中“琼管”“广中”等条涉及岭南少数民族风俗。赵汝适撰《诸蕃志》记录海外风土物产时涉及海南。曾敏行撰《独醒杂志》卷四记有狄青破侬智高事，徭人风俗等条。王象之撰《舆地纪胜》为南宋地理总志，内容丰富，引书多佚，像《琼台志》、《琼州图经》、《琼管志》等都依赖其著录，而保存下来几条史料。蔡絛撰《铁围山丛谈》卷二有“南俗尚鬼”条，记录狄青平侬智高及安南之役等事。

周去非撰《岭外代答》是有关岭南少数民族史最重要的参考之一。周去非自序称本范成大《桂海虞衡志》，此书分地理、边帅、外国、风土、法制、财计等共二十门。今本从《永乐大典》中辑出，又为赵汝适《诸蕃志》所本。其中诸多涉及两广少数民族及对外交往。撰人不详《越史略》，越南史书，约撰于越南陈朝（1225—1400）间，采编年体，是宋代记录这一地区的史书，内有涉及岭南少数民族关系史料。吴士连编纂《大越史记全书》，是研究越南历史的重要史书，其中有涉及岭南少数民族关系的史料。此外还有赵勰撰《交趾事迹》，佚名撰《交广图》，不著撰人《安南土贡风俗》，赵世卿撰《安南边说》，陈次公撰《安南议》，李献父撰《南海录》，陆承韫撰《南越记》，叶庭珪撰《南蕃香录》，许牧撰《广州记》，张维撰《广西郡县图志》，都有不少岭南民族史资料。

类书方面，如《翰苑新书》、《皇朝事实类苑》、《山堂先生群书考索》等等；金石资料上，可关注《金石萃编》、《粤西金石录》、《宋代石刻全编》等。

总体说来，由于种种原因，岭南少数民族没有自身的文字史料，或者曾经有过记载而失去，有的则是翻译为汉文较晚。所以依靠汉文材料就成为研究岭南少数民族史学的大宗。

第三节 《通典》、《文献通考》的岭南少数民族史学专篇

唐代对岭南少数民族的治理，主要通过郡县制和羁縻之制并行的方式。唐初继承隋朝利用洗冯家族控制岭南的政策，先后设置了岭南、桂管、容管、邕管、安南五经略使，称岭南五管，由广州刺史任岭南五管经略使。到唐懿宗时分为岭南东、西道节度观察处置等使。宋代对岭南少数民族主要继承唐的羁縻制度，而将边郡进一步内地化，对直接统治的少数民族地区征收赋役，其他则建立羁縻州县。其中最让史家关注的是侬智高的起义和海南黎族的顺俗治理。唐宋撰成的《通典》和《文献通考》是两部有关岭南民族历史的重要著述。

杜佑从唐玄宗时代到宪宗六朝，长期出将入相，政治经验、履历历练，都非常丰富，是他的《通典》具有综合与全面性的基础。《通典》叙述历代典章制度，以所记唐代最为齐全详细，资料的可靠性不容置疑。《通典·边防典》中的“南蛮”下，就可看成是一部唐代的岭南少数民族通史。特点上表现为内容全面，古今贯通，丰富的议论，脉络清晰，珍贵的自注，进步的民族观和民族史观[①]。这是我们理解《通典·边防典》中的“南蛮”下的岭南部分的较好的视角。

《通典·边防四》卷一八八《南蛮下》，小序中主要是以岭南地理行政区划为核心的叙述，接着是岭南蛮獠的叙述，内容侧重民族关系史，特别是在中央地方的关系上。时间截止到大历年间。《通典》卷一八四《州郡十四》讲述岭南风俗“五岭之南，人杂夷獠，不知教义，以富为雄。珠崖环海，尤难宾服，

① 瞿林东《论魏晋隋唐的少数民族史学》(下)，《河北学刊》2008年第4期。

是以汉室尝罢弃之。大抵南方遐阻，人强吏懦，豪富兼并，役属贫弱，俘掠不忌，古今是同。其性轻悍，易兴迷节”。又自注“父子别业，父贫乃有质身于子者。其富豪并铸铜为大鼓，初成，悬于庭中，置酒以招同类。又多构仇怨，欲相攻击，则鸣此鼓，到者如云。有鼓者号为都老，群情推服。本之旧事，尉佗於汉，自称蛮夷大长老夫臣佗，故俚人呼其所尊为倒老也。言讹故又称都老云”。将两者结合，就可以勾画出岭南少数民族的风俗和区域变迁。

该书将岭南作为一个整体的民族区域叙述是具有远见卓识的。书中记录的岭南少数民族及有关地区的社会历史，各少数民族与中原的关系，都是把岭南作为民族、军事、地理等方面的叙述单位，将岭南作为整体来讨论，至今对学界反思岭南研究，推进岭南研究，仍旧意义重大。

《文献通考》，宋末元初马端临作。他的父亲马廷鸾，在宋理宗时曾任史馆校勘、国史院编修、实录院检讨等史官，宋度宗时任签书枢密院事、同知枢密院事，直到右丞相兼枢密使。这为他提供了良好的条件。他在自序中认为历史要继承，也有发展，认为“会通因仍之道”“自有体要”,《文献通考》实际贯彻了马端临的历史观点和史学思考。

《文献通考》分为二十四门，每门都有小序在卷首，门下有子目，内容按时间顺序叙述，在叙述中时有论断，即所谓的“献”。作者对北方民族在宋时期的发展缺乏了解，故作品侧重南方民族的记载。

《文献通考》书中卷三二八至三三一是岭南少数民族史的专篇，对岭南各个少数民族分别叙述，涉及起源、地理分布、社会风俗、民族关系等等方面。涉及岭南少数民族的主要有盘瓠种、獠、西原蛮、交趾、南丹州蛮、抚水蛮、黎峒、占城（此条在卷三三二）等，在叙述上是从接近内地到外圈，逐层序说的。开始全部引用杜佑《通典·边防典总序》，可以看出马端临的民族观上的继承。但是他并没有因袭杜佑的体例，而是对每个族属给予专篇叙述，除了地域的说明外，还抓住岭南少数民族的风俗习惯，并且做出解释。例如叙述“獠”，首先是历史追述“獠盖蛮之别种，往代初出自梁、益之间，自汉中达于邛、笮，川谷之间，所在皆有”。接下来是风俗习惯、社会组织的描述，俗“不辨姓氏，又无名字，所生男女，长幼次第呼之。其丈夫称阿暮、阿改。妇人阿夷、阿等之类，皆其语之次第称谓也。……性尤畏鬼，所杀之人美须髯者，必剥其面皮，笼之于竹，及燥，号之曰鬼，鼓舞祀之，以求福利”。接着叙述历史上的统治和当代的分布情况，分为巴州山獠、眉州獠、洪州獠、益州獠、西玉洞獠等以统治地域区分的族群。最后引用《桂海虞衡志》、唐房千里《异物志》、《唐志》总结僚的风俗习惯和治理政策。在岭南少数民族研究上，形成了专篇专属的研究模式。

第六章

渤海族史学

第一节　渤海族史及其文字

一、渤海族简史

肃慎是中国东北地区最早见于记载的古代民族之一，他们分布在今天长白山以北的牡丹江流域、东濒日本海以及黑龙江流域的广大地区。战国以后，肃慎改称挹娄，有时仍称肃慎。北魏时源于挹娄的勿吉兴起，而在隋、唐的史书中，勿吉的后人被称作“靺鞨”。靺鞨内部又有著名的七大部落，即粟末、伯咄、安车骨、拂涅、号室、黑水、白山等。隋末唐初，靺鞨各部发生了深刻的社会变化并重新组合。而地处南部的粟末、白山两部，由于与中原和高句丽为邻，社会发展最快。隋开皇初，靺鞨各部“相率遣使贡献”①。炀帝时，粟末靺鞨首领度突地稽率部自扶余城（今吉林四平市）西北降附隋朝，被安置于柳城（今辽宁朝阳市）一带。这时，高句丽强盛一时，靺鞨粟末及白山两部受高句丽役使。唐朝于贞观十九年（645）伐高句丽攻安市城（今辽宁营口西北盖州）②，高延寿、高惠贞率白山部众支援高句丽，战败后，其部众多入于唐，而伯咄、安车骨等部民众皆奔散，从此湮没于世间，部分粟末靺鞨人迁往营州（今朝阳市），与先前被隋安置在营州的族人聚集。武则天万岁通天元年（696），契丹首领李尽忠杀营州都督反叛，“有舍利乞乞仲象者，与靺鞨酋乞四比羽及高丽余种东走，度辽水，保太白山之东北，阻奥娄河，树壁自固。武后封乞四比羽为许国公，乞乞仲象为震国公，赦其罪”③。后比羽不受命，为唐将所杀。这时仲象已死，其子大祚荣引残余势力逃遁。

---

① 《隋书》卷八一《东夷传·靺鞨》，中华书局，1973年，第1822页。

② 《旧唐书》卷三《太宗纪下》，中华书局，1975年，第57页。

③ 《新唐书》卷二一九《北狄传·渤海》，中华书局，1975年，第6179页。

则天圣历元年（698），大祚荣联合高句丽、靺鞨兵击败了唐将李楷固。“祚荣即并比羽之众，恃荒远，乃建国，自号震国王，遣使交突厥，地方五千里，户十余万，胜兵数万，颇知书契，尽得扶余、沃沮、弁韩、朝鲜海北诸国。”[①] 此后，两国关系处于敌对状态达十年左右。直到唐中宗时，使侍御史张行岌招慰，祚荣才遣子入侍。唐睿宗先天二年（713），遣使郎将崔䜣拜祚荣为左骁卫大将军，渤海郡王，以所统为忽汗州，领忽汗州都督，自是始去靺鞨号，专称渤海。大祚荣去世后，渤海国又经历了大武艺、大钦茂、大元义、大华屿、大嵩璘、大元瑜、大言义、大明忠、大仁秀、大彝震、大虔晃、大玄锡、大玮瑎、大諲譔等十四代君王的统治，历 228 年（698—925）。

从大祚荣开始，渤海王每次更换，均受唐朝册封，政治制度和军事制度也基本按唐朝的设置而建立。自唐玄宗以后，渤海与唐保持着密切的联系，几乎年年贡使长安，又常“遣诸生诣京师太学，习识古今制度，至是遂为海东盛国，地有五京、十五府、六十二州”[②]。“中唐以后，是渤海国的鼎盛时期，拂涅、号室等部也被统一起来。人口由建国初的数十万，逐渐增至三百万左右，兵丁有数十万之多，管辖所及，南达朝鲜半岛的北部，东临大海，北至松花江下游，西南方以今辽宁省开原县至丹东市的斜线为其边境。”[③] 后唐天成元年（926）渤海国被契丹攻灭后，改称东丹国，阿保机册封皇太子耶律倍为人皇王统治东丹，并强迫渤海遗民南迁，原渤海国的中心地区几乎为无人之境。进入辽朝后，渤海人逐渐与汉、契丹、女真等族融合。还有一部分遗民迁入朝鲜境内，成为后来高丽国的居民。

二、渤海族的口传史学和文字

从相关资料分析，渤海族已有自己独创的文字。《旧唐书》言：渤海“风俗与高丽及契丹同，颇有文字及书记”[④]。无独有偶，清代褚人获在其《隋唐演

---

① 《新唐书》卷二一九《北狄传 · 渤海》，中华书局，1975 年，第 6179—6180 页。

② 《新唐书》卷二一九《北狄传 · 渤海》，中华书局，1975 年，第 6182 页。

③ 王锺翰主编《中国民族史概要》，山西教育出版社，2004 年，第 70 页。

④ 《旧唐书》卷一九九下《北狄传 · 渤海靺鞨》，中华书局，1975 年，第 5360 页。

义》第八十二回也写下了这样的一桩趣事："忽一日，有一番国，名曰渤海国，遣使前来，却没甚方物上贡，只有国书一封，欲入朝呈进。……当下萧炅把番书拆开，大大地吃了一惊，原来那番书上写的字，正是：非草非隶非篆，迹异形奇体变，便教子云难识，除是仓颉能辨。萧炅看了数次，一字不识。……玄宗再叫专掌翻译外国文字的官来看，又命传示满朝文武官僚，却并无一人能识者。……侍臣将番书付李白观看。李白接来看了一遍，启奏道：'番字各不相同，此正渤海国之字也；但旧制番书上表，悉遵依中国字体，别以副函，写本国之字，送中书存照。今渤海国不具表文，竟以国书上呈御览，已属非礼之极；况书中之语言悖慢，殊为可笑。'……李白闻命，当时持番书于手中，立在御座之前，将唐音译出，高声朗诵道：'渤海大可毒，书达唐朝官家：自你占却高丽，与俺国逼近，边兵屡次侵犯疆界，想出自官家之意。俺今不可耐者，差官赍书来说，可将高丽一百七十六城让与俺国，俺有好物相送：太白山之兔、南海之昆布、栅城之鼓、扶余之鹿、郊颉之豕、率宾之马、沃野之绵、河沱湄之鲫、九都之李、乐游之梨，你家都有分，一年一进贡；若还不肯，俺即起兵来厮杀，且看谁胜谁败。'"[①] 李白破解蛮书事并非空穴来风，故事中记述的一些事件、人物都与古代文献的记载相吻合，确有根据。李白的诗证明其与渤海人员有密切交往，曾为玄宗"草答蕃书，辩若悬河，笔不停辍"[②]。其认识渤海字是可信的。

学者黄斌对渤海族文字有全面的讨论，指出："靺鞨族及其先人，世世代代繁衍生息在白山黑水之间，有着自己的信息交流方式，即使渤海国通行了汉字，但由于经济、文化、自然等条件的限制，汉字开始只能在开发较早的地区流行。而处于偏远地区的人们不可能全部学用汉字，可能还使用着世代传袭下来的土语和'象形符号'等。在黑龙江省海林市北牡丹江畔，有一悬崖被古人刻上许多图像符号。"[③] 1933年金毓黻先生与日本东亚考古学会学者一起到渤海上京城采集了大量文字瓦，并将其分类整理为七种，虽多数仍为可识之汉

① 《隋唐演义》，岳麓书社，1997年，第538—545页。

② ［宋］薛仲邕《翰林李太白年谱》，《李太白全集·附录·年谱》，中华书局，1977年，第1584页。

③ 黄斌等《渤海国史话》，吉林人民出版社，2004年，第219页。

字，而奇诡难识之字也占到了一两成。金先生分析其原因云:“其一，盖渤海人特制之字，以表特有之音；其二，盖无意义之符号，若以此说为不然，而谓渤海别制新字，涵有一切之意义，一如契丹女真文之子母相生，则非余之所敢知矣。”[①]既然考古文物中出现了“渤海人特制之字”，说明渤海人曾有过自己的文字是有实物根据的。

看来，渤海文字，是一种借用汉字以“表特有之音”的特制之字。

第二节 渤海族口传史诗和历史著述

渤海族有自己民族的口传史诗，也有时人撰作的相关著作。

一、渤海族的口传史诗

渤海族有自己的口传史诗。“二十世纪六十年代，富育光先生从黑龙江省东宁镇贺姓满族家族挖掘出历代口传心授的史诗《乌布西奔妈妈》，诗中的女主人公乌布西奔，为了寻找太阳升起的地方，带领族人泛舟东海（日本海），与狂风恶浪搏斗，最后累死在大海上。人们把她的尸体安葬在现在的锡霍特山脉的一个山洞里，把她一生的壮举用他们自己的图画文字刻在洞穴的巨石上。2000 年美国加利福尼亚大学人文学家詹姆斯博士闻讯拜访了富先生，并组织人员考察了俄罗斯的锡霍特山，找到了这个山洞，看到了一些呈旋转形刻在悬崖上洞穴的文字，为靺鞨先人有自己的文字提供了重要证据。另外还有陆续发现的用象形符号制作的日历和二十四节气牌，曹保明先生发现的用特殊森林符号写就的书籍《高兴》以及出土的文字瓦和文字砖。”[②]这个记载说明，在早期渤海族就有自己部族的英雄史诗了。这位英雄是女性，此史诗是对部族在母系氏族时代一位女性酋长的追忆。至于洞穴上刻画的文字，我们只能理解为在渤海族产生文字后，族人仍时常到其安葬地祭祀这位母系始祖。

---

① 金毓黻《渤海国志长编》卷二〇《金石古迹》，辽阳金氏千华山馆丛著 1931 年版，第 1052—1060 页。

② 黄斌等《渤海国史话》，吉林人民出版社，2004 年，第 219—235 页。

二、张建章与《渤海国记》

由渤海族建立的渤海国在中国历史上存在了二百多年，其间渤海国与唐朝的交往不断，臣属于唐的渤海国不时地派大臣和儒士、青年学子前往唐朝礼拜和求学，而唐朝亦派使臣前往渤海国视察、安抚，张建章便是其中的一位。唐文宗大和六年（832），“渤海国王大彝震遣司宾卿贺守谦来聘。府选报复，议先会主假瀛州司马朱衣使行。癸丑秋（大和七年），方舟而东，海涛万里。明年秋杪，达忽汗州（唐以渤海地为忽汗州）。州即挹娄故地。彝震重礼留之，岁换而返。□王大会，以丰货、宝器、名马、文革以饯之。九年仲秋月复命”[①]。以上文字说明，张建章有机会在任职期间出使渤海两年多。而在后人的著述中，仍有不少人提到并证实此事。五代孙光宪云“（张建章）曾赍府戎命往渤海”[②]。说明张建章出使渤海事影响很大。张建章本人“幼聪而俊晢，美而和时，谓闲生琳［琅］，乡中英妙。洎青襟从师，丹霄有志。年十六，云水兴高，风月吟苦。旋自试子秋赋，明敏著名，尚持疑于春闱，琢磨益厉。……凡所笺、启、赋、诗盈溢缃帙”，“又著《渤海记》，备尽岛夷风俗、宫殿、官品，当代传之”。[③]可见其内容是很充实的。此书《新唐书·艺文志》、《通志·艺文略》皆有著录，《宋史·艺文志》还有“张建章《戴斗诸蕃记》一卷”[④]，应该也是作者的相关史著。但《渤海国记》和《戴斗诸蕃记》在后来的《明史·艺文志》中已不见著录，概已佚失。

《旧唐书》和《新唐书》均有有关渤海的文字记载，但《新唐书》在内容上改动的部分和增加的有关“五京、十五府、六十二州”的行政建置、官职名称及设置情况、罗列的贵重的土特产等都是来源于张建章的《渤海国记》。《东都事略》卷一八文中曾云：王溥子贻孙，字象贤。溥藏书至万卷，贻孙遍览之。太祖尝问赵普：“拜礼何以男子跪而妇人不跪？”普访礼官无知者。贻孙云：

① 张中澍《张建章墓志铭文考释》，《博物馆研究》1982年第1期。

② ［五代］孙光宪《北梦琐言》卷一三，中华书局，2002年，第277页。

③ 张中澍《张建章墓志铭文考释》，《博物馆研究》1982年第1期。

④ 《宋史》艺文志三·地理类，中华书局，1976年，第5154—5155页。

“古诗云‘长跪问故夫’，即妇人古亦跪也。唐武后时妇人始拜而不跪。”普问所出，对曰：“唐幽州从事张建章著《渤海国记》备言之。”普叹服。[①] 从这一记载我们可以得知，张建章的《渤海国记》不仅仅只是记载渤海族、渤海国的事情，其内容是十分广泛和丰富的。我们考查和研究渤海民族的历史，是不能忘记张建章及其《渤海国记》的。

第三节　古代的渤海族史研究

一、《渤海疆域考》

此书由朝鲜洌上徐相雨辑，共两卷。“上卷据《唐书》以明渤海京府皆在今宁古塔乌喇及高丽北界，而辽东故地不入于疆理。下卷历举《辽志》之疏舛，旁搜地记以证明其说，颇见翔实。……曩刻率宾唐元素大令所纂《渤海国志》，其《地理》一门亦不以《辽志》为信，颇足与此书相印合。此书谓‘今之海城县实辽之南海军而非渤海之南海府’，‘今之承德县实辽之沈州而非渤海定理府之沈州’，又可与唐著互参。”[②] 此书是较早考证渤海国疆域的地理著作，有其重要的参考价值。此书有南林刘氏求恕斋刊本，文物出版社，1984 年影印，线装一册。

二、清黄维翰《渤海国记》

“维翰字申甫，曾官黑龙江呼兰府知府，卒于民国二十年，撰《呼兰府志》、《黑水先民传》行世。”[③] 何以撰写《渤海国记》？作者认为：“近世满洲震钧有《渤海国志》，朝鲜徐相雨有《渤海疆域考》，震氏取材隘，徐氏遗辽东地，各有得失焉。今网罗群籍，旁及海外史，为书三篇，仍名曰《渤海国记》，以示偏方霸国。”[④] 该书“凡三篇十四章，为黄氏晚年之作。民国二十年黄氏

① 转引自金毓黻《渤海国志长编》卷一，1931 年排印本，第 89 页。
② 刘承幹《渤海疆域考序》，文物出版社，1984 年影印南林刘氏求恕斋刊本，第 1—2 页。
③ 金毓黻编《辽海丛书·总目提要》，北方联合出版传媒辽海出版社，2009 年，第 3871 页。
④ 黄维翰《渤海国记自叙》，《辽海丛书》，北方联合出版传媒辽海出版社，2009 年，第 155 页。

殁于北平，稿本初具，由其友人奉宽辑成之。”[①] 其书上篇有《国统》、《种族》、《礼俗》三目。中篇有《地理》、《职官》、《人物》、《物产》四目。下篇有《朝贡中国》、《交聘日本》、《比邻新罗》、《移国契丹》、《再建国》（阙）、《遗民》、《杂识》、《年表上》、《年表下》九目。体例基本仿照于传统的地方志，内容亦较简略，但所述均有出处，是一部国内较早研究渤海国史的专著。此书有金毓黻编《辽海丛书》本（辽海出版社分公司2009年版），颇便阅读和研究。

第四节　民国以来的渤海族史研究

一、唐晏《渤海国志》

该书由清末民国初人唐晏撰。全书共四卷，卷一有《原始》、《纪年》、《后纪年》三目，以编年的形式记述了渤海族上溯肃慎之始，下迄金源满洲发展变化概况。卷二有《地理》、《职官》、《舆服》、《礼乐》、《词命》、《姓氏》、《风俗》、《物产》八志，分类记载了地理辖区、典章制度及民情风俗。卷三有《朝贡》、《征战》二表，以立表形式记载了渤海国与唐朝及与日本和其他邻国交聘往来与征伐之事。卷四有《同姓》、《异姓》、《孑遗》三列传，前两列传记载了王室大氏一门人物简要事迹以及王室亲属大臣、使臣简况。后一列传则记载了渤海国灭亡后后代子孙的一些情况。文中许多地方多有作者的考证，并对相关历史资料有所归纳和整理。该书是中国除张建章《渤海国记》以外最早全面记载渤海国的一部史著。清代学者刘承幹认为："自有此作，而渤海一国之史乘乃备焉已。”[②] 金毓黻认为该书“体例粗备，征引颇富，惟尚多可商之处，证义尤不精确”[③]。这确实是一部难得的全面研究渤海国及渤海族的史著，其史学和史料价值不言而喻。此书有南林刘氏求恕斋已未（1859）刊本，1984年文物出版社影印线装一册。

① 金毓黻《渤海国志长编·附录二》，辽阳金氏千华山馆丛著1931年，第1156页。
② 刘承幹《渤海国志序》，南林刘氏求恕斋已未（1859）刊本，文物出版社，1984年影印。
③ 金毓黻《渤海国志长编·附录二·征引书录》，辽阳金氏千华山馆丛著1931年，第1155页。

二、《渤海国志长编》

该书由金毓黻撰集，以唐宴的《渤海国志》为蓝本增辑而成。全书共二十卷，分为《总略》、《世纪》、《后纪》、《年表》、《世系表》、《大事表》、《属部表》、《宗臣列传》、《诸臣列传》、《士庶列传》、《属部列传》、《遗裔列传》、《地理考》、《职官考》、《族俗考》、《食货考》、《文征》、《丛考》、《余录》等十九目。《总略》分为上、下两卷，之所以名为"总略"，目的是"明所自也"，以编年的形式"叙次渤海民族兴废递嬗之迹"[①]，为本长编的主要内容，占据了全书约五分之一的篇幅。该《略》是作者"通览中外载籍，蒐辑渤海遗闻，凡得三百三十余事而成"[②]，是其他纪、表、传、考之泉源和丝缕。《世纪》则为渤海十五王的编年大事记，是作者根据《旧唐书》、《新唐书》、《册府元龟》、《唐会要》、《五代会要》、《辽史》诸书及新罗、高丽、日本诸史所得，钩稽排比而成。《后记》则始自东丹耶律倍人皇王，终于五十七年后东丹国除，因其国臣民仍为渤海族，故仿《世纪》例专列一目。《年表》是以表格的形式，将自唐武后圣历元年（698）高王祚荣建国之日起，讫后唐明宗天成元年（926）末王諲譔降辽之日止，这期间的年代按干支、渤海、唐梁后唐、辽、日本、新罗、高丽、西历对应进行换算。《世系表》以表格的形式简要地记载了从大祚荣到大諲譔的君王世系情况。《大事表》记载了从大祚荣到东丹国除的大事。《属部表》记载了和粟末部相邻各部落在这一时期与唐交往以及相互之间的关系。《宗臣列传》记载了渤海君王大氏宗亲中担任大臣的一些生平简况。《诸臣列传》则为宗亲以外的一些大臣的生平活动简况。《士庶列传》仅记载了没有入传者的八位士庶之人的简略事迹。《属部列传》记载了曾臣属于渤海的其他五个部落的发展兴亡简况，其中有黑水、拂涅、虞娄、越喜、铁利等部。《遗裔列传》则记载了渤海国亡后，渤海族后裔从东丹国一直到宋、辽、金时期大氏之族四十三人，他族百有七人的生平事迹。《地理考》将十五府"每府之地悉

① 《渤海国志长编 · 叙例》，辽阳金氏千华山馆丛著 1931 年。

② 《渤海国志长编》卷二，辽阳金氏千华山馆丛著 1931 年，第 250—251 页。

加考证，明其所在，复于每州之下条举原流加以諟正，其国内地山川、四境之所至，亦略为甄叙，复为图以佐之”。卷末并附以“交通五道”。《职官考》则因“渤海职官壹遵唐制，惟名号稍异”，所以作者“以《唐书》本传为主，而以见于中外古籍者补其未备并为之说于下，备考览焉”。《族俗考》中，作者将诸书言渤海礼俗之可考者汇集于此编，包括了种族、姓氏、礼俗等。《食货考》记载了渤海境内土特产以及与唐及其他各国四邻朝贡、赠送、交易各种物资的情况。《文征》是征集渤海人自撰之作和他国与渤海有关之作，作者将“君相之敕牒与臣僚酬酢之文属之，博系群籍，冣而录之，凡得二百有九首，釐为八类，曰唐敕，曰表、曰国书、曰诗、曰铭、曰序、曰书状、曰遗裔之文”。《丛考》是作者“撰《渤海国志》既竟，复穿贯众说，考其异同，得五十余事，命曰‘丛考’”，“综举其要，厥有六例：一曰释义，二曰明例，三曰考异，四曰存疑，五曰正误，六曰互证”[①]。此目在全书中占了较大篇幅。《余录》是对“靺鞨”、“长庆宣明历”、“渤海乐”、“海东绎史”、“东京城”、“金石古迹”等的考证。之后仍有《补遗》补《丛考》。又有《附录》一于其后，为一些人名事迹的考证。《附录二》则为“征引书录”，包括了中国古代以及朝鲜书十三种，日本书三十九种，是一参考文献目录。最后附有长编目次、通检、刊误、识语等。

总之，该书是一部较早全面论述、考证渤海国史的大作。又因其引用的资料均有出处，所以此书的史料和史学价值极高，是我们研究渤海民族和渤海国史不可或缺的重要著作。该书有辽阳金氏千华山馆丛著版，收入大中国图书公司印行的《中华文史丛书》第七辑中。

三、《渤海国史》

魏国忠、朱国忱、郝庆云所著《渤海国史》，由中国社会科学出版社 2006 年出版。此书是作者在 1984 年出版的《渤海史稿》的基础上撰著而成，它体现了观点的客观公正与论述的实事求是，强调立论的充实有力和史学方法的严

---

① 《渤海国志长编》卷一九，辽阳金氏千华山馆丛著 1931 年，第 550、649、796、907 页。

谨周密，坚持摆事实、讲道理、以理服人的原则，是一部研究渤海国历史的科学力作。全书45万余言，内容包括了靺鞨的建立；渤海国的发展与强大；辖域、区划和人口；民族源流与主体民族；渤海政权的性质及其同唐朝的关系；统治机构与政治制度；社会经济与社会制度；渤海文化；渤海与邻国的关系；渤海的灭亡与东丹的建立；渤海国的历史归属和历史地位共十一章，并且书中附有有关渤海国文物照片和纪年对照表等。全书不仅参考了传统的历史资料，而且充分运用最新考古资料和吸收国内外研究成果。这部著作正如干志耿在其“序言”中所讲的那样，具有五个方面的特点：其一，内容全面、系统，结构更为合理，是渤海史研究上的第一部通史；其二，采用了大量渤海考古与文物资料，补充了史料的不足，使文献与文物相结合；其三，从民族学理论的高度，剖析了渤海国主体民族的族属问题，做出了渤海国的主体民族和主导力量只能是靺鞨族或确切说是粟末靺鞨的正确论断，奠定了渤海国史和渤海民族史研究的史学理论基础；其四，正确地阐述了渤海国与唐王朝的关系问题，明确指出渤海国是唐朝的渤海郡，即渤海都督府，是隶属于唐朝中央政府的一个地方民族政权，亦即渤海是唐朝管辖下的一个羁縻州府；其五，是以往渤海史研究至今的新成果，为集大成之作。

第七章

契丹族史学

第一节　契丹族历史与文字

一、契丹族和辽朝

契丹族是中国历史上一个古老而强大的北方少数民族，为欧亚草原上阿尔泰语系民族，大体上出现于四世纪中叶，至十四世纪中叶以后淹没在历史长河中，历时约一千年。

契丹，汉译亦作吉答、乞塔、乞答、吸给等。《金史》称："辽以宾铁为号，取其坚也。"[①] 即契丹为镔铁或刀剑的意思。但按北方民族一般传统，契丹是部酋名的观点也有相当的道理。大多数学者认为契丹族源主体是东胡后裔的鲜卑宇文部，但强大起来的契丹又吸纳了阿尔泰语系其他民族，是北方草原游牧民族的一次大整合，各民族融合汇聚使其成分也日益复杂，所以说契丹族在形成过程中存在主源，同时也存在多元多流现象。

在辽朝建立之前的五个半世纪中，契丹人经历了三个历史时期：从四世纪中叶至七世纪初（即隋末唐初）为古八部时期，大体上游牧于今天的西拉木伦河和老哈河流域。七世纪初至八世纪上半叶为大贺氏部落联盟时期，活动区域有所扩大，仍然过着游牧、狩猎生活。契丹既作为一个独立的民族存在和发展着，同时又是唐皇朝统治下的臣民。大贺氏联盟的"君长"和各部头领，分别担任唐代都督府与州的都督、刺史。八世纪初，遥辇氏取代了大贺氏部落联盟，于745年（唐天宝四年）投诚唐皇朝。唐拜李怀秀为松漠都督，封崇顺王，遥辇氏为契丹各部盟主的地位终于得以稳定。在畜牧和狩猎经济基础上，农业经济出现了，手工业也获得长足进步，契丹勃兴，疆域不断拓宽，势力不断壮大。

① 《金史》卷二《太祖纪》，中华书局，1975年，第26页。

907年，出身迭剌部耶律（世里）家族的阿保机（名亿）取代遥辇氏成为契丹可汗，916年，废除部落联盟的旧制度，自号天皇王，定国号契丹。此后又曾三次更改国号，先是太宗天显十三年（938）改称辽，圣宗统和元年（983）又改称契丹，道宗咸雍二年（1066）复称辽。契丹辽政权延续209年，历经太祖、太宗、世宗、穆宗、景宗、圣宗、兴宗、道宗和天祚帝九位皇帝。

后晋统治者石敬瑭为了得到契丹辽的支持，自称“儿皇帝”，双手向辽奉送了幽、蓟、云、朔等十六州，从此，契丹辽的领土东边到海，西边到金山（今阿尔金山），北边到胪朐河（今克鲁伦河）、外兴安岭、贝加尔湖，南边到长城南直至白沟（今河北雄县境），是一个强盛的民族政权。947年二月，太宗改国号为大辽，改年号为大同。辽皇都号上京（今内蒙古巴林左旗），称临潢府；幽州（今北京市）称南京；原南京东平府（今辽宁辽阳）改称东京。辽朝斡鲁朵宫帐制、投下州县制、北南面官制等制度逐步建立起来。契丹辽统治者一再南侵，与后汉、后周和宋朝统治者多次战争，中原经济遭到很大的破坏。1004年十二月，辽宋在澶渊议成。宋以辽承天后为叔母，每年向辽输纳银十万两、绢二十万匹，两朝各守旧界。此后，辽宋未再发生大的战事。1031年后的兴宗、道宗、天祚三朝，契丹贵族的腐败日甚一日，国势衰微，民不聊生，统治集团分崩离析。在金人和宋人的联合打击下，1125年二月，辽天祚帝在应州新城（今山西省应县）东被金兵追捕俘获，契丹辽朝遂亡。

1124年七月，辽宗室耶律大石率部自夹山夜逃，北行抵可敦城。集合诸部首领，号召灭金复辽。率兵西征今新疆和中亚地区。1132年二月五日，耶律大石在叶密立城（今新疆北部额敏县东南）称帝，建年号“延庆”（汉文），上汉语尊号“天祐皇帝”。根据当地人民的习惯叫法，称菊儿汗（亦作葛儿罕，即“大汗”）。哈剌契丹国正式建立，史称西辽或西契丹、后契丹。西辽是辽朝在西部的延续，经六帝，八十八年。1211年秋，西辽末主直鲁古出猎，被流亡的乃蛮王子屈出律率伏兵擒获，两年后死。1218年，屈出律为蒙古所灭，西辽灭亡。

契丹族建立的契丹辽王朝，在两百年间不但将中国北方地区各民族统一起来，而且还第一次突破了长城的阻隔，使得汉人北迁，北方少数民族南徙，从而加速了中华民族的大融合。辽朝疆域广阔，东达海滨，西至今黄河河套一带与西夏毗邻，北接黑龙江流域，南以白沟河（今河北省境内的拒马河、大清河、海河）为界与北宋对峙。辽极盛时期，版图北至今克鲁伦河、色楞格河流域，东临黄海，南至河北中部、山西北部，西近阿尔泰山，幅员万里，是中国北方历史上一个著名的草原游牧帝国。

二、契丹大字和小字的创制

契丹是东胡系民族，其语言与流传下来的现代蒙古语同源，属于阿尔泰语系蒙古语族。契丹原无文字，契丹国神册五年（920），阿保机命耶律突吕不和耶律鲁不古创制文字。他们在汉人的协助下，以汉字增减笔画，或直接借用汉字，创制了契丹大字，即所谓“汉人教之以隶书之半增损之，作文字数千，以代刻木之约”[①]。契丹大字笔画较汉字为简，但字数仍有三千之多，对于阿尔泰语系民族来说很难掌握。阿尔泰语系有元音和谐律，即元音分为阳性和阴性两类。在辅音上，大多有 16 个辅音。阿尔泰语系各语言都是黏着语，以在词根之后加构词附加成分为派生新词的主要手段，以在词干之后加语法黏附成分为形态变化的主要手段。所以用契丹大字记录契丹语，效果不理想。

此后，耶律阿保机的弟弟迭剌参照回鹘字对大字加以改造，创制了契丹小字。史载，耶律阿保机时，耶律迭剌奉命接待回鹘使者，与回鹘使者“相从二旬，能习其言与书，因制契丹小字，数少而该贯”[②]。小字为拼音文字，有三百多个表音符号，称原字，“数少”是指契丹小字比契丹大字的书写符号少，“该贯”是说能把契丹语表达得系统又全面。将若干原字拼在一起以记录契丹语，比大字使用方便，它的拼音方法受了回鹘字的启发和汉字反切注音法的影响。

字数少，又能把契丹语表达得贯通而全面，这种较之契丹大字先进的契丹小字创制以后，落后的契丹大字并没有废除。因为契丹大字名义上是辽太祖耶律阿保机创制的，所以终辽一代两种契丹文字和汉字一直通行于辽境。契丹字除用来书写官方文书、碑碣、牌符、书状、印信等外，也翻译了大量儒家经典

① 《新五代史》卷七二《四夷附录第一》，中华书局，1974 年，第 888 页。
② 《辽史》卷六四《皇子表》，中华书局，1974 年，第 968—969 页。

和文学、史学、医学著作，有些契丹文人也用契丹文字进行文学创作。汉文书籍的翻译，将中原人的思想和统治经验，中原人的科学技术、文学、史学成就等介绍到了草原地区，带动和促进了游牧民族草原文化的发展。辽朝的皇帝和契丹上层人物多仰慕汉文化，很多人有较高的汉文化修养，汉人上层有的也通晓契丹语，出使辽朝的宋朝人有些也能用契丹语作诗，对沟通契丹人与汉人的思想感情，加强辽宋间的兄弟友好关系起了重要作用。

契丹大字和契丹小字的创制开中国东北古代少数民族创造文字之先河。以后女真文字、蒙古文字、满族文字的产生无不直接或间接受契丹文字的影响。金代建国初期虽然就创制了女真大字和女真小字，然而契丹文字并没有随着契丹辽的灭亡而灭亡，两种契丹文字仍然通行于金代前期。金明昌二年（1191）“乙酉，诏罢契丹字”[①]。然而契丹文字不会随着一纸诏书的颁布就立即自动退出历史舞台。会写契丹文字的人仍会继续自觉或不自觉地使用契丹文字，金朝没有统治到的地方如西辽也还在使用契丹文字。

第二节　契丹辽史馆制度

契丹族统治者很重视本民族历史的建构，承唐仿宋，在朝廷建立了完善的史馆制度，以为契丹统治者和政权服务。

一、史馆与国史院

史馆自唐朝设立并独掌原属著作局的修史之任，从而成为专门的修史机构，对后世影响深远。辽开国后作为统领史馆的史职——“监修国史”就已设立，如太祖时耶律鲁不古为监修国史。[②]太宗时的修史机构称史馆，如辽太宗时麻答“以宰相员不足，乃牒冯道判史馆”[③]。判史馆乃为史馆负责人，掌“自

① 《金史》卷九《章宗本纪一》，中华书局，1975 年，第 220 页。

② 《辽史》卷七六《耶律鲁不古传》，中华书局，1974 年，第 1246 页。

③ ［宋］叶隆礼《契丹国志》卷一七《麻答传》，上海古籍出版社，1985 年，第 169 页。

除修撰外，应馆中著述及诸色公事”[①]。另有史馆学士，为“对史官——从直史馆到史馆修撰——的泛称”[②]。当时史馆掌修国史，负责记述当时军国大事和追述本民族早期的历史。圣宗以后史官制度已基本完善，史馆为国史院所代替，成为修史的主要机构和常设机构[③]。

翰林院下属的国史院，仿宋设立修国史、同修国史等职，监修国史为国史院最高长官。有辽一代几乎每朝都设有监修国史，可考者有十七人，即太祖朝的耶律鲁不古，太宗朝的刘昫，景宗朝的室昉，圣宗朝的耶律隆运、刘慎行、马保忠、张俭，道宗朝的耶律良、窦景庸、梁颖、耶律阿思、耶律孝杰、耶律俨、王师儒、梁援，天祚朝的耶律俨、左企弓。兼任监修国史的一般为宰相或枢密使，有的甚至被破格提拔为契丹最尊之职“于越”，近半数为契丹族人，多为进士出身或才学出众者。契丹辽监修国史同一时代仅为一人，无几人同时担任此职者。契丹辽监修国史不但总领史务，而且亲自参与修史，如圣宗统和年间邢抱朴因功“加户部尚书。迁翰林学士承旨，与室昉同修《实录》”[④]。后期，监修国史主要负责组织、领导、编修，一般不直接参与修史。监修国史还有荐举人才的权力，如耶律俨以宰相监修国史的身份极力推荐王师儒修订国史[⑤]。史馆修撰是直接撰史的官员，辽朝史馆修撰可考者共四十四人，其中三十五人是道宗时任命的，可以看出史馆修撰成为当时修史之主力。

国史院平时主要修实录，若修史再设局编修，如太康中，耶律孟简诣阙上表曰：“本朝之兴，几二百年，宜有国史以垂后世。”乃命其编耶律曷鲁、屋质、休哥三人行事以进。道宗下诏置局编修。[⑥]此局应在国史院之内，设立专门编修的机构。

仿照宋朝契丹辽也设置了修国史、同修国史等史职。修国史最早见于兴宗

---

① ［宋］王溥《五代会要》卷一八《修史官》，上海古籍出版社，1978 年，第 300 页。

② 朱子方《辽朝史官考》，《史学史研究》1990 年第 4 期。

③ 朱子方《辽朝史官考》，《史学史研究》1990 年第 4 期。

④ 《辽史》卷八〇《邢抱朴传》，中华书局，1974 年，第 1278 页。

⑤ ［辽］南抃《王师儒墓志铭》，见陈述《全辽文》卷九《王师儒墓志铭并序》，中华书局，1982 年，第 292 页。

⑥ 《辽史》卷一〇四《耶律孟简传》，中华书局，1974 年，第 1456 页。

朝，据《辽史·百官志》载：“耶律玦，重熙初修国史。”[①] 修国史可考者另有杜防、萧韩家奴、杨佶、张琳等四人。修国史主要是执政官兼任，或为进士出身，或为才华横溢之士。修国史的职责为编修起居注、实录等当朝国史。此外还有参与翻译前朝史书的职能，如重熙十五年（1046），兴宗“诏译诸书，韩家奴欲帝知古今成败，译《通历》、《贞观政要》、《五代史》”[②]。契丹辽历任同修国史可考者为张俭、刘六符、张嗣复、成尧锡四人，其中两人为进士出身。同修国史有时也充当使臣，出使宋朝。

契丹辽史馆修撰可考者有四十四人。兴宗、道宗时修史活动较为频繁，此职此时设置最多。史馆修撰一职最初常以四品太常少卿等官充任，大安元年（1085）以后，多以稍低之中大夫或中散大夫兼任，这是因道宗后期加强君主专制，控制修史所致。以后，出现了以记注官等史职担任史馆修撰的专门修史官员，修史工作呈现专业化的趋势，顺应了史学发展的总体趋势。史馆修撰的职责为修史，是史馆修史的主力，有时还充当外交使节，出使宋等周边政权。

此外，还有权史馆修撰。此职辽朝历史上仅有一人任之。天庆三年（1113），韩昉任“承奉郎守右拾遗权史馆修撰”[③]，具体执掌可能类似于宋代“权同修起居注”[④]。

二、起居舍人院

辽朝在门下省设有起居舍人院，其建制是融合唐宋记注官制的产物，下有起居舍人、知起居注、起居郎等职[⑤]。圣宗曾多次下诏编修《日历》，而日历是根据起居注的资料，逐日撰成有关国家事务的编年体史书，说明圣宗时就有起居注的编修。从圣宗朝到天祚末一直存在起居注的编修。

---

① 《辽史》卷四七《百官志三》，中华书局，1974年，第782页。

② 《辽史》卷一〇三《萧韩家奴传》，中华书局，1974年，第1450页。

③ ［辽］韩昉《丁文逌墓志铭》，见陈述《全辽文》卷一一《丁文逌墓志铭》，中华书局，1982年，第318页。

④ 宋立民《宋代史官制度研究》，吉林人民出版社，1999年，第64页。

⑤ 《辽史》卷四七《百官志三》，中华书局，1974年，第776页。

契丹辽起居注“由起居郎、起居舍人即左右二史共同执掌”[①]。辽起居舍人一职最早见于史料者为圣宗时的赵为箕，历任者尚有程翥、吴叔达、周宗白、吴湛、姚景禧、王棠、贾辉等人，其中五人由知制诰兼任，贾辉一人以“诸行宫都部署司主事”兼起居舍人，程翥、赵为箕只担任起居舍人。起居郎员数二名。辽起居郎最早见于史册是圣宗时的杜防，可考者尚有李奎、王景运、韩孚、王观、成尧锡、张少徽（微）、马尧俊、王师儒、赵孝严、虞仲文等，多以知制诰兼任，品级较高。

辽起居舍人院尚有行起居郎职，可考者赵孝严一人。所谓“行”，是兼职的一种，指代行某职，“行起居郎”其职责应与起居郎、舍人一样参与编修起居注。有知起居注官，掌修起居注，可考者耶律敌烈一人。有修起居注官，可考者耶律良一人，职责应为记录皇帝起居。有修注郎之名，应是对记注官的泛称，并非具体史职。

记注官负责起居注的编修，是日历、实录、修国史编修的基础。一般王朝记注官通常于大内办公，侍皇帝左右。而契丹辽记注官则随皇帝四时在外，因为辽朝皇帝始终保持着北方游牧民族的游牧渔猎生活，每年都要举行四时捺钵活动，捺钵期间军国大事都是在捺钵地处理。记注官作为记述帝王言行的史官，必然要跟随皇帝左右，才能有效完成记注任务，如重熙中“会猎秋山，（耶律）良进《秋游赋》，上嘉之。清宁中，帝幸鸭子河，良又作《捕鱼赋》”[②]。表现了契丹辽记注官独有的特点。

三、著作局及其史官

契丹辽仿唐宋之制于秘书监置著作局，至迟在景宗时设立，设有著作郎、著作佐郎、校书郎等职[③]。

契丹辽历朝著作郎、佐郎考得杨皙、马保忠、张绩、刘六符、张锡口、耶律俨、李炎、贾师训、董庠、宁鉴等十人，一般由进士出身者担任。辽校书郎

① 汤勤福《中国史学史》，山西教育出版社，2005 年，第 103 页。

② 《辽史》卷九六《耶律良传》，中华书局，1974 年，第 1398 页。

③ 《辽史》卷四七《百官志三》，中华书局，1974 年，第 787—788 页。

考得李珝、李忠宣、李懿、王夫、杨佶、王泽、杨晳、赵濬、刘文、窦景庸、王师儒、张检、郑恪、李谦贞、张衍、杨朴等十六人，多由进士担任，且担任此职后多数升迁较快，很多升迁为修史官。

吴怀祺认为，著作官之执掌如著作郎、著作佐郎、正字、校书郎等与修史有关。[①] 我们以为，契丹辽著作官可能仿唐及宋初之制，负责碑志、祭文之类的撰写。

第三节　契丹辽史官的特点

契丹辽史馆制度是在与中原地区交往过程中，仿照汉族政权建立的，而又与契丹族政权相结合，其史官既有历代史官之共性，又有区别于中原汉族史官的民族特色。

一、契丹辽史官多为兼职

契丹辽史官按修史的类型可分为记注官和修史官。监修国史考得十六人，十五人皆为行政官兼任。记注官亦是如此，如起居舍人、起居郎主要由知制诰兼任。也有记注官和修史官互相兼任的情况。还有由社会名流、文学之士等非史官奉诏修史的，这些人多是皇族，任命他们参与修史，便于对修史工作的监督，是契丹辽加强对修史控制的表现。

二、契丹族史家数量增多

契丹辽从事记注和修史的史官，有据可查的有数百人之多。下列比较著名又有著作可考的八位史家中有四位是契丹族或赐国姓者。

1. 室昉，字梦奇，辽朝南京（今北京市）人，家世不详。自幼恭谨朴素，勤奋好学，闭门读书二十年，足不出外户，虽同里乡人也莫识其面，由此学业精进。会同初年，辽取得燕云十六州后，为了选拔人才，抚辑新附之民，第一

① 吴怀祺《辽代史学和辽代社会》，《史学史研究》1995 年第 4 期。

次召开科举，室昉应试，登进士第，初任卢龙巡捕官，虽然只是一个维护治安的基层小吏，但从此进入仕途，并以博学善属文逐渐受到青睐与重用。947年，耶律德光改国号为大辽，“诏昉知制诰，总礼仪事”。累迁翰林学士，掌握草拟诏命，“出入禁挞十余年”。累官至枢密使，兼北府宰相，加同政事门下平章事。乾亨初（979），室昉以宰相监修国史，在他的主持下，开始撰修《实录》。这次所修实录，包括太祖、太宗、世宗、穆宗、景宗五朝，统和八年（990）修成，共二十卷，九年（991）正月具表上进，这就是著名的《统和实录》，圣宗手诏褒美，并“加政事令，赐帛六百匹”[①]。

2. 邢抱朴，辽朝应州（今山西应县）人。其父官至刑部郎中。母陈氏，涉通经史，尤好吟咏。抱朴幼颖悟，从母受经，好学博古，以儒术名显当时。保宁初（969），为政事舍人，知制诰，累迁翰林学士，加礼部侍郎、户部尚书，再迁翰林学士承旨，得以独承密命，时人荣之。奉诏与室昉同修《统和实录》[②]。

3. 耶律庶成，字喜隐，小字陈六，皇族季父房之后。幼好学，读书过目不忘。善契丹文和汉文，尤工放诗。重熙初，补牌印郎君，累迁枢密直学士。兴宗曾命庶成与萧韩家奴各撰《四时逸乐赋》以进，甚得赞赏。又奉命制文记述北院大王于越耶律屋质的功德，立石于上京崇孝寺。耶律庶成是一个博学多识的学者，对国史、礼、刑以及医药都甚精通，“时入禁中，参决疑议”[③]。重熙十三年（1044）奉命偕翰林都林牙萧韩家奴等集录遥辇可汗至重熙以来事迹，撰成《国朝上世以来事迹及诸帝实录》二十卷。十五年（1046），再与萧韩家奴合撰《礼书》三卷。

4. 萧韩家奴，字休坚，契丹涅剌部人。通契丹、汉等文字，受汉文化濡染颇深。重熙十三年（1044）上疏请按照“唐高祖创立先庙，尊四世为帝”的先例，追尊祖先名号，为兴宗采纳，于是辽朝“始行追册玄、德二祖之礼”。在任起居注官时，持秉笔直书的传统，善恶无所隐。兴宗每畋猎，萧韩家奴“未

① 《辽史》卷七九《室昉传》，中华书局，1974年，第1271、1272页。

② 《辽史》卷八〇《邢抱朴传》，中华书局，1974年，第1278页。

③ 《辽史》卷八九《耶律庶成传》，中华书局，1974年，第1349页。

尝不谏”。一次兴宗于秋山射猎，侍从中被熊虎伤死者数十人，萧韩家奴书于简册。兴宗见到后命他删去，他却坚持如实记录。兴宗不得不承认：“史笔当如是。”[①] 兴宗下诏让萧韩家奴与耶律古欲、耶律庶成等编辑上世以来事迹及诸帝实录。这是自圣宗朝室昉和邢抱朴编纂《统和实录》以来，辽朝第二次组织力量编修国史、实录。这次编纂的实录仍为二十卷，称《遥辇至重熙以来事迹》，又称《辽国上世事迹及诸帝实录》或《先朝事迹》。

5. 耶律孟简，字复易，于越屋质之五世孙。少颖悟，六岁能赋诗，长大以后以善属文称于当时。辽道宗年间，契丹国势已衰，耶律乙辛当道。耶律孟简虽处逆境多年，仍上书说：“本朝之兴，几二百年，宜有国史以垂后世。”[②] 并亲自搜访耶律易鲁、屋质、休哥三人事迹，撰成“三人行事”，进献于朝。道宗读了“三人行事”以后，遂下令设立国史局，以编修国史。

6. 耶律俨，字若思，析津（今北京市境）人，本姓李，辽道宗“赐国姓”[③]。为人忠朴，好读书，咸雍进士。太康中，历将作少监、少府少监、大理少卿、大理卿。大安初，为景州刺史。大安六年（1090），改山西路都转运使，除旧弊，奏定课额，增加州县俸给，均被采纳。道宗晚年，用人不能选择，令掷骰子胜者为官，俨得胜，迁知枢密院事，封越国公。耶律俨的史学成就卓越，其中修《皇朝实录》七十卷是典范。

7. 王师儒，字通夫，范阳（今北京附近）人。“生而其性孝谨，少以种学绩文业其家”，博学善词令。辽道宗时重臣，屡有升迁。自咸雍六年（1070）直史馆，至寿昌六年（1100）以枢密副使监修国史，前后三十年，一直兼史馆职参与修史。“及任宣政殿大学士判史馆事，编修所申：‘国史已绝笔，宰相耶律俨奏：国史非经大手笔刊定，不能信后，拟公再加笔削’上从之。”[④] 有学者认为，耶律俨所撰《辽史》，最后是经王师儒审阅刊定的。[⑤]

---

① 《辽史》卷一〇三《文学上萧韩家奴传》，中华书局，1974 年，第 1449 页。

② 《辽史》卷一〇四《文学下耶律孟简传》，中华书局，1974 年，第 1456 页。

③ 《辽史》卷九八《耶律俨传》，中华书局，1974 年，第 1415 页。

④ 《全辽文》卷一〇《王师儒墓志铭》，中华书局，1982 年，第 290 页。

⑤ 朱子方《辽朝的历史学家及其史学思想》，《辽海文物学刊》1995 年第 1 期。

8. 王鼎，字虚中，涿州人（今北京附近）。清宁五年（1059），擢进士第，调易州观察判官，改涞水县令，累迁翰林学士，当代典章多出其手。“鼎正直不阿，人有过，必面诋之。”①曾上书言治国之道，道宗以其通达政体，事多咨访。大安七年（1081），增充史馆修撰，骑都尉、大原县开国子，食邑五百户。著《焚椒录》一卷②。

三、史官职能的多样化

契丹辽史官除修史之外，还兼翻译、制定或修改法律、礼仪甚至从事天文、占卜活动，这与史官逐渐走向专业化的趋势不相适应，是由辽朝政治、文化特点决定的。翻译汉文书籍是史官的一项重要职能。契丹辽统治者很注意总结前朝的统治经验，为自己服务。因南北语言不通，史官马德臣将“唐高祖、太宗、玄宗三《纪》”翻译成契丹文供圣宗御览。③兴宗史官萧韩家奴“欲帝知古今成败，译《通历》、《贞观政要》、《五代史》”。重熙初，契丹族医生很少人懂得“切脉审药”，皇上命耶律庶成译方脉书颁行，“自是人皆通习，虽诸部族亦知医事”④。史官负责制定礼仪、法律，如重熙十五年（1046），根据兴宗诏书，萧韩家奴、耶律庶成“博考经籍，自天子达于庶人，情文制度可行于世，不缪于古者”撰成《礼书》三卷，进之。⑤

四、不畏强权、秉笔直书的史家风范

自古以来，中国就有秉笔直书的修史传统，史官们以忠实地记录为己任，将生死置之度外，令当权者有所顾忌而不敢为所欲为，是史学的重要价值所在，也是史学具有生命力的重要原因之一。契丹辽史官继承了“直笔”、“信史”的修史传统，强调秉笔直书。耶律孟简就曾经对修史官员说:“史笔天下

① 《辽史》卷一〇四《文学下王鼎传》，中华书局，1974年，第1453页。
② ［清］厉鹗《辽史拾遗》卷一六《补选举制》，商务印书馆丛书集成初编本，1936年，第336页。
③ 《辽史》卷八〇《马德臣传》，中华书局，1974年，第1279页。
④ 《辽史》卷八九《耶律庶成传》，中华书局，1974年，第1349页。
⑤ 《辽史》卷一〇三《萧韩家奴传》，中华书局，1974年，第1450页。

之大信，一言当否，百世从之。苟无明识，好恶徇情，则祸不测。故左氏、司马迁、班固、范晔俱罹殃祸，可不慎欤。”[①] 圣宗时有司奏猎秋山，熊虎伤死数十人，萧韩家奴将此事如实记载：“帝见，命去之。韩家奴既出，复书。他日，帝见之曰：‘史笔当如是。’”[②]。可见，契丹辽上下特别强调记述历史应该求实不隐、秉笔直书。契丹辽也有不畏强权捍卫史职的楷模，如修注郎忽突堇、不攧等记注官不顾遭贬黜的危险，而拒绝道宗观看起居注。说明契丹辽史官承传了历代史官修史的优良传统。

第四节　契丹辽的史学成就

契丹辽朝历经二百余年，创造了丰富的文化，史学则是其文化的重要组成部分。魏源在《古微堂外集》中指出：“辽其国多文学之士，其史纪、表、志、传，皆详明正大，虽在元代之前，却远出元代之上。”对契丹辽史学评价很高。伴随着契丹辽史官制度的建立和完善，契丹辽史学则呈现出阶段性特点。

一、辽太祖太宗时期契丹族史学萌发

这一时期史学成果主要集中在碑刻上。见于《辽史》的有：“（后唐天复三年）夏四月乙卯，诏左仆射韩知古建碑龙化州大广寺以纪功德。”“（唐天复五年）三月，次滦河，刻石纪功。”“（神册元年）八月，拔朔州，擒节度使李嗣本。勒石纪功于青冢南。”“（天赞三年）九月丙申朔，次古回鹘城，勒石纪功。”[③] 这些纪功性质的碑刻，可以看作是石头上的大事记录。《辽史》中还有一条记载引人注目：“初，太祖制契丹国字，鲁不古以赞成功，授林牙、监修国史。”[④] 太祖从侄耶律鲁不古对创设契丹文字做出重要贡献，太祖命之监修国史，监修史官的设立说明辽朝已经有了修史机构，契丹族非常重视刻石纪功，用以

① 《辽史》卷一〇四《耶律孟简传》，中华书局，1974 年，第 1456 页。

② 《辽史》卷一〇三《萧韩家奴传》，中华书局，1974 年，第 1449 页。

③ 《辽史》卷一《太祖本纪上》，中华书局，1974 年，第 4、5、11 页；卷二《太祖本纪下》，第 20 页。

④ 《辽史》卷七六《耶律鲁不古传》，中华书局，1974 年，第 1246—1247 页。

歌功颂德、名垂千古，开始以本民族的文字来记载自己的历史，具有重大历史意义。辽太宗耶律德光时期，亦多次刻石立碑，不同的是，这些碑刻不再以夸耀武力彰显个人功德事迹为主。辽太宗天显三年（928）八月庚申“诏建《应天皇太后诞圣碑》于仪坤州”。天显五年（930）冬十月癸卯“建《太祖圣功碑》于如迂正集会埚”。天显七年（932）六月“御制《太祖建国碑》”。同样是辽太祖的纪功碑，但出自耶律德光对前代的追记，则明显具有史的性质。特别是，会同四年（941）二月丁巳，“诏有司编《始祖奇首可汗事迹》”，表明契丹对民族早期历史的追记，其史学有了明显进步。辽太宗割占幽云十六州之后，契丹族同中原地区的联系不断加强。灭晋之后，五代的修史之士受到重用。后唐监修《旧唐书》的宰臣赵莹和刘昫于大同元年（947）用为太子太保和守太保，对刘昫仍保留其在后晋监修国史的史职。他们对契丹辽史学有重要影响。

二、圣宗兴宗时期史官制度完善史学成果显著

在汲取中原汉文化的基础上，辽圣宗、兴宗时契丹史学走向成熟。这时朝廷建立了较为完备的修史机构，史家队伍开始壮大，特别是契丹族史家的成长尤为明显。成就卓越的主要有萧韩家奴、耶律庶成、耶律谷欲、耶律孟简、耶律阿思等等。圣宗统和四年（986），圣宗命邢抱朴与室昉同修《实录》，统和九年（991）修成。[①] 统和二十一年（1003）圣宗“诏修《日历》官毋书细事”[②]。说明当时编修的《日历》非常翔实。兴宗时更加重视国史、实录、起居注的修撰，修史活动迅速展开。兴宗不但下诏编“辽国上世事迹”，还诏谕萧韩家奴“朕之起居，悉以实录”[③]。此次修实录还包括遥辇可汗以来诸帝实录，规模宏大，成果显著。重熙十三年（1044）“诏（萧韩家奴）与耶律庶成录遥辇可汗至重熙以来事迹，集为二十卷，进之”。耶律庶成“偕林牙萧韩家奴等撰《实录》及《礼书》”[④]。耶律谷欲“奉诏与林牙耶律庶成、萧韩家奴编辽国

---

① 《辽史》卷八〇《邢抱朴传》，中华书局，1974 年，第 1278 页。

② 《辽史》卷一四《圣宗本纪五》，中华书局，1974 年，第 158 页。

③ 《辽史》卷一〇三《萧韩家奴传》，中华书局，1974 年，第 1449 页。

④ 《辽史》卷八九《耶律庶成传》，中华书局，1974 年，第 1349 页。

上世事迹及诸帝《实录》，未成而卒，年九十”[①]。

三、道宗天祚两朝契丹辽史学衰退

道宗以后，政府组织了一定规模的修史活动，契丹辽史学虽继续发展，但监管、控制修史活动的倾向日益明显。道宗、天祚两朝重视国史修撰。耶律孟简在道宗太康年间，诣阙上表曰："本朝之兴，几二百年，宜有国史以垂后世。""乃编耶律曷鲁、屋质、休哥三人行事以进。上命置局编修。"[②]道宗晚年，国史编修仍在进行。寿昌二年（1096），刘辉"请以赵氏初起事迹，详附国史"[③]。道宗大安元年（1085）"辛亥，史臣进太祖以下七帝《实录》"[④]。道宗在重视修史的同时也加强了对修史工作的控制，如清宁二年（1056）规定："罢史官预闻朝议，俾问宰相书之。"[⑤]契丹辽史官被剥夺"闻朝议"的权利，史官修史只能"俾问宰相"而书之，不能如实记录，可以看出契丹辽后期统治者对史官修史的干预加强。此后，契丹辽史学逐渐衰落下去。契丹辽史学在天祚帝时期也有一定成果，乾统三年（1103）"召监修国史耶律俨纂太祖诸帝《实录》"[⑥]。耶律俨修成《皇朝实录》七十卷，[⑦]实际上为契丹辽的"国史"，是后来元代修《辽史》的重要蓝本之一。

第五节　契丹辽史学的特点

强大的中国北方游牧帝国辽朝的建立，是契丹史学产生并不断发展的前提条件。契丹辽的史官和修史制度承袭了唐朝的历史传统，同时参照了宋代的体制。这是中国北方民族历史上第一次真正有了自己的史学，极大丰富了中国史

---

① 《辽史》卷一〇四《文学下耶律谷欲传》，中华书局，1974 年，第 1457 页。
② 《辽史》卷一〇四《耶律孟简传》，中华书局，1974 年，第 1456 页。
③ 《辽史》卷一〇四《刘辉传》，中华书局，1974 年，第 1455—1456 页。
④ 《辽史》卷二四《道宗本纪四》，中华书局，1974 年，第 290 页。
⑤ ［清］赵翼著，王树民校证《廿二史劄记校证》卷二七，中华书局，1984 年，第 583 页。
⑥ 《辽史》卷二七《天祚皇帝一》，中华书局，1974 年，第 320 页。
⑦ 《辽史》卷九八《耶律俨传》，中华书局，1974 年，第 1416 页。

学史的内容。

契丹辽史家的历史撰述，除在元修《辽史》中还可见一些踪影外，流传下来的数量很少。其主要原因是辽“书禁甚严，传入中国者法皆死”①。私人记事之作，有王鼎撰写的《焚椒录》一卷，所记之事是有关辽道宗宣懿皇后被诬陷冤死一案的始末。宣懿皇后被耶律乙辛诬陷冤死时，作者任职禁侍，当时南北面异说不一，幸“鼎妇乳媪之女蒙哥，为耶律乙辛宠婢，知其奸构搆最详。而萧司徒复为鼎道其始末，更有加于妪者”。大安五年（1089），王鼎被流放可敦城，遂“直书其事，用竢后之良史”②。另有《北辽遗事》二卷，《郡斋读书志》称：“右不题撰人，盖辽人也。记女真灭辽事。”序云：“辽国自阿保机创业于其初，德光恢廓于其后，吞并诸蕃，割据汉界，南北开疆五千里，东西四千里，戎器之备，战马之多，前古未有。子孙继统二百三十余年，迨至天祚失驭，女真称兵，十二年间，举国土崩。古人谓得之难失之易，非虚言耳。”③从《辽史》纪传所反映的情况来看，契丹辽史学活动很活跃，通过这些史学活动我们大概能了解契丹辽修史的主要目的和重要的史学思想。

契丹辽的修史活动是契丹统治者在汲取中原封建王朝统治经验上的需求。太宗会同十年（947）辽军攻入后晋都城开封，就将晋之图籍运往北边。辽不少帝王都喜读汉人史书，辽圣宗很留心于唐朝的统治经验，认真研读《贞观政要》，并阅读《唐书》中的高祖、太宗、玄宗三本纪。辽大臣马得臣“乃录其行事可法者进之”。后来他看到辽圣宗“击鞠无度”，乃上书圣宗，从“亲亲之道”讲起，然后讲到如何“以隆文治”、至“二帝之治”，最后谏“以球马为乐”有“三不宜”④。阿保机皇子耶律培更是能作辽汉文章，知音律，善绘画。同时，契丹辽史家也经常以本朝前主的历史经验教训规劝当时的统治者。辽兴宗时，史臣萧韩家奴“每见帝猎，未尝不谏”⑤。契丹辽还善于用编修史志树立

① ［宋］沈括《元刊梦溪笔谈》卷一五龙龛手镜条，文物出版社，1975年影印，本卷第6页。

② 陈述《全辽文》卷八《焚椒录序》，中华书局，1982年，第206页。

③ 晁公武《昭德先生郡斋读书志》卷二下伪史类，《万有文库第二集》，商务印书馆，1937年，第146页。

④ 《辽史》卷八〇《马得臣传》，中华书局，1974年，第1280页。

⑤ 《辽史》卷一〇三《文学上萧韩家奴传》，中华书局，1974年，第1449页。

典型的方式，引导和规范社会行为。早在耶律德光时，就有人“取当世名流作《七贤传》”，当时很有政治声望和道德声望的耶律吼，就是所谓“七贤”之一。太康年间，耶律孟简上表道宗称：“本朝之兴，几二百年，宜有国史以垂后世。”[①] 他还编写了耶律昌曷鲁、耶律屋质、耶律休哥三人行事上奏，道宗命置局编修。

随着契丹辽社会政治经济的不断发展，契丹人逐渐打破了以前地域自封的文化心理，形成了包宇八方的思想。这种思想在契丹辽史学上也有反映，尤其是在借鉴中原历代王朝统治经验上，史学的优势得到发挥。契丹辽统治者成功地把两种不同经济文化形态用一种政治制度包容进来，那就是契丹人用契丹制、汉人用汉制。这一切都为契丹人扩大统治，实现游牧经济和农耕经济的一统打下了基础。

契丹辽的史学在促进民族融合方面发挥了积极的作用，特别是萧韩家奴翻译汉文史籍意义更大。《辽史》记有：“（兴宗）又诏译诸书，韩家奴欲帝知古今成败，译《通历》、《贞观政要》、《五代史》。”萧韩家奴的译作，对辽朝中后期的史学和政治都产生了影响。《辽史》记有：太师耶律适鲁之妹耶律常哥“读《通历》，见前人得失，历能品藻”。她在道宗咸雍年间（1065—1074）作文以述时政，辽道宗读到这篇文章，连连“称善”[②]。常哥读《通历》进而论政的例子，或可说明萧韩家奴所译汉文史籍产生的影响之大。

契丹族统治者试图通过修史建构本民族正统观。首先，他们从族源上进行寻找。《辽史 · 世表》曰：“庖牺氏降，炎帝氏、黄帝氏子孙众多，王畿之封建有限，王政之布濩无穷，故君四方者，多二帝子孙，而自服土中者本同出也。考之宇文周之《书》，辽本炎帝之后，而耶律俨称辽为轩辕后。俨《志》晚出，盍从周书。盖炎帝之裔曰葛乌菟者，世雄朔陲，后为冒顿可汗所袭，保鲜卑山以居，号鲜卑氏。既而慕容燕破之，析其部曰宇文，曰库莫奚，曰契丹。契丹之名，昉见于此。”[③] 说明辽朝曾试图用历史构建一种同源共祖的民族观：认为

① 《辽史》卷一〇四《文学下耶律孟简传》，中华书局，1974 年，第 1456 页。

② 《辽史》卷一〇七《列女传》，中华书局，1974 年，第 1472 页。

③ 《辽史》卷六三《世表》，中华书局，1974 年，第 949 页。

契丹族虽在边远却与中原汉族一样都是炎黄子孙，并建构了一条民族繁衍世系表，为本民族政权的合法性在族源上找到依据。

其次，在现实中与宋朝互争正统。契丹辽史官们认为，既然契丹族和汉族都是炎黄子孙，契丹族与汉族间应当是平等的。欧阳修的《新五代史》将辽朝列于四夷，引起了契丹辽史官的强烈不满，刘辉在寿昌二年（1096）上书曰："宋欧阳修编《五代史》，附我朝于四夷，妄加贬訾。且宋人赖我朝宽大，许通和好，得尽兄弟之礼。今反令臣下妄意作史，恬不经意。臣请以赵氏初起事迹，详附国史。"[①] 刘辉的上书得到道宗皇帝的赞赏和嘉奖，说明契丹辽史官们一直努力建构同源共祖的民族正统观。在这些记述中，最引人注目的是：在中国范围内，大多数是炎黄二帝子孙，表现出一种历史的认同，也就是契丹统治者自认为他们和汉族一样也是炎黄子孙，因此他们的统治是合法的。

契丹辽的统治者也把这种契丹正统的观念扩大到社会生活中。"太祖慕汉高皇帝，故耶律兼称刘氏；以乙室、拔里比萧相国，遂为萧氏。"[②] 这种皇族和后族改姓氏的做法，也从社会生活方面反映了契丹族对中华文化的认同感不断增强。

公元十世纪是中国社会的转型期，自然经济中的两大类型——小农经济和游牧经济，正经历着兴衰交替的过程。发端于原始社会末期的农耕经济，在盛唐之际达到高峰，八世纪中叶之后逐渐走向衰落；大体上同中华文明同步产生的游牧经济，经过几个世纪的发展，实力逐渐增强。十世纪初契丹族在中国北方建立了国家政权，并创造了本民族文字，在继承古代北方游牧民族历史文化传统的基础上，不断吸收中原先进的生产技术和思想文化，逐步发展成为中国北方草原上第一个游牧帝国。在这个过程中，真正意义上的北方民族史学也随着契丹族力量的壮大逐渐确立。这种独具民族特色的契丹辽史学，在北方游牧民族史学史上留下了华彩篇章。

---

① 《辽史》卷一〇四《刘辉传》，中华书局，1974 年，第 1455—1456 页。

② 《辽史》卷七一《后妃传》，中华书局，1974 年，第 1198 页。

第六节　宋人所撰契丹辽史书

（一）宋朝史家的正统论史观

“安史之乱”以后，军阀混战，北方民族崛起，五代就有沙陀族建立后唐和后汉，继而是契丹人建立辽朝，党项人建立西夏，女真人建立金朝，蒙古人东西征战势不可当。赵匡胤黄袍加身后，制定了防止割据、加强皇权、巩固统治、守内虚外的国策，军队的战斗力严重削弱。面对北方诸民族政权的威胁和侵袭，宋朝统治者穷于应付，屡屡败北，不断妥协退让，议和苟安，更无暇关心境内其他民族，仅以笼络、羁縻怀柔政策，以求无事，从而缓解其北部军事压力。面对北方强邻的严重威胁，宋人的民族历史观产生了相应的变化。宋人强调“夷夏大防”，以“正统论”来区分大宋与北方诸强邻的历史地位，在所撰史书中，更竭尽对历史上和现存民族政权的鄙视和批评。

宋朝时“夷夏”对立的情况前所未有，学界的正统史观更趋强烈。宋正统史观的始作俑者欧阳修连撰七篇文章，阐述其“正统论”，说“君子大居正”，“正者，所以正天下之不正也；统者，所以合天下之不一也。由不正与不一，然后正统之论作”[①]。欧阳修还将这些思想实践在他的史学著作中，其所撰《新五代史》在以主要篇幅撰成梁唐晋汉周之纪传考（即志）之后，将十国列为世家，以《四夷附录二》三卷居于全书之末，序云：“呜呼，夷狄居处饮食，随水草寒暑徙迁，有君长部号而无世族、文字记别，至于弦弓毒矢，强弱相并，国地大小，兴灭不常，是皆乌足以考述哉！惟其服叛去来，能为中国利害者，此不可以不知也。自古夷狄之于中国，有道未必服，无道未必不来，盖自因其衰盛。虽尝置之治外，而羁縻制驭恩威之际，不可失也。其得之未必为利，失之有足为患，可不慎哉！作《四夷附录》。”[②]以附录第一、第二两篇记契丹辽自耶律阿保机至其孙耶律璟的历史，系以梁唐晋汉周之年号，称“阿保机僭号”，

① 《欧阳修全集·居士集》卷一六《正统论上》，中国书店，1986 年影印世界书局 1936 年版，第 116 页。

② 《新五代史》卷七二《四夷附录第一·序》，中华书局，1974 年，第 885 页。

“十四州之俗，至今陷于夷狄”。[①] 充分显现了欧阳修的“褒贬义例”[②] 的史家书法和正统史观。其后，学者对正统观多有讨论，司马光言：“臣愚诚不足以识前代之正闰，窃以为苟不能使九州合为一统，皆有天子之名而无其实者也。虽华夏（或作夷）仁暴、大小强弱，或时不同，要皆与古之列国无异，岂得独尊奖一国谓之正统，而其余皆为僭伪哉！”[③] 这是在讨论三国史时所说，但在其撰至五代之契丹辽的历史时，却不得不面对现实，以五代诸朝正统，不系契丹辽的年号，称契丹王、帝为“契丹主”，屡以“契丹入寇”、“犯塞”为词，皆显其此时仍认契丹辽为非正统政权。苏轼也有“正统论”[④] 多篇。苏东坡门人陈师道亦撰写了《正统论》，训统为一，以为统者，一天下而君之者也。

靖康元年（1126）底，金军第二次南下，开封沦陷。次年四月，徽、钦二宗及后妃、皇族、大臣三千多人被俘虏北去，北宋灭亡。南渡后的宋朝，对金人的夷氐胡虏身份一再强调，国仇家恨的悲痛，伴随着对“夷氐猾夏”的激愤，正统论更成为学术思想之大宗。徐梦莘在《三朝北盟会编》自序开篇即言：“呜呼！靖康之祸，古未有也。夷氐为中国患久矣。昔在虞周，犹不免有苗、玁狁之征。汉唐以来，如冒顿之围平城，佛狸之临瓜步，颉利之盟渭上，此其甚者。又其甚者屠各陷洛，耶律入汴而已。是皆乘草昧凌迟之时，未闻以全治盛际遭此易且酷也。”[⑤] 朱熹每言及夷氐总是语气沉重，以之为万世不可不报之仇，“虏，禽兽耳，岂可以柔服也”[⑥]！他编纂《通鉴纲目》，其凡例以“统系”为第一，强调“正统谓周、秦、汉、晋、隋、唐”，“僭国谓乘乱篡位或据土者”，“无统谓周秦之间、秦汉之间、汉晋之间、晋隋之间、隋唐之间、五代”。[⑦] 至此宋人的正统史观最终定形，影响着宋元以后的史学著述。

① 《新五代史》卷七二、七三《四夷附录第一、第二》，第 890、905 页。

② 陈师锡《五代史记序》，百衲本《新五代史》附录，商务印书馆四部丛刊本。

③ 《资治通鉴》卷六九《魏纪一》“臣光曰”，中华书局，1956 年，第 2187 页。

④ ［宋］苏轼撰，孔凡礼点校《苏轼文集》卷四《正统论三首》，中华书局，1986年，第 120—124 页。

⑤ ［宋］徐梦莘《三朝北盟会编序》，上海古籍出版社，1987 年，第 3 页。

⑥ 《朱子语类》卷一三一，中华书局，1986 年，第 3142 页。

⑦ 《御批资治通鉴纲目 · 凡例》，景印文渊阁本四库全书 · 史部史评类，台北商务印书馆，1986 年，第 689 册第 11—13 页。

（二）两宋的契丹辽史著述

两宋史家对诸民族政权在言论上的藐视与在史著中的关注形成了鲜明的反差，毕竟因其对大宋政权的军事威胁太甚，为现实应对计，也需要了解其历史与现实情况，以供朝廷决策和外交军事参考。宋朝始终重视对北方诸民族政权和境内各民族历史、社会、职官、军事及道路的著述。

宋人关于辽朝的著述，有自辽“归正”宋朝者所撰书，如仁宗嘉祐二年（1057）赵至（一作志）忠上所著《虏廷杂记》及《契丹地图》等，其上书言：“陷番年深，异类之种皆耳目所睹，今偶录其事，纂成三册，并北庭建国而来僭位之人子孙图一本。”[①] “契丹归朝人”田纬《匈奴须知》一卷，“录契丹地理官制”。[②] 嘉祐六年（1061）又有“归正人”武珪撰成《燕北杂录》五卷，燕北，当指辽朝。有佚名《辨鴂录》一卷，凡八篇，系契丹译语。有出使辽的官员所撰出使记。王曙撰《戴斗奉使录》二卷，记其景德三年（1004）和祥符三年（1010）出使契丹见闻。路振《乘轺录》一卷，其于大中祥符初（1008）使契丹，撰此书以献。寇瑊《生辰国信语录》一卷，记其天圣六年（1028）使契丹，贺其主生辰，往返语录，并附景德二年（1003）至天圣八年（1030）使副姓名及杂仪。哲宗绍圣元年（1094）张舜民撰《使辽录》二卷。张氏《投进〈使辽录〉札子》称：“昨于元祐九年，差充回谢大辽吊祭宣仁圣烈皇后礼信使，出疆往来，经涉彼土，尝取其耳目所得，排日记录，因著为《甲戌使辽录》。其间所载山川、井邑、道路、风俗，至于主客之语言，龙庭之礼教，亦可以备清闲之览观。”[③] 富弼《富公语录》一卷，为其出使辽朝时所撰。神宗元丰六年（1083）苏颂编撰《华戎鲁卫信录》二百二十九卷、事目五卷，总二百册，分门别类地编录了 1004 年澶渊之盟以来宋辽双方的外交盟誓规约文字。南宋初

① ［清］徐松辑《宋会要辑稿》卷二七一四《崇儒五之二四》，中华书局，1957 年，第 56 册，第 2258 页。

② ［宋］陈振孙著，徐小蛮、顾美华点校《直斋书录解题》卷五伪史类，上海古籍出版社，1987 年，第 140 页。

③ ［宋］张舜民《画墁集》卷六《投进使辽录长城赋札子》，景印文渊阁四库全书·集部，台北商务印书馆，1986 年，第 1117 册第 37 页。

史愿有《亡辽录》二卷，内容翔实，颇见宋人著述中引用。淳熙三年（1176）李焘撰《淳熙四系录》二十卷，记女真、契丹起灭，自绍圣，迄宣和靖康。孝宗读后说："朕可一日忘此虏哉！"

（三）《契丹国志》

《契丹国志》二十七卷，旧题宋叶隆礼撰，是一部关于契丹辽朝的纪传体著作。书前有淳熙七年（1180）叶隆礼《经进契丹国志表》，称："其契丹国自阿保机初兴，迄于天祚之亡，立统承家，凡二百余载。臣奉勅命，谨采摭遗闻，删繁剔冗，缉为《契丹国志》以进。"① 全书卷首除进书表外，尚有初兴本末、世系图、九主年谱、地理图，正文二十七卷，有皇帝纪年十二卷，人物传记七卷，与石晋、北宋、西夏往来文牍和馈献二卷，地理方域、政治制度二卷，宋人使辽行程录摘抄二卷，诸番杂记一卷，岁时风俗杂录一卷。内容丰富，体例独特。其资料来源，"穆宗以前纪传则本之《资治通鉴》，穆宗以后纪传及诸杂纪则本之李焘《长编》等书，其胡峤《陷北记》则本之欧史《四夷附录》，诸番记及达实伊都等传则本之洪皓《松漠记闻》，杂记则本之武圭《燕北杂记》"②。作为记载辽代218年史事的一部系统的史书，其成为元修《辽史》的主要参考之一，有重要的史学价值。

① ［宋］叶隆礼撰，贾敬颜、林荣贵点校《契丹国志》卷首，上海古籍出版社，1985年。

② 《四库全书总目》卷五〇，中华书局，1965年，第449页。

第八章

党项族史学

第一节 党项族及其史诗与文字

一、党项族和西夏皇朝

党项，又被称为“党项羌”，是中国古代众多羌族部落支系中的一支。《旧唐书·党项传》载：“党项羌，在古析支之地，汉西羌之别种也。”① 周伟洲先生认为：“党项羌应是汉魏后居于今青海、甘南和四川西北的西羌诸部发展而来，是居于这些地区的西羌在北周后的泛称。”② 北周以后，党项人分布很广。“其界东至松州（今四川松潘县），西接叶护（今新疆维吾尔自治区境），南杂春桑、迷桑（今青海南部）等羌，北连吐谷浑（今青海北部），处山谷间，亘三千里。”③ 著名的八个部落是：细封氏、费听氏、往利氏、颇超氏、野辞氏（《通典》作“野律氏”）、房当氏、米擒氏、拓跋氏，其中拓跋部最强。④ 此外，两《唐书》中还记载了另外两个党项部落——黑党项和雪山党项。

北朝和隋时，党项各部落时扰时服。隋末唐初，党项羌开始内附。唐贞观八年（634），唐皇朝封内附的拓跋部首领拓跋赤辞为西戎州都督，并赐予李姓。地处青藏高原的吐蕃强盛起来，受到严重威胁的党项各部，从贞观末到天宝末年“安史之乱”后，陆续向北进行了两次大规模的迁徙，逐渐集中到灵、庆、夏、银、绥、延、胜等州地，并形成了三个大的党项部落：庆州（今甘肃庆阳）一带的东山部落，夏州（今陕西靖边）一带的平夏部落，横山地区的南

① 《旧唐书》卷一九八《党项传》，中华书局，1975 年，第 5290 页。

② 周伟洲《早期党项史研究》，中国社会科学出版社，2004 年，第 2 页。

③ 《旧唐书》卷一九八《党项传》，中华书局，1975 年，第 5290 页。

④ 《旧唐书》卷一九八《党项传》，中华书局，1975 年，第 5290 页。关于八大部落的活动范围可参考吴景敖《西陲史地研究》（中华书局，1948）中“党项故道与尼波罗故道”一节。

山部落。唐咸通（860—873）末，党项平夏部落首领拓跋思恭任宥州刺史，中和元年（881）因参与镇压黄巢起义，被任命为夏州定难军节度使，赐给李姓，爵号夏国公，统辖夏、绥、银、宥、静五州之地。从此，夏州地区实际上成了以拓跋思恭家族为首的党项诸部统治的地区，夏州党项李氏作为唐朝藩镇，雄踞一方。

从唐末到五代，面对中原地区的纷争，李氏政权采取了坐山观虎斗的策略，利用藩镇势力之间的矛盾，不断增强实力。北宋皇朝建立初，为加强中央集权，削弱藩镇势力，新任定难军节度使李继捧被迫向宋朝献出所管辖的夏、银等五州地。其族弟李继迁不满此举，率亲信逃往夏州东北的地斤泽（今内蒙古盟伊克昭盟巴彦淖尔盟），号召部族抗宋自立。李继迁与辽朝结盟，在辽的支持下，收复了党项“故土”，攻取灵州，改为西平府，并从夏州迁居西平，从而牢固地据有夏、银等五州。北宋景德元年（1004）李继迁子李德明继立，采取“倚辽和宋”的策略，把重心放在对河西走廊地区的开拓上，先后占领了甘州、凉州，积极地进行称帝建国的各项准备。北宋天禧四年（1020），将都城由西平府迁到怀远镇，改名兴州，正式建都。北宋天圣九年（1031）李德明病死，子李元昊继位，是为景宗。景宗大庆三年（1038）十月十日，元昊于兴庆府正式称帝，国号大夏，自称“大白高国”、“白高大夏国”，改元天授礼法延祚，《宋史》称之为“夏”，《金史》、《辽史》称之为“西夏”。西夏从李元昊建国，共传十帝：景宗元昊、毅宗谅祚、惠宗秉常、崇宗乾顺、仁宗仁孝、桓宗纯祐、襄宗安全、神宗遵顼、献宗德旺、末帝睍。西夏于末帝宝义二年（1227）被蒙古成吉思汗所灭，历时 190 年。西夏灭亡后，其遗民通过汉化、藏化、蒙化、回化等方式，融合在其他民族之中。[①]

党项是中国历史上一个历史悠久的民族，以它为主体建立的西夏政权与宋、金相始终，形成三足鼎立的局面，在中国历史上产生过重大影响。

---

① 参见李范文主编《西夏通史》第八章《亡国后的西夏遗民》，宁夏人民出版社，2005 年，第 345—378 页。

二、历史传说与党项史学的萌芽

党项族建立西夏前，没有自己的文字，是通过口耳相传的方式将自己的历史一代代地传下去的。这种口述史的内容包括神话、传说、史诗等，主要进述本民族的起源、重要人物的生平事迹、重大事件等等。作品主要有《夏圣根赞歌》、《颂师典》和《新集碎金置掌文》等。

1.《夏圣根赞歌》[①]，又称《颂祖先诗》，是早期党项族部落流传下来的传说。乾祐年间（1170—1193）由著名学者梁德养、王仁持加以收集整理，才得以流传至今。共45行，每行3字到14字不等。以诗歌的形式记述了党项先祖的历史活动，具有浓烈的神话传说色彩，有所谓人龙相配、繁衍子孙的神话传说，但也有史籍可查的历史记载。其保留的许多党项族早期史料，对我们研究党项族的活动轨迹具有重要价值。《夏圣根赞歌》开头三句为："黑头石室荒水域，赤面父冢白高河，长弥药人国在彼。"讲述了党项族的起源地在白高河一带，祖先有"披发"、"赭面"的习俗，是现存文献中有关党项族起源的较明确、较早的记载。第7~11行："啰都之父身体不重却为圣人，昔日不愿为小有大志，吐蕃美女为其妻，刚勇七子为其伴。"这几句说到西夏皇族的鼻祖"啰都"，说他的妻子是一位"西羌姑娘"[②]，并且生下了七个儿子。反映了党项与吐蕃的血缘关系，说明党项族早期与吐蕃交往频繁，关系密切。诗言："母亲阿妈起族源，银白肚子金乳房，取姓嵬名俊裔传。繁裔崛出弥瑟逢，出生就有两颗牙，长大簇立十次功，七骑护送当国王。"讲述了西夏统治者取姓"嵬名"，以及"弥瑟逢"出生时就有两颗牙齿、长大后立了十次功、七骑士护送他当了国王。有学者分析，"弥瑟逢"可能是文献中的李继迁，为西夏王族出自党项羌这一说法提供佐证。

2.《颂师典》[③]，是为了颂扬西夏文字的创立者野利仁荣而作的，结合颂扬

---

① 《夏圣根赞歌》有克恰诺夫俄译文，汉译文见聂鸿音《西夏文〈夏圣根赞歌〉考释》，《民族古籍》1990年第1期。

② 当时西夏人称吐蕃人为"西羌"。

③ 陈炳应《西夏文物研究》，宁夏人民出版社，1985年，第346—348页。

西夏文字创制之功，表达了对民族友好与民族自立的歌颂。苏联的西夏学专家聂历山在《西夏文字及其文献》中发表了5个诗段，有关党项起源、发展的在第一段。“羌汉弥人同母亲，地域相隔语始异。羌地高高遥西隅，边陲羌区有羌字。”意思是，吐蕃、汉族和党项都同出一源，只是由于地域的阻隔才使得语言产生差异。羌人所居住的地区与西方遥遥相隔，在边远的羌族地区有自己的文字。

3.《新集碎金置掌文》，是一个写本五言诗，长一千字，类似汉文《千字文》，似为西夏启蒙读物。该书收藏于原苏联科学院东方学研究所列宁格勒分所。西夏学学者聂历山的遗著《西夏文字及其文献》介绍了其中几句，白滨译为:“西夏人骁勇，契丹人迟缓，西藏人信佛，汉族人崇儒，回鹘饮酸乳，山狄食荞饼。”[①] 用简洁的文字描述了党项与其他民族的不同特征，有助于我们了解当时各民族的社会风貌。

西夏文诗歌是研究党项和西夏的重要历史文献，也是党项族历史意识的产物。西夏文诗歌，反映了党项族早期的社会生活和部落活动，将英雄人物的杰出事迹记载下来，表现了党项族人对祖先的崇敬和赞美。同时，可以看到党项族同源共祖的民族意识和增强民族认同感的史学意识，体现了该民族历史意识的增强，丰富了本民族的文化。党项人世代口耳相传的传说与史诗是党项族史学的萌芽。

三、西夏文的创立

党项族原无文字，内迁后的党项人在和汉、藏等族接触交往中，学会了汉、藏语言和文字，并用以书写记事。随着党项族经济实力的增强，创立党项文字成为建立封建国家的迫切需要。元昊向宋朝上表要求称帝时说:“臣偶以狂斐，制小蕃文字，改大汉衣冠。衣冠既就，文字既行，礼乐既张，器用既备，吐蕃、塔坦莫不称臣，张掖、交河咸甘稽首。称王则不喜，朝帝则是从。”[②] 可见元昊将创建文字视为立国的一个重要条件。《宋史 · 夏国传》载:“景祐三

① 白滨《从西夏文字典〈文海〉看西夏社会》，白滨编《西夏史论文集》，宁夏人民出版社，1989年，第180页。

② ［清］吴广成撰，龚世俊等校证《西夏书事校证》，甘肃文化出版社，1995年，第151页。

年（1036），元昊自制蕃书，命野利仁荣演绎之，字形体方整类八分，而画颇重复。”李元昊亲自主持创制记录党项语言的文字，并由大臣野利仁荣“演绎之，成十二卷”。当时被称为“蕃书”，尊之为“国书”，后世称为西夏文。天盛十四年（1162），西夏仁宗李仁孝为表彰野利仁荣制蕃字功，追封其为广惠王[①]。关于西夏文字的创始人，有不同看法，分别为李德明、元昊、野利仁荣、野利遇乞。陈炳应认为仁荣和遇乞可能是一个人。分析《宋史·夏国传》的文字，应是元昊倡导、规划，野利仁荣造字。

西夏文字属表意文字体系，“字形方整”，基本笔画与汉字相同，显系模仿汉字创制，共有六千多个单字。同汉字相比，西夏文字笔画更加繁复，多撇、捺，无直钩。会意合成字和音意合成字较多，象形指事字极少，类似拼音构字法的反切上下字合成法是西夏文字构成的一大特点。西夏文书写自上而下成行，自左而右成篇。西夏文字有楷书、行书、草书、篆书等体，楷体方正匀称，行书自由舒展，草书云龙变换，篆书屈曲婉转，分别用于不同场合。[②]

党项族的西夏文字创制后，朝廷专设蕃字院，由党项学者野利仁荣主持，翻译汉文典籍，选拔党项和其他族的官僚子弟进行教育，再授以官职，培养出不少通晓蕃汉文字的人才，提高了党项贵族阶级的文化水平。朝廷还设立“刻字司”管理出版机构，在国内广为推行，“凡国中艺文诰牒，尽易蕃书”[③]。西夏与周围王朝往来表奏、文书都使用西夏文字。从传世的文物、文献来看，西夏文字在党项人民的日常生活中得到了普遍使用。如今发现的西夏文书有审案文书、契约文书、借贷文约、请示报告、历书占卜辞，在一些摩崖碑石、寺壁题款、钱币印章、符牌器物上也都使用了西夏文字。西夏灭亡后，西夏文仍以河西字之名流行于原西夏统治地区，直至明中期以后方湮没无闻。

自文字被创制后，西夏开始有了本民族文字记述的历史，还出现了大量的译文资料，方便了各民族之间的交流，给党项族人在思想交流和文化传承上带来莫大的便利，同时也推进了史学的发展。

---

① 《宋史》卷四八五《夏国传上》，中华书局，1985 年，第 13995 页。

② 史金波《西夏文教程》，社会科学文献出版社，2013 年，第 114 页。

③ 龚世俊等校证《西夏书事校证》，甘肃文化出版社，1995 年，第 146 页。

第二节　西夏文碑铭和汉籍的翻译借鉴

元昊创立西夏文字以后，以党项族为主体的西夏史学获得发展，主要体现在以下两方面。

一、西夏文碑铭

这个时期，出现了许多用西夏文撰写的碑铭文，从历史著作体裁说，大体相当于古代的史传和记事。传世的比较著名的西夏时期的石刻有《大夏国葬舍利碣铭》(1038)、《西夏国皇太后新建承天寺顶骨舍利碑》(1050)、《凉州重修护国寺感应塔碑》(1095)、《黑水河桥敕碑》和《大元肃州路也可达鲁花赤世袭之碑》等。《凉州重修护国寺感应塔碑》是西夏第四代皇帝崇宗李乾顺所立，距今已经有九百多年，碑身一面是汉文，一面是西夏文，番汉对译。碑文介绍了有关塔的神灵感应事件，以及塔对西夏国的庇护事件。碑文记载：西夏惠宗时期（1069—1086)，西羌进犯凉州，正值夜晚时候，塔上方的几盏神灯，吓退敌人。宋夏交战，崇宗李乾顺曾两次亲征，让人向宝塔祈祷，终于获胜。天祐民安三年（1093）冬日，凉州发生大地震，震歪了塔身，州衙正要行公文派人修缮时，塔又自行恢复原状。崇宗李乾顺信奉佛教，认为这座宝塔有护国神灵，于是命人修饰宝塔及殿宇，历时将近一年终于焕然一新，遂立此碑以示纪念。碑文中工匠的姓名及担负的任务都有记载。碑文所记故事自然不足取信，但从中可以看出西夏统治者对佛教的迷信。此外，碑文中包含了大量西夏时期的经济、政治、军事情况等方面的史料。如碑文称："武威当四冲地，车辙马迹，辐辏交会，日有千数。"[①] 可以看出当时的凉州地区商业非常发达。碑文上记载的工匠、官员、僧侣的名字与职务，可以与《宋史·夏国传》所载职官资料相互补充，有助于对西夏官制的研究。除此之外，碑文中"番汉僧"、"番汉四众"揭示了汉族和党项族僧侣相互学习、密切联系的关系。《黑水河桥敕碑》，西夏仁宗乾祐七年（1176）立于甘州城西十里之黑水河桥。碑文内容系

① 罗福成《重修护国寺感应塔碑铭》,《国立北平图书馆馆刊》1930 年第 4 卷第 3 号，第 152 页。

夏仁宗皇帝对黑水河诸神发布敕命，以求水患永息、桥道久长。内中提及西夏的职官称号等内容。《大元肃州路也可达鲁花赤世袭之碑》，立于元顺帝至正二十一年（1362），碑文记录党项人举立沙家族自西夏灭亡至元末一百三十余年间，历六代十三人职官世袭及其活动。

二、大量翻译中原地区经史书籍，促进了西夏学术文化的发展

作为党项民族建立的西夏朝，从汉文化中汲取传统文化的养料是皇朝迅速发展的必由之路。由此除了利用境内原有书籍外，西夏皇帝多次向宋朝皇帝求赐经书，如（宋）嘉祐七年（1062）四月，夏国主谅祚上表求太宗御制诗章隶书石本，欲建书阁宝藏之，且进马五十匹求"九经"、"唐史"、《册府元龟》及本朝正至朝贺仪。诏赐"九经"，还其马。[①] 次年四月丙戌，宋"以国子监所印"九经"及正义、《孟子》、医书赐夏国，从所乞也"[②]。西夏求到经书后，即组织懂得番汉文化的人员进行翻译，并将西夏本的经书用于选拔人才，大力弘扬儒家文化，促进西夏文化的发展。

在经史翻译中，创立西夏文字的野利仁荣做出了巨大的贡献。他先后将《孝经》、《尔雅》、《四言杂字》等汉文典籍翻译为西夏文，在西夏国的影响很深。

一个多世纪以来，通过考古等途径发现的西夏所译汉文典籍，除了黑水城文献中的《论语》、《孝经》、《孟子》三个注释本外，还有一些史书。1.《贞观政要》节译本。该书为唐吴兢编纂，辑录了唐太宗一朝君臣对为政之道的言论，历来被视为古代统治术的教科书。西夏把《贞观政要》翻译成西夏文，易名为《德事要文》，刻印出版[③]。现存的西夏译《贞观政要》仅有原书卷四和卷五的一部分，共30页。或许为了有利于西夏统治者和官员学习，西夏文翻译的《贞观政要》只是个节译本。2.《十二国史》节译本。唐代孙昱所撰《十二国史》叙述了春秋时代的历史。现存西夏文《十二国史》版口有汉文书名，页

① ［宋］李焘《续资治通鉴长编》卷一九六，中华书局，1985年，第4745页。

② ［宋］李焘《续资治通鉴长编》卷一九八，中华书局，1985年，第4802页。

③ 参见［俄］恰克诺夫《吴兢〈贞观政要〉西夏译本残叶考》，《国家图书馆学刊》增刊（西夏研究专号）2002年。

码用汉文，是春秋诸国国史的节译本。共约 70 章，分两卷，其中卷上 42 页，卷中 17 页，分别保存在后齐、鲁国、晋国、卫国四个篇名下，其他诸侯国事迹残缺。3.《太宗择要文》节译本。西夏文的《太宗择要文》为中原古籍中君王治国方略的节选，属于抄本，共有 5 页，每页 8 行，每行 23 字，所依据的汉文文本，疑似唐宋某大臣的奏章。[①]4.《德行集》节译本。书末题款“此《德行集》者原本是汉文本”，是番大学院教授曹道乐于西夏桓宗时编译的。书中用儒学和佛学的观点阐述为人处事之道，属于劝世著作。所引用的书籍不仅有《尚书》、《礼记》、《孔子家语》、《荀子》、《庄子》、《老子》、《史记》等前代著述，还有司马光《资治通鉴》和苏轼的论说。5.《类林》译本。《类林》是唐代于立政编纂的一部类书，西夏将其作为典章制度体史书进行研究，并全部翻译成了西夏文，刻印出版。此书卷首和序言散佚，现存卷三、四、六、七、八，残卷二、五、九、十，缺卷一，保留着全书的基本面貌。卷四末有题记“乾祐辛丑十二年（1181）六月十二日刻字司印”，属于西夏晚期。此书汉文原书也散佚，西夏文译本的《类林》，对我们恢复古《类林》本有极其重要的价值。[②]西夏统治者选取翻译作品的，大都是治国安邦、统治国家的史书，由此可知译者主要目的是想通过传播中原的历史，弘扬史学的治世功用，让西夏统治者以史为鉴，从中得到有利于国家长治久安的经验教训。

第三节　西夏修史机构与史官

一、修史机构的设置

西夏时期，承担修史任务的主要是翰林学士院，还有一些辅助修史的机构，如卜算院等，为史学的发展做出了贡献。

1. 翰林学士院。《宋史 · 夏国传》载:（绍兴）三十一年（夏仁宗天盛十三

① 史金波《西夏出版研究》，宁夏人民出版社，2004 年，第 27 页。

② 史金波、黄振华、聂鸿音《类林研究》，宁夏人民出版社，1993 年，第 23 页。

年，1161）“立翰林学士院，以焦景颜、王佥等为学士，俾修实录”[①]。《西夏书事》卷三六载：“立翰林学士院”，“夏五月，令史臣修《实录》”。[②]通过以上材料可知，天盛十三年（1161），西夏设立了专门的修史机构翰林学士院，并由学士等人员进行实录的编修。翰林院最早见于唐代，起初由各种艺能之士在此供职，是一个陪皇帝游乐消遣的机构。后来逐渐向草拟机密诏制的机构过渡，后期开始有部分翰林院的学士参与修史的任务。宋、辽、金代逐渐形成了以翰林学士兼修国史的风气。西夏皇朝以翰林学士院作为专职修史机构，完成了翰林学士从参与修史到独立修史的质的变化。这些无疑是通过对中原文化的学习和不断借鉴创新来实现的，对后代产生了重大影响。

2. 与史书撰修有关的机构

（1）**卜算院**。西夏的历法制定机构，与修史有关。西夏仁孝初年编修的《天盛改旧新定律令》中提到，卜算院是皇朝中央的第三等机构，“依事设职，大人数不定”[③]。在西夏汉文《杂字》“司分部”中有“天监”，据考证“司天监”是卜算院的汉文译法[④]。从《西夏书事》的相关记载分析，西夏崇宗时卜算院已有太史、司天之设。在黑水城编号 8214 的出土文书中有一份历书残页，其序言中有三行小字，提到太史令及卜算院头监杨师裕。西汉司马迁就是太史令并负责制定历法的工作。史金波考证，杨师裕既是修史的太史令又是修历的卜算监头。[⑤]

（2）**秘书监**。在《天盛律令·司序行文门》中有“秘书监”一职[⑥]，与番汉大学院同级别。参照东汉秘书监的设置，知其责为掌管历代图书和典籍，其长官为监，监下设有少监。西夏时期的斡氏家族，历代都在西夏国掌管国史。蒙古军队攻打西夏的时候斡扎箦带领全城父老投降，并奉上大量的图籍。通过斡

---

① 《宋史》卷四八五《夏国传上》，中华书局，1985 年，第 14025 页。

② 《西夏书事校证》，甘肃文化出版社，1995 年，第 425 页。

③ 史金波、聂鸿音、白滨译注《天盛改旧新定律令》，法律出版社，2000 年，第 369 页。

④ 史金波《西夏汉文本〈杂字〉初探》，《中国民族史研究》1989年第2辑，中央民族学院版社1989年。

⑤ 参见史金波《西夏的历法和历书》，《民族语文》，2006 年第 6 期，第 41—48 页。

⑥ 史金波、聂鸿音、白滨译注《天盛改旧新定律令》，法律出版社，2000 年，第 365 页。

氏降城献书这一事件，可推测西夏设有专门的机构来保存档案、图书和典籍，很有可能就是秘书监，斡扎箦很可能就是长官，负责图书管理的总任务，以供翰林学士院纂修实录等史书。

(3) **史院**。在《天盛律令》“择人司”中有史院一职，“诸司大人、承旨续转中，卜算院等依事设职，勿续转：史院、医人院、乐人院”[①]。此条规定了卜算院不得与史院相续转。至于为什么对史院和卜算院做此规定，因资料有限，不得而知。从西夏对中原文化的继承上来看，可以推测史院之职能应与纂修国史有关。

二、西夏史官

作为修史机构的西夏翰林学士院，设有翰林学士、翰林侍制和翰林直学士等官职。[②]《宋史·夏国传》有明确记载从事修史的翰林学士只有焦景颜和王佥两人。清周春《西夏书·焦景颜王佥列传》中，除二人外，还提到杨彦敬、高岳、吕子温、王师信、刘昭、余良、李国安、张公甫等为翰林学士。据载，天盛年间，焦景颜以枢密都承旨、翰林学士的身份多次出使金国。天盛十三年（1161），焦景颜任翰林学士，负责纂修实录。《传》中提及的其他翰林学士很可能是李氏实录的编修人员。

在西夏印中有西夏史官的印章“恧恧史官专印”[③]，其中“恧恧”为西夏姓氏，其职务是史官。《金史·交聘表》载:（金）明昌五年（1194）正月癸亥朔，“夏武节大夫恧恧世忠、宣德郎刘思问等贺正旦”[④]。史官为掌管祭祀、记事、兼修国史、起草文书等的官员。作为史官的恧恧很有可能将贺正旦时期的事情记录下来，作为资料保存。西夏仁宗时期，斡道冲是著名的番汉教授，通晓汉文、西夏文，世掌西夏国史，为西夏的史学做出了杰出的贡献。

---

① 史金波、聂鸿音、白滨译注《天盛改旧新定律令》，法律出版社，2000年，第377页。

② 李蔚《中国历史·西夏史》，人民出版社，2009年，第184页。

③ 参见李范文《西夏官印考释》，《西夏研究论集》，宁夏人民出版社，1983年，第106页。

④ 《金史》卷六二《交聘表》，中华书局，1975年，第1461页。

三、西夏史官的构成特点

修史与王朝的政治密切相关，因此得到皇帝的格外重视。修史时，皇帝亲自遴选史官，任命学士来纂修实录，并关心修纂的质量，且提出自己的意见。西夏王朝重视修史，从积极方面看，促使修史工作更加认真。西夏史官的构成特点，反映了中国史学在这个民族融合时代的新气象。

1. **强调民族成分。**由于史职不同于其他的官职，要求任职人员具有很高的文化素养，因此由汉文化底蕴深厚的斡氏家族担当此任，并选学士辅之。起初西夏的史官大多是流亡到西夏境内的宋朝士人。随着党项设立学校，涌现出一批又一批具有本民族意识的党项族知识人才，才改变了史官构成的民族成分。在多民族多文化共存的时代中，西夏统治者要求不同民族的人任史官，但又尽量选用党项人任职。《天盛律令·颁律表》中记载的修纂人有二十三人，其中十九人是党项族官员，仅有四名是汉族官员。党项人所占的比重较大，并处于主导地位，这是西夏史官设置民族化的表现。

2. **史官由翰林官充任。**仁宗时期，任用翰林学士院纂修国史，完成了翰林学士由兼职修史到专职修史的任务。由于此时的翰林学士集史官与翰林官双重职责，可以通过入禁中应召问对、备顾问等多种渠道参与政治，从而使得史学能够更好地影响政治。

3. **选用文化层次较高的人员来担任史官。**西夏时期，科举取士成为选用人才的主要途径。根据史书上留下的零星记载，仁宗时的名臣斡道冲、焦景颜和王佥等，襄宗时观文殿大学士罗世昌等，都是通过科举进身授职，都以进士入官选任史官。

四、党项族史学世家——斡氏家族

斡氏家族世代为官，早在李德明时期就得到重视，定都兴庆府后，斡氏家族也随夏国主逐渐迁往兴州（今宁夏银川），是西夏及元代历史上一个很重要的家族。西夏时期，斡道冲和斡扎箦都任掌国史，一个家族在西夏一朝有两人担任此职是非常罕见的。入元后，该家族的成员或身居中枢要职，或在省、路、府总制一方，在政治、经济、史学上都取得了良好的成绩。

1. **番汉教授——斡道冲**。元虞集《道园学古录》言："公姓斡氏，其先灵武人，从夏主迁兴州，世掌夏国史，公讳道冲，字宗圣……"[①]斡道冲八岁，以《尚书》中童子举，长通五经。为番汉教授，官至中书宰相。在文化上，斡道冲大力发展番学和汉学。建学校，发展科举制度，引进和翻译儒家经典，学习儒家文化，形成了尊儒崇儒的社会风尚。将《论语》译成西夏文，并撰有《论语小议》和《周易卜筮断》。天盛十三年（1161），斡道冲以兼修国史的身份组织翰林学士焦景颜、王佥纂修《李氏实录》。

2. **献城有功的掌国史——斡扎箦**。作为番汉教授斡道冲的孙子，亦掌西夏国史，蒙古大军到来时，"率父老以城降太祖"[②]，避免了蒙古军队屠城，由于其掌国史身份的特殊性，使得西夏珍贵的图籍保存下来。后随蒙古军西征，元世祖时为中兴路管民官。

3. **直臣良吏——朵儿赤**。朵儿赤，字道明，15岁通晓古注《论语》、《孟子》、《尚书》，是元初著名的谋臣，在治国方面为元朝提出了许多宝贵的意见。后任云南廉访副使、中兴路新民总管，恢复了西夏故地的经济和社会秩序。

4. **平叛有功——朵仁通**。为朵儿赤之子，任云南行省理问，掌勘核刑名诉讼。天历二年（1329）三月，云南诸王发生叛乱，朵仁通率官军抗之，死于战场。

5. **编修宋史——斡玉伦徒**。斡玉伦徒，擅长《礼记》，著有诗文五十卷，朝廷任以奎章阁典鉴、淮西道道佥宪。后又任福建廉访副使、山南廉访使、内台侍御侍、工部侍郎等职，并为撰修《宋史》二十三人之一。

① ［元］虞集《道园类稿》卷一五《西夏斡公画像赞》，中华书局，1991年，第20页。

② 《元史》卷一三四《朵儿赤传》，中华书局，1976年，第3254页。

第四节 西夏史书编纂

一、两种西夏艺文志和黑水城西夏文书

清王仁俊撰《西夏艺文志》，率先对西夏文献进行整理，反映了西夏国的文献编修和存佚状况。《志》中将西夏文献分为经、史、子、集四部，经部之下又分“小学类”子目一种。四部共著录西夏人译撰之作十八种，其中经部五种、史部二种、子部八种、集部三种。著录文献的二种史部书是焦景颜、王佥等修《李氏实录》和罗世昌修《西夏国谱》。

今内蒙古阿拉善盟额济纳旗达来呼布镇南三十二公里处有西夏黑水城遗址。1908 年，俄国探险家科兹洛夫受沙皇指派率领考察队来中国北部考察，次年 6 月在黑水城遗址，挖掘出西夏文献八千多号，以及近千件艺术品。1914 年 5 月，斯坦因第三次到中国西部探险，在黑水城发现了众多西夏文写本和印本残页七千多号。《俄藏黑水城文献》、《英藏黑水城文献》经整理已先后出版。黑水城文献中，西夏文文献约占总数的 90%，汉文文献不足 10%，还有零星的藏文、蒙古文、回鹘文文书。

随着西夏文献的大量出土，学者据此对《西夏艺文志》进行补充。聂鸿音撰《补〈西夏艺文志〉》[①]，辑录西夏人翻译或者撰写的文献有七十四种，其中经部二十二种、史部九种、子部三十七种、集部六种。其中史部为《夏译十二国》、《夏译贞观政要》、《李氏实录》、《西夏国谱》、《新集慈孝记》、《贞观玉镜统》、《新法》、《亥年新法》、《天盛改旧新定律令》。

二、西夏所撰史书

1.《李氏实录》，是西夏仁宗时期，由翰林学士院焦景颜等学士编修的一部实录。该书明姚士粦《见只编》、清钱谦益《牧斋有学集 · 黄氏千顷斋藏书记》皆有记载，近人柯劭忞言：“有得西夏国史数册者，皆梵字也。属文敏（王

① 聂鸿音《补〈西夏艺文志〉》，《古籍整理研究学刊》1990 年第 6 期。

懿荣）购之，其人秘为鸿宝，不肯售。”[①] 此书后再未见。实录是南北朝时即已形成的编年体官修史书体裁，是记载每一位皇帝在位期间的言行以及全国性的重大事件的史事长编。《李氏实录》应是用西夏文写成，其称李氏当非西夏朝时原称，而可能是西夏灭亡后人们所改的书名。该实录在第五位皇帝仁宗时期编写，内容很可能包括元昊以后四位皇帝的史事。

2.**《奉使日记》**，西夏宣德郎李师白著。李师白学识渊博，夏仁宗时三次出使金国，对金国的山川形胜、沿途的人文地理、民俗风情，细心观察，并作了记录。回国后著成《奉使日记》三卷，增进了西夏对金国的了解。

3.**《夏国世次》**，又名《西夏国谱》，二十卷，西夏晚期罗世昌撰，为夏国帝王世谱。罗世昌曾先后以宣德郎、观文殿大学士、南院宣徽使等身份数次出使金国。《西夏书事》卷四二“宋正大二年、夏乾定三年（1225）冬十月”条载:“南院宣徽使罗世昌罢。世昌自奉使回，见金势日蹙，每言金援不足恃，劝德旺为自强计。及纳赤腊喝翔昆，力谏不听，遂乞休，三请方许之。世昌，世居银州乡里，已破，流寓龙州，知国且亡，谱《夏国世次》二十卷藏之。”[②]《金史·夏国传赞》言:“夏之立国旧矣，其臣罗世昌谱叙世次称，元魏衰微，居松州者因以旧姓为托跋氏。”[③] 则《西夏世次》不仅有西夏国帝王的谱系，还追述了党项羌的由来及拓跋氏部落的历史。

4.**《赵元昊西夏事实》和《西夏事宜》**。元朝纂修三史时，翰林国史院检阅官袁桷曾经开出书单，派人去寻找散落在民间的书籍。其中关于西夏的书籍，即《赵元昊西夏事实》和《西夏事宜》两种。[④] 从书名看，前者可能是记载元昊朝的历史或西夏之史，后者可能是对西夏形势的分析或对策。可以肯定，两书皆为西夏朝或西夏遗臣所作。

---

① 赵尔巽《西夏纪·序》，宁夏人民出版社，1988 年版，第 2 页。

② 《西夏书事校证》，甘肃文化出版社，1995 年，第 495 页。

③ 《金史》卷一三四《夏国传》，第 2876 页。

④ ［元］袁桷《清容居士集》，景印文渊阁《四库全书》，台北商务印书馆，1986年，第1203册第550页。

三、《俄藏黑水城文献》中的主要史籍

1．4225 号残卷，是用西夏文写成的西夏史书写本。从三皇五帝开始，中间夹有多朝代的杂史，特别是在残本的卷末，详细地记载了西夏太祖继迁、太宗德明、景宗元昊、毅宗谅祚的生平事迹，是研究西夏君王的第一手材料，这些资料经过与汉文文献的对比，得知他们的生卒年代与史书中记载相符，具有很强的可信性。[①]

2.《番汉合时掌中珠》，是西夏乾祐二十一年（1190）骨勒茂才奉仁孝的旨意编纂的一部辞书，其中不乏对西夏典章制度和历史的描述，是研究西夏文化和文字的必备书籍，故将其列入史籍类中。该书分上中下三部分，分别对天体、天相、天变、地体、地相、地用、人体、人相、人事九部分进行了描绘。其中人事类包含最广，占到全部篇幅的一半。该书每一词语并列四项，自右向左为西夏文汉字注音、西夏文、汉文、汉文西夏文字注音，达到番汉文化互通的目的。该书保存较完整，经过黄振华、史金波等整理，恢复了古书的原貌，成为研究西夏语言、文字和历史文化的重要文献。

3.《圣立义海》[②]，是一部大型的西夏文类书，分门别类地记载了西夏自然状况、社会制度与生活习俗以及伦理道德。该书五册，十五卷，一百四十二类，内容极其丰富，尤其对西夏物品、国事、仪礼、典章等有许多记载，可以说是一部具有西夏时代特色的典制史书。《圣立义海》文本在每一小类中添加若干词语，每一词语下有双行小字作为注释，这种为书籍写注释的范例无疑是借鉴了中原文化。残本中无编著者名字，从其庞大的规模来看，应该是官修的书籍。

第五节 《天盛改旧新定律令》及其史学价值

黑水城发现西夏文的《天盛改旧新定律令》，是西夏所修典制史书，对研

① 参见史金波《西夏出版研究》，宁夏人民出版社，2004 年，第 41 页。

② 参见［俄］恰克诺夫著，李范文、罗矛昆译《圣立义海研究》，宁夏人民出版社，1995 年。

究西夏法律、政治制度、经济文化、社会生活极具意义。这部法典原为二十卷，今存十九卷，一千三百多页，是中国古代继《宋刑统》后又一部公开刊印颁行的王朝法典，也是第一部用少数民族文字印行的法典。它吸收了唐律宋律的精华，在形式和内容上进行创新，形成了自己的特点，非常接近现代法律条文形式。该书共有四种汉译的版本。史金波、聂鸿音、白滨等编译，1999 年法律出版社出版的《天盛改旧新定律令》，是目前最好的一种。

一、成书年代及其内容

对《天盛律令》的成书年代，学界有争议。史金波认为是天盛初年的产物①。刘菊湘认为是仁孝时铲除任得敬分国势力后，为加强皇权而颁布的一部法典，故成书于乾祐早期，不晚于 1182 年。② 中国历史上习惯用帝王年号命名法典，该法典既以天盛命名，史金波先生的意见当为确论。俄国西夏学家聂历山认为，《宋史 · 夏国传》所言仁宗赐名的《鼎新律》，就是黑水城（哈拉浩特）出土的《天盛改旧新定律令》，故而该书具体编撰的时间是天盛二年（1150）。

《天盛律令》二十卷一百四十七门 1461 条。内容之丰富，涵盖之全面，是其他少数民族典籍所无法比拟的。第一卷主要为“十恶”之罪的解释。第二卷主要是对“八议”和根据亲等来确定亲属关系的规定。第三卷主要是对盗窃罪的分类和处罚，还有典当和借债的规定。第四、五、六卷是军事法规。第七卷主要为“圣禁”，规定了异国人降附西夏王朝和西夏人叛国、越界、投敌的处置方法。第八卷是对刑事犯罪的惩罚以及婚姻制度。第九卷规定了侦查和诉讼案的程序，以及在监狱羁押者诉讼法规。第十卷是西夏机构设置、职权、官吏迁转考核的规定。第十一卷主要涉及诈伪、出典劳动力、财产纠纷、迎送外国使节、僧道称号的取得及修建寺庙等。第十二卷是有关遗失或隐瞒重要文件的处置，宫内听旨人的义务规定。第十三卷主要内容为举报、以功抵罪及追捕逃犯

① 《天盛改旧新定律令》，法律出版社，2000 年，第 1 页。

② 刘菊湘《关于〈天盛律令〉的成书年代》，《固原师专学报》1998 年第 4 期，第 57—60 页。

等规定。第十四卷是对非故意杀人与斗殴的处罚条文。第十五至十八卷重点是对经济活动的规范。第十九卷是国有畜牧业的法条。第二十卷主要规定了诉讼、羁押及行刑制度。

二、编修人员和编纂体例

1. 编修人员。西夏皇帝是最高的立法者，法典编纂工作是在皇帝任命的机构中进行的。在《天盛律令》卷首的《颁律表》中记载了十九名参与编纂律令的政府官员。其中皇族嵬名有七人，四名汉人翻译家，其余全为党项人。领衔纂定律令的是北王嵬名地暴，其后有嵬名忠口、嵬名地远、嵬名仁谋三人，封号皆为“文孝恭敬东南姓官上国柱”。除封号外，七名皇族官员都有实职“中书令”、“中书”、“枢密”等，没有封号的嵬名盛山本职为“中书”，兼任“内宿司等承旨”及“中兴府副”。七人中六人位列上等司，一人位列次等司，可见编纂《天盛律令》是由位高权重的西夏皇族主持的。

多名皇族参与编纂维护皇权的封建国家大典，并以皇族中任宰辅者来领衔主持，说明西夏皇族在国家政治生活中地位甚高，同时也说明西夏皇族熟悉国家典制，富于学识，所以才能“共议论计，比较旧新律令，见有不明疑碍，顺众而取长义，一共成为二十卷”。[①]

2. 编纂体例。《天盛律令》在形式上全部是统一格式的律令条目。编纂者依据本朝实际情况，将律（刑法）、令（政令）、格（官吏守则和奖惩办法）、式（公文呈式）系统地编入律令之中，不附加任何注疏解释，使律令的综合性更强，便于操作，指导性和实用性大大提高。

《天盛律令》书写格式也很有特点。每条第一行顶格书写一个西夏文“一”字，其下为条目内容，第二行降格书写。若在同一条中包含几项不同情况，则分几小条叙述，每小条另行降格书写，第一字亦为西夏文“一”字，第二行亦降格书写。这种书写方法，纲目分明，干支清晰，能够容纳法律中多种情况、多种层次的内容，形式接近于现代法律条文的格式，在法律形式的科学规范和

① 《天盛改旧新定律令》，法律出版社，2000年，第107页。

系统化方面，有了很大的进展。[①]

《天盛律令》在正文前列有条文目录，即上下两卷的《名略》，用几个字或十几个字总结概括出条文的内容，让人一目了然，方便了法律条文的检索。

《天盛律令》没有总的名例，采用另外一种方式来弥补这一不足，即将“十恶”、“八议”之类的定义以及处罚条款放于篇首，无疑对整部法典起到了指导作用。

三、文献价值

《天盛律令》是流传至今有关西夏社会最为详尽的世俗文献，反映了当时社会的方方面面。西夏《天盛律令》的编纂者在借鉴中原文化的同时，把本民族的特色文化也保留在其中，形成了极具党项民族特色的典籍。

1．西夏军事制度。《天盛律令》对境内人们服兵役的年龄、人数以及如何对违反律令的当事人进行惩罚都做了详尽的规定，具有很强的民族特色。将在册的丁壮编成正军、辅主、负担三类。“年及十岁至十四岁隐瞒时，隐一至三人徒三个月，三至五人徒六个月，六至九人徒一年。十人以上一律徒两年”；“若及丁即年十五岁以上隐瞒不注册时，隐一至二人，徒四年，三至五人，徒五年，六至九人徒六年。十人以上一律徒八年”[②]。对西夏皇族广泛参与军事活动做了具体规定。

2．西夏经济。《天盛律令》规定田赋按照地域与土地瘠肥来征收。“麦一种，灵武郡人当交纳。大麦一种，保静县人当交纳。麻褐、黄豆两种，华阳县人当分别交纳。秫一种，临河县人当交纳。粟一种，治源县人当交纳。糜一种，定远、怀远二县人当交纳。”[③] 不同地区缴纳不同的农产品。此外，还能够用一定数量和质量的麦、粟草来代替，体现了农业和牧业相结合的少数民族地区的经济特色。

---

① 参见史金波《西夏天盛律令及其法律文献价值》，《法律史论集》第1卷，法律出版社，1998年，第469页。

② 《天盛改旧新定律令》，法律出版社，2000年，第262页。

③ 《天盛改旧新定律令》，法律出版社，2000年，第489页。

《天盛律令》中包含有大量与周边政权如吐蕃、回鹘、蒙古、女真和宋朝之间展开的对外贸易史料。与宋和辽的贡使贸易，主要交易的是西夏盛产的马、驼。榷场贸易是西夏对外贸易的又一重要经济关系，明确规定“人、马、披、甲、牛、骆驼，其余种种物等，敕禁不允敌界卖”①。

3. 西夏社会习俗。根据民间风俗，规定“女年十三以上始得为婚”②，立有“为婚门”、“夺妻门”、“侵凌妻门”、“威势藏妻门”、“行非礼门”等涉及婚姻和嫁娶方面的一系列规定。对强奸妇女和助男人行淫等直接剑斩、绞杀。有关丧葬习俗的散见于书中各卷。根据死者与亲属的远近关系，分别规定三年、一年、九月、五月和三月的服丧期，对违背服丧风俗的徒三年至六个月不等。

第六节　党项族史学的特色

在中国民族多元一体历史发展重要转折时期生活的党项族及其建立的西夏皇朝，其历史和史学极为复杂多彩。党项人先是在周边强势民族的逼迫下投靠唐朝，并向陕甘宁一带转移，求得生存和发展。建立西夏皇朝后的一百九十多年里，与北宋、辽和金朝时战时和，造成了人口的不断流动，从而促进了不同民族之间的相互交流和学习，繁荣了西夏的社会经济和文化。在西夏发展过程中，无论是在史家、史书内容及编纂体例上，还是在史学思想和历史思想上都表现出了很强的民族特色。这种特征是在特定的历史环境中呈现出来的，与中原的史学共同构成了中国古代史学史的多元特点。

一、中国古代史学的重要组成部分

中国自古就是一个重视编史的国家，各个民族在其生活的区域创造了不同的文明，留下了辉煌的历史，共同构筑了璀璨的中华历史。西夏作为中国十一世纪重要的民族政权，通过创制民族文字、编纂民族书籍等，对中国史学的发

① 《天盛改旧新定律令》，法律出版社，2000 年，第 283 页。

② 《天盛改旧新定律令》，法律出版社，2000 年，第 306 页。

展做出了自己的贡献。这些成就从根本上来说是对以往朝代史学体系的继承和发展。史书的编纂体例因袭了历朝的编纂方式，并加以改进，创造出了具有特色的史书体例;设置卜算院对天文历法进行观测，修纂历书;仿造唐朝设置史馆，进行实录的编纂；任用皇族来编修法律，通过对编纂书籍活动的干预，维护统治阶级的利益。西夏皇朝以求书、编译书籍等方式对中原文化的学习，实质上是用先进的文化来促进自身的进步，是对中华历史文化的一种认同。可以说，西夏的史学所呈现出来的特点以及其在中华文明母体内发展起来的文化，决定了其不可能偏离中国传统史学的发展轨迹。研究这一时期的史学，有助于学者理解并认识中华大史学观的形成和发展。

二、为中国史学增添了富有民族特色的新内容

中国少数民族第一次大融合是在魏晋南北朝时期，促进了各民族间的相互交融，形成了史学繁荣的一个高峰。辽、宋、夏、金时期，民族融合出现了又一高峰，多民族史学在这一时期也迅速发展。就党项和西夏而言，这一时期，有了本民族的史诗和传说，出现了本民族的文字，有了一批以党项族为主的优秀的史家，有了种类繁多的用本民族文字撰写的属于本民族的史书，显示了党项民族史学的不懈创新和进步。这些史学著作不仅记载了党项族历史、经济、文化、生活的各个方面，还为研究中世纪中国提供了资料。党项族开创了汉字经史翻译的道路，既丰富了历史记载的形式，又增加了对彼此文化的交流。从总体上来说，这些史学著作的产生有效地提升了党项族人的文化素质，促进了多民族史学的共同发展，使得这一时期的史学增添了新的特色，为多民族史学的发展注入了新鲜的活力。

三、西夏学的兴起，是中国民族学尤其是党项民族学的重要性的体现

中国历来有后朝为前朝撰修正史的传统。但蒙元统治者对西夏当时的顽强抵抗和成吉思汗被西夏人射伤并逝世怀恨在心，欲灭其国，先灭其史，故而不给西夏修专史，只是在宋、辽、金三史中有《西夏传》。元不修西夏正史，不仅使党项和西夏的史书和档案大量佚失，对党项和西夏在中国历史上尤其是民

族史和文化史上的地位更造成严重影响。许多人甚至不知道中国历史上这个立国 190 年的党项族皇朝。清代学者洪亮吉、张澍、秦恩复、周春、张鉴、吴广成等致力于西夏文献的整理和西夏历史的撰述，为西夏学奠定了基础。而二十世纪初黑水城遗址的发掘，更使许多佚失的西夏文史书资料重见天日，从而在国际汉学界和中国史学界兴起了西夏学的研究热潮。罗福苌、王静如、吴天墀、韩荫晟、李范文、史金波、李蔚、陈炳应、汤开建、周伟洲、聂鸿音、白滨、杜建录等学者的辛勤耕耘，使西夏学成为中国史学界的一朵奇葩。研究党项必须包括西夏，而研究西夏则必须突出党项。[①] 说到底，西夏学对党项和西夏历史的研究，是中国史学的重要一环，是中国民族学尤其是党项民族学的重要性体现，也是中国民族史学史的重要内容。

① 韩荫晟《党项与西夏资料汇编》上卷（第二册）前言，宁夏人民出版社，1983 年。

第九章

女真族史学

第一节　女真族和女真字

一、女真族及金朝

《金史》云:“金之先，出靺鞨氏。靺鞨本号勿吉。勿吉，古肃慎地也。”明确指出女真先民是周秦时的肃慎，而发展到汉魏时，肃慎称挹娄，南北朝时改称勿吉。北魏时，勿吉有七部:曰粟末部，曰伯咄部，曰安车骨部，曰拂涅部，曰号室部，曰黑水部，曰白山部。七部中，以粟末、黑水为最强。而女真便是黑水靺鞨的后裔。初，黑水靺鞨东临大海，南接高丽，亦依附于高丽。“尝以兵十五万众助高丽拒唐太宗，败于安市。”[①] 唐玄宗开元年间（713—741），黑水靺鞨曾遣人向唐朝朝贡，唐于其地设置了黑水府，以部落长为都督、刺史，置长史监之，并赐其都督为李姓，名献诚。当时该府所辖的勃力州址即在黑龙江与乌苏里江会合处的伯力（今俄罗斯境内的哈巴罗夫斯克）。后粟末靺鞨所建立的渤海国势力渐强，黑水靺鞨役属之。五代十国时期，女真成为其族名。后唐天成元年（926），契丹族首领耶律阿保机灭渤海国，女真又臣服于新建的辽朝。为了便于控制，辽将女真的豪族大姓数千家迁往今辽阳一带，并将其编入辽的户籍，设立州县，委派官吏进行管理，称之为熟女真。在今开原以北的，不入辽籍，由本部首领统辖，称之为生女真。

生女真各部中势力最强的是完颜部。相传其始祖函普，初从高丽来，后寄居完颜部遂为完颜部人。金太宗天会十四年（1136），追谥其为景元皇帝，庙号始祖。函普重孙绥可时，完颜部定居于按出虎水（今黑龙江省阿什河），才抛弃了随水草以居的旧俗，开始了耕垦树艺的生活。绥可子石鲁立条教以治，

① 《金史》卷一《世纪》，中华书局，1975年，第1页。

部落逐渐发展强大。石鲁子乌古乃时，建立了部落联盟，受辽生女真部族节度使之职。后五传至阿骨打，实力日益增强。辽天庆三年（1113），袭任联盟长的阿骨打起兵先后大败辽军。1115年，阿骨打称帝，国号金，建都于上京会宁府（今黑龙江省阿城）。1125年金灭辽，1127年灭北宋，女真人统治了除西夏控制区外淮河以北的广大地区。

金政权的存在，共传九位皇帝。太祖阿骨打建立了“以三百户为谋克，十谋克为猛安”[①]的军事、行政、生产三位一体的组织，增强军队的战斗力。他身先士卒，先后攻下了辽之江宁州（今吉林扶余市东北），又在鸭子河（今扶余市北松花江）击溃了步骑十万的辽军。天庆五年（1115）正月初一，阿骨打即皇帝位。阿骨打认为:“辽以宾铁为号，取其坚也。宾铁虽坚，终亦变坏，惟金不变不坏。金之色白，完颜部色尚白。”[②]于是国号为大金，建元收国。随后，阿骨打亲率军队攻克辽黄龙府及辽上京（今内蒙古巴林左旗）、中京（今内蒙古宁城县西南）、南京（今北京）。阿骨打在国内定制度，立法令，创制女真文字，加强皇权统治。对外亦积极发展，和宋、西夏进行着和平往来。阿骨打一生的努力，为金的发展奠定了基础。太宗完颜晟为太祖弟，天辅七年（1123）即皇帝位，改元天会。天会三年（1125），太宗军队擒获了辽末帝天祚帝，降封其为王，结束了辽朝的统治。第二年，金兵临宋朝国都开封城下。北宋统治者屈膝议和，以高额代价换得了短暂的继续存在的时间。但不久，金兵再次包围并攻入了开封城，宣告了北宋的灭亡。随后，金兵占领了河南、陕西、山东等大片土地，其疆域得以大体确定。太宗在位期间，逐步采用汉制，改革旧俗，推崇儒学，开科取士，录用汉族官吏。他命令大批女真人迁往汉地，又将俘掠的汉人、契丹人迁往女真地区，这在客观上促进了各民族之间的融合。天会十三年（1135）太祖孙完颜亶继位，是为熙宗。随着岳飞等抗金势力在南宋政权中受到陷害和排斥，熙宗迫使南宋签订了和议，不仅得到了大量钱财，而且拥有了整个中原。熙宗废除了旧的贵族议会制，仿照宋、辽

① 《金史》卷二《太祖纪》，中华书局，1975年，第25页。

② 《金史》卷二《太祖纪》，中华书局，1975年，第26页。

的制度，设立了三省六部，直接听命于皇帝。同时立亲子为皇太子，确立了嫡长子继承制。皇统九年（1159）十二月，完颜亮刺杀熙宗于猎所，自立为帝，改元天德，是为海陵王。他一方面继续将其政权转化为专制主义的君主统治，对旧的贵族势力残酷打击，并清洗熙宗的后代，消灭和自己竞争皇位的对手；另一方面，钦慕汉族文明，热心地阅读和钻研汉族的经典和史书。天德五年（1153）三月，完颜亮迁都至燕京。正隆六年（1161）完颜亮亲率大军渡过淮水，进逼长江，与宋军相持，远在东京（今辽阳）留守的其表兄弟乌禄自立为帝，改元大定，完颜亮被其部下射死于瓜州的营帐中。乌禄为女真名，汉名完颜雍，太祖孙，是为金世宗。完颜雍进据中都，撤回驻扎在长江前线的金兵，并在符离大败宋军后，主动要求与宋和好，和宋在边境保持了近四十年的平静，把更多精力用在抵御日益强大且桀骜难驯的蒙古军队上。世宗在行政机构、经济及教育诸多领域进行了改革，金朝进入全盛时期。世宗之后，其孙完颜璟继位，是为章宗。他进一步定礼乐，正刑法，改革官制，兴科举，尊儒学，提倡女真与汉通婚，顺应了民族融合的大趋势。但这一时期，自然灾害频发。黄河曾一再决口，旱灾不断，蝗虫肆虐，使得金朝的经济甚至其统治都陷入了困境之中。另外，面对崛起的蒙古势力，金政权不得不动用大量的人力物力沿西北边境修建壕堑、堡寨。这时，南宋对金的敌意也不断上升。金朝的统治在内困外扰下开始衰落。章宗去世后继位的卫绍王完颜永济面对着一个衰败的烂摊子。蒙古军队轻易地越过金堑壕，直下居庸关，持续进攻，一直深入到今山东、山西等地区，有效地实行了对中都的封锁。至宁元年（1213）八月，在抗击蒙古军队的战斗中玩忽职守、弃城逃跑的金右副元帅胡沙虎率其部众叛乱，害死卫绍王，拥立章宗的哥哥吾睹补为帝，是为宣宗。吾睹补汉名完颜珣，世宗长孙，即位后改元贞祐。他上台后，即向蒙古军队求和，并决定迁都南京（今开封）。但这一切都无补于事。这一时期金与西夏的友好关系终于破裂，代之以紧张的对峙和时断时续的战争，红袄军起义也不断发展。与此同时，金的后院起火。辽宗室的后裔耶律留哥率其部众宣称臣服于成吉思汗，并迅速取得了对东北地区中部和北部的控制。面临灭亡的吾睹补却又听从权臣的建议，去攻打南宋，被打败。元光二年（1223）吾睹补病死于开封，宣宗第三子完颜守绪继位，是为哀宗。哀宗即位后，下诏和南宋议和，并与西夏签订了和约，虽想和蒙古和解没得到同意，但毕竟得到了一个苟延残喘的机会。窝阔台继任蒙古大汗后，分两路大军向金大举进攻，并将哀宗包围在蔡州城中。危机中哀宗下诏传位于东面元帅承麟，自己却在蒙宋联军的进攻中缢死于幽兰轩中。而末帝承麟亦为乱兵所害，金朝灭亡。

元朝在女真人居地设置了军民万户府，以其首领统辖。至明代，女真人分为建州、海西和海东三部。明末，努尔哈赤统一女真各部，建立了后金政权。他的继承人皇太极下令禁止用“女真”这一族名，正式定名为“满洲”。至此，“女真”这一民族便消失于中国历史的舞台上。

二、女真文字的创制及其使用

女真民族从诞生直至建立金国之初，没有自己本民族的文字。由于“无书契，无约束，不可检制”，昭祖时只好“以条教为治”[①]。破辽后，通过契丹汉人学习契丹、汉字。而建国后，“国势日强，与邻国交好，乃用契丹字。太祖命希尹撰本国字，备制度。希尹乃依仿汉人楷字，因契丹字制度，合本国语，制女直字”[②]。天辅三年（1119）八月，字书成，太祖大悦，命颁行之。赐希尹马一匹、衣一袭。其后熙宗亦制女直字，与希尹所制字俱行用。希尹所撰谓之女直大字，熙宗所撰谓之小字。[③]此次颁行的是后人所称女真大字。而《熙宗纪》云:“天眷元年（1138）正月戊子朔……颁女直小字。”[④]太祖天辅三年颁行了女真大字；时隔近二十年后，熙宗又颁行了女真小字；又过了近六十年，大概才在全国普遍推行女真文字。那么，太祖时颁行了女真大字，熙宗时为什么又颁行女真小字呢？有的研究者认为金代时女真大小字并行，一个国家一个民族同时使用两种文字似乎有违常理。现今能够看到的女真字碑刻刻石，大都属于同一种字体。所以女真族大小字问题还有待于进一步的发现和研究。但无论

① 《金史》卷一《世纪》，中华书局，1975年，第3—4页。

② 为避辽兴宗名讳，改女真为女直。

③ 《金史》卷七三《完颜希尹传》，中华书局，1975年，第1684页。

④ 《金史》卷四《熙宗纪》，中华书局，1975年，第72页。

怎么样，女真民族创造了自己的文字，无疑会促进本民族的政治文化的发展，当然也必然会促进其史学的研究和发展。

随着女真文字的创制和逐渐普及，女真学也在金国内建立和发展，“自大定四年，以女直大小字译经书颁行之。后择猛安谋克内良家子弟为学生，诸路至三千人。九年，取其尤俊秀者百人至京师，以编修官温迪罕缔达教之。十三年，以策、诗取士，始设女直国子学，诸路设女直府学，以新进士为教授。国子学策论生百人，小学生百人。府州学二十二，中都、上京、湖里改、恤频、合懒、蒲与、婆速、咸平、泰州、临潢、北京、冀州、开州、丰州、西京、东京、盖州、隆州、东平、益都、河南、陕西置之”①。世宗又在大定二十八年（1188）“命建女直大学”。②

同时，女真统治者命令大量翻译汉族儒家经典和史学著作，金世宗言：“朕所以令译《五经》者，正欲女直人知仁义道德所在耳。”③ 以女真字翻译出的汉文典籍有《贞观政要》、《白氏策林》、《史记》、《西汉书》、《新唐书》、《五代（史）》、《孝经》、《易》、《书》、《春秋左氏传》、《论语》、《孟子》、《老子》、《扬子》、《文中子》、《刘子》等。女真族创制了本民族文字，大量用以翻译儒家文化和中原史学名著，使中国传统文化日益普及和深入到女真人心灵中，提高了他们的儒学和史学意识，并最终成为女真民族思想和文化的主流。

第二节 建金国后女真族统治者的史学思想

一、以史为鉴，吸取历史经验教训

建金国后，女真统治者能够积极吸取以往国内外历史经验教训，以史为鉴，不断告诫自己，为能进行长久统治服务。当下令迁都燕京，有司图上燕城宫室制度，营建阴阳五行所宜时，海陵王曾云：“国家吉凶，在德不在地。使

① 《金史》卷五一《选举志一》，中华书局，1975 年，第 1133—1134 页。

② 《金史》卷八《世宗纪下》，中华书局，1975 年，第 200 页。

③ 《金史》卷八《世宗纪下》，中华书局，1975 年，第 184—185 页。

桀、纣居之，虽卜善地何益。使尧、舜居之，何用卜为。”[①] 不忘桀、纣之所为，愿做尧、舜治天下。世宗言：“朕观唐史，惟魏徵善谏，所言皆国家大事，甚得谏臣之体。”“见光武所为，人有所难能者。……此其度量盖将大有为者也，其他庸主岂可及哉。”[②] 世宗曾谓皇太子曰：“吾儿在储贰之位，朕为汝措天下，当无复有经营之事。汝惟无忘祖宗纯厚之风，以勤修道德为孝，明信赏罚为治而已。昔唐太宗谓其子高宗曰：‘吾伐高丽不克终，汝可继之。’如此之事，朕不以遗汝。如辽之海滨王，以国人爱其子，嫉而杀之，此何理也。子为众爱，愈为美事，所为若此，安有不亡。唐太宗有道之君，而谓其子高宗曰：‘尔于李勣无恩。今以事出之，我死，宜即授以仆射，彼必致死力矣。’君人者，焉用伪为。受恩于父，安有忘报于子者乎。朕御臣下，惟以诚实耳。”[③] 谆谆告诫其子，不忘史之教训。

金朝君臣之间也经常讨论历史事件来告诫自己。大臣张汝霖曾因朝奏日论事上前，世宗谓其曰：“朕观唐史，见太宗行事初甚厉精，晚年与群臣议多饰辞，朕不如是也。”又曰：“唐太宗，明天子也，晚年亦有过举。朕虽不能比迹圣帝明王，然常思始终如一。今虽年高，敬慎之心无时或怠。”汝霖对曰：“古人有言：‘靡不有初，鲜克有终。’有始有卒者其惟圣人乎。魏徵所言守成难者，正谓此也。”[④] 章宗曾亲赐手诏对其大臣永成曰：“《经》云：‘在上不骄，高而不危。’是以知节慎者修身之本，骄矜者败德之源。朕每自励，今以戒卿。昔东平乐善，能成不朽之名；梁孝奢淫，卒致忧疑之悔。前人所行，可为龟鉴。”[⑤] 章宗还在大臣面前问汉高帝、光武优劣，平章政事张万公认为高祖优甚，而徒单镒认为：“光武再造汉业，在位三十年，无沈湎冒色之事。高祖惑戚姬，卒至于乱。由是言之，光武优。”[⑥] 君臣在对历史人物的评价中共同汲取借鉴和教训。

① 《金史》卷五《海陵纪》，中华书局，1975 年，第 97 页。
② 《金史》卷八《世宗纪下》，中华书局，1975 年，第 199、202 页。
③ 《金史》卷六《世宗纪上》，中华书局，1975 年，第 150 页。
④ 《金史》卷八三《张汝霖传》，中华书局，1975 年，第 1866 页。
⑤ 《金史》卷八五《世宗诸子传 · 永成》，中华书局，1975 年，第 1907 页。
⑥ 《金史》卷九九《徒单镒传》，中华书局，1975 年，第 2188 页。

应该说，金朝的统治者，还是比较重视历史的经验教训的，以史为鉴来指导对国家的治理，防患于未然。

二、重视人才特别是史学人才的选拔和培养

金朝的统治者从太祖开始，就重视人才，特别是史学人才的发现和培养。早在天辅二年（1118），太祖就下诏曰："国书诏令，宜选善属文者为之。其令所在访求博学雄才之士，敦遣赴阙。"[①] 后来，他又下诏："新附之民有才能者，可录用之。"[②] 更是把选用人才的范围扩大到女真人以外。熙宗针对有些大臣"州郡长吏当并用本国人"的建议，指出："四海之内，皆朕臣子，若分别待之，岂能致一。谚不云乎，'疑人勿使，使人勿疑'。自今本国及诸色人，量才通用之。"[③] 世宗更强调荐贤、举拔人才，他对宰臣说："今在位不闻荐贤何也。昔狄仁杰起自下僚，力扶唐祚，使既危而安，延数百年之永。仁杰虽贤，非娄师德何以自荐乎！"[④] 不仅说明人才的重要性，而且以狄仁杰为例提醒大臣，以荐贤为务。他还号召大臣以古之良史为榜样，向他们学习，曰："近览《资治通鉴》，编次累代废兴，甚有鉴戒，司马光用心如此，古之良史无以加也。校书郎毛麾，朕屡问以事，善于应对，真该博老儒，可除太常职事，以备讨论。"[⑤] 世宗谆谆告诫大臣："朕尝历外任，稔知民间之事，想前代之君，虽享富贵，不知稼穑艰难者甚多，其失天下，皆由此也。辽主闻民间乏食，谓何不食乾腊，盖幼失师保之训，及其即位，故不知民间疾苦也。隋炀帝时，杨素专权行事，乃不慎委任之过也。与正人同处，所知必正道，所闻必正言，不可不慎也。今原王府官属，当选纯谨秉性正直者充，勿用有权术之人。"世宗认为："十室之邑，必有忠信。今天下之广，人民之众，岂得无人。唐之颜真卿、段秀实皆节义之臣也，终不升用，亦当时大臣固蔽而不举也。卿等当不私亲故，而特举忠

① 《金史》卷二《太祖纪》，中华书局，1975 年，第 32 页。
② 《金史》卷二《太祖纪》，中华书局，1975 年，第 40 页。
③ 《金史》卷四《熙宗纪》，中华书局，1975 年，第 85 页。
④ 《金史》卷七《世宗纪中》，中华书局，1975 年，第 168 页。
⑤ 《金史》卷七《世宗纪中》，中华书局，1975 年，第 175—176 页。

正之人，朕将用之。”[①]

金朝统治者还特别重视对史学人才的选拔和培养。他们对那些有学问、有才能、有抱负的士人都很看重，不仅亲近他们，给他们以官职，而且往往召入史院，或者命令他们编写史书。这其中，不分是否女真族、汉族还是其他民族。

金代文史学家刘祁总结道："及（金）取宋，责其背约，名为伐罪吊民，故征索图书、车服，褒崇元祐诸正人，取蔡京、童贯、王黼诸奸党，皆以顺百姓望，又能用辽、宋人材，如韩企先、刘彦宗、韩昉辈也。及得天下，其封建废置，政令如前朝，虽家法边塞，害亦不及天下，故典章法度皆出于书生。至海陵庶人，虽淫暴自强，然英锐有大志，定官制、律令皆可观。又擢用人才，将混一天下。功虽不成，其强至矣。世宗天资仁厚，善于守成，又躬自俭约以养育士庶，故大定三十年几致太平。所用多敦朴谨厚之士，故石琚辈为相，不烦扰，不更张，偃息干戈，修崇学校，议者以为有汉文景风。此所以基明昌承安之盛也。宣孝太子最高明绝人，读书喜文，欲变夷狄风俗，行中国礼乐如魏孝文。天不祚金，不即大位早世。章宗聪慧，有父风，属文为学，崇尚儒雅，故一时名士辈出。大臣执政，多有文采学问可取，能吏直臣皆得显用，政令修举，文治灿然，金朝之盛极矣。"[②]这段文字记载，充分说明金朝统治者重视人才的事实，并取得了较好的效果，在建立和维持女真政权中起到了至关重要的作用。

三、重视对典籍文献的收藏和学习

金朝的统治者一向重视对典籍文献的保护和收藏，早在天辅五年（1121），太祖阿骨打就下诏："若克中京，所得礼乐仪仗图书文籍，并先次津发赴阙。"[③]熙宗自己"颇读《尚书》、《论语》及《五代》、《辽史》诸书，或以夜继焉"，并且认识到"太平之世，当尚文物，自古致治，皆由是也"[④]。他不仅潜心学习

---

① 《金史》卷八《世宗纪下》，中华书局，1975年，第192、197—198页。

② （金）刘祁《归潜志》，中华书局，1983年，第135—136页。

③ 《金史》卷二《太祖纪》，中华书局，1975年，第36页。

④ 《金史》卷四《熙宗纪》，中华书局，1975年，第77页。

文献典籍，而且把崇尚文献典籍提高到能否治理好国家的高度来认识。世宗曾对继位之前的章宗说："宫中有《舆地图》，观之可以具知天下远近厄塞。"谆谆教导继承者要清楚文献典籍的重要性。章宗登位当年，便"命学士院进呈汉、唐便民事"，并"诏有司稽考典故，许引用宋事"。明昌二年（1191）四月戊戌，章宗又命"增太学博士助教员。己亥，学士院新进唐杜甫、韩愈、刘禹锡、杜牧、贾岛、王建，宋王禹偁、欧阳修、王安石、苏轼、张耒、秦观等集二十六部"。五年，又"诏购求《崇文总目》内所阙书籍"。[①]《金史》中有这样一段文字：大定十四年（1174）四月乙亥，世宗御垂拱殿，帝及诸王侍侧。当论及兄弟妻子之际时，世宗曰："妇言是听而兄弟相违，甚哉。"帝对曰："《思齐》之诗曰：'刑于寡妻，至于兄弟，以御于家邦。'臣等愚昧，愿相励而修之。"因引《常棣》华萼相承，脊令急难之义，为文见意，以诫兄弟焉。[②]如上记载，生动地说明金朝统治者之间不仅在学习汉族的典籍文献，而且在熟练地引用儒家经典用于治国修身了。史载金朝大臣宗宪"未冠，从宗翰伐宋，汴京破，众人争趋府库取财物，宗宪独载图书以归"[③]。说明了金朝有识之士对文献典籍的重视。他们不但重视对文献典籍的收集，而且还认真学习这些文献典籍。比如："章宗为金源郡王，喜读《春秋左氏传》，闻履博洽，召质所疑。履曰：'《左氏》多权诈，驳而不纯。《尚书》、《孟子》皆圣贤纯全之道，愿留意焉。'"史载："初河溢曹州，帝问曰：'《春秋》二百四十二年，不言河决，何也？'履曰：'《春秋》止是鲁史，所以鲜及他国事。'"[④]这反映出金朝君臣对文献典籍的学习已经达到了十分深入的程度。

四、给史官以一定的地位并提出直书的要求

金朝统治者不仅重视对史学人才的选拔和培养，而且给史官以特权和更多接触社会调查研究的机会，使他们能够积累更多的第一手资料并扩大见

① 《金史》卷十《章宗纪》，中华书局，1975年，第218、231页。

② 《金史》卷九《章宗纪一》，中华书局，1975年，第413页。

③ 《金史》卷七〇《宗宪传》，中华书局，1975年，第1615页。

④ 《金史》卷九五《移剌履传》，中华书局，1975年，第2101页。

闻。大定七年（1167），世宗“诏修起居注王天祺察访所经过州县官”。十二年（1172）十一月戊子，上屏侍臣，与宰臣议事，记注官亦退时，世宗指出：“史官记人君善恶，朕之言动及与卿等所议，皆当与知，其于记录无或有隐，可以朕意谕之。”[①] 十七年（1177），修起居注移剌杰上书言：“朝奏屏人议事，史官亦不与闻，无由纪录。”上以问宰相，（石）琚与右丞唐括安礼对曰：“古者史官，天子言动必书，以儆戒人君，庶几有畏也。周成王翦桐叶为圭，戏封叔虞，史佚曰：‘天子不可戏言，言则史书之。’以此知人君言动，史官皆得记录，不可避也。”世宗回答：“朕观《贞观政要》，唐太宗与臣下议论，始议如何，后竟如何，此政史臣在侧记而书之耳。若恐漏泄几事，则择慎密者任之。”[②] 朝奏屏人议事，记注官不避自此始。这段记载说明史官的权利在金朝最终被承认，而其地位也得到实质性的提高。章宗即位后，完颜守贞与修起居注张暐曾奏言：“唐中书门下入阁，谏官随之，欲其预闻政事，有所开说。又起居郎、起居舍人，每皇帝视朝，左右对立，有命则临阶俯听，退而书之，以为起居注。缘侍从官每遇视朝，正合侍立。自来左司上殿，谏官、修起居注不避，或侍从官除授及议便遣，始令避之。比来一例令臣等回避，及香阁奏陈言文字，亦不令臣等侍立。则凡有圣训及所议政事，臣等无缘得知，何所记录，何所开说，似非本设官之义。若漏泄政事，自有不密罪。”[③] 章宗同意了这一奏议。承安五年（1200）尚书省奏：“右补阙杨庭秀言，乞令尚书省及第左右官一人，应入史事者编次日历，或一月，或一季，封送史院。”[④] 章宗是其言，仍令送著作局润色，付之。宣宗兴定二年（1218），曾“诏国史院编修官马季良持告敕金币”[⑤] 前往招降冯天羽等人。金朝统治者还常常赏赐对著史有贡献的史官。当《太宗实录》修成后，世宗“赐良弼金带、重彩二十端，同修国史张景仁、曹望之、

---

① 《金史》卷六《世宗纪上》，中华书局，1975 年，第 140 页；卷七《世宗纪中》，第 157 页。

② 《金史》卷八八《石琚传》，中华书局，1975 年，第 1962 页。

③ 《金史》卷七三《完颜守贞传》，中华书局，1975 年，第 1687 页。

④ 《金史》卷一一《章宗纪三》，中华书局，1975 年，第 253 页。

⑤ 《金史》卷一五《宣宗纪中》，中华书局，1975 年，第 338 页。

刘仲渊以下赐有差”。后又“以进《睿宗实录》，赐通犀带、重彩色二十端”①。

在重视史官的权利和地位的同时，金朝统治者也对史官提出严格的要求。世宗曾谓宰臣曰：“海陵时，修起居注不任直臣，故所书多不实。可访求得实，详而录之。”参政孟浩进曰：“良史直笔，君举必书，自古帝王不自观史，意正在此。”② 君臣之间不仅汲取历史的教训，而且强调良史必须直笔。世宗曾说：“朕观前史多溢美。大抵史书载事贵实，不必浮辞谄谀也。”并认为：“事当任实，一事有伪则丧百真，故凡事莫如真实也。”③ 他还认为：“海陵时，记注皆不完。人君善恶，为万世劝戒，记注遗逸，后世何观？其令史官旁求书之。”④ 明确史官不得遗漏人君善恶史实，否则就会成为万古遗憾。

第三节 女真政权的撰史机构及史官

一、重视儒学并大力推行科举制度

在金建国前，儒家文化和儒家经典早已在北方广泛传播，在东北也应该有较大的影响。建国后金朝统治者比较早地认识到推行儒家文化和学习儒家经典对巩固政权的重要性，因而尊崇并确立孔子的圣人地位，积极号召学习儒家经典。

金朝统治者对孔子的崇拜是比较早的，至迟在熙宗天眷三年（1140）便“以孔子四十九代孙璠袭封衍圣公”。第二年，熙宗“亲祭孔子庙”。大定二十年（1180），世宗“特授袭封衍圣公孔总兖州曲阜令”。明昌元年（1190），章宗“诏修曲阜孔子庙学”。第二年，又“诏袭封衍圣公孔元措视四品秩”。承安二年（1197），章宗“特命袭封衍圣公孔元措世袭兼曲阜令”。宣宗时，“召中奉大夫、袭封衍圣公孔元措为太常博士”⑤。金朝统治者认真学习儒家经典及

---

① 《金史》卷八七《纥石烈良弼传》，中华书局，1975 年，第 1951、1953 页。

② 《金史》卷六《世宗纪上》，中华书局，1975 年，第 143 页。

③ 《金史》卷七《世宗纪中》，中华书局，1975 年，第 172 页；卷八《世宗纪下》，第 191 页。

④ 《金史》卷八八《纥石烈良弼传》，中华书局，1975 年，第 1951 页。

⑤ 《金史》本纪，中华书局，1975 年，第 214、218、224、225、234、241、314 页。

相关文史书籍，还“诏亲军三十五以下令习《孝经》、《论语》”[①]。世宗还引用《诗经》中的诗句以诫兄弟。

金朝统治者重视儒学，认真学习儒家文化和儒家经典，极大地推动了向先进文化学习的进程，也促进了科举制度的建立和发展。

金朝科举制度建立于太宗天会元年（1123）。《金史·选举志》言：“金承辽后，凡事欲轶辽世，故进士科目兼采唐、宋之法而增损之。其及第出身，视前代特重，而法亦密焉。若夫以策论进士取其国人，而用女直文字以为程文，斯盖就其所长以收其用，又欲行其国字，使人通习而不废耳。终金之代，科目得人为盛。诸宫护卫及省台部译史、令史、通事，仕进皆列于正班，斯则唐、宋以来之所无者，岂非因时制宜，而以汉法为依据者乎。”尽管宣宗南渡之后“科举取士亦复泛滥，而金治衰矣”，而“原其立经陈纪之初，所为升转之格、考察之方，井井然有条而不紊，百有余年才具不乏”。金代科举考试的科目也比较多，其开始有“词赋、经义、策试、律科、经童之制。海陵天德三年（1151），罢策试科。世宗大定十一年（1171），创设女直进士科，初但试策，后增试论，所谓策论进士也。明昌初，又设制举宏词科，以待非常之士。故金取士之目有七焉”。科目的增多，为士人的进取必然开辟了更多的途径。

金朝各级学校的教材都有明确的规定，“凡经，《易》则用王弼、韩康伯注，《书》用孔安国注，《诗》用毛苌注、郑玄笺，《春秋左氏传》用杜预注，《礼记》用孔颖达疏，《周礼》用郑玄注、贾公彦疏，《论语》用何晏集注、邢昺疏，《孟子》用赵岐注、孙奭疏，《孝经》用唐玄宗注，《史记》用裴骃注，《前汉书》用颜师古注，《后汉书》用李贤注，《三国志》用裴松之注，及唐太宗《晋书》、沈约《宋书》、萧子显《齐书》、姚思廉《梁书》、《陈书》、魏收《后魏书》、李百药《北齐书》、令狐德棻《周书》、魏徵《隋书》、新旧《唐书》、新旧《五代史》，《老子》用唐玄宗注疏，《荀子》用杨倞注，《扬子》用李轨、宋咸、柳宗元、吴祕注，皆自国子监印之，授诸学校”。金朝还规定了出题的范围。海陵王“正隆元年，命以《五经》、《三史》正文内出题，始定为

① 《金史》卷一二《章宗纪四》，中华书局，1975年，第270页。

三年一辟”。明昌元年（1190），章宗命“以《六经》、《十七史》、《孝经》、《论语》、《孟子》及《荀》、《扬》、《老子》内出题，皆命于题下注其本传”[①]。

金朝的科举制度，培养出大量的有知识、有才干的人士，为本朝史学的发展积累了丰富的人才资源。同时，由于其学校使用的教材和考试的出题范围不仅有儒学经典著作，而且有数量更多的历史名著，这就为史学文献在社会上的普及起了推波助澜的作用，也为产生更多专门的史学人才和史学在本朝的发展奠定了基础。

二、金朝的撰史机构及其制度

金代承袭了唐、宋之制，设置了秘书监、国子监、弘文院等兼管或分管一部分史学工作，设置了记注院、国史院直接负责史学著作的编撰。

其在秘书监中设置“校书郎一员，从七品，专掌校勘在监文籍”。秘书监下设的著作局中，设“著作郎一员，从六品。著作佐郎一员，正七品。掌修日历”。国子监内有“国子校勘，从八品，掌校勘文字。国子书写官，从八品，掌书写实录”。又设置了弘文院，弘文院内有“知院，从五品。同知弘文院事，从六品。校理，正八品。掌校译经史”[②]。

专门设置了记注院、国史院，直接负责史书的编撰。记注院内设有“修起居注，掌记言、动。明昌元年，诏毋令谏官兼或以左右卫将军兼。贞祐三年，以左右司首领官兼，为定制”[③]。“设置了国史院，其下有监修国史，掌监修国史事。有修国史，掌修国史，判院事。有同修国史二员，其中女直人、汉人各一员。承安四年更拟女直一员，罢契丹同修国史。有编修官，正八品，女直、汉人各四员。明昌二年罢契丹编修三员，添女直一员。大定十八年用书写出职人。有检阅官，从九品，书写，女直、汉人各五人。有修《辽史》刊修官一员，编修官三员。”[④]

兼职和专门的史学机构的建立，以及制度的不断修改和完善，使金朝一代

① 《金史》卷五一《选举志一》，中华书局，1975年，第1129、1132、1135、1137页。

② 《金史》卷五六《百官志二》，中华书局，1975年，第1269、1271、1279页。

③ 《金史》卷五六《百官志二》，中华书局，1975年，第1280页。

④ 《金史》卷五五《百官志一》，中华书局，1975年，第1245页。

的修史有了较稳固的组织保障。

三、女真族政权下的史官

金朝史官队伍，主要由女真族史官和汉族史官组成。

女真族的史官，如宗室金源郡王撒改之子宗宪，“兼通契丹、汉字”，有真知灼见，后“修国史，累官尚书左丞”[①]。宗叙，“授世袭谋克，擢御院通进，迁翰林待制，兼修起居注，转国子司业，兼左补阙”。纥石烈良弼，世宗“进拜右丞相，监修国史”。完颜守道，以直言进谏著名，后为右丞相、左丞相，监修国史。移剌子敬，“皇统间，特进移剌固修《辽史》，辟为掾属，《辽史》成，除同知辽州事”。后“改秘书少监，兼修起居注，修史如故。诏曰：‘以汝博通古今，故以命汝’”。移剌履为辽东丹王突欲七世孙，初举进士，为国史院书写。“世宗方兴儒术，诏译经史，擢国史院编修官，兼笔砚直长。”后“召为翰林待制，同修国史”。徒单镒，习女真字，世宗时“兼修起居注，累迁翰林待制，兼右司员外郎”。章宗时，“进尚书右丞，修史如故”。卫绍王时，“征拜尚书右丞相，监修国史”。大定二十五年（1185）进士蒲察思忠，后“迁大理卿，兼左司谏，同修国史”。大定二十八年（1188）进士完颜寓后亦被召为国史院编修官。温迪罕缔达，“该习经史，以女直字出身，累官国史院编修官”，后为“著作佐郎，与编修官宗璧、尚书省译史阿鲁、吏部令史张克忠译解经书”。萧永祺本名蒲烈，“少好学，通契丹大小字”。耶律固“作《辽史》未成，永祺继之，作纪三十卷、志五卷、传四十卷，上之”。“天德初，擢左谏议大夫，迁翰林侍讲学士，同修国史，再迁翰林学士。”

汉族的史官，如辽西汉人张景仁，世宗任其为翰林学士兼同修国史，最终召为御史大夫。博州博平人贾铉，章宗时为“左谏议大夫兼工部侍郎，与党怀英同刊修《辽史》”。真定藁城汉人杨伯雄，皇统二年（1142）进士，海陵时为“翰林待制，兼修起居注。迁直学士，再迁右谏议大夫，兼著作郎，修起居注如故”。京兆咸阳人萧贡，大定二十二年（1182）进士，后“迁国子祭酒，

---

① 以下诸史官引文皆见《金史》本传，不再注明。

兼太常少卿，与陈大任刊修《辽史》"。张行简"颖悟力学，淹贯经史。大定十九年进士第一"，后"兼同修国史。改礼部侍郎、提点司天台，直学士，同修史如故"。赞皇檀山人杨云翼，登明昌五年（1194）进士第一，后"迁翰林侍讲学士，兼修国史"。磁州滏阳人赵秉文，大定二十五年（1185）进士，后"拜礼部尚书，兼侍读学士，同修国史，知集贤院事"。燕京人韩昉，天庆二年（1195）中进士第一，补右拾遗，转史馆修撰。后"改礼部尚书，迁翰林学士，兼太常卿、修国史，尚书如故"。磁州武安人胡砺，"举进士第一，授右拾遗，权翰林修撰"，"天德初，再迁侍讲学士，同修国史"。彰德人王竞，天德初，为"太常卿，同修国史"。杨伯仁，皇统九年（1149）进士，后任著作郎，入为起居注兼左拾遗。大定府人郑子聃，中进士一甲第三名，后为"吏部侍郎、同修国史"。故宋太尉进十一代孙党怀英，大定十年（1170），中进士第，"累除汝阴县令、国史院编修官、应奉翰林文字、翰林待制、兼同修国史"，"大定二十九年，与凤翔府治中郝俣充《辽史》刊修官"。太原平晋人李汾，"举进士不中，用荐为史馆书写"。

总之，在女真族统治者重视人才特别是重视史学人才的情况下，金代的编写史书的机构充斥了不少有才华的人士，为其史学的发展创造了可能并打下了良好的基础。

第四节　女真政权的史馆修史

一、起居注的编写

起居注是记载帝王言行的最原始的资料，是史官纂修实录、国史的基础。金朝起居注的编写，在《金史》中断断续续有一些记载。据《文艺传上·郭长倩》云："郭长倩字曼卿，文登人。登皇统丙寅经义乙科。仕至秘书少监，兼礼部郎中，修起居注。"[①] 说明至迟在熙宗时期，已经开始修起居注了。海陵王

① 《金史》卷一二五《文艺上郭长倩传》，中华书局，1975年，第2720页。

继位后，修起居注的制度已经很明确。《杨伯雄传》云：“海陵篡立，数月，迁右补阙，改修起居注。”[①] 而宗叙于天德三年（1151），“授世袭谋克，擢御院通进，迁翰林待制，兼修起居注，转国子司业，兼左补阙”[②]。应该说，海陵时期修起居注是确定无疑的。世宗时，杨邦基“（大定初）再迁秘书监兼左谏议大夫，修起居注”。《世宗纪上》有大定七年（1167）“诏修起居注王天祺察访所经过州县官”一句。大定十三年，夹谷衡“调范阳簿，选充国史院编修官，改应奉翰林文字”，后又“迁修起居注”。大定十八年，修起居注移剌杰上书言“朝奏屏人议事，史官亦不与闻，无由纪录”后，才有了“朝奏屏人议事，记注官不避自此始”的局面。大定二十六年，“修起居注崇璧”就在议事的朝廷上。世宗时期，担任过修起居注的名臣还有移剌子敬、徒单镒、杨伯仁等。章宗继位后，守贞曾与修起居注张暐一起进上修起居注当侍立议事朝廷的奏言。此外，曾任修起居注的大臣还有完颜乌者等。[③] 章宗之后，金朝政权急剧衰败，修起居注事似没有再出现在《金史》的记载中。清代著名史学家赵翼曾云：“《金本纪》所载世宗嘉谟懿训最详，较《贞观政要》更多数倍，推其故，盖当时记注官之得其职也。……故《章宗本纪》所载帝训亦多，皆记注官之得其职故也。”[④] 一般来讲，一个朝代的实录、国史修成后，原有的起居注即被销毁，所以金朝的起居注也没有流传下来。尽管如此，金朝修起居注受到熙宗、海陵王、世宗、章宗四位皇帝的重视，同时也为金代修撰实录、国史奠定了最基本的资料基础。

二、实录的撰修

实录是中国历代所修各朝皇帝时期的编年体大事记，是在起居注的基础上于事实有所忌讳的情况下经史官之手撰修而成的，虽其往往失真，然而由于史

---

① 《金史》卷一〇五《杨伯雄传》，中华书局，1975 年，第 2317 页。

② 《金史》卷七一《宗叙传》，中华书局，1975 年，第 1643 页。

③ 以上诸引文见《金史》，中华书局，1975 年，第 2007、140、2092、1962、195、1988、2186、2724、1687、210 页。

④ 王树民校证《廿二史劄记校证》，中华书局，1984 年，第 625 页。

料丰富，一向为修史者所看重。金代亦仿唐、宋之制，除了晚期战乱中的几个皇帝外，大都有实录撰成。

金代最早出现的实录是《先朝实录》或叫作《祖宗实录》。据记载:“(皇统元年十二月癸巳) 左丞勖进《先朝实录》三卷，上焚香立受之。”[①]《先朝实录》又称《祖宗实录》，是宗室完颜勖主持完成的。“(完颜) 勖，字勉道，本名乌野，穆宗第五子。……天会六年，诏书求访祖宗遗事，以备国史，命勖与耶律迪越掌之。勖等采摭遗言旧事，自始祖以下十帝，综为三卷。凡部族，既曰某部，复曰某水之某，又曰某乡某村，以别识之。凡与契丹往来及征伐诸部，其间诈谋诡计，一无所隐。事有详有略，咸得其实。……皇统元年，撰定熙宗尊号册文。上召勖饮于便殿，以玉带赐之。所撰《祖宗实录》成，凡三卷，进入，上焚香立受之，赏赉有差。”[②]《祖宗实录》既记载了“自始祖以下十帝”，当包括始祖函普、德帝乌鲁、安帝跋海、献祖绥可、昭祖石鲁、景祖乌古乃、世祖劾里钵、肃宗颇剌淑、穆宗盈歌、康宗乌雅束等，也就是记录了自函普成为完颜部首领以来的统一、成长和不断壮大，直至阿骨打建立金国的这段历史的重大事件，这是特别难得和珍贵的。特别是勖本人作为史官能潜心尽职，广泛收集和认真审别资料，善恶无隐，实事求是，他所修成的实录是全面的、可信的。当然，《祖宗实录》也是元代修成制定《金史·世纪》的第一手资料，其价值不言而喻。

另外，按照上文记载，完颜勖于皇统“八年，奏上《太祖实录》二十卷，赐黄金八十两，银百两，重綵五十端，绢百匹，通犀、玉钩带各一”[③]。而《熙宗纪》却云“八年八月戊戌，宗弼进《太祖实录》”，两相记载似乎不一致。宗弼，我们从其本传中可以得知，他就是大名鼎鼎的金兀术，太祖第四子，后被封为藩王，得右副元帅以及太保、太傅等高官和优厚的待遇，是征战沙场的武将和军师。“皇统二年二月，宗弼朝京师，兼监修国史。”[④]因此，我们可以认

① 《金史》卷四《熙宗纪》，中华书局，1975 年，第 78 页。

② 《金史》卷六六《始祖以下诸子传·勖》，中华书局，1975 年，第 1557—1559 页。

③ 《金史》卷六六《始祖以下诸子传·勖》，中华书局，1975 年，第 1559 页。

④ 《金史》卷八八《纥石烈良弼传》，中华书局，1975 年，第 1951 页。

为宗弼只是一个监修者，实际上《太祖实录》的真正或主要撰修者还应是完颜勖。所以，完颜勖是金朝撰修实录的开创者和功臣。

据《金史·世宗本纪上》载：大定七年（1167）八月“癸丑，尚书右丞相监修国史纥石烈良弼进《太宗实录》，上立受之”。《纥石烈良弼传》载：纥石烈良弼进拜右丞相，监修国史。世宗谓良弼曰：“海陵时，记注皆不完。人君善恶，为万世劝戒，记注遗逸，后世何观？其令史官旁求书之。……《太宗实录》成，赐良弼金带、重綵二十端，同修国史张景仁、曹望之、刘仲渊以下赐有差。”这段文字说明，身为皇帝的世宗，特别看重包括实录在内的史书的编撰，强调起居注和历史资料的完整，这样才能给后人一个为万世劝诫的交代。从同书《曹望之传》中我们又可得知，曹望之叹赏赐之薄，谓人曰：“栽花接木乃加爵命，勤劳者不迁官。”[①] 看来，良弼是《太宗实录》的监修者，真正出力的是张景仁、刘仲渊、曹望之等人。另，我们从《世宗本纪上》还可知道，大定十一年十月“丙寅，尚书左丞相纥石烈良弼进《睿宗实录》”[②]。睿宗名宗辅，是夺位上台的世宗完颜雍的父亲，世宗上台后追尊其为睿宗，并为之作实录，开了给未曾称帝的皇帝之父撰实录的先例。

完颜思敬和完颜守道等完成了《熙宗实录》的修撰。《金史·思敬传》云：“上（世宗）谓思敬曰：‘朕欲修《熙宗实录》，卿尝为侍从，必能记其事迹。’对曰：‘熙宗时，内外皆得人，风雨时，年谷丰，盗贼息，百姓安，此其大概也，何必馀事。’上大悦。”[③]《完颜守道传》云：“既而，（守道）迁右丞相，监修国史，复迁左丞相，授世袭谋克。（大定）二十年，修《熙宗实录》成，帝因谓曰：‘卿祖谷神，行事有未当者，尚不为隐，见卿直笔也。’”[④] 文中不仅明确修成了《熙宗实录》，而且世宗还表扬了完颜守道的直笔精神。

金代还撰修了《海陵实录》。《金史·宣宗纪下》云：“撰故卫王事迹，如海陵庶人例。”这表明，尽管海陵王暴政后被推翻以庶人例来对待，金朝还是为

① 《金史》卷九二《曹望之传》，中华书局，1975 年，第 2037 页。

② 《金史》卷六《世宗纪上》，中华书局，1975 年，第 150 页。

③ 《金史》卷七〇《思敬传》，中华书局，1975 年，第 1626 页。

④ 《金史》卷八八《完颜守道传》，中华书局，1975 年，第 1957 页。

他撰写了《实录》。《郑子聃传》言：郑子聃为侍讲、兼修国史，“上（世宗）曰：‘修《海陵实录》，知其详无如子聃者。’盖以史事专责之也”[①]。既表明《海陵实录》的存在，也暗示《海陵实录》没有如实记载是和郑子聃有关的。元好问《中州集》云：“益谦字亨甫……大安中尝拜御史中丞，宜知卫王事，乃差编修官一人就访之。亨甫知其旨，谓来者言：‘知卫王莫如我。然我闻海陵被弑，而世宗皇帝立。大定三十年，禁近能暴海陵蛰恶者得美仕。史官修实录，诬其淫毒狼骜，遗臭无穷。自今观之，百可一信耶！卫王勤俭，慎惜名器，较其行事，中才不能及者多矣。吾知此而已，设欲饰吾言以实其罪，吾亦何惜馀年！’”[②]这充分说明，金朝确实修撰了《海陵实录》，只不过没有直书罢了。

世宗有实录。《金史·章宗纪二》文中云：“（明昌四年八月）辛亥，国史院进《世宗实录》，上服袍带，御仁政殿，降座，立受之。”但在《章宗纪三》又云：“（泰和三年十月）庚申，尚书左丞完颜匡等进《世宗实录》。上降座，立受之。”而《完颜匡传》却云：“（承安三年）寻入守尚书左丞，兼修国史，进《世宗实录》。”[③]修成《世宗实录》这是毫无问题的，但进《世宗实录》的时间分别为明昌四年、承安三年、泰和三年，相差十年。以上的三条资料如果均记载无误的话，可以理解为进上的《世宗实录》又进行了大约十年的修改才最终完成。而清钱大昕言：“《世宗实录》，明昌四年国史院进。《显宗实录》十八卷，泰和三年左丞完颜匡等进。”[④]认为完颜匡所进为《显宗实录》，这自然是一种学术见解。显宗名允恭，是世宗第二子，为皇太子二十五年，未及即帝位而死。所写《显宗实录》，是金代为皇帝以外的宗亲所编撰的第二部实录。

金朝撰修了《章宗实录》，但其作者似有分歧。《金史·张行信传》云：“史馆修《章宗实录》，尚书省奏：‘旧制，凡修史，宰相执政皆预焉。然女直、汉人各一员。崇庆中，既以参知政事梁瑭兼之，复命翰林承旨张行简同事，盖行简家学相传，多所考据。今修《章宗实录》，左丞汝砺已充兼修，宜令参知政

① 《金史》卷一二五《文艺传上·郑子聃》，中华书局，1975 年，第 2726 页。

② （金）元好问《中州集》，中华书局，1959 年，第 460—461 页。

③ 《金史》卷九八《完颜匡传》，中华书局，1975 年，第 2166 页。

④ （清）钱大昕《补元史艺文志》，《二十五史补编》第六册，中华书局，1956 年，第 8405 页。

事行信同修如行简例。’制可。”[①] 这是兴定元年（1217）之事。四年后的九月“辛卯，进《章宗实录》”[②]。按《金史》所记载，参与《章宗实录》撰修的大臣就有梁瑭、高汝砺、张行简、张行信等四人。而宋德金根据《金史·赵秉文传》和赵秉文的《滏水集》中的《进呈中宗皇帝实录表》认为：“《章宗实录》实为赵炳文所撰。”[③] 但无论如何，一部一百二十卷的实录不可能为一人所为，起码应该有张行简、张行信等人参与其中。

《宣宗实录》的修撰，《金史·文艺传下》云：“王若虚字从之，藁城人也。幼颖悟，若夙昔在文字间者。擢承安二年经义进士。……用荐入为国史院编修官，迁应奉翰林文字。……正大初，《宣宗实录》成，迁平凉府判官。”[④] 而《哀宗纪上》亦云：“（正大五年）冬十一月辛巳，进《宣宗实录》。”证明《宣宗实录》成于哀宗正大年间。由于宣宗在位时间短，《金史》又无其他人编修《宣宗实录》的记载，王若虚一人写成《宣宗实录》是可能的。

卫绍王的实录原拟修撰，史称：“兴定五年正月，尚书省奏：‘《章宗实录》已进呈，卫王事迹亦宜依《海陵庶人实录》，纂集成书，以示后世。’制可。”[⑤] 但留存至今的资料似并没有看到《卫绍王实录》。钱大昕《补元史艺文志》云：“苏天爵谓卫王实录竟不及为。”[⑥] 看来卫绍王的实录确实没有写成，或者说来不及写成。元好问说：“正大初，予为史院编修官，当时九朝实录已具，正书藏秘阁，副在史院。壬辰喋血之后，又复与辽书等矣。可不惜哉！”[⑦] 金朝从建立到灭亡共九朝皇帝（不包括末帝完颜承麟），作者说正大初九朝实录已具，当不包括哀宗，因为哀宗的统治当时还没有结束，怎么能为他写出一部完整的实录呢？那么，元氏所指似应包括《睿宗实录》和《显宗实录》，也可算是“九朝”实录吧。

关于金朝实录的下落，《元史·张柔传》云：“壬辰（1232）从睿宗伐金……

① 《金史》卷一〇七《张行信传》，中华书局，1975 年，第 2368 页。
② 《金史》卷一六《宣宗纪下》，中华书局，1975 年，第 354 页。
③ 宋德金《中国历史·金史》，人民出版社，2006 年，第 262—263 页。
④ 《金史》卷一二六《文艺传下·王若虚》，中华书局，1975 年，第 2737 页。
⑤ 《金史》卷一〇六《贾益谦传》，中华书局，1975 年，第 2336 页。
⑥ （清）钱大昕《补元史艺文志》，《二十五史补编》第六册，中华书局，1956 年，第 8405 页。
⑦ （元）苏天爵《元文类》卷五一《故金漆水郡侯耶律公墓志铭》，商务印书馆，1936 年，第 730 页。

金主自黄陵冈渡河，次沤麻冈，欲取卫州，（张）柔以兵合击，金主败走睢阳。其臣崔立以汴京降，柔于金帛一无所取，独入史馆，取《金实录》并秘府图书；访求耆德及燕赵故族十馀家，卫送北归。……（中统）二年，以《金实录》献诸朝。”[①]就是说，金代实录较完整地被蒙元政权接收下来。

总的来讲，金朝所修实录，有以下两个方面的特点：其一，连续性。这样一个仅存一百二十年的少数民族政权能够编修成“九朝”实录，在中国历史上是难得一见的。虽然其皇位不断血腥更迭，但仍然能够把撰修实录的传统延续下来。其二，真实性。金代每一朝修实录时，统治者都强调如实编修，资料缺乏的要求想法弥补，有所歪曲的遭到贬斥并要求及时予以改正。比如，世宗曾指出：“海陵时，修起居注不任直臣，故所书多不实。可访求得实，详而录之。”他们认为《祖宗实录》太简略，“诏书求访祖宗遗事，以备国史”[②]；他们认为“谏表可入实录”[③]，要求修实录者对“当时旧人亲见者”，“就其家问之”，取得了“多更定焉”[④]的效果。正因为如此，起码在元代能够看到保存整齐的、基本可信的金代“九朝”实录，并为其撰写《金史》等相关史学著作提供了难得的资料。清代学者纪昀等认为：“《金史》首尾完密，条例整齐，约而不疏，赡而不芜，在三史之中，独为最善。”[⑤]显然，金代所修实录为此而打下了良好的基础。金代“九朝”实录同明代以前的实录一样没有保存下来，但仅从女真统治者修实录的精神和所产生的成果上说应在中国史学的发展史上占有一定的地位。

三、《辽史》的撰著

金朝建立后，用了很长时间，动用了不少人力来撰修《辽史》。《熙宗纪》

① 《元史》卷一四七《张柔传》，中华书局，1976年，第3473—3476页。

② 《金史》卷六六《始祖以下诸子传·勗》，中华书局，1975年，第1558页。

③ 《金史》卷六六《始祖以下诸子传·宗弼》，中华书局，1975年，第1560页。

④ 《金史》卷七二《彀英传》，中华书局，1975年，第1663页。

⑤ 《四库全书总目》，中华书局，1965年，第414页。

云:“(皇统八年四月)甲寅,《辽史》成。”①《文艺传上·萧永祺》云:“萧永祺字景纯,本名蒲烈。少好学,通契丹大小字。广宁尹耶律固奉诏译书,辟置门下,因尽传其业。固卒,永祺率门弟子服齐衰丧。固作《辽史》未成,永祺继之,作纪三十卷、志五卷、传四十卷,上之。加宣武将军,除太常丞。”②《移剌子敬传》云:“子敬读书好学,皇统间,特进移剌固修《辽史》,辟为掾属,《辽史》成,除同知辽州事。”③记载虽稍有不同,但大致都是说熙宗时期修成了《辽史》。同书其他的传中还有另外的一种记载。《文艺传上·党怀英》云:“怀英能属文,工篆籀,当时称为第一,学者宗之。大定二十九年,与凤翔府治中郝俣充《辽史》刊修官,应奉翰林文字移剌益、赵沨等七人为编修官。凡民间辽时碑铭墓志及诸家文集,或记忆辽旧事,悉上送官。……泰和元年,增修《辽史》编修官三员,诏分纪、志、列传刊修官,有改除者以书自随。久之,致仕。大安三年卒,年七十八,谥文献。怀英致仕后,章宗诏直学士陈大任继成《辽史》云。”④《贾铉传》云:“贾铉……与党怀英同刊修《辽史》。”同样,《萧贡传》记有:“萧贡……与陈大任刊修《辽史》。”《章宗纪》有:“(大定二十九年十一月)乙亥,命参知政事移剌履提控刊修《辽史》。”⑤“(泰和七年)十二月壬寅朔,《辽史》成。”⑥

以上资料可以说明如下一些问题:其一,金朝统治者较早就开始了《辽史》的修撰,起码在熙宗初期或更早一点的太宗时期就已经有了这种想法,或已经开始了《辽史》的写作。作为一个少数民族政权,能够在建国后不久就为一个被自己灭掉的敌对政权修史,这是很不容易的。同时也说明,女真族统治者也认可了中原汉族政权的惯例,即后一朝代为前一朝代修史的自觉行为。其二,《辽史》的修撰是在长时间的不断的修改中进行的。《金史》中明确记载着

① 《金史》卷四《熙宗纪》,中华书局,1975年,第84页。
② 《金史》卷一二五《文艺传上·萧永祺》,中华书局,1975年,第2720页。
③ 《金史》卷八九《移剌子敬传》,中华书局,1975年,第1988页。
④ 《金史》卷一二五《文艺传上·党怀英》,中华书局,1975年,第2726—2727页。
⑤ 《金史》卷九《章宗纪一》,中华书局,1975年,第212页。
⑥ 《金史》卷一二《章宗纪四》,中华书局,1975年,第282页。

《辽史》在熙宗皇统年间已经修成，但更多的资料又说在世宗的大定年间刊修《辽史》，而最终修成是在泰和七年（1207）。这说明，金朝统治者对皇统八年（1148）修成的《辽史》并不满意，后又进行了重修（文中多次提到的是“刊修”），直至六十年后才最终修成。这期间，女真统治者动用了不少优秀的人才，进行了不少人事调动，做了许多细致的工作。比如仅《金史》一书记载中参加《辽史》撰修的大臣先后就有耶律固、萧永祺、移剌固、移剌子敬、党怀英、郝俣、移剌益、赵沨、陈大任、贾铉、萧贡、移剌履等，虽我们怀疑耶律固和移剌固为一人，但足以说明《辽史》修撰队伍的强大。同时，在《辽史》修撰期间，为了弥补前次修撰内容上的不足，命令“凡民间辽时碑铭墓志及诸家文集，或记忆辽旧事，悉上送官”，并“增修《辽史》编修官三员，诏分纪、志、列传刊修官，有改除者以书自随”。可以说，金朝修《辽史》的重视程度已经到了无以复加的地步，也说明金朝统治者具有很高的史学修养。同金代“九朝”实录一样，其撰著的《辽史》也应完整地被元政权所接受，同样也为元代官修《辽史》打下了扎实的基础。

第五节　女真族政权下的其他史学成就

金代不仅编修了起居注，撰修了实录、《辽史》，而且诞生了许多其他方面的史学著作。

一、各种史学著作目录

据清倪灿撰、卢文弨补的《补辽金元艺文志》[①] 文中所列，就有以下一些文献：萧永祺《辽纪》三十卷，又《志》五卷，又《传》四十卷。完颜孛迭《中兴事迹》。萧贡《史记注》一百卷。蔡珪《南北史志》三十卷。杨云翼等编《续资治通鉴》。赵秉文、杨云翼等编《龟镜万年录》。傅慎微《兴亡金镜录》一百卷。张特立《历年系事记》。元好问《壬辰杂编》。宇文懋昭《大金国志》

① （清）倪灿撰，卢文弨补《补辽金元艺文志》，《二十五史补编》，中华书局，1956年，第8499—8503页。

四十卷。《金人吊伐录》二卷。《北风扬沙录》一卷。《天兴墨泪》。杨伯雄《瑶山往鉴》。《礼器篡修杂录》四百卷。《大金仪礼》。《大金集礼》四十卷。陈大任《辽礼仪志》。张行简《礼例纂》一百二十卷。《新定律令敕条格式》五十二卷。《泰和律义》。《郑当时节义事实》。蔡珪《晋阳志》十二卷。《水经补亡》三卷。完颜勖《女直郡望姓氏谱》。

而钱大昕《补元史艺文志》[①] 又增加有下列史学作品：刘祁《归潜志》十四卷。赵秉文《贞观政要申鉴》。杨廷秀《四朝圣训》。《承安律义》。《皇统制条》。李佑之《删注刑统赋》。萧贡《五声姓谱》五卷。《金重修玉牒》。蔡珪《续欧阳公集录金石遗文》六十卷，又《金石遗文跋尾》十卷，又《古器类编》三十卷，又《燕王墓辨》一卷。吕真干《碣石志》。王寂《辽东行部志》一卷，又《鸭江行部志》一卷。

清金门诏《补三史艺文志》[②] 增加有下面一些史学作品：徒单镒《史记译解》，大定六年（1166）以女直字译。《西汉书译解》，大定六年译。《君臣政要》，赵秉文与杨云翼同集，自古治术。《女直字贞观政要》，徒单镒译。《大定遗训》，正大四年（1227）同知集贤院史公奕进。《初政录》十五篇，范拱撰。《金源野史》，元好问撰。张行简撰《会同记录》，又《朝献记录》，又《禘祫记录》，又《丧葬记录》，《清台记》，又《皇华记》，又《戒严记》，又《为善自公记》，《韩玉元勋传》，《王郁王子小传》。

二、《大金弔伐录》和《大金集礼》

众多女真族或在金朝统治时期所诞生的史学文献，绝大部分没有保留下来，今天已不知其概貌。但有两部基本保存下来，且可以看到它们的一些内容，那就是《大金弔伐录》和《大金集礼》。我们可就这两部文献加以分析，从中窥见女真民族史学之一斑。

《大金弔伐录》，原书也已失传，今天我们看到的是从《永乐大典》中辑录

---

① （清）钱大昕《补元史艺文志》，《二十五史补编》，中华书局，1956 年，第 8406—8412 页。

② （清）金门诏《补三史艺文志》，《二十五史补编》，中华书局，1956 年，第 8526—8528 页。

出来的，基本不失原书之面貌。该书“不著撰者姓名，盖为金朝人所辑”[①]。卢文弨《补辽金元艺文志》文中所列有宇文懋昭《金人弔伐录》二卷，或可考虑为一条作者的线索。全文辑录了包括《与宋主书》、《金人国书》、《报南宋获契丹昏主书》、《遣李棁持宝贷物折充金银书》、《宋主为分画疆界书》、《宋主再乞免割三镇书》、《宋主降表》、《元帅府要秦桧惩段》、《议迁都状》、《册大楚皇帝文》、《辽主耶律延禧降表》、《册大齐皇帝文》等在内的二百零八篇当时的外交文件和有关资料，是一部《尚书》式的档案汇编。全书记载了北宋末叶金人破宋、灭辽以及建立楚、齐傀儡政权的经过。全文只是罗列文件，和一般史书凭作者主观意图来写的不同，所以对于研究这一时期的宋、金历史极有参考价值。《四库全书总目》称:“《大金弔伐录》四卷，不著撰人名氏。其书纪金太祖、太宗用兵克宋之事，故以弔伐命名。盖荟萃故府之案籍，编次成帙者也。金宋自海上之盟，已通聘问，以天辅六年以前旧牍不存，故仅于卷首一条，略存起事梗概。自天辅七年交割燕云，及天会三年四月再举伐宋，五年废宋立楚，所有国书、誓诏、册表、文状、指挥、牒檄之类，皆排比年月，具录原文，迄康王南渡而止，首尾最为该贯。后复附以降封昏德公、重昏侯、海滨诏书及所上各表，而终于刘豫建国之始末。……独此书全据旧文，不加增损，可以互校缺讹，补正史之所不逮，亦考古者所当参证也。”[②] 以上文字不仅符合该书之实际，而且其评价也是中肯和确切的。

《大金集礼》，也是金代流传至今的政书类文献。其书包含了帝号、追加谥号、皇太后皇后、皇帝夏至日祭方丘、时享、原庙、赦诏、仪仗、舆服、岳镇海渎、长白山、朝会等内容。[③]《四库全书总目》云:“《大金集礼》四十卷，不著撰人名氏，亦不著成书年月。据黄虞稷《七顷堂书目》，盖明昌六年礼部尚书张玮等所进。今考书中纪事，断至大定，知为章宗时书，虞稷所载当不误也。其书分类排纂，具有条理，自尊号、册谥，以及祠祀、朝会、燕飨诸仪，灿然悉备，以《金史》诸志相校，其蓝本全出此，而志文援引舛漏，失其本意

① 金少英《大金弔伐录校补·序言》，中华书局，2001 年。

② 《四库全书总目》，中华书局，1965 年，第 465 页。

③ （金）张玮等撰《大金集礼》，《丛书集成初编》，中华书局，1985 年。

者颇多。若祭方丘仪，是书有前祭二日太尉告庙之仪，而《金史》遗落不载。又《金史》云：‘设馔幕于内壝东门之外，道北南向。’考之此书，则陈设馔幕，乃有东门、西门二处。盖坛上及神州，东方、南方之馔，陈于东门外；西方北方之馔，陈于西门外。《金史》独载设于东门外者，于礼为舛。如斯之类，不一而足，非得此书，无以知史志之疏谬也。则数金源之掌故者，此为总汇矣。惟第十卷载夏至日祭方丘仪，而圜丘郊天仪独阙。考《金史》自天德以后，并祀南北郊，大定、明昌其制渐备，编书者即载北郊仪注，不应反遗南郊，盖传写脱佚，非原书有所不备也。”① 全面肯定了《大金集礼》的价值，特别指出它是《金史》的蓝本，并可订正其颇多失去本意者和舛漏之处。正因为此，后世许多学者都给此书以很高的评价。清钱曾云：“《大金集礼》四十卷，首列太祖、太宗即位仪，诸凡朝家大典，舆服制度礼文，莫不班班可考。嗟呼，杞宋无征，子之所叹。金源有人，勤成一代掌故。后之考文者，宜依仿编集，以诏来叶。此书诸家目录俱不载，藏书家亦无有畜之者。尚是金人钞本，抚卷有诸夏之亡之慨。”②

以上两部文献当是金代著述。无论其作者或收集者为何人，都说明了女真族政权对档案文献极其重视，对礼仪典章制度关注有加。这两部文献能流传至今，充分说明了女真族自觉的史学意识，也标志着女真民族的史学发展到了很高的程度。

三、《中州集》和《归潜志》

金末元初还产生了两部主要生活于金代的学者的著述，这就是《中州集》和《归潜志》。

《中州集》，本文十卷，附《中州乐府》一卷，金末元初元好问（1190—1257）编纂。《中州集》为金代诗歌选集，共收诗一千九百八十余首，作者二百四十余人。《中州乐府》收词一百一十五首，作者三十六人。元好问为每

① 《四库全书总目》，中华书局，1965年，第703页。

② 钱曾著，管庭芬、章钰校《读书敏求记校证》，上海古籍出版社，2007年，第115页。

一诗词的作者写一小传，并有一传附见数人或附载其他文字的。他编《中州集》的目的，在于以诗词传史，保有金代的文献、史实。其中有不少诗词描写了统治阶级和劳动人民的两重生活，都是关于当时社会状况的真实记载。所以《中州集》无论对于研究女真政权的历史还是金代文学来说，都是一部必不可少的著作。

《归潜志》十四卷，金末元初刘祁（1203—1250）撰。其书卷一至卷六为当时官僚士大夫的小传；卷七至卷十记时人逸事和时政得失；卷十一、十二记蒙古军攻汴京、崔立投降事；卷十三、十四为杂记、杂感等。该书所记载的，大都是他熟悉的和亲历的人和事，很少有道听途说的传闻。而且作者的记载既不没人之长，又不讳人之短，大大加强了本书在记载方面的可靠性。刘祁目睹了金的亡国，他从汴京辗转两千余里，回到故乡浑源以后写成了《归潜志》一书，记载了作者所熟悉的人和事，所以该书对了解女真政权末期文人及社会情况有极大的参考价值。元代官修的《金史》不少地方即采用了此书的资料，特别是在元好问的《壬辰杂编》早已亡轶的今天，本书在研究女真政权特别是后期历史方面的价值应更加突出。

四、对金代史学的总体评价

从以上所列的文献中我们可以得知，金代人所撰的史学著作不仅种类多，仅从有记载的数量上看已经具备一定规模。这其中有相当数量的著作是金朝女真族统治者组织史学家们集体编写的，有的是皇帝下令让大臣个人撰写的，有的是女真族史学家写成的。虽然其中不乏汉族知识分子所为，但它们同样是女真政权下的产物，它们的出版、发行都得经过金朝的同意和给作者提供环境、资料等帮助的条件下才能实现。无论怎样，这些都反映了金代不小的史学成就。尽管流传到今天的金代有关史学文献已属凤毛麟角，但我们绝对不能抹杀金代女真族所取得的充实且较大的史学成就。

清代著名史学家赵翼云："金初未有文字，而开国以后，典章诰命皆彬彬可观。《文艺传序》云，金用武得国，无异于辽，而一代制作，能自列于唐、宋之间，有非辽所及者，以文不以武也。……金源一代文物，上掩辽而下轶元，非偶然也。”[①] 纪昀等人亦云：“金人肇基东海，奄有中原，制度典章，彬彬为盛，征文考献，具有所资。”[②] 这些都为女真民族的史学发展程度和其文明程度作了最好的诠释。

第六节　宋人所撰女真族史著述

在女真族金朝撰写史学著述的同时，还有宋朝学者所著相关著述，也是研究女真族史学值得注意的部分。

一、出使者著述

最早有宣和二年（1120）赵良嗣出使金朝，约金夹攻辽朝，返国后所撰《燕云奉使录》。

《宣和乙巳奉使金国行程录》，又名《奉使金国行程录》、《许奉使行程录》、《宣和乙巳奉使行程录》，是北宋徽宗宣和七年（1125）龙图阁直学士许亢宗为贺金太宗吴乞买登位而留下的出使记录。这种出使记录又叫语录，是宋代每个出使大臣回朝后必作的一种例行公文，主要内容即叙述出使见闻和应对情况。这个行程录本身就是宋、金两国交往中的一件大事，它如实地反映了宋、金之间当时的关系。而且其内容中详细地记载了“起自白沟契丹旧界，止于虏廷冒离纳钵三千一百二十里，计三十九程”[③] 的情况，每程都记有里程和所见所闻。这些记载，尤其是对女真本土所行里程、山川风貌、社会生活、民俗民风的记载，对于我们研究当时女真社会状况和交通地理等方面极有参考价值。而且现今能看到如此详细的记载女真本土社会、地理情况的并不多，而此行程录的记载又是最为详赡的。因此它在史学研究领域有十分重要的价值，是研究女真历史的第一手资料。本行程录选自南宋确庵孝宗时编订、耐庵度宗时

① （清）赵翼撰，王树民校证《廿二史劄记校证》卷二八《金代文物远胜辽元》，中华书局，2001 年订补本，第 622—623 页。

② 《四库全书总目》，第 414 页。

③ 崔文印《靖康稗史笺证·前言》，中华书局，1988 年。

补订的《靖康稗史》，该文在《三朝北盟会编》和《大金国志》中亦被辑录，文字稍有差别。

绍兴十年（1140），张汇献所著《金虏节要》一卷，系“陷虏人所上也。记金人初内侮，止绍兴十年，共十六年事，颇详实”[①]。

《松漠纪闻》，本文一卷，续一卷，宋洪皓（1088—1155）撰。洪皓于建炎三年（1129）出使金国，金人迫使其于伪齐政权为官，不从，被扣留十五年，先在金朝随手记耳目所接诸事，返回宋时惧为金人搜获，将书稿全部烧毁。我们现在看到的《松漠纪闻》是洪皓回宋后通过追忆写成的。洪皓在金统治地区生活了很长时间，所了解的情况当然要比南宋方面其他人要多。但是，由于他在金朝是被扣留的，行动失去自由，所以书中所记，除了自己亲眼所见之外，主要是得之于传闻，其中有些记载很有价值，有些则不免有失真之处。但总的来说，该书对于研究女真社会风俗、上京、燕京等地的情况以及女真政权前期的历史，无疑是有重要的参考价值的。

汪藻（1079—1154）撰《裔夷谋夏录》二卷、《金人背盟录》一卷，后者记金人背契丹迄于宣和乙巳攻破汴京，多采北辽遗事。淳熙三年（1176）李焘撰《淳熙四系录》二十卷，记女真、契丹起灭，自绍圣，迄宣和、靖康。孝宗读后说：“朕可一日忘此虏哉！”淳熙十六年（1189），张棣自金归宋，献所著《金国志》二卷、《金亮讲和事迹》一卷、《正隆事迹记》一卷。佚名《北征记实》。

二、金宋和战史料汇编

《三朝北盟会编》，二百五十卷，南宋徐梦莘（1126—1207）编。所谓“三朝”，指宋徽宗、钦宗、高宗三朝。“北盟”，指宋与北方金朝的交涉、和战。“会编”，指明该书是一部材料汇编。《三朝北盟会编》就是北宋末年至南宋初四十六年间宋金关系的材料会编。该书为编年体，按时间顺序排列有关材料，其“取诸家所说及良敕、制诰、书疏、奏议、记传、行实、碑志、文集、杂

① （宋）晁公武撰《昭德先生郡斋读书志》卷二下伪史类，商务印书馆，1937 年，第 147 页。

著，事涉此盟者，悉取铨次”[①]。作者在篇首，列举了书中征引的一百九十六种书目，但实际引用的却大大超过了这个数目，所以此书具有很高的史料价值。这不仅因为它引用的材料十分丰富，且其中相当一部分书目今天已经失传；而且还因为作者保存了这些材料的原来面目，没有改动。《三朝北盟会编》既为宋金关系的资料汇编，当然也是研究金朝（主要是前期）历史的重要资料，其中有不少金朝文书和关于女真历史的记载，非常珍贵。如书中所收宋金往来国书（有些为《大金吊伐录》所未载）、《金太祖实录》、《神麓记》、《金虏节要》、《正隆事迹》、《金国文具书》、《金国闻见录》、《金国部曲族帐录》等。此书卷三还有一段五千余字未标明出处的关于女真状况的记载，材料为他书所未载。

《建炎以来系年要录》，二百卷，南宋李心传（1166—1243）撰。该书为编年体史书，记载了宋高宗一朝从建炎元年（1127）至绍兴三十二年（1162）共三十六年间的历史。全书以官修的日历、实录、会要为基础，广泛搜集各种记载，并经过作者精细的考订，做出自己的论述。书中也有详细的注文，说明材料的来源、去取的依据等，所以史料价值很高。书中所引有关女真族、女真政权的材料，也是较丰富的。

三、宋人撰金朝纪传史《大金国志》

此书凡四十卷，是记载金朝始末的第一部较为系统的纪传体史书。该书作者旧题因有“宋（理宗）端平元年（1234）正月十五日，淮西归正人、改授承事部、工部架阁臣宇文懋昭上表”等文字，当为南宋时期人，其生平仅知“偷生淮浦，窃禄金朝”[②]八字外，其他一概不详。该书目录卷首有《经进大金国志表》、《金国初兴本末》、《金国世系之图》、《金国九主年谱》。卷一至卷二十六记有太祖、太宗、熙宗、海陵炀王、世宗、章宗、东海郡侯、宣宗、义宗等九位皇帝的“纪年”。第二十七卷为《开国功臣传》，记有粘罕等十三位大臣将领。第二十八、二十九卷为《文学翰苑传》，记有宇文虚中等三十二位文

① （宋）徐梦莘《三朝北盟会编·序》，上海古籍出版社，1987年。

② （宋）宇文懋昭《经进大金国志表》，崔文印《大金国志校证》，中华书局，1986年，第1页。

臣传目。第三十卷记《楚国张邦昌录》。第三十一、三十二卷记《齐国刘豫册文》、《检视宋国库藏》、《取去宋国印宝》、《宗族随二帝北迁》等。第三十三卷至第三十六卷，记有天文、地理、燕京、汴京、陵庙、仪卫、车服、职官、科举、宗教、军事等典章制度。第三十七卷为《两国往来誓书》。第三十八卷为《京府州军》。第三十九卷有《初兴风土》、《男女冠服》、《婚姻》、《饮食》等。第四十卷有《许奉使行程录》。

从目录和内容上看，这部书较为复杂，而且有几个明显的问题不免使人生疑。崔文印先生经过研究分析认为："现在的《大金国志》，并不是宇文氏端平元年所上奏的原书。""宇文氏的原书，就帝纪而论，应止于卷十五《海陵炀王》下，就是说，海陵南伐的正隆六年，应是本书的时间下限，故本书只有《开国功臣传》，所谓的《文学翰苑传》亦与《开国功臣传》不能同日而语，亦显然不是原著。""从卷二十六《义宗》一卷的取资看，本书的狗尾，当在入元以后续成似无问题。"①

该书最有价值的部分，是卷一至十五诸帝纪，以及记载金朝典章制度的诸卷等原作。该书卷一至卷十五，是太祖到海陵的诸帝纪年，其文字主要取资于《中兴小纪》、《三朝北盟会编》、《建炎以来系年要录》、《续宋中兴编年资治通鉴》、《宋十朝纲要》、《金虏节要》、《松漠纪闻》等，而且缕细条分，把金朝从草创到巩固发展这一整个历史时期，简明清楚地展现了出来。而在《金史》中，由于金世宗时期所修的诸帝"实录"，极贬海陵，故关于海陵一朝的记载，《金史》多详于大定以后，略于大定以前。而该书则一切止于海陵末、大定初，所以该书这方面的记载，正补充了《金史》之不足，这对全面了解金朝典制的发展无疑是有重要价值的。该书的《开国功臣传》亦非泛泛之词，它和卷十五以前的诸帝纪一样，亦皆言之有据，亦有一定的史料价值。该书在纪、志、传之外，还记录了张邦昌之楚、刘豫之齐的若干重要材料，还辑录了部分宋金往来誓书和许亢宗《奉使行程录》等。这些资料，虽然能在《三朝北盟会编》、《大金弔伐录》等书中找到，但它们的价值，特别是在校勘方面的价值，仍是

① （宋）宇文懋昭《经进大金国志表》，崔文印《大金国志校证》，中华书局，1986 年，第 1 页。

不可低估的。总之，《大金国志》原著有较高的史料价值，在许多方面可补正史之阙，对我们研究女真族的源流及其发展，研究女真民族的政权建设及其典章制度都是极其有益的。

第三编　元明清少数民族史学

第一章

蒙元时期蒙古族史学

第一节　蒙古族历史和史学发端

一、蒙古族历史

蒙古族是中国古代北方民族东胡的后裔，其名最早出现在唐代，称“蒙兀室韦”，为鲜卑族系诸部落之一，活动在望建河（今额尔古纳河）流域。840 年（唐开成五年）回鹘汗国崩溃后，室韦部落西迁，同蒙古高原众多的民族、部落颉颃。十三世纪初，蒙古部首领铁木真统一了蒙古高原诸部族，1206 年称汗，号成吉思汗，建立了蒙古国。从此，中国北方第一次出现了由统一各个部落而成的强大、稳定和不断发展的民族——蒙古族。

蒙古族民族共同体形成之后的历史历程，首先是大蒙古国时期。此期间，蒙古国在稳定对蒙古高原统治的同时，大举扩张，其势力西达欧洲、中亚，东达亚洲远东，南及中国中原，并相继在这些地区建立了钦察汗国、伊利汗国、察合台汗国、窝阔台汗国和中国的元朝。其次是诸汗国时期。此期间，蒙古贵族在诸汗国所统的地域实施自己的统治，近百年中，诸汗国逐渐衰落、分裂以至灭亡。第三是北元（习称明代蒙古）时期。此期间，被视为蒙古正统的元朝蒙古贵族失去了对中国中原的统治，返归蒙古高原，维持着自己的政权，与中国的明朝及周边的女真等民族发生着种种关系。蒙古高原西部的卫拉特蒙古崛起，建立准噶尔汗国。第四是清朝统治时期。此期间，蒙古族失去了自己的政权，成为一个被统治的民族。其他国家、地区的蒙古族情况亦与此相类。第五是近现代时期。此期间，蒙古族参与到世界局势剧烈变动之中，突出的事件是俄罗斯境内的蒙古族建立了布里亚特蒙古苏维埃社会主义自治共和国；中国的喀尔喀蒙古爆发革命，建立了蒙古人民共和国；二十世纪五十年代，中国内蒙古成立了内蒙古自治区，实行民族区域自治。

在漫长的历史进程中，蒙古民族顺时而动，以不凡的姿态在中国，乃至在世界历史舞台上创造着自己的历史，并随着民族文明与进步的发展，书写记录、总结自己的历史，创造了融汇诸族国文明，又具有鲜明特色的蒙古族史学。

二、历史意识与系谱

历史意识是一个民族文明进步的重要表现，也是史学产生与发展的原动力。蒙古族是一个有很强的历史意识的民族。拉施特《史集》载，蒙古族“有许多支系与部落是阿阑—豁阿的后裔（nasl），如果将他们的人数统计一下，（他们的总数）将达一百土绵以上。所有（这些部落）全都有清晰的系谱（sajareh），因为蒙古人有保存祖先的系谱，教导出生的每一个孩子（知道）系谱（nasab）的习惯。这样他们将有关系谱的话语当作氏族（millat）的财产，因此他们中间没有人不知道自己的部落（qabileh）和起源。除蒙古人外，任何别的部落都没有这个习惯”[①]。对祖先、族系的追崇，“将有关系谱的话语做成氏族（millat）的财产”，这就是一个民族的历史意识的重要体现。正是这种历史意识，催生了蒙古族史学，促进了蒙古族史学发展。蒙古族史学巨著《蒙古秘史》(《忙豁仑·纽察·脱卜察安》) 所载上起孛儿帖赤那的成吉思汗祖先世系，就是根据族人对往昔历史的回忆及传说撰写而成的。十七世纪的蒙古史学家多把达赖喇嘛所著《圆满史》中引述的一段话作为自己的格言，写入其史著的序言或作为卷首辞，其文云:“人如果不了解自己的族源，好比森林中的猴子。人如果不知道自己的姓氏，好比假的绿宝石雕龙。人如果永世不了解有关祖先事迹的史书，好比丢弃自己孩子的门巴人。”[②]可见，随着世事的发展前进，蒙古族的这种历史意识越来越深刻。就是这种历史意识作为潜在动力，促进着蒙古族史学的发生与发展。

三、神话和传说

最初形态的蒙古族史学，除了发端于对自己家族系谱代代相传外，最常见

① [波斯] 拉施特著，余大钧、周建奇译《史集》第一卷第二分册，商务印书馆，1983年，第11页。

② 乌云毕力格《〈阿萨喇克其史〉研究》，中央民族大学出版社，2009年，第77—78页。

的表述方式多为神话和传说。即使是对自己祖先情事的记忆，也往往加上一些神话的色彩。这是一个民族在对史学的科学规范尚缺乏理性认识阶段的普遍现象，世界各民族概莫能外。比如蒙古族对自己初祖巴塔赤罕的传述，说巴塔赤罕是“孛儿帖赤那”与“豁埃马阑勒”所生。明人译“孛儿帖赤那”为苍色的狼，“豁埃马阑勒”为惨白色的鹿，作：“是天生一个苍色的狼，与一个惨白色的鹿相配了……产了一个人，名字唤作巴塔赤罕。”[①] 这显然是传说，但《秘史》的作者及当时的蒙古统治者都认可了这一传说，这绝不能理解为他们认可自己的祖先就是出自狼与鹿，而是一种深层次的历史观念的体现。其内涵是表明他们是长生天、大自然的儿子，苍狼、白鹿是他们的图腾崇拜之物。再如关于蒙古民族的史迹发展，《史集》言：“大约距今两千年前，古代被称为蒙古的那个部落，与另一些突厥部落发生了内哄，终于引起战争。据值得信赖的贵人们（所转告）的一则故事说，另一些部落战胜了蒙古人，对他们进行了大屠杀，使他们只剩下两男两女。这两家人害怕敌人，逃到了一处人迹罕至的地方，那里四周唯有群山和森林，除了通过一条羊肠小道，历尽艰险可达其间外，任何一面绝无途径。在这些山中间，有丰盛的草和（气候）良好的草原。这个地方名叫额儿古捏—昆。‘昆’字意为‘山坡’，而‘额儿古捏’意为‘艰险’；这个地方意即‘峻岭’。那两个人的名字为：捏古思和乞颜（kian）。他们和他们的后裔长期居留在这个地方生息繁衍。”“当这个民族在那些山里和森林里生息繁衍，（他们所占的）地域显得日益狭窄不够时，他们就互相商量，有什么好办法和不难（做到）的办法，可使他们走出这个严寒的峡谷和狭窄的山道。于是，他们找到了一处从前经常在那里熔铁的铁矿产地。他们全体聚集在一起，在森林中整堆整堆地准备了许多木柴和煤，宰杀了七十头牛马，从它们身上剥下整张的皮，（用那些皮）做成了风箱。（然后）在那山坡脚下堆起木柴和煤，安排就绪，使用这七十个风箱一齐煽起（木柴和煤下面的火焰），直到（山）壁熔化。（结果，）从那里获得了无数的铁，（同时，）通道也被开辟出

① 额尔登泰、乌云达赉《蒙古秘史》校勘本，内蒙古人民出版社，1980年，第913页。

来了。他们全体一起迁徙，从那个山隘里走出到原野上。”[①] 这些记载带有很强的传奇性。

这类传说故事有的也受前代民族的故事影响，如族祖起源的传说，与突厥人传说极为相似，而迁徙颠沛又与鲜卑、突厥早期史迹的传说很相似。这类传说，一方面反映了蒙古等古代民族有强烈的想弄清自己的来源及以往经历的渴望，一方面也反映出，由于年代久远，文献无征，认识水平所限，又无法实现这一愿望，只好将自己的所出寄之于天地、自然。从根本上来说，这仍然是一种历史意识的体现。在离开蒙昧不久的时代，传说也是蒙古族传承历史知识的手段。

史籍中保存下来的古代蒙古族口头传说史事，有叙事诗、壮士歌、传说、歌曲、长诗等，内容多反映各个部落及其杰出首领的生平事迹。为了宣扬先人的伟大，其中多有夸张渲染。如《史集》中记载合不勒汗和他的儿子忽图剌合罕的故事，说合不勒汗“能够在水底下潜伏吃完一头羊那么长的时间”，“将能吃下的东西全部吐出”；[②] 蒙古人作诗颂扬忽图剌合罕的勇敢不凡，说：“他的声音宏亮极了，以至他的喊叫隔开七座山也能听到，就像是别座山里传来的回声，他的手犹如熊掌，他用双手抓起一个无比强壮的人，毫不费力地就能将他像木杆似地折成两半，将脊梁折断……他每餐要吃整整一大只三岁羊和一大碗酸马奶，但仍未吃饱。”[③] 这类传说故事见于后代文献者很多，而且多数不像《史集》那样将传说与实事分开，直接当作实事记载下来了。传说不一定是事实，但它反映历史，是书面史著出现之前蒙古族传述历史的重要方式之一，也成为后代著史的史料来源。我们现今知道的多数传说，是到了蒙古族能用文字记述自己的历史时才被以文字的形态保留下来的。

既为传说，就难免附会。因此传说故事多有情节相类而事主难辨者。《蒙

① ［波斯］拉施特著，余大钧、周建奇译《史集》第一卷第一分册，商务印书馆，1983年，第251—252页。

② ［波斯］拉施特著，余大钧、周建奇译《史集》第一卷第二分册，商务印书馆，1983年，第42页。

③ ［波斯］拉施特著，余大钧、周建奇译《史集》第一卷第二分册，商务印书馆，1983年，第51—52页。

古秘史》与《魏书》所载的“折箭教子”的故事就是一例。《秘史》载：“有一天，阿阑·豁阿让五个儿子别勒古讷台、不古讷台、不忽·合答吉、不合秃·撒勒只、孛端察儿·蒙合黑并排坐下，每人给予一支箭，让他们折断。一支箭杆有什么难折断，他们全都折断抛弃了。阿阑·豁阿又将五支箭杆束在一起，让他们折断。他们五个人轮流着来折束在一起的五支箭杆，都没能折断。……阿阑·豁阿又教训自己的五个儿子，说道：‘我的五个儿子，你们都是从我的肚皮里生出来的。如果你们像刚才五支箭般的，一支、一支地分散分开，你们每个人都会像单独一支箭般的被任何人很容易地折断，如果你们能像那束箭般地齐心协力，任何人也不容易对付你们。’”[①] 这个故事在《魏书·吐谷浑传》就有记载，此事的事主究竟为谁，也不易考证清楚，但故事的精义妇孺皆知，就是团结就是力量。在那个生产力不很发达、生存竞争十分激烈的时代，团结以极为宝贵的精神财富被各民族人们铭记，又创为故事，载入史册，事情究竟发生在哪个民族的首领身上已不很重要了。蒙古人将其传为自己的先人阿兰·豁阿所为，也是毫不奇怪的。

四、早期纪年方法和刻石记事

纪年是历史学的最基本的要素。古代北方民族最原始的纪年是民间以草青为一年，作为家族是用辈次记述世代顺序，作为部族是用首领在位年序纪年。蒙古族早期纪年也如此。《蒙古秘史》所载蒙古先祖传说时代的历史，即以世辈承替及首领在位年数表示，到记述成吉思汗的事迹时，已吸纳了邻近族国的文化，使用了十二生肖纪年。这种纪年当来自突厥，见于《阙特勤碑》，该碑纪事虽仍以阙特勤之年岁纪年，但书其卒年及祭葬、立碑之年则曰：“阙特勤于羊年十七日去世，九月二十七日举行葬礼。祠庙、绘画、碑石于猴年七月二十五日全部竣工。”[②] 突厥的这种纪年法虽比中原的干支纪年周期短，但要比谱系式纪年先进一些。十二生肖纪年当是在诸游牧民族学习汉族古老纪年法的

① 余大钧译《蒙古秘史》第19—22节，河北人民出版社，2001年，第17—19页。

② 《阙特勤碑》，见耿世民《突厥文碑铭译文》，载林幹《突厥史》附录，内蒙古人民出版社，1988年，第264页。

基础上创立的历史年代学，突厥人、回纥人都使用过。蒙古人早期与突厥、回纥诸部杂处，联系较多，故而接受了这种纪年法。有学者从突厥文献和蒙古文献对比发现，在十二生肖纪年中，有六个生肖的名称（为虎、兔、龙、羊、猴、鸡）突厥语的读音与蒙古语完全相同。[①] 可见突厥、回纥文化对蒙古史学的影响是深刻的，反过来，也证明了蒙古族史学在不断地学习吸纳他族的历史文化成果。

刻石记事是古人记录历史的常见方式，蒙古族也有刻石记事之举，但早期刻石可见者只有一通，名为“移相哥碑”，亦称成吉思汗石，是1225年为纪念成吉思汗战胜撒儿塔兀勒人之后的一次聚会而立，是已知的最古老的蒙古文字刻成的碑文。碑文极为简略，言成吉思汗征撒儿塔兀勒人归，举行诸那颜大会，期间进行射箭表演，移相哥（成吉思汗弟哈撒儿之子）的箭射到了335“阿勒德”（庹）之远。说明勒石记事对蒙古人来说也不陌生，而其刻石遗存尚待进一步发现，也可作为蒙古族史学发端之一证。至于元代以后的碑刻就屡见不鲜了。

从这些可以看出，蒙古族史学的发生发展也是植根于人类文明多种文化的土壤之中的，蒙古族历史意识、历史观念与其活动地域的众多的民族的历史传统具有相互影响、吸收、承袭的关系。

第二节 蒙古族史学的成熟与其多元文化特征

一、文字创制推动了蒙古史学的初步成熟

用文字记录史事，撰著史书是史学相对成熟的重要标志。蒙古族早期没有自己的文字，到十三世纪初，成吉思汗统一蒙古高原诸部，重用乃蛮部降臣塔塔统阿，命其创制书写蒙古语言的文字。塔塔统阿以回纥文字母为基础，创制了蒙古文字。蒙古语与回纥语同属阿尔泰语系，而且有大量共同成分，语音系统也相近，故而蒙古族使用回纥文字母拼写自己的语言就很方便。回纥式蒙古

① ［蒙古］沙·比拉著，陈弘法译《蒙古史学史》，内蒙古教育出版社，1988年，第28页。

文是一种拼音文字，最初有 5 个元音字母、14 个辅音字母。字母在词首、词中、词尾等不同位置都有不同形式，以便连写。书写是从上到下、从左往右移行。这种早期的回鹘式蒙古文使用到十七世纪初，后来发展为近代蒙古文字。

1260 年忽必烈即大汗位，即命藏僧、国师八思巴创制蒙古新字。1269 年新字创制成功，忽必烈下诏“以新制蒙古字颁行天下”[①]，而称之为国书或蒙古字，要求“自今以往，凡有玺书颁降者，并用蒙古新字，仍各以其国字副之”。蒙古新字也是一种拼音文字，“其字仅千余，其母凡四十有一。其相关纽而成字者，则有韵关之法，其以二合三合四合而成字者，则有语韵之法，而大要则以谐声为宗也”[②]。

蒙古文字的创制，对蒙古的文化历史及历史学产生了根本性的影响。由于有了文字，蒙古族可以用文献传承的手段培养教育所需要的人才，由于有可以记录、传播政令的文字体系，相应记事述史的机构、人员也出现了。蒙古汗廷设置了叫作“必阇赤”（书记、秘书）的官职，起草发布国家各种政令文件，记录族国的各种事件。当时担当这类职务的有蒙古人、回纥人、乃蛮人、汉人和其他部族的人。

文字的创制与必阇赤的设置，使蒙古族史学上了新的台阶。首先是国家与民族的现实政务有了文字记载，犹如通常所说的档案产生了。成吉思汗接见丘处机，“上约四月十四日问道，外使田镇海、刘仲禄、阿里鲜记之，内使近侍三人记”。每次接见，“上温颜以听，令左右录之，仍敕志以汉字，意示不忘”[③]。成吉思汗如此，其他汗和君主也是这样。《史集》载：“当时有一种习俗，君主说的每一句话，都要逐日记载下来，凡他们所说的言词，大部分都有条理而且含义深奥，所以每个君主都指定一个近臣记录他说的话。察合台的话由上述维即儿记录，而合罕有一个畏兀儿人辅弼名叫镇海。”[④] 在元朝也保持着这一

① 《元史》卷六《世祖纪三》，中华书局，1976 年，第 121 页。

② 《元史》卷二〇二《释老传》，中华书局，1976 年，第 4518 页。

③ （元）李志常《长春真人西游记》，中华书局，1995 年。

④ ［波斯］拉施特著，余大钧、周建奇译《史集》第一卷第二分册，商务印书馆，1983 年，第 51—52 页。

制度，泰定帝时，鄂多立克描述他在大都宫廷中看到的情形，说："国王右手是他的将继位的第一个儿子，下面立着出身于皇室血统者。还有四名书记，记录皇帝说的话。"[①] 这些书记官，多由怯薛执事担任，"书写圣旨曰扎里赤，为天子主文史者曰必阇赤"[②]。

其次是有意识地追述国家和民族先代的史事，将曾经是传说的历史、故事追记为文字记录。前者迄今留下的原件极罕，但有关这方面的记载是有的。如《蒙古秘史》载：成吉思汗封失吉·忽秃忽"为（全国）最高断事（官），又降旨曰：'把全国领民的分配情况和所断的案件都写在青册上面，凡是失吉·忽秃忽与朕议定而写在青册白纸上的规定，直到子子孙孙，永远不得更改，更改的人要治罪。'"[③] 据此，完全有理由推断，书之于青册的绝不止"全国领民的分配情况和所断案件"及"失吉·忽秃忽与朕议定而写在青册白纸上的规定"，而是一切有关重大政务的事宜都是如此。就"失吉·忽秃忽与朕议定而写在青册白纸上的规定"而言，这些被称作"大札撒"的法令，也不全是即时制定的，过去曾经以口头命令长期执行的法令也一定被整理汇集在内，成为历史文献。《蒙古秘史》中就载有成吉思汗的许多旨令，这些旨令无疑是根据施政时的文献写入的。

当传述历史由口头传说转变为文字记载的时候，历史意识就会向史学意识、史学思想转化。由执笔人用文字记下来的历史有了突出的主体，有了突出的主题和内容，也包含了执笔者的历史观点与思想倾向。就蒙古族史著而言，突出的主体就是作为蒙古民族共同体政权代表的大蒙古国，突出的主题和内容便是国家民族统治家族成吉思汗一系的大汗及相关的英雄人物的文治武功。这些也决定着撰史者的思想立场，表现为新出现的史著已不再像传说时期那样信口张扬、散漫无边，而是经过了整理取舍，对于胜利者成吉思汗一系的史事是细密严慎，即使是某些传说的内容也被记载下来，而且不无渲染，成了统一于大汗政权之下的全体蒙古人正统的记忆内容；而被战胜的部族的历史或被抹掉，或降至陪衬地位。蒙古早期硕果仅存的《蒙古秘史》就

① 何高济译《鄂多立克东游录》，中华书局，1981年，第75页。

② 《元史》卷九九《兵志二》，中华书局，1976年，第2524页。

③ 余大钧译注《蒙古秘史》第203节，河北人民出版社，2001年，第346页。

是一部以成吉思汗所出的孛儿只斤氏为中心的氏族发达史，在著述体例上已具备了一定的史学规范。

二、蒙古族史学的多元文化特征

蒙古族是融合当时蒙古高原的众多北方民族部落形成的民族共同体，因此，蒙古族的历史文化实质上已融汇前此活跃在蒙古高原上众多的古代北方民族的历史文化。大蒙古国是一个横跨欧亚大陆的征服王朝，成吉思汗四处征伐，分封子孙，马迹所至相继建立了钦察汗国、察合台汗国、伊利汗国、窝阔台汗国及元朝。这些汗国、王朝的统治者均为蒙古族缔造者成吉思汗的后裔，而所统治的地区及属民又有不尽相同的历史与文化背景。这种历史的大背景决定了蒙古族的史学不可能是单纯的民族史学。蒙古诸汗国、王朝的君主们都是汗国、王朝史学的主使者、领导者，其所主持编纂的史著自然是以记载自己民族的先世和当代的政治、经济、文化及社会各方面的作为为主旨；而这些汗国、王朝所统治的地区又有自己传统的历史与文化，不同的社会文化背景不可避免地要影响到诸汗国、王朝的史学活动。如波斯地区撰著蒙古史，无疑会受到伊斯兰文化的影响，中国元朝撰著蒙古先世和当朝史不可能不受中国传统史学的影响。因此，蒙古史学编纂很自然地就出现了不同文化系统的特色，有代表性的是蒙古系统、中国系统和波斯系统。蒙古系统以《忙豁仑·纽察·脱必赤颜》（《蒙古秘史》）为代表，中国系统以元朝所修纂的本朝史、前朝史和后代所成的《元史》为代表，波斯系统以《世界征服者史》和《史集》为代表。各系统的史著都是受命于蒙古君主而作，而所作又深受其地区、社会、文化历史传统的影响，表现出蒙古史学的多元特色。

各个系统的史著，共同的内容都是以记述成吉思汗一系的统治者的历史治迹为重点，但在史学思想、史学方法等具体方面又各具特点。蒙古系统的史著，以《蒙古秘史》为例，自然是绝对强调成吉思汗家族一系的权威，对其历史活动的记述世系清楚、规制宏大、细节充实。在史学思想上是突出长生天的威力，突出英雄人物的孔武与智慧，史学方法上是选材比较粗放，行文文史合一。中国系统的史著，史学思想上重天命而更重人事，史学方法上则接受中原王朝的史学传统，建立完备的史学机构，先成实录、人物传和典制记载，而后以后朝为先朝修史的规范撰著正史。而波斯系统的史著，则规模宏大，视野更阔。即如拉施特《史集》，它是一部以蒙古史为中心的史著，但它是将蒙古族的历史放在世界史的大背景下记述的，在叙述以成吉思汗家族史为重点的同时，又将与之同处蒙古高原的诸部族的历史以及其所统地区的历史作了较为详细的描述，并将这一切归结于真主的安排。

就史源而言，诸系统的史著都使用了蒙古早期的传说与记载，但又利用了各自所拥有的相关文献，在撰著中又明显地承袭了不同地区的民族与文化传统。因此，诸系统的史著都有自身独有而不见于他史的资料，表述方法亦风格迥异。对材料的处理，也表现出不同著者的史学观点和史法、态度。如对阿阑·豁阿感光生子之事，诸系统的史著都做了记载。《秘史》言："朵奔·篾儿干死去后，阿阑·豁阿没有丈夫寡居，却又生下三个儿子，一个名叫不忽·合答吉，一个名叫不合秃·撒勒只，一个名叫孛端察儿·蒙合黑。"对此，阿阑·豁阿说道："我的儿子别勒古讷台、不古讷台，你们俩，怀疑我这三个儿子是怎么生的，是谁的儿子？你们的怀疑也有道理。但是你们不明白情由。每夜有个透明的黄色的（神）人沿着房的天窗、门额透光而入，抚摸着我的腹部，那光透入我的腹中，那神人随着日月之光，如黄犬般伏行而出，你们怎么可以轻率地乱发议论？这样看起来，由那神人所出的儿子分明是上天的儿子。你们怎么能与黎民百姓的行径相比拟而加以议论。将来做了普天下的君主时，下民才能够明白这个道理。"① 其后又记述了天所生的幼子孛端察儿如何遭到兄弟们的歧视，在没有得到份子的情况下，如何经过磨炼，成为一代君主。《史集》在记载了此事的基本情节后言："幼子名孛端察儿合汗，他是那株树上精选的果实。从他的氏族产生了许多部落……成吉思汗的纯洁氏族起源于他。"② 不过，拉施特虽然将此事写入了他的著作，但对此事的可信度做了一定的保留，行文中用了"据说"，并插入一句关键的话"讲述者（应对此）负责"，反映出作者的史

---

① 余大钧译注《蒙古秘史》第17—21节，河北人民出版社，2001年，第17—18页。

② ［波斯］拉施特著，余大钧、周建奇译《史集》一卷第二分册，商务印书馆，1983年，第12—13页。

学态度。他认为，感光生子不一定是事实，但成吉思汗氏族起源于孛端察儿是确定无疑的。中国系统的《元史·太祖纪》也记载了这件事，说："（太祖）其十世祖孛端叉儿，母曰阿兰果火，嫁脱奔咩哩犍，生二子，长曰博寒葛答黑，次曰博合睹撒里直。既而夫亡，阿兰寡居，夜寝帐中，梦白光自天窗中入，化为金色神人，来趋卧榻。阿兰惊觉，遂有娠，产一子，即孛端叉儿也。孛端叉儿状貌奇异，沉默寡言，家人谓之痴。独阿兰语人曰：'此儿非痴，后世子孙必有大贵者。'阿兰没，诸兄分家赀不及之。孛端叉儿曰："贫贱富贵，命也，赀财何足道！"独乘青白马，至八里屯阿懒之地居焉。食饮无所得，适有苍鹰搏野兽而食，孛端叉儿以缗设机取之，鹰即驯狎。乃臂鹰猎兔禽以为膳，或阙即继，似有天相之。居数月，有民数十家自统急里忽鲁之野逐水草来迁。孛端叉儿结茅与之居，出入相资，自此生理稍足。一日，仲兄忽思之，曰：'孛端叉儿独出而无赍，近者得无冻馁乎？'即自来访，邀与俱归。孛端叉儿中路谓其兄曰：'统急里忽鲁之民无所属附，若临之以兵，可服也。'兄以为然。至家，即选壮士，令孛端叉儿帅之前行，果尽降之。"[①] 此情节与《蒙古秘史》相似，而取舍行文完全是中国史书的风格。将感光所生三子书为一子，对其所行，断曰"似有天相之"。对感光而生，作者并不以为怪，因为这类记载前代中国史书是司空见惯的。三子书为一子，更突出了其地位之尊贵，"似有天相之"则突出表明其为真命天子。因此，客观地说，蒙古族史学不是单纯的一个民族的史学独立的体系，而是一个多元兼容的史学共同体。

第三节　十三至十四世纪蒙古系统和波斯系统的蒙古族史学

蒙古族史学是从十三世纪初成吉思汗建立大蒙古国后才彰显出自己的形态的。成吉思汗建立的蒙古国是一个世界性的大帝国，统治着当时世界上文明程度很高的地区。蒙古族的统治震撼了世界，也引起了世界的极大关注。尤其是元朝及四大汗国都十分重视对蒙古族统治者历史的编纂与撰著，十三至十四

① 《元史》卷一《太祖纪》，中华书局，1976年，第1—2页。

世纪是蒙古史撰著的最活跃的时期，并有不少著名的史学成果流传于世。这期间的修史著史活动及其成果，就总体而言，基本上都是保留并继承和发扬了所统治地区的文化传统和史学规范，且有新的特点，体现了蒙古民族在文化上的包容与兼收并蓄，以及新的活力。其代表性著作，蒙古系统的为《蒙古秘史》，波斯系统的为《世界征服者史》和《史集》，中国系统的为元朝“国史”、元修宋辽金三史和明朝所修《元史》。

一、蒙古系统的《蒙古秘史》

《蒙古秘史》，蒙古语作《忙豁仑·纽察·脱卜察安》，是蒙古族学者用蒙古文撰写的史著。蒙古族的历史著作当以其为最早。原文为畏兀体蒙古文，今存的《忙豁仑·纽察·脱卜察安》是明初的蒙古文汉字音写、汉译本，书名作《元朝秘史》。

《蒙古秘史》的成书年代，书末透露了一个重要信息，说：“会聚在一起举行了极为隆重盛大的最高国事会议后，鼠儿年七月，帐殿群驻扎在客鲁涟河的阔迭额·阿剌勒的朵罗安·孛勒黑与失勒斤扯克两山之间时，写毕（此书）。”[①] 对于此“鼠儿年”，学界有几种不同的认定，有 1228 年（戊子）、1240 年（庚子）、1252 年（壬子）、1264 年（甲子）诸说。余大钧先生分析诸说，认为当以 1252 年（壬子）与史实较为相合。[②] 概而言之，该书当是在窝阔台汗至蒙哥汗时期写成的。书中所言是在一次忽里勒台之后的七月写成，这当是一个写毕定稿的时间。因为尽管蒙古的忽里勒台往往是旷日持久，要开很长时间，但在会议期间要写成这样一部史书，无论如何是不可能的。按情理推测，可能是前此已撰有初稿，在这次大会上进行了讨论决议，又在会议的间隙做了进一步的修改加工才完成的。值得注意的是，《秘史》将其成书时间记于一次重大的国事会议之后，透露出此书的问世也是蒙古史上的一件大事，或许就是在这次大会上公布和肯定了这一重大史著成果，使这部史书具有了蒙古国官史的地位。

---

① 余大钧译注《蒙古秘史》第 282 节，河北人民出版社，2001 年，第 494 页。

② 余大钧《蒙古秘史成书年代考》，《中国史研究》1982 年第 1 期。

《秘史》的作者史无明载，当是一部有官方参与的众多人的集体创作。因为当时蒙古史学尚属草创时期，未见有成熟的史家，另因蒙古国已建立多时，也不可能允许某个个人对国家的历史任意臧否。窝阔台汗继位后，十分重视忠于先父的遗训，在他执政期间开始组织编著史著，记载其先人创业事迹也是顺理成章的。它当是在以大汗为首的重要人物的决策参与下，集体创作的成果。

《秘史》的史料来源，蒙古国建立之前的史事主要是采集了朝野的口头传说，如成吉思汗家族的系谱、民间的故事传说、口头创作的诗歌等。蒙古国建立后的史事，已有一定的文献档案为依据，大扎撒、政务档案被用于著史，如大汗的诏敕命令、使者的报告、宫廷官员的记录、正式文件等等，书中多有引述。史书的内容不仅丰富，而且记事也较为科学准确了。

《秘史》是一部家族史、民族共同体形成史、蒙古族国家政权建立史。内容大体为三个部分，一是先世谱系事迹，一是成吉思汗史，一是窝阔台汗时期的历史。先世谱系事迹重点阐明其族源与先世的重要人物，其中突出了北方民族传统的图腾观念，如带有传奇色彩的苍狼（孛儿帖赤那）与白鹿（豁埃马阑勒）的记载，也突出了天之降生、身赋异禀的尊贵血统，如孛端察儿之感光而生。这都是古代民族中根深蒂固的传统观念的体现。同时记述了氏族传承史上的重要人物，如孛端察儿、海都、屯必乃薛禅、俺巴孩、合不勒合罕、忽图剌合罕、把儿坛把阿秃儿、也速该巴阿秃儿等。记事中述及了氏族祖先的生产、生活方式，如狩猎、游牧；社会交往，如诸部的相互侵夺，与相邻族国的关系等，传承了生存斗争的经验。资料多有出于记忆和传说者，甚至有一些非历史性内容，但用历史唯物主义的思想从整体上去考察，又多半是合理的，反映了真实的历史情景。至于成吉思汗、窝阔台汗时期的历史，由于时代较近，不仅身历其事的老人还在，可以口述前事，而且有文字资料为依据，记事就翔实多了。从记述成吉思汗孩提时代始，就有了年代顺序，初时是以帖木真的年龄记序，从 1201 年起采用十二生肖纪年，其年为“鸡儿年”，[①] 蒙古国创立之年为虎儿年（1206）。记事也更具体生动。如，也速该之死与铁木真出生的情节，铁木

① 余大钧译注《蒙古秘史》第 141 节，河北人民出版社，2001 年，第 182 页。

真与母弟为了生存而对付同族欺凌的艰难生活，铁木真与王罕、札木合等部族首领的离合争斗，铁木真统一蒙古高原诸部的过程，建国后的政治、经济、军事、文化制度的建设，窝阔台汗对其父事业的继承等。史实逐步盖过了传说，反映出蒙古族历史学的进步，蒙古族历史学已作为一个知识学科逐步形成。

《秘史》自然是以颂扬大蒙古国的建立者成吉思汗及其后裔的丰功伟绩为主旨的史书，但编著者的历史观比较淳朴，对过去传说或发生过的事情没有过分地文饰，一些在后代看来并不完美的传闻、事实也得以保留，如成吉思汗为了争夺一条鱼而射杀其异母弟别克帖儿，即大汗位后因猜忌胞弟合撒儿将其捕械并欲处罚等。[①] 这与成熟的古代史学有很大的差别。另外，取材上传说与事实相杂，行文上多具文学渲染成分，反映出《秘史》的撰著者对史体的掌握还不很纯熟。

《秘史》是蒙古族用自己的文字、按照本民族的史学观念写成的一部史学巨著，它保存了蒙古早期的传说历史和蒙古国的政务档案资料，是蒙古早期历史的百科全书，成为后代诸种蒙古史著的重要史源。

二、波斯系统的《世界征服者史》与《地域之分割与岁月之推移》

波斯地区是世界文明的发源地之一，具有古老深厚的文化传统。蒙古族进入该地区后，建立了伊利汗国。汗国的统治者依托当地高度发达的文化，调动一切史学资源，撰著蒙古史书，出现了不少蒙古史传世之作，主要有《世界征服者史》、《地域之分割与岁月之推移》和《史集》。

《世界征服者史》是伊朗史学家志费尼所著的一部蒙古史。书约成于十三世纪六十年代。蒙古西征，在中亚的波斯地区，初设总督，后建伊利汗国。该地区的故国贵胄多效忠于蒙古，参与行政，志费尼家族便是其中之一。

志费尼，全名阿剌丁·阿塔灭里克·志费尼，1226年出生于伊朗呼罗珊州。其父巴合丁·马合谋归附蒙古后，在蒙古驻呼罗珊都督手下供职，窝阔台汗任命其为呼罗珊等地的曲希卜底万，后来又被任命为伊拉克长官。其兄苦思丁

① 余大钧译注《蒙古秘史》第76—77节，河北人民出版社，2001年，第404—405页。

历仕伊利汗国的旭烈兀汗、阿八哈汗、阿合马汗，担任汗国的首相达 22 年之久。志费尼初任蒙古都督阿儿浑的秘书，多次随阿儿浑前往蒙古，1252 年 5 月的蒙古之行，曾在哈剌和林逗留了一年五个月，耳闻目睹到许多有关蒙古人的情事，立意撰写蒙古史，即《世界征服者史》。1256 年 2 月，旭烈兀汗抵达波斯，志费尼同样受到重用，随旭烈兀汗征战，官至巴格达州长官。1282 年冬病死。

志费尼从 1252—1253 年间在哈剌和林时开始撰写《世界征服者史》，时断时续，写了七八年。从今天所见到的本子看，实际上并未写完，如第一卷目录有记述蒙古军攻占也里一章，而正文中却没有写出。今本《世界征服者史》分为三卷，第一卷记述成吉思汗及其子孙窝阔台、贵由、术亦、拨都、察合台等的事迹，有对真主的颂词、序言各一篇，正文四十一章。第一章述成吉思汗兴起前蒙古人的情况；第二章述成吉思汗札撒；第三章述成吉思汗即位前的事迹；第四章记成吉思汗的四个儿子；第五至七章为畏吾儿史；第八至十章记屈出律占据哈剌契丹及成吉思汗战胜屈出律，征服哈剌契丹；第十一至二十八章述成吉思汗西征，征服花剌子模国；第二十九至三十三章为窝阔台合罕史；第三十四章记脱列哥那皇后；第三十五章记法提玛哈敦；第三十六章记贵由汗；第三十七章记斡兀立海迷失皇后及其诸子；第三十八章记术赤与拨都；第三十九章记拔都等征服不里阿耳、阿速、斡罗思；第四十章记拔都征略匈牙利；第四十一章记察合台。第二卷为花剌子模王朝史，共三十二章，主要记述花剌子模王朝的兴衰史，哈剌契丹（西辽）兴衰史；旭烈兀到达波斯之前波斯地区的蒙古都督史。第三卷为拖雷、蒙哥、旭烈兀史及亦思马因派王朝史，包括对真主的颂词、序言各一篇，正文十六章。第一章记拖雷和唆鲁禾帖尼别吉；第二至五章为蒙哥合罕史；第六至七章记旭烈兀西征，灭掉亦思马因派王朝；第八至十六章记亦思马因派王朝兴衰史。可以看出，这部史书既是成吉思汗到蒙哥汗时期的蒙古史，也包括了蒙古族足迹所到的诸族国、地区的历史，内容极其丰富。

志费尼的生活年代距成吉思汗西征的年代不远，能够利用先人、时人的口述或书面记载以及自己的见闻等直接史料。他曾三次随同都督阿儿浑前往蒙古，在察台之子也速蒙哥的驻地也逗留过，尤其是在哈剌和林留居的一年零五个月中，耳闻目睹了许多情况，收集到许多有价值的材料。至于蒙古军入侵波斯地区的历史以及真帖木儿、阿儿浑等蒙古都督的事迹则是志费尼的父亲和志费尼本人所最熟悉的，志费尼又亲自参加了旭烈兀汗征灭亦思马因派王国的过程。因此，《世界征服者史》是成吉思汗及其子孙西征中亚和波斯地区历史的最可信赖的权威性著作，也是记述成吉思汗及其子孙征服世界的业绩的最早的历史著作之一。

志费尼是蒙古的忠实臣服者，从《世界征服者史》命题即可看出。在他看来，蒙古族及其以成吉思汗为代表的诸首领是无与匹敌的，在蒙古族的威力面前，任何民族、国家只能是被征服。他赞美蒙古军队是世界上无与伦比的、最优秀的军队，赞美成吉思汗，说成吉思汗才智出众，思维敏捷，权力无限，为世界诸王之冠。"倘若那善于运筹帷幄、料敌如神的亚历山大活在成吉思汗时代，他会在使计用策方面当成吉思汗的学生，而且，在攻略城地的种种妙策中，他会发现，最好莫如盲目地跟成吉思汗走。"[①] 同时，作为被征服地区国家的史学家，且又出身于波斯的古老的贵显家族，还是一个虔诚的伊斯兰教徒，在他的史著中也难于掩饰对故国君主的同情。他只好——也可能是真的——把王朝兴亡、历史发展的原因归结为天命或神，是真主的意志把成吉思汗等蒙古征服者造就得如此强大，是真主的意志创造和改变了历史。

继《世界征服者史》之后，又有一部史书，全名为《地域之分割与岁月之推移》，因其著者名瓦萨甫，简称《瓦萨甫史》。这是志费尼《世界征服者史》的续作，以记述伊利汗国史事为主，记事起于1257年迄于1328年。全书五卷，第一卷记述蒙哥汗之死，元世祖、元成宗两朝和旭烈兀、阿八哈、帖古迭儿三代伊利汗时期史事；第二卷记伊利汗阿鲁浑时期的史事和法儿思、罗耳阿塔毕史；第三卷记述伊利汗海合都至合赞时期的史事及起儿漫、德里算端史；第四卷记述元成宗之死，武宗、仁宗和伊利汗合赞后期及完者都汗时期史事；第五卷记述伊利汗完者都后期、不赛因汗时期的窝阔台、术赤、察合台后裔史事。该书是以伊利汗国为主体的大蒙古国全史，面面俱到，其所载元朝与海都等西

① ［波斯］志费尼著，何高济译《世界征服者史》第一卷，内蒙古人民出版社，1980年，第27页。

北诸王的关系尤为可贵。书用华丽文体写作，致有铺陈过当，反使史事淹没在华丽辞藻之中之失。

三、波斯系统的《史集》

《史集》是伊朗史学家拉施特十四世纪初主编的一部历史巨著。伊利汗国君主合赞汗（1295—1304 年在位）为了让以成吉思汗家族为首的蒙古统治者历史传诸后世，命其宰相拉施特编纂一部详细的蒙古史。拉施特受命撰著，到完者都汗时编成进呈，完者都汗名之为《合赞汗御撰史》，同时又命拉施特继续编写以世界各民族史，尤其是信仰伊斯兰教的各民族史为内容的另一部史书和以世界各地区地理情况为内容的第三部书。三部书编成后，总名定为《史集》。

拉施特 1247 年出身于伊朗哈马丹的一个医生家庭。旭烈兀攻打阿剌模忒时，其祖父木瓦法忽忒—倒剌·阿里劝木剌夷国王鲁克纳丁投降旭烈兀，此后，其家族子孙一直在蒙古伊利汗宫廷效力。拉施特在阿八哈汗在位时（1265—1282）担任御医，声望颇高。1298 年，被合赞汗选任为宰相，在职达二十年之久，1317 年不赛因汗即位，被谗去位，次年被腰斩处死。

今本《史集》只包含前两部，即第一部蒙古史和第二部世界史。原拟编写的第三部世界各地区地志，现存《史集》的各种波斯文抄本中都没有这一部分，很可能这一部分当时就没有编写出来，也可能是在拉施特死后不久就被毁掉了，没有留传下来。

《史集》的第一部，即蒙古史，其中《部族志》、《成吉思汗先祖纪》、《成吉思汗纪》是拉施特亲自编写的。他利用了当时的波斯、阿拉伯文文献，如十一世纪喀什噶尔人穆罕默德的著作、十三世纪伊朗史学家志费尼的《世界征服者史》、阿拉伯史学家伊宾·阿昔儿的《全史》等，还利用了秘藏于伊利汗宫廷的《阿勒坛·帖卜迭儿（金册）》等资料。此外，他还直接请教了各民族的学者和其他熟悉各民族历史的人。《史集》第一部序中言："至于在这些记载中或详或略均未有记述者，他就分别请教于中国〔kh(i)tai〕、印度〔h(ind)〕、畏吾儿、钦察等民族的学者贤人及其贵人，因为各民族各种等级的（人），现正侍奉于陛下左右，尤其要请教统率伊朗、土兰军旅的大异密、世界各国的领导者孛罗丞相（puladjinksank）——愿他长享尊荣！他通晓各种技艺，熟悉突厥诸部落起源及其历史，尤其是蒙古（史）方面，他是举世无双的。”① 据当时的诗人苫思丁·卡沙尼说，拉施特与蒙古朵儿边氏孛罗丞相两人天天在一起，相处如师生，“祥蔼的贵官（指孛罗）讲述，好学的宰相（指拉施特）将他的话记录下来”②。史料的来源决定了《史集》的史学价值。

拉施特是一位严谨的史学家，他忠实于史料，不妄加己意。该书总序中说:“史学家的职责在于将各民族的记载传闻，按照他们在书籍中所载和口头所述的原意，从该民族通行的书籍和（该民族）显贵人物的言词中采取出来，加以转述。（所述正确与否，正如阿拉伯语所说），责任在于转述者。”又说:“（在本书中）所述，均未作任何变更、改写和妄自修改，而为各民族著名书籍中所见之记载。这些记载出自各民族家喻户晓的口头传说，出自各民族的权威学者、贤人按自己观点所述之（一切）之中。”③ 这种述史态度，使《史集》成为一部内容极为丰富的历史巨著，尤其是蒙古史部分，保存了有关蒙古和中国古代北方民族的社会制度、族源、民族学等方面的重要资料，具有很高史料价值。其对十三世纪以前中国北方各游牧部落及其重要人物的记载，对成吉思汗及其先世的记载，对窝阔台、忽必烈等各代大汗的记载，对四大汗国各代历史的记载，都包含不少为《蒙古秘史》和汉籍上所没有的重要资料或不同记载。如，《史集》载，所有蒙古各部落都起源于古代逃到额儿古涅昆（额尔古纳河畔山岭）的两男两女，由这两家人繁衍而成。这是《秘史》和元代汉籍所不载的。但它与新旧《唐书》关于蒙古（蒙兀室韦）部住在额尔古纳河（望建河）东南岸的记载相一致，为确定蒙古族的发源地是在中国额尔古纳河东南岸一带提供了证据。又如，《史集》载蒙古诸部分为尼伦蒙古和迭儿列勤蒙古两大群，迭儿列勤蒙古诸部里的弘吉剌惕、亦乞剌思、斡勒忽讷惕、豁罗剌思、燕只斤部落出自同一祖先，斡罗纳兀惕、晃豁坛、阿鲁剌惕、嫩真四部落也出自同一

① ［波斯］拉施特著，余大钧、周建奇译《史集》第一卷第一分册，商务印书馆，1983年，第116页。

② 伯劳舍《拉施特丁蒙古史序论》，莱顿—伦敦，1910 年，第 103 页。

③ ［波斯］拉施特著，余大钧、周建奇译《史集》第一卷第一分册，商务印书馆，1983 年，第 93—94 页。

祖先，这些都不见于《秘史》和其他汉籍。《史集》所载札剌亦儿部十个分支、客列亦惕部六个分支的名称，亦较《秘史》和汉籍所载为详。《史集》所载塔塔儿部六个分支、篾儿乞惕四个分支的名称与《秘史》所载有很大的不同。此外如有关蒙古等中国古代北方游牧部族的狩猎、游牧、衣食住行、家庭日常生活、风俗习惯、婚姻、财产继承习惯、图腾、宗教、口头文学、语言、医学等资料，有关蒙古诸部和其他游牧部落的生产发展情况、游牧方式、牧场占有使用情况、氏族部落组织、阶级和阶级关系、军事制度、政治制度、习惯法等资料，还有不少关于畏吾儿、乞儿吉思、哈剌鲁等中国古代北方少数民族以及十至十二世纪中亚、西亚等地区历史的重要资料。所有这些，对研究中国古代北方少数民族史和一些国家、民族的中世纪史都有很大价值。

《世界征服者史》、《瓦萨甫史》和《史集》虽出自波斯史学家之手，但它是在蒙古族政权统治之下，受蒙古族君主之命或在蒙古君主的支持下完成的，而且是以记述蒙古族的历史为主要内容，因此，将其列为蒙古民族的史学成果是理所当然的。同时，由于波斯地区的文化积淀远比蒙古地区的文化积淀深厚，反映在这几部史学著作上，也多有高出《蒙古秘史》之处。其规制宏大、视野广阔、文采斐然固不必说，即如在对史料的处理上，也多有诸如撰著《秘史》的蒙古史学家望尘莫及之处。这也是蒙古史学史有别于其他民族国家史学史的浓墨重彩之处。

第四节　元朝的蒙古族史学

成吉思汗建立大蒙古国后，兵锋亦指向南方。1227 年灭西夏，1234 年灭金朝，1279 年灭南宋，中华各地完全置于大蒙古国的统治之下。成吉思汗之孙忽必烈 1260 年即汗位，1279 年称帝，国号大元，蒙古族登上了中国王朝历史的大舞台。其史学建树主要表现为著史制度的完善、国史政书的纂修等。

一、修起居注官

从成吉思汗起，蒙古汗廷就有了相当于起居注官的记言记事官。成吉思汗接见丘处机，“上约四月十四日问道，外使田镇海、刘仲禄、阿里鲜记之”。每次接见，“上温颜以听，令左右录之，仍敕志以汉字，意示不忘”[①]。为使朝廷“善政嘉谟不致遗失”，元世祖至元五年（1268）始设起居注官。[②]其官名屡有变更。起初称为起居注，下设左右补阙，后改升给事中兼修起居注，左右补阙改为左右侍仪奉御兼修起居注。仁宗“后定置给事中兼修起居注二员，右侍仪奉御同修起居注一员，左侍仪奉御同修起居注一员，令史一人，译史四人，通事兼知印一人”。起居注职“掌随朝省、台、院、诸司凡奏闻之事，悉纪录之，如古左右史”[③]。起居注每月一册，按日编录军国大政，并册命、启奏、封拜、罢免等事，逐月交付史官，供撰修实录和国史之用。为了保证起居注官能掌握朝廷的所有公文，元世祖“敕省、院、台诸司应闻奏事，必由起居注”[④]。

起居注官责任重大，故而规定要“择蒙古人之有声望、汉人之重厚者，居其任”[⑤]。有元一代和礼霍孙、独胡剌、布只儿、月鲁帖木儿、窦默等人都曾担任起居注官。

起居注的修撰似乎一直在进行，但后来却出现了起居注官因不能入值朝廷，不知帝王言动和朝廷大事决策，所记起居注只能以大臣奏议凑数。英宗至治二年（1322），御史李端言:“朝廷虽设起居注，所录皆臣下闻奏事目。上之言动，宜悉书之，以付史馆。世祖以来所定制度，宜著为令，使吏不得为奸，治狱者有所遵守。”[⑥]皇帝采纳了李端的意见，要求不折不扣地按世祖时的定制实行，即起居注官要“分番上直，帝王言动必书，以垂法于无穷”[⑦]。

二、极具民族特色的翰林国史院

蒙古族入主中国后，如同其在波斯地区吸纳伊斯兰文化一样，很快便与中

① （元）李志常《长春真人西游记》，中华书局，1976年。
② 《元史》卷六《世祖纪三》，中华书局，1976年，第120页。
③ 《元史》卷八八《百官志四》，中华书局，1976年，第2225页。
④ 《元史》卷一〇《世祖纪七》，中华书局，1976年，第202页。
⑤ 《元史》卷一七三《崔彧传》，中华书局，1976年，第4040页。
⑥ 《元史》卷二八《英宗纪二》，中华书局，1976年，第625页。
⑦ 《元史》卷一七三《崔彧传》，中华书局，1976年，第4040页。

国汉文化结缘。1260年，忽必烈在上都（今内蒙古正蓝旗境）称汗，建元中统。即位伊始，就把修史著史列入议事日程，指令王鹗为翰林学士承旨，筹划修撰国史事宜。所谓“国史”，即蒙古族及其所建政权的历史。

蒙元王朝在史学上的发展，首先表现为其对中国历代王朝史学传统的接受与继承。忽必烈采纳儒士王鹗的建议，延续中国新帝为先帝纂修实录、新朝为胜朝修史的史学传统，实行自唐以来国家设馆修史的制度，中统四年（1263），筹建翰林兼国史院，至元元年（1264）二月辛亥，“敕选儒士编修国史，译写经书，起馆舍，给俸以赡之”[①]。蒙元王朝的史学迈出了承续中原传统记史制度的第一步。

元朝的翰林兼国史院规模颇大，而且一度将集贤院也并入翰林兼国史院（至元二十年即1283年并入，二十二年分出），称翰林国史集贤院。皇庆元年（1312）定制，翰林国史院的主官承旨为从一品，六员，下有学士、侍读学士、侍讲学士、直学士多员辅之。属官有待制、修撰、应奉翰林文字、编修、检阅、典籍、经历、都事、掾史、译史、通事、知印、蒙古书写、书写、接手书写、典吏、典书等，是一个组织十分完备的中央机构。

元朝还设有蒙古翰林院，是从翰林国史院分置的。“至元十二年三月庚子，从王磐、窦默等请，分置翰林院，专掌蒙古文字，以翰林学士承旨撒的迷底里主之。其翰林兼国史院，仍旧纂修国史、典制诰、备顾问，以翰林学士承旨兼修《起居注》和礼霍孙主之。”[②]分置的翰林院，专掌蒙古文字，称蒙古翰林院，而翰林兼国史院仍其旧名，当与其职掌中有“典制诰，备顾问”有关，朝廷的一些需用汉文起草的文件还是要由翰林国史院承担。后来，蒙古翰林院、集贤院与翰林兼国史院并驾齐驱，成为中央三大文职机构。这三大机构，从文献的管理、档案的形成，到国史的修撰，构成一个完整的史学链。蒙元政权对史学的认识逐步理性化。

元朝的翰林兼国史院还是一个汇聚、培养人才的地方。元仁宗曾谕省臣曰：“翰林、集贤儒臣，朕自选用，汝等毋辄拟进。人言御史台任重，朕谓国史

① 《元史》卷五《世祖纪二》，中华书局，1976年，第96页。

② 《元史》卷八《世祖纪五》，中华书局，1976年，第165页。

院尤重；御史台是一时公论，国史院实万世公论。”[①] 对史官的拣选也比较严格。《元史·选举志》载，大德七年（1303）议：“文翰师儒难同常调，翰林院宜选通经史、能文辞者，国子学宜选年高德劭、能文辞者，须求资格相应之人，不得预保布衣之士。若果才德素著，必合不次超擢者，别行具闻。”至元十五年（1278），部拟：“翰林兼国史院令史同台令史一体出身，于各部令史内选取。”[②] 这样，元朝的翰林兼国史院汇聚了不少文史人才。这些人一般都兼有朝廷的其他高级文衔，如翰林供奉文字、知制诰、知经筵事、国子监教职等。其出身成分有蒙古人、色目人，也有汉人、南人。特别是蒙古、色目史官中也不乏博雅淹通之士。如廉惠山海牙，是元朝自己培养的进士，“入史馆，预修英宗、仁宗实录”，内外莅事，多著政绩。[③] 翰林兼国史院的建置与对人才的拣选、蓄养、造就，成为蒙元史学发展的有力保证。

元朝的翰林兼国史院业务范围广泛而复杂。作为王朝的高级文化机构，在履行其修史著史的基本职能之外，还负责朝廷文书的起草、参与国家意识形态建设等重要事务。归纳起来，大体有如下几项：收集先朝和当朝事迹，录付史馆，积累修史资料，修史著史；参与制定王朝礼乐制度和拟定功臣谥号；参与科举取士；译写经典史书，供帝王学习；备顾问，接受朝廷对各种问题的咨询；举行祭奠先帝御容等礼仪活动等。翰林兼国史院职能如此复杂，也是元朝史馆职能的特别之处。当初，翰林国史院几乎是一个综合性的朝廷文职、文化机构，所辖事务多而杂，后来虽然陆续分出了蒙古翰林院、集贤院，但机构是分开了，有些职能却没有分得很清。翰林院冠有蒙古二字，职能自是明确，是一个以蒙古文制诰、文书的撰写、翻译为主要职能的机构。这对于一个蒙古族政权来说，无疑是十分必要而且重要的。但元朝治下的臣民汉族人毕竟是绝大多数，涉及汉文化的事务是相当多的，这类事务对蒙古翰林院来说，有的是无暇顾及，有的是力所不及，故而只能把这类事务分给翰林国史院去做。就国史院来说，修史著史的资料，蒙古文的需要译为汉文，所著实录、后妃功臣传等是

---

① 《元史》卷二四《仁宗纪一》，中华书局，1976年，第549页。

② 《元史》卷八三《选举志三》，中华书局，1976年，第2064、2073页。

③ 《元史》卷一四五《廉惠山海牙传》，中华书局，1976年，第3447页。

先用汉文写成，再译为蒙古文本进呈皇帝御览，因此国史院与蒙古翰林院也有脱不开的关系。这种职能的交织与相辅，客观上也更有利于史书的撰著。

三、历朝实录的修撰

元朝纂修国史，代表性的工程有三项，一是历朝实录、后妃、功臣传的修纂，二是编撰《大元通志》、《经世大典》和《大元大一统志》，汇集司法敕谕案例成元典章，三是撰修辽、金、宋“三史”。

纂修实录、后妃传、功臣传是元朝国史的最基本的工作内容。其纂修与中国历代王朝相类，但也有自己的特色。

蒙元政权继承唐朝开创的修史制度，每一位皇帝去世后，新帝便组织纂修先帝在位期间的实录。从忽必烈至元元年（1264）王鹗奏请纂修成吉思汗实录始，到元末，陆续修纂成自成吉思汗到宁宗十三朝实录，计为:《太祖（铁木真）实录》、《太宗（窝阔台）实录》、《定宗（贵由）实录》、《宪宗（蒙哥）实录》、《世祖（忽必烈）实录》、《成宗（铁木耳）实录》、《武宗（海山）实录》、《仁宗（爱育黎拔力八达）实录》、《英宗（硕德八剌）实录》、《泰定帝（也孙铁木耳）实录》、《文宗（图帖木尔）实录》、《明宗（和世剌）实录》、《宁宗（懿璘质班）实录》。这是按中原汉地传统，以正式即帝位的皇帝的实录统计的。史料显示，在元朝，有编撰实录资格并撰有实录的不止此数。见于《元史》记载的有《睿宗（拖雷）实录》、《顺宗（答剌麻八剌）实录》、《显宗（甘麻剌）实录》。这显示出蒙古族史学有别于汉地传统的特点，即除了正式登极的皇帝要修实录外，被追尊的皇帝也要修实录。睿宗名拖雷，是成吉思汗的四子。他有两个儿子登上蒙古大汗和元朝皇帝的宝座，一个是长子蒙哥汗，即元宪宗，一个是四子忽必烈，即元世祖。顺宗名答剌麻八剌，他是元世祖次子太子真金（庙号裕宗）的次子，成宗铁木耳的哥哥，生武宗和仁宗。显宗名甘麻剌，是太子真金的长子，生泰定帝。元朝武宗“皇帝即位于大都，追尊皇考为皇帝”[①]。形成定制，故而拖雷、真金、甘麻剌和答剌麻八剌虽然没有正式做皇帝，但因他

① 《元史》卷二二《武宗纪一》，中华书局，1976年，第478—479页。

们有儿子做过皇帝，所以也被追尊为皇帝。皇帝有实录，他们也要有实录。故而《元史》中记载了纂修睿宗、顺宗、显宗实录的事。《元史》中没有提到给裕宗真金修实录，可能是漏载。

忽必烈称帝之时，蒙古已历五位大汗，即太祖铁木真、太宗窝阔台、定宗贵由、睿宗拖雷、宪宗蒙哥。这五位蒙古国大汗，当时都未有实录，故元朝国史的实录修纂首先是从补修这五汗的实录开始的。中统时王鹗等请“以先朝事迹录付史馆”，此先朝事迹即指上述五位蒙古大汗（后都追封为帝）的事迹。当时负责此项工作的是耶律铸。五汗实录因年代较远，原始资料留存不多，补辑相当困难，是随纂随进，请旨后再纂，不断充实。《元史·世祖纪十二》载：至元二十五年（1288）“二月……庚申，司徒撒里蛮等进读《祖宗实录》，帝曰：‘太宗事则然，睿宗少有可易者，定宗固日不暇给，宪宗汝独不能忆之耶？犹当询诸知者。’”[①]《世祖纪十三》载：至元二十七年（1290）“六月壬申朔……丁酉，大司徒撒里蛮、翰林学士承旨兀鲁带进《定宗实录》”。可见，世祖时就不断有五汗实录成稿进读，忽必烈也多有指示。《成宗纪二》载：“十一月己巳，兀都带等进所译太宗、宪宗、世祖实录，帝曰：‘忽都鲁迷失非昭睿顺圣太后所生，何为亦曰公主？顺圣太后崩时，裕宗已还自军中，所纪月日先后差错。又别马里思丹炮手亦思马因、泉府司，皆小事，何足书耶。’”说明到成宗时，五汗实录仍在进读。直到大德七年（1303）才完成，“冬十月庚戌，翰林国史院进太祖、太宗、定宗、睿宗、宪宗五朝《实录》”[②]。

《世祖实录》是至元三十一年（1294）六月甲辰开始修纂，到大德八年（1304）二月，“甲辰，翰林学士承旨撒里蛮进金书《世祖实录节文》一册、汉字《实录》八十册”。《世祖实录》告成，有二百一十卷，附《事目》五十四卷，《圣训》六卷。[③] 自此，元朝皇帝实录的体例也定下来了，是由实录、事目、圣训（制诰录）三部分构成。

① 《元史》卷一五《世宗纪十二》，中华书局，1976 年，第 308—309 页。

② 《元史》卷二一《成宗纪四》，中华书局，1976 年，第 455 页。

③ 《元史》卷二一《成宗纪四》，中华书局，1976 年，第 457 页；王恽《进实录表》，《元文类》卷一六，商务印书馆，1958 年。

《成宗实录》是武宗至大元年（1308）三月已卯开始纂修，同时敕令纂修的还有《顺宗实录》。皇庆元年（1312）十月成，计五十六卷，附《事目》十卷，《制诰录》七卷。武宗海山在位仅四年，其间顺宗、成宗实录尚未纂成。到皇庆元年“冬十月戊子，太阴犯亢。翰林学士承旨玉连赤不花等进顺宗、成宗、武宗实录”，可知《武宗实录》是与顺宗、成宗实录一起纂修，同时纂成的。计五十卷，附《事目》七卷，《制诰录》三卷。[①]《仁宗实录》是在英宗即位之延祐七年（1320）十一月甲申开始修纂，至治三年（1323）二月成，计六十卷，附《事目》十七卷，《制诰录》十三卷。《英宗实录》是泰定元年（1324）十二月始修，同时开修的还有《显宗实录》，至顺元年（1330）五月丁卯成。计四十卷，附《事目》八卷，《制诰录》二卷。

泰定帝去世后，相继即位的有泰定帝阿速吉八、文宗图帖木儿、明宗和世王柬 、宁宗懿璘质班，四帝在位总共只有四年多一点。帝位频繁更迭，诸帝实录的纂修也受到影响，所以四帝实录直到顺帝元统二年（1334）才开始纂修，何时成书，史无明载。

元朝诸帝实录在文本上也具有民族特点，是先由史官撰成汉文文稿，而后经监修大臣听读，审查，再进呈皇帝审读。因元朝皇帝汉文水平有限，审阅困难，故而要将汉文译为蒙古文本，奏读审定，而后定稿。至元二十三年十二月戊午，翰林承旨撒里蛮言：“国史院纂修太祖累朝实录，请以畏吾字翻译，俟奏读然后纂定。”[②] 当指此事。由此可以断定，蒙元国史当有汉文和蒙古文两种文本，这是一般中原皇朝史著所无的。

元朝政权对实录的修纂十分看重，实录纂成之后，要举行隆重的进呈典礼。《元史 · 礼乐志》载有国史院进先朝实录仪，其规模较文官主政、仪节繁琐的宋朝也有过之而无不及。这也是蒙古族史学意识的特殊表现。蒙古族崇拜长生天，崇拜祖先，而天是虚的，祖先却是实的。对实录的尊崇，就是对先帝文治武功的尊崇，对先人历史的尊重与肯定。

---

① （元）程钜夫《进三朝实录表》，《元文类》卷一六，商务印书馆，1958 年。

② 《元史》卷一四《世祖纪十一》，中华书局，1976 年，第 294 页。

元朝的实录被视为秘典。实录修成后，私人不可见，公务亦不可用。《元史》中有多处记载为修撰国史、政书，当事者欲调阅实录，遭到了拒绝。唐太宗欲观起居注，魏徵不许，意在帝王不可干预史官之记事。而实录作为王朝的史事汇编，私人不可随意观览，但行政参考、修史利用还是可以的。而元朝之实录、《脱卜赤颜》连史官也难得使用，情况较为特殊。

后妃传、功臣传也是元朝国史的组成部分。见于《元史》的记载，修后妃、功臣传都是与修实录并提的。如《仁宗纪一》载："至大四年（1311）五月丙子，命翰林兼国史院纂修先帝实录及累朝皇后、功臣列传，俾百司悉上事迹。"其做法是平时有关部门将该人事迹报至史馆，积累材料，死后稽其生平行事，撰为传记。揭傒斯在延祐初任翰林兼国史院编修官，撰功臣列传，受到了监修国史、平章李孟的高度赞赏，说："是方可名史笔，若他人，直誊吏牍尔。"[①] 太平、吕思诚曾任后妃、功臣传的总裁，贡师泰、周伯琦都曾预修后妃、功臣列传。但元国史院所撰后妃、功臣传成绩似乎不很大，《元史·后妃表序》言："累朝尝诏有司修后妃传，而未见成书。"[②]

四、政书的修撰

汇集王朝当代典章制度文献，编辑政书，也是史学撰著的一项内容。蒙古族史学早已注意到这一点。成吉思汗建立大蒙古国后，立即命失吉忽都忽纂辑"大札撒"，于时已显示出蒙古族对典制法令之治国存史作用的认识。入主中原后，进一步吸纳中国传统史学中撰著典制史的范例，汇辑一代典制法规，著为政书，施政存史。重要者有三种，即《大元通制》、《经世大典》和《元典章》。

1.《大元通制》

《大元通制》是元仁宗时修纂的。元世祖至元八年（1271）禁行金"泰和律"，着手制定本朝新律。至元二十八年颁布《至元新格》，但各类法规还极不完备。仁宗即位后，下令将历朝颁行的有关法令文书斟酌损益，类集折中，汇

① 《元史》卷一八一《揭傒斯传》，中华书局，1976年，第4184页。

② 《元史》卷一〇六《后妃表》，中华书局，1976年，第2693页。

辑成书。到英宗朝，又进行了增删审核，成八十八卷，定名《大元通制》，于至治三年（1323）刊行。全书分制诏、条格、断例和别类等四部分。该书今已不存，仅有“条格”部分传世，称《通制条格》。其内容类型大体上相当于唐、金两代法律体系中的令，是元代民事、行政、财政等方面的重要法规。

元顺帝至正四年（1338），鉴于《大元通制》颁行已十余年，其间又有朝廷续降诏条、法司续议格例，简牍滋繁，因革靡常等情况，组织相关人员重新删定，至正五年成《至正条格》二十三卷。书分二十七目，内容有制诏一百五十条，格一万零七百条，断例一千零五十九条。

2.《经世大典》

《经世大典》全名为《皇朝经世大典》，是元朝文宗前典章制度的总汇，也是元朝的一部典章制度史。元文宗天历二年（1329）九月戊辰，“敕翰林国史院官同奎章阁学士采辑本朝典故，准唐、宋会要，著为《经世大典》”[①]。其做法是“参酌唐宋会要之体，会粹国朝故实之文”。至顺元年（1330）四月十六日开局，至顺二年（1331）五月乙未书成。全书八百八十卷，又目录十二卷，公牍一卷，纂修通议一卷。分十篇：君事四篇，为帝号、帝训、帝制、帝系，由蒙古局担任纂修;臣事六篇，为治典、赋典、礼典、政典、宪典、工典，由虞集等编纂。[②]

《经世大典》的资料来源主要是元历代各衙署档案中有关典章制度的材料。纂修中有人提出当参用实录和国史（《脱必赤颜》），遭到了拒绝，反映出《经世大典》在内容上与国史、实录有别，大抵是只编纂元代各种规章制度及其沿革损益，于王朝的其他政事涉及不多。《经世大典》是用汉文纂成的，其间如用到蒙古或其他文字的档案材料，便找人先译为汉语，然后编辑利用。《元史·祭祀志一序》言，“凡祭祀之事，其书为《太常集礼》，而《经世大典》之《礼典篇》尤备”，可见其存史价值。

3.《元典章》

《元典章》六十卷，全名《大元圣政国朝典章》。元成宗时，朝廷下令，要

---

① 《元史》卷三三《文宗纪二》，中华书局，1976 年，第 740—741 页。

② （元）赵世延《经世大典序录》，《元文类》卷四〇，上海古籍出版社，1993 年，第 527 页。

求各地官府抄辑中统以来的律令格例，“置簿编写检举”，作为官吏行政司法遵循的依据，由地方胥吏抄汇，坊刻流行，成为一部至治二年（1322）以前元朝法令文书的分类汇编。全书由两大部分组成，第一部分六十卷，分十大类，为圣政、朝纲、台纲、吏部、户部、礼部、兵部、工部、刑部，记事止于延祐七年（1320）。第二部分为增附《新集至治条例》，分国典、朝纲及吏户礼兵工刑六部八大类，不分卷。记事止于至治二年。类下有门、目，目下列举条格事例。全书共八十一门，四百六十七目，二千三百九十一条，体例与传统的《唐六典》相仿。《元典章》的资料全部是由元代的原始文牍组成，内容涉及了元代政治、经济、文化等社会生活的各个方面，从多方面反映了元代尖锐的阶级矛盾和动荡的社会生活。从史学角度来看，它可以说是一种据中央指令，由下级衙署抄纂而成的史料著作。其成书途径为元朝所独有，为后世留下了丰富、具体、生动的原始资料。

五、其他史书

1.《大元大一统志》

地理志历来是史学的一个重要分支，蒙古史学在这方面也有不凡的建树。继承隋以来历朝撰修全国地理志的惯例，至元二十三年（1286），集贤大学士行秘书监事札马剌丁建言：“方今尺地一民，尽入版籍，宜为书以明一统。”世祖遂命立局，以札马剌丁与秘书少监虞应龙主持其事，于二十八年修成七百五十五卷的大书，名《大一统志》，藏之秘府。成宗大德初，陆续获得云南和辽阳等地方志书，应集贤待制赵汴之请修订补充该书，大德七年（1303）完成，由卜兰禧、岳铉奏进，总一千三百卷。顺帝至正六年（1346）由杭州刻版印行。该书内容广泛，包罗详备，是中国古代最大的一部舆地书。书题为《大一统志》，称“古之一统，皆名浮于实，而我则实协于名矣。中国家无疆之休，岂特万世而已哉！统天而与，天悠久矣”①。可见元人之史观与气派。该书

① （元）许有壬《大一统志序》，白寿彝主编《回族人物志（元代）》附录，宁夏人民出版社，1985年，第292页。

今只存断简残编，至为可惜。

2.《圣武亲征录》

元朝史学家还撰有一部史著，叫《圣武亲征录》，又名《圣武亲征记》，是记述成吉思汗和窝阔台汗时期蒙古史事的重要史籍。书中称太祖四子拖雷为太上皇，当为宪宗蒙哥或世祖忽必烈时所作无疑。该书内容与《秘史》相比，有同有异，对同一事件的记载也有详略之差，与《元史·太祖纪》相比，所记成吉思汗先世和成吉思汗事迹基本相同，特别是《史集》第一卷《成吉思汗纪》，除西征部分外，内容几乎与此书完全相同，可见该书是诸蒙古史著的重要史源之一。亦邻真先生认为，中统三年（1262），元世祖忽必烈命王鹗等商榷史事，王鹗等奉命延访成吉思汗事迹，撰著《太祖实录》。《亲征录》当是元初所纂《太祖实录》的稿本，其最直接的史源是《蒙古秘史》。它尽量吸收了《秘史》中真正的历史资料，而摈弃传说故事，用汉文写成，而后由蒙古必阇赤译为蒙古文，进呈皇帝御览。伊朗所传的《金册》（阿勒坦·帖卜迭儿）当是《圣武亲征录》的蒙古文译本。[①]《圣武亲征录》的内容与写法，体现出蒙古族史学在汉文化的影响下，史学思想与史学方法更趋学术化。

第五节 元修宋辽金三史

元朝政府不仅为本民族政权修史，而且为其他族国修史，代表性史著是宋、辽、金“三史”。“三史”是元代蒙古族史学的重大成果，其中集中地体现了蒙古族朝廷和学者们的史学和史识。

一、王鹗主修《金史》

修撰宋、辽、金“三史”的酝酿时间很长。忽必烈建立元朝后，就采纳汉族士人的建议，筹划为辽、金、宋三朝修史。亲信大臣刘秉忠向忽必烈建言：

① 亦邻真《莫那山与〈金册〉》，《亦邻真蒙古学文集》，内蒙古人民出版社，2001 年，第374—383页。汉译文见《西域历史语言研究集刊》第二辑，科学出版社，2009 年，第 21—24 页。

“国灭史存，古之常道，宜撰修《金史》，令一代君臣事业不坠于后世，甚有励也。”[①]其后，王鹗、商挺亦建议修辽、金二史，“甚合帝意”[②]。王鹗奏言：“金实录尚存，善政颇多；辽史散逸，尤为未备。宁可亡人之国，不可亡人之史。若史馆不立，后世亦不知有今日。”[③]中统二年（1261）王鹗正式开始了《金史》的修撰，称：“修史事宜，急不宜缓，多半采访，窃恐老人渐无，费用不可惜。”安排王恽、徒单履、李仁卿等组成修史班子，胡绍开为助手，以国帑二千锭为经费，在文庙盖屋，从事《金史》编修。王鹗制定编写规范，“如帝纪、列传、志书卷帙，皆有定体。其传须三品有显烈者立”[④]，又要求属下乘太史张中顺未老，对其采访，以得到金朝所有的天变记录。馆中缺乏金朝大安、崇庆间资料，“采摭当时诏令，故金部令史窦祥年八十九，耳目聪明，能记忆旧事，从之得二十余条。司天提点张正之写灾异十六条，张承旨家手本载旧事五条，金礼部尚书杨云翼日录四十条，陈老日录三十条，藏在史馆”[⑤]。王恽《玉堂嘉话》卷八录有王鹗定夺之《金史》目录，内有帝纪九卷，含太祖、太宗、熙宗、海陵庶人、世宗、章宗、卫绍王、宣宗、哀宗；志书七卷，含天文（五行附）、地理（边境附）、礼乐（郊祀附）、刑法、食货（交钞附）、百官（选举附）、兵卫（世袭附）；列传，以诸王后妃开国功臣在先，旧实录三品以上入传，现拟人物，凡英伟勋业可称，不限品从，皆入传。尚有忠义、隐逸（高士附）、儒行、文艺、列女、方技、逆臣（忽沙虎）等类传。可以说，《金史》的规模基本具备。

二、史例的争论和最后确定

王鹗等所撰《金史》，可能因为尚有缺陷，故未为朝廷颁行。于是成宗时，袁桷“请购求辽、金、宋三史遗书”，并列出所知宋史书目，以供采择。[⑥]仁宗

---

① 《元史》卷一五七《刘秉忠传》，中华书局，1976年，第3691页。

② 《元史》卷一五九《商挺传》，中华书局，1976年，第3740页。

③ （元）苏天爵《元朝名臣事略》卷一二《内翰王文康公》，中华书局，1996年，第239页。

④ （元）王恽《玉堂嘉话》卷一，《玉堂嘉话 山居新语》，中华书局，2006年，第41页。

⑤ 《金史》卷一三《卫绍王纪赞》，中华书局，1975年，第298页。

⑥ 《元史》卷一七二《袁桷传》，中华书局，1976年，第4025—4026页；《清容居士集》卷四一《修辽金宋史搜访遗书条列状》。

延祐、文宗天历间都曾多次下诏修撰三史，但直到顺帝至正三年（1343）才真正启动。

三史的修撰之所以拖了这么多年，主要是对辽、金、宋三个政权的地位、统绪，即以谁为正统的问题定不下来。这也是中国封建传统史学的一个最敏感的问题。“义例未定，或欲以宋为世纪，辽、金为载记，或以辽立国在宋先，欲以辽、金为《北史》，宋太祖至靖康为《宋史》，建炎以后为《南宋史》，各持论不决。”① 几种意见争执不下，“三史”的修纂难于落笔。朝廷甚至将三史撰修中的问题作为乡试策问的题目，以广泛征求意见。言：“赵宋立国三百余年，辽、金二氏与之终始，其君臣儆恶，其俗化隆污，其政事号令征伐礼乐之得失，皆宜传诸不朽，为鉴将来。然当世史官记传丛杂，不可尽信，虞初稗官之书又不足征。昔《晋书》成于贞观，唐史作于庆历，盖笔削之公必待后世贤君臣而始定，圣天子方以人文化天下，廷议将并纂三氏之书，为不刊之典。左氏、史迁之体裁何所法？凡例、正朔之予夺何以辨？诸君子其悉著于篇，用备采择。”② 可见元统治者重视三史的撰修，也明白其中之症结。面对这种局面，虞集提出三家各自为书以回避争论的办法，他说：“天历、至顺之间，屡诏史馆趣为之，而予别领书局未奏，故未及承命。间与同列议三史之不得成，盖互以分合论正统，莫克有定。今当三家各为书，各尽其言，而核实之，使其事不废，可也！乃若议论，则以俟来者，诸公颇以为然。”③ 至正三年，翰林学士承旨、知经筵事巎巎在为顺帝讲读《资治通鉴》时，进言：“国家当及斯时修辽、金、宋三史，岁久恐致阙逸。”④ 接受巎巎的意见，顺帝于三月连发两道圣旨，对“三史”的修撰做出了具体的部署，明确指出：“这三国为圣朝所取制度、典章、治乱、兴亡之由，恐因岁久散失，合遴选文臣，分史置局，纂修成书，以见祖宗盛德得天下辽、金、宋三国之由，垂鉴後世，做一代盛典。”“交翰林国史院分局纂修，职专其事”，为“三史”各为统绪定下了调子。并强调“纂修

① （清）赵翼著，王树民校证《廿二史劄记校证》卷二三《宋辽金三史》，中华书局，1984年，第495页。

② （元）苏天爵《元文类》（七）卷四七《乡试策问》，商务印书馆，1936年，第675页。

③ （元）虞集《道园学古录》卷三二《送墨庄刘叔熙远游序》，《四部丛刊·集部》，第124页。

④ 《元史》卷一四三《巎巎传》，中华书局，1976年，第3415页。

其间，予夺议论，不无公私偏正，必须交总裁官质正是非，裁决可否。遴选位望老成，长於史才，为众所推服的人交做总裁官”。同时确定“脱脱右丞相监修国史做都总裁，交铁睦尔达世平章、太平右丞、张（起岩）中丞、欧阳（玄）学士、吕（思诚）侍御、揭（傒斯）学士做总裁官”。后又增补贺惟一、李好文、王沂、杨宗瑞任总裁官。其中脱脱为蒙古人，铁睦尔达世（《元史》写作“铁木儿塔识”）为色目人，太平为赐蒙古姓的汉人，其余皆为汉人。并赋予总裁官以决断之权，“其馀修史的凡例、合行事理，交总裁官、修史官集议举行呵”①。在皇帝的严旨下，都总裁脱脱行使了圣旨赋予他的权力，确定了“三国各与正统，各系其年号”办法，议者遂息。② 这一决定看似武断，实际上既符合辽、金、宋三朝互不统属的历史状况，也符合中国历史上常有的多民族政权并存的客观实际。这种认识与主张，突破了汉族政权的正统史学观念，是民族历史观的一个飞跃。

三、三史的修成和体例的创新

主要症结解开之后，“三史”的修纂便顺利地展开了，只用了三年左右的时间至 1345 年就全部完成。这得益于八十余年间，翰林兼国史院的史料准备较为充分，文献资料积累有成，史学队伍成长有素。除诸总裁外，在三史局参与修撰的史学家，有蒙古人伯颜、阿鲁图、别儿怯不花、纳麟、泰不华等，汉人王沂、王理、徐昺、陈绎曾、宋褧、汪泽民、商企翁、杜秉彝、王思诚、干文传、张谨、贡师道、麦文贵、余贞、危素等，色目人沙剌班、廉惠山海牙、契哲笃、岳柱、全普庵撒里等，唐古人（原西夏人）余阙、斡玉伦徒等。另有提调官也先铁木儿、塔失帖木儿、狗儿、买术丁、老老、观音奴、伯彦、悟良哈台、偰哲笃、乌古孙良桢、拜住、纳麟、赛因不花、不颜不花、野仙等都是蒙古、色目等少数族人。欧阳玄“发凡举例，俾论撰者有所据依。史官中有悻悻露才、论议不公者，玄不以口舌争，俟其呈稿，援笔窜定之，统

① 《辽史》附录《修三史诏》，中华书局，1974 年，第 1554 页。

② （元）权衡著，任崇岳笺证《庚申外史笺证》，中州古籍出版社，1991 年，第 44 页。

系自正。至于论、赞、表、奏，皆玄属笔"[①]。揭傒斯等尤为敬业，他指示僚属："欲求作史之法，须求作史之意。古人作史，虽小善必录，小恶必记。不然，何以示惩劝！"同时"毅然以笔削自任，凡政事得失，人材贤否，一律以是非之公。至于物论之不齐，必反覆辨论，以求归于至当而后止。四年，《辽史》成，有旨奖谕，仍督早成金、宋二史。傒斯留宿史馆，朝夕不敢休，因得寒疾，七日卒"[②]。

《辽史》一百一十六卷，内本纪三十卷、志三十二卷、表八卷、列传四十五卷、国语解一卷，记述辽朝二百一十九年的历史，兼述以前契丹族和以后西辽的历史。《金史》一百三十五卷，内本纪十九卷、志三十九卷、表四卷、列传七十三卷，另金国语解一卷，叙金太祖完颜阿骨打到金亡约一百二十年的历史。《宋史》四百九十六卷，内本纪四十七卷、志一百六十二卷、表三十三卷、列传二百五十五卷，记述宋太祖至南宋亡共三百二十年的历史。

"三史"体例一遵前代正史，而又有自己的特色。如《辽史》设《营卫志》、《部族表》、《职官志》分北面官、南面官等，反映出蒙元王朝的史家修史能独出心裁，认真地研究，把握辽王朝的历史特点，凸现了辽王朝在制度上有别于其他王朝的特色。《金史》本纪首列《世纪》，又有《世纪补》，记太祖以前先世，追尊诸帝事迹，这是针对女真民族历史发展特点，又吸取了《魏书·序纪》的优点而作。《金史》创《交聘表》，有效地反映了并立于中国大地的金、宋、西夏三个政权的密切交往的历史。辽、金二史各附有《国语解》，将契丹、女真两族有关的官制、人事、物产、部族、地理、姓氏等名称加以注释，这样做除了为阅读辽、金二史提供帮助外，又为后人留下了研究契丹、女真文字的宝贵资料，是二史正文的必要补充。这些都是蒙元史学家为历史学的发展创新留下的宝贵财富。

在"三史"修成后，元顺帝曰："史书所系甚重，非儒士泛作文字也。彼一国人君行善则国兴，朕为君者宜取以为法。彼一朝行恶则国废，朕当取以

---

① 《元史》卷一八二《欧阳玄传》，中华书局，1976年，第4197—4198页。

② 《元史》卷一八一《揭傒斯传》，中华书局，1976年，第4186页。

为戒。然岂止儆劝人君，其间亦有为宰相事，善则卿等宜仿效，恶则宜监戒。朕与卿等皆当取前代善恶为勉。朕或思有未至，卿等其言之。”[①] 反映出到了元代，重视历史的撰述，以史为鉴，早已与文化昌明的地区与国家一样，成为蒙古族朝野的共识，这是蒙古民族对史学作用认识的巨大进步。

三史成书仓促，颇受诟病，后来屡有学者欲重修三朝史，却总也替代不了元修三史，可见其质量不可低估。有学者评论，三者相较，《金史》“独为最善”，当因前有王鹗《金史》可供参考。

第六节　元朝蒙古族史学的特点

元朝的史学实践，反映着当时蒙古民族的史学意识、史学观念和史学思想。元朝成书的当代史和前代史，是蒙古族史学的重大成果，也是蒙古族对中国史学做出的不朽贡献。从元朝的修史制度和修史实践可以看出，蒙古草原游牧政权入主中原后，接受中原传统文化的步伐是相当快的。从其迈入中原的第一步起，就主动了解和认识中原的传统文化制度，并有选择地进行消化吸收。在史学方面，承袭了中原传统的史馆制度和新帝为先帝纂修实录、新朝为胜朝修史的传统，是对中国历代修史制度的继承和传续。在史馆制度的建设上，在承袭中原王朝旧制的基础上，又有适合蒙古王朝特点的变通。如将前代的翰林院、国史院合并为翰林兼国史院，提高它的级别，扩大它的规模，给翰林兼国史院赋予修史著史以外的更多的职能。而另立蒙古翰林院，专门典理蒙古文书制诰，间亦协助翰林兼国史院的工作。这种体制是适合王朝的政治文化特点的。

元朝虽然把修本朝史和前代史都作为重要的事去做，但相比之下，更注重本朝史事的记载修撰。如诸帝实录与《大元通制》、《经世大典》，抓得很紧，成效也快。实录的对象，除执政皇帝之外，又增加了皇帝的父亲，与中原汉族的传统观念不同。而对前代史的修纂，步伐较缓，其间自然有很多原因，但根

① 《元史》卷一三九《阿鲁图传》，中华书局，1976 年，第 3361—3362 页。

本在于蒙古统治者出身于草原，没有中原封建帝王那么深的统绪观念。中原王朝给前代修史，除了史学工作本身的性质之外，很重要的一点就是要给前代画一个句号。将前朝盖棺论定之后，自己就可以名正言顺地“奉天承运”，继而君临天下了。蒙古民族的史学观念不拘于此，我是天之骄子，受命于天，自有统绪，不需要继哪一朝的统。修撰“三史”是为了彰显“祖宗盛德得天下辽金宋之由，垂鉴后世”，因而对汉族儒臣所争论不休的哪一朝当为正统问题，元廷并不十分在意。后来“三国各为正统，三史各书正朔”决定的做出也当与此有关系。

元朝修史的成果，诸帝实录今已不存，《大元通制》、《经世大典》也残缺甚多，今存者主要是辽、金、宋“三史”。对“三史”的评价固然是仁者见仁，智者见智，但脱脱所提出并实行了的“三国各与正统，各系其年号”的史法，是自汉唐以来的中国正统史学家所难于突破的。“三史”修撰，集中了一批汉族、畏兀儿、哈剌鲁、唐兀、钦察等族的史学家入史馆，这也是中国历代汉族王朝所难以做到的。认真研究史料，高屋建瓴地纵观历史，增立能凸现各史的特点的纪、志、表目，这也是“三史”修撰体例上的一个亮点。而在修撰实录国史、《经世大典》过程中参用蒙、汉文资料，对史稿进行蒙、汉文转译，校核，这也是前代未见。此举对蒙汉语言文字的交流发展，以至于文化交融，作用亦不可低估。

元朝的史学活动反映出，蒙古族是一个善于包容并接受新事物、新文化的民族，蒙古族史学也是在继承该地区传统史学的同时，又有新的建树与发展。这是值得深刻认识和充分肯定的。

第二章

明清时期蒙古族史学

第一节 明时期蒙古族史学

从十四世纪后期起，蒙古族的历史发生了很大变化。1368 年，朱元璋建立明朝，蒙元政权在中原的统治结束，蒙古族政权退归蒙古高原，回到了传统的游牧生产方式。此后到十七世纪中期清朝统一的近三百年间，重返朔漠的蒙古族一直缺乏一个稳定而有力的政治中心，生产生活流离不定，经济文化都受到了影响，史学上的建树亦甚微。欧洲和中亚四大汗国的统治也日益解体和衰落。相应地蒙古族的史学也受到了影响。蒙古政权的史著数量甚少，此外就是中国明朝和中亚察合台后王诸国所撰写的有关蒙古的史著。中亚察合台后王诸国所著有价值的蒙古史事著述，因其已非中国史学史范围之内，故不述。

一、蒙古文史著

十五至十六世纪被称为蒙古史学上的“黑暗”时期。现今可见的蒙古文史著主要有两部，一是《阿勒坦汗传》，一是《白史》。

1.《阿勒坦汗传》

《阿勒坦汗传》原题为《名为宝汇集之书》，正文中又有《转轮王阿勒坦汗生平的名为宝鉴之略传》、《天圣阿勒坦汗之善行传记》、《转轮王阿勒坦汗传》等称谓。作者佚名，乔吉先生认为:“是侍于阿勒坦汗左右的一位通晓佛教的人物，大概是一位喇嘛。”[①] 书约成于十六世纪末、十七世纪初。

阿勒坦汗，明朝文献书作俺答汗，是答言罕之孙，蒙古土默特万户领主，为明代蒙古史上叱咤风云的人物。他自十六世纪二十年代登上历史舞台后，不久便把蒙古右翼三万户置于自己的控制之下，成为右翼三万户的盟主。他的历

① 包文汉、乔吉编著《蒙文历史文献概述》，内蒙古人民出版社，1994 年，第 25 页。

史业绩很不平凡，但最突出的是两个方面：一是不屈不挠地谋求与明朝建立正常关系，终于在 1570 年（明隆庆四年）与明朝达成“隆庆和议”，实现了蒙古右翼与明朝通贡互市，开创了右翼蒙古与明朝数十年友好往来局面。再就是引进藏传佛教格鲁派（黄教），他于 1578 年亲赴青海与西藏藏传佛教格鲁派首领锁南坚错会晤，宣布蒙古从此取缔萨满教，信奉佛教，又与锁南坚错互赠法号，俺答汗赠锁南坚错以“圣识一切瓦齐尔达喇达赖喇嘛”，达赖喇嘛赠俺答汗以“转千金法轮咱克喇瓦尔第彻辰汗”，并在库库河屯（今内蒙古呼和浩特）修建黄教寺院，致力于黄教在蒙古地区的传播。《阿勒坦汗传》的记事，在简述了成吉思汗至答言汗的史事后，重点记述了俺答汗的生平业绩，包括其世俗和宗教方面的重大举措，记事至其后裔那木岱彻辰汗统治时期。其中有关俺答汗及其后裔引进和传播藏传佛教的内容最丰富，反映了蒙古文化观念的重大转变。行文为诗体，体现了其时蒙古人在语言文学方面的造诣和蒙古史家文史兼行的史学传统。

2.《白史》

《白史》(《察罕·图克》) 又称《十善福白史经》。今传抄本序言中称：“并行不悖政教两道之纲领——《十善法白史》，初由查克拉瓦仑彻辰皇帝编著。后经呼图克图·绰克查松·吉鲁肯·岱青·彻辰·洪台吉预知其真意，自松州城觅得之，并与维吾金氏比兰纳失里·微征固实之古本相校核，精心酌撰修订，至顺元年写就。”[①] 不少学者据此认为该书原著者“查克拉瓦仑彻辰皇帝”为元帝忽必烈。十六世纪中，蒙古鄂尔多斯部呼图克图洪台吉发现了该书，他又收集到比兰纳失里所藏抄本，将二本校勘整理，流传下来。从而断定该书是元代所撰之蒙古文史书。但揆之史事，元朝皇帝虽自八思巴始予藏僧首领以国师之号，尊崇其宗教地位，但元帝绝无在王朝“五色四夷”推行政教并行制度的事实。降而言之，元朝皇帝或许曾有这样一道圣旨，那么，这样涉及王朝政体的重要敕令，在元代的文献中一定应有反映。但就目前所见到的元代文献，见不到此敕令的影子。因此，此书所载内容不可能是元代的历史，甚至不可能是元

① 译文据鲍音《十善福经白史浅译注析》，《内蒙古民族师院学报》1988 年第 4 期。

代的史料文件。另外，该书的行文也不像史体。特别是从该书序言行文来看，也很不伦，所言“至顺元年写就”一语，尤不可解。如以“初由查克拉瓦仑彻辰皇帝编著”论，忽必烈帝无至顺年号，不沾边；如以“维吾金氏比兰纳失里·微征固实之古本”论，那比兰纳失里是著者还是收藏者？如为呼图克图·绰克查松·吉鲁肯·岱青·彻辰·洪台吉“以古本校核，精心酌撰修订”写就之年，那差得就更远了。据此推测，此书当是后世假托之书。其著作时代当在明代蒙古大兴藏传佛教，俺答汗与格鲁派藏僧锁南坚错互赠封号之后。李保文著文认为:“在元代尚未形成产生《白史》的思想基础。”断其非元代之书。又言“洪台吉出于某种政治目的，利用一些片断的历史资料，为黄教在蒙古地区的传播寻找历史根据，夸大地追述了忽必烈合罕的宗教政策，编成了这部《十善法白史》，其成书年代当不早于1540年代，不晚于1586年”[①]，对该书的写作时间、背景与目的分析入理，但论定该书为库图承克台洪台吉编成，也难为定论，很可能是时代还要晚一点的人为了提高这部作品的权威性，将忽必烈、库图承克台洪台吉这样的大人物搀于其中。其撰著时代不早于库图承克台洪台吉，不晚于佚名之《黄金史纲》。《白史》是十七世纪流行的藏传佛教史观指导下的蒙古史学的先声。

该书文字不多，内容第一部分为卷首语，第二部分为序言，第三部分是主体，记述了以下几方面的内容:(1)阐述政教并行制度简史，即发自印度，传至西藏、蒙古的政教制度;(2)记述僧教系统各级职位与晋级制度、高中低三级经主喇嘛的侍从官员的级别、名称;(3)记述世俗系统的各级职位与分工。第四部分记述佛教徒的五个节日和蒙古人传统四大祀的日期和意义。第五部分规定了僧俗两界的行为准则和赏罚制度。第六部分为结束语。其核心主旨是要实行政教并行的制度，及这种制度的社会构架和运行规则。

尽管《白史》的成书疑点甚多，但它所述的内容，特别是政教二道并行的思想对后世蒙古社会、蒙古史学产生过很大影响。《白史》中所列举的宗教和行政职位及其所管职责、僧俗犯各种罪的惩治条例及立功受奖规定等，是藏传

① 李保文《关于〈白史〉的成书年代及其编纂者》,《中央民族大学学报》1994年第4期。

佛教对社会的理想管理体制的一种期望，有一定的学术价值。《白史》所体现的历史编纂学法则，即将印、藏、蒙的历史贯穿起来叙述，为后世蒙古历史编纂学所效法。

十五至十六世纪的蒙古族史学，从其硕果仅存的两部著作来看，其内容上一个显著的特点就是藏传佛教文化的渗透。《阿勒坦汗传》是以阿勒坦汗引进与奉信黄教而津津乐道。《白史》实际上算不得什么地道的蒙古史书，而是附会元帝的诏敕和元代的个别史事，阐述黄教的政教理论，为在蒙古更深广地传播黄教张本，反映了蒙古传统史学向藏传佛教史学的转型。

二、明人的蒙古史著

在蒙元政权退居蒙古草原的近三百年间，与之接触最多的是明朝。蒙古的动向一直受到明朝朝野的关注，留下了不少蒙古史的专题著述。

1.《元史》的修撰

《元史》是按照中国封建史学的惯例，由明朝官修的蒙古王朝史。就史书的撰著主体来说，《元史》不能算作蒙古族史学的直接成果，但它如同《世界征服者史》、《史集》一样，是古代蒙古史的最重要的史著之一。对于明朝来说，元朝是一个异族统治的王朝，但明朝建立后，朱元璋承认蒙元王朝的正统地位，称:“元主中国百年，朕与卿等父母皆赖其生养。”[①]而为之修史。

洪武元年（1368）八月，徐达率军攻入元大都（今北京市），就学汉之萧何，将府库图籍封闭，派了一千士兵把守宫殿之门。他得到的元档案图籍，成为修元史的最基本史料。次年，明太祖诏修元史，说:“近克元都，得十三朝实录。元虽亡，国事当记载，况史记成败，示劝惩，不可废也。”又说:“自古天下国家者，行事见于当时，是非公于后世，故一代之兴衰，必有一代之史以载之。元主中国殆将百年，其初君臣朴厚，政事简略，与民休息，时号小康。然昧于先王之道，酣溺胡虏之俗，制度疏阔，礼乐无闻。至其季世，嗣君荒淫，权臣跋扈，兵戈四起，民命颠危，虽间有贤智之臣，言不见用，用不见信，天

① 《明史》卷二《太祖本纪二》，中华书局，1974 年，第 24 页。

下遂至土崩。然其间君臣行事有善有否，贤人君子或隐或显，其言行亦多可称者。今命尔等纂修，以备一代之史，务直述其事，毋溢美，毋隐恶，庶合公论，以垂鉴戒。”[①] 于是以李善长为监修，宋濂、王祎为总裁，汪克宽、胡翰等十六人为纂修，设局修《元史》。当年八月就修成了除顺帝纪以外的本纪、志、表、列传共一百五十九卷。然后命欧阳佑等到北平采访顺帝一朝事迹，同时诏令天下进呈相关史事。洪武三年二月，第二次开局，至七月告成，又修出顺帝朝纪十卷，志五卷，传三十六卷。《元史》全书总计二百一十卷，记载了从成吉思汗元年（1206）到元顺帝至正二十八年（1368）蒙元一百六十余年的历史。

《元史》体例一遵中国传统正史，本纪记王朝大事，列传记人物行事，志记典章制度，表列世系及职官等类统序。《元史》的资料，本纪主要是抄撮“元十三朝实录”而成；志大部分取材于元《经世大典》；传是根据元历朝纂集的后妃、功臣传和私人家传、神道碑、墓志铭而成。这些原始资料就是元朝称为“国史”的那些史料文献。元历朝实录今已不存，有元一代典章制度的汇编《元经世大典》、《大元通制》等也残缺零散，元代的私人家传、行状、神道碑、墓志铭于今也留存不多。在这种情况下，《元史》不仅是记述蒙元史事的史著，也是反映蒙元史学成就的最重要的著作，元代的史学成果均赖《元史》存其大体。

对《元史》的纂修，中国封建史家多疵其粗疏。如果从史料或史学史的角度去看，粗疏的责任是在明人，粗疏的结果却是更多地保持了元代形成的史料史学著作的原始面貌。《元史》纂修的史学贡献，一是在中国史学链上保留了蒙古族王朝的历史地位，承认“异族”建立的一统政权也是中国历史上的正统皇朝，而为之修撰“正史”。二是最大限度地保存了蒙古族统治中国的历史资料和史料、史学著述的大体面貌。

2.《吾学编》及其他蒙古史撰述

明代学者首开为退出中原的蒙古族著史之例的是郑晓。郑晓（1499—1566）于嘉靖中撰写纪传体明朝当代史，名《吾学编》。书中为蒙古立了传。因明人蔑称蒙古为北虏，故该书的蒙古传记名为《北虏考》。内容记述自元顺

① 《明太祖实录》洪武二年二月丙寅，台湾“中央研究院”历史语言研究所1963年。

帝退出大都（今北京）后，至嘉靖二十九年（1550）“庚戌之变”一百八十余年间蒙古的历史。《吾学编》是明人著纂的第一部当代史，其为蒙古立传，就是肯定了蒙古的存在与历史地位，开明人为蒙古著史之先河。

其后明人撰著蒙古史者所在多有，如王世贞（1526—1590）的《北虏始末志》、《三卫志》，冯时可的《俺答前志》、《俺答后志》，叶向高（1559—1627）的《四夷考·北虏考》等，数量颇多。其中最有特色的是萧大亨（1532—1612）的《北虏风俗》附《北虏世系》和瞿九思的《万历武功录》。

萧大亨多年任明朝北边封疆大吏，与蒙古有过频繁的接触，据自己所了解的蒙古情事著作为书。《北虏风俗》以记述蒙古社会内部情况较详为其特色，分匹配、生育、分家、治奸、治盗、听讼、葬埋、崇佛、待宾、尊师、耕猎、食用、帽衣、敬上、禁忌、牧养、习尚、教战、战阵、贡市二十目，记述了蒙古社会生产、生活各个层面的情况，条理甚悉。所附《北虏世系》记蒙古答言罕后裔世次，表列其子、孙、重孙，至七世孙数代首领姓名、驻牧地、存殁情况、与明朝互市地点等，是极具史料价值的蒙古史专题著述。

瞿九思曾被诬获罪，流放北塞，注意收集有关蒙古的材料。平反后，感激皇恩，著为《万历武功录》，以彰显万历朝的治边业绩，于万历四十年圣寿节进呈朝廷。全书十四卷，有十一卷记述明代蒙古史事，为一百多位明代蒙古大小首领立了传，仅《俺答列传》就长达七万余言。内容翔实，较全面地记述了明初到万历十一年（1583）蒙古的历史活动及与明朝的关系。

明人所著明代蒙古史著总体上还属专题史料的性质，但却给所谓黑暗时期的蒙古史学带来了一束光明。

十五至十六世纪的蒙古史著虽欠丰富，但它们仍使有关蒙古族的史学延绵不绝。

第二节 清时期蒙古族史学

十七世纪中期之后，蒙古族作为独立的政体在世界历史舞台上渐次衰落，其主体部分漠南蒙古、漠北蒙古、漠西蒙古相继纳入清朝的治下。中亚与欧洲的蒙古人也逐渐与当地的民族融合不显。蒙古民族失去了以往在世界上叱咤驰骋的风采，其主体部分成为在清朝政权统治下的一个民族集团。在这种局面下，蒙古民族在政治上、经济上、文化风俗上在保留自己基本传统的同时，又与其处于同一政权之下的众多民族相交流，在史学上也出现了新的特点。

这一时期，中国的蒙古族史家继续撰著本民族的史书，清朝官方也为蒙古族著史存史，而西方随着蒙古统治的消失，对蒙古族的历史与史学已进入了以研究为主的阶段。

一、蒙古族史学思想的演变

在蒙古统一于清的过程中，蒙古族以往的历史地位受到了严峻的挑战，蒙古贵族为渐次丧失其先世的辉煌，不无郁闷之感。自十六世纪藏传佛教格鲁派传入蒙古并兴盛发展以后，蒙古族接受文化教育的人多了，而且受的多是藏传佛教文化的教育，出现了不少文化人。他们怀念祖上的光荣，用本民族文字撰著蒙古的历史，以图垂训后代，蒙古族史家的个人史著相继问世。这一时期的蒙古史著作有一个共同的特点，就是浓厚的藏传佛教思想笼罩了蒙古史学。在十七世纪成书的蒙古文史著中出现了与《元朝秘史》、《史集》、《圣武亲征录》等早期史书记载截然不同的历史认知，突出的思想就是把蒙古汗统与印度、西藏王统联系在一起，说蒙古族的始祖是吐蕃王室的后裔，而吐蕃王的先世又出自印度王室。具体情节为，吐蕃内讧，其一王子北渡腾吉思海子，逃到不儿罕·合勒敦山下，娶妻生子，被蒙古人尊为首领。其后再记述蒙古族波澜壮阔的历史。这种蒙古史学著作的模式，学界称之为“印藏蒙同源论”。

印、藏同源的传说藏籍早有记载，而藏蒙同源说则是十七世纪蒙古族史家们的杜撰。这种史学模式，当是蒙古史家为使藏传佛教名正言顺地在蒙古地区传播而编造出来的，是当时蒙古藏传佛教历史观的反映。这种观念产生与流传可能与《白史》有关。藏籍为传播佛教而神化西藏王统，热衷于黄教的蒙古史家们同样出于传播佛教的目的而神化蒙古汗统，于是又引申出一个西藏王子流亡蒙古高原的故事，印藏蒙同源论就产生了。[①]

二、前期的蒙古文史学著作

这时期的蒙古文史著甚多，依其撰著年代及内容可以分为两段，前期（十七世纪初期）比较著名的有《蒙古黄金史纲》、《黄史》、《蒙古源流》、《蒙古黄金史》、《阿萨拉克齐史》等。

《蒙古黄金史纲》全名《诸汗源流黄金史纲》，成书于十七世纪初，作者佚名。该书为编年体，史法上已很成熟。取材于前代蒙古史书、汗诺颜台吉的家谱及传说故事，记述从蒙古古代到明末林丹汗的汗统源流和各个历史时期的重要史事。将蒙古的汗统追溯到西藏、印度，首见于此书，对后世蒙文史书的著述模式影响很大。

《黄史》原名作《古代蒙古汗统大黄史》，约成于十七世纪上半叶。作者佚名，学界认为其人当是蒙古喀尔喀土谢图汗部的一名历史学家。《黄史》亦为编年体，内容通纪蒙古古代历史，而于达延汗后裔格埒森扎所据的喀尔喀部的史事记述尤详。如格埒森札后裔世系名号、事迹，组成蒙古六万户和四万户的情况，卫拉特部的起源等，是一部以喀尔喀蒙古史为重点内容的史著。

《蒙古源流》八卷，原名《哈敦·温都苏努·额尔德尼托卜赤》，汉译作《宝贝史纲》，萨囊彻辰著。萨囊彻辰是明代蒙古右翼袄儿都司部贵族，达延汗三子巴尔斯博罗特的后裔，曾祖父是著名的库图克台洪台吉（《明史》作切尽黄台吉）。他生于1604年，青年时起就先后在右翼济农卜失兔、策凌额林沁手下任执政大臣。林丹汗西征入河套，他与额林沁共同抗击。林丹汗败亡，漠南蒙古归附清朝后，隐居不仕。萨囊彻辰家学源渊，又有多年的执政经验，对蒙古族的历史，特别是明代蒙古的历史很熟悉，又博通佛教经典，在蒙古归附清朝，失去以往的尊荣的情况下，潜心著述，利用蒙藏文资料，叙述蒙古起源及元、明时期蒙古诸汗的事迹，成《蒙古源流》。该书在史学模式上承袭了《黄金史纲》所开创的印藏蒙同源的体系，首述藏传佛教的宇宙观，继述印、

① 希都日古《17世纪蒙古编年史与蒙古文文书档案研究》，辽宁民族出版社，2006年，第69—83页。

藏诸王和印藏佛教史，而后叙述古代蒙古至入清的蒙古诸汗史。书成书于清康熙元年（1662），乾隆四十一年（1776）喀尔喀亲王成衮札布将其家传抄本进献朝廷，不久译成满文，又译成汉文，定名为《钦定蒙古源流》，收入《四库全书》。

《蒙古黄金史》，原名《概述古代诸汗所建立政道之著作黄金史》，作者名罗藏丹津，约成于十七世纪末、十八世纪初。该书吸收了《蒙古黄金史纲》的内容，并利用《元朝秘史》等著作对蒙古族兴起前后的历史、明末清初蒙古的历史进行叙述。由于作者是一位喇嘛学者，记事具有浓厚的佛教色彩。

《阿萨拉克齐史》，又称《从成吉思汗到乌哈图汗·妥欢帖睦尔的历史》。作者善巴，出身于喀尔喀蒙古的显贵家族，是格埒森札三子诺诺和的后裔，自幼受到良好的教育，是一个蒙藏文化造诣相当深的人。《阿萨拉克齐史》撰成于康熙十六年（1677），为其早年所作。其内容，除序、跋之外，记述了成吉思汗先祖及成吉思汗史、窝阔台汗至元顺帝妥欢帖睦尔的历史、北元昭宗到答言汗的历史、答言汗诸子世系、答言汗幼子格哷森札后裔世系，而于喀尔喀蒙古史的内容尤为详细。序中言："愿繁衍生息吧，黄金家族。虽将圣主成吉思合罕的子孙称作天子者多，但深入探究详细叙述者甚少。在他人询问时，为了使糊涂的人弄明白，以孛儿只斤氏为主将（历史）叙述到现在。"[①] 强烈地流露出作者对蒙古族前代伟绩的自豪感，并告诫后人要总结历史，明白原委，不再糊涂。

这一时期的蒙古史著作，除了印藏蒙同源的藏传佛教史观外，内容上也有显著的特点：在通纪古代蒙古史事时，于成吉思汗到妥欢帖睦尔的历史简略且多相重复，而于十三世纪末叶到十七世纪中叶（即明朝时期）的史事记述较为详细，在记述明代蒙古史事时，又对作者所在的蒙古部族的史事着墨较多。如《黄史》、《阿萨拉克齐史》的作者为喀尔喀部人，故而书中有关喀尔喀部的史事较为丰富;《蒙古源流》的作者为鄂尔多斯部人，故而对鄂尔多斯部以至于其所主的右翼三万户的人物、史迹记述较为详细，使史书增加了新内容，因而成为记述十三世纪末叶至十七世纪中叶蒙古史的有价值的史著。

① 乌云毕力格《阿萨拉克其史研究》，中央民族大学出版社，2009 年，第 77 页。

三、后期的蒙古文史学著作

后期大体为十七世纪末到十九世纪。这期间，蒙古诸部纳入清朝的治下多年，在较为稳定的社会环境中，在相对独立的藩部背景下，蒙古族的文化教育水平有了不小的提高。蒙古族知识分子对先祖光辉历史的怀念久而不衰，对当代的事情也有自己的历史判断，他们致力研究撰写本民族的历史，撰著了一批具有时代特色的史著。影响较大的有《恒河之流》、《金轮千辐》、《水晶念珠》、《蒙古博尔济吉忒氏族谱》、《金鬘》、《水晶鉴》、《宝贝念珠》、《如意宝树史》等。

《恒河之流》，全名《成吉思汗黄金家族史略恒河之流》，书成于清雍正三年（1725）。作者衮布扎布，出生于锡林郭勒盟乌珠穆沁右翼旗，曾赴京任西番学总理，兼管翻译之事。他精通蒙、藏、满、汉四种文字，在历史学、语言学、佛经翻译，以至于医学方面都有不凡的成绩。所撰《恒河之流》是一部较为系统的蒙古编年史。之所以谓之恒河之流，意在愿成吉思汗的黄金家族世世代代承袭爵位，犹如佛教兴起圣地印度的恒河那样奔流不息，大蒙古国的江山如须弥山那样坚固。《恒河之流》逐代记叙蒙古可汗、王公族统的历史，分首章和另章两部分。首章记乞颜部黄金骨族之族源，即成吉思汗及其后继诸可汗和直接产生于成吉思汗黄金家族的部落首领及其继承者；另章叙述成吉思汗的兄弟及他们的后裔所辖部落的继承者、著名臣子和蒙古行政设置等。统计孛端察儿到成吉思汗、成吉思汗至元朝诸帝，以至林丹汗为止的共计35代可汗的生年、即位年和卒年，以及其间蒙古史上的一些大事件。还较为详尽地阐述了清初各盟旗的王公世袭及其爵位。此外还有尾部，记述了成吉思汗的九位大臣及其来历、五颜四夷国、成吉思汗与丘处机、元朝以后蒙古的行政设置、蒙古古典乐器等。这部分文字不多，但其所述内容，尤其作者阐述的相关学术观点颇为珍贵。《恒河之流》没有沿袭自《黄金史纲》以来蒙古史家多将蒙古诸可汗的源流结缘于古代印度、西藏的观点，认为成吉思汗的黄金家族乃是奉天命而生，并非起源于印度和西藏，对其后的蒙文历史著作亦有较大影响。此外，其编年记事亦较前代蒙文史书详细而全面，史体又纯熟了一步。

《金轮千辐》全名《黄金家族之系谱，金骨族人之心娱，九章之篇金轮千辐》，成书于1739年（清乾隆四年）。作者答哩麻·固什，亦称却扎木苏，是昭乌达盟扎鲁特右翼旗的一位高僧。他学识渊博，通晓蒙、藏、满、汉等文字，曾参加清《丹珠尔经》的蒙译与佛学名词术语工具书——《海比忠乃辞典》的编纂，甚有时望。《金轮千辐》全书六卷。第一卷叙述宇宙的形成及人类的起源，印度、西藏诸王简史及蒙古黄金家族的起源。第二、三两卷叙述成吉思汗及其诸子，以至于北元毕力格图汗至林丹汗为止的历史。第四卷叙述达延汗及其诸子和成吉思汗的大将者勒蔑的后裔，以及蒙古诸部的起源及其贵族的谱系。第五卷叙述成吉思汗诸弟合撒儿、别勒古台、合赤温等的后裔谱系，青海蒙古诸部起源及谱系。第六卷解释蒙古史上常见的五色四夷之国及其来历，叙述成吉思汗诸功臣及卫拉特部的起源，专述成吉思汗次弟合撒儿的后裔等。其体例与《蒙古源流》、《黄金史》、《大黄册》等相仿，思想模式仍持印藏蒙同源论。《金轮千辐》尾跋中说："从很多史著和经典里选用了所需之片断"，细检全书，内容除了书中指出的《阿萨拉克齐史》、《大元国书》等外，尚有许多鲜见的资料。如，记载了元亡后蒙古十万兀鲁思及其所包括的鄂托克，许多古代蒙古的古老部族在明代的鄂托克中还有他们的踪影，还记载了同化于蒙古诸部的外来部族的变化及归宿。关于蒙古与西藏关系也有与其他史料不同的记载。[①]

《水晶念珠》全名《大元国水晶念珠》，拉西彭楚克撰，书成于乾隆三十九年至四十年（1774—1775）。拉西彭楚克，内蒙古巴林部人，是达延汗五子阿尔楚·博罗特的后裔，通蒙、满、汉、藏文，曾任巴林郡王旗协理，[②]还著有巴林部高僧锡埒图·固什·绰尔济的传记，名《格鲁坚赞·赛音绰克图活佛传》。《水晶念珠》是一部编年史。全书由绪论和五章组成。绪论述著书的目的和意义，解释了书名的含义。第一章论述蒙古族族源，辑录了蒙汉文献中有关蒙古族族源的不同说法和记载。第二、三、四章记蒙古汗统源流，从成吉思汗先祖记至林丹汗子额哲·洪果尔降清。其中称爱猷识里达腊汗至达延汗这一阶段为

① 参阅札奇斯钦《蒙古史论丛》，台湾学海出版社，1980年，第1291页。

② 乔吉《有关拉西彭楚克生平的几个问题》，《内蒙古社会科学》（蒙文版）1983年第2期。

北元。第五章述成吉思汗诸弟及诸子后裔，清代蒙古诸部诺颜世系，阿勒坦汗及佛教传入蒙古等。书中大量参用了《元史》和《续资治通鉴纲目》等汉籍，也出现了很多不见于汉籍的资料。所记历史年代，与汉文记载多有不同，对许多历史问题都有评论，使蒙古编年史的类型更趋完善。

《蒙古博尔济吉忒氏族谱》的作者为罗密，后经博清额重订。罗密字慎夫，蒙古博尔济锦氏裔，出生于明代蒙古喀喇沁部，生活于清康熙、雍正年间，官至都统。书撰成于雍正十三年（1735），序言："夫国有史，家亦有乘……密忝列蒙古之裔孙之列，不揣愚陋，欲述先人支派源流，以垂后祀，缘王事驰驱，未能如愿。今年逾耳顺矣，爰于退食之余，广览博稽，详加考证，删繁摘要，录其次第、源流，以备家乘。译以清、汉文字，以便披览。后世之子孙，欲求先世支派原委，展阅斯编，了然在目，因以念世泽之绵长。"罗密之意是，从入清之后，蒙古族只有"家乘"，而无"国史"。在民族废坠之秋，有必要为后世记下其伟业，以备家乘。博清额是蒙古答言汗九子格勒博罗特之后裔，在清袭爵为一等恭诚侯，历官广州都统。乾隆四十六年（1781）秋八月，他参照《蒙古秘史》、《元史》、《八旗通志》，对罗密《蒙古博尔济吉忒氏族谱》中的人名、地名等作了简练的注文，又续作《蒙古世谱图考》，重纂为《蒙古世系谱》。其序言："尝有志欲述家乘，既不能稽古，更陋于寡闻，是以逾年不就，握管茫然。今阅此册，皆清心力所不能及者，可见有志者事竟成也。虽然，中朗逝矣，继起何人？若清也，今四十奇一春矣，而五十年之事，耳之所曾闻，目之所曾见者，敢不勉续之，以答罗公述谱之苦心，成自己之夙志耶！今谨按《通志》年表，凡先人职官历任，详注原委，使后嗣子孙得知祖宗创业维难，子孙当思守成不易，以补罗公之不逮，亦不为不无小补也。"这些言论反映了史著者复杂的心情和务实的态度。

今传本《蒙古博尔济吉忒氏族谱》由三部分构成：第一部分是《族谱》，分上、下两卷，依十七世纪蒙文史书的模式，上卷叙述印度史、西藏史，而后述蒙古史。蒙古史自巴泰察汗（《蒙古秘史》作巴塔赤罕）开始，记到元末妥欢帖睦尔·乌哈哈图汗（即元惠宗）。下卷记蒙古必力克图汗至林丹呼图克图汗，并附成吉思汗后裔世系、巴图孟克大衍汗（达延汗）后裔世系、蒙古喀喇沁部世系。第二部分是博清额续纂之《蒙古世谱图考》，内容有：(1)《元朝秘史》所载世谱图；(2)《辍耕录》所载元朝世系谱；(3)《元史》所载世系谱；(4)《族谱》所载世系谱；(5)《蒙古国主世系图》(上、下)；(6)《蒙古子姓分派图》。每图之后均有考订。第三部分是《格勒博罗特谱传》，为博清额之弟德坤据博清额晚年整理的家谱资料编成，记达延汗后裔蒙古吴鲁忒部格勒·博罗特世谱，即博清额家族的系谱。对其上祖显赫人物都作有小传，传后有博清额或德坤的题赞。

《金鬘》，全名《善说蒙古地区政教之明慧青年之音，净光金鬘》，俗称《黄金数珠》。书成于1817年，作者署名"纳塔老翁"。据考证，纳塔老翁为清代阿巴哈纳尔左翼旗第五代扎萨克固山贝子衮布旺札勒。[①]《金鬘》是一部蒙古政教史。全书分六章：第一章简述上古至秦始皇统一六国的历史。第二章叙述蒙古地区最早与佛教接触的事件，其中将匈奴人、五胡十六国以及后来的突厥人，均视为古代蒙古人，称其为霍尔蒙古。第三章叙述成吉思汗的先祖、成吉思汗及元朝诸帝的历史。第四章述明朝简况和明代蒙古毕力格图汗到林丹汗的历史、林丹汗之子额哲降清及清朝源起。第五章述藏传佛教传入蒙古地区史。第六章述清朝诸帝与格鲁派(黄教)高僧的关系。全书内容以叙述蒙、满、藏宗教关系为宗旨，记述有关蒙古与西藏、清朝与西藏宗教关系方面的内容几乎占全书的三分之二。

《水晶鉴》，金巴道尔吉撰。金巴道尔吉是内蒙古乌喇特部极佑寺的达喇嘛，有拉然巴学衔。接受乌兰察布盟副盟长、乌喇特中旗札萨克辅国公喇旺里克津的提议，编纂《水晶鉴》，书约成于1850年。《水晶鉴》全书为三卷：第一卷为有关宇宙和人类起源的记载以及印度、西藏诸高僧的传略。第二卷为有关中国地理方面的记载，佛教在中国的传播，在西藏传播佛教的诸高僧的传略。第三卷述蒙古诸部及其行政划分，其中列举了一些神话传说中的国家，如香拔拉王国。历史内容从印度诸王开始，记述蒙古始祖孛儿帖赤那到清道光年间的历史。其中记载了林丹汗与藏传佛教格鲁派的敌对及与漠南蒙古王公的斗争，内蒙古诸部王公及其归属清朝详细经过，和硕特部固什汗占领青海及西

① 乔吉《〈金鬘〉作者"纳塔老翁"考》，《内蒙古社会科学》(蒙文版)1990年第3期。

藏，达赖喇嘛与喀尔喀部主图蒙肯的关系，士谢图汗和车臣汗的历史，清顺治朝到道光年间有关清朝、蒙古、西藏的事件。该书于清代蒙藏关系、蒙满关系、蒙古和准噶尔的关系、漠南蒙古王公归属清朝的具体年月和当时的蒙古社会状况，以及有关卫拉特和青海蒙古诸台吉参与西藏事件等情况，记载详赡，在史法上，详细地列举了所据史料书目，是此前的蒙文史著没有的。

《宝贝念珠》，噶勒丹著。噶勒丹是镇国公巴拉达日道日吉旗人，曾任盟长笔帖式、旗扎萨克协理等职。《宝贝念珠》是根据《蒙古源流》、《理藩院则例》、《钦定外藩蒙古回部王公表传》、《元史》等多种蒙、满、藏和汉文史料于1841年撰成的。编年叙事，对喀尔喀史事记述较为详细。其中穿插了很多传说故事，是一部历史文学作品。

《如意宝树史》，蒙古学者松巴堪布·益西班觉（1708—1788）撰。作者曾任青海佑宁寺法台。书分两部分，一部分述佛教起源、流传及印度王统，一部分为蒙、藏、汉诸地之佛教史。[①]

此外，还有用托特蒙文写的《四卫拉特史》，1737年额木齐嘎班沙拉布撰，1899年巴图尔乌巴什图们以额书为蓝本重撰《土尔扈特诸汗史》、《蒙古溯源史》、耶喜巴共登的《蒙古政教史》（藏文）等，以及一些名人传记，如，额尔德尼·毕力衮达赖的《内齐托音一世传》、达磨三漠陀罗的《内济托音二世传》、喇德纳巴得喇的《咱雅班第答传》（1691）、佚名的《哲布布尊丹巴传》等。

十八至十九世纪的蒙古文史著多为蒙古族知识分子所著，其思想立场一方面充满了对先世辉煌的敬仰与怀念，一方面对后代发生的历史变迁作了相应的记述，记载了当代蒙古史的新内容。撰著中，除了记述史事之外，还贯穿有作者对自然、社会以及相关问题的探讨、理解。在史法上体例多样，利用文献有据，显得越来越成熟。

四、清朝官修蒙古史书

满洲族建立的清朝，蒙古族是其政权的一大支柱。因此，清官方也十分

① 以上蒙古文史书的评介，参阅包文汉、乔吉编著《蒙文历史文献概述》，内蒙古人民出版社，1994年。

重视为蒙古族修史、存史，其代表性的成果就是《蒙古回部王公表传》。《蒙古回部王公表传》全名为《钦定外藩蒙古回部王公功绩表传》，是记载清代蒙古、回部王公世系、封爵、事迹的专门史著，内容有表、传两部分。表以部为单位，列述该部各支王公名称、世系、封爵、承袭情况；传是将表中所列王公中事迹显著者分部按人立传，详著其事迹。资料来自满、汉文档案，理藩院所存蒙古各部上报文书、世谱档册和其他有关材料。清国史馆专设有蒙古王公表传处，其中有蒙古族士人参与其事。乾隆四十四年（1779）开始修纂，经过十多年的工作，成表传一百二十卷。其后每过一段时间就续纂一次，增入新的内容，最后一次续修是光绪十年（1884），久而未成。今存表传最晚是咸丰九年（1859）续修的，资料截至咸丰五年。同类史著还有《皇朝藩部要略》，这是清国史馆表传处主持人祁韵士在主撰《蒙古回部王公表传》后，利用所存资料长编纂成的一部本末体清蒙古诸部简史，与《蒙古回部王公表传》相辅而行。虽署名祁韵士，实与《表传》同源。

清修《蒙古五公表传》目的很明确，一是表功，二是存史。如乾隆四十四年七月谕旨言："国家开基定鼎，统一寰区，蒙古四十九旗及外扎萨克喀尔喀诸部咸备藩卫，世笃忠贞，中外一家，远迈前古。在太祖、太宗时，其抒诚效顺，建立丰功者固不乏人，而皇祖、皇考及朕御极以来，蒙古王公等之宣猷奏绩，著有崇勋者亦指不胜屈，因念伊等各有军功事实，若不为之追阐成劳，裒辑传示，非奖勋猷而昭来许之道。著交国史馆会同理藩院，将各蒙古扎萨克事迹谱系详悉采订，以一部落为一表传，其有事实显著之王公等，即于部落表传后，每人立一专传，则凡建功之端委，传派之亲疏，皆可按籍而稽，昭垂奕世。该总裁大臣等即选派纂修各员，详慎编辑，以清、汉、蒙古字三体合缮成帙，陆续进呈，候朕阅定成书后，即同宗室王公表传，以汉字录入四库全书，用垂久远。其各部落并将所部之表传、专传，以三体合书，颁给一册，俾其子孙益知观感奋励，副朕推思念旧至意。"[①] 谕旨虽为居高临下之言，但其本质上仍体现了对蒙古族历史与现实地位的承认和肯定。

① 包文汉整理《蒙古回部王公表传》第一辑，内蒙古大学出版社，1998 年，第 750 页。

第三节 古代蒙古族史学的总认识

综观古代蒙古族史学的发生发展，可以得出以下一些认识。

首先，古代蒙古族史学的产生与发展大体经历了以下历程：从蒙古部落的出现到大蒙古国建立，创制文字，为传说历史阶段。这个阶段，蒙古族的历史意识不断加强，靠记忆追述历史，靠故事传说历史，留下了蒙古族肇兴的珍贵资料。从蒙古国建立到蒙古族在世界各地渐次失去统治地位，为蒙古族史学的形成发展阶段。这个阶段，在蒙古族强盛时期，在蒙古族政权的引领下，蒙古历史著作的撰写成为蒙古国及相关民族国家、地区史学家的史学主题，各个文化系统的蒙古史著、蒙古旅行记纷纷问世；在蒙古族的统治范围缩小以至由统治民族降为被统治民族的时期，蒙古族的史学家为了缅怀前世的辉煌以垂后世，记述当代的境遇以资奋励，新的史著亦不断产生，而与蒙古族相关的国家、政权亦用适合蒙古族的历史地位、现实特点的史学方式为之著史存史，蒙古族史学成为诸族国史学的一支，史学种子绵绵不绝。在蒙古族的统治衰落，不再是世界政治舞台的主角的历史时期，蒙古族的历史及史学成为人类历史的宝贵财富，进入了科学研究领域，形成了世界性的显学——蒙古学的一个组成部分，世界各国都有众多的史学工作者涉足这一领域。这种情况从十七世纪就开始出现了，一直至今，历久弥新。

第二，蒙古族史学的产生与所有民族史学的产生是一样的，而其发展却由于蒙古族突出的历史背景而与其他民族的史学有明显的不同。各民族的史学产生基本上都遵循着一个共同的主线，由民族的历史意识导致对其族源的追寻、史迹的回忆。最初是赋之于传说、演绎，当民族文明发展到使用文字的阶段后，便出现了对史迹的文字记载。这时，真正意义上的史学就产生了。之后，史学便伴随着民族的历史进程，如影随形，发展变化，形成体系。蒙古族史学也是遵循这一主线产生发展，形成自己的系统。由于蒙古族历史活动的自身特点，导致蒙古族史学出现了纯一的蒙古族史学相对较弱，却借助于其他民族文明发达的文化而蔚为大观。这是由于当蒙古民族崛起尚较草莽的时候，世界上已有很多文明程度很高的民族国家和地区，如中亚的波斯、东亚的中国。而迅速兴起的蒙古民族几乎是以闪电般的速度征服和占领了这类民族国家和地区。当时，蒙古族的军事武力处于强势，但文化却相对较弱，不足以用自己的文化改造所统治地区的史学传统，而是被这些民族国家的史学传统所附丽，于是蒙古族史学不久便出现了不同文化系统的史著和史学。这种局面反而形成了蒙古族史学的优势，就是兼容并包，在世界各种文化系统中开花结果。十三至十四世纪，蒙古族不仅用自己的文化认识自己的历史，用本民族的文字撰著自己的历史，同时也调动了欧洲、中亚、中国的史学传统，用以研究撰著蒙古族的历史，造就了蒙古史撰著的高峰，形成了综合多元文化的蒙古族史学。之后，蒙古族在世界历史舞台的主角地位虽然渐次下降，但这种多元文化的史学传统却绵绵不绝。蒙古族学者随着时代的变迁，不间断地用自己的语言文字记述民族的历史，不断地完善着自己的著述，与蒙古族相关的民族国家、继统的政权都为这个伟大的民族记载过去和当代的历史。即使蒙古的统治已成过去，乃至蒙古族的足迹从来没有到过的国家、地区，也把蒙古族的历史当作全人类的共同财富进行研究，按照自己的认知撰著新的蒙古史史著。蒙古族的历史一直是中外史学家关注的对象，一部《蒙古秘史》直至今日仍是世界史学界所珍惜的史学遗产。

第三，蒙古族史学是扎根于中国及世界各民族历史文化的土壤中的，因而有很强的生命力。蒙古族兴起于中国的东北地区，当其进入蒙古高原时，蒙古高原前此已有匈奴、东胡、鲜卑、乌桓、柔然、突厥、回纥、契丹等众多的中国古代北方民族相继活跃在这里，创造了辉煌历史和文明。蒙古族就是在这具有深厚的游牧文明积淀的土壤中发展壮大起来的。其生产、生活方式自不必说，即以历史文化而言，其文字是使用了回纥文字母创制的，纪年是较早地采用了突厥族的十二生肖纪年方法，传说中的历史故事也多有前此活动在蒙古高原诸游牧民族的影子。当其势力扩张到中亚、欧洲、中原之后，便吸纳该地区的史学文化，形成有自己特色的蒙古族史学。是世界各族国文化滋养了蒙古族史学，蒙古族史学的发生发展又增进了世界各族国的史学向更深更广的层面发展。这与蒙古族游牧文明的开放、包容、趋新的特点是分不开的。蒙古族史学成为世界性的显学良有以也。

第三章

满族史学

第一节　满族历史和满文的创制

一、满族历史概况

满族，即满洲族。尽管满族作为一个正式的族名，于十七世纪三十年代才出现，但若加以追溯，可谓源远流长。

清朝官修《满洲源流考》曰:“金国本名珠理真。谨案：本朝旧称满珠，所属曰珠申，与珠里直音相近，但微有缓急之异，实皆肃慎之转音也。”[①] 所以，一般认为，满族的先世在上古汉文文献中称肃慎，又称息慎。肃慎是中国东北地区的古老民族之一，很早就与中原发生联系。《竹书纪年》载:“帝舜有虞氏……二十五年，息慎氏来朝，贡弓矢。”[②] 到了周朝，肃慎与中原的联系就多起来了。周景王曾说:“肃慎、燕、亳，吾北土也。”[③]

汉代魏晋，肃慎又被称之为挹娄。北魏时肃慎中的勿吉部（又称靺鞨）兴起，逐渐代替了肃慎。隋唐之际，靺鞨人形成较大的七个部，其中，黑水靺鞨与满族有着较深的渊源关系。后来，黑水靺鞨为粟末靺鞨建立的渤海国所征服。当契丹人灭掉渤海国后，黑水靺鞨改称女真，受辽的管辖。女真在辽代为避辽兴宗（名宗真）的讳而又被称为女直。女真部落有生女真、熟女真、回跋女真、鸭绿江女真、长白山女真、东海女真等。他们分布和活动在南至辽南，东至图们江流域、长白山以东日本海、鸭绿江流域、松花江上游，北至松花江中下游、黑龙江中下游，东北之海及库页岛的广袤地区内。十世纪后半期，生女真完颜部首领完颜阿骨打基本统一了女真各部，于1115年在上京（黑龙江

① （清）阿桂等撰，孙文良，陆玉华点校《满洲源流考》，辽宁民族出版社，1988年，第79页。

② 王国维《今本竹书纪年疏证》，《古本竹书纪年辑证》，上海古籍出版社，1981年，第199页。

③ 《左传》昭公九年，《十三经注疏》（清嘉庆刊本），中华书局，2009年，第4466页。

阿城）称帝建金。金朝先后灭掉辽朝与北宋，统治区域从东北地区扩展到中原地区，都城也南迁到燕京（北京）。

1234 年，金朝被蒙古人灭掉，女真人臣服于大蒙古国及后来的元朝。有元一代，女真人几经迁徙聚合，及至元末明初，女真人逐渐形成三大部，即建州女真，主要活动在牡丹江、绥芬河及长白山一带；海西女真，主要分布和活动在松花江流域；“野人”女真，主要分布和活动在黑龙江流域和库页岛等地。明朝时期，对女真人实行分而治之的羁縻安抚政策。在女真人的居住地广设卫所，任命女真首领为朝廷官员加以治理。到明万历年间负责东北地区政务的努尔干都司统辖的卫所有四百余个之多。朝贡和马市贸易不仅加强了女真同明朝经济和文化的交流，密切了同中原的关系，更促进了女真的社会发展。其中，海西女真与建州女真，改变了过去单一的渔猎生产方式，主要从事农业生产，辅之以狩猎和采集业，社会发展较快。

十六世纪末，女真各部历经兼并聚合，又形成了几大集团。史称：“各部蜂起，皆称王争长，互相战杀，甚且骨肉相残。强凌弱，众暴寡。”[①] 在这相互兼并的战争中，建州女真努尔哈赤突兀崛起，使女真社会的发展出现了新的格局，为满洲民族共同体的形成起了促进作用。

努尔哈赤，建州女真人。其祖上历任明朝的建州左卫指挥使、都督佥事、都督等职。早期，为了生计，努尔哈赤经常出入抚顺马市从事贸易活动。后投到明朝辽东大将李成梁军中，因其“每战必先登，屡立战功，成梁厚待之”[②]。艰苦的劳作与紧张的军旅生涯，把努尔哈赤锤炼得足智多谋、才能超群、雄心远大、力图大事。起初，努尔哈赤仅是建州女真中的一支弱小的势力，明万历十七年（1589）接受明朝任命的都督佥事一职，并以此为号召，开始了统一女真的兼并战争。经数十年的征战，努尔哈赤先后统一了建州女真、海西女真，“野人”女真也相继归服。在征服战争中，努尔哈赤也不断进行和加强政权建设。努尔哈赤在费阿拉城（今辽宁新宾），“定国政，立刑法”，初立政权机构，

① 《清太祖高皇帝实录》卷一，中华书局，1986 年。

② 潘喆、李鸿彬、孙方明编《清入关前史料选辑》（三），中国人民大学出版社，1991 年，第 2 页。

创立了军事、政治与生产合一的八旗制度，有效地把全社会的人员动员和组织起来。努尔哈赤于天命元年（1616）称汗建金，史称后金。天命三年（1618），努尔哈赤以“七大恨”作为伐明檄文，统兵向明军发起进攻，揭开了明清（后金）战争的序幕。天命十年（1625），后金迁都沈阳，次年，努尔哈赤病逝，皇太极继位。天聪九年（1635），皇太极改女真为满洲，次年，改后金为大清，改年号为崇德。

从此，以满洲为族名的一个新的民族共同体——满族，在中国历史上正式诞生了。应该说，满族是以建州女真、海西女真人为基础，吸收了部分“野人”女真人，以及汉人、蒙古人、朝鲜人、达斡尔人、锡伯人和鄂伦春人等，经长期生活、融合而形成的一个新的民族共同体。满族正式确定族名后，继续在发展之中，东北地区各民族，特别是“野人”女真中的虎尔哈部与瓦尔喀部相继归服被编入八旗之中，进一步壮大了满洲的阵容。这种编旗活动一直到康熙年间才结束。因此，在八旗满洲中凡是努尔哈赤时期编入的称之为“佛满洲”，即古老的满洲；凡是皇太极以来编入的称之为“伊彻满洲”，即新的满洲。

原来世居东北地区的满族，除小部分留守外，绝大多数后来都“从龙”入关。入关后的满族部分驻防北京及周围一带称畿辅驻防。大部分驻全国各军事要地，在江宁（南京）、杭州、福州、西安、汉中、京江、荆州、归化（呼和浩特）、宁夏、广州、青州（山东益都）、青海、西藏、成都、伊犁等军事重镇设将军、都统等衙门镇守。驻防官兵均携带家眷、奴仆等。所以，满族处于大分散小集中的状态，几乎散居于祖国各地。经长期的繁衍，2010 年统计满族人口为 10 387 958 人，居全国少数民族人口第二位。现在，全国建有十三个满族自治县。

满族建立的清朝政权，是中国历史上又一个由少数民族建立的统一全国的政权，也是中国最后一个封建王朝。它统治中国 267 年，在此期间满清政府为统一全国，巩固国防，奠定版图，做出了重大的贡献。满清政府不断吸收汉蒙等民族的优秀文化，调整统治政策，促进了国内各民族经济、文化的联系和交流，出现了“康乾盛世”，推动了社会向前发展。这一切，都是作为清朝统治民族——满族对祖国进步和发展的积极贡献。

在清代，满族特殊的政治地位，直接而深刻地影响着它的自身发展。入关后，清政府下令在京畿五百里范围之内，强行圈占土地，赏赐给满族贵族及八旗官兵，成为“皇庄”、“王庄”、“官庄”、“田庄”与“份地”。在这些土地上大多设有庄头，驱使被迫投充旗下的汉族等其他民族庄丁或佃农耕作，满族官兵坐享其成。清政府规定：凡八旗满洲官兵均享有一定数额的粮饷，作为赡养家口及日常支出之用。还规定，八旗满洲要永远服兵役，不许经商务农。结果，旗人是一人服兵役，全家仰食兵饷，造成一种特殊的寄生性。由于饷额优厚，加上“田庄”的收入也不菲，入关之初满族的生活比较优裕、安闲。但因兵有定数，饷有定额，几十年后，人口增加，便出现一般家庭入不敷出、生活拮据的局面。康熙后期这个问题十分突出。清政府虽也采取一些诸如增加养育兵额，拨送一部分京旗闲散人员赴东北屯垦等措施，但这一问题直到清末也未从根本上解决。满族平民的生活贫困化愈加严重。

清朝统治者为巩固其统治，维护满洲特权，曾颁布许多保持满洲特点、习俗的法令和规定，如坚持剃发易服、保持国语与骑射、坚持满汉不通婚、旗民不交产等等，试图把满族同人口众多的汉族隔离开来而不受其影响。事实上，满汉结合、相互影响是历史发展的必然和客观存在的现实。因此，广大满族兵民，甚至包括高层贵族，并未因人为束缚而拒绝接受影响，以至于后来清政府放宽某些禁令，提倡儒化政策。在满族发展过程中，全面深刻地接受汉文化的影响，学习和吸收汉族优秀文化以丰富和发展自己的文化，使满族的文化更加灿烂。

二、满文的创制

满语属阿尔泰语系通古斯语族满语支，为黏着语。满文是在蒙古文字母的基础上形成的，是拼写文字，直写左行。满文有六个元音字母，二十二个辅音字母（后又增加了三个），以及专门拼写汉语借词的十个字母，共三十八个字母。因此，满语在语法上同蒙古语相近，在词汇上又大量地吸收了汉语的词汇。

满族语言文字的发展，是随着满族的形成过程而发展的。女真人早期是没有文字的。女真人建立金朝后，不久便仿汉字和契丹字创制了女真字，称女真大字，后经改进的女真字称女真小字。从此，女真文字成为金朝的通行文字，与契丹字、汉字并行应用。金朝灭亡后，女真字仍在使用，但元朝蒙古文是通用文字，在女真地区女真文与蒙古文并行。后因女真字本身存在着书写不便、难于记忆等缺点使用渐少。至明朝正统年间，废弃不用。操女真语的女真人便开始借用简便易学的蒙古文。随着建州女真的崛起和壮大，并建立政权，满族共同体正在孕育且渐臻完成，对内对外交往日益频繁的局面出现。这种局面的出现与当时在女真族内部，操本民族语言，用外民族文字的现象有诸多不便，迫切需要能与本民族的语言相适应的本民族的文字产生，于是满文应运而生。明万历二十七年（1599）二月，女真首领努尔哈赤命文臣额尔德尼、噶盖等创制文字，即后来被称为满文的文字。对此，《满洲实录》有着详细的记载：

时满洲未有文字，文移往来必须习蒙古书译蒙古语通之。二月，太祖欲以蒙古字编成国语。巴克什额尔德尼、噶盖对曰："我等习蒙古字始知蒙古语，若以中国语编创译书我等实不能。"太祖曰："汉人念汉字，学与不学者皆知。蒙古之人念蒙古字，学与不学者亦皆知。中国之言写蒙古之字，则不习蒙古语者不能知矣。何汝等以本国言语编字为难，以习他国之言为易耶！"噶盖、额尔德尼对曰："以中国之言变成文字最善，但因翻编成句吾等不能，故难耳。"太祖曰："写阿字下合一玛字，此非阿玛乎（阿玛，父也），额字下合一默字，此非额默乎（额默，母也）。吾意决矣，尔等试写可也。"于是自将蒙古字编成国语颁行。[①]

根据努尔哈赤的命令，额尔德尼、噶盖借用蒙古文字母创制了满语，即满语是蒙古文字母按女真语语音拼写而成的文字，史称老满文或无圈点满文。满文创制后，立即颁行使用。发布指令文告，往来文书、章奏议论，以及记录档案等等均以满文书写，成为满族崛起时思想交流的重要工具，为满族的形成、后金政权的发展发挥了积极作用。

但在实际的使用中也发现了新创制的满文存在着诸多不足和问题，主要是不能区别出满语与蒙语的差异来。天聪六年（1632），皇太极命令文臣达海、

① 《满洲实录》卷三，己亥年二月，中华书局，1986年，第19—20页。

库尔缠对满文进行改进和完善。皇太极对达海说:“国书十二字头，向无圈点，上下字雷同无别。幼学习之，遇书中寻常语言，视其文义，易于通晓，若至人名地名，必致错误。尔可酌加圈点以分析之，则音义明晓，于字学更有裨益矣。”[①] 达海等很快完成了文字改革任务，其主要是将十二字头增加了圈点，规范了字母的形式，准确地区分了原来难以区分的满语语音。同时，还增加了一套拼写外来语，主要是汉语的特定字母，史称新满文或有圈点满文。这样，就克服了老满文的不足，使满文得到充实和发展。新满文的创制成功，标志着满文发展的成熟。它极大地方便了满语的推广和满文在社会生活交际中的广泛应用，增强了满族的民族意识和民族凝聚力，促进了满族民族共同体的形成，推进了满族文化的发展，是满族文化史上的里程碑。

随着清朝的建立，并入主中原，满语满文作为官方的语言文字，是普遍应用的兴盛时期。到康熙中期以后，由于满族汉化程度的加深，大多数满族官民，特别是满族文化阶层中受汉文的影响很大。因而在满人中使用汉文的人越来越多，而使用满文的人越来越少。到乾隆年间甚至连认识满文的人也不多了。辛亥革命以后，随着清王朝的覆灭，满文基本上已经停止使用，说满语的人也所剩无几了。现在，除黑龙江省爱辉县和富裕县内仍有少数屯子的满族说满语外，其他地区的满族大都使用汉语。尽管现在使用满语满文的人极为少见，但在历史上它们不仅对满族的形成发展起到了积极推动的作用，而且为中华民族文化的发展也做出了贡献。现行的汉语中有许多满文的词汇，进而极大地丰富了汉文汉语。特别需要提到的是现存大量的满文档案文书是极为珍贵的历史文献资料。因而，满文虽然不再普遍使用，但研究、整理满文的工作自新中国成立以来一直没有间断，并培养了一批专门人才。1985 年在北京成立的满文书院标志着整理、研究满文满语，以及满文历史文献资料的工作进入新的阶段。目前，研究领域和队伍日益扩大，成果甚为显著，并早已成为一种国际性的学问“满学”。满学方兴未艾。

---

① 《清太宗实录》卷一一，天聪六年三月戊戌朔，中华书局，1986 年，第 19 页。

第二节　入关前的满族史学

一、最高统治者对史学的重视

满族最高统治者十分重视史学及其功能。努尔哈赤自初创基业的时候就十分重视学习历史，以了解历代政权兴亡的史事，特别是注意了解少数民族成就大业的史事。努尔哈赤对历史知识非常渴求，还要求诸子亦应如此。明万历四十三年（1615），努尔哈赤曾向诸子说："凡明国、朝鲜、倭子、蒙古等诸大国帝王，累是持善修德而得势之例，或具信邪恶，重财贱德而失败之例，以及各种道统我皆闻之也。虽闻之此良典善语，尚未觉慊，仍欲再问，再闻也！尔等诸子所闻所知，其多于为父我耶？志良典善语，尔等纵有闻知，亦应勤加闻之记之。"[①] 努尔哈赤学习历史知识，最初是让人讲述汉文史籍，再后是由通晓满、汉文字的文臣翻译汉文史籍。在努尔哈赤时期翻译的汉籍有《大明会典》、《素书》、《三略》等书。努尔哈赤的继承者皇太极也十分重视历史知识的学习。他仍把让人讲史，作为习知史事的主要方式之一。对于史书子书的翻译比以前有了较大的发展，如《通鉴》、《孟子》、《万宝全书》、《三国志》、《六韬》、《武经》以及节译辽、金、宋、元四史等等。由此，渐使"满洲人不会曾闻知之典故文义，由此通晓之"[②]。

满族的最高统治者特别注重学习和了解少数民族的历史，如北方辽、金、元三个少数民族政权的历史尤其是金史，目的在致用，即善善恶恶，以史为鉴，成就大业。史载：努尔哈赤曾亲自向蒙古贝勒讲述金朝的史事，从中汲取少数民族政权战胜汉族政权的历史经验，以鼓舞斗志，并说明图大业当皇帝并非中原汉族的专利，而是"无道失天下，有德成帝业"[③]。皇太极指示："朕观汉文史书，殊多饰词，虽全览无益也。今宜于辽、宋、金、元四史内择其勤于求治而国祚昌隆，或所行悖道而统绪废坠，与夫用兵行师之方略，以及佐理之

① 《满文老档》太祖朝第四册，乙卯年十一月。

② 《满文老档》太宗天聪朝第五十七册，天聪六年七月十四。

③ 潘喆、李鸿彬、孙方明编《清入关前史料选辑》(一)，中国人民大学出版社，1984年，第374页。

忠良，乱国之奸佞，有关政要者，汇纂翻译成书，用备观览。至汉文正史之外野史所载，皆系妄诞，此等书籍，传之国中，恐无知之人信以为真，当停其翻译。又见史臣称其君者，无论有道无道，概曰天子。殊不知皇天无亲，惟德是辅。必有德者，乃克副天子之称。今朕承天佑为国之主，岂敢遂以为天之子为天所亲爱乎？傥不行善道，不体天心，则天命靡常，宁足恃耶！"[①] 显然，皇太极用史实，阐明"皇天无亲，惟德是辅"的历史规律，少数民族一样可以主宰天下的道理，为满族即将取代明朝而获得天下寻找历史根据。据记载，崇德元年（1636）十一月皇太极曾在翔凤楼召集诸亲王、郡王、贝勒、固山、额真、都察院诸臣，命内弘文院大臣读《金世宗本纪》。而后皇太极训示道："尔等审听之，世宗者，蒙古、汉人诸国声名显著之贤君也，故当时后世咸称为小尧舜。朕披览此书，悉其梗概，殊觉心往神驰，耳目倍加明快，不胜叹赏。朕思金太祖、太宗，法度详明，可垂久远。至熙宗合喇及完颜亮之世尽废之，耽于酒色，盘乐无度，效汉人之陋习。世宗即位，奋图法祖，勤求治理，惟恐子孙仍效汉俗，预为禁约，屡以无忘祖宗为训。衣服语言，悉遵旧制，时时练习骑射，以备武功。虽垂训如此，后世之君渐至懈废，忘其骑射。至于哀宗，社稷倾危，国遂灭亡。乃知凡为君者，耽于酒色，未有不亡者也。先时儒臣巴克什达海、库尔缠屡劝朕改满洲衣冠，效汉人服饰制度，朕不从，辄以为朕不纳谏。朕试设为比喻，如我等于此聚集，宽衣大袖，左佩矢，右挟弓，忽遇硕翁科罗巴图鲁劳萨挺身突入，我等能御之乎？若废骑射，宽衣大袖，待他人割肉而后食，与尚左手之人何以异耶？朕发此言，实为子孙万世之计也。在朕身岂有变更之理，恐日后子孙忘旧制，废骑射，以效汉俗，故常切此虑耳。中国士卒初有几何？因娴于骑射，所以野战则克，攻城则取，天下人称我兵曰：立则不动摇，进则不回顾，威名震慑，莫与争锋。尔等其谨识朕言。"[②] 这一段训示，显示皇太极对《金史》多么熟悉，而且从中体会出很多的历史教训，从而对满洲人如何保持骑射传统，以武力夺取江山保住江山做出极有价值的决断，

① 赵之恒等《大清十朝圣训》，第一册《清太宗圣训》卷一《论治道》，北京燕山出版社，1998 年。

② 赵之恒等《大清十朝圣训》，第一册《清太宗圣训》卷三《论治道》，北京燕山出版社，1998 年。

历史的功效在他这里发挥到极致。

二、建立修史机构内国史院

满族最高统治者对于史学的重视还表现在建立修史机构，并规定明确的职责。努尔哈赤后金政权时期就已设有文馆或称书房的从事文字事务的机构。尽管它不是专门的修史机构，但已具有了记载史事、保存档案材料和翻译汉文史籍的功能，并兼讲论经史的职能。至 1629 年（清太宗天聪三年），皇太极将文馆人员分为两职，即翻译汉文书籍和记录本国史事。“其后文馆人员有扩增，职能也日益扩展，如起草国书、政令及其他文件，主要官员参议政务、出使外国或巡视各地等等。”[①] 由金更清，清政权统治扩大和政务增多，为了适应新形势的要求，皇太极于 1636 年（天聪十年）三月下令：“改文馆为内三院，一名内国史院，一名内秘书院，一名内弘文院，分任职掌。内国史院职掌，记注皇上起居、诏令，收藏御制文字。凡皇上用兵、行政事宜、编纂史书、撰拟郊天告庙祝文，及升殿宣读表文，纂修历代祖宗实录，编纂一切机密文移及各官章奏掌记官员升降文册，撰拟功臣母妻诰命印文，追赠诸贝勒册文；凡六部所办事宜可入史册者，选择记载；一应邻国远方往来书札，俱编为史册。内秘书院职掌，撰与外国往来书札，掌录各衙门奏疏及辩冤词状，皇上敕谕文武各官敕书，并告祭文庙，谕祭文武各官文。内弘文院职掌，注释历代行事善恶，进讲御前，侍讲皇子，并教诸亲王，颁行制度。”[②] 内三院成为地位较高、组织比较完备的中央行政机构。其中，在内国史院的职掌明确规定是记注史事、收藏和纂修史册。内三院的基本建置保持到清廷入关后的 1658 年（顺治十五年）。

三、满文老档的编纂

满族史学产生于努尔哈赤时期用本民族文字——满文文字记录档子，并汇编成册的基础上。乔治忠指出：“满文档册的出现标志着满族政权具有自身特色

① 乔治忠《清朝官方史学研究》，台湾文津出版社，1995 年，第 1 页。

② 《清太宗实录》卷二八，天聪十年三月辛亥，中华书局，1986 年。

的史学已经萌芽，它不是在承袭中国二千多年传统史学成就的基础上产生，而是中国史学上又一旁支的兴起。”①

本来，满族有语言无文字，蒙古文是当时主要的应用文字，汉字也使用，但很少，因为当时认识汉字的人很少。《李朝仁祖实录》载：“绍兴府会稽县人龚正六，年少，客于辽东，被抢在其处，有子侄群妾，家产值万金。老乙可赤号为师傅，方教老乙可赤号儿子书，而老乙可赤极其厚待，虏中识字者只有此人，而文理未尽通矣。”②“老乙可赤”，即努尔哈赤。“虏中识字者”，即识字者，只有龚正六一人。

1599年（明万历二十七年），额尔德尼和噶盖等人以蒙古文字母为基础创制满文后，努尔哈赤就命额尔德尼负责记载档子。“额尔德尼巴什将聪睿大英明汗所建立的一切善取来加以记录，此时经常的书。”③满文档子有各种不同的种类，其中汗的档子是主要的，它以编年的方法，主要记载汗的军政活动和言论，及其相关的事项，然后汇集成册，形成档册。此外，地方衙署和八旗各旗也有档子。1623年（天命八年），努尔哈赤指示八贝勒都要设立档子。记事性档子在努尔哈赤时期先由文馆负责，后改由内国史院负责。这些档子主要可分为两种，一是公文案牍的汇存；一是满文记事性档册，即官方的历史记载。现存汗的档子记事是从1607年开始的，然而将记录汗的档子作为定制是从1616年（天命元年）开始的，此前的记录是记载者追记的。④至此，这种以汗的档子为主的记事性档子的编录，不仅持续了清太祖、清太宗两朝，而且入关后的顺治朝仍继续编录内国史院满文档册。这种从政权建立始就不断编录的历史载籍，在古代各少数民族政权中极为罕见。

起初，这种记事性的档子记载的内容和条目比较少，主要是对于重大军政活动的简要记载。后来的记载比较详细。如记载对将士的赏赐，必详列各种物品的清单；记载战争过程时，凡行军、接战、俘获以及天气情况、人物对话等

① 乔治忠《清朝官方史学研究》，台湾文津出版社，1995年，第76页。

② 王锺翰《朝鲜〈李朝实录〉中的女真史料选》，辽宁大学历史系1979年印本，第251页。

③ 《旧满洲档》荒字档。转引自乔治忠《清朝官方史学研究》，台湾文津出版社，1995年，第121页。

④ 详见乔治忠《清朝官方史学研究》，台湾文津出版社，1995年，第90—95页。

等细节，均有描述；记载案件，即将时间缘由、告发过程、辩解情况、裁决和处分等全盘叙次；对公文、信件、誓词之类，则详录全文。同时，记载的范围也越来越广，举凡战争场面、对外交涉、行政规章、八旗事务、经济生活、社会生活、社会习俗、案件纠纷等方面大小事件皆有记述。这种按时间顺序，内容详细，定期成册的记事性档子成为系统详尽的史料。现存的《旧满洲档》，就是清入关前以记事性内容为主的满文档册[①]。满族史学就是在这种档册的基础上形成的。

《满文老档》是在《旧满洲档》基础上整理编纂而成的。清入关前的这部分满文档册，在清廷入主中原之际，随同其他许多文件一起转运到北京，一直存放于内阁大库之中。《旧满洲档》即是清廷入关前成册的记事性满文档子，共四十册。所记史事起自明万历三十五年（1607）至于清崇德元年（1636），中间年月有所缺失，即使内容也有重复。各档册大多以时间顺序记述史事，但也有公文、敕书及杂乱无年月文件的合订。档册的用纸，为明朝旧公文纸和高丽笺纸。清太祖时期的档册明朝旧公文纸和高丽笺纸皆有，清太宗时期的档册皆为高丽笺纸，大部分内容是用无圈点老满文记述。乾隆六年（1741）七月，乾隆谕令编撰一部无圈点老满文字典，以便于辨认这部分老满文档册。内阁大学士鄂尔泰等在进呈这部辞典的奏疏中同时提出："在查此档因年久残缺，既期垂之永久，似应逐页托裱装钉，为此谨奏旨。"[②] 乾隆准奏，于是，当时所见及的三十七册入关前满文档册，得以整理和装裱，并以《千字文》之字样给各册编定字号。乾隆三十九年（1774）十一月开始，清廷又对这三十七册满文档册重加抄录，继而以当时通行的新满文再作缮写。形成老、新两种满文文字的抄本、正本、副本共六部，藏于北京与盛京宫中。这批重抄的满文档册，在民国初年比原档更早地被发现利用，以《满文老档》的名称流行于世。《满文老档》比原档删略了一些重复的内容和一些字迹不清的部分，基本是忠实于原文的。乾隆时装裱过的那三十七册旧档册仍长期存于清内阁大库，直到1931年，故

① 台湾"故宫博物院"1969年影印，名为《旧满洲档》。

② 转引自张玉全《述满文老档》，《文献论丛》故宫文献馆1936年。

宫博物院文献馆在整理清朝档案文献的工作中，才陆续发现了这批档册，1935年又发现了乾隆朝未发现的另外三册。这四十本档册历经辗转，今藏于台湾"故宫博物院"。1969年，如数影印出版，题名为《旧满洲档》，以与《满文老档》相区别。正因为如此，所以有学者称之为"满族贵族入关之前的一部官修史籍"[①]，也是不无道理的。其价值主要有四个方面：一、承认以努尔哈赤为首的女真部落及其生活在东北等地的各族人民都是中华大地一个整体中的，当时明朝对其都有直接的册封；二、概括了满族入关之前的社会生产发展状况，有利于进一步澄清满族社会性质问题；三、它是满族入关之前政治制度建设史；四、它反映满族入关前生活在东北地区各族人民（包括汉族）生活情况。[②]

四、《清太祖武皇帝实录》的编纂

天聪六年（1632）十一月，书房秀才杨方兴上疏请修实录，得到皇太极同意，并委派以希福、刚林等人为首负责撰写，撰修工作先由文馆负责，后转至内国史院直接负责。崇德元年（1636）十一月书成，名《太祖实录战迹图》八卷，史料均来源于太祖时期的满文档册。记事起于明万历十一年（1583），至于天命十一年（1626），记述了满洲发祥及努尔哈赤的战绩，并独出心裁地为努尔哈赤的事迹绘制了八十七帧图。每页三栏，分别用满、汉、蒙三种文字书写。乾隆四十六年（1781）又重新绘写，并改题书名为《满洲实录》。这是满族入关之前的第一次官方正式的修史活动。

《清太祖武皇帝实录》，是在《太祖实录战迹图》基础上编纂的。编纂开始的时间当在天聪六七年间。天聪六年（1632）十一月，杨方舆《条陈时政疏》向皇太极建议"编修国事"，使"千万世后知先汗创业之艰难"。[③]此年，皇太极谕文馆儒臣曰："尔记载诸臣，将所载之书宜详加订正，若有舛讹之处即酌改之。朕嗣大位，凡皇考太祖行政用兵之道，若不一一备载、垂之史册，则后

① 《中国古代北方民族文化史》，黑龙江人民出版社，1995年，第1008页。

② 《重译满文老档·前言》第一分册，辽宁大学历史系，1978年，第8—9页。

③ 载《史料丛刊初编·天聪朝臣奏议》（上、中）。

世子孙无由而知，岂朕所以尽孝乎！”[①] 说明《太祖武皇帝实录》当在编纂中。《清太祖武皇帝实录》又名《清太祖武皇帝努儿哈奇实录》，共四卷，主要记载了努尔哈赤一生的活动和后金兴起的重大史事。崇德元年（1636）完成纂修，原题名《大清太祖承天广运圣德神功肇纪极仁孝武皇帝实录》。后以此蓝本，经顺治、康熙、雍正三朝修订，《清太祖实录》最后成书于乾隆四年（1739），乾隆御制序，鄂尔泰、张廷玉等任总裁官。

第三节　清时期的满族史学

自 1644 年顺治帝入关，清廷在全国的统治逐步确立，其政权是大一统的全国政权，因此其史学乃为清朝史学。但由于清朝是满族建立的政权，统治者是满洲贵族，所以，在清朝史学中，满族史学占有重要地位。其表现：一是实行文字狱，禁毁一切对满族不利的史书、文字，甚至删改古史书中的蛮夷戎狄等字词。二是史馆虽然汉、满、蒙学者皆有，但总裁、提调等负责官员多以满官为首，所撰史书都要送呈皇帝“圣裁”，保证了对修史的绝对控制。三是官修史书都有满、汉文两种文本，有的还有蒙文文本。四是特别重视满族史的修撰和辽金元少数民族政权史的撰修。这些，既是对入关前满族史学传统和定制的继承和发展，也是满民族因素在史学，特别是官方史学中的凸现。

一、官方史学的发达

入关后的满族皇帝，从顺治帝到光绪帝基本承袭了其先辈祖努尔哈赤与皇太极重视史学的传统，几乎都十分倾心史学，其中康熙帝与乾隆帝尤甚。当然，作为清朝的最高统治者，他们倾心史学和重视史学，一方面表现在本人对于史书的喜爱和研读，更重要的一方面是对于史学社会价值和功能的重视。康熙帝自己曾讲：“朕喜观史书，遍阅圣贤经传。”[②] 他对于经史之学的研读可以

① 《清太宗实录》卷一六，天聪七年十月己巳，中华书局，1986 年。

② 《清圣祖实录》卷一二一，康熙二十四年六月己酉，中华书局，1986 年。

说到了孜孜不倦的地步。“朝斯夕斯，怡然忘倦。”[①] 康熙帝研读经史之学的目的在于汲取修身治国的历史经验。他说：“朕惟治天下之道莫详于经，治天下之事莫备于史。人主总揽万机、考证得失，则经以明道、史以徵事，二者相为表里，而后郅隆可期。”[②] 康熙帝站在“人主”的地位，对于史书的研读与史学的重视不同于一般人。他对帝王教科书《资治通鉴》不仅经常阅读，而且还用心圈点校定。他说：“《通鉴》一书关于治道有为切要。虽不时翻阅，恐有阙略，故将《资治通鉴》、《纲目大全》诸书，皆以朱书手自点定。”[③] 后来，将康熙帝点阅过的，并写有心得评论的纲目类史书编辑为《御批通鉴纲目》及其“前编”、“后编”。康熙帝还要求大臣们也要习读史书。早在康熙二十四年（1685），他就指示：“凡文武官员，皆须读书，于古今得失加意研究。”[④] 他还下令将朱熹的《通鉴纲目》翻译成满文，颁予满洲大臣悉读。乾隆帝深知，史学具有垂训鉴戒、彰善瘅恶、匡助政治的重要作用，故而特别关注史学，并亲自主持和控制史学活动。他声称“《春秋》天子之事，是非万世之公”[⑤]，把史学看作应该是皇帝亲自过问的大事。乾隆帝在位六十年，一直对清代官方史学给予高度关注，以至于对清代官修史书的体例、内容等等皆做裁决和审定。乾隆帝评析历史的集大成之作《御批通鉴辑览》，“以乾隆帝的有关谕旨、批语为核心，官方形成对历代史事与政权兴旺、正统承绪的系统性认识，划出历史评论之准绳，重要历史人物和事件也几乎都有了官方的定论”[⑥]。乾隆帝还明确谕示：官修的重要史书皆由“总裁大臣共同商榷，朕复亲为裁定”[⑦]，俨然以主持官方史学活动为己任。清朝对官方史学完全垄断。乾隆帝对官修史书进行了详细的审阅，凡所成新史书都要亲自过问审查。乾隆十二年（1747）续修《大清会典》时，乾隆帝指示：“著依《明纪纲目》事例，将稿本每成一二卷，即行

① 清圣祖《御制文一集》卷二〇，《乾清宫读书记》。

② 清圣祖《御制文一集》卷二〇，《乾清宫读书记》。

③ 《清圣祖实录》卷一二一，康熙二十四年六月己酉，中华书局，1986 年。

④ 《清圣祖实录》卷一二一，康熙二十四年六月己酉，中华书局，1986 年。

⑤ 《国朝宫史续编》卷九一，《圣制命馆臣重订契丹国志谕》，北京古籍出版社，1994 年，第 898 页。

⑥ 乔治忠、杨永康《清代乾嘉时期的官方史学与私家史学》，《学术月刊》（沪）2007 年第 8 期。

⑦ 《清高宗实录》卷七四四，乾隆三十九年九月戊子，中华书局，1986 年。

陆续呈奏。朕勅几多暇，将亲为讨论，冀免传疑而袭谬，且毋玩日以旷时，诸臣其敬承之。”[①] 以后史臣又陆续进呈所编修史书，终成定制。修《四库全书》时，乾隆帝不仅领导了对史书的禁毁活动，更对其体例、编排、人员、程序、修改，甚至许多具体问题，做出明确的指示。皇帝的重视，必然会得到朝廷的支持。依靠其人力物力上的优势，学术和资料上的优势，思想主导地位上的优势，清代的官方史学成为中国历史上最为兴盛和繁荣的时期。其特点：

一是数量众多，种类齐全。有清一代，特别是康熙朝与乾隆朝官方修史达到了前所未有的高潮。据统计，康熙朝官修史书二十三种；乾隆朝官修史书六十种。乾隆朝所修的史书在《四库全书》史部所分十五种类目中，除史钞与载记之外，其余各类均有官修的史书。这样的局面超过了官方史学发达的唐朝和宋朝。

二是机构健全，持续修史。清廷入关初期基本延续了入关前的修史机构，修史的任务主要还是由内三院来完成。当时，《清太宗实录》与《明史》撰修虽设有史馆，但是隶属于内三院。经历了清初的过渡阶段后，至康熙年间清代官方史学进入编纂的高潮。于是，清廷广设史馆，持续修史。清代根据修史的性质不同，开设很多史馆，概括起来，“可分为特开之馆、例开之馆、常设之馆和阅时而开之馆四类”。[②] 所谓特开之馆，是专为修辑特定史书而开设。书成馆闭，不再重开，如《明史》馆、《三通》馆等。所谓例开之馆，是每至一定时间必应开办的史馆，如实录馆在一朝皇帝逝世后不久照例开办，玉牒馆每至十年开设一次。所谓常设之馆，即常设不闭、持续进行修史活动的史馆，如起居注馆、国史馆、方略馆等等。所谓阅时而开之馆，是指根据具体条件议定开设，以纂修接续性、系列性史籍的史馆，如会典馆、功臣馆等。方略馆的设立为满族统治者首创，其特点是每当相关的战事、事件一结束，撰修方略便提上了议事日程，将该事件过程中所有的谕旨、奏议等按时间顺序编排，以记录满族统治者的辉煌武功。

---

① 《清高宗实录》卷二八四，中华书局，1986 年，第 703 页。

② 乔治忠《清朝官方史学研究》，台湾文津出版社，1995 年，第 5 页。

相反，清代在官方史学的挤压下，私家史学与官方史学相比较要逊色得多。历史考据学成为清代私家史学的大宗，大部头的通史性的史学宏著几乎没有。私家纷纷推向具体、零散历史问题的考证。大体可分为：一是历史考据，如钱大昕《廿二史考异》、王鸣盛《十七史商榷》、梁玉绳《史记志疑》等；二是旧史籍内容的补充，如钱大昭《后汉书补表》、洪吉亮《补三国志疆域志》等；三是历史文献辑佚，如毕沅辑王隐《晋书地道志》、钱大昭等辑补《世本》等。这从另一方面折射出清代官方史学的发达和兴盛。

二、满民族因素在史学中的凸现

以史学作为思想文化统治政策的核心，是清朝最高统治者既定的政策。这与清朝是少数民族政权有很大的关系。靠八旗的铁骑，满族贵族建立了大一统的政权，军事上的强盛，代替不了文化和人数上的劣势。因此，清朝统治者在加强思想文化专制的同时，必然要凸现本民族的政治文化意识，在史学领域满民族因素的凸现是极为明显的。

纪实性满文档册从后金政权建立的天命元年（1616）编录，并形成制度。清廷入关后顺治朝仍然编录内国史院满文档册，到康熙朝才仿从汉族政权的传统做法记录起居注，并取代了内国史院的满文档册。但是，入关后的清朝国家机关，不仅保存公文、案牍的原件，更侧重于将其中资料录写副本，汇编成册。这些重新汇抄的档册，或按文书种类、或按专项事务编定，如上谕簿专门汇抄皇帝的明发谕旨、满文月折档专门汇抄满文的奏折、六科史书摘录各科处理过的题本、奏本。名目虽则繁多，但都是按年、月、日顺序编排内容，是十分规范的编年体档册。这种汇抄档册的方法，与入关前编录满文档册的方法是一脉相承的。

从清代史馆人员结构上看，汉人、满人、蒙人都占一定比例，特别是汉人和满人，数量大体相当。在常设的起居注馆、国史馆、方略馆中，满人之馆额独有定数，国史馆、方略馆的总裁、提调等负责官员，大致是满、汉员额对等，且满员列名于汉员之上。起居注馆中满人略少于汉人，但馆中主事、笔帖式等则满人占绝大多数。在重要的非常设性史馆中，大体上是正、副总裁官满、汉员额持平或满官略胜，纂修官员则满、汉员额持平或略有差额，而提调、收掌等职则满人超过汉人，处于多数地位。唯《明史》馆以任用汉人为主，不过，馆中仍设有满总裁，而且最后成书时又在总裁之前以“监理”名义列上庄亲王允禄。

清朝从总裁直至收掌，各个层次的史馆之官都安排满族员额的做法，实际也源于入关前编纂《太祖武皇帝实录》的人员组成。崇德元年（1636）十一月《太祖武皇帝实录》修成，举行了盛大的进呈仪式。“国史院大学士刚林捧满字表文，希福捧蒙字表文，罗秀锦汉字表文，率共同修纂至满、蒙、汉笔帖式进呈。”① 此后，清太宗宴请纂修官员，满官希福、刚林、詹霸、吴巴什等十四人，汉官罗绣锦、王文魁、杨方兴、张应奎等六人，满汉官员搭配而满官人数占优势。这种修史体制，在整个清代都制度化地延续下来。

入关前纂修的《太祖武皇帝实录》的形式是每页分为三栏文字，分别以满文、汉文、蒙文书写。清入关后编纂实录改一页三栏文字为钞写满、汉、蒙文三种文本，且成为惯例。即实录告成，由实录馆缮写正副本五份，每份俱书满、汉、蒙文各一部。《清实录》仅光绪实录因未及完全修成，才没有满、蒙文本。从清太祖至清穆宗十朝实录，独有满文本依然保存于台湾“故宫博物院”，并且存有清世宗、清高宗两朝实录蒙古文本。②

清代起居注记录、编辑始于康熙十年（1671），是清朝本朝史料的渊薮，而同时编写成满文及汉文两种。今满文起居注册从康熙朝到宣统朝皆有留存。“六科史书”，是朝廷六部分别录存的行政文书，编纂的目的就是以备修史取用。在台湾“故宫博物院”，六科史书都是满、汉文字兼书。

清朝诸帝的“圣训”，根据实录所载谕旨分类摘编而成。如康熙二十六年（1687）编成的《太宗文皇帝圣训》六卷，凡一百一十一则，分二十三门。卷一论治道、训诸王；卷二训群臣；卷三谦德、宽仁、智略；卷四求贤、求言、辑人心、恤民、勤农、兴文教；卷五训将、励将士、怀远人、训诸藩；卷六恤

① 《满文老档》太宗崇德朝第 36 册，崇德元年十一月十五日。

② 详见庄吉发《故宫档案述要》，台湾“故宫博物院”1983 年，第 317—318 页。

降、招降、恤旧劳、敦睦、节俭、谨嗜好、禁异端。各朝圣训，一律缮写满、汉两种文本。乾隆朝《大清会典则例》曰："据实录馆奏称：屡朝实录、圣训清、汉文各一部，业已缮竣校对装璜。"①

清朝国史馆纂修的国史本纪，以编年纪事的方式记述清帝与朝廷重要政务，是本朝国史的纲领，也用满、汉字写成两种文本。目前满文本清朝国史本纪，存于台湾"故宫博物院"。国史列传卷帙极大，不可能也没必要全部译成满文，但有些列传如《蒙古回部王公表传》分别写成满、汉、蒙文本；《恩封宗室王公表传》各为满、汉文本。②

乾隆时期纂修《皇清开国方略》，是以编年体记述清入关前开基创业的"宏功伟绩"，全书三十二卷，皆译成满文的文本。

雍正年间创立的史籍《功臣传》，是记载战争中"抒中效命"文武官员与兵丁的事迹，随时予以续修。《国朝宫史续编》卷九十登录的六部续修《功臣传》，都有译成满文的文本。

清朝直到季年仍坚持起居注、实录等史籍译写为满、汉文本，就不属于实际的阅读和利用的问题，而是将民族政治文化因素注入官方史学的运行之内，也是清史学中满民族因素的重要表现。

清朝的官方史学对于本民族史的修撰特别重视。大者有：《八旗通志》二百五十卷，雍正五年（1727）始修，乾隆三年（1738）告竣，四年刊刻；乾隆五十一年重修，嘉庆四年（1799）刊刻。《八旗满洲氏族通谱》八十卷，乾隆九年（1744）校刊。《盛京通志》一百三十卷，乾隆九年敕纂，十二年校刊，乾隆四十四年增订。《皇清开国方略》三十二卷，乾隆三十八年（1773）始修，五十四年刊刻。《盛京事迹图》五卷，乾隆四十年（1775）敕绘。《满洲源流考》二十卷，乾隆四十二年修纂。《钦定热河志》一百二十卷，乾隆四十五年勅辑。《钦定宗室王公功绩表传》十二卷，乾隆四十六年（1781）修纂。《南巡盛典》一百二十卷，乾隆三十五年修成。《钦定满洲祭神祭天典礼》六卷，乾

① 《钦定大清会典则例》卷六三《礼部》，景印文渊阁《四库全书》，台北商务印书馆，1984 年。

② 《国朝宫史续编》卷八八《史学一》，北京古籍出版社，1994 年，第 850 页。

隆十二年修撰。《钦定中枢政考》一百六十八卷，乾隆五十五年校刊。《钦定国朝宫史》三十六卷，乾隆三十四年成书。（钦定宫史续编）一百卷，嘉庆十一年（1806）成书。还有，缮录和编辑《满文老档》、重绘《满洲实录》等。这些史学著述充满着满民族的特色。

基于清朝也是少数民族建立的政权的缘故，满族最高统治者早在入关前就很重视以前少数民族建立的辽、金、元政权的历史。根据努尔哈赤与皇太极的要求，顺治初年文官先后完成了辽、金、元三史满文与蒙文的节译。乾隆十二年（1747），朝廷刻成"二十一史"。乾隆帝认为："辽、金、元之史，成于汉人之手，所为如越人视秦人之肥瘠忽然，故曰难。夫辽金元氏非若唐宋之兴于内地而据有之也，又其臣虽有汉人通文墨者，非若唐宋之始终一心于其主。语言有所不解，风尚有所不合"，加之以汉人"纪边关以外荒略之地乎，其不能得中得实亦益明矣"。[①] 于是，乾隆三十六年下令编撰《辽金元三史国语解》。《钦定辽金元三史国语解》一书修成后，乾隆又下令以该书所定"国语"校勘《四库全书》中"凡关涉三朝事迹"，将不合之处"挖改划一"。[②]

在最高统治者的倡导下，满族学者的私人史学著述也日趋活跃。自入关至乾隆初年间，就有：康熙年间图理琛《异域录》一卷，马哈思《塞北纪程》一卷，雍正年间鄂尔泰《西林奏稿》，允礼《西藏日记》二卷、《奉使记行诗》二卷，乾隆初年弘旺《皇清通志纲要》六卷、《松月堂日下旧见》六卷，常钧《敦煌随笔》上下卷，三宝《春华日览》等。

三、满族史学的奇葩——家谱

国家有史，地方有志，家族有谱。家族的谱书，即家谱，乃是一个家族历史的记录。它能从一个族群的发展反映历史时期的史事。所以，家谱也是一定时期史学的重要组成部分。满族十分重视家谱的修撰。满族的先民就有记写档子的习俗，这种档子被认为是文字族谱的雏形。满族入关后，修谱续谱之风甚

① 《御制热河志·序》，景印文渊阁《四库全书》，台北商务印书馆，1984 年。

② 中国第一历史档案馆《纂修四库全书档案》，上海古籍出版社，1997 年，第 2020 页。

盛，几乎遍及满族各个姓氏和家族。因此，现有许多家谱存世，成为满族史学园地中的一朵奇葩。

在努尔哈赤起兵之前，女真人社会活动的基本单位是带有血缘关系的“穆昆”氏族组织。到了努尔哈赤时期，一方面，穆昆逐渐为牛录所替代，与此同时穆昆中的血缘关系，也为牛录中的官民关系所替代，审定编旗、人丁户口的登记皆在所属旗衙门的旗档之中。但另一方面，在八旗制度中氏族传统的影响仍然很大，其中八旗官职的任用就十分强调氏族关系。清廷在入关前，把佐领分为勋旧佐领、世管佐领、公中佐领。前两种，其职子孙可以世袭；公中佐领，其职子孙不得世袭。因此，承袭官职不仅要有敕书，还需呈家谱以证明其家世。清廷入关后，仍然延续这一制度。为此，雍正五年（1727）明确要求“凡系世职官员，令其预先缮造家谱，存贮都统衙门；其后若有应行增入者，令于岁底举报增入”[①]。然后，经八旗都统核实，上奏皇帝批准。辽宁省图书馆收藏的《八旗佐领袭职缘由宗谱》数十份，都是为袭职而抄录的家谱。满族“从龙入进京”后，远离故土，随旗驻防，迁徙四方，随着人口的繁衍，支派的增多，久而久之，宗族间只知同宗，不识别支。结果，本族源委分合不知；尊卑亲疏无序，十分需要“敬宗”、“收族”，收族就是修一家之谱。这样可使“世系次第有序，而尊卑可辨，本枝远近有序，而亲疏自明”[②]。同时，朝廷也提倡八旗满族都要修族谱。乾隆年间编修的《大清会典》规定，“凡八旗氏族，载在册籍者曰正户，童仆由本主所出户者曰开户，由所隶佐领别宗友，核真伪，稽远近，考其谱系”。驻防各地的八旗满族分散各地，且在人数上远远少于汉族，修家谱能够起到凝结和维系八旗满族的作用。所有这些都促使了满族修谱之风日益兴盛。

于是，满族不论是皇室贵族还是平民百姓，几乎每个家族都修纂有家谱。不同的是，朝廷修通谱，皇室修玉牒，贵族大姓修谱书，平民百姓修谱单。

乾隆初，朝廷官修《八旗满洲氏族通谱》以示提倡。乾隆帝谕旨称：“八旗

① （清）鄂尔泰《八旗通志·初集》卷三七，台湾学生书局，1970年。

② 《赵氏家谱》序。

满洲，姓氏众多，向无汇载之书，难于稽考。着将八旗姓氏详细查明，并从前何时归顺情由，详记备载，纂成卷帙，候朕览定，刊刻以垂永久。”[①]全书八十卷，于乾隆九年（1744）撰成，成为满族各氏确定其皇族身份的最权威依据。

朝廷设玉牒馆，专门负责满族皇家族谱《宗室玉牒》的修撰。玉牒分三种。第一种为帝系玉牒，将皇帝直系单独编纂成册，以突出皇帝至高无上的权威。内容简单，只收录皇帝本人及皇子。每朝皇帝名下列其诸皇子名字、行次、爵号，以嗣位皇子居中，其他诸皇子的顺序是左右一边一位依次排列，以右为大。第二种为宗室玉牒，以清太祖努尔哈赤的父亲塔克世为本支，其直系子孙的繁衍状况记入宗室玉牒之中。第三种是觉罗玉牒，以塔克世的伯叔兄弟为旁支，称其子孙为觉罗。觉罗玉牒记载了兴祖直皇帝和景祖翼皇帝子嗣的繁衍。顺治十八年（1661）开始撰修玉牒，此后每十年续修一次，形成定制，并严格遵守，直至清朝灭亡。所以，有清一代满族皇族爱新觉罗氏之家族谱系、人员状况极为清楚完备。

满族家谱一般在虎年续修，以取“龙腾虎跃”的吉祥之意。也有人丁少的家族在鼠年续谱，鼠繁殖迅速，以寓家族人口增添众多。续谱的时间一般在农历二月进行。到了续谱之日，全族人口欢颜聚会，族长洗手焚香后，打开谱匣，取出谱单。这一仪式叫“请谱”。之后，高悬谱单，族众瞻拜，称为“晾谱”。接着，按辈分向祖谱行叩拜大礼，是谓“拜谱”。礼毕，由族中文笔好的“秀才”续谱。这一仪式，实际上是生动的族教活动。

在清代，满族修谱出现了四次高潮。第一次是在“康乾盛世”时期，著名的有《福陵觉尔察氏谱书》、《尚氏宗谱》、《张佳氏哈拉宗谱》、《吴氏谱书》等；第二次是在嘉庆年间，主要有《李佳氏家谱》、《马佳氏族谱》、《萨喇嘛氏族谱》等；第三次是在光绪年间，修的谱书较多，主要有《永陵喜塔腊氏谱书》、《索绰罗氏统宗》、《伊尔根觉罗氏族谱书》、《白氏源流族谱》、《瓜尔佳宗谱书》、《赫舍里氏宗谱书》、《易穆查氏族谱》、《他嗒喇氏谱书》等；第四次是

① 《八旗满洲氏族通谱》书首，景印文渊阁《四库全书》史部传记类总录之属，台北商务印书馆，1984年。

在二十世纪前期，重要的有《伊尔根觉罗氏族谱书》、《汪氏族谱》、《那氏族谱》、《盛京开原关氏宗谱》等。[①]

满族的家谱在汉族的家谱的基础上又有发展，更加完善，内容丰富而详细。一般包括谱序、宗派篇、家规、家训、世系表和附记等部分。谱序，主要记述修谱的意义、目的、缘起，概述本族源流、先人的业绩、氏族变迁等，如氏族通谱和部落移驻及旗属等；宗派篇，或称派语，即氏族行辈字，或谓世系源流歌，即特选二十或更多的吉字，编成五言歌，以供后世子孙取名作为辈分用字，避免考稽辈数无凭；家规、家训，主要记述氏族组织、族长的选举、职掌，以及特有的风俗习惯；世系表是家谱的正文，即谱图、谱注及小传、年谱等；附记，是一些未尽事宜的说明或补记。所以家谱是极为珍贵的民族历史文化遗产。

① 详见张佳生《满族文化史》，辽宁民族出版社，1999年，第621—622页。

第四章

从复兴走向成熟的藏族史学

1247 年蒙古王子阔端与吐蕃代表萨班达成吐蕃归附蒙古的协议，此后历代王朝对西藏地区实现了有效统治。政治和社会环境较为稳定，藏族史学也迎来了复兴期。十五世纪中期至十七世纪中期，藏族史家在思维的广度和纵深上都有了质的飞跃，是藏族史学的发展期。自十七世纪中期以来，藏族史学思想逐渐走向成熟，史学已是一门显学。

第一节　藏族史学的复兴

1247—1349 年的萨迦时期，归附蒙元中央王朝的西藏，政治和社会环境较为稳定，藏族史学迎来了她的复兴期。其间几部代表作的一个基本倾向就是政教史逐渐成为一种固定模式，出现了以《红史》为代表的政教史和以《西藏王统记》为代表的王统史两种成型的且对后世产生巨大影响的史书题材。通史的写作和续修则说明史家已充分意识到历史源流的连续性。这一时期无论政教史或是王统史，佛教史观在历史理论的各种表述中都占有主导地位，即使是分享知识乐趣的史学功能也隐含弘扬佛教功德、使人心生信乐的意旨。

一、《拔协》增补部分

八世纪历史名著《拔协》的增补部分，有人说是后弘期的高僧库敦·尊珠雍仲（1011—1075）所为。[①] 这部分史事以阿底峡入藏传法为下限，分裂时期的历史记载又较为详尽，据此判断作者大约是十二世纪的人，而篇末的结语则是作者史学理论的最好阐释："关于佛法兴起的不同的历史记载虽然有很多，但有些是胡说、有些抱偏见、有些太简略、有些太零碎、有些又是伪作。而本书

① 拔·塞囊著，佟锦华、黄布凡译注《拔协·译序》（藏汉对照本），四川民族出版社，1990 年。

不违背从前各赞普王臣的论述，不违背印度和吐蕃的译师、班智达等的著作，不违背卫藏各地寺庙的修建情况，所以是佳善的、是确凿的、是认真写的、是好好说的。但是，因为自己是一个凡夫，所写书中，可能有错误。”[①]作者首先对秽史作了分类：胡说、偏见、简略、零碎乃至伪作，而该书正文及增补遵循三个“不违背”原则，所以符合良史的标准：佳善的、确凿的、认真写的、好好说的。要达到这些要求并非易事，历史哲学和历史编纂学素养不错的史家，往往就因表达能力不如人意而使史实无意间被歪曲，不能准确传达历史信息。作者在结语中接着说道：“众人皆知秘诀，谁还能当学者。著述莫要给人，牢记心中去说。写后放入箱里，有如墓中财宝。尊者谁若需要，可以对他讲说！以上就是对详细王诰的补充，完了。”[②]这段话说得隐讳含糊，作者在此自是想说明他（她）写的增补本是独一无二的史料，所以只能对有缘人开示，好似随葬品一般。仔细咀嚼书中内容后我们觉得作者说这番话正如他（她）未署名一样，原因极有可能是他（她）写了一段真实却为许多藏民忌讳的事情：朗达玛执政期间，“拉萨出现霜灾，庄稼生锈病，发生旱灾、兽瘟和人疫，赞普趁此机会对全体百姓说：‘拉萨发生人疫灾害，是怎样造成的，你们知道吗？’答说：‘不知道。’赞普说：‘我知道，就是那个叫文成公主的母夜叉，请来了不吉祥的夜叉之神释迦牟尼。’”朗达玛认为释迦牟尼搅乱了众神的统治秩序，而长于堪舆之学的文成公主为了使吐蕃归属唐朝，弄坏了许多吐蕃的风水宝脉，“她又让全体吐蕃臣民出家，不接触女人，专修佛法而断绝后嗣，想把吐蕃政权交付给汉地娘家。因为她改造破坏了吐蕃所有的地脉，所以得麻风病而死。尸体放在拉萨，没有坟墓，都是为此”[③]。藏族人对传染性极强的麻风病（mdze-nad，又名癞病）十分忌讳。在佛教信众看来，文成公主是绿度母（sGrol-ljang）的化身，以《西藏的观世音》为代表，一些佛教史书认为文成公主最终与松赞干布、赤尊公主一道融入观世音像的胸际[④]，说她死于麻风病，这不仅是对她

① 拔·塞囊著，佟锦华、黄布凡译注《拔协》（藏汉对照本），四川民族出版社，1990年，第76页。
② 拔·塞囊著，佟锦华、黄布凡译注《拔协》（藏汉对照本），四川民族出版社，1990年，第76页。
③ 拔·塞囊著，佟锦华、黄布凡译注《拔协》（藏汉对照本），四川民族出版社，1990年，第65—66页。
④ 阿底峡尊者发掘，卢亚军译注《西藏的观世音》，甘肃人民出版社，2001年，第281—282页。

也是对佛教的亵渎。拉萨疫病的流行是释迦牟尼及文成公主所致自然是朗达玛出于本教观念对二人的诅咒，但在《拔协》与《如意宝树史》互证之下，文成公主、松赞干布和赤尊公主皆为麻风病夺去生命这一说法盖为事实，三人去世的时间则不一定相同或相近。因此实录这段历史难免招致后人诟病，当然作者可能还有其他的顾虑，故将此段结语写得有些语无伦次。增补部分展现出作者良好的史学素养，包括对历史的认知、对史料的把握、对编纂原则的确定、对良史和秽史的区分以及历史文学意义上清晰的叙事层次、细腻的历史笔法等等，这些正是增补部分的价值所在。

二、藏族政教传承体通史《奈巴教法史——古谭花鬘》

写作于1283年（元世祖至元二十年）的《奈巴教法史——古谭花鬘》，是现今可考西藏归属中原王朝后写作时间最早的藏族政教传承体通史，作者是奈乌寺的噶当派僧人扎巴·孟兰洛卓，后人亦称他为奈巴班智达孟兰慈成扎巴[①]。此书向无刻本行世，1974年经海外藏族学者才班哲康整理方得以刊行。时任联邦德国巴伐利亚州科学院中亚研究所所长的海尔嘉·于伯赫博士（Dr. Helga Übach）考证后认为此书不伪，1980年她又从达兰萨拉图书馆找出另一抄本，两相对证后于1987年在慕尼黑出版了此书藏文原抄本影印件、藏文标音本及德文译本的合刊本。王尧、陈践两位先生将此书译为汉文，刊于《中国藏学》1990年第1期。

《奈巴教法史——古谭花鬘》全书分三品，第一品为《古代吐蕃史》，第二品是《吐蕃佛教弘传史》，第三品则是《教法纪年之辨析》。这一编纂结构表明，该书是一部典型的政教史题材作品。此书一开始奈巴班智达就以地理空间的共时叙述作为全书导引，列出吐蕃王朝所在地理空间及其本部四十七个东岱的名称。此后，作者即进入王统的写作，并以别传形式补充各赞普的史事。别传的特点是明确的年代、年龄、年限等时间要素的高频率出现，如："墀松（赤

① 扎巴·孟兰洛卓著，王尧、陈践译注《奈巴教法史——古谭花鬘》，《中国藏学》1990年第1期；索朗顿珠编《藏族史学书目》（藏文版），西藏人民出版社，2000年，第244页。

松德赞）铁马年春诞生于札玛宫。十三岁时丧父（此时母舅任执法副相），执政四十二年，五十六岁，木牛年于松卡城之东那地方，坠桥身亡。”[①]第二品起于吐蕃佛法弘传，终于后弘期佛教复兴，与《拔协》相比，作者对王统世系及佛教传承着墨更多。第三品是作者对教法纪年的辨析。所谓教法纪年就是佛教年代学，其核心是按佛陀预言辨明佛灭后教法还会存在多少年。奈巴班智达采用《增广悬记》的说法认为佛灭后“教法将存在五千年”，接着他以预言与历史相应，证明佛法之再度弘扬。可以说，佛教的兴→衰→兴是该书叙事的一条暗线。以体例而言，该书是一部事略体的通史，其中又有大事记、编年史等要素，但所有人事基本没有离开这条线索。

三、《布顿佛教史》的政教史观

《布顿佛教史》一书，全称为《善逝教法源流史·圣言宝藏》[②]，由元代大师级的藏族佛学家和翻译家一切智布顿仁波切·仁钦珠（1290—1364）于水狗年（元至治二年，1322）写成。《布顿佛教史》的藏文铅印本于1988年由中国藏学出版社正式出版。前此两年，郭和卿先生的汉译本也由民族出版社出版，题为《佛教史大宝藏论》。

《布顿佛教史》是一部纲目体著作，纲经目纬，层次分明。全书分为四大总纲:第一总纲是“明闻、说正法的功德”，讲的是佛法的功能;第二总纲为“明所闻、说之法”，是说佛法的内容；第三总纲称“如何闻、说及修学法”，论修习佛法的途径和方法；第四总纲讲“所修之法如何而来的情况”，追溯佛教的起源，内中加以闻、说互动，目的是阐明息苦痛、离烦恼、增智慧的佛法要旨，使众生能更好地理解佛法。纲下又分子目。书中对佛教文献非常重视，论述了很多佛教文献学的知识，如法的分类方法、藏地所译显密经典等，并收录了藏地所译及藏人所著目录。该书的主题在开篇礼赞中表述道:“得如穷人手中宝，是我嘉言无垢论，若以较量嫉恨心，正净立场难取信。无取但受甘露法，

---

① 王璞《藏族史学思想论纲》，中国社会科学出版社，2008年，第65页。

② 民族图书馆编《藏文典籍目录》（藏汉对照本），民族出版社，1997年，第51页。

能除自心痛苦情，若能采取部分义，揣能灭除忧苦根。以此为除智贫乏，并对求义诸人士，增设广大法喜筵，‘大宝藏论’门启通。从中生出大小乘，各种意趣殊胜宝，随汝欲求取受时，愿由无碍意乐心。”接着作者又讲道："依此可知，由卓越的诸法王继承人士，他们运用具足导师释迦王佛四神足的大军，战胜广大的魔敌，而以四摄隐蔽应化有情于成熟的境域，作出常转一切应有尽有法轮的诸大法王教政。这种教政是清净美好的抚治善规，能成为人天一切众生的利益与安乐的根本。"[①] 诸法王指的是吐蕃时期兴佛的各位赞普，他们依照佛教教义和戒律制订了王朝法规（如松赞干布时期的十善法），使教政和谐。教政结合产生的善规令众生安乐，而该书就是通过闻、说两个层面来探讨生善之因，此因便是对佛教的信仰。不难看出，该书及前几部史书的作者已隐然受到教政互依、政教两利的史观支配，这是多数藏族佛教史家的习惯思维。

四、政教传承体史纲《红史》

蔡巴万户长名蔡巴 · 贡噶多吉（1309—1364），被布顿大师称为"博学多闻的智者"。他十五岁时即被委任为万户长，十七岁时进京朝见泰定帝也孙铁木儿，得赐金银绸缎及袭职敕书。他在任期间，礼侍僧众，修缮寺院，并聘请好友布顿大师与他合作校订纳塘版《甘珠尔》，继以金、银粉复制将二百六十函校订成果写出，后世称此《甘珠尔》范本为《蔡巴甘珠尔》[②]。蔡巴万户在帕竹的反击战中溃败，贡噶多吉面对时局感慨万千，于藏历第六绕迴水龙年（元至正十二年，1352）将权力交给其弟后受戒出家，取法名为格威洛哲（dGe-bavi-blo-gros），从此结束了自己的政治生涯。

贡噶多吉在佛学和史学上成就显著，《红史》便是他在史学领域的代表作。《红史》的得名是基于"古往今来之各种史册俱以各种颜色命名"[③]。该书不仅在藏学界，且在蒙古学界亦有较高地位。《呼兰史》是《红史》的蒙古语名。

---

① 民族图书馆编《藏文典籍目录》（藏汉对照本），民族出版社，1997 年，第 2 页。

② 杨贵明、马吉祥编译《藏传佛教高僧传略》，青海人民出版社，1992 年，第 103—105 页。

③ 蔡巴 · 贡噶多吉著，东嘎 · 洛桑赤列校注，陈庆英、周润年译《红史》，西藏人民出版社，1988 年，第 1 页。

东嘎·洛桑赤列先生根据国内外七种藏文本对《红史》进行了校注，1981 年民族出版社出版了这一校注本，陈庆英、周润年二位先生依据此本所译的汉文本由西藏人民出版社于 1988 年出版。

按照汉文史书的体例分类，《红史》可以称为纪传体通史。该书特别重视政、教两个大系统及各个子系统的传承，加之文字简洁，故将《红史》称作第一部政教史题材成型的藏族史书更为恰当。

该书佛教史的较大比重与佛教史观直接相关，书中对藏地上古史的叙述也采用了《俱舍论》的佛教创世说及本土的猕猴变人说。客观来讲，每个民族的史学理论和历史理论与其文化积淀及传统信仰是密不可分的。对一个佛教民族而言，其史学著作不受佛教语境的影响是不可能的。在大多数藏族百姓的心目中，《格萨尔》的“传说”就是真实而神圣的历史，所以在此引入主位视角分析问题无疑是必要的。

《红史》首次对中原、西夏、蒙古的帝统和王统进行了专题记述，与之相应，各族各邦的王统世系和藏传佛教的师徒传承是该书叙事结构的核心层次。类似的内容在前人史书如《拔协》、《奈巴教法史——古谭花鬘》当中已有记载，但不及《红史》这般系统。

五、为后人提供史料的《雅隆尊者教法史》

《雅隆尊者教法史》，作者是雅隆尊者释迦仁钦德。作者生卒年难以考订，其父扎巴仁钦曾做过八思巴的侍者，该书约于藏历第六绕迥火龙年即 1376 年（明洪武九年）撰成。

《雅隆尊者教法史》不仅在编纂结构上与《红史》相似，而且以体例来说也是一部政教传承体史纲，不同的是，作者对这种编纂结构特点的认识更为明确。释迦仁钦德提醒读者：“若愿列出目录，则摘其红字部分即可。而王统世系与历代上师均能自成篇章。又，若另行摘出吐蕃王统等，亦可辑成史书。”[①] 该书这种可分可合的编纂层次是对《红史》“各取所需史料”的进一步诠释，同

① 释迦仁钦德著，汤池安译《雅隆尊者教法史》，西藏人民出版社，1989 年，第 107—108 页。

时清楚地表达了为后人读史写史提供史料的历史编纂观念。

六、《西藏王统记》

在藏族史学思想复兴期的几部佛教史和政教史作品之外，尚有一部王统史流传于世，此即萨迦派大学者索南坚赞（1312—1375）所写的《西藏王统记》，也有人按字面含义将此书书名译为《王统世系明鉴》。

《西藏王统记》各章史事虽相对独立，然作者却在每一章结尾做出铺垫，承上启下。如第二章讲释迦牟尼三身像之塑造及开光事，后半部分又述及苻坚迎取佛陀十二岁等身像事，从而与第三章联通。这种体例，类似中国传统小说的章回体，故该书可说是一部章回体史书。具体分析，从第一章佛教创世论及释迦牟尼兴佛史到第十七章松赞干布与二公主融入观世音像眉间构成全书主体，观世音是其中的主角，这部分内容具有明显的纪事本末体特点。此后讲述赤松德赞至雅隆觉阿系各吐蕃王统的传承，内容从简，是事略体的形式。作者只在第三章中将蒙元皇统述至元顺帝，总体史事仅及藏地分裂时期，故而算不上是一部通史。作者在谈到观世音的功德时并未单纯罗列一些事实或宣讲何种佛教义理，材料上选取较多的是一些生动的故事，如第六章《变化马王，利益众生》即取材自《大乘庄严宝王经》。该书历史文学的另一特点是在部分史事评价上运用象征手法。如热巴巾被谋杀后，“王之疆土犹如冬水，日渐下落，十善法律，如坏麦束，绳断分散，藏民福德，如油尽灯，利乐王治，如虹散空，罪恶行径，如大漠风沙，狂吹乱起，行善之心，如昨夜梦，渐就忘失。至于诸译师和受供高僧，皆以服役无人，各返乡里。所翻经典，其未竟者，亦唯弃之而已。诸喜乐佛法臣民，徒有悲伤，而亦无可如之何也”[①]。这段评价，含有多个比喻并列句，深厚的喻义是作者与历史共鸣的结果。

七、《朗氏家族史》

1986年西藏人民出版社出版了由西藏自治区社会科学院藏文古籍编辑室

① 萨迦·索南坚赞著，刘立千译注《西藏王统记》，民族出版社，2000年，第140页。

整理的《朗氏家族史》藏文版。此书实际是以《朗氏灵犀宝卷》及大司徒·绛曲坚赞（1302—1371？）的《遗训史》为主体，合并其他珍贵史料而成，题为《朗氏灵犀详卷》，可说是一部朗氏家族史料汇编。阿旺和佘万治依照这一版本将《朗氏家族史》译为汉文，于1989年由西藏人民出版社印行。

《朗氏灵犀宝卷》先说此宝卷之由来及价值，次说朗氏天神祖先的来源，再以简洁文字排列天神世系，内中多有神异传说。在编纂结构上实际是朗氏的天神、人主交错相间。绛曲浙桂后裔形成的各支系采用世谱体例简略总说。本卷的人物多按成就而非世次的逻辑来立传，是故世系、谱牒的特色并不明显。格言和训诫是贯穿本卷的主题所在，绛曲浙桂时期这样的内容更为集中。如他讲说有关俗务的教诫："人是否贤良，应考察其行为；自己是否明智，应考察其计谋是否善巧；自己是否辩才无碍，应观待其谈话后是否后悔；自己是否富足，应（观待）其积累财富之后是否善于开销；自己是否是赞普（地方土酋），观待其不在任何场所矜持……"

《遗训史》是大司徒·绛曲坚赞的自传，具体的叙事结构也是按重大事件的发展顺序，从帕竹噶举传承一直讲到作者退位。作者的经历是全书的主体，起于藏历第五绕迥水狗年（元至治二年，1322年）作者担任帕竹万户长，止于藏历第六绕迥铁牛年（元至正二十一年，1361年）作者写作这部《遗训史》。[①]

使用直接引语是本传最显著的语言特点，大多数史事为作者亲历自述，传后又附录了绛曲坚赞的遗嘱和道歌、京俄扎巴琼乃的教诫以及萨班致京俄的邀请信等一手史料。其史料之真实完整，是汉文《元史》、藏文《汉藏史集》等同一类史料无法比拟的。该传继承并发展了《朗氏灵犀宝卷》的家训史观，以作者自身的阅历经验向子孙开示做人执政的规矩道理。如绛曲坚赞自述其继任万户长后，"尽管我仅掌管文地的一半、雅隆的一半，但是我做到了无酒色的过失，坚持了僧人的情操。由于雅隆诸位善知识对座首职位意见纷纭，所以我豁出命来担任了座首职务。我用所得的礼物来维持政权。由

① 索朗顿珠编《藏族史学书目》（藏文版），西藏人民出版社，2000年，第236页。

于我不轻浮，所以政权才得到治理和有起色。如果我放荡不持重，要娶妻子，以后就会有三妻四妾，乃至同无数的妇人姘居。如果按此行事，此政权的管家、尊卑俗官、司膳官、侍寝官和官寨内所有的人都蓄养几个妇人而不顾及官寨内外的治理，则乃东将成为一座颓败破旧的客店”①。鉴古知今，作者非常清楚酒色对帕竹的危害和腐蚀，他的自律使帕竹复兴有了希望。家有家规，只有家族内部上下一心，才可能积聚实力与外敌抗衡。作者一生从修身、齐家以至治藏，身处逆境亦不忘自我批评。在该传的最后一节，作者用了较长篇幅述说遗训，总结起来有如下几类：一、保持家族血统的纯洁。二、对属下的评价和安排。三、对外族人的态度。四、各个职位的官长应如何行事。五、一俗家弟子一般只能娶一妻，妻子应选择帕竹万户辖区中聪慧健美的高尚女子②。六、植树，以供寺院、民居及船只的修补。七、元室与萨迦衰败的原因在于为官者贪污腐化，勒索百姓，法纪废弛，妇人干政③。只有从以上人事中纳善抑恶，帕竹方能长久幸福吉祥。他的家训，情义真切，内蕴隽永，在今天看来，也是做人为官者值得借鉴的史训！

第二节　发展期的藏族史学

一、发展期藏族史学的新突破

承前代史学发展之余绪，十五世纪中期至十七世纪中期藏族史家在思维的广度和纵深上都有了质的飞跃，得到了巨大的发展，出现了《汉藏史集》、《青史》、《西藏王臣记》、《智者喜宴》等一大批史学名著。王尧先生认为：“明代藏族史学的进步主要表现在两个方面，第一方面是元代首创的史册类、教法类著作的发展和完善，二者呈结合的趋势。第二方面是多种新的史著体裁的出现，

① 大司徒·绛曲坚赞著，阿旺、佘万治译《朗氏家族史》，西藏人民出版社，1989年，第134页。
② 大司徒·绛曲坚赞著，阿旺、佘万治译《朗氏家族史》，西藏人民出版社，1989年，第252页。
③ 大司徒·绛曲坚赞著，阿旺、佘万治译《朗氏家族史》，西藏人民出版社，1989年，第253页。

如王统记、人物传记、世系史等等。”[①]

此时期的《汉藏史集》、《青史》、《印度佛教史》等著作，就目录编排的形式而言是章节体，但从内容上看，这些史书的体例皆可归入纪传体或人物传的范畴，其编纂结构隐含的编纂逻辑是传承（教法）、时间（人物活动年代）、群体（教派、诸侯）等意义上的，年代和分类意识十分明确。传承史观在藏族史学思想的发展期已渗透藏族史家的内心。

发展期的藏族史学对前人著作的许多局限有明显突破，主观上的突破首先出现在传统题材的史书内部。如《青史》和《汉藏史集》在文字表述上趋于细腻详实，与复兴期藏族史籍的简约文风迥异，与之相应，史料也更为丰富。《青史》是一部佛教专史，《新红史》几近一部“纯王统史”，《印度佛教史》的视界则跳出了藏区，成为一部世界性的经典史乘，而《汉藏史集》的新题材又令读者眼前一亮。

发展期传统通史的代表作在分量上较前代更显厚重，在通而全的同时，内容上追求专而新。《米拉日巴传》、《玛尔巴传》和《后藏志》在客观上拓宽了藏族史学视域。这一时期的藏族史家们较注重对历史的评论，在史料搜集及疑古精神方面往往较前人更胜一筹，对史料的考释抉择总体上又十分审慎细致。

藏族史书基本上是围绕着佛教发展编纂的，宣扬佛教的编纂目的非常明确，个别记述世俗社会历史的典籍也深深地打上了佛教的烙印。从体例结构来看，藏文典籍有一个很明显的特点，就是在篇首多有或长或短的赞颂诗，表达作者对佛的礼敬，这是其佛教史观对历史编纂影响的直接表现。从典籍的内容看，藏族史家多认为人世间纷繁复杂的政治、经济关系都是轮回无常，不值得去关注，最重要的是信仰佛教，脱离人世苦难。因而在选题与材料取舍上，均以服务于佛教为标准。五世达赖称:“世间俗事是破坏上师戒律的根源，可见这是很可怕的。”[②]在对历史发展的解释上，藏族史家一切是非褒贬多决于佛教，常将社会发展的动因归于是否遵守佛法。所有这些都表明藏族史著求义的观念

① 王尧、沈卫荣《试论藏族的史学和藏文史籍》,《史学史研究》1988年第2、3期。

② 五世达赖阿旺洛桑嘉措著，陈庆英、马连龙、马林译《五世达赖喇嘛传》(上)，中国藏学出版社，2006年，第17页。

非常浓厚，发展期藏族史书的编纂思想同样也是如此。不过，追求佛教之真义，并不等于藏族史家随意书写历史，不再追求历史的客观真实，相反，在藏族史学发展史上不乏注重考证的史作。如《青史》、《贤者喜宴》等都是藏族史学史上很有影响的史书，都包含丰富的考证内容，在史事考证上用力甚勤，其书写真实历史的观念非常强烈。

二、《汉藏史集》的共存互动型民族史观

《汉藏史集》由达仓宗巴·班觉桑布撰写，于“阳木虎年写成”，大约是公元 1434 年。全书分上下两编。上编二十五节，记述了萨迦派受元廷委托管理藏族地区行政、经济及宗教事务，有关萨迦各支派史实的记载颇为详实。在政教史的内容上，于阗王统、元代西藏驿站的设置，伯颜、桑哥的事迹，夏鲁万户及几大家族的历史、时轮教法传承等新内容皆为前代通史所不载。该书还增加了吐蕃饮茶和汉地碗的出现，吐蕃医学史、刀剑史等，以及诸多文化艺术的记载。该书简明流畅的文字，极受学者推崇。

该书一改前人通史多以《俱舍论》之世界形成说作为史书开篇的习惯，代之以叙事层次明晰的共时性历史民族观和历史空间观表述，让人在开篇看到的是一幅鲜活的民族地图。藏族的史书自然侧重于藏人这一历史主体，吐蕃王朝显赫的历史也是藏人心中的美好回忆。但藏人的佛教史观认为赡部洲（包括印度、汉地、大食、冲木格萨尔、吐蕃等）各族是平等共存的，相互间交往频繁，彼此影响，是一种共存互动型的民族观。

从书中所述可以看出，彰善瘅恶非该书的主要取向，叙事时主要是将各种王统史籍的资料摘要和汇集，解释之语多过评论之语，目的是使它们“聚集一起成为妙欲之宝藏，分散开来成为珍贵之原料”[①]。

三、开创综合体的《青史》

《青史》作者廓诺·迅鲁伯（1392—1481），是明代藏传佛教的著名僧人、

① 达仓宗巴·班觉桑布著，陈庆英译《汉藏史集》，西藏人民出版社，1986 年，第 347 页。

佛经翻译家和历史学家。他出生于后藏达纳普，九岁出家，先后师从宗喀巴等六十多名高僧，又曾前往印度、尼泊尔听受教法，精通梵文，译有多部著作。五世达赖喇嘛在其所著的《西藏王臣记》中称赞廓诺·迅鲁伯是一般史学家奉为顶上庄严大宝般的人物。

《青史》主要记叙了后弘期佛教的复兴，教派、寺院的建立及传承，各派的高僧大德、经典等内容，是一部九世纪中叶至十五世纪后半期的西藏佛教史。十世纪后半期以后，由于西藏新兴势力的倡导和扶植，藏传佛教在朗达玛灭佛后得到复兴并不断发展直至确立。这一时期教派林立，各派经典丛现，百家争鸣，佛本在激烈斗争中相互吸收，相互融合。但在高僧鲁梅后，西藏不断形成僧权割据势力和大大小小的政教合一统治，给之后的藏族社会带来了深远的影响。因此，《青史》所记载的这一时期的史料就显得十分珍贵。

《青史》全书共分十五辑。第一、二辑为总述部分，除了讲述教法来源和各王朝世系外，主要叙述了西藏佛教的发展情况；第三至十四辑分别叙述宁玛派、萨迦派、甘当派（噶当派）、噶举派、息结派等教派的情况；第十五辑除了叙述僧众来源及问答外，还简略叙述了格鲁派（黄教）。在这里，我们可以看出，作者廓诺·迅鲁伯对全书的布局谋篇是非常清晰而精细的。全书以藏传佛教发展为纲，以各教派为目，纲目分明，向我们清楚地展现了十五世纪以前的西藏历史，尤其是后弘期以来藏传佛教的发展史。书中对各教派高僧的记述，也向我们展示了众多栩栩如生的人物形象，让读者难以忘怀。这种编纂方法，吸收藏族史学中已有的教法史、传记体、编年史、王统记和世系史等多种题材及体例形式，加以融合，巧妙地组合成一部新型的全面叙述藏族史和藏传佛教史的著作，创造了前所未有的综合体史书体例，将藏族史学推向了更高的水平。

《青史》中的资料选取重在体现各教派的特点，而不以个人是非好恶定取舍。对一些资料的可靠性作者不易确定的，不是轻易地弃之不用，而是为后人的研究提供备用资料。每一辑中，除了叙述教法来源、经典、寺庙建筑情况外，着重讲名僧的史事及其弟子传承、法类传承和寺座传承的情况，着力于体现学统师承关系。

四、展示平民生活的尊者传记《米拉日巴传》

噶举派宗师米拉日巴（1040—1123）在藏人心目中是与佛陀等视的一位尊者。他出生于芒域贡塘地区，幼时丧父，成年后习本教咒术，后改宗佛教，1077年向拉尔地方宁玛派荣敦拉迦大师求法，习“大圆满正法”。后经引荐到洛扎向玛尔巴译师求法，七年后学得玛尔巴的全部教法。1084年返乡，隐居吉隆、聂拉木附近深山洞穴坐静，潜心苦修那若巴密宗教义及瑜伽的“拙火定”等秘密真言九年，最后获得“正果”，领悟了所学之各种教法。米拉日巴习受密法，注重实际修持，以苦修著称。他一生为弘扬佛教教义，遍游西藏各地，收徒传法，扩大噶举派势力。

桑结坚赞敬仰米拉日巴的教行，传务实修。1488年，他以与弟子热琼巴问答的形式撰成了《米拉日巴传》。这种问答体显然是受佛经文学的影响，但在藏族史书尚不多见。该传将米拉日巴一生的两个重要时期，分为“轮回世间大行之部”和“寂静涅槃大行之部”两个层次叙述。从佛学的角度看，前者讲世间的共法，后者讲出世间的非共法。主题是一个凡人想获得大成就，必须在求法修行的过程中饿己肌肤，劳己筋骨，不逐名利，甘于寂寞。弗朗西斯·蒂索在一篇文章里评说《米拉日巴传》道:“传记化为一种密教修行的指南，它策划的修法之旅不仅属于尊者自身，而且能使读者获得利益、勇猛精进。”①

由于该传的一些情节将米拉日巴作为凡人来写，故而书中有许多乡土生活的内容，充满了常人的感情，为我们展示了一幕幕有别于精英史的藏族平民生活的场景，其中显现了鲜活的历史人性和百姓史观。

五、具有广阔视野的《贤者喜宴》

《贤者喜宴》，亦译作《智者喜宴》，作者巴沃·祖拉臣哇（1504—1566），系噶举派第二世巴沃活佛，他花了二十一年时间，于1564年完成了该书的写作。因其丰富的内容，成为藏学研究必备之书。该书结构宏大，内容在以藏传

① 转引自王璞《藏族史学思想论纲》，中国社会科学出版社，2008年，第167页。

佛教史为主的同时，涉及印度和中国内地等地。全书总分为五编。第一编世间总论；第二编印度部分，内分四章讲印度佛教史和印度王统世系；第三编西藏部分，内分十章主要讲述吐蕃王朝史和藏传佛教史；第四编内分五章，分别叙述了于阗、汉地早期王统，西夏、霍尔（指蒙古）及汉地后期王统，及这些地方的佛教史；第五编五明文化简史，亦即藏传佛教文化史。

书中引用了大量文献资料，尽可能地记述了吐蕃的职官、法律、军事制度等一般藏文史书中很少见到的内容，还收录了几则吐蕃赞普有关佛教的诏令，价值极高。该书对噶举派领袖人物与元明王朝的关系，也有许多细节的记述，弥足珍贵。

六、自觉反思历史的《新红史》

《新红史》由班钦·索南查巴（1478—1554）于1538年撰成。其结构分两个层次，即帝王纪和诸侯传，篇幅各占一半。帝王纪包括印度、香跋拉、西藏、汉地与蒙古王统，诸侯传标题为《关于汉蒙在西藏的统治》，下分二十个西藏地方势力。书中关于香跋拉及诸代本的题材都是前人几部重要通史所不载的新史料。在叙事上，该书详近略远，主次分明。作者在书中对佛教年代学有较多论证，其中不乏对前辈观点的否定，被意大利藏学家图齐称为“藏族的编年史”。书中对各段历史的小结，文简意赅，颇为精到。对历史人事直接或间接评价是作者历史哲学的一大特点，对各教派的持论也较公允，表明作者已具备了历史反思的自觉意识。在书的末尾，作者总结道：“对于善业，凡今日之一切地方首脑人士，均应按佛法而行，如是则广阔之王土即可求享安乐；如果蹈邪恶之友的欺骗、引诱行事，则势必导致连绵战乱。如是政教完美之事将如圆月普照，一切众生则可平安吉祥！”①

七、卫地外藏区历史著作的出现

拉萨卫地以外的其他藏区历史，卫地的大多数史家向来不感兴趣，多罗那

① 班钦·索南查巴著，黄颢译《新红史》，西藏人民出版社，1984年，第116页。

他（1575—1634）的《后藏志》则是一部转换传统历史编纂视角的、别具特色的后藏地区志。后藏是雅鲁藏布江南岸支流楚河流域即以年地为中心的地区。该书记载一百多处佛寺、圣地，有详有略。一般古迹，扼要介绍其灵异的圣物或逸事。对江孜、白朗和日喀则等重要城镇，则饱蘸浓墨，从物产富饶、地灵人杰、佛教隆昌、光辉历史等方面做了铺述。对白居寺、乃宁寺、嘎东寺、曼隆寺、扎什伦布寺等藏传佛教史上有重要地位的佛寺，用大量篇幅详细叙述建寺的缘起和经过、殿宇布局、灵异的圣像、珍贵的藏经、稀有的其他宗教设施、圣物的故事、名僧的事迹、法要的渊源、法统传承、堪布世系、寺主的系谱、文治武功的历史和兴佛建寺弘扬佛教的功勋等等，堪称寺志。全书史志浑然一体。多罗那他在介绍年楚河流域的名胜古迹时，不受教派偏见的束缚，对包括本教在内的各教派道场、圣迹、高僧大德的事迹和传说，均一视同仁采取白描的手法，客观地予以叙述。

古格堪钦阿旺扎巴于1497年撰成的《阿里王统记》，是一部阿里地区的王统史。阿旺扎巴是宗喀巴护持边地佛教的七大旗弟子之一，他“从卫藏复返阿里，住于东盖尔萨宁时，受到古格法王扎西沃德三昆仲的邀请，并向他求法，请他担任了恒河南岸的托林寺和罗当寺的上师，从此起日沃噶丹派（格鲁派）教法之阳光照耀于阿里地区”[①]。因阿旺扎巴对家乡历史很熟悉并担任过古格王室的国师，自然能获得大量阿里这一边远藏区的一手史料，同时历史上到阿里地区传法、旅行的藏族学者稀少，卫藏学者对阿里历史大多只是在著作中略略提及，故《阿里王统记》便成为见证这方古老藏区沧桑变化的珍史。《阿里王统记》在进入正题之前仍以藏族传统政教史之印度王统和吐蕃王统作为铺垫，意在阐明藏族王统史发展的源流。吐蕃王朝覆亡后，朗达玛的曾孙尼玛衮逃到阿里建立王权，其后裔形成拉达克王系、布商王系和古格王系。书中对几个王系的世系传承和历史发展进行了梳理，保留了极为珍贵的资料。

① 松巴堪布益西班觉著，蒲文成、才让译《如意宝树史》，甘肃民族出版社，1994年，第510页。

第三节　走向成熟的藏族史学

十七世纪中期中国历史进入清朝时期，随着中央政府对西藏治理的加强，西藏的社会政治趋于稳定，经济得到进一步发展，汉藏文化交流更加频繁。社会环境的变化促进了史学的繁荣，藏族历史编纂学在继承前人基础上有了进一步提高和发展，藏族史学走向成熟。

一、历史编纂旨趣的新变化

受佛教史观的影响，从总体来看，成熟期的藏族历史编纂学并没有打破佛教史学的编纂旨趣，史书大都仍以宣扬佛教，进行佛教教育为中心，许多历史著述如高僧传、教法史、世系史、寺院志等大多沿袭着前代的编纂传统。但值得注意的是，传统历史编纂观在清代不再一统天下，一些史学家反思人生历程，批评社会不良现象，关注社会发展，编纂旨趣呈现出新的变化。

《噶伦传》是多喀尔·策仁旺杰的一部自传体史著，这部史书同其他高僧传相比，最大的特点就是通篇记录的全是佛教认为无关紧要的社会历史事实。策仁旺杰对其著述旨趣有明确的表述，称："一生所为都将直言道，敢用文学把它写成书；即令难登大雅受嘲笑，亦为后人治史著其要。"[①] 策仁旺杰曾担任过噶伦一职，经历了十八世纪西藏历史上几次大的动乱纷争。本着以史为鉴的目的，作者真实记录了一系列重大历史事件，对历史人物、事件也作了较为客观的评价，如书中详细记述了阿尔布巴发动的卫藏战争，对颇罗鼐的英雄事迹及宽广胸怀予以歌颂，以激烈的言词批判了珠尔默特那木扎勒的狂妄行为，又极力称赞清政府的治藏政策。这些内容记载之详细、历史批评意识之强烈在藏族文献中是较为少见的。可见，这部史书并非简单地记述其人生历程，为自己的政治业绩歌功颂德，还包含了作者对社会发展的深刻思考。此外，策仁旺杰的这部自传还有历史教育的旨趣。针对当时社会不良现象，作者以佛教因果报应为依据，劝诫世人弃恶从善，说："若不认清是非，辨别善恶，一定要受到威力

① 多喀尔·策仁旺杰著，周秋有译《噶伦传》，西藏人民出版社，1986 年，第 1 页。

凶猛的护法神的严厉惩治，自食其果”，“世界上无论做什么事情，都要学习良好的作风，对老百姓要公平合理地予以保护”①。字里行间流露出作者对时人殷切的期望，对社会发展的高度关注。

丹津班珠尔是清代藏族著名的政治家、史学家，所著《多仁班智达传——噶锡世家纪实》记叙了作者及其父公班弟达二人约百年的历史。据作者自述，该书写作的主要目的是，“一方面让我的子孙后代有所启发，一方面也请读者们看看我们祖辈的善业。再者，像我这样政教无所建树之人，也想为告诫来者，以示善恶，当不无裨益乎？从中亦可吸取善良之言行”②。正是本着这一著史旨趣，作者不仅详细记述了父子两代的政事活动，还多次表达了后世子孙能借鉴其人生经验的期望。这种著史意图在藏族古代史学史中是很少见的。

编纂旨趣是一个时代史学思想特征的重要方面，清代某些藏族史学家用人生经历来阐述历史，表达个人的社会期望，反映出一些史学观念的新变化。从现代意义的史学观点来看，在佛教史观笼罩下的历史文献编纂中，能出现类似社会史的著作，并饱含着以史为鉴的社会责任感，确实难能可贵。

二、编纂理论与方法的探讨和发展

随着史学著作数量的增多，成熟期的藏族史学体裁不断丰富和发展，历史编纂理论与方法有了较大的进步。

以人物传记为例，学者在从事人物传记撰写过程中，开始有意识地探讨历史编纂的理论和方法问题。传记体是藏族史学的重要体例，由于人物传记在宣扬传主的德行，为后人树立榜样方面具有不可替代的作用，因此，备受学者喜爱，清以前藏族学者已经创作了许多优秀的传记作品。至清代，人物传记逐渐形成了两种不同的编纂理论和方法，反映出这一时期藏族历史编纂学已经到达一个新的高度。

一种是关于高僧大德的传记，这类作品强调传记的神圣性和传主的示范作

① 多喀尔·策仁旺杰著，周秋有译《噶伦传》，西藏人民出版社，1986年，第62页。

② 丹津班珠尔著，汤池安译《多仁班智达传——噶锡世家纪实》，中国藏学出版社，1995年，第579页。

用，希望通过撰写高僧传为后人指引人生道路，使世人对佛教产生无限的信仰，由此产生了一套较为成熟的宗教人物传记编纂方法。土观·洛桑却吉尼玛在《章嘉国师若必多吉传》中对宗教人物传记编撰理论进行了初步探索。他认为，人物传记的传主必须是尊圣大德，其他人根本没有必要写传，即便是出现了这种传记，也不值一提。在著述的语言方面，他主张用悦耳动听的语言来撰写传记，称："用无比的福德串联而成的美妙文句和词章，讲述圣人的行状乃是众生获得吉祥的使者。"① 此后，法王周加巷在《至尊宗喀巴大师传》中对宗教人物传记撰写理论与方法作了进一步阐发。首先，他主张传记应记高僧大德，而一般普通人士所作的摧伏敌人、爱护亲友、经商谋利等只能算作传说、稗史之类，根本不能列入传记之林。对于传记内容，他说："所谓诸圣贤大德的传记，不管是写其往昔历代转生的本生故事，或是写此生之史事，都必须写其较其他一般普通人士更为殊胜超越，及其稀有的身、语、意功德；尤其是必须述说他对于佛法所作闻、思、修三者的清净事业的情况，以及依此三者而获得善巧之功德，即精于讲说、辩论、著作三者。"② 其次，法王周加巷认为写作传记必须通过各种方法突出传主的功德。最后，为了能达到普及教化的功能，他主张人物传记的语言应以易懂为主，但不是一味追求俗语，在一些地方要以优美的语言和诗词作为装饰和点缀，以达到歌颂赞美的效果，同时也使文章层次更加分明。重实践轻理论是藏族传统史学的重要特征，土观·洛桑却吉尼玛与法王周加巷的这些言论是对以往人物传记编纂的理论性总结，代表了藏族宗教人物传记编纂的一种典型范式。这一范式的定型大大推动了高僧传记的发展，使清代藏族宗教人物传记空前发展，撰写高僧传记的风气更为兴盛。

与高僧传相对应的，是世俗人物传记的编纂。清代世俗人物传记虽然比不上宗教人物传记兴盛，但在当时的社会中已经形成一种风气。撰写世俗人物传记的作者大多较为低调，只是述说或歌颂个人事迹，特别是世俗人物自传。丹津班珠尔在撰写《多仁班智达传》时说："讲述我等所经历的旧事，并将这些

① 土观·洛桑却吉尼玛著，陈庆英、马连龙译《章嘉国师若必多吉传》，中国藏学出版社，2007年，第5页。

② 法王周加巷著，郭和卿译《至尊宗喀巴大师传》，青海人民出版社，1988年，第12页。

都写成文字；定让智者鄙视他人嘲，实空耗精力浪费纸墨。”[①] 但正是因为这种内心的紧张感，使这些世俗人物传记在撰写时采取了不同于宗教人物传记的书写方式，丹津班珠尔又自我解释说：“只要自己忠实地记述，那谁也不会借故责难”，“三宝作证，既无虚构，亦不隐瞒，乃据实而言”[②]。因此，记述人生真实的历史成为这些世俗人物传记的最主要特点。《颇罗鼐传》、《噶伦传》、《多仁班智达传》均以记录史事见长，开创了一种新的书写形式。世俗人物传记多强调信史的重要性，如策仁旺杰在《颇罗鼐传》卷首诗中云：“为了使事情行之有效，说实话自然大有裨益。”[③] 在撰写语言上，世俗人物传记多强调语言的通俗易懂，如丹津班珠尔在撰写《多仁班智达传》时称：“为了尊卑人等便于了解，乃使用通俗散文。”[④] 这些言论为人物传记的撰写提出了新标准，反映了清代藏族史学家对不同类型人物传记撰写理论和方法的探索。

除人物传记外，藏族史学史上另一重要体裁——教法史的编纂在这一时期也取得了很大进展。与前代相比，清代教法史编纂呈现出多元化的态势，学者从不同角度阐述佛教的历史，使得教法史著内容更加丰富，形式趋于多样化。

从体例与内容来看，清代教法史著作可分为以下几种：

一是综合体，所谓综合体即运用不同的叙述方式，从不同视角介绍教法史的传承。如松巴堪布·益希班觉的《如意宝树史》，全书首先简述了佛陀出世说法及住世情形，继而详细介绍印度、西藏、汉地、蒙古等地王统史和教法史传承，其中还涉及各教派的流传情况，显示出作者极为宽广的历史视野。在体例结构上，《如意宝树史》继承了前代史册综合体的编纂方法，书中综合运用了王统史、佛教史、表、方志、目录等方法，将不同的体例有机融合在一起。这是对以往史册的继承和发展，反映出藏族综合体的编纂法更加成熟和完善。

二是政教体，即政治史与教法史的紧密结合，如智观巴·贡却乎丹巴绕吉的《安多政教史》和阿旺钦绕的《木里政教史》等。虽然这些史书均以宗教史

---

① 丹津班珠尔著，汤池安译《多仁班智达传》，中国藏学出版社，1995年，第2页。
② 丹津班珠尔著，汤池安译《多仁班智达传》，中国藏学出版社，1995年，第3、4页。
③ 多喀尔·策仁旺杰著，汤池安译《颇罗鼐传》，西藏人民出版社，1988年，第9页。
④ 丹津班珠尔著，汤池安译《多仁班智达传》，中国藏学出版社，1995年，第579页。

命名，但从内容看这些史著将政治史与教法传承联系在一起，充分反映了在藏族历史上政治与佛教互相依赖的特点。同时，这些史书也为我们留下不少宝贵的社会史料。

三是文献学体。清代教法史著，除综合体史书中利用了目录外，还出现了以文献学为主要体例的教法史著，如仁增·吉林美巴的《涌莲藏真——藏传佛教前译派传承源流》。从体例与内容来看，该书效法《布顿佛教史》，除了叙述佛教史共有的内容如佛陀出世、佛教的传播外，着重论述了佛经经典的分类，论证了前译密续的真实性，特别是在为前译密续辨真时，运用各种文献考辨的方法，反映了清代藏族考证学的发展。此外，书中详细介绍了前译密续的刊刻情况，并收录了前译密续的目录，为我们了解藏族文献学提供了宝贵史料。

四是人物类传。如止贡·丹增白玛坚赞的《止贡法嗣》、《俄尔法嗣》，尼塘·曼嘉瓦的《桑浦法嗣》等。法嗣藏文名为 gdan rabs，意为堪布、活佛等的传承。因此，这类书籍基本上是按照寺院堪布的传承记述几代高僧的生平，以人物传记的形式来展示该派教法流传情况。

五是宗义书。宗义，意为“成就的极限”。宗义书是分析各派的观点，确立自己宗派见解的典籍，属于判教类文献。这类著作如二世嘉木样的《宗义宝鬘》和土观·洛桑却吉尼玛的《述一切宗派源流和教义善说晶镜史》等。书中对各种宗教派别主要理论观点等加以述评解析，记述了各派的思想渊源，也可视作教法史的一种。

从总体来看，成熟期的藏族教法史在继承前代编纂经验的基础上，形成了以人的传承为中心、以文献发展为中心、以解析学术为中心等不同的编纂方法。同时，综合体例的进一步发展和完善，又将教法史的编纂推向新的高度。故而，这一时期的教法史编纂内容丰富、方法灵活、形式多样，是清代藏族史学进步的重要体现。

三、弘扬佛教与追求真实有机统一的编纂思想

藏族史书基本上是围绕着佛教发展编纂的，宣扬佛教的编纂目的非常明确，个别记述世俗社会历史的典籍也深深地打上了佛教的烙印。故而藏族史著

求义的观念非常浓厚，清代藏族史书的编纂思想同样也是如此。不过，追求佛教之真义，并不等于藏族史家随意书写历史，不再追求历史的客观真实；相反，从发展期开始，不乏注重考证的藏族史作，其书写真实历史的观念非常强烈。清代一些优秀的藏族史学家继承了这一优良传统，在编纂史书过程中做了许多考证工作，突出表现了追求历史真实的编纂思想。

首先，清藏族史学家在撰写史书时大都对不可信的著作严加批判，强调书写信史的重要性。如五世达赖在撰写《一世—四世达赖喇嘛传》时“都取自可信记载口碑，绝不掺杂无稽的编造”[①]。在五世达赖撰写其自传以前已经有两部他的传记，由于种种原因这两部传记都无法作为信史，五世达赖对这种传记持否定态度。他批评嘉央旺杰多吉为自己所写传记说：“这部作品虽然文辞优美，但是取材失当，欠缺不全，不够详细，错谬颇多，所用资料不大可信。”[②]在撰写自传时，五世达赖基本上按照实录的原则书写人生经历，为我们留下了大量真实的史料。松巴堪布的《如意宝树史》作为一部教法史书，在撰写时也非常注重史料的可靠性，称“然而有史多误失精要，部分过约且少实义故，兹言佛教形成及法王，持教适宜之说请善听”[③]。这说明在藏族史学家的观念中，尊奉佛教与书写信史并不矛盾，二者完全可以统一于史书编纂之中。

其次，旁征博引，考证史实。清代藏族史书的撰写，一般都要广征博引，从较为可信的史料中寻求论述历史的根据，如五世达赖为撰写《西藏王臣记》曾参阅过许多书籍，又从中反复详考堪做准绳之典籍，如《遗训首卷录》、《大悲观音法汇》，廓诺·迅鲁伯所著《青史》，蔡巴所著《红史》等[④]。同样，松巴堪布撰写《如意宝树史》时也较多地参考了《贤者喜宴》、《青史》、《印度佛教史》、《八十四大成就者传》、《西藏王臣记》等诸多较为可信的史书。对于这些

① 五世达赖阿旺洛桑嘉措著，陈庆英、马连龙等译《一世—四世达赖喇嘛传》，中国藏学出版社，2006年，第320页。

② 五世达赖阿旺洛桑嘉措著，陈庆英、马连龙、马林译《五世达赖喇嘛传》（上），中国藏学出版社，2006年，第17页。

③ 松布堪布·益西班觉著，蒲文成、才让译《如意宝树史》，甘肃民族出版社，1994年，第1页。

④ 五世达赖喇嘛著，刘立千译《西藏王臣记》，民族出版社，2000年，第135页。

堪称信史的史料，清代藏族史家虽多参阅，却并不盲目信从。如《青史》被公认为藏族史学史上注重考证的信史，特别是在年代学方面尤为突出，被后世史书广泛引用。松巴堪布一方面较多地引用了《青史》的观点，另一方面又多处对历史重新考证，反驳《青史》的一些看法。如他所编制年表中，记载第一绕迥金羊年史事说："普琼哇·宣努坚赞生，《青史》言博都哇生于此年，但实际上生于火兔年。"[①] 又记载第一绕迥金猴年史事说："甲杜增在噶哇栋学习律法，《青史》说是水马年，应是此年。"[②] 类似的例子还有很多，不再一一列举。

受社会文化的影响，以佛教史观为指导的藏族史学家为了弘扬佛教，史书中不断出现神秘夸张的文字，又从佛教的立场解释社会历史的发展，显示出藏族史学求"义"的特点。同时，在史书编纂过程中，藏族史学家又特别注重史料的真实性，对某一人物的生卒年、某一事件的发生时间详加考证，并对此表现出极大的热情，反映出求"实"的特征。这看似矛盾的两个方面，却有机统一于藏族史学求真的内涵当中，使史书能较好地容纳史学难以融合的两个方面，这是清代藏族史学编纂进步的重要体现。

① 松布堪布·益西班觉著，蒲文成、才让译《如意宝树史》，甘肃民族出版社，1994 年，第 673 页。

② 松布堪布·益西班觉著，蒲文成、才让译《如意宝树史》，甘肃民族出版社，1994 年，第 677 页。

第五章

明清回族史学

第一节　回族形成、语言文字与史学

一、回族的形成和发展

回族是回回民族的简称，是中国分布最广的少数民族，也是对中国历史影响很大的一个民族。

关于回族形成时间，是史学界长期探讨的一个重要问题。主要形成了四种观点:（一）元末或元末明初;（二）明代说;（三）清代说;（四）二十世纪五十年代以后。白寿彝先生说:“回回民族形成的时期是在什么时候，我们虽不能确定，但回回民族的历史却是应该从第七世纪中叶阿拉伯、波斯商人东来说起。十三世纪初叶，回回民族史就进入了重要的阶段。此后就越来越重要了。”[①] 达应庚在《回回民族来源考》中说:“从有史料可考的华化回回人的生卒年月和姓名来看，回回民族基本形成于元末。”[②] 本书采用学界的一般说法，即自蒙古军队西征之后，回族作为一个民族的雏形基本形成，明代回族正式成为一个独立的民族。

回族的来源可以追溯到隋唐宋时期。那时，不少阿拉伯和波斯的使者、商人、学者、宗教人士等通过陆上丝绸之路或海路到中国长安、洛阳、开封等内地城市或广州、泉州、杭州、扬州等沿海城镇经商或从事其他活动，并且有许多人定居在中国，与居住地各族长期共处、相互吸收，又保持其伊斯兰教的信仰。

十三世纪初叶蒙古西征，西辽破灭。葱岭东喀什噶尔等地信仰伊斯兰教的

---

① 白寿彝主编《中国回回民族史》，中华书局，2003 年，第 120 页。

② 达应庚《回回民族来源考》，《兰州学刊》1980 年第 1 期，第 73 页。

回纥（回鹘）人的后裔，同葱岭西的中亚及波斯、阿拉伯广大地区不同民族的穆斯林，大批被签发或自动迁徙到东方来。他们主要以驻军屯牧和以工匠、商人、学者、官吏、掌教等不同身份散布在中国的西北、中原及江南、云南等地区，被称为回回人，成为元代色目人中的重要部分。后来，他们也以回回自称，是形成回回民族的主要部分。元朝回回人赛典赤·赡思丁及其后代世为云南行省最高长官，家族昌盛，以居住于云南的为多，是后来云南回族中最主要的族系。西北人口迁移和增长中，回族增加尤其明显，明朝居住在东察合台汗国（亦力把里）、哈密等地的回回、维吾尔等族源源不断地进入中土。由于土鲁番的不断侵袭，使哈密地方的回回、哈剌灰人大批迁入甘肃等地，土鲁番回回也大批东移。有的回回“寄住”于甘肃一带后，进而“附籍”于京师、南京、德州、杭州等地。明朝还从甘州、凉州迁徙不少维吾尔人到江南各卫，这些人大部分也成了回族。元、明以来，不少蒙古贵族及其士卒因接受伊斯兰教信仰也逐渐同化于回回之中。明代哈密地区的哈剌灰人，原是蒙古人，正德（1506—1521）以后由哈密迁到肃州，到万历年间已经“不食猪肉，与回回同俗”。另外，由于通婚和政治原因，以及接受宗教信仰和风俗习惯的原因，回回中不断吸收了相当多的汉族成分。由于同样原因也有不少回回逐渐同化于汉族之中。回族与维吾尔、蒙古、汉等族有着源远流长的亲缘关系。各种不同的来源的回回逐渐形成为一个新的民族。伴随着民族的形成和发展，具有本民族特点的回回文化扎根于华夏大地，成为华夏文化中的一个新类型。总之，在元末，回族已经形成。明代三百年，回族又加入许多新鲜血液，成为一个对国家的经济、文化、教育等各方面有重大影响的民族。

二、回族的语言和使用的文字

回族在形成和发展过程中，从以阿拉伯语、波斯语做母语的初期，到群体性使用汉语做通用语的千年历程中，勾勒出一个民族的成长史。但是在使用汉语的同时，回族仍然保留了自己的民族文化属性。这种回族形式的华语言是汉语，但有其自身存在的特点。所以这正是回族通用汉语的原因，而非成为母语。

经堂语可以说是回族的一种语言，因为它包含了民族语言的两个基本元素：其一，说着自己民族的事情；其二，凸显民族精神。在回族人的精神文化生活中，阿訇们承担起了领袖及导师的作用，在演讲中，夹杂大量阿拉伯语和波斯语，又用汉语来表述民族观点。通过清真寺阿訇的演讲，这种古老的民族创制语言延续发展了下来。现在西北等地广大回族群众的语言仍夹杂着不少阿拉伯或波斯的词汇，就是这种经堂语影响的结果。

在普遍使用汉语作为民族通用语的同时，回族还创制了一种名为“小儿锦”的文字。“(它)是在中国回族人民中流行的一种用阿拉伯字母拼写的汉语拼音文字。这种文字已经存在了数百年，在当代流行于中国中西部地区部分信奉伊斯兰教少数民族的下层群众之中。”① 小儿锦的语言基础是汉语，汉语有各种方言，各地回族群众所操口音也不一样，因此用小儿锦拼写汉语时，也往往因人而异。所以说小儿锦并未发展到成熟阶段。小儿锦多在下层穆斯林群众中使用，在经堂教育中也得到应用。据刘迎胜等调查，小儿锦有用于记事、记账的，有用于国内外通信的，有用于书写译自阿拉伯文的《古兰经》的。总的看，应用极为有限。

三、明清回族史学略述

在元代，回回人就是一个文化素质相对较高的人群，只是因其难以与其他色目人相区分，故而我们无法讨论元代的回族史学。到明代回族史学家及其史学著述有较高的地位，而回族学者的历史著述基本是用汉文书写的。故而我们讲回族的史学从明代开始，而且讨论的是回族学者用汉文撰写的历史著述。

明初，明成祖派回族人郑和七次下西洋，访问过亚洲、非洲三十多个国家。郑和的空前壮举，促进了中外交通、国际经济文化交流和中国沿海居民的海外活动。随郑和出使的回族学者马欢、费信等人，著有《瀛涯胜览》、《星槎胜览》等书，对研究中西方交通史以及亚非许多国家的风土人情、地理沿革具有重要的史学价值。

---

① 刘迎胜《小儿锦研究（一）历史、文字与文献》，兰州大学出版社，2013年，第1页。

回族著名的史学家李贽，更是用自己卓越的史识，针对社会的弊端提出了自己的深刻见解，他的观点对当时及以后的学者产生了深远影响。同时，李贽写了大量的历史学著作，包括《藏书》、《续藏书》、《焚书》、《续焚书》等。李贽的这些著作具有一定的史学价值，著作中包含李贽对历史事件的评价及大量的史料，对于我们今天研究李贽及一些历史事件具有重要的参考价值。

另外，明朝其他回族学者在史学方面也做出了自己应有的贡献，例如马文升、张忻、詹应鹏等。清代有许多回族学者通过科举进入仕途，成为史官，参与朝廷组织的大型史书的撰述。更多的学者私人撰史，内容涉及传统史学的各个方面，甚至于阿拉伯及伊斯兰教史。家谱作为一种记录家族迁徙发展、世系繁衍的书籍，是以特殊形式组织、编写的家族生活史，对于我们研究回族的来源及其发展进程具有重要的史料价值。

第二节　中外交通史著作

一、跟随郑和下西洋的回族学者及其撰述

从永乐三年至宣德八年（1405—1433），回族航海家郑和七次下西洋是明初盛事。他率领船队先后访问了东南亚、印度半岛、阿拉伯和东非的数十个国家，促进了中国和亚非国家的友好交往。当时跟随郑和下西洋的回族学者马欢、费信等人，著有《瀛涯胜览》、《星槎胜览》等书，根据亲身见闻，记载了郑和下西洋的伟大壮举，是中外交通史的重要著作。

马欢，字宗道，别字汝钦，自号会稽山樵，浙江会稽（今绍兴）人，出身于穆斯林世家，通晓阿拉伯文字。他于永乐七年（1409）、十一年、十九年和宣德六年（1431），四次随郑和远航“西洋”，任通事（翻译）。归国后，于1451年撰成《瀛涯胜览》，记载了郑和下西洋的航海路线、各国地理、政治、人文、物产、风俗等，极为具体、详细，为后人留下了珍贵的第一手资料。该书不分卷。开头以一首“纪行诗”概括了出使的原因、目的、访问交流的简况。然后，详细记载了占城、爪哇、旧港、暹罗、满剌加、哑鲁、苏门答剌

(腊)、那孤儿、黎代、南浡里、锡兰山、小葛兰、柯枝、古里、祖法儿、阿丹、榜葛剌、忽鲁谟斯、天方(阿拉伯)等二十个国家和地区的情况。每一个国家都单独叙述，记录航行路线，其地望、环境、历史、民族、文化、政治、社会、经济、军事、物产、风土人情以及与明朝的交往。

费信，字公晓，号玉峰松岩生，回族，吴郡昆山(今江苏昆山)人。十四岁时，代亡兄当兵，戍江苏太仓。因通晓阿拉伯文字，曾四次随郑和下西洋，受到重视，在任通事的同时，还任"教谕"[①]，负责对南洋诸国的教化。据记载:"……信每莅番城，辄伏几濡毫，标其山川、夷类、物候、风习诸光怪奇诡事，以备采纳。"[②]回家乡后，他整理有关记录，于正统元年(1436)编成《星槎胜览》。[③]该书分前、后集，对亚洲、非洲的四十余国和地区的地理位置、气候环境、风土人情、历史、民族文化、政治、社会、经济、军事、物产等，做了扼要的叙述，在内容上类似于马欢的《瀛涯胜览》。书中包括《瀛涯胜览》所未涉及的二十多个国家和地区。这对于研究十五世纪初亚非各国，特别是下西洋船队抵达访问的三个非洲国家(竹步、术骨都束、卜剌哇)的基本情况，极有价值。书中对郑和船队访问各国的一些基本情况，有很多详细的记述。

另外，还有汉族学者巩珍，随从郑和第七次下西洋，宣德九年(1434)著《西洋番国志》一书，记录郑和船队第七次下西洋所经过的二十个国家及在各地的见闻。

二、《瀛涯胜览》、《星槎胜览》的史学价值

1. 为研究中外文化交流、中外交通史提供了珍贵的史料。郑和率领船队出使西洋，开辟了中国到红海和东非沿岸的航道，扩大了明朝的国际贸易，促进了中国与亚非各国人民之间的友好交往，在世界航海史上谱写了光辉的篇章。而跟随郑和下西洋的回族学者马欢和费信亲身经历了下西洋的过程，书中记载

① 房仲甫、李二和《与郑和相遇海上》，同心出版社，2005年，第54页。

② 金吴澜《昆新两县续修合志》，卷三〇，台北成文出版社，1970年。

③ (明)费信《星槎胜览》，中华书局，1954年，第10页。

的是亲见亲闻，是实际航行路线、经过的忠实记录，具有极大的可信度和史料参考价值，为《明史》等一些正史编写郑和下西洋的路线和经过也提供了重要的可信史料。书中记录了郑和船队与东南亚、南亚、西亚以及东非等地三十多个国家的友好交往及政治、经济贸易关系，对研究郑和下西洋这一伟大壮举和中外关系史、中外交通史具有重要的价值。

2. 有关亚非许多国家和地区情况的记载，是构建十五世纪亚非史的基石。两书中对许多穆斯林国家的基本情况，尤其是其饮食习惯、服饰特点、婚丧礼仪、日常宗教教规等风俗习惯做了详细的记载，留下了珍贵的史料。两书对其他非穆斯林国家的情况也做了详细的记载，为研究当时亚非许多国家的基本情况提供了珍贵的史料。

3. 对科技史研究具重大参考价值。《瀛涯胜览》、《星槎胜览》对庞大的郑和船队及单只船体的记载，说明明代航海技术的进步与造船业的巨大发展。书中关于瓷器和丝绸的记载，反映了明代手工业技术的先进。书中有关海洋情况的记载，尤其是各地危及航行的潮汐、波浪、漩涡等现象的记录，为了解海洋特征的变化提供了重要的资料。书中对许多海洋生物的特点也做了详细的记载，为海洋生物学研究提供了宝贵的资料。

三、《瀛涯胜览》、《星槎胜览》的历史思想

由于马欢和费信生活在十四至十五世纪之间明王朝兴盛的时期，他们的记述不可避免地带着“天朝上国”的大国思想色彩。郑和下西洋的目的之一就是“且欲耀兵异域，示中国富强”[①]。费信在记载这些历史事件时，体现了明朝为天朝上国，将诸国看作“蛮夷”小邦。向许多“蛮夷”小国赏赐金银瓷器等，对个别不接受明朝赏赐的国王甚至以武力擒拿，归献阙下，作者也视为当然之事。这在一定程度上是传统夷夏观念的延伸，同时也体现了明朝在当时中外关系中的强势地位。

① 《明史》卷三〇四《宦官·郑和传》，中华书局，1974 年，第 7766 页。

第三节　李贽的史学理论

明代回族学者在史学理论方面的建树，突出地体现在李贽的学术研究中。李贽不仅是明代著名的思想家，在历史观和史学思想方面，也提出了不少有创建的观点，在中国史学发展史上产生了较大影响。

一、李贽的史学成就

李贽（1527—1602），字卓吾，又号宏甫，别号百泉居士，泉州晋江人，回族，明代后期著名的史学家、思想家。嘉靖三十一年（1552），李贽中举，选授教谕，官至南京户部员外郎、云南姚安知府，五十四岁任满后辞官，之后先后在湖北黄安、麻城等地访友论学，及至削发为僧。其间，屡遭迫害。万历三十年（1602），“以敢倡乱道、惑世诬民”罪名被捕，后自尽于狱中。李贽的主要史学著作有《藏书》《续藏书》《焚书》《续焚书》《史纲评要》等，有历史评论著作，有偏重于思想评论的诗文集，在中国古代史学理论史上占有重要的地位。

《藏书》六十八卷，以纪传体记述了从战国到元代的八百多个历史人物的事迹。后又辑录明代人物四百名，成《续藏书》二十七卷。其书名取自但可自怡不可示人之义。两书的撰写，都是大段照抄史书原文，然后加进自己的评论。其评论，不以孔子之是非为是非，一切断以己意，着眼于追求自由与独立，有志于改革和创造，反对专制和假道学，具有突出的历史批判精神，而被时人称为异端。《四库全书》该书提要云：“贽书皆狂悖乖谬，非圣无法，惟此书排击孔子，别立褒贬，凡千古相传之善恶，无不颠倒易位，尤为罪不容诛。”[①]

《焚书》六卷，该书集史论、书信、诗文集成书，是研究李贽史学思想不可或缺的著作。李贽在自序中说：“《焚书》所言颇切近世学者膏肓，既中其痼疾，则必欲杀我矣，故欲焚之，言当焚而弃之，不可留也。……夫欲焚者，谓

① （清）纪昀等《四库全书总目》卷五〇，中华书局，1965年，第455页。

其逆人之耳也；欲刻者，谓其入人之心也。逆耳者必杀，是可惧也。”[①] 可以看出，李贽虽然知道这本书出版后会被焚毁，但为了心中的意念，毅然决定刊刻之。此书深受当时许多学人的赞赏，如袁宏道就曾说：“幸床头有《焚书》一部，愁可以破颜，病可以健脾，昏可以醒眼，甚得力。”[②]

《续焚书》，共五卷，是李贽死后由他的弟子汪本珂编辑整理而成的。焦竑在给此书的序中说：“先生书既尽行，假托者众，识者病之。鼎甫出其《言善篇》、《续焚书》、《说书》，使世知先生之言有关理性，而假托者之无以为也。鼎甫亦有功于先生已！”[③]

二、李贽的历史观

1. 进化的历史观

李贽对历史的认识具有明显的历史进化论的观点。例如李贽认为春秋代替夏、商、周，战国代替春秋是人类历史不断发展进步的必然结果。“夫春秋之后为战国。即为战国之时，则自有战国之策。盖与世推移，其道必尔。如此者非可以春秋之治治之也明矣，况三王之世欤。”[④] 李贽认为，人类社会的历史是按照“一文一质，一治一乱”相互交替规律不断发展的，所谓“治”就是社会发展的繁荣昌盛期，它的出现是由于新的朝代的统治阶级吸收历史兴亡的教训，励精图治的结果；而“乱”则是指统治阶级腐朽无能、穷奢极欲、民不聊生，遂群雄揭竿，推翻旧的王朝，从而推动历史向前发展。[⑤] 这种对以往历史兴亡治乱的总结与论述，把历史在变化中前进的原因归结为人的因素，确实很有见地，是对将朝代的更替附会为“天意”的观点的有力批判。

2. 重视物质生产在历史发展中的作用

李贽意识到了物质生产在历史发展中的重要作用，说：“穿衣吃饭即是

① 张建业主编《李贽文集》卷一《自序》，社会科学文献出版社，2000 年，第 1 页。
② （明）袁宏道《袁中郎全集》卷二〇，伟文图书出版社，1976 年。
③ 《李贽文集》卷一《李氏续焚书序》，社会科学文献出版社，2000 年，第 1 页。
④ 《李贽文集》卷一《焚书》之《战国论》，社会科学文献出版社，2000 年，第 87 页。
⑤ 《李贽文集》卷二《藏书》之《世纪总论》，社会科学文献出版社，2000 年，第 1 页。

人伦物理，除却穿衣吃饭，无伦物也。”[①]他认为“夫天之生人，以其贵于物也……食之急，故井田之作”[②]。他从普通大众的基本的物质需求出发，围绕着物质生产推动历史发展的这一主体，表达了他进步的历史思想，是难能可贵的。

三、史学思想

1. 明确提出并论证了“六经皆史”说

隋王通，元刘因、郝经，明王阳明都对经史相通之关系有许多论说，李贽第一次明确提出并论证了“六经皆史”说。李贽明确指出:“经、史一物也。史而不经，则为秽史矣，何以垂戒鉴乎？经而不史，则为说白话矣，何以彰事实乎？故《春秋》一经，春秋一时之史也。《诗经》、《书经》，二帝三王以来之史也；而《易经》则又示人经之所自出，史之所从来，为道屡迁，变易匪常，不可以一定轨也，故谓‘六经’皆史可也。”[③]李贽“经史一物”的思想，不仅打破了几千年来人们对儒家经典的迷信，剥掉了其神圣的外衣，恢复了其本来的面目；而且把“六经”当作当时的历史，提高了史学的地位，扩大了史学的视野；这对“六经”所记载的当时社会制度及其生活方式的研究，对史学摆脱经学的影响而朝着正确的方向发展，也起了十分重要的作用。

2. 独特的历史评价标准

李贽对历史和历史人物的评价有自己独特的认识，不以孔子是非为是非，说:“咸以孔子之是非为是非，故未尝有是非耳。”[④]他不独把秦始皇看成“千古一帝”，称陈胜、项羽为“英雄”，还在论三国史事时，以司马懿为巧，孔明为拙，特别赞赏历史上的变法人物，如李悝、桑弘羊、杨炎、张居正等。他称汉高祖为“神圣开基”，元朝为“华夷一统”，抨击武则天篡夺李唐皇位，滥杀宗室大臣，任用酷吏，但对其政绩也加以肯定，说:“太后虽滥以禄位收天下人

① 《李贽文集》卷一《焚书》之《答邓石阳》，社会科学文献出版社，2000年，第4页。
② 《李贽文集》卷二《藏书》之《张载传》，社会科学文献出版社，2000年，第839页。
③ 《李贽文集》卷一《焚书》之《经史相为表里》，社会科学文献出版社，2000年，第201—202页。
④ 《李贽文集》卷二《藏书》之《世纪列传总目前论》，社会科学文献出版社，2000年，第7页。

心，然不称职者，寻亦黜之，或则加刑诛，政由己出，明察善断，故当时英贤也竟为之用。”①

3. 创新史书体例突破正统修史观

李贽对旧史体例也进行了大胆的创新，把“本纪”与“世家”合二为一，创立了“世纪”体。他把为一姓帝王做家谱的腐朽历史转变为揭示中国历史上兴亡治乱的规律以及时代演变的历程，有利于后世的人们从历史上吸取经验教训，获得重要的思想启迪，从而真正地发挥历史学的社会作用。对帝王根据其所为，有事则记，无事则略。将许多对历史进程有重要影响的但最后失败的人物写入了“世纪”。《藏书》的列传，按照传主与治国的重要性分为大臣、名臣、儒臣、武臣、贼臣、亲臣、近臣、外臣八大类。这一史学分类，不仅突破了“正统”修史观念，而且显出救国救民的良苦用心。

4. 重视“直笔论”

李贽撰写和评论历史，坚持善恶必书的“直笔论”。李贽认为作史只有发自真心，才能写出好历史，才能还原历史的真相，为后世提供借鉴作用。他说:“天下之至文，未有不出于童心焉者也。苟童心长存，则道理不行，闻见不立，无时不文，无人不文，无一样至体格文字而非文者。”②他推崇司马迁的直笔实录精神，鄙视班固明哲保身，不敢实录的做法。

李贽的著作在明代晚期产生了巨大的社会影响，极大地推动了当时的史学思想的发展。五四时期，吴虞深受李贽思想的影响。中国现代的许多学者对李贽思想推崇备至。侯外庐在其《中国思想通史》第四卷中，以“李贽战斗的性格及其革命性的思想”为标题，指出“王守仁是道学家，而李贽却是反道学家”，并且重点论述了“李贽的人道主义平等观和个性说”。③

---

① 《李贽文集》卷二《藏书》之《武才人》，社会科学文献出版社，2000年，第1197页。

② 《李贽文集》卷一《焚书》之《童心说》，社会科学文献出版社，2000年，第92页。

③ 侯外庐《中国思想通史》第四卷，人民出版社，1960年，第1054—1055页。

第四节 回族史家及回族历史研究

一、马文升的当代史著述及其史学思想

明代回族政治家马文升（1426—1510），字负图，号三峰居士，河南钧州人，景泰二年（1451）进士，历任山西、湖广、福建按察使。满四叛乱爆发后，其以右副都御史巡抚山西，率兵镇压。成化十一年（1475），他总制三边军务，升为兵部右侍郎，次年受命整饬辽东军务，因宦官汪直陷害，贬戍重庆卫。十九年复官，主持兵部十三年，尽心戎务，于屯田、马政、边备、守御等多有建策。弘治十四年（1501）其代吏部尚书。其谥号端肃。

《马端肃公三记》共三卷，包括《西征石城记》、《抚安东夷记》和《兴复哈密记》各一卷。《西征石城记》主要记载了成化初，平凉、固原一带满四叛乱的经过以及平叛的过程。马文升从他镇压满四叛乱的亲身经历中领悟到了民心得失的重要性，对于了解明朝如何治理边境地方具有重大参考价值。《抚安东夷记》，记成化十四年（1478）辽东巡抚冒功激变，而马文升奉旨安抚之事，含女真族建州、海西各部头人与辽东都司的商业贸易、纳贡请赏、武装冲突等史事，尤详永乐至正统间，女真族上层同明王朝的关系，是了解女真历史的重要资料。马文升在消除边境少数民族叛乱，巩固边防的过程中，采用剿抚相结合，以安抚为主的策略，深得边境少数民族的人心，为明朝能够有效地控制东北民族地区做出了突出贡献。《兴复哈密记》，记载弘治初吐鲁番袭执哈密忠顺王，兵部尚书马文升持议用兵，遣许进用兵讨平之事，详细地记载了哈密事件的起因以及各种历史事实，对于研究明代新疆地区复杂的民族关系具有重要的史料价值。

明朝对边疆少数民族的统治策略是，在政治上以少数民族首领为主治理本地方；在经济上给少数民族一些物质上的帮助；在军事上是剿抚并用，以抚为主。明朝的这些统治策略在《马端肃公三记》中有具体体现。

《马端肃公三记》表现马文升史学思想中的“民本”思想。他在平叛过程中尽量减少对反叛民众的杀害，说:“乃守臣贪功，乃亲率汉兵至肃州，牙兰

预知之，皆遁去。洎兵至哈密，获城追剿之，仅斩首六十余，而威大振于西域……阿黑麻以是畏威悔过，计无所出，遂遣使入贡，并以陕巴、金印来归，且求写亦满速儿等，时弘治九年也。”[①] 在处理哈密叛乱的善后问题上，马文升了解到哈剌灰人不喜欢居住在城里，允许其继续射猎为生，尊重他们的生活习惯，这是其民本思想的重要表现。

二、回族学者的方志撰述

杨应奎（1486—1542），字文焕，号渑谷，别号蹇翁，回族，青州府城东关人。青州杨氏的始祖是赛典赤·赡思丁。元代，赛典赤的某后裔曾担任益都路总管，在青州购有田产宅院。明洪武间，原世居北京宛平羊市的纳苏剌丁后世孙莫苏来此定居，因借羊市之音，改为杨姓。杨应奎乃正德六年（1511）进士，授杭州府仁和县知县，升兵部主事，升吏部员外郎。嘉靖前期，他先后任临洮（今甘肃临洮）、南阳知府，百姓感其功德，立生祠祭祀。在临洮、南阳做知府时，杨应奎相继主持编纂了《临洮府志》、《南阳府志》，已佚。他主修的《南阳府志》被誉为名志，受到史家的好评。他还编写《杨氏世谱》，传承后人，为研究青州回族的形成留下了重要史料。

明代陕西大荔县回族学者马先登，曾主丰登书院讲席，修《同州府续志》，著《钟情志痛编》、《明六忠节合传》等，自撰年谱名《告存漫叟年谱》。他汇集马氏遗书，于同治间刊为《马氏丛刻》，收录有明马志强、马朴，清马棫士、马鲁、马腾蛟及他本人的著作十八种。其中的《烬余志过录》、《崇祀乡贤祠录》、《关西马氏世行录》、《护送越南贡使日记》等都属于史学著作。

雍正间佚名撰《冈志》一书，是专门记载北京牛街回族地区志书。该书涉及明清两朝，清朝资料较为详备。书中前有《小引》，分为二十章，包括图考、星野、风俗、人物、名师、食物、杂志等，内容十分丰富，是当时唯一一部回族邑镇志。

① （明）邓士龙辑，许大龄、王天有点校《国朝典故》，北京大学出版社，1993年，第1955页。

三、清代回族史官及史家

入关之初，清政府为了笼络人心，稳定政局，留用了一部分前明的官员，其中有不少是回回族人。如山东掖县回回张端，崇祯十六年（1643）进士，任庶吉士，后随任刑部尚书的父亲张忻降李自成。清军入关后父子俱仕于清，张端先任弘文院检讨、礼部侍郎、国史院大学士，充《明史》修纂官，《清太宗实录》副总裁。

清代回回通过科举考试入仕的人数较前代大增，有的家族多人及第。中进士的回回有些被授予翰林院编修、庶吉士、国史院大学士等头衔，有些人主要从事史籍编撰工作。如江苏溧阳马世俊为顺治十八年（1661）一甲一名进士，初授修撰，后迁侍读，著有《茅山记》、《燕山记》、《华阳游志》等。康熙四十二年（1703），江苏江浦刘岩、江苏泰州俞梅、云南元江马汝为、陕西山阳杨开沅等皆登金榜为进士，先后任翰林院庶吉士、编修等官职。刘岩参修《康熙字典》、《渊鉴类函》，有《匪莪堂文集》五卷。俞梅充威扬诗局纂修官，升编修分校《康熙字典》、《一统志》，参编《渊鉴类函》、《唐诗》、《政治典训》诸书，著有《云斤诗集》、《治河方略》、《孔子家语订正》、《历朝诗雅》、《白陆诗选》。马汝为，任翰林院检讨，掌修国史，先后充任三朝国史、方舆、路程三馆的纂修。杨开沅选翰林院庶吉士，授编修，纂修《方舆考略》，注解《御选唐诗》、《月令辑要》诸书，精心笺释。嘉庆元年（1796）一甲三名进士帅承瀛（1767—1840），湖北黄梅回回，授编修，累迁国子祭酒，督广西、山东学政，历太仆寺卿、通政使、副都御史，署仓场侍郎，授礼部侍郎，调工部、吏部，著有《浙西水利备考》，对浙西水利有详细介绍及绘图，十分实用，备受推崇。嘉庆十九年一甲三名进士伍长华，江苏上元（今南京）人，授翰林院编修，任云南布政使、湖北巡抚等职，著有《云南铜法考》。咸丰三年（1853）进士杨赞勋，扬州回回，著有《见闻录》、《省心录》、《红杏山房诗草》。光绪十五年（1889）进士萨嘉禾，福建闽侯回回，任翰林院检讨，国史馆协修。他们为清朝官修诸史书做出了回回学者的贡献。

清代不仅出现了一批回回史官，还有颇多回回史家，他们也撰写了很多史学著作。

陕西韩城回回解引樾，明天启七年（1627）进士，翰林院编修，明清混乱之际，隐居太华、龙门间，称龙门逸史，著有《素位篇》、《华游草》、《名胜志》、《澮园稿》诸书，自为墓志铭以终。浙江仁和（今杭州市）回族学者丁澎（1622—1686），顺治十二年（1655）进士，曾任刑部广东司主事、礼部主客司、礼部司郎中等，晚年回归故里，主撰《浙江通志》。淮安（今属江苏）回族杨才瑰为顺治十四年（1657）进士，曾任松江府教授、兵部武选司主事，著有《廿一史纂要》、《皋声堂集》等。明崇祯例贡丁旭撰有《明史稿》，清初修《明史》时，有人荐之，他却以亲老辞。福建闽侯回族萨玉衡，乾隆丙午（1786）举人，著有《经史汇考四部录订正》八卷，《傅子补遗》一卷，《金渊客话》、《秦中记》、《曲江杂录》等。河南固始（今淮阳）回族学者蒋湘南，道光乙未（1835）举人，曾主关中丰登书院，著有《七经楼文钞》，纂《陕西通志》、《同州志》、《华岳图经》等多种。

云南回民掌教马德新于1841年循海路赴麦加朝圣，足迹遍及阿拉伯和西亚国各国，八年后原路返回。回国之后，他用阿拉伯文写了《朝觐途记》，后由弟子马安礼译成汉文，在昆明出版。该书真实地反映了朝觐的情景及各地的风土人情，史料价值甚高，深受海内外伊斯兰教学者重视。

勉城（今湖北仙桃）回族李心地（1852—1931），清光绪十八年（1892）进士，任兵部主事，著有《沔阳州志举正》、《历代帝王世系图表》等。民国三年，沔阳回族推戴他为“回教俱进会会长”。

四、清代其他民族学者的回族历史记载和研究

清代满汉等族学者有很多关于镇压回族反叛的历史记载。这方面官修的著作，主要有:《兰州纪略》二十卷，收罗了乾隆四十六年（1781）有关镇压苏四十三领导的撒拉族和回民反叛的诏令、奏章;《石峰堡纪略》二十卷，以时间顺序编排，收录了有关镇压田五、张文庆领导的回民反叛的诏令、奏章;《钦定平定云南回匪方略》五十卷、《钦定平定陕甘新疆回匪方略》三百二十卷，收录了咸丰同治年间云南和陕甘回民反叛的有关奏章和上谕。

私修的著作主要有，龚景瀚纂《循化志》卷八，记述了乾隆四十六年（1781）苏四十三领导的撒拉族和回民暴动的相关情况和善后事宜。魏源修撰《圣武记》卷十《国朝甘肃再征叛回记》，记载了镇压顺治五年（1648）米喇印、丁国栋反叛和乾隆四十六年（1781）苏四十三反叛，田五反叛的历史。收录于《林文忠公政书》的《云贵奏稿》十卷，包含了反映道光年间云南汉回械斗仇杀及林则徐等人前往查处的情况。盛毓华《永昌汉回互斗案节略并序》记述了清道光二十五年（1845）九月二日的永昌汉回互斗真相。尹艺撰《感我斋遗稿》上下两卷，记载有作者在腾越组织团练镇压回民反叛的情况。徐元华撰《咸同获野编》，简略地记载了咸丰、同治间云南回民反叛始末。张中孚撰《碌云纪事稿》，以编年体记载咸丰六年（1856）到同治十二年（1873）间，作者在云南镇压回民反叛的经历。缪永龄撰《送回渠魁马联升传略》，记述云南迤东回民暴动领袖马联升一生主要事迹，直接涉及滇东宣威、沾益、曲靖等地回民反叛的史实。马负图撰《马负图私记》，以其亲身见闻，记述了作者咸丰、同治间跟随云南回族首领马如龙反清起事的情况，后又投降清政府，署沅源镇总兵衔，历官云南提督、湖南提督的内幕，及清官场的腐败。

谢恩诰著《再生记》记同治元年（1862）临潼回民起事状况。张兆栋撰《守岐纪事》主要记述了作者驻守凤翔时，镇压回民反叛（1862—1864）的大事记。张集馨撰《张集馨日记》记载了作者在陕西按察使任内奉旨前往甘肃兰州，会同恩麟镇压陕甘回民起事等情形。余澍畴撰《秦陇回务纪略》八卷，记载同治初年陕西回民起事的情况及张兆栋战守凤翔的事迹。杨昌浚、易孔昭、胡孚骏等编撰《平定关陇纪略》十三卷，详细记述了同治元年（1862）至十二年陕甘回民起事及镇压的情况。魏光焘、杨调元等编修《戡定新疆记》八卷，系统记述了左宗棠在新疆镇压回民和其他民族的反叛的功绩，以及平定阿古柏侵略势力，沙俄归还我伊犁地区的经过，新疆建立行省的情况等。

回族史的正式研究从清代开始。明末清初的顾炎武，雍正、乾隆年间的杭世骏就开始了“回回”名称的考证，但他们都误认为“回纥”即“回回”。研究回族史成绩突出的要算乾隆、嘉庆年间的钱大昕和清末民初的屠寄，前者有《廿二史考异》，后者有《蒙兀儿史记》，两书考证出“回回”与“回纥”不是一个民族或种族（尽管吸收有回纥的成分），但“回回”名称，则是由“回纥”或“回鹘”音转而来的。钱大昕的《元史氏族表》，参照《新唐书·宰相世系表》体例，广泛采集正史、杂史以及碑刻、文集等资料列出元代各氏族世系。其卷二为“色目”氏族，其中多为回回氏族或与回回有关的氏族，对回回人物史料进行了首次系统收集、整理。屠寄则在《蒙兀儿史记》中增补了这方面的内容。但他们主要是站在蒙元史的角度来研究回回史的，仅就某个零星的问题（如名称的考订）或某一方面（如人物资料的搜集）来进行。[①] 祁韵士撰《新疆要略》又名《西陲要略》四卷，在卷四记述了新疆地区回族的生活习俗。

第五节　回族学者的伊斯兰教史研究

一、明代的伊斯兰教史研究

詹应鹏，字翀南，回族著名学者，万历四十四年（1616）进士。天启间，其先后任嘉兴知府、嘉湖兵备道、两浙右参政。崇祯四年（1631），他辞官回乡，享年八十一岁。詹应鹏有深厚的汉文化功底，又对伊斯兰教甚有造诣，他撰写的《群书汇辑释疑》，介绍了伊斯兰教的来源、穆罕默德在伊斯兰教创立和发展中的地位，伊斯兰教的教义等多方面的内容，用儒家理论来解释伊斯兰教，把程朱理学融入伊斯兰教义之中，为伊斯兰教中国化开辟了道路。

张忻，明末伊斯兰教学者，字静之，山东掖县人，天启五年（1625）进士，崇祯时官刑部尚书，李自成攻陷北京时参加起义，旋降清。清顺治二年（1645）四月，授兵部左侍郎，兼右副都御史，巡抚天津，其间注重津门防海护漕，呼吁减轻地方负担，著有政声。四年，因静海唐官屯民起事，杀副将周天命，坐饬防不密，丧师掩饰，降二级调用，不久以病致仕。他潜心研究伊斯兰教义、教史，著有《清真教考》，认真考察了伊斯兰教的源流和发展历程、教义，并引用大量资料进行论证，阐述了伊斯兰教义的大致内容以及伊斯兰教

① 白寿彝《中国回回民族史》上册，中华书局，2003 年，第 3—4 页。

的历史。该书还记载了中国西域回鹘信奉伊斯兰教的情况，也有对回回天文历法的记载，对于研究回回历法的起源及其在中国的运用具有一定的史料价值。该书已佚，该书序言尚存于刘智《天方至圣实录》。从序言可以看出，张忻以中国的太极学说会通伊斯兰教真主本体论，提出“无极”、“太极”命题，从哲学角度认识伊斯兰教，并成为伊斯兰教中国化的哲学基础。他指出：“而当日西游之名公巨卿，不能取其至理经学一表彰之。第多为颂说，以形其西方极乐世界焉。予故采辑数语，使天下达者，知清真一教，独出诸家之上。至其理之精深，道之正大，又当据其经传，与有志者相求与无尽焉。”[①]

二、清代的伊斯兰教史研究

马注（1640—1711），云南保山县人，回族。面对明清鼎革，改朝换代，他认真学习阿拉伯文、波斯文，研读《古兰经》、圣训，钻研伊斯兰教义，康熙二十二年（1683）撰成《清真指南》十卷。该书包括伊斯兰哲理、历史、天文、地理、教规教仪、诗文唱和、身世自赞、教派斗争以及阿拉伯、波斯、中国神话传说等资料文献。该书文笔洗练，深入浅出，取材丰富，特别注重制定教条、教款和说教。他凭借深厚的儒学底蕴，用中国传统文化阐发和补充伊斯兰教义，如关于真主“创世说”，他从“真主运无极而开众妙之门”入手，讲述“无极而太极，而火水风土，而天仙人神”，最后得出“无始无终者乃真主独一之有”的结论，运用宋明理学素材丰富了伊斯兰教“认主独一”这一命题。

伊斯兰教学者刘智（约1655—1745），江苏南京人。他自幼诵读《古兰经》，十五岁起读儒家经典，后又研习阿拉伯文、波斯文，并阅读佛教、道教、基督教及西方文化书籍，再重新系统研究伊斯兰教教义及哲学，并在全国寻师访友，交流学术，搜求经书。晚年回到南京，闭门著述，撰成《天方典礼》、《天方性理》和《天方至圣实录》等著作。其中雍正二年（1724）成书的《天方至圣实录》，是伊斯兰教创始人穆罕默德的传记，属于史学著作。全书除卷首外，共二十卷。卷首记述穆罕默德的“圣德”、“圣行”，并辑有“历代圣容

① 白寿彝《回族人物志》，宁夏人民出版社，1999年，第600页。

记”。一至三卷记穆罕默德的先世及“世统、国统、道统、化统”、源流图说和穆罕默德年谱。四至十八卷为年谱，概述穆罕默德的生平事迹及高贵的品德，主要是创兴伊斯兰教的全过程。十九卷记述中亚、西亚、北非伊斯兰教国家和地区的历史、地理、社会、文化和习俗概况，附录有中国史籍对这些国家的记述以及文化交流等。二十卷记述中国史籍对伊斯兰教的有关记载、明清帝王对伊斯兰教及穆罕默德的赞文等有关评论，清真寺碑记及有关伊斯兰教著作的序跋等。全书重点突出了穆罕默德四十岁以后创兴伊斯兰教、制定教制教法及传教的情况，是中国第一本穆罕默德的传记，开创了中国伊斯兰教史的篇章。

清赵灿著《经学系传谱》，记述了明清两朝中国回族、撒拉族中伊斯兰教著名经师的传承关系和宗教、社会活动，收录明末以来胡太师（胡登洲）以下著名经师二十五人传谱，并附有纪事。书前有《系传总图》，罗列各经师之间的传承关系，总共收入二三百人。书前有舍蕴善序文和赵灿自序。

这些回族学者撰写的具有历史学性质的著作，都以伊斯兰教研究的形式进行，将回族与伊斯兰教研究结合在一起，而且以教义的阐释为主。在教义的阐释中，体现着一种将伊斯兰教“本土化”，使其能为一般中国人所理解的思想倾向。因此其回族史研究还没有从“经学”（伊斯兰教“经学”）中独立出来，而是依附于经学。①

第六节　回族谱牒的编修

家谱、族谱，是一种记录家族迁徙发展、世系繁衍的书籍，是以特殊形式组织、编写的家族生活史。家谱与正史和方志一起构成中国社会历史的三大支柱，是珍贵的中国历史文化遗产。明清时期，回族编撰谱牒之风盛行，许多回族人都编修自己家族的家谱。这些家谱为我们研究明清回族的发展状况留下了珍贵的历史资料，为我们深入研究中国伊斯兰教史、回族家族史等提供了重要的史料参考。

① 马明龙、翁乾麟《论我国回族史学的优良传统》，《回族研究》2000 年第 1 期。

一、回族家谱的撰修

1. 南海甘蕉蒲氏家谱。为广东省南海县（今佛山市内）蒲姓家族之谱，初编于明万历四十七年（1619），清道光、光绪间曾三次重修。根据家谱记载：蒲姓始祖名玛咗阿，居住在于阗（今新疆和田）、葱岭间蒲昌湖上，因以蒲为姓。玛咗阿慕孔子之道，游学中国，自号鲁尼氏，居羊城（今广州）玳瑁巷。五世祖蒲寿宬、蒲寿庚，为宋末名宦。南海甘蕉氏祖蒲胜，字宗达，号秋涛，为鲁尼氏八世孙，蒲寿宬曾孙。

2. 脱氏家谱。脱氏祖述元末丞相脱脱，元亡后其三子脱周彬隐居河北新河县董村，繁衍发展。脱氏族谱最早编修于明天启间，其后续有修纂。[①] 此谱前十六世十分简略，第十七世脱光明、脱光显于清康熙二十四年（1685）由新河迁往盛京（今辽宁沈阳）小西关落户，以下东北分支脉络清晰。此谱录有《家祠匾联》、《先祖世系》、《脱脱传》及脱周彬墓碑文等。

3. 达氏家谱。明朝回族名将达云家族的族谱，创立于达云。家谱记载达云始祖于洪武年间由哈密进贡留居南京，明成祖时授职百户，隶凉州卫，到达云已历六世。入清以后，达氏家族复以科举、军功成为河西望族，至乾隆四十二年（1703），十二世达通又续修家谱，祖述自达云以下六代人的名位事迹。谱已无存。

4. 河北青县马氏门谱。该谱修订于明成化二十二年（1486），是现存最早的回族家谱之一。其始祖马依泽，宋初由西域鲁密国来华，以天文历法任职于宋朝，后定居陕西泾阳县永安镇，经十余世迁居金陵（今江苏南京）。明永乐二年（1404），马仲良一支迁至河北省青县，遂形成青县马氏群体。马依泽家族是目前所知中国回族家族中最古老而传派有序的家族。

5. 六箴堂张氏家谱。创修于明建文四年（1402），谱系起始年代为元至正二十一年（1361）。谱文称，张氏初祖伯韫、仲韫其先祖为西域人，居金陵，

---

① 傅振伦《重刊脱氏谱书叙》，1930年，转引自杨耀恩、王俊主编《沈阳回族志》，辽宁民族出版社，1996年，第44页。

开设六箴堂药铺。永乐三年（1405），伯韫落居山东宁津县长官镇，后辗转入燕东（东北）。

6. 戴氏宗谱。回族家谱之一，创修于明嘉靖十一年（1532）。该谱自高祖戴诚始，原籍山西晋阳洪洞县石门寨母子村，明建文元年（1399）迁居南京二狼岗，永乐初又迁回山西故里。诚偕弟谐、信随军入直，屯住青邑。后戴谐迁保定，诚、信二支退佛门而入古教，称西域回回，繁衍发展，子孙嘉靖年间建戴家庄清真寺。戴氏为回回望族，仕途代不乏人，人口扩及华北、东北各地。宗谱为五世孙盛合、鹤群创修于明嘉靖十一年（1532）。清康熙二十年（1681）十一世孙庆重续，咸丰九年（1859）修撰。

7. 黑氏家谱。华北黑氏回族谱牒，分谱单和谱册两部分。谱单有谱叙，长159公分，宽61公分，立谱时间在明代，崇祯至民国续录。谱册接谱单世系中第十四世下续天津黑士玉一支。从一篇序中可知黑氏先祖由西域而来，名黑资哩。明初谱祖黑百可于临清开创基业，永乐年间部分由山东移居天津。

8. 金氏古润世耕堂宗谱。江苏省镇江金氏回族家谱。谱称："迁润州之始祖锡爵，其祖先来自西域，至明太祖起兵襄成事业。祖袭爵以土司从事，克奏麟阁之功，叨受分茅之赠，御赐金姓，荣封世袭武德将军。"该家族一直繁衍至今。

9. 西台定氏宗谱。湖北定姓回族谱牒。祖籍高昌，一世祖定公移居山西大同府（今大同），随元顺帝为官效力有年；二世祖定宝禄于明洪武十三年（1380）官授武昌卫指挥；三世祖定云袭千户职。明中期迁入沔城。因其一世祖曾官至西台御史，故名西台定氏。

10. 咸阳家乘。明朝四十三世烨如重编。该谱记载穆罕默德、三十一世祖赛典赤·赡思丁，至三十七世赛哈智改姓马氏，一直到五十四世。该谱还收有元、明各朝敕书，如明洪武皇帝《御制百字书》，具有较高的史料价值。

11. 陈埭回族丁氏族谱。福建晋江丁氏回族家谱。这部家谱体例较为完备，除了序、跋、谱例、世系、谱图、纪、说、表、传记、行状、图赞、墓记等，还有祭祀规约、契约文书、讼稿批语等。根据内容记载，在晋江丁氏的不同支派之间，由于拥有共同的祖墓及其祭产，从明初开始即已形成以宗祧继承为基础的继承式宗族组织。

12. 怀宁马氏宗谱。明成化四年（1468），马义奉圣旨创修。该家谱以马依泽为始祖记事，据记载："自宋代至明中期共一至五世，六至十一世，十二至十五世，十六至十八世，十八至二十二世先世宗系考及考妣序章，包括始祖来华陕西十一代系考图，枢仪公筑居河南八代总系考图及哈直公迁籍皖城五代系考图。"该谱是国内外闻名的回族家谱之一。

13. 郭氏族谱。该谱共两册：第一册，明正统元年（1436）郭萌创修，以后陆续增修到清嘉庆十二年（1807）；第二册，清嘉庆十三年郭肇汾创修，以后陆续增修到道光二十四年（1844）。

14. 清源金氏族谱。明嘉靖三十四年（1555）金志行修，其后略有增加。

15. 赛典赤家谱。记载了始祖穆罕默德至三十一世祖赛典赤·赡思丁。该族谱收录了元、明、清各朝敕书等，有较高的史料价值。清康熙二十六年（1687）由马注编辑而成。

16. 赛氏总族牒。清乾隆二十八年（1763）赛屿纂修，主要记载了赛典赤·赡思丁后裔支系世系，并附有碑铭、敕书多种，有很高的史料价值。

17. 郑氏世系家谱。该家谱修于清代，记录了明代著名航海家郑和以下十五世系，以及其兄马文铭八世世系。

18. 冯氏家谱。记载了辽宁沈阳冯氏一族。该族谱初创于何时无明确记载，首序由乾隆四十二年（1777）与冯氏第十五世孙冯国荣同榜举人沈霖撰写，之后又三次修改。

19. 沙家族谱。记载了山东冠县沙家一族。初创于清嘉庆元年（1796），道光、同治年间均曾续修。

二、回族家谱的史学价值

回族家谱历来为研究回族史学的学者们看重，认为它们是回族历史研究的宝贵资料。白寿彝先生指出："家谱是社会史料的一部分，通过各种家谱的研究，可以了解中国封建社会史上家族制度的形态、性质及其在社会史上的作用。……具体到回族人的各家族谱，因为回族史的资料缺乏，可以做较多利用，有时可以提供某些重要历史问题的线索。”[①]回族家谱蕴涵着许多有关民族学、人物志、地方志、社会学、民俗学、经济史、宗教史、人口学等多方面的资料。

1. 回族族源研究的重要史料。许多回族家谱开篇便追述伊斯兰信仰的由来、回族的源流、祖籍，详细记载了本家族祖先名字、由来以及迁徙过程、世系等，对于研究伊斯兰教在中国的传播以及回族族源等具有珍贵的价值。

2. 对于研究回族宗法制度具有重要价值。由于宗教信仰、生活习惯等因素的影响，回族的宗法制度形成了自己的一些特点。例如：“受伊斯兰教的影响，不崇拜祖先，不设祖先灵位。”[②]《陈埭回族丁氏族谱》详细地体现了回族宗法制度的历史演变过程，对于我们研究回族宗法制度具有重要的参考价值。

3. 对于研究回族族群的分布具有重要价值。回族在中国的分布格局是“大杂居、小聚居”，这一显著特点与其民族历史发展经历、民族特有文化以及经济发展状况有着密切的联系。明代回族家谱对于他们祖先的迁徙路线和家族发展经历有翔实的记载，这些记载为我们研究回族人口的分布与迁徙提供了重要史料。

4. 对于研究回族历史人物具有重要的价值。回族族谱中有大量关于历史人物的宝贵资料，对于促进回族历史人物的研究具有重要的意义。

5. 对于研究回族婚姻制度具有重要的价值。回族家谱中先世婚姻状况的记载，对于我们了解回族的族际通婚、婚姻形式、回族人口形成都有重要史料价值，同时也证明了回族融合有汉族成分。

---

① 白寿彝、马寿千《几种回回家谱中所反映的历史问题》，白寿彝《民族宗教论集》，河北教育出版社，2001 年，第 184 页。

② 翁乾麟《论广西回族的族谱及其史料价值》，《回族研究》2001 年第 3 期。

教育部人文社会科学重点研究基地北京师范大学史学理论与史学史研究中心重大项目《中国少数民族史学研究》（05JJD770109）结项成果

北京师范大学铸牢中华民族共同体意识培育基地支持项目

中国少数民族史学史

（下）

汪受宽 主编

第六章

维吾尔族史学

第一节　维吾尔族及其史学

一、维吾尔族的形成和发展

维吾尔族是主要居住于新疆的中国少数民族。学术界对现代维吾尔族的族源存在着一元说和多元说，但都认为回纥是其主要的祖族。回纥人活动在蒙古高原，曾经有乌护、乌纥、袁纥、韦纥、回纥等多种汉译名称。回纥人为了反抗突厥的压迫和奴役，联合铁勒诸部中的仆固、同罗等部组成了回纥部落联盟。744 年，统一了回纥各部的首领骨力裴罗受唐朝册封。788 年，回纥统治者上书唐朝，自请改为"回鹘"。840 年，回鹘汗国被黠戛斯攻破，回鹘人除一部分迁入内地同汉人融合外，其余分为三支：一支迁往吐鲁番盆地和今天的吉木萨尔地区，建立了高昌回鹘王国；一支迁往河西走廊，与当地诸族交往融合，形成裕固族；一支迁往帕米尔以西，后分布在中亚至今喀什一带，与葛逻禄、样磨等部族一起建立了喀喇汗王国。回鹘人相继融合了吐鲁番盆地的汉人、塔里木盆地的焉耆人、龟兹人、于阗人、疏勒人等，构成近代维吾尔族的主体。元代，维吾尔族先民在汉语中又称畏兀儿。1209 年高昌回鹘归附成吉思汗。1212 年喀喇汗王朝被灭。蒙元时期，在天山以南建立了察合台汗国。察合台后裔脱离了元朝的管辖，成为独立的汗国。十四世纪初，察合台汗国分裂为东、西两部分，回鹘人主要生活在东察合台汗国。元朝灭亡后，蒙古人退回漠北，东察合台汗国内部也四分五裂，出现了许多割据政权。这些政权的统治者虽然仍是蒙古贵族的后裔，但从秃黑帖木儿开始已经逐渐与畏兀儿人融为一体，为畏兀儿补充了新鲜血液。十六世纪察合台后裔赛德汗统一塔里木盆地，建立叶尔羌汗国。至此，现代意义上的维吾尔族形成。

叶尔羌汗国后期，纳克什班底派和卓家族势力控制了汗国，操纵汗王的废立。纳克什班底派的“白山派”和“黑山派”为争夺对汗权的控制，进行激烈的斗争。康熙十九年（1680年）失势的白山派首领阿帕克和卓勾结蒙古准噶尔部首领噶尔丹，攻灭了叶尔羌汗国，建立了在准噶尔蒙古军队控制下的“和卓政权”。

清乾隆年间，准噶尔汗国在清朝的打击下灭亡，蒙古贵族及其后裔在天山南北长达五百余年的统治结束。白山派和卓首领阿合默特的儿子波罗尼都（大和卓）在清朝的支持下返回天山以南召集旧部，另一个儿子霍集占（小和卓）则留伊犁。小和卓霍集占趁伊犁阿睦尔撒纳叛乱逃回今南疆，煽动叛乱。清朝平定了大小和卓的叛乱后，统一了天山南北。在较为稳定的社会环境中，维吾尔族经济文化迅速发展。

鸦片战争以后，中国进入了半殖民地半封建社会，新疆政局也处于动乱之中。一是流散到中亚各地的大小和卓后裔，不断进入新疆作乱；二是阿古柏匪帮和沙俄对新疆的军事入侵。光绪元年（1875年），左宗棠出任钦差大臣，督办新疆军务，在南疆维吾尔人的帮助下，攻灭了阿古柏，收复了新疆。1884年（光绪十年）为了加强对新疆的管理，设立了新疆省。1934年，新疆发布政府令，决定统一使用维吾尔作为汉文规范称谓，意为维护你我团结，首次精确表达了Uygur名称的本意。

二、元明清维吾尔族史学概略

维吾尔族全民族使用维吾尔语，该语言属于阿尔泰语系、突厥语族。历史上维吾尔族人民曾先后使用过古突厥文、回鹘文、古维吾尔文等。十世纪伊斯兰教传入后，逐步使用以阿拉伯字母为基础的维吾尔文。

维吾尔族在其历史发展过程中留下了丰富的史学成果，同时其他民族的史籍也记述了维吾尔族发展的历程。这些都是维吾尔族宝贵的史学遗产，也是当代维吾尔族史学进一步发展的基础。

在蒙元时期，许多维吾尔族史学家参与了朝廷组织的修史活动，尤其是辽、宋、金三史的修撰。他们还留下了许多关于维吾尔族的碑铭和传记，反映了维吾尔族上层与蒙古族统治者的关系。在叶尔羌汗国时期产生了米尔咱·马黑麻·海答儿的《拉失德史》、沙·马合木·楚刺斯的《编年史》等重要的历史著作。在清廷直接统治新疆以后，维吾尔族的史学更有了巨大发展，除了颇有影响的诸多和卓家族传记，以及伊斯兰教在新疆的传播等重大历史事件的著述外，还产生了穆罕默德·萨迪克·喀什噶尔和毛拉·穆萨·赛拉米两位史学家，他们以撰著《和卓传》和《伊米德史》，入列中华民族著名史家之列。

第二节　蒙元时期维吾尔族史学

一、蒙元时期的维吾尔族史学概略

蒙元时期大量的畏兀儿人受到重用，他们或跟随成吉思汗及其后代建功立业，或任职元朝中央，或从事学术文化事业，为蒙元历史的发展做出了贡献。在史学方面，廉惠山海牙、契哲笃、沙剌班、岳柱、全普庵撒里等维吾尔人参加了元朝廷组织的宋、辽、金三史的纂修。进入中原的畏兀儿人与汉族士大夫往来密切，汉族士大夫应其所请或元朝皇帝的要求，为他们撰写了诸多的碑铭与传记。如元明善撰《平章政事廉文正王神道碑》，苏天爵撰《元朝名臣事略·平章廉文正王》、《题高昌偰氏三节堂书后》，苏天爵、欧阳玄撰《高昌偰氏家传》，吴澄撰《齐国文忠公神道碑》，赵孟頫撰《赵国公全公神道碑铭》，程钜夫撰《武都智敏王述德之碑》、《武都忠简王神道碑》、《秦国文靖公神道碑》，虞集撰《靖州路达鲁花赤公神道碑》、《高昌王世勋之碑》，黄溍撰《辽阳等处行中书省左臣亦辇真公神道碑》，许有壬撰《合剌普华公墓志铭》，刘岳申撰《三节六桂堂记》等。[①] 这些碑铭、传记为我们了解畏兀儿人与蒙古国的关系以及他们在元朝的活动提供了珍贵的资料，其中最具代表性的是《高昌王世勋之碑》和《高昌偰氏家传》，而《乌古斯可汗的传说》则反映出草原史观的特点及古代维吾尔族对周边民族的认识。

---

① 载苏天爵编《元文类》卷六五，吴澄《吴文公集》卷三二，赵孟頫《松雪斋文集》卷七，程钜夫《雪楼集》卷六、七、九，虞集《道园学古录》卷二四，黄溍《黄金华先生集》，许有壬《至正集》卷五四，苏天爵《滋溪文集》卷三〇，欧阳玄《圭斋集》卷一一，刘岳申《申斋集》卷五。

二、《亦都护高昌王世勋之碑》

《亦都护高昌王世勋之碑》是虞集应元朝皇帝之诏为表彰帖睦儿补花襄理天下之功而树碑所撰之文，撰于至顺二年（1331）。其于1933年左右在甘肃武威县以北约三十公里的石碑沟出土，现仅存下半截，约为全碑的五分之二。碑文用汉文与回鹘文书写，碑文的汉文部分，学者已经通过对照虞集所撰碑文以及《陇右金石录》、《武威县志》、《甘肃新通志》所著录的《高昌王世勋碑》进行复原[①]，对残存的回鹘文部分也进行了释读和研究。碑文旨在“考诸高昌王世家”，首先追溯了亦都护迁居交州以前的历史，然后以亦都护世系为线索，记述了从亦都护高昌王巴而术阿而忒的斤至帖睦尔补花历代亦都护的活动以及与蒙元王朝的关系，反映了高昌畏兀儿在蒙元时期的变迁与对蒙元做出的贡献，以及蒙元统治者对其的笼络，是一部维吾尔族在蒙元时期的传记。其中关于回鹘人在漠北的生活应是根据他们自己的传说撰写的。

《亦都护高昌王世勋碑》回鹘文部分继承了漠北回鹘碑铭的写作方式，注重对事件的过程与细节的叙述，而与汉文部分的记述风格有别。回鹘文部分能补充汉文部分的主要是：一是立碑时间。回鹘文记载：“元统二年十干狗年十月幸福之日立碑。”元统二年为1334年，这和虞集所写碑文提到的至顺二年（1331）相差三年，说明立碑时间迟于虞集撰写碑文时间。二是关于火赤哈尔的斤之子纽林的斤继任亦都护时间。回鹘文碑文记载，纽林的斤“于幸福的猴年嗣为亦都护（并）像从前一样管理所有维吾尔人民。再有普颜笃可汗赐给（纽林的斤）金印，（并）封其为高昌王”。这个猴年，据耿世民研究为戊申年，即1308年。[②]而汉文碑没有说明其嗣为亦都护的时间。所以回鹘文部分可以补汉文部分之不足。

三、《高昌偰氏家传》

《高昌偰氏家传》是欧阳玄应偰文质之请写的，记述了畏兀儿偰氏从其始

---

① 据学者研究，汉文碑文与虞集所撰《高昌王世勋之碑》比较，文字上略有差异。

② 耿世民《回鹘文亦都护高昌王世勋碑研究》，《考古学报》1980年第4期。

祖暾欲谷至偰文质之子侄历代偰氏家人的谱系、功业。偰氏尊暾欲谷为始祖，因暾欲谷起家偰辇河，故以偰为姓，以示不忘本。陈垣先生《元西域人华化考》一书将偰氏作为元代西域人华化的代表之一。《高昌偰氏家传》不仅是偰氏家族的家史，同时也是一部畏兀儿人在蒙元时代的社会变迁史。如果说《亦都护高昌王世勋之碑》主要反映了畏兀儿人在蒙元时期的建功立业以及与蒙元王朝的友好关系，那么《高昌偰氏家传》更多地反映了进入中原的维吾尔族人对汉族文化的吸收及其在学术文化上的贡献。欧阳玄在《偰氏家传》中说："文质尝謂玄曰：'吾宗肇基偰辇，今因以偰为氏，盖木本水源之意也。且高曾以来勤瘁王家，诩兴大业，而俛仰陈迹，非托之文字，大惧湮没，无以示来者，谨具世次履历以请玄。"[①] 可以看出偰文质具有自觉的史学意识，其所以请欧阳玄撰家传，意在使祖先的业绩流传后世。所谓"谨具世次履历以请玄"，则说明偰氏家族有保存家史的传统。而欧阳玄撰此家传，更是为后人撰写史书提供资料，所谓"后之秉笔金匮石室之书者，则或有征于斯文"。

四、《乌古斯可汗的传说》

乌古斯的传说长期流传于古代维吾尔族民间，佚名于十三至十四世纪将其撰成《乌古斯可汗的传说》一书，共分两部分。第一部分主要讲述乌古斯的诞生、成长、成为古代维吾尔族首领以及娶妻生子的事迹，反映了维吾尔族先民对民族起源的认识，他们的创世神话，以及本民族的风俗习尚。第二部分重点叙述乌古斯可汗的征战事迹，经历的一系列历史事件。书中有浓烈的草原文化特点，英雄史观，对世界和自然的认识，是用回鹘文写成的维吾尔民族的一部散文体英雄史诗。

蒙元时期与畏兀儿有关的历史资料，除了汉文史籍以外，还有高昌王国故地出土的回鹘文文书。其中的经济文书，包括借据、账单、收条、请求免税书、豁免捐税敕令、换工与免税书、捐税与劳役协议书、贸易合同书、雇工契

① （元）欧阳玄《高昌偰氏家传》，《元文类》卷七〇，商务印书馆，1958年。

约等，为重建高昌回鹘经济生活提供了珍贵的史料。[①]

第三节 叶尔羌汗国时期维吾尔族史学

东察合台汗国速檀·阿黑麻汗第三子赛德汗打败了叶尔羌的米尔咱·阿巴·巴乞儿，占领了喀什噶尔、英吉沙、叶尔羌等城，于回历920年（1514）登上汗位，建立了叶尔羌汗国。叶尔羌汗国时期，政治上实现了统一，宗教上推行伊斯兰教，社会开始稳定，学术文化也有了新的发展。十四世纪以来其以喀什噶尔方言为主，吸收阿拉伯语、波斯语、蒙古语等词汇而逐渐形成的察合台语成为通用的书面语言。在史学方面，产生了《拉失德史》和《编年史》等著名史书，标志着维吾尔族史学发展的新阶段。

一、米尔咱·马黑麻·海答儿与《拉失德史》

米尔咱·马黑麻·海答儿（1499—1551）出身于蒙古朵豁剌惕氏族。这个蒙古家族在十四世纪以后势力急剧膨胀，领有今新疆南疆地区。米尔咱·马黑麻·海答儿六世祖播鲁只拥立秃黑鲁·帖木儿为汗，获得了九种特权。五世祖忽歹达拥立黑尔的火者汗为汗，又获得三种特权。速檀·赛德汗在位期间，米尔咱·马黑麻·海答儿担任多种官职，还担任过几次远征的重要指挥职务。1531年他奉命进攻吐蕃，征服了退摆特（吐蕃）大部分地区，第二年赛德汗亲自率军与他会合。由于地理与气候原因，赛德汗患了高山病，在返回哈实哈尔的途中去世。拉失德汗即位后，为了巩固地位，削弱朵豁剌惕氏家族的势力，处死了米尔咱·马黑麻·海答儿的叔父赛亦德·马黑麻·米尔咱及其子女。正在征战途中的米尔咱·马黑麻·海答儿听到消息后，为了避免与叔父同样的命运，逃往印度。1541年他率领一支人马进入克失迷尔地区，成为这里的统治者，直至1551年中箭身亡。米尔咱·马黑麻·海答儿多才多艺，在书法、阅读、作诗、写尺牍体散文、绘画和写华体字方面，高出侪辈，是个能手，在金

① 杨富学《回鹘文文献与高昌回鹘经济史的构建》，《史学史研究》2007年第4期。

石、珠玉技艺和金饰工艺、制作马具和盔甲方面也是如此。另外，在制作箭镞矛头和匕首，以及镀金等不胜枚举的技艺上，也做到师馨其艺的地步。《拉失德史》是他第二次进入克失迷尔后撰写的。

米尔咱·马黑麻·海答儿撰写《拉失德史》，旨在保存蒙兀儿人的历史。他说："很久以来，蒙兀儿诸汗就从文明世界的各城镇中被逐出，并不得不迁就于荒漠之中居住。现在——希吉勒历951年（1544），蒙兀儿人中间连一个了解这些传说的人都没有了，我所以敢不揣冒昧，想把这一艰巨的工作担当起来，是因为考虑到如果我不大胆来写这历史，世界历史的篇幅中，将会看不到蒙兀儿诸汗的史实了。"[①]而他作为唯一熟悉并参与蒙兀儿诸汗活动的人，有责任将他们的历史记述下来。"我所以认为自己应该这样做，是因为我一生中收集了许多关于皈依了伊斯兰教的蒙兀儿汗的可靠事实，同时我本人也参与了他们的历史活动。现在，除了我以外，任何人也不知道这些传说。因此。如果我不执笔，蒙兀儿人及其诸汗的历史就会湮没殆尽。"[②]可以看出，米尔咱·马黑麻·海答儿具有强烈的历史责任感。对于史学的功用，米尔咱·马黑麻·海答儿也有明确的认识。他指出，史学的作用是卓越的，可以为现实提供借鉴，故而《古兰经》中有三分之一的篇幅是传述祖先的历史，世界上所有的民族都研究历史，把祖先的传说收集起来并流传下去。他认为史家写史不是为了替君王虚美隐恶，而是通过实事求是地叙述往事，使读史者从中吸取经验教训。"历史家的惯例是实事求是地叙述一件事情，而不问其是否值得一提。因为他们的目的不是传述君王们的美德，掩盖他们的恶迹，而是不加选择地陈述一切事实，以便录载世人的事迹流传后世。这样，世之读史者无分贵贱，都可以从他们的忠告中获取教益。可以看到美德和恶行的结果各不相同，同时还可以借鉴各君主汗室流传于世的为政之道以资治。总之，可以使世人趋善而避恶。"[③]米尔咱·马黑麻·海答儿继承了中国史学中以史为鉴、以史资政的思想，其撰写《拉

① 米尔咱·马黑麻·海答儿著，新疆社会科学院民族研究所译，王治来校《中亚蒙兀儿史——拉失德史》第一编，新疆人民出版社，1983年，第147页。

② 《中亚蒙兀儿史——拉失德史》第一编，新疆人民出版社，1983年，第375页。

③ 《中亚蒙兀儿史——拉失德史》第一编，新疆人民出版社，1983年，第350页。

失德史》的一个重要目的就是期望速檀·拉失德汗能够以史为鉴，趋善而避恶。

《拉失德史》共两编，第一编叫作“正史”，第二编称作“史籍概述”。史籍概述部分约完成于1544年，正史部分约完成于1546年。第一编从秃黑鲁·帖木儿汗开始叙述，止于拉失德即汗位米尔咱·马黑麻·海答儿叔父被杀，以东察合台、叶尔羌汗国的汗位传承为线索，主要记述两个并存而别的统治家族——从秃黑鲁·帖木儿汗为开始的蒙兀儿斯坦诸汗的家族，与从异密博鲁只开始的蒙兀儿斯坦的蕃臣——米尔咱·马黑麻·海答儿自己的家族朵豁剌惕氏诸异密。第二编记述了米尔咱·马黑麻·海答儿的生平事迹，以及在他生活的年代里所发生的历史大事，这些都是他的亲历见闻，旨在为第一编的撰写提供资料。米尔咱·马黑麻·海答儿指出：“我打算把蒙兀儿改奉伊斯兰教以来的情况记载下来，所写的事实除了我亲眼见到的以外，还将以史册和可信的传说为依据。但我既才疏学浅，不应冒昧从事，于是便决定先试写亲眼看见的事情；如果蒙真主的恩惠我能写成，接着就将实现我原来的计划——写蒙兀儿诸汗的历史。”[①] 与第一编相比，第二编内容更为丰富，不但详细地叙述了从羽奴思汗至赛德汗诸蒙兀儿汗王以及异密的事迹，而且详载月即别沙亦乩汗、巴布尔大帝、米尔咱·阿巴·乩乞儿，以及哈萨克部及其诸速檀、伊斯兰教宗教领袖等的事迹，还对哈实哈尔、鸭儿看、于阗、克失迷尔等地的地理、气候、风土人情、物产、景物进行描述。

关于《拉失德史》资料的来源，凡有关作者所处时代以前部分蒙兀儿史的记述除参考前人有关著作外，主要是根据蒙兀儿人的传说，以及作者从其父亲和叔父那里听来的有关事情，此外就是作者的亲历见闻。米尔咱·马黑麻·海答儿写作态度严谨，对所采用的资料进行过审慎的分析和辨别。他指出：“写这部《史迹概述》时，我有一条守则是：对于我从别的人以及权威著作中所得知的事，如属关系重大者我将简略地加以复述；凡属未经亲身目睹的事，我都不敢多谈，以免夸大失真。”[②] 对于那些相互矛盾的传说，则弃而不用，以免影响记载的真实性。

① 《中亚蒙兀儿史——拉失德史》第二编序，新疆人民出版社，1983年。

② 《中亚蒙兀儿史——拉失德史》第二编，新疆人民出版社，1983年，146页。

《拉失德史》的不足，一是年代、数字和度量单位不确切，叙述缺乏头绪，降低了其史学价值。[①]二是宗教偏见影响到作者对史实的取舍，同时还存在着为贤者讳、亲者讳的现象。[②]

尽管《拉失德史》存在着缺点，却是有关东察合台汗国与早期叶尔羌汗国历史的唯一的史书，为研究十四至十六世纪的维吾尔族史、新疆和中亚地区的历史提供了十分珍贵的资料。

二、沙·马合木·楚剌斯的《编年史》

沙·马合木·楚剌斯约出生于十七世纪二十年代，其祖先是叶尔羌汗国的开国功臣，曾跟随速檀·赛德汗进攻哈实哈尔（喀什噶尔），受封于乌什——阿克苏某地。在马黑麻汗和阿合马汗期间（1591—1618）沙·马合木·楚剌斯家族的地位迅速上升。而他自己生活的时代，叶尔羌汗国内部宗教斗争激烈，社会矛盾尖锐。纳克什班底教派在玛哈木·阿杂木去世后，他长子玛木特·额敏与第四子伊斯哈克·瓦里为争夺教派领导权不断进行斗争，逐渐形成了白山派和黑山派两大派系。这两派宗教势力进入叶尔羌汗国操纵朝政，参与汗位的斗争。沙·马合木·楚剌斯目睹了叶尔羌汗国内部的斗争与汗国的灭亡。《编年史》是他为续写米尔咱·马黑麻·海答儿的《拉失德史》，于1672—1676年用波斯文撰成的一部叶尔羌汗国史。《编年史》前半部摘编《拉失德史》，后半部为沙·马合木·楚剌斯所撰写，记述了从拉失德汗登基（1532）至伊思玛业勒汗中期，下距叶尔羌汗国的灭亡只有几年的时间。这一部分的资料主要来源于口头传说与作者的亲历见闻，因而与米尔咱·马黑麻·海答儿的《拉失德史》一样具有较高的史料价值。沙·马合木·楚剌斯还著有《寻求真理者之友》一书，记述了叶尔羌汗国伊斯兰教宗教领袖的事迹，以及纳克什班底教派的白山派与黑山派之间的斗争。

① 《中亚蒙兀儿史——拉失德史》第一编，新疆人民出版社，1983年，英译本绪论，第7页。

② 王治来《从〈巴布尔回忆录〉看〈拉失德史〉》，《西域研究》1999年第2期。

第四节 清廷统治下的维吾尔族史学

乾隆二十四年（1759），清廷平定大小和卓之乱，天山南路重新回到大清一统之下。在较为安定的社会环境中，维吾尔族的经济文化得到发展，其史学也出现了新的面貌。穆罕默德·萨迪克·喀什噶尔是其最重要的史学家。

一、穆罕默德·萨迪克·喀什噶尔和他的著作

穆罕默德·萨迪克·喀什噶尔（1740—1849），喀什人，维吾尔族杰出的诗人和学者。幼年上过宗教学校，青年时代务过农，后担任喀什的汗勒克经文学院经师，喀什宗教法庭总法官“喀孜”，在南疆地区有极高威望。

穆罕默德·萨迪克·喀什噶尔曾任喀什噶尔城阿奇木伯克奥斯曼的书记官，其母热依姆·阿哈恰在乌什暴动期间曾赴叶尔羌协助奥斯曼父亲鄂对伯克稳定局势。出于为黑山派和卓树碑立传的目的，穆罕默德·萨迪克·喀什噶尔于1769年撰成《和卓传》（又名《艾孜击略传》）。该书记述了喀什噶尔和卓家族的谱系，伊斯哈木吾里在新疆地区的传教活动，白山派和黑山派的相互斗争，叶尔羌汗国的兴亡，和卓统治时期的各种矛盾冲突等。该书填补了十六至十八世纪中叶中亚史的空白，是研究和卓在新疆活动的一部十分重要的著作。

穆罕默德·萨迪克·喀什噶尔另撰有《卡斯哈布勒坎依甫传》，这部长诗以幻想的形式叙述鄯善吐峪沟的卡斯哈布勒坎奴斯成为穆斯林们朝拜圣地的简要历史，列圣谱系，列圣的诞生和去世时日，以及他们的英明论断。长诗的结尾，附录了作者由波斯文译出的《买斯兰海甫坦社》，即伊斯兰教的信仰大纲，伊斯兰教信仰和有关生活的问题。

穆罕默德·萨迪克·喀什噶尔还根据喀什阿奇木伯克斯坎德尔伯克的建议，将伊朗历史学家居瓦依尔·台白里的《台白里史》一书译为维吾尔文，并加进自己撰写的几章，改名为《斯坎德尔史和王冠书》。毛拉·穆萨·赛拉米的《伊米德史》也经他由波斯文译为维吾尔文。

二、其他关于和卓家族的历史著述

十八世纪以后，维吾尔族史学著作的重要题材，是关于和卓家族的历史著述。除穆罕默德·萨迪克·喀什噶尔所撰《和卓传》以外，还有一系列相关的史书。[①]

喀什噶尔学者毛拉·阿吉撰写的《布格拉汗传》，是一部有影响的历史著述。该书是十世纪左右成立于喀什噶尔的布格拉汗王朝列王的传记，重点叙述了布拉汗王朝成员在萨曼尼汗国王子霍加艾布·纳斯尔·萨曼尼的劝导下接受伊斯兰教，并在以后的数十年间进行长期“圣战”，使佛教徒们完全皈依伊斯兰教的经过。作者运用了许多资料和传说，以叙述这段历史，文字生动，内容详尽，虽然不乏夸张和说教，却是这一时期维吾尔族史学的一部代表性作品。

佚名以察合台文撰写的《阿帕克和卓传》，是明末至清代新疆白山派和卓的传记之一，记载了喀什噶尔和卓家族先祖的家族世系，白山派创始人伊禅卡朗与其子马哈茂德·优素福的生平，重点叙述了阿帕克和卓的经历及其从事的宗教与政治活动，是新疆伊斯兰教史和依禅派的重要史书。

毛拉玉素甫·毛拉库提奴克1850年撰成的《阿尔斯兰的故事》，主要记载了喀什皈依伊斯兰教的萨图克·布格拉汗及其孙色依提阿尔斯兰在扩展伊斯兰教过程中的活动。书的后部分以作者的名义附录了艾卜·纳色尔萨曼、萨图克·布格拉汗、四伊玛目玉素甫·卡迪尔汗等人的传记。有评论认为，此书是伊斯兰教传入新疆的重要著述。

毛拉牙合甫·本·乌买尔肉孜于1883年撰成的《依达耶提传》，又名《大和卓传》，记述了帕克和卓祖父买黑杜木艾札木的世系，他传播神秘主义的活动，其子依玛目卡狼与和卓依斯哈克在扩展神秘主义教派中的斗争和彼此残杀，以及帕克和卓以福星王子之名显示“圣贤”身份奇迹的活动。

三、历史学家毛拉·穆萨·赛拉米和他的《伊米德史》

维吾尔族历史学家毛拉·穆萨·赛拉米（1836—1917），出身于新疆拜城一

① 本目参考吾斯曼江·亚库甫《16至19世纪维吾尔族史学史研究》，陕西师范大学2011年博士论文。

个宗教职业者的家庭。从七岁起，在父亲任教的经学堂读书，后又在南疆著名的库车萨克经文学校受到很好的教育，研读《古兰经》、《圣训》，学习历史、文学、地理和历法，学会了阿拉伯文和波斯文。以后回到故乡经学堂任教，再接任该校负责人。咸丰、同治年间，全国各地爆发了多起汉族、回族的反清起事。同治三年（1864）夏，库车农民起事，半年之内即席卷天山南北。然而，各地领导权主要掌握在封建主和宗教头目手中，各据一方，相互征战，给长期以来一直觊觎中国新疆的外敌以可乘之机。浩罕军官阿古柏侵占了整个南疆和吐鲁番、乌鲁木齐、玛纳斯等地，沙俄侵占了伊犁。1876 年、1877 年，清军陆续收复被侵占的地区。毛拉·穆萨·塞拉米参加库车起事队伍，在乌什首领买和木丁手下担任掌印官。阿古柏侵占南疆等地后，投降的毛拉·穆萨在阿克苏驻军中任文书十一年。

清军收复新疆后，退出政界的毛拉·穆萨隐居阿克苏，开始潜心著书。1885 年，毛拉·穆萨撰成《圣贤传》，记述伊斯兰教传入喀什、南疆及后来发展的历史。1898 年，他撰成考察新疆各地伊斯兰教名人陵墓的《艾萨毕里凯夫》。经过长期搜集资料之后，1903 年毛拉·穆萨运用大量亲身见闻，撰成《安宁史》一书。后以《安宁史》为基础，经过修订、补充，1908 年，撰成《伊米德史》这部史学代表作。他在书中不无悔恨地写道："至今我生活在阿克苏的一个洁静的角落，以一个沾满罪孽的人的心，向真主忏悔着。"

《伊米德史》约五十万字，由前言、两章正文和结束语组成。前言简述突厥部落的形成、突厥诸可汗、成吉思汗及其后裔。第一章记述新疆库车农民暴动的原因及其迅速扩及全疆的过程。第二章记述浩罕入侵者阿古柏的出身和生平，阿古柏同布素奴克汗等入侵新疆经过，对喀什、英吉莎、库车、和田等地农民暴动的血腥镇压，阿古柏同英国、沙俄勾结，进一步占领吐鲁番、乌鲁木齐，给新疆各族人民带来的劫难，以及清军在各族人民配合下击溃阿古柏，重新统一新疆等。结束语附录有南疆六城居民概况，维吾尔族族源及作者本人的有关资料。该书对研究维吾尔族史，特别是伊斯兰教在维吾尔族生活中的作用和影响具有重要价值。该书手抄本为察合台文，1986 年民族出版社出版现代维吾尔文本，新疆古籍整理办公室将该书译成汉文。

尽管毛拉·穆萨对伊斯兰教虔诚而且狂热，并且对入侵的阿古柏抱有幻想，但作为一个清醒的历史学家，他尊重历史事实，在书中客观地揭露清朝在新疆统治的腐朽和地方首领将农民起事引向民族仇杀的歧途。他指出，那些官员既然“出钱买了官，就要用官把钱捞回来，这就是他们的良心”。百姓向官府控告伯克，官府却把状纸转给伯克处理。“结果报复成了常规，人们哪里再敢自找苦吃？”暴动的库车农民杀死清廷办事大臣萨迎阿，先请被革职闲居在家的库车郡王爱玛特出来当首领，遭到拒绝后，就杀死了爱玛特和几名伯克，在一座麻扎里找到热西丁和卓，将他扶上白毡当了首领。一场农民暴动就这样轻易地被引向杀戮异教徒的歧途。他忠实记录了新疆各族人民抵抗阿古柏侵略者的过程。阿古柏采取各个击破的手段，打败了不能团结起来共同抗敌的各地武装，屠杀了五万多英勇抗敌的和田居民，清剿顽强进行巷战的库车人，最后侵占乌鲁木齐一带，“有二十万之多的回民死于战刀之下”。书中用很多篇幅揭露阿古柏的荒淫无耻、阴险残暴和横征暴敛。如，描绘阿古柏蓄养着“汉、蒙古、回、哈萨克以及其他姬妾共六百余人。行军时还要带十几辆车，里面无非是关着那些可怜的女人”。他“住过的地方，连禽兽都可以饱餐一顿”。他们“成天骑着高头大马，随心所欲地干着各种丑事”。而新疆人民的生活却是另一番景象：伊斯兰教规定每年征收一次宗教税，阿古柏却征收两次。他没收了商人的货物，还逼迫商人缴营业税。他年复一年地出卖掠夺来的同一块土地，人民怒斥阿古柏“将七层土地都卖完了”。书中以不少篇幅描述了新疆各族人民对清廷平定阿古柏的期盼，总结道：“可汗（指清朝皇帝）的胜利之军，从吐鲁番出发到喀什噶尔，沿途所经，没有遇到任何阻碍。没有一个城镇向可汗陛下的大军射过一粒子弹，相反，很多城镇的好人们还为可汗的大军做了力所能及的事。”

本来，清廷的号令只能到达哈密、巴里坤、乌苏、塔城一带，南疆的情况在官方记载中几乎是个空白。而从 1864 年新疆各地反清起事爆发到清军驱逐阿古柏匪帮，汉文史籍也只是平叛过程产生的官方文书。毛拉·穆萨撰《伊米德史》，以亲历者的身份，忠实地记载了这一段历史，填补了历史著述的空白。对于后来的维吾尔人，该书也是一份很好的历史教材。

第七章

哈萨克族史学

第一节　哈萨克族及其史学萌芽

一、哈萨克族历史和史学

哈萨克族是一个具有悠久历史的西部跨境民族，很早就生息在新疆北部及中亚草原。全世界哈萨克族有1800万人，中国哈萨克族2010年统计为146万人。中国的哈萨克族主要居住在新疆维吾尔自治区伊犁哈萨克自治州、阿勒泰、木垒哈萨克自治县和巴里坤哈萨克自治县，以及甘肃省阿克塞哈萨克自治县和青海省部分地区。历史上哈萨克族主要从事畜牧业，现在大部分哈萨克族定居在城市。哈萨克族有自己的语言，属阿尔泰语系突厥语族克普恰克语组的哈萨克语，属于黏着语类型。历史上哈萨克族曾使用过古代突厥文、回鹘文作为官方文字。中国的哈萨克族使用的是以阿拉伯字母为基础制订的哈萨克文。

关于哈萨克族名的由来，有认为“哈萨克”这一名称出现在十五世纪，也有认为“乌孙”是“哈萨克”的对音，还有认为“哈萨克”就是《唐书》记载之可萨、曷萨、阿萨的对音。目前学术界对第三种说法比较认可。哈萨克族名的含义，有学者根据民间白天鹅的传说，认为哈萨克为“白天鹅”之意或“顽强、坚强”之意，还有人把哈萨克解释为“战士”、“自由的人”、“脱离者”。

“哈萨克民族自公元前七世纪至六世纪经历了起源时期之后，便进入了形成时期。公元六世纪至十二世纪，古代哈萨克部族先后经历了突厥汗国、突骑施汗国、葛逻禄汗国、克马克汗国、喀喇汗朝和西辽的统治时期。”[①] 十三世纪至十四世纪，哈萨克各部大都处于金帐汗国统治下，少部分归察哈台汗国统治。十五世纪白帐汗国分裂为乌孜别克汗国和诺尕汗国。1456年，为了反抗

① 哈萨克族简史编写组、哈萨克族简史修订本编写组《哈萨克族简史》，民族出版社，2008年，第72页。

乌孜别克汗阿布尔海尔汗的统治，加尼别克和克烈汗率领哈萨克人迁徙到楚河至塔拉斯河一带，建立了哈萨克汗国，并不断扩大自己的疆土和人民。哈萨克汗国的建立，标志着哈萨克族的初步形成。[①] 十七世纪末，哈萨克大玉兹和中玉兹的一部分被迫臣服于西部蒙古准噶尔部，小玉兹向西迁移。1757 年，清军追击准噶尔残部，中玉兹阿布赉汗、大玉兹阿布勒比斯汗以及小玉兹努拉利汗先后向清廷献马归顺。经清廷许可，部分哈萨克人迁回故地阿尔泰、塔城以及伊犁等地，安居繁衍生息。十八世纪中叶起，沙俄势力加紧侵入巴尔喀什湖以东以南中国属地，强迫中玉兹和小玉兹哈萨克人向沙俄交纳赋税和服劳役，哈萨克汗国瓦解。其后，沙俄强迫清政府签订一系列不平等条约，我国西部大片土地被沙俄割占，并要"人随地归"，侵占了原属中国的哈萨克族及其居住地区。此后，哈萨克族便分居在中国和俄国两国的领土上。

1944 年，新疆爆发了三区革命，伊犁、塔城、阿勒泰三区维吾尔、哈萨克族等民族武装反抗国民政府统治。中华人民共和国建立后，哈萨克族经历了民主改革、社会主义改造以及民族区域自治和经济体制改革等历程，经济文化等方面都得到了很大的发展。

哈萨克族在漫长的发展过程中，产生了大量的神话和传说，其内容有对人类起源与哈萨克民族起源的认识，也包括对民族历史的记述。而哈萨克族长诗则保存着大量对哈萨克族历史事件的记述。哈萨克族人民十分重视对祖先的记述，其系谱口耳相传，现在所整理的系谱，包括公元七世纪到二十世纪的哈萨克族部落世系。同时，中原王朝历代史书对哈萨克族也有许多记载，尤以清朝为详。哈萨克族史学是我国少数民族史学非常重要的部分，也是中国史学史不可或缺的内容。

二、哈萨克族神话的史学意识

哈萨克族虽然有自己的文字，但它的历史主要是通过口耳相传方式传承下来的。哈萨克族神话和传说，反映出了哈萨克族人民对过往历史的记忆。这些

① 苏北海《哈萨克族的起源》,《人文杂志》1957 年第 5 期。

神话传说大都讲述人类起源、英雄人物事迹、本民族发生的重大事件。我们可以将其看作哈萨克族史学的萌芽。

在哈萨克族神话中，创世神话占据了最为显著的位置，包括宇宙如何从一片混沌中分离，人类如何诞生，也包括与人类生存息息相关的日月星辰、山脉河流、树林草地、虫鱼鸟兽等产生的过程。此外，还有各种关于宇宙的神话，如九重天的人类世界，七层地底的地下世界，十八层天的神仙世界；还有生长在大地中心，人类不可见的巨大杨树；还有用犄角顶着地球的巨大天牛等等。图腾崇拜亦即祖先崇拜的神话，都将人类的始祖设定为哈萨克先民崇拜的苍狼和白天鹅等动物，然后讲述这些动物幻化成人与人类繁衍出哈萨克族的故事。当然，这些神话分类并不明确，而是许多不同类型的神话相互渗透。

哈萨克创世神话主要有《迦萨甘创世》、《阔克阿帕》、《神与灵魂》、《腾格里创世》等。

《迦萨甘创世》神话分为《创造篇》和《斗争篇》两部分。《创造篇》讲述了创世主迦萨甘的创造活动。宇宙本是由火、水、风、土等物质构成的，浑浑噩噩，混乱不堪，是没有尽头、没有根底地流动着的深不可测的大河。迦萨甘创造了天地、太阳和月亮，"还要给大地创造主人。于是，就在大地的中心栽了一棵'生命树'。生命树长大了，结出了茂密的'灵魂'"[①]。迦萨甘用黄泥捏了一对空心小泥人，晾干后，就将灵魂放进去，创造了哈萨克的先祖阿达姆阿塔和阿达姆阿娜。"两个小人长大了，迦萨甘让他们俩婚配，他们前前后后生了二十五胎，每次都是双胞龙凤胎。后来迦萨甘又主持了他们的婚礼，男女共五十人，同胎的男女不婚，最后组成了二十五对夫妻。从此，人类便逐渐繁衍起来。二十五个男性后来发展成了二十五个部落，以后又进一步发展成为各个不同的民族。"迦萨甘同时"创造了一切有益于人类的其他动物，还创造了种种有益的草木虫鱼，并且给它们注入了灵魂，使它们都有了生命"[②]。在《斗争篇》中，迦萨甘与太阳、月亮并肩作战，战胜了恶势力的代表恶魔黑暗，给人

① 苏北海《哈萨克族文化史》，新疆大学出版社，1989年，第140页。

② 尼合迈德·蒙加尼《迦萨甘创世》，《新疆民族文学》1982年第2期。

间重新带来了光明。该篇还讲述了太阳和月亮的爱情故事，以及雨雪雷电等自然现象。从这则神话中，我们可以探析哈萨克族先民对宇宙和人类起源这一古老问题的认识。首先，在他们看来，宇宙由四种物质组成。哈萨克先民对于人类起源的看法，不局限于神创造了人类的形体，更要给予人类灵魂。神话对宇宙来源和人类来源的探求，体现了哈萨克先民强烈的寻根意识。其次，迦萨甘将五十个男女分别婚配，发展成了二十五个部落的神话，反映了哈萨克先民的社会——部族意识。最后，神话中人类创造者的迦萨甘不仅创造万物，还率领人民同恶魔斗争。这种对祖先无所不能的幻想，正是哈萨克族祖先崇拜的反映。

另一则哈萨克族的创世神话是《腾格里创世》。其内容是："于天地未开之际，宇宙本是一片茫茫大水。腾格里神就从这大水里分出天和地，'创造'了上、中、下，即天上、地上、地下三界。天上为水之源，地下为水之尾，大地漂浮在水上，由神牛用一只角支撑着。每当神牛将大地从一只角换到另一只角的时候，就会有地震和洪水。于是腾格里用巨石做钉子钉在四极，又说是用四座大山镇压住四极，大地才不晃动。按照神话里的说法，天与地最初很小，而且距离很近，后来天与地逐渐长大，天也越升越高，因此才有今天的天高地远。三界又有神树相沟通。神树顶通天界，神树根部通地下界。"[①] 腾格里不仅是哈萨克族的创世神，在蒙古等很多民族神话中他也是创世神，可见哈萨克族先民与很多其他的部落民族之间的交往和影响。这则神话里还反映了哈萨克族先民对于对地震、洪水等自然现象原因的解释。

《阔克阿帕》讲述的是一位名叫阔克阿帕的女人造人的故事。阔克阿帕捏了许多泥人，在这些泥人中，诞生了一男一女两人，男孩叫"巴尔什克勇士"，女孩叫"巴尔什可公主"。阔克阿帕用牛奶喂养他们，两人长大婚配繁衍出了人类。巴尔什克勇士不惧严寒酷暑，总喜欢赤身裸体，所以被称为"贾郎阿什巴巴"。后来，为了搭救被卷入山洪的乡亲，他的泥身被水泡化，灵魂则变成天鹅飞走。所以至今哈萨克人还是习惯在危难之际祈祷："愿贾郎阿什巴巴保佑！"这则神话折射出哈萨克先民对人类历史发展进程的认识，女性创造人

① 毕桪《哈萨克民间文学概论》，中央民族学院出版社，1992年。

类，应该是母系氏族社会的身影，后来，男性祖先发挥的作用日益重大，并为了拯救民众献身，化成白天鹅而去，可知，这时已经变成了男权社会。在这则神话里我们还可以窥见哈萨克先民崇拜的图腾——白天鹅。

白天鹅和苍狼是哈萨克族先民最为崇拜的图腾。除了上述巴尔什克勇士化作白天鹅的神话以外，还有一个神话故事讲的是：远古时，有一位名叫卡勒恰哈德尔的身经百战的年轻首领。他在一次战争中失利，身负重伤，单独一人在戈壁上行走。当时正是炎夏，他极度疲乏和饥渴，躺在地上快要死了。突然，从天空的空隙中，飞下一只白色雌天鹅，雌天鹅给他滴了一口口涎，然后把他带到蓝色的海洋边。卡勒恰哈德尔喝了水，体力慢慢复原，创伤完全消失。那只白色雌天鹅脱下鹅毛皮，变成一个美丽绝伦的少女。卡勒恰哈德尔与这位少女结婚，婚后生下一个男孩名哈萨克。哈萨克后来生下三个孩子，长子阿克阿尔斯后裔为哈萨克的大玉兹，次子别克阿尔斯的后裔为哈萨克的中玉兹，三子江阿尔斯的后裔为哈萨克的小玉兹。由于三个玉兹都是哈萨克的后裔，所以三个玉兹的人们共同以“哈萨克”为自己民族的名称。[①] 这则神话追溯了哈萨克族三大部落祖先，反映了其同源共祖的思想。白天鹅是哈萨克诸部的始祖母，是吉祥的象征，她出现在哈萨克族的很多故事里，体现了哈萨克先民对天鹅的图腾崇拜。

哈萨克族的各种创世神话无不表现出哈萨克族先民对人类起源和部族起源探寻的寻根意识；同时，在哈萨克先民的早期历史上就出现了祖先崇拜和图腾崇拜，哈萨克先民对天体等自然现象的思考，虽然幼稚，但正是这些较为原始的想象，体现了哈萨克族先民思想认识的发展。

三、传说反映的哈萨克族史学萌芽

哈萨克族的传说内容丰富，可以分为氏族起源传说、社会习俗传说、乐曲传说、风物传说、史事传说、人物传说等。

① 哈萨克族简史编写组、哈萨克族简史修订本编写组《哈萨克族简史》，民族出版社，2008 年，第 10—11 页。

阿拉什可汗的传说是流传最广的哈萨克族起源传说。在古老的年代，锡尔河畔有一位克孜勒·阿尔斯坦可汗，他拥有三十二个部落和五百名勇士。在一次征战中，可汗俘获了一个绝世美女，娶其为妻，不久美女生下了一个全身都是花斑的男婴。可汗和嫡妻视为不祥，将婴儿扔进锡尔河。一个贫穷的老翁捡到这个孩子并把他抚养成人。因为这个孩子身上的花斑，他被称为“阿拉什”。阿拉什智勇过人，可汗听闻后，想把阿拉什接回宫帐，但大臣反对，于是可汗赐予阿拉什一百个小伙子和牲畜牧场。此后两年，可汗每年都派一百人去往阿拉什处。这三百个小伙子跟随阿拉什四处征战，被称为“哈萨克”，其意是“勇敢的自由人”或“自由自在的人”。他们共推阿拉什为可汗，并划分了领地。乌孙率领的一百个小伙子分得了锡尔河上游，被称为“大玉兹”，意为大一百。波拉特率领的一百个小伙子分得锡尔河中游，被称为“中玉兹”，意为中一百。阿尔钦率领的一百个小伙子分得锡尔河下游，被称为“小玉兹”，意为小一百。如今的哈萨克族就是由这些自愿跟随阿拉什而联合在一起的三百个小伙子繁衍生息的。[①]

这则传说追溯了哈萨克族的起源及三个玉兹形成的过程，反映了哈萨克族同源共祖的思想。同时，它还叙述了哈萨克族祖先阿拉什非凡的成长过程，他智勇双全，战无不胜，反映了哈萨克族先民英雄崇拜的思想。

从哈萨克族传说中我们也可以看出伊斯兰教的影子。相传安拉先创造了阿达姆阿塔，又用阿达姆阿塔的肋骨做成了一位名为哈瓦娜的女性。最初他们住在天堂，后来因魔鬼的诱惑，违反安拉的禁令，被逐出天堂，在世间靠劳动度日。也有传说载，他们是受安拉之命留在喀兹库尔德山唯一的一对未遭洪水淹没的夫妇，他们生育的孩子繁衍出了人类，哈萨克族即他们的后裔。神话显示，阿达姆阿塔与阿瓦娜是伊斯兰教传入哈萨克族民间，并与哈萨克族人类起源古老传说结合，被哈萨克化后的造人神话。与之类似的还有哈萨克族宗教神话《马鬃桥》，马鬃桥被人们看作神话中人死后其灵魂赴另一个世界的必经之桥。

---

① 黄忠祥《哈萨克英雄史诗与草原文化》，中央编译出版社，2007年，第240—241页。

在哈萨克民间有一则广为流传的《白狼》的故事①。故事说，一个年轻人同一只漂亮的白色母狼相遇。按照事先约定，在四十天里，年轻人必须尊重狼，容忍狼的一切残暴行为，不得流露出丝毫恐惧、嫌恶的情绪。年轻人做到了。于是，狼化为娉婷少女，做了年轻人的妻子。依靠这位贤淑的狼妻，年轻人有了许多牲畜，过上了富足生活。故事中，狼被视为与苍天有关的神物，狼作为会带来财富、幸运及勇气的对象受到崇拜，反映了哈萨克族自古以来就过着游牧生活。在同哈萨克族源相关的古代氏族起源传说当中，突厥人的起源传说对哈萨克族的影响无疑是深远的。例如，突厥乃蛮部就有母狼救了该部唯一幸存者垂死的巴特尔，一起过起夫妻生活，子孙繁衍，乃蛮人重新发展起来。② 这则传说显然同古代突厥人的狼起源传说相通。

综上我们不难发现，从神话到传说，哈萨克族先民的意识发生了很大的变化，从开始探讨人类起源逐渐发展到追寻部落发展形成的轨迹，把关注的对象从神的身上逐渐转移到了人的身上。

第二节　古代哈萨克族史学

哈萨克族人民用史诗记录本民族发生的重要史事和民族英雄。其他民族，尤其是汉族学者也对其进行了大量的记述和研究，它们组成了二十世纪以前的哈萨克族史学。

一、哈萨克族史诗

截至二十世纪八十年代，搜集到的哈萨克史诗已达二百五十多部。③ 这些史诗产生的历史十分久远，但是形成年代却相对较晚。哈萨克族的史诗大致有英雄史诗、婚姻爱情诗、传奇诗和宗教诗，具有代表性的是《阿勒帕米斯》、《霍尔赫特祖爷书》、《阔孜情郎与巴艳美人》、《库布兰德》、《科茹胡里苏里

① 毕桪《哈萨克民间文学概论》，中央民族学院出版社，1992 年，第 24 页。

② 毕桪《哈萨克民间文学概论》，中央民族学院出版社，1992 年，第 128 页。

③ 乌拉赞巴依著，校仲彝译《哈萨克民间长诗概述》，《民族文学研究》1984 年第 1 期。

坦》、《康巴尔》、《阿尔卡勒克》等。

这些史诗有着明显的部族历史烙印，在研究哈萨克族族源时，可以为我们提供参考。例如形成于十世纪的《库布兰德》，也称《卡拉克普恰克的勇士库布兰德》[①]，是哈萨克族古老的英雄史诗。从题目我们就能得知，克普恰克是形成哈萨克族的部族之一。

英雄史观在很多哈萨克族史诗中都有体现。例如十世纪左右形成的《阿勒帕米斯》，存在着很多不同版本，但核心内容不外乎阿勒帕米斯异于常人的诞生方式，征战中屡受陷害但最后都化险为夷成功逃脱，在战争胜利返回家乡时遇到奸徒意图逼迫自己的妻子改嫁，于是英雄在解救妻子消灭奸徒之后，带领部落人民过上了安定的生活。长诗以各种手法突出英雄的勇猛无敌。阿勒帕米斯的敌人听到他即将攻打自己部落时痛哭流涕道："他血染城堡，使城门布满尘土。把男人沦为奴隶，把女人变成寡妇。欺凌我懦弱无能的少爷。我把马群还给他行吗？为马群之怨，我把女儿嫁给他行吗？英雄生来就是英雄，他岂能不复仇！"[②]在《骑黄马的猎手》这首长诗中，国王觊觎猎手妻子的美色，派三百名大力士及四十个大臣，趁骑黄马的猎手酣睡时，把他抓住了。被捆绑在石门上的猎手由他三岁的儿子琢岩来救出。他一口气杀死了四十个大臣，一拳使国王呜呼。[③]这些叙述都十分夸张，可见哈萨克人民对英雄的喜爱和崇拜，为了突出英雄的不同寻常之处，附会了许多不切实际的事迹。

这些史诗有着巨大的史料价值。哈萨克族的英雄史诗不仅记叙了英雄人物身上发生的众多事件，也记叙了英雄所处部落及其周边部落发展的历史。例如《克里木的四十位英雄》，主要反映了哈萨克族人民与卡尔玛克和其他外部扩张势力展开的斗争。这期间哈萨克族经历了各族源部落的发展和哈萨克汗国的建立以及与外族的斗争，所以也可以看作是哈萨克族人民与外族的斗争史。十七世纪下半叶至十八世纪中叶准噶尔贵族崛起，向哈萨克草原大规模扩张，哈萨克族为了捍卫家园，连年与准噶尔贵族进行战争。这一时期，沙皇俄国也侵

① 乌拉赞巴依著，校仲彝译《哈萨克民间长诗概述》，《民族文学研究》1984 年第 1 期。

② 黄忠祥《哈萨克英雄史诗与草原文化》，中央编译出版社，2007 年，第 40 页。

③ 阿吾里汗《哈萨克族民间叙事长诗概述》，《新疆大学学报》1982 年第 1 期。

略哈萨克族地区，民族内部又纷争不断。在这内忧外患之时，涌现出了阿布赉汗等很多英雄人物，这一时期的史诗较多地反映了历史的真实面貌。代表作有《阿布赉》、《贾尼别克》、《叶先坎勒迪》、《阿尔卡勒克》等。如果将这些史诗认真甄别研究，就能得出这一时期哈萨克族发展较为清晰的脉络。

我们从哈萨克神话、传说与史诗中还会发现哈萨克族社会在历史发展中的诸多变化，最为明显的就是女性地位的变化。在早期神话与传说中，女性往往居于主导地位。而随着时间的推移，后来的传说与史诗中女性形象已经失去了神性，逐渐成为男子的附庸，甚至遭受种种不公平的待遇。在《骑黄马的猎手》这篇长诗中，猎手的妻子——金发女人库拉衣木，在被国王掠走又被丈夫夺回后，居然被其父绞死。① 从中我们可以窥见哈萨克社会从母系氏族社会到父系氏族社会，最后男权地位完全确立的过程。

哈萨克族的神话与传说是其历史意识的萌芽，而史学意识的萌芽则是从哈萨克族的传说和史诗开始的。哈萨克族长诗口耳相传，逐步完成，使得这些长诗基本囊括了哈萨克族在历史上的所有重大史事。更为重要的是，人们对这些史诗有意识地传诵和记述，说明他们已经注意到了历史在民族发展中的重要作用。

神话、传说与长诗存在着蕴含丰富的哈萨克族历史资料和历史意识，我们可以根据这些作品探讨哈萨克族族源部落、主体民族的形成时间，经过甄别研究，也可以了解其经历过的重大历史事件及历史上重要人物的生平，同时也可以对哈萨克族宗教信仰的发展变化有一些了解。

二、哈萨克族系谱

哈萨克族系谱是哈萨克族人民世代口耳相传的本氏族或部落的祖先世系。哈萨克族社会的“阿吾勒”（家族）、“阿塔”（大家族）、“露乌”（氏族）、“阿洛斯”（部落）、“兀鲁思”（部落联盟）都是由有一定血缘关系的成员组成。为了弄清各个氏族部落之间的亲疏关系，互通婚姻，哈萨克族人民很重视系谱的

① 阿吾里汗《哈萨克族民间叙事长诗概述》，《新疆大学学报》1982 年第 1 期。

传承。能够背诵、记录、保存和传承系谱的人被称为“谢吉列西”即系谱传记人，[①] 受到人们的尊重。所以在一般情况下，每个哈萨克人都能说出自己七代祖先的名字。哈萨克族的系谱除了本氏族或部落的世系，还记载有组成各玉兹氏族部落及附属部落，玉兹繁衍分离出去的新世系，前人所处时代的生活状况，与邻国及其他民族的关系，一个时代的著名人物等等。例如，国内外流传有多个版本的史诗《叶先坎勒迪》，以韵文系谱的形式，叙述了克宰部落从自称“克宰”起至二十世纪四十年代的经历，展现了“克宰”部落名称的来源、哈萨克汗国的风俗习惯等，有助于了解组成哈萨克族诸部族的发展情况。

1. 前人对哈萨克族系谱的记述。哈萨克系谱从七世纪就开始流传，十三世纪伊犁阿力麻里的历史家贾马勒·喀尔施（1230—1315）收集了葛逻禄、咄陆、乌古斯、克普恰克和喀拉汗的系谱，十六世纪穆罕默德·海达尔·杜拉特（1499—1551）搜集了七河诸部落的系谱，贺德尔哈力·扎拉亦尔（1530—1605）辑成了《历史丛编》及其他。

哈萨克汗国时期主要的系谱有《成吉思汗》、《哈萨克系谱》、马合木提·索布克特勤编写的系谱，巴里斯和伊本哈勒多尼搜集的《克普恰克系谱》和《历史》（主要是乌古斯、喀拉汗系谱），其中较完备的《哈萨克系谱》反映的时间包括十三世纪至十八世纪上半叶。

十八至十九世纪，又有许多系谱写成文字，例如十八世纪库恰尼卡拉吾勒收集的《哈萨克系谱》，乔汗·瓦利汗诺夫的《大玉兹系谱》；1835 年的《江格尔系谱》，阿合吾提江吐列搜集的系谱，波塔尔记录、穆哈修力曼口述的《哈萨克系谱》；1894 年在库尔坎别克、伊尔吾木江指导下搜集的《中玉兹、小玉兹系谱》，哈萨克系谱家们在木尔盖市编写的《系谱通编》、《成吉思汗系谱》、《成吉思汗后裔系谱》，托盖比尔搜集的《三个玉兹系谱》，迪坎拜搜集的《大玉兹系谱》及其他。

十九世纪，清朝的一些学者和官吏也搜集了不少哈萨克族的系谱，有些已见诸傅恒《西域图志》、松筠《新疆识略》、汪廷楷《西陲总统事略》、椿园

① 贾合甫·米尔扎汗著，纳比坚·穆哈穆德罕、何星亮译《哈萨克族》，民族出版社，1989年，第37页。

《西域闻见录》、祁韵士《西陲要略》等书中，有些则收藏在北京故宫博物院的满文档案内。

二十世纪初，在苏俄整理出版的有夏克仁《突厥、吉尔吉斯、哈萨克及其诸汗王的系谱》（1911 年奥伦堡出版），玉素甫《哈萨克系谱》、《哈萨克何时分为三个玉兹》，努尔江·那恰巴耶夫《哈萨克和突厥系谱》，木哈木提江特尼希拜耶夫《哈萨克系谱》等等，这些系谱对哈萨克世系和历史的叙述，至今仍有较高的参考价值。

2. 哈萨克族系谱的史学价值。第一，系谱延续了哈萨克族的神话传说以及口号印记。口号印记是游牧民族重要的文化标志。口号一般来源于祖宗或族内某一英雄的名字，主要用于对敌作战。印记是一个部落或氏族的标志，在缔结协约时作为遵守约定的标志，同时在部落氏族聚会时都会在山崖石壁上雕刻本部落氏族的印记；印记的另一个作用则是标记牲畜所属。哈萨克每个部落，都有其不同的口号、印记，这些在系谱中也有体现。第二，可以据以追溯哈萨克族的族源，以及它的形成和发展过程。哈萨克族是在漫长的历史过程中与很多部落民族逐渐融合发展而成的民族，所以在系谱中的很多部落，曾是哈萨克族的族源。第三，可以补充文字记载的不足，与史籍记载相互印证，是研究哈萨克族历史的重要资料。哈萨克族系谱经一代代人口头传诵，是哈萨克族的口述史。如阿布赉汗是清朝时期的哈萨克汗，与中原王朝交往密切。通过系谱，我们不仅可以窥见阿布赉汗时期的情况，也可以了解其祖先及后代的种种情况。根据系谱，我们研究哈萨克汗位继承情况，发现都是父死长子继承，但哈萨克王位的继承并不是如此。

3. 哈萨克族系谱存在的缺陷。哈萨克各玉兹、各部落均有其传承系谱的人，他们把世世代代相传的哈萨克系谱用鹅毛笔记录下来保存在可汗、苏丹和部落头目手中。现存哈萨克系谱包括七世纪到二十世纪的哈萨克部落世系。但是，由于这些系谱是口头流传下来的，只知道一代一代的顺序，至于每一代人生活在什么年代则不甚明了。例如姜特刻衣氏族，从姜特刻衣开始算起，到其系谱中所记最后一位后代——托合什，共经历了八代。但我们无法推知姜特刻衣是何时代之人，所以就无法确定其生活的准确历史时期。早期有些首领还带有神话色彩。有的叙述也含糊不清，甚至错误。由于历史久远，系谱在追溯族源时，往往出现连名遗漏中断、分支情况不清、糟粕与精华并存的局面，这就需要研究者有所甄别，发掘系谱研究的史学价值，才能写出符合实际的真正有分量的历史来。

第三节 汉文史籍对哈萨克族的记述与认识

一、清代以前汉文史书的记载

从司马迁《史记》开始，史籍的编著者们就十分注意记载周边的少数民族。对哈萨克族的记载，可以说历代史书均有。这些记载中，不仅仅有其与中原王朝的交流，还包括了该民族的政治、经济、文化的发展，反映了古代史家的民族观。

关于哈萨克族族源乌孙的记载从《史记》到《元史》都有。汉代史书除了对乌孙的地理环境风俗介绍，主要集中在乌孙与当时中央政权的关系。三国时，乌孙与曹魏政权保持隶属关系。北魏建立后，曾派董琬、高明出使至乌孙国，其王得魏赐，遣使入魏。在突厥统治时期，可萨、咄陆、弩失毕等部落均是组成哈萨克族的主体部落。根据史书对这些部落的记载，我们可以了解哈萨克族形成的脉络。辽朝时，乌孙是其属国，辽北面属国官下有乌孙国王府。各朝史书还有乌孙社会经济的记载。

古代史书中关于哈萨克族的记载，有着巨大的史料价值。例如近些年我国学者虽然从系谱、语言、考古等方面对哈萨克族族源进行了考证，但是最为重要的论据还是存在于正史中。然而大多史书的资料都十分零落，加之少数民族的族名、人名、地名均为音译，这就导致错漏频生，加大了我们运用史料的难度。

二、清代文献对哈萨克族的记载

直到清朝的文献中，才开始出现对哈萨克这一整体民族的记载。有清一代，中原王朝与西北边疆少数民族战事不断，哈萨克族作为当时在西北举足轻重的民族之一，受到清朝政府的重视，因而很多文献都有记载。从书籍分类来说，史部和集部都有哈萨克族的记载，史部书籍最多。

《清实录》是我国现存最大的一部实录。从康熙朝起，由于与准噶尔战事不断，清朝政府开始关注与准噶尔蒙古贵族关系密切的哈萨克，于是《圣祖实录》中出现了有关哈萨克的记载。此后的各朝实录中，均记载了清朝与哈萨克的交往。其内容，除了在清朝平定准噶尔贵族叛乱之时，有与哈萨克族的一些有关战事问题的交流，其后则大部分都记载着哈萨克汗或其后代至清廷贡献觐见。《德宗实录》中对哈萨克的记载，大多是关于边疆问题。如："光绪三十年七月癸未，科布多办事大臣锡恒奏：阿尔泰地当荒徼，哈萨克大半流亡。"①

清代敕修的"方略"中，《圣祖仁皇帝亲征平定朔漠方略》和《平定准噶尔方略》，较为详细地记载了康熙、乾隆两朝与哈萨克族的交往。前者是因与准噶尔或西北其他民族的交往而牵涉哈萨克族，专门的记载不多。而且由于此前清政府对哈萨克缺乏认识，导致记载中存在一些谬误。较为明显的是，一直将哈萨克认作回族的一部分，这种认知，到了乾隆朝所修的各种文献中开始改变。后者编修于乾隆三十七年（1772），当时，清政府与准噶尔的战事胶着日久，所以对与这场战事有密切关系的哈萨克族日益重视，交往更为紧密，记载尤多。

《钦定大清会典则例》卷一四三中，详细记载了清朝政府与哈萨克之间的战事，以及后来左部哈萨克阿布赉汗臣服觐见，从而对左部哈萨克的地理位置、族源、部落、风俗等方面都有涉及。

《清朝文献通考》专设《四裔考》，其中介绍了哈萨克诸部尤其是左部的地理位置、族源及与清朝的交往。

作为清代第一部完整、系统的新疆史地学著述《西域图志》，其卷四四·藩属一，对哈萨克所处地理位置、族源、与清政府的交往等等所记甚详。尤其是对族源的考证，从汉朝史籍开始，结合哈萨克风俗的演变、地理位置的变迁等

① 《清德宗实录》卷二九三，中华书局，1987年，第12页。

方面进行论证，为后世学者研究此问题提供了参考。天章目中的御制碑文、诗赋，以及封爵目、疆域目中亦有不少与哈萨克有关的资料。此外，椿园七十一著《西域闻见录》、格琫额撰《伊江汇览》、永保《总统伊犁事宜》，以及《西陲总统事略》、《钦定新疆识略》、《西域水道记》、《塔尔巴哈台事宜》、《科布多事宜》等书中，都有许多关于哈萨克族的记载。

乾隆《御制诗集》和《御制文集》中，大量出现了哈萨克归附过程、哈萨克使者觐见等，其中也涉及哈萨克的地理风俗。

佚名《新疆道里表》，抄本《由京至巴里坤城等处路程记》，石印本《甘肃至新疆路程》，《西北国防大计条陈》，《经营西疆计划》，张永枚辑著、钟广生述《辛亥伊犁乱事本末》，升寅《使喀尔喀记程草》，慧成《科布多巡边日记》，佚名《乌里雅苏台事宜》，锡珍《奉使喀尔喀纪程》，萧雄《西疆杂述诗》等著作，内容大都集中在哈萨克族风俗习惯、与清交往以及边防诸务，是研究清朝后期哈萨克族发展的重要史料。

清代文献对哈萨克族的记载，是我们追溯哈萨克族源、探寻哈萨克发展史、研究其与中原王朝尤其是与清中央政府关系的主要史料。同时，关于哈萨克的文献记载随着历史发展产生一些变化，这些变化不仅反映在内容上，也反映在编撰体裁体例、编撰者著述思想上。“在民族观点方面，自明初以来数百年间，以民族歧视为特点的大民族主义占有很重要的地位，其中包含大汉族主义和少数民族的大民族主义。”[①] 白寿彝先生指出的少数民族的大民族主义，在清代官修文献中比比皆是，不论是上谕或是奏折抑或是记载，字里行间都有清政府对哈萨克族的轻视之意。清朝后期一些史籍将哈萨克族看作捍卫边疆的力量，因此，那些政治敏感的政客和文人学者，不再抱着天朝上国的优越感，而是把对国防的重视跟民族史地的研究联系起来，徐松《新疆识略》、何秋涛《朔方备乘》都是这方面代表性的撰述。

① 白寿彝《中国通史·导论卷》，上海人民出版社，1995年，第24页。

第八章

柯尔克孜族史学

第一节　柯尔克孜族及其史学

一、柯尔克孜族概说

柯尔克孜族是我国西北地区的一个跨国民族。2010 年统计中国柯尔克孜族为 186708 人，主要生活在新疆维吾尔自治区克孜勒苏柯尔克孜自治州的阿图什市、乌恰县、阿合奇县、阿克陶县，天山南北的伊犁、阿克苏、和田、喀什等地，黑龙江富裕县五家子屯也有分布。国外主要分布在吉尔吉斯斯坦境内，在阿富汗、哈萨克斯坦等国也有分布。

柯尔克孜族自称 Qirghiz。早在秦汉时期，柯尔克孜族先民就在叶尼塞河上游流域游牧，被译称为“鬲昆”、“坚昆”；在南北朝被译称为“纥骨”、“契骨”；唐代被译称为“结骨”、“黠戛斯”；辽宋金被译称为“辖戛斯”、“黠戛司”、“纥里迄斯”；元明被译称为“吉利吉思（斯）”、“乞儿吉斯（思）”。“1703 年吉利吉斯为卫拉特蒙古所征用，必因其‘野’而取名 Burut（布鲁特）。”[①] 清代依准噶尔蒙克统治时的名称，称为“布鲁特”。在长期的历史发展中，柯尔克孜族逐渐向西南迁至天山地区，并与当地的民族部落相融合，直至十七世纪末十八世纪初才逐渐形成了现在中国的柯尔克孜族。1935 年“柯尔克孜”成为该民族的正式名称。历史上柯尔克孜族先民曾信仰过萨满教、景教和佛教，现在全民信仰伊斯兰教，主要属逊尼派。

柯尔克孜语属于阿尔泰语系突厥语族柯尔克孜克普恰克语组。我国柯尔克孜族历史学家安瓦尔·巴依图尔认为，柯尔克孜族在公元五世纪初曾使用了有四十个字母的象形文字，称叶尼塞如尼文，是突厥语民族中最先使用文字的民

① 陈庆隆《坚昆、黠戛斯与布鲁特考》，《大陆杂志》第 51 卷第 5 期，1975 年。

族之一。居住在叶尼塞河流域的古代柯尔克孜人一直使用这种文字，后来因多次西迁，这种文字佚失。迁徙到天山和帕米尔地区居住的柯尔克孜人改用察哈台文。中华人民共和国建立后，柯尔克孜族曾使用过以斯拉夫文字母拼写的柯尔克孜文和以拉丁字母拼写的柯尔克孜文，1954 年改用以阿拉伯文字母拼写的现代柯尔克孜文。黑龙江省富裕县的柯尔克孜族居民大部分使用汉文，有的使用蒙古文。

二、柯尔克孜族史学概略

由于柯尔克孜族族源的多元性以及历史上的不断迁徙，承载其历史记忆的民间文学极为发达，著名英雄史诗《玛纳斯》是与《江格尔》、《格萨尔王传》齐名的中国三大史诗之一，是世界文学艺术宝库里的瑰宝。

在漫长的历史长河里，柯尔克孜族留下了丰富的古籍资料，以讲唱古籍为主。2008 年出版的《中国少数民族古籍总目提要 · 柯尔克孜族卷》，是目前柯尔克孜族最全面的古籍文献资料。其中把柯尔克孜族的古籍分为两大类：书籍类和讲唱类。书籍类是用柯尔克孜文撰写的《柯尔克孜族部落史话》、《柯尔克孜依亚》、《沙德满依亚》和《礼仪论》四部书。讲唱类又分为十种:史诗、叙事诗、长诗、神话、传说、撒吉拉（史话）、民间故事、祝词、谚语、民间歌谣。

随着中央王朝对柯尔克孜族的重视程度加深，自《史记》以后的汉文史籍对柯尔克孜族及其先民的记载逐渐增多，清朝史籍的记载更为丰富。

柯尔克孜族的民族古籍以及汉文史料的记载，是研究柯尔克孜族历史、文化等方面的最基本的资料。民国时期，国内学者就已开始柯尔克孜族的研究。中华人民共和国建立后，柯尔克孜族的研究进入新阶段。随着国内民族研究的展开，柯尔克孜族研究也取得了很大的成果，出版了研究专著和许多论文，研究队伍逐渐壮大，融入了本民族学者，安瓦尔 · 巴依图尔就是在中华人民共和国建立后成长起来的柯尔克孜族历史学家，研究内容扩展到了社会历史、政治经济、风俗习惯、宗教信仰等多方面。

建立全民族的中国史学史，柯尔克孜族史学史是不可或缺的组成部分。但直至目前柯尔克孜族史学研究尚需努力。

第二节　柯尔克孜族史学的萌芽

在柯尔克孜族的悠久历史中，保存有较为完整的民族神话、传说和史诗。它们是柯尔克孜族先民的历史记忆，在一定程度上反映了柯尔克孜先民对世界以及自身的认识。对这些神话、传说和史诗的研究，为我们寻找到柯尔克孜族史学的源头。

一、神话对宇宙和人类起源的认识

柯尔克孜族丰富的神话传说，有关于宇宙和人类起源的，关于民族和部落来源的，关于造物的，关于图腾的等。

《野鸭鲁弗尔》[①] 创世神话认为，在天地万物产生之前，宇宙处于茫茫洪荒之中，是一只野鸭创造了天地万物。这种朴素的造物主的形象，从一个侧面印证了柯尔克孜族神话传说较多地保留了古老的成分。野鸭是部落的图腾，人们认为它是有灵魂和思想的，这是人们万物有灵思想的体现，同时也反映着先民对于洪水的记忆。人们通过这些传说来构建自己对祖先的想象。

《火神》[②] 神话讲的是，七层宇宙被火神控制，为了制止火神，天帝变成一头青牛与火神搏斗。在搏斗的过程中，天帝创造了高山、峡谷，最后被打败的火神变成了太阳。为防止火神再次进攻大地，天帝把冷神升到天上并变成了月亮。天帝又变成了青牛，把地球挂到自己的角上，一直保护着地球。

《日月俩姐妹》[③] 神话讲的是，太阳和月亮是姐妹俩。太阳姐姐嫉妒月亮妹妹的美貌、温柔，两人发生冲突，变成仇人，互不理睬，一个在白天出来，一个在晚上出来。这则神话融入了人类的情感因素，更贴近生活。说明随着历史的进展，柯尔克孜人对宇宙万物起源认识发生了变化。

---

① 满都呼《中国阿尔泰语系诸民族神话故事》，民族出版社，1997 年，第 79 页。

② 满都呼《中国阿尔泰语系诸民族神话故事》，民族出版社，1997 年，第 80 页。

③ 满都呼《中国阿尔泰语系诸民族神话故事》，民族出版社，1997 年，第 82 页。

《神鹿》是关于图腾的神话，讲的是一头母鹿与一位猎人成亲，其后代繁衍发展成了今天的柯尔克孜布谷部落。《鹿为圣母》讲的是一头母鹿拯救了柯尔克孜部落的一男一女两个小孩，用自己的乳汁把他们抚养成人，他俩结为夫妻，生了一个儿子取名“布谷巴依”。布谷巴依的后代繁衍发展成布谷部落，奉鹿为圣母。

《长鬃卡巴》是关于狼图腾的神话，讲的是一只母狼用自己的乳汁喂养一个被遗弃的孩子。孩子长大后，由于他的头发像狼鬃，因此取名“长鬃卡巴”。他的子孙后代发展成为柯尔克孜的喀巴部落。

柯尔克孜族的创世及人类起源神话的特点是：首先，创世及人类起源神话丰富多彩，向我们传达了柯尔克孜族强烈的寻根意识，反映了社会变迁导致人们对于世界认识不断变化，并反映了柯尔克孜族族源的多样性。其次，与大多数民族神话相类似，柯尔克孜族创世神话多与洪水有关，可见早期人类对于洪水的记忆尤为深刻。最后，这些神话故事中的元素，例如，野鸭、皮鞭、雪、风等等，反映着柯尔克孜族繁衍生息所处生存环境的特点。

二、族称传说的历史意识

柯尔克孜人生活于依山傍水的地区，因而不管是族源还是族称传说都和山水有关。“柯尔乌古孜”是关于柯尔克孜族称的传说。很早以前有一个名乌古斯汗的勇敢、机智的国王，有十个儿子，后裔分布于天山、准噶尔、阿尔泰山等广大地区。他的一个孙子长大以后迁到北方的一个“柯尔”（大山）脚下，以狩猎为生，被邻居蒙古勒、塔塔尔等称为“柯尔乌古斯”。柯尔乌古斯的后裔融合了蒙古勒人、塔塔尔人、克塔依人的血脉，逐渐发展壮大。[①] 另外还有“柯尔奥古孜”传说，意为聚居在山间河旁的人们；“柯尔克居孜”传说，意为四十个部落；“柯尔盖孜”传说，意为山里的游牧人；“四十个姑娘”传说，讲国王的四十个女儿喝了撒入被冤死兄妹骨灰的河水，都怀孕了，国王把女儿们统统赶了出去，三十个女儿向右走进了深山里，十个女儿向左走到了靠近农村

① 毛星主编《中国少数民族文学》，湖南人民出版社，1983年，第317、318页。

的地区，柯尔克孜人就是这四十个姑娘的后代。这则传说向人们展示了早期柯尔克孜人“只知其母，不知其父”的母系社会生活的情景。

以上传说，体现了柯尔克孜先民强烈的民族寻根意识和民族归属意识。族源传说版本的多样化说明了民族来源的广泛性和复杂性。许多族称传说与四十相关，学者认为:“‘四十’是在许多北方民族文献、民间文学中出现频率较高的特殊数字。此处它不仅表示单纯的基数‘四十’或‘四十个’的含义，而且还有其他象征意义。”[①] 这些传说是柯尔克孜先民对初期社会历史记忆的反映，是原始社会生产生活的形象化反映和简单化处理的结果。

第三节 英雄史诗《玛纳斯》

英雄史诗是柯尔克孜族民间文学的代表和精华，它们主要反映重大历史事件、英雄事迹、民族关系、社会习俗、妇女形象等。柯尔克孜族流传下来的英雄史诗数量很多，主要有《玛纳斯》、《库尔曼别克》、《巴阁西》、《托里托依》、《萨依卡丽》等，其中流传最广的当属《玛纳斯》。

一、《玛纳斯》的产生、流传及研究

柯尔克孜族的英雄史诗《玛纳斯》，二十余万行，共有八部，分别是《玛纳斯》、《赛麦台依》、《赛依铁克》、《凯耐尼木》、《赛依特》、《阿斯勒巴恰、别克巴恰》、《索木碧莱克》和《奇格泰》。《玛纳斯》既是这部史诗的总名，又是第一部的名称和英雄主人公的名字。

在十九世纪以前，《玛纳斯》并无文字记载，靠“玛纳斯奇”(《玛纳斯》的演唱者）的口传心记得以流传下来。在流传的过程中《玛纳斯》产生了多种变体，新疆阿合奇县居素普 · 玛玛依的八部《玛纳斯》唱本最为完整。

关于史诗《玛纳斯》产生的年代，有多种不同的说法:（1）九世纪叶尼塞

① 那木吉拉《“四十”与柯尔克孜族源传说——兼论古代北方民族数文化》，《民间文学论坛》1997 年第 1 期。

时期;（2）九至十二世纪卡拉汗王朝时期;（3）成吉思汗时代;（4）十至十六世纪……郎樱认为："史诗《玛纳斯》的第一部，即史诗核心部基本形态的形成年代约在十三至十六世纪，而史诗的第二部至第八部形成的年代显然要晚一些，约十六至十八世纪。"①

史诗《玛纳斯》除了在我国新疆流传之外，在中亚吉尔吉斯斯坦、哈萨克斯坦、乌兹别克斯坦、阿富汗等国柯尔克孜族居住地方都有流传。从十九世纪开始，《玛纳斯》就引起了学界的关注。我国对《玛纳斯》的研究，二十世纪六十年代至八十年代为初步介绍开拓阶段，随着二十世纪九十年代首届全国《玛纳斯》研讨会和首届《玛纳斯》史诗国际学术研讨会的召开，玛纳斯学成为备受国内外学者关注的显学，研究更深入、更细致。研究涉及史诗的产生时间、背景以及它与柯尔克孜族历史的关系，史诗的主题思想、内容、艺术特色、语言特色，史诗人物形象的分析，史诗同国内外史诗的比较，史诗的思想文化价值，史诗的演唱者玛纳斯奇等领域。

柯尔克孜族学者马克来克·玉买尔拜《〈玛纳斯〉史诗中有关的一些历史渊源》一文②，把史诗与历史记载相印证。文章分《玛纳斯》史诗中所提到的民族以及他们的历史渊源，《玛纳斯》史诗中所提到的英雄的名字以及历史上所记载的英雄、汗的名字渊源，《玛纳斯》史诗中所提到的一些地名的历史渊源以及《玛纳斯》史诗中所借用的古代部落和民族的语言四个方面来印证《玛纳斯》史诗中所蕴含的历史因素。

二、《玛纳斯》史诗的史学价值

史诗《玛纳斯》描述的，是柯尔克孜人离开叶尼塞河西迁到天山地区以后，英雄玛纳斯及其子孙八代带领柯尔克孜人反抗克塔依（契丹）和卡勒玛克人（蒙古部落）的斗争。史诗交代了这一历史背景：柯尔克孜人在奥诺孜都汗王的治理下"牲畜繁衍，人丁兴旺"。奥诺孜都汗王去世后，柯尔克孜人先后被阿牢

① 郎樱《〈玛纳斯〉论析》，内蒙古大学出版社，1991 年，第 40 页。

② 马克来克·玉买尔拜著，李绍年译《〈玛纳斯〉史诗中有关的一些历史渊源》，《西北民族研究》1990 年第 2 期。

开和卡勒玛克残暴统治。英雄玛纳斯带领柯尔克孜人，团结哈萨克人、乌兹别克人、土库曼人等民族兄弟踏上了反抗克塔依人和卡勒玛克人的漫漫征途。

《玛纳斯》开篇追述“我们的祖先来自叶尼塞河”，以及诗序中四十个部落的传说和高山牧人的传说，很好地回答了柯尔克孜人是谁，他们来自哪里。史诗向上追溯英雄玛纳斯的五代祖先，分别叫波彦、恰彦、喀拉、奥诺孜都、加克普；玛纳斯之后有七代子孙，分别是赛麦台依、赛依铁克、凯耐尼木、赛依特、阿斯勒巴恰及其弟别克巴恰、索木碧莱克和奇格泰。诗中描写了英雄玛纳斯家族十三代汗王生息繁衍奋斗的事迹，纵横几千里的广袤地域上，到处都留下了柯尔克孜族英雄的足迹。英雄玛纳斯诞生于天山以北的特克斯草原，为了躲避蒙古与卡勒玛克人的监视，父亲加克普举家迁至哈密，少年玛纳斯曾在巴里坤草原放牧，在吐鲁番种麦子。后来他与小伙伴玛吉克离家出逃，到阿勒泰地区投奔叔父阿克巴勒塔，又翻越天山到中亚塔拉斯去寻找另一位叔父加木额尔奇，之后他又征服了喀什噶尔、浩罕。

史诗《玛纳斯》形成的时候，自然崇拜在柯尔克孜人的信仰中占主导地位。史诗《玛纳斯》中，英雄玛纳斯的诞生就具有浓厚的对天的崇拜色彩。其子赛麦台依也来历不凡，他们都是天神赐予柯尔克孜人的英雄。史诗中还有柯尔克孜人对月亮、树、高山等的崇拜。史诗《玛纳斯》所宣扬的英雄史观源于祖先崇拜。祖先崇拜观念在史诗中最突出的表现是对于英雄玛纳斯的崇拜。玛纳斯生前是英雄，去世后所有的武器都放在他的头旁，灵魂依然要全副武装，雄姿威武。玛纳斯的子孙、他的后人们坚信玛纳斯的灵魂与他们同在，他们相信柯尔克孜人民之所以能够抗击入侵之敌，取得一个又一个的胜利，全凭英雄玛纳斯灵魂的护佑。每次出征，柯尔克孜勇士都高呼玛纳斯的名字。由自然崇拜发展到祖先崇拜，表明人民的崇拜对象已由自然转向了人类自身，人的力量、人的作用、人的个性得到突出体现。

史诗《玛纳斯》体现了多民族团结的历史观。史诗中把柯尔克孜、哈萨克部落的联盟称为“阿拉什”。柯尔克孜人和哈萨克人结成联盟抵抗共同的敌人。玛纳斯身边的四十个勇士是个多民族的队伍，除了柯尔克孜人外，还有哈萨克人、乌兹别克人、土库曼人，甚至有从卡勒玛克蒙古阵营中倒戈过来的勇士，他们长期共同生活、并肩作战、和睦相处、亲如兄弟。

史诗《玛纳斯》有重要的史学价值。首先，史诗所反映的内容是柯尔克孜人西迁后与卡勒玛克人、克塔依人斗争的历史，虽然是用史诗的形式表现出来的，但是也基于一定的历史事实，是研究柯尔克孜族历史的重要资料。其次，史诗展现了柯尔克孜人民丰富多彩的民族生活画面，有婚礼、祭典、传统节日等等古老的习俗以及叼羊、赛马、射元宝、攻皇宫等等游艺活动，是了解柯尔克孜人生活习俗的重要参考资料。再次，柯尔克孜人的宗教信仰在史诗里面表现得也很明显，最突出的是萨满教的自然崇拜，其中也有伊斯兰教的痕迹。

第四节　汉文史籍对柯尔克孜的记载

自《史记》开始，历代汉文史籍多有对柯尔克孜及其先民的记载。由于汉族史学的相对成熟，故而这些记载在构建柯尔克孜族历史以及研究中央政权和史家的民族思想方面有着非常重要的作用。

一、汉至南北朝史籍的记载

这一时期柯尔克孜先民作为一支游牧于漠北草原的部落，先后役属于匈奴、鲜卑、柔然、高车和突厥。中原史籍在记载匈奴、突厥等民族的同时，往往附带叙及柯尔克孜先民的历史。

《史记·匈奴列传》提到匈奴北部有个“鬲昆”国。

《汉书·甘延寿陈汤传》言：“会汉发兵送呼韩邪单于，郅支由是遂西破呼偈、坚昆、丁令，兼三国而都之。”《汉书·匈奴传》记载郅支单于破坚昆的同时，还记载坚昆的方位，“东去单于庭七千里，南去车师五千里”。[①]

三国《魏略·西戎传》记载：“坚昆国在康居西北，胜兵三万人，随畜牧，亦多貂，有好马。”其四至，“去匈奴单于庭安习水七千里，南去车师六国五千

① 《汉书》卷七〇《陈汤传》、卷九四下《匈奴传》，中华书局，1962年，第3008、3800页。

里，西南去康居界三千里，西去康居王治八千里”。[①]

《魏书·官氏志》载，北魏皇室给各分支赐氏，“或自所居，或以国号，或用官爵，或用事物”，魏献帝“以兄为纥骨氏”。[②]这说明柯尔克孜先民纥骨当时是魏的属国。

以上史书对柯尔克孜族的记载呈现以下特点：一是这些记载整体来看都极简略；二是记载随着历史的进程呈现增加的趋势。这足以说明，柯尔克孜族先民的活动范围在扩大，与中原王朝的关系在亲近，越来越多地为中央王朝所了解。

二、唐宋史籍的记载

唐宋是柯尔克孜历史上的黄金时代，被称为结骨、黠戛斯，有“众数十万，胜兵八万”[③]。唐朝在柯尔克孜人聚居地设立坚昆都督府进行统治。

唐杜佑（735—812）撰《通典》是最早为柯尔克孜先民结骨立传的史书。其卷二〇〇《边防典十六·结骨传》记载：“结骨在回纥西北三千里，胜兵八万。其国南阻贪漫山。多林木，夏沮洳，冬积雪，往来险阻，有水从回纥北流逾山经其国。其人并依山而居，身悉长大，赤色，朱发绿睛。”书中谈及结骨人的衣食住行、婚丧习俗等等情况，还记载“大唐贞观二十一年（647），其君长遂身入朝”。[④]

唐李德裕（787—850）因其对黠戛斯历史与现状的熟悉，先是撰写了《黠戛斯朝贡图传序》，既而为皇帝代笔起草了四篇给黠戛斯汗的诏书，总共约四千字。[⑤]内容多是黠戛斯的情况、对其朝贡的嘉勉、对其与唐联合打击回鹘的表彰，全面地反映了黠戛斯的历史，以及与唐朝始终如一的臣属关系，说明

① 《三国志》卷三〇《乌丸鲜卑东夷传》裴注引，中华书局，1959 年，第 862 页。

② 《魏书》卷一一三《官氏志》，中华书局，1974 年，第 3005—3006 页。

③ 《新唐书》卷二三三《回鹘传下》，中华书局，1975 年，第 6147 页。

④ （唐）杜佑撰，王文锦等点校《通典》卷 200《边防十六·结骨传》，中华书局，1988 年，第 5492—5493 页。

⑤ （唐）李德裕《会昌一品集》卷二、卷六，《古今图书集成》（方舆汇编边裔典第六十一·坚昆部），中华书局、巴蜀书社 1988 年联合影印，第 25416—25418 页。

唐朝对黠戛斯的依重，体现了唐朝宽松的民族政策。

《唐会要》[①]是宋王溥根据唐人会要资料整理而成。卷一〇〇有《结骨国》传，除录自《通典》的内容外，着重记载了结骨国与唐王朝的交往。作者还引述玄宗时安西都护盖嘉运所撰《西域记》中对其族国名称变化的辨析，指出结骨、纥骨、纥扢斯、黠戛斯、戛戛斯都是坚昆在唐朝的传译。

《太平寰宇记》二百卷，乐史撰，是北宋前期的全国地理总志。该书卷一九九《北狄十一·黠戛斯》，记载了黠戛斯与唐王朝交往朝贡的历史。"唐贞观六年（632），太宗遣偃师尉王义弘使其国。十七年，坚昆遣使贡貂裘及貂皮。二十二年，酋长俟利发失钵屈阿栈身自入朝，云：'臣既一心归国，望得国家官职，执笏而已。'遂授左屯卫大将军、坚昆都督，仍列其地为坚昆都督府，隶燕然都护。"[②]此后黠戛斯常遣使来唐，记载有永徽四年（653）、会昌三年（843）两次朝贡，还记载了黠戛斯的地理方位、土俗物产，包括男女服饰、十二生肖纪年、气候、农作物、饮食、乐器、牲畜、动物、铁兵器、兵制、税制、婚丧习俗等各个方面。其中多次提到"同于突厥"、"此回鹘所与"、"与回鹘同也"、"大抵与回鹘同"等，说明黠戛斯的许多方面受到突厥与回鹘的影响。

宋欧阳修等撰新《唐书》卷二一七下《回鹘传》后附《黠戛斯传》，这是柯尔克孜族在"正史"中的第一个传。传中记载了黠戛斯的地理位置、历代名称、军事力量、环境习俗、体貌服饰、十二生肖纪年、物产、君主职官、部落牙帐、音乐、祭祀、婚丧、语言文字、法律等等，全面展示了柯尔克孜先民社会、生活、生产的画面，保存了珍贵的资料，表明柯尔克孜族先民与唐朝联系密切，故而越来越被中原王朝所熟知。

这一时期，柯尔克孜族史料还见于诸如《隋书》铁勒传，《北史》突厥传、铁勒传，旧《唐书》诸本纪、地理志、回鹘传，《旧五代史》回鹘传中。

这一时期中原史籍对柯尔克孜族的记载有如下特点：一是出现了记载柯尔

---

① （宋）王溥撰《唐会要》卷一〇〇《结骨国》，中华书局，1955年，第1784—1785页。

② （宋）乐史撰《太平寰宇记》卷一九九《黠戛斯》，中华书局，2007年，第3820页。

克孜族先民的专传，内容较前一时期更详细、更丰富；二是记载重视柯尔克孜族与中原王朝的交往；三是各书的记载虽有重复，但更有不同的取舍，体现了不同时期中原皇朝对该族的重视程度和认识的深度。

三、辽元清史籍的记载

十世纪初，契丹（947年改称辽）兴起，取代了黠戛斯在蒙古草原的统治。契丹人称黠戛斯为“辖戛斯”。931年，辖戛斯成为契丹的属国。大概由于辽亡后资料佚失，故《辽史》对辖戛斯的记载很少，仅在本纪中记载了辖戛斯的几次朝贡，在诸志中记载了属国辖戛斯的设官，在列传中记载了几位大臣对辖戛斯的出使。

《元史·地理志·西北地附录》中有148字的吉利吉思小传，首先言其族名的由来，称“吉利吉思者，初以汉地女四十人，与乌斯之男结婚，取此义以名其地”[①]，然后记载了其地理方位、户数、辖境、语言、生活习俗、土产名马等。

清朝称柯尔克孜为“布鲁特”，并以天山为界，分为“东布鲁特”和“西布鲁特”。清朝史籍关于柯尔克孜族的记载较多。

清傅恒等纂《钦定皇舆西域图志》，为记载东起嘉峪关，西含新疆全境的地理志书。其卷四五《藩属二》中记载有东布鲁特和西布鲁特，主要是二者向清皇帝朝贡的情况。

《西域闻见录》是清七十一任职新疆时所撰。文中称布鲁特为“回子部落”，记载布鲁特“地界安集延、喀什噶尔之间，地广人众”。[②]部落首领称为“比”。比死后，由他的儿子或者弟弟继位。布鲁特的“风俗语言与回疆大同小异”。布鲁特人喜欢汉地的瓷器、茶叶、绸布、烟酒。“人贪而性悍，轻生重利，好杀掠劫夺，勇于斗战。”书中还记录了布鲁特的人文地理、风土人情、物产习俗。

清松筠撰《钦定新疆识略》，又名《新疆识略》，记载了布鲁特归属清朝的过程，帮助清政府剿回，风俗习惯，大小头目的任命以及清朝对布鲁特的管

① 《元史》卷六三《地理志·西北地附录》，中华书局，1976年，第1574页。

② （清）七十一撰《西域闻见录》，清末刻本，藏于甘肃省图书馆。

辖。该书资料来自档案或调查所得，颇具史料价值。

清汪廷楷、祁韵士撰《西陲总统事略》，又名《伊犁总统事略》，是一部反映乾隆、嘉庆时期新疆地区，特别是伊犁地区情况的官修志书。该书卷一一记载了布鲁特源流以及布鲁特和清政府的交往。

《新疆图志》是清末新疆建省后第一部全省通志，其卷一六《藩部》中有东西布鲁特部，着重记载了布鲁特和清政府的交往。

民国初年赵尔巽主编《清史稿》，卷五二九《属国传四》中有《布鲁特传》，记载了乾隆二十三至二十四年，东、西布鲁特先后内附于清廷的过程，布鲁特的社会组织、官职任免、朝贡规格，嘉庆、道光、同治间布鲁特的反叛，光绪间西布鲁特重新归附清政府，沙俄侵并大部分布鲁特，只有千余家布鲁特留在了新疆境内，为清廷守边。此外，有关布鲁特的记载散见于高宗至德宗本纪、地理志、礼志、职官志、兵志、邦交志、诸列传中。不知为什么，柯尔克孜族长期抗击噶尔丹，协助清廷平定准噶尔和大小和卓之乱统一新疆的历史在传中一字未及，或许这正是该书饱受诟病的原因之一。

作为清朝的藩属，清朝史籍对柯尔克孜族的记载呈现以下特点：一是内容丰富，且多侧重于政治和历史沿革方面，显示了清朝对于柯尔克孜的关注在不断增加，政治影响力也在加强；二是记载多有重复之处，这是因为各种资料互相征引，因时段和目的不同，故而记载会有重复和重叠之处。

总览汉代至清代对柯尔克孜族的撰述，呈现出了由略到详的特点，体现了中原王朝对其了解的逐步加深，更从侧面展现了柯尔克孜族的形成与发展。中原士人对于西域认识是逐渐变化的。从地域上看，是从域外变为祖国的一部分，而且地位越来越重要。从文化上也有一个逐渐接近的过程。随着清朝重新收复新疆，尤其是设立新疆省，中原士人的西域观才发生了深层次变化。这种变化对于近代中国西北疆界的最终形成意义深远。而生活在这片土地上的人们自然也就在中原士人的文字记载方面有了标志性的变化。诸史籍中关于柯尔克孜族的记载，正是这种情况的真实体现。清朝在新疆任职的官员连续编纂类似资料，体现了人们对于西域及其当地民族关注度的增强，这既是中原人士对于西域民族认识的深化，也显示了柯尔克孜族融入中华民族的过程。

第九章

壮族、苗族、纳西族、傣族史学

第一节　壮族及其历史作品

一、壮族历史及古壮文字

壮族是我国人口最多的少数民族，2010 年统计壮族人口 1692 万，广西壮族自治区壮族人口约占全区总人口的 32.4%。壮族自先秦时期就以“西瓯”与“骆越”的名称生活于岭南地区。壮族后世代居住于广西壮族自治区西部和北部，云南省东南部，广东省、贵州省和湖南省与广西的交界地区以及越南北部边陲；现代部分壮族因工作、婚姻等原因迁移至广东省以及我国其他各地。壮族拥有古老、独特的民族文化，从古代延续至今，并且融入一定的汉族文化。壮族约 90% 民众的母语是壮语，现代壮族青年已经兼备了汉语、壮语的表达听力能力。壮族与贵州的布依族和越南的岱依族、侬族、热依族是亲属关系，壮语与泰语的部分古老词汇完全一致。

漫长的古代社会，是壮族形成与发展的重要历史时期。公元前 214 年，秦朝统一岭南地区，设置桂林、南海、象郡，从此，岭南进入我国中央政权的管辖之中。但壮族内部社会和经济结构并未受中央政权管辖的影响，在其原来的发展轨迹上稳步前行。唐朝初年，壮族地区实行羁縻制，中原汉文化对壮族产生了越来越大的影响。宋代，在壮族首领侬智高起义的冲击下，广西实行土官制。随着地主经济的日益发展及土司制的日益腐朽，明代后期在壮族地区开始实行“改土归流”。清代“改土归流”的规模扩大，广西绝大部分地方设立流官，对壮族人民进行直接统治。清末爆发于广西的太平天国运动，有许多壮族人参加，萧朝贵、石达开等高级将领都是壮族人。

唐代，广西壮族学者借用汉字的偏旁部首加上壮语谐音创造出一种形声结构方块形的民族文字——古壮字，又称俗字、土俗字。古壮字兴于宋，盛于明清，一直在壮族民间流行，应用于生活的各个领域。如今，在广西多数壮族地区，仍有不少民间艺人用古壮字编写山歌、壮剧等文艺作品。二十世纪八十年代起，广西壮族自治区少数民族古籍整理出版规划领导小组组织专家从各地壮族民间的各种文艺手抄本中收集古壮字，进行整理，终于编撰成《古壮字字典》，于2012年由广西民族出版社出版。全书共收集各地方块壮字10700个，其中以使用比较普遍、结构比较合理的4918个为正体字立条目，其余5782个作为异体字，附在相关条目之后。由于方块壮字一般只用于民间的手头抄写，各地用法和写法不很一致，使用的范围也略显狭窄。

在唐以后的一千多年中，壮族民间用古壮字来记录或书写本民族的神话、故事、传说、歌谣、谚语、剧本、楹联、碑刻、药方、家谱、契约、讼诉、经文、账目等，如创世史诗《布洛陀》、《嘹歌》等颇令世人惊叹的壮族民间文学瑰宝以及《唱三元》、《唱五雷》、《顺知闹海》、《千金万两》、《布伯》、《布洛陀》、《雷王》、《造天地》、《莫一大王》、《白马三娘》、《甘玉》、《冯泗将军》、《唱盘古》、《唱东林》、《祖源歌》、《唱鲁班》、《二十四孝》、《唱引光》、《蟾蜍王》、《唱董永》等。它们记录了壮族古代社会的历史、经济、政治、文化、风土人情等，体现出壮族族群的历史观念及壮族古代史学的特殊风貌，是壮族史学颇可珍惜的内容，为了解壮族历史、文化、风俗等提供了丰富的资料。自秦统一岭南以后，历代壮族与汉族保持着连绵不绝的友好关系，并深受汉文化的影响。历代汉文典籍中，既有壮族学者的著作诗文，更多的是中原学者关于壮族历史、社会、风俗等的记载，呈现出本族或他族（主要是汉族）关于壮族族群认识的历史变化及历史观点。

二、壮族史学的萌芽——创世神话

壮族最早的文学作品是产生于劳动和宗教之中的原始歌谣，包括壮族先民在内的吴越人民的创作，如《淮南子·道应训》中的“举重劝力之歌”、《吴越春秋》中的《弹歌》、《说越·善说》中的《越人歌》。与此同时，壮族的神话大量产生，经过长期流传，终于形成用古壮字记载的独立的神话体系。这些神话传说包含着丰富的历史文化信息，具有历史记载的功能，承载着壮族先民对历史、民族等的记忆。从中，我们不仅能够窥见壮族先民原始的社会生活与历史文化，还能够发掘其丰富的世界观、生命观、价值观、审美观。可以说，壮族的神话传说是壮族史学的萌芽。

在壮族神话谱系中，第一代神灵姆洛甲是壮族的创世女神。神话讲述了她创造天地宇宙、繁育人类、发明文化、规定秩序等业绩，在壮族人民中间有着至高无上的地位。姆洛甲神话有着如下几个母题：第一，花儿生人。壮族先民认为其始祖姆洛甲是从花儿中长出来的，这种观念暗示出壮族先民对于花草植物的图腾崇拜，也是壮族先民关于人类起源独具特色的看法。从神话产生的规律来看，这一神话母题应该产生于采集经济时代。① 第二，姆洛甲独立创造天地与人类。姆洛甲具有超人的能力，她一个人就把天地造好了；她在发现天小地大之后，把大地缝起来（抓起来），造成高山与江河湖海；即使天空破了，她随手抓一把棉花就将天补好了；她没有丈夫，却能够用尿泥造人或感风而孕。这些神话母题应该产生于陶器制作发明以后的母系氏族社会阶段。

布洛陀是壮族的第二代神灵，他逐渐取代姆洛甲的地位，成了壮族的创世神。他开天辟地、创造万物、安排秩序、制定伦理，无事不知、无所不能。有关布洛陀的神话，在壮族民间流传最广，异文也最多。在神话中创世女神姆洛甲变成生殖神，成为男神布洛陀的妻子。可见，此时的壮族社会，女性地位日益衰落，男性逐渐占据主导的地位。在神话中，在布洛陀的指派下，一百多位互不统属的神祇分工造万物。这种特殊的神祇系统反映了壮族社会从父系氏族到古代社会的长期历史阶段，始终以部落或村寨为单位，分散而居，各治生业，没有出现过统一政权，没有统一的最高民族领袖。

布伯、特康（或侯野，或郎正）是壮族的第三代神灵，他们的主要功绩是用智慧或武力与大自然斗争。布伯在雷王提出收租的要求之后，巧加应对，导致雷王一连三年一无所获。雷王便“封天河，断水源”，又手持板斧找布伯报仇，被布伯设计擒获，关进谷仓。“雷王报复人类，降下洪水，人类几乎覆灭”，布伯的孩子“伏衣姐弟将雷王牙齿种在土中结出葫芦，躲入其中”，才生

① 杨树喆《壮族人类起源神话与汉族人类起源神话的比较》，《民族艺术》1993 年第 2 期。

存下来。特康看到天上十二个太阳晒得大地焦灼，水源干涸，草木枯焦，禽兽所剩无几，人们的生活苦到极点，于是自制弓、箭，成功地射落十一个太阳。之后，最后的一个太阳也躲了起来，“天地漆黑一团，寒风刺骨，人们还是没有办法生活”，只好派母鸭、公鸡到海中心请太阳出来，从此人类重新过着欢愉的生活。故事说明，经过长期的生产实践，壮族先民意识到人类本身具有改造自然的无穷力量与智慧，也意识到人类征服自然的活动要有一定的限度，否则将会带来后患，与自然和谐相处才是人类最智慧的生存之道。

伏依（也称为伏羲）兄妹是壮族的第四代神灵，他们的主要功绩是在洪水之后结成夫妻造人。雷公打开天河闸门，无数生灵葬身洪水之中。只有布伯一双儿女——伏依和且咪（有的称为伏羲）兄妹依靠大葫芦随水漂流而幸存下来。经雷公说合或在父亲布伯的要求下，伏依与且咪结为夫妻，婚后生出一个肉团，他俩把肉团砍碎，从山上向山下抛撒，落到水里的变成了鱼虾，落在山林里的变成了鸟兽，落在山坡平峒的变成了人类。从此以后，大地上又有了万物生灵和人类，并不断繁衍下来。在这则神话中，创造人类的不再是神，而是人类自身。布伯和雷公威严的人间家长的形象，说明此时壮族先民已经完全进入父系社会，男子成为社会生活与家庭生活的主宰。

妈勒、童灵、莫一大王是壮族先民的第五代神灵。年轻的孕妇妈勒自愿去寻找天地的边际，她一直向东走，生下孩子以后和孩子一起继续走。后来，妈勒老了，走不动了，就让儿子继续向东走。这则神话反映了壮族先民勇于探索大自然，锲而不舍地探索宇宙秘密、摆脱落后和愚昧的信心与决心。童灵是人类的进化神，他革除了族人“食人”陋俗，反映这一时期人类已经进入了文明社会的殿堂。史诗莫一大王塑造了一个神通广大、本领超群的形象。他智斗差官，多次抵抗王朝军队进剿，是一位反抗中原王朝统治和压迫的民族英雄。学者分析，莫一大王的故事最终形成于唐、宋时期。

三、壮族民间故事和歌谣的史学意识

在漫长的古代社会，壮族没有出现专门叙述民族历史发展的历史著作。但是，历代用古壮字记载的民间故事、史诗和歌谣反映了自己民族的生活情感和历史进程。从壮族民间作品中，我们能看到壮族人民的社会生活和历史观念。

秦汉以后，壮族民间故事大量出现。唐宋时期，歌圩作为壮族民歌集中产生的载体从宗教仪式中独立出来，推进了壮族民歌的发展。古壮字的发明和运用，大大推进了民歌的创作，反映壮族复杂生活的长篇叙事诗得以产生，如《传扬歌》、《唱乱离》、《侬智高的故事》等。汉族民间故事和历史人物故事大量传入壮族地区，如《梁山伯与祝英台》。从唐宋至清朝鸦片战争之前，壮族文学就这样一边继续着自身的发展，一边更多地吸纳汉文化的因子，并通过自身的文学再创作将其纳入壮族的文史学体系中。自鸦片战争开始，壮族文史学因历史大环境的影响，作品多反映壮族人民参加太平天国运动反对清朝政府和反对帝国主义的斗争，前者如《双身杀敌》、《冀王拜寿》、《洪宣娇》等，后者如《刘二打番鬼》等。

壮族民间故事和歌谣集中反映了壮族的社会生活、爱情、文物古迹、反抗斗争、文人逸事等主题。其社会生活和爱情的歌谣作品是壮族社会生活史的记录；关于文物古迹的传说表达了对自身历史的怀念；许多民间故事和长诗揭露了统治者的专制与暴虐，赞扬了壮族人民不屈不挠的抗争精神；文人故事中的主人翁都具有较高的汉文水平，能够使用汉文进行诗词创作，反映了汉文化在壮族地区的广泛传播和对壮族的巨大影响。所有作品，都是壮族历史的一定反映，更表露了壮民族的历史意识与史学意识。

侬智高（1025—1055）是北宋广南西路安德州人，成年后长期活动于广源州（今左江地区）。其父侬全福被交趾俘杀。庆历元年（1041），侬智高在傥犹州建立大历国，与交趾李朝相抗衡。同时，他向宋朝请求内附，以求获得职位统摄诸部，抗击交趾李朝，遭到拒绝。皇祐四年（1052）侬智高愤而起兵反宋，破邕州（今广西南宁），建立大南国，自称仁惠皇帝，年号启历。其复沿邕江东下，连破十余州，进围广州未下，退回邕州。次年，侬智高败于宋大将军狄青，退走云南大理，后不知所踪。他反抗宋朝的事迹被编成故事，在民间广为流传。《侬智高的故事》虽然对相关的历史事实做了艺术加工和发挥，但从侧面反映了相关历史事件的情况，塑造出农民起义英雄的形象，体现出壮族人民对依智高及他领导的起义的态度与看法。

迄今发现的长达一万六千多行的壮族长诗《嘹歌》，包括《唱离乱》（又叫《贼歌》）、《日歌》、《三月歌》、《路歌》和《建房歌》五个部分。其中的《唱离乱》共分为《叹离别》、《兵戈怨》、《庆生还》三编，主要讲述一对热恋中的情人在赶圩的路上，男主人公被土官征调去讨伐义军，一路上壮族村寨被官军洗劫一空，唯剩余灰。战争过后，尸横遍野，血流成河。男主人公死里逃生，回到家乡，自觉手上沾满义军鲜血，倾尽右江之水也洗不清。这部长诗描述了1580年（明万历八年）广西忻城、上林交界壮瑶农民起事被残酷镇压的历史事件，为我们深入认识这一历史事件提供了鲜活的资料，也表达了壮族人民反对封建压迫、反对战争的思想感情。

《刘三姐》是壮族歌仙的传说。她聪明过人，出口成章，找她对歌的人成群结队，但都没人敌过她。村里有个李示田，勤劳诚实，向刘三姐学歌，两人相好。村里财主莫怀仁，人称“莫坏人”，找个媒婆上门要讨三姐为妾，被刘三姐骂得狗血淋头。他趁刘三姐与李示田在下枧积古山上边砍柴边对歌，偷偷拿刀砍断藤条，刘三姐掉到河里，漂了三天三夜到柳州。后来刘三姐乔装打扮回到村里，对莫坏人说三姐没有死，躲在石岩中。莫坏人叫她带路。他一进岩洞，刘三姐用拐棍敲下一块大石，把他压扁了。她回到家找到李示田，同赴柳州鱼峰山对歌三天三夜，就不见了。人们说她成仙了，在山上鲤鱼岩里塑像纪念。也有人说他们到桂林七星岩，对歌七昼夜之后，化为黄莺飞上蓝天，岩里也塑了石像。这篇传说有说有唱，情节曲折，生动活泼。它通过几个对歌的场景，从正面和侧面突出了歌仙的本领。传说又通过与莫坏人的斗争，突出了她的勇和谋。从《刘三姐》的故事传说中，可以看到壮族人民对民间诗歌的热爱。

四、壮族文人作品的历史民族意识

在古壮文和浩如烟海的汉文著述中，我们也能找到一些古代壮族学者的作品，其中也体现了他们的史学成绩和历史意识。

自秦开五岭，汉文化开始渗入壮族地区。两汉三国时期，当地就涌现了陈钦、陈元父子，士燮、士壹、士赐兄弟等著名文人，他们对岭南地区文化的发展做出了重要贡献。

在汉文化几百年的熏染下，许多壮族人学习汉字以及汉族文化，并使用汉字进行写作。最早见于史书的是南越酋长冯智戴，冯是良德（今广东高州东北）人，高州土官冯盎之子，领本乡骁果宿卫，[①]于隋末随父到雒阳。贞观七年（633）十二月，唐太宗举行宴会为太上皇上寿。“上皇命突厥颉利可汗起舞，又命南越酋长冯智戴咏诗，既而笑曰：‘胡、越一家，自古未有也！’”[②]冯智戴能在宫中咏诗，可见其汉文化修养颇高。

唐朝时期，除了冯智戴之外，澄州刺史韦敬办及其族人留下的《六合坚固大宅颂》和《智城碑》，直接反映了壮族人的历史民族观念。韦敬办为世袭澄州大首领，官至廖州刺史。《六合坚固大宅送》是他于永淳元年（682）手书的一方古碑，现存于广西上林澄泰乡洋渡村麒麟山脚下。全碑共24行，1126字，字体正楷，字径1.5厘米，其中有个别壮族土俗字或变体汉字，显现出作品的民族特色。碑文散文与骈文并用，与唐人文体大体相同，主要描述了作者家宅的富丽与坚固。《智城碑》是韦敬一于武则天万岁通天二年（697）所撰的摩崖石刻碑，在今广西上林覃排乡爱长村石俭屯智城山脚。碑高95厘米，宽64厘米，共17行，每行字数不等，最少一字，最多28字，共382字。字体为北魏风格楷书，中间有个别壮族土俗字或变体汉字，字径在1.2厘米至4.5厘米之间。[③]碑文骈文与四言、五言诗并用，文辞典雅富丽，具有很高的文学水平。内容主要描写智城山唐城的自然景色。此外，两方碑均涉及唐时上林地区的社会生产、氏族部落、道德伦理、民族文化、文学艺术、语言文字、自然地理等方面的内容，是少有的研究古代壮族历史的第一手文字资料。[④]

二碑亦反映出唐时壮族大姓韦氏家族首领的历史观念和民族观念。首先，碑文反映了韦氏家族的民族观念。《六合大宅颂》追宗溯祖：“维我宗祧，昔居

① 《册府元龟》卷九九七《外臣 · 勇鸷》，中华书局，1960年，第11701页。

② 《资治通鉴》卷一九四《唐纪十》，中华书局，1956年，第6103—6104页。

③ 熊昭明《上林智城 雅趣之地》，《中国文化遗产》2008年第5期，第81页。

④ 卢敏飞《唐代壮族文人手书两块碑记校释》，载广西壮族自治区民族研究所编《广西民族研究参考资料》第三辑，1980年。

京兆，流派南邑。上望无阶，列牧诸邦。数封穷日，分条县宰，不可无贮。”①学界关于韦氏家族的来源有着不同的说法。一些学者根据上述引文以及碑文高超的书法、诗文艺术水平认为，韦氏家族为汉人。一些学者认为韦氏家族为土著壮族人，上述引文则表现出一种“攀附”汉人的民族心理，所反映的一方面是壮汉两族人民在历史上的交融，另一方面是历史上不平等的民族政策导致的民族歧视。还有一些学者认为韦氏家族是壮汉两族人民交融混血的结果，而《大宅颂》所反映出的正是其先祖从京兆（西安）到澄州做官，然后留住澄州，与土著相互融合，逐渐繁衍成壮族大姓的历史。②无论上述哪种说法正确，韦氏家族《大宅颂》将其祖先与中原汉人结合起来，至少反映了历史上壮汉民族水乳交融的亲缘关系，也反映了韦氏家族对汉族的民族认同观念。

其次，碑文反映出韦氏家族首领“重农”的经济思想。据碑文所记，韦氏家族首领非常重视农业生产，所领区域内种植“蝉稻”和“凤粟”；为保证农作物的丰收，韦氏家族还修建了规模不小的灌溉设备，所以“廻波所利，不耕亦获之食”。此外，韦氏家族首领还有意识地号召农民乐于农桑，“畨桑滋泬，耕农尽力”。在韦氏家族首领的带领之下，社会“黎粟甚众，粮粒丰储；纵有十年无收，亦人从无菜色”，社会生活繁华，人们安居乐业。

第三，碑文反映了韦氏家族对中原文化的钦慕心理。韦氏家族对中原文化是非常钦慕的，这在碑文中多处有所表现。如韦氏家族在碑文中攀附中原汉姓就反映了中原文化对他们的吸引；再如碑文中采用武则天新造的“日”、“月”、“星”、“天”、“地”、“年”等字，反映了中原文化在广西地区的流传是比较广泛的，而韦氏家族对武则天新颁行的字也采取了积极吸收的态度；再如《智城碑》中在述及智城山的峻美秀丽的景色时，也表现了作者对天地宇宙的看法，而其思想透露出我国道教文化的深刻影响，“天地寥廓，阴阳廻薄”、“洪荒廓落，咸归自然”，都是典型的例子。

第四，碑文反映了韦氏家族的等级观念。从《大宅颂》、《智城碑》中能够

① 白耀天《〈六合坚固大宅颂〉、〈智城碑〉通译》，《广西民族研究》2005年第4期。本文所引《大宅颂》、《智城碑》碑文均出自此文。

② 郑慧《壮族历史档案的瑰宝——上林唐碑》，《兰台世界》2008年11月下半月，第52页。

看到，唐时在韦氏家族的管制之下，上林地区是有比较鲜明的等级划分的，既有“畜桑滋耽，耕农尽力”的“黎庶”，亦有父传子、子传孙的氏族头领，且有“城邑”和“万夫莫当”的碉堡建筑。碑文中透露出韦氏家族修建“大宅”的目的是保卫自身的统治永葆千秋万代。据碑文记载，韦氏家族的“坚固大宅”几乎完全利用智城山的地形地貌，只在两山谷及其四周几个山口处修筑城墙，形成前外城、后内城为主体结构的城池。韦氏家族之所以将“坚固大宅”建在此地，是经过深思熟虑的。碑文记载：“往以萧墙起曼衅，庭树睽阴，蓄仞兼年，推锋盈纪。”这是说，在历史上，韦氏家族发生过比较大的斗争，或者是兄弟之间的争权夺利，或者是其家族的平民百姓的阶级斗争。在这一历史事件的直接影响之下，“遂乃廪几兹险奥爰创州庐”，以保证其“永世保无残”，“永弃危亡，长归遐寿”。从中可以看出碑文主人带有等级思想的家族观念是比较明显的。

宋代出现更多对汉文化有很深修养的壮族学者，但他们的著作大都没有留下。北宋融州覃庆元、上林韦旻各有诗一首流存。韦旻：“闭门读书，无所不通，乡人以书楼目之。元祐间应举不第，遂隐于罗洪洞，据山林泉石之胜，尤善导养之术，号白云先生。”[①] 所作《和陶弼思柳亭韵》：“白云叆叆结姻缘，半夜镆铘舞醉仙。五百年来得书记，罗洪溪畔浴沂年。”[②] 原来，镆铘山，又名大明山，在今广西武鸣县东北。其诗不仅印证了韦旻这位壮族学者的汉文化水平，更是其鄙视世俗的心境的写照。

明清两朝，壮族学者颇见记载。李璧（？—1525），字白夫，号琢斋，壮族，武缘（今广西武鸣）人，明代官员、学者，弘治八年（1495）举人。他曾任浙江兰溪县、仁和县教谕，并随章懋在金陵讲学。正德十年（1515），他任四川剑州（今剑阁）知州，筑剑阁道，倡修学校、书院，增设贸易市场。正德十六年其升云南临安府同知。嘉靖四年（1525），他调任南京户部员外郎，病

① 《明一统志》卷八三，景印文渊阁《四库全书》史部地理类总志之属，台北商务印书馆，1982年，第473—758页。

② （清）汪森《粤西诗载》卷二二，景印文渊阁《四库全书》集部总集类，台北商务印书馆，1982年，第1465—362页。

逝于赴任途中。著有《剑门新志》、《名儒录》、《皇明乐谱》、《剑阁集》等书，被当时的学者推崇为“今之胡瑗”。所著《剑门新志》就是一部剑门地区重要的方志。他曾为广西武鸣家乡题诗：“仙人错将镆铘还，误落飞泉第一湾。三尺精灵代龙去，空留万太镆铘山。”明清时期，壮族地区不时发生战事。明末清初上林隐士石梦麟诗曰“入山两载余，兵氛尚未已”，便是避乱大明山的记述，反映了在战火纷飞中壮族百姓流离失所、家破人亡的悲惨生活。

第二节 汉文典籍对壮族历史的记载

一、先秦至南北朝汉籍对壮族的记载

我国古史有着记载周边民族历史的优良传统。早在先秦时期，汉文古籍就有关于壮族祖先越人的记载。如《吕氏春秋·恃君》：“扬、汉之南，百越之际，敝凯诸、夫风、余靡之地，缚娄、阳禺、驩兜之国，多无君。”[①]说明，到战国末百越中的各支尚无自己的首领或君主。

壮族直系祖先之一西瓯的记载，最早见于《淮南子·人间训》：“（秦始皇）又利越之犀角、象齿、翡翠、珠玑，乃使尉屠睢发卒五十万……三年不解甲驰弩，使临禄无以转饷。又以卒凿渠而通粮道，以与越人战，杀西呕君译吁宋。而越人皆入丛薄中，与禽兽处，莫肯为秦虏。相置桀骏以为将，而夜攻秦人，大破之。杀尉屠睢，伏尸流血数十万。乃发谪戍以备之。”[②]从上述记载中，能够看到，秦朝时，壮族直系先民西越已经拥有自己的君主（或者说是领袖），形成特殊的风俗习惯，有着丰富的物产，有很强的战斗力。但是，因条件限制，中原地区对壮族先民还没有系统的了解。

自汉至隋，汉文史籍中关于壮族先民历史事迹的记载，逐渐增多。诸“正史”列传中，往往在记录历史人物的征伐功绩时稍带记载其对壮族先民的见

① 许维遹撰，梁运华整理《吕氏春秋集释》卷二〇《恃君览》，中华书局，2009年，第545页。

② 刘文典撰，冯逸、乔华点校《淮南鸿烈集解》卷一八《人间训》，中华书局，2013年，第617页。

闻，其中包含对壮族先民生活环境、民族性情、风俗习惯、治理政策等各方面的内容。如《史记·南越尉佗列传》记载："……且南方卑湿，蛮夷中间，其东闽越千人众号称王，其西瓯骆裸国亦称王。"[①]或在民族专传中专门记载壮族先民的族源、族群分布、风俗习惯、历史事件等等。如《后汉书·南蛮西南夷传》中记载了壮族先民的特殊习俗："《礼记》称'南方曰蛮，雕题交阯'。其俗男女同川而浴，故曰交趾。其西有噉人国，生首子辄解而食之，谓之宜弟。味旨，则以遗其君，君喜而赏其父。取妻美，则让其兄。今乌浒人是也。"北齐魏收《魏书》卷一〇一《獠》详细记载了时称獠的壮族的族源、分布、政治、社会、居住、继承法则、习性、丧葬、信仰等，以及北魏对西南地区獠人的治理与征伐的史事。

关于壮族的记载还散见于东汉魏晋南北朝的异物志中，如东汉杨孚《异物志》（又名《南裔异物志》、《交州异物志》、《南越异物志》）、王歆《始安记》（又名《始安郡记》）、吴万震《南州异物志》、晋张华《博物志》、裴渊《广州志》、刘欣期《交州记》、顾微《广州记》、黄恭《交广二州记》、王范《交广春秋》、南朝宋沈怀远《南越志》等。

二、隋唐至清汉文典籍对壮族的记载

隋唐以后，壮族先民与中原地区的交流逐渐增多，汉文史籍中关于壮族的记载也逐渐增多，内容更为丰富。但其记述壮族历史的视角仍然是以汉族文化为中心，壮族历史仍然散见于正史列传对历史人物的记录中，其内容也多是当时统治者对壮族先民的武功政绩。当然，隋以后大量关于广西风土人情的著述以及地方志的出现，为我们了解壮族的历史人文提供了最为丰富的史料。

1. 文人著述中关于壮族的记载。隋以后，不少内地文人因贬官、为宦或游历进入广西地区，撰述一些关于广西的著作，主要有唐莫休符《桂林风土记》、刘恂《岭表录异》、段公路《北户录》、房千里《南方异物志》、孟琯《岭南异物志》，宋范成大《桂海虞衡志》、周去非《岭外代答》、蔡絛《铁围山丛谈》，

① 《史记》卷一一三《南越列传》，中华书局，1962年，第2970页。

明张鸣凤《桂胜》与《桂故》、田汝成《炎徼纪闻》、邝露《赤雅》、魏濬《西事珥》、《峤南琐记》、欧大任《百越先贤志》、王士性《广志绎》、徐霞客《粤西游日记》、马光《两粤梦游记》、曹学佺《广西名胜志》、唐顺之《广右战功录》、郭应聘《西南纪事》、高岱《鸿猷录》、韩雍《平蛮录》、吴文华《粤西疏稿》、杨芳《殿粤要纂》，清陆祚蕃《粤西偶记》、闵叙《粤述》、张祥河《粤西笔述》、杨翰《粤西得碑记》、林德钧《粤西溪蛮琐记》、沈日霖《粤西琐记》、张心泰《粤游小志》等。这些文人撰述中对壮族社会的描述和简单评点，其资料多得自实地采访或辑自地方文献，内容涉及壮族的文物古迹、风土人情、民族状况、物产资源、阶级斗争、社会现象、政治制度等，是我们了解壮族先民生产生活环境、风俗习惯、宗教信仰、民族性情的重要史料。

2. 广西地方志中关于壮族的记载。隋朝非常重视编修史志，隋炀帝下令全国各郡编辑本地的风俗、物产、地图上报尚书省，据之编写了我国第一部官修的全国地理总志《区宇图志》。唐朝更加重视编修史志工作，唐德宗时期，明确规定州郡三年编造一次图经，报送给兵部掌管疆域图籍的职方官。之后，报送期限虽有一些变化，但各地定期编修志书报送中央则成为定例。在这种官修志书制度的影响之下，广西在唐代编纂的方志有二十一部，主要形式是"图经"。广西以及世居广西的壮族人民在宋朝（尤其是南宋）经济、政治、边防等各方面占据着重要的地位，受到中央王朝的重视。编纂的广西通志，有北宋的《广西路图经》与南宋的《（乾道）广西郡邑图志》，还有州志、县志等，总数达六十七部。元代广西编纂地方志书九部。但这些广西方志绝大部分散佚，仅有一些地方志的内容散见于《永乐大典》等书之中。

明代编纂的广西省志——《广西通志》多达十部。其中周孟中的《广西通志》完成于弘治六年（1493），开广西编修省志之先河。此书已散逸。嘉靖初年广西提学黄佐的《广西通志》，是现存最早的一部广西通志。除省志外，还有府志六十五部、州志四十七部、县志五十四部等。这些府州县志大多散逸，现存的有陈琏《桂林郡志》、郭楠《南宁府志》、方瑜《南宁府志》、谢君惠《梧州府志》、郭荣《宾州志》、林希元《钦州志》等十几部。

清代，广西地方志书的编纂进入了鼎盛时期，有清一代，广西编纂志书二百三十六部，包括通志八部，府志三十四部，州志五十三部，厅四部，县志一百二十六部，土司志三部，乡土志八部。[①]其中最为著名的是谢启坤《广西通志》，体例新颖，内容博洽，影响深远。此外，金鉷《雍正广西通志》、程可则《康熙桂林郡志》、甘汝来《雍正太平府志》、苏士浚《乾隆南宁府志》、胡南藩《乾隆浔州府志》、李文琰《庆远府志》、王锦《柳州府志》、吴松龄《梧州府志》、胡醇仁《嘉庆平乐府志》、张春《道光廉州府志》、英秀《庆远府志》、羊复礼《光绪镇安府志》、夏敬颐《浔州府志》、《嘉庆临桂县志》、《乾隆全州志》等，都是具有代表性的广西地方志书。

唐朝以后数量很大的广西地方志，系统地记载了广西地区疆域、沿革、山川、古迹、物产、风俗、民族、人物等方面的内容，壮族作为广西世居民族，是广西地方志记述的主要对象。但是因体裁与体例的限制，广西地方志关于壮族历史的记载并不系统，呈现出描述性、传说性、片段式、评点式的特点。但广西地方志书还是为我们研究壮族提供了珍贵资料。

三、古代壮族史学的两条轨迹及其特点

综上所述，古代壮族史学的两个重要部分，不断地发展、完善，并相互影响、相互补充。壮族的文学作品记录和阐发了壮族人民对于民族历史、社会生活、阶级斗争的观念与看法，这与汉文古籍关于壮族的文献记载的意义完全不同。首先是认识主体的不同，壮族的文学作品所体现的是壮族人民对于自己民族的自我认识，汉文古籍除壮人作品外体现的是他族（主要是汉族）对于壮族的认识。其次，对于同一历史事件，因认识主体的不同，看法也会不同，这主要体现在民族斗争方面。壮族文学作品体现出对于自己民族反抗斗争的理解与同情。汉文古籍多以叛乱与平叛的口吻出现，表现出统治阶级对壮族反抗者的仇视与蔑视。第三，从历史事实的留存来说，相较而言，汉文古籍对壮族的记载填补了壮族古代基本没有本族史学著作的空白。必须注意到，以汉族为本位的记述视角始终存在于汉文典籍对壮族的记述中，其表现：一是，汉文典籍树

① 吕立忠、罗天、曹旻《历代广西著述述略》，《河池学院学报》2012 年第 1 期。

立的壮族形象多含有蔑视，甚至仇视的意味，常常将壮族与“蛮”、“獠”、“禽兽”、“贼”、“寇”、“蜒”、“獽”、“蜮”等词联系在一起。二是，汉文典籍关于壮族的记载多集中于“志怪”和“平叛”。“志怪”为广西地记记载的主要内容，“平叛”则是汉文史籍中关于壮族历史的主要内容。三是，壮族历史记载一直散见于正史、地志、地记中，没有独立、专门的记述。四是，关于壮族历史记载的正史、地志、地记的著者大多不是壮族人。

第三节　元明清时期苗族史学

一、苗族概述

苗族自称 Hmub（谐音：牡）、Hmongb（谐音：蒙）、Hmaob（谐音：摸）、maob（谐音：毛）、ghab nus（谐音：嘎脑）、ghab Xongb（谐音：仡熊）、deb songb（谐音：带叟）等。英文写作 Miao 或 Hmomg，越南语作 Mèo，泰语作 Maew 或 Mong。在上古时代，曾有“三苗”、“荆蛮”、“南蛮”、“五陵蛮”等称呼。宋以后，苗族从“蛮”的称呼中脱离出来，作为单一的民族名称。中华人民共和国建立后，经过民族识别，根据苗族人民的意愿，将族称定为“苗族”，在苗族聚居区先后建立了六个自治州和二十一个自治县。2010 年中国苗族总人口为 9426007 人，人口在少数民族中居第五位。

苗族是一个古老而优秀的民族，其历史可以追溯到距今五六千年前的炎黄传说时代。据传，苗族所尊奉的始祖蚩尤是九黎部落联盟的首领，生活在黄河下游和长江中下游一带，而在甘陕黄土高原上则有以炎帝和黄帝为首的两大部落。炎帝和黄帝先后与蚩尤在涿鹿一带发生战争，蚩尤大败，九黎部落大部分向南流徙。尧、舜、禹时期，华夏部落与三苗部落的战争不断，其中最著名的是“禹征三苗”。此后，苗族被迫辗转迁徙，散居于贵州、湖南、云南、四川、广西、湖北、海南等省（区）。自明、清以后，一部分苗族移居东南亚，近代又从这些地方迁居欧美，散居于越南、泰国、老挝、缅甸、日本、美国、加拿大、澳大利亚、法国等国家和地区。在漫长的历史长河中，苗族形成了自己的语言文字、天文历法、医学建筑、文学艺术等风格独特、丰富多彩的民族文化，为丰富和发展中华文明做出了卓越贡献。

二、苗族的口传史学

苗族口传史料内容丰富，从宇宙的诞生、人类和物种的起源、开天辟地、初民时期的滔天洪水，到苗族的大迁徙、苗族的古代社会制度和日常生产生活等，无所不包，成为苗族古代神话的总汇。苗族口传的古歌、神话大多在社祭、婚丧活动、亲友聚会和节日等场合演唱，演唱者多为中老年人、巫师、歌手等。酒席是演唱古歌的重要场合。苗族的口传古歌、神话是本民族的心灵历史记忆，是苗族古代社会的百科全书和“经典”，具有史学、民族学、哲学、人类学等多方面价值。

元代以后，苗族产生和流传了最初一批以反抗土司统治的斗争为主题的诗歌和传说故事。从传说故事看，黔东南清水江地区流传的《独戈王》和《力王》是代表作。早期反映起事的史诗，最完整和最有代表性的是《格洛格桑》，它反映的是格波禄和祖德龙领导下的苗民起事。苗族大量的苦歌是明清时代产生的，特别是改土归流以后。当时，清王朝的统治进一步深入苗族地区，流官、土官和苗汉等民族的地主阶级相互勾结，进行百般的敲诈，使苗族人民陷入日益贫困的境地。苗族的苦歌题材广泛，它揭露地主阶级的贪婪残暴，诉说佃农和雇工的痛苦生活，如《安屯设堡歌》。反歌，苗语叫“夏拔丢”，是“反官家之歌”，如《荒江山》、《翻江山》等等。还有反映起义的英雄人物和英雄事迹的诗歌和传说故事，如雍正、乾隆年间苗民大起事后的诗歌《往月载》、《久播郁纠样》、《电丢依》、《告刚》、《官兵一来就安屯》、《起义打官兵》等等。反映乾隆、嘉庆时期苗民起事的有《守寨记》、《草鞋记》、《七星山》等等。

清后期以来的传说故事：黔东南台拱苗族流传的歌颂咸同起事领袖的故事，如《张秀眉的故事》、《杨大六的故事》；流传于黄平施秉的《包大度的故事》；流传于永从、下江的《王古烈》；流传于邛水寨头一带的《刚波流的故事》；在黔南都匀一带流传的《柳天成》、《金干干》的故事；麻哈、贵定、龙里等地流传的《潘明杰的故事》；反映十八世纪末领导云南边疆人民进行抗法斗争的

《项崇周的故事》；反映二十世纪初黔南各族人民反对法国教会侵略的《吴朝俊的故事》；反映湘西辛亥革命的《唐力臣的故事》等等。此外，还有《陶新春的故事》、《祝万春的故事》等等。清后期的诗歌：新的苦歌有《长工歌》、《苗家苦》等，反歌有《咸同造反歌》、《张秀眉之歌》、《议榔起义歌》、《包大度之歌》、《放烈之歌》等。其中，《苗族古歌》是最具代表性的口传史料。

三、汉文典籍中的苗族史

历史上苗族的文字不成熟，没有留下本民族文字记录的史籍，但是，汉文史籍中保留了不少关于苗族的记录，它们是苗族历史的重要参考。

在先秦典籍和《史记》、《汉书》中，即有关于苗族先民的记载。《后汉书·南蛮西南夷列传》提到了“盘瓠蛮”的传说，《后汉书·马援传》也提及了苗族与朝廷的冲突。此后历代王朝统治者对苗族的“征伐”不断，在官方文献中，更是史不绝书。从宋代开始，由于苗族和汉族的交往和经济文化联系的逐步加强，除正史和官书外，产生了一批专门或比较集中地记载苗族的私人著述。[①] 如南宋朱熹的《记三苗》、朱辅的《溪蛮丛笑》、范成大的《桂海虞衡志》、周去非的《岭外代答》、陆游的《老学庵笔记》。

元代，苗族的族称已经以规范形式进入正史。《元史》中将其称为“苗（猫）蛮”，为了明辨苗族的不同支系，在这个族称之前还要得加注相应的地名，如“紫江苗蛮”、“平伐苗蛮”、“桑州生苗”等等，这一称谓习惯，一直延续到明代中期。而单一以苗作为族称的民间文本使用史实，则首见于元代陶宗仪《南村辍耕录》、周达观《异域志》等，两书均以苗为族称，并有专条记载。

明朝对苗族的了解逐步丰富，如《弘治贵州图经新志》中已经有了“东苗”、“西苗”、“紫江苗”、“苗质”等等。在《嘉靖贵州通志》中对苗族的记载更为翔实，凡贵州境内各府州县和卫所，有苗族定居者皆有苗族风俗及其社会文化状况的专条介绍，而使用的族称，是针对苗族的那一个支系而取，已经能够做到准确考订。其中在《镇远府》卷，就有一则专名描述苗族按习惯法审理

① 伍新福《中国苗族通史·绪论》上，贵州民族出版社，1999年，第4页。

案件的生动记载，对认识苗族的习惯法有着重要的史料价值。万历间成书的郭子章撰《黔记》，该书末卷对苗族作了系统介绍。最值得注意的是该书转载了江进之的《黔中杂诗》十二首，对认识苗族的传统生计方式、社会生活规范等具有很高的参考价值。更重要的还在于，在《黔记》的其他卷目内还零星记载了地方行政当局与苗族的关系，特别是土地纠纷关系和刑事纠纷关系，具有很高的史料价值。其他涉及苗族的文献还有《万历野获篇》、《万历武功录》、《平播全书》等等。前者材料虽很分散，但却翔实可凭。后两者均涉及在“平播之役”过程中，苗族对朝廷政治背向的众多具体的事实。明代后期，田汝成的《炎徼纪闻》对苗族也有系统的介绍，涉及苗族各个支系标志性差异以及政治事件和突出史实。类似的书，还有王士性《广志绎》、沈瓒《五溪蛮图志》、侯加地《苗缴纪事》等等。

清朝初年，涉及苗族的私家专著有《黔书》、《续黔书》等，两书对苗族均有可信的记载。其中《黔书》对苗族的各支系做了一次系统疏理，开启了以后苗族支系研究的先河。雍正“改土归流”后，“生界”苗疆被彻底纳入了朝廷统治，朝廷才更多地了解苗族各支系实情，其了解的结果都收编在《皇清职贡图》、《乾隆贵州通志》、陈浩的《百苗图》等书中。这一时期涉及苗族的文献还有《朱批谕旨》、《清实录》、历朝《圣训》、《钦定平定贵州苗匪纪略》、《钦定平苗述略》、《苗疆屯防实录》、赵尔巽《清史稿》、蒋良骐《东华录》、魏源《圣武记》、《滇黔志略》、《黔囊》、《苗荒小记》、《古州杂记》、徐家干《苗疆闻见录》、爱必达《黔南识略》、罗绕典《黔南职方纪略》、严如煜《苗防备览》、陆次云《峒溪纤志》、段汝霖《楚南苗志》、贝青乔《苗俗记》、方显《平苗纪略》、刘应中《平苗记》、但湘良《湖南苗防屯政考》、韩超《苗变纪事》、阿琳《红苗归流图》、《黔中苗乘》、黄典恺《征苗笔记》、方亨咸《苗俗记闻》、魏祝亭《荆南苗俗考》、龚柴《苗民考》等等。另外，一些清代的西南地方志书，也有苗族相关情况的记载，如《道光贵阳府志》、《光绪铜仁府志》等等。

由上可见，自先秦至清代关于苗族的汉文记载是不少的，但是，正如伍新福先生指出的:“这些著作，不少是对历代苗民治、乱轨迹的镇压、统治‘苗族’方略的考察，也有关于苗族各时期所发生的重大事件的记述，而通史大多都有苗族生活状况和民情风俗的见闻。”“谈不上什么深入的研究……但保存了不少有价值的资料，至今仍可供研究苗族历史和文化参考。”① 后起的苗族学者马国君也持与伍先生同样的看法。

第四节 元明清时期纳西族史学

一、纳西族历史和纳西东巴经的史学价值

纳西族的先民与汉代称“牦牛夷”、晋代称“摩沙夷”、唐代称“磨些蛮”的部落有密切的渊源关系。三世纪初，越嶲郡定笮县（今四川盐源）已有“摩沙夷”居住。八世纪末叶，在今丽江、金沙江流域和盐源雅砻江流域也有磨些蛮的分布。从三国到唐初的数百年间，雅砻江以东的纳西族先民逐渐向西南迁徙；盐源以西金沙江流域一带的磨些族亦逐渐聚集于丽江地区并繁荣起来。定笮地区的磨些部落，在唐代曾有一部分渡过金沙江，向南进入洱海东部今宾川一带建立了“越析诏”，亦称“磨些诏”，为当时洱海地区六诏之一。唐朝扶持六诏中的蒙舍诏统一了其他五诏，建立南诏政权，使其成为一个强大的地方势力来牵制兴起的吐蕃。今丽江、永宁一带成为南诏、吐蕃角逐之地，先后为吐蕃、南诏所统治。1253 年，蒙古征大理，由丽江东境渡江，木氏祖先麦良迎降，被授为茶罕章（丽江）管民官。1276年云南行省置丽江路，设军民总管府，麦良子孙世袭总管。明初，纳西族首领木得被授为世袭丽江府土官知府，统治纳西族和附近各族人民。清雍正元年（1723），丽江地区实行“改土归流”，世袭丽江土知府改为流官知府，木氏由世袭土知府改为土通判。

纳西象形文字产生于一千多年前，最初为东巴教徒传授，用于抄写《东巴经》，故亦称为东巴文。十三世纪初年，又创造了一种表音文字，叫哥巴文。《东巴经》卷帙浩繁，是纳西族的宗教经书。内容涉及古代纳西族政治、经济、军事、历史、天文、历法、医学、冶炼、教育、文艺、哲学、伦理、宗教、语

① 伍新福《中国苗族通史·绪论》上，贵州民族出版社，1999 年，第 4 页。

言文字和风俗民情等诸多方面，研究价值主要有以下几个方面:(一)《东巴经》中蕴藏着丰富的纳西族关于开天辟地、宇宙形成、人类及万物起源的原始神话传说，反映了纳西族先民对宇宙天地的构成、运动变化方式以及人类起源、生命存在形式认识的朴素唯物世界观和自然辩证观。《东巴经》称，是光、气、音、白露等物经过“摇晃而又震荡”形成万物，产生人类。《崇搬图》开头叙述道：很古很古的时候，混沌未分的天地，摇晃又震荡，先有隐隐约约的天地，再有日月、星宿、山川、树木、岩石、水渠的象征，随着天地的变化，然后产生了人类。这些记录对研究纳西族先民早期的哲学思想有重要参考价值。(二)《东巴经》中许多经书都讲述了纳西族古代社会历史的发展进程。如东巴古籍《猛厄绪》中，讲述女性是血亲婚配的罪魁，而男子则以深明伦理的形象凌驾于女子之上，反映了母权制到父权制所发生的巨大社会变革以及由此引起的意识形态的深刻变化。在《创世纪》中，从九弟兄七姐妹互相配婚的血缘家庭群婚制到崇忍利恩找到衬红褒白的对偶婚制的发展变化过程，是研究纳西社会状态变化和婚姻形式变化的重要历史记录。在《鲁般鲁饶》这部描写爱情悲剧的叙事长诗中，也记述了纳西族的迁徙历史和社会形态的变化。从其记载中可窥见纳西族先民三世纪后从居住在定笮而后迁往金沙江上游地带的社会生活，印证了汉文史志关于纳西族迁徙发展的记载。另外，广大纳西族劳动人民集体创作的《创世纪》，是一部描写纳西族人民开天辟地、与大自然搏斗、歌颂劳动、反映男女忠贞爱情的著名的长篇史诗。

二、纳西族史学的开山作《木氏宦谱》

明代，撰著体例初步定型的《木氏宦谱》可谓纳西族历史上第一部具有自觉意识的史学作品，同期也诞生了一些木氏创作的历史性诗文。

《木氏宦谱》是木氏土司的家谱，以传承而言，从一世爷爷一直记至当前的三十五世木志平。2001年云南美术出版社据手抄本影印的《木氏宦谱》，真实反映了《木氏宦谱 · 文谱》和《木氏宦谱 · 图谱》这两部手抄本的原貌。

按《木氏宦谱》的记载，木氏的先赋地位至迟从元初就已确定——世袭土官，代代相承，反映在家谱、传记里的历代土司事迹也不免有明显的模式化笔法。以十八世土官木青（1569—1597）为例："（木）旺之嫡长。继父职。未袭之先，万历二十年，云龙州力苏抢五井司提举皇盐作耗，奉总兵官征南将军太师黔国沐武靖公昌祚及两台明文，亲领兵征进，杀获八十三级，蒙奖花牌、表里。二十四年，保勘袭职管事。二十五年，顺宁大侯州逆叛，助饷银四千。三十四年，以子追赠，给义字二百八十四号诰命一道，授中宪大夫。正妻罗氏春，授□恭人。天启七年，奉钦追锡罗氏，准建坊牌扬褒。崇祯四年，以子追赠二品，给外仁字四号诰命一道，授封通奉大夫、布政使职衔。正妻罗氏追赠为夫人。翁生隆庆三年己巳八月朔八日亥时，于万历二十五年丁酉十月十五日宾天。正妻阿室加，官名罗氏春，系兰州罗知州女，诰封夫人。生一子，曰寺，继父职。"[①] 袭职、平乱、嘉奖、受封、土司联姻、夫荣妻贵、父尊子耀，这几个要素构成了历代木氏土司生平共有的叙事结构，角色获取完全是一套既定程序。《木氏历代宗谱》碑则为《木氏宦谱》的简本，从唐武德年间的始祖叶古年一直讲到几位四十一世的子孙。

与之相应，十四世土官木公（1494—1553）曾写下《自述》表明木氏的忠心："汉唐宋元世，历宦岂须夸。腰系黄金重，诚心报国家。"[②]《自述》里的金带虽属洪武恩赐，但细细琢磨，这里的"国家"不宜视为明朝的代名词，实际指的是一个具有弹性的概念——中原王朝，无论是望风归附的麦良和木得，还是被吴三桂逼压的木懿，这一角色的演绎丝毫没有失败的插曲。识时务、识大体是家族价值观濡化下的个人选择，此间家族的存续和地方的利益隐然是最切要的。十五世木高（1515—1568）所写《石鼓木氏纪功刻辞 · 大功大胜克捷记》就说："功不著不足以成名；德不显不足以立身。盖功，忠于君也；德，孝于亲也。惟忠可以懋功；惟孝可以懋德。贵而能忠，保其世爵；富而能孝，守其世官。四海中外，忠孝大节，卓为天下轨。由于是，福祚光辉，荣华绳继，世不歇矣。"[③] 木公于明嘉靖七年（1528）所写《建木氏勋祠自记》[④] 中就说："（木氏

① 《木氏宦谱 · 文谱 · 阿胜阿宅》，云南美术出版社据云南省博物馆藏手抄本2001年影印，第44—45页。

② （明）木公《雪山诗选》卷中，《云南丛书》二编《集部》，云南图书馆藏版。

③ （明）木高《石鼓木氏纪功刻辞 · 大功大胜克捷记》，拓片。

④ 《乾隆丽江府志略 · 艺文略》，丽江纳西族自治县县志办校点本1989年，第235页。

家族）自汉、唐、宋、元，迄今明朝，其间为诏、为公、为侯、为节度使、为宣慰使司、为茶罕章、为宣抚司、为参政、为知府，皆出自国家优典。”①

上述作品难免有溢美之词，但其中内容多是明代丽江人事的真实写照，史料价值自不待言。在“光宗耀祖”的常识性价值判断和相应的“蝴蝶效应”群体认同之外，如果我们做一历史的想象不难发现，每一代木氏土司无疑都希望他们的战功和荣衔能世世代代荫庇子孙，同时丽江的安宁又能巩固其角色和地位，这自然是一种积极的互动。

第五节　元明清时期傣族史学

一、傣族史概要

傣族史学是中国少数民族史学中重要的组成部分。傣族主要分布在云南西南部靠边境的弧形地带，2010 年统计人口 1261311 人。傣族有自己的文字，有自己记录文字的载体——贝叶。历史上，傣族人民以各种方式记录下了自己民族发展的点滴与历程，这些记载成为后世研究傣族历史和史学的重要依据。

据江应樑研究，傣族的先民来源于百越，且认为从古代的瓯、骆、百濮，稍晚的僚、俚、金齿、百夷，直到今天的傣、壮、水、布依等族皆属于同一族属，即百越。②《后汉书》中的“掸”，也包括中国傣族的先民。唐宋时期傣族先民称“金齿”、“银齿”、“蛮齿”、“白衣”等；元朝时期称傣族为“金齿百夷”、“白衣”等；明朝时期称“百夷”，也称“大百夷”、“小百夷”等；清朝时期，则称“摆夷”、“水摆”等；中华人民共和国建立后，从事民族识别，在傣族人民自愿的原则下，统称傣族。

傣族社会在唐代以前的记载相对较少。唐宋两朝是傣族社会迅速发展的时期。当时，傣族地区先后分属于南诏与大理政权管辖。根据樊绰《蛮书》及

① （明）木公《建木氏勋祠自记》（明嘉靖七年），（乾隆）《丽江府志略·艺文略》，第 235 页。

② 江应樑《傣族史》，四川民族出版社，1983 年，第 73 页。

《新唐书·南诏传》等记载，唐时分布区域广及今云南省保山、凤庆、临沧、孟连、景东、西双版纳、德宏及红河州一带，与今日傣族分布大体相当。[①]1253年，元灭大理国。1274年，建立了云南行省，在云南南部今西双版纳等地建立了车里军民总管府，在西部包括今德宏州一带建立了金齿宣抚司，设六路总管府，后又建立了许多土司政权。元末西部傣族首领思可法势力崛起，建立了强大的麓川政权，并进行大规模的兼并战争，元朝廷几次出兵不克，后进行招抚。明朝继续在边地实行土司制度，从正统六年（1441）到正统十四年（1449）对麓川政权进行了三次大的征讨。战争使西部傣族地区长期荒芜，损失人口达三十余万。[②]之后明朝政府撤销了麓川平缅宣慰司，并在怒江以西设干崖、南甸、陇川等宣慰司，盏达、遮放等副宣慰司，勐卯、潞江等安抚司和芒市长官司；在怒江以东设耿马安抚司，孟定御夷府，镇康、湾甸、威远等御夷州，以及孟连、大侯、猛缅等长官司，以进一步巩固其统治。此外，在南部设景东、元江等府，威远、新化等州，以及八百大甸等宣慰司，并在1384年改车里军民府为车里宣慰使司，在云南全省及广大傣族地区任用土司土官，对傣族区域的统治比元代更加深入。清朝初期，仍沿袭明朝旧制在边疆推行土司制度，后来以“江内宜流不宜土，江外宜土不宜流”的原则，在不同地区实行钦派流官或保留土官治理地方进行“改土归流”。

从十六世纪中期以来，傣族地区不断遭到外来势力的入侵。从早期缅甸东吁王朝到后来的葡萄牙殖民者窥探，以及再后来英法殖民者的入侵，都给傣族地区的人民带来了深重的灾难。特别是十九世纪中后期英法对傣族地区的入侵，使中国南方边疆危机进一步加重。其间以马嘉理为首的英国殖民者以考察滇西为名，实施对西南边疆的侵略。傣族、景颇族人民起而将马嘉里击毙，严惩了入侵者，维护了祖国边疆的统一与领土的完整。尽管不断遭到外来势力的入侵，但傣族地区一直都与中央政府保持着紧密联系。

---

① 张公瑾《傣族文化》，吉林教育出版社，1986年，第19页。

② 参见傣族简史编写组编《傣族简史》，《中国民族问题资料·档案集成》第11辑，中央民族大学出版社，2005年。

二、傣文的傣族史书

一般认为傣族的文字在十三世纪左右产生。傣文因通行地区及字母形状的不同细分为傣泐文、傣纳文、傣绷文、傣端文四种。西双版纳的傣泐文相传是由一个名叫督英达的佛爷于傣历 489 年（1127）创造的，德宏的傣纳文大约在十四世纪创制使用。以后，傣文被大量的用来记录傣族古诗、神话传说、政治法律、哲学历史、天文医药等，成为傣族文化发展的重要载体。①

《勐果占壁简史》为德宏傣文史书。公元十世纪左右，以勐卯（今云南瑞丽一带）为中心，曾建立了几个傣族部落的联盟体，称果占壁王国。此书记载果占壁王国统治者的世系及其地方事故，是古代傣族历史研究的重要资料。②《勐泐王族世系》为明代人追记唐代云南西双版纳傣族历史的傣文史书。其书为纪传体，叙述六至七世纪佛教传入傣族地区后开始修佛塔，以及从召哈先窝龙到召腊贡满约四百年西双版纳统治者更替的情况，也是研究古代傣族历史的珍贵资料。③

以西双版纳召片领陶珑建仔的外孙芒莱王（1239—1317）的名字命名的《芒莱法典》，是产生于十三世纪末十四世纪初的傣文封建法规。该法典在西双版纳长期保有法律效力，数百年之后仍为后人所遵循，是政书体的傣族史书。

《咋雷蛇曼蛇勐》又名《谈寨神的由来》，大约成书于十六世纪中叶，是研究傣族古代宗教及神话传说最为重要的史籍之一。该书虽然论述的是宗教，但作者认为宗教的基础在社会生活中，因此，在书中对本民族的社会发展作了较系统的论述。作者认为傣族经历了三个发展时期：第一个时期是傣族刚产生的时代，那时傣族还住在北方的“冷森林”里。第二个时期是狩猎的时代。第三个时期是叭桑木底的时代，即农耕和定居时代。

《寨神勐神》一书共八章和一个前言，26800 余字。该书主要从历史观和

① 张公瑾《傣族宗教与文化》，中央民族大学出版社，2002 年，第 81 页。

② 云南省少数民族古籍整理出版规划办公室编《勐果占壁及勐卯古代诸王史》，云南民族出版社，1988 年。

③ 云南省少数民族古籍整理出版规划办公室编《勐泐王族世系》，云南民族出版社，1987 年。

人生观的高度对宗教问题进行论述，阐发了作者对历史、宗教、人生的系统看法，达到了较高的理论水平，在傣族思想史上占有重要的地位。

《论傣族诗歌》（又名《哇雷麻约甘哈傣》）于傣历976年（1614）用老傣文写成，作者是一位佛教僧人。此书虽然主要是论述傣族诗歌的起源、特点、发展等文艺理论问题，但朴素的唯物观点也寓于其中。书中依据史诗《巴塔麻嘎捧尚罗》对世界的产生进行述说，至少在几亿年前，没有宇宙，没有地球、月亮、太阳和星星，整个天地没有边际，没有下底和上盖，在这个无限的空间里，充满着翻腾滚动着的烟雾和气体。过了一亿万年，气体、烟雾和大风在翻腾滚动中紧紧挤拢，凝结成一团，又经过千变万化，最后终于变成三种气体组合而成的无限大的一个圆体。这个圆体呈黑色，充满着浑浊和暗淡，它就是今天的地球。

碑刻文献，是清代傣族史学的重要组成部分。如存于云南芒市潞西的《芒市土司放氏傣文墓碑》，碑石有二，一立于康熙四年（1665），一立于同治六年（1867），主要记述了芒市土司的生平事迹和当地的重大历史事件。存于保山内的《永昌府革除衙门税银告示碑》，立于乾隆四十三年（1778），系永昌府向府辖傣、汉民族颁布废除永昌府衙门税银的告示，是了解当地官府对傣族、汉族进行经济统治的重要文献材料。《大勐笼傣文九曜碑》，立于傣历1162年（1800），是纪念西双版纳各族人民共同抵御外敌入侵、重建家园而捐资修建的，碑身上的九曜位置图对研究傣族的天文历法知识有宝贵的科研价值。《干崖宣抚司刀盈庭墓碑》，镌刻于光绪三十三年（1907），碑文除记述刀盈庭的生平事迹外，还对当地的重大历史事件做了详细的记载，为研究清末干崖傣族地区社会历史发展和中缅边界变更状况提供了可靠的原始记录材料。[①]

三、元明清汉文典籍中的傣族史学

元明清时期是傣族社会发展的一个高峰时期，傣族社会、经济、文化等各个方面都有较大的变化。这段时期傣族地区的势力逐渐崛起，引起中央王朝的

① 参见华林《傣族历史档案研究》，民族出版社，2000年，第150页。

警惕，故而，无论是正史或是私修史书都加大了对傣族地区的关注力度。所以，元明清时期非傣文典籍中傣族史料相对较为丰富。

元王恽《秋涧先生大全文集》中，有对元初金齿百夷来内蒙古朝见元世祖忽必烈的记载。“中统二年（1261）辛酉夏四月十四日，呼金齿蛮使人，问其来廷之意及国俗、地理等事。言语侏离，重译而后通。国名百夷，概群蛮之众称也。”[①]元李京的《云南志略》是对傣族记载较为详细的史籍之一。李京于元大德年间（1297—1307），由枢庭宣慰乌蛮，寻升乌撒乌蒙道宣慰副使，并撰写了《云南志略》四卷。该书记载了元代云南的山川地理、土产风俗、民族社会生活等，是元代有关云南诸族情况的唯一较为详尽的册籍，也是云南最早的志书。因其记述诸族事多为作者周历云南的见闻所得，故史料价值极高。该书仅存《云南总叙》与《诸夷风俗》两篇，尚不足一卷。《云南总叙》简要地叙述了从秦至元代的云南历史。《诸夷风俗》则分述“白人”（僰人）、“罗罗”（乌蛮）、“金齿百夷”、“末些蛮”、“土獠蛮”、“野蛮”、“斡泥蛮”、“蒲蛮”诸族的社会生活。“金齿百夷”中称：“金裹两齿谓之金齿蛮，漆其齿者渭之漆齿蛮，文其面者谓之绣齿蛮，绣其足者谓之花脚蛮。”[②]所记金齿百夷事，虽只是书中一条目，但却是难得的原始材料。

来华的意大利人马可波罗（1254—1324），1287年奉使随元兵征伐缅甸，有了六个月的云南、缅甸之行。《马可波罗行纪》中对当时云南社会生活、风土人情有比较具体的记述。其中，对金齿地区的记述也是甚为详细。第二卷第一一九章《金齿州》中写道：“离大理府后，西向骑行五日，抵一州，名称匝儿丹丹即金齿。居民是偶像教徒，而臣属大汗。都会名称永昌。”“其人无偶像，亦无庙宇，惟崇拜其族之元祖，而云：‘吾辈皆彼所出。’”这是元代傣族地区的政治和祖宗崇拜史料。所言元代傣族地区还没有佛教流行的记载，是否具有普遍的代表性还有争议，因为许多学者的研究认为傣族地区在很早以前就有佛教的流行了。“此地之人皆用金饰齿，别言之，每人齿上用金作套如齿形，套于

① 江应樑《百夷传校注·序言》，云南人民出版社，1980年，第13页。

② （元）李京《云南志略》，方国瑜主编《云南史料丛刊》第三卷，云南大学出版社，1998年，第120页。

齿上，上下齿皆然。男子悉如此，妇女则否。”这是对傣族地区男人镶牙习俗的记载。又载“（金齿地区）其俗男子尽武士，除战争游猎养鸟外，不作他事。一切工作皆由妇女为之，辅以战争所获之俘奴而已”[①]。傣族的这种男女分工的风俗一直延续到近代。

明代对傣族记载最为详细、史料价值最高的当属钱古训、李思聪著《百夷传》。洪武十四年（1381），明军入云南。后来，麓川平缅宣慰使思仑发，领兵攻景东，侵楚雄，被镇守云南总兵官沐英打败，思仑发遣使入朝谢罪。此后，他转向南与缅国“连岁横兵”。缅国王遣使明廷，控诉百夷思仑发屡出兵侵夺其领土，朱元璋派遣李思聪、钱古训前往调解。《百夷传》就是在这样的历史背景下写出来的。[②]《百夷传》中记录了大量百夷及其他各少数民族的生活习俗，以及麓川政权的政治制度和军事组织。很多这些内容都只能在《百夷传》中见到，而不被同时期其他史书记载。从这个意义上说，《百夷传》可以弥补正史或是地方志的不足。江应樑先生将其史料的价值归纳为三方面：一、在记载云南少数民族的历史文献中，《百夷传》是一本调查实录，好处就在于书中记载的，都是作者亲历见闻的忠实记录。长期以来，《百夷传》已成为地方史志及私家著作广为抄录引用的第一手材料。二、书中所记山川、人物、风俗、道路，都是其他著作所不曾有过的资料，尤其是记述麓川百夷的政治、军事制度、阶级剥削情况，是最为珍贵的史料，不仅可供研究民族史做参考，而且可补史书之阙。三、把这本书中所记载的，和他书参证，再结合现实情况研究，可以有力地证实，傣族以及居住在边疆的各族人民，自古以来就是祖国大家庭中的成员，在政治、经济、文化诸方面，和祖国有着长远的、密切的关系。这种关系，随着历史的发展，不断增进，他们和内地各族人民，早已结成了血肉不可分离的关系。[③]

永乐四年（1406），明朝廷设四夷馆，专门翻译各藩属及四境各个少数民族的语言文字，其中“百夷馆”，负责翻译南甸、干崖、陇川、芒市等地的傣

① ［法］沙海昂注，冯承钧译《马可波罗行纪》，上海古籍出版社，2014年，第246—248页。

② 江应樑《百夷传校注·序》，云南人民出版社，1980年，第21页。

③ 江应樑《百夷传校注·序》，云南人民出版社，1980年，第23页。

族语言文字。王宗载曾为四夷馆提督，记各馆诸夷故实，曾著《四夷馆考》，其中《百夷馆》专论傣族地区的地理沿革、民族习俗、物产风貌等内容。此外，张洪《南夷书》、杨慎《滇载记》、张志淳《南园漫录》、朱孟震《西南夷风土记》、张萱《西园闻见录》，都有一些傣族的记载。

清代关于傣族的史书，首推冯甦的《滇考》，此外在征缅史书不乏对云南傣族地区的浓墨重书。冯甦（1528—1693），字再来，号蒿庵，浙江临海人，清顺治十五年（1658）进士，官至刑部右侍郎。《滇考》二卷，系冯甦任永昌府推官时，参阅大量历史档册、笔记小说、诸史方志以及亲身见闻编辑而成。《四库全书总目》提要言其:“凡一切山川人物物产，皆削不载。惟自庄蹻通滇，至明末国初，撮其沿革之旧迹，治乱之大端，仿纪事本末之体，标题记述，为三十七篇。每事皆首尾完具，端绪分明，在舆记之中又为别体，非采缀琐闻、条理不相统贯者比。”据作者自序，该书写作目的，在于观前代之事迹，而求治滇之本。书中关于元代以前事，多录自史书方志，又未详加稽考，故颇疏略；记明代事，则多可取。因作者为当代人有档册可供查考，加上亲所闻见，故可补史传之不足。其中所载征缅甸、八百媳妇国、征麓川等是研究傣族史的重要材料。

乾隆二十七年（1762），当时为清朝属国的缅甸军队侵入我云南的孟定、耿马等地，清军发动对缅甸的征讨。这次征缅之战动用清朝大量人力、物力，但却未有较大的收获。先是云贵总督杨应琚惨败，接着继任总督明瑞身亡。缅甸方面曾遣使求和，但乾隆皇帝却对缅甸发动了第三次征剿。随军幕僚或文人记录了大量关于征缅的史事，比较著名的，有周裕《从征缅甸日记》，王昶《滇行日录》、《征缅纪闻》，吴楷、王昶《征缅纪略》，孙士毅《绥缅纪事》，高嵩毓《缅述》，魏源《征缅甸纪》，赵翼《平缅甸略述》等，其中就包括云南西部傣族的历史记载。

总而言之，元明清时期是古代傣族史学发展的黄金时期，也是傣族文化走向繁荣的时期，这一时期的傣族史学为之后傣族史学的研究做了坚实的前期准备。

第十章

白族、彝族和土家族史学

第一节　元明清时期白族史学

一、白古通系地方史书

元明清时期是云南结束南诏、大理国地方民族政权割据势力，重新纳入大一统封建中央集权统治范围的重要时期。白族从云南的主体民族变成了聚居在以洱海为中心地区的少数民族。中央王朝加强对大理地区的直接控制，以及对南诏、大理文史典籍的焚毁，促使一部分白族学者开始追溯自身的民族历史，撰写史书，于是涌现出了“白古通”系地方文献，推动了白族史学的快速发展；另一方面，儒学教育的推广促进了白族地区汉文化水平的提升，造就了一大批汉文化水平较高的白族知识分子，促进了白族地区的文化发展。白族史学出现兴盛局面。

广义的“白古通”系地方文献史料则指以《白古通记》(《僰古通纪》) 为核心的记载白族起源、发展，以及南诏、大理国历史的地方文献史料。具体而言，大致包括《纪古滇说》、《僰古通纪》、《绎年运志》、《云南志略》、《滇载记》、《南诏源流纪要》、《南诏野史》、《白国因由》等等。“它们或演绎《白古通记》，或据《白古通记》参录汉文史籍编纂而成，内容大都关涉南诏大理史事，并包括有相当多的神话传说。”[①]

《纪古滇说》又名《纪古滇说集》，元初张道宗撰，“为采录《白古通纪》及汉唐史书编撰的云南古史较早之作”[②]。书中记载了自唐虞时期，下迄南宋咸淳元年（1265）云南的地方史事，尤详于南诏时期的历史。其中以神话故事和

---

① 侯冲《白族心史——〈白古通记〉研究》，云南民族出版社，2002 年，第 324 页。

② 方国瑜《纪古滇说集概说》，方氏主编《云南史料丛刊》第二卷，云南大学出版社，1998 年，第 652 页。

宗教传说为主，夹杂汉、唐以来的史书记载。方国瑜先生评价："南诏时事，采录《新唐书》之文，杂以佛教传说，史事亦多错乱。南诏亡后，大理三百年之事仅数语，后袭郭松年《行记》之文，并记元初事，按王崧《道光志钞》卷三《封建志序》曰：'《纪古滇说》支离杂诡，乃好事者所妄造。'不足为典要也。有人以此书之年代较早而重视之，可与明代所作参校，惟引其数语，因不见于史籍，视为至宝，以证史则未必可取也。"①

《云南志略》四卷，元李京撰。李京于元大德年间（1297—1307），由枢庭宣慰乌蛮，寻升乌撒乌蒙道宣慰副使，曾亲历乌蛮、六诏、金齿、白夷诸地，根据见闻撰写了此书。该书记载了元代云南的山川地理、土产风俗、民族社会生活等。其《总叙》记载自春秋战国时期至元代云南的历史沿革，追述了南诏、大理国的辉煌历史，列举了南诏、大理国历代国王、年号及相关史事。方国瑜先生称《云南志略·总叙》之文："颇具条理，非草率成书者可比，足见景山用力之勤。"②

《南诏源流纪要》，明蒋彬撰。该书以《白古通记》为蓝本，参考汉文典籍《汉书》、《唐书》、《通鉴纲目》等编撰而成。该书追述南诏源流，记述南诏、大理国历史世系事迹，以及元明时期攻灭大理的史事。方国瑜先生考证道："此书参合史籍及《白古记》，简要编录，而附以考证。征引《一统志》、《大理郡志》、《唐书》、《通鉴纲目》、《南诏通纪》如序文所言，则可知出自史籍以及记载者，即录《南诏通纪》也。不获见通纪，惟可从此书知其大略。后此之《滇载记》、《南诏野史》、《滇史》诸书之源流，亦可推论其大概也。"③可见，该书在"白古通"系地方文献中所具有的地位和价值。

《滇载记》，明杨慎著。该书内容仍以蒙段史事为主，记载了南诏、大理

① 方国瑜《纪古滇说集概说》，方氏主编《云南史料丛刊》第二卷，云南大学出版社，1998年，第654页。

② 方国瑜《云南志略概说》，方氏主编《云南史料丛刊》第三卷，云南大学出版社，1998年，第122页。

③ 方国瑜《南诏源流纪要概说》，方氏主编《云南史料丛刊》第四卷，云南大学出版社，1998年，第745页。

国历史的源流、发展，罗列历代国主、年号及事迹，以及元代大理历代总管史事。嘉靖三年（1524），杨慎以议大礼被流放至滇。杨慎谓："余婴罪投裔，求蒙段之故于图经而不得也，问其籍于旧家，有《白古通玄峰年运志》，其书用僰文，义兼众教，稍为删正，令其可读，其可载者，盖尽书此矣。"[①] 则该书系将《白古通记》从白文古书译为汉文著成。侯冲教授指出："《滇载记》的内容出自《白古通记》而不是录自汉文史籍。与《僰古通纪浅述》、《白国因由》等书相比较可以看出，《白古通记》中的神话传说经杨慎芟薙芜陋，括以文章家法后，在《滇载记》中已被删正。所留下的，除《白古通记》中涉及史的部分外，还有一些可以反映杨慎神话观的神话传说。""作为一本对云南地方史志编撰有较大影响的著作，《滇载记》是《白古通记》影响云南地方史志的代表。"[②]

《南诏野史》，明倪辂纂录，成书于万历初年。该书以《白古通记》为蓝本，间采各书而集录的"白古通"系地方文献。记述了上自南诏立国，下迄明军攻克大理，灭段氏，设流官统治的历史。"先叙善阐、白崖、昆弥、滇、白子、建宁诸国；次为蒙国传十三世，长和国三世，天兴国一世，义宁国一世，大理国传十四世，大中国一世，后理国八世；又次为段氏总管传十二世"[③]，并杂以神奇离异之传说和佛教神话故事。倪辂集成《南诏野史》之后，以抄本流传，明季以来，有数种改订编刻之本，如阮元声改订《南诏野史》、胡蔚刻本《南诏野史》、清代王崧刻本《南诏野史》等，均以倪辂本为底本，进行增删润色。"而《南诏野史》，则今存之书较为完备者。"[④]

《白国因由》，清康熙间大理喜洲圣元寺主持寂裕刊印。该书记载了观音十八幻化的故事，反映了南诏、大理国立国为君权神授、天神佑护的宗教神话。"《白国因由》虽通篇为宗教神话，但对于研究云南历史，考究云南宗教特点，探求云南神话传说的源流及演变仍有一定参考价值。"[⑤] 同时，由于《白国

① （明）杨慎《滇载记》，方氏主编《云南史料丛刊》第四卷，第 765 页。

② 侯冲《白族心史——〈白古通记〉研究》，云南民族出版社，2002 年，第 352、353 页。

③ 方国瑜《南诏野史概说》，方氏主编《云南史料丛刊》第四卷，第 786 页。

④ 方国瑜《南诏野史概说》，方氏主编《云南史料丛刊》第四卷，第 768—769 页。

⑤ 林超民《白国因由·后记》，《云南史料丛刊》第一一卷，云南大学出版社，2001 年，第 169 页。

因由》以《南诏中兴二年画卷》，以及《白古通记》、《南诏野史》诸书为底本，同为“白古通”系地方文献资料，对研究白族的历史文化亦具有一定价值。

“白古通”系地方文献，通过神话传说、佛教故事以及稗闻野史的记载，恢复、传承和保存南诏、大理国昔日的辉煌历史，在追忆往昔的同时，唤起白族的民族意识，强化白族的民族认同，在接受汉文化的同时，保存并发扬自己以汉文化为核心的独具特色的白族文化，保持白族作为一个民族实体独立存在，而不为汉族融合。明代相关之书，如景泰《云南图经志书》、《明一统志》、《正德云南志》、李元阳纂《嘉靖大理府志》、《万历云南通志》、诸葛元声《滇史》、刘文征天启《滇志》以及曹学佺《云南名胜志》等书中，都有对“白古通”系地方文献资料内容的征引，足见“白古通”系地方文献的影响之大。

二、白族史学家

元明清时期，中央王朝在云南各府、州、县开设学校，大兴儒学，传播汉文化。不少白族知识分子通过接受儒学教育、参加科举考试、出仕为官等方式有机会走出云南。他们“受到当地汉文化的熏陶，吸取汉文化的精髓，开阔了眼界，增长了知识”[①]，形成了对大一统中央王朝的国家认同和中华文化认同的白族知识分子群体。

明代著名白族学者李元阳（1497—1580），字仁甫，号中溪，大理太和人，嘉靖五年（1526）进士，授翰林院庶吉士，历任分宜知县、江阴知县、户部主事、江西道监察御史、荆州知府等职。其先因“大礼议”案被贬出京，后以忤逆当权者而除御史之职。1540年其回乡隐居，著书立说。其诗文集有《李中溪先生全集》，儒学著作有《心性图说》（已佚），地方志有《万历云南通志》和《嘉靖大理府志》。

《万历云南通志》的成书年代，天启《滇志·凡例》记为万历五年（1577），方国瑜考证为万历四年。全书分十二类，即地理、建置、赋役、兵食、学校、科

① 王艳萍《明代大理白族学者李元阳研究》，林超民主编《新浪集》，云南大学出版社，2001年，第342页。

目、官师、人物、祠祀、寺观、艺文、羁縻，附以杂志，详细记载了云南一省的山川地理、建置沿革、贡纳赋税、学校科举等情况，首辟《兵食志》，记录明代卫所、军实、屯征等详细情况。有的学者与景泰《云南图经志书》、《正德云南志》和天启《滇志》进行比较，将《万历云南通志》的特点总结为："一、开了明代私人编修云南省志的先河。前两部志书都是官修的，从《万历云南通志》才开始有私人修纂。二、编排体例有所突破。前两部志书都不分类，在各目下叙事。万历志则分十二类，其下又有总目及子目，相当于几级标题，层层推进，线索清楚。三、条目编排重点突出。万历志着力写建设、赋役、兵食、学校、羁縻志等，与当时云南的形势密切相关。四、万历志是明代云南通志的集大成者，到此时通志的编修基础已经定型，对后世的志书产生了很大的影响。"①

郑志惠教授将《万历云南通志》反映的李元阳的民族思想，总结为"天下一统"的整体观、"无间华夷"的民族观和"爱民抚夷"的羁縻观。②而其核心就是对华夏文化的认同和对"大一统"中央王朝的认同。分析李元阳在《嘉靖大理府志》和《万历云南通志》中叙述南诏、大理历史时对《白古通记》的大段征引，不难看出他对该书的重视和肯定。而这种重视与肯定的根源，来自李元阳对本民族的热爱。

另一位著名白族学者是清代的王崧（1752—1837）。王崧，原名藩，字赞元，后改为崧，字伯高，一字酉山，号乐山，大理府邓川州浪穹县（今大理州洱源县）人。乾隆三十四年（1769），王崧补县学生，师从檀萃云游四海。嘉庆四年（1799），王崧会试及第，任山西武乡知县。王崧重修鞸山书院，主讲晋阳书院，促进了当地的文化教育事业。受乾嘉学派影响，道光六年（1826），王崧回乡后研究儒学，著书立说，"在经学、史学、文学方面建树颇丰，尤以考据见长"③。史学方面撰成《云南备征志》和《云南志钞》等。

① 王艳萍《明代大理白族学者李元阳研究》，《新浪集》，云南大学出版社，2001 年，第 372—373 页。

② 郑志惠《天下一统 无间华夷——从万历〈云南通志〉看李元阳的民族观》，云南大学历史系编《史学论丛》第五辑，云南大学出版社，1993 年，第 250 页。

③ 周立英《清代云南学者王崧及其学术思想研究》，林超民主编《新凤集》，云南大学出版社，2003年，第 410 页。

《云南备征志》道光十一年（1831）成书，书稿在咸同兵燹中被毁。呈贡秦光玉经过二十余年的收集，始获原书的十之七八。后李燮元赠书数册，才勉强恢复原书面貌，于宣统二年（1910）付梓印出。这是一部有关滇史的资料总辑，它辑录自《史记·西南夷列传》以下到清初有关云南的史料约六十四种凡二十一卷。举凡涉及云南的传记、地理志、地方史志、地方风土志、闻见录等，或照录原文，或辑成专条。其书对于保存乡邦文献、校勘古书文字具有较高价值。同时，《备征志》是云南史料汇编的集大成者，开创了云南史料汇编的先例。道光《云南志钞》是王崧总纂《云南通志》时，将自己完成的部分整理、删削而成，体例严谨，既有承袭又有创新，内容充实，保存了许多珍贵资料。

有学者将王崧的学术思想总结为：1. 本着少数人出力、多数人使用的思想，编纂了《云南备征志》，是云南史料整理工作的开始之作，为研究滇史提供了大量丰富、方便使用的史料，极大地促进了云南地方史的研究和发展；2. 道光《云南志钞》的篇幅较小，文字精当，记载云南社会生活的主要方面，对后世修志产生了极大的影响；3. 王崧治学严谨，具有坚持独立人格的学者风范；4. 具有政学合一的思想。①

此外，这一时期还有许多白族学者撰写了大理府、州、县的地方志书，如明代杨士云、李元阳纂《嘉靖大理府志》，杨南金纂辑《嘉靖邓川州志》，敖浤贞修、艾自修纂辑《崇祯重修邓川州志》；清代有艾濂纂辑《道光邓川州志》，杨金和、杨金铠等纂修《光绪鹤庆州志》等等。

第二节　明清时期彝族史学

明清时期是彝族史学取得长足发展的阶段，史学成就极为突出。这一时期，彝族经史学家和毕摩、摩史们积极搜集整理彝族文献典籍、梳理学术思想，促进了彝族史学的传承与发展；不少汉文典籍中留下了关于彝族历史文化

① 参见周立英《清代云南学者王崧及其学术思想研究》，林超民主编《新凤集》，云南大学出版社，2003 年。

的记载；早期的西方彝族研究也悄然兴起。

一、对彝族历史文化典籍的整理与续作

明清时期彝族经史学家最大的贡献，就是通过积极搜集整理、梳理学术思想，相对系统、完整地呈现了古代彝族历史文化思想及其发展的大致进程。具有时代特色的、涵盖了古代彝族社会政治、经济、历史、哲学、天文、医药、宗教等诸多内容的文献典籍、谱牒文书、金石铭刻等在此时大量产生。当前能掌握到的有关明清以前的古代彝族历史文献、文化思想、谱牒，以及所能窥知的关于明清以前古代彝族社会历史发展的各种记载，诸如氏族部落史、迁徙发展史、政治经济史、思想文化史等等，都有赖于明清时期的彝族经史学家、毕摩和摩史们的搜集、整理与传承。[①]

从大致形成或传抄于明清时期的彝文文献典籍的具体内容看，既有综合性的“百科全书”式的彝文史著，如《西南彝志》、《彝族源流》、《六祖纪略》、《物始纪略》等；也有许多分门别类的、专门研究式的历史著述，如《洪水泛滥史》、《洪水前后轶事》、《笃慕史记》、《母系史》、《天仙世纪》、《人类史详论》等记述古老传说的文献；有专门记述一个或数个部族世系和历史事迹的史书，如《德布氏史略》、《德施氏史略》、《德慕氏谱》、《水西安氏谱》和《阿者后裔迁徙考》等。许多古代彝族著名部族的世系和历史也都有专门的文献和谱牒记载。除此之外，像《宇宙人文论》这类探讨古代彝族哲学思想、天文历法的著述，《水西制度》、《吴三桂入黔记》、《阿者巫撒兵马记》等类似于战争史专著的史书也多有发现；还有类似于典制类的史著，如《水西传全集》详细记录了水西、扯勒、巫撒三个家族的各种制度，官制、仓库制度以及宗教祭祀、仪式等都有所记载，涵盖彝族社会政治、经济、宗教、历史、文化、习俗等方面的内容。[②]

以上还只是近年来在贵州地区被发现并整理翻译出来的大致形成于明清时

① 王子尧、山口八郎主编《中国彝史文献通考》，四川民族出版社，2000年。

② 《彝族简史》编写组《彝族简史》，云南人民出版社，1987年。

期的一小部分彝族历史文献典籍。其他地区不同类型的彝族历史文献典籍更是数不胜数。仅从典籍文化的区域类型上看，就可以分为凉山类型、滇南类型与滇东南类型、滇中类型、滇东类型与滇东北类型、水西类型与巫撒类型、水东类型与广西类型等,[①] 可谓是卷帙浩繁，类型复杂，内容极为丰富。而且各个地区、各个类型的彝族历史文献典籍都有其不同的特点，有的侧重于宗教典籍，有的偏重于医药典籍，有的重视部族世系和历史记录等等。[②]

这一时期具有代表性的史著也很多，如《勒俄特衣》、《帝王世纪》、《赊窦榷濮》、《且宝赔铃记》、《罗婺姻亲史》等等。这些彝族文献典籍记载的内容或涉及远古、或记载当时，涵盖文献学、校雠学等诸多史学门类，对研究明清时期的史学理论、思想和方法有重要意义。

二、对其他民族优秀历史文化思想的学习与吸纳

明清时期的彝族经史学家和毕摩、摩史等视野更为开阔，在充分总结、梳理本民族优秀历史文化思想的同时，以开放的态度学习和吸纳其他民族的优秀历史文化思想，不仅注重对汉族或西方这些先进民族的学习和吸纳，也包括对地缘上邻近的各民族的历史文化思想的学习与吸纳，主动将其融合进彝族历史的记述之中，并积极在彝族社会中传播，使彝族史学呈现出了文献记载与民间口传史料极其丰富、极富包容性的特点。就目前所掌握的史料看，这种学习和吸纳似乎更多地体现在宗教思想和哲学上，史学思想的吸纳则相对较少。如明代曾经用彝文翻译和刊印过的《太上感应篇》(亦即《劝善经》)，并非单纯的直译，而是以原内容为基础充分融合彝族的各种思想、风俗习惯等加以阐释，进而形成包涵着丰富伦理、哲学和思想等内容的劝善经书。从文献的角度来说,《太上感应篇》是当前能见到的最早的彝文文献典籍之一。[③] 对其中若干内容的研究表明，明清时期彝族史学家不遗余力地对非彝文文献典籍进行了大量的搜集、整理和编译的工作。由此可见，明清时期的彝族史学家也在积极地学

① 朱崇先《彝族典籍文化研究》，中央民族大学出版社，1996 年。

② 陈世鹏《黔彝古籍举要》，贵州民族出版社，2004 年。

③ 马学良《彝文〈劝善经〉译注序》,《民族研究》1984 年第 3 期。

习和吸纳他民族的优秀史学理论、思想和方法。

三、明清时期记录彝族历史的汉文史籍

明清时期，汉族移民大量进入彝族聚居区，对彝族的了解逐渐增多，彝族的历史文化、风俗民情等等逐渐被记入汉文文献中，尤其是正史、地方志、笔记史料中，有不少有关彝族文献典籍和史学的记载。各种史籍对该时期彝族社会、历史文化、风俗习惯、宗教崇拜等都有所涉及。不仅《明实录》、《清实录》和正史中有相关记载，其他诸如游记、笔记、诗文集等史籍和各地方志对彝族的记载也较多，甚至出现了大量有关彝族及其他民族生产、生活的图画史料，直观形象地留下了明清时期彝族真实的历史状态。

如明代朱孟震《西南夷风土记》、杨慎《南诏野史》，以及清代田雯《黔苗蛮记》、陈鼎《滇黔土司风土记》、檀萃《说蛮》等史籍，都对云贵等地的彝族风情及历史文化、民族节日、特产、生态环境等进行了详细的记载，为后人更好地了解彝族历史提供了依据。如明《景泰云南图经志书》、明《嘉靖贵州通志》、明《万历云南通志》、清《道光云南通志》等地方志书对彝族的记载，更是不胜枚举。这些著作对彝族族源、宗教、语言文字、历史文化和风俗习惯、人口分布等等，做了许多有益的探究，“但这些都不能与今天的民族研究和民族史研究相提并论，论述多有偏颇，记载亦较简略”①。而且，其中还不乏大民族主义和主观臆断有失偏颇的论述。

四、西方的彝族研究兴起

早在十三世纪，意大利著名旅行家马可波罗就来到了中国彝族地区进行游历和考察，在所著《东方见闻录》中记述了他访问建都州（今四川省凉山彝族自治州）和云南大理时的所见所闻。

清末外国的传教士、学者、探险家、商人等等，深入彝族地区，搜集、整理了许多文献典籍，也有许多著述传世，在客观上保存了相关彝文字和文献典

① 白新发《近百年来彝族史研究综述》,《学术月刊》2003 年第 9 期。

籍。这是在彝文字及彝文文献搜集、整理和保存方面出现的新情况。

清末外国传教士、学者、探险家们的研究成果大部分仅限于田野调查、文献搜集以及由此产生的各类调查报告、旅行日记等。如吕真达（A. F. Legender）以及布拉克斯（T .Blakiston）在湖南、四川等省对当地彝族、苗族的风俗习惯、体质特征等进行考察，撰写的《扬子江五月考察》等，记录了近代化进程中的彝族及其社会历史情况。

当然也不乏研究较为深入者。如法国传教士邓明德（Paul Vial）在云南路南撒尼彝族（石林）地区生活了三十余年，不仅学会了彝语，还向当地的毕摩学习彝文，对彝族的历史、文化进行深入细致的研究，著有《宇宙源流》、《倮倮的历史和宗教》、《云南倮倮的文字研究》、《倮倮和苗子》、《彝语语法》、《法倮字典》等。阿尔弗雷德·李埃达（Alfred Lietard）主要在滇东和滇东北地区活动，直至1912年在昭通去世，对该地区彝族语言、文字、族源、宗教、社会制度、等级关系、部族和区域的异同等做了较为深入的研究，著有《云南：倮倮泼——华南的一个土著部族》、《阿细倮倮地区》、《阿细方言——法倮词汇》等书。[①]

十九世纪下半叶，国外学者研究彝族的逐渐增多，英、法、美等国有许多学者涉足中国彝区。如十九世纪六十年代，法国学者杜达尔·特拉格莱（Doudsrd Delagree）、安邺（Carncer）、德·拉波特（De Laporte）、儒贝尔（Joabert）、托雷尔（Tnorel）、杜布益（B. Dupuis）等人，相继从越南进入云南彝区进行考察。此后埃米尔·罗杰（Emile Roger）所著的《云南省》、《云南亲王史》（南诏史）对云南彝族的民俗，特别是婚姻形态做了详尽的介绍。十九世纪末进入云南彝区的普亚（T. R. Pourrias）、拉古柏里（Terrien De Lacoupere）、德维亚（C. Dereria）等人，也均有研究彝族历史文化方面的著作。同一时期，还有法国亲王奥尔良（Henrt D. Orleans）深入四川凉山腹地和云南思茅、蒙自一带，对彝族进行实地考察，在其所著的《从东京到印度》一书中，叙及此次活动。他所搜集到的大批彝文文献，后为法国巴黎东方语言学会图书馆珍藏[②]。

① 巴莫阿依、黄建明《国外学者彝学研究文集》，云南教育出版社，2000年。

② 马学良《国际彝学研究小史》，http：//iel.cass.cn/yistudies/gjyxxs.htm。

十九世纪六七十年代，美国人威廉·洛克哈特（William Lockhart）、布莱斯基顿（T. Blackiston）、威廉（B.William）等人，英国人安德森（A. Anderson）、马嘉里（Margery）、格罗夫纳（Grosvenor）、巴伯（Barber）、麦克卡迪（Maccathy）、吉尔（Gill）、史蒂文森（Stevenson）、索尔登（Soltan）等人也来到中国彝区进行考察。巴伯在其《金沙江：中国藏东及缅甸漫游记》一书中，介绍了大小凉山彝族民情。1882 年英国驻重庆领事亚力山大·郝西（A. Hosie）率队考察了川、滇、黔三省彝区，前后历经三年，所搜集的资料大部分写入《华西三年记》一书中。十九世纪末，法国人皮雄（L. Pichon）、马尔多（Madrolle）、保尔·博厄尔（Paul Bolle）等，以及由他们率领的考察队，在中国彝区也进行了规模较大的考察。其中，德布莱洛（Deblnne）所著的《华南和华西土著民族研究》，从民族学的角度对彝族进行初步的研究。保尔·博厄尔在《对倮倮语言的研究》一书中，对彝族语言、文字做了专门性的研究。沙尔雅则在云南武定、禄劝一带复制、搜集彝文碑文和彝文经书。与此同时，英国人戴维斯（H. R. Davis）受英国政府派遣调查修筑印度至云南铁路的可行性，沿途对云南的彝族和其他民族所作的许多调查，辑录在其著名的《云南——连接印度和扬子江的链环》一书中。此外还有英国皇家地理学会会员柯乐洪（A. R. Coloquhoun）、巴贝娜（Babelle）、温盖蒂（Wingaite）等等，也对彝族做了一些调查①。

第三节　元明清时期土家族史学

一、土家族的神话和传说

土家族过去也称毕基族、毕基卡族，2010 年统计有 8 353 912 人，主要聚居于湘、鄂、黔、渝毗连的武陵山区，是中国人口数量较大的一个民族。一般认为，土家族是五胡与武陵山区的原住民百越民族融合后形成的，是以五胡中的羌、氐为主导，掺杂阿尔泰、百越文化元素的混血民族，在唐朝后期基本成

① 马学良《国际彝学研究小史》，http：//iel.cass.cn/yistudies/gjyxxs.htm。

型。土家语属汉藏语系藏缅语族，没有自己的文字，通行汉语，通用汉文。从土家有史以来，随着和其他民族交往的不断进行，土家族史学得到发展。

土家族有着丰富的神话传说。如神话《洪水登天》，土家族称之为《雍尼·不索尼》，讲述了土家族如何形成的过程：从前有七个兄弟（一说五兄弟）抓住了雷公，准备把它烹煮来吃，可是雷公用计逃脱，回到了天宫。为了惩罚七兄弟，雷公怒降七天倾盆大雨，世上的人都被淹死了，只有罗公、罗娘躲在葫芦中得以逃生。洪水消退后，罗公、罗娘兄妹经过几番周折，根据天意成了亲，生下了一个肉坨坨，肉坨坨被剪成了几块。这些肉块掺和着泥巴撒出去就成了土家……又如关于"廪君"的神话："廪君死，魂魄世为白虎。"[①]"江汉之域有貙人，其先廪君之苗裔也，能化为虎。"[②]该神话解释了土家族尚白虎的缘由。通过这些神话，我们不仅看到他们对世界和自身认识的模糊，而且知道他们面对自然无能为力而产生了对动物、自然力量的崇拜。

土家族的传说很多，从不同方面折射出了当时的社会原貌，蕴涵了丰富的社会内容。传说既有反映阶级斗争的，如《春歌与锦鸡》，又有表现人民智慧和勇敢的，如《秦良玉的传说》。这些传说源于现实，透视它们，我们可以窥见当时社会的一角。此外，传说中有大量表现土家族民族精神的内容。如表现土家人积极乐观生活态度的，如童话故事《大妹和幺妹》，机智人物故事《颜长顺的故事》等；《陈连升和他的战马》、《陈连升出世》则弘扬了爱国主义精神。由于土家族有语言无文字，记载的史料很少，所以神话和传说弥足珍贵，是土家历史的"活材料"。

值得注意的是，土家族的神话传说贯穿整个历史，每个时期都有新作品应运而生，作为土家史学的重要组成部分与其他形式交相辉映。

二、清初土家族史学家田舜年

元明清时期，朝廷在土家族地区推行土司制度，促进了土家民族文化发

① （唐）樊绰《蛮书》卷一〇，景印文渊阁《四库全书》，史部载记类。

② （晋）干宝《搜神记》卷一二，景印文渊阁《四库全书》，子部小说家类异闻之属。

展。在中原文化的影响下，土家族的史学也取得成就，主要代表人物是容美土司田舜年。另有永顺土司彭明道“不慕荣利，隐居白竹山，著有《逃世逸史》”[①]，该书是一本读史笔记。

容美（今湖北省鹤峰县）“地处楚之西南徼，古称柘溪和容米，后又称容阳，居住在这里的土家族先民，秦时被统称为南夷，属黔中郡；汉时改黔中郡为武陵郡，属‘武陵蛮’，南北朝时属‘溇中蛮’，唐宋时期属‘施中蛮’”[②]。田氏有“自汉历唐，世守容阳”之说，说明汉代就有田氏先祖在此定居，田氏自唐时就成为当地世袭土司。“元祐（1086—1094）时，以峒酋田思利为银青光禄大夫。即所传容美田氏世述录，称唐元和元年，高崇文讨平刘辟之乱，奏授田行皋为施溱溶万招讨把截使，是田氏为土司，自唐始。”[③]数百年的经营积累了雄厚的实力，为容美土司的全盛打下了坚实的基础，也为文化的鼎盛创造了良好的社会环境。田舜年就是在这样的背景下登上了土司之位，开创了容美土司新的辉煌。

田舜年（1640—1706），字韶初，号九峰。明末农民军刘体纯部袭击容美，土司田甘霖被绑架。1675年田舜年承袭父职，为湖广容美等处军民宣慰使司。吴三桂叛清反正，兵进鄂西，田舜年曾一度投吴，授容美都统使承恩伯。康熙十八年（1679）清军渡江入州，田舜年即缴纳敕命印信。后其多次奉檄从征，著有劳绩，乃复宣慰使职。康熙二十一年其晋太傅左都督。田舜年素有家学，他本人也“广泛浏览，博洽文史，工诗古文，下笔千言不休”[④]。他十分重视和汉族文人的交流，与孔尚任、顾彩、毛会建、严首升等名家都有往来、唱和、切磋，结下了深厚的情谊。

田舜年治学严谨，写下了《二十一史纂》、《二十一史补遗》、《六经撮旨》、《容阳世述录》等著作。《二十一史纂》是其史学代表作，现存姚淳焘为其所作的序写道：“阻水鉴形，日光体影，千秋得失，史文大备矣。”一语道出了史学的重要性，即认为一切统治的得当与否，都可在史学中找到答案。该《序》还

① 见同治《永顺县志》卷三二。

② 中共鹤峰县委统战部等编《容美土司史料汇编·序》，中共鹤峰县委统战部印，1983年。

③ 《鹤峰州志·沿革志》，见《容美土司史料汇编》第四部分《史料摘抄》，第369—370页。

④ （清）顾彩著，吴柏森校注《容美纪游》，湖北人民出版社，1998年。

言:“既又闻其编辑史略，二十一朝，互有商榷，芟繁摘要，考误析疑，殆类通儒之所用心，非苟焉而已也。”(《容美土司史料汇编·宣慰土司田九峰〈二十一史纂〉序》)可知，这是一部对清以前二十一部正史进行考证、纂集和评议的综合性著作。虽然今天难见其原貌，但其规模之宏大当为土家史上之最。现存的《五峰安抚司列传》、《石梁安抚司列传》、《水浕安抚司列传》三篇列传，清晰地展示了田舜年的史学造诣。它们分别以三个安抚司的承袭为线索，简述其承袭情况和各位司主在位期间的重要事迹。值得注意的是，这种体例并不完全类同于正史中的列传。田舜年之所以选择这样著述，主要源于这些小土司并无多少大事可记，难以单独立传，而是选择了多人合传的著述形式。所著《容阳世述录》虽不存世，不过根据田氏“自汉历唐，世守容阳”来推测，应当是一部记述田氏在容美地区世代居住、传袭的著作。田舜年还撰写了一些洞记和碑刻。从现存之《万全洞记》、《百顺桥》、《万人洞记》、《九环坡碑文约》的内容来看，多是记载他自己的丰功伟绩和对当朝圣上的感恩戴德。在《百顺桥》中就详细记载了1681年其被康熙皇帝召见和册封的经过。其出发点显然是要借碑记以彪炳千古，但客观上为我们今天研究和再现当时的社会情况提供了第一手的资料，具有很高的史料价值。

三、土家族志谱与碑铭

清时期，土家族撰有不少地方志、家族谱和碑铭，反映了土家族历史意识的进步。

地方与土司志，除前述田舜年所撰《五峰安抚司列传》、《石梁安抚司列传》、《水浕安抚司列传》外，尚有《永顺宣慰司志》、《卯洞安抚司志》等。《永顺宣慰司志》是清初撰成的湖南永顺土司所辖地方的志书，土司为彭姓，该书记永顺土司地方的社会历史、自然环境、土司世系与事迹、民族习俗等。

土家族的重要家谱，有容美土司的《田氏族谱》、施南土司的《向氏族谱》、永顺土司的《彭氏族谱》、《石门覃氏族谱》、澧县津市《覃氏支谱》、《桃源夺甲桥田氏族谱》、《石门白洋湖田氏族谱》、《桃源大里坪向氏族谱》、《益阳向氏合修宗谱》、《凤凰瓮来杨氏宗谱》等。其中有好几部谱始修于明代，清代一修再修，直至民国仍在续修。如《石门覃氏族谱》，光裕堂始修于明嘉靖四十五年（1566），清道光六年（1826）二修，光绪元年（1875）三修，1922年四修。九如堂于嘉庆十八年（1813）一修族谱，光绪八年二修，1931年三修。2004年光裕堂、九如堂及拳甫裔合修族谱。

这一时期土家族方志和谱牒比较发达的原因有二：一是土司制度推行，土司家族受到广泛关注，如何使自己的千秋大业永载史册、家族日益兴旺，是土司们考虑的重要问题，族谱和志书的书写成为必要。二是受到汉文化宗法制度的影响，大家族观念取代了小家庭制，以前的“分家”意识日渐淡薄，写家族史成为“时髦”。总体来说，都反映了土家族历史意识的增强。

清代土家族的碑铭，以田家洞的碑铭最具代表性。湘西土家族苗族自治州古丈县断龙山乡田家洞村，历史上是田家洞长官司治所地，现留存有清代以来墓碑近两万块，其中有相当一部分是土家族的墓碑。洪武三年（1370），元末洞民总管田胜祖归附，升为长官司。顺治四年（1647），田兴禄归附清廷。清雍正五年（1727）实行“改土归流”，最后一任田家洞长官司田荩臣纳土，后代世为保甲长官。从当地清代碑铭，可以看到土司及其家族世代传承的情况。田家洞土家族田氏尊为始祖的是当地最后一任长官司田荩臣，其墓碑高两米、宽一米，且修有牌楼保护，两侧还竖有两块辅碑。主碑碑文云：“故显考田公炮才老大人墓，妣母汪氏、妣母彭氏，孝男田万星、田万魁、田万胜、田万利、田万宝、田万金、田万林、田万凤。”学者考证，炮才是田荩臣的乳名。[①]碑文载有田荩臣的生平、田氏一族的由来，以及田氏的后代房系，其八个儿子所分八房，三房、六房、七房后代留下了较多的墓碑。田家洞土家族碑铭反映了土家族的文化特点，如田氏三房碑文称：“皇清待赠显妣田阿向氏孺人真姓之墓……”土家语称母亲为“阿涅”，故碑文称向氏为“田阿”，即田家母亲之谓。田家洞碑铭也是土家族在清代由民族内婚向与汉族通婚转变的记录。在“改土归流”前，田氏通婚的对象主要是当地土家向氏，如上引向氏碑。后来，有了越来越多的田氏与汉族黄氏通婚的碑文记录，如：“故田公祖绪墓……孝

① 田清旺《田家洞长官司治所家位研究》，《中南民族大学学报》2012年第2期。

媳向氏、黄氏、黄氏、彭氏，孝孙媳向氏、向氏、杨氏、黄氏、黄氏、王氏。”清代土家族碑铭，也是土家族碑铭文化受汉族文化影响的记录。如清初土家族的碑文相对简单，行文甚至不够通顺，而迁来当地的汉族黄氏祖坟的碑文则内容比较完整，体例观范，墓主不但有名而且有字，碑侧碑柱都有对联，顶部有横批。清中期以后，土家族的墓碑碑文逐渐成熟，体例比较规范，当是受汉文化的影响所致。[①]

① 郗玉松《清代土家族墓碑文化研究——以田家洞村为例》，《青海民族大学学报》2015 年第 4 期。

第十一章

西南其他民族史学

元明清时期的西南地区，民族众多，民族构成复杂。前章已对壮族、苗族、纳西族、傣族、白族、彝族、土家族的史学有所论列，本章只略述拉祜族、普米族、独龙族、怒族、阿昌族、傈僳族、基诺族、哈尼族、景颇族、德昂族、布朗族、佤族等民族的史学。这些民族都没有创造出本民族的文字，而且他们所生活的地区地理情况复杂，中央王朝的官员和汉族知识分子对他们的了解不多，因此，见诸汉文的文献记载零星而稀少。他们对宇宙的认识、对人类起源的认识以及对本民族历史的认识，主要通过流传于他们民族内部的史诗、神话传说，靠口耳相传代代传承。因此，我们探讨这些少数民族的史学时，需要把汉文文献记载与各民族的神话传说等结合起来进行研究。

第一节　拉祜族、普米族、独龙族、怒族史学

一、拉祜族的创世神话传说

拉祜族历史悠久，其先民属古代氐羌系统。清代以前，该族不见于文献记录。清朝前期，拉祜族被记录为“裸黑”。2010 年人口 485966 人，主要居住于云南境内。拉祜族的历史文化主要包含在口头文学当中，汉文文献仅有零星记载。

流传于云南省普洱市澜沧拉祜族自治县境内的《牡帕密帕》，是一部长篇诗体创世神话。“牡帕密帕”是拉祜语译音，意为“开天辟地”，全诗共十七个篇章，二千三百行，内容叙述造天地日月、造万物和人类以及人类初始阶段的生存状况等。史诗不仅反映了拉祜族远古时期的社会生活、生产风貌，也包含了拉祜族先民对宇宙起源和人类起源的朴素认识。诗中指出，在人类产生以

前，宇宙就已存在，即宇宙（天地）的起源先于人类起源；宇宙的起源与形成是渐进的，从当初的“混沌”发展到天地分开，进而有日月星辰、山川河流等万物；人类虽是由厄莎创造，但具体来讲，却是由葫芦里的种子孕育而成，最后走出葫芦，成为真正的人。因而，人类的起源也是渐进的。兄妹通婚，表明历史上拉祜族曾有过血缘婚的阶段。而几个民族都由这对兄妹所生的传说，一方面反映了一种古老的民族同源观念，另一方面也反映出拉祜族历史上与这些民族交往密切。

二、普米族的记载和神话传说

普米族 2010 年人口 42861 人，主要居住于云南境内。元明清时期，普米族在汉文文献中被称为“西番”。元周致中《异域志》载:“不刺，系西番，出羊马，尚战斗，罕与中国通。”明景泰《云南图经志书》卷四《蒗蕖州》记载:“其有侨居于州之山谷日西番者，即所谓西戎也。”所谓西戎是指“西羌”，古代羌、戎互称，或合称“羌戎”，说明明代人对普米族的族源已有正确认识。《道光云南通志》引《丽江府志》说:“西番，一名巴苴。喜居高山，善用弩箭，种荞稗、牧羊为生，织葛为衣。”清朝，大部分普米族人主要从事农业生产，过着定居生活，文化上受到藏族、纳西族的影响。[①]

清代之前，普米族没有创造本民族的文字，因此对于民族的起源与迁徙过程等历史信息，主要通过一些神话传说或创世史诗口耳相传。如讲述普米族起源的神话《直呆喃木》，再如诗歌《古利歌》，叙述了普米族古代的历史和生活，以及一些古代的传说、法规等。

三、独龙族的记载和传说

独龙族 2010 年人口 6930 人，现今居住在云南省怒江、独龙江、澜沧江地区，可能属于古代的氐羌族群，是从怒江上游、今西藏东部迁徙来的。《元一统志》“丽江路风俗”条说:“丽江路，蛮有八种，曰磨些、曰白、曰罗落、曰

① 参见尤中《中国西南民族史》，云南人民出版社，1985 年，第 593 页。

冬闷、曰峨昌、曰撬、曰吐番、曰卢，参错而居。”其中的“撬”就是独龙族。“撬”为“俅”字的同声异写，原来，独龙族所居独龙江上游名俅江，俅（撬）是以地名族。《皇清职贡图》卷七载：“俅人，居澜沧江大雪山外，系鹤庆、丽江西域外野夷。其居处结草为庐，或以树皮覆之。男子披发，着麻布短衣袴，跣足。妇耳缀大铜环，衣亦麻布。种黍稷，劚黄连为生。性柔懦，不通内地语言，无贡税。更有居山岩中者，衣木叶，茹毛饮血，宛然太古之民。俅人与怒人接壤，畏之不敢越界。”① 这一段记载，对当时尚比较原始落后的独龙族人民的生产、生活状况，作了较为真实的反映。此外，在《雍正云南通志》、《乾隆丽江府志略》等史书方志中，也都能找到相互印证的史料。

独龙族的历史传说，如《创世纪》、《大蚂蚁把天地分开》、《嘎美嘎荷造人》、《洪水滔天》，讲述人类的起源、独龙族的迁徙等历史事件，与汉文文献相互印证。

四、怒族的记载和史诗

怒族自称“怒苏”（碧江），“阿怒”（福贡）和“阿龙”（贡山），是云南怒江和澜沧江两岸古老的民族之一。2010 年人口 37523 人。明朝，钱古训、李思聪的《百夷传》记载：“怒人颇类阿昌……皆居山巅，种苦荞为食。”《天启滇志》卷三十说：“怒人，男子发用绳子束，高七八寸，妇人结布于腰。其俗大抵刚狠好杀，余与么些同，惟丽江有之。”清朝时期，记载怒族的文献增多，余庆远的《维西见闻录》、《乾隆丽江府志略》、《道光云南通志》都有记载。怒族在这一时期过着采集、狩猎与农耕三者并存的生活。

怒族的历史传说，如《创世纪》、《腊普和亚妞》、《招魂歌》、《送魂词》等，成为了解怒族族的起源、迁徙路径、谱系及对人类起源认识的重要资料。

① （清）傅恒等编纂，殷伟、徐大军、胡正娟点校《皇清职贡图》卷七，广陵书社，2008 年，第 455 页。

第二节　阿昌族、傈僳族、基诺族、哈尼族史学

一、阿昌族的记载和史诗

阿昌族，史书记载为“蛾昌”、“莪昌”、“阿昌”，是云南西部一个古老的民族，族源出自古代的氐羌族群。2010年统计39555人。唐代少量分布在澜沧江以东的东泸水（今雅砻江）流域与磨些江（今金沙江）合流地带。《元史·地理志》金齿等处宣抚司说：“其地在大理西南，澜沧江界东，与缅甸接。其西土蛮凡八种：曰金齿、曰百夷、曰僰、曰峨昌、曰骠、曰繲、曰渠罗、曰比苏。”“峨昌”为八种土“蛮”之一。《元朝征缅录》载，至元十四年（1277），缅人犯边，被元军击溃，退至沿边地带，“为阿禾、阿昌邀杀，归者无几”。明《正德云南志》卷十二北胜州（今永胜县）说：“境内之夷七种：弥河白蛮……峨昌诸蛮也。”近代这一带不再有“蛾昌”，或于明朝后期融合入当地彝族、白族或纳西族中。另一部分早期西迁的阿昌族先民，于十五至十六世纪已部分定居于保山地区境内和德宏州陇川、梁河、盈江一带。据《元混一方舆胜览》、《招捕总录》记载，在今保山往西腾冲、梁河一带都有“阿昌”即“蛾昌”与“金齿”（傣族）杂居。清初，阿昌族分布在永昌府各地，包括保山县、腾越州和府属各“百夷”土司地一带，保山县西境怒江沿岸，均属阿昌族向西迁移过程中的定居点。《雍正云龙州志》卷五《风俗·附种人》说：“阿昌，俱以喇为姓，性驯顺，受土官约束……秋末农隙，腾、永背盐者多此类。”又卷三《疆域志·附形势》说：“赶马撒自旧州迤北三十里至苗委山、转西、越涧攀崖三十里，至汉洞寨，接邻浪宋，又三十里至赶马撒，亦阿昌种彝八十余家。西北为鲁戛……漕涧，在州治之西南，平坦开广，中分四寨，为早竹，为苗丹，为丹梯，为戛窝……余寨相去五六里不等，俱阿昌彝种，约数百家，其人略驯，勤耕凿。”《乾隆腾越州志》卷十一记载了分布于户撒地区阿昌族情况。嘉庆《重修一统志》“腾越直隶厅”条说：“户撒长官司……与腊撒俱峨昌夷地。”清董善庆的《云龙记往·阿昌传》载，在澜沧江流域的阿昌族先民取代摆夷后，遂成为境内各部“岁贡以为常”的强大部落。又云：“往来商贾，有流落为民者，

教夷人开田，夷人喇鲁学得其式，此夷有田之始也。”又云：“始自知岁月，以十二月为岁者。”

流传的创世史诗《遮帕麻与遮米麻》，反映出阿昌族先民对天地形成、人类起源、自然万物等的认识。

二、傈僳族的记载和历史传说

傈僳族是中国一个古老民族，曾属于“乌蛮”的一支，在唐以后的民族大分化大变迁中逐渐演变，最后在西迁过程中完全独立出来，发展为单一民族。2010 年统计 702 839 人。

两晋时期，属于彝语支的傈僳族先民被列入“乌蛮”之中。唐樊绰《蛮书》卷四《名类》第四记载道：“栗粟两姓蛮，雷蛮、梦蛮皆在邛部台登城东西散居，皆乌蛮、白蛮之种族。”所称“栗粟”就是今天傈僳族的祖先。宋元时期，“栗粟”之名不见于文献记载。十四世纪以后，又有了傈僳族的记载。明景泰《云南图经志书》卷四“北胜州”条说：“有名栗粟者，亦罗罗之别种也，居山林，无室屋，不事生。”嘉靖年间，杨慎编纂的《南诏野史》下卷“南诏各种蛮夷”条记载：“力些，即傈僳，衣麻披氈，岩居穴处。利刃毒矢，刻不离身，登山捷若猿猱。以土和蜜充饥，得兽即生食。”十六世纪中叶，居住于澜沧江地区的傈僳族人口不断增殖，各个部落逐渐强大，于是经由维西、兰坪越过怒山而进入怒江地区。乾隆余庆远《维西见闻录》载：“栗粟，近城四山，康普、弓笼、奔子栏皆有之。男挽髻戴簪，编麦草为缨络，缀于发间，黄铜勒束额，耳戴铜环。……常衣杂以麻布、绵布、织皮，色尚黑，袴及膝，衣齐袴，腰裹白布，出入常佩利刃。妇挽发束箍，耳带大环，盘领衣，系裙，曳袴。男女常跣，喜居悬岩绝顶，垦山而种，地瘠则去之，迁徙不常。刈获则多酿为酒，昼夜酖酣，数日尽之，粒食罄，遂执劲弩药矢猎，登危锋石壁，疾走如狡兔，妇从之亦然。获禽兽，或烹或炙，对坐共食，虽猿猴亦炙食，烹俟水一沸即食，不尽无归。……婚以牛聘，丧则弃尸，不敬佛而信鬼。借贷，刻木为契，负约，则延巫祝，置膏于釜，烈火熬沸，对誓，置手膏内，不沃烂者为受诬。失物，令巫卜其人，亦以此法明焉。触忿，则弩刃俱发，著毒矢处肉，辄自执刃刳去。性刚狠嗜杀，然么些头目、土官能治之，年奉头目麦、黍共五升，新春必率而拜焉。”此后，从十七世纪到十九世纪的二百多年中，傈僳族又有几次大的迁徙行动，傈僳族大规模进入怒江地区，并向着更远的地方迁徙，形成单一的民族。

除汉文文献外，傈僳族的历史主要通过口头文学的形式世代流传，如《创世纪》。其内容以迁徙为主，还包括哲学、宗教、占卜、艺术、牧耕、医药、道德、战争等方面。对一个史料较少的民族来讲，有其重要的研究价值。从古歌中，还可以考证与彝语支各个民族的渊源关系等。不管是金沙江、怒江的傈僳族，还是缅甸、泰国的傈僳族，几次民族迁徙的原因及线路，在各地《创世纪》古歌中基本上一致。另外，傈僳族还有一部在各地民间广为流传的《古战歌》，傈僳语称“得图木瓜”，意思是“打仗开辟田土的调子”，记述了数百年前滇西北一带爆发民族战争及傈僳族被迫迁徙的历史。

三、基诺族的记载和传说

基诺族，有阿西、阿哈、乌攸三个支系。一般认为，“基诺”可意译为“舅舅的后代”。2010 年统计 23143 人。基诺族主要聚居在今云南省西双版纳傣族自治州景洪市的基诺洛克区（攸乐山）和勐旺区的补远乡。

汉文献中有关基诺族的记载始于清代。《道光普洱府志》卷十八《种人志》说:“三撮毛，即裸黑派，其俗与摆夷、僰人不甚相远。思茅有之。男穿麻布短裤，女穿麻布短衣筒裙。男以黑藤篾缠腰及手足，发留中左右三撮。……以捕猎取野物为食。男耕作，妇女任力。”“三撮毛，种茶，好猎。”清雍正时设置攸乐同知管理基诺族生活的区域，此时的基诺族仍处于农村公社的早期阶段，生产力低下。

基诺族的历史信息主要散见在神话传说中，流传较广的是《玛黑和玛妞》《女始祖尧白》等。前者叙说的是基诺族的创世纪、洪水故事和兄妹成婚。后者叙说的是尧白造天地后，撒茶籽在基诺山，使基诺族以种茶谋生。基诺族的祖先起源于古代西北的氐羌族群，他们同样经历了由北方到云南的漫长迁徙过程。古氐羌族群的先民们迁徙到云南以后，经逐步分化及融合，最终形成基诺族。

四、哈尼族的口传史

哈尼族见于汉文史籍的名称，有“和夷（蛮）”、“和泥”、“窝泥”、“阿泥”、“哈泥”等，自称更多达30余种。哈尼族渊源于古代的羌人族群，经过漫长的迁徙历程，最后定居于滇南的群山峻岭之中。2010年统计1660932人。

唐初，哈尼族开始从乌蛮中逐渐分化，散布于哀牢山、无量山广大地区的哈尼族被称为“和泥”。滇东南六诏山出现的“和蛮”部落，曾多次向唐朝贡方物，开始了与中原的联系。南诏崛起后，各地哈尼族直接隶属于南诏，与滇东北、滇南彝族一起，被统称为三十七部蛮。

哈尼族传统口承文化中有一部极为重要的作品《哈尼阿培聪坡坡》，题意本身为“哈尼祖先的迁徙”，其中直言“六千哈尼告别了家乡”，“先祖走向南方的山梁”。在这一作品内，专门有一章《惹罗大寨》，就是唱叙哈尼人久远记忆中的祖居地的，言语之间表达了哈尼人心底深处对于祖居地的依恋之情。《哈尼族祖先过江来》也是言及民族迁徙的作品，描述了哈尼族的先人们从西北一路游牧迁徙南下的长期历史过程，透露出了若干不无意义的情况。据这一作品的叙述，哈尼先祖原先只会游牧、打猎，来到一个叫作农话农麻二美的地方，才开始学着种庄稼；后来因为在此地难以维持生计，经多次搬迁，到来谷哈的北边；再往后，先迁至谷哈地方，又分路南下，一路迁往红河两岸，另一路则迁往思茅、普洱一带地区。此说法与现今哈尼族人的地域分布大体上相吻合，只是那些古老的地名让人无从查证。《先祖的脚印》则没有涉及迁徙途中的地名，只说哈尼先人离开祖居地惹罗普楚以后，“先祖们走过数不清的大山，涉过数不完的大河，走过的路比千年的老藤还弯，踢掉了脚上的十个指（趾）甲”，终于来到一个大坝子定居，后来此地被他们称为“诺马阿美”。

第三节　景颇族、德昂族、布朗族、佤族史学

一、景颇族的记载和创世史诗

景颇是居住于云南境内的少数民族，2010 年统计 147 828 人。元、明时期，景颇族中称为“阿昌”的一部分分布在澜沧江以西至伊洛瓦底江以东的地带，另一部分则分布在伊洛瓦底江上游以西地区。明朝末年，其中被称为“野人”、“结些”的部分迁徙到今天的德宏地区。“羯些子”则进入腾越地区。天启《滇志》载:“羯些子，种出迤西孟养，流入腾越。”其与当地“阿昌”中的一部分共同形成了景颇族。“结些”、“野人”即景颇支先民，而“阿昌”中的大部分则为载瓦支先民。清朝时期景颇族中各部分之间虽然仍存在差距，但与明朝时期相比略有进步。①

景颇族无文字，但其口头文学发达，尤其是集诗、歌、舞于一体的《勒包斋娃》，是反映景颇族历史文化的重要创世史诗。此诗长约万行，包含了景颇族人对自然界和人类社会各个方面的认识，大致可分为：自然神话、社会神话、洪水神话、英雄神话、族系神话、生产生活神话与宗教神话等七大类。

二、德昂族的记载和神话传说

中国史籍多认为德昂与布朗、佤等民族是汉晋时期濮人的后裔，唐宋时期被称为“扑子”、“茫人”，元明时期被称为“金齿”、“蒲人”，清代起被称为“崩龙”。《光绪永昌府志》卷五七说:“崩龙，类似摆夷，惟语言不同。男以背负，女以尖布套头，以藤篾圈缠腰，漆齿纹身。多居山巅。土司地皆有。”这是清代有关德昂族唯一的记录。可以看出，德昂族在清代从蒲蛮的一支中分化出来，成为单一的民族。2010 年统计 20556 人。

元明清时期，尽管汉文史籍对德昂族的记载极为稀少，但是，德昂族人民创造了大量形式多样的民间文学，主要有神话、传说、史诗、诗歌等，大部分

① 参见尤中《中国西南民族史》，云南人民出版社，1985 年，第 601—606 页。

是靠口头流传下来的，有些是利用傣文或用傣文字母拼写本民族语记载下来的。这就形成了“古歌”，如《达古达楞格莱标》、《宝葫芦》、《洪水的故事》等，涉及人类起源、民族迁徙等内容。

三、布朗族的记载和传说

布朗族是云南省的古老民族之一，2010年统计119639人。元明清时期汉文史籍把布朗族和德昂族的先民统一记载为“蒲蛮”或“蒲人”。李京《云南志略》说:“蒲蛮，一名蒲子蛮，在澜沧江以西。”明朝初年，在“蒲蛮”主要聚居区设顺宁府。明谢肇淛《滇略》卷一载:“顺宁府，古百濮地也。后讹濮为蒲地，曰庆甸，蒲人世据之，自古不通中国。元时内附，置顺宁府并宝通州庆甸县。”《明史》卷三一三《云南土司》载:“顺宁府，本蒲蛮地，名庆甸。宋以前不通中国，虽蒙氏、段氏不能制。元泰定间始内附。天历初，置顺宁府并庆甸县，后省入府。洪武十五年，顺宁归附，以土酋阿悦贡署府事。十七年，命阿悦贡为顺宁知府。”清代，蒲人分布于永昌至今西双版纳等地。《清职贡图》载:“蒲人即蒲蛮，相传为百濮苗裔。宋以前不通中国，元泰定间始内附，以土酋猛氏为知府，明初因之，宣德中改土归流。今顺宁、澄江、镇沅、普洱（包括今西双版纳）、楚雄、永昌、景东等七府有此种。居多傍水，不畏深渊，寝无衾榻，食惟荞稗。男子青布裹头，着青蓝布衣，披毡褐，佩刀，跣足。妇青布裹头，着花布短衣，长裙，跣足。常负米入市，供赋税。”① 总之，清代布朗族的分布地域已经和现在的分布大体一致了。其中顺宁、澄江、镇沅、景东、楚雄等地布朗族在政治、经济、文化等方面已逐渐接近于先进民族水平，而在西双版纳山区的蒲人亦从采集和狩猎生活进入到了定居农业，实行“刀耕火种”的原始耕作制。

布朗族民间保存着许多古老的神话传说和史诗，其中以开天辟地和日月神话《顾米亚》，人祖神话和洪水神话《阿布林嘎与依娣林嘎》、《大葫芦》，图腾神话《艾洛卜我》，谷种来源神话《牙班豪》等最有代表性；史诗有《开天辟

① （清）傅恒等编纂，殷伟、徐大军、胡正娟点校《皇清职贡图》卷七，广陵书社，2008年，第451页。

地》歌。这些神话和史诗反映了布朗族先民对天地、自然万物的认识以及人类起源、民族之间的交往等内容。

四、佤族的记载和传说

佤族先民，在明清时期的汉文史籍中被称为“古剌”、“哈喇”。明钱古训、李思聪《百夷传》载:“古剌，男女色甚黑。男子衣服装饰类哈剌，或用白布为套衣。妇人如罗罗之状。”谢肇淛《滇略》卷九《夷略》说:“哈喇，男女色黑如漆，不知盥栉。男子以花布为套衣，妇人以红黑藤缠腰数十围，产子以竹兜盛之，负于背。古喇，男女色黑尤甚，略同哈喇。”清代汉文文献开始以“卡瓦”作为当时对佤族先民的明确指称。胡蔚本《南诏野史》卷下《南诏各种蛮夷》载:“卡瓦，多在顺宁永昌二郡辣蒜江外，貌丑，性恶，猎人以祭。商贾出腾越州，入木邦者，必经其地。呼为卡利瓦，有生、熟二种，生者劫掠，熟者保路。”《乾隆云南通志》卷二四《土司附种人》载:“卡瓦，夷中之顽梗者也。永顺东南辣蒜江外有之，貌丑性恶，亦耕种，有寨落。红藤束发缠腰，披麻布，持利刃梭标于要路，窃伏劫掠。行商必结伴多人，兼有保护者乃敢过。今守御戒严，此风渐止。商贾凡出腾越，入木邦贸木棉者，必经其地。呼为卡利瓦。有生、熟二种，生者劫掠，熟者保路。”《清朝文献通考》卷二九六《四裔考》说:“葫芦国，一名卡瓦，界接永昌府东南徼外。历古以来，未通中国，亦不为缅甸所属。地方二千里，北接耿马宣抚司，西接木邦，南接生卡瓦，东接孟定土府，距永昌府十八程。”从以上记载可以推断出，清代卡瓦（佤族）已从蒲人中分化出来，成为单一的民族。2010 年统计佤族有 429709 人。

佤族没有自己的文字，在长期的历史进程中，主要靠老人、毕哉（巫师）等通过叙事、传唱把自己民族的社会历史、宗教信仰等内容世代口耳相传。《司岗里》(《葫芦传说》) 即在佤族地区长期广泛流传的民族史诗。“司岗里”意为“人类从石洞中走出”或“人类从葫芦中走出”。该神话反映出佤族先民的原始宗教历史观念。

综上所述，从汉文史籍的记载来看，元明清时期是西南民族发展的重要时期。但是，由于对这些民族了解不多，所以汉文史籍对这些民族的记载较为简略，而有关这些民族的更多情况则保留在各民族的史诗、神话传说中，通过口耳代代相传。这些流传于各民族的史诗、神话传说反映了各民族对宇宙、人类起源、民族来源等最朴素的认识。可以看出，元明清时期西南的傈僳族、哈尼族、拉祜族、基诺族、普米族、怒族、独龙族、阿昌族、景颇族、佤族、布朗族、德昂族等民族，其史学尚处于萌芽阶段。

第十二章

黎族、台湾少数民族史学

第一节　黎族口传史学

一、黎族口传历史的“念鬼名”习俗

黎族是中国历史悠久的少数民族之一，繁衍生息在海南岛，根据方言、生活习俗、文化特征及体质学上的差异分为五个支系：美孚黎、本地（润）黎、杞黎、侾黎、赛（加茂）黎。五个支系，属于不同的方言区，有语言而无文字。2010年统计黎族有1 463 064人。学术界一般认为，黎族渊源于古越族中骆越的一支，约在新石器时代的中期或更早时期，由大陆迁入海南岛，是海南岛最早的土著居民。“在长期的历史发展过程中，她以民族融合的形式先后吸收过汉族、壮族、回族、正马来人乃至矮黑人（Pygmy）等多民族和种族的因素，是个一源多流的融合体。”①

黎族，汉代以前，称作雕题、离耳、穿胸国、贯胸国等；汉代以后，出现了骆越、蛮或蛮夷、俚僚或黎僚等名称；唐代才正式出现黎的专用族名；宋代普遍使用这一称谓，沿袭至今。

黎族是中国有语言而无文字的民族之一。在漫长的历史发展过程中，黎族生产力一直处在极低的水平，中华人民共和国建立初期尚有氏族公社的遗存，文化也极不发达，所以黎族的史学一直处在一种蒙昧的状态。

黎族信仰万物有灵，因为尚未分离出“神”的概念，黎族对崇拜对象一律称之为“鬼”。黎族盛行祖先崇拜，祖先鬼，又称鬼公，是黎人最敬畏的鬼之一，有“天上怕雷公，地上怕鬼公”之说。美孚黎村寨有“鬼屋”（祠堂），家

---

① 练铭志《关于海南黎族族源的研究》，《广东技术师范学院学报》2003年第5期。

家有神龛。“鬼屋”坐落村头，供奉远逝的先人或传说中的英雄和祖先偶像。[①]黎人相信，念诵本人或他人的鬼公的名字，将会招来祸患。因此，普通黎人平日里绝不能提起“祖先鬼”的名字。黎人将合法念诵鬼公名录的特权，交与了本族的巫师“道公”和奥雅（头人、老人）。他们可以在主持丧仪和祭祀祖先时，合法记诵死者的鬼名，以便代代相传。《黎族社会历史调查》记载了道公念鬼名的几种方式：1. 总是从最早第一、二、三个祖先的鬼名念起，一直念到最近的一代祖先为止。2. 只念本村的鬼名，其他村同血缘的也可念，同村内不同血缘的不念。3. 已婚的男女死后，有棺材埋葬者念鬼名；未婚的死后，虽然有棺材，也不念鬼名。4. 女性则只念本姓妇女出嫁者的鬼名，外姓嫁入者的妇女不念。5. 外来户做龙仔，已改姓、崇拜本姓的祖先，死后有棺材的，同样念其鬼名。[②]黎族学者王海等著记载，在某些黎区，奥雅掌握着记诵祖先鬼名的权力。某些奥雅除了知道直系祖先的历史谱系外，还清楚本族的历史人物和迁徙地名。[③]从以上情节可以看出，黎族的巫师和头人是先辈谱系及本族历史的传承者，而每一次的念诵鬼名，其实就是一次对全族的家族史教育。

二、创世神话《祖先歌》

黎族重要的口传史料之一是创世神话《祖先歌》。据调查，黎族在举行大型的祭祖活动时，“道公”（宗教职业者）总要吟唱《祖先歌》，黎语名《吞德剖》、《褪祷跑》，先从人类的诞生念唱起，然后唱到民族的形成、氏族的出现，再到本氏族始祖→兄弟氏族→家族祖先→家庭祖先→祖父母→父母→子女。[④]另外也有文章提到，奥雅在主持祭祖、驱鬼、丧仪时会高声领唱祖先歌。祖先歌的前半部分，可能集合了黎区众多血缘集团对原始生活的一部分共同

① 王明坤《祭祖与婚姻的互动生成及其延续——析美孚黎传统节日“三月三”》，《琼州大学学报》2002年第1期。

② 《黎族社会历史调查》，民族出版社，1986年，第172页。

③ 王海、江冰《从远古走向现在——黎族文化与黎族文学》，华南理工大学出版社，2004年，第52页。

④ 高泽强《黎语“纹茂”含意考析》，《琼州大学学报》2001年第2期。

记忆，但后半部分则可能演唱某一单独血缘族系的祖先名录。这是否意味不同黎区流传的祖先歌可能会有所不同，或是祖先歌有可能包含着众多血缘集团谱系的内容？

《祖先歌》的流承传唱已近千年。据知，八十多岁的黎族歌手王妚大能以黎语演唱《祖先歌》。二十世纪八十年代，李和弟等对“祖先歌”进行了搜集和整理、翻译，先整理成内部资料《追念祖先歌——黎族创世史诗“褪祷跑”》，出版时定名为《五指山传》。[①] 我们能从中窥见黎族《祖先歌》的真面目。

《五指山传》五字一行，共三千余行，基本内容是，天狗与天帝之女成婚，被贬下凡间。天狗年迈之时被其子扎哈误射而死。扎哈先后与被仙人绣面的母亲和妹妹成婚。后扎哈射日触怒天帝，天帝发下滔天洪水惩罚人类，扎哈的一对儿女携各种动物乘大葫芦瓜逃生。洪水散去之后，兄妹遵从雷公之命结为夫妻，战胜了恶魔禁公，生儿育女，形成了黎族的各个支系。黎族宗教之形成、图腾崇拜、绣面文身起源等在《五指山传》中都有迹可循。

《五指山传》中大洪水、乘坐巨型葫芦逃生、兄妹成婚繁衍人类等内容，在中国南方许多民族的神话中都有所反映，是南方民族对远古生活的一种共同记忆。《五指山传》还提到了母子婚姻，这应该是早期血缘婚中母子婚的一种反映。青年与母亲和妹妹的婚姻关系均是在天人为母妹绣面、掩盖真实面目之后缔结的，说明在神话口头流传的过程中，黎族新的婚姻形态产生，并根据新确立的道德标准对过去的历史记忆进行了修正。

从口传史学到文本史学之间必然存在一定的差距。《五指山传》在何种程度上还原了《祖先歌》，现在还很难下定论。因为没有其他资料进行辨证，许多问题目前只能存疑。例如，《五指山传》吟诵到氏族的形成即结束，除此之外没有对黎族历史人物及事迹的任何叙述，也未见任何血缘家族祖先名录或祖先歌中提及的所谓“族谱”的记载。是整理者的删削还是本身的缺失，目前还不得而知。

---

① 李和第、孙有康《五指山传》，暨南大学出版社，1990 年。

三、民间叙事诗和氏族谱系

黎族还有较为丰富的民间叙事长诗、故事、歌谣等口传资料，如《巴定》、《吞桃峒》等。从内容上来看，它们反映的是人类最普遍的情感和生活状态，如爱情、亲情、生产生活等，但同样缺乏对特定历史人物和事件的记述。

一些著作中还曾提到，黎族某些地区存在着类似汉族族谱的氏族谱系和开字立派排班辈现象。黎族采取“合亩”制的地区还有自己的氏族谱系，代代相传，受人崇敬。如白沙县红星乡番响村土氏始祖一脉相传的子孙的字派是“开—文—建—正—国—家—章—兴”。关于族谱的记载仅见于此处及《五指山传》的后序。黎族没有文字，所谓的“族谱”到底以什么样的形式传承，是否就是前面提及的祖先名录，还不得而知。

第二节　汉文和外文视角中的古代黎族历史

一、与黎族历史有关的汉文文献

先秦著作《礼记·王制》、《山海经·南经》、《楚辞·招魂》中的雕题、离耳、穿胸国、贯胸国等都是对黎族先民的称谓。

自西汉武帝元封元年（前 110）在海南岛设儋耳、朱崖郡后，正史、地理著作、笔记、文集中对黎族的记载逐渐增多，对于黎族地区的情况也有所涉及，但多为一二条目。

隋炀帝“以诬怨望”流放宗室邹国公杨纶到珠崖，则是黎族史学发展的一个拐点。自此，蛮荒之地海南被中央政府辟为流放之所，历朝陆续有失意于仕途的官员渡海来琼。流放官员虽然属于“政治上不正确”的一类，文化上却不是异数，他们进一步将海南岛和黎族带进了正统的文化视野之中。这一时期，流放官员对于黎族的记录，较著名的有宋苏轼《居儋录》、苏过《斜川集》等。

唐以后，笔记小说盛行，很多文集、笔记中对黎族都有所涉猎，如宋周去非《岭外代答》、赵汝适《诸蕃志》、范成大《桂海虞衡志》，明王佐《鸡肋集》，清范端昂《粤中见闻》、李调元《粤东笔记》、吴震方《岭南杂记》、檀萃《说蛮》、刘世馨《粤屑》、闵叙《粤述》、张岳崧《筠心堂集·抚御琼黎论》、陆次云《峒溪纤志》等。其中，明朝遗民屈大均的《广东新语》是具有较高史学价值的一部。

笔记作者，多为广东官员，记叙内容以广东地区的民风、民俗为主，而且许多笔记文集中黎族条目的沿袭、抄录比比皆是。如《岭外代答》一书，作者自序："晚得范石湖《桂海虞衡志》，又于药裹得所钞名数，因次序之，凡二百九十四条。"[①]《桂海虞衡志》因作者范成大未曾亲至海南，所记录的条款有舛误之处，《岭外代答》也予以沿袭。李调元的《粤东笔记》，内容多采自屈大均《广东新语·事语》，时人称其得屈大均书，略加改窜，据为己有。范端昂《粤中见闻》也与《广东新语》的内容有很多相同之处，资料袭用十分明显。

又吴永章在《黎族史》中写道："有清一代，关于黎人文身所记内容大同小异，均未脱《广东新语》窠臼。《黎歧纪闻》所记，当是从《广东新语》改写而成。其后所记内容不外两种：一是基本照搬《广东新语》所记。清代李调元《南越笔记》卷七及张心泰《粤游小志》的有关段落即属此列。二是将屈、张二氏著作的有关论述，加以缩写。如清檀萃《说蛮》的相关记载。"[②]

专事记载黎族的书籍自明清渐多，如明顾岕《海槎余录》，约1527年成书，是一部全面描述海南岛地理的著作，"山川要害，土俗民风，下至鸟兽虫鱼奇怪之物，耳目所及，无不记载"[③]。其他有清鲍灿《广东琼州汉黎舆情营伍练兵》（又名《峒黎小识》，全书实分《汉黎舆情》与《营伍练兵》两部）[④]及张庆长《黎岐纪闻》、陈坤《治黎辑要》等。另有《琼州海黎图》、《琼黎一览图》、《琼黎风俗图》，为清代所绘黎族风俗图画，以建屋、纺织、耕种、对

① （宋）周去非《岭外代答·序》，中华书局，1985年。
② 吴永章《黎族史》，广东人民出版社，1997年，第402页。
③ （明）顾岕《海槎余录》，《中国南海诸群岛文献汇编》，台湾学生书局，1985年，379页。
④ 吕名中主编《南方民族古史书录》，四川民族出版社，1989年，第336页。

歌、嫁娶、聚会、跳鬼、取香、采藤、放排、传信、贸易、涉水、谈判、渔猎等图画描绘黎人的社会风俗和生产生活等情况。不同画家笔下的黎人，呈现出同样浑朴天真的面貌，堪称黎族画史，也是珍贵的民族史料。

记载黎族史料最为全备的，应属海南方志。海南最早的地方志是《珠崖传》，晋朝盖泓所撰，久已失传。明清时期，海南方志著述颇多，《海南地方志丛刊》中收录的现存方志有七十余种。几乎每部方志中，都辟有章节专门论述黎事，多冠以“海黎”、“防黎”、“平黎”、“抚黎”等名，内容主要是对当时发生的黎族抗争和剿抚活动的记录，并有士绅官员提出的防黎治黎的各项措施，黎族地区的风俗也占一定篇幅。

关于汉文古代黎族史料，熊开发的评价很经典：“我们见到的近代以前的黎族史料，只能算作黎族民族现象的描述和简单评点——完全是中国古典式研究方法下的产物，描述性、传说性、片段式、评点式等是这种古典式研究的基本特点。”[①] 独特的地理环境和民族特性也是造成这种现象的原因之一。

二、黎族文献作者群分析

因有语言无文字，加之古代黎族教育极度匮乏，清代以前，黎族文献的记载者多为汉族士人群体，尤以官员为主体。

海南岛僻处海外，波涛横亘，瘴疠肆虐，时人视为畏途。明代顾岕在《海槎余录》言：“儋耳孤悬海岛，非宦游者不能涉，涉必有鲸波之险、瘴厉之毒，黎獠之冥顽无法。”[②] 因此，黎族文献的记载者多具有一定功名，曾赴广东、琼州等地为官，或曾至岛剿抚黎乱、游历的汉族官员，也包括在外为官的琼籍官员，如海瑞等。隋唐以后，流放入岛的政治犯也尝有著述。

1. 流放入岛的文人士大夫。唐宋贬谪海南者不乏名臣，如李德裕、胡铨、李光等，但他们记述海南的诗文不多，主要为抒怀之作。对黎族记述较多的，首推苏轼。因为政治失意及个人胸怀的关系，苏轼诗文中的黎人黎事，呈现出

① 熊开发《黎族研究之综述与评价》，《海南学论丛》第一辑，海南出版社，1993年，第89页。

② （明）顾岕《海槎余录》，《中国南海诸群岛文献汇编》，台湾学生书局，1985年，第379页。

较多理想化的田园色彩，如“总角黎家三小童，口吹葱叶送迎翁”（《被酒独行遍至子云威徽先觉四黎之舍三首》）；“黎山有幽子，形槁神独完”，“遗我吉贝布，海风今岁寒”（《和陶拟古九首》）等。其子苏过有《论海南黎事书》一文，颇有价值，将在后文做重点论述。

2. 宦游海南的地方官员。由于长期以来海南本土文风不振，及古代所推行的异地为官政策，大陆籍汉族官员成为治理海南的主要群体。汉族官员亲身经历南溟一隅与汉地迥异的黎风、黎情、黎事，又担负着治黎、平黎、抚黎的现实需要，同时作为这个文化孤岛上罕见的文化精英，不免或于文集之中、或为专著论及黎族风俗及治黎政策。现对部分作者的身份及其作品做如下介绍：

《海槎余录》，作者顾岕为明嘉靖间儋州同知。“岕字汇堂，吴县人。官至南安府知府，是编乃其官儋州时所著。凡风土、物产悉随笔记之，共四十余则，皆地志所已具。惟处置叛黎一节，叙述颇详，为《蛮司合志》所未及云。”[①]

《交黎抚剿事略》五卷，作者为明广东按察司副使方民悦。“据《四库提要》，此书记嘉靖二十八年征讨安南范子仪，琼州黎那燕之役。时欧阳必进总督两广，方民悦为其属官。”[②] 此书与欧阳必进《交黎剿平事略》所记为同一事，可能为同一书。

《黎岐纪闻》，作者为清代琼州定安县知县张庆长。该书描述了黎族地区的社会制度、生产生活方式、生产水平、风土、习俗等，是研究黎族历史的重要参考书。

《治黎辑要》六卷，作者陈坤，自序曾“宰琼山”。书名为岭南大家、汪精卫的叔父汪瑔题署。又有《粤东剿匪纪略》一书，作者也署名陈坤，字子厚，钱塘人，曾居岭南三十余载，为潮州知县二载，与汪瑔有诗文过从，与《治黎辑要》的作者应为同一人。

《广东琼州汉黎舆情营伍练兵稿钞》，作者为琼州特授陆路都府游击管带鲍灿。该书为其治理黎苗及兵营杂事之禀帖告示原稿，“文件时期在光绪十年至

① （清）纪昀等《四库全书总目》卷七八，史部三四，地理类存目七，中华书局，1965年，第679页。

② 吕名中主编《南方民族古史书录》，四川民族出版社，1989年，第118页。

二十年之内，冯子材之督办全琼军务，也正在此时期中，故稿中一切设施，尤其有直接禀冯氏者，似均可看到冯子材之治黎设施。”①

《九龙办黎笔记》，作者为感恩（古称九龙）代知县赵承炳，该书收载光绪二十七八年间，“围剿以感恩县文质村汉人黄亚儒为首，联合乌槐峒黎人的‘土、黎各匪’以及平抚陀利等村黎人与汉人本廉、文质、长潭、板桥、红杭诸村衅争仇杀事”②。

3. 琼籍官员士人。经历数朝熏染，海南文风渐盛。尤其有明一代，科举入仕者甚众，琼籍官员颇有政声，渐为世人所知。因黎乱频仍，海瑞、王佐等琼籍官员，虽然异地为仕，一旦朝廷对黎乱有剿抚动作，出于乡土经验和经世情结，多积极向朝廷上疏，提出平黎治黎方策。开十字路等颇有见地的方策，便由海瑞等率先提出。对于黎族风俗的描写也散诸本土士人的诗文之间，但关注程度和猎奇色彩反较大陆籍官员为低。总体上说，除奏疏、诗文外，出自琼籍官员的黎族专著很少。现将数位琼籍官员及其记述内容开列如下：

邢梦璜，元代文昌人，知万安军，以琼籍而官琼，有《至元癸巳平黎碑记》。

王佐，明临高县博后乡人，成化初授高州同知。所著《平黎记》记述毛锐统率“两广官校暨汉、苣兵以十万”镇压黎乱的经过，晚年有《进〈珠崖录〉奏》，陈述治黎方策。

钟芳，明崖州人，正德三年（1508）进士，历任漳州知府、南京户部员外郎等职，著有《崖州志略》、《悯群黎文》、《大明平黎碑记》等。

郑廷鹄，明琼州府琼山县人，明嘉靖十七年（1538）进士，历任工部都水司主事、吏科给事中等职。崖州黎酋那燕聚众起事，郑上《平黎疏》，言平乱之策。

海瑞，琼山县人，嘉靖二十八年以《治黎策》中乡举，“入都，即伏阙上《平黎疏》”，提出了一系列治黎政策，如发展交通、融合汉黎、反对向黎族用兵等。

---

① 詹慈编《黎族研究参考资料选辑（第一辑）》，广东省民族研究所内部资料，1983 年，第 84 页。

② 郭祥文《一份值得重视的海南地方文献——〈昌江学治笔记〉等七种述略》，《图书馆杂志》2007 年第 10 期。

王弘海，今定安县雷鸣镇龙梅村人，嘉靖乙丑（1565）科进士，历任翰林院检讨、编修、国子监司业，有《议征剿黎冠并图善后事宜疏》。

吉大文，清代崖州镜湖人（今乐东县九所镇镜湖村人），数次平黎有功。其诗《黎村》云："岭半炊烟起，随牛远入村。编茅安石灶，种稻爇山园。祭鬼柴门肃，迎宾卉服尊。新年婚嫁日，席地闹盘樽。"文字平实自然而无猎奇之色。

唐胄、张岳崧等明清海南大儒则主持方志的编撰，如《正德琼台志》、《琼州府志》等，对黎情多有记录。

4. 游历海南的各类人士。由于交通难险，历朝至海南游历的文人士大夫数目有限，且其中一些仍很难完全脱离官方色彩，对黎人的记述也文体各异。

《唐大和上东征记》，记述唐鉴真和尚东渡日本，因风漂流至海南的一段经历，对黎族风俗有一些记述。

清代文人程秉钊，有《琼州杂事诗》，为其应邀于光绪十三年随汪鸣鸾视学琼州时所作。其中有对黎族治乱得失及民风民俗的思考、记录，"异俗年年苦横征，能清吏治即销兵。何须别撰平黎策，黄石遗书逊此精"。

《游历琼州黎峒行程日记》，作者胡传乃胡适之父，清末地理学家。光绪十三年（1887），胡传应张之洞之邀赴海南考察，为清政府拟将五指山黎族地区划县治理的决策提供建议。胡传黎峒之行历时三十二天，逐日记载沿途黎族风土人情，回广州后呈上考察报告，认为："生黎训，不必剿;林木少，不足采;黎峒窄，不置郡县。"[①] 清政府采纳了他的意见。

总体而言，这些官僚士人与海南岛的机缘虽然存在着差异，但对黎族的记述，还是与他们所受的文化熏染、所秉承的正统观念相一致的，作为被描述者的黎族人，还完全无法发出任何声音。因此在某种程度上，我们读到的古代汉文黎族文献是存在着视角局限、带有偏颇的记载，一直要等到近代以后才有纠正的可能。

① 徐日霖《走进古崖州》，中国文联出版社，2006 年，第 248 页。

三、汉文黎族史的中心内容——黎乱与治黎政策

汉族士人笔下的古代黎族文献，以“采风录俗”和“议事备治”为主要内容，前者是因黎俗与中原文化异质引发的关注，后者则主要出于汉族官员地方行政治理的需要。

采风录俗是大部分笔记、文集、方志所涉及的内容。作者虽不免以一种好奇的、异域的眼光来注视黎族独特的民风民情，并且难以杜绝零乱、舛误等种种缺陷，但在许多方面，尤其在有关黎族源流、宗教、风俗等方面，汉文黎族史料为后世进一步研究提供了可靠的书面材料以及各种研究所必需的参照和对比对象，有着不可替代的珍贵价值。

此外，数千年的漫长岁月中，孤悬海外的黎人还曾经以连绵不绝的“黎乱”引起过关注。这种抗争虽然没有任何政治组织的雏形，不曾有过政治理念和宗教信仰的支撑，也从未走出过琼州海峡，更像是一个处在蒙昧时期的民族对于压力天然而猛烈的反应，但依然是中央及地方政府所不得不面对的难题，更是部分宦琼士人需要切实处理的急务。“反叛与平叛”，成为汉语言和文化视角下古代黎族文献的另一个重要内容。

1. 史不绝书的黎乱。保留着先民少机巧、无权谋、率真而愚直的心性，黎族不谙调和周旋之道，多以直接的武力作为解决手段，对于政治压力更是有着天生的反感和抗拒。从汉代海南纳入中央王朝的统治版图开始，黎族的抗争不绝于书。黎乱不管原因何在，出于统治阶级对于黎乱的关注，历史上稍有规模的黎乱，其头人姓名、起因、路线、政府的剿抚策略都有较为详细的记载，黎族社会制度的变化、管理机构的更迭、民风的变迁、经济的进展、汉黎的交往、历代治黎政策，甚至详细的黎峒数目、人口、地理形势都在有关黎乱的记述中被保留下来，成为研究黎族社会史的重要资料。《治黎辑要》作者陈坤自序有感于黎乱为祸一方，因此“于志乘中刺取黎情村峒及历年办黎故事成法汇集成编”，“以古为鉴”，变“从未十年安静”之局。[①] 卷一《黎情》，概述黎

① 陈坤《治黎辑要》，清光绪十五年（1889）广州萃经堂岭刊刻，海异闻录本。

人风俗、各地黎情；卷二《黎峒》，对琼州府十三州县黎总及下辖村峒的名称、地理分布、数目均有极为详尽的记录；卷三《要隘》，对地理形势、防黎要冲、要汛均有记录和分析；卷四《故事》；卷五《征剿》；卷六《奏议》，包含了丰富的黎族史料。

地方志中关于黎乱的内容也很详尽。如《康熙琼州府志》卷八《海黎志·抚黎》、《乾隆陵水县志》卷八《黎岐情形》、《道光琼州府志》卷十八至二十二《海黎志》、《光绪定安县志》卷九《黎岐志·平黎》、《光绪临高县志》卷十五《黎岐类·防黎》等，可见历代海南的统治阶层和汉族官员皆汲汲于剿抚策略的制定。

2. 从《论海南黎事书》看汉族士人眼中的黎乱思维。苏东坡流放海南期间，随侍身边的其子苏过有《论海南黎事书》一文，虽然篇幅短小，却是第一篇讨论治黎政策的文章。从中我们可以略窥汉族士人对于绵延纷起的黎乱的视角。

“瘴收黎母谷，露入菊花丛”，“咨尔黎汉，均是一民”。苏轼父子在诗文中曾提及黎人的天真浑朴。但在《论海南黎事书》中，来自生活的经验让位给正统思维，苏过屡次提及“华”“夷”等字眼，“夷狄之性如犬豕然，其服可变而性不可改也”。可见他的“华夷之辨”非常鲜明，具有代表性。文中对黎族反抗斗争的评价，也可以作为数千年来政府治黎思维的一个比较精确的总结：“此虽朝廷疮疥之病、不足以置齿牙，然一夫不获，亦君子之所耻也。”的确，无论是苏过所处的宋代，还是之后，黎族的反抗活动，从动机、组织、规模等各方面而言，自始至终凌乱无章。中央政府出于稳定地方、维护统治尊严的目的，自不能坐视，但其始终没有构成实质上的威胁，也并未被视为心腹大患。“今黎人特小小边盗耳。”“今西北二虏，藉此以制其侵轶；况此小丑，何足道哉？”关于黎乱的剿抚之道，文中言，设若“法令之烦苛，调敛之无时，官吏之贪求，能保其无乎”[①]，清晰地指出了黎乱的根源所在：如果统治阶层继续

① （宋）苏过著，舒大刚校注《论海南黎事书》，见《斜川集校注》卷七，巴蜀书社1996年，第493、492、493、495、493页。

贪求无度，所谓的治黎政策也不过是隔靴搔痒罢了。其他汉族作者的笔下，也不乏对黎族所受政治压迫的观察、同情或反省，但以封建统治的政治背景，这个顽疾几乎是不可能被克服的。

四、基督教传教士对黎族历史的记载

1560 年，捷埃司特派（耶稣会派）传教士葡萄牙人加戈神父（Patre Baltasar Gago，1520—1583）从日本前往印度途中，漂到三亚，数月以后，给送到澳门，传教士的足迹第一次到海南岛。此后各派传教士陆续入岛传教。至 1652 年海南岛归顺清朝，岛内受洗的人，“仅仅载之名簿而可稽的，已达两千两百五十三名之多”[①]。清代，海南岛基督教传教活动的规模进一步扩大。1848 年，英法强迫清廷签订《天津条约》，规定琼州海口为通商口岸，称“琼州口”。琼州口开放以后，外国传教士及探险家等循声而至，出于对宗教的虔诚和狂热，他们的足迹深入海南最腹地的黎族村寨之中。简 · 苏特小姐和她的“传教先驱者的丈夫出发做了穿越黎族人居住地区的长途旅行”[②]。以教育和行医为手段开展的传教活动在黎区获得一定的进展，一些黎族的男子和妇女皈依并加入了传播基督教的行列。也因此，传教士以及其他外国人士开始以另一个角度来观察和记录黎族。

1872 年《中国评论》在香港创刊，该刊为英美在华传教士兼汉学家的汉学评论刊物，至 1901 年终刊。该刊曾登载多篇关于海南岛土著居民黎族的文章，内容涉及风俗、山川、语言等，是研究十九世纪黎族的重要史料。

第三节　台湾少数民族的概念与历史文献

一、台湾少数民族概念的确定

台湾少数民族并非单一民族，而是在汉族十七世纪大规模移居之前世代居

① ［日］小叶田淳著，张迅斋译《海南岛史》，台北学海出版社，1979 年，第 317 页。

② 美国长老会海南岛传教团著，王朔译《棕榈之岛：清末民初美国传教士看海南》，南海出版公司，2001 年，第 69 页。

住在台湾的多个民族及其后裔的统称，历史上曾有“夷”、“夷洲民”、“山夷”、“东番”、“土番”等称谓。日本殖民统治时期统称为“高砂族”，国民政府入台以后则称之为高山族，一直沿用。但台湾世居各族语言、文化有较大差异，自称或他称的族名各异，有独立的族群意识，并不认同高山族的统一称谓。二十世纪八十年代后期，台湾少数民族进行了详细的族群划分，目前获得承认的少数民族共有 14 个：阿美族、排湾族、泰雅族、布农族、鲁凯族、卑南族、邹族、赛夏族、达悟族、邵族、噶玛兰族、太鲁阁族、撒奇莱雅族、赛德克族。据台湾当局统计，2012 年 1 月，台湾少数民族人口数为 520 440 人，分布在花莲、台东、屏东、台南、嘉义、高雄、基隆等县市。

根据文献记载、考古材料和原住民的民间传说，台湾原住民族的来源是多元的，主要是来自祖国大陆东南沿海的百越人，在漫长的岁月中，与少数来自琉球群岛和南方菲律宾、婆罗洲以及密克罗尼西亚诸群岛的居民，长期融合，从而形成单一民族。[①] 台湾原住民的历史发展比较缓慢，社会组织发展程度不一，至今某些民族仍有母系社会、父系社会、贵族社会等留存。

二、历代关于台湾少数民族的文献和研究

台湾在东汉和三国时期被称为夷洲。夷洲人始见于《后汉书 · 东夷列传》：“又有夷洲及澶洲，传言秦始皇遣方士徐福将童男女数千人入海，求蓬莱神仙不得，徐福畏诛不敢还，遂止此洲，世世相承，有数万家。”史籍中有关台湾少数民族的记载，最早见于东吴沈莹《临海水土志》。史学界一般认为夷洲人是越民族群体的一支，或者说夷洲人是以越民族为主体的。“《临海水土志》记载的夷洲居民的某些风俗与大陆古越族基本相同，说明他们是同属于百越族的一支。”[②] 文云：“此夷各号为王，分划土地人民，各自别异。”[③] 其中所谓的王，只是氏族长或部落酋长。

明万历年间，陈第追随福建都司沈有容至台剿倭，所撰《东番记》，是第

① 施联朱《高山族族源考略》，《民族研究》1982 年第 3 期。

② 林仁川《大陆与台湾的历史渊源》，文汇出版社，1991 年，第 16 页。

③（三国）沈莹编《临海水土志》，中央民族大学出版社，1998 年，第 1 页。

一篇详细记载台湾少数民族的文献。作者自序："浯屿沈将军往剿，余适有观海之兴，与俱。倭破，收泊大员，夷目大弥勒辈率数十人叩谒，献鹿馈酒，喜为除害也。予亲睹其人与事，归，语温陵陈志斋先生，谓不可无记，故掇其大略。"[①]《东番记》记载了台湾少数民族地理分布、文化特征、风俗、生产、贸易、婚姻等非常丰富的内容。

1624年至1662年，台湾成为荷兰的殖民地。荷兰东印度公司留下的日记、决议录、书信、报告、账簿、地图等保存了一批台湾史料，《巴达维亚城日记》、《热兰遮城日志》等中译本陆续出版，包含了较多可资研究的台湾少数民族资料。[②]荷兰殖民当局留下的台湾番社人口统计记录也非常珍贵。

清初，沈光文（斯庵）等明朝旧臣及文士墨客随郑成功入台者八百余人，台湾进入明郑时期，也是儒学引入台湾之始。台湾少数民族开始零星出现在士人的笔记诗赋中。

康熙二十三年（1684），台湾正式纳入清朝的版图。随着台湾府的设立，具备书写能力的汉族士人或以官员身份来台行使行政权力，或因其他缘由至台游历。出于"理蕃"的实际需要，汉族官员与台湾少数民族有较多的接触和观察；而作为传统士人，他们对于与华夏文化异质的台湾少数民族文化也非常敏感。以"番"、"生番"、"熟番"、"野番"、"散番"、"平埔番"、"高山番"等指称的台湾少数民族开始频繁出现在汉文史籍中，如季麒光《蓉洲文稿》、阮蔡文《淡水纪行诗》、齐体物《台湾杂咏》、郁永河《裨海纪游》、孙元衡《赤嵌集》、黄叔璥《台海使槎录》（包括《赤嵌笔谈》、《番俗六考》、《番俗杂记》）、夏之芳《台湾杂咏百韵》、张湄《番俗》以及柯培元《生番歌》和《熟番歌》等等。[③]这些文献以"采风录俗"和"议事备治"为主要内容，体裁有方志、笔记、诗词、歌谣等。如郁永河《土番竹枝词》，记录台湾少数民族的母系社会形态："男儿待字早离娘，有子成童任远飙。不重生男重生女，家园原不予儿郎。"词中有对猎头习俗的描写："深山负险聚游魂，一种名为傀儡番。博得

① （明）陈弟《东番记》，见沈有容辑《闽海赠言》，台湾文献丛刻本第五十六种第八辑，第154页。

② 宋洁《十七世纪荷兰对台湾原住民殖民统治的建立》，厦门大学硕士论文，2006年，第2页。

③ 杨杰铭《帝国的凝视——论清代游宦文人作品中原住民形象的再现》，《台湾文学评论》八卷三期。

头颅当户别，髑髅多处是豪门。”嘉庆间嘉义贡生陈震曜，记述汉番通婚状态：“汉姓之中潘最多，通婚犹见创先河。岂知生计奔劳惯，到处遑遑荡水涡。”

受体裁和性质的限制，官方档案或《清史稿》中台湾少数民族记载多以政治军事事件为主，如番人的归化、抚番、剿番、番汉关系等。《清代宫中档奏折台湾原住民史料》收录康、雍、乾、嘉、道、咸六朝共三百一十四份奏折，绝大部分为剿抚番乱的内容。[①]

清代台湾少数民族文献，是汉族士人历史观、文化观、书写习惯下的历史，台湾少数民族的奇异风俗引起了他们的关注，他们对其做了直观的描摹及描述，如文身、纹面、猎首、婚丧习俗、宗教信仰、占卜、禁忌等。但是作为政治和文化上强势的一方，汉族士人到底难以摆脱俯视的视角，例如对台湾少数民族“番”的指称，及对某些历史事件的认识等。此时台湾少数民族还完全无法发出自己的声音。

曾任台湾知府的刘良璧，撰《沙辘行》一诗，叙述雍正年间的大甲西社番叛乱。诗中既有统治阶层对沙辘番起义的鄙夷：“十年大甲西，作歹自惊惶”，“蠢尔无知番，奋臂似螳螂”，“王师一云集，取之如探囊”，也有对台湾少数民族所受剥削奴役和被迫抗争的客观描述：“奈何逢数奇，职守失其纲。劳役无休息，铢求不可当。穷番计无出，挖肉以医疮。支应力不给，势促乃跳梁”，还有对台湾少数民族际遇的深切同情：“危哉沙辘社，几希就灭亡！皇恩许迁善，生者还其乡。番妇半寡居，番童少雁行。”有人评价该诗与吴性诚《入山歌》：“盖诗之为用，犹史也。”

甲午战后，命运多舛的台湾进入日据时代，日本学者对台湾少数民族从人类学、民俗学的角度进行了多方面的调查研究。鸟居龙藏、伊能嘉矩、森丑之助是早期颇为著名的三位。1896 年鸟居龙藏受东京帝国大学的派遣，来到台湾，对阿美、泰雅、排湾、布农、卑南、雅美、鲁凯、邹、赛夏、邵、平埔等族进行人类学考察，有《红头屿土俗调查报告》等书出版，并为台湾少数民族留下了数量众多的影像记载。伊能嘉矩的贡献则在于他对台湾少数民族的系统

① 《清代宫中档奏折台湾原住民史料》，《台湾原住民史料汇编》第七辑。

分类，在他的研究下，原本以政治意义划分的生番、熟番等模糊称谓，被科学和系统的划分所代替，成为其后台湾少数民族族群分类研究的基础。

出于殖民统治的需要，隶属于台湾总督府的“临时台湾旧惯调查会”，自二十世纪初期开始以官方资源与编制，对台湾少数民族进行大规模的实地调查记录，出版《蕃族调查报告》八卷（1913—1922）、《蕃族惯习调查报告》五卷（1915—1922）等书，调查各蕃社家族、亲属、婚姻、社会组织、宗教观念、农耕礼仪、禁忌、住居、职业、神话、财产制度等。1928 年，台北帝国大学（现台湾大学）设立土俗人种学研究室和语言学研究室，为日本台湾少数民族研究的又一个阶段，主要研究人员宫本延人、马渊东一等有丰富的研究成果面世。

第四节　台湾少数民族的口传史学

一、丰富的台湾少数民族神话

台湾少数民族没有自己的文字，口传史学是其保留本族历史的最基本手段。从目前出版和田野采集的情况来看，台湾少数民族神话的内容异常丰富，台湾少数民族各族群及族群不同部落都有神话流传。《台湾原住民神话与接受美学关系研究》一文言，作者仅初步搜集到的邹族洪水神话就有二十余则。日本学者山田仁史列举自己于 2002 年记录的台湾南岛民族的神话和传说类型，分为宇宙发生论，世界秩序的起源，人类学，人的起源、社会和文化要素的起源、人和动物等部分，共九十六种标题。[①]《搜“蛇”记——台湾原住民蛇类口传故事研究》，作者共搜集到二百二十二则与蛇类相关的原住民神话、民间故事传说，对与人类起源相关的蛇神话有详细的摘录和分析。

在漫长的历史进程中，台湾少数民族神话“逐步形成征服太阳神话及有关

① ［日］山田仁史著，谭佳译《台湾原住民神话研究综述》，《中国比较文学》2007 年第 4 期，第 67—68 页。

探索天体渊源的神话、洪水神话及与其交错层叠的血缘婚配神话、人祖推源神话及融合其中的图腾神话等体系，其间还融汇了采集、渔猎、耕战、祭祀等等内容，俯仰乾坤，人神淆杂，且与天地浑然同一，于纷纭缭乱中折射出征服自然的奇光异彩，怪诞荒谬里可见稚拙天真的'永久魅力'"[①]。

台湾少数民族神话中包含的部落起源、迁移、宗教信仰、社会组织等历史内容，是没有文字记载的久远年代唯一遗留下来的依稀可辨的信息，非常珍贵。

二、台湾少数民族故事传说的历史内涵

台湾少数民族的故事传说，主题有动植物，有文化习俗，也有杰出人物，还有"小黑人"等。其动植物故事，通常借助动植物形象及其矛盾冲突，讽喻人情，阐发伦理，寄寓褒贬，是古人思想的结晶。其文化习俗传说，主要叙述渔猎、农耕、黥面文身、文字创造、祭祀庆典等内容，是先辈历史的曲折实录。如《拔毛入瓮》讲太古人与百兽达成默契。《农耕的开始》追溯农耕起源于谷神对初民挥霍粟谷、暴殄天物的报复。《文字的传说》叙述古时汉族与阿眉斯人创造文字的经过，说阿眉斯人创造的文字刻在大石上，后来人间遭受洪水洗劫，大石淹没不存，阿眉斯人的文字从此失传，表达了台湾少数民族创造文字、发展文化的迫切愿望。关于杰出人物的故事传说，塑造了许多勇敢机智的英雄人物，他们战胜邪恶、为民除害，有些是台湾少数民族历史上真实人物的故事，有的是被夸大和渲染的古人事迹，可以视为口传的人物传记。还有一些"小黑人"的传说，如赛夏人的《矮灵祭的来历》、布农人的《萨朱索》等，是台湾少数民族对历史上曾经在台湾生活的矮黑人的回忆，极有历史价值。[②]

三、对台湾少数民族口传史学的研究

田野采集发达，神话和传说故事数量众多，使得台湾少数民族神话和传说研究具备了进行比较研究的明显优势，虽然这种研究有时是以文学研究的形式展开，但对历史源头的探寻也非常有意义。有学者分析泰雅族洪水神话

①② 曾思奇《稚拙质朴、绰约多姿的高山族民间文学》，《文史知识》1990年第5期。

三则的同异，前两则细节不同，但主旨都是洪水袭来牺牲献祭，反映了原始人类的泛灵崇拜；第三则却称因异族到来，导致洪水暴发的天谴，显示对于异族迫近和打压的怨愤和畏惧。也有学者将台湾少数民族神话与大陆或东南亚地区的神话传说进行比较，“使用这一方法，可以探寻出某一个神话是世界流行的，还是某个民族或地域特有的，它与其他相类神话分歧的原因是什么，变化的过程和传承的路径怎样，……由此有助于对民族的起源与特性以及社会文化的变迁等的认识”[①]。

① 杨利慧《世界视野中的台湾原住民神话和故事——评李福清近著〈从神话到鬼话——台湾原住民神话故事比较研究〉》，《民族文学研究》2001 年第 1 期，第 94 页。

第十三章

达斡尔族、赫哲族史学

第一节　达斡尔族史学

一、达斡尔族及其族谱

达斡尔族先世居住于外兴安岭以南至黑龙江北岸的河谷地带，现居住于内蒙古呼伦贝尔、黑龙江嫩江和新疆塔城等地。2010 年人口普查为 131 992 人。其在历代汉文史志中有达呼尔、打虎儿、达呼里、达瑚里、达古尔、达乌里、达乌尔等不同音译。达斡尔族族源主要有蒙古分支说和契丹后裔说，后者更有影响。明朝末年，达斡尔族已经建立了许多村落和城堡，发展了农、猎、牧等各业生产，创造了较高的社会物质文化。这一阶段，达斡尔族分为敖拉、鄂嫩、孟尔登、郭贝勒、讷迪、沃热、吴然、乌力斯、德都勒、索多尔、金奇里、苏都尔、阿尔丹、胡尔拉斯、何音、毕力扬、陶木、何斯尔、鄂尔特、卜克图二十个哈拉（氏族），每个哈拉又分化为若干莫昆（新氏族）。莫昆有共同的族谱，每隔数年，全莫昆的成年男子即集会缮修族谱。他们选举年高望重者为莫昆达，管理莫昆事务，其内部重大事件需由莫昆会议议决处理。莫昆有育林山、柳条林、草场等公共土地。每年春秋季聚族众祭敖包，祈求风调雨顺、五谷丰收、牲畜兴旺，并举行赛马、射箭、摔跤、赛曲棍球等体育活动。

后金建立初，巴尔达奇率达斡尔各部头领四十四人投奔努尔哈赤，并献方物，受到依重。入关后，清廷将迁至嫩江流域的达斡尔族居民划为三个“扎兰”（队），分别编入镶黄旗、正黄旗和正白旗，加速了达斡尔族社会封建化的过程。

二、信仰与口传史

萨满教是达斡尔族所信仰的主体宗教，它影响着达斡尔族社会的各个方面，达斡尔族的民间故事也带有浓重的萨满教祖先及自然崇拜色彩。达斡尔族崇信的祖先神叫“霍卓尔·巴尔肯”，每一莫昆均有自己的“霍卓尔·巴尔肯”。一些因异常原因死亡的本莫昆一般成员，往往被奉为本莫昆的守护神——祖神。这些祖神来历的传说在各莫昆流传。如《满那莫昆祖神的来历》中，满那莫昆的一名男子，被迫从军，后又被俘入狱。有一天，他施法术越狱后，不吃不喝没命地跑，跑了好多天，最后死在山谷中。他的灵魂变成了粟雀，飞回家乡，成了满那莫昆的祖神“乌兰·巴尔肯”。在他的守护下，满那莫昆的人们从此生活有了保障。在达斡尔人的心目中，白那查是掌管深山老林及其丰富物种和资源的神。他仙居山林，冥冥中护佑人类，并赐给勤劳勇敢的好人以平安和猎物。所以，达斡尔人都特别崇敬他，遇到困难险阻，首先想到的是向山神白那查虔诚地祷告。进山劳作的达斡尔人在每次进餐前，都会向山神白那查行献食敬酒之礼，以求平安和狩猎有利。这些在达斡尔民间故事《外甥和舅舅》中表现得较为全面。

三、英雄史诗

《阿勒坦嘎乐布尔特》和《绰凯莫日根》是达斡尔族两部流传很广的莫日根史诗。

《阿勒坦嘎乐布尔特》五百行左右，讲述的是：一对富有的夫妻，老而无子，祈求苍天。苍天给他们送来了一个儿子，名叫阿勒坦嘎乐布尔特。孩子五岁就上山打死了公野猪，十岁骑上了黄色马驹子。十八岁时，他梦见白发苍苍的老人，指点他到西海，去取制作弓箭的木料。他一路闯关，取下三棵树。返回时，他用藤鞭打死了蟒蛇。但蟒蛇的毒液溅到他眼睛、嘴里，他从金黄骏上坠下死了。金黄骏日夜看守主人的尸首。苍天下凡在他鼻子上放药，救活了他。后来，西方洪水下来，九头的耶勒登给尔莽盖和十二头的哈日谢勒莽盖率领团伙扑来，阿勒坦嘎乐布尔特率领兵马，消灭了这两个莽盖团伙，老百姓因此过上了太平生活。

《绰凯莫日根》两千多行，讲述的是：绰凯莫日根丢失了七十匹白马，天神让他到西方去找纳日勒托莫日根射箭比赛，赢后娶他的漂亮姑娘安金卡托。绰凯莫日根在西行途中，被管家杀害。管家骑上斑马，冒充绰凯莫日根去参加射羚羊比赛，结果输了。安金卡托在斑马带领下找到绰凯莫日根，施法术救活了他。绰凯莫日根去城堡，赢下纳日勒托莫日根，娶了安金卡托。纳日勒托莫日根让绰凯莫日根去捉九个脑袋的耶勒登给尔莽盖和狮子，绰凯莫日根制服了它们，结拜为兄弟。纳日勒托莫日根又让绰凯莫日根试试棺材大小，结果绰凯莫日根上当，被钉上盖，丢进了海里。安金卡托骑上斑马到海边寻找，斑马掉进泥潭死去了，安金卡托体力耗尽，也死了。神仙父女俩知道后，救活绰凯莫日根、安金卡托和斑马。绰凯莫日根杀了纳日勒托莫日根和管家。安金卡托把家产分给乡亲们，和丈夫绰凯莫日根迎着太阳出发了。

上述传说中莫日根的强大本领与优秀品格是达斡尔人理想的化身，是其民族精神的象征。虽然他们的胜利往往得到超自然力量的支持，但从本质上说，莫日根是达斡尔部落英雄的化身。这些英雄史诗反映了长期流传于该民族中部落首领事迹的放大，是部落的口传历史。

四、清朝达斡尔族学者的历史著述

达斡尔族没有自己的文字。入清以后，许多在各级政权中任职的达斡尔族人学习和使用满文，儿童则进入各旗学校接受文化教育，故而达斡尔族在清代有不少精通满文满语的文人。早期著名的达斡尔族人孟额德，就曾学通满、汉、俄三种语言文字，在康熙初年中俄外交事务中发挥过重要作用。此后以满文从事撰述的达斡尔族学者亦代有其人，如撰著《达斡尔索伦源流考》的华灵阿，撰著《稽古录》和《韬钤录》的恒龄，创作《额尔古纳、格尔必齐河流域》等几十首诗歌的敖拉·昌兴，撰著《奏议》二卷、《演练炮阵图说》、《楹联录》的穆腾阿，撰著《奏议》一卷的色楞额，以及监修《吉林通志》的长顺等清朝军政官员。

《达斡尔索伦源流考》作者华灵阿，布特哈正黄旗尼尔基屯人，研究和记录本族历史的开拓者和奠基人。道光十三年（1833），华灵阿在搜集有关达斡尔族、鄂温克族传说和满文档案的基础上，用满文撰写了此书。这是清代达斡尔人写的第一本历史书籍。它以手抄本的形式，流传于民间。

《吉林通志》为光绪间郭布罗·长顺将军（溥仪皇后婉容之曾祖父）主持

编修的清代东北第一部官修的省级地方志。光绪十三年（1887），长顺接任吉林将军，他有感于“三百年来省志未立，无以恢宏神谟，润色鸿业”，遂借朝廷会典馆要求各地移送相关材料之机，根据吉林分巡道的建议，从组织、经费、采访、课程等各方面制定章程，正式设立“总理吉林志书局”“广搜群书，延聘学问优裕之人入局纂辑”，开始工作。后于光绪十七年（1891）上奏朝廷，奉朱批，他正式从事《吉林通志》的撰修。经过长顺、李桂林、顾云等人的近十年努力，至光绪二十六年（1900）《吉林通志》正式“成书，装订进呈”。[①]该书一百二十卷，包括圣训、天章、大事、沿革、舆地、食货、经制、学校、武备、职官、人物、金石、志余等十三目，时间上至格矢之通，下迄光绪中期，内容丰富，考订精详，将诸史志中有关东北各少数民族的各种资料汇于一编，是一部极为宝贵的、质量上乘的志书。

第二节　赫哲族史学

一、赫哲族历史

赫哲族是中国东北具有悠久历史的少数民族，长期以来劳动生息繁衍于黑龙江、松花江、乌苏里江三江流域。赫哲族的远祖是隋唐时“靺鞨”七部中“黑水部”的组成部分之一。[②]明时，其为东海女真赫哲部落。清朝初期，赫哲族分属于呼尔哈（或瑚尔哈、胡尔哈）部、窝集（或渥集）部、瓦尔喀部、使犬部、萨哈连部的一部分，也是“野人”女真的一部分。努尔哈赤多次征伐，兼并了包括赫哲诸部在内的北方诸族。康熙五十三年（1714）三姓城（依兰哈拉）建立，置协领衙门，任用赫哲诸族首领充任要职，行使对其所辖区域的统治，并将三姓赫哲及后迁来的舒穆鲁氏共1530余丁编为镶黄、正黄、正白、正红四旗，设世管佐领（世袭佐领）四员。清朝多次征调赫哲兵丁参与入主中

① 《清德宗实录》卷四六六，光绪二十六年七月丙午，中华书局，1986年。

② 凌纯声《松花江下游的赫哲族》，上海文艺出版社，1990年，第52页。

原的战争，并驻防山东等地。赫哲族人民配合清军多次有力地反击沙俄入侵者。1858年和1860年，沙俄政府先后迫使清政府签订了不平等的《中俄瑷珲条约》、《中俄北京条约》，将黑龙江以北、乌苏里江以东广大地域划归俄国版图。这样，赫哲族成为跨国民族，不少被划归俄国地区的赫哲等族人口迁往国内。清朝和民国时，乌苏里江流域多次发生天花病传染，赫哲族人口大减，由原来较有势力的部落群体，变成为人口较少的民族。

自清康熙五十三年（1714）在三姓置治所之后，赫哲诸部仍维系氏族组织，即“哈拉达”、“莫昆达”或“噶珊达”这一社会形态，处于“捕猎为生”的自然经济状态。清廷在三姓城设有学堂，专收赫哲族子弟学习满文，有的送往盛京（沈阳）继续深造，形成了一代有文化的人，他们可任笔贴式、骁骑校、佐领、协领至副都统等各级官员和学校的教习等职务。由于赫哲族独特的生产生活方式，经济发展缓慢，直到中华人民共和国建立初期，在其社会形态中还有某些原始社会末期的痕迹。

二、赫哲族的英雄故事

赫哲族的口传文学及神话故事中，记载了大量对本民族有过重要影响的英雄人物。赫哲族的英雄神话大致上有一定的情节结构，神话形象大多数是半神半人或半兽半人，具有神幻型英雄向现实型英雄转化、神兽型英雄向渔猎型英雄转化的特征。英雄神话中的抗暴英雄、除妖英雄和文化英雄的产生，是该族人民祖先崇拜、英雄崇拜的结果，反映了该族祖先所经历的神圣的历史。

赫哲族先人在与恶劣的自然暴力的斗争中，不但争得了生存权，而且还靠他们的丰富想象，创作了与自然暴力抗争的英雄神话。例如神话《射太阳》讲：早先天上有三个日头，像火盆一样，把地上的土都烤红了，江河里的水都晒干了，山上的树都晒死了。有一个少年英雄叫莫日根，他膀大腰粗，臂力过人，一使劲能推倒一座大山；一喝水能喝干一条大江。他来到东海边，用弓箭射落了两个日头，从此人们过上了安生日子。[①]

---

① 王士媛、马名超、黄任远《赫哲族民间故事选》，上海文艺出版社，1986年，第21页。

神话《七女峰》是这样的故事：早年，一场大旱之后，百姓没有吃的，没有穿的。有七个姐妹，为了寻找有吃有穿的地方，历尽艰险，终于找到了象征吉祥和幸福的金翅鸟。姐妹们告诉乡亲们跟着金翅鸟飞的方向走，就能到达有吃有穿的地方，而她们自己由于违背了神灵禁止外传的嘱咐，受到惩罚，变成了七座秀丽的山峰。①

神话《青龙山寒葱沟》，讲述了英雄寒葱制服青龙战胜水灾的经过：从前，从北方飞来了一条青龙。它吞云吐水，下起了大雨。有个叫寒葱的小伙子，为了拯救乡亲，去惩治这条青龙。小伙子用弓箭射瞎了青龙的双眼。青龙痛得直打滚，嘴里吐出浊水，尾巴掀起巨浪，大雨下个不停，平地漫起了三尺水。小伙子拿扎枪冲了上去，跳上龙身，用金锁链捆住了龙头，用扎枪猛扎。青龙痛得一会儿飞上天，一会儿落下来，最后变成了一座大山。小伙子被青龙抓伤，血流不止，但看到青龙被降服，心里高兴，含笑而死，死后变成了一片葱绿的寒葱，像支支利箭，直指青龙山。②

赫哲族还有大量与邪恶势力抗争的英雄神话。如《夏留秋莫日根》，讲述了夏留秋为哥哥报仇杀死乌鲁古力（妖魔）并成为闻名三江首领的故事；③《神叉苏布格》，讲述了神叉苏布格不畏艰险劝服龙王、打败白熊精，为人民争取捕到充足的鱼的故事。④

随着社会的进步、生产力的提高，一些社会对立相继出现——如富人和穷人、头人和百姓、山主和猎人、渔霸和渔民，与社会邪恶势力斗争的英雄神话也相继产生了。神话《金发岭》，颂扬了敢于与邪恶势力斗争的金发姑娘。神话反映了部落社会的抢婚，歌颂了金发姑娘不畏强暴、敢于抗婚的斗争精神，最后借助三件宝物，变湖、变树林和变大雪，阻挡了抢婚的人，⑤表现了该族

---

① 《赫哲族民间故事选》，上海文艺出版社，1986 年，第 19 页。

② 《赫哲族民间故事选》，上海文艺出版社，1986 年，第 200 页。

③ 黑龙江省民间文艺家协会《伊玛堪》(上卷)，黑龙江人民出版社，1987 年，第 509 页。

④ 《赫哲族民间故事选》，上海文艺出版社，1986 年，第 145 页。

⑤ 陈海滨搜集整理，王士媛编《黑龙江民间文学》第三集，中国民间文艺研究会黑龙江分会，1981 年，第 119 页。

人民争取自由生活的理想和愿望。这种神话产生较晚，离现实生活较近，具有很强的现实意义和社会意义。

赫哲族神话中对创造人类文明的英雄十分崇拜。他们在神话中歌颂了为赫哲族人带来种子的汉族人[①]、发明雪地行走工具的猎人赫格隆[②]等等。

三、赫哲族的说唱史诗伊玛堪

伊玛堪是赫哲族历史悠久、口耳相传的一种说唱文学形式，是赫哲族的宝贵文化遗产，流传于远东地区中国和俄罗斯境内的通古斯人中。学术界认为，“伊玛堪是赫哲族的民族英雄史诗或尚未发展成熟的英雄叙事诗，民族历史、宗教、文化、科学、传统、知识的总汇。”

歌手说唱伊玛堪时，无乐器伴奏。每一段开头都拉长声说个“阿郎——”，这是惯用套语。一般情节叙述主要是用口说，一些人物的主要对话则要唱，讲到主人公遇难、作战求救、哭诉衷肠、欢庆胜利等场合，也都得唱。

伊玛堪的内容十分丰富，包括古代的历史、英雄、风俗、渔猎等，包罗万象，无所不有。它的题材，既有部落头领人物（额真）与妖魔、恶神或异族入侵者之间的大规模战争冲突，民族迁徙的历史；又有部落之间的矛盾冲突、血亲复仇、争夺人口、抢占渔场猎场的描述；还有对原始渔猎生活的描写和对青年男女纯真爱情的歌颂。伊玛堪作品明显表现出不同于今人的思维：现实世界与神幻世界之间不存在任何确定的、难以逾越的鸿沟，具有同一性；作品中的神灵和萨满能以多种不同形式存在，灵魂可以摆脱和超越本身的现有存在形式；正邪善恶之分，从方向性上表现出来，如东方寓意光明、正义，西方寓意黑暗、邪恶。伊玛堪的篇名都是以“××莫日根”命名的。作品歌颂莫日根的英雄豪气，不寻常的业绩；表现了一夫多妻，渔猎风俗习惯；展示了昔日英雄时代的历史画卷；塑造了活生生的典型文学形象。

赫哲人民喜欢听伊玛堪，也热爱自己的民族歌手，尊称伊玛堪歌手为“伊

---

① 王士媛编《黑龙江民间文学》第五集，1983年，第275页。

② 王士媛编《黑龙江民间文学》第五集，1983年，第252页。

玛卡乞玛发”，他们为继承和发展伊玛堪艺术与赫哲族历史，做出了贡献。伊玛堪作为赫哲族的宝贵文化遗产，具有传承本民族历史文化的“教科书”功能，价值独特，意义重大。

伊玛堪的创作根植于赫哲族的历史之中，虽然不能说它是历史准确无误的反映，但它作为赫哲族的代表性的社会意识形态与本民族历史发展时代的相互联系是不容置疑的，它应该是这个民族一定历史发展阶段上的永恒的历史记录。总的说来，伊玛堪是一种内容独立，各种人物关系和事迹完整的史诗作品，其中赫哲民族英雄时代的整体面貌，包括它的经济生活、社会体制、宗教信仰、家庭生活、社会伦理、战争以及建立于其上的独特民族精神和民族意识，都得到了充分的展示。

四、清代史书中的赫哲族史

清代的官方文献虽然内容丰富、体例严谨，但涉及赫哲族的却相对较少。《清圣祖实录》卷八载：康熙二年（1662）三月壬辰，“命四姓库里哈等进贡貂皮，照赫哲等国例，在宁古塔收纳”[①]。这说明清初赫哲族的纳贡地点在宁古塔。《清朝文献通考》卷二七一《舆地三》载：清朝将赫哲族不入八旗的人丁，以姓氏和村屯为单位编入户籍，“各设姓长、乡长，分户管辖”。《八旗通志初集·田土志》记载，到雍正末年，三姓地区已开垦旗地 12926 垧。《皇清职贡图》卷三记载，清初赫哲人的居住区域，“与七姓地区之乌扎拉洪科相接。性强悍，信鬼怪。男以桦皮为帽，冬则貂帽狐裘。妇女帽如兜鍪，衣服多用鱼皮，而缘以色布，边缀铜铃，亦与铠甲相似。以捕鱼射猎为生。夏航大舟，冬月冰坚则乘冰床，用犬挽之”[②]，反映了清初赫哲人衣裘皮、食鱼肉的生活习俗。

清代东北地区的地方志（包括乡土志）中，保存了有关赫哲族的资料。康熙《盛京通志》和乾隆初重编的《盛京通志》以及英萨客著《吉林外纪》，皆粗略涉及赫哲族历史。清代著名地理学家祁韵士之子、官至大学士的祁寯藻，约

① 《清圣祖实录》卷八，康熙二年三月壬辰，中华书局，1986 年，第 142 页。

② （清）傅恒等编纂，殷伟、徐大军、胡正娟点校《皇清职贡图》卷三，广陵书社，2008 年，第 139 页。

于咸丰、同治年间撰成《三姓山川记》和《富克锦舆地略》。前者记载了三姓境内五十余座山、二十七条河沟等，详细说明了山高、河流长度、水泡的方位、距三姓城或松花江的里数。在这些记载中，以赫哲族语言命名的山川较多，如“敖奇大山”、“山音窝坑”等。后者记载了富克锦（今黑龙江省富锦市，清代三姓副都统辖地）境内的卡伦、古城、村屯、道里远近，特别详细地记载了当时赫哲兵驻扎地址及赫哲原种熟地，对研究晚清时期赫哲族起到拾遗补阙的作用。《三姓志》，又名《三姓乡土志》，富魁著，共二十八卷。光绪十六年（1890），富魁任三姓副都统，撰成此书。该书较全面记述了从崇德元年（1636）至光绪十六年间三姓的建置沿革、自然地理、田赋、户口、驻军、军备等内容，尤其是《三姓志》卷一《地表》仅六百余字，却五次提到“赫哲”一词，并记述了四姓赫哲族的原住地区、户数、三姓名称的由来以及与满洲的关系等。《三姓志》为研究清代赫哲族及三姓地区的历史提供了宝贵资料。此外，康熙后期杨宾著《柳边纪略》、吴振臣著《宁古塔纪略》、光绪间曹延杰著《西伯利东偏纪要》，都有关于赫哲族的历史记录。

清初迁居到三姓并编旗设佐的赫哲族，效仿其他民族，编制家谱。现存的官修谱系资料有鄂尔泰等奉敕撰修的《八旗满洲氏族通谱》八十卷，乾隆九年（1744）成书，其中所载新满洲氏族的历史较为完备，为研究赫哲族族源、历史等，提供了十分珍贵的史料。家族谱，目前所见较完整的赫哲族家谱有:《三姓葛依克勒氏宗谱》、《三姓镶黄旗满洲卢氏宗谱书》、《三姓正红旗满洲舒穆卢氏族谱》、《伊尔根觉罗氏家谱》。它们都是清代赫哲族家族史书。

第四编　二十世纪少数民族史学

第一章

二十世纪前半期中国民族史学概略

第一节　少数民族史学理论的多途探索

十九世纪下半叶，由于帝国主义对中国的侵略，边疆危机日益深重，国人对边疆少数民族的认识也发生了根本的变化，从传统的内中华而外夷狄的观念变为将少数民族视为抵御外侮、捍卫边疆的重要力量。十九世纪末二十世纪初，受西方史学界进化史观、民族主义等思潮的影响，中国学者突破了历史上传统的夷夏观念，倡导民族平等、各族共和，从而使中国民族史学的研究在思想理论方面开始由传统向现代转化。

二十世纪初，梁启超论及中国史撰述时曾指出："民族为历史之主脑，势不可以其难于分析而置之不论。"[①]"叙述数千年来各种族盛衰兴亡之迹者，是历史之性质也；叙述数千年来各种族所以盛衰兴亡之故者，是历史之精神也。"[②]以梁启超为首的新史学"史观派"，以西方近代民族进化史学理论为基础，结合中国传统儒家民族文化观和历史观，构建了中国现代民族主义史学（又称民族史学）的系统理论和方法论。[③]而以胡适、顾颉刚等为首的学者则强调史料的批判，后经傅斯年的发展，形成了重考证的"史料学派"。无论是"史观派"还是"史料学派"，都以科学的史学相标榜，故而王晴佳认为："虽然这两种史学有着形式上、方法上的不同，但其实质都是民族主义史学。"[④]于是运用民族主义史学理论和方法来考察和撰写中国历史开始成为一种潮流。当时，章太

① 梁启超《中国史叙论》，《饮冰室合集·文集之六》，中华书局，1989 年，第 6 页。

② 梁启超《新史学》，《饮冰室合集·文集之九》，中华书局，1989 年，第 12 页。

③ 张子辉《梁启超与近代中国民族史学》，《贵州社会科学》2004 年第 5 期；徐国利《梁启超民族主义史学的建构及其意义——对梁启超"新史学"的再认识》，瞿林东主编《史学理论与史学史学刊（2004—2005 年卷）》，社会科学文献出版社，2005 年。

④ ［美］王晴佳《论民族主义史学的兴起与缺失（上）——从全球比较史学的角度考察》，《河北学刊》2004 年第 4 期。

炎、王国维、陈寅恪、钱穆等诸多史家均为中国民族史学的建立做出了重要贡献。盛邦和认为，随着中国民族史家以章太炎等为代表的“国粹国光”论、王国维等为代表的“人生心灵”论、陈寅恪等为代表的“文化民族”论、钱穆等为代表的“文化本位”论这四个前后相续理论的提出，民族史学理论的完整逻辑架构也最终告成。[①]

随着马克思主义史学在中国的传播，马克思主义民族史学理论也传到中国，这对中国马克思主义民族史学理论的建立有着重大的影响。以郭沫若、范文澜、翦伯赞、吕振羽等为代表的历史学家纷纷运用马克思主义民族史学理论来探讨中国历史上的民族问题。[②]

这一时期中国民族史撰述的特点是用西方传入不久的民族的概念和人类学理论，通过爬梳整理古籍文献中有关民族的史料，分别对中国民族的分类、民族史的分期、民族的起源、名称以及与他族的关系、历史沿革及现状等进行了较为系统的论述，驳斥了“中国人种西来说”，打破了中华民族或汉族“一元”论，初步确立了民族史研究的主体架构，为民族史学的研究和发展奠定了理论基础。

王桐龄撰述的《中国民族史》（文化书社，1928）就中国民族史上的重要理论问题进行了探讨。在世界文明古国中，只有中国文明源远流长，未曾中断过，王桐龄提出中国民族的主体汉族“善于蜕化”这一特性是其根本原因。面对战争与骚乱，汉族能利用其文化抵抗外族武力，吸收外来血统，使之融合，遂造成庞大无论的中国。汉族这种善于蜕化的特性使中国文明不断获得新鲜血液而富有生命力。而汉族善蜕化则是因为“汉族性情喜平和，儒家主义尚中庸，不走极端”。关于中国民族同化的方法，王桐龄将其分为汉族为主体同化外族方法、外族为主体同化汉族方法、外民族为主体强制汉人同化于彼族方法、外族间强制同化方法，以及外族支配下的汉人自愿被同化方法与外族消极阻止同化方法。而杂居、杂婚、更名、改姓、养子、易服色、变更语言等是民

① 盛邦和《文化民族主义的三大理论——民族史学的视野》，《江苏社会科学》2003年第4期。

② 李珍《中华人民共和国建立前马克思主义史家的民族史研究》，瞿林东主编《史学理论与史学史学刊（2003年卷）》，社会科学文献出版社，2004年。

族同化的主要途径。王桐龄将强制汉人同化于外族称为逆同化，外族间强制的同化为横同化，外族支配下的汉人模仿外族为逆被同化。从这里可以看出，王桐龄是将外族同化于汉族视为中国民族史发展的方向与主流。

吕思勉《中国民族演进史》（上海亚细亚书局，1935）是为中等学生而写的，故以问题为中心简要地阐述中国民族发展历程，所论述的问题包括什么叫作民族、中国民族的起源怎样、中国民族史怎样形成的、中国民族怎样统一中国本部、中国民族第一次向外开拓怎样、五胡乱后的中华民族是怎样的、中国民族在近代所受的创痛是怎样、中国民族的现状怎样、怎样复兴中国民族、中国民族演进的总观察怎样等。吕思勉认为民族与种族是有区别的，种族的表征主要体现在体质上，而民族的表征主要体现在文化上。“民族与种族不同，种族论肤色，论骨骼，其同异一望可知”，“民族则论言文，论信仰，论风俗，其同异不能别之以外观”。[①] 在他看来，种族、语言、风俗、宗教、文学、国土、历史是民族构成的要素，外力也是民族形成的重要条件，文化则是民族的根柢。“民族的成因，总说起来，可以说是源于文化。一民族，是代表一种文化的。文化的差异不消灭，民族的差异，也终不能消灭。”他指出：“若其两个民族，文化互有短长，彼此互有弃取，则或者互相融合，而新民族产生；或虽有所取于人，而其固有的特性，仍不消失，则为旧民族之革新；亦即一种变化。”[②] 以文化论民族是吕思勉研究中国民族史的一大特点。

林惠祥的《中国民族史》（世界书局，1928）为了说明古今各民族间的关系，建议民族史撰述对民族的分类既应着眼于过去之民族，也需考虑现代民族，并指明古代民族与现代民族之关系，以明中国民族之发展演变。因为民族非一成不变，不但名称变，其成分也因与他民族接触混合有变化，所以历史上之民族未必等同于现代之民族。历史上一民族常不止蜕嬗为现代一民族，而现代一民族亦常不止为历史上一民族之后裔。为此，他将历史上的民族分为华夏系、东夷系、荆吴系、百越系、东胡系、肃慎系、匈奴系、突厥系、

① 吕思勉《中国民族史中国民族演进史》，上海世纪出版集团，2012 年，第 10 页。

② 吕思勉《中国民族史中国民族演进史》，上海世纪出版集团，2012 年，第 260、261 页。

蒙古系、氐羌系、藏系、苗瑶系、僰掸系、白种、黑种等，将现代中国民族分为汉族、满洲族、回族、蒙古族、藏族、苗瑶族、僰掸族等，列表说明古代中国民族与现代中国民族之关系。在他看来，现代中国各民族皆由多个民族融合而成的。

二十世纪前五十年对中国少数民族史学理论进行初步的探讨，西方理论范式的影响随处可见。台湾学者指出："我们所探讨的对象虽是中国社会与中国人，可采用的理论与方法却几乎全是西方的或西方式的。在日常生活中我们是中国人，在从事研究工作时，我们却变成了西方人。"[①] 显而易见，具有中国特色的民族史学理论的建构，还处于探索之中。

第二节 少数民族史学家群体的形成

1912 年元旦中华民国建立，中国历史进入一个新的时期。在这一时期，随着中华民族意识的觉醒和近代中国史学的发展，出现了不少以新的历史观念与研究方法从事中国少数民族史学研究的少数民族学者。这个少数民族史学家群体，在有关本民族和中国及世界历史的研究方面都取得了重要的成就，并为其在二十世纪后期史学研究的进一步发展奠定了基础。下面择其主要者作简要介绍。

石启贵（1896—1959），苗族，湖南吉首人。1933 年凌纯声、芮逸夫到湘西调查苗族，石启贵应邀参与调查。凌纯声等离开湘西时请他代为继续调查，同时他被中央研究院聘为湘西苗族补充调查员。经过多年的调查，石启贵于 1940 年撰写了《湘西土著民族考察报告书》一书，后经过整理于 1986 年由湖南人民出版社以《湘西苗族实地调查报告》为书名出版。此书对湘西苗族的地理、历史、来源、苗汉关系、经济、社会习俗、服饰、司法、语言、艺术、宗教信仰、医药、武术等各方面进行了记述，被誉为湘西"苗族百科全书"。

① 杨国枢、文崇一主编《社会及行为科学研究的中国化 · 序言》，台湾"中央研究院"民族学研究所 1982 年，第 2 页。

1948年他又撰写了《湖南土著民族风土纪实》一书。调查期间，石启贵不断向凌纯声寄呈调查资料，这批遗稿经整理于2009年由民族出版社出版，题为《民国时期湘西苗族调查实录》。中华人民共和国建立后，石启贵主要致力于苗语研究和苗医苗药的搜集整理。

翦伯赞（1898—1968），维吾尔族，湖南桃源人，著名马克思主义历史学家，中国马克思主义史学的创始人之一。抗战时期他撰写的《历史哲学教程》在总结社会史论战的成果的基础上，系统地阐述了运用唯物史观研究历史的理论与方法，是马克思主义史学理论发展史上的里程碑。所著《中国史纲》（史前史·殷周史，秦汉史）文笔生动，视野开阔，将中国历史置于世界历史背景下进行考察，将汉族的发展和周边少数民族的发展结合起来予以说明，具有鲜明的特色，与范文澜《中国通史简编》、吕振羽《简明中国通史》共同创立了马克思主义中国通史编撰体系。中华人民共和国建立后，他一方面宣传以唯物史观指导历史研究，另一方面积极与极"左"思潮做斗争，撰写的《对处理若干历史问题的初步意见》阐述了运用唯物史观研究历史、撰写历史著作的原则与方法。他主编的《中国史纲要》在很长一段时间成为中国通史编纂范式。

黄现璠（1899—1982），壮族，广西扶绥县人。还在北京师范大学求学期间，黄现璠就与同学刘镛编纂了《中国通史纲要》（三册）一书。二十世纪三十年代他主要从事唐宋元史研究，所撰《宋代太学生救国运动》一书被誉为二十世纪第一部学生运动史研究专著。二十世纪四十年代，他转向社会生活史研究，发表诸多有关礼仪制度、衣食住行方面的论文，这些研究为他在二十世纪末撰写《中国生活学——古代食衣住行研究》一书奠定了基础。1943年、1945年他分别组织"黔桂边区考察团"、"黔南边民考察团"，对黔桂两省的壮、侗、水、苗、瑶等少数民族进行调查，撰有《黔桂边民教育散记》、《黔桂边民社会组织的民主政治》等文。中华人民共和国建立后，黄现璠主要从事壮族史的调查研究，参加过广西少数民族社会历史调查，撰写了《广西壮族简史》、《壮族通史》（合著）、《韦拔群评传》、《侬智高》等，被学者誉为"壮学"宗师。

向达（1900—1966），土家族，湖南溆浦人，在中外交通史、敦煌学、目录版本学等方面成绩卓著。他撰写的《唐代长安与西域文明》一文，以西域文明与长安关系为核心，分别论述了流寓长安之西域人、长安西市的胡店与胡姬、开元前后长安之胡化、西域传来之画派与乐舞、长安之打毬风尚、西亚新宗教之传入长安、长安西域人之华化等问题，反映了唐代中原文明与西域文化的相互影响，被誉为唐代中西文化交流史研究的力作。他先后在大英博物馆，柏林、巴黎图书馆调查和抄录斯坦因、伯希和等探险家及德国探险队盗走的敦煌卷子和吐鲁番等西域地区的写本，手抄几百万字的资料，拍摄了不少照片，发表了《记伦敦所藏的敦煌俗文学》、《伦敦所藏敦煌卷子经眼目录》等论文。他曾两次赴敦煌地区考察，搜索遗存的敦煌文献，辑为《敦煌余录》(二辑)，撰写了《莫高、榆林二窟杂考》、《玉门关阳关杂考》、《罗叔言"补唐书张议潮传"补正》和《记敦煌石室出晋天福十年写本寿昌县地志》、《唐代俗讲考》等论文。他曾在《大公报》发文《论敦煌千佛洞的管理研究及其连带的几个问题》，呼吁保护敦煌壁画。后来敦煌艺术研究院的建立，与他的呼吁不无关系。他研究少数民族史、整理民族史籍，撰《唐代记载南诏诸书考略》、《南诏史略论》，校注《蛮书》，对云南少数民族进行研究。1957 年出版的论文集《唐代长安与西域文明》，收录了他从 1926 年至 1954 年间撰写的有关论文二十三篇，为其传世之作。

马以愚(1900—1961)，回族，安徽怀宁人，在史学、天文历法、哲学等方面有较深的造诣，著有《中国回教史鉴》、《回回历》、《嘉陵江志》、《易学象数论抉微》、《晚晴室家书续编》、《年谱与文稿》等著作。成书于二十世纪四十年代的《中国回教史鉴》是其回族史、伊斯兰教史研究的代表作。该书分类阐述了伊斯兰教礼法制度、伊斯兰历法、历代史志中有关伊斯兰教与回族的记述和认识、回族源流、回族人物的文章勋业、各地之伊斯兰教名寺古墓等，是其回族史、伊斯兰教史研究的代表作。

根敦群培(1903—1951)，藏族，青海同仁县人，在佛教哲学、语言学、逻辑学、藏族历史等方面有精深造诣。根敦群培在印度、斯里兰卡等南亚地区游学期间看到敦煌卷子中的古藏文文献，决定利用这些资料撰写一部真实的藏族历史。他所撰写的《白史》虽因其受到西藏上层僧侣迫害而成为未完成之作，仅记述了囊日伦赞、松赞干布、芒松芒赞三代赞普的历史，却是第一部现代藏族史。《白史》所使用的材料除了两《唐书》吐蕃传、西藏古代的教法史、王统记之外，还有敦煌古藏文文书、吐蕃碑铭等。在动笔写《白史》之前，根敦群培曾到拉萨及其附近的古寺中考察碑铭，利用噶穷寺碑上的铭文纠正了以往的王统记有关赞普世系记载的错讹。在《白史》中，根敦群培一改以往的教法史、王统记宗教、历史混淆不分，甚至以佛教史观改编史实的做法，详细考证了赞普的年代以及他们的历史功绩。藏族学者认为，《白史》使藏族史的研究摆脱了宗教神学的束缚，标志着现代藏族史学的产生。“从根敦群培的《白史》开始，藏族历史书写走出了神话的误区，转入人类客观发展的文明历史上。”[①]

王昭夷（1904—1942），黎族，海南陵水县七弓峒世袭峒主。他先后求学于嘉积镇美国教会学校和广州高等师范学校。他曾充任琼崖行政委员公署科员，《广东省琼崖各属黎区调查一览表》是他奉命对黎区进行宣传及调查活动的报告，也是黎族人撰写的第一部本族文献。该报告列表统计各黎区的种别、语属、所在地沿革、男女人数、出产、私塾及学校数目，并对未来应设市镇之处提出了建议。他在呈报上司的信件中，一再提及在调查行程中对黎人宣讲“旧政府压迫之手段，新政府解放之真义，爱怜之本意皆本总理三民主义，以求全国民族达到自由平等为目的”。1938 年，日军登陆琼岛，他出任国民党保亭抗日游击大队长，开展抗日斗争。未几，海南岛沦陷，他任日伪保亭县维持会会长。1941 年秋，组织族中兵丁偷袭保城日军总部，事泄为日本人暗杀。

方国瑜（1904—1983），纳西族，云南丽江人，著名历史学家，在西南边疆史地、云南史料目录、东巴文化等方面成绩卓著。1933 年方国瑜从北京大学国学门毕业，回乡潜心云南地方文献和民族研究，搜集整理东巴文字，1935 写成《么些文字汇》初稿，1981 年以《纳西象形文字谱》之名出版。这是第一部详实的纳西族象形文字字典，他因此被西方学者称为“纳西语言与历史学之父”。1935 年参加滇缅勘界调查，撰有《滇西边区考察记》。1942 年所撰《么

① 亚东 · 达瓦次仁《新思维史学观的倡导者：根敦群培与东噶 · 洛桑赤列——访当代著名藏族学者仲布 · 次仁多杰》，《西藏大学学报》2014 年第 2 期。

些民族考》，以历史文献与语言学方法相结合，较全面地论述了纳西族的起源和演变，以及与吐蕃、南诏的关系。从二十世纪三十年代开始，方国瑜就留心与阅读云南地方文献，历经五十余年，完成《云南史料目录概说》一书。二十世纪末他所主编的《云南史料丛刊》也可追溯到民国时期他对云南地方史料的重视。中华人民共和国建立后，方国瑜在云南地方史、民族史的研究方面硕果累累，出版了《云南地方史讲义》、《中国西南历史地理考释》、《汉晋民族史》、《滇史论丛》、《抗日战争滇西战事篇》、《彝族史稿》、《元代云南行省傣族资料编年》、《方国瑜文集》等著作，被称为“南中泰斗，滇史巨擘”。

马坚（1906—1978），回族，云南个旧人。早年就读于昆明明德中学，后赴宁夏固原县师从著名经师虎嵩山阿訇学习伊斯兰典籍。1929 年就读上海伊斯兰师范学校，专修阿拉伯语言文学及伊斯兰典籍，兼修英国文学。1931 年毕业后由中国回教学会选派，随中国首批留学埃及学生团赴开罗，1939 年毕业于开罗阿拉伯语高等师范学院。回国后，辗转于上海、云南、北京等地从事伊斯兰文化教育，并潜心于伊斯兰典籍《古兰经》的研究和翻译。1946 年他应聘北京大学担任东方语言文学系教授、阿拉伯语教研室主任，直至终生。早期，自波斯文译出《伟噶业》和《真镜花园》汉译本。在埃及留学期间，他首次将中国儒家经典《论语》及民间著作《茶神》、《河伯娶妇》等译成阿拉伯文出版，后又将阿拉伯文《伊斯兰教哲学》、《回教与基督教》译成中文寄回国发表，同时用阿拉伯文写作《中国回教概况》等书在开罗出版。抗日战争期间，他在十分艰苦的条件下，汉译伊斯兰经典《古兰经》初稿，后到北京修改、润色和注释，终将《古兰经》的译著工作完成，于 1981 年出版。1987 年（回历 1407 年）经沙特阿拉伯王国朝觐义产部督导，该书随《古兰经》阿拉伯文原文一起出版，发行到世界各地，成为迄今为止全球影响最大的《古兰经》汉译本。他从二十世纪三十年代起就开始翻译和撰写大量宗教和历史著作，如《回教真相》、《回教哲学》、《回教教育史》、《回教、基督教与学术文化》、《教典诠释》以及《伊斯兰哲学史》、《阿拉伯半岛》、《阿拉伯通史》、《阿拉伯简史》、《中国伊斯兰教概观》、《回历纲要》、《回教先贤的学术运动》、《至圣穆罕默德略传》、《回民为什么不吃猪肉？》、《回回天文学对于中国天文学的影响》、《元秘书监志“回回书籍”释义》、《阿拉伯文化在世界文化史上的地位》、《齐暾、橄榄、刺桐与泉州城》等，为提高中国穆斯林的文化素质，阐扬回族和阿拉伯伊斯兰文化做出了巨大贡献。

金吉堂（1908—1978），回族，北京通县人。他曾在北平成达师范学校讲授《中国回教历史问题》课程，撰有《回教民族说》、《中国回教史》、《教门杂识》等论著。其《中国回教史研究》旨在“以说明的体例，叙述千余年来，回教在中国之发展过程，予一般人士对中国回教的概括识认”。[①] 金吉堂认为回族的发展经历了三个阶段：回民在中国历史上的侨居时期、同化时期、普遍时期，并以此为线索阐述了回民从侨民到形成伊斯兰教民族并遍布中国各地的历程。白寿彝评价道：“回教人正式发表其对于中国回教史之整个的看法者，实以著者此书为首创。”[②] 对回族史研究中的理论问题如回族的族源、回族和伊斯兰教的关系、“回回”一词的来源、回回是否是一个民族等，金吉堂进行了探讨。他认为，伊斯兰教不仅仅是宗教，“实包有组织社会之一切制度，如经济、婚姻、丧葬等”。在伊斯兰教的凝聚下，回民抟成为一民族。“质言之，回族者，回教教义所支配而构成之民族。”“今日回民之祖先，原来为外国人。”[③] 他以回民的姓氏、习惯用语等，说明回汉不同源。

白寿彝（1910—2000），回族，河南开封人，二十世纪著名的史学家，在回族史、民族学、中国史学史、中国通史等领域取得了辉煌的成就，主编的多卷本《中国通史》被誉为“二十世纪中国史学的压轴之作”。民国时期，白寿彝先生主要从事回族史、伊斯兰教史的研究和回族史料的整理，撰有《中国回教史料之辑录》、《从怛罗斯战役说到伊斯兰教之最早的华文记录》、《回教文化研究之意义》、《跋吴鉴〈清净寺记〉》、《中世纪中国书中的回教记录》、《中国伊斯兰之发展》、《中国伊斯兰史存稿》、《元代回教人与回教》、《中国回教小史》、《回教先正事略》（未刊稿）、《赛典赤·赡思丁传》、《王岱舆传略》、《明

① 金吉堂《中国回教史研究》，《民国丛书》第一编十二哲学宗教类，上海书店 1996 年，第 95 页。

② 白寿彝《评〈中国回教史之研究〉》，白寿彝著《民族宗教论集》，河北教育出版社，2001 年，第 369 页。

③ 金吉堂《回教民族说》，《禹贡》1936 年第五卷第一一期，第 29 页。

末两回教史家——詹应鹏与张忻》、《回教先正事略》、《伊斯兰教经师传》等论著，整理了云南回民起义史料《咸同滇变见闻录》，编辑了《中国伊斯兰史纲要参考资料》。这一时期的回族史研究，为其二十世纪后期回族史研究的深入开拓奠定了基础。如二十世纪五十年代编辑的《回民起义》资料就是以《咸同滇变见闻录》为基础扩充而成的，二十世纪八十年代所主编《回族人物志》则是《回教先正事略》在新的历史条件下的发展。在民族史、宗教史的研究之外，白先生还撰写了《中国交通史》，发表论文《中国历史体裁的演变》。这部《中国交通史》是中国学术界第一部交通史，而《中国历史体裁的演变》一文标志着白先生中国史学史研究的开始。

傅统先（1910—1985），回族，湖南常德人，在哲学、伊斯兰教与回族史的研究方面成绩突出。他撰有《知识论纲要》、《中国回教史》、《美学纲要》、《哲学与人生》、《教育哲学讲话》、《追求中的真宰》等论著，并翻译西方哲学著作《格式塔心理学原理》、《生命与自然》、《经验与自然》、《现代哲学倾向》、《自由与文化》等。他于1940年出版的《中国回教史》，在吸收陈垣、金吉堂等学者研究成果的基础上，从伊斯兰教传入中国的年代与路线开始，依次记述了唐、宋、元、明、清至民国时期伊斯兰教徒生活的一般情况、历代统治者对伊斯兰教的态度、伊斯兰教徒对沟通中西方文明的贡献，及其对中国政治、学术文化所产生的影响。关注回族妇女，是这部回族史的一个重要特点。论及元代回族时，他专立一节“元代之回教妇女”，记述烈女丁月娥等回族妇女事迹。

杨志玖（1915—2002），回族，山东淄博人，在隋唐史、中西交通史、蒙元史的研究领域造诣精深，代表作有《隋唐五代史纲要》、《元史三论》、《马可波罗在中国》、《陋室文存》、《元代回族史稿》等。他在大学期间就对本民族的历史感兴趣，研究生期间写出了《元代回回考初稿》，述明了元代回回人的情况。此后他撰写了《关于赛典赤》、《说元史中的回回、回纥与畏兀儿》、《元世祖时代“汉法”与“回回法”之冲突——绪言》、《回回一词的起源及其演变》、《咸阳王赛典赤·赡思丁的生年问题》、《元代回汉通婚举例》、《释阿訇》、《元代中国之阿尔浑人》（《元代的阿儿浑人》）、《〈新元史·阿剌浅传〉正误》等论文。《回回一词的起源和演变》一文对“回回”一词的来源、演变的过程进行梳理考证，为研究“回回”名源的代表作。他还根据《永乐大典》所引元代《经世大典·站赤》一条材料撰写了《关于马可波罗离华的一段汉文记载》，证明马可波罗确实到过中国。中华人民共和国建立后，他持续地与怀疑、否定马可波罗到过中国的学者论战，《马可波罗在中国》一书是其辩驳怀疑论者的论文集。

尼合迈德·蒙加尼（1922—1993），汉名倪华德，哈萨克族文学家、翻译家、语言学家，哈萨克史学的开创者，著有《哈萨克族历史》、《哈萨克民间长诗〈吉别克姑娘〉初探》、《伊斯兰教在哈萨克人中的传播及其影响》、《哈萨克语言简史》、《谈哈萨克民间叙事长诗》、《哈萨克民间长诗〈巴合提亚尔的四十枝系〉概述》、《新疆的哈萨克族》、《中国的哈萨克族》等论著，整理了哈萨克族神话《迦萨甘创世》、《神与灵魂》等，编辑了《哈萨克民间系谱集》、《哈萨克民间长诗集》、《十五—十八世纪哈萨克民间诗人选集》等，主编《哈萨克文学史》。民国时期，他在汉族学者苏北海的帮助下曾将哈萨克族长诗如《沙里哈与沙曼》、《曼舒克》、《艾里亚》，经典《哈萨克族世系》等译成汉文，又将鲁迅《狂人日记》、《伤逝》等作品译成哈文，为汉、哈文化交流做出了贡献。他于1947年发表在《瀚海潮》的《哈萨克族历史》一文对哈萨克部落的血统、游牧区域、语言、宗教、文化等进行了较系统的研究。二十世纪八十年他代所撰写的《哈萨克族简史》（哈文版）在国内外学术界引起很大的反响，哈萨克斯坦将其列为大学参考教材。《中国少数民族简史丛书》之《哈萨克族简史》汉文版是在其所撰写的《哈萨克族简史》哈文初稿汉译本的基础上经过修改补充而成的。[①]

第三节　少数民族的田野调查

一、为帮助发展和共赴国难进行少数民族调查

中华民国时期，“五族共和”已经取代了“内中国而外夷狄”、“尊夏攘夷”等观念，成为处理民族关系的原则。日益严重的边疆危机则使人们认识到建设

① 贾合甫·米尔扎汗著，佟中明译《尼合迈德·蒙加尼与哈萨克族历史研究》，《西域研究》1996年第4期。

和扶植少数民族地区的必要性。而要发展少数民族地区，则首先要对他们进行了解。社会调查被认为是了解社会最科学的方法，所得结果可作为改良社会的依据。杨成志在《云南民族调查报告》中指出："孙中山先生的民族主义有两条大原则，对外求中华民族在民族上的平等；对内求中国境内各民族一律平等。——只是西南民族的地位，凡一切的一切都处于汉族水平线以下的。我们虽不能马上把他们弄到和我们站在平等地位，然着手的第一步骤，必先明了其语言、心理、习俗和文化，然后才能渐渐做到亲善、扶植的工作。"① 从事调查的学者都希望自己的调查能对解决边疆民族问题做出贡献。王兴瑞指出："我们民族学工作者，不仅要把我们的工作成果贡献给学术，更要贡献给我们的民族国家。换句话说，我们希望在解决边疆问题上尽点贡献。"其所著《海南岛的苗人》最后一章《汉、黎、苗诸族间的相互关系》分析了海南岛苗、黎、汉民族间所存在的问题，呼吁"要调整民族间的关系，最基本的前提，是必先彻底改变对待黎、苗的错误态度，即变蔑视为同情，变差异为一体"②。抗日战争时期，有关对西北、西南地区的民族调查，旨在巩固后方、激发各民族的抗日热情，共赴国难。正如陈国钧在《贵州苗夷社会概况》中指出："在今日敌骑踏遍半个中国，苗夷区域的地位随着抗战的炮声提高，为苗夷区域主人翁的苗夷，实在不允许他们浑浑噩噩，仍度其初民社会的生活，热望政府和社会人士注意苗夷族，团结苗夷族，促进苗夷族社会文化，改善苗夷族生活状况，图谋苗夷一切利益，解除苗夷种种的苦痛。""尤望我苗夷同胞，此时应知吾全民族共同利益与共同之大敌，惟有起来抗敌御侮，才有真正自由的一天到来。"③ 民国时期，中国的少数民族处于与汉族社会不同发展阶段，为人类学、社会学、民俗学、文字学、语言学、历史学、考古学提供了丰富的研究资料，"都可以从这

① 杨成志《云南民族调查报告·第一章绪论》，李文海主编《民国时期社会调查丛编·少数民族卷》，福建教育出版社，2005 年，第 4 页。

② 王兴瑞《海南岛之苗人》，李文海主编《民国时期社会调查丛编 · 少数民族卷》，福建教育出版社，2005 年，第 156 页。

③ 陈国钧《贵州苗夷社会概况》，吴泽霖、陈国钧等著《贵州苗夷社会研究》，民族出版社，2004 年，第 13 页。

块广大的学田去开掘，而做成我们研究上的新资料。”[①] 同时，外国人在中国进行的少数民族社会历史调查，也刺激着学者。杨成志指出：“我以为这种考察‘西南民族’的工作，与其让外国人代庖，不如让我自己来干一干。为什么？因为历史的背景，社会的习惯和语言的关系，中国人在本国当然比外国人在中国减少许多隔膜。那么，我们以后要振刷精神，实行到民间去！在那里有许多奇葩异果，待我们去摘取的。”[②]

民国时期的少数民族社会历史调查遍及西南、西北、中南、东北、台湾等地，而以西南地区为主，涉及赫哲、瑶、彝、苗、高山、黎、纳西、藏、蒙古、回、傣、羌、畲等众多少数民族，可分为由政府组织的或受政府、学术机构委托、派遣的调查和学者个人所进行的调查。

二、政府机构的民族调查

国民政府内政部与其下属蒙藏委员会、外交部、云南省政府与民政厅，以及各少数民族地区的地方政府都曾组织从事少数民族调查。其调查的内容主要是有关边疆少数民族地区的土司情况、地理、人口、社会生活等状况。如1929年国民政府内政部制定《现有土司调查表》、《现有盟旗及其他特殊组织调查表》，发放到广西、云南、贵州、湖南、四川、西康、甘肃、青海、宁夏、新疆等地，责成各地民政厅详加调查。1940年民国政府下令对川、康、滇、黔四省当时所存土司进行调查。1934年蒙藏委员会制定《西南苗夷民族调查表》要求西南各省住有苗夷民族之各县政府认真调查，切实填载，俾作施政之参考。调查的内容包括民族种类、户籍、人口、语言、教育情况、生活习尚等。二十世纪三四十年代蒙藏委员会调查室对西北、西南民族地区进行调查研究，出版了《马鬃山调查报告》、《伊盟右翼四旗调查报告》、《伊盟左翼三旗调查报告》、《青海玉树、囊谦、称多三县调查报告》、《宁夏洛调查报告》、《祁连山北麓调查报告》、《昌都调查报告》等。1928年秋，广东南区善后公署参谋长黄

---

① 杨成志《云南民族调查报告·第一章绪论》，《民国时期社会调查丛编·少数民族卷》，福建教育出版社，2005年，第4页。

② 同上。

强赴黎区调查，出版《五指山问黎记》。

抗战时期为安定大后方，需要了解西南少数民族情况。1938 年内政部下发《西南边民调查表》，要求西南各省调查填报，调查的内容包括民族种类、居住区域、人口数目、壮丁数目、生活习惯、过去开化工作情形等。1940 年因泰国诱使云南傣族外附，国民政府外交部组织对傣族进行调查，下发《云南省傣族人民调查表》，调查的内容有种类、人口数目、散布区域、与汉人及其他民族人口的百分比、有无特殊活动情形等。[①]

三、大学和学术机构的民族调查

民国时期，占主导地位的是大学和学术研究机构进行的民族调查。如 1928 年杨成志受中山大学委派深入川滇交界的大小凉山彝族（罗罗）地区，克服重重困难，行程约一千里，经过村落约二百个，获得了丰富的民族学资料和民俗品，被称为“深入巴布凉山调查之一人”，“实中国空前未有之民族调查成功之一员也”。他回中山大学途中，在河口从事瑶人的概略调查。至河内，他在法国远东学院图书馆抄录关于安南的书籍，搜集各种照片和民俗品。他撰写了《云南民族调查报告》、《罗罗族巫师及其经典》和《从西南民族说到独立罗罗》等著作。1936 年杨成志率领中大研究生王兴瑞、江应樑，本科生罗比宁、李秋云、刘伟民、宋兆联等组成广东北江瑶山考察团到广东北部介于曲江、乐昌、乳源三县的瑶山进行调查。1941 年又率中山大学师生到乳源一带瑶山考察。他在中山大学的《民俗》专号上发表调查报告《粤北乳源瑶人调查报告》。1937 年中山大学与岭南大学组成海南岛黎苗考察团，杨成志任团长，参加调查的王瑞兴撰写了调查报告《海南岛之苗人》、《海南岛黎人调查报告》。1937 年中山大学派研究生江应樑到云南西部考察少数民族。江应樑进入龙腾沿边的摆夷地区进行调查，并以调查所得撰写毕业论文《云南西部摆夷研究》。1938 年中央赈济委员会与云南省政府组织滇西考察团，江应樑以中山大学暨云南大学特派

① 参考马丽华《二十世纪上半叶民国政府对西南边疆少数民族的调查》，《中国边疆史地研究》2005 年第 1 期。

调查员的身份参加调查。他以这两次调查为基础，在《滇西摆夷研究》上完成《滇西摆夷之现实生活》的书稿。1940年江应樑受中央政治学校派遣到巴布凉山调查彝族，完成《凉山彝族的奴隶制度》一书。

中央研究院也多次派遣学者进行民族调查。如1930年派凌纯声与商承祚到松花江下游进行调查，凌纯声写出了《松花江下游的赫哲族》一书。1933年凌纯声带领芮逸夫、勇士衡到湘西进行苗族调查，撰写了调查报告《湘西苗族调查报告》。1934年凌纯声与芮逸夫、勇士衡到浙江丽水等地调查畲族社会生活，写成《畲民图腾文化的研究》一书。1934年凌纯声与陶云逵、赵至诚、勇士衡等到云南进行民族调查，调查了摆夷、么些、倮倮、倮黑、傈僳、卡多、扑拉、茶山、崩龙、阿佤等民族。

抗战时期随着大批研究机构和高等学校迁往云南、四川、贵州等省，有关西南民族的调查出现了高潮。如大夏大学迁至贵阳后，吴泽霖、陈国钧主持在1939年至1942年间深入到贵州安顺、定番（今惠水）、炉山（今凯里）、黔东八寨、都江、下江、黎平、北盘江流域各县、威宁，以及广西三江、融县、罗城等地，对苗夷少数民族的历史、社会生活、经济、宗教文化、习俗、语言等进行调查研究，撰写了《安顺县苗夷调查报告书》、《贵州各县少数民族社会状况调查报告》、《贵州省东南边陲县黑苗、生苗、侗家、水家生活调查资料》等二十余种调查报告，出版了《贵州苗夷社会研究》一书。他们还征集了少数民族珍贵文物二千余件、拍摄了照片数百幅。[①]1942年中央研究院历史语言研究所与中央博物院筹备处联合组成川康民族调查团，对四川西北和西康东北地区的羌族、彝族、藏族的社会经济生活、婚姻制度、生活习惯、宗教文化进行调查研究，搜集了许多文物标本与用物。参加调查的马长寿撰写了《钵教源流》、《嘉戎民族社会史》等论文。此外，任职于西南联大的陶云逵、云南大学的田汝康、李有义、金陵大学的柯象峰、燕京大学的林耀华等也组织人员进行民族调查，撰写了不少有关少数民族的论文和调查报告。如林耀华先后率考察队到

① 参考何长凤《贵州近代少数民族调查研究的拓荒者——抗战时期大夏大学社会研究部的成就》，《贵州民族研究》2002年第1期。

大小凉山彝族聚居区、西康北部、川康北部交界地区对彝族、康北藏族、嘉戎藏族进行调查，撰写调查报告《凉山彝家》、《康北藏民的社会状况》、《川康北界的嘉戎土司》、《川康嘉戎的家族与婚姻》等。

四、学者个人的民族调查

民国时期，许多学者独自从事少数民族社会历史调查。1911 年至 1914 年间，丁文江在进行地质调查的同时，对云南、贵州和四川凉山地区的少数民族进行调查，发表《贵州的土著民族》、《云南的土著人种》、《四川会理的土著人种》等文，著《漫游散记》。1929 年、1935 年林惠祥两次到台湾调查土著民族，撰《台湾番族之原始文化》、《台湾石器时代遗物研究》等。金陵大学徐益棠对彝族、傣族、藏族调查，撰《雷马屏峨纪略》、《雷波小凉山之倮民》、《到松潘去》、《雷马行纪》、《康藏一妻多夫制又一解》、《打冤家——倮倮氏族间之战争》等论著。1935 年费孝通、王同惠夫妇在金秀瑶山进行五十余日的民族调查，著成《花篮瑶的社会组织》一书。1938 年至 1941 年，李安宅、于式玉夫妇到甘肃拉卜楞寺藏族聚居区调查，撰《拉卜楞寺的僧官暨各级职员的类别》、《黄河南亲王与拉卜楞（附表）》、《拉卜楞寺保护神——佛教象征主义举例》、《萨迦派喇嘛教》、《拉卜楞寺概况》、《拉卜楞寺公开大会》、《藏族宗教史之实地研究》、《西藏系佛教僧教育制度》和《喇嘛教育制度》等论著，对藏传佛教重要寺庙拉卜楞寺的僧官制度、名称、等级及其职能、一年之中各种宗教礼仪与活动所举办的僧众大会进行剖析，分析了佛教僧侣教育的结构系统、学位等级和运行机制。1941 年，俞湘文参加国民政府教育部组织的拉卜楞巡回施教工作时，深入到甘南游牧藏族聚居区，调查了五十余户藏族家庭，结合文献资料撰写了《西北游牧藏区之社会调查》，对游牧藏族聚居区的历史沿革、地理概况、政治、家庭组织、人口、经济、教育、卫生、宗教信仰以及生活习惯等，进行叙述分析。

五、民国时期民族调查的意义

民国时期的少数民族社会历史调查研究，在二十世纪民族史学发展史上具有重要的意义。第一，调查者多数有留学西方的背景，接受过人类学（民族学）的系统训练，他们的调查都是按照现代民族学的调查规范进行的，撰写的调查报告和学术论文，详细地记述了各少数民族的经济生活、社会组织、婚姻生育、宗教信仰、文化教育、语言习俗、居住条件、公共活动与娱乐、丧葬仪式等，还大量搜集少数民族文物。调查者与当地少数民族共同生活，所得资料多为自己亲历亲见，具有较高可信性，为今天了解少数民族历史和社会状况留下了宝贵的资料。第二，培养了大批民族学、民族史研究人才。参加民族调查的学者除了著名的民族学家外，还有青年学者和学生，后者通过调查实践，迅速成长起来，成为二十世纪后期民族学研究的主力。晚年，他们论及自己学术发展道路时，不约而同地追溯到这一时期的民族调查。著名学者谷苞曾说，在云南大学跟费孝通从事社会调查奠定了其从事社会学研究的基础，影响其一生。[①] 第三，民国时期的少数民族社会历史调查为二十世纪民族史学的繁荣奠定了基础。如论及"中华民族多元一体格局"这一理论的形成时，费孝通指出："我总觉得一个人的思想观念是在接触实际中酝酿和形成的，理论离不开实践。我这篇'多元一体格局'的根子可以追溯到1935年广西大瑶山的实地调查。"[②]

第四节　少数民族文献的搜集和初步整理

民国时期学者对少数民族的文献进行了搜集与初步的整理研究：一是对传世的有关少数民族历史的文献进行辑佚、汇编、校勘、考释；二是对调查所得的少数民族文献进行整理研究；三是对少数民族碑铭进行译释；四是对国外有关中国少数民族的史料进行了编译研究。

1. 蒙古史、元史的研究与撰述，是民国时期少数民族史学研究的重点，如屠寄《蒙兀儿史记》、柯绍忞的《新元史》等。王国维著有《蒙古史料校注四

① 谷苞《在费孝通老师指导下云南社会学研究室的三年学徒生活影响了我一生》，《西北民族研究》2006年第1期。

② 费孝通《简述我的民族研究经历和思考》，《北京大学学报》1997年第2期。

种》(《蒙鞑备录笺证》、《黑鞑事略笺证》、《圣武亲征录校注》、《长春真人西游记校注》)，是其整理研究蒙古史料的代表作。他不仅对这四种书籍进行文字校勘，而且对其中所涉及的人物、地理、史事、年代、制度、风俗进行深入的考证，纠正了前人认识上的错误。如关于《蒙鞑备录》的作者，他通过考证认为是赵珙而非原题的孟珙。他还广泛地搜集有关史料对《蒙鞑备录》、《黑鞑事略》中所涉及的史实进行解释、说明，有助于了解十三世纪蒙古社会。故而，学者认为《蒙古史料校注四种》是蒙古史研究的力作。王国维还著有《南宋人所传蒙古史料考》一文，集录了李心传《建炎以来系年要录》、《旧闻证误》所引王大观《行程录》、《征蒙记》资料所记七事，并进行考证，指出《行程录》、《征蒙记》二书所记之事，与史实不合，为南宋初叶人所伪作而托之金人者。1933年，沈曾植、张尔田注释整理文津阁汉译本《蒙古源流》，以《蒙古源流笺证》之名刊行。

2. 搜集辽金文献，对《辽史》进行校勘、补遗、研究。金毓黻在二十世纪三十年代主编《辽海丛书》，分专著、杂志、文征三类汇集东北先正著作、地方志、历代记述东北史地的文献，以及当代学者研究东北史地的著作，共出版十集八十三种。其中有不少关于东北少数民族历史的文献，如《辽小史》、《金小史》、《渤海国记》、《松漠纪闻》等。金毓黻编辑《辽海丛书》保存了珍贵的东北地方文献。他还辑录了《辽东文献征略》、《辽陵石刻集录》。罗福颐撰《辽文续拾》、《辽文续拾补遗》、《满洲金石志》。冯家昇撰《辽史初校》、《〈辽史〉〈金史〉〈新旧五代史〉互证举例》。罗继祖撰《辽史校勘记》。傅乐焕撰《辽史复文举例》、《宋辽聘使表稿》。陈汉章撰《辽史索引》。黄任恒撰《辽痕五种》等。罗福成撰《宴台金源国书碑考》、《宴台金源国书碑释文》。王静如撰《宴台女真文进士题名碑初释》。

3. 西夏文字的译释和文献整理。如罗福成《西夏国书类编》、《(北平图书馆)馆藏西夏文经典目录考略》，罗福苌《西夏国书略说》，罗福苌、罗福颐《宋史夏国传集注》，罗振玉刊印《番汉合时掌中珠》、《音同》。

4. 藏族文献整理研究。吴丰培成《西藏图笈录》、《清代西藏史料》第一辑、《清季筹藏奏牍》等。

5. 满文文献整理。金梁组织人员翻译沈阳故宫崇谟阁所藏“满文老档”，刊出部分译稿，后改称《满洲秘录》。鲍奉宽、齐增桂、张玉全和李德启等对《满文起居注》、《满文黄册》以及军机处档簿、内务府档案、内阁大库发现的《满文老档》及《满文木牌》进行整理研究。李德启还编辑了《满文书籍联合目录》。

6. 其他少数民族文献的搜集整理。丁文江对贵州大定彝族进行调查，一面测量他们的体质，一面搜罗他们的文献，在彝族经师罗文笔的帮助下整理翻译了《爨文丛刊》，汇集了《千岁衙碑纪》、《说文（宇宙源流）》、《帝王世纪（人类历史）》、《献酒经》、《解冤经上卷》、《解冤经下卷》、《天路指明》、《权神经》、《夷人做道场用经》、《玄通大书》、《武定罗婆夷占吉凶书》等十一种彝文经典，约十万字，包含了川黔滇彝族的重要文献，是研究彝族社会历史民族文化的珍贵资料。[①] 杨仲鸿在东巴和华亭的帮助下整理纳西族东巴经，撰写了《么些文多巴字及哥巴汉字译字典》（稿本）。方国瑜在东巴经师帮助下编成《么些文字汇》，用国际音标为东巴文标音，以汉文解释东巴文的文义、分析其结构。他还对东巴经进行分类编目，对纳西族的摩崖、喇嘛文墓碑、“滇西北第一大碑”《石鼓碣》进行考证研究。李霖灿从1939年至1943年在丽江从事四年的调查，学习东巴文、东巴经，搜集、翻译整理东巴经典，著有《么些象形文字字典》、《么些标音文字字典》。他还收集了纳西象形文字经典一千二百三十余册，标音文字经典三册，译注了二十余部纳西象形文字及标音文字经典。后将译注的东巴经辑为《么些经典译注六种》（1957年出版）、《么些经典译注九种》（1978年出版）。

搜集整理土司家族谱，如方壮猷《雷波屏山沭川等县土司家谱》、《蛮夷司文等九土司家谱》，无畏《德格土司世传译记》，陈秉渊《青海土司世系考》等。

十九世纪末二十世纪前期在外蒙古（今蒙古国）境内陆续发现了十几通突厥文、回鹘文碑铭。外国学者较早对碑铭进行解读。清末沈曾植等将少数碑文汉译、解读或出版。民国时期，韩儒林将《阙特勤碑》、《毗伽可汗碑》和《暾

① 马学良《增订爨文丛刊序言》，《民族语文》1983年第2期，第1—2页。

欲谷碑》三碑从德文、英文转译成汉文，进行解释。岑仲勉进一步整理研究突厥文碑铭，做出新解释。王静如、黄仲琴、乐嘉藻、朱延丰等也对突厥碑铭进行了研究。

有关域外中国少数民族文献的翻译整理，主要有张星烺的《中西交通史资料汇编》，冯承钧译《多桑蒙古史》、《西突厥史》、《马可波罗行纪》等。

第五节　多种少数民族史撰述

梁启超、王国维是二十世纪较早地以新观念、新方法从事民族史研究的学者。梁启超撰有《历史上中国民族之观察》、《中国历史上民族之研究》等，对民族概念、中国民族的分类、演变，以及各族的起源、地域、迁徙、习惯、心理、发展历程进行了研究。王国维撰有《鬼方昆夷猃狁考》、《西胡考》、《西胡续考》、《月氏未西迁大夏时故地考》、《萌古考》、《鞑靼考》、《辽金时代蒙古考》、《黑车子室韦考》、《金界壕》等，采用新历史考证法对古代北方民族进行研究。一批青年学者如蔡元培、潘光旦、吴文藻、吴泽霖、黄文山、杨堃、李济、凌纯声、卫惠林、杨成志等留学归国后，在大力宣传介绍西方民族学的同时，也相继撰写了一批民族史研究专著。

对各少数民族的研究还有，何震亚《匈奴与匈牙利》，蒙文通《犬戎东侵考》、《古代民族迁徙考》，黄文弼《古代匈奴民族之研究》，冯家昇《匈奴民族及其文化》，岑仲勉《伊兰之胡与匈奴之胡》、《明初曲先阿端安定罕东四卫考》等，陈汉章《中国回教史》，陈垣《回回教进中国的源流》，李维汉、刘春、牙含章撰《回回民族问题》，王静如《西夏研究》一至三辑，郭克兴《黑龙江乡土录》，孟定恭《布特哈志略》，阿勒坦噶塔《达斡尔蒙古考》，钦同普《达斡尔民族志稿》，何维忠《达古尔蒙古嫩流志》，孟希舜《达斡尔民族志略》，王日蔚《维吾尔（缠回）民族名称演变考》，李符桐《撒里畏兀尔部族考》，范义田《云南古代民族之史的分析》，吴泽霖《贵州苗夷社会研究》，陶云逵《车里摆夷之生命环》，李拂一《泐史》，徐松石《泰族、僮族、粤族考》，姚荷生《水摆夷风土记》，柯树勋《思普沿边志略》，杨汉先《黔西苗族调查报告》、

《大花苗名称来源》、《大花苗的氏族》等。

随着民族史研究的深入，出现了十余种综合民族史专著。它们是王桐龄《中国民族史》（北平文化书社，1928；订正增补本，1934）、常乃德《中华民族小史》（爱文书局，1928）、曹松叶《中华人民史》（商务印书馆，1933）、张其昀《中国民族志》（商务印书馆，1933）、吕思勉《中国民族史》（上海世界书局，1934）、吕思勉《中国民族演进史》（上海亚细亚书局，1935）、宋文炳《中国民族史》（中华书局，1935）、柳诒徵《中国民族史》（上海世界书局，1935）、林惠祥《中国民族史》、郭维屏《中华民族发展史》（成都，1936）、李广平《中华民族发展史》（正义出版社，1941）、张旭光《中华民族发展史纲》（桂林文化供应社，1942）、俞剑华《中华民族史》（国民出版社，1944）、吕振羽《中国民族简史》（光华出版社，1948）等，反映了这一时期史学家对中国民族史的认识和研究水平。

王桐龄《中国民族史》认为，历史上的各民族"皆全部或大部分融合于汉族血统中，为中国民族组成之主要分子"。中国各民族经过几千年的相互交流、融合，已经成为血缘混合的群体。因而晚清以来盛行的排满论是错误的民族观念。"实则中国民族本为混合体，无纯粹之汉族，亦无纯粹之满人，无所用其排。"[①] 基于这种认识，他以汉族与其他民族之间的相互交流、融合同化为线索，叙述各民族与汉族交往、融合同化的历程，注重于民族之混合与发展事迹，对国家盛衰兴亡与社会文化进步退步，仅连带叙及，无暇详述。围绕着民族交往与融合这一主线，王桐龄将中国民族史分为八个发展阶段：一、太古之唐虞三代，汉族胚胎期；二、春秋战国，汉族蜕化时代；三、秦汉，汉族休养时代；四、三国两晋南北朝，汉族第二次蜕化时代；五、隋唐，汉族第二次休养时代；六、五代及宋，汉族第三次蜕化时代；七、明，汉族第三次休养时代；八、清，汉族第四次蜕化时代。在王桐龄看来，经过四个蜕化时代、三个休养阶段，中国境内各民族相互融合，最终汇入中华民族的主体民族汉族之中。《中国民族史》中附有大量的表格，"详尽地开列了从历史典籍中查找出来的有

---

① 王桐龄《中国民族史·序》，吉林出版集团有限公司，2010 年，第 1 页。

关各族群‘接触’事件、跨境移民、‘归化部落’以及各朝代皇族中的族际通婚（后妃族属、公主宗女下嫁）、朝臣族属、朝臣更改异族姓名等的情况，书中共有这样的表格约161个，另外还有反映各朝代皇族的族属世系表68个”①。这些表格旨在以具体史实说明民族融合、交往类型与历程。

吕思勉《中国民族史》按照族别分别叙述各民族的发展历程。全书共十三章，第一章为总论，概述汉族、匈奴、鲜卑、丁令、貉族、肃慎、苗族、粤族、濮族、羌族、藏族、白种诸族等十二个民族，作为全书的总纲。其余各章分别阐述这十二个民族族称、起源、地理范围、生产、政治、文化、习俗、社会组织、宗教信仰、其与汉族的关系、发展历程以及其支系的变迁。每叙述一个民族之后，以附录的方式考证与这一民族有关的一些重要问题。

林惠祥《中国民族史》在当时影响很大，日本人中村、大石将其译成日文，于1940年出版。日文书刊论及中国民族多参考此书。林惠祥认为，民族史是通史的辅助学科，但二者叙述范围的广狭是有所区别的，民族史也是人类学的一个组成部分，人类学中叙述人类各种族状况的那一部分内容就是民族史。中国民族史应叙述中国各民族古今沿革之历史，即讨论各民族之种族起源、名称沿革、支派区别、势力涨落、文化变迁，及各族相互间之接触混合等问题。基于这种认识，他将《中国民族史》分为十八章，首二章为总论，其余各章每一章论述一种民族。在总论中，林惠祥讨论了中国民族的分类、中国民族史的分期等问题。其余各章分论十六种民族，首论该民族之起源、名称与他族之关系等，次论该族在历史上之沿革，然后述该族在现今之状况。

林惠祥认为，中国民族史的分期应以各民族之每一次接触混合而至于同化为一期，中国民族以华夏族为主干，其同化皆系消融于华夏系，故每一期之终亦即华夏系之扩大。准此，他将中国民族史区分为，秦以前、汉至南北朝亡、隋至元亡、明至民国。秦以前是东夷、西戎、南蛮、北狄之同化于华夏族，华夏族第一次之扩大时期。汉至南北朝亡是匈奴、鲜卑、乌桓、氐羌之同化于华

① 马戎《从王桐龄〈中国民族史〉谈起——我国三十年代三本〈中国民族史〉的比较研究》，《北京大学学报》2002年第3期。

夏族及华夏族第二次之扩大时期。隋至元亡是突厥、回纥吐蕃、南诏、契丹、党项、女真、蒙古与汉族之接触混合及汉族之第三次扩大时期。明至民国为满洲族兴起及大部汉化，蒙回藏族继续汉化及华夏族之第四次扩大时期。这种分期法与王桐龄一样，都是以民族融合为主线划分中国民族发展阶段。

吕振羽《中国民族简史》是“用马克思主义观点综合叙述中国各民族历史的最早的一部著作”①。该书首先对以往的民族史观进行了清算，特别是对以蒋介石《中国之命运》为代表的所谓汉族是正统，其他民族是宗支的说法进行了尖锐的批评。其次，分析汉族与其他民族的关系，以及各民族对中国历史的贡献，认为汉族在中国历史上起主导作用，其他民族也对中国历史的发展做出了贡献。最后用社会形态理论考察中国各民族发展历程，分析各民族所处的社会历史发展阶段，从而指出其发展前途。白寿彝指出：“吕振羽试图从马克思主义民族理论上解释一些问题，并探索各民族的历史的前途，尽管他在具体的史实方面有不少误解，但从书的总体上看，代表一个新的研究方向。”②

以上诸种中国民族史初步确立了民族史研究的主体架构，为民族史学的研究和发展奠定了基础。

---

① 蔡美彪《重读吕振羽〈中国民族简史〉书后》，《社会科学战线》1993 年第 1 期。

② 白寿彝《民族史工作的历史传统》，《史学史研究》1987 年第 1 期。

第二章

二十世纪后半期中国少数民族史学概略

第一节　少数民族史学理论的探索

一、唯物史观框架下的民族史学理论探索

1949年中华人民共和国建立，标志着一个新的历史时期的开始。中华人民共和国建立后的中国少数民族史学以唯物史观和马克思主义民族观为指导，进行中国民族史理论和历史的研究，取得很大成绩。

中华人民共和国建立初期的民族史学者，运用马克思主义民族史学理论与研究方法，并借鉴苏联与西方民族史学的有益成分，结合中国的实际，从民族平等的立场、观点出发，对民族史学理论进行了许多探讨。这些理论问题主要包括民族、历史上的中国与疆域、历史上民族关系与民族关系主流、民族战争与民族英雄、民族同化与融合、有关少数民族王朝的评价、汉民族的形成等，形成了一些有重要影响的看法，在建立富有特色的中国少数民族史学理论体系方面，迈出了可喜一步。[①] 但当时对中国少数民族史学理论的研究与探讨，存在着教条化和模式化倾向，使"民族问题的实质是阶级问题"等这类极"左"命题成为一种理论导向并被贯彻到基层，对中国少数民族史学及其理论的研究造成了破坏。

二十世纪七十年代后期，随着十年"文化大革命"的终结，特别是中共十一届三中全会的召开和解放思想、实事求是思想路线的确立，中国民族史学步入了一个新的发展时期。史学研究者在已有成果的基础上，着重探讨了历史上的中国、疆域、民族关系的主流、汉民族与中华民族的形成等问题。经过讨论研究，在诸多问题上形成了大致的共识，从而促进了民族史学的发展。其中

① 林耀华、庄孔韶《中国民族学的回顾与展望》，《社会科学战线》1985年第1期。

汉民族的形成、历史疆域、民族关系的主流、中华民族的形成、多元一体的中华民族格局、民族凝聚力等问题的讨论，集中反映了中华人民共和国在民族史学理论方面的开拓与探索。

二、民族史学理论的新开拓

1. 关于汉民族的形成。有学者根据斯大林有关民族形成的条件和民族定义，提出汉民族的形成在明末清初资本主义萌芽时期或1840年以后中国产生资本主义时期。1954年范文澜发表《试论中国自秦汉时期成为统一国家的原因》一文，针对苏联格·叶菲莫夫提出的汉民族形成于十九世纪与二十世纪之间的观点，指出秦汉时期汉族已经形成，“汉族自秦汉以下，既不是国家分裂时期的部族，也不是资本主义时期的资产阶级民族，而是在独特的社会条件下形成的独特的民族”[①]。随之，学界展开汉民族形成问题的讨论。

1978年以后，有关汉民族形成的研究摆脱教条主义束缚，走向深入。多数学者认为，夏、商、周、蛮、夷、戎、狄的融合形成了华夏族，战国时期华夏已成为稳定的民族共同体，秦的统一结束了华夏族的分散状态。秦汉皇朝采取的巩固统一措施，进一步促进了华夏族的稳定发展，完成了向汉民族的转变。民族融合、中央集权国家的存在、农耕文化、汉语和汉字文化等在汉民族形成过程有重要作用。2011年，叶文宪根据新石器时代先民骨骼的体质人类学分析和遗传基因检测，指出，传说中的华夏、东夷和苗蛮是汉民族的源头，这三大族团融合成为先秦的华夏族；秦汉帝国建立后华夏族与蛮夷戎狄迅速形成一个人口众多、文化一致的汉民族。汉民族在发展过程中不断地融入其他的部族、民族，所以今天汉族的体质特征包涵了蒙古人种的东亚、北亚、南亚三个亚种。[②]

2. 关于历史上中国疆域。历史上中国疆域的讨论，是由白寿彝《论历史上祖国国土问题的处理》一文引发的。该文指出：“对于本国史上祖国国土的处

① 范文澜《试论中国自秦汉时成为统一国家的原因》，《历史研究》1954年第3期。

② 叶文宪《论汉民族的形成》，《古代文明》2011年第3期。

理，是有两个办法。一个办法是，以历代皇朝的疆域为历代国土的范围，因皇权统治范围的不同而历代国土有所变更或伸缩。又一个办法是，以今天的中华人民共和国的国土为范围，由此上溯，研求自有历史以来，在这土地上的先民的活动。”他认为后一办法是正确的，能使本国史成为中华各民族共同的历史，能够告诉我们这个民族大家庭的历史的由来。[①] 不少学者赞成并补充白寿彝的观点。孙祚民持反对意见，认为，在处理历史上祖国疆域以及与此相关联的历史上各少数民族的问题上，“以今天的中华人民共和国的国土为范围，由此上溯研求自有历史以来在这块土地上所有各少数民族的活动”，是值得商榷的。第一，这种认识模糊了今天和过去历史在时间上的发展连续性，否认了历史上每一个王朝在不同历史时期疆域的变化。第二，这种认识企图用今天中华人民共和国国土范围的“框子”，去括套过去整个古代历史时期不同王朝和国家的疆域，不能反映疆域与统一的多民族国家的发展变化。第三，从这种观点出发，则历史上的民族战争是国内战争，取消了民族侵略问题，掩盖了侵略战争的非正义性，否定了各族人民反侵略的传统。因此，应“以中国历史上历代皇朝的疆域为历代国土的范围，因皇朝统治的范围不同而历代国土有所变更伸缩”。基于此，他认为将女真侵略宋朝说成是侵略中国是可以的。[②] 孙祚民这种观点，只将汉族建立的皇朝视为中国古代皇朝，显然是不当的，理所当然地受到学者的批评。

二十世纪八十年代以来，历史上中国疆域问题再次引起重视。谭其骧赞成将今日中国境内历史上的民族及其所建立的政权视为中国历史上的民族与政权，但不赞成白寿彝以现在中国的疆域为历史上中国的疆域。他认为：“现在的中国疆域，已经不是历史上自然形成的那个范围了，而是一百多年来资本主义列强、帝国主义侵略宰割我们的部分领土的结果，所以不能代表我们历史上的中国疆域了。”而“1840 年以前的中国范围是我们几千年来历史发展所自然形成的中国，这就是我们历史上的中国”。因此处理历史上的中国的标准只

① 白寿彝《论历史上祖国国土问题的处理》，《光明日报》1951 年 5 月 5 日。

② 孙祚民《中国古代史中有关祖国疆域和少数民族的问题》，《文汇报》1961 年 9 月 4 日。

有“从十八世纪五十年代到十九世纪四十年代鸦片战争以前这个时期的中国版图作为我们历史时期的中国的范围”这一条，没有第二条。他主编的《中国历史地图集》在处理中国历史上的疆域问题时，采取的就是这个标准。周伟洲对白寿彝以今天中国的疆域确定历史上的中国的疆域和民族、谭其骧以清初乾隆时中国版图为准，凡历史上活动于这一版图之内的各民族及其所建政权都是当时的中国的观点提出质疑，指出白寿彝等人的看法是用今天的疆域套历史上中国的疆域，否定了今天中国的疆域是历史上中国疆域发展而来的事实，不符合统一的多民族国家发展的事实。他提出：“历史上的中国即是历史上中国统一的多民族国家，它所管辖的地区就是它的疆域，在这个疆域内的各族，就是当时中国的民族。”“在中国历史上统一的时期无论是汉族或其他民族建立的统一的多民族政权（或称作‘王朝’），则应是当时的中国。”[①]“至于秦汉中国统一的多民族国家未形成之前的情况，夏、商、西周及由西周各诸侯争霸而形成的春秋、战国时的各国，均应是当时的中国。”这是以中原统一王朝代表中国，并以其疆域为当时中国的疆域。1989年白寿彝对自己的观点重新进行了系统阐述，指出：“疆域，是历史活动的舞台。中华人民共和国的疆域是中华人民共和国境内各民族共同进行历史活动的舞台，也就是我们撰写中国通史所用以贯串今古的历史活动的地理范围。这个疆域，是国内各民族共同进行历史活动的舞台，但并不包含某些民族外国成员的活动在内。……在我们处理历史上祖国疆域问题的时候……既要注意疆域问题同祖国各族人民的密切联系，也要注意到中华民族和其他民族或国家间的历史关系。”[②]这一观点，成为多数学者的共识。

3. 关于历史上民族关系的主流。二十世纪五六十年代有关历史上民族关系主流的讨论，形成了针锋相对的两种观点。一种认为主流是友好合作，主张将历史上各族劳动人民和各族统治阶级予以区分，认为包括占统治地位的民族的人民在内的各民族人民间的关系，是民族关系的主流。从历史的全过程看，统治阶级造成的消极因素是一时的、局部的，而各民族人民之间的联合和互相友

① 周伟洲《历史上的中国及其疆域、民族问题》，《云南社会科学》1989年第2期。

② 白寿彝主编《中国通史》第一卷“导论”，上海人民出版社，1989年，第79—81页。

好合作、取长补短等积极因素，则是长期的、主要的。[①]另一种强调主流是矛盾、斗争，认为，民族压迫是各民族之间关系的本质表现，将历史上的民族关系说成是友好合作，抹杀了民族间曾经发生战争、压迫、屠杀的史实，是“以今套古，把古代的民族关系也现代化了”[②]。

二十世纪八十年代，学者从整个历史发展过程重新考察历史上民族关系主流问题。翁独健认为：“尽管历史上各民族间有友好交往，也有兵戎相见，历史上也曾不断出现过统一或分裂的局面，但各民族间还是互相吸收、互相依存、逐步接近，共同缔造和发展了统一多民族的伟大祖国，促进了中国的发展，这才是历史上民族关系的主流。”[③]

4. 中华民族多元一体格局理论。二十世纪三十年代，顾颉刚提出了“中华民族是一个”的观点，引发了学术界较为广泛的论辩。二十世纪五十年代，他进一步指出：“中华民族为多种民族所结合，中国文化为多种民族文化所荟萃。”[④]

二十世纪八十年代族别史和民族关系史研究的深入，促进了有关中华民族形成问题的研究。白寿彝在《中国通史》第一卷（上海人民出版社，1989）和《关于中国民族关系史上的几个问题》（《民族宗教集》，河北教育出版社，2001）等著作中，从理论上阐述了多民族国家统一的辩证发展和辩证关系，指出：“我们的祖国，曾经出现过各种形式的多民族的统一。我们经过的统一，有单一民族内部的统一和多民族的统一，后者又包含区域性的多民族统一、全国性的多民族的统一和社会主义的全国性的多民族的统一。”[⑤]他提出了各民族共

---

① 赵华富《为正确阐明中国历史上的民族关系而斗争》，《山东大学学报》1959 年第 1 期；陶明《试论中国是一个统一的多民族国家》，《民族研究》1959 年 9 期；吕振羽《论中国历史上民族关系的基本特点》，《学术月刊》1961 年第 6 期；陈永龄《中国是各族人民共同缔造的统一的多民族国家》，《历史教学》1979 年第 4 期。

② 吴晗《历史教材和历史研究中的几个问题》，《人民教育》1961 年第 9 期；范文澜《中国历史上的民族斗争与融合》（1962 年的讲演稿整理），《历史研究》1980 年第 1 期。

③ 翁独健《民族关系史研究中的几个问题》，《中央民族学院学报》1981 年第 4 期。

④ 周文玖、张锦鹏《关于“中华民族是一个”学术论辩的考察》，《民族研究》2007 年第 3 期；丁东、高增德等编《世纪学人自述》第一卷《顾颉刚自述》，十月文艺出版社，2000 年，第 74 页。

⑤ 白寿彝主编《中国通史》第一卷“导论”，上海人民出版社，1989 年，第 90 页。

同创造中国历史、历史疆域、统一多民族国家形成和中国历史上民族关系的主流等理论，为中国少数民族史学理论的研究奠定了基础。

费孝通于1988年在香港中文大学发表“中华民族的多元一体格局”的讲演，提出了“多元一体格局”理论的基本架构，后以《中国民族的多元一体格局》为题发表在《北京大学学报》1989年第4期。他出版了《中华民族多元一体格局》（中央民族大学出版社，1989）及《中华民族研究新探索》（中国社会科学出版社，1991）等论著，多层面地探讨了中华民族多元一体格局理论，全面推动了中华民族整体研究的开展，在中国学术界引起了巨大的反响。“中华民族多元一体格局”理论，从高层次上阐述了中国民族的结构，为中国民族史学提供了新的理论。该理论涵盖三方面：一、中华民族是包括中国境内56个民族的民族实体，56个民族已结合成相互依存的、统一而不能分割的整体。二、形成多元一体格局有个从分散的多元结合成一体的过程，其间汉族发挥凝聚作用把多元结合成一体，而成了中华民族，一个高层次认同的民族。三、高层次的认同并不一定取代或排斥低层次的认同，不同层次可以并存不悖，甚至在不同层次的认同基础上可以各自发展原有的特点，形成多语言、多文化的整体，并适应于多变不息的内外条件，而获得这共同体的生存和发展。①

5. 中华民族凝聚力理论。在将“中华民族多元一体格局”理论作为研究中国民族史的理论框架的同时，学者们分别从不同的角度对该理论进行阐述、充实和深化，继而展开了对中华民族凝聚力的探讨，出版了多部研究专著，是对“中华民族多元一体格局”理论深层次的发掘和充实。

关于“民族凝聚力理论”，较早的重要研究成果有瞿林东《历史·现实·人生——史学的沉思》（浙江人民出版社，1994）一书和陈其泰《史学传统与民族精神》（《北京师范大学学报》1996年第3期）一文，对“民族史学与民族凝聚力”这一理论进行了阐释。陈育宁等《中华民族凝聚力的历史探索——民族史学理论问题研究》（云南人民出版社，1994）一书，主要对中华民族凝聚力这一具有历史意义和现实意义的课题做了全面系统的阐释。此外，陈琳国《伟大的

① 费孝通《简述我的民族研究经历和思考》，《北京大学学报》1997年第2期。

步履——中华民族的形成、发展及其凝聚力》(浙江人民出版社，1994)、木芹《中华民族历史整体发展论》(民族出版社，1995)、马戎和周星《中华民族凝聚力形成与发展》(北京大学出版社，1999)、卢勋等《中华民族凝聚力的形成和发展》(民族出版社，2000)等，探讨了中华民族凝聚力概念的基本内涵及其形成的历史过程、诸因素等问题，既有翔实的史料根据，又有深刻的理论分析，颇具学术价值和现实意义，是中国少数民族史学理论研究的可喜收获。

三、台湾史学界的民族史学理论

自二十世纪五十年代以降，台湾史学界对于西方史学理论的介绍，仅及于极少数的学者和极少的篇章，其中更多只是翻译文章，重实质研究而轻忽理论一直是台湾史学界的主流，因而对历史理论缺乏兴趣与深刻反省。[①] 台湾民族学者的研究则以汉人社会、文化体系诸特质及文化变迁等基本理论问题为重点，比较重要的研究成果有罗香林《中国民族史》(台北中华文化出版事业社，1953)、胡耐安《中国民族志》(台湾商务印书馆，1964)、吴主惠《汉民族的研究》(台湾商务印书馆，1968)、刘义棠《中国边疆民族史》(台湾中华书局，1969)、郑德坤《中华民族文化史论》(台湾天地图书有限公司，1984)、唐屹等《中国少数民族概况研究》(台北“内政部”及“政治大学”，1992)、杨学琛《中国民族史》(台北文津出版社，1994)、李毓澍统编《中华民国史民族志》(台北“国史馆”，1995)等等。这些著述，对中华民族内部古今各族的分合演变进行了详尽的论述，同时也提出了不少新论点，如汉民族“是异质的复合民族”、“是具有多元的血缘枢纽之民族”、“是具有一元的文化枢纽之民族”等等。[②] 王明珂《华夏边缘：历史记忆与族群认同》(台北允晨文化实业公司，1997)，将人类学、民族学研究中的“边缘理论”引入民族史的领域，提出维系一个族群(如华夏)的是其族群边缘(如华夏心目中哪些人不是华夏)，拓

① 林正珍《台湾五十年来“史学理论”的变迁与发展:1950—2000》,《汉学研究通讯》第20卷4期2001年，第6—17页。

② 许木柱《台湾民族学研究的回顾与展望》,《国立政治大学民族学报》1993年第20期，第143—150页。

展了中国少数民族史学研究的视域和理论基础。

这一时期，民族志调查与社会文化人类学理论层面的研究都有很大的进展。1949 年，迁台的“中研院”史语所、台湾省文献委员会与在台北帝大土俗人种学教研室基础上成立的台湾大学考古人类学系，成功组织了第一次本土学者的台湾少数民族民族志调查，即“瑞岩民族学调查”。随后，出版了十多种民族调查报告，主要有卫惠林、何联奎《台湾风土志》(1956),《日月潭邵族调查报告》(1958)，台湾省文献委员会《台湾省通志稿 · 原住民各族篇》(1965)，李亦园、徐人仁、宋龙生、吴燕和《南澳的泰雅人》(1963)，阮昌锐《大港口阿美族》(1969)，石磊《筏湾，一个排湾族部落的民族学田野调查报告》(1971)，台湾省“民政厅”《61 年台湾省山地山胞经济调查报告》(1973)、《埔里巴宰七社志》(1981 年)、《阿里山邹族的历史与政治》(1990) 等。这些调查报告，对台湾居住的少数民族的来源、历史和族别划分等相关问题有卓有成效的研究。学者认为，古代文献中称台湾少数民族为番族、夷人，是日本侵占台湾后才杜撰“高砂族”一词，以称呼之。台湾光复后，民国政府将此名改一字，称台湾少数民族为高山族。二十世纪五六十年代，大陆进行民族识别，也将居住在台湾和福建的原台湾少数民族称为高山族，列为全国 56 个民族之一。台湾学者卫惠林在所著《台湾风土志》下篇（台湾商务印书馆，1956）中认为，台湾少数民族根据地区文化特征可以划分为八族，因为他们大都是汉族移入台湾以前，生活在台湾的土著，因而用台湾土著族或土著诸族通称较为适当。其实，台湾的少数民族虽然主要是来自大陆东南沿海的闽越人，也有不同时期从海上来自菲律宾、琉球群岛等地的。语言学、人类学、考古学的研究成果表明，台湾诸土著人分布广泛，各有其独立的语言、习俗和文化，不是单一民族，因而用高山族来统称台湾的少数民族是不确切的。

从以上所述可以看出，半个多世纪以来，中国少数民族史学理论研究取得了巨大的成绩，但仍存在不少问题，甚至在一些基本范畴的界定和使用上存在着分歧和混淆。在中国民族史学研究蓬勃发展的今天，中国少数民族史学理论体系的建立和完善，是目前史学界亟须深入研究的一项迫切任务。

第二节　少数民族社会历史调查与《中国少数民族简史丛书》

二十世纪五六十年代，广大民族学者运用马克思主义民族史学理论与研究方法，并借鉴苏联与西方民族史学的有益成分，从民族平等的立场、观点出发，在全国范围内进行大规模的民族识别和民族调查。在此基础上，1979 年至 1991 年间陆续出版的《中国少数民族简史丛书》，标志着中国少数民族史学研究的迅速发展，初步建立了中华人民共和国的少数民族史学，为中国少数民族史学体系奠定了坚实基础，在中国民族史学发展史上具有里程碑意义。

一、民族识别

中华人民共和国有关少数民族地区的调查在二十世纪五十年代初就开始了。1950—1952 年间中央先后派出访问团到西北、西南、中南、东北、内蒙古等少数民族地区进行慰问、调查，宣传民族平等政策，了解少数民族情况。同时，许多在旧时代长期受压迫、受歧视的少数民族纷纷提出确认其族称和民族成分的要求。为了维护各民族的平等权利，推动各民族的共同繁荣和发展，从 1953 年开始，国家组织大批科研人员和民族工作者，以马克思主义的历史唯物论和民族理论为指导，从中国的国情和民族实际出发，就各个族体的族称、分布地域、经济生活、语言文字、心理素质和社会历史等进行综合的调查研究和深入分析，在充分尊重各个族体人民意愿的基础上，科学地甄别各个族体的民族成分和族称，进行民族识别工作。在具体进行民族识别工作时，首先要识别其是汉族还是少数民族；如果是少数民族，还要识别是单一民族还是其他民族的一部分。到 1957 年初，明确了十一个少数民族的民族成分。其后又陆续明确了九个少数民族的民族成分。到 1983 年，经国务院正式确定公布的共有五十六个民族，基本上解决了中国统一多民族大家庭中各民族的族属问题和民族成分的结构问题。①

---

① 费孝通《关于中国民族的识别问题》，《中国社会科学》1980 年第 1 期；黄光学、施联朱主编《中国的民族识别——56 个民族的来历 · 前言》，民族出版社，2005 年，第 1 页。

民族识别工作，第一次厘清了中国人民的民族成分，为国家民族政策的制定推行、各民族人民民族权利的保障和统一多民族国家的和谐发展提供了基础；同时，在理论和实践上给民族学科和民族史研究提供了宝贵的资料和经验，促进了中国特色民族学科的发展。

二、少数民族社会历史调查

中华人民共和国进行的社会主义政治经济和文化建设，使全国各民族都发生了重大变革，尤其是一些相对后进的少数民族的社会制度、经济基础和上层建筑更是发生了翻天覆地的变化。为了弄清各少数民族的历史、习俗、经济和社会情况，将正在发生变革和消失的传统的物质文化和精神文化记录下来，了解各少数民族所处的社会发展阶段，以便中央采取符合各民族发展实际的改革措施，从 1956 年开始，在全国范围内开展了大规模的少数民族社会历史调查。

调查由全国人大民族委员会和中央民族委员会组织。《关于在少数民族地区进行各民族社会历史情况的调查研究工作的初步规划》规定，社会历史调查的方针为："首先调查各民族的社会生产力、社会所有制和阶级情况，尽可能收集历史发展资料和特殊的风俗习惯，进而对各民族历史做系统的研究。"计划先用四至七年时间调查主要少数民族的社会经济结构和阶级状况，进而对各个少数民族历史进行系统研究，再用三年时间撰写少数民族简史简志。中央民族学院等单位的专家拟定了《社会性质调查参考提纲》，作为调查的指导文件。从中央相关部门、相关高校、研究单位及相关各省抽调民族研究人员和民族干部，总共二百余人，组织了内蒙古东北[①]、新疆、西藏、云南、贵州、四川、广西、广东八个调查组，由中央民族学院翁独健、冯家昇、夏康农、李有义、费孝通、吴泽霖、岑家梧等教授任组长，选择蒙古、藏、维吾尔、壮等二十个被认为代表了从原始社会、奴隶社会到农奴社会、地主经济各个不同历史发展阶段的民族为调查对象。调查组深入民族地区，各自选择许多点，开展田野调查，并编写调查报告。

① 1958 年成立东北三组后，该组只负责内蒙古的调查。

受“大跃进”之风的影响，1958 年少数民族社会历史调查决定在一年内完成少数民族简史、简志、自治地区概况三种丛书的编写，向国庆十周年献礼。为此扩大调查范围，新增了甘肃、青海、宁夏、辽宁、吉林、黑龙江、湖南、福建八个调查组，民族学者如王炳煜、傅乐焕、沈家驹、白寿彝、陈永龄、施联朱等分别提任组长或副组长，原有的几个组因组长被划为右派，改委地方党政干部任组长。十六个调查组的成员最多时达到千人以上。没有派调查组的省，由省民族事务委员会负责按照调查提纲提供所需材料。此时的调查主要是为撰写三种丛书服务，故而凡负责多个少数民族调查的大组将其数十位成员按民族分组，或再分为若干小组，开展对各个民族的调查和史志编写。1964 年有关中国少数民族社会历史调查工作基本结束。①

与中华民国时期的少数民族社会历史调查相比较，二十世纪五六十年代的少数民族社会历史调查具有系统性和全面性。这次少数民族社会历史调查是由全国人大民族委员会和中央民族委员会组织的有规划有步骤有分工的调查，调查的地区和对象包括全国所有少数民族地区和少数民族，改变了民国时期少数民族社会历史调查自发的、各自为政的和缺乏整体规划的局面。此次少数民族社会历史调查虽然受到政治的干扰，但还是取得了很大成绩，摸清了中国五十多个少数民族的情况，积累了民族工作和民族调查研究的经验，锻炼和培养了一批民族研究人才和民族工作干部。二十世纪八九十年代在民族史学领域中成就卓著的学者大多参加过调查，民族问题五种丛书之一的《中国少数民族简史丛书》的撰写者也多是这些参加调查的学者。调查先后写出调查资料三百四十多种，整理档案资料和文献摘录一百多种，拍摄反映少数民族的科学纪录片二十余部，搜集了许多珍贵的民族历史文物。

三、《中国少数民族简史丛书》

1958 年 6 月，民族研究工作科学讨论会举行。“讨论会提出了在今后一年之内完成少数民族社会历史初步调查和编写民族自治地方概况、各民族简史、

① 底润昆、张正明《全国少数民族社会历史调查的前前后后》,《民族团结》1999 年第 4 期。

语言简志等三种民族问题丛书的跃进计划”[①]，从而具体提出了编写少数民族丛书的任务。这三种丛书再加上后来的《中国少数民族》、《中国少数民族社会历史调查资料丛刊》，合称为“民族问题五种丛书”。

当时部署了各调查组的具体任务：内蒙古组为蒙古、达斡尔、鄂温克、鄂伦春等简史简志五册，黑龙江组为赫哲族简史简志合编一册，吉林组为朝鲜族简史简志二册，辽宁组为满族简史简志合编一册，宁夏组为回族简史简志合编一册，甘肃组为东乡、裕固、保安等族简史简志合编三册，新疆组为维吾尔族、哈萨克族、锡伯族、柯尔克孜族、乌兹别克族、塔塔尔族、俄罗斯族简史简志十册，四川组为彝族简志、羌族简史简志合编二册，西藏组为藏族简史简志二册，云南组为白族、傣族、彝族简史、佤族、景颇族、拉祜族、纳西族、布朗族、德昂族、傈僳族、怒族、独龙族、哈尼族简史简志共十五册，贵州组为苗族、布依族、侗族、水族、仡佬族简史简志六册，广西组为壮族、瑶族、毛南族、仫佬族、京族简史简志六册，广东组为黎族简史简志一册，湖南组为土家族简史简志一册，福建组为畲族、高山族简史二册。经过一年艰苦的工作，大部分史志丛书初稿完成。由于政治运动的影响，审稿和修订工作一拖再拖。1963 年中国科学院民族研究所部署各调查组，将撰出的简史、简志或史志的初稿按统一规格铅印为五十八本，征求意见。十年“文化大革命”时期简史简志等工作被迫中断。

中共十一届三中全会后，利用前述的民族社会历史调查资料进行民族问题研究和对撰出的简史简志稿进行修订补充，为各少数民族都撰写一部史志提上了议事日程。1979年初，国家民委在北京召开“民族问题五种丛书”规划会议，研究和部署“民族问题五种丛书”的修订出版工作。《中国少数民族简史丛书》(以下简称《简史丛书》)的修订原则是，对于基础较好的《简史》，尽可能不作大的更动，主要是修改明显的错误与补充重要材料；对史志合编的《简史》大部分重新编写并补充必要的材料，《简史》的时间下限为 1949 年。编写人员

① 中央民族事务委员会党组向中央提交的《关于在今后一年内完成少数民族社会历史调查工作的报告》(1958 年 7 月 28 日)，转引自宋蜀华、满都尔图主编《中国民族学五十年 1949—1999》，人民出版社，2004 年，第 124 页。

原则上由原执笔者担任，吸收少数民族学者和对该民族历史有研究的学者，并尽量吸收少数民族干部参加，进行《简史》的编写、讨论、修订工作。同时要求《简史》的撰述要理论联系实际，观点统率材料，力求内容正确、材料充实、文字通俗、图文并茂。从1978年《回族简史》[①]出版到1991年《维吾尔族简史》出版，全国55个少数民族的简史全部出齐。

《简史丛书》在中国史学发展史上第一次对各少数民族的人口分布、语言特点、族源、族称、社会历史发展过程、社会经济形态、物质文明、宗教、学术文化，以及与其他民族的关系等，进行了系统的梳理和论述，对民族史学的发展具有重要的意义。在中国历史上，有许多少数民族没有自己的民族文字，其他民族对该民族的记述也十分简略。《简史丛书》的编纂者通过对文献资料的梳理和田野调查，为这些民族撰写了历史，具有填补空白的意义。如《侗族简史》是“在近三十年来深入实际调查、广泛搜集文献记载和资料的基础上，经过综合研究编写的第一部侗族史籍”[②]。有些少数民族有自己的文字和记载其历史的史书，民国时期的学者对其历史也进行过研究，但为其撰写一部通史性的历史书，叙述其从民族起源到中华人民共和国建立的发展历程，《简史丛书》是第一次。如有关回族历史，民国时期出版了多部与其有关的史书，如金吉堂《中国回教史》、傅统先《中国回教史》、马以愚《中国回教史鉴》、白寿彝《中国回教小史》等，但这些史书将伊斯兰教和回族历史混在一起，族教不分。延安民族问题研究会撰写的《回回民族问题》，第一次将回族作为一个民族予以论述，但这部书着眼于现实问题，有关回族历史只是其中内容之一。《回族简史》则系统地叙述了回回民族的形成过程、伊斯兰教与回族的关系，以及回族的发展历程。《中国少数民族简史丛书》使中国境内的每一个民族都拥有了一部关于自己民族的历史，这在中国史学发展史上是前所未有的壮举。

---

① 《回族简史》1978年由宁夏人民出版社出版，1980年经修改后由宁夏人民出版社再版。《〈中国少数民族简史丛书〉出版述略》(《史学史研究》1982年第2期)认为最早出版的是1979年出版的《满族简史》。

② 张养吾编《编纂〈民族问题五种丛书〉文库之三·概览编·侗族简史概览》，中央民族大学出版社，1994年，第19页。

《简史丛书》在材料使用方面，除了引用文献资料，还大量采纳田野调查资料和考古资料，并使用了考古学、民族学、民俗学、谱牒学等学科方法对各民族历史进行综合研究。对历史上与现实中有关少数民族的错误认识，《简史丛书》予以分析批判。如《傣族简史》运用丰富的傣族文献和田野调查资料澄清了“傣人南迁”、“傣人建立南诏”等旧说，指出西方学者所谓的诸葛亮南征引起“傣人南迁”，实际上不存在，是违背历史事实的。所谓南诏为傣族所建是误将哀牢认为掸傣，并从史料、分布、封赐、姓氏和族属五方面论证南诏与哀牢同源，而哀牢与掸傣不同源，建立南诏的蒙舍非傣族。在文字表述方面，《简史丛书》以通俗易懂、图文并茂为特征，在正文外，还收录了图片。《简史丛书》以其通俗性和学术性受到国内外人民和学者的欢迎、好评。如《彝族简史》出版后，“彝族同志说本书写得很真实，文字很简练，读后增强了民族自信心和自豪感，加强民族团结，坚定建设社会主义的信念，受到彝族人民的欢迎”。《傣族简史》出版后，“国际傣学研究者纷纷索取，给予好评”。[①]

《简史丛书》对民族史研究的发展也起到了促进作用。学者以《简史丛书》的出版为契机从事族别史研究，并在此基础上撰写族别通史。如《回族简史》出版后，从事回族史研究的学者多次围绕着《回族简史》的修订召开座谈会，对其中所涉及的学术问题如回族的来源与形成、回族与伊斯兰教的关系、回族历史分期、回族历史人物事件的评价、回族与汉族及其他民族的历史关系等进行讨论，并希望《回族简史》的修改为中国回族通史的撰写奠定基础。

毋庸讳言，《简史丛书》存在着这样那样的问题，一些《简史》的史实欠精确，所涉及的问题还需要进一步研究，一些《简史》的内容单薄，凡此等等，都要求对这套丛书进行进一步充实修订。2005 年国家民委决定对这套丛书修订再版，以“适当修订、适量续修”为修订原则，在不改变原书结构的基础上吸收近二十年来的研究成果、新发现的材料和新理论，对原书进行订正、充实，同时续修中华人民共和国建立以来的历史，以反映各民族在当代的发展。

① 张养吾主编《编纂〈民族问题五种丛书〉文库之三·概览编·彝族简史、傣族简史概览》，中央民族大学出版社，1994 年，第 12、25 页。

2009年《简史丛书》修订再版工作完成，共计55本，总文字量约1357万字，平均每本25万字左右。

第三节　少数民族文献整理研究

中华人民共和国建立后，对少数民族历史文献进行了大规模、有计划的整理研究，包括有关少数民族历史记载的汉文文献整理研究、少数民族语言文字文献资料的整理研究、少数民族社会历史调查资料的整理出版，以及少数民族文献提要、目录的编制等，为民族史学的发展奠定了坚实的基础。中华人民共和国建立后所进行的少数民族社会历史调查、少数民族文献整理研究和民族理论的探讨，为民族史的撰述准备了理论前提、资料基础。二十世纪八十年代以来，随着中国民族史、中国民族关系史、中国古代民族史、族别史、专题史撰述的繁荣，少数民族文献整理研究也呈现了繁荣的状态，同时还编纂了多种与少数民族历史有关的工具书。

一、1966年以前少数民族汉文文献的整理研究

中华人民共和国建立以后对少数民族历史文献的整理研究十分重视。二十世纪五十年代中央民族学院设立了“中国少数民族史料丛刊”编辑委员会。1984年作为整理研究出版少数民族历史文献的指导机构，全国少数民族古籍整理出版规划小组成立，随之各省也成立了相关机构，负责组织、协调指导少数民族古籍收集、整理、出版。通过对各种民族资料的辑录、汇编、考证，少数民族文献的整理与研究取得了丰硕的成果。

历代汉文历史资料包含着丰富的有关少数民族与少数民族地区历史的记述，这些是研究少数民族历史的重要资料，对那些已经消失或没有自己民族文字的少数民族的历史研究，显得尤为珍贵。1966年以前，有关少数民族文献的整理研究以汉文文献为主。白寿彝主编《回民起义》，翦伯赞、陈述、孙钺等编《历代各族传记会编》（第一编、第二编），冯家昇、程溯洛、穆广文编著《维吾尔族史料简编》（上、下），岑仲勉《西突厥史料补缺及考证》、《突厥集

史》，方国瑜《元代云南行省傣族史料编年》，中国科学院历史研究所史料编纂组编《柔然资料辑录》，内蒙古少数民族社会历史调查组、中国科学院内蒙古分院历史研究所编《〈清实录〉达斡尔、鄂温克、鄂伦春、赫哲史料摘抄》，北京大学历史系等编辑《西藏地方历史资料选辑》[①] 等，是中华人民共和国建立后有关少数民族历史文献整理与研究的较早成果。其中，《回民起义》、《维吾尔族史料简编》、《元代云南行省傣族史料编年》等反映了这一时期民族文献整理研究的特点。

白寿彝主编《回民起义》（神州国光社，1952）为清代云南回民起事、西北回民起事资料汇编，包括官书、私人著述、奏议、地方志与碑刻文字等。其对所辑资料依原文照录，间或有删节，纠正其衍、脱、讹字，并加以标点，略依史事发生的先后予以排列。对所收录的每一篇文献，白寿彝都写有题记，介绍文献主要内容、作者、版本、史料价值。此书是中国近代史资料丛刊之一，为中国近代史和回族史研究提供了便利。

《维吾尔族史料简编》（民族出版社，1958 上册，1981 上下册）所辑录的资料以汉文为主，有少量的维文和外文资料。全书分为二十六章，以纲目体的形式按时间顺序编排从公元前三世纪至十九世纪有关维吾尔族的史料，书末附有《维吾尔族大事年表》、《引用书目》。编纂者指出："纲是编写人用自己的话总叙下文的内容，目是所引的材料。"[②] 对于所引材料，编著者都注明出处。其所谓"纲"就是每一章、每一节的提要，旨在对这一章、节所辑录史料所反映的历史内容进行概述。若将每章、每节的提要汇集起来，就是一部维吾尔族简史。因此，《维吾尔族史料简编》既是一部维吾尔族史料集，也是以史料形式呈现出来的维吾尔族古代史。

岑仲勉《西突厥史料补缺及考证》（中华书局，1958）、《突厥集史》（中华书局，1958），为突厥史料整理研究方面的代表作。前者旨在对法人沙畹《西突厥史料》（1934 年冯承钧译）一书进行补遗和对西突厥史实进行考证。沙畹

① 《维吾尔族史料简编》、《元代云南行省傣族史料编年》、《西藏地方历史资料选辑》等史料汇编均有少量从其他语言翻译过来的史料，但以汉文史料为主。

② 冯家昇、程溯洛、穆广文编著《维吾尔族史料简编 · 几点说明》，民族出版社，1958 年。

有关西突厥史料的整理考释，汉文资料的选择以新旧《唐书》、《册府元龟》为主，范围较窄，有关考释也有不尽人意之处。岑仲勉以其书为基础，从史料方面予以补缺，对其有关认识进行考辨与修正。其中“西突厥史料编年补缺”是对《西突厥史料》的重要完善。“编年”按时间顺序将广泛搜集的史部、金石中与西突厥有关的资料予以编排（沙畹书中辑录者除外），对于没有明确时间的史料则置于相近的时间之后，扩大了史料搜集的范围。岑仲勉还对《西突厥史料》有关西突厥初期的传记资料进行补充，“撮合中外史料”，增加了室点密、达头可汗传。《突厥集史》分上下册，上册按年代顺序辑录突厥史料，始于西魏大统八年（542），终于唐天宝十四年（755）；下册为汉文史书中突厥本传与突厥属部传记的校注、突厥部人物列传碑铭（中文）校注以及突厥文碑铭译注；附录收录了与突厥有关的论文，可谓突厥史料之集大成。

方国瑜《元代云南行省傣族史料编年》（云南人民出版社，1958），由《元代以前傣族的居住区域》、《见于记录傣族的名称》两篇绪言、傣那区域纪事、元代傣那区域地理、傣泐区域纪事、元代傣泐区域地理以及附录《傣族区域风土记》组成。绪言部分论述了元代以前各地傣族间的联系以及与邻近各族的关系，分析了见于记载的傣族各个名称的缘由、含义。编者认为元代有关傣族社会生活的史料较少而明清较多，故作《傣族区域风土记》一篇作为附录，收录元李京《云南志略》，钱古训、李思聪《百夷传》、《马可波罗行纪》，以及明清地方志有关傣族社会生活的资料。《元代云南行省傣族史料编年》的正文部分，将元代有关傣族政治、军事史料分傣那区域纪事、傣泐区域纪事两部分以时间先后为序予以编排。傣那区域纪事起自元宪宗四年（1254），止于元至正十五年（1355）。傣泐区域纪事起自元宪宗三年（1253），终于元至正十五年（1355）。所列每条史料都标明出处，并以按语的形式予以解释、考证。不少考释内容超过了所引史料。“傣那区域地理”、“傣泐区域地理”，是对元代云南行省所知傣那地区地名、傣泐地区设治的地名范围的考证。因此，《元代云南行省傣族史料编年》也可以看作是一部以史料编年的形式呈现出来的傣族史。

二、1966 年以前少数民族文字文献的整理研究

1966 年以前，有关少数民族文字史料的整理研究也取得了一定的成绩。如《维吾尔族史料简编》、《西藏地方历史资料选辑》等史料汇编中均收录了维吾尔文、藏文史料，《元代云南行省傣族史料编年》收录了傣文文献《麓川思氏宦谱》、《泐史》中有关资料。辽宁少数民族社会历史调查组对满文档案资料进行了翻译整理，出版了《满族历史档案史料选辑》。冯家昇对回鹘文文书、写本、刻本进行整理研究，发表了《回鹘文与回鹘文〈玄奘传〉》、《回鹘文斌通〈善斌〉卖身契三种》、《元代畏兀儿文契约二种》、《回鹘文契约二种》等论文。其中，《元代畏兀儿文契约二种》对 1929 年西北科学考察团在新疆库车发现的回鹘文借钱卖地契约、中国科学院考古研究所 1951 年买到的一张残缺回鹘文契约进行考释、翻译。《回鹘文斌通〈善斌〉卖身契三种》、《回鹘文契约二种》，对 1953 年西北文物考察时在新疆吐鲁番获得的五种回鹘文契约进行拉丁文转写、汉译与考释。谢再善将汉字注音本《蒙古秘史》翻译成汉文。内蒙古出版社再版了蒙古国策·达木丁苏隆现代蒙文通俗本《蒙古秘史》。

三、1979 年以来的少数民族汉文文献整理研究

1984 年国务院转发国家民委《关于抢救、整理少数民族古籍的请示》，要求有关省市、自治区、单位做好民族古籍的抢救、整理工作。根据指示精神，各省、自治区、直辖市制定了抢救、搜集、整理、出版少数民族古籍计划，有关民族古籍的整理研究进入了繁荣时期。无论是汉文民族文献，还是少数民族语言文字文献的整理研究都以前所未有的规模和速度进行，尤其是对少数民族文字和口碑文献进行了抢救性的保护和整理研究。

其中有关汉文少数民族文献的整理研究成就主要表现为：

1. 汉文资料中有关各个民族以及民族地区的记述大部分被整理出来，汇编成书出版，如潘光旦《中国民族史料汇编》，杜玉亭《元代罗罗斯史料辑考》，蒙默《凉山地区古代民族资料汇编》，徐铭《明实录彝族史料辑要》，魏治臻《〈清实录〉彝族史料辑要》，魏治臻《彝族史料集》，刀永明《中国傣族史料辑

要》，王锺翰《朝鲜〈李朝实录〉中的女真史料选编》，薄音湖、王雄《明代蒙古汉籍史料汇编》，陈高华《明代哈密吐鲁番资料汇编》、《元代维吾尔、哈剌鲁资料辑录》，冯志文、吴平凡《回鹘史编年》，田卫疆《〈明实录〉新疆资料辑录》，韩荫晟《党项与西夏资料汇编》，林幹《匈奴史料汇编》，周伟洲《吐谷浑资料辑录》，汤开建、刘建丽《宋代吐蕃史料集》，陈燮章、索文清、陈乃文《藏族史料集》，陈乃文、陈燮章《藏族编年史料集》，米海萍、乔生化《青海土族资料集》，吴玉贵《突厥第二汗国汉文史料编年辑考》等。这些成果为少数民族史研究提供了丰富的资料。

2. 对汉文史籍中少数民族传记的研究，如刘美崧《两唐书回纥传回鹘传疏证》，杨圣敏《突厥回纥史料校注》、《资治通鉴回纥史料校注》，余太山《两汉魏晋南北朝正史西域传要注》、《两汉魏晋南北朝正史西域传研究》等著作。这是少数民族汉文文献整理深化的重要表现。

3. 在汉文少数民族古籍点校、辑录的基础上编纂大型少数民族文献丛书、丛刊，如《中国西北文献丛书》、《中国民族史地丛刊》、《中国回族古籍丛书》、《中国藏学史料丛刊》、《中国少数民族古籍集成》、《回族典藏全书》、《云南史料丛刊》等。这些丛刊的编辑出版，对促进少数民族史学的发展意义重大。如吴海鹰主编《回族典藏全书》收录了1949年以前的回族古籍五百三十九种，是至今最全面完善的回族古籍文献集成，其中有不少珍贵孤本、善本，被学者誉为“回族四库全书”。方国瑜主编《云南史料丛刊》搜集了从汉代到清末四百余种史料，每一篇史料分为概说、正文、后记三部分，概说多根据方国瑜《云南史料目录概说》论述史料的来源、版本、价值，后记为史料编辑人员对正文校勘所据版本的说明，间或补充概说之不足。正文以校点的方式整理史料，对前人所作有价值的注、疏、证、解、索引等均予以保留。这部丛刊被学者誉为滇史研究的宝库。

4. 少数民族社会历史调查资料的整理出版。民族问题五种丛书之《中国少数民族社会历史调查资料丛刊》收录二十世纪五六十年代全国少数民族社会调查所获得的资料。民国时期的少数民族社会历史调查资料也被多种丛书所收录，如李文海主编的《民国时期社会调查丛编》少数民族卷，收录了杨成志、江应樑、吴泽霖等撰写的少数民族调查报告。这些来自田野调查的第一手资料，对了解和研究民国时期和中华人民共和国建立之初的少数民族社会历史十分珍贵。

四、1979 年以来的少数民族文字文献整理研究

少数民族文献整理研究最引人注目的是有关少数民族文字文献的整理研究。其中古突厥文、回鹘文、西夏文、满文、藏文、蒙古文、彝文、东巴文等文献的整理成就尤为突出。

1. 古突厥文碑铭的整理研究。二十世纪七十年代以来学者逐渐掌握了古突厥语，能够直接阅读古突厥碑铭，有关古突厥文碑铭的整理研究进入了新阶段。耿世民于二十世纪七十年代末编写的《古代突厥文献选读》，汇刊了主要古突厥碑铭并附有从古突厥碑铭原文翻译的汉译文。2005 年出版的《古代突厥文碑铭研究》是其研究古突厥文和碑铭的代表作。其第一部分论述了古突厥文碑铭发现和整理研究的经过，介绍了现存主要碑铭的形制与收藏情况、古突厥文字母、来源、拼写规则与突厥文语法，附有古突厥文碑铭中主要词汇的拉丁文转写、汉文对照字典。这些旨在为后学掌握突厥文提供帮助。第二部分对所收录的《暾欲谷碑》、《阙特勤碑》等九通古突厥碑铭的拉丁字母转写和汉文译文、简单注释，对这些铭文中有争议的内容提出了独到的见解，使译文更准确，反映了耿世民五十余年研究古突厥文的心得和成就。此外，芮传明所著《古突厥碑铭研究》一书以汉文文献与碑铭相结合考证了《阙特勤碑》、《毗伽可汗碑》、《暾欲谷碑》、《翁金碑》以及《阙利啜碑》等五通古突厥碑铭中的地名、人名、历史事件、族称、职官等，并在吸收前人成果的基础上重译铭文。

2. 回鹘文文献的整理研究。耿世民《两件回鹘文契约的考释》对冯家昇研究过的《定慧大师卖奴隶字据》、《斌通（善斌）卖身契第三种》重新转写、汉译和考释，纠正了冯氏的错误，并揭示两件文书显示的史料价值。李经纬的《吐鲁番回鹘文社会经济文书研究》、《回鹘文社会经济文书研究》，刘戈《回鹘文契约文书初探》都是研究回鹘文社会经济文书的代表著作，但其在回鹘文书的考释、翻译方面存在着不尽人意之处。耿世民《回鹘文社会经济文书研究》

则是“目前国内出版的译文最为可靠的一部回鹘文社会经济文书研究著作”[1]。该书收录回鹘文社会经济文书一百二十九件，分行政文书、买卖奴隶文书、买卖交换土地文书、租借文书、告贷文书、其他文书等类别，对收录的每一件文书进行拉丁文转写、汉文翻译，间或有注释。此外，书中还简述了漠北回鹘汗国、高昌回鹘汗国、察哈台汗国时期的回鹘历史，对回鹘文及其文献、回鹘文在中亚西亚的传播、现存回鹘文文书及其研究状况、回鹘文文书的格式、回鹘文字母和拼写法、回鹘文文书语言语法等进行介绍，并附有回鹘文词汇表。这些对研究回鹘文文书的初学者有指引门径之效。耿世民还对敦煌莫高窟出土的回鹘文献进行研究，撰有《敦煌突厥回鹘文书导论》。牛汝极、杨富学等也对敦煌回鹘文文献进行研究，合著《沙洲回鹘及其文献》。成书于喀喇汗王朝时期的回鹘文经典《福乐智慧》、写定于十三世纪的回鹘文《乌古斯汗的传说》，以及以阿拉伯文译释突厥文的《突厥语大词典》等，是珍贵的维吾尔族古籍，分别出版了现代维吾尔文本和汉译本。

3. 满文历史文献的研究整理，以满文档案为主，如《满文老档》、《清初内国史院满文档案译编》、《崇德三年满文档案译编》、《康熙朝满文朱批奏折全译》、《雍正朝满文朱批奏折全译》、《康熙统一台湾档案史料选辑》、《郑成功满文档案史料选辑》、《郑成功满文档案选译》等的整理出版。

4. 藏文文献的整理研究。王尧与陈践合著有《敦煌本吐蕃历史文书》、《吐蕃简牍综录》，王尧著有《吐蕃金石录》、《敦煌古藏文文献探索集》等，对敦煌遗书中吐蕃古藏文文献进行译注。陈庆英与人合作将多种藏文史籍译成汉文并作注释，如《王统世系明鉴》、《汉藏史集》、《红史》、《萨迦世系史》、《五世达赖喇嘛传 · 云裳》、《章嘉国师若必多吉传》等。此外，《西藏王统记》（刘立钱译注）、《青史》（郭和卿译注）、《白史》（法尊译注）、《西藏王臣记》（郭和卿译注）、《朗氏家族史》（赞啦 · 阿旺、佘万治译注）、《布顿佛教史》（蒲文成译注）、《安多政教史》（吴均译注）、《新红史》（黄颢译注）等重要藏文史籍也先后被整理出版。

---

① 张绪山《耿世民著〈回鹘文社会经济文书研究〉评介》，《西域研究》2006 年第 4 期。

5. 蒙古文史籍的译注。二十世纪七十年代以来，学者对《蒙古秘史》进一步做整理研究。一是出版了多种汉文译注本《蒙古秘史》，如道润梯步《新译简注〈蒙古秘史〉》、札奇斯钦《〈蒙古秘史〉新译并注释》、额尔登泰和乌云达赉《蒙古秘史校勘本》、额尔登泰与阿尔达扎布校勘《蒙古秘史》、余大钧译注《蒙古秘史》、阿尔达扎布《新译集注〈蒙古秘史〉》等。二是将汉文音译《蒙古秘史》进行还原。先后出版了巴雅尔用拉丁文注读音并还原为回鹘蒙古文、附现代蒙古语的三卷本《蒙古秘史》、满昌以现代蒙语还原并加注释的《蒙古秘史》、亦邻真古畏兀儿字还原本《蒙古秘史》等。此外，学者还校注出版了《十善福白史册》、《蒙古源流》、《黄金史》、《水晶珠》、《黄史》、《阿萨拉克齐史》、《恒河之流》、《金轮千辐》、《黄金念珠》、《宝贝念珠》、《水晶鉴》、《阿萨拉克齐史》等三十余部著名的蒙文史籍。留金锁《十三世纪——十六世纪蒙古编年史》、乔吉《蒙古历史文献概要》等较为系统地介绍了蒙古历史文献。

6. 彝文、东巴文的文献整理研究。毕节地区译文翻译组整理出版了《西南彝志选》、《西南彝志》、《彝族源流》等。《西南彝志》和《彝族源流》都采用彝文、国际音标、汉文直译和意译及对照的方法进行整理。东巴文献的整理研究主要有：云南省少数民族古籍整理出版规划办公室编《纳西东巴古籍译注》、东巴文化研究所编译《纳西东巴古籍译注全集》等。《云南少数民族古籍珍本集成》也收录了彝文、东巴文经典。

在收集整理少数民族历史文献的同时，学者还对少数民族文献进行编目，撰写提要，为了解、查找、利用少数民族文献提供了便利。这里要提到的是由张公瑾任主编的《中国少数民族古籍总目提要》，这部1997年开始编纂的提要目录，预计出版六十卷一百一十册，将收录全国少数民族文字古籍、口碑古籍三十余万条，对收录的每一种古籍列其名称，介绍其基本内容、版本、收藏地点和整理情况，已出版了回族卷、纳西族卷、侗族卷、鄂伦春族卷、毛南族京族合卷等二十余卷。此书将是了解中国民族文献、文化的重要工具书，也是对中国少数民族古籍整理成就的总结。

中华人民共和国建立后有关少数民族文献的整理研究、出版，在很大程度上解决了研究少数民族历史在资料方面所存在的困难，促进了民族史学的发展。一些与中国民族有关的域外文献，如志费尼《世界征服者史》、拉施特《史集》、勒内·格鲁塞《蒙古帝国史》、《草原帝国》、巴布尔《巴布尔回忆录》等也被译成汉文出版，进一步扩大了中国民族史料的范围。

第四节　少数民族史研究撰述

一、“文革”前的少数民族史研究成果

1966年以前，少数民族史研究的最重要成果，是少数民族社会历史调查以后各调查组撰成的四千余万字的调查资料和按统一规格铅印的五十八本简史、简志或史志的初稿。二十世纪八十年代，由国家民委民族问题五种丛书编委会主持，将这些调查资料加上后来调查的门巴、珞巴、基诺、普米等族调查资料百余万字和后来整理的部分藏族调查资料，重新编辑出版，共计一百五十八册、五千余万字。[①]

学者还陆续发表了数十百篇学术论文并出版了一些民族史专著。民族史著作如马长寿《突厥人和突厥汗国》、《北狄与匈奴》、《乌桓与鲜卑》，白寿彝《回回民族的历史和现状》，黄现璠《广西僮族简史》，安作璋《两汉与西域关系史》，陈述《契丹社会经济史》等。

“文革”十年，学者个人虽有偷偷从事心爱学术工作的，但从总体上说民族史研究完全停止。

二、1978年后的少数民族史研究专著

1978年后，民族史研究进入了繁盛时期，各种专题研究和各个民族历史研究成果丰硕。《中国少数民族简史丛书》的出版，使全国的少数民族都有一部族别史。在此基础上，学者对族别史进行深入研究，既有关于古代民族的专

① 宋蜀华、满都尔图主编《中国民族学五十年1949—1999》，人民出版社，2004年，第132—133页。

史，也有现代民族的专史，而且出版了通史性的族别史。中国民族史的著作，突破民国时期以汉族融合同化其他民族为主线的撰述模式，取得很大成绩。但族别史的研究主要是以单个民族为研究对象，难以说明中国各民族的总体历史及历史上各民族之间的关系，故而贯通性的中国民族史和民族关系史的研究受到特别的重视。

贯通性的民族史撰述，如翁独健《中国民族史研究》（中央民族学院出版社，1987）、中国社会科学院民族研究所《中国民族史研究》（中国社会科学出版社，1987）、唐嘉弘《中国古代民族史研究》（青海人民出版社，1987）、黄烈《中国古代民族史研究》（人民出版社，1987）、黄崇岳《中华民族形成的足迹》（人民出版社，1988）、徐杰舜《中国民族史新编》（广西教育出版社，1989）、江应樑《中国民族史》（民族出版社，1990）、文史知识编辑部《中国古代民族志》（中华书局，1993）、王锺翰《中国民族史》（中国社会科学出版社，1994）、陈连开《中国民族史纲要》（中国财经出版社，1999）、田晓岫《中华民族发展史》（华夏出版社，2001）等。这些先后出版的研究成果，系统阐述了各个民族起源、形成以及发展演变的历史过程。

徐杰舜《中国民族史新编》是中华人民共和国建立后出版的第一部中国民族史。这部著作在撰述体例上突破按朝代顺序叙述中国民族史的旧例，以民族自身发展规律为线索来叙述其起源、形成与演变的历程，在内容上突破了将民族史等同于少数民族史的观念。从二十世纪五十年代开始，学术界将民族史等同于少数民族史，并以一个个少数民族为单位撰写各民族史，这很难说明各民族之间的关系以及各民族对中华民族的贡献。作者认为，一部中国民族史，就是中国汉族与少数民族共同发展的历史。中国民族史的编写必须包括汉民族史，把汉民族史的内容排斥于中国民族史之外的任何做法都不符合中国民族发展史的实际。因此，该书将汉族与各少数民族历史汇于一书，展示中国各民族共同发展史。该书还注意历史上的民族与当代民族之间的关联，以地区为单位厘清了古今民族的来龙去脉，较好地处理了古今民族间的关系。《中国民族史新编》开启了中国民族史撰述的新局面。

江应樑主编《中国民族史》“以集中体现中国历史特点的‘统一’和‘整

体’原则作为贯串全书的主线，以历史上的疆域变迁和民族关系作为全书内容的重点”[①]。全书按照历史时代发展顺序叙述各个民族的产生、发展、政治经济、社会发展状况及其相互关系，中央王朝对民族地区的管理等。

王锺翰主编《中国民族史》在《后记》中指出：“我们编写这部民族史，是一部以中国有史以来的少数民族为主，联系华夏/汉民族的产生、形成、发展的综合性的历史，力求找出各个民族的盈虚消长和兴衰治乱的特点和规律，并加以总结、提炼、概括，希望能建立起符合中国民族史本身的规律及体系。”因此，该书以民族为单位，以各少数民族的发展变化为主线，阐述了从中华民族的起源到各民族人民共同进行反帝反封建斗争，争取中华民族解放的历程；既反映各民族的起源、形成、发展的历史过程及其发展的规律，同时在反映各民族相互关系方面，比较准确地反映出汉族和汉文化在其中所起的主导作用；在处理民族问题上，以民族平等的立场分析、对待历史上的民族及其相互关系，发掘少数民族对祖国边疆开拓和丰富祖国文化宝库等方面所做出的重要贡献，认为各族在历史上相互学习、相互吸收、相互依存，共同缔结和发展了统一的多民族的伟大祖国，是中国历史上民族关系的主流。作者“希望通过深入叙述各民族历史与文化发展的轨迹，揭示各民族如何共同创造中国历史与文化的内在联系，揭示中华民族多元与一体辨证发展的规律”[②]。

陈连开主编《中国民族史纲要》在《绪论》中指出：“在数千年历史发展中，民族矛盾以多种形式表现出来，而民族关系发展的主流是由许许多多分散的民族单位，经过接触、斗争、混杂、相互涵化，同时也融合、分化和消亡，形成了一个由众多民族你来我去，此兴彼替，你中有我，我中有你，既各具个性，又具多层次共同性的统一体。”这是对统一的多民族国家形成过程的动态考察和对费孝通提出的“中华民族多元一体格局”理论的进一步阐发。基于此，该书将在统一的多民族国家形成过程中出现并做出贡献的所有民族按地区纳入其中，力图写出各民族共创中华史和中华民族形成历程。

① 育航《钩深致远 别开生面——江应樑主编〈中国民族史〉读后》，《贵州民族研究》1992年第3期。

② 亦西《八年磨一剑——〈中国民族史〉编纂记略》，《民族团结》1995年第5期。

1981 年召开的中国民族关系史学术座谈会，对历史上的中国、疆域、民族关系的主流等问题进行了讨论，其后国家民委政策研究室编辑出版了《中国民族关系史论文集》(上、下，民族出版社，1982)。其他的民族关系史著述如翁独健主编《中国民族关系史纲要》(中国社会科学出版社，1990)，吸收 1981 年中国民族关系史学术座谈会讨论成果，系统阐述了从远古到中华人民共和国建立几千年的民族关系，以民族平等的态度对待历史上少数民族建立的政权，强调各民族在政治经济文化方面的相互影响，反映出各族共创中华史，被学者誉为中国民族关系史的奠基之作。[①] 还有朱绍侯主编《中国古代民族关系史》，杨建新、马曼丽主编《西北民族关系史》，孙祚民《中国古代民族关系问题探讨》，王辅仁、陈庆英《蒙藏民族关系史略》等，对中国民族关系史的任务、目的、核心问题及基本认识等进行了详细的阐发，确立了中国民族关系史的基本理论框架。

区域民族史的著述，如杨建新《中国西北少数民族史》，尤中《中国西南民族史》，胡绍华《中国南方民族发展史》，傅朗云、杨暘《中国东北民族史略》，余太山《西域通史》，马通《甘肃回族史》，林幹《中国古代北方民族史新论》等。

少数民族文化、历史人物等论著，如李德洙主编《中国少数民族文化史》丛书，吴永章《中国南方民族文化流源史》，张碧波、董国尧《中国古代北方民族文化史》，谷苞《新疆历史人物》等。

此外，有关少数民族和少数民族地区的政治制度、经济、法律、宗教信仰的成果也十分丰富。这些成果表明二十世纪下半叶以来，中国民族史的撰述无论在广度和深度方面都是以往时期无法比拟的。

台湾地区比较重要的民族史著作有：郑德坤《中华民族文化史论》(台湾天地图书有限公司，1984)、唐屹等《中国少数民族概况研究》(台北“内政部”及“政治大学”，1992)、杨学琛《中国民族史》(台北文津出版社，1994)、李毓澍统编《中华民国史民族志》(台北“国史馆”，1995)等。

---

① 罗佑贤《中国民族关系史研究的奠基之作——〈中国民族关系史纲要〉产生过程》，《中国社会科学报》2006 年 11 月 24 日。

第三章

二十世纪中国蒙古族史学

第一节　二十世纪的蒙古族及前期中国蒙古族史学

一、二十世纪蒙古族及其史学要貌

进入二十世纪，在世界政局的激烈变化中，蒙古族的地域、人口又出现了一些变化。蒙古族人口最多的内蒙古地区仍为中国之一部，而清代喀尔喀蒙古革命独立，成立了蒙古人民共和国，今称蒙古国，在苏联还有布里亚特蒙古，也建立了联邦自治共和国。

自清中叶以来，由于蒙古族已不是世界乃至中国政治舞台的主角，成为中国的一个国内民族，所以蒙古族史学已失去了自主发展的条件，但他们的历史已作为全人类的共同遗产，越来越引起世界各民族国家的重视，尤其是历史上蒙古族统治所涉足的地区，有关蒙古族历史的史学研究、史著撰写历久不衰。蒙古族史学已跃出了本民族史学的范畴，变为一种世界性的显学。此期间，中国、蒙古国自然不断地研究蒙古族的历史，著撰蒙古史，世界各国学者研究和撰著蒙古史的工作不仅没有终结，而且历久弥新。

清中叶以后，研究著撰蒙古史、元史渐成中国的显学，曾出现过钱大昕等在蒙古史研究方面有成就的学者。但研究方法还比较陈旧，多数还停留在读史考史，对《元史》及与之相关的史籍进行校补考订。十九世纪末，中国与世界的联系越来越多，洪钧出使西方国家，发现了中国前所未见的西域波斯有关蒙古史的著作，据以著成《元史译文证补》一书，将域外蒙古史著引入国内，促进了中国蒙古史学的研究，也使中国的蒙古史学迈出了走向世界的步伐。二十世纪三十年代有不少学者留学国外，学成回来，用新的史学方法研究著撰蒙古史。特别是 1949 年中华人民共和国建立之后，蒙古族史学的研究和撰著与其他各种学术一样，呈现出多姿多彩的繁荣局面。

二、重修《元史》的成果

到十九世纪末，随着学术视野的不断开阔，中国的学者们越来越觉得作为中国蒙古古代史的代表性著作《元史》存在着很多不足，不能全面正确地反映蒙古族的历史，都想构建一部新的蒙古史。但当时的学者们仍囿于中国的传统史学模式，把注意力集中在重写《元史》上。二十世纪初，学者们综合考订中外史料，吸纳前代研究成果，重写《元史》，代表性的史著有两部，一部是屠寄的《蒙兀儿史记》，一部是柯绍忞的《新元史》。重修《元史》是中国封建蒙古史学的遗声。

《蒙兀儿史记》，屠寄（1856—1921）著。屠寄早年用心研读《元史》、《蒙古秘史》及其他蒙元史籍，任黑龙江舆图局总办时，主持编绘《黑龙江舆地图》，广泛地搜集有关史料和诸家著述，并亲率属员进行实地测量，对蒙古初兴史事及东道诸王分封之地理有了更真切的认识，撰《元秘史地理今释》、《元秘史注》。离任南归时，绕道蒙古，留意考察地理风俗。其于公务之暇，编撰《蒙兀儿史记》。1913 年辞去职事，“一意著述，朝夕寝馈于蒙兀儿史者前后凡五年”，全书未完而病卒。后其子将已刊及未刊稿本汇总整理，于 1934 年刊行，计一百六十卷，有本纪十八卷，列传一百二十九卷，表十二卷，志一卷。内十四卷有目无文。《蒙兀儿史记》名不以朝代，而以族名，视角新颖，更具蒙古族专史的意义。该史广泛利用中外史料和前人研究著述，增补了大量旧史所缺内容，除对旧史纪传表志做了很多补充外，还增立列传四百余人及西域诸国传、蒙古色目氏族表，较旧史丰厚不止一二。研究方法也比较科学认真，对史料和前人著述仔细考订，择善而从，订正了旧史及前人著作中的许多错误，凡增订内容皆注明出处，资料取舍、考订皆说明根据，对蒙古人译名做了力所能及的统一。该史虽尚有许多不足之处，但仍被公认为是重修元史诸书中最好的一部。

《新元史》，柯绍忞（1848—1933）著。柯绍忞，光绪十二年（1886）进士。他在翰林院任职时，即从《永乐大典》中抄辑出很多元史资料，自此不断搜集，博访私家藏书及元碑拓片，复得洪钧书及其他东西学者著述，决意重修元史。入民国后，他专心著述，在其任清史馆总纂、馆长期间仍继续编撰元史，1920 年成《新元史》二百五十七卷，计本纪二十六卷，表七卷，志七十卷，列传一百五十四卷。次年，大总统徐世昌颁令列为“正史”。《新元史》利用了明清以来诸家研究成果，包括屠寄的《蒙兀儿史记》，被认为是重修《元史》的集大成之作，尤其是列传部分比旧史增加了很多。但该书于旧史所增删改动之处都未注明出处，使读者不知其所据为何，成为缺憾。

三、发掘蒙古史料、译介绍域外蒙古史著

辛亥革命后，史学界继承乾嘉史学的治学宗旨，又接受西方近代的科学方法，构建现代新史学。学者们将相当的精力投入蒙古史料的搜集与研究考订上，以求通过史料的丰富与准确提高对历史的认识和史书的撰著质量。王国维的《蒙古史料校注四种》，即《蒙鞑备录笺证》、《黑鞑事略笺证》、《圣武亲征录校注》和《长春真人西游记校注》开此先河。其后，类似的成果所在多有。

随着蒙古族史学研究的深入和视野拓宽，译介域外蒙古史著取得了显著的成绩。前期以冯承钧最为得力，译有《多桑蒙古史》、《马可波罗行记》、《蒙古史略》等。

四、使用近代史学方法研究蒙古史学

李思纯留学欧洲多年，在巴黎大学师从瑟诺博司教授研究近代史及历史方法。回国数年间，他“采东西方蒙古史料披览之日久”[①]，撰成《元史学》一书。该书分《元史学之鹄的》、《过去之元史学及其史料》、《元史学之各项问题》、《元史学之将来》四章，阐述了蒙元史学的研究对象，分析了各种文本各种体裁的蒙元史料，评论了蒙元史研究的二十四项成绩，从对洪钧《元史译文证补》、柯劭忞《新元史》讹误的批评引出今后如何从事蒙元史研究。李氏此书，含蒙元史史料学与研究学于一体，以丰富的资料、广阔的视野和新颖的史学方法，有力地指导了蒙元史研究。

---

① 李思纯《元史学自序》，上海中华书局，1927 年。

二十世纪三十年代后，蒙古史学界使用近代史学研究方法，对蒙古史上的许多具体问题进行深入的探讨研究，内容涉及史实考证、史料辨析、族源、制度、地理、人物评价等诸多方面。学者们将波斯文、阿拉伯文等域外文字史料与汉文史料、蒙古文史料结合起来进行研究，取得了不少突破性的成果，出现了一批又一批蒙古史学家。其著名者有韩儒林、翁独健、邵循正、杨志玖、姚从吾、札奇斯钦等。

第二节　二十世纪后半期蒙古族史料整理与研究

一、蒙古史料和史籍的整理研究

二十世纪七十年代，二十四史校点工程中完成的《元史》校点本，是对蒙古史最重要的基本史料《元史》有划时代意义的一次整理与研究。随着蒙古史研究的深入展开，对于其他时段的蒙古史史料也进行了相应的发掘与整理，如内蒙古大学的学者们陆续编辑出版了《明代蒙古汉籍史料汇编》（已出版六辑）、《清实录蒙古史料抄》（已出版太祖至雍正朝）等。

蒙古族学者用本民族文字撰写的蒙古史著也得到了应有的重视，特别是中华人民共和国建立后，对蒙古文史著的整理出版和翻译有了重大的进展。《蒙古秘史》的译注整理前已有述。《蒙古黄金史纲》有朱风、贾敬颜的《汉译蒙古黄金史纲》。《蒙古源流》系内蒙古语文历史研究所的墨尔根巴图尔 1954 年从鄂尔多斯的鄂托克旗阿剌黑·苏勒德地方获得的一部削竹书写的蒙古文抄本，1962 年整理出版。之后又有戈瓦的《新译校注〈蒙古源流〉》。2000 年出版的乌兰著《蒙古源流译注》，综合国内外的研究成果，成为《蒙古源流》研究集大成的一部力作。罗桑丹津的《蒙古黄金史》有札奇斯钦的《〈蒙古黄金史〉译注》。此外，众多的蒙古文史书被发掘整理问世，计有：乌力吉图校释《大黄册》（蒙文），金峰校释《金鬘》（蒙文），乔吉校注《恒河之流》（蒙文），珠荣嘎译《阿勒坦汗传》，陈庆英、乌力吉译注《蒙古佛教史》（原名《霍尔却穹》），苏鲁格译注《蒙古政教史》（原名《宝鬘》），留金锁校注《水晶鉴》（蒙文），巴根校注《阿萨拉克齐史》（蒙文），胡和温都尔校勘《水晶念珠》（蒙文）等。此外，刊布的托忒文文献有:《咱雅班第达传》、《四卫拉特人的历史》、《四卫拉特史》、《土尔扈特诸汗史》、《和鄂尔勒克史》、《继承成吉思汗朝廷者的历史》、《乌纳恩·苏哲克图旧土尔扈特南部汗世系》、《乌纳恩·苏哲克图旧土尔扈特北部王公札萨克台吉等的历史》等。蒙古文史著的整理，不少采用了原文排印、拉丁转写、附影印原件、汉译、注释等较为科学的手段，大大提高了文献整理的水平。在整理这些蒙古文历史文献的过程中，学者们对蒙古的历史编纂学进行理论上的探讨与研究，蒙古族的史学研究队伍不断壮大，史学水平不断提高。

二、域外蒙古史文献译介

二十世纪八十年代以来，对域外蒙古史著的译介有了更大的成绩。史著类有《世界征服者史》（何高济译）、《史集》（余大钧、周建奇译）、《蒙古帝国史》（格鲁塞著，龚钺译）、《金帐汗国兴衰史》（格列科夫、雅库博夫斯基著，余大钧译）、《蒙古社会制度史》（符拉基米尔佐夫著、刘荣焌译）、《卡尔梅克史评注》（伯希和著，耿昇译）、《布里雅特蒙古史》（库德里亚夫采夫等著，高文德译）、《准噶尔汗国史》（兹拉特金著，马曼丽译）、《中亚蒙兀儿史》（新疆社科院民族研究所翻译，王治来校注）、《蒙古人民共和国通史》（蒙古科学委员会与苏联科学院合编，中国组织学者汉译）等。史料类有《出使蒙古记》（吕浦译）、《海屯行记》（何高济译）、《蒙古及蒙古人》（波兹德涅耶夫著，刘汉明等译）、《俄国·蒙古·中国》（巴德利著，吴特哲、吴有刚译）。研究成果类有《蒙古与教廷》（伯希和著，冯承钧译）、《清代蒙古的历史与宗教》（若松宽著，马大正等译）、《明代蒙古史论集》（和田清著，潘世宪译）、《清代蒙古社会制度》（田山茂著，潘世宪译）、《十七世纪俄蒙通使关系》（沙斯季娜著，北京师范大学外语系译）、《蒙古史学史》（沙·比拉著，陈弘法译）等。众多国外蒙古史著的译介使中国的蒙古史学研究视野更开阔，越来越与世界的研究水平相当。

第三节　二十世纪后半期中国蒙古族史研究

一、广泛开展学术交流

二十世纪中期以后，蒙古族史学的学术活动已由各国家、地区的单独研究走向联合合作，学术交流广泛展开。1959 年在蒙古人民共和国召开第一次国际蒙古学大会，中国的蒙古史学者也参加了大会。之后国际蒙古学大会定期举行，成为蒙古史学研究交流的一个平台。1962 年，中国先后举行了纪念《蒙古源流》成书 300 周年学术研讨会、成吉思汗诞生 800 周年学术讨论会，国内的相关知名学者都与会交流。1979 年 8 月，在呼和浩特市成立了中国蒙古史学会，蒙古史学有了全国性学术团体。1985 年 9 月，学会创办了会刊《蒙古史研究》，蒙古史学的研究成果有了专门发表的阵地。学会的活动与《蒙古史研究》的出刊，吸引了国内外众多的蒙古史学者，促进了蒙古族史学的研究与发展。1987 年内蒙古大学举办了第一次国际蒙古学研讨会，其后又举办了第二次、第三次，对蒙古史学研究的学术交流起了良好的作用。内蒙古大学与世界各国的蒙古史学研究机构和学者建立了长期稳定的学术联系，促进了内蒙古大学，乃至全国的蒙古史学研究。

二、培养壮大蒙古史学研究队伍

中华人民共和国建立后，重视蒙古族史学研究人才的培养。中国社科院设有蒙古史专门研究机构，中央民族大学、内蒙古大学等民族类、民族地区高等学校都陆续建立了蒙古史研究机构。二十世纪九十年代后，诸如北京大学、中国人民大学等都有蒙古史学的研究阵地。与此同时，蒙古史学的专业硕士、博士研究生培养规模也日益发展，研究队伍不断壮大。新生力量迅速成长，为蒙古族史学的深入发展注入了新的活力。

二十世纪中国蒙古族史学成为中国学术的一个范畴，学界把蒙古族的历史及史学放在与其他各种学术同样的地位去研究，去探讨。中国蒙古族史学已成为中国，乃至世界史学的一个组成部分。

三、对蒙古史上诸多问题分门别类地深入研究

二十世纪五十年代后，蒙古史学界的著名者除老一辈的韩儒林、翁独健、邵循正、杨志玖等人以外，还有陈高华、陈得芝、亦邻真、周清澍、札奇斯钦等。胡钟达撰写的《呼和浩特旧城归化建成年代初探》、《丰州滩上出现了青色的城》等论文，有力地推动了中国明代蒙古史的研究。曹永年、杨少猷、薄音湖、达里扎布等学者对明代蒙古史的研究取得了丰硕的成果。刘迎胜对蒙古察合台汗国史的研究有新的突破。他们的论著探赜索隐、论考周详，史学、史识皆臻上乘。

四、撰写新体例的蒙古史著作

随着西方近代研究方法运用，中国传统的三体史书的撰著体例已不能适应新的史学著述的需要，各种新史体的蒙古史史著出现了。二十世纪五十年代，国家组织少数民族社会历史调查，著撰少数民族简史和简志。内蒙古调查组对蒙古族社会历史做了一次深入的调查，撰写了《蒙古族简史》，用蒙、汉两种文字出版。1957 年陶克涛著《内蒙古发展概述（上）》出版。1958 年余元盦著《内蒙古历史概要》出版。

二十世纪八十年代后，蒙古史的研究出现了新的繁荣局面，各种体裁的蒙古史专著相继面世。

综合性的专著有：1985 年版《蒙古族简史》（蒙古族简史编写组撰）；1991 年留金锁等撰著的《蒙古族通史》；蒙古民族通史编写组的五卷本《蒙古民族通史》从 1991 年到 2002 年出齐。这几部通史专著，以丰富翔实的史料全面论述蒙古族从古到今政治、经济、文化的发展历史。

蒙古部族史的研究著作有：1985 年出版的杜荣坤等著《准噶尔史略》，1986 年杜荣坤、白翠琴著《西蒙古史研究》，1991 年白翠琴著《瓦剌史》，1991 年马汝珩、马大正著《漂落异域的民族——17 至 18 世纪的土尔扈特蒙古》，1992 年冯锡时、马大正等著《卫拉特蒙古简史》，杜玉亭等著《云南蒙古族简史》，梁冰著《鄂尔多斯历史管窥》。它们对蒙古部族史做了多方位的探讨。

专题研究著作主要有：高文德著《蒙古奴隶制度研究》、刘迎胜著《西北民族史与察合台汗国史研究》、达力扎布著《明代漠南蒙古历史研究》、赵云田著《清代蒙古政教制度》、苏日巴达拉哈著《蒙古族源新考》、罗旺扎布等著《蒙古族古代战争史》、达林太等著《蒙古民族军事思想史》、周清澍主编《内蒙古历史地理》、蔡志纯等著《蒙古族文化》等。

蒙古族历史人物传记有：余元盦著《成吉思汗传》、韩儒林著《成吉思汗》、周良霄著《忽必烈》、朱清泽著《成吉思汗评传：一代天骄》、杨讷著《世界征服者：成吉思汗及其子孙》、杨绍猷著《俺答汗评传》、薄音湖著《成吉思汗及其继承者》、包桂芹著《清代蒙古官吏传》、卢明辉等编《蒙古族历史人物论集》等。

近现代蒙古史研究的主要成果有：卢明辉著《德王自治运动始末》，郝维民主编《内蒙古革命史》、《大青山抗日斗争史》、《内蒙古近代简史》、《内蒙古自治区史》等。

民族关系史专著主要有：翁独健主编《中国民族关系史纲要》、卢明辉等著《中国北方民族关系史》、杨建新等著《西北民族关系史》、杨学深著《清代民族关系史》、杜建录著《西夏与周边民族关系史》等。诸书中都有关于历史上蒙古与其他民族关系的专门章节。王辅仁等著《蒙藏民族关系史略》、樊保良著《蒙藏关系史研究》是专门论述历史上蒙、藏民族之间关系的专著。林幹等编著的《内蒙古民族团结史》则是叙述内蒙古地区历代各民族与中原王朝关系的专题著述。

修纂地方志。蒙古地区很晚才有方志。清张穆著《蒙古游牧记》只是一部据地述史的著作。近代日本在远东搞社会调查，撰有《蒙古地志》。姚明辉（1881—1961）在《蒙古地志》的基础上重加考订、增补，成《蒙古志》，是二十世纪中国人编纂的第一部蒙古地方志。此外，罗布桑却丹的《蒙古风俗鉴》是又一部记述蒙古风土文化的著作，书成于1918年，记述了蒙古地区的自然环境和物产、风俗民情，以及蒙古族的政治、经济、军事、文化等各个方面的情况。二十世纪八十年代以来，内蒙古自治区开始了地方志修纂工程，从自治区到各盟市族县都建立修志机构，至二十世纪末，旗县盟市志基本编纂完毕，已出版的有《伊克昭盟盟志》、《库伦旗志》、《土默特志》、《鄂伦春自治旗志》、《扎兰屯市志》、《突泉县志》等数十部。此外还有内蒙古地区专业志，如《气象志》、《铁路志》、《土特产志》等。史学由著史到修志，追述前代，纪实当代，是蒙古族史学发展深入细致的一个标志。2007 年、2012 年，有两部《内蒙古通史》问世。前者为四卷本，由内蒙古师范大学主编；后者为八卷本，由内蒙古大学主编，将蒙古史与地方史结合，使蒙古族史学的研究著撰的广度深度得到了拓展。

第四章

二十世纪维吾尔族史学

第一节　二十世纪维吾尔族史学的发展

一、维吾尔族史学的近代化

在中国史学转向近代史学大背景之下，二十世纪前半期维吾尔族史学开始了从偏重于记载的传统记述史学向使用新观点、新方法的近代史学嬗变的过程。

史学家们不仅从维吾尔族自身发展的视角记述历史，也开始从边疆问题、民族问题的角度来关注维吾尔族历史的研究，更加重视维吾尔族在保卫祖国边疆和国家安定团结方面的重要作用。陈希豪撰《新疆史地及社会》，有感于新疆在全国之特殊地位、新疆民族问题之复杂及政府与国民的忽视态度，强调研究新疆历史“以供国人之参考，而加以注意也”[①]。

研究领域大为扩展。学者们一方面继续从政治史方面研究维吾尔族史，另一方面对维吾尔族族源（如张西曼《中亚缠回为沙陀苗裔考》）、族称（如王日蔚《与陈援庵先生论回纥、回回等名称》、《维吾尔（缠回）民族名称演变考》）、回纥西迁（如王日蔚《葱岭西回鹘考》、《丁零民族史》、《唐后回鹘考》）、族教关系（如王日蔚《伊斯兰教入新疆考》、苏北海《中世纪维族与摩尼教的关系》）等问题进行了研究。

古代维吾尔文文献整理工作初步展开。王静如借鉴德国维吾尔学的研究成果，从德文转译了突厥文回纥英武威远毗伽可汗碑的部分内容。[②]

重视国外研究成果，如钟道铭翻译桑田六郎的《唐宋诸代回纥衰亡考》，王日蔚翻译 Bretschneider 的《中世纪西方使者关于维吾尔之研究》。

---

① 陈希豪《新疆史地及社会》，正中书局，1947 年，第 1 页。

② 王静如《突厥文回纥英武威远毗伽可汗碑译释》，《辅仁学志》1938 年第 7 卷第 1、2 期合刊。

二十世纪前半叶的维吾尔史研究，为中华人民共和国维吾尔族史学的进一步发展奠定了基础。

二、在唯物史观指导下的维吾尔族史学研究

二十世纪五六十年代学者开始以马克思史学理论及唯物史观指导维吾尔历史研究，取得不少成绩。

冯家昇等学者从宏观角度考察，揭示维吾尔族历史发展的进程同人类历史发展一样，都是不同生产方式由低级向高级演进的过程；从整体上考察维吾尔族不同历史时期的生产方式、阶级斗争、意识形态、家庭社会、国家制度的发展，将其划分为原始公社（七世纪以前）、封建社会（七至八世纪）、封建农奴制社会（九至十八世纪）等三个时期；通过对各历史阶段土地所有制、社会阶层、阶级矛盾的分析，从更深层次探索了维吾尔族历史发展的特点，准确地把握了各个历史时期维吾尔族社会的主要阶级矛盾。[①]

开展维吾尔族民族识别和社会历史调查工作。二十世纪五十年代初，党和国家组织民族研究者和工作者深入南疆，对维吾尔族的族称、族源、分布地域、语言文字、经济生活、心理素质、社会历史进行了综合调查和分析研究，在充分尊重维吾尔族人民意愿的基础上，对维吾尔族族体进行了识别，并将国民政府认定的从南疆迁至伊犁的“塔兰其”族定为维吾尔族的一部分。对维吾尔族的社会历史调查经历了两个阶段。第一阶段（1950—1955）完成了《南疆农村社会》、《新疆牧区社会》和《新疆农村社会》等调查报告。第二阶段（1956—1964）主要成果为《维吾尔族简史》、《维吾尔族社会历史调查》等著作。前者阐述了维吾尔族的形成、发展过程及古老文化，如实地再现历史的面貌；侧重于描述历史上维吾尔族与内地及其他民族的政治、经济、文化联系，充分肯定了维吾尔族对中华文化的贡献。后者收录了此间关于维吾尔族的调查报告。学者指出“作为反映近代南疆维吾尔族社会的状况的重要成果，其资料性是

① 冯家昇、程溯洛、穆广文《维吾尔族历史分期问题》，《中国民族问题研究集刊》1956 年第 5 辑。

任何一部学术著作所无法企及的”[①]。

在二十世纪前半叶研究工作的基础上，以马克思主义史学理论为指导，学者们开展了维吾尔族族源、回鹘西迁、民族关系、族教关系、社会性质、政治制度、文化成就等的专题研究工作。

维吾尔史料整理工作逐步自觉，成果逐步丰富。冯家昇与穆广文、程溯洛合作完成《维吾尔族史料简编》，这是中华人民共和国建立以来第一部维吾尔族史料集。书中研究了回鹘文写本《菩萨大唐三藏法师传》、回鹘文刻本《佛说天地八阳神咒经》等回鹘文佛教文献以及回鹘文卖身契、元代畏兀儿文契约等经济契约文书，对其进行了拉丁文转写和汉文翻译。

这一时期的维吾尔史研究也存在教条式地理解和运用马克思主义理论的问题。如郭应德《维吾尔史略》，只从反清的角度看待张格尔之乱和阿古柏侵略势力，称他们为领导“革命运动”的民族英雄，认为“阿古柏革命运动”的失败是“非常遗憾的事，同时也是十分宝贵的革命经验”[②]。

1966 年“文化大革命”爆发，大陆的维吾尔族史学研究也陷入停滞。

三、维吾尔族史学的开拓与转向

“文革”结束后，维吾尔族史学迎来了新的发展契机，呈现出繁荣的景象：研究队伍不断壮大，研究成果不断增加，研究方法多样化，研究领域不断扩展，研究不断深入，国际影响力也逐渐加大。

1. 多学科研究方法的采用。二十世纪八十年代初期以来，新疆社会科学院民族研究所《新疆简史》、编写组《维吾尔族简史》、杨圣敏《回纥史》、田卫疆《蒙古时代维吾尔人的社会生活》等著作，将各种自然科学方法和社会科学方法引入维吾尔族历史研究中，取得重大成绩。如杨圣敏《回纥史》，采用多学科研究方法，勾勒出回纥族形成及与土著民族融合的历史面貌。该书根据国内外考古学资料，勾勒了回纥族祖先自石器时代至八世纪间生产生活面貌的

---

① 成珊娜《近代南疆维吾尔族社会生活研究（1884—1949）》，陕西师范大学博士学位论文，2010 年。

② 郭应德《维吾尔史略》，东方书社，1952 年，第 50 页。

变迁。作者利用人种学研究成果，指出回鹘西迁以后，经过长时期的民族交往和融合，与当地土著居民成为一个族体，表现出北亚蒙古人种的特征，即现代维吾尔人。作者借鉴环境学理论，对回纥族民族变迁、文化发展与环境的关系做了精辟的论述，指出:“这些迁入南西伯利亚的丁零人与分布于蒙古草原和中原北部地区的同族人从此就各自走上了完全不同的发展道路。他们之间的区别日益明显并逐渐分化为完全不同的民族。这种不同的发展道路，首先是由他们各自所处的自然地理环境的差别所决定的。”[①]

2. 重视社会生活史的研究。学者摆脱“以阶级斗争为纲”的束缚，研究视野不断扩大，撰写了不少维吾尔社会生活史的论文和著作。薛宗正《中国新疆古代社会生活史》、田卫疆《蒙古时代维吾尔人的社会生活》就是两部研究维吾尔族古代社会生活的专著。

3. 断代史与专题史研究的深入。学者深入研究了维吾尔族远古史和古代史，尤其是漠北回纥汗国、喀喇汗王朝的历史。段连勤《丁零、高车与铁勒》[②]，根据大量史籍及考古资料证明鬼方是丁零的族源，连贯地叙述了维吾尔族祖先丁零、高车、铁勒在历史上的迁徙、融合、分布、社会经济制度、风俗习惯、民族关系等的情况。林幹、高自厚《回纥史》侧重勾勒回纥自七世纪初至1840年间在经济生活、社会结构、政权组织、文化习俗、部族兴衰、政治演变、民族关系等方面的演变。杨圣敏《回纥史》重点从民族形成的角度叙述回纥自夏商时代至回纥汗国灭亡回鹘西迁之间的历史，及各个时期的社会状况和生产生活方式状况。魏良弢侧重于古代维吾尔文、波斯文、阿拉伯文史料的运用，发表论文，出版《喀喇汗王朝史稿》、《叶尔羌汗国史纲》等专著，对维吾尔族历史上所建立的喀喇汗王朝、叶尔羌汗国进行了系统研究，开辟了维吾尔族历史研究的新领域。

在专题研究方面，学界深入研究维吾尔族族源、族称、回纥西迁、族教关系等，并开始关注如政治制度、文化、民族关系及其对祖国文化的贡献等更具

① 杨圣敏《回纥史》，吉林教育出版社，1991年，第15页。

② 段连勤《丁零、高车与铁勒》，上海人民出版社，1988年。

现实意义问题的研究，展现历史上维吾尔族与祖国大家庭以和谐为主旋律的关系及维吾尔族对祖国文化等方面作出的巨大贡献。

4. 系统化的史料整理。在古代维吾尔文文献整理方面，翻译了《福乐智慧》、《乌古斯可汗的传说》、《真理的入门》等古代维吾尔文名著；研究和释译新疆及敦煌出土的回鹘文文献，更加重视对社会经济文书的研究；系统研究突厥文碑铭，如《磨延啜碑》、《铁尔痕碑》、《九姓回鹘可汗碑》、《苏吉碑》、《塞富莱碑》、《铁兹碑》等。在汉文史料整理方面，学界整理出版了一些涉及维吾尔族的资料汇辑，如《明代哈密吐鲁番资料汇编》、《新疆地方历史资料选辑》、《〈清实录〉新疆资料辑录》等；并有专门的维吾尔族史料汇集，如陈高华《元代维吾尔、哈喇鲁资料》，刘美崧《两唐书回纥传、回鹘传疏证》，杨圣敏《突厥回纥史料校注》，冯志文、吴平凡《回鹘史编年》等。

四、台湾地区的维吾尔族史学研究

自二十世纪五十年代开始的台湾地区的维吾尔族史研究，在维吾尔族历史、民族关系、边疆政策等方面取得了重要的成就。其主要代表性学者是李符桐、刘义棠、林恩显等。

李符桐（1911—1984），辽宁新民人。早在去台前，他就发表过《铁勒部族考》、《回鹘文字来源及其演变》等[①]，考证了铁勒各部族的名称、迁徙、融合等情况，认为古代维吾尔文（回鹘文）由摩尼教徒所创，仿自粟特文，属于印度欧罗巴语之东方系。移居台湾之后，他出版专著《回纥史》[②]，分别就回鹘名称含义、沿革，回鹘与铁勒的关系、回鹘西迁前后的疆域变迁，漠北时期回鹘国势、与唐及他族的关系，西迁后甘州回鹘、西州回鹘、龟兹于阗阿尔斯兰诸回鹘，元明清西州畏兀儿，回鹘官制与经济，宗教信仰、文字、艺术、风俗等等问题做了研究，“代表了台湾的回鹘研究的较高水平”[③]。其《回鹘文明与

① 分别刊于《沈阳博物馆筹委会汇刊》1947年第1号;《边政公论》1944年第3卷第5期。

② 李符桐《回鹘史》，台北文风出版社，1963年。

③ 牛汝极《台湾的维吾尔研究》，《新疆大学学报》1993年第3期。

元朝之建国》、《畏兀儿人对于元朝建国之贡献》、《回鹘与元朝建国的关系》[①]，论述了回鹘族与蒙古族的关系，畏兀儿人对元朝建国的贡献，考证了在元朝出仕的畏兀儿人，论述了回鹘文明的特质及其传入蒙古的过程，认为回鹘文明影响到蒙古早期的民族政策、宗教政策。

刘义棠（1926—1998），江西赣县人，致力于中国边疆民族史的研究，尤其是突回民族研究。其出版的《维吾尔研究》和《突回研究》[②]，代表这一时期台湾维吾尔史学研究的最高水平。前者收录十篇论文。后者研究了突厥、回纥世系及其继承制度等；考证了汉译突回语"别失八里"、"里"、"里克"、"喀喇和林"等词的渊源及含义，并就"成吉思汗"汗号做了研究；考注《周书》、《隋书》、《新唐书》中的《突厥传》、《回鹘传》。

林恩显（1936—），台湾高雄人。他留学日本后于1969年回台湾，历任台湾政治大学副教授、教授，民族社会学系主任、边政研究所所长等职。他主要从文化人类学角度进行突厥史、边疆政策（如清朝的回疆政策及伯克制度）、民族关系、和亲等的研究。

第二节　史料的整理研究

1957年，冯家昇在《新疆日报》发表《关于维吾尔族历史的几个问题》一文，提出"进行维吾尔族史研究要重视三个方面的史料"，一是维吾尔族本族的资料和维吾尔族人自己编写的历史；二是汉文材料中与维吾尔族历史有关的记载；三是国外对于维吾尔族历史的研究成果。在这一认识的指导下，中国的维吾尔史料整理研究工作取得了巨大的成就。

一、古代突厥文碑铭的翻译研究

十八世纪至1976年，各国学者先后发现对研究维吾尔族历史非常重要的

① 李符桐《回鹘文明与元朝之建国》，《政大边政学报》，1962年第1期；《畏兀儿人对于元朝建国之贡献》，《史学论集》，台北华冈出版有限公司，1977年；《回鹘与元朝建国的关系》，《师大学报》1970年第15期。

② 刘义棠《维吾尔研究》，台北正中书局，1975年；《突回研究》，台北经世书局，1990年。

九方突厥文碑铭，外国学者对各碑铭进行了原文转写和释译。二十世纪三十年代，中国学者开始从外文转译碑铭为汉文。先是韩儒林将 Schaeder 翻译的《阙特勤碑》、《毗伽可汗碑》、《暾欲谷碑》突厥文部分的德文译文转译为汉文，继而岑仲勉依据 Ross 的上述三碑突厥文部分的英文译文做了翻译和考释[①]，1938 年王静如从德文、英文转译了《回纥英武威远毗伽可汗碑》。

耿世民于二十世纪五十年代毕业于中央民族学院维吾尔语专业，精通英、德、俄、法等语和古代突厥语、回鹘语、维吾尔语、哈萨克语等。1977 年他出版《古代突厥文献选读》(第一册)，书中附有直接根据突厥语原文翻译的主要碑铭汉译文。[②] 2005 年他出版《古代突厥文碑铭研究》，书中在每一碑铭之后附录了突厥文原文的拉丁字母转写、汉文翻译、注释。芮传明《古代突厥碑铭研究》1998 年出版，该书结合汉文史料，研究和考证了《阙特勤碑》、《毗伽可汗碑》、《翁金碑》、《暾欲谷碑》、《阙利啜碑》等碑铭，极有深度。

二、古代维吾尔文文献整理研究

十九世纪末以来，西方诸国的“探险队”、“考察团”进入中国西北地区，相继发现许多古文字文献尤其是古代维吾尔文献。中国学者黄文弼等于 1928 年、1930 年在新疆考察，1953 年西北文物考察队，二十世纪五十年代少数民族社会历史调查，也获得了一些古代维吾尔文文献。

1954 年，冯家昇发表论文《元代畏兀儿契约二种》，刊布了修订过的出土回鹘文斌通（善斌）卖身契三种，研究了两件回鹘文契约，完成庋藏于北京图书馆的回鹘文《玄奘传》的研究报告，将其原件影印出版。冯先生对以上文献均依据回鹘文原文做了拉丁字母转写与译释，做出了开创性的贡献。二十世纪五六十年代，耿世民从事回鹘文宗教经典《金光明经》第六、九两卷的译释研究工作，在哈密本《弥勒会见记》中首先发现并研究了《十业道譬喻花环》的故事集，对这些宗教经典进行了拉丁字母转写、汉文释译和语

① 收录于岑仲勉《突厥集史》，中华书局，1958 年。

② 耿世民《古代突厥文碑铭研究》，中央民族大学出版社，2005 年。

法注释，并附录原文，为研究古代维吾尔人的佛教信仰及佛教在古代维吾尔人中的特殊变异提供了新资料。

1978 年以后，学界更为系统而广泛地整理研究古代维吾尔文文献，取得了巨大的成就。

1. 翻译出版了古代维吾尔文名著及宗教经典，如耿世民译《乌古斯可汗的传说》（新疆人民出版社，1980）、《古代维吾尔诗歌选》（新疆人民出版社，1982），胡振华、黄润华译《高昌馆课》（新疆人民出版社，1981），魏萃一译《真理的入门》（新疆人民出版社，1981）等，《八十华严》残卷，《弥勒会见记》，《阿毗达摩俱舍论》，《圣救度佛母二十一种礼赞经》等。《福乐智慧》1979 年出版，书中有耿世民和魏萃一根据 R. R. 阿拉特校勘完成的汉文节译本。1984 年新疆社会科学院民族文学所的拉丁字母标音转写和现代维吾尔语诗体今译合刊本出版。1986 年郝关中、张宏超、刘宾的汉文全译本出版。1991 年新疆社会科学院民族文学所汉文译本出版。

《突厥语大词典》的翻译出版经历了漫长的岁月。新疆喀什噶尔学者库特路克阿吉·谢维克（1876—1937）于 1917 年将伊斯坦布尔刚出版的《突厥语大词典》三卷本带回祖国，并开始研究和翻译工作。1946 年，维吾尔族司马依大毛拉将《突厥语大词典》第一卷译成现代维吾尔语。二十世纪五十年代，喀什噶尔学者穆罕默德·拍依孜和艾合迈德·孜雅依首次将《突厥语大词典》三卷译成维吾尔语。1966 年，乌鲁木齐历史学家乌依古尔·沙依然和阿拉伯学家穆罕默德·萨里赫·大毛拉阿吉共同译出了《突厥语大词典》的第二稿。[①] 但因种种原因，以上诸译本均未出版。1978 年，组成各民族专家、学者参加的《突厥语大词典》维吾尔文译审小组和《突厥语大词典》汉文译审小组。1981—1984 年，新疆人民出版社陆续出版《突厥语大词典》维吾尔文译本（三卷本）。2002 年人民出版社出版汉译本，全书共分四卷（包括索引一卷），字数（含突厥语词、诗歌、谚语的音标）达百万左右。

2. 重视古代维吾尔文文献的研究。耿世民研究哈密本回鹘文《弥勒会见

① 塔伊尔江·穆罕默德《〈突厥语大词典〉研究综述》，《新疆社会科学论坛》2007 年第 5 期。

记》，发表系列论文，出版《弥勒会见记研究》（两卷）和《一种古代维吾尔语佛教启示录研究》，从语言学的角度考证出此本抄成于1067年，系由三人抄成，并找出其中两人的名字；认为它是佛教信徒们在举行弥勒诞生节日的“新日”时观赏或听赏的带有挂图或表演的关于弥勒的说唱故事；推测古代维吾尔人可能有自己的、具有地方特色的佛传。耿先生还研究了出现于文献中的“solmida”，考释出“梭里迷即焉耆”[①]。研究译释回鹘文《玄奘传》，考证出它的翻译年代在九至十二世纪之间，发现其译者胜光法师还翻译了《金光明最胜王经》等著名佛教经典。[②]发表《回鹘文摩尼教寺院文书初释》、《两件回鹘文契约的考释》、《几件回鹘文文书译释》等文章，出版《敦煌突厥回鹘文书导论》等专著，指出“准确地转写和翻译这些珍贵文书就显得尤为重要，否则就会大大降低这些材料的使用价值，甚至会使利用这些史料的史学工作者得出错误的结论”。[③]

此外，李经纬《回鹘文社会经济文书选注》、《吐鲁番回鹘文社会经济文书研究》、《回鹘文社会经济文书研究》，新疆社会科学院宗教研究所《新疆维吾尔族契约文书资料选编》，北京大学中国古代史研究中心《敦煌、吐鲁番文献研究论集》（1—3辑），武汉大学《敦煌、吐鲁番文书初探》，厦门大学《敦煌、吐鲁番出土经济文书研究》，甘肃人民出版社《敦煌、吐鲁番文书研究》，卢向前《敦煌、吐鲁番文书论稿》等，都是回鹘文社会经济文书整理研究的重要成果。

3. 学者凭借古代维吾尔文文献对维吾尔史进行了研究。如刘戈研究古代回鹘文书十二属动物纪年问题，指出中世纪回鹘文化“吸收了一些阿拉伯语、梵语系统的词汇，与汉文化传统也有割不断的联系”，“闪烁着回鹘人汇多种文化为一体的智慧光芒”。[④]

4. 重视国外研究成果和国际学术交流。如耿世民先生翻译了吉洪诺夫《回

① 耿世民《梭里迷考》，《历史研究》1982年第2期。

② 发表于《中央民族学院学报》1990年第6期。

③ 耿世民《耿世民新疆文史论集》，中央民族大学出版社，2001年，第283页。

④ 刘戈《回鹘文买卖文书纪年月日研究》，《民族研究》1998年第5期。

鹘文化与风习》、伯希和《高地亚洲》、巴尔托里德《古代突厥史十二讲摘要》和《中亚简史》、葛玛丽《高昌王国（850—1250）》、羽田亨《西域文化史》和《西域文明史概论》等维吾尔学名著，对国外回鹘文文献研究历程进行分期，发表多篇文章介绍法、德、日等国维吾尔学研究的成果和现状。他使用英、法、德、日等文字发表有关维吾尔文献及历史研究的著作多达150部，在国际维吾尔学界有重大影响。

三、维吾尔族汉文史料的整理研究

冯家昇、程溯洛、穆广文合作主编的《维吾尔族史料简编》（上下册），二十世纪五十年代末和1980年由民族出版社出版。全书收录史料一百七十九种，其中汉文古籍一百三十七种，外文文献三十多种，近人研究成果近十种，书中各章节的提要，简明扼要地叙述维吾尔族自公元前三世纪至十九世纪之间的历史变迁、社会政治、经济文化及与中原历代封建王朝的密切关系等，体现了卓越的史学见识。如认为维吾尔族起源于“鄂尔浑”或“西北”的说法，代表了不同时间段变迁中的维吾尔族。他们指出“清高宗统一新疆（1759）以前……世袭的伯克制度是建立在封建主阶级统治这一社会基础之上的”[①]。书末附录的《哈密世系表》和《土鲁番世系表》，对明代哈密、土鲁番两地维吾尔王室众多的王名、封号、年代作了精细的考证，勾勒出了较为清晰的速檀世系表。学者评价《简编》“是关于维吾尔族历史与伯克制度的资料汇编，在某种程度上也是关于维吾尔族历史与伯克制度的专著”[②]。

二十世纪八十年代以来，学界整理出版了一系列大部头的维吾尔汉文史料汇辑丛书，其中最具代表性的是刘美崧的《两唐书回纥传回鹘传疏证》，杨志玖先生评价该书:“将两唐书的回纥、回鹘史料并列一处后，以疏证的形式予以注释、补缺、考证、评议，既解决了两传分散两处检索不便的麻烦，又对两传的疏漏讹误加以补充和修正，为研究唐代回纥、回鹘史的人提供了一部完整可

① 冯家昇、程溯洛、穆广文编著《维吾尔族史料简编》（下册），民族出版社，1981年，第227页。

② 苗普生《伯克制度研究综述》，《中国边疆史地研究》1994年第2期。

靠的资料。这不仅是一件对古籍的整理工作，也是一件对回纥史进行学术研究的工作。”[①]

第三节　族源、西迁和政权制度的研究

一、维吾尔族族源的讨论

二十世纪上半叶维吾尔族源研究起步，学者通过“维吾尔”的语源研究，认为维吾尔、畏兀儿、回鹘、回纥、乌护、韦纥皆为 Uigur 的译音，是不同历史时期维吾尔族的称呼。[②]

二十世纪五十年代，学者更通过爬梳汉文史籍和古代维吾尔文献记载，研究维吾尔族先民诸种称呼的演变、融合等问题。如冯家昇等不仅论述了这些称谓都是由 Uyghur 这一名称或与 Uyghur 同源的一个字转来的，更指出袁纥（韦纥）与乌护（乌纥）分属于东、西铁勒，最后都演变为回纥（回鹘）。[③] 岑仲勉研究回纥毗伽可汗碑铭和《隋书·铁勒传》，认为“韦纥”与“乌护”是一族内之不同支派，“说乌护后来并入回纥是对的，但如因此误会乌护与回纥是同名异译及回纥与乌护实无区别，则是错误的”[④]。

二十世纪八九十年代，学界发生两次关于维吾尔族族源问题的争论，深化了对此问题的认识。二十世纪八十年代初，谷苞发表多篇关于维吾尔族族源的文章，提出维吾尔族族源不仅应该重视回鹘一支的作用，也要重视铁勒诸部在维吾尔族族源上的作用，最早应该追溯到公元前三世纪至公元三世纪的丁零。穆广文、程溯洛、张炼、高自厚、魏良弢等纷纷发表文章支持谷苞

---

① 刘美崧《两唐书回纥传回鹘传疏证》，中央民族学院出版社，1988 年，第 4 页。

② 吕思勉《中国民族史》，上海世界书局，1934 年；马松龄《现代新疆民族》，《民族学研究集刊》1944 年第 4 期等。

③ 冯家昇、程溯洛、穆广文编著《维吾尔族史料简编》（上册），民族出版社，1958 年。

④ 岑仲勉《突厥集史》，中华书局，2004 年重版，第 1062 页。

的这一观点。[①] 周伟洲对此提出异议，认为从理论上讲一个民族的族源只能有一种主张，“否则一个民族起源地区和时间就可以无限地扩大或往上推。这样的研究是毫无意义的”。他主张维吾尔族的族源只能是袁纥（韦纥）、乌护。[②] 这一观点促使学者对维吾尔族族源问题展开更深刻的思考。二十世纪九十年代，不少学者把费孝通多元一体的观点运用于维吾尔族族源的研究，对以“回鹘”为主流族源的传统观点提出了异议。他们认为维吾尔族族源是多源的，“一方面上溯到公元前三世纪至公元三世纪时活动在漠北草原和天山以北的丁零和乌揭；另一方面还上溯到定居在吐鲁番盆地和塔里木盆地周围的一部分古代农业民族”。[③] 这凸显了新疆土著居民在维吾尔族族源上的独立作用。通过争论，学者对维吾尔族族源的认识不断加深，维吾尔族的先民及其演变融合的历史进程也越来越清晰。

二、漠北回纥汗国的政治制度研究

学者认为漠北回纥汗国的政权组织是以部落为基础组成的较为松散的军事联合体制。[④] 汗国“实行层层分封，世袭官职的制度”，“除汗国本部地区外，属部地区也都以分封或派驻监使的方式进行管理”。漠北“回纥汗国的各级官职有两套系统。一套大体上沿袭了东突厥汗国的旧制，皆世其官而无员限”[⑤]，

① 谷苞《新疆维吾尔族族源新探》，《中国社会科学》1980 年第 2 期；穆广文《从公元前三世纪末的丁零到公元六世纪的铁勒》，《民族研究论文集》（第一集），中央民族学院出版社研究所编 1981 年；穆广文《维吾尔族的起源和居地考》，《中央民族学院学术论文选集（历史学）》，中央民族学院出版社研究所编 1980 年；穆广文《维吾尔族的起源和居地续考——从公元四世纪至七世纪初的高车、敕勒、和铁勒》，《民族研究论文集》（第二集），中央民族学院出版社研究所编 1983 年；程溯洛《维吾尔族族源考》，《民族研究论文集》（第二集）；张炼《维吾尔族源问题札记》，《西北民族学院学报》1982 年第 3 期；张炼《试论历史上的“高车”——兼谈高车是维吾尔族的远祖》，《西北民族学院学报》1983 年第 4 期；高自厚《〈回纥史〉与维吾尔族源问题》，《西北民族学院学报》1995 年第 2 期；魏良弢《维吾尔族起源、形成和发展问题再思考》，《民族研究》1999 年第 4 期。

② 周伟洲《也谈维吾尔族族源问题》，《西北历史资料》1981 年第 2 期；《关于维吾尔族族源问题——评吐尔贡·阿勒马斯〈维吾尔人〉的有关部分》，《西域研究》1991 年第 2 期。

③ 《维吾尔族简史》，新疆人民出版社，1991 年。

④ 林幹、高自厚《回纥史》，内蒙古人民出版社，1994 年，第 64 页。

⑤ 杨圣敏《回纥史》，广西师范大学出版社，2008 年，第 79—80 页。

又采用唐朝的官制，“置有外宰相六，内宰相三，又有都督、将军、司马等官号”。回纥汗国内“‘外九族’各部的酋长，除在回纥汗国任职者外，有的直接到唐朝中央政府任职，不仅不受汗国的约束，而且也不受本部落的约束”。[①] 这从本质上抓住了回纥政治制度的特点。

三、回鹘西迁问题的研究

二十世纪三十年代王日蔚认为，九世纪中叶漠北回纥汗国灭亡后，“回鹘西走后分而为三,一居甘州，一居西州，一居葱岭西”，分别建立甘州回鹘国、高昌回鹘国（西州回鹘国）和喀喇汗王朝。[②]

二十世纪八十年代以后，学者提出了新的认识。第一，回鹘汗国灭亡后，向南迁徙的一支其领导者是回鹘可汗近支，他们中间贵族所占的比例要比西迁的一支大，人数上也比西迁的部分占优势。第二，传统的西迁“三支”说问题在于“略去了几十年的逃亡流散和重新组合的过程；仅对后来业已形成的三大回鹘政权，把它说成一开始就分成三支，至由此误会”。第三，回鹘西迁并不是简单地进入了如上三个地区，而是有着复杂的过程；或者认为西迁回鹘在受到黠戛斯的再次打击下，才分为两支，一支入安西，一支入吐蕃。第四，回鹘西迁之后，直到九世纪末十世纪初才形成了不同的政治集团。[③] 第五，“从两汉起由塔里木盆地直至天山以北，再迤东至河西走廊西部已是突厥语系民族为主”，以至“天山南北都是回鹘人的势力范围，所以当牙帐被黠戛斯摧毁后，回鹘的主体，庞特勤所率的十五部要向西逃奔”。[④] 这些观点深化了对回鹘迁徙问题的认识。

---

① 林幹、高自厚《回纥史》，广西师范大学出版社，2008 年，第 64—65 页。

② 王日蔚《唐后回鹘考》，《国立北平研究院史学集刊》1936 年第 1 期。

③ 苏北海《从车师族到高昌回鹘》，《西北史地》1983 年第 1 期；林幹、高自厚《关于回鹘西迁若干问题的辩证》，《民族研究》1992 年第 5 期；张炼《维吾尔族族源札记》，《西北民族学院学报》1982 年第 3 期；钱伯泉《回鹘西迁与安西回鹘国》，《西域史论丛》1990 年第 3 辑。

④ 高自厚《甘州回鹘与西州回鹘辨》，《西北民族学院学报》1982 年第 4 期；《论庞特勤为回鹘共主——兼论回鹘史上的衰奔时期》，《西北民族学院学报》1984 年第 3 期；《〈回纥史〉与维吾尔族源问题》，《西北民族学院学报》1995 年第 2 期；林幹、高自厚《关于回鹘西迁若干问题的辩证》，《民族研究》1992 年第 5 期；钱伯泉《回鹘西迁与安西回鹘国》，《西域史论丛》1990 年第 3 辑。

关于回鹘西迁的影响。二十世纪八十年代以后许多学者认为新疆早在回鹘西迁之前就已经开始了突厥化过程，回鹘西迁只是促进了新疆地区原有的突厥化、铁勒化、回鹘化。有学者提出异议，认为回鹘西迁是维吾尔族入主新疆地区及新疆地区回鹘化的决定性因素，840 年之后回鹘才成为新疆地区的主体民族，在此之前，新疆地区虽有回鹘先民及其亲族的活动，但还是以操印欧语为主的土著居民。①

四、喀喇汗王朝研究

魏良弢《喀喇汗王朝史稿》，经过大量的史料整理工作，进行系统而深入的研究，论述了喀喇汗王朝历史研究概况，提出“喀喇汗王朝起源于回鹘，即王朝的汗族是回鹘人”的观点，大体勾勒出喀喇汗王朝的版图，深入分析喀喇汗王朝各种矛盾产生的根本原因，研究了喀喇汗王朝的官制和土地所有制，论述了喀喇汗王朝与宋、辽、高昌回鹘及西夏之间的关系，喀喇汗王朝时期农业、畜牧业、手工业、商业都得到相当大的发展，维吾尔族开始并完成了游牧生活方式向定居农业生活方式的转变。王朝推行伊斯兰教，维吾尔族先民回鹘开始形成一种新的文化。这种新文化的核心是作为王朝统治民族的、具有古老文化传统的维吾尔族的文化。②

五、叶尔羌汗国研究

叶尔羌汗国时期，维吾尔族开始并完成其本身的一体化进程，同时蒙古统治者完成了突厥化和伊斯兰化的过程，最后基本上都融入维吾尔族中，维吾尔族由一个古老的民族发展、壮大，形成一个近代民族。魏良弢的《叶尔羌汗国史纲》，1994 年由黑龙江教育出版社出版。第一章讨论了叶尔羌汗国的名称问题，介绍了书中使用的基本史料。第二章详细介绍了东察合台汗国的历史，旨在追溯叶尔羌汗国之渊源。第三章至第五章，系统论述了叶尔羌汗国的政治

① 程溯洛《九世纪中叶回鹘民族东西两部的汇合与对塔里木盆地古代文化的继承》，《中央民族学院学报》1989 年第 5 期。

② 魏良弢《喀喇汗王朝史稿 · 前言》，新疆人民出版社，1986 年。

史，穿插论述了叶尔羌汗国统治民族蒙古人由游牧生活方式向农业定居生活方式转变的过程，蒙古人突厥化、伊斯兰化及其融入维吾尔族的过程，近代维吾尔族的形成问题，伊斯兰教的传播、和卓势力膨胀及叶尔羌汗国灭亡的过程。第六章研究了叶尔羌汗国的体制和官制。第七章论述了叶尔羌汗国的社会经济及文化问题，编订了东察合台汗国统治者世系表、在位年表、大事记、汗国疆域略图，为我们提供了重要而方便的参考资料。这些研究成果大部分为国内外学术界所涉足不深甚至不曾涉足的领域，填补了维吾尔史研究的空白。

六、1864 年维吾尔等族农民起事问题研究

十九世纪中叶新疆维吾尔等族人民揭起了一次又一次的农民起事，其中影响最大的是 1864 年的农民起事，起事带有浓厚的宗教色彩；领导者是上层地主或宗教头领；起事后期形成许多割据政权；一些起事首领引阿古柏入侵。这些特点反映了起事的复杂性。二十世纪五十至七十年代，学界因受“左”倾思想影响，单纯以阶级斗争理论为指导研究新疆农民起事问题，出现一些偏差。二十世纪八十年代以来，学者重新审视研究 1864 年新疆农民起事问题，在很多问题上达成共识，并提出新的观点：1. 新疆各族人民迫切要求打破束缚生产力发展的农奴制度，是新疆农民起事的根本原因；清朝统治阶级残酷的剥削压迫和武装镇压是起事的重要原因；内地的太平天国运动、捻军起事、陕甘回民起事等对 1864 年新疆农民起事有启迪和影响。2. 1864 年新疆农民起事推翻了清朝的军府制统治，埋葬了伯克制度，促进了徭役制向租佃制的发展，坚持了反沙俄和阿古柏侵略的斗争，扫清了新疆建省的障碍等，“属于近代中国第一次革命高潮的一个组成部分”。[①] 但是它在领导权、民族仇杀、勾引外敌等方面存在着局限。3.1864 年新疆农民起事“最初具有明确的反封建经济剥削和政治压迫的性质”，“很快就完全蜕变为地方集团之间的权力斗争，最终转化为封建割据势力与清中央政府之间割据和反割据的斗争”[②]。

① 纪大椿《试论一八六四年新疆农民起义》，《民族研究》1979 年第 2 期。

② 陈理《略论 1864 年新疆各族人民反清斗争的性质》，《中央民族学院学报》1988 年第 2 期。

第四节 伯克制度、族教关系及与中央王朝关系的研究

一、伯克制度研究

伯克制是清廷统一新疆前后在维吾尔地区实行的一种地方官制，在维吾尔族政治制度史上占有重要的地位。中华人民共和国建立以后，围绕“伯克”语源、语义、名称、职掌、分类及伯克制度的改革与废除等问题开展了专题研究。

1.“伯克”一词源于古代突厥语，具有丰富的含义。刘义棠总结“伯克”一词的含义主要有：①突厥或回纥的王，或次于可汗、可汗部落首领，或某一地区的统治者。②特权阶级或贵族。③具有地位与声望的行政官吏，或者蒙古部落内的辅佐官。④统治者所派遣的使节。⑤王朝的开国者。⑥部落首领、文武官员、高级官吏的儿子；或蒙古部落首长的长子，可汗的女儿；在其他游牧部落中的女子，有时亦使用此称号。⑦在祈祷时，与上帝并用，或对神用之。⑧珊蛮教的领袖。⑨处理诉讼案件，以及在习俗方面博学的人。⑩有时亦与阿拉伯文的 Ämir，或作 Emir，简写作 Mir 一字相当。他还认为“‘伯克’一词，并不是汉语名词，它是由古突厥语的音译而来的，但若考证此突厥语之语原时，却又或为汉语‘伯’字之音译而来”[①]。

2.伯克制度是一套系统、成熟、庞大的政治制度，是维吾尔族上层维持其统治的基础，深受阿拉伯文化和蒙古文化的影响。学者认为，“阿拉伯语、波斯语称名的伯克，多系伊斯兰教宗教管理和教职人员，而以蒙古语称名的伯克，则多系行政、税务及工程管理人员”，“维吾尔族地区伯克制度的形成与伊斯兰教在新疆的传播和蒙古贵族统治西域，有着密切的关系”。[②] 伯克制度是当时维吾尔族上层维持统治的基础。伯克的职权涉及维吾尔政府首脑，农业、园艺、水利等农业赋税、租税，商业和商业税，各种手工业工务劳动及军备事

① 刘义棠《伯克制度研究》，《维吾尔研究》，正中书局，1975 年。

② 苗普生《关于伯克制度的形成和发展》，西北大学西北历史研究室编《西北历史研究》（1989年号），三秦出版社，1989 年。

务，民刑事务和军警交通，宗教事务和教育事务，文书及杂务等。[①]

3. 清朝伯克制度改革对维吾尔族社会产生了巨大的影响。清廷统一新疆后，对伯克制度进行改革，如废除伯克世袭制度，实行任职“回避制度”，任免权收归中央，规定伯克品级、养廉制度，实行政教分离政策，建立伯克入觐制度等。学者认为“伯克制带有地区性、民族性。清政府用这种土著官制来治理特殊地区”，“适应了当时的具体情况”。[②]伯克制度的改革加强了清朝对新疆的统治，巩固了新疆与祖国内地的联系和统一，促进了维吾尔族地区的社会进步和经济发展。[③]然而，“伯克的政治地位，并不因为世袭制的取消而有变化，反之则因有了朝廷的正式任命而得到加强和巩固”。清政府对伯克制度的限制“逐渐成为一纸空文，伯克对人民群众的压迫剥削并没因此而减少多少”[④]。

4. 伯克制度的废除是新疆社会发展的必然结果，具有进步意义。学界认为“以清朝政府封建官吏以及各级伯克为代表的统治阶级与广大维吾尔族劳动人民之间的阶级斗争”，以及“以伯克为代表的地方割据势力与清朝政府高度的中央集权统治之间的斗争”，这两种矛盾的发展导致新疆建省的实现，而新疆建省又为彻底废除伯克制度创造了条件。[⑤]伯克制度的废除，“它消除封建割据的社会根源，把分散到伯克手中的权力，集中统一到各州、县政府，实现了清政府对百姓的直接统治”。“相对地解脱了伯克们对百姓的政治压迫，因为他们再也不能作为象朝廷命官那样，对百姓发号施令了”。[⑥]

二、维吾尔族与伊斯兰教关系研究

自公元十世纪起，伊斯兰教在维吾尔族中不断推行，对维吾尔族的社会生

---

① 冯家昇、程溯洛、穆广文《维吾尔族史料简编》，民族出版社，1981 年；刘义棠《〈钦定西域同文志校注〉》，台湾商务印书馆，1984 年。

② 沈晓云《清代新疆的伯克制》，《丝路学刊》1994 年第 1 期。

③ 苗普生《论清初维吾尔地区伯克制度的改革》，《清史研究通讯》1988 年第 3 期。

④ 齐清顺《从〈回疆则例〉谈清代新疆的伯克制》，《中国边疆史地论集》，黑龙江教育出版社，1993 年。

⑤ 苗普生《废除伯克制度与新疆建省》，《新疆社会科学》1987 年第 4 期。

⑥ 冯志文《封建社会晚期新疆的伯克制度初探》，《喀什师范学院》1982 年第 2 期。

活产生了巨大的影响。

1. 伊斯兰教传入维吾尔族各地区时间的讨论。二十世纪三十年代以后，王日蔚、李晋年、苏北海、柏南等学者在研究伊斯兰教在新疆的传播问题时涉及维吾尔族与伊斯兰教关系。二十世纪八十年代以来，学者继续研究伊斯兰教在维吾尔族中传播的问题，尤为重视对伊斯兰教传入维吾尔族各地区时间的考证。由于所采用的史料不同，和对同一史料的解读不同，出现了不同的认识。如对伊斯兰教传入于阗的具体时间，出现了 1001 年、1006 年、1009 年、1026 年等几种说法。[①]

2. 伊斯兰教在维吾尔族社会生活中的影响。学者认为伊斯兰教的传播促使蒙古统治者改信伊斯兰教，接受伊斯兰文化，各地区的维吾尔人在宗教信仰、语言文学、风俗习惯、道德规范、心理素质等方面日趋一致，维吾尔民族共同体最终形成。[②]伊斯兰教通过和卓势力对维吾尔族的政治产生巨大的影响。叶尔羌汗国时期和卓斗争的实质，是在宗教外衣下进行的政治斗争。魏良弢考证历史资料中和卓称汗的几个事件，指出叶尔羌汗国时期黑山派和白山派虽然分别操纵着中央汗权和地方汗权，但二者均未称汗，准噶尔汗国时期虽有和卓称“汗”，但都不是真正的君主，所以此时期不存在一个“伊斯兰神圣国家”。白山派和卓两次称“汗”合共四年多，没有真正君主的权力。所以西域史上并不存在一个“伊斯兰神圣国家”或“和卓时代”。[③]

3. 维吾尔族信仰的伊斯兰教的民族特点。学者认为维吾尔族是带着萨满教、摩尼教、佛教等旧的宗教文化接受伊斯兰教的，这些宗教文化通过不同的

① 《新疆简史》(第一册)，新疆人民出版社，1980 年，第 162 页；张广达、荣新江《关于唐末宋初于阗年号、国号及其王家世系问题》，《敦煌吐鲁番文献研究论集》，中华书局，1982 年；程溯洛《〈宋史·于阗传〉中的几个问题补正》，《西北史地》1990 年第 1 期。

② 王治来《论伊斯兰教在新疆的发展》，《新疆历史论文集》，新疆人民出版社，1977 年；李进新《蒙古统治与新疆伊斯兰教》，《新疆宗教研究资料》1984 年第 8 期；马启成《中国伊斯兰文化的民族属性(续二)》，《中国穆斯林》1994 年第 5 期。

③ 魏良弢《西域史上的一个幻影—— 一个“伊斯兰神圣国家”或“和卓时代”考实》，《中国社会科学》1992 年第 4 期。

方式被保留[①]；维吾尔族的伊斯兰文化以多神崇拜为特点，保留着祭祀祖先的风习，不同于阿拉伯—伊斯兰文化的一神崇拜。[②]

三、维吾尔族诸政权与中央王朝关系的研究

中华人民共和国建立以后学者十分关注维吾尔族诸政权与历代中央王朝的友好关系以及维吾尔族对祖国的历史贡献问题，对此展开了研究。

1. 唐与回纥的友好关系。早在漠北回纥汗国建立之前，回纥就与中原唐朝建立了密切的联系，主动要求唐朝在漠北建立府州行政机构，协助唐朝平定西突厥，统一西域，做出了重要的贡献。漠北回纥汗国不断遣使朝贡于唐，请置唐官，奉唐皇帝为天可汗。双方在政治、经济及文化上的交往主要通过和亲和马绢贸易两种方式展开，关系更为密切。

2. 唐回和亲的影响。政治上，“唐朝所求者，无非促进民族感情，得以宁边，并联军以平定内忧外患”；[③]经济上，促进了回纥人从游牧的生产生活方式向定居的农业生产生活方式转变；文化上，将先进的中原文化带入了回纥，对回纥人的文字、历法、礼仪、艺术等都产生了重大的影响；民族上，增进了双方民族感情，促使了血缘的混化、民族的融合。回纥文化对唐朝也产生了重要的影响。

3. 绢马贸易的影响。陈寅恪、岑仲勉、刘志霄、崔明德等认为，绢马贸易是唐朝出于政治考虑羁縻回纥汗国的一种经济措施，给唐朝带来严重的经济困难。马俊民等学者认为，“绢马互市是唐与回纥传统友好关系的继续和发展，这一贸易对双方都有利”，满足了双方在政治、经济、军事上的需要，影响深远。[④]

4. 漠北回纥汗国是隶属于唐朝的地方政权。吐尔贡·阿勒马斯等人曾提出：

---

① 谷苞《维吾尔族与伊斯兰教》，《新疆科学研究动态》1979 年第 9 期。

② 买买提·赛来、马品彦《新疆的麻扎和麻扎崇拜：新将伊斯兰教地域特色初探》，《世界宗教研究》1986 年第 4 期。

③ 刘义棠《回鹘与唐朝婚姻关系及其影响》，《维吾尔研究》，正中书局，1975 年。

④ 马俊民《唐与回纥的绢马贸易——唐代马价绢新探》，《中国史研究》1984 年第 1 期。

"极为强大的、独立的回纥——鄂尔浑可汗国，在当时同亚洲的大国——唐朝和吐蕃处于平等的地位。"[①] 学者的研究，驳斥了这种荒谬分裂国家的观点，指出漠北回纥汗国自其建立起就与唐朝建立了密切的关系，主动要求唐朝政府在漠北建立府州行政机构，奉唐皇帝为天可汗；协助唐朝平定西突厥，统一西域；助唐平定安史之乱；与唐和亲、互市等。可以肯定，漠北回纥汗国一直都是唐朝的一个地方政权。[②]

第五节 文化和社会生活的研究

一、对《福乐智慧》的研究

二十世纪六十年代以来，学者围绕《福乐智慧》的作者、成书背景及文学、史学、哲学、伦理学价值等问题，展开专题研究，认识不断加深、领域不断开阔。1. 作者玉素甫·哈斯·哈吉甫的生卒年。生年主要有 1018 年或 1019 年说、1012 年说、1018—1019 年说、1012—1015 年说等。二十世纪八十年代有关部门在喀什噶尔调查发现的《谱系之书》中记载玉素甫于回历 478 年（1185—1186）去世。若此资料可信，那么对《福乐智慧》作者玉素甫生平的了解就有了新的突破。[③]2. 该书的成书背景。一种观点认为这一时期是喀喇汗王朝的太平盛世，"尤素甫·哈斯·哈吉甫正是在这太平岁月献上了自己的著作，以相当篇幅谈论了如何稳定和发展经济"，在"客观上代表了经过半个多世纪的战乱折磨的黑汗王朝各族人民渴求稳定经济生活的美好愿望"[④]。另一种观点认为，这一时期喀喇汗王朝充满战争和动荡，正是在这样的背景下，《福乐智慧》作为玉素甫构建的"理想国"而产生。[⑤]3.《福乐智慧》的学术价值。其包

① 转引自徐伯夫《唐朝与回纥汗国的关系》，《喀什师院学报》1991 年第 4 期。

② 马国荣《回纥汗国与唐朝的关系》，《新疆社科论坛》1993 年第 1 期；徐伯夫《唐朝与回纥汗国的关系》，《喀什师院学报》1991 年第 4 期。

③ 热依罕《〈福乐智慧〉研究综述》，《喀什师范学院学报》1989 年第 6 期。

④ 张克武、陈喜忠《论〈福乐智慧〉的经济思想》，《中央民族学院学报》1982 年第 1 期。

⑤ 阿不来提·吾买尔《玉素甫·哈斯·哈吉甫和他的〈福乐智慧〉》，《新疆大学学报》1979 年第 3 期。

含着非常丰富的文学、史学、哲学、经济学、伦理学、美学等方面的价值。[①]

二、对《突厥语大词典》的研究

对《突厥语大词典》的研究从二十世纪初就开始了。新疆喀什噶尔的爱国学者、诗人库特路克阿吉·谢维克（1876—1937）于1917年将伊斯坦布尔刚出版的《突厥语大词典》三卷本带回祖国，并开始研究和翻译工作。二十世纪五十年代以来，学者围绕作者马赫穆德·喀什噶尔的生平事迹及著述经历、《突厥语大词典》的内容与体例、抄本流传、国外翻译研究及史料价值等问题开展研究。张广达撰文，详细论述了书中所附圆形地图产生的背景及价值和特点，认为圆图“是前此任何‘伊斯兰舆图’所望尘莫及的”。他考证了书中相关词条，认为其中的“秦”与“摩秦”指的都是中国，包括宋朝统治之下的摩秦地区，契丹、辽统治之下的北方地区，以及喀喇汗王朝东支统治之下的喀什噶尔地区，“桃花石”也是中国的代称。[②]牛汝极、牛汝辰考证了书中的上百条地名，认为该书保存了中亚地名学的若干研究对象，保存了当时地理学的一般概念，包括土著居民中间使用的地理学术语，提供了中亚地区地图学的历史概貌等。[③]学者研究了《突厥语大词典》所录各种体裁、各类题材的突厥文学作品的学术价值，所录谚语的丰富内涵、哲学思想，词条反映出来的喀喇汗王朝时期的社会性质、社会制度、历史阶段、生产和生活方式、军事技巧、思想观念等问题。有学者以书中材料论述了古代和田地区的语言和民族成分，批驳了学界认为和田的古老主体民族就是回鹘或突厥的观点，认为和田人直到十一世纪下半叶才开始能说不太标准的突厥语，在此之前他

① 阿不都秀库尔·买买提·伊明《〈福乐智慧〉的自然哲学思想》，《喀什师范学院学报》1990年第1期；陈中立《论〈福乐智慧〉中天文学知识的意义》，《喀什师范学院学报》1990年第1期；阿布都克里木·热合曼著，马德元译《论〈福乐智慧〉中天文学观点的部分民族文化根源》，《新疆大学学报》1990年第2期；阿不都秀库尔·穆罕默德·伊明著、马德元译《〈福乐智慧〉中的自然哲学思想》，《新疆大学学报》1990年第4期；段石羽《“四”在〈福乐智慧〉中的统摄作用》，《新疆大学学报》1993年第3期。

② 张广达《关于马合木·喀什噶里的〈突厥语词汇〉与见于此书的圆形地图》，《中央民族学院学报》1978年第2期。

③ 牛汝辰、牛汝极《〈突厥语大词典〉的地理学价值》，《辞书研究》1985年第1期。

们不讲突厥语，也不是突厥人。[①]

三、对维吾尔族社会生活史的研究

随着文化人类学、考古学等学科研究方法的引入，二十世纪八十年代以来，学者开始关注维吾尔族社会生活的研究，并取得了很大的成绩。邓浩于二十世纪九十年代，陆续发表多篇文章，研究《突厥语大词典》收录的关于维吾尔族物质及文化生活的词条，为我们勾勒出了十一世纪前后维吾尔族农业、牧业、园艺业、手工业等经济状况及饮食、服饰、娱乐等物质文化生活的概貌。[②] 田卫疆《蒙古时代维吾尔人的社会生活》，从蒙元时期新疆的人文地理入手，分析了特定历史时期，维吾尔族的社会政治生活、经济活动及文化与风俗民情。薛宗正《中国新疆古代社会生活史》，是中国第一部系统研究新疆古代社会生活史的专著，其中第三至七章是关于维吾尔族及其祖先的社会生活状况的描写。他从文化人类学的角度出发，以“时代为纲、民族为线”为基本框架，在每一章、节中从物质生产、物质生活、精神生活三个层面分别论述，层层递进，通过对民族物质生产及生活面貌的描述，分析其精神生活层面的价值观及文化内涵。王德怀、曹春梅、尚衍斌等学者，从古代维吾尔语和现代维吾尔语词汇及熟语，分析维吾尔族的饮食及服饰的种类、习俗、观念及特点。[③]

---

① 李吟屏《从〈突厥语大词典〉看古代和田的语言和民族》，《新疆日报》1983 年 1 月 15 日第 3 版。

② 《从〈突厥语大词典〉看古代维吾尔族的饮食文化》，《西北民族研究》1994 年第 2 期；《从〈突厥语词典〉看古代维吾尔族的游艺民俗文化》，《语言与翻译》1995 年第 1 期；《从〈突厥语大词典〉看回鹘的畜牧文化》，《敦煌研究》1995 年第 1 期；《〈突厥语词典〉与回鹘的农业经济》，《敦煌研究》1995 年第 4 期；《从〈突厥语词典〉看喀喇汗王朝的物质文化》，《西北史地》1996 年第 4 期；《从〈突厥语词典〉看古代维吾尔族的服饰文化》，《民族研究》1997 年第 2 期；《论〈突厥语词典〉中的数目名称》，《中央民族大学学报》1997 年第 5 期等。

③ 王德怀《从维吾尔熟语看维吾尔族的饮食文化》，《西北民族学院学报》1997 年第 1 期；王德怀《从维吾尔熟语看维吾尔族的服饰文化及其文化质点》，《语言与翻译》1998 年第 1 期；曹春梅《浅析维吾尔语中的饮食用语》，《新疆职业大学学报》2000 年第 3 期；尚衍斌《维吾尔族服饰形成及其特征的历史考察》，《喀什师范学院学报》1994 年第 1 期。

第五章

二十世纪藏族史学

第一节　二十世纪上半叶的藏族史学

一、藏族史学研究概况

二十世纪上半叶，中国社会动荡不安，辛亥革命的胜利果实被袁世凯窃取，军阀割据混战，日寇入侵，藏族同胞同全国人民一样也饱经苦难。西方列强趁内地混乱，教唆少数西藏上层分子，不断挑起事端，妄图将西藏“独立”出去。生活在甘、青、川、滇等地的藏族人民深受军阀压迫和剥削，加深了汉藏民族的隔阂。

不过，处于动荡纷乱社会环境中的藏族史学仍有很大发展，主要原因在于：1. 西藏危机引起人们对西藏的关注，为了救亡图存，很多学者深入藏族地区调查研究，将西藏历史与现状结合起来，加快了藏族史学发展步伐。2. 西方学术思潮对人们的影响日益深入，进化论、种族、民族等观念在学术研究中广泛应用，既给世人敲响了民族危亡的警钟，同时也给这一时期史学著作带来新的活力，使藏族史学呈现出鲜明的人文主义倾向。3. 新资料的运用，推动了这一时期史学的进步。敦煌文书的发现，为人们研究吐蕃史提供了较为可靠的新史料，改变了以往藏族历史等同宗教史的书写模式。另外，这一时期内地出现了一批精通藏语的学者如刘立千、法尊法师等，翻译了一些藏文史书，为内地学者研究藏族史提供了很大方便。4. 出现了一些专门的藏学研究机构，如西宁藏文研究社（后改为青海藏文研究社）、汉藏教理院、西陲文化院、华西边疆研究所等，吸引了大批学者从事藏族史研究。5. 这一时期藏族史书写不再局限于专著，有些杂志如《东方杂志》、《蒙藏旬刊》、《康藏前锋》、《新亚细亚》等，刊登了很多藏族史方面的文章，有些论文颇有创新，促进了藏族史学的发展。

在 1949 年以前，撰成了多部藏族通史著作，如白眉初《西藏始末纪要》、洪涤尘《西藏史地大纲》、吴燕绍《西藏史大纲》、任乃强《康藏史地大纲》、法尊法师《西藏民族政教史》等。还有一些文章，如李安陆《西藏略史》、九世班禅《西藏政教始末》等，虽相对简略，但在当时仍有很大影响。吐蕃史论著也呈现出前所未有的繁荣，如藏族著名学者根敦群培利用敦煌文书等新史料，详细论述吐蕃历史，撰成《白史》。陈寅恪《吐蕃彝泰赞普名号年代考——蒙古源流研究之一》，冯承钧《唐代华化蕃胡考》，刘盼遂《唐代白氏为蕃姓之史料二三事》和《李唐为蕃姓考》，翦伯赞《土番种族来源考》，姚薇元《藏族考源》，韩儒林《吐蕃之王族与宦族》和《吐蕃古史与传说研究》，任乃强《吐蕃开国考》与《吐蕃音义考》，这些文章都在详尽占有史料基础上，考证历史疑难，大大推动了藏族史学发展。藏族是宗教氛围十分深厚的民族，张其勤《西藏宗教源流考》、李翊灼《西藏佛教略史》、吕澂《西藏佛学原论》、太虚法师等人《西藏佛教略记》、妙舟法师《蒙藏佛教史》、李安宅《西藏宗教史之实地研究》等，都是这一时期藏传佛教史研究的代表作。方志纂修在这一时期也取得了不少成果，如任乃强《西康图经》、张典《松潘县志》、陈观浔的《西藏志》等，这些著作为我们了解藏族地区的历史、风俗等提供了丰富翔实的资料。另外，丁实存《驻藏大臣考》与《历代章嘉呼图克图传略》，反映了这一时期人物研究的新进展。

二、根敦群培的史学成就

根敦群培（1903—1951）是近代著名的藏族学者，在藏族历史、哲学、逻辑学、语言学、地理学等方面均有突出的成就。根敦群培的故乡在热贡（即今青海同仁县）双朋西村，他七岁丧父，与母亲、姐姐相依为命。根敦群培自幼聪明好学，被认为是亚玛扎西齐寺多扎活佛的转世，在该寺学习，后又到底察寺，拜根敦嘉措为师，起法名为根敦群培。1921年，根敦群培前去拉卜楞寺学习，由于他不循规蹈矩，冒犯了思修保守的僧众，被迫离开拉卜楞寺。1928年，根敦群培随商队到达拉萨，后进入哲蚌寺学习。1934年，他与印度学者罗睺罗一起考察西藏，并前往印度。此后，他在印度游历了很多地方，并撰写了不少作品，如《智游列国漫记》、《世界广说》等，开阔了学术视野。1945年，根敦群培从印度返回西藏，并着手编写《白史》。不幸的是，因革命党的问题，噶厦政府逮捕了根敦群培，并将其关押了三年之久。出狱之后，由于身心受到极大伤害，他已不能完成《白史》的撰写。

虽然《白史》是一部未完成的著作，但在刊行后，引起了世人极大关注，对藏族史学的发展产生了重大影响。其主要特点为：

1. 从神学史观向近代人文主义倾向的转变。编撰史书是藏族文化的优良传统，但受佛教史观的影响，分裂时期以后留下来的史书均与佛教有关，吐蕃时期藏族史学的人文主义倾向消失殆尽，一些叙述社会历史事件的史书，因与佛教发展关系不够密切，或被篡改，或未能流传下来，致使藏族历史几乎成为藏传佛教发展史，而且书中大都充斥着具有神话色彩的传说故事。根敦群培虽然自幼出家为僧，但他在印度曾接受过西方近代人文与自然科学知识，在史学观念上与一般僧众截然不同。他批判以前的藏文史书说："除略与佛教有关之事迹外，余者一无所存。"[①]因此，根敦群培撰写《白史》完全改变了以前王统史的撰写方法，书中主要讲述了吐蕃时期的风俗文化以及芒松芒赞以前的历史概况，其中已经没有任何神的踪迹，历史成为人类主观性的活动。这在藏族史学发展中具有划时代的意义，标志着藏族史学开始从传统佛教史学向近代史学转变。

2. 充分挖掘并利用新史料。根敦群培撰写《白史》所取得的成就与其史料的搜集与运用有密切联系。二十世纪初，敦煌文书的发现，为藏族史研究提供了新的史料。当根敦群培在印度游历时，与巴考、黎吉生等人曾有过交往，接触到了敦煌文书。他高度重视敦煌文书的史料价值，说："虽词句太简，对于嗜好奇异冗长故事之人，不能使其满意。然观此历史之本身，实极扼要坚实，如同金刚地基。乃此诸王时代，藏人亲自著录，未经他人润饰，埋砂土下，将近千年。此等古代文献，对于世人，实堪自豪者也。"[②]根敦群培是第一个利用敦煌文书撰写藏族史的藏族学者，从而为《白史》摆脱传统藏族史书编纂模式

① 根敦群培著，法尊法师译《白史》，中国藏学出版社，2012年，第2页。

② 根敦群培著，法尊法师译《白史》，中国藏学出版社，2012年，第25页。

奠定了史料基础。此外，根敦群培不仅利用传统藏文史书如《拔协》、《贤者喜宴》、《青史》等，还利用了新旧《唐书·吐蕃传》等汉文史书。他还特别注意到碑铭文献，在撰写《白史》之前，曾亲自考察噶迥寺碑文，说："用噶迥这个碑文可以纠正过去史书上的一些错讹。"[①] 根敦群培利用大量新的史料，为藏族史研究输入了新血液，使《白史》的内容更加真实客观。

3. 运用近代科学研究方法。根敦群培运用近代科学方法撰写《白史》，使他得出了与传统观点截然不同的观点。《白史》对吐蕃地名、王名、职官、服饰、地理、语言等做了详细的考证。根敦群培在考证过程中，综合了文献学、语言学、年代学、地理学、民俗学等不同学科的研究方法，将出土文献与传统文本互证，将汉藏史料互证，从而最大限度地揭示出历史真相。根敦群培非常注重将历史研究与实地考察相结合，他曾两次在西藏广泛游历，在印度也曾考察过很多地方。从印度返回西藏时，他孤身一人前往麦克马洪线实地考察。根敦群培将实地调查所得与文献资料相结合去探寻历史真相，在《白史》中提出，吐蕃时期吞米桑布扎是以笈多文字为蓝本创制了藏文。他说，笈多王朝时一些铜牌所载，与藏文非常相像，"稍远望之，竟似一手不熟练之人所书之藏文"，并举出两个实例加以证明[②]。在论述西藏风俗时，他注意考察古今习俗之间的联系，如书中论述吐蕃兵制说："征集兵时，金箭先行。现在诸官吏，因公他出，犹先发箭书。"[③] 根敦群培掌握了现代历史人类学、历史社会学性质的研究方法，大大推动了藏族史学的发展。

4. 理性的史学态度。在传统藏族史学中，不少学者受派别之见，在阐述历史时互相攻击，各自为说。如佛教与苯教史书对藏族史的记载大相径庭，佛教内部不同流派撰写史书时为维护本派利益也有不同。根敦群培在研究过程中，抛弃偏见，广泛地利用史料，对各种史料甄别择取，自称："虽出自苯教之传

---

① 霍康·索朗班巴著，罗桑旦增译《根敦群培大师传·清净显相》,《根敦群培研究六十年》，中国藏学出版社，2012 年，第 33 页。

② 根敦群培著，法尊法师译《白史》，中国藏学出版社，2012 年，第 51—52 页。

③ 根敦群培著，法尊法师译《白史》，中国藏学出版社，2012 年，第 29 页。

说，亦皆采录，然未染有寡闻猜想，及偏执虚构等垢汙。”[①] 他的史著之所以命名为《白史》，也是想说明，在研究过程中不偏袒宁玛、萨迦、噶举、格鲁等任何一个派别，完全出于公正之心。根敦群培作诗道：“不以伪造逞媚态，不以偏执邀青睐。本性含笑此妙花，智者意根宁不夺。”[②] 这表明他作史的目的完全是追求历史的真实，不向任何人献媚。这种求真求实的治史精神在藏族史学史上是十分难得的。

三、吴燕绍与《西藏史大纲》

吴燕绍（1868—1944），江苏吴江人，光绪二十年（1894）进士，以内阁中书用，宣统时调任理藩院主事，辛亥革命后，曾在蒙藏事务处任职。吴燕绍长期留心边务，熟悉边疆史地，曾参与《清史稿》西藏篇撰写，编订《清代蒙藏回部典汇》。殖边学校、北京法政专门学校、北京大学先后延请其教授边疆史地，《西藏史大纲》即吴燕绍在北京法政专门学校教授西藏史的讲义。这部书不是抄录前人之作，其中包含着作者研究西藏史的很多独特见解。

1. 具有浓厚的经世思想。近代西方列强窥我西藏，使许多学者深感不安，在他们的史著中无不痛斥侵略者的无耻行径，从历史上证明西藏是中国领土不可分割的一部分，并提出一些可供实行的建议给当政者以借鉴。吴燕绍在《西藏史大纲》自序中称：“有清一代，以宗教之信仰，施以羁縻政策，辅以兵力御侮，收入版图，而外祸频仍，英俄互诱，至西金条约，订城下之盟，国势一落千丈矣。……窃愿治边政者，鉴得失之林，考盛衰之故，勿以旦暮之更张，谓可以起衰而兴胜我抗也。又勿搪撞号呼，欲率一世之人，兴盲进以为破坏之事也。边氛日亟，后患方长，毋趋捷于近功，乃渐渐于正轨。读书明理以濬其性，正德利用，以厚其生。虽曰伧荒，立地成佛，谨纂迂论，敢告象胥。”[③] 由此可见其史著编纂的宗旨。

2. 进化史观。近代西方进化论被介绍至我国，学术界普遍受到影响，以生

① 根敦群培著，法尊法师译《白史》，中国藏学出版社，2012 年，第 26 页。

② 根敦群培著，法尊法师译《白史》，中国藏学出版社，2012 年，第 26 页。

③ 吴燕绍《西藏史大纲·绪论》，全国图书馆文献缩微复制中心，1993 年，第 2—3 页。

物界的进化论解释历史发展的原因，成为当时史学界的潮流之一，藏族史研究也表现出这一特点。如《西藏史大纲》对历史分期的划分，将清代的西藏约分为六个时期，包括萌芽时代、渐进时代、顿挫时代、全盛时代、退化时代和衰败时代，很明显是将西方的物种进化理论应用到历史学中，并给人以全新的观念，体现出时代的进步。

在对社会形态发展的认知中，《西藏史大纲·绪论》开篇即言："世界进化之阶级，莫不始于图腾，继以宗教而成于国家。方其为图腾也，其民渔猎至于宗法，其民耕稼于二者之间，其相嬗变而转变者以游牧为最后……如天之四时，若人身之童少壮老，期有迟速而不可或少紊者也。"① 吴燕绍将社会形态的发展，归结于渔猎、耕稼、图腾、宗法等不断进化，向前发展。这一观点，超出了我国古代朴素的历史变化思想，不再是就事论事，而是对社会发展有了总体把握，体现出进化史观对藏族史研究的推动作用。

3. 恰当处理政治与宗教的关系。在藏族历史发展过程中，宗教与政治互为影响，研究藏族史，只有恰当论述藏族宗教与政治的关系，才能够抓住藏族史的本质内容。《西藏史大纲》中详细论述了西藏宗教与政治的互动关系，在谈到西藏政治变革时，他认为新的政治必须有新的宗教作为先导，政治欲改变，须先变宗教，说："其由甲政治以入乙政治也，必有新宗教以慰勉之，而其将出乙政治以入丙政治也，例先微撼其宗教而后政治由之蜕，未有旧教不裂而新政可由中而蜕者。故其宗教与政治附丽疏者其蜕易，其宗教与政治附丽密者其蜕难，此人天之大例也。"② 他深刻地揭示出西藏政治与宗教之间密不可分的关系，同时也为西藏社会发展提出新的看法，具有较强的现实意义。

4. 内容丰富，多有新论。吴燕绍早年曾在理藩院任职，长期关注边疆问题，收集了大量史料，在撰写《西藏史大纲》时能够广择史料，内容非常丰富。龙骧评论说："本书历叙西藏自开国以来，迄于清代，一千余年，举凡藏事之兴衰，对华之向背，政教之分合，历次兵事之始末，教争之起讫，对英、对

① 吴燕绍《西藏史大纲·绪论》，全国图书馆文献缩微复制中心，1993 年，第 1 页。

② 吴燕绍《西藏史大纲·绪论》，全国图书馆文献缩微复制中心，1993 年，第 1 页。

俄交涉之经过，旁如山川形势、道路、水利、礼俗、赋税、食货等项，见诸奏议，至为明晰。二百年来，中外关于西藏记录诸书，要以此书为详备。”① 书中对边疆史有不少新的见解，至今对研究藏族史仍有参考价值。如在论清雍正朝治藏政策时，从朝廷内部之争出发，认为雍正皇帝与其兄弟之间的争斗，以及最后将年羹尧处死等事件对雍正朝治藏政策产生了重要影响。这些论断发前人所未发，颇有新意。

第二节　中华人民共和国建立后的藏族史学

一、发展概况

中华人民共和国建立及西藏和平解放后，党和政府始终非常重视藏学研究，藏族史学逐渐进入繁荣发展时期。这一时期藏族史学的发展大致上可以划分为三个阶段：一是 1950—1965 年，是中华人民共和国建立后藏族史学初步发展时期；二是 1966—1976 年，十年“文革”时期，藏族史学基本上处于停滞状态；三是 1977 年以后藏族史学又开始发展，并逐渐走向繁荣。

二十世纪五六十年代，国家在北京、西藏、四川、甘肃、青海等地建立了一些专门的藏学研究机构，培养了大批人才，极大地推动了藏族史学的发展。中国科学院民族研究所成立了西藏少数民族社会历史调查小组，深入西藏进行了广泛的社会历史与现状调查。在此基础上，调查组利用汉藏文献编写了一部《藏族简史》，这是中华人民共和国建立后第一部全面记述西藏历史的著作，在学术界产生了很大影响。这一阶段史料的整理也取得了不小成就，出版了《西藏地方历史资料选辑》、《西藏历史资料汇编》，为藏族史研究提供了便利。王忠撰写《新唐书吐蕃传笺证》，利用敦煌、吐鲁番古藏文文书以及传世的汉藏史书，对《新唐书·吐蕃传》做了详细考证，对书中内容补阙、纠谬、订误。该书不局限于史书整理，推动吐蕃史研究达到新的高度。刘贯一《帝国主义侵

① 吴丰培《先父吴燕绍传略》，《西藏史大纲》卷首，全国图书馆文献缩微复制中心，1993 年。

略西藏简史》和佘素《清季英国侵略西藏史》二书，有力地揭露了近代帝国主义对西藏侵略的本质。

“文化大革命”结束后，藏族史学研究迎来了春天。西藏社会科学院、中国藏学研究中心相继成立，《西藏研究》、《中国藏学》专门藏学刊物的创办，为藏族史学发展提供了良好的平台，这一时期出现了很多优秀的史学论著。在西藏通史方面，有黄奋生《藏族史略》，王辅仁、索文清《藏族史要》、恰白·次旦平措《西藏通史——松石宝串》，平措次仁《藏史明镜》等，这些著作的出版代表了藏族史学发展的新高度。帝国主义侵藏史方面，有周伟洲《英俄侵略我国西藏史略》。这一时期史料整理成绩突出，为藏族史的发展奠定了基础：藏文古籍整理方面出版了《巴协》、《新红史》、《安多政教史》重要史书，翻译了《敦煌本吐蕃历史文书》、《颇罗鼐传》、《多仁班智达传》等；汉文史料整理方面有顾祖成等主编《明实录藏族史料》、《清实录藏族史料》，吴丰培编辑《清代藏事奏牍》，陈燮章、索文清、陈乃文辑《藏族史料集》，中国藏学研究中心编《元以来西藏地方与中央政府关系档案史料汇编》，苏晋仁《通鉴吐蕃史料》等，为人们研究藏族史提供了重要史料。索朗顿珠撰《藏族史学书目》著录藏文史籍两千三百三十二部，为研究藏族历史与史学提供了重要的门径。中央与地方及民族关系史方面有黄玉生等人《西藏地方与中央政府关系史》、《蒙藏民族关系史略》。藏族文化宗教史有王森《西藏佛教发展史略》、丹珠昂奔《藏族文化发展史》等。有关藏族断代史的论著也很多，不再列举。值得指出的是，藏族史学的研究在这一时期也开始兴起，如王尧、沈卫荣《试论藏族的史学与史书》、《藏文古代历史文献述略》虽然只是两篇内容较为简略的论文，但对藏族史学研究具有积极意义，其中对于藏族史学发展的一些论断至今仍有很大影响。

二、藏族史学发展的主要特点

首先，唯物史观以及新史学思潮对藏族史学产生了重大影响，推动了藏族史学的新发展。

中华人民共和国建立后，唯物史观在史学界逐渐成为最主要的研究方法，藏族史学也深受影响，很多学者从经济基础与上层建筑、人民群众的历史作用、阶级斗争等角度研究藏族史，取得丰硕的成果。以朗达玛灭佛为例，以往人们多从佛苯之争角度看待，其视角局限于宗教范围。王辅仁、索文清《藏族史要》则提出，“朗达玛的‘禁佛’和赤祖德赞的‘崇佛’，表面上是佛教和本教的斗争，实质上是吐蕃大奴隶主阶级为了缓和阶级矛盾，转移奴隶和平民的斗争方向，维护和巩固奴隶制统治的不同手段”[①]。虽然这一论断缺乏有力证据，但在解读朗达玛灭佛事件上拓展了人们的视野。此后，薛宗正论述道：“达磨灭法的本意在解放生产力，增加日益空匮的国库收入，如果抛开宗教偏见，实不乏政治史的进步意义。”[②] 从经济与政治关系研究朗达玛灭佛事件，相较其他解释更加深入，说服力较强。在唯物史观视野下，这一时期的藏族史学，特别是二十世纪八十年代以前的史学论著，较多地关注历史上藏族人民群众的反抗斗争，史学研究由上层社会政治扩展到下层普通民众，眼光转向基层社会，丰富了史学的内容。当然，在运用唯物史观过程中，受政治因素的影响，藏族史学的研究也有失当之处，如对于藏族社会形态的研究，人们没有认真考虑藏族社会发展的特殊性，坚持将藏族历史划分为五种社会形态，以证明马克思主义唯物史观的正确性。如王辅仁、索文清《藏族史要·前言》说：“藏族历史的研究，如同其他历史学科的研究一样，首先应把它置于人类共同的社会发展规律中去考察，用藏族从古到今的发展演变，说明藏族如何经历原始社会、奴隶制社会、封建制社会，最后又如何通过社会改革，跃进到社会主义社会。论证藏族历史的发展，离不开社会发展的总规律，以藏族历史的具体内容，丰富社会发展史的宝库，进一步阐明马克思列宁主义是放之四海而皆准的普遍真理。”[③] 这种方法违背了马克思主义实事求是，具体问题具体分析的基本原理。当然，这并不是在藏族史研究中的独有现象，当时整个史学界普遍存在对唯物史观的误解，我们不应苛求前贤，却要铭记教训。

改革开放以后，随着人们思想解放，与国外史学界的进一步交流，史学发

① 王辅仁、索文清《藏族史要》，四川民族出版社，1981 年，第 32 页。

② 薛宗正《吐蕃王国的兴衰》，民族出版社，1997 年，第 188 页。

③ 王辅仁、索文清《藏族史要·前言》，四川民族出版社，1981 年，第 2 页。

展趋向多元化，藏族史学也呈现出新的发展趋势。史学研究不断出现新领域的作品，如霍巍长期从事西藏考古研究，从考古学角度撰写了一系列有关西藏早期文明的论著，如《西藏古代墓葬制度史》、《西藏西部佛教文明》等。宗教史方面出现了班班多杰《藏传佛教思想史纲》、索南才让《西藏密教史》、蒲文成《青海佛教史》等，这些著作不再是笼统地论述藏传佛教发展史，而是从思想史、专门史、地区史角度做精而深的研究。另外，王尧、王启龙主编《国外藏学研究译文集》，翻译了不少国外藏学论文，对于我们了解国外藏族史研究起了很好的作用，对藏族史学的新发展起了重要作用。

其次，藏族史学承担着维护国家统一、反对分裂势力的重任。1959 年十四世达赖喇嘛逃往国外，一批追随者利用史学开展分裂活动，如夏格巴 · 旺秋德丹《西藏政治史》，妄图通过歪曲历史事实，为“西藏独立”论提供依据。国内一些学者充分利用汉藏文献以及考古新材料，驳斥夏格巴等人的谬论。如王贵《西藏历史地位辨》，以大量历史事实说明从元代以来西藏已成为中国领土不可分割的一部分，揭露了分裂势力歪曲历史的险恶用心。其他还有很多这一方面的论文，不再一一赘述。

第三节　两部重要的藏族通史

一、《藏族简史》的史学成就

《藏族简史》是中华人民共和国建立后，由众多学者集体撰写的一部藏族通史著作。1956 年在全国人民代表大会常务委员会民族委员会的直接领导下，在全国开展大规模的少数民族社会历史调查工作，学者们在此基础上开始撰写少数民族通史。1958 年，在全国人大民族委员会和中共西藏工作委员会领导下，由著名学者柳陞祺、王辅仁、常凤玄、李凤珍、黄颢等执笔撰写，1963 年《藏族简史》完成了初稿，中间经历十年“文化大革命”，直到 1985 年才公开出版发行。该书出版后在学术界引起很大反响，又经三次修订再版，可见人们对其重视程度。概括地说，《藏族简史》有以下几个特点：

1. **全面运用唯物史观讨论藏族历史问题。**《藏族简史》是中华人民共和国建立后第一部运用唯物史观系统论述藏族历史发展的藏族通史著作。全书分为奴隶社会、封建社会、半殖民地状态下的封建社会三个历史阶段叙述藏族历史，这种划分方法，明显具有唯物史观的色彩。书中详细阐述了不同历史阶段藏族社会形态的特点，涉及政治、经济、文化、汉藏关系等方面。《藏族简史》运用唯物史观研究藏族史，推动了藏族史学的发展。书中第一部分专设一节阐述吐蕃王朝时期的经济与文化，推动了藏族经济史的研究。书中对历史上统治阶级压迫剥削农奴给予严厉批判："作为大农奴主阶级的黄教寺院集团势力，对于农奴的经济剥削十分苛刻，在程度上要比官家、贵族领主有过之而无不及，因为它还多一层以宗教名义进行的剥削。"[①]

2. **新史料的运用。**《藏族简史》注重利用新的史料，除了传统汉藏史书外，还利用考古发现史料以及调查的实际资料研究藏族历史问题。对于藏族族源问题，书中以考古新资料证明青藏高原远古以来就有人类活动，"所有考古资料都证明，早在旧石器时代，西藏就有原始人类居住。显然，藏族族源'南来说''西来说'及'汉藏一元说'是不能成立的"[②]。《藏族简史》还充分利用调查资料，如对中华人民共和国建立以前西藏普通民众的日常生活状况，利用当时一手调查资料，客观真实地反映了老百姓深受剥削的痛苦生活。

3. **客观真实地阐述了汉藏关系史。**《藏族简史》本着实事求是的原则，既不美化也不隐瞒，客观真实地记述了汉藏交往的历史。在吐蕃部分，坚守信史的著述原则，如实记述了唐蕃关系，既谈到了双方政治经济文化交往，也记述了双方连绵不断的战争。在论述近代西方对我国侵略时，书中说："每逢在我国广袤的国土上一方有事，西藏地方亦必同时告警，这已成为我国近代历史上一个明显的规律。"[③] 这也说明面对外国的入侵，西藏与内地同呼吸、共命运的历史事实。在反对外国入侵方面，藏汉人民往往一道奋起抵抗。书中记述了第一次鸦片战争期间，一支由四川大金川和瓦寺派遣的藏族队伍抵浙江支援，结果

① 藏族简史编纂委员会《藏族简史》，西藏人民出版社，2013 年，第 209 页。

② 藏族简史编纂委员会《藏族简史》，西藏人民出版社，2013 年，第 9 页。

③ 藏族简史编纂委员会《藏族简史》，西藏人民出版社，2013 年，第 224 页。

大部分壮烈牺牲。这些事实都充分说明汉藏人民共同维护祖国安危的决心。

二、《西藏通史——松石宝串》

恰白·次旦平措（1922—2013）是当代著名藏族学者，所著《西藏通史——松石宝串》1989年至1991年出版了上中下三卷藏文本，1996年出版了汉译本。这部通史的出版在藏学界产生极大反响，受到一致好评，获得国家图书奖。《西藏通史》从藏族起源开始讲起，一直到西藏民主改革，全面详细记述了西藏历史发展概况，包含了政治、经济、文化、民俗等各个方面的内容。从历史思想与史学思想上看，《西藏通史》有以下几个特点：

1. **实事求是的治史精神**。在撰写《西藏通史》时，恰白·次旦平措坚持论从史出，决不武断下结论，也不人云亦云，体现出其实事求是的治史精神。他说："在评价有关藏族历史的王统史、苯教源流、佛教源流、各种传记、家族史以及其他史料时，只要是不带偏见和宗教的曲解，只要是如实记录了当时的历史，不管其著称于世否，不管其部头厚薄，作者是否有名，都要明确、坚定地认为是必需的资料，同时也要参照汉文及其他文字的史料，以此来搞清藏族历史的疑点，还其历史的本来面貌，这是藏学研究的一项不可回避的任务。"[①] 对于藏族族源，历史上很多藏文文献都将藏族族源追溯至印度，如西藏第一任赞普聂赤赞普就来自印度，这种历史记述方法被西方某些用心不良的学者所利用，鼓吹西藏文化与印度文化本为一体。恰白利用大量资料，以严密的逻辑推理，论证藏族起源于西藏本土，聂赤赞普是西藏本土人，而不是来自印度，驳斥了分裂势力的谬论。恰白实事求是的史学精神，还表现在他多闻阙疑的态度上。藏族历史上因史料缺乏或说法不一致，造成很多疑案。恰白在考证历史事实时，态度非常谨慎，对于一些无法考证清楚的事件，则抱着存疑待考的态度而不妄下雌黄。如六世达赖仓央嘉措的下落，史料记载不一，恰白罗列了各种说法，指出"在这方面，诸家看法不一，此处亦难下定论"[②]。这种治史精神是

① 恰白·次旦平措著，丹增译，达瓦次仁校《藏文古代史料举要》，《中国藏学》1988年第2期。

② 恰白·次旦平措著，陈庆英等译，《西藏通史——松石宝串》，西藏古籍出版社，2008年，第711页。

藏族史学的宝贵财富。

2. 坚持以唯物史观研究藏族史。恰白·次旦平措撰写《西藏通史》完全摆脱了藏族传统神学史观的影响，自觉运用马克思主义唯物史观分析藏族历史，从而使其研究更加深入科学，将藏族史学推向新的高度。在分析分裂时期各地平民起事原因时，《西藏通史》指出，“当时平民能摆脱深海之苦的唯一办法就是暴动”[①]。书中还总结了起事暴动的利弊，从两个方面辨证看待起义的结果，非常具有说服力。恰白在撰写这部史书时，广泛搜集史料，探寻总结西藏历史发展的原因及规律，显示出唯物史观对藏族史研究所起到的巨大推动作用。正如拉巴平措在《西藏通史·序言》中所说：“如果说根敦群培的《白史》把藏族史的研究从神学的枷锁下解放出来，带上了人文科学的轨道，那么这部《西藏通史》则把藏族史的研究在广阔的领域内从人文科学进一步引向了历史唯物主义，这是藏族史研究的重大进步。”[②]这一论断准确抓住了恰白·次旦平措史学思想的核心内容，也反映出新时期藏族史学发展的新特点。

3. 善于利用新史料。《西藏通史》利用了大量史料，包含了藏汉等各种文献，有很多史料都是作者首次发现并运用到史书的撰写中。除了充分利用敦煌藏文文书、历代汉文文献外，作者调查了很多藏文史籍及版本情况，发现了很多古藏文文献的珍本、古本，如《巴协》、《五部遗教》等，为吐蕃历史的撰写打下了良好基础。恰白特别注重考古新发现文献与纸质文献互相考证。霍巍在《论恰白·次旦平措先生对西藏新史学的影响》一文中认为，恰白·次旦平措是西藏新史学的奠基者和开创者，其中一个重要标志就是他将西藏地下考古材料与文献材料相互结合起来重构西藏古代史，从而开拓出西藏史学理论与实践的新思路，对西藏新史学流派的建立与发展做出了杰出的贡献。[③]

4. 体裁体例上的创新。新时期藏族通史的撰写，需要新的体裁，才能使史书的形式更加准确地表现藏族历史发展概况。恰白·次旦平措撰写的《西藏

---

① 恰白·次旦平措著，陈庆英等译，《西藏通史——松石宝串》，西藏古籍出版社，2008年，第216页。

② 拉巴平措《以史为鉴，明辨是非——为〈西藏通史〉汉译本出版而作》，《西藏通史·序言》，第4页。

③ 霍巍《二重证据与西藏古史重构——论恰白·次旦平措先生对西藏新史学的影响》，《西藏研究》2008年第4期。

通史》，在继承传统藏文史书体裁基础上又有不少创新，全书分为西藏远古史、悉补野王统世系、吐蕃赞普王统世系、西藏分裂时期、萨迦巴统治时期、帕木竹巴统治西藏时期、甘丹颇章政权统治时期七个部分，每一部分都可以体现出藏族史不同阶段各自不同的发展特点，与汉族学者所撰写的藏族史有很大区别，这是对传统藏文史书体裁进一步扬弃的结果。

5. 尊重历史，维护国家统一、民族团结的治史原则。《西藏通史》运用丰富的史料，详细论述了从吐蕃时期汉藏人民就开始了密切友好的文化交流，从元代以后，西藏被正式纳入中央版图，成为中国领土不可分割的一部分，批驳夏格巴等人歪曲历史的谬论。拉巴平措指出："在近现代历史著作中，不乏客观、公正之作，但也有一些出于某种政治需要蓄意歪曲，篡改历史的书籍，夏格巴写的《西藏政治史》可以说是这方面的代表作，达到了登峰造极的程度，造成了极为恶劣的影响。《西藏通史》则在大量搜集，翻阅资料的基础上，尊重历史，尊重事实，客观公正地进行比较和研究，实事求是，寻根究底，去伪存真，不带偏见地指出历史的本来面目，仗义执言，正本清源。"[①] 通观《西藏通史》，恰白·次旦平措在书中多次以丰富可靠的史料驳斥了夏格巴等人对历史的歪曲，表现出他尊重历史、维护国家统一的史学精神。

① 拉巴平措《以史为鉴，明辨是非——为〈西藏通史〉汉译本出版而作》，《西藏通史·序言》，第4页。

第六章

二十世纪回族史学

第一节　抗战前的回族史学

一、民族觉醒呼吁回族研究

鸦片战争特别是甲午战争以来，国家的衰落和民族的落后促使中华民族逐渐觉醒。民国建立，以五族共和相号召，回族被列为五族之一，在政治上取得和其他民族同等的地位。孙中山说:“三民主义首在解放国内各民族一律平等。回族在中国历代所受之压迫最甚，痛苦最多，而革命性亦最强，故今后亟宜从事于回民的唤起，使加入民族解放之革命运动。”[①] 回族先进分子和学者受时代潮流的影响，视野大开，以复兴民族文化、振兴民族精神为己任的自觉的民族主体意识已大大加强。他们提出“宗教改良”、“普及教育”等思想主张，还创团体、兴教育、办刊物、写文章，艰难探求实现本民族近代化之路。回族学者丁竹园、丁宝臣在北京和天津创办报纸，撰文主张民族宗教间必须“化除畛域”，各民族都有责任爱国、救国，认为历史上的回民起义是由于统治者对回民实行高压政策和宗教歧视的结果。各宗教应该互相尊重各自的信教自由，互不侵犯。[②] 汉族学者陈汉章、陈垣、张亮丞、陈寅恪等痛心于当时人对回族族源的模糊、错误认识，“古籍资料里有关回族的记载，无不贯穿着种族歧视和压迫，非常气愤，决心进行回族史的研究”。[③] 回汉等族学者的重视和努力，推动着回族史研究不断向前发展，回族史研究队伍不断发展壮大，一些新思想和新的研究方法开始运用，回族史学终于正式形成。

---

① 马松亭《中国回教与成达师范学校（节录）》，《禹贡半月刊》第5卷第11期，见《中国伊斯兰教史参考资料选编》下册，宁夏人民出版社，1985年，第1035页。

② 《竹园白话报》光绪三十四年七月十六日、光绪三十七年九月二十七日。

③ 陈垣《衷心喜悦话史学》，《红旗》1962年第19期。

二、近代回族史学的初步形成

1937 年前，是近代中国回族史学从萌芽到初步形成的时期。

当时，回族、回教（伊斯兰教）不分的认识占主导地位，还没有形成“回族”的科学概念，回族史研究是在伊斯兰教名义下进行的，但这并不影响其研究成果的较高学术价值。回族史学正式形成的标志是陈汉章《中国回教史》(1926）和陈垣《元西域人华化考》(1923—1927)、《回回教入中国史略》(1928）三文的发表。

陈汉章《中国回教史》一文，系统辑录了唐代至清代中国典籍中有关回回的资料，对旧、新《元史》中有传和无传的回回重要人物单独列表，对伊斯兰教传入中国的时间、回回与回纥的区别、伊斯兰教与摩尼教及景教的区别、中国与伊斯兰教国家的关系、伊斯兰教徒对中华文明的贡献、回族的形成等有关回族的源流、形成和发展情况进行了初步考证，开启了回族史研究的先声。

陈垣《元西域人华化考》，提出了回回族源和源流的新见解，为回回“华化”人物提供了丰富的史料，使研究元回回人的“华化”文化言之有据，对“华化”的西域人之学术成就持赞扬、歌颂的态度，在学术研究中贯彻了民族平等的精神，论述了元回回人“华化”对于中国民族发展和回族本身发展的重大意义。[①]其《回回教入中国史略》不仅是“对于中国回教之第一篇有系统的讲述”，也是对于中国回族史的第一篇有系统的讲述。[②]该文说：“欲知回回教进中国的源流，应先知中回历法之不同……由此可知欲治中国回教史，必先明白回历与中历不同始。”文中对回历与中国传统历法的辩证、对伊斯兰教传入中国的最早时间、回族与中国历代的关系、回族的名称和西安化觉巷清真寺碑均有精细考证，还对《中国回教史》体例体裁、回族研究中史料的运用表达了看法，强调从宗教、制度、经济、政治、军事、社会、文化、风俗习惯等多方面来考察回族史。[③]陈垣的两篇名作，促进了回族伊斯兰教史研究。

---

① 陈垣《元西域人华化考》，励耘书屋丛刻（民国刻本）。

② 李松茂《编写回族史学史的构想》，《史学史研究》1997 年第 4 期。

③ 陈垣《回回教入中国史略》，《东方杂志》1928 年第 25 卷第 1 号。

二陈的回族史研究采用了新角度、新思想和新方法，回族史学的内涵已基本具备。受此影响，回族和汉族史家在占有丰富材料的基础上，对回族史进行了系统的研究，使回族史研究逐渐发展成为一门新兴学科。

三、《禹贡》回族研究与第一部回族通史出版

二十世纪三十年代，顾颉刚等主编的《禹贡》半月刊，将回族研究上升到国家安定、统一的高度，率先倡导和支持。《禹贡》先后刊载回族和伊斯兰教研究论文四十余篇，出版《回教与回族专号》、《回教专号》两种专刊和数十条有关回族和伊斯兰教的通讯及《月华》、《晨熹》等回族报刊的发行广告和内容目录。《禹贡》上发表的回族研究论文数量多、质量高，对回族和伊斯兰教研究起了巨大推动作用。①

1935 年出版的金吉堂著《中国回教史研究》，既是中国伊斯兰教史，也是第一部中国回族史著作。金吉堂认为："中国回教有五千万民众，千余年经历，不能让它没有历史。"②他指出中国伊斯兰教史"非仅回教历史本身问题而已也，举凡回教民族形成之源流，回回衰弱之造因，经济地位之卑下，知识上之闭塞，回民革命运动之评价，及如何使回教达于复兴之地位诸端"③。该书上卷，分三章论述了伊斯兰教的名称、传入中国的时间及其一般概况。下卷以时代为序，分别论述回民在中国之侨居时代、同化时代和普遍时代，对回族在各个历史时期的演变、贡献和境遇，均有分析。该书对中国伊斯兰教史的基本内容、编撰体例及史料搜集的组织与方法方面提出了独到见解，如认为应注意从社会、文化、宗教、经济、法律等角度综合论述回族历史。

① 李习文、张玉海《〈禹贡〉回族伊斯兰教研究述略》，《回族研究》2001 年第 2 期。
② 金吉堂讲、马忠山记录《中国回教历史问题》，《月华》第 7 卷第 19—21 期合刊。
③ 金吉堂《中国回教史研究·序言》，珪庭出版社，1971 年。

第二节　1937—1949年的回族史学

一、民族危机意识推动回族史研究

1937 年日本发动全面侵华战争，受严重的时代危机影响和强烈的民族责任感驱使，学者将回族史的研究与回族的发展和富强、中华民族抗日战争的胜利紧密地联系在一起，促进了回族史学的迅速发展。白寿彝《论设立回教文化研究机关之需要》一文，从国防、民族等角度分析回族史研究的重要性，指出若有一个集中的研究机关，一方面从血统上证明中国伊斯兰教徒与汉人关系之密切，一方面从文化上证明伊斯兰教与中国之关系，再者，从世界伊斯兰教的发展上，证明伊斯兰教非一个狭隘的种族主义宗教，则伊斯兰教同胞，可因对于过去历史之认识，而感觉到对国家的重大责任，对宗教应持更远大的见解；非伊斯兰教同胞也可因此而认识伊斯兰教同胞在中国文化上及中国命运上地位的重要，而生尊敬喜爱心。这样，原先不合理的观念，可慢慢改变，种族隔膜也就可消除了。[①] 顾颉刚在《回教的文化运动》中，论述推进以回族历史研究为重点的伊斯兰教文化运动的重要性和迫切性，说："东四省失掉，日本的大陆政策给我们以最严重的压迫，才使我注意到边疆，因注意边疆而连带注意到在西北各省最有力量的回教，因注意回教而和教中人士多所往来，才敬服他们信仰的忠诚，团结的坚固，作事的勇敢，生活的刻苦，使我亲切知道，中华民族的复兴，回教徒应有沉重的负担；但要回教徒担负起这沉重的职责，必先使非回教徒尽量知道回教中一切，才能激起彼此的同情心，造成合作的大事业。"[②] 郑安仑谈到其《回教问题》写作背景时说："日人自伪满洲国与蒙古伪组织成立以后，即进一步拟组'大回回国'，企图分裂我中华民族。""我们如认为边疆问题是很重要的问题，宗教问题是西北边疆的重要问题，那末我们对于回教就

---

① 白寿彝《论设立回教文化研究机关之需要》，《申报》1926年3月28日《星期论坛》（转录自《禹贡半月刊》第7卷第4期），见《中国伊斯兰教史参考资料选编》下册，第916—919页。

② 顾颉刚《回教的文化运动》，上海《大公报》1937年3月7日《星期论文》，见《中国伊斯兰教史参考资料选编》下册，第912—915页。

应该有深切的了解与认识。”① 延安编纂的《回回民族问题》，更一针见血地指出：“回族解放同中华民族解放不可分离，只有中国新民主主义革命的胜利，回族才能获得真正的解放与真正的自由。”②

严重的民族危机唤起了各民族学者对回族问题的关注，推动了回族史研究的发展。

二、回族史研究专著和论述

这一时期，许多回族学者、非回族学者（主要是汉族）纷纷加入回族史研究队伍，从不同的角度，以不同的立场、观点和方法，从事回族史研究，研究范围进一步扩大，全国各地的回族尤其是西北、西南、东北、海南岛等地的回族都注意到了，研究领域进一步拓宽，举凡中西关系（特别是交通）、族称族源、族教关系、回汉关系、人物、历史事件、经著学说、文化教育、史料、当代社会问题及研究方法等，都涉及了，显示出民国时期回族史研究的深厚基础与丰硕成果。

这一时期，回族通史的代表性成果是《中国回教史》（1937 年撰写，1940 年出版）、《中国回教史鉴》（1941）和《中国回教小史》（1943）。回族学者傅统先撰写的《中国回教史》，共分回教与穆罕默德、回教之传入中国、宋代之回教、元代回教之鼎盛、明代之回教、清代之回教、中华民国之回教七章，系统地研究了中国回族的历史。马以愚《中国回教史鉴》，自碑文、匾额、方志入手，采用《通鉴纲目》体例编纂而成。全书共八卷，分别冠以“至圣纪要”、“回教之道”、“礼法制度”、“历代史志”、“回纥源流”、“回回历法”、“文章勋业”、“名寺古墓”等标题，系统阐述伊斯兰教入华时间、路线及在华发展演变情况，对当时教内外人士正确了解伊斯兰教及穆斯林活动与习俗有重要意义。白寿彝《中国回教小史》是一部简明通俗的中国伊斯兰教史纲要，

---

① 郑安仑《回教问题（节录）》，《同人通讯》1945 年第 33 期，见《中国伊斯兰教史参考资料选编》上册，第 282 页。

② 民族问题研究会《回回民族问题》（1941 年 4 月 15 日延安解放社出版），见中共中央统战部编《民族问题文献汇编（1921 年 7 月—1949 年 9 月）》，中共中央党校出版社，1991 年，第 920 页。

主要根据中国文献资料，历述唐、宋、元、明、清各代伊斯兰教在中国的传播、发展概况及辛亥革命后回族穆斯林的觉醒。白寿彝认为唐、宋、元时期，以外籍穆斯林为主，是中国伊斯兰教史上的移植时期；明、清两代，中国境内的各族穆斯林都是中华民族的组成部分，人数比以前大增，但受到歧视与迫害，是中国伊斯兰教史上的厄难时期；最后叙述了二十世纪上半叶伊斯兰教逐渐受到当时社会的重视及宗教教育、学术文化的发展状况，号召回族“往新生的路上走”①。

其他回族研究著作，主要有马坚译作《回教教育史》，水子立《中国历代回教名贤事略汇编》，杨敬之《日本之回教政策》，石觉民《西北回教生活》，郑鹤声《郑和》和《郑和遗事汇编》，郝遇林《回回》，束世澂《郑和南征记》，王静斋《中国回教掌故——从平津等处阿訇说起》等。这些著述作为一种特定时期的中国回族和穆斯林社会史料，内容广泛涉及中西交通、民族源流、历史事件和人物、当代回族社会问题等，都有十分重要的学术和社会价值。

三、延安时期的回族史研究

中国共产党从诞生的第一天起，就根据民族平等原则，承认回族是中国的一个少数民族。1936 年 5 月 25 日，毛泽东签署了《中华苏维埃中央政府对回族人民的宣言》，这是中共文献中第一次出现“回族”的名称，公布了共产党对回族的政策，表明对回族问题的特殊重视。抗日战争全面爆发以后，延安的学者出于革命斗争需要，从罗霄《抗战建国中的回回民族问题》（1940 年 2 月 20 日）一文开始，以全新的立场、观点、方法开始了对回族史和伊斯兰教的学术研究，先后发表了中共中央西北工作委员会《关于回回民族问题的提纲》，罗迈《长期被压迫与长期奋斗的回回民族》、《回回问题研究》，金浪白《回族概述》等文章，和民族问题研究会编《回回民族问题》一书，将回族史研究从伊斯兰教史研究中分离出来，为中国回族史、伊斯兰教史作为中国史学的独立分支学科打下了良好基础。

---

① 白寿彝《中国回教小史》，见《中国伊斯兰史存稿》，宁夏人民出版社，1982 年。

李维汉（署名罗迈）《回回问题研究》一文，首先进行“族”、“教”研究分离的尝试。该文除第三部分以“回教”命名外，其他七个部分都是研究回族的，特别是第六部分，以“回回问题是民族问题”为题，从经济、政治、文化教育、风俗习惯等方面有力地批驳了“回回民族”否定论、怀疑论的错误观点，明确指出回回问题是民族问题，并把回回问题作为民族问题来论述，从“回教”研究中分离出来。[①]

《回回民族问题》的出版，正式标志着回族研究从伊斯兰教研究中析分出来，形成独立学科。该书从历史到现实，从政治到经济，从宗教到族教关系，比较全面地阐述了回回民族。其第七部分专论“回回问题是民族问题”，开头即说：“本书的全文都是把回回当作一个民族，把回回问题当作民族问题来论述的；并且本书的主要任务，也正在于说明回回是民族，回回问题是民族问题。从此立场来求得问题的解决，来破除与肃清一切关于回回民族、关于回回民族问题的不正确的见解，以及各种谬论。”[②] 作者驳斥了关于回回民族问题的各种错误论调。作者认为不光回回没来得及在经济上结合而成为一个完整的民族，就是作为统治民族的汉族也还处在发展成为现代民族的过程中。回族虽然受到一定程度的“汉化”，但并没有“完全汉化”，因为在经济特征、分布状况、文化教育、心理结构、上层建筑、宗教信仰及风俗习惯等方面还保留了自己民族的许多特征。回族与汉族是有区别的，回族是一个单独的民族。学者认为，《回回民族问题》“虽然不是专讲历史的书，但却是第一本运用马克思主义理论研究回族的专著，也是第一次正式并公开称呼回回人为回族的书，从而把研究范畴由宗教引向更广阔的民族议题的轨道”[③]。

① 罗迈《回回问题研究》，延安《解放》杂志第109期（1940年6月16日），见《民族问题文献汇编（1921年7月—1949年9月）》，第841—856页。

② 民族问题研究会《回回民族问题》（1941年4月15日延安解放社出版），见《民族问题文献汇编（1921年7月—1949年9月）》，第861—915页。

③ 林松《二十世纪回族历史与文化研究的发展》，《西北民族研究》2000年第2期。

第三节　回族调查和史料整理

一、二十世纪五六十年代的回族调查和简史简志

二十世纪五六十年代，国家开展了少数民族社会、历史、语言调查工作。由于回族民族认定的工作早在延安时期已经完成，所以，回族调查活动主要是对回族历史和现状资料的收集和分析。调查组分别深入宁夏、甘肃、河南、新疆、青海、云南等省区，从历史来源、回族人口、经济生活、宗教信仰、民族关系、革命斗争等方面做了较深入的调查。调查为国家实施民族区域自治政策提供了科学依据，使一批中青年学者和民族工作者走上了献身回族研究的道路，培养了更多的人才和后备军。

各调查组编写出相关的调查报告和回族自治地方概况，经过整理于二十世纪八九十年代陆续出版。回族地方调查丛书主要由回族社会历史调查报告丛书和各回族自治地方概况丛书组成。回族社会历史调查报告丛书，包括广东海南黎苗回族、内蒙古回族、黑龙江回族、广东回族、青海回族、云南回族等的调查报告。回族自治地方概况丛书，包括河北孟村、大厂，青海门源、民和、化隆、大通，甘肃临夏州、张家川，新疆昌吉、焉耆，贵州威宁，云南寻甸、巍山，宁夏回族自治区，宁夏固原等回族地方的概况。1963 年中国科学院民族研究所和宁夏少数民族社会历史调查组撰成《回族简史简志合编》一书，可以视作回族社会历史调查的总结性成果。该书上篇是回族简史，包括封建社会时期的回族、旧民主主义革命时期的回族、从五四运动到第二次国内革命战争时期的回族、抗日战争时期的回族以及解放战争时期的回族五章。下篇是中华人民共和国回族发展报告，包括回族在政治、经济、文化教育上的发展三个方面。回族地方调查丛书基本弄清了各地回族经济社会的发展阶段和大致面貌，集中地反映了各地区回族的历史来源、人口分布、革命斗争、经济生活、民族关系、宗教信仰等方方面面的内容，对了解各地回族的历史与现状，加强基础研究工作，有着特殊的意义。

二、二十世纪八九十年代的回族调查

二十世纪八九十年代的回族调查研究，“以结合当代西方民族学、人类学研究范式为导向的新兴成果的展现阶段”[①]。研究主要以个案为主，考察典型地区回族在当代社会中的变化，提供了改革开放以来回族社会变迁的第一手资料。

宋志斌、张同基完成的《一个回族村的当代变迁》一书，以宁夏回族自治区永宁县杨和乡纳家户村作为调查研究的对象，内容包括：人口与人口再生产、社区经济、家庭经营、居民生活、社会结构、宗教与家族、家庭与婚姻、文化教育福利、环境村容卫生、宗教与民俗、居民的社会交往与观念意识、村政管理与居民参政以及人物调查等。通过对纳家户村的实地调查和全方位描述，该书真实地再现这个回族村落半个世纪以来，特别是中共十一届三中全会以来所取得的巨大发展，从中揭示出中国农村，尤其是民族聚居地区农村现代化进程的发展道路及其面临的困惑、问题与矛盾，并展示其发展的前景。[②]

《中国少数民族现状与发展调查研究丛书·同心县回族卷》[③]，以位于宁夏回族自治区中南部、干旱缺水且回族人口最多的同心县为调查研究对象。调查主要在1996年7月至9月进行。书中，综合篇六章，从政治、经济、文教、卫生、社会等方面反映了同心县的自然和人文状况；典型篇五章，是对同心县几种不同类型典型地区的调查研究；专题篇六章，是对同心县经济和社会发展中的重点、难点问题的调查研究，包括扶贫开发、商品流通实验区、回汉民族关系、回族女童教育、回族妇女生活方式变迁以及毒品问题及禁毒工作等六个专题。

《云南民族村寨调查：回族—通海纳古镇》[④]一书，调查对象纳古镇，位于云南省玉溪市通海县西北，回族人口占总人口的绝大多数，是西南地区较为典

① 张中复《回族现象观察的“点”与“面”：从三本回族调查资料的研究取向谈起》，《回族研究》2003年第2期。

② 宋志斌、张同基《一个回族村的当代变迁》，宁夏人民出版社，1998年。

③ 李希等《中国少数民族现状与发展调查研究丛书·同心县回族卷》，民族出版社，1999年。

④ 姚继德、肖芒《云南民族村寨调查：回族——通海纳古镇》，云南大学出版社，2001年。

型的一个回族聚居区。该书从历史沿革、生态与自然环境、人口、经济、社会结构、政治、文化、教育、信仰、习俗等诸多方面深入探讨了纳古镇回族的历史和现状，并附有纳古镇碑刻文献资料，反映了世纪之交纳古镇回族发展的新情况、新形势，具有重要的现实意义。

三、回族典籍的收集整理

二十世纪后半期，中国的回族史料收集和整理工作取得了很大的进步，其中对回族古籍、中国伊斯兰教古籍以及回民起事史料的整理成果最丰。

从二十世纪八十年代开始，为了抢救和保存珍贵的回族古籍资料，以杨怀中、余振贵、刘景隆等为代表的一批学者，在全国范围内系统搜集了上起唐宋、下至民国的有关回族历史的中文、阿拉伯文、波斯文以及其他各种文本的史料。在对各种资料进行统一编目、鉴定、分类、校勘、标点、汇编、注释后，编辑出版了一套《中国回族古籍丛书》。丛书包括《选译详解伟嘎业》、《钦定石峰堡纪略》、《丁鹤年诗辑注》、《南海甘蕉蒲氏家谱》、《正教真诠 · 清真大学 · 希真正答》、《钦定兰州纪略》、《朝觐途记》、《清真指南》、《清实录穆斯林资料辑录》、《天方大化历史》等回族典籍、人物传记、家族谱牒、文物碑刻、伊斯兰教资料、门宦教派资料以及近代回族报刊等等。二十世纪九十年代，马建钊、答振益、白先经、德尔基彭错、段金录等学者，对南方回族古籍进行系统整理，编辑出版《中国南方回族古籍丛书》，主要包括南方回族谱牒、碑刻匾联、历史人物资料、文化教育资料、社会团体资料、经济商贸资料、清真寺资料、古籍资料等。其中，马建钊《中国南方回族谱牒选编》、答振益和安永汉《中国南方回族碑刻匾联选编》、白先经和翁乾麟《中国南方回族历史人物资料选编》作为第一批成果出版。1987 年，天津古籍出版社出版《回族和中国伊斯兰教古籍资料汇编》，影印包括《天方至圣实录》、《回回原来》、《古兰经译解》在内的十五种明清回族和伊斯兰教古籍资料。进入二十一世纪，周燮藩、沙秋真主编的《清真大典》以及吴海鹰主编的《回族典藏全书》，是回族古籍整理出版的最新成果。

二十世纪后半期整理出版的回族古籍还有《醒回篇》、《朝觐途记》、《积石录》、《北京牛街志书——〈冈志〉》、《天方大化历史》、《热什哈尔》等。整理出版的回族名人文集，有李贽《藏书》、《续藏书》、《焚书》和《续焚书》、《海瑞集》、《萨都剌诗选》、《丁鹤年诗辑注》、《七经楼文钞》、《哈锐集》等。

1997年国家民族事务委员会大型重点文化项目《中国少数民族古籍总目提要》立项，其中由宁夏回族自治区牵头，全国各地共同参与的《回族卷》的编撰，是一次全国规模的回族古籍搜集、整理和汇编工作，取得很大的成绩。2008年出版的《回族卷·铭刻》，收录了回族铭刻类古籍条目1454条，按内容分为建修清真寺碑、圣旨敕谕碑、功德记事碑、教义教规碑、人物碑、匾额、楹联、铭文、砖雕等十五大类。

四、中国伊斯兰教古籍整理

回族史和中国伊斯兰教史虽属不同学科，但两者关系极为紧密。二十世纪后半期，对中国伊斯兰教古籍的整理研究主要包括经注学成果、对圣训学著作的翻译以及对明清汉文伊斯兰教著作的整理等几个方面。伊斯兰教经注学成果，主要表现是对《古兰经》的汉译和注释，代表性的成果主要有：时子周《古兰经国语释解》、马坚翻译《古兰经》、林松《古兰经韵译》、仝道章《古兰经中阿文对照详注译本》等。对国外圣训学著作的翻译出版成果，主要有马宏毅、买买提赛来和宝文安各自翻译的《布哈里圣训实录精华》、陈克礼翻译的《圣训经》等。点校和影印出版了明清回族学者以中国儒家思想阐发伊斯兰教理的著作，如余振贵点校《正教真诠·清真大学·希真正答》、《清真指南》，张嘉宾和都永浩点校《天方典礼》，杨永昌和马继祖标注《四典要会》、《经学系传谱》等。影印的成果主要是天津古籍出版社出版的《回族和中国伊斯兰教古籍资料汇编》中的《归真总义》、《真功发微》、《天方性理》、《修真蒙引》、《清真释疑》、《清真释疑补辑》等。

五、回族地方史料的搜集整理

各地政协文史资料委员会收集整理了许多地方回族历史、人物、事件的史料。如，《甘肃文史资料选辑》第1辑中刊登了四篇甘肃回民起事等的回忆资料。二十世纪八十年代起，各地文史资料编出许多回族史料专辑，如:《沈阳文史资料》第 8 辑沈阳回回民族专辑、《甘肃文史资料选辑 · 第 21 辑 · 马鸿宾史料专辑》、《大理市文史资料 · 第 1 辑 · 大理伊斯兰教及回族》、《宁夏文史资料 · 第 18 辑 · 宁夏回族与伊斯兰教》、《昌吉文史资料选辑 · 第 7 辑 · 昌吉回族与伊斯兰教》、《陕西文史资料 · 第 26 辑 · 同治年间陕西回民起义历史调查记录》等。

回族地方史料辑录的成果还包括《甘肃回族五次反清斗争资料》、《包头回族史料》、《马仲英在新疆档案史料选编》、《呼和浩特回族史料》、《沙甸回族史料》、《大理白族自治州 · 回族史资料集 · 第一辑》、《辽宁回族家谱选编》、《阿坝史志——回族史料专辑》等。

马亮生主编的《湖南回族史料辑要》是第一部湖南回族史料专辑，全书列为八个门类，基本上囊括了回族自元代落籍湖湘以来七个世纪间在政治、经济、文化、宗教和社会生活等方方面面的重要史料，其中包括很多作者采访收集以及委托回族有关老人座谈回忆所得的新史料。

第四节　回民起事资料整理及研究

有清一代，西北和云南回族，举行了多次武装反清斗争，显示出了强大的群体力量。对清代回民起事的资料整理和研究，在中国二十世纪后半期的回族史研究当中占有重要的地位，成果甚多。

一、回民起事史料的搜集整理

白寿彝将以前搜求的相关史料进一步扩大和系统化，校勘、标点，编辑成清代回民起事专题史料集《回民起义》(四册)，1952 年由神州国光社出版。该书收录著作、文章、信函、檄文、布告、碑记、图片等有关资料八十三种，标志着回族史料学的新发展。荆德新《云南回民起义史料》，资料丰富、时间跨度大，从清道光至民国时期的各种“档案抄件，原始粮单，尚存的城碑、墓碑、祠序，有关当事人的回忆录、信件，地方政府的呈报材料，当时及以后某些人士的撰写稿”[①] 等史料均有收集，每篇写有按语，对使用者大有裨益。

1956 年至 1957 年，马长寿带领调查团深入陕西、甘肃两省十余市、县，对清同治年间的陕西回民起事进行了深入细致的调查，收集整理了大量民间资料，经校正、审核，编成了《同治年间陕西回民起义历史调查资料初稿》一书，从不同方面揭示了回民起事的历史。二十世纪八十年代，邵宏谟和韩敏收集整理的《陕西回民起义资料》一书，进一步丰富和完善了相关史料。全书收有二十余种专著、五十七种地方志资料，揭示了大量新的、可供利用的史料。基于这本史料，两位作者于 1992 年完成了《陕西回民起义史》[②]，使这一领域的研究取得了较大的进步。

二、对清代回民起事的研究

白寿彝《回回民族底新生》（1951）一书，着力论述了回族的战斗历程和回族同其他各族人民之间的友谊，认为“回回民族是一个战斗的民族，回回民族的历史是一部受迫害和反迫害的历史”。《回族简史》（1978）重点探讨了回族革命史，突出了回族人民在中国革命进程中的历史作用。邱树森主编《中国回族史》（1996），突破了用阶级斗争、民族斗争解读回民起事的思维，首次从“民族意识”、“民族自觉”的角度探讨了回民起事的原因。

1. 云南回民起事研究。清朝咸丰、同治年间的云南回民起事历时十数年，影响巨大。云南回民起事研究的焦点主要是大理政权的性质和对杜文秀的评价。

相关著述都认为云南回民起事是一次反清的革命运动，但在大理政权的性质问题上，看法不尽一致。有学者认为，云南各族人民大起事建立的大理政权，是代表商人、市民和中小地主利益的政权。江应樑、荆德新认为，杜文秀“政权是反清的、革命的，但它并不反对封建，因而它的阶级实质是武装割据

---

① 荆德新《云南回民起义史料·前言》，云南民族出版社，1986 年。

② 邵宏谟、韩敏《陕西回民起义资料》，陕西省地方志编委会，1987 年；《陕西回民起义史》，陕西人民出版社，1992 年。

于云南西部的地主商人政权”[①]。林荃、宁超、马恩惠认为，大理政权一部分领导成员的出身并不能决定大理政权的性质，大理政权的纲领、政策和具体行动代表了农民的利益。所以，这个政权是农民革命的政权。[②]后来，有越来越多的论者倾向于认为大理政权是比较开明的商人地主政权。

杜文秀的评价问题，争议的焦点主要是杜文秀“平南国”问题和刘道衡“使英”问题。1936年，何慧青在《逸经》半月刊连载《云南杜文秀建国十八年之始末》一文中说，杜文秀称帅后在云南建立了“平南国”，并改用回回历法和文字，禁用汉文。二十世纪五六十年代有学者认为这是杜文秀在英国侵略者的支持下建立的“独立国”，是分裂祖国的活动。吴乾就发表长文，指出杜文秀政权并没有得到英国的任何援助，所谓他自称“苏丹”乃是英国侵略者想当然地加给他特别的称号。[③]二十世纪八十年代，马颖生等人通过考证后认为，何慧青诸说法没有事实依据，杜文秀“始终如一地维护祖国的统一、民族的尊严，任何编造、歪曲都是站不住脚的”[④]。至于刘道衡“使英”问题，范文澜、马汝珩、《回族简史》等认为，刘道衡使英是杜文秀所派，他应该为此负责。但在具体负多大责任的问题上诸人存在着分歧。田汝康使用外文文献一百余种，考证研究后认为，刘道衡是杜军镇守腾越乌索的宁西大将军柳映苍派去缅甸的成员，他的“使英”完全是为了满足个人私利而设计的一个骗局，说杜文秀“卖国”没有根据。2006年，林荃考证出所谓杜文秀《上英皇表》系刘道衡伪造，与杜文秀没有任何关系。[⑤]至此，刘道衡“使英”问题才得以彻底解决。

---

① 江应樑《清咸同年间云南各族人民大起义中的几个问题》，《学术研究》1961年第2期；荆德新《杜文秀起义》，云南民族出版社，1991年，第314页。

② 林荃、宁超《大理政权是农民革命政权》，《学术研究》1961年第3期；马恩惠《杜文秀领导的大理政权》，《民族团结》1962年第3期。

③ 吴乾就《关于杜文秀的评价问题》，《学术研究》1961年第1期。

④ 马颖生、马毅生《杜文秀若干史实考辨》，云南省少数民族古籍整理出版规划办公室《回族史论集》，云南民族出版社，1989年，第348页。

⑤ 田汝康《有关杜文秀对外关系的几个问题》，《历史研究》1963年第4期；《杜文秀对外关系以及刘道衡“使英”问题的研究》，《民族学报》1981年第1期；林荃《杜文秀起义研究》，云南民族出版社，2006年。

2. 陕甘回民起事研究。清朝同治年间，陕甘回民起事席卷了整个西北地区，其规模和影响之大、历时之久都是空前的。陕甘回民起事的性质，以前多称其为“回乱”。中华人民共和国建立之后，史学界肯定这次运动的正义性，但在起事是阶级斗争还是民族斗争的问题上，学界的观点存在着较大的分歧。白寿彝、李松茂、韩敏等人认为，“我们应该把回民起义看作中国人民进行阶级斗争的一个形式”[①]。汪受宽、吴万善、马寿千、邱树森等人认为，陕甘回民起事“是回族人民反抗清朝的反动统治，主要是反抗清统治者民族歧视和民族压迫的斗争”。[②]

左宗棠镇压陕甘回民起事的评价，也颇具争议。杨东梁、左焕奎等学者，从当时国际、国内的具体历史环境以及中华民族的全局利益考察，认为左宗棠对于陕甘回民起事的镇压，在某种程度上有利于巩固国家统一，调整了阶级关系和民族关系，抗击了外来侵略，故而应基本肯定。[③]王天奖、关连吉、马志荣、吴万善等认为，陕甘回民起事是为了保卫民族和自身生存权利而进行的斗争，左宗棠的“剿抚兼施”政策，使陕甘地区的民族矛盾和社会问题更加尖锐和复杂，并迫使白彦虎带领陕甘回民起事中最强悍的一支力量到新疆投靠了阿古柏，从而使新疆的局势更加动乱和复杂。[④]许多回族史研究者认为，左宗棠在反对外国资本主义的侵略以争取民族独立、引进西方科学技术以促进中国的近代化方面做出过巨大的贡献，但是他残酷地镇压和屠杀陕甘回民起事群众，双手沾满了无数无辜人民的鲜血。

3. 伊斯兰教与在回族历史和回民起事中的作用。白寿彝认为，一方面，回族曾经用伊斯兰教作为号召和组织反压迫的工具；另一方面，伊斯兰教对于回族也产生了一定的消极作用，这主要表现在：伊斯兰教被统治阶级利用为统

---

① 白寿彝《回民起义·题记》，上海神州国光社 1952 年，第 1—2 页。

② 汪受宽《试论清代同治年间西宁回族撒拉族起义的原因和性质》，《青海民族学院学报》1982 年第 1 期；吴万善《关于陕甘回民起义中回汉“联合”问题的商榷》，《西北民族学院学报》1983 年第 2 期。

③ 杨东梁《试评左宗棠对陕甘回军的镇压》，《湖南师大学报》1985 年第 2 期;《左宗棠评传》，湖南人民出版社，1985 年，第 170—176 页。

④ 关连吉《左宗棠与陕甘回民起义》，《甘肃社会科学》1987 年第 1 期。

治回回大众的工具，伊斯兰教于明代中叶以后在回族中的发展，实际上是回族内部阶级分化益形发展的结果，伊斯兰教一定程度上误导了穆斯林的反压迫斗争。[①]李松茂认为，中华人民共和国建立前回民维护民族尊严和生存的一系列斗争，大多打着“护教”的旗帜，是在保卫宗教的口号下进行的。就连被认为是最不带有狭隘民族宗教情绪的杜文秀起事也免不掉带有伊斯兰教色彩。[②]冯增烈、冯均平从积极的和消极的两个方面论述了同治年间陕西回民起事中伊斯兰教所起的作用。[③]高占福认为，伊斯兰教“被作为号召和组织反压迫斗争的工具”的作用毕竟是有限的，而教争或教派矛盾的危害却很明显。“教争或教派矛盾所起的消极作用，是造成清代回民起义失败悲剧的不可忽视的重要原因之一”。[④]

第五节　回族起源和回族人物研究

一、对回族起源的讨论

1. 族称。对“回族”称谓的来源“回回”，清代和民国时期的学者已多有探讨。杨志玖《回回一词的起源和演变》[⑤]一文，考证出“回回”一词是“回纥”或“回鹘”的音转，最迟到元世祖时期，唐宋时期的“回纥”、“回鹘”中信奉佛教的人改称“畏兀儿”，信奉伊斯兰教的人改称“回回”。随着蒙古大军的西征，中西交通大开，大批中亚、西亚穆斯林来华，“回回”一词指信仰伊斯兰教的西域人的含义逐渐得以确定。白寿彝认为《梦溪笔谈》中的“回回”

① 白寿彝《关于回族史的几个问题》，《白寿彝民族宗教论集》，北京师范大学出版社，1992 年，第 178 页。

② 李松茂《伊斯兰教和回民起义》，《西北民族大学学报》1982 年第 1 期。

③ 冯增烈、冯均平《伊斯兰教在同治年间陕西回民反清起义中所起的作用》，李范文、余振贵《西北回民起义研究资料汇编》，宁夏人民出版社，1988 年，第 482—484 页。

④ 高占福《关于教派之争在清代西北回民起义中消极作用的探讨》，《西北回民起义研究资料汇编》，第 486 页。

⑤ 杨志玖《回回一词的起源和演变》，《元史三论》，人民出版社，1985 年，第 147—155 页。

这个名称，实际上是“回纥”或“回鹘”两个名称的简写或俗写[①]。李松茂指出，“回回”一词最早出现时，是“回纥”的音转，和伊斯兰教无关[②]。

2. 回族族源。延安时期的学者认为，回族主要是元代从波斯、大食等地来到中国的回回人，同时在回民族形成过程中还加入了大量的汉人成分，此外，还可能有回纥、回鹘人成分。

二十世纪五十年代，白寿彝认为，构成回族的成分主要有两大来源：一是唐宋元时期来华的信仰伊斯兰教的阿拉伯人和波斯人；二是被蒙古西征军强迫东移的大量信仰伊斯兰教的俘虏和兵丁，其中，后者是“更重要更基本的构成部分”[③]。1978年以后，《回族简史》认为，蒙古大军带来的被称为“回回”的大批中亚人、波斯人和阿拉伯人以及被编入“探马赤军”从事屯田的回回军士是构成回族的主要成分，而汉族、维吾尔族、蒙古族等成员同样为构成回族的重要来源。穆德全考证，汉人、蒙古人、维吾尔人甚至藏民、犹太人都是回族的族源。[④]邱树森主编《中国回族史》[⑤]认为，唐宋时期的回族先民来源于伊斯兰教兴起以后，从阿拉伯、波斯等地来华的穆斯林及其后裔，他们属于中国“蕃客”、“胡商”中的一部分。宋、辽、夏、金时期，随着阿拉伯帝国的崛起和对外扩张，大量中亚伊斯兰化的突厥语族穆斯林进入中原，同时通过海路大量南亚、东南亚以及非洲东部的穆斯林也先后入华。元代把世界各地来华的穆斯林统称为“回回人”，包括蒙古西征后，被蒙古军队作为工匠、军士带入中国的大批阿拉伯、波斯和伊斯兰化的突厥人以及通过海路进入中国的各地区穆斯林。所以，阿拉伯人、波斯人、伊斯兰化的突厥人以及南亚、东南亚、非洲等地的穆斯林共同成为回族的来源，回族的族源是多元的。

学界对回族族源大体形成以下共识：第一，七世纪中叶至十三世纪末叶来

---

① 白寿彝《回回民族底新生》，上海东方书社，1951年。

② 李松茂《“回回”一词和伊斯兰教》，《新疆社会科学》1987年第1期。

③ 白寿彝《中学课本中脱漏的一章：回回民族的形成》，《白寿彝民族宗教论集》，北京师范大学出版社，1992年，第83—84页。

④ 穆德全《回回族源考述》，《河南大学学报》1985年第4期、1986年第1期、1986年第4期连载。

⑤ 邱树森等《中国回族史》，宁夏人民出版社，1996年。

华的信仰伊斯兰教的阿拉伯人、波斯人中间，有些人在中国定居下来了，这些人就是后来回回民族的部分祖先。第二，元代随西征蒙古军东来的中亚、西亚穆斯林是回族的主要族源，构成了回族先民的主体部分。第三，汉族、维吾尔族、蒙古族为构成回回民族的重要来源。还有藏民入回和犹太人入回的案例。总之，回族先民的种族成分相当复杂，回回民族是长期历史发展过程中众多民族、种族在中国大地融合的结果。

3. **回族形成。**1951 年白寿彝认为，由于有了共同的经济生活、共同的心理素质、共同的语言、共同的居住区域，“回回民族应该是在成吉思汗西征以至元朝灭亡的 150 年（1219—1367）中形成的”[①]。《回族简史》认为，从南宋末叶到元亡是“回回的初期活动时期”，明代回回已逐渐形成为一个民族共同体。邱树森主编《中国回族史》，以元代回回人户籍确立为回族形成的重要阶段，回族在明代最终形成。经过讨论，学术界普遍认为回回民族的形成有着特殊的历史环境。大体认为，唐、宋、元时期是回回民族的萌芽和发展时期，明代回回民族走向成熟，正式成为中国境内的一个民族。

二、对回族历史人物的研究

回族历史人物研究是回族史研究的一个重要组成部分。早在二十世纪三四十年代，白寿彝就收集了大量的回族历史人物资料，撰写了许多文稿及《回教先正事略》的专书。二十世纪八十年代，白寿彝、杨怀中主编《回族人物志》，正文六十八卷，附卷十二卷，记述回族历史人物 326 人，正传 192 人，附传 134 人，是回族历史人物研究的一大创举，中国二十世纪后半期回族史研究的重要成果。

回族历史人物研究成果还包括丁毅民和刘宝俊主编《中国回族名人辞典》（1995）、黄成俊主编《回族杰出人物》（1999）以及对西北马家军阀和明朝李贽的系列研究成果等。对地方回族人物的研究成果，有马亮生主编《湖北回族

① 白寿彝《中学课本中脱漏的一章:回回民族的形成》，《白寿彝民族宗教论集》，北京师范大学出版社，1992 年，第 82 页。

人物录》、马通主编《甘肃回族人物》等。还有杨志玖、马寿千、马启成、林松的专门研究文章，反映了回族历史人物研究的繁荣。

第六节 回族与伊斯兰教的关系及教派门宦的探讨

一、回族与伊斯兰教的关系

1. **二者有区别又有联系。**回族与伊斯兰教的关系是一个长期争论、存在分歧的问题。民国时期的史家大致是族教不分，将回族等同于回教（伊斯兰教）教民（穆斯林）。1949 年后的族教关系研究，是在延安《回回民族问题》一书“回回是一个民族”的前提下进行的，学术界普遍认为回回民族和伊斯兰教有着密切的联系，但也存在着严格的区别。白寿彝指出，“特别是解放后这些年，大家都比较清楚了，伊斯兰教是个宗教，回族是个民族，它们两个不一样，在概念上不一样，在实质上也有区别”。[①] 首先，国内、国外信仰伊斯兰教的不只有回族，我们不能说这些信仰伊斯兰教的人都是回族。其次，并非所有的回回都是穆斯林。最后，回族除了伊斯兰教信仰还有更多的特征。以白寿彝的观点为代表，在关于回族和伊斯兰教之间的区别问题上学术界基本上达成共识。

2. **伊斯兰教在回族形成中的作用。**林松认为，伊斯兰教对回族形成起主要的、决定性的作用，“无论从任何角度看，回族的任何特征，都不能完全摆脱伊教的因素而单独存在”[②]。马维良、张绥、邱树森等认为，伊斯兰教在回族形成中起了关键性的作用，可以称之为纽带作用或联系作用。伊斯兰教促成了回回人共同民族心理素质和习俗的最终形成，是“回回”民族正式形成的主要标志之一。[③] 马汝邻《再论伊斯兰教与回回民族形成的关系》说，伊斯兰教对回族有成为结合力的一面，但也有着分散力的一面。白寿彝说：“对于回族来说，伊斯兰教是这个民族的一种民族形式。……伊斯兰教在回族史上有它的重要意

① 白寿彝《关于回族史工作的几点意见》，《白寿彝民族宗教论集》，第 207 页。

② 林松《试论伊斯兰教对形成中国回族所起的决定性作用》，《社会科学战线》1983 年第 3 期。

③ 邱树森等《中国回族史》，宁夏人民出版社，1996 年，第 361 页。

义，也不应该把伊斯兰教说成是回族形成的唯一因素，……除了伊斯兰教外，回族的形成，也有它的经济条件，也有它的政治条件，也有它的文化条件。”[①] 两人的观点为，回回民族的形成，不完全是依靠宗教力量。

3. **伊斯兰教与回族风俗习惯的关系**。白寿彝指出，“伊斯兰教是和回族有悠久历史关系的宗教。某些具有普遍性的民族习惯，如饮食婚丧等，从历史原因来说，也和伊斯兰教有关”。[②] 李松茂撰文从饮食、婚丧、节日、服饰四个方面，探讨了回族和伊斯兰教的关系。回族不吃猪肉、血、自死物等饮食方面的禁忌，来自伊斯兰教教规；回族土葬而禁用棺木和火化，尸体在墓穴内面朝西，都和伊斯兰教信仰有关；回族与其他民族的男女须在共同信仰伊斯兰教的前提下，才允许结成婚姻伴侣，结婚时要请阿訇念经、写“依扎布”（婚书）；回族三大节日：开斋节、古尔邦节、圣纪节，是伊斯兰教节日演变成的民族节日；回族男子的白帽和妇女的盖头，是做礼拜时戴的，但不做礼拜时亦戴，成为回族的民族服饰。[③]

4. **伊斯兰教与回族经济、文化教育的关系**。李松茂指出，伊斯兰教对于回族经济生活的影响主要表现在两个方面：一是回民对清真寺和宗教职业者担负天课；二是伊斯兰教主张经商。伊斯兰教创始人穆罕默德年轻时是商人，能干、善营利，伊斯兰教以到远方经商冒险为值得赞许的职业，《古兰经》上许可贸易，穆斯林朝觐途中边经商边前进是常见的。回民善营商，牧养、屠宰牛羊以及经营与此有关的饮食、皮毛业。“伊斯兰教和回族文化教育的关系亦很明显，解放前的许多回民刊物和书籍都是族教并提或合一的，内容是回族的，亦是回教的，前者的成分可能比后者还多些。经堂教育本身是宗教教育，是回民自己办的最早的教育，学习文化知识同时学教义，‘经书两通’，宗教色彩是不待言的。”[④] 回族与伊斯兰教的联系如此紧密，有学者认为如果没有伊斯兰教，回回

① 白寿彝《关于回族史工作的几点意见》，《白寿彝民族宗教论集》，第208—209页。

② 白寿彝《关于回族史的几个问题》，《白寿彝民族宗教论集》，第177页。

③ 李松茂《伊斯兰教和回族风俗习惯：回族和伊斯兰教的关系探讨之一》，《中央民族学院学报》1981年第4期。

④ 李松茂《略论回族的特点》，《思想战线》1984年第5期。

民族也将不复存在[①]。

关于回族和伊斯兰教关系的学术争鸣，反映出中华人民共和国建立之后的学者已经具备了现代意义上的“民族”、“宗教”的概念，能够运用马克思主义的方法分析和解决问题。

二、伊斯兰教派与门宦研究

伊斯兰教在先知穆罕默德归真后不久便发生分裂，以后逐渐形成了两大教派：什叶派和逊尼派。一般认为，中国伊斯兰教主要有三大教派：格底目、伊赫瓦尼和西道堂。门宦来源于传入中国的伊斯兰教逊尼派的苏非学派，门宦与中国封建文化结合紧密，具有伊斯兰教派所没有的特点，主要有虎夫耶、哲赫忍耶、嘎的林耶和库不忍耶四大门宦及其四十多个支派门宦。伊斯兰教派门宦与回族的关系极为紧密，对伊斯兰教派与门宦的研究也是回族研究的重要组成部分。

1. **少数民族调查与伊斯兰教派门宦研究。**民国时期，顾颉刚、白寿彝、王树民、马兹廓等学者最先关注这方面的问题，其成果主要收录于《中国伊斯兰教史参考资料选编（1911—1949）》[②]一书。二十世纪五六十年代的回族社会历史调查，关注了甘肃临夏等地伊斯兰教派和门宦的产生与发展状况，整理出一份调查报告，主要涉及门宦的创立与发展、门宦的组织以及与其他教派之间的关系等，主要包括毕家场、大拱北、穆扶提、临洮、花寺、北庄、胡门等门宦产生与发展的基本史料。作为回族社会历史调查总结之作的《回族简史简志合编》一书，将门宦制度视为清代以甘肃为代表的西北回族社会历史发展的重要特色之一，认为“教主而兼地主”的门宦制度加强了教主对教民的控制，树立起了层层隶属的等级制度，使得教坊与地主的结合更加紧密了。门宦制度反映了回族内部的阶级分化，它的出现加深了农民与地主之间的矛盾，给回族人民带来了痛苦。[③]

2. **伊斯兰教派门宦研究的深入。**1978 年以后，学者对伊斯兰教派门宦问

---

① 马通《中国西北伊斯兰教基本特征》，宁夏人民出版社，2000 年。

② 李兴华、冯今源《中国伊斯兰教史参考资料选编（1911—1949）》，宁夏人民出版社，1985 年。

③ 中国科学院民族研究所、宁夏少数民族社会历史调查组《回族简史简志合编》，中国科学院民族研究所，1963 年，第 26 页。

题进行了系统研究。马通的两部专著[①]，分别从“流”和“源”的角度探讨了中国伊斯兰教派与门宦的产生和发展的历史，对伊斯兰教的创建、发展、纲领、传入中国的过程以及伊斯兰教传入中国以后的教派分化、门宦演变梳理出了一条清晰的脉络，填补了中国伊斯兰教派门宦研究的空白，开启了“中国伊斯兰教派门宦学”。

勉维霖《宁夏伊斯兰教派概要》、高占福《西北穆斯林社会问题研究》、南文渊《伊斯兰教与西北穆斯林社会生活》等著作，杨怀中《甘宁青回族中的苏非派》、瞻甫《青海伊斯兰教派门宦》等论文，都属伊斯兰教派门宦研究。其中，勉维霖的著作出版时间最早、影响最大、最具有代表性。该书以宁夏地区的伊斯兰教派和门宦为研究对象，深入地探讨了宁夏地区教派门宦的分布特征、历史演变、教义修持等，以其高度集中的教主神权、实行世袭的教主制和严密的教权组织、大量收取宗教奉献和土地剥削，在西北地区回族伊斯兰教中最为典型。[②]

以马通、金宜久为代表的一些学者提出，门宦是苏非派传入中国后与中国传统文化相结合的产物，前期的“门宦”主要是以宗教派别的形式出现，“门宦的形成经历了较长时间，它的一套封建特权制度，也是随着时间的推移和政治经济地位的改变而逐步形成的”[③]。

3. 伊斯兰教派门宦关系及西道堂属性的研究。学者在门宦是不是伊斯兰教派这一问题上存在争议。勉维霖、金宜久等认为，门宦同格底目、伊赫瓦尼一样，同属中国伊斯兰教派，是伊斯兰教中的苏非派在中国的特殊表现形式。[④]马通认为，从大的方面划分，把门宦列为教派是可以的，但从中国伊斯兰教的实际出发，确实有三大教派、四大苏非学派及四十多个门宦的存在，它们在宗

---

① 马通《中国伊斯兰教派与门宦制度史略》，宁夏人民出版社，1983 年;《中国伊斯兰教派门宦溯源》，宁夏人民出版社，1995 年。

② 勉维霖《宁夏伊斯兰教派概要》，宁夏人民出版社，1981 年。

③ 马通《中国伊斯兰教派门宦溯源》，宁夏人民出版社，1995 年，第 44 页。

④ 勉维霖《宁夏伊斯兰教派概要》，宁夏人民出版社，1981 年；金宜久《苏非派与中国门宦》，《甘肃民族研究》1982 年 1—2 期合刊。

教制度和宗教组织等方面，都有着明显的不同，具有自己的特点。首先，在中国伊斯兰教的三大派别当中，除西道堂外，其余两派都对门宦持反对态度。其次，教派以对教义和教律的解释不同而得以区别，但中国的四大苏非学派及其门宦，基本上以“始传者之子孙世世为掌教”作为区别。最后，教派没有严格的组织，仅以清真寺作为活动中心，门宦却组织严密，教主一呼百应，各门宦之间相互独立和排斥，矛盾和冲突时有发生。

对伊斯兰教派与门宦关系的研究还表现在对西道堂属性问题的探讨上。西道堂创始人马启西是中国伊斯兰教派和门宦创始人中唯一一位秀才出身，并成功地将中国传统文化与伊斯兰教文化相结合的开拓者。马通将西道堂列入中国伊斯兰教的三大教派之一，认为西道堂不具有门宦的特征，又重视教乘，所以它属于伊斯兰教派之一；同时，西道堂创始人马启西是用汉语讲解伊斯兰教汉文译著的开拓者，所以又可以将其称为汉学派。[①]

第七节 回族史著作

一、1978 年以后回族地方史的编写出版

1978 年以后，中国出版的回族地方史志成果达八十一部之多。比较重要的有:《甘肃回族史纲要》、《河南少数民族史稿》、《宁夏回族自治史略（1936—1988）》、《新疆回族伊斯兰教史略》、《新疆回族史纲要》、《陕西回族史》、《天穆回族史论稿》、《呼和浩特回族史》、《辽宁回族史略》、《广西回族历史与文化》、《云南回族史》、《云南回族历史与文化研究》、《（福建）陈埭回族史研究》、《（福建）百崎回族研究》、《淮阳县回族志: 1258—1983》、《宁安县民族志——宁古塔回族》、《沈阳回族志》、《吉林回族》、《沧州回族》、《河南省回族志》、《沔阳县回族志》、《湖南回族》、《邵阳回族》、《禹州回族志暨宗教志》、《北京牛街》、《天津回族简志》、《寿县民族志》、《山东省民族志资料选编 · 第

① 马通《中国伊斯兰教派门宦溯源》，宁夏人民出版社，1995 年，第 160—167 页。

一辑·回族专辑》、《大名县回族志》、《湖北回族》、《宁夏回族》、《新时期的陕西回族》、《隆回县回族志》、《沙甸的昨天·今天》、《峨山彝族自治县回族志》、《松原回族》、《广东海南回族研究》等。

马通《甘肃回族史》是第一部甘肃回族通史。全书分甘肃回族的源流、历代政府的民族政策与甘肃回族的自卫反抗、甘肃回族的新历程、甘肃回族经济、甘肃回族的文教卫生与科技、甘肃回族的宗教信仰及甘肃回族的风俗习惯等七章，对甘肃回族的历史进程做了全面、系统的叙述。答振益、许宪隆主编的《中南地区回族史》，从中国历史整体角度观察中南地区回族，全面系统地论述了中南地区回族社会、历史、经济、文化、教育、宗教信仰、生活习俗等各方面的发展变化，是中国第一部研究区域回族史的专著。

二、回族通史的编纂

民国时期的几部回教（伊斯兰教）史，既是中国伊斯兰教简史又可视为回族简史。延安《回回民族问题》具有回族通史的初步面貌。二十世纪后半期，回族通史研究取得了很大的进步;《回回民族底新生》和《回回民族的历史和现状》是编写回族通史的初步尝试;《回族简史》是第一部真正意义上的回族通史;《中国回族史》的出现标志着中国回族通史研究的成熟。

白寿彝《回回民族底新生》(1951)，共十二章，包括“回回”这个名称、回族和伊斯兰教、回族的形成、回族的战斗历程、回族人民和兄弟民族的友谊、回族内部的社会分化、回族人民在学术文化上的贡献，以及回回民族的新生等多方面的阐释，是中华人民共和国建立之后运用马克思主义民族观系统论述回族史的著作。

白寿彝、韩道仁、丁毅民等人编著的《回回民族的历史和现状》(1957)是反映回族形成和发展的简史。全书包括回族的来源、特点和分布，回族的形成和发展，回族的解放运动，中华人民共和国的回族等四章。

1978年，在白寿彝的指导下，马寿千、马恩惠等人析出《回族简史简志合编》的前半部分，修编成《回族简史》一书。该书从宏观上描绘了回族在中国产生和发展的历史脉络，探讨了回族人民反对封建主义、帝国主义反动统治的斗争历程以及回族在科学文化方面的历史贡献。2009 年，丁俊、金云峰、张世海等人对《回族简史》进行了修订，调整了全书结构、增补了回族古代史部分，并续修了“中华人民共和国建立以来的回回民族”一章。

邱树森主编《中国回族史》(1996)，是中国二十世纪后半期回族通史著述中最系统全面的一部。该书充分吸收当代学者的研究成果，以中国回族形成和发展的历史进程为线索，全面地阐述了从唐宋时期的回族先民到中华人民共和国建立以前的各个历史阶段的回族历史，内容涉及政治、经济、宗教、文化教育、科技、生活习俗等诸多方面。

三、回族辞书的编纂

邱树森主编《中国回族大词典》，是一部全面反映回族形成、发展、政治活动、社会经济、文化成就以及宗教信仰等方面的辞书。本书共收录词目 7042 条，分族体、政治、经济、文化、宗教、团体、对外关系七大类，每类之下又分成若干小类。全书“十分注意把谱牒、碑铭、笔记、野史、地理、游记等史料和中外研究论著作为词目收入词典的各个部分中”[①]。这些史料、论著，既是编纂词典的依据，也是引导读者查核资料、做进一步研究的书目文献提要。杨惠云主编《中国回族大辞典》[②] 是一部中国回族的综合性百科全书。全书共收八千四百六十八个辞条，包括地理、历史、政治、经济、军事、文学、艺术、文化、体育、新闻、出版、教育、宗教、风俗等，囊括了自伊斯兰教传入中国、回族形成发展过程中的重要人物、事件、著作、机构、名词、术语等等。全书注意到回族分布于全国，主要集中在西北的特点，条目的内容既介绍了西北回族聚居区的概况，又尽可能地对全国各地回族的情况予以反映，为读者全面了解回族情况提供了依据。《中国回族大词典》和《中国回族大辞典》在内容的选择、编排设置等方面各有侧重，具有互补性，两书的问世结束了中国回族没有专门辞书的历史。

---

① 邱树森等《中国回族大词典 · 前言》，江苏古籍出版社，1992 年，第 13 页。

② 杨惠云等《中国回族大辞典》，上海辞书出版社，1993 年。

第七章

二十世纪苗族史学

第一节　二十世纪前半期苗族历史研究

一、外国学者的调查研究

严格意义上的苗族研究，是外国人开始的。早在十三世纪初期，当时的西方冒险家、传教士来到中国，对苗族就有一些记述。西方最早的带有学科研究性质的涉及苗族的人类学作品，是英国军人布勒契斯顿（Blakiston. Thomas. Wright）十九世纪六十年代所著《长江上的五个月》。其中记载有苗族体质容貌等并有附图，可以说是有关苗族体质人类学方面的早期记录。此后，外国人关于中国苗族的记述与研究更是层出不穷，但基本上限于对苗地和苗族各支系的一般性描述[①]。

1902 年日本学者鸟居龙藏到中国西南各省调查，著成《苗族调查报告》（1935 年译成中文）。书中对苗族历史、语言、体质、风俗、文化等方面进行了研究。就“苗族”而言，在鸟居氏之前，中国的文人们，如邹容、陈天华、梁启超、章炳麟、康有为等人，基本上都是将其作为整个中国南方以至于东南亚印度支那半岛一带的非汉系族群的总称来展开议论的。鸟居氏已经注意到当时“苗族”称谓内涵的混乱性，写道:“所谓苗族为何？亦为急需决定之问题”，提出应将“苗族”区分为“广义的苗族”和“狭义的苗族”两个不同的范畴，前者指整个中国南方的非汉系族群，而后者即所言“纯苗”，只包括黑苗、红苗、青苗、花苗、白苗这五个支系以及“仲家”（现布依族）在内。书中还对于上述五种“纯苗”的分布做了界定:“红苗之地理分布，为比邻湖南之贵州省东部，其中心地为铜仁附近。白苗及青苗之地理分布，为贵州之中部。黑苗一

---

① 刘芳《人类学苗族研究百年脉络简溯》,《广西民族研究》2008 年第 1 期。

名‘生苗’，其地理分布，以黎平、都匀二府为中心，而延至贵州省之东南部。花苗之地理分布，以贵阳附近为起点，西经安顺而至云南东部，北达武定，延至金沙江畔，南至珠江上游临安附近，再南下法领东京之北部，据 Colqu-houn 云，彼等亦分布于广西之北部。若然，则花苗之分布区域可谓最广。”他的这一划分，除“仲家”外，基本上奠定了现今苗族的外延边界。

二、民族权力抗争推动苗族历史研究

十九世纪末二十世纪初以“排满兴汉”为中心的民族主义浪潮中，过去处于“华夷之辨”次序下的，作为南方非汉系族群泛称的“苗”开始随着“种族”、“民族”概念的传入变成了“苗族”，开始向近代意义上的民族集团演变。随着现代教育的推行，苗族现代知识分子产生并逐渐增多，其“苗族”身份意识得以养成和强化，他们对民国政府无视苗族政治地位与政治权利的做法深表不满，为此做了几十年抗争，其中一项重要抗争活动就是关于苗族历史与现状的书写。

1936 年，高玉柱与喻杰才分别以西南夷苗土司代表和民众代表的身份从昆明到南京请愿，要求享受与满、蒙、回、藏诸族平等的权利。1937 年，湘西苗族知识分子石启贵致信国民政府，要求在即将召开的国民代表大会中给南方苗民额定代表，说:“苗民历受政治经济压迫，五千年来不堪言状，以无人代表参政之原因，故得不到均等享受之利益。”内政部将此信批转国民大会选举总所核办，给了全国土著民族额定代表十名，其中湖南一名。[①]1938 年，苗族知识分子王建明感叹：全面抗战爆发后，“西南苗人自闻息之后，亦同仇敌忾，积极训练民众，已输送前方杀敌者，为数不少”。“惜今年三月二十九日之临全大会，苗人无代表参加，诚为遗憾”[②]。1946 年 11 月，石启贵以湖南土著民族代表身份出席了国民大会。会中他与组内外代表联合提案四十余条，内容都是有关“民族平等，教育开化边胞，发展苗区经济建设”等意见。石启贵还对

① 石启贵《湘西苗族实地调查报告》，湖南人民出版社，1986 年，第 6、7 页。

② 王建明《西南苗民的社会形态》,《边声月刊》1938 年第 1 卷第 3 期。

《中央日报》记者发表长篇谈话，反映湘西苗族历代在政治、经济上受着不平等的待遇，指出到“民国初年，并没有什么改变，军阀先生们的剥削技术，可说是有过之而不及”。他呼吁：“国内各民族一律平等，是国父孙中山先生民族主义实行的先声，希望在宪法上对这点予以确定，对土著代表的意见，国大必须容纳。”①

以上苗族知识精英对民国政府忽视苗族政治地位和政治权利的不满、抗议和行动，无一不是以苗族历史和现状的书写作为其最有力的理由。这种抗争，推动了苗族历史的研究。如高玉柱、喻杰才在《治理西南夷族巩固国防意见书》中说：“西南夷苗民族分布于滇、黔、川、康、粤、桂各地，成为当地之土民，大部分民族沿滇、黔、川、康边区，顺金沙江流域，集中为整个民族，盖即西南夷之宗支也。地面绵亘数千里，人口不下二千万。”② 梁聚五著文说：“苗夷之建国，虽由南而北，因年代久远，环境变迁，而民族的称呼，也渐渐有些不同了。大体说来，总不外苗、夷、荆、僚、瑶、黎、僮、罗罗、摆夷、水家、洞家、越人、佘人……尽管他们的称呼有些不同，其所属苗夷民族血统，是丝毫不可假借的。这不是某一人的推测，许多历史学人，都具有同样的见解……”③

三、杨汉先的苗族史学研究

相对于汉族和外国学者的“他者表述”，作为对民国期间政府进行国族建构工程的回应，杨汉先的著述，挪用了近代民族研究中“苗族”的概念来进行“自我表述”，在地方、国家和跨国的政治脉络中重新定义苗族的身份认同。1937 年杨汉先在《苗族述略》中，根据汉文献勾画苗族社群的历史和地理维度，继而引用前述鸟居龙藏的分类系统，从“苗族”这个泛称中排除了侗、布依、瑶和夷等类别，并将各种名称的苗族根据体质、性格、语言、风

① 石启贵《湘西苗族实地调查报告》，湖南人民出版社，1986 年，第 7 页。

② 详见贺伯烈《夷苗概况及夷苗代表来京请愿运动》，《边事研究》1937年第5卷第2期；高玉柱《夷苗民族概况》，《新夷族》1937 年第 1 卷第 2 期。

③ 梁聚五《苗夷民族发展史》，《贵州评论》1947 年。

习、装饰等特征归纳为五个根据服装颜色来界定的类别。他对苗族类别的定义所做的土著化的努力，最终以其 1947 年完成的《黔西苗族调查报告》为标志到达顶峰。其中，他根据土著群体的口头传统来追溯他们的迁徙路线和共同发祥地，将贵州西部的土著群体分为三个苗族支系，并以土著的族群类别作为各支系的名称。[①]

这一时期，杨汉先撰写的《川南八十家苗民人口调查》、《威宁花苗歌乐杂谈》、《大花歌谣种类》、《大花苗名称来源》、《大花苗的氏族》等文，至今仍是苗族研究的重要文字。

根据自己在 1949 年前搜集的资料，并参考其他学者的翻译资料，杨汉先写成《贵州省威宁县苗族古史传说》一文，发表于《贵州民族研究》1980 年第 1 期。文章指出古史传说在族群认同感的传述方面所具的功能。文章按传说中的苗族首领出现的次序来断代，对大花苗中流传的口述民族史做了系统的梳理，得出苗族（大花苗）古代迁徙历程：苗族最早居住在黄土高原西面，也就是黄河流域，后逐步向南和东南迁移到了长江中游一带，后又转向迁徙，最后进入中国西南山区。此说为学界认同。

他于 1980 年前后发表的《基督教循道公会在威宁苗族地区传教始末》和《基督教在滇黔川交境一带苗族地区史略》二文，是基督教在川滇黔苗区的传播史。资料来源，一是苗族老年教徒的口述或笔记资料，二是作者的亲身见闻，并得到了石门坎籍苗族知识分子，如张超伦、杨明光、王德光、杨忠德、张恩德等人的补充校订。是现代研究该地区宗教和民族历史的学者必读的重要论著。[②]

四、《湘西苗族调查报告》与《湘西苗族实地调查报告》

1933 年，国立中央研究院凌纯声、芮逸夫到湘西进行民族学调查。苗族学者石启贵应邀与之配合，在湘西苗族村寨调查了三个月。凌纯声、芮逸夫在

① 张兆和《黔西苗族身份的汉文书写与近代中国的族群认同——杨汉先的个案研究》，《西南民族大学学报》2010 年第 3 期。

② 龙基成《社会变迁、基督教与中国苗族知识分子——苗族学者杨汉先传略》，《贵州民族研究》1997 年第 1 期。

调查完毕离开湘西时，邀请他代为继续调查，并请中央研究院聘他为湘西苗族补充调查员。后来，石启贵先后在保靖、古丈、沪溪、乾城（今吉首）、永绥（今花垣）、麻阳、凤凰等地进行长年累月的调查考察。由于他精通和了解本民族的语言和社会情况，调查力求详细，采访各方面人士达数千次之多，拍摄了大量珍贵照片，掌握了大量资料，仅苗觋神辞就记有百余种，汇编成数十册。经过这次调查，凌、芮撰成《湘西苗族调查报告》，石启贵于 1940 年编写了约四十万字的《湘西土著民族考察报告书》，于 1951 年编写了二十余万字的《湘西兄弟民族介绍》。石启贵以上述二书为基础，整理成《湘西苗族实地调查报告》一书，1986 年由湖南人民出版社出版。全书以湖南西部的乾城（吉首）、凤凰、古丈、永绥（花垣）、保靖等五县为基本范围，分地理概貌、历史纪略、经济生产、生活习俗、婚姻家庭、政治司法、教育卫体、文化娱乐、诗赋词章、宗教信仰、语言文字、苗疆建设等共十二个专题撰写。

在同一调查基础上形成的两部著作，由于编写者立场不同，存在若干不同。凌、芮的著作，将湘西苗人论述为一个处在被先进的汉文化同化过程之中，却又界限清晰的族群。石启贵著作，将苗、汉两个群体间众多的相似点，视为二者同源的证据，而非“汉化”的结果。他们认为两个群体之间的差异，是由于苗族缺乏政治参与权和教育机会而导致的在经济文化发展水平上的差异。石启贵认为，西南地区的非汉族群有着共同的祖先，尽管他们在后来的繁衍和流布过程中分化为不同的族名。“族同名异，皆为一族。”故而在 1940 年的报告题目中，使用“土著”这个术语来指谓湘西苗人。学者认为，石启贵的著作是汉—苗关系的政治评论，也是为苗人争取政治权力和平等地位的请愿书。他关于苗人独特性的论点，源自苗人在一种特殊殖民体系下受王朝帝国区别统治的历史，正是这一历史造成了苗人的被剥削和不平等地位。这与凌纯声和芮逸夫本质论地强调苗、汉之间的差异是不同的。①

① 以上参见张兆和著、李菲译《从“他者描写”到“自我表述”——民国时期石启贵关于湘西苗族身份的探索与实践》，《广西民族大学学报》2008 年第 5 期。

第二节　二十世纪后半期苗族历史研究

一、苗族史研究的发展

二十世纪五十至八十年代撰写出版的“少数民族五种丛书”，全面汇集了有关苗族的历史、源流、分布、社会、经济、文化、语言、习俗、宗教等方面调查资料和研究成果，至今仍然是我们深入研究的基础。作为苗族社会调查与研究的重要成果，《苗族简史》经过了六次改写之后于1984年正式出版。该书正式将蚩尤作为苗族的祖先，不仅解决了苗族的民族向心力问题，并且苗族作为一个具有“悠久历史”民族也随之更为具像化。

1978年以后，老一辈苗族学者以及恢复招生制度后成长起来的年轻一代苗族知识分子逐渐成为苗族研究领域的主力军。他们凭借着对自己民族语言文化熟悉的优势，大大拓展了过去非苗族学者难以深入的领域，如苗族的社会组织、社会结构、语言、宗教信仰、审美观、哲学思想等等。1988年，挂靠在贵州民族学院的“贵州苗学会”成立后，云南、湖南等省区也先后成立了苗学会，“苗学研究”更是如火如荼，相关研究机构、研究刊物发展迅速，苗族史学研究作为其中的重要部分受到越来越多的关注和重视。

二、《苗族史》与《中国苗族通史》

苗族学者伍新福、龙伯亚合著《苗族史》，1992年由四川民族出版社出版。全书四十九万字，分五章，所述时限从远古至辛亥革命。每章都按民族源流，族称沿革，迁徙分布，中央王朝对苗区的统治政策，苗族地区的政治、经济、社会状况，苗民的反抗斗争和风俗习惯、文化诸方面加以阐述。该书是继国家民委五种丛书本《苗族简史》之后的又一部较为全面和系统研究苗族历史文化的通史体专著。其书采取通史体例，但各章的设置则以苗族内部和形态的不同发展阶段为依据；作为民族历史著作，又充分注意了志的内容；对苗族历史、文化方面许多有争议的重大问题，提出自己独到的见解；根据苗族分布地区广、各地区之间差别大这一特点，在具体论述各个时期苗族的政治、经济、社会状况和风俗习惯时，都按不同地区分别叙述，使全书更具科学性、准确性；资料丰富，尤其注意引用大量的民族学、民俗学资料及方志资料。①

伍新福著《中国苗族通史》，1999 年由贵州民族出版社出版。全书九十万字分上下两册，八章四十二节。有学者将这部书的学术价值概括为博综通贯、开拓继承，认为从写作构思和创构研究体系看，作者进行了艰难的创造性工作，比较全面系统地揭示了苗族历史的各个层面，使苗族自原始时代至二十世纪五十年代各个历史时期的社会形态、政治地位、生产技术、战争、文化教育、思想观念等等方面，一一呈现在读者眼前，既不繁芜，又无遗漏。书中还根据苗族内部历史的特殊性、文化的差异性，对每个历史时期各地域或支系分别加以论述和阐明，使中国境内各地苗族和苗族支系的历史在书中均有具体的反映。此书在坚持人类社会发展普遍规律的基础上，充分反映了苗族不同地区、不同支系发展的不平衡性，科学地阐明苗族社会的历史发展进程。对于苗族史研究中学术界有较大分歧的问题，该书进行了新的探索，不乏创见。对于历史事件、历史人物，特别是近现代一些事件和人物的处理和评价，也体现出该书的价值。②

三、《世界苗族迁徙史》和《跨国苗族研究——民族与国家的边界》

石朝江自幼生活在苗族住居地，对本民族研究有着浓厚的兴趣，长期致力于苗族文化和哲学社会思想研究，已出版的《中国苗学》、《苗族文化研究》、《中国苗族哲学社会思想史》等均引起了学界的极大关注。所著《世界苗族迁徙史》，2006 年由贵州人民出版社出版。全书由“神州”土著、逐鹿中原、建立“三苗”国、“荆蛮”兴起、迁居武陵、散居云贵高原、漫入东南亚半岛、移民世界各地共八章组成。此书体大思精，视野开阔，从少数民族迁徙史的视角立题，从全球范围对苗族的迁徙情况进行全面、系统的研究，无论是立意或者选题、材料搜集或者论证思路，无不体现出具有价值的创新。该书全面描述

① 吴永章、田敏《〈苗族史〉评介》，《中南民族学院学报》1993 年第 6 期。

② 无涯《评〈中国苗族通史〉》，《湖南社会科学》2000 年第 4 期。

了苗族缘起、演变、发展和迁徙的来龙去脉，对历史上发生的许多重大事件进行小心求证。对苗族何以由中国的一个民族演变为世界性的民族，怎样从中国的中原地带迁徙到东南亚诸国，又怎样从东半球迁徙到西半球等诸多问题，该书进行了全面、系统的研究。①

《跨国苗族研究——民族与国家的边界》，是苗族青年学者石茂明在他的博士论文基础上修订扩充而成的专著，2004 年由民族出版社出版。全书 32 万字，共七章。第一章绪论，阐明了本书的术语体系、理论方法、学术意义，介绍了为此研究所做的田野调查和资料搜集工作，并回顾了国内外关于跨国族群和苗族 /Hmong 人的研究状况。第二章具体探讨了跨国族群的理论，首先考察了相关概念的提出与争论，然后对跨国族群做了类型学研究和分析，最后讨论了由跨国族群引起的或者与之相关的现实性问题。第三章研究 Hmong 人在苗族这个大群体中的地位、Hmong 人与苗的异同及其主要的社会文化特征。第四章从几个历史个案着手，论述 Hmong 人作为跨国族群中国一侧的边民在全国的社会政治场景中、全球的殖民主义与反殖民主义斗争体系中的角色演示与能动性，特别是 Hmong 人中具有代表性的项氏家族对于国际政治和国家建设的主动参与和历史作用。第五章以国别为序，研究 Hmong 人在其跨国分布的几个东南亚国家——越南、老挝、泰国、缅甸的自然与社会背景、人口、分布、迁入移出、重大历史事件等。第六章以专题的形式，细致探究跨国 Hmong 人的几个重要而又具基础性的问题，即族名族称、支系、姓氏家族和语言文字等问题。第七章对全书的论述和观点做了总结，对尚需进一步研究的问题进行了一些理论思考，其中涉及跨国族群的现实性问题、族群与国家的现实关系、族群对国家政治的态度和对所在国家的人心向背等。

学者认为，该书是海内第一部从“跨国”角度对蒙人（Hmong，苗族）进行专题研究的开拓性作品。作者梳理分析了大量的中外文献资料，并结合数次实地调查，运用民族学、历史学、语言学等学科的理论和方法，突破苗族研究

① 敖以深《苗族迁徙史研究的扛鼎之作——读〈世界苗族迁徙史〉》，《贵州民族学院学报》2007 年第 4 期。

的传统范式，对蒙人的跨国性进行了多侧面探讨。作者还通过对该族群的实证研究，展开人类学理论探讨，对跨国族群理论、族群与国家关系理论、中国少数民族境外迁徙与移民等问题做了颇具思辨性的考究。尤其值得一提的是，作者对于族称“苗”和“Hmong”有深入细腻的研究，强调“蒙”等自称只是对“苗族”术语的说明性文字，“苗”是一个以汉字为根本的中心词，“不是‘苗族’自称‘蒙’，而是有一个自称‘蒙’的群体被汉语称为‘苗族’；不是‘白苗自称蒙逗’，而是一个自称‘蒙逗’的群体被汉语称为了‘白苗’”。该结论富于历史感和科学性，同时也完全合乎中国的民族政策。①

① 胡鸿宝、马伟华《来自HMONG人的思考——读〈跨国苗族研究——民族与国家的边界〉》，《贵州民族研究》2006年第1期。

第八章

二十世纪彝族史学

第一节　彝族近代史学初起

一、外国学者开启彝族调查研究

十九世纪末，随着国门的打开，西方探险家和旅行家纷纷到中国西南彝族地区考察，并大量搜集彝族资料。西方传教士也到这些地区传教，同时调查彝族情况，研究彝族历史，撰写文章，开启了近代彝族历史文化研究。

二十世纪初叶，西方人到中国彝区进行考察活动的势头有增无减。1904年法国驻昆明领事弗朗索瓦（W. C. Francois）到凉山和云南各地考察。同年法国驻思茅领事彭斯·汤蒂（Bons Danty）到凉山北部考察。1907年，法国文学院院士夏瓦纳（Edouadehvnne）到云南各地彝区考察。此时在中国彝区还有两支庞大的法国考察队在活动，一支由法国殖民军一等医官吕真达（A. F. Legender）率领，一支由少校多龙（Dollin ）率领。吕真达从1907年至1910年先后两次考察四川凉山和云南彝区，他撰著的《建昌罗罗》、《在云南和东京的崇山峻岭中》等书，较为详尽地记叙了凉山彝族社会的奴隶制和奴隶制下的等级结构情况。多龙于1906年至1909年先后在川、滇、黔三省彝区考察，发表了《中国非汉民族的历史记载》等研究彝族的多种著作。法国人亨利·科尔迪埃（Henry Colerdean）于1909年在他所主持的《道报》上发表了他的研究论文《倮倮的现实形态问题》，较详细地综述了彝族的历史、文化及国外对彝族的研究概况①。

这一时期，英国人到川、滇彝区考察的有李特尔（A. H. Little）、杰克（R. L. Jack）、约翰斯顿（R. F. Johnston）、布洛克（Brock）、费格森（Fergusson）

① 马学良《国际彝学研究小史》，http：//iel.cass.cn/yistudies/gjyxxs.htm。

等人。李特尔在《滇西北旅行》一文中，对滇西北小凉山的彝族进行了介绍。美国学者哈里 · 弗兰克（Halley Franck）在所著《华南漫游记》一书中，着重介绍了“诺苏文”（彝文）。此外，俄国人史禄国的《记罗罗音》，在彝语研究方面是比较科学的记音论文①。

十九世纪末二十世纪初，在中国彝区传教的外国传教士中，也有不少人对彝族进行了调查研究，并发表了许多著作。其中成就突出是法国传教士邓明德（Paul Vial）。他在云南路南彝区的三十年中，学会了彝语，并向当地毕摩学习古彝文，对彝族历史、文化做过深入细致的研究，造诣颇深，取得了不少成果。其主要的著述有用彝、汉两种文字对照的彝文经典《宇宙源流》（收入了《天地起源》、《洪水泛滥》等彝经）、《倮倮 · 历史 · 宗教 · 习俗 · 语言和文字》、《云南彝族文字研究》、《彝语语法》、《法倮字典》等。法国文学院因其彝族研究的贡献而授予他文学博士学位。法国传教士利埃达尔（Alfred Lietard）先后在云南路南和昭通的彝区传教十余年，著有《阿西倮倮地区》、《云南倮倮颇——华南的一个土著部族》等书，较为详细地介绍了上述两个地区的彝族概况。

十九世纪下半叶至二十世纪初叶的半个多世纪里，西方人研究彝族，主要是从当时的殖民主义和传教的需要出发的。但在客观上，这也为现代国内外学者研究彝族提供了可资参考的资料。

二十世纪三四十年代，受第二次世界大战影响，国外学者对彝族的考察和研究活动处于消停状态，直到五十年代以后才再度兴起。这一时期的国外研究，在彝族历史、社会制度和语言文字方面有较为系统的成果②。

二、彝族精英争取民族权利的活动

民国建立，讲五族共和，却没有给西南苗夷诸族以平等的政治权利。为了争取彝族的民族权利，1934 年，族人在南京成立西南夷族文化促进会，他们

① 马学良《国际彝学研究小史》，http：//iel.cass.cn/yistudies/gjyxxs.htm。

② 马学良《国际彝学研究小史》，http：//iel.cass.cn/yistudies/gjyxxs.htm。

具有明确的“夷族”身份认同意识，说：“我西南夷族以二千余万之人口，处川、滇、黔、康数省之地域，然在文化上以崇山巨川之阻绝，异常落伍，一般生活皆停滞于半开化时期。……在大中华民族今日之复兴运动中，尚有此文化落后之夷族生息其间，不特为吾夷族之不幸，亦大中华民族之不幸，故吾人有西南夷族文化促进会之组设，冀努力于夷族生活之改善，文化之开发，而为大中华民族重生之新血输。”①

1936年起，西南夷族文化促进会执委岭光电、王奋飞与西南夷苗土司代表高玉柱与民众代表喻杰才一起，三次向国民政府请愿，要求给予夷苗与满、蒙、回、藏诸族平等的权利。② 当时苗族知识分子杨汉先试图对苗夷做出区分，言：“大抵夷人体格较苗人高大，语言不同，风俗较苗人严厉，性格也较苗人刚毅，苗人则趋向漫弱，性格较之夷人柔和。”③

1947年，西康夷族岭光电、查绍虞、罗正洪、傅佩云等组织请愿团，要求中央政府增加国大代表、立委、监委之名额，并广造舆论。“倮族代表岭光电先生适来成都，准备赴京请愿，连日在川大、华大等学府讲演倮族问题。”④

三、《新夷族》集中展示彝族历史文化研究成果

彝族精英争取民族权利的活动是以彝族历史和现状研究为基础的。

1936年7月和次年1月，西南夷族文化促进会南京总会编辑出版了《新夷族》第一卷第一期和第二期。其编辑后记言：“我们所希望的不是甚末大了不得的所谓‘伟业’，只希望能够贡献一点夷苗民族内部的真实情况给内地同胞和国外民族学者参考，使大家知道我们还有这大一群落后同胞。至少在中华民国里面还有这大一部分社会事业，值得我们牺牲平生精力去干，再介绍一些国际或国内的重大情事给落后的同胞们，使他们渐渐觉察时势的转变而自己觉悟。”刊文有：安腾飞《西南夷地之危机》、阿弼鲁德《中华民族之复兴与西

---

① 阿弼鲁德《中华民族之复兴与西南夷》，《新夷族》1934年第1卷第1期。

② 详见《西南夷族代表第一次请愿补呈意见文（附内政部批）》，《新夷族》1937年1月第1卷第2期。

③ 杨汉先《苗族述略》，《民国年间苗族论文集》，贵州省民族研究所，1983年。

④《夷族领袖岭光电：他是个现代化的土司》，《国际社会新闻附刊》1卷第5期。

南夷》、姜绍鹤《整理夷务之我见》、陈之宜《西南夷族的觉醒》、张铁君《〈明史〉上夷苗变乱之原因》、王奋飞《复兴民族的途径》、岭光电《西南夷族史》、岭光电译述《夷族中阶级名词与特俗》、方治《为西南夷苗同胞进一言》、高玉柱《夷苗民族概况》、幼农《云南夷族与云南国防》、张铁君《国难期中夷苗民族的出路》、万方《四川宁属山脉与河流》、喻杰才《夷苗民族的理论与事实》、奋飞《夷苗青年应有的认识》、藏尧《到何处去》、慕理译述的《锅庄舞》等等。该刊是夷苗历史、现实研究成果的集中展现，尤多夷族学者的文章，对于我们了解夷苗民族具有重要的参考价值。如高玉柱《夷苗民族概况》一文，全面介绍了“夷苗民族之历史”、“政治组织”、“法律”、“国际关系”、“夷苗分布区域”、“经济状况”、“商业”、“工业”、“农业”、“市镇状况”、“乡村生产”、“一般生活”、“教育状况”、“语言文字”、“婚姻”、“丧葬”等。

四、彝族学者的两部重要著述

这一时期，最有影响的彝族学者著述，是曲木藏尧的《西南夷族考察记》和岭光电的《倮情述论》。

1931年，曲木藏尧以国民党中央党务宣传员的身份，受委派到广西、贵州、云南彝区“宣化夷族”，了解彝情，搜集彝族生活、风俗、文化、社会经济等情况资料。1933年，他撰成《西南夷族考察记》，由南京拔提书店出版。全书约五万字，分猓夷民族、猓夷民族之生活、猓夷民族的风俗、猓夷民族的社会组织、猓夷民族的文化、猓夷民族之出产、其他事项等七节。所书皆是彝族生活实录。如“猓夷民族的风俗”一节，包括婚姻、丧葬、刑法、集会、迷信、佳节几个部分，对彝族社会的民情风俗做了较为全面细致的记述。

岭光电通过多年对彝族的观察和思考，本身对彝族生活的切身体验，于1938—1942年间撰成十二篇文章，汇集为《倮情述论》出版。他自称，书中所述并不是他本人的臆说，而是通过和彝老的交谈，阅读彝文经书典籍，考察历史现实得出的感受，因此，“阅后必可知悉倮民一部活动情形，所述固不敢自诩正确，而较知局部观察，以括全豹之善也”。此书内容丰富，涉及彝族的历史、现实、民情风俗等各个方面，字里行间透露出岭光电对彝族社会的深刻思考，蕴涵其拯救彝民族的拳拳之心。如《改革夷民生活应从何处入手》一文，指出彝族生活中时时充满了鬼，所以他们的一生都在与鬼周旋，而解决的方法不是向鬼进攻而是应酬鬼，打牛、猪、羊、鸡等牺牲来酬应鬼，一年收获大半都用在酬鬼上，遇上大病则倾家荡产。这样的习俗，给彝族的物质生活和精神生活都造成了极大的危害。总结彝族生活水平低下的根源，在于深刻的迷信观念和低劣的生产技能。有文章还较为客观地分析了石达开在凉山失败的经过和原因。

岭光电和曲木藏尧作为生于斯、长于斯的彝民精英，他们痛苦于斯，反思于斯，并希望通过自己的著述，展示一个真实的彝族社会，让外界更多地了解彝族，改变对彝民“捕风捉影”、“以讹传讹”的误解和偏见。在二人眼中，彝族有自己的历史，而且其历史的变迁和发展与中原的汉族密切相关。他们不仅关注自己的历史，也关注彝族在中华民族历史上的地位，更把自己的民族命运和中华民族的历史命运联系在一起。他们都在为自己的民族“正名”，为自己民族所处的历史和现实环境寻找新的解释和依据，让外人知道，彝族的真实面目是怎样的。因此，两部著作对彝族的名称、历史、宗教、学校教育、社会制度等都做了较为详细的考察和介绍。他们站在主位立场的彝族研究，其成果更加接近彝族现实，也可以透视汉族学者对彝族研究逼近的真实程度。遵循主位客位的理论视域，彝族的文化主位研究是推动彝族研究深入和拓展的一个重要方面。[①]

第二节 民国时期汉族学者的彝族史学研究

二十世纪初，西方的人类学和民族学方法传入中国，彝族社会成为学者调查研究的最佳标本。自1912年起，诸多国内学者和学校、团体以及政府机构到滇、川、黔等省的彝族居住区，深入进行彝族语言、风俗、宗教、历史等的调查和研究。其间，从事彝族调查和史学研究的非彝族学者，主要有丁文江、杨成志、林耀华、马学良、马长寿、江应樑等。

① 李列《现代学术史上的彝族主位研究——以岭光电和曲木藏尧为例》，《民族艺术研究》2006年第1期。

一、丁文江彝族调查研究

丁文江是最早开展对西南少数民族地区（彝族聚集区）人类学调查研究的学者之一。他以广博的胸怀和宽广的学术视野，两次调查西南少数民族的历史、服饰、语言、典籍文字，予以详细记录和认真研究，保存了西南少数民族民族识别和分类等方面的珍贵资料。

丁文江对西南少数民族的调查分体质人类学和文化人类学两方面，体质人类学主要以对云南、四川境内的彝族人体测量数据为主，著成《四川会理的土著人种》，其中的数据都是其亲自测量并采用了当时先进的统计学方法进行处理。他对彝族族源也有一定的研究。

丁文江发明四行对译法以翻译整理调查中搜集到的彝族文字和典籍，著成《爨文丛刻》一书。该书是丰富的彝文资料汇编，出版后引起广泛关注。

二、杨成志彝族调查研究

1928 年，杨成志受中央研究院和中山大学委派，到云南进行民族调查。在昆明，他访问当地学者了解有关民族的情况，查阅地方文献中的民族史料，最后选定“自来未尝受中国政治势力的支配，保存其部落制度，实是川滇最重要之一大独立民族”的大小凉山彝族地区，作为重点调查对象。凉山调查回到昆明后，杨又对“白夷”、“黑夷”等种族名称进行调查。在距昆明二十里的昭宗夷村，杨发现并购得最早的彝文抄本，“喜慰不已”，鉴定此经是“神权时代夷人遣虫祈雨之书，乃足以完全表现原始人的思想的源泉和行为的真型，较诸所谓矫揉造作的《圣经真传》，其价值更高”，“不特系云南的孤本，亦即全国或世界绝本”。此经的发现，也引起了云南地方学者的重视。有学者称，这部《云南昆明西乡明代夷人手抄经典》为迄今发现的彝文典籍中抄写年代最早的一部，包含有关于诸神起源及祖神崇拜、彝族“叹奄”（祭司）的起源传说、彝族古代氏族部落及杰出首领和英雄人物、彝族先民宇宙观、自然观、婚姻礼俗、图腾崇拜诸方面的珍贵史料。

在对民族地区实地调查的基础上，杨成志发表《云南民族调查报告》，该报告被誉为“中国西南民族调查的先导杰作”。1931 年，国立中山大学文史研究所出版了杨成志《云南罗罗族的巫师及其经典》。该书论述了“罗罗”经典与巫师的关系，对“罗罗”经典进行了内容上的介绍及分类，“为西南民族辟一研究的新园地”。1928 年至 1932 年间，杨成志在广东、北京、上海等地的学术刊物上，发表了二十余篇彝族研究的论文，“恐因散失，故汇集重刊”，由蔡元培题书名为《云南罗罗族论丛》，“可称为罗罗研究的第一本巨著”。[①]

三、林耀华彝族调查研究

1943 年，林耀华考察凉山，在彝族腹心地带跋涉月余，数度遇险，也因此加深了对彝族的了解。林耀华越深入彝区，就越觉彝人可信可亲。他尊重彝族习俗，证明与彝族打交道可用公证仪式而不必饮鸡血酒，见证当时凉山彝汉交恶之地多在边缘地区或黄茅埂两侧。当年彝族最怕测量与照相，深恐灵魂被人摄取。但靠彝族保头帮忙动员，林耀华还是做成大量测量、照相工作。他通过体质测量确认凉山彝族是蒙古人种，与周边民族渊源略同。

这次考察形成的《凉山夷家》(1947)一书，对当地生态、语言、亲属、物质、经济、社会、宗教皆有详述。日本学者鸟居龙藏评价此书:“实将罗罗社会学上之事实完全网罗无遗，据此书则读者对罗罗之民族社会文化等，宛如身临其境，故余推荐其为近年来之佳著也。”1950 年解放军进军凉山，官兵多持此书作为参考，足见鸟居氏之言不虚。[②]

四、马学良彝族调查研究

马学良 1939 年被录取为北大文科研究所语言专业研究生，专攻音韵和训诂。是年李方桂由美讲学返国，马学良转从其学习民族语言。1940 年春，李方桂带马学良到云南路南县进行调查实习，记录彝族语言一月。回昆明后，马学良找到一个撒尼彝族中学生，记录了四五十个故事和节日、民俗、祭神等材

① 王水乔《杨成志与西南民族研究》,《云南民族学院学报》1996 年第 2 期。

② 张海洋《林耀华教授与中国的少数民族和民族研究》,《西南民族学院学报》2001 年第 1 期。

料。1941 年他以《撒尼语法的研究》论文毕业，留史语所工作。根据李方桂建议，是年秋天，马学良再返云南彝族地区，从了解社会历史情况入手，进行社会调查，收集民俗民风、民歌民谣、古语谚语、神话传说等，了解宗教教义和仪轨仪式，边学习彝文边整理资料，从事写作。他后来出版的《云南彝族礼俗研究》一书及《倮文祭经的种类述要》、《从倮猡氏族名称中所见的图腾制度》、《宣威夷民的丧葬制度》、《西南寻甸黑夷作祭礼俗记》等文章，都是马学良社会调查和历史研究的成果。所著《撒尼彝语研究》，1951 年由商务印书馆出版。该书讨论了彝语语音、语法、词汇，词汇部分收词及短语近四千条，书后附有彝汉对照的故事、童谣、谜语等三十五个，并附有标音彝文，是中国学者研究彝语的第一部全面而自成体系的学术著作，至今不失其价值。①

五、马长寿彝族社会历史研究

二十世纪三四十年代，马长寿在川康地区做了多次民族调查，写成《凉山罗彝考察报告》稿，后经李绍明、周伟洲等整理，2006 年由巴蜀书社出版。全书共十一章：第一章为两次实地考察的笔记日志，详细生动地记述了考察经过和作者的心得感受；第二、三、四章研究了凉山彝族社会历史与文化历史；第五、六章研究了凉山彝族制度文化；第七章研究了凉山彝族人生礼仪；第八章研究了凉山彝族物质文化；第九、十章研究了凉山彝族精神文化和地方性知识；第十一章研究了凉山彝族民间故事。此书是马长寿应用近代民族学理论和方法，结合民族学田野调查和文献资料，对凉山彝族社会历史的深入研究，堪称凉山彝族研究的经典之作。②

六、江应樑彝族史学研究

江应樑早年就对云南西部僰夷民族、昆明路南澂江罗罗部族做过调查研

---

① 马学良《我与少数民族语言文学》，收入张世林编《学林春秋》，中华书局，1998 年，第 444—461 页。

② 罗贤佑《凉山彝族研究的经典之作——评马长寿遗著〈凉山罗彝考察报告〉》，《民族研究》2007 年第 1 期。

究。1940年任教于中央政治学校边政专修科的江应樑，受学校遣派，只身考察大小凉山。“计在边区一百一十余日，无伴侣，无仆从，单独一身，披罗罗毡，穿麻线鞋，吃‘包谷巴巴’，住罗罗草棚，或半月不更衣，或三朝不洗面。”1948年出版研究专著《凉山夷族的奴隶制度》。全书包括巴布凉山的地理环境、凉山夷人的来历、奴隶社会的形成、部落支派、亲戚与冤家、家庭组织、家庭财产、生活文化、结论等部分，并有凉山区域图一幅和摄影四帧。李景汉书评称，江应樑是兼有丰富学识与实地考察经验的学者，“此区域内之罗罗今后依然保持着原始生活的状态，一方面由于地理环境的特殊，另一方面由于汉人数千年来边疆政策的错误。与他们接触的汉人，向来多半是奸商与贪官，因此汉夷间的隔阂甚深。江应樑已经把事实的真相与显著的问题和需要实现在我们的眼前了”[①]。

以上著名学者因对彝族史学有长期的积累和研究兴趣，中华人民共和国建立后他们在彝族史学研究中的贡献也是令人瞩目的。

第三节　二十世纪五六十年代彝族史学

一、彝族历史研究和调查

二十世纪五十年代起，民族史学界在历史唯物论的指导下，积极投入彝族历史的调查和研究之中。云南、贵州、四川、北京等地的高校和科研院所纷纷开展彝族历史和文化的研究。老一辈学者方国瑜、林耀华、江应樑、马长寿、马学良等培养学生，整理调查资料，新撰论著，发表彝族史学研究成果，将彝族史学的研究推向新的高度。

1956年，四川、云南、贵州少数民族社会历史调查组进行彝族社会历史调查，抢救了大量有价值的资料。1958年中国科学院民族研究所组织所内外专家再赴三省彝族地区，在完成彝族社会历史调查的同时，从事《彝族简史》的撰

① 李景汉《社会调查在今日中国之需要》，《清华周刊》第38卷第7、8期合刊，1932年11月。

写。次年起，参与调查和写作的马长寿撰成《彝族古代史》初稿，方国瑜写出《彝族史长编》，冯汉骥撰出《云南晋宁石寨山出土文物的族属问题试探》、《云南晋宁石寨山出土铜器研究——若干主要人物活动图像试释》和《云南晋宁石寨山铜鼓研究》三篇论文。在此基础上，中国科学院民族研究所和云南少数民族社会历史调查组组织的编写组于1960年写出《彝族简史》初稿，经多次修订，1987年由云南人民出版社出版。1986年出版的《云南彝族社会历史调查》，收录了云南彝族婚姻、家庭等方面的三十一篇调查资料。

二、凉山彝族社会性质的讨论

彝族史学研究的重点是彝族社会性质问题。二十世纪四十年代，任映苍发表《大小凉山倮族通考》，就提出彝族社会为奴隶制度的结论。1951年，赵卫邦发表《略论凉山彝族的社会性质》一文，开启了新时期彝族社会性质的讨论。郭沫若1954年出版的《青铜时代》、《奴隶制时代》，引用二十世纪三十年代凉山彝族调查材料，分析凉山彝族中黑彝、娃子、安家、曲诺的不同阶级，论证中国古代存在奴隶社会。张向千发表论文，认为“大凉山彝族社会尚处于极为落后的奴隶制和农奴制阶段”。1956年，胡庆钧发表两篇论文，论证凉山彝族社会的奴隶制性质。1957年3月，全国人大民族委员会召开少数民族社会历史调查汇报会，与会专家就民主改革前凉山彝族社会性质问题展开讨论。胡庆钧、夏康农、张向千、林耀华等主张奴隶制说；张英达认为是封建制；马长寿认为在凉山周围接近汉族的地区是封建制，而其中心地区则是奴隶制；江应樑主张，彝族社会“是以地主剥削农民为主体的封建生产方式，但也保存有奴隶制的残余”。施修霖、陈吉元、陈可畏、胡庆钧、束世澄、王景阳等也发表文章，表达学术见解。[①]

彝族社会性质的讨论一直延续到1978年以后。周自强参加彝族社会历史调查以后，又几次到凉山，着重对1956年民主改革前凉山彝族社会的等级结构和阶级关系进行补充调查，撰成《凉山彝族奴隶制研究》，1983年出版。书中用大量资料和调查所得，以马克思主义理论和阶级分析学说，探讨了民主改

① 参考白兴发《近百年来彝族史研究综述》，《学术研究》2003年第9期。

革前凉山彝族社会的等级结构和阶级关系，呷西奴隶和阿加奴隶，曲诺的等级地位和阶级地位，土地租佃关系。他认为，“在世界各个国家或民族的奴隶社会里，包括古代希腊和罗马在内，都曾存在过比较发达的租佃制。因此，那种把租佃制或租佃制发达与否作为划分奴隶制与封建制的标准，从而将民主改革前凉山彝族区的租佃制定为封建制的观点，是不妥当的”[①]。

三、彝族族源的讨论

彝族族源，是彝族史研究的重要课题。二十世纪三四十年代丁文江、林耀华、曾昭抡对此问题就有看法。方国瑜参加彝族社会历史调查并撰写《彝族史长编》稿，提出：“彝族渊源出自古羌人”，“彝族祖先从祖国西北迁到西南，结合古代记录，当与羌人有关。早期居住在西北河湟一带的就是羌人分向几个方面迁移，有一部分向南活动的羌人，是彝族的祖先”。中国科学院民族研究所和云南少数民族社会历史调查组组织的编写组于 1960 年写出的《彝族简史》初稿采用了这一说法。

当时，学者继续深入探讨彝族族源问题。1962 年，彝族学者刘尧汉发表《彝族的主要源流——唐代滇西乌蛮中的顺蛮、南诏、磨弥、罗作及仲牟由》，结合彝族传说，讨论了彝族的族源。徐嘉瑞 1963 年撰写《大理古代文化史稿·重印自序》，提出：“羌人即是乌蛮，也即是今天的彝族。”[②]杜玉亭发表《对“彝族的主要源流”的商榷》，提出与刘尧汉不同的看法。

第四节　1978年以后的彝族史学

一、彝族史学的繁荣

1978 年以后，彝族史学迅速走向繁荣。彝学研究机构、团体、刊物、人员

① 周自强《凉山彝族奴隶制研究》，人民出版社，1983 年，第 337 页。

② 徐嘉瑞《大理古代文化史稿》重印自序，中华书局，1978 年，第 4 页。

大量涌现。中国社会科学院少数民族语言文学所、中央民族学院彝学系、西南民族学院彝语言文学系、云南民族学院民族语言系、贵州民族学院彝文文献研究所等都致力于彝学研究，并培养彝学研究人才。随着1981年“云南楚雄彝族文化研究室”的建立，地方彝学研究的机构团体纷纷建立，如“四川省彝学会”、“云南省彝学会”、“贵州省彝学会”、“凉山州彝学会”、“美姑毕摩文化研究中心”等等，各彝族县也相继成立了彝学会。各研究机构和团体创办刊物或网站，如《中国彝学》、《四川彝学》、《云南彝学》、《贵州彝学》、《彝族文化》、《凉山彝学》，彝学网、中国彝学网等等，在这些刊物和网站上刊载了众多彝学研究成果和相关信息，推动彝学研究不断向深层次发展。

彝族史料的整理出版取得巨大成绩。徐铭《清实录彝族史料辑要》、魏治臻《彝族史料集》、华林《西南彝族历史档案》、何耀华《中国各民族原始宗教资料集成·彝族卷》等，都是专门的彝族史料。何耀华《武定凤氏本末笺证》、张纯德《云南彝族氏族谱牒译注》、楚雄彝族文化研究所《清代武定彝族那氏土司档案史料校编》等，则是彝族家族史料。马学良《增订爨文丛刻》是彝族文字历史文献的集成。同时，《西南彝志》、《夷僰榷濮（六祖史诗）》、《物始纪略》、《彝族源流》等上百种珍贵彝文古籍得以翻译出版，彝文的碑刻、摩崖、铭文等文献资料也得到整理研究。

1985年，中国西南民族研究学会在四川西昌召开首届全国彝族学术研讨会，对彝族史的相关问题进行了热烈的讨论，编写出版会议论文集《西南民族研究彝族专集》。其后，各种规模的彝族史学术研讨会纷纷举行。同时，彝族史学研究的国际交流活动也日益增多，二十世纪九十年代，先后在法国、美国、德国举办了彝学研讨会。国内也多次举办国际彝学研讨会，学术成果甚多，有力地提高了彝族史研究的学术地位。

汉族和彝族学者的彝族史研究著述纷纷出版。马曜主编《云南各族古代史略》，尤中《中国西南的古代民族》，周春元、王燕玉《贵州古代史》等，都有许多彝族古代史的论述。方国瑜《彝族史稿》、马长寿《彝族古代史》、吴恒主编《彝族简史》、陇贤君等《中国彝族通史纲要》、戈隆阿弘《彝族古代史研究》、且萨乌牛《彝族古代文明史》、李列《民族想象与学术选择——彝族研究现代学术的建立》等属于彝族史研究专著。刘尧汉、卢央、陈久金合著《彝族天文学史》，罗家修《古今彝历考》，李力主编《彝族文学史》，马学良等《彝族文化史》，白兴发《彝族文化史》，师有福《彝族文化论》，马林英《彝族妇女文化》，李耕冬、贺廷超《彝族医药史》等，则是彝族文化科技的专著。以刘尧汉兼任所长的云南楚雄彝族文化研究所，致力于彝族文化的调查研究，编辑出版《彝族文化研究丛书》、《彝族文化年刊》、《彝文文献译丛》。《彝族文化研究丛书》自 1985 年至 2003 年，已出版了三十六种彝族文化专著，作者绝大部分都是彝族学者。

关于彝族历史问题的讨论，比二十世纪六十年代更为深入。蒙默认为“彝族北来说应当是可以信从的”。罗希吾戈、刘尧汉、戈隆阿弘等彝族学者，坚持彝族族源土著说，否定其与古代西北羌人的渊源关系。易谋远则认为，彝族起源于黄帝和炎帝，以黄帝为始祖的早期蜀人乃是彝族多元起源中的主源。凉山彝族社会性质的研究著作，有《凉山彝族奴隶社会》、《凉山彝族奴隶社会性质讨论集》、《凉山彝族奴隶制研究》、《明清彝族奴隶社会》，胡庆钧《凉山彝族奴隶社会形态》、《明清彝族社会史论丛》，周自强《凉山彝族奴隶制研究》，伍精忠《凉山彝族奴隶社会》等。研究范围不断扩大，从最早的民族源流、地域分布、社会形态等问题，扩大到政治、经济、军事、文化、法律、宗教、文学、艺术、美术、天文、历法、哲学、科技等各个领域。

二、岭光电《忆往昔——一个彝族土司的自述》

出身彝族土司的学者岭光电，是近代沟通内地与边疆、东部与西部、汉族与少数民族、汉文化与彝族文化的桥梁和中介。他关于彝族的书写、介绍与宣传，他在边地的种种革新，促进了彝族的发展，缩短了彝、汉民族发展的差距。他在二十世纪三十年代参与高玉柱、喻杰才的夷苗请愿，1947 年组织西康夷族请愿团的请愿活动，一方面反映了他对中华民族的认同，另一方面反映了他对民国政府民族政策和边疆政策的不满和抗议，这些都是中国近代民族史和边疆史上的要事。

岭光电《忆往昔—— 一个彝族土司的自述》，1988 年云南人民出版社出版。全书共四章，第一章少年时代，第二章求学时代，第三章从政时代，第四章往昔杂忆。该书前有刘尧汉、程志芳的序，后附有《〈倮清述论〉摘选（三篇）》和《宗支简表》。刘尧汉说，虽然岭光电不是大土司，但其名望超过大土司，是凉山旧社会的革新者。他的回忆，“不单是他个人的事，也是凉山彝族社会的活历史，是宝贵的民族学资料。今川、滇、黔、桂娴熟彝族文化传统的彝老日渐稀少，像岭光电这样的回忆录，益显可贵”。岭光电的作为，正是促进中心与边陲打通而密接的关系的重要表现，他无疑也是推进中国早期现代化的重要人物。因此，该书不仅是近代川康地方史和彝族史研究的重要参考资料，也是中国近代史、中国近代民族史和边疆史、彝族史学史研究中的可贵文献。

三、方国瑜的彝族史学研究

方国瑜在彝族史领域长期辛勤耕耘，开拓进取，在彝族史资料、彝族史研究及中国民族史研究的理论等方面做出了开创性的贡献，为彝族史学科的建立和发展奠定了坚实的基础。他的《彝族史稿》，从1934年秋开始收集资料到1984年公开出版，历时半个世纪，是中国历史上第一部专门的彝族古代史学术著作。此书提出的“彝族历史发展过程绝不是孤立而是全国整体的一部分”观点，对我们开展中国民族史、族别史研究具有宏观的普遍性的指导意义。此书构建了彝族史研究的一套完整框架和体系，即先阐述彝族居住区域的地理环境、人口分布和彝族语言，然后将彝族历史发展分为原始社会、奴隶制社会、较早进入封建制地区的彝族社会和较长时间延缓在落后阶段地区的彝族社会等五个阶段来进行讨论，并在具体研究中将云南、四川凉山、滇东北和黔西北的彝族分区域进行论述，对彝族史研究有较大影响。作者将有关彝族古代史的汉文资料几乎搜罗殆尽，对彝文资料的使用，也旗帜鲜明地提出了自己的看法和使用原则。在编纂体裁上此书具有显著的特色，即每节后附以条数不等的“参考”，将正文和“参考”有机地结合起来，组成一个不可分割的整体。书中提出了不同于别人的学术观点，有的甚至是针锋相对的。但是，学术领域的探讨是永无止境的，方国瑜在“弁言”和“校后略记”中反复强调：“这份稿子是草创之作，前无所依。”“这门科目处在由无到有的初级阶段，有待不断提高。”[①]

四、刘尧汉的彝族学研究

刘尧汉于1922年出生在云南省南华县一个彝族奴隶主家庭。二十世纪四十年代他在云南大学师从费孝通学习社会学。听从费孝通安排，他多次回乡调查，对家乡沙村的历史、地理、经济、土地使用、人口、阶级、社会阶层、民族关系、剥削情况、社会制度等进行了充分的了解和研究，再反复修改，终于写出《由奴隶制向封建制过渡的一个典型实例——云南哀牢山彝族沙村的社会经济结构在明清两代至解放前的发展过程》一文，发表于《历史研究》1958年第3期。后来，他又写成《彝乡沙村社区研究》一书，2002年由云南人民出版社出版。1953年，已经是云南大学讲师的刘尧汉奉调入中央民族学院西南民族研究室工作。按照室主任翦伯赞要求，他尚未到京报到，就先投入滇西十多个县调查南诏问题，搜集了大量资料，1954年写成《南诏统治者蒙氏家族属于彝族之新证》，列举宗谱、风俗、文化特征等大量证据，证明南诏统治者当属彝族。

1978年以后，刘尧汉开始了对本民族远古文明的研究，先后出版了《彝族天文学史》、《文明中国的彝族十月太阳历》、《中国文明源头新探：道家与彝族虎宇宙观》等论著，认为彝族的十月太阳历与夏历有“共同的远古的历史渊源”。他甚至提出美洲玛雅文明与彝族文化同源于中国远古羌戎文化。他认为彝族的祖先是古羌戎，属于伏羲的虎图腾部落。他把彝族远古文化与中华文明紧密地联系到一起，推动了国内彝学研究的大发展。刘尧汉整理的《我在神鬼之间—— 一个彝族祭司的自述》一书，被称为“吉克预测学”的汉译本。他还根据元谋猿人及其年代测定，形成新的学术观点，提出彝族是元谋猿人留居本地的土著后代之一；元谋猿人所居住的金沙江流域是中华文明的重要源头；元谋猿人不仅是彝族祖先，而且是中国人、亚洲人的祖先，甚至还是美洲人的祖先。[②]

① 参见潘先林《方国瑜先生与彝族史研究》，《史学史研究》2003年第3期。

② 刘尧汉《彝族文化对国内外宗教、哲学、科学和文学的影响》，《彝族文化研究文集》，云南人民出版社，1985年，第2页。

第九章

二十世纪纳西族史学

第一节　纳西族精英对纳西史学的构建

一、方国瑜的纳西族史学

方国瑜（1903—1983）是云南丽江纳西族人，他以本族精英学者的身份，终身致力于西南民族研究，尤其在纳西历史及文化的研究上，具有开拓之功。

要研究纳西族古代历史，读懂纳西古文字是关键一步。1934 年 9 月，方国瑜到南京中央研究院历史语言研究所研读期间，就完成了《纳西象形文字谱》初稿。其后不断修改，再经和志武参订，1981 年由云南人民出版社出版。该书被称为至今仍在使用的古象形文字的活化石——纳西东巴文最重要的著作之一，是解开纳西族古老历史之谜的钥匙。

1942 年任教于云南大学的方国瑜撰成《么些民族考》，这是一篇研究纳西族历史的论文。该文将历史文献与语言学方法相结合，全面地论述了纳西族的起源和演变。内容包括：一、么些之名称；二、么些民族远古之推测；三、么些所居之地；四、么些与吐蕃、南诏之关系；五、么些之政治组织；六、么些之风俗；七、么些之汉化。与上文内容互为补充的，还有作者与和志武合著的《纳西族的渊源、迁徙和分布》，此文也分七部分，即古羌人支系，旄牛道的越嶲羌，定筰县的摩沙族，西洱河的越析诏，昆川、西爨的么些人，丽江、永宁地区的纳西族，公元十一世纪以来的历史发展。作者认为，摩沙（么些）为牦牛羌的一支，《白狼歌诗》三章可证为么些古语。[①] 他还认为："纳西族渊源于远古时期居住在中国西北河湟地带的羌人，向南迁徙至岷江上游，又西南至雅砻江流域，又西迁至金沙江上游东西地带。"[②] 这些著述，全面讨论了纳

① 方国瑜《么些民族考》，林超民编《方国瑜文集》（第四辑），云南教育出版社，2001 年，第 20—98 页。

② 方国瑜《纳西族的渊源、迁徙和分布》，《方国瑜文集》（第四辑），第 1 页。

西族的名称，渊源，地域，历史流变，与吐蕃、南诏的关系，政治组织，风俗习惯等，对一系列纳西族历史的问题做出了自己的判断，奠定了纳西历史研究的基础。

方国瑜的《云南史料目录概说》（中华书局，1984）和《中国西南历史地理考释》（中华书局，1987）两部巨著，对包括纳西族的历史文献和相关地名做了全面的分析和研究。

二、赵银棠的纳西史学成就

赵银棠（1904—1993），又名赵玉生，纳西族第一位女诗人、女学者。她出身于书香门第，先后就读于云南省丽江县女子师范研习班、昆华女子高级师范班、东陆大学文史专业。其后她在丽江、昆明等地任小学教员、中学教师、丽江民众教育馆馆长等职。

自白话文推广以来，一段时间内丽江人并无自己的文化史。方志只有少数知识分子才有能力阅读，且光绪之后的历史尚无人续写。在这样的历史背景下，作者“为了填补生命的空虚，为了发掘精神的艺术”[①]，在教学之余，深入纳西乡寨，了解民间疾苦，搜集研读地方史志，采录风土人情和民间文学资料，整理翻译纳西族神话故事及民歌等，联想到一些儿时所闻先辈故事，于是有了写成一本《丽江文化考略》的念头。后来考略未成，她倒是写成了一本与玉龙山心心相印而亲切自然的纳西文化志——《玉龙旧话》，该书在友人资助下于1948年印行。1949年后，她利用课余假日，收集整理了《东岩术岩》、《鲁般鲁饶》等民间叙事长诗，发表了许多有关纳西族历史和文化方面的文章，整齐删削《玉龙旧话》的原有篇章，结集成包括散文、评论、东巴神话、传统长歌、旧体诗抄等在内的五辑《玉龙旧话新编》，于1984年由云南人民出版社出版。

《玉龙旧话新编》是赵银棠几十年对纳西族历史文化的系统研究成果。《新编》之《评论》辑里，有很多以方志或诗文集资料研究纳西古史的篇章。如《“摩挲”民族》一文，在追溯纳西（作者称“拿喜”）源流之际，阐明摩挲民

① 赵银棠《玉龙旧话新编·自序》，云南人民出版社，1984年，第3页。

族在南诏时即有较高地位，宋末之后由于同化混合，纯粹的麼竿风格在作者所处的时代已很难看到了。此文可视为中国现代学术界探寻纳西族源的先声。《明代纳西族诗人木公和木增》、《木公、木增与杨慎、徐霞客》二文，不仅从文学史的角度述及木氏的成就和诗友，还有一些自己的感悟，如评述木增虽急流勇退，宗教却并未让他真正解脱。《历史上丽江地区的几个流官》，谈及这些官员的政绩之余，也提出光绪以后丽江近百年史事在记载上的空白。此外，马子云的独立和桑映斗的苦闷于作者更心有戚戚焉，一来作者和马、桑都是诗人，虽非同时代人却心有感应，不单在诗歌，也在冲破旧礼教藩篱必然遇到的阻障与痛楚。评赞桑氏的有些诗歌亦有民间生活的白描，无异于第一手史料。

该书于纳西史学的贡献，更在于赵银棠对同时代历史人事的回忆和记录：与郭沫若、邓颖超的相知相遇自是其人生难忘的经历；与表兄周霖的交往在实录往事之外更展现真性情；近代丽江教育界、文化界精英李玉湛、王树和、木芝园、和柏香、周兰坪、王竹淇、张文湛等人的履历弥足珍贵；《清末到现在的丽江文化》，既对近代教育的成绩加以肯定，也从战乱的感伤油然生出对新时代新社会的憧憬。这些都可以归入纳西近代史的篇章。

该书的另一项史学成就是《丽江古文化表解》，其篇幅不过三页半，但要言不烦，将纳西古文化浓缩为政治、科第、文学代表、艺术、宗教、藏客六大项，其下又各分小目，让读者在短时间内即可了知丽江传统大略，如木增"所作词赋诸体，深得六朝风格"，道教源于"明朝中叶，木侯由内地聘来张姓道士，创立道场，供奉天尊"。

晚年的赵银棠，怀着对民族的深厚感情，辑注出版《纳西族诗选》，撰写回忆录《九十年历程》，为我们留下了宝贵的史学遗产。

第二节　纳西族社会历史调查和成果

一、纳西族社会历史调查

自十九世纪后期，就有西方学者、探险家和传教士对纳西族社会和历史进行调查。二十世纪三十年代起，国内学者、高校、研究机构和国民政府有关部门的调查更是成果卓著。二十世纪五十年代起，国家组织的少数民族社会历史调查，颇为深入细致，并撰写出多篇调查报告和《纳西族简史简志合编》初稿。

二十世纪五六十年代撰成的多篇纳西族社会历史调查报告，以《纳西族社会历史调查》为名，于2009年由民族出版社出版。该书共收入各类调查报告及相关资料十四种，一种为《解放前纳西族概况》，包括：人口及其分布，名称，历史来源，语言，经济，风俗习惯、宗教信仰、文艺。第二种为《木里俄亚纳西族概况》，包括：历史概况，解放前的社会情况，解放后的变化，纳西族风俗习惯及宗教信仰。第三种为《维西县保和镇地主经营商业调查》，包括：基本情况，经济情况。第四种为《中甸三坝地区纳西族社会历史调查报告》，包括：基本情况，历史情况，经济基础，生活、家庭、习俗。第五种为《丽江纳西族的文化习俗和宗教信仰》，包括：衣、食、住、行，家庭、家族和村寨组织，丧葬，婚姻，节庆，宗教信仰，体育活动。第六种为《丽江壁画简介》。第七种为《明代丽江壁画》。第八种为《关于丽江壁画笔记》，包括：十五年后重访丽江壁画，十五年前的几篇读画笔记，丽江壁画与马肖仙。第九种为《宁蒗永宁清代壁画》。第十种为《纳西族民间文学形式调查》。第十一种为《关于〈北石细哩〉的调查报告一》。第十二种为《调查报告二·乐谱》。第十三种为《永宁见闻录》，包括：自然环境，社会经济，民族、习俗，宗教，文化。第十四种为《纳西族史料编年》。可见就当时调查的内容而言，纳西族的名称、人口、历史、语言、文字、经济、风俗习惯、宗教、文化、音乐、商业、壁画、文献典籍等可谓无所不包，所得资料、数据极为珍贵。

二、《纳西族简史》

《纳西族简史简志合编》稿经反复修改，定名《纳西族简史》，1984年由云南人民出版社出版，再修订并增加了纳西族1949年以后的历史社会发展部分，2008年由民族出版社出版。这部纳西民族史，总分八章：第一章族称、族源和分布，第二章远古时代至唐宋时期的纳西族社会，第三章元至清前期纳西族地区社会经济的发展与汉藏文化的传播，第四章清后期及民国时期纳西族社会经济的发展，第五章纳西族人民的反帝反封建斗争和纳西族地区的解放，第六章中华人民共和国建立以来的纳西族，第七章风俗习惯和宗教信仰，第八章科学、文化和艺术。该书按时代顺序全面反映了纳西族的历史，探讨了纳西族的名称、族源、分布、风俗习惯、宗教信仰、科学、文化和艺术，内容较为丰富。

三、杨福泉的纳西民族调查研究

杨福泉是纳西民族调查研究颇有成就的学者，他说："到2005年，我从事民族学研究已经二十二个年头。这二十二年的学术生涯中，我对纳西学所下的功夫最多，二十多年来，我跋山涉水，漫游于高山深峡、山村农舍，深入纳西族地区进行民族志田野调查，走遍了纳西族的主要聚居区丽江县的大部分乡镇，也多次深入到迪庆州的纳西族地区，以及四川省的一些纳人的居住区以及西藏昌都芒康县盐井纳西族乡进行田野调查。在漫漫岁月中获得不少第一手田野调查资料。如果没有这样长期的田野调查，我也不可能对纳西族社会、历史和文化有比较深刻的认识，也不可能了解众多纳西人的悲欢离合与生命的喜怒哀乐。"[①] 通过对纳西族聚居地丽江、迪庆、西藏芒康盐井等地的调查和研究，他先后写出十多部学术著作和百余篇论文。《纳西民族志：田野调查实录》是杨福泉二十余年从事纳西民族田野调查的一些重要田野调查结果的系统整理和总结。全书共收二十五篇田野调查报告，包括：宗教和文物调查报告十三篇，社区和习俗调查七篇，纳西族与藏族关系个案调查五篇。此书不仅保存了纳西族历史、宗教、文化等的颇多珍贵片断，还记录了改革开放后二十多年纳西族的历史资料和社会文化变迁，可当作纳西族现代史来看。

第三节　纳西族史学的繁荣

1978年以后，纳西族史学研究走向繁荣，既表现在研究问题的深入上，也

① 杨福泉《纳西民族志：田野调查实录·前言》，中国书籍出版社，2008年。

表现在研究专著的不断涌现上，还表现在通史、专史撰述的层出不穷上。

一、纳西史学相关问题的讨论

纳西史上有许多问题吸引史学工作者的持续关注，讨论也不断深入。如关于纳西民族的起源，最早是方国瑜先生提出的北来说。他认为，丽江纳西族源自古代从西北河湟地区南迁的羌人，秦汉时迁至大渡河、雅砻江流域，即今四川盐源、木里、盐边一带，再西迁至今宁蒗永宁、中甸白地、丽江奉科、大具，再西迁入丽江坝。这一说法，曾广为学界接受。

自二十世纪五十年代起，考古工作者首先在丽江坝东南的木家桥，发现了古生物化石和人类股骨化石、头盖骨化石和旧石器。经鉴定，木家桥所发现的古人类化石距今十万年左右，考古学上称之为“丽江人”。继而在永宁、盐源泸沽湖地区发现了新石器遗址和细绳纹陶器、铁器、铜器等。在四川省甘孜藏族自治州的康定、雅江、新龙、巴塘县，凉山彝族自治州木里藏族自治县、攀枝花市盐边县，西藏自治区贡觉、芒康县，云南省德钦、丽江、永胜县相继发现了石棺葬文化。这些地区基本上都属于历史上纳西族的活动范围。有的学者认为川西南及滇西北的石棺葬文化在某种程度上反映了包括纳西族在内的部分古代氐羌部族的文化习俗。随着纳西族分布地区考古实物的不断发现，一些学者提出了纳西族是南迁的古羌人与现居住地土著融合而形成的观点。

还有的学者基于纳西族在丽江的生成、生息时间最古、最长，而提出纳西族土著说。

郭大烈、和志武则提出多元说，他们从东巴经送魂路线、考古材料古文献、族称及前人研究合证之后称：“纳西族宛如一条源远流长的大河，在有文字记载以来的两千多年历史长河中，不知汇集过多少支流。”[①]

二、丰硕的古籍整理和研究成果

纳西族古籍文献整理成果，主要有：《纳西东巴古籍译注全集》（100卷），

① 郭大烈、和志武《纳西族史》，四川民族出版社，1999年，第49页。

郭大烈等《中国少数民族古籍总目提要 · 纳西族卷》，和志武等《中国原始宗教资料丛编 . 纳西族卷》，朱宝田《哈佛大学哈佛燕京图书馆藏中国纳西族象形文经典分类目录》等。《纳西东巴古籍译注全集》，收入近千种东巴古籍，全部用“古籍象形文（含格巴文）原文、国际音标注纳西语读音、汉文直译对注、汉语意译这四对照”的方式译出，标志着基本完成了国内收藏的不同种类东巴文献的解读和刊布。

纳西族历史及文化研究的著作，主要有：郭大烈、和志武《纳西族史》、《丽江纳西族自治县志》、《丽江地区民族志》、《丽江地区志》、《丽江地区民族志》，白庚胜《东巴神话研究》、《纳西族风俗志》，杨福泉《多元文化与纳西族社会》、《寻找祖先的灵魂——重返纳西古王国》、《纳西文明》、《纳西族与藏族历史关系研究》、《纳西族文化史论》，杨世光《丽江史话》，余海波、余嘉华《木氏土司与丽江》，赵心愚《纳西族与藏族关系史》，詹承绪等《永宁纳西族的阿注婚姻和母系家庭》，严汝娴、宋兆麟《永宁纳西族母系制》，和钟华《生存和文化的选择——摩梭母系制及其现代变迁》，和钟华、杨世光《纳西族文学史》，周华山《无父无夫的国度——重男不轻女的母系摩梭》，拉木 · 嘎吐萨《摩梭达巴文化》，施传刚《永宁摩梭》，戈阿干《东巴骨卜文化》，和少英《纳西族文化史》，喻遂生《纳西东巴文化研究丛稿》，李国文《东巴文化与纳西族哲学》，杨正文《最后的原始崇拜》，木仕华《东巴教与纳西文化》，和云峰《纳西族音乐史》，李霖灿《纳西象形标音文字字典》，王超鹰《纳西象形文字》、郭大烈等《中国少数民族人口 · 纳西族卷》等。

三、《纳西族史》

郭大烈与和志武合著的《纳西族史》1994 年由四川民族出版社出版，这是一部体例较完整、材料较丰富、结构较合理的纳西族通史。[①] 作者称，本书的研究方法及宗旨是：一、民族自我意识与整体观的统一；二、跨学科和多元论的统一；三、逆向考察与有所选择的统一；四、动态观点与模糊方法的统

① 黄文云《评〈纳西族史〉的特色与学术价值》，《中央民族大学学报》1997 年第 4 期。

一；五、传统写法与非传统写法的统一。[①]全书共分九章，前四章以纳西族人口、分布及居住区域之地理环境作前导，阐释了纳西族社会的历史文化特征及纳西族史研究之历史和方法，进而论述了纳西族的社会形态与民族渊源；第五章至第九章讲述秦汉至近代纳西族地区之社会及历史发展。正文之后附有纳西族分布地区历史沿革表、纳西族历史年表及纳西族历史研究资料和参考书目索引，方便读者查阅相关资料；另有五幅地图。该书记载了纳西族政治、经济、民俗、宗教、文字、文学、教育、艺术等内容，在综述前人成果时也阐述了自己的观点。

① 郭大烈、和志武《纳西族史》，四川民族出版社，1999 年，第 22—25 页。

第十章

二十世纪傣族史学

第一节　傣族近代史学的初步奠定

一、西方学者泰族南迁谬说

十九世纪后期，一些西方的传教士、考察团先后在云南的少数民族地区进行考察。他们的目的不一，考察也各有侧重。1876 年，戴·哈威·圣丹尼斯在法国出版《中国的哀牢族》一书，提出哀牢的后裔泰族人建立南诏的观点。[①]1885 年，英国伦敦大学教授 T. D. 拉古柏里撰《掸族发源地》[②]一文，提出泰族起源于川陕交界的九龙山脉，以后辗转迁入中南半岛。此谬论一出，为西方资本主义国家疯狂宰割中国提供了所谓的“历史依据”。1923 年杜德《泰族——中国人的兄长》和 W. A. R. 伍德《暹罗史》将这一谬论发挥到极致。前者编造了 2500 年来汉族压迫泰族七次南迁的神奇故事。后者是第一部用英文写成的泰国通史，其古代部分集拉古柏里以来西方学者观点之大成，并系统化。这些西方学者的“南诏泰族王国”说，提出:“泰族初聚殖于长江流域一带，继与汉族斗争，实力不及，退而之西南滇蜀黔缅甸一带。商周之时，泰族奄有长江以南，始皇伐百粤，开岭外，泰族退而之四川两广。汉显宗置永昌郡，君服哀牢夷，泰族已深入滇缅，建立孟连、孟艮、景迈、景森（chieng-sen）。唐时泰族在西南势力甚强，建南诏国，宋时建大理诸国。继为元所灭，退而之暹罗，而完成今之暹罗独立国家，总计有史至今，泰族南移凡七次之多。……第七次移殖为一二三四年大理国为元蒙所灭。泰族在中国之政治势力中绝，遂南移。公元一二五七年，泰族脱离柬埔寨之羁绊，而自建苏克泰

① 参见贺圣达《“南诏泰族王国说”的由来与破产》，《中国社会科学》1990 年第 3 期。

② T. D. 拉古柏里《掸族发源地》一文是柯奎翁著《在掸族间》一书的导言。

王国，是即暹罗王国之前身。”[①] “南诏泰族王国”说对泰国的历史和政界产生深远的影响，泰国史学家大肆宣扬这一理论，当时的暹罗政府还将国名改为“泰”，鼓吹“大泰族主义”，妄图侵吞中国西南边疆。各国学者以讹传讹，一时间“汉族压迫泰族南迁说”似成公论。

二、中国学者对“南诏泰族王国说”的批驳

当时，由于各种原因，国内学者未能关注与泰族关系十分密切的傣族史的研究，故而并无有力的文章或是观点对此进行驳斥。这样的局面直到二十世纪三十年代才有所改观。为了正本清源，揭露西方国家臆造“南诏泰族王国”说的阴谋，二十世纪三四十年代，国内老一辈专家学者开始探求泰族的起源问题。方国瑜、范义田、许云樵、徐嘉瑞、包鹭宾等或发表《僰人与白子》、《南诏是否泰族国家》、《南诏否泰族国家》等论文，或出版《云南古代民族之史的分析》、《大理古代文化史稿》等书籍，有力地驳斥了西方学者的谬说。

如方国瑜通过对傣族史的研究，撰文驳斥拉古柏里等人的谬论，指责其观点与历史事实乖戾，是对史料极其荒谬的解释[②]。他又于1939年发表《南诏是否泰族国家》一文，对西方学者“南诏是泰族建立的国家”错误观点进行批判。同时，方先生也在不断搜集和整理傣族史料，为编撰《元代云南行省傣族史料编年》做准备。1937年，江应樑受派遣，以“云南西部民族考察专员”的身份，对滇西民族进行考察调研，在此基础上写成近二十万字的《云南西部的“摆夷”研究》稿。1939年，江应樑又以中山大学研究院暨云南大学特派调查员的身份考察滇西民族，并在《云南西部的“摆夷”研究》稿的基础上完成了《滇西“摆夷”之现实生活》一书的写作。该书经江晓林整理于2003年由德宏民族出版社出版。这两部专著，不仅成为以后傣族史研究的重要参考文献，更是对西方学者错误观点的有力批判。

---

① 张凤岐《暹罗改名“泰国”与中国西南泰族之前途》，《新动向》第3卷第4期，1939年11月。

② 方国瑜《元代云南行省傣族史料编年·弁言》，云南人民出版社，1958年。

三、成果丰硕的傣族史研究

二十世纪四十年代，傣族史学研究迎来小高潮，成果颇丰。李景汉《摆夷的摆》、严一德《思普沿边之十二版纳》调查实录、柯树勋辑录《普思沿边志略》、章用《僰夷佛历解》、张镜秋《僰民唱词集》等，以及凌纯声、芮逸夫、闻宥、杨成志、谢彬等人的文章，涉及范围包括傣族社会历史、语言文字、社会经济、政治制度、文化生活、文学艺术等等，对帮助世人加深对傣族的了解和深入研究有积极意义。[①]

陶云逵《车里摆夷之生命环》[②]，对车里摆夷的名称、分布、家庭与阶级、婚姻制度、历法及车里宣慰使司的政治制度进行了论述。姚荷生《水摆夷风土记》（大东书局，1938），记述傣族地区的社会制度、经济状况以及文化生活等多方面内容。作者讨论了西双版纳土地共有制度，并与历史上的三代井田制度进行对比，认为西双版纳傣族的社会组织属于原始的民主制度。徐松石《傣族、僮族、粤族考》（中华书局，1946）认为，傣、泰、壮原为同族，属于百越，发源于中国的西南和东南部，即川滇两广地区。这是较早涉及傣族族源研究的专著。1949 年，陈翰笙用英文出版了调查报告《中国西南边疆土地制度》（*Frontier Land Systems in Southernmost China*）一书。此书 1984 年才译成中文，由中国社会科学出版社出版，书名改为《解放前西双版纳的土地制度》，是较早对西双版纳地区的土地制度进行研究的专著。

影响最大的是李拂一编译的《泐史》（1947）。这是一部西双版纳傣族史的编年史书，全书以傣历干支纪年，起自傣历五四二年（宋淳熙七年，1180）“召片领”始祖叭真入主勐泐（西双版纳）至 1949 年止。作为记载傣族历史的经典著作，《泐史》不仅在国内产生重要影响，而且在国外也有多种译本，各国学者在研究傣族历史时多依《泐史》所述了解今天西双版纳历史的开端。随后李拂一先生又完成《车里宣慰世系考订》，主要考订叭真至刀栋梁车里宣慰使

① 参看曹成章《傣族村社文化研究》，中央民族大学出版社，2006 年，第 31 页。

② 陶云逵《车里摆夷之生命环》，李文海主编《民国时期社会调查丛编 少数民族卷》，福建教育出版社，2005 年。

35任史事，自傣历五四二年至一三零五年（1180—1943）。李先生的著作不仅对研究西双版纳傣族历史，而且对研究与之相邻地区的傣（佬、泰）族历史，以及周边民族关系史都具有十分重大的意义。[①]

第二节 1950—1966年傣族史学

一、引领中华人民共和国傣族史研究的两位学者

1949年底，云南和平解放，傣族地区的土司制度被废除，这是影响傣族历史发展的重大事件。学界对傣族史的研究再次活跃起来，江应樑和方国瑜两位先生的研究起了示范和引领作用。

江应樑率先发表《摆夷的经济生活》（1950）、《摆夷的生活文化》（1950）、《明代云南境内的土官与土司》（1958）等专著，及《滇西摆夷的土司政治》、《摆夷的家庭组织和婚姻制度》、《摆夷的种属渊源及人口分布》等论文，将傣族史研究带入一个新的历史阶段。1962年，江应樑发表《傣族在历史上的地理分布》一文，系统论述傣族两千年的地理分布，证明傣族是云南境内的土著住民，现今傣族居住区正是傣族的老家，驳斥了“傣族北来说”、“傣族的故乡在黄河流域”等错误的说法。同时他作《古代文献中记录的傣族》，对古文献中的傣族记录进行梳理与考证，对傣族在不同时期的称谓进行详细阐述。

方国瑜在多年搜集傣族史料的基础上编撰了《元代云南行省傣族史料编年》（云南人民出版社，1958）。正文采用编年体，把元代有关傣族的史料分为《傣那区域纪事》和《傣泐区域纪事》两个部分予以排录，并分别做了区域地理考释。《傣那区域纪事》主要记述了元世祖忽必烈在其地设置金齿宣抚司的过程、至正年间经营云南西部傣族地区的过程以及在这一过程中与蒲甘王朝发生战争的始末。《傣泐区域纪事》主要讲述车里总管府、八百宣慰司的建立过

① 朱德普《泐史研究》前言，云南人民出版社，1993年，第2页。

程。[①] 正文之前，有《元代以前傣族的居住区域》、《见于记录傣族的名称》两篇绪论，分别就元以前傣族的区域分布及唐宋以来历史上出现的傣族称谓进行详细考证。正文后附录《傣族区域风土记》，收录社会生活方面的史料，弥补了正文编年体裁的不足。方国瑜的这部著作成为后人研究元代及唐宋时期傣族历史的重要史料来源，价值极高。

二、社会形态和社会性质的讨论

由于二十世纪五六十年代是中华人民共和国进行土地改革与社会制度调整的关键时期，很多学者对傣族地区的社会形态、社会制度进行研究。

缪鸾和《西双版纳的过去和现在》（云南人民出版社，1957），首先对西双版纳的社会形态进行研究。随后，缪氏以笔名云澜发表《西双版纳傣族地区民主改革以前的封建领主经济》一文，认为民主改革以前，西双版纳傣族聚居区不仅保存着比较完整的封建领主经济，还保留着农村公社的外壳和一些反映古代奴隶制的痕迹。他还与马曜合撰《从西双版纳看西周》一文，将西双版纳的社会制度与西周进行对比。宋蜀华《解放前傣族的封建领主土地所有制及其和农村公社的关系》（1963）一文，以西双版纳为主，阐述了边疆地区傣族的封建领主大土地所有制及其特点。

在史学界古史分期讨论热潮的吸引下，许多学者就傣族社会的社会性质进行争论。有的学者（如束世澂《论解放前凉山彝族的社会性质》）认为，傣族社会越过了奴隶制发展阶段。而郑镇峰《麓川的兴起及其社会性质试探》（1963），黄惠焜《古代傣族奴隶制及其上下限之探讨》（1964）等学者，则认为傣族社会经历过奴隶制发展阶段，并对奴隶制的性质、特点及断代进行争论[②]。

三、社会历史调查及其成果

从1953年起国家组织的傣族社会历史调查，获得大量珍贵材料，对研究

① 段瑞《元代傣族史料整理之力作——读〈元代云南行省傣族史料编年〉》，《楚雄师范学院学报》2007年第4期。

② 参见曹成章《傣族农奴制和宗教婚姻》，中国社会科学出版社，1986年，第40页。

傣族历史、社会与文化具有重大作用。在调查的基础上，学者们编撰了一系列调查报告及相关史志稿。

在傣族社会历史调查基础上编写的《傣族社会历史调查（西双版纳 1—10 辑）》、《西双版纳傣族社会综合调查》、《德宏傣族社会历史调查》、《思茅、玉溪、红河傣族社会历史调查》、《西双版纳傣族自治州概况》、《傣族简史》、《傣语简志》等书，1983 年由云南民族出版社出版发行。这批傣族社会历史材料的出版为傣族史研究向更深层次拓展提供了丰富的资料。傣族简史编写组编《傣族简史》，对傣族的族源及各时期的称谓及其历史、文化等进行了详细的论述。

从二十世纪五十年代开始到“文革”结束，由于受政治需求的影响，对傣族史的研究更多集中在社会形态与社会制度方面，很少涉及傣族文化、宗教、社会经济等方面的研究。

“文革”时期，对史学的破坏达到顶峰，大批史学工作者受到打击、迫害，大量民族史学著作的珍贵史料被烧毁，傣族史研究基本处于停滞状态。即便如此，许多钟情于傣族史研究的学者，并没有放弃自己的研究领域，在动乱结束后很快加入到傣族史研究的洪流中。

第三节 傣族史学的繁荣

一、《傣族史》问世

1978 年“文化大革命”结束，迎来了科学研究的春天，民族史研究工作逐渐由复苏走向繁荣。傣族史的研究也呈遍地开花之势，各个方面都有成果涌现。

这时期，江应樑的又一力作《傣族史》（四川民族出版社，1983）问世了。其内容包括傣族族源，历史文献中的傣族先民及其分布，部落时代部落联盟与奴隶主政权，封建社会的建立和经济的发展，傣族人民反侵略与反封建的斗争等章节。该书内容丰富，创见纷呈，堪称不朽。书中许多内容都是作者亲历的第一手材料，是江应樑研究傣族的毕生精华。书中，重新考证了傣族的先民问题，认为《后汉书》等文献中的关于掸国是傣族祖先的说法不符合傣族的实际，傣族的先民应是百越。此说法得到了学术界的认可。

二、傣族史料的整理研究

傣族史料主要分为三类：一是汉文资料；二是傣文资料；三是社会调查资料。汉文史料元以前的较少，元明清及近代相对较多；傣文资料十分丰富，但翻译成汉文的较少，近年有所改善；社会调查资料在近当代做了大量工作，成绩显著。

伴随着傣族史研究的蓬勃发展，对傣族文献史料的整理与搜集进入繁荣时期。1980 年，云南人民出版社出版了江应樑的《百夷传校注》。《百夷传》是明钱古训所记其在德宏傣族地区的见闻，史料价值高，但只有抄本。江应樑以丁氏藏明抄本为底本，参考明清九种本子及《万历云南通志》、《滇略》、《天启滇志》等文献，精心校理出可靠的正文。其注释内容丰富全面，引书广泛，从两千多年前的史料到中华人民共和国建立后的著作，无不采用。①

各傣族居住区编辑出版了《版纳文史资料选辑》、《景洪文史资料选辑》、《德宏史志资料》等资料性图书，还整理翻译出版了一些地方性傣族古籍。

1989 年，著名傣族史学者刀永明辑录的《中国傣族史料辑要》出版。该书搜集了从远古到明清的傣族史料，形成一个系统而又全面的整体，对傣族史的研究影响深远。

刀国栋、刀永明、康朗庄等人翻译了傣文《勐泐王族世系》（云南民族出版社，1987）。全书分两部分，即《召哈先勐巴腊纳西囡》和《哈者核麻哈卡先塔拉爹孙亚戛》。这两部傣文古籍，内容基本相同，但写作方法和叙事细节及部分内容上仍有差异，都真实地记录了西双版纳在帕雅真② 以前的古代历史资料，对研究南传巴利语佛教传入傣族地区和西双版纳傣族历史有一定的价值。此外，他们还翻译了《车里宣慰世系》、《先王世系》、《孟连宣抚司法规》、《景谷土司世系》、《勐勐土司世系》等珍贵傣文资料。

方国瑜对《泐史》的不同版本进行对比研究，在《西双版纳〈泐史〉概

---

① 参见施琳主编《当代中国著名民族学家百人小传》，中央民族大学出版社，2006 年，第 77—78 页。

② 帕雅真，西双版纳第一个召片领。傣历522年（1160），帕雅真入主勐泐（今景洪一带），征服各部，建立勐泐国（亦称景陇金殿国）。他建立勐泐国后，以天朝（南宋）皇帝为贡主，接受中央政权的领导。

说》[1]一文中，对李拂一译本与马曜、缪鸾和翻译之复写本进行比较，发现两汉文译本所载世系相同，但年代则多歧异。朱德普《泐史研究》（云南人民出版社，1993）一书，对二十世纪四十年代以来传为信史的《泐史》提出质疑，在充分肯定《泐史》保存大量珍贵史料的基础上，订正了其中的许多舛误及由于重译等原因而造成的各种谬误。学者评价说，该书的研究领域已大大超出《泐史》原书的内容。《泐史研究》以李拂一编译的《泐史》及其同类译本为基点，进而研究了被人们称之为“小泰区域”，即“南方泰族”从十二世纪后数百年间历史发展中的若干重大史事[2]。

三、傣族族源与分支研究

傣族族源一直是傣族史研究的重点。1978 年，杜玉亭、陈吕范合著的《忽必烈平大理国是否引起泰族南迁》（《历史研究》1978 年第 2 期）一文，吹响了对傣族族源研究的新乐章。该文以大量史实有力地论证了忽必烈平大理国并没有引起任何民族的迁移，元代云南的傣族并没有大量的南迁。随后，陈吕范撰写多篇文章力证这一观点，驳斥“汉族压迫泰族南迁说”。黄惠焜《从越人到泰人——泰人的祖先和泰族的形成》（1990）文和《从越人到泰人》（1992）一书，提出并阐述“百越文化区”的概念，论述了泰族形成的时间，指出傣族文化具有多元性，即以百越文化为基础，吸取中原文化、巴蜀文化等形成自身独特的文化；同时又具有稻作文化和生态文化相结合的特点；还具有国际性，是东南亚文化的重要成员。这些学者的梳理与考证，使得“泰族南迁说”及“南诏泰族建立说”等谬论逐渐被国内外的学者所否认。

罗美珍《从语言上看傣、泰、壮的族源和迁徙问题》（1981），从语言学的角度探讨了傣、泰、壮三族关系及民族迁徙问题。王懿之《傣族源流考》（1986）一文，从汉文文献、傣文文献、民族学资料、考古资料等方面对傣族的族源进行周密的论证。《再论傣、泰、掸民族的源流》（1990）一文，对傣、

① 载王懿之、杨世光编《贝叶文化论》，云南人民出版社，1990 年。

② 马曜《傣族历史研究领域里的重要收获——〈泐史研究〉读后》，《云南社会科学》1994 年第 4 期。

泰、掸等傣语民族的源流进行了分析，认为傣语民族在古代是一个单一的民族共同体，属于中国西南百越的一支，主要源于中国云南。

傣族分支的研究方面，唐世贵的《傣族分支——摆夷渊源流变》(1996)，从历史记载和语言生活习俗方面考证，认为雅砻江下游一带的摆夷人为云南景洪暗瓦傣族的一个分支。高立士《傣族支系探微》(1999)一文，对傣族不同支系的名称、分布、人口状况、文化等特点和迁徙方向进行了论述。

高立士《傣族的命名》(1980)，对傣族人的姓氏及命名进行分析。宋蜀华《唐宋时期傣族史上的若干地名人名研究》(1981)，认为弄清历史上的地名与人名的时代和相互关系，对阐明某一民族的历史和某些历史事件的因果关系是有裨益的。

四、社会形态与社会制度研究

曹成章反对江应樑"傣族在历史上经历过奴隶制阶段"的说法，发表《关于傣族奴隶制问题的质疑》(1982)一文，认为傣族社会在原始社会末期就逐渐出现家长奴隶制以后，由于本身社会历史发展的原因，没有发展到奴隶占有制阶段，就向封建社会过渡了。随后，他相继出版《傣族农奴制与宗教婚姻》(1986)和《傣族社会研究》(1988)两部著作，论述了傣族地区的社会历史，探讨了农奴制下的社会经济、土地制度、地租形态、政治军事、法律制度、等级关系、宗教信仰和家庭婚姻等方面的问题，对傣族社会越过奴隶制向农奴制过渡，由农奴制向地主制发展的全部社会历史发展过程做了细致深入的探讨。

关于傣族社会形态与性质的研究，颜思久、宋蜀华、曹成章、何耀华等发表文章阐述个人的观点。马曜几十年间不断发表文章对此进行探讨。进入新时期，马曜用民族学资料研究先秦历史，撰文对傣族地区的封建领主制与西周井田制进行比较。他又撰文从九个方面对比西双版纳傣族和先秦时期的姓氏和命名制度，发现它们本质上的共同点，是反映了封建领主土地所有制下分封、宗法、等级三位一体的社会结构和政治结构。1989年他与缪鸾和合著《西双版纳份地制与西周井田制比较研究》(1989)一书，对西双版纳的土地制度、社会制度等进行详细分析，还就傣族的族称、族源和分支以及各个时期的傣族历史进行详细阐述。

五、对“召片领”制与土司制度的研究

曹成章发表一系列文章，对傣族地区的“滚很召”阶层进行研究，对傣族的等级制度及农奴主统治进行阐述。马曜《西双版纳份地制与西周井田制比较研究》之《元代至1949年傣族地区土官土司制度沿革》中，对傣族地区的土司政区沿革进行系统论述。刘云明《傣族土司公文探微》(1994)，主要对元明清时期傣族土司的文书人员、公文制度的分类及内容进行分析，是对傣族土司制度研究的很好补充。华林《明清西南土司承袭制度和文书》(1994)，就明清西南土司承袭制度和相关文书进行探讨研究，揭示明清封建中央政权对西南少数民族边疆地区的统治措施。

第四节 傣族历史文化研究

一、贝叶文化研究

二十世纪八十年代后期，王懿之等人总结同期学者对傣族文化的研究成果，并以贝叶文化研究为名，出版了论文专集。[①]这标志着贝叶文化的称谓出现，其内涵不仅包括以贝叶经为载体所记忆的傣族历史文化，同时还包括社会经济、社会生活等各个方面。

张公瑾《傣族文化》(1986)、《傣族文化研究》(1988)等专著，对傣族文化的内涵、范围等进行阐述。赵世林、伍琼华《傣族文化志》(1997)，详细分析傣族生态与文化的关系、生产技能、工艺制作、天文历法、医药卫生、居室与建筑、人口生育、社会组织、财产继承、家庭婚姻等。

以贝叶经为载体，傣族的语言与文字具有明显的宗教特点。张公瑾《傣族的文字和文献》(1984)对傣族文字与文献进行了系统研究;《傣族的语言和

① 王懿之、杨世光编《贝叶文化论》序言，云南人民出版社，1990年。

文字》(1990)，就傣语的种类、分布地区及文字特点进行分析。刀世勋《巴利语对傣语的影响》认为，傣族人民在与邻近各族的交往过程中，接受了小乘佛教，在梵文字母体系的基础上创制了自己的文字，并为翻译转写佛教经书，借入了巴利词语，以适应宗教方面的需要。喻翠容、罗美珍《傣语简志》(1980)，主要研究傣语的方言、语音、词汇、语法等内容。华林《谈傣族古文字历史档案》(1995)，以档案学的视野研究傣族古文字。

稻作文化也是贝叶文化的重要组成部分，汪宁生、张公瑾、郭家骥等学者就此发表文章进行了探讨。日本学者渡部忠世在《西双版纳的野生稻和栽培稻——稻米起源论的新观点》[①]一文中，提出在遥远的古代，作为云南一部分的西双版纳即已从事稻种农业。李昆声《云南在亚洲栽培稻起源研究中的地位》(1981)、《亚洲稻作文化的起源》(1984)等文指出，在两千多年前傣族地区就有种植水稻的农业灌溉出现，傣族是中国最早种植水稻的民族之一。秦家华《傣族古代稻作文化》(1988)，从傣族古代稻种农业入手，探索了傣族古代物质文化与精神文化的关系。何斯强《傣族文化中的稻和竹》(1990)，对傣族地区的水稻和竹的栽培、应用及其所产生的影响进行分析。

二、宗教信仰研究

关于傣族原始宗教与原始崇拜的研究。宋恩常《西双版纳傣族民间宗教初步考察》认为，西双版纳傣族普遍信仰小乘佛教，但仍然保留着原始宗教残余，在与佛教信仰混杂在一起后发展变化为民间宗教。伍雄武《傣族古代杰出的宗教观》，分析了傣族原始宗教的根源、作用及其早期与佛教的冲突。史宗龙《傣族古歌谣与傣族原始宗教》，通过对傣族古歌谣的研究，揭示原始文学与原始宗教的关系。[②]

朱德普出版和发表了一系列成果，对傣族的原始宗教和上座部佛教的异同进行探讨，解释了傣族宗教信仰的同源性与变迁。[③]其《傣族的巫师及其历史演

① 译文载《云南社会科学论丛之二：云南与日本的寻根热》。

② 以上文章载王懿之、杨世光编《贝叶文化论》，云南人民出版社，1990 年，第 400、432、442 页。

③ 参看胡阳全《近十年国内傣族研究》，《民族问题研究》2003 年第 1 期。

变》(1994)一文认为，傣族巫师在历史上最早出现时是女巫，巫师最早是氏族长或部落首领。《傣族神灵崇拜觅踪》(1996)一书认为，从傣族原始宗教的祖先崇拜发展到寨神、勐神及其神灵崇拜，是傣族本乡本土滋生出的宗教信仰，为各地傣族所共有。

小乘佛教即南传上座部，是佛教中具有较多早期特点的一个教派。对上座部佛教传入傣族地区的时间及发展问题，赵鲁、颜思久、刘岩、黄惠焜、钟慧芳、粟明鲜等学者都有文章讨论。刀述仁《南传上座部佛教在云南》(1985)、《西双版纳佛教述略》(1988)等文章认为，上座部佛教在一千多年前就由缅甸、泰国东北部传入西双版纳，并对云南傣族地区的佛教发展进行论述。宋恩常《西双版纳傣族佛教评介》(1979)一文，对民主改革前西双版纳傣族小乘佛教的基本特点进行初步的研究。张公瑾《小乘佛教述略——傣族佛教渊源谈》(1985)一文，对小乘佛教的名称由来、历史、教义、与大乘佛教的区别等进行阐述。刘扬武《德宏傣族小乘佛教的教派和宗教节日》(1983)一文，把德宏小乘佛教分为左低派、多列派、摆庄派和耿润派等四个教派。王松、王思宁《傣族佛教与傣族文化》(1998)、刘岩《南传佛教与傣族文化》(1993)等专著，甘玉贵《试论小乘佛教的传入对西双版纳傣族社会的影响》(1991)一文，探讨了小乘佛教与傣族文化的关系及对傣族地区的社会影响。邱宣充、杨玠等学者还对傣族佛教的建筑及佛教艺术进行了研究。

三、民间文学和文学史研究

从二十世纪中期开始，就有学者注意和挖掘傣族文学这一丰富的土壤。他们收集、整理、翻译、研究、评论傣族民间文学作品和傣族作家的作品。1978年后，不断有研究傣族文学史的论著出现，如朱宜初、秦家华《谈傣族文学》(1978)，王松主编《傣族文学简史》(1988)，王松《傣族诗歌发展初探》(1983)，岩峰、王松、刀保尧《傣族文学史》(1995)；创建了专门研究傣族民族文学的刊物，如《山茶》、《版纳》；1989年出版《傣族诗歌集成》；1982年出版《傣族文学讨论会论文集》等。

四、历法、法律制度等方面的研究

李拂一《车里》(1933)、方国瑜《滇西边区考察记》(1943)和江应樑《摆彝的生活文化》(1950)诸书中，曾粗略地介绍过傣族的历法。1938年董作宾发表《僰夷历法考源》一文，根据《车里》一书及方国瑜介绍的材料，把傣历附会为秦历。1939年章用发表《僰夷佛历解》一文，认为傣历就是印度历法。[①] 进入新时期，张公瑾等学者加大对傣历研究的力度。其《傣历中的干支及其与汉历的关系》(1977)、《傣历中的纪元纪时法》(1979)等文章认为，汉族的干支是在汉代传入傣族地区的，并对傣历与汉历的关系进行探讨。随后张公瑾与陈久金合作《傣历研究》一文，对傣族历法进行系统阐述。

傣族法律研究方面，曹成章《西双版纳傣族封建社会的法制》(1981)一文认为，在中华人民共和国建立前，不同地区的傣族处于封建社会的不同发展阶段，但都自上而下有一套完整的统治机构，制订了维护封建秩序的法律。这些法律法规体现的是各级封建统治者的意志。岩温扁《略谈西双版纳傣族封建制法律》一文，认为《领主法律》是一部宗教法律，是封建领主阶级意志的体现。刀光强、高立士翻译了《西双版纳傣族的封建法规》。张晓辉等人从现代法律的角度，分析了傣族法律、法规，以及傣族原始禁忌的起源及社会功能。[②] 方慧探究元明清时期的法律状况后指出，傣族成文法律应该出现在元代。[③] 耿明则对傣族的封建婚姻家庭法律、地缘法律文化及原始宗教与法律关系等方面进行探讨。张锡盛、伍雄武、彭迪、罗阳等也发表了对傣族法律的研究论文。

此外，岩温扁、伍雄武、刘岩、杨世德、高立士等学者还就傣族哲学、教育、生态环境等方面进行了研究。

---

① 参见张公瑾、陈久金《傣历研究》,《中国天文学史文集》第2集，科学出版社，1981年，第174—176页。

② 张晓辉《傣族早期法律初探》,《思想战线》1992年第5期。

③ 参见方慧、田瑞华《略论元、明、清时期的傣族法律》,《云南社会科学》1998年第6期。

第十一章

二十世纪白族史学

第一节　研究队伍、研究机构及主要成就

一、不断壮大的白族史研究队伍

二十世纪，白族史学研究者不断增多和成长，他们在白族史学研究领域默默耕耘，推动了白族史学研究的不断进步和发展。

马曜，云南省大理州洱源县人，1931 年入上海光华大学，西南联合大学肄业，历任云南大学、云南民族学院教授，云南省民委副秘书长、云南民族学院副教育长等职。他长期从事民族史、民族学研究，主要论著有《马曜学术论著自选集》、《大理文化论》、《云南二十几个少数民族的源和流》、《"滇"、"叟"、"爨"族属与彝白源流》、《少数民族中的同源异流与异源同流》、《白族异源同流说》等。

张旭，云南省大理州剑川县人。他于 1938 年到延安安吴青训班学习，后赴山西前线参加抗日战争。1943 年他回昆明，任《云南日报》社编辑主任。1949 年后，他任中共怒江特区工委书记、中共中央西南分局政策研究室研究员、四川省图书馆党组书记、馆长、大理白族自治州副州长、州人大副主任。他从事白族历史研究，主要论著有《大理白族史探索》、《南诏大理史论文集》等。

张锡禄，云南大理喜洲人，大理白族自治州博物馆馆员、大理州南诏史研究会副秘书长，多年从事南诏大理国史与白族文化的调查研究工作。其合著有《大理古塔》、《鹤庆碑刻辑录》、《马帮文化》，著有《南诏与白族文化》、《大理白族佛教密宗》、《元代大理段氏总管史》等，收集整理《杨升庵在云南的传说》，发表论文数十篇。

杨政业，笔名鱼翔，云南省大理市人，大理白族自治州文化局局长。他多年从事白族历史文化、大理宗教研究，发表《论大理宗教的多元混融性》、

《从洱海地区的观音信仰看外域文化的影响》等三十余篇论文，出版专著《大理宗教文化论集》、《白族本主文化》，主编《苍洱文苑丛书》、《游国恩大理文史论集》等。

赵寅松，云南大理洱源县凤羽人，大理州白族文化研究所所长。他长期从事白族历史文化研究，参与主编《大理丛书》，主编《情系大理·白族作家丛书》32卷、《白族文化研究》（年刊）、《白族研究百年》，著有《茶马古道上的世外桃源——凤羽》、《和谐的社会——中国白族本主文化》、《白族的文化》等，发表文章数十篇。

二十世纪八十年代以来，白族学者更加重视研究本民族的历史，不仅有马曜、王云、张文勋、张旭、杨延福等老一辈专家，更涌现出了大批优秀的中青年学者，如张锡禄、赵寅松、赵怀仁、李东红、杨政业、杨国才、杨亮才、杨文辉等等，他们植耕于白族文化的沃土，从不同的角度展开了对白族族源、社会政治、经济、文化、艺术、宗教、哲学、语言文字、伦理道德、风俗习惯等问题的研究，极大地推动了白族研究的新进展。

二、白族研究机构日益增多

1982年4月，云南大理白族自治州成立了第一个专门研究白族历史文化的学术性群众团体——南诏史学会。首批会员62人，包括白、彝、回、纳西、汉族等各民族史学工作者和业余爱好者。此后，成员不断增加。学会重点研究南诏史、大理国史，还对大理地区的民族、民俗、宗教、语言、文物、考古、文献、人物等方面，做出了开拓性的调查研究和探索。学会油印了学会年会论文集、铅印《南诏史研究资料》、《南诏史论丛》、《南诏史研究通讯》。会员相继发表大量论文、出版专著。学会翻印了《大理府志》、《宾川县志》、《鹤庆州志》、《蒙化府志》、《定边县志》、《剑川州志》、《邓川府志》等七种明清方志，为白族历史文化研究提供了丰硕的成果和宝贵的文献资料。[①]

其后，又成立了州、县地方志编撰办公室、白族学会等一些科研机构和

① 吴棠《南诏史学会五年回顾》，《大理文化》1987年第2期。

学术团体，联合大批白族学者和白族研究爱好者，从不同角度展开研究、探讨和争鸣。相继出版或编印了《大理文化》、《白族学研究》、《大理师专学报》、《大理方志通讯》等期刊，出版了《南诏大理史论文集》、《南诏文化论》等著作。

1998年大理州白族文化研究所成立，组织编纂出版“白族文化研究丛书”，已出版《大理喜洲文化史考》（李正清）、《白族曲词格律通论》（段伶）、《大理白族佛教密宗》（张锡禄）、《剑川石宝山考释》（杨延福）、《白族佛教密宗阿吒力教派研究》（李东红）、《白族著名历史人物及其哲学思想》（杨明等）、《大理历代名碑》（段金录等）等。该所出版了《白族文化研究》（年刊），收录国内学者研究论文数百篇。研究所参与编辑出版了《南诏大理历史文化国际学术讨论会论文集》等著作。2008年，所长赵寅松主编出版《白族研究百年》（四卷），收录白族历史文化的重要论著，附录《白族研究百年论著要目索引》，为研究白族历史文化的学术史提供了重要的线索和参考。

大理学院民族文化研究所，长期从事民族文化，尤其是白族历史文化研究，出版《大理民族文化研究论丛》多辑，积极加强与州内外、省内外、国内外的学术交流。

大批学者的加入、大量成果的出版，与国外学术文化交流的不断增强，以及新的研究视角的不断拓展，使得白族历史研究空前繁荣，并逐步走向成熟。

三、白族史学发展概貌

白族是中国重要的少数民族之一。在漫长的历史长河中，白族创造了悠久的历史和灿烂的文化，对云南的历史发展做出了重大贡献，丰富了中国民族史的内容。白族在其形成与发展的历史过程中，始终与华夏息息相关、紧紧相连，始终统一在中国历史发展的整体之中。因此，白族史学萌芽、发展和繁盛的历史进程中，受到了中原文化的深远影响，涌现出了一批优秀的史学家，创造了一批优秀的史学论著，在不同的历史时期呈现出不同的特征。

二十世纪，尤其是1949年中华人民共和国建立以后，白族史学在马克思主义民族理论的指导下，焕发了新的生机和活力。二十世纪八十年代以来，随着新理论的吸纳、新方法的运用、新学者的加入，以及新资料的发掘整理，白族史学亦在中国民族史学发展的大潮中，不断创新，取得新的研究成果。

第二节　白族起源的讨论

一、“南诏泰族王国说”引发白族起源的讨论

十九世纪末二十世纪初，西方学者提出了“南诏泰族王国”说。1876 年，戴·哈威·圣丹尼斯在法国出版《中国的哀牢族》一书，提出哀牢的后裔泰族人建立南诏的观点，[①] 引发了国内学术界对白族起源与形成问题的研究。二十世纪三四十年代学者即发表《僰人与白子》、《南诏是否泰族国家》、《南诏非泰族故国考》等论文，或出版《云南古代民族之史的分析》、《大理古代文化史稿》等书籍，探讨了白族的起源，形成“白族源于西北氐羌说”、“白族源于藏缅语族说”、“白族源于僰人说”等各种观点。白族史研究在这一时期呈现出以探求白族的起源和形成问题为核心的特点，推动了现代意义上白族史学的发展。

二十世纪五十年代初期，向达、刘尧汉、陈碧笙、王叔武等学者发表了《南诏史略论——南诏史上若干问题的试探》、《试论白族源出于南诏》等论文，对白族起源问题进行研究。1956 年大理白族自治州成立，推动了学术界对白族历史的研究。中央民族学院和大理州多次组织白族历史问题的讨论，众多学者和白族人士踊跃发表自己的见解，并提供了许多珍贵的史料。同时，云南学术界对白族起源和形成问题展开了热烈的讨论，杨堃、方国瑜、秦凤翔、杨毓才、龚自知、马曜等纷纷发表论文。1957 年，云南人民出版社汇集相关论文，编成《云南白族的起源和形成论文集》。

这次大讨论就以下方面形成了许多看法：（1）白族形成：有土著说、外来说（氐羌后裔说、汉人后裔说）、多元融合说。（2）白族形成于南诏大理国时期。（3）乌蛮与白蛮问题：乌蛮为彝族先民，白蛮为白族先民；作为通用称谓，

① 参见贺圣达《“南诏泰族王国说”的由来与破产》，《中国社会科学》1990 年第 3 期。

不同地区的乌蛮、白蛮内涵不同。（4）白族语言系属：有白语为汉语方言或非汉语方言两说。（5）白文：有有白族文和无白族文两说。（6）白子国：白族历史上有白子国或无白子国两说。（7）僰人内涵：僰人属于濮人系统或僰人源于氐羌两说，等等。

施立卓指出："这次大讨论踊跃和高涨的局面，在50年后的今天回眸，依然令人心情激荡。它反映了在宽松和谐的氛围中'百花齐放、百家争鸣'方针的威力及其效应。"他认为"由于白族形成的年代久远，汉文典籍中的有关史料零星而有限，加上当时论者视角的各异和理论发展的制约，这次讨论的片面性是不可避免的"。[①]

二、马曜对白族起源观点的不断完善

白族历史学家马曜关于白族起源与形成问题的观点50年间经历了不断修正和完善的过程。1956年，其《试论白族族源出于汉代洱海区的昆明人》一文，提出白族源于氐羌系统的昆明人，隋唐时期由于内部经济、文化发展不平衡分化为"乌蛮"和"白蛮"。南诏国的建立，促进了洱海地区"乌蛮"的"白蛮化"，"乌蛮"向"白蛮"看齐，共同走向经济文化水平更高的社会发展阶段，从而促进了白部族的形成。

二十世纪八十年代以后，马曜发表系列论文，并在参与编写的《云南简史》、《白族简史》中，阐述新观点。他认为白族源于古代氐羌系统"羌之别种"氐人系属的僰人。原先分布在四川西部的称邛僰或西僰，分布在云南境内的称为滇僰。秦、汉时滇中是僰人的主要聚居地区。东汉三国时的南中叟人与秦汉时所称的僰人"有一定的近亲或继承关系"。魏晋南北朝，居住在滇池地区的大部分汉族屯民和叟人迁到滇中以至滇西洱海地区，汉人进一步融合于叟人。南中大姓爨氏崛起，出现了东爨乌蛮与西爨白蛮的称谓。隋唐时期的白蛮是在长期历史过程中，以滇僰、叟、爨为主体而不断融合其他各族（主要是迁入的汉族）人民而形成的一个受汉族文化影响较多的集团。"到了唐宋时期，

① 施立卓《白族族源大讨论的回眸》，《大理文化》2007年第1期。

云南腹地的白蛮和乌蛮逐步地形成今白族和彝语支的彝、纳西、哈尼等族”。①

二十一世纪初，马曜《白族异源同流说》文和《大理文化论》一书，认为“白族是以生长于洱海地区到商代就进入青铜文化时期的‘洱滨人’为主体，不断同化或融合了西迁的僰人、蜀（叟）人、楚人、秦人——汉人以及周围一些民族的人，同时吸取了大量汉族及其他民族的文化，而形成的一个开放性的民族共同体”②。至此，马曜以土著“洱滨人”为中心，不断融合僰人、叟人及汉族和其他民族而形成白族的异源同流说正式确立。

三、其他学者的观点

白族学者李东红发表《略论白族的形成》、《白族的起源、形成与发展》等文章，认为洱海区域的新石器文化和青铜文化是当地定居农耕民族（昆明族群）创造的。昆明部族，与汉晋以来迁入的汉族移民相融合，隋至初唐时期形成了众多部落，通称为“白蛮”和“乌蛮”。其中，“白蛮”主要居住在洱海以南地区，“乌蛮”则居住在今洱源、剑川、鹤庆等地，属于受汉文化冲击较小的昆明部族。南诏政权推进了“乌蛮”与“白蛮”的一体化。南诏中后期，“洱海区域十赕区内的多元部族之间的界限已经消除，新的民族共同体白族正式形成”。③

日本学者林谦一郎1995年在云南大学历史系撰写博士论文《白族的形成及其对周围民族的影响》，提出“西汉以前的洱海地区曾经有三种古代民族在那里活动过”。“西洱河蛮和河蛮可能本来是一个民族，或同一系统民族中较接近的两个支系，均为我们所说的‘古代洱海人’的后代。两者之间的主要差别是其住地不同”。“古代洱海人”、昆明人、西迁的僰人、东迁的哀牢，以及大量汉族移民到唐初共居在洱海地区，形成乌蛮和白蛮。南诏国时形成了以白蛮文化为中心的南诏文化，“而这个文化的形成过程，也就是白族的形成过

---

① 马曜《云南二十几个少数民族的源和流》，《云南社会科学》1981年第1期。

② 马曜《白族异源同流说》，《云南社会科学》2000年第3期。

③ 李东红《白族的起源、形成与发展》，林超民等主编《南诏大理历史文化国际学术讨论会论文集》，民族出版社，2006年，第15页。

程”[①]，南诏末期至大理国前期之间，“大封民国”称号的出现，标志着洱海地区的白族已基本形成。

林超民发表多篇论文探讨白族形成问题，提出白族的主要来源有古代“洱海人”、昆明人、哀牢夷、僰人和汉族移民后裔：洱海人是洱海区域最早的居民；昆明人是洱海区域的游牧族类；而僰人、哀牢夷和汉人则是从洱海地区之外逐渐迁入的外来族类。唐代初年，洱海地区的乌蛮、白蛮，不是族类称谓，而是文化分野的概念。其中，僰人、汉姓、西洱河蛮属于白蛮；昆明、哀牢等属于乌蛮。877 年，南诏隆舜立，自号“大封人”，这个专有名称的出现标志着白族的形成。明代，随着大量中原汉族移民的迁入并逐步“土著化”，白族彻底丧失了云南主体民族的地位。而“民家”称谓的出现，是白（僰）从统治族类变为少数族类后，为维护族类集体记忆、唤起族类认同意识、显示族类自尊自信的新称谓。1956 年将“民家”称谓恢复为“白族”。[②]

此外，尤中、马桂绵，以及白族学者张旭、段鼎周等也发表论文讨论了白族的起源和形成问题。

第三节　南诏大理国史研究

南诏、大理国时期作为白族历史中两个最为重要的时期，对白族的形成、发展，乃至云南政治、经济、文化的发展都具有重要的作用。因而，南诏、大理国史研究也是白族史学研究的一个重要方面。

一、台湾学者的研究成果

1953 年，芮逸夫在《边疆文化论集》下册发表了《南诏史略》一文，分先世传说考略、七朝史事纪略、习俗制度述略三部分，考证了南诏王室族属的相关传说故事，梳理了南诏、大理国，包括大长和国、大天兴国和大义宁国的

① （日）林谦一郎《白族的形成及其对周围民族的影响》，云南大学 1995 年博士论文，第 57 页。

② 林超民《白族形成问题新探》，林氏主编《民族学评论》（第 2 辑），云南大学出版社，2005 年。

历史，叙述了南诏的制度和习俗。

林旅芝《南诏大理国史》是南诏、大理国史较为系统、全面的专著。二十世纪八十年代，该书上、下册相继由台北大同印务有限公司出版。该书注重历史发展的整体性和联系性，将南诏、大理国历史纳入整个中国历史发展的大范围中去审视，厘清大理国立国以前的云南历史，梳理南诏国、大理国的兴衰始末，阐述相关历史问题，还对南诏族属、乌蛮与白蛮等问题提出了自己的看法。

二、大陆学者的研究成果

有鉴于"直到现在，我们还不能读到一本比较系统的南诏历史作品"[①]，1957年尤中编著出版《南诏史话》一书，从纵向和横向两个方面论述了南诏国的历史，书中既有对南诏立国、强盛、兴衰历史的叙述，又有对南诏部族、经济制度、行政区划的讨论。

1985年，李昆声、祁庆富《南诏史话》出版。该书以时间先后为基本线索，从滇洱地区的原始社会，一直叙述到南诏国灭亡，对南诏国的政治、社会、经济、阶级关系、民族、文化、艺术等方面进行了阐述，并对至今仍保留下来的南诏国时期的文物进行择要介绍，使读者对南诏国历史有一个全面、系统的认识和了解。[②]

1994年，赵鸿昌出版《南诏编年史稿》。该书分两编，以唐朝皇帝的年号为序，重点论述了唐王朝对云南的经营，吐蕃同唐朝和南诏的关系，以及南诏政权的崛起、发展和衰亡。[③]

对于大理国史，学者多以论文的形式来探讨。2003年段玉明《大理国史》出版，纵向梳理了大理国立国、强盛到灭亡的历史，横向对大理国行政区划、职官制度、军事制度、农业、畜牧业、手工业、商业贸易、民族分布、与邻族、中央王朝和周边邻国的关系、天文、历法、医药、教育、文学、纺织、冶金、宗教信仰等问题进行了研究论述。

① 尤中《南诏史话》前言，云南人民出版社，1957年，第1页。

② 李昆声、祁庆富《南诏史话》，文物出版社，1985年。

③ 赵鸿昌《南诏编年史稿》，云南人民出版社，1994年。

三、对大理段氏的研究

元代大理总管段氏的历史涉及大理国后期的政治、经济、文化等一系列问题，并且与南诏、大理国历史有着紧密的联系。2000年，方慧《大理总管段氏世次年历及其与蒙元政权关系研究》出版，系统、全面地对段氏历史及其与蒙元王朝的关系进行研究。方慧指出，云南自古是中国不可分割的一个组成部分；通过元朝在云南实行的各项政策，云南与祖国内地的联系更加密切，统一乃是历史发展的必然趋势；云南各族人民与内地各族人民之间的交往日益频繁，它们相互学习、相互帮助，共同创造祖国的历史和光辉的文化，共同保卫和建设祖国的边疆。这才是历史上民族关系的主流。[①]

与此同时，方国瑜、马长寿、木芹等学者还探讨了南诏王室的族属、南诏大理国的社会性质问题，南诏大理国与中原王朝的关系问题，以及南诏、大理国的文化等一系列专题，极大地丰富了白族历史研究的内容。

第四节　社会历史调查和典籍整理研究

一、白族社会历史调查和《白族简史》

1956年全国人民代表大会民族委员会组织全国性的少数民族社会历史调查。1958年，云南少数民族社会历史调查组和中共大理白族自治州党委抽调专家和干部组成调查编写组，从事白族社会历史调查，查阅文献资料，编写白族史书。1961年铅印《白族简史》、《白族简志》和《云南省大理白族自治州概况》。次年，编写组将简史简志合成《白族简史简志合编》。1963年，该书增加了白族分布略图一幅，由中国科学院民族研究所统一铅印，称为“白皮书”。1979年4月，民族问题五种丛书云南省编辑委员会成立，由马曜负责，王叔武、詹承绪、齐言、任焦、周祜参与，以“白皮书”为基础，进行修订编

① 方慧《大理总管段氏世次年历及其与蒙元政权关系研究》，云南教育出版社，2000年，第3页。

写。1988年出版《白族简史》修订本。

《白族简史》是一部通史性质的白族历史专著。它以时间为序，“把白族古代史放在和祖国历史不可分割的云南全省历史发展总体中加以考察”，对白族历史进行了全面、深入、系统的研究。全书探讨了白族的起源，论述了白族从原始社会、奴隶社会、封建农奴制，直到封建地主制社会的发展历程，以及近代以来和新民主主义革命时期白族人民的反帝反封建斗争和革命斗争，总结了白族的科学文化成果和风俗习惯、宗教信仰，附录云南省白族人口分布情况表和白族历史大事年表。该书是迄今为止论述白族发展历史最系统、全面的专著，“尽管在讨论南诏王室的族属和南诏社会性质时，有些同志持不同看法，但总体上仍不失为一部体例严谨、资料翔实的集大成之作”。[①]

二、《云南志》校注

《蛮书》为唐朝樊绰所撰记载南诏历史的史书，又名《云南志》、《云南记》、《云南史记》、《南夷志》、《南蛮志》、《南蛮记》，共十卷。

1939年，到云南的向达从中央研究院历史语言研究所借阅了《蛮书》。鉴于该书在辗转流传中出现的误字、错简等问题，以及《蛮书》本身存在的一些错误，他遂收集相关史书和材料，于1942年写成《蛮书校注》初稿。此后，他到北京、南京搜罗《蛮书》的各种版本，以武英殿聚珍版《蛮书》为底本，用文津阁四库全书本、知不足斋鲍廷博刊本、渐西村舍丛书本、云南备征志本、琳琅秘室丛书本与之对校，参考《太平御览》、《资治通鉴考异》、《新唐书·南蛮传》和唐人文集、金石文字相关记载，以及云南考古、民族调查的相关资料，吸收袁嘉谷、方国瑜的研究成果，进行校勘和注释，撰写了《蛮书校注》一书。他还考证书名和版本流传情况，并对相关历史问题提出了自己的意见，评价了《蛮书》的史料价值。

1985年，赵吕甫《云南志校释》出版，对原文进行标点、校勘和注释，探究了版本及流传情况，考证了成书年代。

① 《白族简史》后记，云南人民出版社，1988年，第271页。

1995年，木芹出版《云南志补注》，对向达《蛮书校注》进行补充、补注、校正，共250余条，并分析校注缺误的原因，全面评价了《云南志》的史料价值，还对南诏历史，尤其是南诏社会情况进行论述，为学者研究南诏历史提供了一个系统、全面的本子。

三、《新唐书南诏传笺证》和《南诏野史会证》

1963年，王忠出版《新唐书南诏传笺证》，“以材料比较丰富，编写比较完整的《新唐书·南诏传》为纲领，汇钞有关资料，进行必要的辨伪正误等考订工作，有时也作一些初步分析，提出推测性意见”，旨在“为研究与编写南诏史提供比较真实可信的材料”。[①]该书“是研究南诏史、白族史的必读参考书”。[②]

《南诏野史》是明人编抄的南诏国诸史。1980年，木芹写成《南诏野史会证》初稿。1982年，形成修改稿。此后，他又将搜罗到的12种版本，以南京图书馆藏钞本倪辂《南诏野史》为底本，他与文字大体一致的几种本子对校，参考其余诸本，撰成《南诏野史会证》一书，于1990年出版。书中还对南诏、大理历史的诸多重要问题有所研究和讨论，提出了自己的观点和意见。这是《南诏野史》较为完备、史料价值较高的一个本子，为南诏、大理历史文化研究提供了翔实可靠的资料。

四、《僰古通纪浅述校注》和对《白古通记》的研究

1989年，尤中《僰古通纪浅述校注》出版，其内容涉及南诏、大理的历史文化，以及元明时期的历史，还附录《南诏图传·文字卷》。尤中考证《僰古通》初成于大理国时期，用僰文（白文）记录南诏、大理国的有关历史传说故事。他指出“《僰古通纪浅述》，顾名思义，是在于浅述《僰古通纪》，并非《僰古通》原书。此书的南诏、大理部分，既有足以补正史记载之所不足者，

① 王忠《新唐书南诏传笺证》，中华书局，1963年，第1—2页。

② 林超民《白族形成问题新探》，林氏主编《民族学评论》（第2辑），云南大学出版社，2005年，第269页。

而更多的只能视为白族民间的传说故事”[①]。

2002 年，侯冲研究《白古通记》的专著《白族心史——〈白古通记〉研究》出版。书中考证《白古通记》一书的多个名称，是明代白族文人用白文写成的史书，认为该书是明初明军攻克大理并实行强权政策这种特定历史条件下的产物，是那些怀有“故国之思”的白族知识分子对往昔的追忆。“《白古通记》通过编撰白子国谱系，载述南诏大理至明初史事及传说，为白族展现了古代大理地区辉煌的历史和一个可以与汉族文化相颉颃的儒佛交融的神奇世界，从而给白族人民提供了精神寄托，振奋了白族民族精神，使明初白族大姓在内地汉族文化的冲击下站稳了脚跟，增强了自己的民族意识，坚定了自己的白族信念，成了白族作为一个民族共同体的共同文化特点和心理素质的象征。”[②]

这一时期，王叔武《大理行记校注》、方国瑜《马可·波罗“云南行记”笺证》、林超民《关于马可·波罗“云南行记”的几个问题》等，对相关史书进行校注研究，为白族史研究提供了有价值的资料。

---

① 尤中《僰古通纪浅述》前言，云南人民出版社，1989 年，第 2 页。

② 侯冲《白族心史——〈白古通记〉研究》，云南民族出版社，2002 年，第 444 页。

第十二章

二十世纪壮族史学

第一节　二十世纪上半叶壮族史研究

二十世纪上半叶壮族史学的发展深受传统史学观念、史学方法、民族观念以及新史学倡导的史学观念、史学方法、民族观念的影响，呈现出由传统民族史学向近代民族史学转变的诸多特点。

一、国内学者的壮族史著述

二十世纪上半叶，国内学者对壮族历史的研究大体起于二十年代，发展于三四十年代。钟敬文《僮民考略》、石兆棠《僮人调查》、石兆棠《壮人的丧俗》[①]、丁文江《广西僮语的研究》[②]、魏觉钟《广西的民族——苗瑶僮俍》[③]、石兆棠《柳州僮人片段的记述》[④]、闻宥《广西太平府属土州县司译语考》[⑤]等文章，是关于壮族的专门研究，内容涉及语言、文字、历史、习俗等方面。刘锡蕃《岭表纪蛮》(1934)、徐松石《粤江流域人民史》(1939)、《泰族僮族粤族考》(1946)等是关于壮族研究的代表性专著。全国性的民族史专著，如林惠祥《中国民族史》、张其昀《中国民族志》、王桐龄《中国民族史》、宋文炳《中国民族史》、吕思勉《中国民族史》、凌纯声《中国边疆文化》和《中国边疆民族》、卫惠林《中国民族分类略论》、吕振羽《中国民族简史》、芮逸夫《中华国族的支派及其分布》等[⑥]，都涉及壮族的内容。此外，罗香林《古代越

---

① 以上三篇文章均刊于《中山大学语言历史研究周刊》1928年第3卷35、36期合刊。

② 《科学》1929年第14卷第1期。

③ 《新亚西亚》1931年第2卷3期。

④ 《艺风月刊》1934年第2卷12期。

⑤ 《中央研究院历史语言研究所集刊》1936年第6卷第4期。

⑥ 龙晓燕、王文光《中国西南民族史研究的回顾与展望》、《思想战线》2003年第3期，第105页。

族考》[①]、黎公耀《关于瑶僮与客族问题之讨论（福建云霄县瑶僮）》、欧阳飞云《关于“福建云霄之瑶僮”》、陈隆吉《“瑶僮即今之客族”说驳议》、憾庐《客族瑶僮及闽南民族》、王斤役《福建云霄之瑶僮》[②]等文章，虽不是对壮族历史的专门研究，但其中多数与壮族历史有关。

刘锡蕃《岭表纪蛮》[③]是系统研究壮族最早的著作之一。全书共计三十章，以苗、瑶、侗、僮四族为主要记述对象，涉及诸族迁徙、性质与体质、住域与居室、饮食与食具、服饰、家族组合与家规、婚姻与丧葬、祭祀与神祇、集会、赋税、契约、诉讼与流官土司、刑法、交通、农业、工商、语言、歌谣、音乐、娱乐、迷信、岁节、土司、民族关系、阶级关系等等方面，内容琐碎、庞杂，但为后世留下了关于包括壮族在内的岭南民族的翔实的资料。作者虽然没有摆脱对少数民族的偏见，将其称作“蛮”，但也非常重视汉、“蛮”民族关系以及土司与少数民族之间的阶级关系，客观地记述了这方面的内容。此外，作者还专设章节，从姓氏、干支、言语、家族村社组合、社会、祀典、岁节与婚俗、巫蛊、契券、史事等方面论述了“汉蛮同族”的观点，从学术上证实了民国时期“五族共和”的政治理念的合理性，具有非常实际的意义。

徐松石是这一时期壮族史学的代表人物之一。其《粤江流域人民史》[④]大部分章节以壮族为研究对象，涉及壮族族源、历史、名称、血统、语言、地名、铜鼓、与汉瑶苗的民族关系等方面的内容。其所作《泰族僮族粤族考》[⑤]，主要考证壮族与泰族、掸族、越南人、古代岭南客家人、古代粤人、古代苍梧人、古代“九夷”等古今民族之间的渊源关系。这两部著作集中地展示了徐氏的卓越见识：第一，他非常重视壮族的族源问题，通过文献记载与实地考察相结合的方式，从壮族的史称、语言、地名、血统、史事等方面论证“壮族是岭

---

① 《中山大学文史学研究所月刊》1931 年第 1 卷 2、3 期。

② 黎公耀、欧阳飞云、陈隆吉、憾庐、王斤役的文章分别刊于《逸经》1936 年第 19 期、1937 年第 24 期、1937 年第 24 期、1937 年第 25 期、1936 年第 13 期。

③ 《岭表纪蛮》，商务印书馆，1934 年。

④ 徐松石《粤江流域人民史》，中华书局，1939 年。

⑤ 徐松石《泰族僮族粤族考》，中华书局，1946 年。

南的土著”；第二，他通过勾稽历史文献，梳理中国历史上岭南地区古代民族分布状况和发展轨迹以及泰族、掸族、越南人等国外民族的历史及特征，得出壮族与东南亚国家的泰族、掸族、越南人之间系同源关系。第三，他因“女性祖系的遗传”对壮族有着深厚的感情，非常重视壮族优秀的文化传统以及对开发岭南的贡献，将带有蔑视意味的“獞”改为“僮”就是明证之一。

二、壮族史学的近代研究方法

二十世纪上半叶西方史学思潮传入中国，以梁启超为代表的学者在此影响下，开始反思中国传统史学的弊端，探索新史学发展的道路。学者们一改中国传统史学“以夷夏之辨为导向，以为政治统治服务，将历史记述的内容局限为‘二十四姓之家谱’，而对其他民族的记述失之偏颇”[①]的弊端，提出新的历史发展观与史学方法论，认为社会的进化是群体的进化，而不是少数帝王将相的行为，主张史书应该记载群体的历史。这一思潮在壮族历史研究工作中产生巨大的影响。首先，史学家不再满足于古代史籍只侧重于对壮族政治及部分风俗的记载，更加重视以壮族整个族群作为研究对象，探索壮族族群形成、发展、演变、融合以及消亡的过程，内容涉及壮族历史、社会、经济、生活等方面，尤其侧重于对壮族人民生活状况的记述。其次，壮族历史研究过程中采用中西相结合的史学方法，一方面重视训诂、考据、音韵等传统史学方法的应用，一方面引入西方的人种学、人类学、民族学等新的理论与方法。最后，史学思想深受西方史学的影响。这一时期壮族史学家各自的求学路径不同，但都或多或少地接受了西方民族社会学科的训练，并将所学运用到壮族历史研究工作中。如徐松石认为“早期中国南方文化优于北方文化”、“泰族源出于中国”、“日石文化”等理论就是深受西方学者惠尔斯、拉克伯里、利奥特·史密斯的影响。再如罗香林在清华大学学习的六年时间里受到系统的西方民族学学科训练，在田野调查过程中，不仅重视访问和观察的调查方法，还重视人种体型的量度、血液化验和分析、智力测验和地理测量等西方体质人类学、心理学等学科方法

① 宋宇《徐松石与罗香林民族史学的比较研究》，广西师范大学硕士学位论文，2014 年，第 55 页。

在民族研究中的运用。[①]

源于西方国家派出的考察团或考察人员的影响和刺激，二十世纪上半叶学者在壮族历史研究中特别重视田野调查。唐文佐在为刘锡藩《岭表纪蛮》作序时讲道："丁惠明者，美国人，以前年之秋间，来次广西三江县属之富禄镇，到镇后，延苗人，教苗语；延狪人，教狪语；延猺獞人，教猺獞语。时而黔，时而湘，凡烟瘴毒恶、山峦险峻，而蛮人聚落最盛之谿峒，无不有其人之踪迹。"他赞叹"异邦之人，远涉重洋，去国万里，而适兹土，以考求吾国西南一般蛮族生活之状态"；同时，对我国这方面的缺失表现出隐隐的担忧："而吾则对于存亡与共休戚相关之民族，反若视而不见，听而不闻，且复大言炎炎，日以扶助弱小民族之说，号于天下，此岂非党国之羞，而自欺欺人者乎。"从国家的角度，倡导爱国就要"知其民族之渊源所自，知其生活苦乐之情形，知其在内治国防之各方面"。[②]唐氏为《岭表纪蛮》做这一序言的深层含义当然是称赞刘锡藩在田野调查方面的成就，同时也为我们透露出刘氏田野调查的历史背景及其田野调查的直接动机。

二十世纪上半叶学者在壮族历史研究中重视田野调查亦是对我国优良史学传统的继承。我国古代史学家就非常重视实地调查对史书写作的重要作用。以司马迁为例，他少年时便"南游江、淮，上会稽，探禹穴，窥九疑，浮于沅湘；北涉汶、泗，讲业齐鲁之都，观孔子遗风，乡射邹、峄；戹困鄱、薛、彭城，过梁、楚而归"[③]；"南登庐山，观禹疏九江，遂至于会稽太湟，上姑苏，望五湖；东窥洛汭、大邳，迎河，行淮、泗、济、漯洛渠；西瞻蜀之岷山及离碓；北自龙门至于朔方"[④]，勾勒出全国范围内河渠的概貌；"尝西至空桐，北过涿鹿，东渐于海，南浮江淮矣"[⑤]，描绘黄帝、尧、舜时期的历史社会面貌。《史记》为我们展现出来的恢宏气魄与司马迁畅游山河的实际调查以及掌握全

① 宋宇《徐松石与罗香林民族史学的比较研究》，广西师范大学硕士学位论文，2014 年，第 24 页。

② 唐文佐《岭表纪蛮·唐序》，《亚洲民族考古丛刊》（第五辑），台北南天书局，1987 年。

③ 《史记·太史公自序》，中华书局，1982 年，第 3293 页。

④ 《史记·河渠书》，中华书局，1982 年，第 1415 页。

⑤ 《史记·五帝本纪赞》，中华书局，1982 年，第 46 页。

局的宏观视野有着不可分割的关系。

传统史学中的实地调查显示出的明确目的性与自觉性，对这一时期史学家的田野调查有着积极的影响。同时，这一时期史学家将田野调查运用到壮族研究中亦是对优良史学传统的继承和发扬。注重田野调查是民国时期学者研究壮族历史的共同特点。刘锡蕃《岭表纪蛮》的完成即赖于作者多次深入西南地区进行实地调查的经历。基于此，他关于壮族等少数民族生产、生活、民族关系及中央政府在其地的统治政策等方面内容的记述更为真实、细致，揭去了包括壮族在内的西南少数民族神秘的面纱，“为蛮区正确的写真”①。石兆棠的《僮人调查》（1929）、《柳州僮人片段的记述》（1934）均是在其田野调查的基础上完成的。徐松石于二十世纪二十至四十年代多次进入广西中西部、东南部、广东南部、湖南西部、贵州中南部，桂、黔、滇交界处等地区，以及泰国进行考察工作，考证了若干地名和民族名称，并考察出土的铜鼓和远古石刻，②为其《粤江流域人民史》和《泰族、僮族、粤族考》提供了丰富的田野资料。罗香林于1932年1月同史蒂芬生博士进入华南考察民族问题，并独自一人进行一个多月的调查活动，加深了对少数民族风俗习惯及生活状况的了解。1933年起开始其发表百越民族史的论文，这与其前次的调查活动不无关系。1940年，他又率领学术考察队在滇、黔两省考察，并对下一步的考察做出周密的计划。③1955年《百越源流与文化》一书的出版便是他在这些田野调查的基础上，结合历史文献而完成的。

第二节　壮族史研究的资治观和民族观

一、资治观和对泛泰主义的批判

“资治”是中国传统史学“经世致用”思想中最重要的组成部分，也是我

---

① 唐文佐《岭表纪蛮·唐序》，《亚洲民族考古丛刊》（第五辑），台北南天书局，1987年。

② 宋宇《徐松石与罗香林民族史学的比较研究》，广西师范大学硕士学位论文，2014年，第16页。

③ 宋宇《徐松石与罗香林民族史学的比较研究》，广西师范大学硕士学位论文，2014年，第20页。

国优良的史学传统之一。二十世纪上半叶史学家研究壮族历史往往从国家危机、民族危机出发，希翼通过研究壮族的历史、社会、经济、风俗等，深化中央政府对壮族等边疆民族的认识与了解，为制定合理的民族政策提供第一手的参考资料。黄旭初在《岭表纪蛮》的序言中就指出，历史上关于少数民族的记载多“纪梗顽之性，炫征服之功”，而对于“事定以后，应如何感化，如何宣导，使其纳于同一法治之中，则未之前闻”，《岭表纪蛮》“不袭陈言，别开生面，而以身历其境，所得事实，引证靡遗，尤为难能可贵。吾省此类民族，实繁有徒，现正从事开化，使跻平等，执斯篇以为治理之南针也可”。[①] 从黄氏的评价中，我们能够看出，刘锡蕃此书立意就在于“使跻平等”，而黄氏将其视作“治理之南针”，则更能显示出刘锡蕃此书“为政资治”方面的作用。此外，刘锡蕃在《岭表纪蛮》“治蛮刍议”一节中为政府提出了三十三条切实可行的提案，内容涉及政治、经济、教育、生活、外交等各方面。可见，刘氏“为政资治”立意是非常自觉的。

学者们面对民族危机、国家危机，主动地将壮族研究与边政研究相结合，在批驳泛泰主义的过程中，“经世致用”的传统史学功用观在壮族史学研究中得到进一步的阐发。

十九世纪末西方学者就从列强侵略政策出发，开始关注西南边疆民族——壮族问题的研究。为了详细了解壮族地区的地理、历史、语言、习俗等状况，他们先后进入壮族聚居的地区进行调查。通过调查发现泰语与壮语的词汇基本或大部分相同，据此，将壮族与泰族混同，并将包括壮族在内的操壮侗语族语言的民族都称之为泰族，这就是所谓的“泛泰”观念。“泛泰”观念在当时产生了比较大的影响，泰国、日本学者都承认这种观点。后来暹罗政府总理銮披汶甚至利用学术上的泛泰主义推行政治上的大泰族主义，并把暹罗改为泰国，提出建立“大东亚泰族联邦”的主张，妄图将我国操壮侗语族语言的傣、壮、侗、布依、水、黎等民族以及其居住的广东、广西、云南、贵州等省划归己有。针对这种状况，学者在《大公报》等报刊曾发表社评，抨击銮披汶的扩张主义。

---

① 黄旭初《岭表纪蛮·黄序》，《亚洲民族考古丛刊》（第五辑），台北南天书局，1987 年。

刘锡蕃在其《岭表纪蛮》一书中就壮族的族源问题做了考证，认为壮族的起源与迁徙分为两个阶段，即六朝至隋唐时代部分壮人起源于四川；元代时一部分壮人起源于湖北、湖南以及云南、贵州、广西西北地区移住至广西。他虽然否认“壮族土著”的说法，但他的研究也批驳了帝国主义倡导的“泛泰主义”。

徐松石在《粤江流域人民史》、《泰族僮族粤族考》中考证壮族的族源问题。首先，他在《粤江流域人民史》运用“地名研究考证法”、语言比较法、风俗比较法、考古学等学科相结合的方法，考证出壮族是岭南土著民族的历史事实。其次，他在《粤江流域人民史》中论述了壮族与古代百越人之间的关系，将壮族的古代历史由牂牁僚族、仓吾绕族、苍梧鸟族追溯到伏羲女娲时的苍牙族，证明壮族是原始汉人的一部分（徐氏称之为“南支汉族”）[①]。最后，他在《泰族僮族粤族考》中证明壮族与壮侗语族诸民族即傣、布依、侗、黎以及泰国的泰族、老挝的老族、缅甸的掸族有历史渊源关系，考证出泰国的泰族、老挝的老族、缅甸的掸族从我国西南地区南移的历史事实及原因。学界一般认为徐松石在壮族族源考证方面的这一认识是难能可贵的，但是认为徐松石说壮族是“汉人”的观点又带有一定的局限性，与“土著说”自相矛盾。其实，徐松石关于壮族是“土著民族”和壮族是“南支汉族”的观点并不矛盾。这一方面说明徐氏正视历史上壮族先民与汉族之间在血缘、文化等各方面的亲缘关系，另一方面体现出徐氏在当时社会背景下自觉研究壮族历史的初衷，即“学术为国”的爱国热情，是难能可贵的。

罗香林《百越源流与文化》引用先秦文献、二十四史、《淮南子》和《水经注》等古史资料，研究百越民族在历史上的演化、迁徙、分布状况，认为壮族是西瓯、骆越的后裔，由湖南溪洞迁入广西古田等地，后迁入广东。[②]

上述壮族史学著述均否认了帝国主义者宣扬的泛泰主义，具有非常重要的现实意义。

---

① 宋宇《徐松石与罗香林民族史学的比较研究》，广西师范大学硕士学位论文，2014 年，第 17 页。

② 罗香林《百越源流与文化》，“国立编译馆”中华丛书编审委员会 1955 年，第 72 页。

二、壮族史学家的民族观

二十世纪上半叶史学家对壮族历史的看法深受康有为、章太炎、梁启超等人文化民族主义和种族民族主义的影响，再加上中华民族所面临的巨大危机，民族理论由孙中山的“五族共和说”转变到蒋介石的“中华民族宗支论”。这种民族观念虽然还未脱离大汉族主义的窠臼，但是与中国历史上“贵中华，贱夷狄”的民族观已经有了很大的不同。在这种观念之下，民族史家立足于民族团结一致对外，纷纷倡导民族同源和民族平等。

第一，提出“壮汉同源同种”论。刘锡蕃认为汉与“蛮”（包括壮族在内）在历史上属于同一种族。二者之所以后来分化主要是因为汉人定居于肥沃的中原之地，而“蛮族”进入生存条件不佳的西南地区。他在《岭表纪蛮》中专设“汉蛮同族的十大证据”，从语言、姓氏、干支、家族、集会、祭祀、节日、婚俗、巫术、契券等方面论证“汉蛮同族”的观点。徐松石将汉族分为南北两支，认为二者有着共同的血缘，历史上所谓的“华夷之辨”也只是文化上的差别而非血缘的关系，而且自“五胡乱华”之后，南方汉人的血缘比北方汉人还要纯粹，[①] 壮族则是南支汉族中重要的组成部分。罗香林认为壮族的祖先百越与夏氏族同属一个系统，与徐氏“南北汉族同属一支”的说法是一致的，即都坚持“壮汉同源同种”说。

第二，倡导民族平等观，正视壮族在历史上的重要作用。刘锡蕃《岭表纪蛮》中大汉族主义的影子是比较明显的，他对包括壮族在内的西南少数民族沿袭了古代史书带有蔑视性的称谓——蛮。但他也注意到重视壮汉等族之间的平等关系，批驳“国人数千年来长期对蛮族人格和风俗加以蔑视”的传统民族观，认为“蛮人”“并非禽兽，与我们同等为人”，倡导“侮辱性的族称和同一种族内具有数种民族族称的现象应该纠正”。

徐松石倡导“壮族文化优秀论”则更具见识。第一，他因自身具有壮族血统，引以为傲。第二，他将带有蔑视意味的“獞”改为“僮”。第三，他在论

① 宋宇《徐松石与罗香林民族史学的比较研究》，广西师范大学硕士学位论文，2014 年，第 30 页。

著中大力赞扬壮族“文化悠久，历史绵长，民性优良，力量宏厚”，及其对于国家卓越的贡献。第四，他重新阐释“蛮”的含义，认为“蛮”本身的原意并不带有歧视，而是古代南方民族的自称。所谓的夷夏之分也只是文化上的差异。[①] 第五，他在《泰族僮族粤族考》一书中专设“僮族的优点”一节，概括出壮族的八大优点，预见壮族在中华民族未来建设中的重要地位。[②]

这一时期，大部分学者虽然没有完全摆脱汉族中心主义和歧视少数民族的历史影响，但已经不再单纯从统治阶级的角度出发，而是站在国家和民族发展的高度进行学术研究。他们倡导的“壮汉民族同源同种”和“壮汉民族平等”的观点在当时的社会历史背景下具有积极的现实意义，既有利于各民族团结起来对抗外来侵略，又有益于人民民族意识的形成。

二十世纪上半叶壮族史学处在由传统记述向近代研究过渡阶段，无论在史学观念还是史学研究方法上，都呈现出新旧杂糅的镜像，壮族史学家们在壮族历史研究方面辛勤的劳作为中华人民共和国建立以后壮族史学发展奠定了一个良好的基础。

第三节 1949—1966年壮族史学的成就

中华人民共和国建立以后，马克思主义历史理论和唯物史观得到广泛传播，史学界就中国古史分期、封建土地所有制、封建社会农民战争、中国资本主义萌芽、汉民族形成、中国历史发展动力等问题进行了深入的探讨，使中国史学发生根本的变革。在这一史学背景下，学者将马克思主义史学理论方法应用到壮族史学的研究中，取得了巨大成就。

一、系统开展社会历史调查工作和民族识别工作

二十世纪壮族史学研究的一大特色，就是田野调查工作一直贯穿于壮族历

① 《壮学丛书》编委会《徐松石民族学文集》(上卷)，广西师范大学出版社，2005年，第85页。

② 徐松石《泰族僮族粤族考》，中华书局，1946年，第161—163页。

史研究活动中，而田野调查所得又成为壮族史研究的基础史料来源之一。中华人民共和国建立以后，关于壮族的田野调查与二十世纪前半叶呈现出不同的特点，这主要体现在后者关于壮族的田野调查以马克思主义的史学理论和斯大林的民族理论为指导思想。

1950 年到 1952 年是壮族社会历史调查的第一阶段，主要由中央向各民族地区派出民族访问团。1951 年中央民族访问团广西分团进入壮族地区，一方面向壮族人民宣传民族平等政策，一方面调查研究壮族的历史、语言、风俗和现状。在调查的基础上，费孝通完成《关于广西壮族历史的初步推考》，黄现璠完成《广西省大新县僮族调查资料》（1952）和《广西僮族简史》（1957）。前者以斯大林的民族理论，结合历史学、民族学、语言学、考古学等学科资料，认定壮族是广西的土著民族。[①] 这是“中华人民共和国建立后，不带民族偏见写出的第一篇公开发表的研究壮族历史的论文”。[②]

1956 年到 1961 年是壮族社会历史调查的第二个阶段。由杨成志、岑家梧、黄现璠、石钟健、汪明瑀、刘介、唐兆民等学者组成的广西少数民族社会历史调查组，深入大新、凌乐、宜山、环江、南丹、田东、东兰、天峨、那坡、西林、隆林、百色、都安、武鸣、上林、马山、上思等县，调查壮族历史与社会生活状况，为学者系统深入研究壮族历史提供了珍贵的资料，使壮族多部通史著述的完成与出版成为可能。

二、在民族社会调查的基础上完成多部壮族通史著述

1956 年，中央起草《关于国内民族问题和少数民族历史、语言的科学研究工作十二年规划草案》。在规划思想的指导下，再加上之前壮族社会历史的调查资料，黄现璠于 1957 年完成了壮族历史上第一部由壮族史学家独立完成的壮族通史著作——《广西僮族简史》。

《广西僮族简史》论述范围广泛，内容涉及壮族的分布、起源、社会组织、

① 费孝通《关于广西壮族历史的初步推考》，《费孝通全集》第七卷，内蒙古人民出版社，2009 年，第 148 页。

② 张声震主编《壮族通史》绪论，民族出版社，1997 年，第 10 页。

革命斗争、生产劳动和生活习尚、文化艺术、语言文字、教育、解放后壮族人民生活之改善和各种事业的发展等。作为中华人民共和国建立以后第一部系统记述壮族历史的著作，该书呈现出从新史学向马克思主义史学过渡的特点，表现在其史学思想和民族思想既受到民国时期新史学中民族进化理论的影响，又受到斯大林民族理论以及马克思主义史学中阶级斗争理论的影响。前者表现在，第一，书中关于“原始乱婚”、“对偶婚”、“单婚”等的论述，深受摩尔根《古代社会》中关于婚姻和家庭形态的论述影响；第二，书中论述壮汉民族关系、壮族生活习惯等时，认为壮族的社会相比汉族来说比较落后，壮族通过与汉族接触和交往可以向先进的文化靠拢，从而发展进步。[①] 这显然没有摆脱进化主义的窠臼。后者表现在，第一，根据斯大林民族定义的四个标准总结了壮族的民族特征；第二，在体例上开创了壮族“革命斗争的历史”，记述壮族英雄人物对中国革命运动的贡献；[②] 第三，使用阶级斗争的理论分析历史上复杂的壮汉民族关系，指出历史上对壮族进行压迫的主要是汉族的统治阶层，汉族民众与壮族人民一样处于被欺压的地位。这种认识看到了民族矛盾背后最根本的性质，即阶级矛盾。这些都是在二十世纪前半叶的壮族史学研究中不曾有过的思想见识。从作者史学思想和民族思想的变化，能够看到马克思主义史学在中华人民共和国建立初期与其他史学流派在史学实践中共同影响的痕迹，亦能看到马克思主义史学在国内的传播及其最终确定主体地位是经历了长时间过程的。《广西僮族简史》对后世的影响极大，1958 年开始撰述、1980 年出版的《壮族简史》的编撰模式便是延续了它。

1958 年，民族出版社出版了黄藏主编的《广西的历史和现状》一书，梳理了壮族历史上称谓的变化状况，首次公布了各种不同的壮族自称，阐述了壮族社会发展的基础。

① 黄现璠《广西僮族简史》(初稿)，广西人民出版社，1957 年，第 73—74 页。

② 黄现璠《广西僮族简史》(初稿)，广西人民出版社，1957 年，第 2—11 页。

三、关于壮族族源、历史发展阶段等重大问题的研究

壮族族源、历史发展阶段是这一时期学者关注的壮族历史的主要问题，学界对此展开了激烈的讨论，取得了重要成果。

二十世纪上半叶关于壮族族源的问题，主要有三种说法：外来说（如刘锡藩的壮族人种西来说、罗香林的湖南起源说，此外还有广东起源说和江浙起源说①）、土著说（如徐松石）、外来民族与土著混合说。中华人民共和国建立以来，学界进一步对壮族族源展开研究。如黄现璠通过论证广西土著居民与四川、贵州、湖南西部等西南地区古代民族之间的关系，得出“壮族起源于古代的百濮，是广西早期的原住民”的结论。百濮起源说将“越人起源说”更为具体化，也否认了外来说和当时的广东起源说。方国瑜、黄藏苏等对壮族族源问题的研究，为“壮族为土著”的说法提供了充实的论据。此说法逐渐为大家公认，原来持其他说法的学者改变了观点，如刘锡藩发表《略论壮族名称在历史上的衍化及壮族的伟大贡献》、《再论壮族名称在历史上的衍化》、《为什么说壮族名称可能起源于庆远南丹》等三篇文章，结合考古与历史文献资料，梳理古代壮族称谓的演变轨迹，论证壮族为两广的土著居民。

关于壮族历史发展阶段的讨论，主要集中于壮族古代社会是否经历过奴隶制阶段。黄现璠主张壮族没有经历过奴隶社会；②石钟健、江应樑、粟冠昌、王天奖等则主张壮族古代社会经历过奴隶制发展阶段。③两派学术分歧的主要原因在于对文献资料以及马克思、恩格斯关于社会发展规律的解读各有侧重。这种分歧推进了壮族历史的研究工作，深化了学者对壮族历史、社会的认识。

---

① ［日］坏田诚之著，甘文杰译《中华人民共和国建立前后有关壮族论著的比较研究——以刘介与黄现璠的主要著作为例》，《广西民族研究》2005 年第 3 期。

② 黄现璠《我国民族历史没有奴隶社会的探讨》，《广西师范学院学报》1979 年第 2—3 期。

③ 石钟健《略谈僮族古代的奴隶制社会阶段》，《广西日报》1961 年 11 月 27 日；江应樑《对僮族奴隶社会的看法》，《广西日报》1962 年 7 月 25 日；粟冠昌《僮族古代社会性质问题的商榷》，《广西民族研究参考资料》（第一辑）；王天奖《古代僮族社会性质试探》，《民族团结》1963 年第 2、3 期。

第四节　1978年以后壮族史学的发展

“文化大革命”期间壮族史学工作受到极大冲击，壮族史学家也因政治运动受到批判。1978 年改革开放以后，在解放思想、实事求是思想路线的指导之下，壮族史学进入向纵深发展的时期。

一、反思推动壮族史学研究的进步

十年浩劫之后，学者对马克思主义史学理论、民族理论进行了自觉、深刻的反思，取得巨大进步。

第一，对壮族社会历史调查的反思。受当时阶级斗争思想以及左倾思想的影响，中华人民共和国建立初期，对壮族社会历史的调查主要侧重于政治与经济基础的调查。改革开放以后，由广西民族研究所牵头多次进入广西地区进行考察，取得重大成果。这一时期的调查工作，一方面重视对少数民族地区民间文献的收集，如 1982 年、1987 年在调查的基础上，分别出版了《广西少数民族地区石刻碑文集》和《广西少数民族地区碑文契约资料集》，内容多与壮族历史有关，史料价值极高；另一方面，重视对壮族地区民族传统文化、宗教信仰等的调查。如 1990 年，广西民族研究所重点调查龙胜、象州、昭平、忻城、环江、天峨、平果、崇左、龙州、靖西、那坡、钦州等地壮族人民的传统文化和宗教信仰方面的状况，弥补了二十世纪五十年代社会调查的不足。①

第二，对壮族社会历史发展阶段的反思。改革开放以后，学界关于壮族是否经历过奴隶制社会发展阶段的问题进行了深入的讨论。李干芬、周宗贤、李炳东、戈德华以及《壮族简史》编写组的学者就“僮族经历过奴隶制发展阶段”这一论点进行了研究；② 同一时期，黄现璠教授在其主编的《壮族通史》（1991）“秦汉时代壮族社会性质”一节中对“壮族没有经过奴隶社会”的观点

---

① 张声震主编《壮族通史》绪论，民族出版社，1997 年，第 11 页。

② 李干芬《壮族社会的奴隶制问题探讨》，《广西民族研究参考资料》（第 1 辑），广西壮族自治区民族研究所编，1982 年；周宗贤《壮族古代奴隶制探索》，《民族研究》1984 年第 6 期；李炳东、戈德华《广西农业经济史稿》，广西民族出版社，1985 年；《壮族简史》编写组《壮族简史》，广西人民出版社，1981 年。

进行了进一步的阐述。与“文化大革命”之前不同的是，学者更加重视将马克思、恩格斯关于社会发展阶段、社会发展规律的理论运用到壮族历史研究中，加深了对马克思、恩格斯相关理论的认识。

在此基础上，1991年张声震主编的《壮族通史》侧重于结合壮族历史发展的实际状况，认为壮族经历过奴隶制社会发展阶段，只是其奴隶制还处于家长奴隶制阶段，没有发展到马克思所说的“以生产剩余价值为目的奴隶制度”。这种不发达的家长奴隶制“保留和残存着较多的原始社会残余”。[①] 该书因此比较准确地揭示了壮族奴隶社会的特点，丰富了马克思关于奴隶制发展类型的理论。

《壮族通史》将壮族历史划分为氏族部落时代（先秦远古时期）、郡县划一时代——奴隶制形成与发展时期（秦至隋）、羁縻制度时代——奴隶制发展阶段（唐至五代）、土司制度时代——封建领主制时期（宋至清初）、资本主义列强入侵和国民党桂系统治的半封建半殖民地社会时期（清中叶至民国）、民族区域自治时代——（社会主义时期）（中华人民共和国建立至自治区成立）。[②] 这一壮族历史阶段的划分特色鲜明，首先，它非常重视壮族与汉族两个民族在民族形成、发展上的共性以及壮族与中央王朝的关系；其次，更加注重壮族形成与发展的特殊性，即壮族“除了先秦远古时代是独自地发展外，秦统一岭南后，她一直是在统一国家的中央王朝统治下生活繁衍的……从未成为统治民族，而一直是被统治、被压迫、被强制同化”[③]。基于上述两点史实，结合马克思、恩格斯关于历史发展规律的理论，《壮族通史》对壮族历史发展阶段做了如上划分。《壮族通史》的这一理论成果是将马克思主义理论民族化的实践。

第三，对壮族史学发展的反思。二十世纪末随着广西壮学学会的成立，在传统壮族研究的基础上提出“壮学”这一概念。“壮学”逐渐成为以壮族社会群体为研究对象，以历时性、现实性、整体性、综合性为基本特点的综合性学科。这一新的时代术语，一方面反映了壮族史学繁荣发展的景象，另一方面，

① 张声震主编《壮族通史》绪论，民族出版社，1997年，第11页。

② 张声震主编《壮族通史》绪论，民族出版社，1997年，第27页。

③ 张声震主编《壮族通史》绪论，民族出版社，1997年，第27页。

激起学者对壮族史学发展问题的反思。史学家纷纷回顾壮族历史研究的经历，反思壮族历史研究中存在的问题，并提出新世纪壮族历史研究发展的新方向。如学者覃彩銮勾勒出壮族产生、开创、发展、繁荣的几个阶段，指出壮学研究中存在的问题，即学科基础理论研究不够深入、学科分类体系有待建设、未列入国家标准学科分类、基础研究与应用研究不够协调等；并就壮学的建立和壮学体系的构建提出了具有建设意义的意见：加强壮学基础理论的研究和探索；进一步拓展、提升和深化壮学研究领域和研究视野；加强壮学研究资料体系的建立；加强壮学研究人才的培养和人才队伍建设；加强与国内外的学术交流；加强对壮学研究成果及其价值的宣传，扩大社会影响力等。[①]

二、研究机构和组织

改革开放以后，国内壮族研究工作逐步走向结构化，研究壮族的学术机构、社团纷纷成立，为壮族史学的发展提供了很好的支撑。1978 年和 1980 年广西民族学院和广西师范学院中文系先后建立民族民间文学教研室，后者于 1985 年改为研究所，出版了系列民族民间文学丛书，其中包括壮族民间文学的专著。1979 年，广西艺术学院民族艺术研究室恢复。1980 年广西区语委壮文研究室成立。1980 年广西民族研究学会成立，特设民族史理事会。1984 年，广西民族学院成立民族研究所，特设壮族研究室。1984 年广西民族民俗学会、广西师范大学地方史民族史研究会先后成立。1985 年广西少数民族语言文字学会、广西民族学院民族学会、广西少数民族文学学会先后成立。1985 年至 1988 年，柳州地区、河池地区、百色地区、南宁地区民族研究会相继成立。1986 年广西民俗学会、广西民族经济研究会成立。1991 年广西社会科学院壮学研究中心成立，广西壮学研究会成立。1992 年，广西大学民族研究所建立。[②]这些研究机构的成立与学术团体的形成不仅推动了壮族史学研究向广度和深度发展，还为壮族史学研究提供了充足的物质基础、智力基础和组织基础，推动

① 覃彩銮《壮学的发展与前瞻》，《广西民族研究》2014 年第 6 期。

② 张声震主编《壮族通史》绪论，民族出版社，1997 年，第 17 页。

了壮族史学研究的系统化和正规化。

三、研究领域不断扩展，研究层次不断深入

改革开放至二十世纪末，关于壮族研究的成果无论从数量上还是质量上都超过了以往其他任何一个时期。归纳来看，学者在百越史、乌浒、俚人、僚人研究，壮族图腾、风俗、婚俗研究，壮族文学研究，左江流域崖壁画研究、铜鼓文化研究，壮族原始宗教巫经的整理与研究，壮族奴隶社会研究，壮族古代哲学思想研究，壮族称谓出现的问题，土官（司）制度与改土归流，侬智高、瓦氏夫人等历史人物研究，壮族地区的半殖民地半封建社会研究，壮族各个时期的革命运动研究，壮族语言文字研究，壮族医药的整理与研究，壮族与他族民族关系的研究等等方面都取得了重要的成果[①]，开创了壮族研究的新局面。

① 张声震主编《壮族通史》绪论，民族出版社，1997 年，第 13—14 页。

第十三章

二十世纪满族史学

第一节　满史研究的主要成绩

一、满族史学研究的四个阶段

1912 年清廷退出历史舞台，中华民国建立。从此，满族历史的研究，由朝廷“正史”主体转变成国内一个少数民族历史的研究。即使学者撰写的以清史命名的专著文章，因其主要对象是清朝皇族的满族，故而也可以当作满族史来看。

王锺翰著《清史满族史研究百年回顾及未来展望》[①] 一文，将二十世纪清史满族史研究划分为四个阶段。

第一阶段（1910—1937），即清史学科萌生和奠基的阶段。孟森所著《清初三大疑案考实》，是这一阶段的开创之作。此阶段内，近代人文科学严格的学术研究工作由诞生到形成雏形，清史研究的课题，先有清先世史、明满关系史、南明史、学术史，后扩大到秘密会党史、华侨史、晚清史、明清民族史、历史地理、财政史和各种专门史等诸多领域。而向达的白莲教研究和谢国祯的奴变研究，则开始涉及其他问题。以上研究，多以《东华录》、《圣武记》、《清实录》等为基本史料。

第二阶段（1937—1949），即清史研究初步发展阶段。这个阶段日寇侵华，国家动荡，学术环境不佳，加上清史资料浩如烟海，缺乏必要的整理和爬梳，专治清史的萧一山、郑天挺等可称为名家。晚清史研究是该阶段的热点，陆续出版了蒋廷黻、郑鹤声、范文澜、黄药眠、华岗等撰写的多种晚清史即中国近

① 王锺翰《清史满族史研究百年回顾及未来展望》，《满学论丛》第 1 辑，辽宁民族出版社，2011 年。

代史的著述。

第三阶段（1949—1976），即清史研究开始以马克思主义为指导思想的阶段。早在中华人民共和国建立前，翦伯赞、范文澜、侯外庐、胡绳、华岗等史学家已开用马克思主义理论和方法指导清史研究的先河，而此阶段是进入全面应用该理论的阶段。入关前满族社会性质、清初社会主要矛盾、资本主义萌芽、农民战争史、清初启蒙思想、清朝半殖民地半封建化等的研究，突出地反映出清史研究的全新面貌，王锺翰《清史杂考》是其中重要著作。少数民族社会历史调查的深入进行，“五种丛书”的编纂出版，使满族史研究取得长足进展。这大大深化了对清朝历史过程及其动力的认识，在宏观研究上取得巨大进步和飞跃；但同时由于政治运动频繁，政治干预学术倾向严重，教条主义甚嚣尘上，严重损害了学术研究的正常开展。十年动乱，将这种错误倾向推向极端。这一阶段史料整理工作收效显著，尤以晚清史料的发掘、整理为突出，如《中国近代史资料丛刊》、《中国近代经济史参考资料丛刊》、《近代史资料》等成系列编辑出版。中外关系史资料的翻译、编纂亦大有收获。

第四阶段（1976—2000），清史满族史研究全面走向繁荣。在“解放思想、实事求是”思想路线的指导下，清史研究似不再有“禁区”，蓬勃发展起来，填补了一些中华人民共和国建立以来的诸多空白，出版了一系列清史断代史。辽宁的《清史简编》肇其端，而规模最大的完整清史是王戎笙主持编写的《清代全史》十卷，编年体则推林铁钧等主编《清史编年》十二卷，戴逸等主编《清通鉴》二十二册。它们在学科的宏观构建方面具有相当的学术价值。学者们在史料整理方面也有长足进展。王锺翰主持整理点校《清史稿》、独立点校《清史列传》，摘录并出版《朝鲜李朝实录中的女真史料》等，使清史研究的基本史料得以进一步规范。国家第一历史档案馆对清代档案的整理，也取得了相当的成就。王锺翰著述的《清史新考》、《清史续考》，可视为该领域在微观方面取得的研究成果。

回顾百年，对清史学贡献最大的，是孟森，他对清史研究做出的开创之功和取得的丰硕成果，至今无人可望其项背。其次为萧一山、郑天挺两位。

二、《清史稿》的修撰

1911 年辛亥革命，清帝逊位，统治中国 268 年的清朝灭亡，作为统治民族的满族丧失了政治特权。在史学领域满民族的因素远不像在清朝时期那样强势凸显，但余绪仍存，以清朝旧臣、满族旧贵族修撰《清史稿》为主要的活动。

1914 年（民国三年），经国务院呈文，“中华民国大总统”袁世凯下令设清史馆，以赵尔巽为馆长，总领清史修撰工作。清史馆人员由馆长聘用，参与者先后有一百余人。编修工作历时十余年，1920 年编成初稿，1926 年修订一次，至 1927 年，主编赵尔巽见全稿已初步成形，担心时局多变及自己时日无多，遂决定以《清史稿》之名将各卷刊印出版，以示其为未定本。《清史稿》是纪传体史书，全书五百三十六卷，其中本纪二十五卷，志一百四十二卷，表五十三卷，列传三百一十六卷。所记之事，上起 1616 年清太祖努尔哈赤在赫图阿拉建国称汗，下至 1911 年清朝灭亡，共 296 年历史。

对于《清史稿》的修撰，过去诸多史学史方面的论著，多认为是“复古主义史学”的产物。该书的观点、用词，史学理论、方法以及史书体例，都囿于中国传统史学藩篱，与二十世纪以来史学领域形成的“新史学”格格不入。更重要的是，《清史稿》的修撰是醉心于恢复帝制的袁世凯想借清史馆延揽前朝遗老、山林隐逸之士，争取他们的同情与支持；而赵尔巽则想通过纂修清史，以示不忘先朝隆恩，树起心中的大清黄龙旗，二人一拍即合。因此，《清史稿》的撰史者多是清朝“遗老”，一部分是满族旧贵族，一部分是清朝旧臣。如馆长赵尔巽（1844—1927），祖籍襄平（今辽宁省辽阳市），汉军正蓝旗人。同治间进士，翰林院编修，历任御史、湖北乡试副考官、新疆布政使、山西巡抚、盛京将军、四川总督、东北三省总督等职；总纂官缪荃孙、柯劭忞等人为前朝旧臣；主要馆臣奭良乃贵州按察使承龄之孙，瑞洵乃大学士琦善之孙，皆是满族贵族。按照分工，汉族馆员主要撰写汉传、列传；旗籍馆员主要撰写满传、本纪。纪传体史书，本纪是纲。大多史臣与撰稿者的经历和背景，君死臣辱的陈腐观念根深蒂固，歌颂清朝、宣扬忠君、回护旗人。他们对前朝存一种特殊的感情，使《清史稿》的思想性和学术水平受到严重影响。书中贯穿着反对民主革命，颂扬清朝正统的思想。对此，1929 年 12 月 14 日，故宫博物院院长易培基列举了十九条理由，呈请政府下令禁止《清史稿》发行，其中有反革命、蔑视先烈、称扬诸遗老、鼓励复辟、反对汉族、为满清讳等内容。同时，由于《清史稿》是众人编纂而成，更因时局动荡，仓促成书，过于粗陋，纰漏颇多。

尽管《清史稿》存在许多缺陷，但《清史稿》大部分依据《清实录》、《宣统政纪》、《清会典》、《国史列传》和一些档案资料写成，并对这些史料汇集起来，初步做了整理。还有多数馆臣是清朝旧臣，熟悉清朝典制，了解政体运行过程，有的曾任国史馆编史修志之职，提高了修史的速度和史实的可靠性。在世事多变、兵荒马乱的条件下，协调关系，想尽办法，使《清史稿》得以成书，也实属不易。因此，在今天还没有别的清史能替代它时，《清史稿》也就成了研究清史的一部很有价值的史书。

三、1978 年以后满族史学的繁荣①

二十世纪五十年代，在全国人大民委领导动员下，全国高校大量的教学科研人员分赴各边疆少数民族地区，进行大规模的全面的民族语言和社会历史实地调查。在满族调查的基础上，由傅乐焕等几十位同志组成编写组编写出《满族简史》的初稿，其间几经修改，再由中国社会科学院民族研究所几位同志重新审订，最后由王锺翰定稿，作为《中国少数民族简史丛书》之一，由中华书局 1979 年出版。这是中华人民共和国的第一部满族通史，在学术界产生了广泛的影响。其后，辽宁民族出版社出版了李燕光、关捷主编的《满族通史》，涵盖了从满族的先人直至 1949 年满族社会历史的演变进程，是一部观点鲜明、结构系统、内容丰富、资料翔实的满学著作。金启孮《京旗的满族》、《北京郊区的满族》、《三家子满族乡调查》等著作，是对几个特定地区满族群体的调查研究报告。王锺翰《清史杂考》、《清史新考》、《清史续考》、《中国民族史》对满族历史多有论证，颇有新意。《满族历史纲要》的作者赵展，另著《满族文化与宗教研究》一书，结合考古学和民族学资料，对满族先世肃慎人的由来

① 本目主要依据关嘉禄《中国大陆满学研究的回顾与展望》(《社会科学辑刊》1998 年第 6 期）编写。

提出了“西来说”，与肃慎人“南来说”和“土生土长说”看法不同。周远廉《清朝开国史研究》和《清朝兴起史》，对满族崛起和清朝开国的历史做了深入论证。李治亭主编《爱新觉罗家族全书》共十册，对满族爱新觉罗家族史进行了多角度的研究。郑天挺《探微集》、王思治《清史论稿》、王锺翰主编《满族史研究集》、戴逸《履霜集》及其主编《简明清史》、阎崇年《燕步集》以及《清史论丛》等，都是满族历史的论文集。傅波主编《抚顺地区清前遗迹考察纪实》和《清前史论丛》，是对满族崛起历史实地考察的成果。刘小萌《满族的部落与国家》，对满族从部落到国家形成的过程及特征，进行了系统的研究。辽宁省各满族自治县均编纂出版了史志。

对满族历史人物的研究，如董万仑《清肇祖传》，阎崇年《努尔哈赤传》，滕绍箴《努尔哈赤评传》，张玉兴《努尔哈赤轶事》，王占君《皇太极》，蔡琳彬《皇太极传》，孙文良、李治亭《清太宗全传》，周远廉、赵世瑜《皇父摄政王多尔衮全传》，周远廉《顺治帝》，孟昭信《康熙大帝全传》，冯尔康《雍正传》，周远廉《乾隆皇帝大传》，白新良《乾隆传》，孙文良、郑川水、张杰《乾隆帝》，唐文基、罗庆泗《乾隆传》，郭成康、成崇德《乾隆皇帝全传》，戴逸《乾隆帝及其时代》，蒋秀松《抗俄名将萨布素》，孙孝恩《光绪评传》，董守义《恭亲王奕大传》等。辽沈书社有《慈禧纪实丛书》六种。王思治、李鸿彬、何龄修、张捷夫等主编系列《清代人物传稿》，孙文良主编《满族大辞典》，《满族研究》等报纸杂志，刊载了大量满族历史人物和当代满族知名人士的传记和评述。

杨学琛、周远廉《清代八旗王公贵族兴衰史》，定宜庄《清代八旗驻防制度研究》等是对满洲八旗制度的研究。铁玉钦等《盛京皇宫》，万依、王树卿、刘潞《清代宫廷史》，万依、王树卿、陆燕贞《清代宫廷生活》，沈阳故宫博物院《宫苑文论》，支运亭主编《清前历史文化》、《清宫大政殿》和《沈阳故宫博物院院藏文物丛书》，姜相顺、王国华《清宫斗争内幕》等是对清代宫廷历史和文化的研究。金启孮、张佳生主编《满族历史与文化简编》，赵展《满族文化与宗教研究》，张玉兴《中国古代北方民族文化史 · 满族文化》等，是满族文化研究的专著。

第二节　对满文史料的整理研究

一、1937 年以前满文史料的整理研究①

满文文献大致可以分为两类，一类是满文文书档案，包括清代朝廷和地方军政机构形成的满文文书档案；一类是满文图书、谱牒和碑刻等。清朝保留下来的满文文献，数量浩大，价值珍贵，堪称中华民族的文化宝藏。满文文献的发掘、翻译和利用，对于满族史的深入研究具有重要意义。

1918 年，清末进士金梁招聘人员利用沈阳故宫崇谟阁所藏“满文老档”进行翻译，并将其部分内容刊印出版，名为《满洲老档秘录》，后改称《满洲秘录》。其后又将部分译文在《故宫周刊》上连载，题为《汉译满洲老档拾零》。

1924 年 11 月冯玉祥将军驱逐末代皇帝溥仪出宫。1925 年 10 月故宫文献部成立，1929 年 2 月定名为文献馆。通晓满文的鲍奉宽、齐增桂、张玉全和李德启等，在对康熙至宣统年间的《满文起居注》、《满文黄册》以及军机处档簿、内务府档案进行整理的同时，重点对在内阁大库发现的清代早期珍贵档案《满文老档》及《满文木牌》进行了整理研究，并在《文献特刊》和《文献论丛》上发表了研究论文；李德启编印《满文书籍联合目录》，满文文献的发掘整理和研究，取得了拓荒性的成果。

二、台湾学者对满文史料的整理研究②

原藏北平的满文档案等，后来辗转移运至台湾。1969年台北“故宫博物院”将珍藏的老满文档案以《旧满洲档》之名影印出版十巨册。随后，广禄、李学智合译《清太祖朝老满文原档》分册出版。1977 年、1980 年，台北“故宫博物院”出版张葳、魏美月、潘淑碧《旧满洲档译注》。台北“故宫博物院”所藏清代历朝满文奏折及满汉合璧奏折，1977 年出版《宫中档雍正朝奏折》第八、

① 本节一、三两目主要依据关嘉禄《中国大陆满学研究的回顾与展望》(《社会科学辑刊》1998 年第 6 期)编写。

② 本目主要依据庄吉发《中国台湾的满学研究》(《满学研究》1992 年第 322—337 页)编写。

九辑，1988 年出版《宫中档乾隆朝奏折》第七十五辑，以及《宫中档光绪朝奏折》第一至二十六辑。

"中央研究院"历史语言研究所收藏老满文散页，由李光涛、李学智编著《明清档案存真选辑》第二集，于 1973 年影印出版。

李学智《乾隆重抄清太宗满文老档中附签注释老满文之证误》、《老满文原档中所载清代八旗制度创立史料之检讨》、《从清太祖朝老满文原档"洪字穆昆档"看乾隆重抄满文老档之讹误》，庄吉发《旧满洲档的由来及其史料价值》，陈捷先《旧满洲档的价值》等文，是对乾隆间重抄满文老档的研究文字。庄吉发《从朝鲜史籍的记载看清初满洲文书的翻译》一文，指出朝鲜李朝实录记载颇多满洲文书，与台北"故宫博物院"现藏老满文档的内容详略不同。从满、汉文书探讨早期满朝关系，是一个值得重视的问题。

台北"故宫博物院"的《故宫文献》季刊，陆续刊载译注的满文史料。如 1973 年出版的第四卷第三期有张葳译注雍正朝满文上谕九件，第四卷第四期有庄吉发详注康熙朝孙文成满文奏析十六件，张葳译注雍正朝满文上谕七件，第五卷第一期有潘淑碧译注康熙三十五年（1691）二月皇太子满文奏折一件，张葳译注雍正朝年羹尧满文奏折七件。1976 年《故宫季刊》第十一卷第二期有张葳译注雍正朝满文谕折及书稿十四件。1978 年《台湾人文》第二期有张葳译介康熙末年福建巡抚觉罗满保满文奏折十四件。

庄吉发译注《清代准噶尔史料初编》、《孙文成奏折》、《雍正朝满汉合壁奏折校注》等书，以及《国立"故宫博物院"典藏的满汉合璧奏折》等文章，对相关历史的研究有重要参考价值。

陈捷先《满文起居注考略》、《清朝皇帝的起居注满文本》，庄吉发《清代满汉文起居注册的史料价值》、《帝王言动国家庶政的当时记载》、《谈满洲人以数目命名的习俗》等文，是对清代满文档起居注的研究。陈捷先《满文清实录研究》、《清朝皇帝实录的满文本》、《满洲实录的起源与价值》，杨和瑨《根据满洲实录译注满文老档一六〇七～一六一一年间之证事》等文，是对满文实录的研究。陈捷先《满文清本纪研究》、《清朝皇帝本纪的满文本》，是对满文国史馆历朝本纪的研究。

此外，台湾学者还对满文史料中的中西外交和文化交流史料、满文石碑、《职贡图》画卷、郎世宁绘画作品、满文《大藏经》、满文族谱、四书五经满文译本、《尼山萨满传》手稿、图理琛著《异域录》满汉文本等，进行了整理译注或研究。

三、1978 年以后满文史料的整理研究

中华人民共和国建立之后，大力进行满文档案、图书的收集整理工作，更将满文人才的培养作为满文文献史料整理研究的基础环节。早在 1955 年、1956 年就由中国科学院哲学社会科学部举办了两期满文训练班。1961 年中央民族学院开设第一个高校满文专业。1975 年，根据周建人建议，周恩来批准故宫博物院明清档案部招收二十名满文学员。1978 年以后，北京、河北、内蒙古、辽宁、吉林、黑龙江等地相继开办满文培训班；黑龙江省成立了满语研究所；中央民族学院开设了本科清史满文专业；辽宁大学开设民族班，培养了一批满文人才。这些满文人才成为满文文献管理、整理、翻译、研究的专门力量。

从 1978 年开始，北京故宫博物院明清档案部（现中国第一历史档案馆）、中国社会科学院历史研究所等单位对《满文老档》做了全面译注。经过十余年努力，这部一百万字的满文译著由中华书局出版。同期许多《满文老档》的研究论文发表。1987 年天津古籍出版社出版了关嘉禄、佟永功、关照宏译著的《天聪九年档》，该书附有《天聪九年档》与《清太宗实录》对照表及比较研究的论文。群众出版社出版中国第一历史档案馆满文部和中国人民大学清史研究所合作编译《盛京刑部原档》。辽沈书社出版季永海、刘景宪合译《崇德三年满文档案译编》，是研究清开国史的珍贵资料。光明日报出版社出版中国第一历史档案馆编译《清初内国史院满文档案译编》三册，对《满文老档》是重大补充，对《清实录》等史书的校订补遗也具有重要意义。中华书局出版《清代档案史料丛编》，还先后发表了郭美兰编译《崇德七年奏事档》和关孝廉编译《盛京满文旧档》，对于研究清入关前史、文书制度及文字演变颇有参考价值。

一批满文档案文献陆续发掘出版。中华书局出版中国第一历史档案馆满文部编译《清代中俄关系档案史料选编》第一编，反映了早期中俄关系中的一些重大事件。福建人民出版社出版中国第一历史档案馆和厦门大学台湾研究所合作编译《康熙统一台湾档案史料选辑》、《郑成功满文档案选译》等，为台湾问题的研究提供了珍贵的资料。东北师范大学出版社和辽宁人民出版社先后推出刘厚生译《清雍正朝镶红旗档》和关嘉禄译《雍乾两朝镶红旗档》，有益于深入研究八旗制度。中国社会科学出版社出版中国第一历史档案馆编译《康熙朝满文朱批奏折全译》，提供了康熙一朝的军政公私机密要务文献。

辽宁省档案馆保存的清代东北地方军政机关的满文档案也被整理出版。中华书局出版季永海、何溥滢译《盛京内务府顺治年间档》。中华书局《清史资料》第五辑发表关嘉禄、王佩环译，佟永功校订《黑图档中有关庄园问题的满文档案文件汇编》。辽宁古籍出版社出版辽宁省档案馆编译《盛京内务府粮庄档案汇编》。辽宁省编译出版《三姓副都统衙门满文档案译编》和《清代三姓副都统衙门满汉文档案选编》。辽宁社会科学院历史研究所、大连市图书馆及辽宁省民族研究所整理出版《清代内阁大库散佚满汉文档案选编》共四册。利用新发掘的满文档案史料，一批有深度、有见地的论文相继发表。

满文满族古籍整理出版、影印的有:《八旗满洲氏族通谱》、《满洲源流考》、《八旗通志》、《妙莲集·写春精舍词》、《清代八旗驻防志丛书》、《熙朝雅颂集》、《明善堂文集校笺》、《无圈点字书》、《旧清语辞典》等。图书目录有：黄润华、屈六生《全国满文图书资料联合目录》和《北京满文石刻拓片目录》，中国民族古文字研究会出版富丽辑录《世界满文文献目录·初编》。清代玉牒和满族家谱整理出版的有：李林《满族家谱选编》和《本溪县满族家谱研究》，傅波等《满族家谱研究》。

第三节 金毓黻、金启孮的满史研究

随着梁启超在二十世纪初期开启的“新史学”，中国史学步入了近代化的征程，满族史的研究也取突出成绩。金毓黻、金启孮是两位在满族史研究方面有突出贡献的学者。

一、金毓黻的学术成就

金毓黻（1887—1962），原名毓玺，字静庵，号千华山民，斋名静晤室、千华山馆，辽宁辽阳汉军家庭出身。金毓黻六岁进私塾读书，十六岁因家境所困辍学，二十岁入辽阳县启化高等小学堂就读。1908 年，他考入奉天省立中学堂读书，1913 年考入北京大学堂文学门，1916 年毕业后，先在奉天省立一中、沈阳文学专门学校任教，后步入政界，曾任东北政务委员会秘书、辽宁省政府秘书长、教育厅长。1936年他假道日本至南京，经蔡元培、傅斯年的推荐，先后受聘中央大学历史系教授。1943 年他转至四川三台东北大学任教，1944 年再回中央大学执教。抗战胜利后，他回到东北先后任国史馆修纂、沈阳博物馆筹备委员会主任、国史馆驻北平办事处主任等职。1949 年后，他先在北京大学、辅仁大学任教，后调至中国科学院历史研究所第三所（今中国社科院近代史研究所）任研究员，直至去世。

金毓黻平生著述六十余种，一千三百余万字。金毓黻于 1924 年开始编辑《辽东文献征略》，1925 年又着手编辑《辽海丛书》，至 1934 年丛书编成。《辽海丛书》分两大类，一是先正遗著，一是地方掌故。全书共十集，收书八十七种，约三百万字，搜罗既丰且精，其中颇多家藏稿本及传抄本而向来未付梓者以及已付刊而久经绝版者，是研究东北古史的重要资料丛书。

《辽海丛书》中有不少涉及满洲史的重要史料，包括掌故类的《沈故》、《凤城琐录》、《滦阳录》，行程类的《何氏沈阳纪程》、《潘氏沈阳纪程》，方志类的尤多，如《辽东志》、《全辽志》、《辽阳州志》、《锦州府志》、《岫岩志略》、《铁岭县志》、《塔子沟纪略》、《全辽备考》、《盛京疆域志》、《广宁县志》、《宁远州志》、《盖平县志》、《开原县志》等。

上述文献中有关满洲史的记载相当重要，例如日本学者稻叶君山在《辽东志》解题中提到“直当劲敌女直及野人又拔起于东边，而本书适成于此边衅骚然之日，此读者所应当留意者也”。四库馆臣因明人述建州事，未曾进呈，后流入日本而得以保全。《辽东志》与《全辽志》俱得自日本。[①] 各书选本之精以及校勘之细也是人所共知的。博明希哲《凤城琐录》即从朝鲜京城大学教授藤塚邻处借抄，并以奉天通志馆藏本互校。此外，朝鲜作者的《沈馆录》、《沈阳日记》等，《辽海丛书》中亦有收入。

东北地方文献是金毓黻研究满洲史的基石，金毓黻在《东北地理略说》中胪列重要文献数十种，《盛京通志》与《吉林通志》"二书宜全看"[②]。其在日记中经常引二书以证史。例如《盛京通志》，此书为乾隆时王河纂，阿桂等重修，金毓黻认为其书失之细碎，宜稍加整齐。辽阳有旧碑，文字漫漶，金毓黻据《盛京通志》考证为阿兰珠墓，又据《盛京通志》考证顺治十四年（1657）阿兰珠墓碑文。参以其他史料考证《盛京通志》中皇太极建国事。《盛京通志》中载辽阳孔有德墓，金毓黻根据《清史列传》考证孔有德与辽阳关系，并往墓地做实地调查。

金毓黻的满洲史研究主要体现在对近代学者的相关研究进行考证、订补、商榷以及评论方面。稻叶君山《满洲发达史》、《清朝全史》等著作取材极富，创获尤多。《清朝全史》称建州女真居斡朵里，旧为元代三万户，三万户女真语作依兰豆漫。金毓黻引高士奇《冬巡日录》谓松花江亦称依兰江，则依兰豆漫并非是今依兰县。《清朝全史》论鄂多里城位置，清代以长白山东之俄莫惠野俄多里为发祥地，辩证鄂多里并非是敦化，应为长白山东之俄谟辉野，后为朝鲜之会宁州。金毓黻引晚清曹廷杰的研究，考证鄂多里为女真之种名而非地名，女真名会宁为斡木河。《辽东志》载铁岭徙治，稻叶君山认为与朝鲜有关，金毓黻认为其所论"徙治原委极确当"。[③] 稻叶君山《清初史料》，由朝鲜史料作证，较之《清朝全史》则又进一步。陈去病与章太炎的满洲先世论，金毓黻考证陈氏不误，章氏未及深考，故至大误。萧一山《清代通史》与稻叶君山《清朝全史》相比差可胜之，但是后者为创作，前者为因成，"创作者难为功，

① 《静晤室日记》收入金毓黻重刊《辽东志》、《全辽志》序，参见《静晤室日记》，辽沈书社1993年，第3399—3402页。

② 《静晤室日记》，辽沈书社1993年，第1866页。

③ 《静晤室日记》，辽沈书社1993年，第1890页。

因成者易为力”。[①]《清代通史》中载白喇嘛碑与实录互证，可考崇德改元前之尊号。其书论满洲先祖世系，金毓黻认为还是应按清代实录，参以明人和朝鲜记载，考订萧氏之说为非。孟森《八旗制度考实》论宗人府之制有小误，特为辨正。

金毓黻先人出于满洲汉军八旗[②]，清初移居辽阳，对满洲故实了解甚多，《盛京通志》载顺治十年（1653）设辽阳府，定例招移民开垦。根据其乡故老相传，则有顺治八年移民之说，可与《盛京通志》互相参证。本地州志之记载亦是《盛京通志》之重要补充，对于研究清初移民以及金毓黻之家史都极有价值。金毓黻平时很注意对满族遗迹的访求，曾亲谒永陵，寻访赫图阿拉故城。其他遗迹如文献、古迹、碑刻、实物等皆有助于证史，例如辽阳故城存遗垣，可考其城建置变迁。皇太极时国号大金之证甚多，努尔哈赤时国号亦称金则证据极少，金毓黻举现存大金天命癸亥年之云版和大金天命年之碑二证证之。盛昱辑《雪屐寻碑录》中所录之碑刻，可与《八旗通志》、《八旗氏族通谱》相印证，是相当重要的史料。清朝灭亡后，清代遗老保存了很多的口述史料，如端方之弟端仲纲曾谈及清肇祖之墓地在延吉与朝鲜交界处，金毓黻参以明人所记猛哥贴木儿被杀地，正与此合。

金毓黻的满洲史研究有着明显的经世目的。金毓黻持类似“中华民族是一个”的观点，中国民族“即语所云炎黄遗裔是也”，至周、秦之时中国民族已析分为多支，以东北而言，则主要是汉、满、蒙三支，“今日之流，决不同古代之源，寻其分合衍变之迹甚可玩味”。[③]汉、满、蒙三族在长期的发展中由分而合，团结内力，至于康熙《尼布楚条约》签订后“诸族之内部，无复活动之迹，其可言者，乃与外族向竞之历史耳”。[④]金毓黻称引日本学者的相关研究以呼吁中国学界重视满洲史以及清史研究，“近年发生之问题，如南北满之断限，中、俄之划界，间岛之争执，皆引起历史沿革之讨论”。日本在东北的侵略往

① 《静晤室日记》，辽沈书社，1993 年，第 2323 页。

② 参阅《静晤室日记》第 414—415，784，1017，1665—1666，2094，2209，3281 页。

③ 《静晤室日记》，第 5491 页。

④ 《东北通史》，吉林文史出版社，1991 年，第 31—32 页。

往以学术为其先导，“往者中国与朝鲜以图们江为界，而日人横谓今之图们江为豆满江，而图们江自别有在，不得混而为一，因此谓间岛为朝鲜所有。不知图们、豆满为一音之转，无可致疑。日人盖欺吾国政府吾人留意及此”[①]。

在当时的条件下，金毓黻的满洲史研究最大的缺憾便是史料匮乏，按照金毓黻自己的说法：“清代《实录》不可骤得，《史稿》亦难窥全帙；现可觅者，惟《东华录》耳，然光绪《东华录》此间亦不得见；又有《清国史本传》刊本，一名《清史列传》者，亦仅得其残帙，不敷翻帑之用。坊间有署《清代七百名人传》者，著者为蔡冠洛……载清代臣僚师儒行迹者，又有《满汉名臣传》、《贰臣传》，实与《清史列传》重复，可以勿问。唯李恒之《耆献类征》，钱（仪吉）、缪（荃孙）、闵（尔昌）之正、续、补《碑传集》为足称，客中亦不易得，今姑以坊本代之，尝鼎一脔，犹胜于不尝。”[②] 至于满文原始材料，更无法利用。金毓黻一再提及清初以大金为国号，所举证据还是稍嫌薄弱。后金梁（息侯）发现满文老档，档案中即有明确记载。满文老档是研究满洲史的第一手原始资料，史料价值极高。金毓黻居沈阳时，有条件查阅清初的原始档案材料以及崇谟阁所藏之历代实录，《明实录》吴廷燮处有抄本可供借阅，但还是尚祈“有心人能将《明实录》所录辽事一一录出”，而本人已无暇为此。[③] 域外与朝鲜的材料亦相当重视。但是，大量的明清野史、文集、笔记、方志等材料，在当时条件下都没有得到充分的利用。

除史料匮乏外，金毓黻的满洲史研究从总体上来看还是失之碎细。《东北通史》至于元末而止。明朝建州女真兴起至1644年清兵入关统一中国，这段明与后金交争的历史在东北历史上占有着重要地位，对此后中国历史发展也产生了重大影响，而在《东北通史》中却付之阙如，如此实难称“通史”。金毓黻的满洲史研究的大多数还是以札记考订评论的形式记在其日记中，和其他札记体的著作一样，难免有零杂续成，不成体系之感。

---

① 《静晤室日记》，辽沈书社，1993年，第1864页。

② 《静晤室日记》，辽沈书社，1993年，第5637—5638页。

③ 《静晤室日记》，辽沈书社，1993年，第2087页。

二、金启孮的史学成就

二十世纪后半期，因社会历史条件的变化，满族史学既褪去清朝时的光环，也不再像辛亥革命后的沮丧，呈现出新的面貌。包括满族史学、文学、民俗学、文字学等的满学发展兴盛。其中，满族史学家是主要的力量，金启孮就是杰出的代表。金启孮是二十世纪后半期国内外著名女真文、满学、清史、蒙古史专家。

金启孮（1918—2004），满族，姓爱新觉罗氏，名启孮，字麓漴，为清乾隆帝第五子荣纯亲王永琪七世孙。五世祖母为清代著名女词人顾太清，父金光平（恒煦）为女真文和满文的著名学者。金启孮出生于北平市，中学就读于北平市第五中学，1939 年入国立北京大学国文学系读书。1940 年其赴日本留学，就学于东京帝国大学文学部东洋史学科。1944 年其回伪满洲国任教。1949 年后其又毕业于华北大学史二班。1958 年，金启孮为支援内蒙古经济文化建设，应邀调入刚建校的内蒙古大学。历任该校蒙古史研究室副主任、副教授、教授，在研究蒙古史同时，继续研究女真学、满学。1982 年他赴沈阳，主持筹建以满学研究为中心的辽宁省民族研究所，任所长；创办《满族研究》及《满族研究参考资料》两种刊物，并任主编。金启孮曾任中国阿尔泰学会名誉会长，日本东亚历史文化研究会名誉会长，1989 年离休，离休后定居北京市，终年 86 岁。

金启孮先生少年时秉承家学，潜心于女真文、满洲史之研究。从二十世纪四十年代始，金启孮与其父一起在研究《金史》的同时研究女真文。凝聚金启孮父子两代人多年心血的《女真语言文字研究》一书，1980 年由文物出版社出版，这是世界上第一部全面系统地研究女真语言文字的专著。启孮先生的次女爱新觉罗·乌拉熙春博士是当今研究契丹文和女真文的国际知名学者。她继承家学，在祖父和父亲对女真语言文字研究的基础上，对迄今为止发现的女真文字资料向纵深方向研究，并将其扩展到契丹文字研究领域，近年来成果颇丰。金启孮一家三代传承致力于女真文字和契丹文字研究，并做出蜚声中外的成果。1996 年远方出版社出版的《爱新觉罗氏三代满学论集》与 2002 年由日本明善堂出版的《爱新觉罗氏三代阿尔泰学论集》两部著作，是金光平、金启孮、乌拉熙春祖孙三代关于满学、阿尔泰学研究的论文合集，金启孮居于承上启下的重要地位。

金启孮对于满族史与满学的研究做出了突出的成就。在担任辽宁省民族研究所所长及《满族研究》与《满族研究参考资料》主编时，金启孮积极推动满学研究。他自己关于满学与满族史的研究成果也非常丰厚。金启孮所掌握的大量丰富而真实的清皇室府邸史料，是研究清史、满洲史弥足珍贵的历史文献。所著四十卷本的《荣府史》，是金启孮仿《史记》体例撰成的始自荣纯亲王永琪、止于金启孮一辈的荣王府历史。1981 年黑龙江人民出版社出版的《满族的历史与生活——三家子屯调查报告》，是金启孮 1962 年首次对保存现代满语的满族聚居村屯进行系统调查研究的成果。1984 年该书译为德文本出版，在国际满学界产生了巨大影响。1989 年内蒙古大学出版社出版的《北京郊区的满族》和 1998 年辽宁民族出版社出版的《北京城区的满族》，是金启孮据“幼时亲闻、亲见之事”，结合相关资料写成。书中展现了上溯至清朝中叶，下限到北平解放前夕北京满族的历史，真实地记述了北京满族人的生活状况、思想感情及其在社会变革时期的处境和活动，为了解和研究二十世纪前半叶北京满族以及相关民族的社会、历史、语言、风物、民俗诸问题提供了可靠的第一手资料。

金启孮在内蒙古大学任职二十多年，加之其母系为漠南蒙古达延汗后裔，所以他对于内蒙古史的研究也成就卓越。其中 1991 年与 2000 年内蒙古人民出版社出版的《漠南集》与《清代蒙古史札记》是其为数众多的蒙古学研究的代表作。“金启孮治学严谨，根底深厚，在学术界自成一家，为女真学、满洲学、蒙古学的发展与进步做出了重要贡献。”[①]

① 其木道尔基《著名女真、满学、蒙古学家金启孮先生》，《蒙古史研究》（第十辑），2010 年。

第十四章

二十世纪黎族、台湾少数民族史学

第一节　二十世纪前半期黎族史学

一、黎族民族学人类学研究的开端和短暂高潮

由于生产力发展一直极为缓慢，在很长的历史时期中，黎族民族特性有较为完整的保存。到了近代，黎族的原始状态在不断受到冲击，黎族的古代历史还没有经历过系统的记述和研究，许多珍贵的历史遗存在当时就已经显露出逐渐消失的迹象。

二十世纪初，民族学研究在世界范围内兴起，“加以寻求殖民地的政治原因的推动，外国学者、传教士、旅行家及政府官吏之来华做民族调查及研究者，便如风起云涌，与日俱盛”[①]。一些学者开始从民俗学、人类学角度对黎族进行调查，并且已经开始感受到时代变迁带来的压力：“活跃的南方超过了保守的北方，海南岛很快就要逼近巨大的迅速的文明化运动。在没有全部失去尚可窥视其原始状态之前，今天必须写下这些东西，因为这是最后的时机了。”[②]

1931 年和 1932 年，德国人类学家史图博两度到海南黎族聚居地进行田野调查，受到美国长老教会派传道会的协助和殷勤款待。1937 年史图博的《海南岛的黎族——为华南民族学研究而作》（德文版）在柏林出版。时任中国传教理事会主席的劳瑞博士（Dr. J. W. Lowrie）在序言中称：“在此（书出版）之前，我们派往中国的各个传教团还没有告诉过我们关于这个岛屿的更多的第一手材料。”[③]1943 年该书日文版由东京亩傍书房出版，附图版九十一张及地图一幅，中文版《海南岛民族志》系从日文版转译。

① 王兴瑞《海南岛黎人研究述略》，《海南岛》第 1 卷第 1 期，1941 年 9 月。

② 小叶田淳著，张迅齐译《海南岛史》著者原序，台北学海出版社，1979 年，第 10 页。

③ H. 史图博《海南岛民族志》，中科院广东民研所 1964 年 6 月编印。

该书应该是最早从民族学角度和以田野考察方法对黎族进行详尽研究的学术著作，对各支系黎人的身长、肤色、发色、脸型、鼻子、发饰、健康状态、服饰花纹、裁剪方法、文身、宗教等，叙述非常详尽，细致到连脱谷用的木舀和木杵也画有图形，标有长度，还有绘制的对付背痛的巫术文字等。弥足珍贵的是，这部书卷末收有大量的彩色照片（全部共二百六十张），"因为黎族很厌恶我们对他们进行人类学上的测量，所以遗憾得很，不能做到稍微正确的测定"。"在这种情况下，我不能不只限于记录单从观察就能判明的若干肉体上的特征。另外，我以大量的照片材料来校正上述观察的内容。在那些照片中，虽然数量极少，但也有专为人类学研究的目的而拍摄的。"① 这些图像资料保存了当时黎族的生存状态，具有极高的研究价值。

学者王兴瑞认为，史图博是国外学者研究黎人的开始，"这是外人研究黎人的嚆矢"。"而国人以专家资格进入黎峒考察者，以刘氏为第一人，用科学方法对黎人做民族学的研究者，也以刘氏为第一人"。② 刘氏即学者刘咸。1934 年刘咸率中央研究院人种学组，随海南生物科学采集团深入黎峒考察两个多月，陆续发表《海南黎人文身之研究》、《海南黎人刻木为信之研究》等文章。后王兴瑞等人也有相关的研究文章问世。

二、日据时期日本"学者"的黎族研究

黎族人类学研究的第二个阶段，从日军侵琼开始。1939 年 2 月 10 日，日军入侵觊觎已久的海南岛，至 1945 年 8 月日本战败投降为止，海南岛经历了长达六年余的日本占领时期。

日本占领海南岛期间，开展了较大规模的情报搜集工作，内容涉及海南的民族、农业、渔业、矿产资源、动植物、地理等各方面。负责此项事务的主要是海南海军特务部下属的政务局第一调查室。该室出版的黎族专著有:《海南岛黎族的人类学的调查》、《关于海南岛汉族以及黎族体力比较的调查报告》、《海

① H. 史图博《海南岛民族志》，中科院广东民研所 1964 年 6 月编印，第 31、4 页。

② 王兴瑞《海南岛黎人研究述略》，《海南岛》第 1 卷第 1 期，1941 年 9 月。

南岛黎族语言调查报告》、《海南岛重合盆地黎族的社会组织》等。从题目可以看出，调查侧重于民族社会学和人类学方面，这是日据时代海南岛黎族调查研究的一个显著特征。

此外，当时还有一些日本学者在海南进行田野考察，涉及黎族农业经济、社会组织、风俗等多个方面，其中人类学的研究占到相当的比重。当时出版的黎族文献有：冈田谦、尾高邦雄《海南岛黎族的社会组织以及经济组织》，小林喜久男、长谷川正《关于海南岛居民的血型续报》，小叶田淳《海南岛史》，厚生省研究所人口民族部编《南方民族图谱》、《北黎阿尔山人黎人故事》，奥田彧《海南岛黎族的农业》，赤林清一郎《海南岛的黎界纪行》，谷口虎年《海南岛黎族的新研究》，石敢当本《海南岛的民族》，宫本延人《关于海南岛黎族的一支》，白沙《黎族情况》、《海南岛黎族的奇特风俗》，池上清德《海南岛原住民》，《山区黎区的黎族人》，田中薰《海南岛黎族情况及其他》，等等。

日据时代，这些"学术活动"或直接受命于当局，或与当时日本的殖民活动有着千丝万缕的关系。社会学家尾高邦雄的《海南岛黎族的社会组织与经济组织》一书，就是由海南海军特务部1944年出版发行的；曾任教于台北帝大文政学部的小叶田淳在其所作《海南岛史》的序言中写道"我遵照海南海军特务部的嘱托，而着手编纂海南岛史"[①]，"承特务部总监池田清先生热心赞助"[②]，并对在海南岛调查期间，给予帮助的政务局第一调查室主任屋井镇雄等人表示感谢。

这一时期黎族调查的规模较大，保存了较多的史料。但其为殖民服务的色彩，也导致"调查时间短，调查对象少，罗列现象多，分析研究少"等问题的出现，并随着日本侵略者的溃败打上了句号。[③]在当时人类学研究的热潮中，小叶田淳的《海南岛史》，是一部具有较高水准的历史著作，其中对历代王朝的治黎政策，黎族动乱的原因和特性，黎汉的融合，基督教、回教在黎区的传播等均有论述。《海南岛史》可以说是第一部真正意义上的、系统的海南史、

① 小叶田淳著，张迅齐译《海南岛史》，台北学海出版社，1979年，第317页。

② 小叶田淳著，张迅齐译《海南岛史》著者原序，台北学海出版社，1979年。

③ 熊开发《黎族研究之综述与评价》，《海南学论丛》第一辑，海南出版社，1993年，第92页。

黎族史著作，“这对于海南史料的搜集，确有很大的贡献”[①]。但小叶田淳并不认为这是一部成熟的著作，曾打算收集史料另外撰写一部海南史，但随着日军的失败无果而终。

三、第一部黎人撰写的文献:《广东省琼崖各属黎区调查一览表》

二十世纪前期，由黎族人撰写的第一部文献《广东省琼崖各属黎区调查一览表》问世，作者为海南陵水县七弓峒世袭峒主的王昭夷。王昭夷先后求学于嘉积镇美国教会学校和广州高等师范学校，其父王维昌年轻时也曾就读于基督教会学校，略通英文。1928 年秋，广东南区善后公署参谋长黄强一行赴黎区调查。在其后出版的《五指山问黎记》中，黄强记载了与村长王昭夷的一次会面，彼时王昭夷三十岁左右，其家妇女已剪发，显示其开通的程度。

王昭夷曾充任琼崖行政委员公署科员，《广东省琼崖各属黎区调查一览表》是他奉命对黎区进行宣传及调查活动的报告。该报告列表统计各黎区的种别、语属、所在地沿革、男女人数、出产、私塾及学校数目，并对未来应设市镇之处提出了建议。

王昭夷在呈报上司的信件中，一再提及在调查行程中对黎人宣讲“旧政府压迫之手段，新政府解放之真义，爱怜之本意皆本总理三民主义，以求全国民族达到自由平等为目的”[②]。信中措辞显示其对官场应酬客套也较为熟悉。但其后王昭夷跌宕起伏的政治命运，说明当时黎族的政治家、军事家的思想和谋略，还远不足以应对复杂残酷的现实政治。

作为黄埔军校第四期学员的王昭夷曾参加北伐。国共合作破裂后，他靠拢中共琼崖纵队，率领黎族农军起义，任陵水县苏维埃政府委员。其后，因苏维埃的土改政策触及其利益，加之对红军的战略不满，王昭夷翻云覆雨，设下鸿门宴偷袭红军，重投国民党怀抱，被委以陵水县长之职，期间在黎区推行本族儿童强制性的初小教育，引入橡胶种植。1938 年，日军登陆琼岛，王出任

① 小叶田淳著，张迅齐译《海南岛史》译者序，台北学海出版社，1979 年。

② 王昭夷《广东省琼崖各属黎区调查一览表》，《黎族藏书古籍资料汇编》第 19 卷，海南岛民族学会 2006 年。

国民党保亭抗日游击大队长，开展抗日斗争。未几，海南岛沦陷，王再次变节降日，任日伪保亭县维持会会长，有史料称其为伪降，真相难辨。1941 年秋，王昭夷着手组织族中兵丁偷袭保城日军总部，事泄为日本人暗杀。

王昭夷的命运几乎可以成为一个动荡历史时期的范本，虽然他在红军政权、国民党政权、日本侵略军之间几度反复，但他作为“黎族第一人”留下的这部薄薄的文献，至今仍是民国前期黎族社会的珍贵史料。

第二节　二十世纪后半期黎族史学

二十世纪后半期，黎族史学较前有了一定的发展，在民族学人类学研究、社会历史调查、史料搜集整理等方面，出现了具有较高价值的史学著作。但总的来说，受到种种客观条件的限制，黎族史学研究工作的开展并不充分。

一、对黎族社会历史的调查

1949 年之后，对黎族大规模的科学调查活动正式开始。二十世纪五十年代调查的内容非常广泛，包括文化、语言、经济等各个方面，留存了一批珍贵的原始材料，客观反映了二十世纪五十年代中期黎族的社会风貌。

主要的调查活动有三次。

1954 年至 1955 年，中南民族学院调研组对海南 22 个黎族村点展开大规模田野调查，获得了大量珍贵的原始资料，1992 年出版《海南岛黎族社会调查》（广西民族出版社）一书。

1956 年，中国科学院少数民族语言研究所“少数民族语言调查第一工作队海南分队”开展黎语调查，出版《黎语调查报告初稿》一书。

1956 年 11 月至 1957 年 2 月，中国少数民族社会历史调查广东省课题组对黎族村寨展开调查，1986 年出版《黎族社会历史调查》一书。这次调查主要针对当时仍在实行合亩制经济的毛道、毛枝、雅袁等六个黎乡进行，调查非常深入，对黎族生产力、生产关系、社会、宗教、婚姻家庭、借贷关系等各个方面的记载非常具体，保留了重要的统计数据。

二、黎族史的几部重要著作

这一时期重要的黎族历史著作有两部，一是刘耀荃的《黎族历史纪年辑要》，"主要从有关的地方志内摘录与黎族有关的史料编成，并旁及其他史籍"。[①]该书上起唐、虞，下至公元1919年止，均按年代先后次序编排，大体以一年为一条目单位，史料基本上按原文抄录，间有删节。就该书的内容来说，由于受到史料来源的限制，主要为各朝的建置沿革、黎族的叛乱、起义、剿抚等，而经济、文化方面的史料基本阙如。

吴永章的《黎族史》是目前最重要的黎族史著作，也是第一部真正意义上的黎族历史著作。《黎族史》记述两汉至清朝，各朝的治黎政策、经济发展、土地政策、黎族社会风俗、反抗活动等。作者对古籍文献中有关黎族史料的梳理非常清晰，史料运用极为详尽。

当代黎族历史研究的一个重要方面，是周伟民等学者对黎族历史资料的搜集和整理。

2007年，由周伟民等主编的《海南地方志丛书》出版，辑录了自宋代《海外四州》至中华人民共和国建立前的府志（岛志）、州志、县志、乡土志、采访录，南海诸岛的若干历史资料，《二十五史》中涉及海南地方的史料，以及八种《广东通志》中的"琼州府"部分，共六十八册。

2006年海南民族学会主持的大型丛书《黎族藏书》编纂工作正式启动。《黎族藏书》涉及的书目估计多达千种，包括二十五史、《通典》、《通志》、《文献通考》、《资治通鉴》、历代实录等中央官书中有关黎族史料文献编纂工作，《广东通志》、《广西通志》、《琼州府志》及两广地区有关州府县志书中涉及黎族资料的编纂，历代文人笔记及近现代有关黎族研究的期刊资料的编纂工作，以及日、德、英、法等各主要外文语种涉及黎族资料的编纂工作。黎族古籍资料汇编，为进一步研究黎族历史打下了基础。

① 刘耀荃《黎族历史纪年辑要·编者说明》，广东省民族研究所1982年。

第三节　二十世纪台湾少数民族史学

一、台湾少数民族的人口和社会

台湾世居民族历史上曾有“夷”、“夷洲民”、“山夷”、“东番”、“土番”等称谓。日本殖民统治时期统称其为“高砂族”，国民党入台以后则称之为高山族，沿用至二十世纪九十年代。二十世纪八十年代后期，台湾世居民族开始正名运动，最终确定了“原住民”的称号。其后台湾原住民族进行了详细的族群划分，目前获得承认的原住民族共有 14 个。

据统计，到 2008 年初，台湾少数民族共有 14 个族群，人口达四十八万四千人，约为台湾总人口数的 2.1%，分布在花莲、台东、屏东、台南、嘉义、高雄、基隆等县市。台湾少数民族的历史发展比较缓慢，社会组织发展程度不一，至今某些民族仍有母系社会、父系社会、贵族社会等留存。

二、台湾少数民族人类学研究

甲午战后，命运多舛的台湾进入日据时代，中国古代文人对台湾少数民族直观、感性、带有浓厚文学色彩的记载，经此一变，呈现出人类学、民俗学、考古学研究等截然不同的面貌。

作为日本第一个海外殖民地，日本在台湾的经营，很大程度上具有实验和示范的效应。很快，殖民当局找到了“政治生物学”这个殖民统治良方，“若要统治殖民地，必须运用生物学的原则，彻底了解台湾民众与物质的状态，从而制订因地因时制宜的政策，不可强将日本内地或外国的制度全盘输入。因此，土地、人口、田野与旧惯调查成为‘新领土统治基础工程’”，主张实行“科学的殖民政策”。[①]

多种族的、尚处于蒙昧阶段的台湾，对于刚刚接受人类学理论的日本学者来说，原本就是意外获得的最佳考察研究对象。再加上殖民政策的激励，

① 林果《评郑政诚〈台湾大调查——临时台湾旧惯调查会之研究〉》，《新史学》18 卷 2 期，2007 年。

日本人类学、民族学、考古学者在台湾这个海外试验田里获得了更为充分的发挥空间。

在台湾少数民族研究者中，鸟居龙藏、伊能嘉矩、森丑之助是早期颇为著名的三位。1896年，人类学家鸟居龙藏受东京帝国大学的派遣，来到台湾，对阿美、泰雅、排湾、布农、卑南、雅美、鲁凯、邹、赛夏、邵、平埔等族进行人类学考察，有《红头屿土俗调查报告》等书出版，并为台湾少数民族留下了数量众多的影像记载。伊能嘉矩的贡献则在于他对台湾少数民族的系统分类，在他的研究下，原本以政治意义划分的生番、熟番等模糊称谓，被科学和系统的划分所代替，成为其后台湾少数民族族群分类研究的基础。

出于殖民统治的需要，隶属于台湾总督府的"临时台湾旧惯调查会"，自二十世纪初期开始以官方资源与编制，对台湾少数民族进行了大规模的实地调查记录，出版《蕃族调查报告》（八卷，1913—1922）、《蕃族惯习调查报告》（五卷，1915—1922）等书，调查各蕃社家族、亲属、婚姻、社会组织、宗教观念、农耕礼仪、禁忌、住居、职业、神话、财产制度等。1928年，台北帝国大学（现台湾大学）设立土俗人种学研究室和语言学研究室，为日本台湾少数民族研究的又一个阶段，宫本延一、马渊东一等主要研究人员有丰富的研究成果面世。

日据时代的人类学研究背景下，台湾少数民族更多是作为被观察、研究、分析、实验的对象，且与殖民统治难脱干系，但是调查方法相对科学、文献数目众多的日文台湾少数民族文献仍有其价值。从1949年前日本对中国少数民族研究文献情况上看，其对台湾少数民族的研究最有系统、成果最多，被认为"具有世界水平"。[①] 近年日文台湾少数民族文献愈发受到重视，成为当代台湾少数民族研究重要的参考资料。

三、台湾少数民族史研究

第二次世界大战后，中国政府收回其在台湾的治权，芮逸夫、卫惠林、凌

---

① 未成道男《中国文化人类学文献解题》（日文），东京大学出版社，1995年，转引自《中国少数民族研究在日本——以建国前日本有关中国少数民族研究文献为中心》，《西南民族大学学报》（人文社科版），2003年第8期。

纯声等大陆人类学家先后入台，将研究对象转向了台湾少数民族。当大陆人类学研究遭遇冲击保持缄默之时，台湾延续了人类学在中国的持续发展。这种局面维持到1965年“中央研究院民族研究所”成立，台湾人类学家转而将其研究的重心放在了汉人社会上，台湾少数民族研究遇冷。这一时期台湾史料的收集、整理、编辑、出版工作取得了不菲的成绩，为台湾少数民族史学研究的兴起准备好了史料基础。

主要的史料汇编有以下几部:《台湾文献丛刊》，自1957年开始修撰，集15年之力始得完成，收录唐、宋、元、明、清以及日据时期的台湾史文献309种、595册、4800万字。“这部在当时以微薄的人力、经费所编辑出版的台湾史料丛刊，可以说是支撑往后将近半个世纪之台湾史研究的最重要史料资源，贡献厥伟。”[①]《台湾史料集成》，2002年启动，主要收集二十世纪七十年代以后新整理发现的台湾史料，共分为《明清台湾档案》、《清代台湾关系谕旨》、《清代台湾方志》以及《台湾总督府档案抄录契约文书》四种史料，目前已经完成一百三十九册。《台湾原住民史料汇编》为台湾文献馆“台湾原住民史”修撰前期的田野调查和搜集资料的汇编，共计出版八辑：第一辑，雅美、布农、卑南族及都市原住民采访记录；第二辑，雅美、邵族、历史篇及都市原住民采访记录；第三辑，台湾省政府公报中有关台湾少数民族法规政令汇编；第四辑，卑南族的社会与文化；第五辑，北宜地区都市原住民采访专辑；第六辑，卑南族神话传说故事集：南王祖先的话；第七辑，台湾“故宫博物院”清代宫中档奏折台湾少数民族史料；第八辑，都市台湾少数民族妇女生活的图像——高屏地区都市台湾少数民族妇女访谈录。

二十世纪八十年代后期，台湾岛内政治生态发生重大变化，台湾少数民族政治意识觉醒，追寻政治权利的热情前所未有地高涨起来。在政治上获得瞩目的台湾少数民族，也成为学术研究的新宠。这一时期台湾少数民族史学研究中，传统研究方式仍是主流，但在新的政治和学术背景下，一些不同的特质也

① 《明清台湾档案汇编 第肆辑》自序，台湾史料集成编辑委员会。http：//www.ylib.com/search/ShowBook.asp?BookNo=V520C

开始呈现出来了。

当代台湾少数民族史的研究内容很广泛，如汉番关系史、开发史、理番史、社会经济史、文化史、政治史、迁移史、教育史等，仍以传统的研究方式为主，充分梳理和研究历史文献。台湾少数民族文献最为丰富的清代及日治时代，是台湾少数民族史很重要的两个研究方向。乔健、黄应贵、詹素娟、张隆志、洪丽完等是当前比较活跃的一批台湾少数民族研究者。

台湾少数民族研究属于当前学术热点，在台湾博硕论文系统中粗略检索，即可显示相关论文多篇，如《清代台湾汉语文献原住民记述研究》、《清朝前期文献中的台湾原住民印象》、《论原住民文相似性、差异性与再现的复制：清代书写台湾原住民形象之论述与台湾明清宦游文学》、《番头家：清代台湾族群政治与熟番地权》、《清代平埔族与汉人土地转移关系之研究》、《晚清台湾开山“抚番”政策（1874—1895）》、《清代苑里地区的开发：以汉番聚落消长为中心》、《清代台湾中部平埔族迁移埔里拓垦之研究》、《清代台湾后山平埔族移民之研究》、《清代台湾中部汉番关系之研究》、《清代闽浙督抚处理台湾原住民事务之研究》、《族群关系与乡村台湾—— 一个清代台湾平埔族群史的重建和理解》、《从清乾隆朝岸里社讼案看番汉纠纷的型态（1758—1792）》、《国家、区域与族群——台湾后山奇莱地区原住民族群历史变迁之研究（1874—1945）》、《日治时期蕃童教育所之研究（1904—1937）》、《日治后期的理蕃：傀儡与愚民的教化政策（1930—1945）》等。

从上面列举的文章可以看出，传统的台湾少数民族史研究有自己的特点，如以“台湾少数民族”的统称展开论述，或沿袭“熟番”、“生番”、“番”等历史文献中的传统称谓，对传统史料中特定历史时期的台湾少数民族展开研究。

随着台湾少数民族正名运动的开展，目前认定的族群已达十四个：阿美族、排湾族、泰雅族、布农族、鲁凯族、卑南族、邹族、赛夏族、达悟族、邵族、噶玛兰族、太鲁阁族、撒奇莱雅族、赛德克族。因此，除了对台湾少数民族整体历史的研究之外，单一民族史的研究文献也纷纷出现，台湾少数民族研究出现了越来越细化的趋势。

1998 年，“台湾省文献委员会”主持“台湾原住民史”修撰计划，计划将台湾少数民族各族群之族源传说、历史活动、对外关系等文献数据进行系统性的整理、归纳、分析，工程浩繁，至今共出版台湾少数民族史——史前篇、语言篇、雅美族史篇、卑南族史篇、泰雅族篇、都市原住民史篇、邵族史篇、赛夏族史篇、政策篇、排湾族史篇、平埔族史篇（北部）、平埔族史篇（中部）、阿美族史篇十三部。

当然，单一族群史研究，尤其是对一些历史上并未命名过的族群的研究，在史料的利用上会受到一定的影响，研究方向上可能会较多注重近代出现的台湾少数民族人类学、民族学史料，或倾向于对族群进行具有开创性的当代调查研究，人类学、民族学的影响开始顺理成章地在台湾少数民族史学研究上反映出来，出现了人类学、民族学与史学互动的趋势。

平埔、卑南、排湾等十四个台湾少数民族族群都没有形成自己的文字，对于这种无文字的简单社会，仅仅依靠梳理其他文字的文献，难以建立一个民族完整的历史意象，故借助和依靠田野调查、考古等人类学的手段和成果，来丰富历史研究的素材是非常必要的。

人类学的田野调查手段已经是台湾少数民族史学研究的一个非常重要的组成部分。如台湾文献会在台湾少数民族史编纂前，就曾聘请五位专任研究助理，协助修纂人员，从事田野调查、口述历史、资料搜集、记录整理、资料建档等工作。田调小组将采集的资料，编印成台湾少数民族史料汇编，陆续出版。[①]

近年来，一些在研究方式、体例、资料选择、表述上带有明显人类学、民族学色彩的台湾少数民族史研究文章出现，研究者的专业身份呈多元化趋势。《原住民族史——赛夏族史篇》九章，大致叙述了族群位置的学政固化，神话传说和历史揣想，姓氏和社会的缠绵关系，矮灵仪式圈的泛类知识，政治历史的交作演变，以及今日认同机制的显隐存在等多个主题。书名虽为史著，事实上是一特殊的（架构特殊、词语特殊、诠释特殊）民族学民族志写作。[②]这种现象在其他几部台湾少数民族史著中也存在。

① 王雅萍《台湾原住民族史的研究回顾》，第 7 页。http：//www.docin.com/p-8432932.html

② 王萌《台湾赛夏族研究综述》，《广西民族学院学报》（人文社会科学专辑），2006 年 6 月。

人类学与历史学毕竟属于不同的学科，“对于不同学科背景的作者而言，发生的事情不一定具有同样的意义（康培德1999：5）”，[①]导致取舍和编写方式上的差异。一些研究者就认为，已出版的台湾少数民族史的系列著作中，某些著作未能达到历史学应有的时间贯穿性和厚度，更像是人类学的民族志而非民族史。

因此，对于历史学与其他学科的关系问题的思考一直存在。詹素娟在《族群历史研究的“常”与“变”——以平埔研究为中心》一文中即试图“以五十年来（1945—1995）台湾平埔族群研究的成果与内涵，作为解析台湾史发展过程的个例，并观照‘平埔研究’作为一个学术范畴，是否能够以史学为主体，兼含人类学的族群理论，发展史学的、无文字民族之族群史研究……并透过平埔研究中传统史学与社会人类学合流的现象，试图找到历史研究的策略”[②]。陈文德在《民族志与历史研究的对话：以“卑南族”形成与发展的探讨为例》一文中，以自己多年来从事田野调查的卑南族为例，就该族群的形成与发展的探讨为题，思索田野为主的民族志研究如何与历史研究对话。王明珂在《民族史的边缘研究：一个史学与人类学的中介点》一文中对此也有所阐述。

也许正如同林开世在《人类学与历史学的对话？——一点反省与建议》一文中所言：“如果只是互相借用两个学科使用各自传统的方法论所建立的资料，历史学者的文献，人类学者的田野材料，那么我们充其量只能说，这是一个遭遇（encounter），还谈不上对话。双方只是礼貌性地交换了名片，真正困难的部分，才刚开始。”[③]

第四节 台湾少数民族史研究的新力量

随着二十世纪八十年代后期台湾少数民族权利运动兴起，一些学者开始对

① 陈文德《民族志与历史研究的对话：以“卑南族”形成与发展的探讨为例》，《台大文史哲学报》2003年第59期。

② 詹素娟《族群历史研究的“常”与“变”：以平埔研究为中心》，《新史学》第6卷第4期1995年12月。

③ 林开世《人类学与历史学的对话？——一点反省与建议》，《台大文史哲学报》第59期2003年。

台湾少数民族历史研究进行回顾和反思，并出现了一批台湾少数民族籍的作者和研究成果。

一、“他者书写”与“我族写我史”

对台湾少数民族史研究的反思，主要集中在“他者书写”这个问题上。像许多没有文字的民族一样，台湾少数民族史研究，长期主要是他者书写。这种研究方式下的台湾少数民族历史，如开发史、汉番关系史等，尚需要台湾少数民族经历、记忆、感受之历史与之相补充。“但严格而言，我们仍缺少以这些台湾少数民族及其后裔为主体（of）和目的（for）所撰写的族群史作品。换言之，我们今日所阅读的‘原住民史’，并非真正的‘土著历史’（native history），而只是主流学术及支配族群的‘异己论述’（discourses of otherness）。”①

一批台湾少数民族出身的学者，提出“我族写我史”的口号，参与了一系列台湾少数民族史的撰写工作。王雅萍曾就台湾文献会主持修撰的十本民族史编纂者的背景情况进行研究，十七位作者中，台湾少数民族共有七位，占到作者群的41%。但是除了《排湾族史篇》由童春发独立完成外，其他仍为“原汉合作撰写模式”。②台湾博硕论文库中检索出台湾少数民族作者的民族史论文还有蔡光慧《排湾原住民部落社会的建立与族群关系（1630—1894）》、张金生《新化—— 一个排湾族部落的历史》、叶神保《排湾族 caqovoqovolj（内文）社群迁徙与族群关系的探讨》、高加馨《牡丹社群的历史与文化轨迹：从排湾人的视点》、胡惠敏《书写自己部落的历史：布拉旦的过去、现在、未来》、廖守臣《泰雅族的文化：部落迁徙与拓展》等。

另外，巴宰族潘大和的《台湾开拓史上的功臣：平埔巴宰族沧桑史》、卑南族曾建次的《祖灵的脚步：卑南族石生支系口传史料》、排湾族江海的《漂流两千年：逻发尼耀族（Ruvaneyeav）家族史》等也出自台湾少数民族作者之手。

① 张隆志《追寻失落的福尔摩莎部落——台湾平埔族群史研究的反思》，《台湾史研究一百年》，中央研究院台湾史研究所筹备处 1997 年，第 262 页。

② 《泰雅族史篇》，瓦历斯·诺干，泰雅族。《雅美族史篇》，董森永，雅美族。《阿美族史篇》，廖守臣，泰雅族；吴明义，阿美族。《邹族史篇》，浦忠成、汪明辉，邹族。《排湾族史篇》，童春发，排湾族。

就目前所见的若干篇台湾少数民族作者笔下的学位论文来看，他们的研究方式和传统意义上的史学研究有很大的不同，对部族的历史研究，较多地呈现出民族学、社会学、田野调查的面目，对当代台湾少数民族的生活状况、学校教育等内容有较多的调查和记录。张金生、胡惠敏等台湾少数民族作者本身都出自东华大学族群关系与文化研究所硕士班。

二、对台湾少数民族学者写本族历史的检视

可贵的是，虽然“我族写我史”的观念已经得到认同，并对台湾少数民族史学做出了独特的贡献，然而学界并未因此停止对它的持续观察和检视。谭昌国就认为，台湾少数民族作者并不因其身份天然获取本民族历史书写的特权地位，作者族籍的区别，也并不能成为书写历史真实与否的判定标准，“最重要的是，我们必须首先正视作者们的学术性格以及这些作品的学术价值”[①]。张隆志也指出，“身份认同的价值立场，并不能取代跨文化理解与历史再现所涉及的学术课题”。

排湾族是台湾少数民族“我族写我史”的代表。谭昌国对出自排湾族作者之手的五部民族史作品进行了详细的分析探讨，在肯定其重建排湾族历史主体性的努力的同时，也指出其中存在的问题。例如他指出，“蔡光慧（《排湾原住民部落社会的建立与族群关系（1630—1894）》）为了呈现排湾族的历史主体性，以‘重建传统’的方式，建构出排湾族原初的，未和荷兰人接触前的文化与社会概况。但如果我们仔细检视他据以重建传统的材料，是以日本殖民时期日本学者所书写的文献为主。这使我们不得不提出方法论上的质疑。这些材料本身难道没有时间性和历史性吗？”

台湾少数民族作者对自己所扮演的角色也并非没有疑虑。“而究竟研究自己族群文化是否会是一个好的研究”，太鲁族作者胡惠敏发出了疑问。她在文中也提到了 Edmund Leach 对异族文化研究的优势的论述，“我藉此来让自己

① 谭昌国《历史书写、主体性与权力:对“排湾人写排湾族历史”的观察与反思》,《台大文史哲学报》第 59 期 2003 年。

省思，所谓主位研究者可能遇见的盲点与缺失，也让自己渐渐清楚研究的目的”[①]。《新化：一个排湾族部落的历史》作者张金生说：“本文研究者正是排湾族人，所研究的场域正好是排湾族的村落，在研究过程中虽有很多方便之处，但设法排除场中人的特殊关系来扮演好研究者的身份……在撰稿的过程中，强调民族史观，期许以达‘无我’之目标，去做诚实表达的记录。”[②]

看来台湾少数民族学者试图构建原初民族主体历史的努力，还面对很多的挑战。这其中有理论视角带来的问题，也有一些客观的因素。例如《雅美族史篇》一书，实际上仅是雅美族作者董森永牧师的家族史料，作为族人，董森永因无法向讲述人支付口述历史故事的费用，同样无法获得充足的资料。童春发也曾无奈地写道：“历史告诉我们排湾族文化整体性的存在或史实，然而目前的状况已经是片段的记忆、有限的陈述、不完整的资料和后继无力的研究。身为排湾族的研究者，感慨万千。”[③] 这种实际的困难，不唯排湾族独有，恐怕是所有台湾少数民族史的研究者都要面临的重要问题。

第五节 大陆台湾少数民族史研究

由于二十世纪八十年代以后台湾岛内政治风云变幻，台湾史史观呈现出复杂的面目，甚至有为台独思想张目者，这是需要我们辨明和审慎对待的。如一些研究人员，挟持历史上一直处于弱势的台湾少数民族的政治诉求，抹杀台湾少数民族祖先与大陆的历史渊源，片面强调台湾少数民族与南岛语族的区域文化关系，虚构民族历史意象等，已引起学界的关注。大陆的台湾少数民族研究，在研究视角、叙述方式、价值立场上，都是台湾少数民族研究不可忽视的组成部分。

---

① 胡惠敏《书写自己部落的历史:布拉旦的过去、现在、未来》，东华大学族群关系与文化研究所硕士班学位论文，2005。

② 张金生《新化:一个排湾族部落的历史》，东华大学族群关系与文化研究所硕士班学位论文，2002年。

③ 谭昌国《历史书写、主体性与权力:对“排湾人写排湾族历史”的观察与反思》，《台大文史哲学报》，第59期，2003年。

大陆著名学者林惠祥早在二十世纪三十年代就曾深入台湾进行实地考察，著有《台湾番族之原始文化》、《台湾石器时代遗物研究》等论著。二十世纪六十年代中国科学院民族研究所福建少数民族社会历史调查组曾对大陆的高山族进行田野调查，有《高山族简史简志合编（初稿）》一书出版。

其后由于海峡两岸长期阻隔，大陆学者较少有机会对单个台湾少数民族进行研究，主要关注作为整体的台湾少数民族的历史，对台湾少数民族与大陆百越民族、东夷民族的关系进行探讨等。厦门大学台湾研究中心、中国社会科学院台湾历史研究中心、中央民族大学台湾民族研究所等是大陆台湾少数民族研究的重要力量，也出现了陈国强、张崇根、陈建樾等知名台湾少数民族研究专家。《台湾文献汇刊》，由福建师范大学闽台区域研究中心及厦门大学人文学院主持完成，共七辑一百册，收入了近两百种珍贵文献，主要补充大陆台湾史方面的史料。近年来随着两岸学术交流日益密切，大陆台湾少数民族研究扩展到经济、文化、宗教等多个方向。中央民族大学台湾少数民族研究所执编的《台湾少数民族研究论丛》，陆续精选并出版了一批对台湾少数民族的研究成果，涵盖了社会、历史、文化、语言、教育、宗教等方面，必将推动大陆台湾少数民族历史和现状的继续深入研究。

第十五章

二十世纪西南其他各族史学

第一节　西方学者的调查研究

十九世纪中晚期，随着边疆危机的进一步加深，西方学者、传教士、探险家以各种名义进入中国，对中国西南的边疆民族社会进行调查研究。

1861 年，美国人威廉 · 洛克哈特出版《中国的苗蛮》，对西南地区的苗族有详细记述。克拉克著《中国西南部的种族》，是西南少数民族研究方面有价值的著述。十九世纪七十年代，先后进入我国西南少数民族地区的英国人，有安德森、马嘉里、格罗夫纳、巴伯、麦克卡迪、吉尔 · 史蒂文森、索尔登等。巴伯的《金沙江：中国藏东及缅甸漫游记》，介绍了西南少数民族的风情习俗。1882 年至 1884 年，英国驻重庆领事亚历山大 · 浩熙率队考察川、黔、滇少数民族地区，后来出版《华西三年记》。1867 年，法国人杜达尔 · 特拉格来、安邺、德 · 拉波特、儒贝尔、托雷尔等相继从越南进入云南。其中特拉格来从元江河谷到大理，足迹遍及凉山会理、昭通、大关、宜宾等地，沿途考察西南少数民族地区的人文情况。此后法国人杜布益和爱弥 · 罗毅来西南少数民族地区考察，其后罗毅著《云南省》、《云南亲王史》，对彝族等少数民族的习俗，特别是婚姻形态有详细介绍。十九世纪末法国人普亚、拉古柏里、德维亚等进入中国西南考察，后来有研究彝族历史文化的著作出版。法国奥尔良亲王曾赴四川大凉山和云南思茅、蒙自一带实地考察，搜集了大批彝文手稿运送回国，现为巴黎东方语言学会图书馆珍藏。

十九世纪末到二十世纪初，在中国西南少数民族地区的不少外国传教士，在传教地区调查当地民族问题，并发表有关西南少数民族研究的著述。其中成绩显著者有法国传教士保禄 · 维亚尔，他在深入研究彝族文化的基础上，于 1880 年发表《云南罗罗文字研究》，并于 1909 年出版《法倮字典》；法国传教士利埃达尔先后在云南路南、昭通彝区传教十余年，著《阿西倮倮地区》、《云南倮倮泼——华南的一个土著部族》等书，介绍了云南地区彝族的风情。法国传教士马尔丹在四川彝族地区传教二十年，其间搜集了大量彝族风物和彝文文献。美国牧师若克（Rock）曾长期在四川、云南少数民族地区考察，1940 年秋才离开昆明回国。

十九世纪九十年代，英、法两国旅行者争相到中国西南少数民族地区“探险”。沙尔雅考察队到云南省的武定、禄劝一带彝区复制彝文碑文，并从当地汉人手中收集彝文碑文和彝文古经。保尔·博厄尔到云南曲靖、彝良彝族地区考察，将搜集的彝族语言词汇资料送交巴黎东方学会。戴维斯在考察修筑印度至云南铁路的可行性时，也详细考察了云南沿途的少数民族，于 1909 年著《云南——连接印度和扬子江的链环》。英国皇家地理学会会员柯乐洪，女探险家巴贝纳、温盖特等人，也考察了西南少数民族地区。1907 年，法国文学院院士夏瓦纳到西南少数民族地区考察。1906 年至 1909 年，多龙考察队先后在川、黔、滇少数民族地区考察，发表《中国非汉民族的历史记载》。1907 年至 1910 年，吕真达考察队先后两次考察四川彝区和云南彝区，著《建昌罗罗》、《在云南和东京的崇山峻岭中》，记叙了凉山彝族的奴隶制及其等级。这一时期到西南少数民族地区考察的英国人有李特、杰克、约翰斯顿、希洛克、费格生等人。李特《滇西北旅行》一文，对滇西北小凉山区彝族做了介绍。直到 1940 年时，法国驻昆明领事费朗索瓦、法国驻思茅领事彭斯·汤策，还相继到凉山地区考察。

第二节　二十世纪前半期西南民族史学

一、抗战前的西南民族研究

在近代中国学者中，较早研究中国西南民族史的是梁启超。他先后发表了《历史上中国民族之观察》、《三苗九黎蚩尤考》、《春秋蛮夷戎狄考》、《中国历史上民族之研究》等文，以很大篇幅研究中国西南民族历史。

1914 年，著名学者丁文江在对云南和四川少数民族进行调查后，在《独立》

杂志上发表了《云南的土著人种》、《四川会理的土著人种》等论文。1928年，中山大学语言历史研究所杨成志到云南进行了为期一年零八个月的民族调查，回广州后发表了《罗罗太上清静消灾经对译（罗罗文—汉文）》、《罗罗族的文献发现》、《罗罗族的巫师及其经典》、《罗罗的语言、文字与经典》、《罗罗文明源流探讨》、《云南民族调查报告》等。曲木藏尧发表了《西南夷族考察记》。

一些学者的西南民族史研究仍以文献为主要依据，兼及实地调查，如夏光南《云南文化史》，凌纯声《唐代云南的乌蛮与白蛮考》，陶云逵《云南的摆夷族在历史上及现代与政府之关系》，马长寿《川康民族分类》，徐松石《粤江流域人民史》和《泰族僮族粤族考》，方国瑜《滇西边区考察记》和《旅边杂著》，徐嘉瑞《大理古代文化史》，范义田《云南古代民族之史的分析》，彭桂萼《云南边地与中华民族国家之关系》，张潜华《西南民族问题》，吴泽霖《贵州苗夷社会研究》，丁文江《爨文丛刻》，李拂一《车里》及他翻译的《泐史》。

此外，许多全国性的民族史专著、专论，都涉及西南民族史，如林惠祥《中国民族史》，张其昀《中国民族志》，王桐龄《中国民族史》，宋文炳《中国民族史》，吕思勉《中国民族史》，凌纯声《中国边疆文化》和《中国边疆民族》，卫惠林《中国民族分类略论》，吕振羽《中国民族简史》，芮逸夫的《中华国族的支派及其分布》等。

二、抗战爆发后西南民族研究的高潮

1937年7月7日抗战全面爆发以后，国内学者云集西南，专家如凌纯声、陶云逵、吴文藻、杨成志、闻宥、吴定良、顾颉刚、李方桂、史图博等在云南，卫惠林、黄文山、马长寿等在重庆，徐益棠、胡鉴民等在成都，进行实地调查研究。在这些专家指导下，又有许多青年学者，或从事田野考察，或从事室内研究，西南少数民族研究进入高潮。

1937年，马长寿率民族考察团赴凉山彝区调查，撰写《凉山罗夷系谱》，此数十万言的调查报告未曾公开发表。后来华西五大学组织凉山抗战劝导团的考察活动，马长寿专门撰写了《凉山罗夷的族谱》。1938年11月至1939年7月，庄学本在宁属的越嶲、冕宁、昭觉、盐源、盐边各县十二个彝族村落考察，后来撰写出《西康夷族调查报告》。1939 年春，中英庚款董事会组织川康科学考察团，梁瓯第作为考察团成员之一，只身深入大小凉山考察，归来后撰写考察报告书，提交给中英庚款董事会。1939 年，中央研究院历史语言研究所组织贵州民族调查团。1940 年 7 月至 11 月，四川省教育厅组织二十人的“边区施教团”，赴雷波、马边、峨边、屏山彝族地区考察。金陵大学教授徐益棠参加了这次考察活动，写成考察报告书《雷马峨屏纪略》。1941 年夏，高伦率西南联大川康科学考察团，进入大凉山彝区考察，后来撰写成《大凉山彝区见闻录》。林耀华在美国哈佛大学获得人类学博士学位之后，1941 年回国受聘至成都燕京大学执教。1943 年 7 月 2 日至 9 月 26 日，林耀华率考察团深入大凉山彝区考察，后撰写调查报告《凉山夷家》。1944 年林耀华又对康北藏族深入调查，写成了调查报告《川康北界的嘉戎土司》。江应樑在对四川、云南的彝族进行调查后，写成了《凉山夷族的奴隶制度》。一些著名学者，结合自己的专业，通过调查研究，完成了多学科综合的民族史研究论文，如罗常培先后发表了《从语言上论云南民族的分类》、《论藏缅族的父子连名制》、《再论藏缅族的父子连名制》、《三论藏缅族的父子连名制》；又如闻宥发表了《民家地名的初步分析》、《么些象形文字之初步研究》。

抗日战争胜利后，学者们将西南民族调查研究成果做进一步整理后予以出版。如费孝通将他在云南的禄村、易村、玉村的调查报告合写成英文著作《被土地束缚的中国》，在美国芝加哥大学出版社出版；林耀华 1947 年出版了《凉山夷家》、《川康北界的嘉戎土司》、《四土嘉戎》；江应樑 1948 年出版了《西南边疆民族论丛》、《摆夷的经济生活》、《西南经济文化论丛》。[①]

第三节　二十世纪后半期西南民族调查和资料整理

1949 年后，大批学者致力于西南民族研究，西南民族史研究取得巨大成就。

① 参见王文光、龙晓燕《中国西南民族史研究的回顾与展望》，《思想战线》2003 年 1 期；张泽洪《近现代中国西南少数民族宗教研究述论》，《宗教学研究》2001 年第 2 期。

二十世纪五十年代，中央相继派出民族访问团深入民族地区，了解各民族的情况，宣传共产党的民族政策。从二十世纪五十年代初开始，国家组织大批民族研究者和民族工作者深入少数民族地区，对识别族体的族称、族源、分布地域、语言文字、经济生活、心理素质、社会历史等进行了综合调查和分析研究，并在充分尊重该族全体人民意愿的基础上，科学地甄别其民族成分和族称。在此期间，我国共识别了五十五个少数民族，基诺族是在1979年识别的最后一个少数民族。西南地区元明清时期分化发展的纳西族、傈僳族、哈尼族、拉祜族、基诺族、普米族、怒族、独龙族、阿昌族、景颇族、佤族、布朗族、德昂族等十三个民族被识别为单一民族。另外，国家在少数民族主要聚居区实行区域自治；帮助无文字的少数民族创制本民族的文字；成立各种层次的学校、科研院所，发展民族教育，提高各民族的文化素质。1958年开始，国家民委组织编写《中国少数民族简史》、《中国少数民族语言简志》和《中国少数民族自治地方概况》三种丛书。1978年，又增加编写《中国少数民族》和《中国少数民族社会历史调查资料》丛刊，最后编写成“民族问题五种丛书”。二十世纪八十年代，丛书相继完成出版。“民族问题五种丛书”记录了中国五十五个少数民族从起源至二十世纪的发展历程，是关于中国民族问题的大型综合性丛书。

由于许多民族过去没有文字，其历史、文化多赖民间传说故事得以保存，故而从二十世纪六十年代开始，我国学者开始收集、整理、编辑出版少数民族民间故事、神话传说等。第一阶段编辑出版的故事有三种形式：一是综合性的故事集，包括各民族的各类故事，如先后由云南、上海出版的《云南民族民间故事选》；二是一个地区或一个民族民间故事的编辑出版，如云南出版的《红河民间故事集》，上海出版的纳西族的《阿一旦故事集》；三是单篇或若干篇。进入二十世纪八十年代，文化部、国家民委、中国民间文艺家协会联合做出编辑中国民间故事、民间歌谣、谚语集成（简称“三套集成”）的部署。云南省、地、（州）县三级成立了开展集成采录、选编的组织领导机构，在统一的方针指导下有计划有领导地进行这项工作。1984年到1990年这一时期内，依靠群众和民间艺人，搜集了一亿一千多万字，印刷出版了三百余部资料集，其中故事篇目约一万六千多件。这些资料成为编辑集成的基础。1990 年 8 月成立了云南民间故事集成编委会，正式开展了《中国民间故事集成 · 云南卷》的选编工作，共选编故事达一千一百多篇，二百五十余万字，注释一千一百多个，附记一百八十多条。其中神话篇目约占 20%，传说篇目约占 39%，故事篇目约占 41%。[①]

从二十世纪八十年代开始，中国西南民族史的研究向纵深发展，一批高质量的学术研究著作不断涌现，如方国瑜《彝族史稿》，尤中《中国西南民族史》、《云南民族史》，江应樑《傣族史》等等。大批西南民族史著的问世，证明西南民族的史学研究成绩斐然。

第四节　西南其他各族的口传史学

由于西南各个民族社会经济发展不够平衡，直到二十世纪五十年代初，怒、独龙、基诺、拉祜、傈僳、哈尼、佤族的部分地区仍保存着原始社会末期的经济形态残余，因此保留有大量神话，有的还是以原始意识为基础直接产生的原生神话。二十世纪六十年代开始，云南省相继整理、出版了一批民间故事、歌谣、谚语。李子贤、张洪泽、刘亚虎、刘辉豪等学者对此进行了深入研究，认为这些作品可分为三类：神话、传说、故事。其中神话主要包括：宇宙开辟神话、日月星辰神话、洪水神话、人类起源、族源、图腾崇拜神话、文化起源神话和英雄神话。

一、神话传说

解释宇宙天地的起源，是各民族神话的一个共同主题。在天地未形成之前的状态，各少数民族有不同的解释。傈僳族神话说只有“气体”，拉祜族神话说只有“仙火”，哈尼族神话说只有“雾露”，基诺族神话说“世间全是茫茫的大水”等等。关于宇宙的形成各民族神话有不同的认识。拉祜族《天地日月的

① 刘辉豪《云南民间故事的生态源流与文化底蕴》，《民族艺术研究》1999 年第 3 期。

来由》中讲:“仙火上升变成了天，烟尘下落变成了地。”阿昌、纳西的神话都持这种“浮沉”说。也有由神、动物、某种实物化生演变成了天地说。哈尼族神话说是“金鱼娘”生出了天地，布朗族、普米族说是“犀牛”、“马鹿”化生天地，基诺族神话说是“蛋壳一样的物体”化生了天地，而德昂族神话则说，天地是“茶树”所化生的。这些不同的宇宙起源说，虽然幼稚不经，但它是人类宇宙学说的发端，也是人类思维发展进入文明大门的一个标志。

创世神话大多数都内含两方面的内容：一个是从静态中认识解释世界，另一个是从动态中去塑造创世的天神。云南各民族的创世神话有一个重要情节，即“创世”并非一次成功，因此，在再创天地或修复天地中，进一步塑造了神的形象和神的品格。神话情节的大体脉络是，天地的开辟初步形成了，但是天地不稳，动荡不止，人们不得安宁。纳西族神话《人类迁徙记》，又有神圣的大神“东家”、“术家”、“及若干男神、女神用玉柱、黄金补天地”；哈尼族是以“查牛”修补天地，修补之后，天地才平稳，日月方重放光明。另一种说法是，天地形成或将要造就之时，出现妖魔捣乱，企图毁坏天地的形成。阿昌族神话《遮帕麻与遮米麻》中，那个骄横乱世的魔王腊訇假造太阳，火烧大地，使人们苦遭涂炭。傈僳族神话《天地人的来历》中的魔王尼瓦帝，以谎言恐吓天神，妄图动摇天神创造天地的决心，使天神们在创造天地中出现了各种艰难曲折。但他们的愿望不能顺利实现，天神们坚持以广阔胸怀、坚强毅力和极大的勇气与邪恶、困难做斗争。于是，在再创造的活动中，进一步塑造了天神形象，对神的坚韧不拔的毅力给予了热情赞扬。

在云南各民族中广为流传的洪水神话，包括洪水浩劫的起因、防避洪水的办法以及洪灾之后人类再繁殖等内容。洪水泛滥的模式有彝、纳西、拉祜、傈僳族以改造人性为目的模式，有苗、瑶、景颇族以神族，或部落之间争战而引发了洪水的模式。对洪水的防避情节虽大同小异，但从中可以见到各个民族不同的防避洪水工具、不同的警示环境，透露出他们不完全相同的信仰和宗教意识。洪水神话的故事情节中有的内涵道德教育，有的蕴藏着生活哲理。所以，洪水神话所保留的古代文化信息是多方面的。

“兄妹婚”是洪水神话的重要组成部分，同时又是氏族始祖神话或图腾神话的先导和前提。云南许多民族由于社会发展缓慢，氏族始祖神话所保留的分量和它所产生的影响都相当突出。人口在百万以上的彝、白、哈尼、傣、壮等民族有这类神话的流传；人口较少、分布边远、中华人民共和国建立前夕生产方式特别落后的民族，如怒、德昂、独龙、傈僳等族的氏族祖先神话的储量更是丰富。氏族起源神话的主要情节往往是兄妹婚后所生的几个姑娘与数种动物婚配，从此繁衍后代。哈尼族的“兄妹婚”后的子女，既有动物的民族，也有与竹子为伍的民族。所以各民族随历史、地域的差异，崇拜对象也不完全相同。要特别提及的是，生活在怒江大峡谷的怒族和勒墨人（白族支系），所流传的氏族起源神话最有特色。如说怒族女始祖茂充英就是蜂、蛇交配的产儿。茂充英又与多种动物交配而繁衍了蜂、虎、蛇、麂子、马鹿等氏族。由这类神话所形成的崇拜心理和生活习俗还可看出母系氏族向父系氏族过渡的特征和痕迹，它为探讨人类早期婚姻、社会发展状况提供了很有价值的资料。

西南民族更有兴趣对自身生存发展攸关的物质技艺的起源做出诠释，于是产生了大量的文化起源神话。西南文化起源神话，以取火、用火、谷物起源与种植、房屋建筑和文字的发明与应用为主要内容。火的发现与使用是人类文化史划时代的大事，但从神话中看出从发现火到使用火有一个漫长的过程。早期的火神话说，火是从松鼠身上换来的，这也许是人类在远古时对雷电引发的大片森林火灾的一种主观臆测。随着历史的发展，人类对自然现象的观察有了进步，对火的来源又做了新的诠释。如果说哈尼族神话《阿扎》是人们对取火的一种深沉渴望，那么傣族神话《火的由来》、怒族神话《腊鲁和亚妞》说明对火的本质的认识已大大加快了前进的步伐。神话中说明他们发现了“击石起火”，并感受到摩擦也可以起火的客观真理以及生食、熟食的不同味觉。农耕籽种的神话，在西南民族文化起源神话中也占有相当重要的位置。例如籽种来源，众多的神话都说是从天上取来的，把籽种视为神圣之物、神赐之物。但拉祜族在《卡腊节的传说》中述说籽种来源却与众不同，说是一位叫卡腊的猎人从鸟雀啄食草籽的观察中受启发得来了植物的种子。这样，使籽种来源从神到人，说明人类认识发生了质的变化。农业的兴起与发达，使先民有了更好的生活保障，因此，他们把早期对农业有突出贡献的人视为神人。拉祜族的苦聪人中，就有一个祭祀卡腊的节日叫“卡腊节”。还有神性英雄神话，它与有的文化起源神话性质非常相近。如作为东巴教经典的《黑白之战》用五言体诗写成，整理本一千八百多行。其叙述始于开天辟地的创世神话母题，由白、绿、黄、红、黑五色之蛋衍生五种生存世界及其人民。随后展开的是以东部落的东主和西部落的术主为首的白、黑两世界间的争斗。争夺的主要对象有发光的太阳、月亮以及海中神树。术主从东部落偷来太阳、月亮，拴于铜柱铁柱之上，东地遂陷入黑暗。东主设计夺回太阳、月亮。术主派美貌女儿格拉茨姆引诱东主之子阿璐，将其俘获并杀害。美人格拉茨姆则在假婚姻中动了真情，为阿璐生下一双儿子，后自刎殉情。东主为儿子复仇展开大决战，斩了术主的头，把西部落军队全部歼灭。从此，太阳、月亮永照东部落，子孙昌盛，形成纳西族。这种以叙事诗体讲述祖先由来、民族渊源的作品，正符合英雄史诗的基本特性。尤其具有特殊意义的是，纳西族的象形文字、宗教仪式和神话传说均表现出强烈的象征性。《黑白之战》亦不例外，仅从命名上即可对其象征蕴含有所感知。进一步考察可以发现，这部被奉为经典的纳西英雄史诗的黑白二元对立主题，正是战马英雄型的游牧文化史诗模式与太阳英雄型的农耕文化史诗模式通过象征思维的运作相互结合后的产物。使这种文化融会成为可能的则是纳西人远古以来由游牧向农耕的文化变迁历程本身。[①]

二、历史和风物传说

西南各族人民是西南历史的开创者，传说通过追寻渊源，述说人们在这块土地上所发生的历史现象、历史事件和人物、风物来表达他们的观点和愿望。传说分为史事传说、人物传说和地方习俗风物传说。

云南许多民族经历原始社会时期较长，传说中相当的内容都与氏族、部族的生活习俗相关。中华人民共和国建立前夕尚处于原始社会末期的怒族、基诺族，多有先祖们如何艰苦游猎和氏族家庭组成形式，以及男女社会地位和婚

① 叶舒宪《中国少数民族英雄史诗的类型及文化生态》，《东方丛刊》1998 年第 2 期。

姻制度的传说。较先进的傣族、白族、纳西族也保留有这方面的古老传说。传说中的民族迁徙活动比较完整而普遍。迁徙的原因多种多样：因生产方式的原始而自然迁徙的，或因部族之间的争战而迁徙的。迁徙路线从北到南，从东到西，远近距离各不相同。迁徙是民族发展中一段不平常的经历，有的迁徙，是逃避了一场氏族危亡的灾祸，有的是顺应了民族寻求新生环境的心愿。迁徙产生和反映出民族不同的心理状态。傈僳族《木必帕的故事》，拉祜族的《古根》，傣族的《射弄法》、《勐先寨南迁的传说》等等，都是反映民族频繁的迁徙的生活和对迁徙活动中发生的惊心动魄事件所吟唱的一首首赞美之歌。虽然迁徙故事的内容未必全部真实，但传说却充满了恨与向往，充满了痛苦与欢乐。

人物传说，以明清时期历史为背景的，傈僳族有《恒乍绷》、《岩七的传说》、《鲁基曼的传说》，哈尼族有《惹达俄母》、《田政起义的传说》；以近当代历史为背景的，哈尼族有《多沙阿波的传说》，拉祜族有《裸黑王山的故事》、《火烧勐勐土司衙门》、《勐梭抗英传说》等。西南民族在十九世纪中后期到二十世纪出现了许多富有时代特色的反抗土司压迫、外来侵略，歌颂新生活的故事，反映出各民族历史意识的觉醒和爱国爱乡热情。

西南的风物、习俗传说非常丰富，尤其水与火的习俗、风物传说特别丰富并独具特色。在彝族中，支系腊罗人、山苏人、阿细人、撒尼人、纳苏人、撒梅人都有火与火的节日的不同传说。人们崇拜火，形成了节日。节日的目的或驱魔，或抗暴，或庆功，或祭奠英雄，其说各异。“火把节”是彝、白、纳西、哈尼、傈僳、拉祜、普米等族的共同活动，多在六月举行。白族“火把节”节日活动与传说《火烧松明楼的传说》融为一体，使它的包涵量大为丰富。因此，节日的形式和内容更具感染力。传说的演变与发展证明了“传说是架通历史与文学的桥梁”。

西南各族都有自己的节日和节日传说，如哈尼族的《苦札札节》、傈僳族的《刀杆节》、景颇族的《目瑙节》等。节日传说记下了与民族命运相依的一个个大事件，或体现了民族某种道德观念和对未来的美好向往。[①]

---

① 转引刘辉豪《云南民间文学的生态源流与文化底蕴》，《民族艺术研究》1999 年第 3 期。

第五节　西南其他各族的历史研究

一、西南民族社会历史发展的不平衡

近代以来到中华人民共和国建立之前，西南地区的哈尼、傈僳、拉祜、基诺、普米、怒族、独龙、阿昌、景颇、佤族、布朗、德昂、纳西等民族由于历史和自然的原因，社会发展极为不平衡。这种不平衡，一方面表现为民族之间的发展不平衡；另一方面表现为民族内部发展的不平衡。文化水平相对较高的纳西族在这一时期发展很快，已经进入封建地主经济的发展阶段，而怒族、景颇、基诺等民族虽然有了阶级分化或进入阶级社会，但仍然带有原始社会的残余。中华人民共和国建立以后，中国共产党制定了民族平等的政策，并对各民族进行了调查和识别，为无文字的民族创制文字，帮助有文字的民族改进文字系统，在少数民族地区进行各种改革等。这些措施的实行，使得西南上述诸民族社会发生了巨大的变化。

二、西南其他民族史学的特点

社会的发展变化，对各民族史学的发展产生了较大影响。二十世纪是西南地区哈尼、傈僳、拉祜、基诺、普米、怒族、独龙、阿昌、景颇、佤族、布朗、德昂、纳西等民族史学兴起与发展的重要时期。第一，这一时期，对这些民族的认识、理解加深。从十九世纪中晚期以来，各种考察、调查活动频繁开展，如十九世纪以来西方学者、探险家的考察，中国学者进行的考察或调查，二十世纪五十年代中央人民政府组织的调查，以及二十世纪末的1999年云南大学组织的民族大调查等。这些考察或调查得到了大量有关西南民族，特别是上述诸民族的分布、支系、风俗、生存状况等方面的资料，弥补了中国文献对这些民族记载的不足，为学者深入研究这些民族创造了很好的条件。第二，上述诸民族的史学得到进一步发展。民族简史、简志、民族地方概况、中国少数民族和少数民族社会历史调查资料等“民族问题五种丛书”出版，西南的怒族、傈僳、德昂等民族第一次有了自己民族的历史著述。

第三，由国家组织、学者（部分是本民族的学者）参加编写的各少数民族简史从编撰方法、记述方式来看，受到了中国传统史学编撰的影响，并且形成了自己的撰述体系，表明少数民族史学在中国传统史学的影响下，形成了自己的撰写风格。第四，一大批的少数民族学者在调查研究少数民族的历史文化当中成长起来，有的成为蜚声国际的知名学者，如方国瑜先生。第五，这一时期的少数民族史学撰述丰富、多样，既有简史、简志、概况，又有各少数民族史、文化史等专著产生，并且各民族历史传承方式不再是传统的口耳世代相传，书写、记录材料多种多样。

三、西南其他各族的主要历史著述

这一时期，西南的哈尼、傈僳、拉祜、基诺、普米、怒族、独龙、阿昌、景颇、佤族、布朗、德昂、纳西等民族史学兴起并发展起来，取得了丰硕成果。撰写出版的西南民族史著作，主要有《基诺族简史》（修订本，民族出版社，2008 年），《普米族简史》（修订本，民族出版社，2008 年），《阿昌族简史》（修订本，民族出版社，2008 年），《德昂族简史》（修订本，民族出版社，2008 年），《怒族简史》（修订本，民族出版社，2008 年），《独龙族简史》（修订本，民族出版社，2008 年），《佤族简史》（修订本，民族出版社，2008 年），《景颇族简史》（修订本，民族出版社，2008 年），《哈尼族简史》（修订本，民族出版社，2008 年），《拉祜族简史》（修订本，民族出版社，2008 年），《纳西族简史》（修订本，民族出版社，2008 年），《傈僳族简史》（修订本，民族出版社，2008 年），《布朗族简史》（修订本，民族出版社，2008 年）。专著有赵富荣《中国佤族文化》（民族出版社，2005 年），王正华、和少英《拉祜族文化史》（云南民族出版社，1999 年），赵瑛《布朗族文化史》（云南人民出版社，2002 年），陶天麟《怒族文化史》（云南人民出版社，1997 年），张桥贵《独龙族文化史》（云南人民出版社，2000 年），雷兵《哈尼族文化史》（云南人民出版社，2002 年），刘江《阿昌族文化史》（云南人民出版社，2001 年），刘刚、石锐、王皎《景颇族文化史》（云南人民出版社，2008 年），于希谦《基诺族简史》（云南人民出版社，2000 年），俞茹《德昂族简史》（云南人民出版社，1999 年）。

相关历史著作，有张增祺《中国西南民族考古》(云南人民出版社，1990年)，马曜《马曜学术论著自选集》(云南人民出版社，1998年)，方国瑜《中国西南历史地理考释》(中华书局，1987年)，江应樑《中国民族史》(民族出版社，1990年)，尤中《中国西南民族史》(云南人民出版社，1985年)，王建民《中国民族学史》(云南教育出版社，1997年)。重要的论文，有吕桂珍《民族文献研究述评》(载《西藏民族学院学报》2000年第3期)，仓铭《云南民族迁徙的文化影响》(《云南民族学院学报》1998年第1期)，王亚南《口传文化与民族迁徙》(《民族文学研究》1998年第1期)，陈子丹《纳西族档案史料研究》(《中央民族大学学报》2000年第3期)，王清华《哈尼族历史文化传承方式试探》(《边疆文化论丛》第三辑，云南民族出版社，1991年)，毛佑全《哈尼族原始族称、族源及其迁徙活动探析》(《云南社会科学》1989年第5期)，叶舒宪《中国少数民族英雄史诗的类型及文化生态》(《东方丛刊》1998年第2期)，刘辉豪《云南民间故事的生态源流与文化底蕴》(《民族艺术研究》1999年第3期)，张泽洪《近现代中国西南少数民族宗教研究述论》(《宗教学研究》2001年第2期)，龙晓燕、王文光《中国西南民族史研究的回顾与展望》(《思想战线》2003年第1期)。

第十六章

二十世纪达斡尔族、鄂温克族、赫哲族史学

第一节　达斡尔族史学

一、二十世纪的达斡尔族

二十世纪初，达斡尔族中还保留着氏族组织残余。进入阶级社会以后，莫昆达逐渐成为氏族贵族，氏族民主制度不复存在。民国前期，达斡尔族同蒙古等兄弟民族一起进行了反对北洋军阀统治和压迫的斗争，如呼伦贝尔“独立”运动，少郎和岱夫农民起义等。随着马克思列宁主义在我国的传播，达斡尔族的进步青年接受革命思想，参加了以蒙古族为主力的争取内蒙古民族解放的运动。“九一八”事变后，伪满洲国建立，达斡尔族人民同各族人民一道，投入到反对日本侵略者的斗争洪流中。1945 年达斡尔族解放，1947 年在农业区进行了土地改革，在牧区实行牧场公有，放牧自由。从 1952 年开始，先后在东北、新疆、内蒙古建立七个达斡尔民族乡。1958 年 8 月在内蒙古自治区建立了莫力达瓦达斡尔族自治旗，达斡尔族社会的经济、文化得到较快发展，人民生活水平有了显著提高。

二、族源讨论及历史研究

一百多年来，国内外史学家及本民族学者，对达斡尔族的渊源进行了持续的讨论，主要观点可以归纳为蒙古分支说和契丹后裔说。

阿勒坦噶塔等本族学者认为，达斡尔族属于古代蒙古族一个分支。其主要论据是，达斡尔语同蒙古语有着相同和相近的成分，尤其是《蒙古秘史》中的十三世纪的某些词汇，虽然在现代蒙古语中已消失，却保留在达斡尔语中。从成吉思汗时期开始，不少作为达斡尔族先民的契丹族首领相继率领军民投附蒙古族后，不仅参加了推翻金和南宋政权的许多战役，而且为蒙古族诸汗担负了镇守各地的任务，在与蒙古族发生密切联系的过程中，受到了很大影响。民国时期，人口很少的达斡尔族不被承认为一个民族，只好以蒙古族的名义出现在政治舞台。

十八世纪官修《满洲八旗姓氏通谱》及现代辽史专家陈述等皆持达斡尔族契丹后裔说。他们从契丹族的历史变迁和达斡尔族的历史传说、契丹语与达斡尔语的共同点、契丹族与达斡尔族生产生活的比较等方面，阐述了契丹后裔说。他们指出，契丹族的历史变迁与达斡尔族人所讲的关于他们祖先的历史传说相吻合。如有传说称："辽亡当时有一部分逃走，从西剌木伦和哈剌木伦到黑龙江、西勒克尔、格尔必齐、鄂嫩河等地，过着游牧打猎并种荞麦、燕麦为生。"①

1978年以后，对达斡尔族的历史研究日趋繁盛。比较重要的，如孟志东、恩和巴图、吴团英主编《达斡尔族研究》（内蒙古达斡尔历史语言文学学会，1987年），作为二十世纪五十年代历史调查成果之一的《达斡尔族简史》（内蒙古人民出版社，1986年），巴图宝音《达斡尔族风俗志》（中央民族学院出版社，1991年），满都尔图《达斡尔族》（民族出版社，1991年），卜林《中国达斡尔族人物录》（黑龙江人民出版社，1997年）等。

三、本族作者的史学著作

一百年来，达斡尔族学者的本族史著作很多，以下列举其要者。

1.《黑龙江乡土录》，作者郭克兴（1892—？），族名克兴额，又名郭克为，字起衰、勤宜、兴武，东布特哈正蓝旗满乃屯人。他精通满汉两种文字，致力于《黑水郭氏家乘》的编纂工作，其第一卷就是《黑龙江乡土录》，又名《黑水方舆氏族沿革》，于1926年铅印。该录阐述了今日之达斡尔非索伦、非满洲、非蒙古而是契丹后裔的观点。

2.《布特哈志略》，作者孟定恭（1893—1943），族名索米子宏，字镜双，西布特哈正白旗大莫日登屯人。作者长期博览史籍，走访乡老，记取各种资

① 陈述《试论达斡尔族的族源》，《民族研究》1959年第8期。

料。其约于1931年写就该书，该书后被收入《辽海丛书》集七。该书中提出达斡尔族契丹说。自序言:“所谓达呼尔或达虎里者，契丹盛时，中国人以其关外东胡人尊称曰大胡人。于是本族人亦以大胡人自称。契丹之君号，因之曰大贺氏。”书中收录流传于本族的一首古谣:“边壕古迹兮，吾汗所遗留；泰州原野兮，吾之养牧场。”[①]边壕古迹，史称“泰州遆堡”或“长春边堡”，是由屯田于泰州的金国都统婆卢火调用契丹族民工修筑的。这首古谣揭示了达斡尔族与契丹族的渊源关系。

3.《达斡尔蒙古考》，作者阿勒坦噶塔（1900—1948），又名鄂序元、鄂佰乾，东布特哈镶白旗凯阔浅屯人。作者利用住在北平公寓之便，常去北平图书馆阅览有关北方民族的史料，1931年初用汉文写就《达斡尔蒙古考》书稿，1933年由奉天关东印书馆印行。该书从社会方面的语言、宗教、风俗习惯，地理方面的迁徙、遗迹，历史方面的记载、译音，进行论证，做出了“达斡尔乃达怛之对音，塔塔儿之遗部”的结论。在作者看来，突厥系统的塔塔儿是达斡尔，而塔塔儿则是古代蒙古族的一部。所以，按照卫拉特蒙古、喀尔喀蒙古和布里亚特蒙古等称呼法，达斡尔应是“达斡尔蒙古”，即古代蒙古族的一个分支[②]。

4.《达斡尔民族志稿》，作者钦同普（1880—1938），族名乌尔恭博的，又名庆元，字同普，西布特哈正黄旗西瓦尔图屯人。钦同普自幼家境贫寒未能上学，但自学成才。1916年，他曾尝试以俄文字母创制达斡尔文，最终没有成功，后着重研究本族历史、职业和风俗习惯，于1938年前，以汉文撰成《达斡尔民族志稿》，由东布特哈八旗筹办处印行。该书支持达斡尔族契丹说，书中收入在本族民间流传极广的历史传说:“达斡尔昔居西拉木伦、哈拉木伦地方，有萨吉哈尔迪汗者，达斡尔之部长也，避兵阖族徙居黑龙江。萨吉哈尔迪汗领部众避兵㸚迁至黑龙江上游，其一半部民粮尽力疲，留于该地。萨吉哈尔迪汗又

---

① 孟定恭《布特哈志略》，辽海书社1931年，转引自孟志东《达斡尔族源研究述评》，《黑龙江民族丛刊》2000年第2期。

② 阿勒坦噶塔《达斡尔蒙古考》，转引自孟志东《达斡尔族源研究述评》，《黑龙江民族丛刊》2000年第2期。

领其一半部民西行，然而其去后阒寂无闻。此方留居者，内分数十姓，自鄂嫩河口以下沿江择地……种田狩猎为生活计。”① 这个传说的内容与辽亡后契丹人几次北迁黑龙江流域的史实相符合。

5.《达古尔蒙古嫩流志》，作者何布台（1909—1951），又名何维忠，齐齐哈尔市郊善宝屯人。从1938年开始，作者利用节假日调查访问了嫩江地区的达斡尔族村落，于1945年末写就了《达古尔蒙古嫩流志》书稿。

6.《达斡尔民族志略》，作者孟希舜（1901—1968），字孝闻，西布特哈正白旗小莫日登屯人。作者利用公余“参考国史及满、汉文档案记载，先辈诸氏高著，并根据古老之传说”②，于1953年撰成《达斡尔民族志略》稿。该书从达斡尔族民族源流、历史过程、语言文字、宗教信仰、各业经济、风俗习惯等方面进行记述，是研究该民族的重要史著。

7.《中国达斡尔族古籍汇要》，作者孟志东，内蒙古莫力达瓦达斡尔族自治旗人。他多年致力于以达斡尔族历史为主的综合性研究工作，至今发表有关达斡尔族的历史、族源、宗教信仰、习惯法、婚姻家庭、民间文学等方面的研究论文数十篇。《中国达斡尔族古籍汇要》是作者从其四十多年搜集积累的有关达斡尔族史志和文学类资料中整理编写的一部著作。书中对从清代至中华人民共和国建立前的达斡尔族七位文人所撰七部史志书稿所存在的用字舛错和历史史实的不当做了较为详尽的校勘注释，将其中非汉文的部分进行了翻译，并于每部史志书稿前附上了该史志书稿作者的生平简介。

第二节　鄂温克族史学

一、鄂温克族历史

鄂温克族主要分布在东北黑龙江省讷河市和内蒙古自治区。在史书中，曾

---

① 转引自孟志东《达斡尔族源研究述评》，《黑龙江民族丛刊》2000年第2期。

② 孟希舜《达斡尔民族志略》序言。

称其为“索伦”、“打牲索伦”、“通古斯”、“喀木尼堪”、“雅库特”、“特格”等。但鄂温克人历来自称鄂温克。1957年国家确定其民族名称为鄂温克，意为“住在大山林里的人们”。

自公元前2000年以来，鄂温克人就生活在贝加尔湖以东和黑龙江上游石勒喀河一带的山林中，使用弓箭、扎枪，从事打猎和捕鱼。后来，他们向东发展，其中一支来到黑龙江中游雅克萨（今俄罗斯阿尔巴津）一带，明代文献中所述“乘鹿出入”的“北山野人”，清代文献中的“索伦部”或“索伦别部”的“喀木尼堪”部分就是指鄂温克族。皇太极将归顺的鄂温克族以氏族为单位编成“佐”，选拔佐领等官，每年向清朝进贡貂皮。十七世纪中叶后，由于沙俄的侵略，清朝将鄂温克族迁到大兴安岭嫩江各支流流域居住，将鄂温克壮丁按住地编成八旗。后又抽调鄂温克族兵丁携带家属至呼伦贝尔草原、爱辉、墨尔根、齐齐哈尔、伊犁、塔城、科布多、乌里雅苏台、乌鲁木齐等地驻防。1900年后，随着沙俄的不断入侵和屠杀，居住在乌奴耳和雅鲁河一带的鄂温克人迁居于伊敏河、音河、齐沁河流域。民国初，鄂温克人对军阀曾展开武装反抗斗争。日伪统治东北时期，将呼伦贝尔牧区的鄂温克族设索伦旗归“兴安北省”管辖，嫩江中下游东岸的鄂温克族归“龙江省”管辖，西岸的归“兴安东省”管辖。在残酷的压迫面前，鄂温克人积极参加抗日斗争。1945年，鄂温克人民获得解放。

对鄂温克族来源，目前有两种观点，一种认为起源于贝加尔湖沿岸及以东地区的北室韦，另一种认为起源于乌苏里江流域靺鞨七部之一的安居骨部。

二、国外学者的研究

当“通古斯”一词传入西方后，特别是发现通古斯（鄂温克）语与满洲语的密切亲属关系后，西欧、日本、俄国等地的学者对鄂温克族的历史、文化、语言等方面进行研究，发表论文及著作。主要有十九世纪末叶希基什《通古斯人》，二十世纪初叶俄罗斯民族学家史禄国（俄名希罗科戈罗夫·谢尔盖·米哈伊洛维奇）《北方通古斯的社会组织》、《索伦语》，日本服部四郎《索伦语调查笔记》，芬兰赫尔辛基大学阿尔泰诸语言专家杨虎嫩《满洲地区通古斯鄂温克语》、学术论文《鄂温克语的未来》等等。二十世纪七十年代以后，国外对鄂温克族的研究仍有较多成果，涌现出了一批从事鄂温克研究的专家学者，如美国的林赛、日本的津曲敏郎、韩国的金周源、芬兰的杨虎嫩等，为鄂温克族的研究事业做出了重要的学术成绩和贡献。

三、历史调查和研究

二十世纪五十年代，国家组织民族工作者深入调查少数民族的社会和历史，据此编辑出版了《鄂温克族社会历史调查》一书，为鄂温克族社会历史的科学研究提供了重要的资料，推动了鄂温克族历史和文化的研究工作。当时编写并经修改的《鄂温克族简史》，于 1983 年由内蒙古人民出版社出版。吕光天主持的《鄂温克族简史》（修订本），作为中国少数民族自治地方概况丛书之一，2009 年由民族出版社出版。该书讨论了鄂温克族的来源，自南北朝至改革开放后的鄂温克族历史，着重阐述了鄂温克族反击沙俄入侵、维护祖国统一和守卫边疆的贡献，清代鄂温克族的经济和八旗结构，清末鄂温克族的社会结构，近代鄂温克族地区的变化，鄂温克族反对日本殖民主义的斗争，中华人民共和国建立前鄂温克族的社会经济形态，中华人民共和国建立后鄂温克族经济社会的发展与变革，鄂温克族的文化习俗与信仰等，是鄂温克族历史的重要著作。内蒙古人民出版社 1987 年出版的《鄂温克族自治旗概况》，是国家民委五种丛书之一，全面记载了鄂温克族自治旗的历史、社会、经济和文化。

内蒙古鄂温克族自治旗民委古籍办的《鄂温克族历史资料集》三辑，由内蒙古文化出版社于 1993 年、1996 年、1998 年出版，搜集整理了鄂温克族历史上的政治、军事、经济、文化、民俗、人物等诸方面的资料。莫日根布和、巴图苏热《鄂温克族民歌》（蒙文版，内蒙古人民出版社，1981 年），王士媛、马名超、白杉《鄂温克族民间故事选》（上海文艺出版社，1989 年），陶克腾其其格、吉特格勒图《碧蓝色的宝石》（蒙文版，民族出版社，1999 年）等书，搜集整理了鄂温克族民间流传的神话、传说和故事，成为研究鄂温克族口传史学的重要资料。

研究鄂温克族历史的著作，有吕光天《北方民族原始社会形态研究》（宁夏人民出版社，1981 年），研究了鄂温克人历史、原始公社制、游猎生产方式及现状。孔繁志《敖鲁古雅的鄂温克人》（天津古籍出版社，1997 年），反映了使鹿鄂温克人的历史和现状。鄂温克族历史学家乌云达赉《鄂温克族的起源》（内蒙古大学出版社，1998 年），从语言学和古地名学方面，对鄂温克族的族源进行研究。鄂·苏日台《猎狩民族原始艺术》（内蒙古文化出版社，1992 年）和《鄂温克民间美术研究》（内蒙古文化出版社，1997 年），对使鹿鄂温克人的萨满教美术、桦树皮文化以及皮毛工艺的构成、内涵、特色做了专项研究。

《驯鹿鄂温克人文化研究》，鄂温克族女博士卡丽娜著。她现在中央民族大学民族博物馆研究室从事中国北方民族研究，先后发表二十余篇鄂温克族历史文化的学术论文。该书以大量文献资料以及田野调查资料为依据，阐述了驯鹿鄂温克人优秀传统文化研究的学术价值和理论意义，分析研究了驯鹿鄂温克人古老的社会组织和婚姻家庭制度，论述了驯鹿鄂温克人地域特征鲜明的古老制度文化，讨论了驯鹿鄂温克人狩猎文化、驯鹿文化、桦树皮文化、兽皮文化、饮食文化、居住文化的结构、功能、特点，阐明了驯鹿鄂温克人具有浓厚山林民族色彩的物质文化，并研究了驯鹿鄂温克人动植物崇拜以及萨满教的结构、功能、特点等。

鄂温克族学者发表了许多研究鄂温克族历史文化的论文，如涂建军《鄂温克族传统的冬季捕鱼》、《鄂温克族的传统渔业经济》、《"索伦"鄂温克人的丧葬风俗》，马名超《鄂温克族叙事文学的活神话》，思沁夫《浅谈民族志的写作》，汪丽珍《鄂温克族萨满神歌的文化价值》、《论山林鄂温克族民歌的思想内涵》，陶克腾其其格《鄂温克族尊敬父母和长辈的礼俗》等。

第三节 赫哲族史学

一、二十世纪的赫哲族

民国初年，赫哲族主要居住在黑龙江省桦川、富锦、绥远、同江、饶河、虎林等县境，居住在依兰县城和附近各官庄的赫哲人绝大部分随满洲报为满族，尤其是在各官庄务农的赫哲人经过近二百年的演化，已自然融合为满族。1912 年至 1932 年松花江下游区域发生过三次大的传染病，加之兵、匪、烟这几大害，人口锐减的赫哲族逐渐集中于桦川、富锦、同江等县的几个屯。“九一八事变”后，赫哲族人民与各兄弟民族一道展开了英勇的反满抗日斗争。二十世纪四十年代，日本侵略者把赫哲猎人强制性地编为“山林队”，以为其“维持治安”，还把沿江各村的赫哲人迁往内地，防止其与苏联交通。1945 年 9 月 3 日，东北全境解放，赫哲族人纷纷返回家园，其时，赫哲族总计仅有 460 多口人。中华人民共和国建立后，赫哲族也与其他兄弟民族一道走向新生活，建立了赫哲族行政乡和行政村，赫哲族的历史掀开了新的篇章。

二、民国时期的历史研究

民国前期刘锦藻撰《清朝续文献通考》，部分内容涉及赫哲族及其居住地区。

凌纯声于 1930 年春夏赴依兰抚远一带，实地考察赫哲族的生活状况与社会情形。历时三个月，他所得资料及标本颇多，携归后研究整理，撰成《松花江下游的赫哲族》一书，1934 年出版发行，是较早研究赫哲族的专著。此书内容涉猎广泛，图文深入浅出，融历史学、民族学、民俗学、语言学、社会学、宗教学、文艺学、地理学为一体，反映了历史上赫哲族的全貌，堪称赫哲族的百科全书。在此之前，关于赫哲族的族源都是以外国人的研究为准，认为赫哲族的先世就是古代的东胡人。凌纯声在书中对东胡说提出了质疑。他是正式使用“赫哲族”族称的第一位民族学家，对中华人民共和国建立后进行民族识别，确认“赫哲”为正式民族族称起到重要影响。凌纯声的这部著作开创了赫哲族历史研究民族化之先河。

清代档案史志中有许多赫哲族的资料，整理并结集出版的主要有《三姓副都统衙门满汉文档案选编》、《三姓副都统衙门满档案译编》、《依兰史志资料汇编》、《清代黑龙江历史档案选编》等，为研究清代赫哲族经济社会状况和历史演变，提供了有力佐证。

三、1949年后的赫哲族历史研究

赫哲族简史编写组《赫哲族简史》(黑龙江人民出版社，1984年)，是黑龙江地区学者们集体研究的成果，是对黑龙江流域赫哲族历史研究的重要贡献。该简史从综合的角度，对赫哲族民族发展、演变进行了系统的阐述，资料翔实，内容丰富，是研究赫哲族历史的重要著作。

舒景祥《中国赫哲族》，是综合研究赫哲族的汇编性著述，其中既有大量的历史文献资料，也包含许多对赫哲族民间考察的记录，还有在赫哲族民间收集的文化轶事、传说、风土人情记述等。

其他如张嘉宾主编《赫哲族研究》(哈尔滨出版社，2004年)，尤金良《赫哲族拾珍》，刘忠波的《赫哲人》，吕品的《赫哲美术探寻录》，王士媛、马名超、黄任远《赫哲族民间故事选》(上海文艺出版社，1986年)，黑龙江省民间文艺家协会《伊玛堪(上卷)》(黑龙江人民出版社，1987年)等，都是对赫哲族历史文化整理研究的成果。

第十七章

二十世纪哈萨克族史学

第一节　二十世纪上半叶哈萨克族史学研究

自 1937 年起直至中华人民共和国建立前，国内刊出关于哈萨克族历史的文章仅有二十多篇，多是一般性地介绍哈萨克族历史、生活状况、部落及组织概况、人口分布等，不少是作者在调查研究的基础上写成的，有其学术价值。

这一时期的学者已经开始对哈萨克族族源的考证，且形成不同的看法。张西曼《乌孙即哈萨克考》一文，结合中国古代文献典籍、地理习俗、哈萨克族语言文字以及外国学者的研究成果，梳理了自汉以来哈萨克族先民与中原王朝及其周边民族的交往等方面的历史，认为“乌孙”即“哈萨克”的对音，乌孙是哈萨克人的重要族源之一。[①] 周东郊《新疆的哈萨克人》，据“哈萨克”这一族名的来源及发音以及历史地理等资料，分析认为“哈萨克族是十三、十四两世纪因不堪土耳其帝国的压迫而逃出的集团人民之总称”[②]。谷苞《哈萨克族入甘及返新纪略》，从宗教信仰和文字两方面验证了哈萨克族是由我国境内众多民族融合而成的，不能将其中的一种认为是哈萨克族的直系祖先。[③]

袁复礼《新疆之哈萨克民族》一文，对哈萨克族系谱进行了记述。作者称:“余在天山及天山北之广漠中，与哈萨克人接触颇多，且曾雇用哈萨克人。于（民国）十九年夏季所得其口述之系谱……”[④] 文中首先列出了克烈部以下的十二支族族名，然后详细列出其中蔑尔喀特和张大该两族的系谱，并引用《元史》和《新元史》考辨其真伪。

周东郊《新疆的哈萨克人》一文，列出哈萨克人的分布情况。为了使这些

---

① 张西曼《乌孙即哈萨克考》，《民主与科学》1945 年第 2 期。

② 周东郊《新疆的哈萨克人》，《边政公论》1947 年第 6 卷。

③ 谷苞《哈萨克族入甘及返新纪略》，《新疆论丛》1948 年第 2 期。

④ 袁复礼《新疆之哈萨克民族》，《禹贡》1937 年 1—3 期。

数据更为可信，作者深入各牧区实地调查，以牧民头人作单位，以验证之。还有一些文章以当代人写当代史，对新疆事变进行了详细记述，不仅史料价值高，还包含了作者对当时事件的看法。这些为今天研究民国时期哈萨克族历史提供了借鉴。

张希曼撰《哈萨克（乌孙）大事年表》[①] 一文，自公元前十一世纪关于乌孙和高车的消息，汉朝与乌孙的交往，及其后的哈萨克族历史大事，一直写到1882 年（清道光二年）迪连石变乱。所用资料，除了来自中国史书外，还参考了苏联韦亚特金《哈萨克共和国史略》一书。该文史实充分，考证翔实，从中我们得以窥见哈萨克族历史发展的清晰脉络。后来诸书所做年表，都只能在此表基础上或增或减，难出其右。

哈萨克族学者尼合迈德·蒙加尼是二十世纪最早研究哈萨克族历史的本民族学者，所著《哈萨克族历史》[②]，是国内哈萨克族历史综合研究的开山之作。文章从哈萨克种族部落及血统，住牧区及其历史上经过的时期和语言，宗教和文化这三方面对哈萨克族历史进行了研究。他认为哈萨克族是由很多部落部族组成的，提出哈萨克族族名在古代称为可萨、曷萨、阿萨等，之后在新疆称为哈萨，后来称为哈萨克，实则为哈扎克。这一结论被后来很多学者以及《哈萨克族简史》认可。文中比较详细地梳理了哈萨克族从诸部落各辖其地，到逐渐融合，最后形成统一的哈萨克民族的历史。文中对哈萨克族语言的发展和文化习俗都有记载。

由于时局动荡，加之哈萨克族作为一个边疆民族，在当时所受关注较少，以致对哈萨克族史学研究的成绩不大，但对后来哈萨克族史学发展产生了很大影响。

第二节　二十世纪五十至七十年代哈萨克族史学研究

中华人民共和国建立后的前三十年，虽然受到“反右”、“文化大革命”等

① 张西曼《哈萨克（乌孙）大事年表》，《民主与科学》1945 年 1 卷 7—8 期。

② 尼合迈德·蒙加尼《哈萨克族历史》，《瀚海潮》1947 年 7—9 期。

政治运动的干扰破坏，但哈萨克族历史研究仍有进步，研究更为深入，第一部专著出现，为以后哈萨克族史学研究的全面发展奠定了基础。

一、民族调查和第一部哈萨克族史志的出现

从1955年开始的中国少数民族社会历史调查工作，对国内哈萨克族社会历史进行了调查。1958年，在深入社会历史调查的同时，国内开始了少数民族简史和简志的编纂工作。当时，中国科学院民族研究所和新疆少数民族社会历史调查组担负《哈萨克族简史简志合编》一书的编写任务。该书的社会调查、编写和修改先后有十八人参加，罗致平先生等为主要执笔人。具体编写工作于1961年夏基本结束，书稿于1964年初内部印行。《后记》言："我们从1958年9月开始编写《哈萨克族简史简志》一书，经过多次修改，到1961年夏，基本上定稿。在编写过程中，我们参考了历史文献和档案材料，并在哈萨克族聚居地区进行了社会历史调查，收集有关资料。"该书15万字，分九章，主要叙述古代哈萨克族、近代哈萨克族、现代哈萨克族、解放初期哈萨克族以及生活习俗。这是中华人民共和国建立以来国内用汉文编写印行的第一部哈萨克族史志专著，虽然其中存在着一些不足，但在当时仍不失为一部叙述哈萨克族历史和民族的上乘之作，特别是书后"大事年表"和我国哈萨克族系谱，具有较高的史学价值。该书的印行，弥补了哈萨克族没有专著的空白，更为后来人撰修有关哈萨克族史书提供了借鉴。这一时期印行的哈萨克族民族调查研究的成果，还有少数民族自治地方概况丛书之《青海省海西蒙古族藏族哈萨克族自治州概况》[①]。

二、更有深度的哈萨克族史学研究

这一时期，学者的研究较以前更有深度。苏北海《哈萨克族的起源》、朱允让《哈萨克族与康居历史之研究》、贺鲁《古代之匈奴是否即为哈萨克族之

① 海西蒙古族藏族哈萨克族自治州编委会编《少数民族自治地方概况丛书——青海省海西蒙古族藏族哈萨克族自治州概况》，1963年内部发行。

祖先》[①]等论文，侧重点各有不同，都是对哈萨克族族源的论证。苏北海认为，以社会习俗以及语言等作为证据判定一个民族族源是不可行的，如果乌孙即为哈萨克，那么乌孙是不可能成为哈萨克族的一个部落名称的。作者认为，哈萨克族是由古代众多民族中的部落部族组成的，是一个部落联盟，"因而我们只能说哈萨克族是历史发展中形成的人们共同体，是由一些不同的部落和种族的人们所组成的"。买买提·热依木《哈萨克族》[②]一文，对比了哈萨克族在中华人民共和国建立前后社会经济发展的巨大变化，同时介绍了哈萨克族的风俗习惯。金帛《哈萨克族》[③]一文，介绍了哈萨克族的分布区域、所处的地理环境以及语言文字，还用简练的文字追溯了哈萨克族的历史，着重介绍了中华人民共和国建立后，哈萨克族社会、经济、文化教育等方面的发展。作者认为"哈萨克"这一称谓出现于十五世纪，是哈萨克族人民的自称，而哈萨克族是当时从金帐汗国分裂出来的操突厥语的游牧部落。这些文章有助于我们全面了解哈萨克族，尤其是中华人民共和国建立后哈萨克族的发展。

第三节　1978年后的哈萨克族史学研究

中共十一届三中全会后，国内哈萨克族史研究出现了"百花齐放"的繁盛局面，学者们不仅对哈萨克族的历史资料进行了整理，还对历史问题，如族源、族称和民族形成等，进行了比较全面深入的研究，并开始了哈萨克族宗教、民俗、文学等历史文化问题的研究。

一、史料整理

清佚名编辑的《乾嘉道三朝哈萨克史料》，经吴丰培整理，作为中国民族史地资料丛刊中的一种，1982年由中央民族学院图书馆编印发行。该书第一

① 苏北海《哈萨克族的起源》，《人文杂志》1957年第5期；朱允让《哈萨克族与康居历史之研究》，哈萨克资料八种，1952年；贺鲁《古代之匈奴是否即为哈萨克族之祖先》，《历史教学》1954年第7期。

② 买买提·热依木《哈萨克族》，《中国穆斯林》1958年第5期。

③ 金帛《哈萨克族》，《中国民族》1963年第2期。

部分，是当时边务大臣的奏折与皇帝谕旨，开始于乾隆二十二年（1757）七月兆惠所呈奏章，最后一道是光绪十八年（1892）奏折，其内容包含了清朝与哈萨克族交往的方方面面，如哈萨克族称臣的原因及过程，哈萨克族左部和右部的多次觐见，清廷对哈萨克人民活动区域的管理，中原与哈萨克族的绢马贸易等。第二部分综合众多史料，系统地记述了科布多塔尔巴哈台的边务。吴丰培《序》总结此书的价值，称："是书多据清廷朝贡及当时边臣之奏折所论诸务，如咸、同、光三朝之事件更为其他新、蒙典籍所未及，极可珍贵之边务史料。"

甘肃省图书馆所编《西北民族宗教史料文摘》[①]，其中摘录了民国时期发表的若干篇关于哈萨克族历史与文化的文章。编者还概括说明所收录文章的残缺情况、所引用的资料等问题，使我们能够更好地了解这些文章的情况。例如在《哈萨克（乌孙）大事年表》一文中注，此文是根据中国古籍文献及苏联学者的研究所作。民国时期的相关文章著作零星分散，不便查询，而该书则弥补了这方面的不足。

哈萨克族先民是由众多的族源部落组成，在古代典籍资料中的记载繁琐零碎。洪涛《十三史哈萨克族资料简编》，不仅摘录了十三部"正史"中出现的哈萨克族史料，还对各书中哈萨克族族源诸民族进行了梳理，并加上了作者对一些历史问题的看法。该书在哈萨克族史料的整理和汇编方面贡献突出，为后人研究哈萨克族历史提供了方便。

哈萨克族世代口耳相传的神话传说与史诗是我们研究哈萨克族史学的重要资料。对哈萨克神话传说、歌谣故事、叙事长诗的整理，散见于多种作品选集之中，如《中国少数民族文学》[②]一书中，对哈萨克族神话《迦萨甘创世》、叙事诗《萨里哈与萨曼》进行了简介，后者并附有部分诗句，对于研究哈萨克族族源以及新疆各民族的古代原始文字，具有重要价值。也有专门搜集整理的哈萨克族民间文学作品集，如山林、常世杰整理《萨里哈与萨曼》（新疆人民出版社，1980年），再努拉编《哈萨克民间故事》（新疆人民出版社，1981年），

① 甘肃省图书馆编《西北民族宗教史料文摘》，甘肃省图书馆1985年印行。

② 杨亮才、陶立璠、邓敏文主编《中国少数民族文学》，人民出版社，1985年。

马雄福编《哈萨克民歌选》(新疆人民出版社，1986 年)等。

二、研究综述

贾合甫·米尔扎汗《哈萨克族系谱搜集和历史研究概述》[①]一文，对系谱的研究成果进行了总结，不仅有汉文史籍对哈萨克族系谱的记述，也有本民族学者对哈萨克族系谱的记载，还有国外学者，尤其是苏联学者对哈萨克族系谱的记载和研究成果。文章时间跨度大，分古代、十七至十九世纪以及近百年来这三个时间段进行了梳理，重点梳理了中华人民共和国建立以后研究哈萨克族历史方面的学术成果。虽然内容较简略，但对我们了解近现代学者研究哈萨克族历史的成果起了引领的作用。

姜崇伦主编《哈萨克族历史与文化》一书[②]，其第一章“哈萨克族资料与研究”，收录了 1979 年以后众多学者研究哈萨克族的学术成果，根据内容进行了整理和评论，尤以哈萨克族的原始信仰及萨满教调查的记载较为翔实。作者将二十世纪哈萨克族研究分为三个阶段，概述了各个阶段哈萨克族历史研究状况。

毛星主编《中国少数民族文学》[③]一书中的哈萨克文学史部分，由哈萨克族学者阿吾里汗·哈里、阿布都·热西提和巴依·布拉提执笔，首次对哈萨克文学史做了简明扼要的介绍，有助于我们系统了解哈萨克族文化史中文学史的发展脉络。

三、哈萨克族民族五种丛书出版

中共十一届三中全会后，国家民族事务委员会组织编写出版了“民族问题五种丛书”，其中关于哈萨克族的，有《中国少数民族》中有关哈萨克族的部分、《哈萨克族简史》、《哈萨克语简志》以及诸哈萨克族州县概况和社会历史调查报告。

《哈萨克族简史》(新疆人民出版社，1987 年)，由尼合迈德·蒙加尼拟稿，

---

① 贾合甫·米尔扎汗《哈萨克族系谱搜集和历史研究概述》,《新疆社会科学》1989 年第 6 期。

② 姜崇伦主编《哈萨克族历史与文化》，新疆人民出版社，1998 年。

③ 毛星主编《中国少数民族文学》，湖南人民出版社，1984 年。

纳比坚·穆罕默德汗和何星亮译成汉文，苏北海、邓波修改，共二十余万字，是我国出版的第一部全面叙述哈萨克历史与文化的专著。较之《哈萨克族简史简志合编》一书，该书对历史方面的撰述更为详细具体。首先，较为详细地考证了哈萨克族族名由来、组成该民族的族源部落、哈萨克族主体部落的形成时间等问题。在论证的过程中，结合古典文献与众多学者的研究成果，其结论成为后来学者关于这些问题研究的主流看法。其次，在对哈萨克族历史的记叙方面，不仅时间跨度很大，对史实记载也十分详细。从乌孙、康居这些哈萨克族最古老的先民起，一直写到近现代的哈萨克族社会，其中包括了哈萨克族主要族源部落的发展历程和哈萨克族形成后的几乎所有重大事件。值得一提的是，书中将哈萨克族族源部落的发展置于当时整体历史环境之中，使我们能够更为清晰地了解哈萨克族历史。最后，该书记载的哈萨克族文学、哲学的发展脉络以及主要的学术成果，对哈萨克族历史的研究有很大帮助。

新疆《伊犁哈萨克自治州概况》（新疆人民出版社，1985 年出版；修订本民族出版社，2009 年出版）、新疆《巴里坤哈萨克自治县概况》（新疆人民出版社，1984 年出版；修订本民族出版社，2009 年出版）、新疆《木垒哈萨克自治县概况》（新疆人民出版社，1984 年出版；修订本民族出版社，2009 年出版）、甘肃《阿克塞哈萨克自治县概况》（甘肃民族出版社，1986 年出版；修订本民族出版社，2008 年出版）。这些修订本都是根据统一要求撰写的，一般分为地理环境、历史沿革与社会变革、民族区域自治、农业、工业、交通通信、财政金融、贸易、旅游、对外开放、社会事业、城乡建设、环境保护、兵团及垦区等章。其内容丰富，学术价值和社会价值很高。

《青海省回族撒拉族哈萨克族社会历史调查》（青海人民出版社，1985 年），和《哈萨克族社会历史调查》（新疆人民出版，1987 年），收录了从二十世纪五十年代开始到二十世纪八十年代，学者和民族工作者对哈萨克族所在的地区调查研究的报告。这些调查，全面而具体，作为深入哈萨克族了解的第一手资料，成为日后研究哈萨克族的重要史料，有着极大的史料价值。其中有些调查报告，或零碎无条理，或不符合实际，或缺乏深度，在使用过程中要认真甄别。

四、学术专著大量出现

这一时期，关于哈萨克族的专著大量出现，较之前两个时期，有了质的飞跃。

汉文出版的哈萨克族著作，有贾合甫·米尔扎汗《哈萨克族》（民族出版社，1989年），详细介绍哈萨克族历史和文化。阿不都力·江赛衣提著《哈萨克族》（新疆美术摄影出版社，1996年），体例与前述《哈萨克族》基本相同，文字较少。苏北海著《哈萨克族文化史》（新疆大学出版社，1989年），用45万余字，分十六章，详细论述了有关哈萨克族民族部落的印记、口号以及岩画、历法、宗教、文学、习俗等。书中从远古时代哈萨克草原人类的出现写起，一直贯通到近代的哈萨克族社会。其资料来源，不仅仅有大量文献资料，还有作者深入哈萨克族聚居地实际调查了解的岩画、墓葬、当地人民口耳相传的神话传说与史诗等，所以对一些历史问题的述说更为翔实可信。该书填补了草原文化史的空白，是当代学者研究哈萨克族历史文化的力作。毕桪《哈萨克民间文学概论》（中央民族学院出版社，1992年），对哈萨克民间文学做了系统的介绍，是哈萨克文化史的重要著作。

以哈萨克文出版的著作，有纳比坚·默罕默德汗《哈萨克历史研究》（哈萨克文，新疆人民出版社，1988年），是作者的一部论文集，论述了在哈萨克族形成过程中及哈萨克汗国建立后与其他民族的各种交往等问题。贾合甫·米尔扎汗《哈萨克族历史及其民俗概论》。贾合甫·居努斯《哈萨克族的渊源及形成》（哈萨克文，新疆人民出版社，1994年）等。新疆社科院组织几十名哈萨克族专家学者完成的四卷本《哈萨克族文学史》（哈萨克文，新疆人民出版社，于1996年起陆续出版），是迄今为止最为翔实的哈萨克族文学史。

这些著作不仅对哈萨克族的史学问题进行了研究探讨，还涉及了哈萨克族的文学、民俗、宗教等很多方面，可见对哈萨克族的研究，不仅是研究深度在增加，研究的广度也在扩大。这些都反映了哈萨克族本民族学者队伍的扩大及其学术影响的增强。

五、历史研究的深入

1. 对族源的考证和研究。从张西曼提出乌孙是哈萨克族族源开始，对哈萨克族族源问题的研究就一直在进行，经过几十年的研究，对于哈萨克族族源的主流看法逐渐被认可。孟凡人、贾合甫·米尔扎汗、尼合迈德·蒙加尼、马贤能、钟兴麒、贾合甫·居努斯、洪涛、贾合甫·米尔扎汗等发表的文章，[①] 虽然在论证方法和资料运用上各有侧重，但都认为哈萨克族是由古代的乌孙、康居、奄蔡、匈奴、塞种、月氏、突厥、蒙古等部族、民族融合而成。

2. 对系谱的研究。哈萨克族系谱是记载哈萨克族悠久历史的重要资料。中华人民共和国建立后，国内对哈萨克系谱的搜集整理和哈萨克历史的研究，进入新的时期。在全面社会历史调查基础上编写的《哈萨克族简史简志合编》，于1963年编写完毕，用汉文铅印内部发行。书后附我国哈萨克族族谱，清晰地列出了我国主要的部落的系谱，以及发展演变。关于哈萨克族系谱的研究论文有：1985年《绿草》第4期刊登阿合特的《阿巴克克烈系谱》，1985年《木拉》第3期刊登贴米尔巴依斯玛古勒和瓦克特黑力勒的《克烈史谱》，美莱特汗艾林的《十二个阿巴克克烈贵族系谱》，1987年《木拉》第2期发表摘自1967年逝世的马米提卡依拉克别克记录的、由库赛音胡达拜尔迪整理的《克宰依部族》。苏北海《近代新疆哈萨克族宗法氏族部落》[②]，对近百年新疆哈萨克族宗法氏族、系谱进行了勾画。

3. 关于哈萨克汗国与清朝的关系。苏北海、洪涛、纳比坚·穆罕默德罕认为，哈萨克汗国的大帐、中帐、小帐先后归附清朝，其统治者被册封为汗、

---

① 孟凡人《乌孙的活动地域和赤谷城的方位》，《甘肃师大学报》1978年第1期；贾合甫·米尔扎汗《关于哈萨克族族源与民族形成问题》，《新疆社会科学》1982年第3期；尼合迈德·蒙加尼《新疆的哈萨克族》，《新疆社会科学研究动态》1981年第11期；马贤能《哈萨克族源流浅说》，《民族学研究》1982年第3辑；钟兴麒《关于哈萨克民族形成问题》，《新疆师大学报》1983年第2期；贾合甫·居努斯《关于哈萨克族的渊源及形成过程及族称》，《伊犁师范学院学报》1987年第2期；洪涛《也谈哈萨克族族源》，《新疆大学学报》1994年第3期。

② 苏北海《近代新疆哈萨克族宗法氏族部落》，《新疆大学学报》1989年第4期。

公、台吉，其民都是清朝属民。王希隆[①]认为，清政府对其三帐不过是羁縻服属，如安南、琉球、暹罗等国，俾通天朝而已，并非欲郡县其地，张官置吏，亦非喀尔喀之分旗编设佐领，以属国相待，并划分疆界。属国与清朝的关系是属国向中央政府朝贡。而在中国境内的哈萨克人则是中国人，与属国的哈萨克部落有根本的不同。

六、新时期哈萨克族史研究成绩的初步总结

二十世纪后期，哈萨克族史学研究有了巨大进步。首先，研究队伍扩大，尤其是本民族学者的队伍在不断扩大，像尼合迈德·蒙加尼、贾合甫·米尔扎汗以及纳比坚·穆罕默德汗等人，都对本民族的历史有很深入的研究。其次，研究成果数量大增。这一时期国内发表有关哈萨克族的论文和专著五百余篇部，其数量之巨以及其中所包含的各种观点，足以证明哈萨克族史学研究日趋繁荣。再次，研究领域的扩展。这一时期的研究从横向上看不断地向着语言、文化、宗教、民俗等全面发展，纵向上看研究专题正逐步走向系统化和完整化。最后，研究方法的多样化。从发表的研究成果可以看出，研究者的研究方法，正逐步从以文献资料为主向以文献资料和实地考察相结合的方向过渡，不仅使文献资料和实地考察相互佐证，而且也搜集了大量文献中没有的民俗和宗教资料，使得研究领域更加宽广和科学。

① 王希隆《乾嘉时期清政府对哈萨克族之关系与政策》，《新疆大学学报》1984年第1期。

第十八章

二十世纪柯尔克孜族史学

第一节　柯尔克孜族史学研究的起步

一、柯尔克孜族研究的起步

近代国内对于柯尔克孜族的研究开始于二十世纪初。二十世纪初出现了一些介绍柯尔克孜族的文章，如《新疆各族之研究》、《新疆民族之分析》；其次是翻译一些国外研究柯尔克孜族的文章，如《新疆之吉尔吉斯人》、《柯尔克斯族考》等。这些文章尽管很粗略，却开启了国内学者研究柯尔克孜族的先河。

1949 年中华人民共和国建立后，柯尔克孜族史学研究进入新阶段。中华人民共和国建立初期，对柯尔克孜族的研究还多停留在报纸上的简单介绍，如光明日报《我国的少数民族简介：东乡族、柯族》、云南日报《访问柯尔克孜》、新疆日报《生活在新疆的柯尔克孜人民》和《柯尔克孜牧民的幸福生活》。这些文章并没有对柯尔克孜族进行深入研究，但是至少把柯尔克孜族的基本面貌呈现出来了，使柯尔克孜族的社会状况越来越多地公之于世。当时也继续翻译国外的研究成果，如《关于柯尔克孜族名的语义与分析》和《论柯尔克孜民族起源问题》等，为进一步研究柯尔克孜族准备了条件。

二、历史调查及第一部柯尔克孜族通史

二十世纪五十至六十年代随着大规模民族调查的展开，柯尔克孜族史学得到了真正的发展。1958 年 9 月 16 日，中共新疆维吾尔自治区党委下发《关于新疆少数民族社会历史调查组赴各地进行调查的通知》，确定新疆地区要完成维吾尔、哈萨克、回、柯尔克孜、乌孜别克、锡伯、满、蒙古、塔吉克、塔塔尔、达斡尔等十一个民族的社会历史调查，以及维吾尔、哈萨克、柯尔克孜、乌孜别克、锡伯、塔吉克、塔塔尔等七个民族简史和简志的编写。在此背景下

调查组奔赴柯尔克孜族聚居的地方，深入柯尔克孜族人民中间，进行了调查，并在调查报告和整理历史文献、档案资料的基础上编写了《柯尔克孜族简史简志合编》（初稿）。

《柯尔克孜族简史简志合编》（初稿）是柯尔克孜族的第一部通史。全书九章，把柯尔克孜族历史划分为古代（公元前三世纪末到1840年）、近代（1840—1919）、新民主主义革命时期（1919—1949）、民主革命时期和社会主义革命时期五个时期，较为全面地论述了柯尔克孜族从汉代到人民公社化时期经济、政治、文化等方面的情况。前言称该书编写目的是“为了反映建国十年来党在民族工作方面所取得的伟大成绩，反映各少数民族的历史和新的面貌以及新的民族关系，阐述党的民族政策”。[①] 为此，《合编》（初稿）在详今略古原则指导下，侧重于柯尔克孜族现代历史的撰写，突出中华人民共和国建立后的成绩，柯尔克孜族两千多年的古代历史仅仅占全书内容的九分之一，26页，许多问题没有涉及，涉及的问题又多没有展开。该书的价值，首先，它较好地勾勒出柯尔克孜族古代史，全面阐述了二十世纪五十年代前后的历史、经济、文化等方面，基本上展现了柯尔克孜族从古至今的发展面貌，构建了柯尔克孜族史的基本框架，为后来的研究打下了坚实的基础。其次，资料丰富，编写者广泛参考了二十五史及相关典籍、苏联学者研究成果、柯尔克孜族聚居区调查资料和当地的旧档案。《合编》（初稿）的编写聚拢和保存了这些珍贵资料，尤其是在柯尔克孜族聚居地区调查得来的资料和当地的旧档案。

三、台湾学者陈庆隆的研究成果

“文化大革命”期间，大陆的学术研究几乎完全停顿，台湾学界的史学研究却照常进行。期间，陈庆隆《坚昆、黠戛斯与布鲁特考》[②] 一文，是我国柯尔克孜族史学研究的重磅成果。该文据中西史料及语言学理论，剖析柯尔克孜历史上这三个族称的语源语义，进而追寻其种族的渊源、迁徙与分布，并确定

① 中国科学院民族研究所新疆少数民族社会历史调查组《柯尔克孜族简史简志合编》（初稿）前言。

② 陈庆隆《坚昆、黠戛斯与布鲁特考》，《大陆杂志》第51卷第5期，1975年。

了它们相互间的亲属关系。

该文认为，就族称而论，坚昆、黠戛斯及布鲁特出自不同的语源。坚昆源自 kem（剑河）+kun（匈奴），乃“剑河之匈奴”之意，黠戛斯则是突厥碑文中 Qïrqïz 之对音，《元史》译之为吉利吉思。Qïrqïz 一称，据其本族之传说，乃“四十女郎”之意，源自 Qïrq（四十）+qïz（女孩）。清朝称之为布鲁特，源自蒙古语 Buru（不正的、恶劣的）+t（复数接尾语），含有轻蔑之意。

文章指出，尽管吉利吉斯在历史上的名称不同，但同种同源。以其“赤发、皙面、绿眼”的特征，显非阿尔泰族，早先居住于里海及咸海之北，然后迁徙至叶尼塞河上游、剑河河谷及唐努乌拉山一带，后为匈奴所破。突厥时代已见突厥化，常与突厥为敌，被视为大患。840 年大破回纥占其地，乃南迁杭爱与阿尔泰之间，契丹崛起又重回叶尼塞区。此后因蒙古人的进逼及俄属哥萨克的侵扰，1657 年部分吉利吉斯遁入 Sayaj 草原与其他突厥系族混合，另一部分降于蒙古。

第二节　柯尔克孜族史学的逐步展开

“文化大革命”结束以后，社会百业待兴，学术研究也同样面临重建，柯尔克孜族的史学处在逐步发展的阶段。中华人民共和国建立后的柯尔克孜族调查资料和研究成果得以整理修订出版，学者的研究逐渐展开。

一、柯尔克孜族五种丛书出版

二十世纪七十年代末，随着国内民族研究的逐步开展，国家民族事务委员会组织出版了“民族问题五种丛书”。其中，关于柯尔克孜族历史的有《中国少数民族·柯尔克孜族》、《柯尔克孜族简史》、《克孜勒苏柯尔克孜自治州概况》、《柯尔克孜族社会历史调查》，这些书记录了柯尔克孜族从公元前三世纪到中华人民共和国建立的历史发展进程，内容涵盖了柯尔克孜族区域自治、柯尔克孜族历史以及经济生活、宗教信仰、文化艺术等方面。

《柯尔克孜族简史》于 1986 年正式出版，是柯尔克孜族第一本比较有系统的史书，梳理了该族从古至今的历史，全面叙述了该族的社会发展和演变。首先，该书加大了柯尔克孜族古代史的比重，将《柯尔克孜族简史简志合编》（初稿）一章的内容扩展到了四章，充分利用汉文文献，较为详细地叙述了柯尔克孜族古代的历史。其次，不再把柯尔克孜族当作一个孤立的民族来撰写，在侧重中国历代朝廷与当时柯尔克孜族彼此互动的同时，也触及该族与周边各民族的关联性，在柯尔克孜族历史的各个阶段中加入了与其他民族的关系的内容。最后，没有沿用《柯尔克孜族简史简志合编》（初稿）的断限（1958 年人民公社时期），全书时间下限至 1949 年。清朝末期，沙俄入侵中国西北边疆，侵占了大片中国领土。因此同一个柯尔克孜族在条约限制下，被硬生生地分隔到不同国家，成为跨国境的同源民族。而《柯尔克孜族简史》在编写的时候竟然没有提到这一点，更没有把柯尔克孜当作一个跨国民族来写。

《柯尔克孜族简史》[①]（修订本）在一定程度上弥补了 1986 年版《柯尔克孜族简史》的不足。修订本基本保留了第一版的框架，增加了中华人民共和国建立后柯尔克孜族在科学文化、经济等方面取得的成果。在叙述柯尔克孜族历史文化时，充分吸收了学界最新的研究成果。如第六章当代的柯尔克孜族，参考了《柯尔克孜族：历史与现状》、《黑龙江柯尔克孜族》和《乌裕尔河畔的柯尔克孜人》等研究成果。第七章柯尔克孜族的文化，参考了杜荣坤、安瓦尔的《柯尔克孜族》以及《柯尔克孜族：历史与现状》的相关章节。

《克孜勒苏柯尔克孜自治州概况》，全面介绍了柯尔克孜族聚居地新疆克孜勒苏柯尔克孜自治州的地理环境、历史沿革与社会变革，重点介绍了柯尔克孜族在维护祖国统一、争取民族独立中所做的贡献，展示了在党的领导下自治州农牧业、工交、财贸、文化、教育等方面所取得的成就。

《柯尔克孜族社会历史调查》（民族出版社，2009 年），收录了 1958 年到 1962 年新疆和东北柯尔克孜族社会历史调查报告十二篇。当时，学者和民族工作者深入乌恰县、阿合奇县、特克斯县、阿图什县和富裕县进行调查。调查报告涉及柯尔克孜族的历史、文学艺术、生活习俗、宗教信仰等方面，是研究

① 编写组《柯尔克孜族简史》（修订本），民族出版社，2008 年。

柯尔克孜族最珍贵的第一手资料。

柯尔克孜族“五种丛书”的编写出版，在柯尔克孜族史研究上具有重大的意义。

首先，从内容上看，柯尔克孜族诸书涉及了柯尔克孜族历史研究的多方面:《柯尔克孜族简史》主要侧重于柯尔克孜族的历史、政治和经济文化，代表了当时柯尔克孜族研究的新水平;《克孜勒苏柯尔克孜自治州概况》展现了柯尔克孜族实行民族区域自治后在各方面取得的成就;《柯尔克孜族社会历史调查》汇集了柯尔克孜族调查研究来的第一手资料，内容涉及各个方面。

其次，柯尔克孜族历史诸书，汇集了学界对柯尔克孜族研究的新成果，代表了当时学界在历史、经济、文化、宗教信仰等方面对柯尔克孜族研究的最新水平。

再次，柯尔克孜族历史诸书贯彻了“百家争鸣”和实事求是精神。如在历史分期问题上，柯尔克孜族是游牧民族，本民族流传下来的史料有限，汉文史籍对柯尔克孜族历史的记载也很不充分，如果按照传统的原始社会、奴隶社会、封建社会的分期来写，显得牵强。因此，编写组把柯尔克孜族的历史分为古代、近代、现代三部分来写，这样既符合民族史实际又比较合理，充分体现了实事求是的精神。再如关于“柯尔克孜”一词的来源和含义，在中外史料和柯尔克孜族的传说中，有不同的解释。《柯尔克孜族简史》在编写过程中，对此不做决断，只是对有根据的说法，一一做了介绍，以便后来者进一步研究，充分体现了“百家争鸣”的原则，同时也为后来者树立了榜样和提供了借鉴。

最后，柯尔克孜族历史诸书保存了许多在中华人民共和国建立初期柯尔克孜族民主改革前保留下来的传统的社会制度、民风民俗的生动记录。在改革开放数十年后柯尔克孜族各方面发生极大变化，当我们再追溯或回顾相关问题时它能够提供非常好的对照资料。这部丛书是特殊时期特定年代的产物，当我们以新世纪的视角再来审视时，会发现它在柯尔克孜族史学上留下的痕迹是难以抹去的。

二、柯尔克孜族历史研究的展开

这一时期，国内学者对柯尔克孜族历史的研究逐步展开，取得不少成绩。

1986年版《柯尔克孜族简史》中对柯尔克孜族的民族成分的论述，认识到“坚昆人也好，黠戛斯也好，其他任何古柯尔克孜人也好，都不能够与今天的柯尔克孜族完全划等号。今天的柯尔克孜族乃是一个在历史的长河中不断吸收、经常融合其他民族成分而逐渐形成的民族”，但在书中却并没有详细讨论每个阶段柯尔克孜族的具体成分构成。韩儒林《元代的吉利吉思》和《元代的吉利吉思及其邻近诸部》[①] 两篇论文，采用苏联的考古资料以及国外学者的研究成果，详细考证了元代吉利吉思及其邻近部落，弥补了《柯尔克孜族简史》的部分缺憾，充实了柯尔克孜族古代史的内容。

西迁在柯尔克孜族形成过程中起到了关键作用，但是在柯尔克孜族“民族问题五种丛书”中却没有提到这一问题。杜荣坤、郭平梁《柯尔克孜族的故乡及其西迁》[②]、马曼丽《叶尼塞吉尔吉斯的西迁与中亚吉尔吉斯民族的形成》[③]、胡延新《十七世纪的叶尼塞吉尔吉斯及其西迁》[④] 等论文从不同角度论述了柯尔克孜族的西迁问题。马曼丽还站在跨国民族的视角，论述了中亚吉尔吉斯民族的形成。

《柯尔克孜族称含义考》[⑤]，从语言学的角度举例推翻“柯尔克孜”一词“四十个姑娘”的含义，并多方考证，认为“‘柯尔克孜’一词应取‘威武’、‘盛大’、‘多智’这些象征性的具有民族特点的含义，而绝不能取基数词那个含义”。该文的考证方法引起学界的争议。那木吉拉《〈元史·地理志·西北地附录〉吉里吉思传说考述》[⑥] 一文，将《元史》中关于“四十个姑娘”传说和

① 韩儒林《元代的吉利吉思》，《元史及北方民族史研究集刊》1978年第2期；《元代的吉利吉思及其邻近诸部》，《元史及北方民族史研究集刊》1981年第5期。

② 杜荣坤、郭平梁《柯尔克孜族的故乡及其西迁》，《新疆社会科学》1982年第2期。

③ 马曼丽《叶尼塞吉尔吉斯的西迁与中亚吉尔吉斯民族的形成》，《西北史地》1984年第4期。

④ 胡延新《十七世纪的叶尼塞吉尔吉斯及其西迁》，《甘肃民族研究》1986年第4期。

⑤ 董文义《柯尔克孜族称含义考》，《民族语文》1982年第3期。

⑥ 那木吉拉《〈元史·地理志·西北地附录〉吉里吉思传说考述》，《民族文学研究》1997年第3期。

现代柯尔克孜人中流传的传说一起说明，指出“吉利吉思人起源于四十个姑娘的传说是很古老的”。

关于柯尔克孜族的形成时间，徐杰舜认为，“于明末清初，形成一个新的民族——柯尔克孜族”①。杨建新认为，柯尔克孜族形成的标志性事件是“17世纪到18世纪初，由于沙俄的扩张，叶尼塞吉尔吉斯被迫举部迁往天山”②。目前学界对柯尔克孜族的形成时间没有统一的认识，但是到清朝的时候，柯尔克孜族已经形成，这是一个不争的事实。

第三节　柯尔克孜族史学走向繁荣

世纪之交，不仅有大量柯尔克孜族史学研究论文出现，更有许多专著问世，学术成果不断推陈出新，研究专题细致深入，研究视角不断变化，柯尔克孜族史学走向繁荣。

一、三部柯尔克孜族专著出版

这三部专著分别是杜荣坤、安瓦尔著《柯尔克孜族》，陈超、阿斯卡尔·居努斯著《柯尔克孜族》，房若愚、葛丰交著《柯尔克孜族》。

杜荣坤、安瓦尔《柯尔克孜族》（北京民族出版社，1991年）属于“民族知识丛书”，书中对柯尔克孜族历史只做了一般性的叙述，重点放在柯尔克孜族的现状上，着重介绍了柯尔克孜族的社会经济、生活习俗等方面。两位作者都是《柯尔克孜族简史》的编写者，与《柯尔克孜族简史》相比，此书更为通俗。

陈超、阿斯卡尔·居努斯著《柯尔克孜族》（新疆美术摄影出版社，1996年）属于“中国新疆民族民俗知识丛书”，也是侧重于介绍柯尔克孜族的现状，主要内容包括柯尔克孜族概述、历史源流、社会经济、物质文化、婚姻家庭、宗教信仰、文化艺术、风俗习惯与娱乐活动。

① 徐杰舜《中国民族史新编》，广西教育出版社，1989年，第325页。

② 杨建新《中国西北少数民族史》，民族出版社，2009年，第412页。

房若愚、葛丰交著《柯尔克孜族》（中国水利水电出版社，2005 年）属于“中国少数民族风情游丛书”，更注重宣传柯尔克孜族的特色，以吸引游客。内容包括历史概况、生活习惯、宗教信仰、文化艺术、风景名胜以及特色美食和土特产品。

总之，这三部书对柯尔克孜族做了较全面的介绍，相对简单，并没有深入研究。

二、历史研究的深入与发展

柯尔克孜族在清代的文献中被称作“布鲁特”，并且以天山为界分为东布鲁特和西布鲁特。据《西域闻见录》记载，布鲁特各个部落的首领“比”“各军其地，各子其民，力敌势均，各不统辖”。关于清代布鲁特各个部落的情况及其之间的关系，清代相关文献的记载和《柯尔克孜族简史》的记载以及苏联学者的研究各不相同。潘志平《布鲁特各部落及其亲缘关系》（《新疆社会科学》1990 年第 2 期）一文，认真解读清代文献，考证出了布鲁特主要有“萨雅克、萨尔巴噶什、布库、霍索楚、启台、萨娄、额德格讷、蒙科尔多尔、齐里克、巴斯子、冲巴噶什、胡什齐、岳瓦什、提依特、奈曼、希布察克、诺依古特、苏勒图等部落”，并综合苏联和国内的研究，梳理了部落之间的亲缘关系，还做出了布鲁特主要部落的氏族谱系。

薛宗正《黠戛斯的崛兴》（《民族研究》1996 年第 1 期）一文，通过解读汉文史料与突厥碑文考证，梳理了黠戛斯从诞生到退出历史舞台的过程。该文考证了黠戛斯的诞生及其种族组成，认为黠戛斯是当地的塞人融合了丁零人、蒙古利亚人的“一个黄白混合的新族体”。该文考证了黠戛斯臣属唐朝的过程及坚昆都督府存在的时间，认为“黠戛斯臣属唐朝的时间长达四十五年（648—693）”。考证了黠戛斯反抗后东突厥汗国的斗争，认为“乌斯（即黠戛斯）起兵对于埋葬默啜可汗暴虐政权和后东突厥汗国由盛转衰起了一定作用”。最后作者考证了黠戛斯与回纥的斗争以及大黠戛斯汗国的建立与灭亡。薛宗正对于黠戛斯的考证与梳理在柯尔克孜族历史研究中占有重要地位。

“散吉拉”是柯尔克孜族史话，主要描述了古代柯尔克孜族的历史来源、民族来源、民族名称、历史名称、部落划分、部落分支、宗教信仰、天文学及主要历史事件的经过等，对于研究柯尔克孜族的历史、文化具有重要的资料价值。但国内学者对于柯尔克孜族“散吉拉”的研究，尤其是对其史学价值的研究还很不充分。柯尔克孜族学者艾莱提·托洪巴依撰文，对柯尔克孜族的“散吉拉”进行研究，充分肯定了研究“散吉拉”的重要性，认为“充分挖掘、研究、使用柯尔克孜本民族口碑史料——‘散吉拉’，可以进一步深化柯尔克孜族历史的研究”。[①] 文中介绍了三位“散吉拉奇”即“散吉拉”的传诵者及其主要作品，分析这些“散吉拉”所蕴含的历史信息以及对于研究柯尔克孜族部落系谱的重要性。

三、历史文化研究成果

对柯尔克孜族历史文化的研究，出现了研究介绍专著《柯尔克孜族风情录》、《柯尔克孜族民俗文化》等，以及多篇专题研究论文。

贺继宏、张光汉《柯尔克孜族风情录》(四川民族出版社，1998 年)，是作者在积累资料和社会调查的基础上编写的，分入境问俗篇、人生礼仪篇、农牧渔猎篇、衣食住行篇、岁时社交篇、歌舞乐戏篇、民间文学篇、体育竞技和游戏篇、工艺篇、组织信仰篇等，对居住在克孜勒苏柯尔克孜自治州的柯尔克孜族风情进行了详细的研究和介绍，并收录了黑龙江柯尔克孜族习俗和新疆伊犁额敏县柯尔克孜族习俗，其中许多内容属于历史的范畴，推动了柯尔克孜族文化生活、风俗习惯、民间文学的历史研究。

《柯尔克孜族民俗文化》(新疆维吾尔自治区对外文化交流协会，新疆美术摄影出版社，2006 年) 分生产民俗、衣食住行、生活习俗、婚姻家庭、信仰民俗、人生礼仪、文学艺术、教育科技、体育娱乐等方面对柯尔克孜族的民俗文化做了介绍。据称，该书“著作者都是本民族的专家学者”，资料的来源真实可靠。

研究柯尔克孜族历史文化的论文，比较重要的是张彦平《柯尔克孜图腾文

① 艾莱提·托洪巴依《“散吉拉”和柯尔克孜族部落系谱》,《西北民族研究》1998 第 2 期。

化的内涵及嬗变》、何星亮《柯尔克孜族的制度文化述论》等。张彦平认为，由于“柯尔克孜族是由众多的氏族和部落分化、组合而成的”，因此柯尔克孜族的图腾信仰是繁杂的，主要包括雪豹图腾、牛图腾、鹿图腾、狼图腾、犬图腾等。柯尔克孜族图腾文化的特点：一是多元性；二是重叠性；三是地缘性。随着生产方式的变化，柯尔克孜族的图腾文化也在嬗变，“由典型的图腾文化过渡到转型的图腾文化，进而逐渐趋向消亡状态”[①]。何星亮从社会组织制度、政治制度、婚姻制度和亲属制度四个方面论述了柯尔克孜族的制度文化。

四、宗教信仰史研究

对于柯尔克孜族宗教信仰史的研究起步较晚，但成果喜人。杨富学《古代柯尔克孜人的宗教信仰》(《西北民族研究》1997 年第 1 期）一文，论述了柯尔克孜族由信仰萨满教到信仰景教再到信仰伊斯兰教的变化过程。柯尔克孜族学者艾莱提·托洪巴依《新疆乌恰县黑孜苇乡柯尔克孜族宗教信仰调查》(《西域研究》2004 第 4 期)，选择新疆乌恰县库拉日克村，对柯尔克孜族伊斯兰教信仰的现状、特点及变化情况进行典型调查，认为“随着时间的推移和社会的发展，呈现出宗教仪式简化、宗教对生活的影响弱化和宗教观念渐趋淡泊的趋势”。他认为柯尔克孜族虽然现在主要信仰伊斯兰教，但在日常生活中“仍然可以看到曾经在其先民身上发生过影响的种种宗教信仰的痕迹”，其中包括萨满教的遗存、自然崇拜等。万雪玉《伊斯兰教对柯尔克孜族文化的影响》(《中国宗教》2003 年第 6 期)，从语言文字、文学、宗教教育、艺术、建筑以及风俗习惯等方面论述了伊斯兰教对柯尔克孜族文化的影响。我国第一部关于柯尔克孜族民间宗教的研究专著《柯尔克孜族民间信仰与社会》(阿地里·居玛吐尔地、曼拜特·吐尔地、古丽巴哈尔·胡吉西《柯尔克孜族民间信仰与社会》，民族出版社，2009 年)，集知识性、学术性、资料性于一体，比较全面地总结了柯尔克孜族社会历史文化发展过程中最基本、最重要的原始宗教——萨满教及其表现形式，阐释了民间宗教与社会发展、民族文化、人民生活的密切关系。

① 张彦平《柯尔克孜图腾文化的内涵及嬗变》，《西域研究》1993 年第 3 期。

五、新视角的社会历史调查

社会历史调查视角的变化主要体现在《柯尔克孜族——新疆乌洽县库拉日克村吾依组调查》和《柯尔克孜族：历史与现状》这两本书中。《柯尔克孜族——新疆乌洽县库拉日克村吾依组调查》（董秀团、万雪玉著，云南大学出版社，2004 年）属于“中国民族村寨调查丛书”，从微观的角度出发，用点的方式，以新疆克孜勒苏柯尔克孜自治州乌恰县黑孜苇乡库拉日克村吾依组为调查对象，采用访谈、观察、座谈会、问卷调查等方法，对当地柯尔克孜族的生态环境、人口、经济、文化教育、科技卫生、民风民俗、宗教信仰、生活方式、婚姻家庭等方面进行了深入、细致的调查。《柯尔克孜族：历史与现状》（万雪玉，阿斯卡尔·居努斯著，新疆大学出版社，2005 年），从宏观的角度，打破疆域的限制，以中国新疆克孜勒苏柯尔克孜族和邻国同源民族历史发展为线索，从其居住地区的自然环境、人口分布、民族形成历史、跨国过程、社会经济和文化发展状况等方面，调查探讨柯尔克孜族的历史发展与现状，尤其注重对境外吉尔吉斯人的历史撰述以及境内外同源民族的文化交往。

六、柯尔克孜族史志编纂成果

二十世纪九十年代以后，我国柯尔克孜族聚居地区的地方志编撰成果显著，先后出版了《克孜勒苏柯尔克孜自治州民族志》、《阿合奇县志》、《乌恰县志》、《阿克陶县志》、《阿图什市志》和《克孜勒苏柯尔克孜自治州志》等。

《克孜勒苏柯尔克孜自治州民族志》[①] 是克孜勒苏有史以来第一部志书。该书的编写，除参考大量历史文献资料之外，还充分利用调查资料和柯尔克孜文、哈萨克文等文献。该书以志为主，辅以图、表、传、记、述、录，第一次以民族志的形式展现柯尔克孜族聚居地区的历史与现状，详细记述了柯尔克孜族的族源、历史沿革、经济生活、文化教育、社会组织、宗教信仰、风俗习

---

① 贺继宏、张光汉主编，克孜勒苏柯尔克孜自治州民委、克孜勒苏柯尔克孜自治州史志办编辑《克孜勒苏柯尔克孜自治州民族志》，新疆克孜勒苏柯尔克孜文出版社，1992 年。

惯、民间文学等。该书的记叙采取详今略古的原则，对柯尔克孜族古代史的叙述仅涉及其重大历史活动，并侧重于斗争史，对柯尔克孜族的现状则详细记述，以突显在党的民族政策下柯尔克孜族在经济、文化教育等方面所取得的成就。该书在记载民族历史、习俗时，尽量扬长避短，对一些陋习未作记载，或许是其不足之处。

《克孜勒苏柯尔克孜自治州志》（贺继宏主编，新疆人民出版社，2004 年）是在前几部方志、民族志的基础上编订的，是克州方志的集大成者，资料囊括了新疆克州境内柯尔克孜民族志的主要内容，表明目前柯尔克孜族地方志的出版和写作已趋于成熟。

七、这一阶段柯尔克孜族史学的特点

首先，从整体来看，柯尔克孜族史学研究无论专著还是论文，开始越来越重视微观和专题性问题的研究。研究领域拓展到宗教信仰研究、民俗文化研究等。

其次，多学科的研究方法。从不同的视角研究柯尔克孜族历史，例如以宗教人类学和宗教社会学的理论和方法，深入研究柯尔克孜族宗教信仰，结合文化社会学和民俗学的相关视角，研究柯尔克孜族民俗文化等，都取得了令人耳目一新的成果。

最后，对历史文献的再考察和田野调查，相对于二十世纪五六十年代国家有组织有计划的调查研究而言，更多地表现为一种“非组织性”的特点。董秀团、万雪玉的《柯尔克孜族：新疆乌恰县库拉日克村吾依组调查》一书，就是云南大学组织的对全国 32 个少数民族村寨进行调查的成果之一。

第十九章

二十世纪裕固族、撒拉族、东乡族、保安族史学

第一节　裕固族史学

一、裕固族简介

裕固族，自称“尧乎尔”，是我国具有悠久历史的少数民族之一，同时也是我国独有的民族之一。裕固族主要聚居在甘肃省肃南裕固族自治县境和酒泉市的两个民族乡，其余散居在兰州和新疆的哈密、昌吉等地。肃南裕固族自治县成立于 1954 年，属甘肃省张掖地区管辖，县城设在红湾寺镇。裕固族社会经济以畜牧业为主，也有一部分从事农业或兼营农业。

裕固族祖先可以追溯到公元前三世纪的丁零，四世纪的铁勒以及居住在色楞格河和鄂尔浑河流域的回纥。八世纪中叶，回纥击败突厥在乌德勒山（今杭爱山支系）、温昆河（今鄂尔浑河）建立回纥汗国。九世纪中叶，回纥汗国为黠戛斯所破，回纥各部四处迁徙，其中一支到达河西走廊，与早先迁来的部分回纥汇合，在这里生息繁衍，成为当今之裕固族。

千百年来，裕固族人过着以牧为主逐水草而居的生活，加上其历史上连绵不断的战争和迁徙，现在裕固族只有语言没有文字。目前不同地域的裕固族分别使用三种语言:（1）属阿尔泰语系蒙古语族的恩格尔语;（2）属阿尔泰语系突厥语族的尧呼尔语;（3）汉语。

二、传说和史诗

裕固族有许多口耳相传的史诗、传说以及民歌等流传并保存下来，这些口述史料在探讨裕固族的历史源流、文化变迁、史学观念等方面都具有极为重大的价值。中华人民共和国建立后，研究者加大了对传说、史诗和古文献的搜集整理，成果主要有：安建均等《裕固族民间文学作品选》（民族出版社，1984

年），才让丹珍主编《裕固族风俗志》（天津古籍出版社，1993 年），田自成、多红斌等《裕固族风情》（甘肃文化出版社，1994 年），贺卫光《裕固族文化形态与古籍文存》（甘肃人民出版社，2002 年）等。

裕固族传说和史诗的内容大致可分为：1. 人和动物、飞禽之间的关系。2. 同邪恶势力和自然灾害进行斗争。3. 反抗压迫和传播宗教。4. 裕固族风俗习惯。5. 部落战争和民族历史。6. 裕固族居住地山水来历等。其中最为重要的是关于裕固族历史的史诗和传说。长篇历史叙事诗《尧熬尔来自西州哈卓》，以说唱的形式详细叙述了裕固族的祖先因为遇到强大敌人的攻击，被迫从吐鲁番东部一带向甘肃祁连山一带迁移的过程。途中裕固人在安姓老人的指点下克服困难，历尽艰辛，最后到达肃州城下，被明朝政府安置在祁连山一带。传说《王子与公主的故事》叙述的是尧熬尔民族祯格尔斯可汗统治的部落和鲍黛尔斯可汗统治的部落之间为了征服对方连年战争的传说。《萨尔阿玛珂》叙述的是在裕固族的西州哈卓，裕固族的白头目和外族的黑头目之间的战争。《神奇的皮袋》叙述裕固族的祖先在明朝时因宗教战争被迫从吐鲁番东部向甘肃祁连山一带迁徙的经历，反映了裕固族人民在途中与追兵、风沙、严寒、饥渴做斗争的艰苦历程及英雄业绩。裕固族一直把此传说作为自己民族历史的一部分。这些传说和史诗不仅凸显了裕固族先民的宗教观念、对宇宙万物来源的原始认识，也反映了裕固族民众强烈的英雄史观以及重视记录战争与重大历史事件的历史意识。同时，从传说到史诗，反映了裕固族民众逐渐从英雄史观转向“以史为鉴”的史学观念，凸显了裕固族民众强烈的历史意识，是裕固族史学上的珍贵遗产。

三、历代文献中的裕固族史料

有关裕固族的古代文献史料主要见于：1. 史籍载录。目前学界对裕固族的族源一般追溯到公元七世纪唐代的回纥，而当今裕固族形成的标志性事件则是明代撒里畏兀儿的东迁。故自唐朝至元朝，现存史籍仅有关于裕固族的零散记载，《明史 · 西域传二》和《明实录》中保存了裕固族先民的历史事迹、社会生活、文化信仰等方面的史实以及裕固族与当时中央政府之间的关系等。明邓士龙辑《国朝典故》、清谷应泰编《明史纪事本末》以及《清圣祖实录》、《清史稿》等对裕固族也有零星记载。2. 地方史志。自清代以来的地方史志对裕固族有较详细记载，主要是清钟庚起《甘州府志》、黄文炜《重修肃州新志》，民国王存德、高增贵《创修临泽县志》，以及《甘肃新通志》、《甘肃通志稿》、《敦煌县志》、《西宁府新志》、《甘宁青史略》、《敦煌杂钞》等。3. 边疆大臣和文人学士的笔录。如明严从简《殊域周咨录》和郑洛《郑经略奏疏》，前者记载了撒里畏兀儿东迁之前的历史，后者为其处理甘青边务时的奏疏，许多都涉及裕固族。总之，历代史书对裕固族的记载比较散乱零碎，不成系统。

四、1949 年前的社会调查和历史研究

考察笔记和调查报告有国内的也有国外的。国内有：清末陶保廉《辛卯侍行记》[①] 卷五中记录了清末裕固族各部族的情况。蒙藏委员会驻酒泉记者站进行集体调查，并于民国三十一年（1942）印刷《祁连山北麓调查报告》。该报告涉及裕固族的有第一、二、五章，为黄番概况（族分、行政与疆域、名胜与史迹、户口与物产、宗教现况、生活习俗），马蹄寺东南十四族概况（沿革与族分、地形物产与名胜、人口与赋役、行政现状、宗教现状、生活习尚），祁连四小学创设经过与现况。国内相关文献还有马铃梆《顾嘉堪布传》（1944 年刊）和《哈萨克入甘续记》（1944 年刊），金在治《甘肃河西祁明区民族情况》等。国外有关裕固族的考察始于十九世纪末，俄国人戈·尼·波塔宁（G. N. Potanin）于 1884—1886 年间对裕固族地区考察采访，1893 年出版《中国的唐古特——西藏边区和蒙古中部》一书，设专题对裕固族的部落名称、分布和裕固人的人种特征以及裕固族的语言情况都进行了详细的描述。俄国人曼内海姆（Manner Heim Custaf）1911 年发表长篇报告《裕固地区访问记》，记录了所见撒里尧乎尔人的人种特征、服饰、饮食、风俗习惯以及当地的行政状况，以及对康隆寺的介绍，附件有裕固语词汇表和反映裕固族风情的绘图。俄国人马洛夫（C. E. Malov）1912 年发表《裕固地区和撒拉地区旅行总结》，1914 年发表《裕固地

① 陶保廉著，刘满点校《辛卯侍行记》，甘肃人民出版社，2000 年。

区再次旅行总结》等。这些调查报告记载详细，有助于我们后来的研究。

裕固族历史研究，最早是俄国人马洛夫 1912 年发表《裕固人的萨满遗迹》，主要研究了裕固人的宗教信仰和宗教活动。日本学者桑田六郎 1928 年发表《回纥衰亡考》，德国人海尔曼斯（MattHias Hermanns）1940 年发表《回鹘及其最近发现的后裔》等论文，对裕固族的族源及历史进行了考察。国内主要有王国维《黑鞑事略笺证》、岑仲勉《明初曲先阿端安定罕东四卫考》(《金陵学报》1936 年第 6 卷第 2 号）、王日蔚《维吾尔（缠回）民族名称演变考》(《禹贡》1937 年第 7 卷第 4 期）以及李符桐《撒里畏兀尔部族考》(《边政公论》1944 年第 3 卷第 8 期）等。这一时期的裕固族研究，主要是对裕固族先民回纥的考证研究。

五、1949 年后的史料整理和史学研究

1949 年后，有关裕固族的史料整理、史学研究和论著出版取得了巨大的成绩。

1957 年赖家度《明代初期西北七卫的设置》、1958 年杨平旦《祁连山下一新村——裕固族牧民定居的第一个村庄》、1962 年李毓堂《解放前裕固族牧区的封建关系》等文，都将裕固族视为独立的民族实体进行研究，真正意义上的裕固族史学研究开始。

1978 年后，裕固族史研究进入迅速发展的阶段。1983 年裕固族学者范玉梅辑录发表《裕固族史料编年》。发表的论文有：1978 年段连勤《河西回鹘政权的建立与瓦解》；1981 年陈宗振、雷选春《裕固族中的萨满——祀公子》；1985 年钱伯泉《龟兹回鹘国与裕固族族源问题研究》；1989 年高启安《明代哈密卫东迁与裕固族的形成》；钟进文 1991 年《裕固族宗教的历史演变》、1992 年《甘州回鹘和摩尼教的关系》；贺卫光 1992 年《浅析裕固族地区藏传佛教与萨满教的并存状况》、1993 年《裕固族敬火习俗述论》；江波、钟福国 1993 年《裕固人的婚姻家庭观》、《论现代裕固人的社会参与》，1994 年《现代裕固人的人格世界透视》等。学界对裕固族的族源、甘州回鹘、“黄头回纥”与“撒里畏兀儿”的词义、明代关西七卫以及撒里畏兀儿东迁、“西至哈至”问题等进行了热烈的讨论，取得了积极的成果。

出版的论文集有：杨进智主编《裕固族研究论文集》(1996)，赞丹卓尕主编《裕固族研究论文续集》(2002) 等。钟进文主编《中国裕固族研究集成》(民族出版社，2002)，收录一百五十多篇论文和社会调查报告，部分资料是从蒙古文和维吾尔文翻译过来，第一次用汉语发表出来的，尤为珍贵。

六、民族调查和裕固族丛书

1953 年国家开展的民族识别工作，使裕固族成为真正意义上的一个独立的民族实体，对裕固族史的研究和撰述也随之展开，此后出现了一系列的裕固族史专著，使裕固族史学进入了一个新的阶段。

1958 年甘肃少数民族社会历史调查组开始裕固族社会历史大调查，1959 年 6 月完成《裕固族简史简志合编》(初稿)，以时间为序，按章节体，对裕固族概况、历史沿革、解放前和解放以来的政治、经济、文化、风俗等进行了全面系统的介绍。该书是裕固族史学上第一次将其作为一个民族实体对它进行全面系统阐述的史著。期间调查组还先后写成了八个专题的调查材料，汇集成《裕固族专题调查报告汇集》，经多次修改，于 1963 年内部铅印发行。

国家组织出版的大型民族问题"五种丛书"之裕固族丛书，有四部属于历史学著作。1.《中国少数民族·裕固族》(人民出版社，1981 年)，对裕固族的人口分布、语言文字、族源、历史发展、文化传统、宗教信仰、风俗习惯以及解放前的部落封建制度和解放后民主改革、社会主义改造、人民公社化等做了比较全面的介绍，是一部具有学术性和知识性的著作。2.《裕固族简史》(甘肃人民出版社，1983 年)，是由李毓堂、范玉梅、吴永明依《裕固族简史简志合编》(初稿) 修订充实而成的。该书介绍了裕固族的自然环境、人口分布、语言、族称、族源、历史发展和近代革命斗争；阐明了解放前裕固族的社会经济面貌、政治制度以及家庭婚姻和物质文化生活状况，特别指出了东部和西部这两大裕固部族在语言、部落组成、心理素质以及原始崇拜上的不同。所用资料主要来自历史文献、地方史志和 1958 年、1980 年作者的实地调查资料，是第一部裕固族史书。3.《肃南裕固族自治县概况》(甘肃民族出版社，1984 年)，全面介绍了肃南裕固族自治县自然概况、物产资源、历史沿革、名胜古迹和行政区划以及县内各民族的新生活，数据翔实，资料珍贵。4.《裕固族东乡族保安族社会历史调查》（甘肃民族出版社，1987年）是在《裕固族专题调查报告汇集》的基础上，由李毓堂、范玉梅、吴永明再加调查，修改补充完成。内收录七个裕固族调查报告，分别为解放前裕固族的部落分布以及姓氏、康乐区裕固族的牧业经济状况、黄泥堡裕固族社会历史概况、裕固族的家庭与婚姻、解放前的宗教和原始崇拜、解放前的文化艺术和习俗等，具有较高资料价值。

七、相关史著和裕固族通史

二十世纪九十年代起，出现了几部从历史、政治、经济、民俗等方面全面研究和反映裕固族历史和文化的专著。

《肃南裕固族自治县志》（甘肃民族出版社，1994年）为中华人民共和国地方志丛书之一。全书以裕固族为主体，介绍了县内包括藏族、蒙古族和其他民族的族源、历史、风俗、语言文字、宗教、部落分布及姓氏，还有中华人民共和国建立后肃南县在政治、经济等方面的巨大成就。此书作者有裕固族人，资料“大部分采自省、地、县史料、档案及本县各部门编写的资料”，“数据大部分以统计部门提供的为准，翔实可靠”[①]。贺青松著《肃南纵横》（甘肃文化出版社，1994年），详细介绍了肃南县裕固族和其他民族的历史、源流以及肃南县的成立经过，四十年来的发展历程，肃南的地理、经济以及各民族的宗教信仰演变、语言文字、风俗习惯、民族艺术等。所用资料大多都是作者实地调查而得，有较高的可信度。田自成、多红斌著《裕固族风情》（甘肃文化出版社，1994年），从历史源流、宗教信仰、生产生活习俗、家庭婚姻、民间医疗、传统体育、民间节日、民间文学、红西路军在肃南等方面，对裕固族进行了详细介绍。高自厚、贺红梅著《裕固族通史》（甘肃人民出版社,2003年）分“总论篇”、“历史篇”、“自治篇”、“社会篇”和“纪传篇”五部分，对裕固族的历史、社会和人物进行了全面系统的阐述，注重历史与现实的结合，更偏重于现

① 甘肃省肃南裕固族自治县地方志编纂委员会《肃南裕固族自治县志》凡例，甘肃民族出版社，1994年，第8页。

实研究，对于研究中变化不大的问题，尽量从略。其中，“历史篇”侧重于研究明代以后，特别是近现代的历史；“自治篇”主要叙述自治县建立以来的发展；“社会篇”尽量简略；“纪传篇”人物起自“黄头回纥”止于当代的裕固族名人。

八、裕固族历史学者在成长

改革开放以后，一批经受高等教育的裕固族青年，成长为本民族的优秀学者，如铁穆尔、钟进文、贺卫光等，怀抱强烈的民族责任感，致力于本民族历史研究，取得巨大成绩。

铁穆尔，牧人家庭出身，1987 年毕业于西北民族学院历史系。他长期从事文学创作和历史研究，现在肃南裕固族自治县从事裕固族文化和方志编纂工作。经过长期考察和搜集民间史料，他撰写出《裕固民族尧熬尔千年史》，由民族出版社 1999 年出版。此书分二十五个部分，围绕裕固族的族源史，历经战乱、不断迁移的流徙史以及在流徙过程中与其他民族交融演进的文化史这三方面，从二千四百多年前的匈奴人、柔然人和突厥人开始，空间上涉及裕固族人及其祖先生活过的整个亚欧草原，记述了裕固民族的发展历史，并涉及裕固族的族名、部落源流、姓氏演化、建置、宗教、民俗、语言文字、重要人物等，是一部较为全面反映裕固族交融演进史的专著。

钟进文，裕固族第一位博士学位获得者，在中央民族大学从事西北少数民族语言文学教学科研工作。所著《裕固族文化研究》（中国民航出版社，1995 年），上篇从“广义文化”的大视角，分五个类别汇编了国内外已发表的裕固族文化研究的成果；下篇是作者个人的论文，内容涉及裕固族族称、宗教的历史演变及民间文学谚语。该书是裕固族文化史的第一部专著。他还主编了《中国裕固族研究集成》，参编或合著了《中国少数民族文化史·裕固族文化史》、《裕固族风情》等。

贺卫光，1986 年起先后在北京师范大学历史系、西北民族学院、兰州大学历史系获学士、硕士、博士学位，现在西北民族大学主要从事民俗学、民族学、社会学研究。所著《裕固族文化形态与古籍文存》（甘肃人民出版社，

2002年），上篇论述了裕固族文化产生发展的自然环境与社会背景、文化形成中的经济形态与生计方式、裕固族文化、宗教、民俗以及裕固族文化的特点和类型；下篇介绍了部分裕固族的传说和史诗以及民国时期的《顾嘉堪布传》和《祁连山北麓调查报告》（部分）。该书描述了裕固族传统文化的历史发展脉络、文化模式的形成与演变、文化特征形成过程中的时空关系以及裕固族文化发展趋势的未来预测等，较为全面系统地研究阐述了裕固族文化发展的历史特征。贺卫光还合著参编了《裕固族民俗文化研究》、《中国民族》裕固族部分、《裕固族文化大观》、《甘青特有民族文化形态研究》等。

第二节　撒拉族史学

一、撒拉族简介

撒拉族是我国西北地区信仰伊斯兰教的少数民族，主要聚居在青海省循化撒拉族自治县、化隆回族自治县甘都乡及甘肃省积石山保安族东乡族撒拉族自治县，青海省西宁市、甘肃省夏河县、新疆伊宁县、乌鲁木齐市等地也有少量分布。撒拉族先民系元朝末来自中亚撒马尔罕一带，其主要成分，学界有“撒马尔罕人”说、“撒鲁克人”说、“撒鲁尔人为主”说，近年来“撒鲁尔人为主”说得到更多赞同①。撒拉族长期被划归回族之中，被称为“撒拉回”、“番回”、“撒兰回回”等，直至二十世纪五十年代，中央政府组织民族识别工作，经过本民族同意，定名为“撒拉族”。撒拉族使用的是撒拉语，没有自己的文字，主要使用汉文。

二、历史文献资料

古代官方资料，如《元史》、《清实录》、《钦定兰州纪略》等对撒拉族都有记载，但内容较少；地方志，如《循化志》、《河州志》、《西宁府续志》、《甘肃

① 参见马亚萍、王琳《改革开放以来撒拉族研究概述（1978—2001）》，《青海民族研究》2003年第4期。

通志稿》、《续修导河县志》等的记载颇丰。撒拉族文献史料的整理，主要有青海民族学院编印的《明实录清实录撒拉族史料摘抄》（青海人民出版社，1963年），1981年的《撒拉族档案史料》、《撒拉族史料辑录》，韩建业编著《青海撒拉族史料集》（青海人民出版社，2006年）。

撒拉族本族的文献资料，主要是一些伊斯兰教经典，如珍藏的阿拉伯文手抄本《古兰经》，土耳克文写成的《土耳克杂学》、《历代帝王年表》、《朝觐途记》等。《中国少数民族古籍总目提要 · 土族卷 / 撒拉族卷》（中国大百科全书出版社，2007年），整理了撒拉族的口述史料、碑铭史料等，真实记录了撒拉族的社会历史和文化变迁的轨迹。马忠《青海回族、撒拉族金石录》（青海人民出版社，2008），辑录整理了撒拉族的一些碑铭史料。

三、口述史

撒拉族没有自己的文字，他们通过口耳相传的方式将本民族的历史传承下来。1949年后，学者们加大了对撒拉族口述史的搜集和整理，并取得了丰富的成果。《中国少数民族古籍总目提要 · 撒拉族卷》收录了相关资料。其中，关于民族形成历史的有《骆驼泉》、《珍贵的〈古兰经〉手抄本来历》、《尕勒莽和阿合莽拱北的传说》、《对威依》等。歌颂爱情的有《阿姑尕拉吉》、《阿娜那木起》、《采赛尔》、《巴西古溜溜》、《皇上阿吾涅》等。揭露历代统治阶级的残暴，歌颂撒拉族劳动人民勇敢和智慧的有《公道县长》、《聪明的老汉》、《皇帝夺妻》、《气死富人》、《蟒斯霍日》、《尕拉阿吾和阿舅五十三》、《县官吃席》等。反映撒拉族道德观、价值观的有《狼、狐狸和兔子》、《牧童、兔子和狼》、《青蛙与农夫的故事》、《馒头吓死人》、《一家聋子》、《愚人看镜》、《兄弟分家》等。关于苏四十三事件的有《河州事变歌》、《苏四十三的传说》、《韩二个》等。宴席曲、传说有《蓝桥相会》、《马五哥》、《三月三清明》、《莫奈何》、《方四娘》等。

《骆驼泉》讲述了撒拉族的民族迁徙，说："很久以前，在太阳降落的遥远的地方，有个撒马尔罕王国，国内有个逐水草而居的强悍异常的撒鲁儿部落，部落里有兄弟两人，哥哥名叫阿赫莽，弟弟名叫尕拉莽……原来这真是暴戾恣睢的国王所施设的害人毒计……但剽悍的撒鲁儿人一直桀骜不驯，公开违抗圣旨，拒绝徭役贡税……我看过一部经典，从那里了解到我们撒鲁儿人并非原就生息在这撒马尔罕地方……我们的祖先，起源于遥远的‘逊尼’一带。那时叫突厥人，我们撒鲁儿就是突厥乌古斯汗之后裔……最后经天山北路，过嘉峪关，穿河西走廊，到宁夏、秦州（天水），辗转千水万山到了绿草如茵、牛羊似星的甘家滩（甘肃境内）……至今，元珠沟的藏胞，仍自称自己是撒拉的后裔，常见到撒拉人，亲昵地叫‘夏尼’（直系亲属），而不一般地称‘苏乎’（朋友）……一口气穿过夕厂沟，跨越孟达山……这山坡由此得名‘奥土贝那赫’（即火坡）……这坡由此得名‘唐古提’（即亮坡）……一打听，才知道这里居住着‘马祖乎’（蒙古人）……那骆驼静静躺卧在一眼清泉中，已化成一块白石头……不久，又有四十名‘希赫’尾随而至。他们长期繁衍生息，又与邻近的回族、藏族攀亲接姻，逐渐形成了以后的撒拉族。”[①] 这个传说反映了撒拉族是以撒鲁儿人为主体，吸收藏族、回族等形成的[②]，是关于撒拉族族源、形成的重要口述史。

四、历史调查及成果

1958 年，少数民族社会历史调查组在循化、化隆和甘肃大河家等地进行大规模调查，将调查资料汇编为《循化撒拉族社会经济调查》，从概况、经济状况、生产关系、社会基层组织——“阿格乃”和“孔木散”、宗教、风俗习惯六个方面概述了撒拉族的社会历史，其宗教部分，对伊斯兰教各门宦的特点做了梳理。此报告 1985 年被收入《青海省回族、撒拉族、哈萨克族社会历史调查》中。

在调查中，戴可来主持编写了《撒拉族简史简志合编》（初稿），于 1963 年中国科学院内部刊印，奠定了撒拉族史书的雏形。内容为：撒拉族概况，撒拉族族源、形成到民国时期的社会历史，建国后到人民公社化。书后附大事年

① 马学义《骆驼泉》，青海人民出版社，1982 年，第 1—14 页。

② “撒鲁儿”一词，通常都写作“撒鲁尔”，因所选《骆驼泉》写作“撒鲁儿”，因此本节采用该词。

表，起明洪武三年（1370）至1960年。书中认为撒拉族祖先由中亚撒马尔罕一带于1370年来到循化，指出撒拉族地主由土司、户长和世袭掌教与世俗地主和富商等部分构成，认为清代的教派斗争和民族斗争都是撒拉族内部阶级矛盾的反映。苏四十三事件，表面上看是新旧教之争，其实也是撒拉族内部阶级斗争的反映，是一次农民起义。该书强调苏四十三事件迫使清廷最终革除世袭掌教制度，推动了撒拉族社会的发展。该书指出历史上的民族仇杀事件，是统治阶级施行民族压迫的结果，而撒拉族人民没有把上层汉族和一般民众分开对待，造成了民族间的尖锐对立。[①]

五、1978年后的撒拉族史学

改革开放后，撒拉族史学繁荣，成果颇多。

1.《撒拉族简史》。它是在《撒拉族简史简志合编》的基础上，由韩志业、韩建业等人执笔，戴可来通纂完成的，梳理了撒拉族自元代至1949年的历史，是公开出版的第一部撒拉族史书。《撒拉族简史》搜集了极为丰富的史料，对撒拉族历史梳理得更加系统、全面。如第二章详细考证了撒拉族的土司世系，附录《大事记》也更加充实、准确。《撒拉族简史》讨论撒拉族士兵参加征伐其他民族的战争，积极方面，征戍多是为了抗击蒙古贵族侵扰边塞，有“保塞安边”的作用，使撒拉族人的足迹到达祖国的很多地方，增进了其对祖国的认识；消极方面，对兄弟民族的镇压，给各民族带来了不少灾难。作者认为“民族矛盾和教派斗争，都是和撒拉族内部阶级斗争紧密相连的”[②]，但阶级斗争不是唯一决定性因素。作者认为1949年以前的“撒拉族聚居区就其经济结构来说，仍然比较完整地保存着封建经济的种种特点”[③]。书中还介绍了撒拉族的宗教信仰，老教、新教、老新教等教派的基本情况，指出“这些教派在基本信仰上并无不同，只是对教义、教律的不同解释或仅礼仪细节稍有差异而已”[④]。

① 《撒拉族简史简志合编》（初稿），中国科学院民族研究所1963年，第59页。
② 《撒拉族简史》，青海人民出版社，1982年，第29页。
③ 《撒拉族简史》，青海人民出版社，1982年，第77页。
④ 《撒拉族简史》，青海人民出版社，1982年，第85页。

2.《撒拉族政治社会史》。青海民族学院芈一之著，香港黄河文化出版社，1990年出版。该书系统阐述了撒拉族族源迁徙、政治制度、社会经济、重大事件、宗教教派、社会演变和社会基层组织等，是关于撒拉族七百多年的历史发展最为详细的专著。该书将撒拉族政治社会发展分为四段：从元明到清雍正是封建领主制，从雍正设营屯兵、封授千户到1840年是封建领主制和地主制并存，从鸦片战争到光绪二十二年（1896）取消土司制，是封建地主经济阶段，最后是从清末到1949年的历史。其第十章专门探讨了撒拉族基层社会组织——“阿格乃”、“孔木散”。该书从三方面驳斥了“撒拉族人的故乡不在中国”的错误观点，指出撒拉族作为一个民族是完全在中国土生土长起来的共同体。作者认为苏四十三事件中有女兵的说法，不但于历史文献无考，也不合社会实情。作者认为苏四十三事件是“反清起义”，驳斥了“教派斗争说”、“叛乱说”。作者考证出撒拉族先民就是乌古斯部的撒鲁尔人，对撒鲁尔人迁徙的时间、路线和身份做了详细陈述。

3.《循化撒拉族自治县县志》。中华书局，2001年出版，韦琮主编，是循化撒拉族自治县的第一部志书。记事上起汉代下至1990年，分大事记、地理、经济、政治、文化、社会、人物、附录八编，重点在中华人民共和国建立后循化的政治经济、文化艺术等的发展轨迹。《循化撒拉族自治县县志》全面记载了撒拉族的人口演变、军事斗争、民俗风情，叙述时尽可能追踪溯源，从有史可考到当代社会，体现了鲜明的民族特色和时代特色。对族源、苏四十三事件等重大问题的阐述，基本遵从《撒拉族简史》的观点，有些地方做了扩充。《附录》收集了撒拉族的几篇碑文。

4.《撒拉族史》。四川民族出版社，2004年，芈一之撰。此书是对《撒拉族政治社会史》的补充和修改，增加了许多新的资料、研究成果以及一些统计数据等，内容更加充实，改正了一些史实和数据的错误。

5.《撒拉族简史》（修订本）。马明良执笔的《撒拉族简史》修订本，增加了三章，分别讲述了1949—1978年，改革开放以来撒拉族的政治、经济建设的成就和不足，人文社科研究和图书报刊。附录大事记也增补至2005年。修订本吸收学术界新的研究成果，内容更加全面，观点更加准确。作者还将不同的学术观点脚注出来，借此唤起人们的研究意识。作者认为十三世纪的蒙古西征，虽然造成了很大灾难，也促进了亚洲大陆上的民族大迁徙、大融合、文化大流通，造就了撒拉族先民来到中国，并在蒙古族统一中国的进程中，发挥了重要的作用。[①]

第三节　东乡族史学

一、东乡族的历史和历史资料

东乡族是我国西北地区信仰伊斯兰教的少数民族。东乡族的族源，学界有“蒙古人为主”说、“沙陀突厥为主”说、“吐谷浑”说、“回回色目人”说等。近年来，“撒尔塔人为主”说得到更多肯定。东乡族长期被划归于回族之中，被称为“东乡回”、“东乡土人”、“蒙古回”等，直至二十世纪五十年代，中央政府组织民族识别，方定名为“东乡族”。东乡族主要聚居在甘肃省东乡族自治县境内，少数散居在甘肃省兰州市和广河、和政、临夏、会宁等县，新疆、青海也有散居。东乡族使用东乡语，没有自己的文字，主要使用汉文。

元朝时期东乡族兴起，官方资料如《元史》、《清实录》、《钦定兰州纪略》等都有记载，但内容较少；地方志如《循化志》、《河州志》、《甘肃通志稿》、《续修导河县志》等的记载颇丰。东乡族有丰富的口述史料和一些碑铭史料。马自祥、马兆熙著《东乡族文化形态与古籍文存》（甘肃人民出版社，2000）对东乡族的口述史料做了整理。

二、口述史

二十世纪八十年代以来，一批研究东乡族民间文化和进行古籍整理的本民族学者逐渐成长起来，他们先后搜集、整理、出版了一批东乡族文化遗产方面的书籍，如《东乡族民间故事集》、《东乡族文学史》、《东乡族》、《中国少数民

① 《撒拉族简史》（修订本），民族出版社，2008 年，第 22—23 页。

族文化史·东乡族卷》、《东乡族文化形态与古籍文存》等。2006年中国大百科全书出版社出版《中国少数民族古籍总目提要》中甘肃部分的东乡族卷，丁编讲唱类收集民间故事、叙事诗、歌谣、宴席曲、打调等，凡166条。内容主要有：人物事迹传说、史诗，如《哈木则巴巴》、《穆乎英吉尼的传说》、《阿里阿答》、《米拉尕黑》、《先知登米尔那芝》、《哈散与侯赛尼》、《机智人物玉斯哈》、《和者阿姑》等；惩恶扬善故事，如《三姐妹除妖》、《背地的故事》、《三个县的衙役》、《新媳妇打鬼》、《尕孙子》、《阿布都的设计》等；爱情故事，如《双双金鸟》、《白羽飞衣》、《沙朗歌》、《挡羊娃与牡丹花》、《姣姣女》、《麻切巴当女婿》等；地名和物品来历的神话、传说，如《哈利的传说》、《称够湾的传说》、《碌碌的来历》等；反映人生哲理的寓言、谚语，如《虚荣的喜鹊》、《聪明的地达达》、《可恶的地狗》、《猫和狗的古经》、《老虎和兔子》等。

东乡族的口述史中，在坚持伊斯兰教为主体的前提下，存在着大量的非伊斯兰教的神祇，如《后阿娜的心肠》有狼仙，《葡萄山和高陵峙》有龙王、山神，等等。这说明，原有的主体人群在迁入中国后，不断融合周边其他族群，形成了东乡族；同时吸收着其他族群的文化，其原有伊斯兰文化增添了新内容，共同构成了中华文化的一部分。

三、历史调查及其成果

1958年冬，甘肃少数民族社会历史调查组深入东乡自治县各地，访问各族人民，整理出十一篇调查报告，编成《东乡族调查资料汇集》。其内容有东乡族经济发展概况、清代以来东乡社会经济的发展、民国时期东乡经济情况调查报告、元明以来东乡政治概况、东乡人民的反清斗争、解放后东乡经济概况、东乡族语言情况调查报告、伊斯兰教在东乡的一般情况、东乡族生活习俗等。其中关于伊斯兰教的报告，梳理了东乡族伊斯兰教教派门宦的历史、特点及区别。

调查组成员杨建新、李廷萱、李培江于1959年初完成《东乡族简史简志合编》(初稿)。内容为：概况，东乡族从族源形成到建国前的情况，东乡族自建国后到人民公社期间的政治、经济、文化发展状况。大事年表由顺治四年（1647）记至 1959 年。作者认为东乡族的族源主体是十三世纪驻屯河州东乡地区的蒙古军队。明、清时期的里长、练总、乡约、乡长之流，为东乡族地主阶级的代表人物，并且与宗教封建主、官僚三位一体，对东乡族农民进行残酷剥削，有租佃剥削、雇佣剥削等五种剥削方式。地主阶级与农民阶级的矛盾是东乡族的主要矛盾。清顺治四年（1647）、乾隆四十六年（1781）东乡族的反清斗争，就是这种阶级矛盾的体现。东乡族的反清斗争，兼具了反帝反封建的双重性质。作者指出历代反动统治阶级为了转移劳动人民的视线，挑起民族矛盾，利用一个民族的统治阶级屠杀另外一个民族，造成民族之间的隔阂，破坏民族团结。但在历史上，各族人民之间的经济文化交流、友好往来是民族关系的主流，在共同生活、共同斗争中，东乡族与其他各族人民结成了亲密的友好关系。①

四、1978 年以后的东乡族史学

关于东乡族史学的论文很多，研究专题有：1. 族源与形成：马国忠、马志勇、马虎成等本族学者认同东乡族来源于中亚的“撒尔塔为主”说。谢小冬等人采用 D13S317 基因座等位基因频率指标，指出东乡族的起源与元代蒙古军带来的中亚工匠、签军有关。陈文祥指出东乡族和临夏部分回族是同源异流群体。2. 宗教信仰：杨建新、高占福指出，伊斯兰教对东乡族的形成、历史发展、风俗习惯和文化生活，都产生过强大的影响。陈国光梳理了东乡族伊斯兰教各个门宦的创建、发展及特点。3. 历史人物：马志勇、舍力甫认为河州土司何锁南不是东乡族。马志勇撰文讲述了妥得璘和闵殿臣的生平事迹。4. 民俗风情：马亚萍对比分析了东乡、保安、裕固三个民族传统服饰的习俗特征，指出民族服饰是民族文化、宗教文化、各民族间文化交流的载体。

出版的史学著作：在《东乡族简史简志合编》的基础上由杨建新修改充实的《东乡族简史》（甘肃人民出版社，1984 年），是第一部全面系统地研究东乡族社会历史发展的专著。2008 年，民族出版社出版了东乡族学者马自祥和

① 甘肃少数民族社会历史调查组《东乡族简史简志合编》（初稿），1963 年，第 25 页。

马兆熙执笔的《东乡族简史》修订本，增加了新内容，吸收了新观点。《裕固族东乡族保安族社会历史调查》(甘肃民族出版社，1987年)的东乡族部分，汇编了二十世纪五十年代东乡族的二十二篇调查报告，是研究东乡族的基础性资料。马凌祖主编《东乡族自治县志》(甘肃文化出版社，1996年)、《积石山保安族东乡族撒拉族自治县概况》(甘肃民族出版社，1986年)及其修订本，都是对东乡族和东乡历史和现状的梳理。陈其斌《东乡社会研究》(民族出版社，2006年)对东乡地区的社会经济、宗教、教育、婚姻等进行了剖析。妥进荣《东乡族经济社会发展研究》(甘肃人民出版社，2000年)，梳理了东乡族社会经济发展的历史与现状。马自祥《东乡族风俗志》(中央民族学院出版社，1989年)系统介绍了东乡族的服饰、饮食、建筑等。

五、东乡族学者及其史学成果

二十世纪八十年代以后，许多著名的东乡族学者活跃于学术舞台，其中马志勇、马虎成侧重于历史，尤其是东乡族族源及历史人物的研究。自1983年起，马志勇发表了《“撒尔塔”与东乡族族源》、《“撒尔塔”考辨》、《乾隆四十六年反清起义中的东乡族》、《东乡族宗教信仰》、《元代的斡脱商人与河州的斡脱地名》、《泄湖峡右丞桥考》、《河州土司何锁南》等文章，出版《中国西北角·河州民族论集》一、二集等多部专著。马虎成发表了《撒尔塔：一个曾经被忽视的民族名称——也谈撒尔塔与东乡族族源》(上)(下)、《东乡族族源》、《据我考证东乡族的主要来源》等探讨东乡族族源的文章。

马志勇、马虎成身为东乡族的学者，对本民族的风俗、宗教、文化、心理把握得更加到位，也有更强的责任感和使命感去弄清自己民族的历史。马志勇的《东乡族源》一书，全面揭示了“撒尔塔”的内涵与演变，认为撒尔塔是十一世纪以后形成于中亚的一个民族，由于成吉思汗西征中亚、用兵西夏，安西王阿难答屯兵唐兀之地和传教等原因，中亚撒尔塔民族的一部分来到今甘肃东乡地区，以后逐步形成了以他们为主的东乡族。他们提出的东乡族族源以“撒尔塔人”为主说，得到了颇多专家的赞同，在东乡族人民内部影响很大。

第四节 保安族史学

一、保安族的历史和历史资料

保安族是我国西北地区信仰伊斯兰教的少数民族，形成于明朝中叶，族源有“蒙古人”说、“色目人”说等观点。保安族长期被划归于回族之中，被称为“保安回”。直至二十世纪五十年代，中央政府组织民族识别，经过本民族的同意，命名为“保安族”。保安族主要分布在甘肃省积石山保安族东乡族撒拉族自治县境内，少数散居在临夏州各县和青海省的循化县。保安族使用保安语，没有自己的文字，主要使用汉文。历代官方资料如《元史》、《清实录》、《钦定兰州纪略》等对保安族都略有记载，《河州志》、《循化志》、《西宁府续志》、《甘肃通志稿》等地方志的记载颇丰。保安族有丰富的口述史料，以及一些碑铭史料。马少青《保安族文化形态与古籍文存》（甘肃人民出版社，2001年），对保安族的口述史料做了整理。《中国少数民族古籍总目提要·东乡族卷/裕固族卷/保安族卷》（中国大百科全书出版社，2006年），整理了保安族的口述史料、碑铭史料等，内容包括历史、政治、经济、文化等诸多方面，真实记录了保族的社会历史和文化变迁的轨迹。

二、口述史

《中国少数民族古籍总目提要·保安族卷》讲唱类123条，分为人物故事、神话传说、花儿、叙事曲、宴席曲、打调、儿歌。其中，有人类起源和各种自然现象的神话、传说，如《人祖阿旦、哈娲的故事》、《大禹导河得延喜玉的古诗》、《五眼泉的传说》等。有反映保安族和兄弟民族友好关系的传说，如《神马》、《三邻舍》、《保安腰刀的传说》等。有惩恶扬善的故事，如《阿舅与外甥》、《波日季腰刀的传说》、《聪明的蜂蜜匠》、《木匠和他的妻子》、《哈比卜的故事》等。有民俗风情、山川水貌的传说，如《甘河滩的传说》、《天池的传说》、《积石山的来历》等。有历史事件的叙事曲，如《高大人领兵》、《方四娘》、《满拉哥》等。有哲理思想的，如《妥勒尕尕上天取雨》等。

《保安腰刀的传说》反映了保安族和周边民族亲如一家的历史。其中说："在很早很早的时候，我们这里有三个庄子，名叫保安庄、上庄、下庄。三个庄上居住着汉、藏、保安、土四个民族。因为保安族来这里最早，人口也较多，这三个庄就统称保安三庄，各族兄弟喝的一道河里流来的水，吃的是一块土地上长出的粮，和睦共处，就像一家人一样……他们切断了三庄的水，不让三庄的老百姓活命。索南尔老人说：'我们保安人不向恶势力折腰，正像青松不在风雪中低头一样，为了不连累各族群众乡亲，我们把三庄和草滩留给大家，把我们保安人祖传宝刀赠送给汉族、藏族、土族兄弟们作护身的武器，我们走吧……'"①

三、历史调查及其成果

1958 年，甘肃少数民族社会历史调查组深入临夏大河家和青海保安地区进行访问、调查，其成果整理为《保安族调查资料汇集》，内容有保安族的族源、保安族的农业生产与阶级关系、保安族的手工业生产情况、保安族的商业活动情况、"八大家"对保安族人民的统治、保安民族的解放、保安民族的土地改革运动、保安族农业合作化运动、保安族文教事业的发展、保安族人民和各族人民的友谊、保安民族的生活习俗等。

调查组撰《保安族简史简志合编》（初稿）之"历史简述"章，记载了保安族从起源到清末的历史，初步推测保安族是以蒙古语族的人为主，在历史进程中，和回、汉、藏等族同化而成，至于何时形成的，没有给出答案。调查组认为清朝咸丰年间，保安族由于受到隆务寺夏日仓的迫害，迁离青海同仁县定居到大河家积石山。书中介绍了 1949 年前保安族的社会经济状况、清朝统治者对保安族的统治和保安族人民的反抗斗争，着重分析了保安族的阶级关系。

四、史学成就

1949 年以后，国内各报纸杂志发表了许多有关保安族的论文，属于史学

① 马少青《保安族文化形态与古籍文存》，甘肃人民出版社，2001 年，第 67—70 页。

研究的问题有：1.族源与形成：侯广济认为保安族是以蒙古人为主，融合了当地的汉、回、土族等成分形成，大约从明代中期开始，到清初最终完成。杨操探讨了十九世纪保安族从青海省同仁县迁徙至甘肃省积石山县的原因。2.宗教信仰：高占福、陈国光分别阐述了伊斯兰教派“崖头”、“高赵家”、“花寺门宦”、“伊赫瓦尼”的创建和在保安族中传播的情况。3.民俗风情：刘秋芝研究了保安族的婚礼民俗。桑吉才通过传统服饰和现代服饰、工艺美术尤其是腰刀的特点，探讨保安族的文化内涵。杨德亮认为保安族没有神话，而传说是最具民族特色的部分。马君分析了保安族花儿的特点及其对保安族语言的影响。

出版的史学著作，主要有：《保安族简史》（甘肃人民出版社，1984年），全面梳理了保安族的历史与现状，是第一部研究保安族历史的专著。尹伟先《保安族简史》（修订本，民族出版社，2009年），是关于保安族社会历史的最新成果。《裕固族东乡族保安族社会历史调查》（甘肃民族出版社，1987年），收有保安族社会历史调查报告十六篇，是研究保安族历史文化与社会经济发展的基础资料。《积石山保安族东乡族撒拉族自治县概况》（甘肃民族出版社，1986年；民族出版社，2008年）、《积石山保安族东乡族撒拉族自治县志》（甘肃文化出版社，1998年）从不同的角度梳理了保安地区和保安族经济社会的历史与现状。郝苏民主编《东乡族、保安族、裕固族民间故事集》（上海文艺出版社，1987年），收集了保安族民间故事十一篇。马克勋《保安族文学》（甘肃人民出版社，1994年），分绪论、口头文学、书面文学三章，梳理了保安族文学发展的脉络。菅志翔《族群归属的自我认同与社会定义：关于保安族的一项专题研究》（民族出版社，2006年），从社会学、民族学的角度探讨了保安族的族群归属。马世仁《在“田野”中发现历史》（中国社会科学出版社，2008年），采用文献资料与实地调查结合的方法，对保安族的历史与文化进行了探寻。

征引文献目录

一、一般古籍文献

1.《史记》，中华书局，1982 年。
2.《汉书》，中华书局，1962 年。
3.《后汉书》，中华书局，1965 年。
4.《三国志》，中华书局，1982 年。
5.《晋书》，中华书局，1974 年。
6.《宋书》，中华书局，1974 年。
7.《魏书》，中华书局，1974 年。
8.《周书》，中华书局，1971 年。
9.《北齐书》，中华书局，1972 年。
10.《北史》，中华书局，1974 年。
11.《宋书》，中华书局，1974 年。
12.《梁书》，中华书局，1973 年。
13.《南史》，中华书局，1975 年。
14.《隋书》，中华书局，1974 年。
15.《旧唐书》，中华书局，1975 年。
16.《新唐书》，中华书局，1975 年。
17.《新五代史》，中华书局，1974 年。
18.《宋史》，中华书局，1985 年。
19.《辽史》，中华书局，1974 年。
20.《金史》，中华书局，1975 年。

21.《元史》，中华书局，1976年。

22.《明史》，中华书局，1974年。

23.《周礼注疏》，阮元校刻《十三经注疏》（清嘉庆刊本），中华书局，2009年。

24.《尚书正义》，阮元校刻《十三经注疏》（清嘉庆刊本），中华书局，2009年。

25.《春秋穀梁传注疏》，阮元校刻《十三经注疏》（清嘉庆刊本），中华书局，2009年。

26. 杨伯峻《春秋左传注》，中华书局，1981年。

27. 方诗铭、王修龄《古本竹书纪年辑证》，上海古籍出版社，1981年。

28.（清）卢文弨校本《逸周书》，中华书局四部备要本。

29.（清）王先谦《荀子集解》，中华书局，2013年。

30.（清）郭庆藩《庄子集释》，中华书局，2004年。

31.（清）王先慎《韩非子集解》，中华书局，2013年。

32. 许维遹撰，梁运华整理《吕氏春秋集释》，中华书局，2009年。

33.《战国策》，上海古籍出版社，1985年。

34. 刘文典撰，冯逸、乔华点校《淮南鸿烈集解》，中华书局，2013年。

35.（汉）刘向《说苑》，中华书局《四部备要·史部》本。

36.（汉）扬雄《方言》，《汉魏丛书》，吉林大学出版社，1992年。

37. 王利器《盐铁论校注》，中华书局，1992年。

38. 黄晖《论衡校释》，中华书局，1990年。

39.（晋）张华《博物志》，台湾古籍出版公司，1997年。

40.（晋）常璩撰，任乃强校注《华阳国志校补图注》，上海古籍出版社，1987年。

41.（梁）萧统编，（唐）李善等注《六臣注文选》，中华书局，1987年。

42.（北魏）崔鸿《十六国春秋》，商务印书馆丛书集成初编本。

43.（明）屠乔孙《十六国春秋辑补》，齐鲁书社，2000年。

44.（唐）李隆基撰，（唐）李林甫注《大唐六典》，三秦出版社，1991年。

45.（唐）刘知幾撰，（清）浦起龙释《史通通释》，上海古籍出版社，1978年。

46. 程千帆《史通笺记》，中华书局，1980年。

47.（唐）杜佑《通典》，中华书局，1984年影印商务印书馆十通本。

48.（唐）段成式《酉阳杂俎》，中华书局，1981年。

49.（唐）张鷟《朝野佥载》，中华书局，1979年。

50.（唐）李德裕《会昌一品集》，上海古籍出版社，1994年。

51.（唐）柳宗元《柳宗元集》，中华书局，1979年。

52.（宋）王溥撰《唐会要》，中华书局，1955年。

53.（清）彭定求《全唐诗》，中华书局，1960年。

54.（五代）孙光宪《北梦琐言》，中华书局，2002年。

55.（宋）司马光《资治通鉴》，中华书局，1957年。

56.（宋）王溥《五代会要》，上海古籍出版社，1978年。

57.《册府元龟》，中华书局，1960年。

58.《太平广记》，中华书局，1961年。

59. 夏剑钦、黄巽斋等校点《太平御览》，河北教育出版社，1994年。

60.（宋）叶隆礼撰，贾敬颜、林荣贵点校《契丹国志》，上海古籍出版社，1985年。

61.（宋）晁公武《昭德先生郡斋读书志》，商务印书馆，1937年。

62.（宋）陈振孙著，徐小蛮、顾美华点校《直斋书录解题》，上海古籍出版社，1987年。

63.（宋）沈括《元刊梦溪笔谈》，文物出版社，1975年影印。

64.（宋）乐史《太平寰宇记》，中华书局，2007年。

65.（宋）《欧阳修全集》，中国书店1986年影印世界书局，1936年。

66.（宋）苏轼撰，孔凡礼点校《苏轼文集》，中华书局，1986年。

67.（宋）张舜民《画墁集》，台北商务印书馆景印文渊阁本四库全书。

68.（宋）周去非《岭外代答》，中华书局，1985年。

69.（宋）朱熹《朱子语类》，中华书局，1986年。

70.《御批资治通鉴纲目》，台北商务印书馆景印文渊阁本四库全书。

71.（清）徐松辑《宋会要辑稿》，中华书局，1957 年。

72.（宋）李焘《续资治通鉴长编》，中华书局，1985 年。

73. 崔文印《靖康稗史笺证》，中华书局，1988 年。

74.（宋）徐梦莘《三朝北盟会编》，上海古籍出版社，1987 年。

75.《明实录》，台北"中央研究院"历史语言研究所，1963 年。

76.（明）邓士龙辑，许大龄、王天有点校《国朝典故》，北京大学出版社，1993 年。

77. 张建业主编《李贽文集》，社会科学文献出版社，2000 年。

78.（明）袁宏道《袁中郎全集》，伟文图书出版社，1976 年。

79.（明）顾岕《海槎余录》，《中国南海诸群岛文献汇编》，台北学生书局，1985 年。

80.（明）费信《星槎胜览》，中华书局，1954 年。

81.《清实录》，中华书局，1986 年。

82.（清）赵之恒等《大清十朝圣训》，燕京出版社，1998 年。

83.《古今图书集成》"方舆汇编边裔典"，中华书局、巴蜀书社联合影印，1988 年。

84.《四库全书总目》，中华书局，1965 年。

85.（清）王鸣盛《十七史商榷》，商务印书馆，1965 年。

86.（清）金门诏《补三史艺文志》，《二十五史补编》，中华书局，1956 年。

87.（清）倪灿撰，卢文弨补《补辽金元艺文志》，《二十五史补编》，中华书局，1956 年。

88.（清）钱大昕《补元史艺文志》，《二十五史补编》，中华书局，1956 年。

89.（清）章学诚《文史通义新编新注》，浙江古籍出版社，2005 年。

90.（清）钱曾著，管庭芬、章钰校《读书敏求记校证》，上海古籍出版社，2007 年。

91.（清）阿桂等撰，孙文良、陆玉华点校《满洲源流考》，辽宁民族出版社，1988 年。

92.《国朝宫史续编》，北京古籍出版社，1994 年。

93.《钦定大清会典则例》，台北商务印书馆景印文渊阁本四库全书，1984 年。

94.（清）傅恒等编纂，殷伟、徐大军、胡正娟点校《皇清职贡图》，广陵书社，2008 年。

95. 中国第一历史档案馆《纂修四库全书档案》，上海古籍出版社，1997 年。

96.（清）姚振宗《隋书经籍志考证》，《二十五史补编》（四），中华书局，1956 年。

二、民族学和民族史文献

1. 白寿彝《中国通史》，上海人民出版社，1989 — 1999 年。

2. 王国维《观堂集林》，中华书局，1959 年。

3. 梁启超《饮冰室合集》，中华书局，1989 年。

4. 刘梦溪主编《中国现代学术经典·董作宾卷》，河北教育出版社,1996 年。

5. 吕思勉《中国民族史》，上海世纪出版集团，2012 年。

6. 王桐龄《中国民族史》，吉林出版集团有限公司，2010 年。

7. 江应樑《中国民族史》，民族出版社，1990 年。

8. 潘光旦《中国民族史料汇编》，天津古籍出版社，2006 年。

9. 徐杰舜《中国民族史新编》，广西教育出版社，1989 年。

10. 王锺翰《中国民族史》，中国社会科学出版社，1994 年。

11. 王锺翰《中国民族史概要》，山西教育出版社，2004 年。

12. 王建民《中国民族学史》，云南教育出版社，1997 年。

13. 黄光学、施联朱主编《中国的民族识别——56 个民族的来历》，民族出版社，2005 年。

14. 宋蜀华、满都尔图主编《中国民族学五十年 1949—1999》，人民出版社，2004 年。

15. 李文海主编《民国时期社会调查丛编 · 少数民族卷》，福建教育出版社，2005 年。

16. 金毓黻《静晤室日记》，辽沈书社，1993 年。

17. 夏鼐《考古学论文集》，科学出版社，1961 年。

18. 陈直《汉书新证》，天津人民出版社，1979 年。

19. 钱锺书《管锥编》，生活 · 读书 · 新知三联书店，2008 年。

20. 王仲荦《北周六典》，中华书局，1979 年。

21.《费孝通全集》，内蒙古人民出版社，2009 年。

22. 黎虎《魏晋南北朝史论》，学苑出版社，1999 年。

23. 白寿彝《论历史上祖国国土问题的处理》，《光明日报》1951 年 5 月 5 日。

24. 范文澜《试论中国自秦汉时成为统一国家的原因》，《历史研究》1954 年第 3 期。

25. 赵华富《为正确阐明中国历史上的民族关系而斗争》，《山东大学学报》1959 年第 1 期。

26. 陶明《试论中国是一个统一的多民族国家》，《民族研究》1959 年 9 期。

27. 吕振羽《论中国历史上民族关系的基本特点》，《学术月刊》1961 年第 6 期。

28. 孙祚民《中国古代史中有关祖国疆域和少数民族的问题》，《文汇报》1961 年 9 月 4 日。

29. 吴晗《历史教材和历史研究中的几个问题》，《人民教育》1961 年第 9 期。

30. 范文澜《中国历史上的民族斗争与融合》（1962 年讲演稿整理），《历史研究》1980 年第 1 期。

31. 陈永龄《中国是各族人民共同缔造的统一的多民族国家》,《历史教学》1979 年第 4 期。

32. 费孝通《关于中国民族的识别问题》,《中国社会科学》1980 年第 1 期。

33. 费孝通《简述我的民族研究经历和思考》,《北京大学学报》1997 年第 2 期。

34. 翁独健《民族关系史研究中的几个问题》,《中央民族学院学报》1981 年第 4 期。

35.《〈中国少数民族简史丛书〉出版述略》,《史学史研究》1982 年第 2 期。

36. 张养吾主编《编纂〈民族问题五种丛书〉文库》，中央民族大学出版社，1994 年。

37. 林耀华、庄孔韶《中国民族学的回顾与展望》,《社会科学战线》1985 年第 1 期。

38. 周伟洲《历史上的中国及其疆域、民族问题》,《云南社会科学》1989 年第 2 期。

39. 许木柱《台湾民族学研究的回顾与展望》,《国立政治大学民族学报》1993 年第 20 期。

40. 底润昆、张正明《全国少数民族社会历史调查的前前后后》,《民族团结》1999 年第 4 期。

41. 丁东、高增德等编《世纪学人自述》第 1 卷《顾颉刚自述》，十月文艺出版社，2000 年。

42. 周文玖，张锦鹏《关于“中华民族是一个”学术论辩的考察》,《民族研究》2007 年第 3 期。

43. 叶文宪《论汉民族的形成》,《古代文明》2011 年第 3 期。

三、中国史学史和少数民族史学史文献

1. 白寿彝《民族宗教论集》，河北教育出版社，2001 年。

2. 白寿彝主编《中国史学史》，上海人民出版社，2006 年。

3. 瞿林东《中国史学史纲》，北京出版社，2005年。

4. 汤勤福《中国史学史》，山西教育出版社，2005年。

5. 瞿林东主编《史学理论与史学史学刊》，社会科学文献出版社。

6. 瞿林东主编《中国少数民族史学研究》，北京图书馆出版社，2008年。

7.[蒙古]沙·比拉著，陈弘法译《蒙古史学史》，内蒙古教育出版社，1988年。

8. 牛润珍《汉至唐初史官制度的演变》，河北教育出版社，1999年。

9. 宋立民《宋代史官制度研究》，吉林人民出版社，1999年。

10. 李思纯《元史学》，上海中华书局，1926年。

11. 乔治忠《清朝官方史学研究》，台湾文津出版社，1995年。

12. 施琳主编《当代中国著名民族学家百人小传》，中央民族大学出版社，2006年。

13. 毛星主编《中国少数民族文学》，湖南人民出版社，1983年。

14. 史金波、黄润华《中国历代民族古文字文献探幽》，中华书局，2008年。

15. 编委会《中国少数民族古籍集解》，云南教育出版社，2006年。

16. 林正珍《台湾五十年来“史学理论”的变迁与发展：一九五〇～二〇〇〇》，《汉学研究通讯》第20卷第4期，2001年。

17. 盛邦和《文化民族主义的三大理论——民族史学的视野》，《江苏社会科学》2003年第4期。

18. 李珍《中华人民共和国建立前马克思主义史家的民族史研究》，瞿林东主编《史学理论与史学史学刊》2003年卷，社会科学文献出版社，2004年。

19.（美）王晴佳《论民族主义史学的兴起与缺失（上）——从全球比较史学的角度考察》，《河北学刊》2004年第4期。

20. 瞿林东《论魏晋隋唐间的少数民族史学（上下）》，《河北学刊》2008年第3、4期。

四、北方民族史学文献

1. 马利清《原匈奴、匈奴——历史与文化的考古学探索》，内蒙古大学出版社，2005 年。

2. 赵超《汉魏南北朝墓志汇编》，天津古籍出版社，1992 年。

3. 阎祥云《鲜卑著述考》，东北师范大学 2009 年硕士论文。

4. 朱希祖《十六国旧史考》，《制言》第十三卷，1936 年。

5. 牛润珍、杜英《十六国史官制度述论》，《齐鲁学刊》1998 年第 4 期。

6. 朱祖延《北魏佚书考》，中州古籍出版社，1985 年。

7. 陈述《全辽文》，中华书局，1982 年。

8.（清）厉鹗《辽史拾遗》，商务印书馆丛书集成初编本。

9. 朱子方《辽朝史官考》，《史学史研究》1990 年第 4 期。

10. 朱子方《辽朝的历史学家及其史学思想》，《辽海文物学刊》1995 年第 1 期。

11. 吴怀祺《辽代史学和辽代社会》，《史学史研究》1995 年第 4 期。

12.（金）刘祁《归潜志》，中华书局，1983 年。

13.（金）元好问《中州集》，中华书局，1959 年。

14.（金）张玮等撰《大金集礼》，中华书局，1985 年《丛书集成初编》。

15. 金少英《大金吊伐录校补》，中华书局，2001 年。

16. 崔文印《大金国志校证》，中华书局，1986 年。

17. 宋德金《中国历史 · 金史》，人民出版社，2006 年。

18. 盖山林、盖志浩《内蒙古岩画的文化解读》，北京图书馆出版社，2002 年。

19. 额尔登泰、乌云达赉校勘《蒙古秘史》，内蒙古人民出版社，1980 年。

20. 余大钧译注《蒙古秘史》，河北人民出版社，2001 年。

21. ［波斯］拉施特著，余大钧、周建奇译《史集》，商务印书馆，1983 年。

22. ［波斯］志费尼著，何高济译《世界征服者史》，内蒙古人民出版社，1980 年。

23.（元）李志常《长春真人西游记》，中华书局，1995 年。

24. 何高济译《鄂多立克东游录》，中华书局，1981 年。

25.（元）虞集《道园类稿》，中华书局，1991 年。

26.（元）袁桷《清容居士集》，台湾商务印书馆景印文渊阁本四库全书，1984 年。

27.（元）苏天爵《元文类》，商务印书馆，1958 年。

28.（元）苏天爵《元朝名臣事略》，中华书局，1996 年。

29.（元）王恽《玉堂嘉话》，中华书局，2006 年。

30.（元）权衡著，任崇岳笺证《庚申外史笺证》，中州古籍出版社，1991 年。

31. 包文汉、乔吉编著《蒙文历史文献概述》，内蒙古人民出版社，1994 年。

32. 包文汉整理《蒙古回部王公表传》，内蒙古大学出版社，1998 年。

33.《亦邻真蒙古学文集》，内蒙古人民出版社，2001 年。

34. 乌云毕力格《阿萨拉克其史研究》，中央民族大学出版社，2009 年。

35. 希都日古《17 世纪蒙古编年史与蒙古文文书档案研究》，辽宁民族出版社，2006 年。

36. 札奇斯钦《蒙古史论丛》，台湾学海出版社，1980 年。

37. 余大钧《蒙古秘史成书年代考》，《中国史研究》1982 年第 1 期。

38. 乔吉《有关拉西彭楚克生平的几个问题》，《内蒙古社会科学》（蒙文版）1983 年第 2 期。

39. 鲍音《十善福经白史浅译注析》，《内蒙古民族师院学报》1988 年第 4 期。

40. 乔吉《“金鬘”作者“纳塔老翁”考》，《内蒙古社会科学》（蒙文版）1990 年第 3 期。

41. 李保文《关于〈白史〉的成书年代及其编纂者》，《中央民族大学学报》1994 年第 4 期。

42. 其木道尔基《著名女真、满学、蒙古学家金启孮先生》,《蒙古史研究》(第十辑),内蒙古大学出版社,2010 年。

43. 王锺翰《朝鲜〈李朝实录〉中的女真史料选》,辽宁大学历史系,1979 年。

44.《旧满洲档》,台北"故宫博物院",1969 年。

45.《重译满文老档》,辽宁大学历史系,1978 年。

46. 潘喆、李鸿彬、孙方明编《清入关前史料选辑》,中国人民大学出版社,1984—1991 年。

47.《钦定热河志》,台湾商务印书馆景印文渊阁本四库全书,1984 年。

48. 鄂尔泰《八旗通志·初集》,台北学生书局,1970 年。

49.《八旗满洲氏族通谱》,台湾商务印书馆景印文渊阁本四库全书,1984 年。

50. 金毓黻《东北通史》,吉林文史出版社,1991 年。

51. 金毓黻《渤海国志长编》,辽阳金氏千华山馆丛著,1931 年。

52. 刘承幹《渤海国志》,文物出版社影印南林刘氏求恕斋刊本,1984 年。

53. 黄斌等《渤海国史话》,吉林人民出版社,2004 年。

54. 张佳生《满族文化史》,辽宁民族出版社,1999 年。

55. 庄吉发《故宫档案述要》,台湾"故宫博物院",1983 年。

56. 庄吉发《中国台湾的满学研究》,《满学研究》1992 年。

57. 关嘉禄《中国大陆满学研究的回顾与展望》,《社会科学辑刊》1998 年第 6 期。

58. 王锺翰《清史满族史研究百年回顾及未来展望》,《满学论丛》第一辑,辽宁民族出版社,2011 年。

59. 吕光天《北方民族原始社会形态研究》,宁夏人民出版社,1981 年。

60. 陈海滨搜集整理,王士缓编《黑龙江民间文学》,1981—1983 年。

61. 郭克兴《黑龙江乡土录》,1926 年印行。

62. 孟定恭《布特哈志略》,辽海书社,1931 年。

63. 阿勒坦噶塔《达斡尔蒙古考》,奉天关东印书馆,1933 年。

64. 钦同普《达斡尔民族志稿》，东布特哈八旗筹办处，1938 年。

65.《达斡尔族简史》，内蒙古人民出版社，1986 年。

66. 孟志东、恩和巴图、吴团英主编《达斡尔族研究》，内蒙古达斡尔历史语言文学学会，1987 年。

67. 巴图宝音《达斡尔族风俗志》，中央民族学院出版社，1991 年。

68. 满都尔图《达斡尔族》，民族出版社，1991 年。

69. 陈述《试论达斡尔族的族源》，《民族研究》1959 年第 8 期。

70. 卜林《中国达斡尔族人物录》，黑龙江人民出版社，1997 年。

71. 孟志东《达斡尔族源研究述评》，《黑龙江民族丛刊》2000 年第 2 期。

72.《鄂温克族简史》（修订本），民族出版社，2009 年。

73.《鄂温克族自治旗概况》，内蒙古人民出版社，1987 年。

74.《鄂温克族历史资料集》1—3 辑，内蒙古文化出版社，1993、1996、1998 年。

75. 莫日根布和、巴图苏热《鄂温克族民歌》（蒙文版），内蒙古人民出版社，1981 年。

76. 王士媛、马名超、白杉《鄂温克族民间故事选》，上海文艺出版社，1989 年。

77. 陶克腾其其格、吉特格勒图《碧蓝色的宝石》（蒙文版），民族出版社，1999 年。

78. 孔繁志《敖鲁古雅的鄂温克人》，天津古籍出版社，1997 年。

79. 乌云达赉《鄂温克族的起源》，内蒙古大学出版社，1998 年。

80. 凌纯声《松花江下游的赫哲族》，上海文艺出版社，1990 年。

81.《赫哲族简史》，黑龙江人民出版社，1984 年。

82. 张嘉宾主编《赫哲族研究》，哈尔滨出版社，2004 年。

83. 王士媛、马名超、黄任远《赫哲族民间故事选》，上海文艺出版社，1986 年。

84. 黑龙江省民间文艺家协会《伊玛堪》，黑龙江人民出版社，1987 年。

五、西部民族史学文献

1. 甘肃省图书馆编《西北民族宗教史料文摘》，甘肃省图书馆，1985 年。

2. 杨建新《中国西北少数民族史》，民族出版社，2009 年。

3. 陶保廉著，刘满点校《辛卯侍行记》，甘肃人民出版社，2000 年。

4. 周伟洲《吐谷浑资料辑录》，青海人民出版社，1992 年。

5. 周伟洲《吐谷浑史》，广西师范大学出版社，2006 年。

6. 林幹《突厥史》，内蒙古人民出版社，1988 年。

7. 薛宗正《突厥史》，中国社会科学出版社，1992 年。

8. ［苏］C. P. 克里亚什托尔内著，李佩娟译《古突厥鲁尼文碑铭》，黑龙江教育出版社，1991 年。

9. 耿世民《古代突厥文碑铭研究》，中央民族大学出版社，2005 年。

10. 蔡鸿生《唐代九姓胡与突厥文化》，中华书局，1998 年。

11. 塔伊尔江 · 穆罕默德《〈突厥语大词典〉研究综述》，《新疆社会科学论坛》2007 年第 5 期。

12. 岑仲勉《突厥集史》，中华书局，1958 年。

13. 李符桐《回鹘史》，台北文风出版社，1963 年。

14. 杨圣敏《回纥史》，吉林教育出版社，1991 年。

15. 林幹、高自厚《回纥史》，内蒙古人民出版社，1994 年。

16. 程溯洛《唐宋回鹘史论集》，人民出版社，1993 年。

17. 耿世民译《乌古斯可汗的传说》（巴黎藏本古代回鹘文史诗），新疆人民出版社，1980 年。

18. 优素甫 · 哈斯 · 哈吉甫著，郝关中、张宏超等译《福乐智慧》，民族出版社，1986 年。

19. 麻赫默德 · 喀什噶里著，校仲彝等译《突厥语大词典》，民族出版社，2002 年。

20. 米尔咱 · 马黑麻 · 海答儿著，新疆社会科学院民族研究所译，王治来校《中亚蒙兀儿史——拉失德史》，新疆人民出版社，1983 年。

21. 刘美崧《两唐书回纥传回鹘传疏证》，中央民族学院出版社，1988 年。

22. 段连勤《丁零、高车与铁勒》，上海人民出版社，1988 年。

23. 魏良弢《喀喇汗王朝史稿》，新疆人民出版社，1986 年。

24. 王日蔚《唐后回鹘考》，《国立北平研究院史学集刊》1936 年第 1 期。

25. 王静如《突厥文回纥英武威远毗伽可汗碑译释》，《辅仁学志》卷 7 第 1—2 合刊，1938 年。

26. 李符桐《回鹘文明与元朝之建国》，《政大边政学报》1962 年第 1 期。

27. 李符桐《回鹘与元朝建国的关系》，《师大学报》1970 年第 15 期。

28. 李符桐《畏兀儿人对于元朝建国之贡献》，《史学论集》，台北华冈出版有限公司，1977 年。

29. 耿世民《回鹘文亦都护高昌王世勋碑研究》，《考古学报》1980 年第 4 期。

30. 魏良弢《关于喀喇汗王朝的史料、文献及研究情况》，《新疆大学学报》1982 年第 1 期。

31. 刘戈《回鹘文买卖文书纪年月日研究》，《民族研究》1998 年第 5 期。

32. 王治来《从〈巴布尔回忆录〉看〈拉失德史〉》，《西域研究》1999 年第 2 期。

33. 杨富学《回鹘文文献与高昌回鹘经济史的构建》，《史学史研究》2007 年第 4 期。

34. 李树辉《古代回鹘文史诗〈乌古斯可汗的传说〉有关问题考辨》，田卫疆编《新疆历史与文化 2006》，新疆人民出版社，2007 年。

35.（清）吴广成撰、龚世俊等校证《西夏书事校证》，甘肃文化出版社，1995 年。

36. 史金波、聂鸿音、白滨译注《天盛改旧新定律令》，法律出版社，2000 年。

37. 韩荫晟《党项与西夏资料汇编》，宁夏人民出版社，1983 年。

38. 束锡红、郑彦卿、吴琼《贺兰山岩画与世界遗产》，宁夏人民出版社，2003 年。

39. 周伟洲《早期党项史研究》，中国社会科学出版社，2004 年。

40. 史金波《西夏文教程》，社会科学文献出版社，2013 年。

41. 李范文主编《西夏通史》，宁夏人民出版社，2005 年。

42. 李范文《西夏研究论集》，宁夏人民出版社，1983 年。

43. 陈炳应《西夏文物研究》，宁夏人民出版社，1985 年。

44. 白滨编《西夏史论文集》，宁夏人民出版社，1989 年。

45. 史金波、黄振华、聂鸿音《类林研究》，宁夏人民出版社，1993 年。

46. [俄]恰克诺夫著，罗矛昆、李范文译《圣立义海研究》，宁夏人民出版社，1995 年。

47. 史金波《西夏出版研究》，宁夏人民出版社，2004 年。

48. 李蔚《中国历史·西夏史》，人民出版社，2009 年。

49. 罗福成《重修护国寺感应塔碑铭》，《国立北平图书馆馆刊》第 4 卷第 3 号，1930 年。

50. 史金波《西夏汉文本〈杂字〉初探》，《中国民族史研究》1989 年第 2 辑，中央民族学院出版社，1989 年。

51. 聂鸿音《西夏文〈夏圣根赞歌〉考释》，《民族古籍》1990 年第 1 期。

52. 聂鸿音《补〈西夏艺文志〉》，《古籍整理研究学刊》1990 年第 6 期。

53. 史金波《西夏天盛律令及其法律文献价值》，《法律史论集》第 1 卷，法律出版社，1998 年。

54. [俄]恰克诺夫《吴兢〈贞观政要〉西夏译本残叶考》，《国家图书馆学刊》增刊（西夏研究专号），2002 年。

55. 史金波《西夏的历法和历书》，《民族语文》2006 年第 6 期。

56. 王尧、陈践译注《敦煌本吐蕃历史文书》，民族出版社，1980 年。

57. 陈践、王尧编注《敦煌本藏文文献》（藏文版），民族出版社，1983 年。

58. 王尧、陈践译注《敦煌吐蕃文献选》，四川民族出版社，1983 年。

59. 阿底峡尊者发掘，卢亚军译注《西藏的观世音》，甘肃人民出版社，2001 年。

60. 拔·塞囊著，佟锦华、黄布凡译注《拔协》(藏汉对照本)，四川民族出版社，1990年。

61. 扎巴·孟兰洛卓著，王尧、陈践译注《奈巴教法史——古谭花蔓》，《中国藏学》1990年第1期。

62. 蔡巴·贡噶多吉著，东嘎·洛桑赤列校注，陈庆英、周润年译《红史》，西藏人民出版社，1988年。

63. 释迦仁钦德著，汤池安译《雅隆尊者教法史》，西藏人民出版社，1989年。

64. 班钦·索南查巴著，黄颢译《新红史》，西藏人民出版社，1984年。

65. 萨迦·索南坚赞著，刘立千译注《西藏王统记》，民族出版社，2000年。

66. 五世达赖喇嘛著，刘立千译注《西藏王臣记》，民族出版社,2000年。

67. 大司徒·绛曲坚赞著，阿旺、佘万治译《朗氏家族史》，西藏人民出版社，1989年。

68. 五世达赖阿旺洛桑嘉措著，陈庆英、马连龙等译《一世—四世达赖喇嘛传》，中国藏学出版社，2006年。

69. 五世达赖阿旺洛桑嘉措著，陈庆英、马连龙、马林译《五世达赖喇嘛传》，中国藏学出版社，2006年。

70. 达仓宗巴·班觉桑布著，陈庆英译《汉藏史集》，西藏人民出版社，1986年。

71. 松巴堪布益西班觉著，蒲文成、才让译《如意宝树史》，甘肃民族出版社，1994年。

72. 多喀尔·策仁旺杰著，周秋有译《噶伦传》，西藏人民出版社，1986年。

73. 丹津班珠尔著，汤池安译《多仁班智达传》，中国藏学出版社，1995年。

74. 土观·洛桑却吉尼玛著，陈庆英、马连龙译《章嘉国师若必多吉传》，中国藏学出版社，2007年。

75. 法王周加巷著，郭和卿译《至尊宗喀巴大师传》，青海人民出版社，1988 年。

76. 多喀尔·策仁旺杰著，汤池安译《颇罗鼐传》，西藏人民出版社，1988 年

77. 根敦群培著，法尊法师译《白史》，中国藏学出版社，2012 年。

78. 吴燕绍《西藏史大纲》，全国图书馆文献缩微复制中心，1993 年。

79. 索朗顿珠编《藏族史学书目》（藏文版），西藏人民出版社，2000 年。

80. 王辅仁、索文清《藏族史要》，四川民族出版社，1981 年。

81. 藏族简史编纂委员会《藏族简史》，西藏人民出版社，2013 年。

82. 薛宗正《吐蕃王国的兴衰》，民族出版社，1997 年。

83. 恰白·次旦平措撰，陈庆英等译《西藏通史——松石宝串》，西藏古籍出版社，2008 年。

84. 民族图书馆编《藏文典籍目录》（藏汉对照本），民族出版社，1997 年。

85. 杨贵明、马吉祥编译《藏传佛教高僧传略》，青海人民出版社，1992 年。

86. 孙林《藏族史学发展史纲要》，中国藏学出版社，2006 年。

87. 王璞《藏族史学思想论纲》，中国社会科学出版社，2008 年。

88. 王尧、沈卫荣《试论藏族的史学和藏文史籍》，《史学史研究》1988 年第 2、3 期。

89. 恰白·次旦平措编，丹增译，达瓦次仁校《藏文古代史料举要》，《中国藏学》1988 年第 2 期。

90. 亚东·达瓦次仁《新思维史学观的倡导者：根敦群培与东噶·洛桑赤列——访当代著名藏族学者仲布·次仁多杰》，《西藏大学学报》2014 年第 2 期。

91. 金吉堂《中国回教史研究》，《民国丛书》，上海书店，1996 年。

92. 陈垣《元西域人华化考》，励耘书屋丛刻（民国刻本）。

93. 金吉堂《中国回教史研究》，珪庭出版社，1971 年。

94. 民族问题研究会《回回民族问题》，延安解放社，1941 年。

95. 白寿彝《中国回教小史》,《中国伊斯兰史存稿》，宁夏人民出版社，1982 年。

96. 白寿彝《回回民族底新生》，上海东方书社，1951 年。

97. 白寿彝主编《回族人物志》，宁夏人民出版社，1985、1999 年。

98. 白寿彝主编《中国回回民族史》，中华书局，2003 年。

99. 白寿彝《回民起义》，上海神州国光社，1952 年。

100. 邱树森等《中国回族史》，宁夏人民出版社，1996 年。

101. 杨志玖《元史三论》，人民出版社，1985 年。

102.《中国伊斯兰教史参考资料选编》，宁夏人民出版社，1985 年。

103. 刘迎胜《小儿锦研究》(1—3)，兰州大学出版社，2013 年。

104. 杨耀恩、王俊主编《沈阳回族志》，辽宁民族出版社，1996 年。

105. 马通《中国西北伊斯兰教基本特征》，宁夏人民出版社，2000 年。

106. 李兴华、冯今源《中国伊斯兰教史参考资料选编(1911—1949)》，宁夏人民出版社，1985 年。

107. 中国科学院民族研究所、宁夏少数民族社会历史调查组《回族简史简志合编》，中国科学院民族研究所，1963 年。

108. 马通《中国伊斯兰教派与门宦制度史略》，宁夏人民出版社，1983 年。

109. 马通《中国伊斯兰教派门宦溯源》，宁夏人民出版社，1995 年

110. 勉维霖《宁夏伊斯兰教派概要》，宁夏人民出版社，1981 年。

111. 邱树森等《中国回族大词典》，江苏古籍出版社，1992 年。

112. 杨惠云等《中国回族大辞典》，上海辞书出版社，1993 年。

113. 李希等《中国少数民族现状与发展调查研究丛书·同心县回族卷》，民族出版社，1999 年。

114. 姚继德、肖芒《云南民族村寨调查：回族——通海纳古镇》，云南大学出版社，2001 年。

115. 李范文、余振贵《西北回民起义研究资料汇编》，宁夏人民出版

社，1988 年。

116. 荆德新《云南回民起义史料》，云南民族出版社，1986 年。

117. 荆德新《杜文秀起义》，云南民族出版社，1991 年。

118. 林荃《杜文秀起义研究》，云南民族出版社，2006 年。

119. 邵宏谟、韩敏《陕西回民起义资料》，陕西省地方志编委会，1987 年。

120. 邵宏谟、韩敏《陕西回民起义史》，陕西人民出版社，1992 年。

121. 云南省少数民族古籍整理出版规划办公室《回族史论集》，云南民族出版社，1989 年。

122.《竹园白话报》光绪三十四年七月十六日、光绪三十七年九月二十七日。

123. 陈垣《回回教入中国史略》，《东方杂志》第 25 卷第 1 号，1928 年。

124. 金吉堂《回教民族说》，《禹贡》第 5 卷第 11 期，1936 年。

125. 金吉堂讲、马忠山记录《中国回教历史问题》，《月华》第 7 卷第 19—21 期合刊。

126. 罗迈《回回问题研究》，延安《解放》杂志第 109 期，1940 年 6 月 16 日。

127. 江应樑《清咸同年间云南各族人民大起义中的几个问题》，《学术研究》1961 年第 2 期。

128. 林荃、宁超《大理政权是农民革命政权》，《学术研究》1961 第 3 期。

129. 田汝康《有关杜文秀对外关系的几个问题》，《历史研究》1963 年第 4 期。

130. 达应庾《回回民族来源考》，《兰州学刊》1980 第 1 期。

131.《杜文秀对外关系以及刘道衡“使英”问题的研究》，《民族学报》1981 年第 1 期。

132. 汪受宽《试论清代同治年间西宁回族撒拉族起义的原因和性质》，《青海民族学院学报》1982 年第 1 期。

133. 吴万善《关于陕甘回民起义中回汉“联合”问题的商榷》，《西北民族学院学报》1983 年第 2 期。

134. 杨东梁《试评左宗棠对陕甘回军的镇压》,《湖南师大学报》1985 年第 2 期。

135. 关连吉《左宗棠与陕甘回民起义》,《社会科学》1987 年第 1 期。

136. 穆德全《回回族源考述》,《河南大学学报》1985 年第 4 期、1986 年第 1 期、1986 年第 4 期连载。

137. 李松茂《“回回”一词和伊斯兰教》,《新疆社会科学》1987 年第 1 期。

138. 马明龙、翁乾麟《论我国回族史学的优良传统》,《回族研究》2000 年第 1 期。

139. 翁乾麟《论广西回族的族谱及其史料价值》,《回族研究》2001 年第 3 期。

140. 李松茂《编写回族史学史的构想》,《史学史研究》1997 年第 4 期。

141. 林松《20 世纪回族历史与文化研究的发展》,《西北民族研究》2000 年第 2 期。

142. 李习文、张玉海《〈禹贡〉回族伊斯兰教研究述略》,《回族研究》2001 年第 2 期。

143. 陈希豪《新疆史地及社会》, 正中书局, 1947 年。

144.《新疆简史》, 新疆人民出版社, 1980 年。

145. 耿世民《耿世民新疆文史论集》, 中央民族大学出版社, 2001 年。

146. 郭应德《维吾尔史略》, 东方书社, 1952 年。

147.《维吾尔族简史》, 新疆人民出版社, 1991 年。

148. 冯家昇、程溯洛、穆广文编著《维吾尔族史料简编》, 民族出版社, 1958 年。

149. 拓和提《维吾尔历史文化研究》, 民族出版社, 1995 年。

150. 成珊娜《近代南疆维吾尔族社会生活研究(1884—1949)》, 陕西师范大学博士学位论文, 2010 年。

151. 刘义棠《伯克制度研究》,《维吾尔研究》, 台北正中书局, 1975 年。

152. 刘义棠《突回研究》，台北经世书局，1990年。

153. 冯家昇、程溯洛、穆广文《维吾尔族历史分期问题》，《中国民族问题研究集刊》1956年第5辑。

154. 纪大椿《试论一八六四年新疆农民起义》，《民族研究》1979年第2期。

155. 谷苞《维吾尔族与伊斯兰教》，《新疆科学研究动态》1979年第9期。

156. 买买提·赛来、马品彦《新疆的麻扎和麻扎崇拜：新将伊斯兰教地域特色初探》，《世界宗教研究》1986年第4期。

157. 陈理《略论1864年新疆各族人民反清斗争的性质》，《中央民族学院学报》1988年第2期。

158. 苗普生《关于伯克制度的形成和发展》，西北大学西北历史研究室编《西北历史研究》（1989年号），三秦出版社，1989年。

159. 牛汝极《台湾的维吾尔研究》，《新疆大学学报》1993年第3期。

160. 苗普生《伯克制度研究综述》，《中国边疆史地研究》1994年第2期。

161. 吾斯曼江·亚库甫《16至19世纪维吾尔族史学史研究》，陕西师范大学博士论文，2011年。

162. 哈萨克族简史编写组、哈萨克族简史修订本编写组《哈萨克族简史》，民族出版社，2008年。

163. 纳比坚·穆罕默德汗《哈萨克历史研究》（哈萨克文），新疆人民出版社，1988年。

164. 贾合甫·米尔扎汗著，纳比坚·穆哈默德罕、何星亮译《哈萨克族》，民族出版社，1989年。

165. 苏北海《哈萨克族文化史》，新疆大学出版社，1989年。

166. 姜崇伦主编《哈萨克族历史与文化》，新疆人民出版社，1998年。

167. 《伊犁哈萨克自治州概况》，新疆人民出版社，1985年，修订本民族出版社，2009年。

168. 《巴里坤哈萨克自治县概况》，新疆人民出版社，1984年，修订本民族出版社，2009年。

169.《木垒哈萨克自治县概况》，新疆人民出版社，1984年，修订本民族出版社，2009年。

170.《阿克塞哈萨克自治县概况》，甘肃民族出版社，1986年，修订本民族出版社，2008年。

171.《青海省回族撒拉族哈萨克族社会历史调查》，青海人民出版社，1985年。

172.《哈萨克族社会历史调查》，新疆人民出版社，1987年。

173. 毕桪《哈萨克民间文学概论》，中央民族学院出版社，1992年。

174. 黄忠祥《哈萨克英雄史诗与草原文化》，中央编译出版社，2007年。

175. 袁复礼《新疆之哈萨克民族》，《禹贡》1937年1—3期。

176. 王日蔚《维吾尔（缠回）民族名称演变考》，《禹贡》1937年第7卷第4期。

177. 张西曼《乌孙即哈萨克考》，《民主与科学》1945年第2期。

178. 张西曼《哈萨克（乌孙）大事年表》，《民主与科学》1945年1卷7—8期。

179. 周东郊《新疆的哈萨克人》，《边政公论》1947年第6卷。

180. 尼合迈德·蒙加尼《哈萨克族历史》，《瀚海潮》1947年7—9期。

181. 谷苞《哈萨克族入甘及返新纪略》，《新疆论丛》1948年第2期。

182. 苏北海《哈萨克族的起源》，《人文杂志》1957年第5期。

183. 买买提·热依木《哈萨克族》，《中国穆斯林》1958年第5期。

184. 金帛《哈萨克族》，《中国民族》1963年第2期。

185. 阿吾里汗《哈萨克族民间叙事长诗概述》，《新疆大学学报》1982年第1期。

186. 尼合迈德·蒙加尼《迦萨甘创世》，《新疆民族文学》1982年第2期。

187. 乌拉赞巴依著，校仲彝译《哈萨克民间长诗概述》，《民族文学研究》1984年第1期。

188. 贾合甫·米尔扎汗《哈萨克族系谱搜集和历史研究概述》，《新疆社会科学》1989年第6期。

189. 贾合甫·米尔扎汗著，佟中明译《尼合迈德·蒙加尼与哈萨克族历史研究》，《西域研究》1996 年第 4 期。

190.《柯尔克孜族简史》，民族出版社，2008 年。

191.《克孜勒苏柯尔克孜自治州概况》，民族出版社，2009 年。

192. 贺继宏主编《克孜勒苏柯尔克孜自治州志》，新疆人民出版社，2004 年。

193. 贺继宏、张光汉主编《克孜勒苏柯尔克孜自治州民族志》，新疆克孜勒苏柯尔克孜文出版社，1992 年。

194.《柯尔克孜族社会历史调查》，民族出版社，2009 年。

195.（清）七十一撰《西域闻见录》，清末刻本，藏于甘肃省图书馆。

196. 杜荣坤、安瓦尔《柯尔克孜族》，民族出版社，1991 年。

197. 满都呼《中国阿尔泰语系诸民族神话故事》，民族出版社，1997 年。

198. 郎樱《〈玛纳斯〉论析》，内蒙古大学出版社，1991 年。

199. 阿地里·居玛吐尔地、曼拜特·吐尔地、古丽巴哈尔·胡吉西《柯尔克孜族民间信仰与社会》，民族出版社，2009 年。

200. 陈庆隆《坚昆、黠戛斯与布鲁特考》，《大陆杂志》第 51 卷第 5 期，1975 年。

201. 韩儒林《元代的吉利吉思》，《元史及北方民族史研究集刊》1978 年第 2 期。

202. 韩儒林《元代的吉利吉思及其邻近诸部》，《元史及北方民族史研究集刊》1981 年第 5 期。

203. 杜荣坤、郭平梁《柯尔克孜族的故乡及其西迁》，《新疆社会科学》1982 年第 2 期。

204. 董文义《柯尔克孜族称含义考》，《民族语文》1982 年第 3 期。

205. 马曼丽《叶尼塞吉尔吉斯的西迁与中亚吉尔吉斯民族的形成》，《西北史地》1984 年第 4 期。

206. 胡延新《十七世纪的叶尼塞吉尔吉斯及其西迁》，《甘肃民族研究》1986 年第 4 期。

207. 马克来克·玉买尔拜著，李绍年译《〈玛纳斯〉史诗中有关的一些历史渊源》，《西北民族研究》1990 年第 2 期。

208. 潘志平《布鲁特各部落及其亲缘关系》，《新疆社会科学》1990 年第 2 期。

209. 薛宗正《黠戛斯的崛兴》，《民族研究》1996 年第 1 期。

210. 杨富学《古代柯尔克孜人的宗教信仰》，《西北民族研究》1997 年第 1 期。

211. 那木吉拉《“四十”与柯尔克孜族源传说——兼论古代北方民族数文化》，《民间文学论坛》1997 年第 1 期。

212. 那木吉拉《〈元史·地理志·西北地附录〉吉里吉思传说考述》，《民族文学研究》1997 年第 3 期。

213. 艾莱提·托洪巴依《“散吉拉”和柯尔克孜族部落系谱》，《西北民族研究》1998 年第 2 期。

214. 万雪玉《伊斯兰教对柯尔克孜族文化的影响》，《中国宗教》2003 年第 6 期。

215. 艾莱提·托洪巴依《新疆乌恰县黑孜苇乡柯尔克孜族宗教信仰调查》，《西域研究》2004 第 4 期。

216.《中国少数民族·裕固族》，人民出版社，1981 年。

217.《裕固族简史》，甘肃人民出版社，1983 年。

218.《肃南裕固族自治县概况》，甘肃民族出版社，1984 年。

219.《肃南裕固族自治县志》，甘肃民族出版社，1994 年。

220.《裕固族东乡族保安族社会历史调查》，甘肃民族出版社，1987 年。

221. 高自厚、贺红梅《裕固族通史》，甘肃人民出版社，2003 年。

222. 铁穆尔《裕固民族尧熬尔千年史》，民族出版社，1999 年。

223. 钟进文《裕固族文化研究》，中国民航出版社，1995 年。

224. 钟进文主编《中国裕固族研究集成》，民族出版社，2002 年。

225. 贺卫光《裕固族文化形态与古籍文存》，甘肃人民出版社，2002 年。

226. 安建均等《裕固族民间文学作品选》，民族出版社，1984 年。

227. 才让丹珍主编《裕固族风俗志》，天津古籍出版社，1993 年。

228. 田自成、多红斌等《裕固族风情》，甘肃文化出版社，1994 年。

229. 李符桐《撒里畏兀尔部族考》，《边政公论》1944 年第 3 卷第 8 期。

230.《撒拉族简史简志合编》（初稿），中国科学院民族研究所，1963 年。

231. 编写组《撒拉族简史》，青海人民出版社，1982 年，修订本民族出版社，2008 年。

232. 韦琮主编《循化撒拉族自治县志》，中华书局，2001 年。

233.《中国少数民族古籍总目提要 · 土族卷 / 撒拉族卷》，中国大百科全书出版社，2007 年。

234. 马忠《青海回族、撒拉族金石录》，青海人民出版社，2008 年。

235. 马学义《骆驼泉》，青海人民出版社，1982 年。

236. 芈一之《撒拉族政治社会史》，香港黄河文化出版社，1990 年。

237. 芈一之《撒拉族史》，四川民族出版社，2004 年。

238. 马亚萍、王琳《改革开放以来撒拉族研究概述（1978—2001）》，《青海民族研究》2003 年第 4 期。

239. 马自祥、马兆熙《东乡族文化形态与古籍文存》，甘肃人民出版社，2000 年。

240.《中国少数民族古籍总目提要 · 东乡族卷 / 裕固族卷 / 保安族卷》，中国大百科全书出版社，2006 年。

241. 杨建新等《东乡族简史》，甘肃人民出版社，1984 年，马自祥、马兆熙修订本民族出版社，2008 年。

242.《裕固族东乡族保安族社会历史调查》，甘肃民族出版社，1987 年。

243.《积石山保安族东乡族撒拉族自治县志》，甘肃文化出版社，1998 年。

244.《积石山保安族东乡族撒拉族自治县概况》，甘肃民族出版社，1986 年；民族出版社，2008 年。

245. 陈其斌《东乡社会研究》，民族出版社，2006 年。

246. 妥进荣《东乡族经济社会发展研究》，甘肃人民出版社，2000 年。

247. 马自祥《东乡族风俗志》，中央民族学院出版社，1989 年。

248. 马少青《保安族文化形态与古籍文存》，甘肃人民出版社，2001 年。

249.《保安族简史》，甘肃人民出版社，1984 年；尹伟先修订本民族出版社，2009 年。

250. 郝苏民主编《东乡族、保安族、裕固族民间故事集》，上海文艺出版社，1987 年。

251. 马克勋《保安族文学》，甘肃人民出版社，1994 年。

252. 菅志翔《族群归属的自我认同与社会定义：关于保安族的一项专题研究》，民族出版社，2006 年。

六、南方民族史学文献

1. 林超民编《方国瑜文集》，云南教育出版社，2001 年。

2. 方国瑜、林超民主编《云南史料丛刊》，云南大学出版社，1998—2001 年。

3. 方国瑜《云南史料目录概说》，中华书局，1984 年。

4. 方国瑜《中国西南历史地理考释》，中华书局，1987 年。

5. 尤中《中国西南民族史》，云南人民出版社，1985 年。

6.《马曜学术论著自选集》，云南人民出版社，1998 年。

7.《汪宁生论著萃编》，云南民族出版社，2001 年。

8. 张增祺《中国西南民族考古》，云南人民出版社，1990 年。

9. 林超民主编《滇云文化》，内蒙古教育出版社，2006 年。

10. 赵吕甫《云南志校释》，中国社会科学出版社，1985 年。

11. 向达《蛮书校注》，中华书局，1962 年。

12. 龙晓燕、王文光《中国西南民族史研究的回顾与展望》，《思想战线》2003 年第 3 期。

13. 陆韧《云南地方的古代历史记载与史学》，《史学史研究》2004 年第 3 期。

14. 黄建明《彝族古籍文献概要》，云南人民出版社，1993 年。

15. 中央民族学院彝文文献编译室《彝文文献研究》，中央民族学院出版社，1993 年。

16. 漏侯布哲、实乍苦木著，王子尧译《论彝族诗歌》，贵州民族出版社，1990 年。

17. 举奢哲、阿买尼著，康健、王子尧等译《彝族诗文论》，贵州人民出版社，1988 年。

18. 王治新译编整理《彝族古代文论》，贵州人民出版社，1997 年。

19. 伍雄武、普同金《彝族哲学思想史》，民族出版社，1998 年。

20. 王天玺《宇宙源流论:〈彝族古代哲学〉》，云南人民出版社，1999 年。

21. 东人达《西南彝族史学述要》，瞿林东主编《中国少数民族史学研究》，北京图书馆出版社，2008 年。

22. 侯冲《白族心史:〈白古通记〉研究》，云南民族出版社，2002 年。

23. 赵启燕《白族的起源和形成问题：学术史与本土史料研究》，云南大学博士学位论文，2008 年。

24. 何叔涛《南诏大理时期的民族共同体与兼收并蓄的白族文化》，《云南民族学院学报》2003 年第 2 期。

25. 黄现璠《广西僮族简史》(初稿)，广西人民出版社，1957 年。

26.《壮族简史》，广西人民出版社，1981 年。

27. 张声震主编《壮族通史》，北方民族出版社，1997 年。

28.(明)木公《雪山诗选》卷中,《云南丛书》2 编《集部》，云南图书馆馆藏版。

29.(明)木高《石鼓木氏纪功刻辞·大功大胜克捷记》，拓片。

30.(清)汪森《粤西诗载》，台北商务印书馆景印文渊阁本四库全书，1984 年。

31. 刘锡蕃《岭表纪蛮》，商务印书馆，1934 年。

32. 徐松石《粤江流域人民史》，中华书局，1939 年。

33. 徐松石《泰族僮族粤族考》，中华书局，1946 年。

34.《壮学丛书》编委会《徐松石民族学文集》，广西师范大学出版社，

2005 年。

35.《木氏宦谱 · 文谱 · 阿胜阿宅》，云南美术出版社据云南省博物馆馆藏手抄本影印，2001 年。

36. 宋宇《徐松石与罗香林民族史学的比较研究》，广西师范大学硕士学位论文，2014 年。

37. 罗香林《百越源流与文化》，“国立编译馆”中华丛书编审委员会，1955 年。

38. 黄现璠《我国民族历史没有奴隶社会的探讨》，《广西师范学院学报》1979 年第 2—3 期。

39. 卢敏飞《唐代壮族文人手书两块碑记校释》，载广西壮族自治区民族研究所编《广西民族研究参考资料》第三辑，1980 年。

40. 杨树喆《壮族人类起源神话与汉族人类起源神话的比较》，《民族艺术》1993 年第 2 期。

41. 黄懿陆《东汉〈白狼歌〉是越人歌谣》，《广西民族研究》2001 年第 3 期。

42. 白耀天《〈六合坚固大宅颂〉、〈智城碑〉通译》，《广西民族研究》2005 年第 4 期。

43. 熊昭明《上林智城 雅趣之地》，《中国文化遗产》，2008 年第 5 期。

44. 郑慧《壮族历史档案的瑰宝——上林唐碑》，《兰台世界》2008 年 11 月下半月。

45. 吕立忠、罗天、曹旻《历代广西著述述略》，《河池学院学报》2012 年第 1 期。

46. 覃彩銮《壮学的发展与前瞻》，《广西民族研究》2014 年第 6 期。

47. 伍新福《中国苗族通史》，贵州民族出版社，1999 年。

48. 石启贵《湘西苗族实地调查报告》，湖南人民出版社，1986 年。

49. 贺伯烈《夷苗概况及夷苗代表来京请愿运动》，《边事研究》第 5 卷第 2 期，1937 年。

50. 王建明《西南苗民的社会形态》，《边声月刊》第 1 卷第 3 期，

1938 年。

51. 梁聚五《苗夷民族发展史》,《贵州评论》, 1947 年。

52. 龙基成《社会变迁、基督教与中国苗族知识分子——苗族学者杨汉先传略》,《贵州民族研究》1997 年第 1 期。

53. 无涯《评〈中国苗族通史〉》,《湖南社会科学》2000 年第 4 期。

54. 敖以深《苗族迁徙史研究的扛鼎之作——读〈世界苗族迁徙史〉》,《贵州民族学院学报》2007 年第 4 期。

55. 张兆和著、李菲译《从"他者描写"到"自我表述"——民国时期石启贵关于湘西苗族身份的探索与实践》,《广西民族大学学报》2008 年第 5 期。

56. 刘芳《人类学苗族研究百年脉络简溯》,《广西民族研究》2008 年第 1 期。

57. 张兆和《黔西苗族身份的汉文书写与近代中国的族群认同——杨汉先的个案研究》,《西南民族大学学报》2010 年第 3 期。

58.《纳西族简史》, 民族出版社, 2008 年。

59. 杨福泉《纳西民族志: 田野调查实录》, 中国书籍出版社,2008 年。

60. 郭大烈、和志武《纳西族史》, 四川民族出版社, 1999 年。

61. 赵银棠《玉龙旧话新编》, 云南人民出版社, 1984 年。

62.《乾隆丽江府志略》校点本, 丽江纳西族自治县县志办, 1989 年。

63. 江应樑《傣族史》, 四川民族出版社, 1983 年。

64.《傣族简史》, 中央民族大学出版社, 2005 年。

65. 江应樑《百夷传校注》, 云南人民出版社, 1980 年。

66. 张公瑾《傣族文化》, 吉林教育出版社, 1986 年。

67. 张公瑾《傣族宗教与文化》, 中央民族大学出版社, 2002 年。

68.《勐果占壁及勐卯古代诸王史》, 云南民族出版社, 1988 年。

69.《勐泐王族世系》, 云南民族出版社, 1987 年。

70. 华林《傣族历史档案研究》, 民族出版社, 2000 年。

71. 方国瑜《元代云南行省傣族史料编年》, 云南人民出版社,1958 年。

72. 曹成章《傣族村社文化研究》，中央民族大学出版社，2006年。
73. 曹成章《傣族农奴制和宗教婚姻》，中国社会科学出版社，1986年。
74. 朱德普《泐史研究》，云南人民出版社，1993年。
75. 王懿之、杨世光编《贝叶文化论》，云南人民出版社，1990年。
76. 张凤岐《暹罗改名“泰国”与中国西南泰族之前途》，《新动向》第3卷第4期，1939年。
77. 张公瑾、陈久金《傣历研究》，《中国天文学史文集》第2集，科学出版社，1981年。
78. 贺圣达《“南诏泰族王国说”的由来与破产》，《中国社会科学》1990年第3期。
79. 张晓辉《傣族早期法律初探》，《思想战线》1992年第5期。
80. 方慧、田瑞华《略论元、明、清时期的傣族法律》，《云南社会科学》1998年第6期。
81. 胡阳全《近十年国内傣族研究》，《民族问题研究》2003年第1期。
82. 王忠《新唐书南诏传笺证》，中华书局，1963年。
83. 尤中《僰古通纪浅述》，云南人民出版社，1989年。
84. 马曜《云南二十几个少数民族的源和流》，《云南社会科学》1981年第1期。
85. 吴棠《南诏史学会五年回顾》，《大理文化》1987年第2期。
86. 尤中《南诏史话》，云南人民出版社，1957年。
87. 李昆声、祁庆富《南诏史话》，文物出版社，1985年。
88. 赵鸿昌《南诏编年史稿》，云南人民出版社，1994年。
89.《白族简史》，云南人民出版社，1988年。
90. 侯冲《白族心史——〈白古通记〉研究》，云南民族出版社，2002年。
91. ［日］林谦一郎《白族的形成及其对周围民族的影响》，云南大学博士学位论文，1995年。
92. 方慧《大理总管段氏世次年历及其与蒙元政权关系研究》，云南教育出版社，2000年。

93. 郑志惠《天下一统 无间华夷——从万历〈云南通志〉看李元阳的民族观》，云南大学历史系编《史学论丛》第五辑，云南大学出版社，1993年。

94. 马曜《白族异源同流说》，《云南社会科学》2000年第3期。

95. 王艳萍《明代大理白族学者李元阳研究》，林超民主编《新浪集》，云南大学出版社，2001年。

96. 周立英《清代云南学者王崧及其学术思想研究》，林超民主编《新凤集》，云南大学出版社，2003年。

97. 李东红《白族的起源、形成与发展》，林超民等主编《南诏大理历史文化国际学术讨论会论文集》，民族出版社，2006年。

98. 施立卓《白族族源大讨论的回眸》，《大理文化》2007年第1期。

99. 林超民《白族形成问题新探》，林氏主编《民族学评论》第二辑，云南大学出版社，2005年。

100. 吴泽霖、陈国钧等《贵州苗夷社会研究》，民族出版社，2004年。

101. 马丽华《20世纪上半叶民国政府对西南边疆少数民族的调查》，《中国边疆史地研究》2005年第1期。

102. 何长凤《贵州近代少数民族调查研究的拓荒者——抗战时期大夏大学社会研究部的成就》，《贵州民族研究》2002年第1期。

103. 谷苞《在费孝通老师指导下云南社会学研究室的三年学徒生活影响了我一生》，《西北民族研究》2006年第1期。

104. 费孝通《简述我的民族研究经历和思考》，《北京大学学报》1997年第2期。

105.《彝族简史》，云南人民出版社，1987年。

106. 朱崇先《彝族典籍文化研究》，中央民族大学出版社，1996年。

107. 王子尧、山口八郎主编《中国彝史文献通考》，四川民族出版社，2000年。

108. 陈世鹏《黔彝古籍举要》，贵州民族出版社，2004年。

109. 巴莫阿依、黄建明《国外学者彝学研究文集》，云南教育出版社，

2000年。

110. 清同治《永顺县志》。

111.《民国年间苗族论文集》，贵州省民族研究所，1983年。

112. 周自强《凉山彝族奴隶制研究》，人民出版社，1983年。

113. 徐嘉瑞《大理古代文化史稿》，中华书局，1978年。

114. 马学良《彝文〈劝善经〉译注序》，《民族研究》1984年第3期。

115. 刘尧汉《彝族文化对国内外宗教、哲学、科学和文学的影响》，《彝族文化研究文集》，云南人民出版社，1985年。

116. 王水乔《杨成志与西南民族研究》，《云南民族学院学报》1996年第2期。

117. 张海洋《林耀华教授与中国的少数民族和民族研究》，《西南民族学院学报》2001年第1期。

118. 白新发《近百年来彝族史研究综述》，《学术月刊》2003年第9期。

119. 潘先林《方国瑜先生与彝族史研究》，《史学史研究》2003年第3期。

120. 李列《现代学术史上的彝族主位研究——以岭光电和曲木藏尧为例》，《民族艺术研究》2006年第1期。

121. 罗贤佑《凉山彝族研究的经典之作——评马长寿遗著〈凉山罗彝考察报告〉》，《民族研究》2007年第1期。

122. 中共鹤峰县委统战部等编《容美土司史料汇编》，中共鹤峰县委统战部，1983年。

123.（清）顾彩著，吴柏森校注《容美纪游》，湖北人民出版社，1998年。

124. 田清旺《田家洞长官司治所家位研究》，《中南民族大学学报》2012年第2期。

125. 郗玉松《清代土家族墓碑文化研究——以田家洞村为例》，《青海民族大学学报》2015年第4期。

126. 马学良《增订爨文丛刊序言》，《民族语文》1983年第2期。

127. 叶舒宪《中国少数民族英雄史诗的类型及文化生态》，《东方丛刊》1998年第2期。

128. 刘辉豪《云南民间故事的生态源流与文化底蕴》,《民族艺术研究》1999 年第 3 期。

129. 王文光、龙晓燕《中国西南民族史研究的回顾与展望》,《思想战线》2003 年第 1 期。

130. 张泽洪《近现代中国西南少数民族宗教研究述论》,《宗教学研究》2001 年第 2 期。

131.《基诺族简史》(修订本),民族出版社,2008 年。

132.《普米族简史》(修订本),民族出版社,2008 年。

133.《阿昌族简史》(修订本),民族出版社,2008 年。

134.《德昂族简史》(修订本),民族出版社,2008 年。

135.《怒族简史》(修订本),民族出版社,2008 年。

136.《独龙族简史》(修订本),民族出版社,2008 年。

137.《佤族简史》(修订本),民族出版社,2008 年。

138.《景颇族简史》(修订本),民族出版社,2008 年。

139.《哈尼族简史》(修订本),民族出版社,2008 年。

140.《拉祜族简史》(修订本),民族出版社,2008 年。

141.《纳西族简史》(修订本),民族出版社,2008 年。

142.《傈僳族简史》(修订本),民族出版社,2008 年。

143.《布朗族简史》(修订本),民族出版社,2008 年。

144. 赵富荣《中国佤族文化》,民族出版社,2005 年。

145. 王正华、和少英《拉祜族文化史》,云南民族出版社,1999 年。

146. 赵瑛《布朗族文化史》,云南人民出版社,2002 年。

147. 陶天麟《怒族文化史》,云南人民出版社,1997 年。

148. 张桥贵《独龙族文化史》,云南人民出版社,2000 年。

149. 雷兵《哈尼族文化史》,云南人民出版社,2002 年。

150. 刘江《阿昌族文化史》,云南人民出版社,2001 年。

151. 刘刚、石锐、王皎《景颇族文化史》,云南人民出版社,2008 年。

152. 于希谦《基诺族简史》,云南人民出版社,2000 年。

153. 俞茹《德昂族简史》，云南人民出版社，1999 年。

154. 吴永章《黎族史》，广东人民出版社，1997 年。

155.《黎族社会历史调查》，民族出版社，1986 年。

156.（宋）苏过著，舒大刚校注《斜川集校注》，巴蜀书社，1996 年。

157.［日］小叶田淳著，张迅齐译《海南岛史》，台北学海出版社，1979 年。

158. 美国长老会海南岛传教团著，王朔译《棕榈之岛：清末民初美国传教士看海南》，南海出版公司，2001 年。

159.［德］史图博《海南岛民族志》，中科院广东民研所，1964 年。

160. 王海、江冰《从远古走向现在——黎族文化与黎族文学》，华南理工大学出版社，2004 年。

161. 李和第、孙有康《五指山传》，暨南大学出版社，1990 年。

162. 吕名中主编《南方民族古史书录》，四川民族出版社，1989 年。

163.（清）陈坤《治黎辑要》，广州萃经堂岭刊刻海异闻录本，光绪十五年（1889）。

164. 刘耀荃《黎族历史纪年辑要》，广东省民族研究所，1982 年。

165. 徐日霖《走进古崖州》，中国文联出版社，2006 年。

166. 詹慈编《黎族研究参考资料选辑》（第一辑），广东省民族研究所，1983 年。

167. 王兴瑞《海南岛黎人研究述略》，《海南岛》第 1 卷第 1 期，1941 年 9 月。

168. 熊开发《黎族研究之综述与评价》，《海南学论丛》第一辑，海南出版社，1993 年。

169. 王明坤《祭祖与婚姻的互动生成及其延续——析美孚黎传统节日“三月三”》，《琼州大学学报》2002 年第 1 期。

170. 高泽强《黎语“纹茂”含意考析》，《琼州大学学报》2001 年第 2 期。

171. 练铭志《关于海南黎族族源的研究》，《广东技术师范学院学报》2003 年第 5 期。

172. 郭祥文《一份值得重视的海南地方文献——〈昌江学治笔记〉等七种述略》,《图书馆杂志》2007 年第 10 期。

173. 王昭夷《广东省琼崖各属黎区调查一览表》,《黎族藏书古籍资料汇编》第 19 卷，海南岛民族学会，2006 年。

174. 台湾原住民权力促进会编《原住民》，1987 年台北版。

175. (吴) 沈莹编《临海水土志》，中央民族大学出版社，1998 年。

176. (明) 沈有容《东番记》，见沈有容辑《闽海赠言》，台湾文献丛刻本第五十六种第八辑。

177.《清代宫中档奏折台湾原住民史料》,《台湾原住民史料汇编》第 7 辑。

178.《明清台湾档案汇编》，台湾史料集成编辑委员会。

179. 陈国强《百越族与台湾原住民》，幼狮文化事业公司，1999 年。

180. 张金生《新化：一个排湾族部落的历史》，东华大学族群关系与文化研究所硕士学位论文，2002 年。

181. 胡惠敏《书写自己部落的历史：布拉旦的过去、现在、未来》，东华大学族群关系与文化研究所硕士学位论文，2005 年。

182. 宋洁《十七世纪荷兰对台湾原住民殖民统治的建立》，厦门大学硕士学位论文，2006 年。

183. 施联朱《高山族族源考略》,《民族研究》1982 年第 3 期。

184. 杨杰铭《帝国的凝视——论清代游宦文人作品中原住民形象的再现》,《台湾文学评论》八卷三期。

185. 曾思奇《稚拙质朴、绰约多姿的高山族民间文学》,《文史知识》1990 年第 5 期。

186. 詹素娟《族群历史研究的“常”与“变”：以平埔研究为中心》,《新史学》第 6 卷第 4 期，1995 年 12 月。

187. 张隆志《追寻失落的福尔摩莎部落——台湾平埔族群史研究的反思》,《台湾史研究一百年》，中央研究院台湾史研究所筹备处，1997 年。

188. 杨利慧《世界视野中的台湾原住民神话和故事——评李福清近著

〈从神话到鬼话——台湾原住民神话故事比较研究〉》，《民族文学研究》，2001年。

189. 陈文德《民族志与历史研究的对话：以“卑南族”形成与发展的探讨为例》，《台大文史哲学报》2003年第59期。

190. 谭昌国《历史书写、主体性与权力：对“排湾人写排湾族历史”的观察与反思》，《台大文史哲学报》第59期，2003年。

191. 林开世《人类学与历史学的对话？——一点反省与建议》，《台大文史哲学报》第59期，2003年。

192. 王萌《台湾赛夏族研究综述》，《广西民族学院学报》（人文社会科学专辑），2006年6月。

193. [日]山田仁史著，谭佳译《台湾原住民神话研究综述》，《中国比较文学》2007年第4期。

194. 林果《评郑政诚〈台湾大调查——临时台湾旧惯调查会之研究〉》，《新史学》18卷第2期，2007年。